近代建築理論全史
1673-1968

Modern Architectural Theory:
A Historical Survey, 1673-1968

Harry Francis Mallgrave

加藤耕一 監訳

丸善出版

MODERN ARCHITECTURAL THEORY
A Historical Survey, 1673-1968

by

HARRY FRANCIS MALLGRAVE

© Harry Francis Mallgrave 2005

JAPANESE language edition published by MARUZEN PUBLISHING CO., LTD., Copyright © 2016.

Japanese translation rights arranged with Cambridge University Press through Japan UNI Agency, Inc., Tokyo.

PRINTED IN JAPAN

監訳者序文

本書は Harry Francis Mallgrave, *Modern Architectural Theory: A Historical Survey, 1673-1968*, Cambridge University Press, 2005 の全訳である．底本として 2009 年のペーパーバック版を用いた．

マルグレイヴの著書が日本語で刊行されるのは本書が初めてのこととなるが，多くの読者は彼の名前を，ある別の著作の中で見たことがあるかもしれない．ケネス・フランプトン『テクトニック・カルチャー』（1995 年，邦訳は松畑強・山本想太郎訳，TOTO 出版，2002 年）に謎めいた序文を寄せた人物こそ，誰あろうマルグレイヴだった．この序文の冒頭では，唐突にフィリップ・ロペートの小説『絨毯売り』（*The Rug Merchant*, 1987）が紹介される．「主人公がゴットフリート・ゼンパーについて博士論文を書こうとするいささか無謀な計画を立て，神経症に陥って」しまい，「薄汚い店に引き篭もってそこでペルシア絨毯を売る商売」に転身する物語である．実は，ゼンパーを題材とした博士論文を書くことの困難を誰よりも実感していたのは，マルグレイヴだった．彼はこの小説が発表される 4 年前の 1983 年に，ペンシルヴァニア大学にゼンパーに関する研究を博士論文として提出しているからだ．だが彼はロペートの小説の主人公とは異なり，絨毯売りに身をやつすことなく，建築史家としてのキャリアを満喫することができた．『テクトニック・カルチャー』に序文を寄せた翌年の 1996 年には，自身の博士論文をもとにした著書『ゴットフリート・ゼンパー：19 世紀の建築』（*Gottfried Semper: Architecture of the Nineteenth century*）が出版され，翌 1997 年にこの研究書は，建築史界における最も栄誉ある賞のひとつ，アメリカ建築史学会のアリス・デイヴィス・ヒッチコック賞を受賞している．さらに本書『近代建築理論全史』が刊行された 2005 年，マルグレイヴはシカゴのイリノイ工科大学の教授に就任し，現在も名誉教授として活躍を続けている．

近代建築理論の歴史を通史的に語り起こそうという野望において，最も興味深いのは，どこから語り始めるかという点であろう．その点，本書は 1673 年まで遡るという大きな時間軸の幅を持つ近代建築史となっている．1673 年はクロード・ペローがウィトルウィウス『建築書』のフランス語訳版の中で，建築史上初めて "théorie" の語を用いた年であり，その頃彼は有名なルーヴル宮殿の東翼の建設を進めていた．そしてこの建築の実践において重要だったのが「組積造部材を緊結するために網の目のように鉄材を配する」構造設計だったのである．本書に特徴的な，こうした 構 築(テクトニック)の観点への注目には，マルグレイヴのゼンパー研究という背景を読み取ることができ

るし,フランプトンが『テクトニック・カルチャー』において,同じ 1673 年にグレコ＝ゴシックのルーツを見出し,そこから語り始めたこととの類似を指摘することもできよう.

マルグレイヴのもうひとつの特筆すべきキャリアは,彼が 1980 年代後半以来,長年にわたってゲッティ・リサーチ・インスティテュートの「テキスト＆ドキュメント」シリーズの建築・美学部門の編集を担当してきたということである.彼はこのシリーズで,ゼンパー,ヴァーグナー,ヴィンケルマンなどドイツ近代の重要な建築理論を英訳し,刊行した.なかでも重要な出版物だったのは『感情移入・形態・空間：ドイツ美学における論点』(*Empathy, Form and Space: Problems in German Aesthetics, 1873-1893*, 1993) のタイトルで編纂された論集である.ここではロベルト・フィッシャー,コンラート・フィードラー,ハインリヒ・ヴェルフリン,アドルフ・ゲラー,アドルフ・ヒルデブラント,アウグスト・シュマルゾーの主要論文が英訳され,マルグレイヴ自身による序文は 85 ページに及ぶ長大な論考となった.そして,ここで取り上げられたドイツ近代の理論家とそこでの議論は,本書『近代建築理論全史』の第 9 章と強く結びついている.

「20 世紀ドイツ・モダニズムの概念的基礎」と題された第 9 章は,本書のもうひとつの特徴をはっきりと示している.この短い章の役割は,モダニズムが決して過去との断絶などではなかったことを示し,19 世紀と 20 世紀とを架橋することである.そしてギーディオンやペヴスナーが「ドイツの歴史および理論の研究から手を引くこと」で,ドイツ出身のモダニストたちを「パイオニアの孤島」と見做したことに対する,オルタナティブとしての歴史を本書は描き出そうとしている.マルグレイヴの言を借りれば「モリスのアーツ・アンド・クラフツの美学やヴィオレ＝ル＝デュクの合理主義,アール・ヌーヴォーの造形の中に些細な血脈らしきを見つけようとする努力には,初めから全く説得力がなかった」からだ.

300 年に及ばんとする西洋の建築理論の歴史を詳細に説き明かした本書は,とうてい監訳者ひとりの手に負える代物ではなかった.2012 年以来,東京大学大学院の建築史研究室の関係者を中心に有志を募り,近現代建築理論研究会を開催し,内容についての議論を重ね,その上で翻訳の作業をスタートさせた.個別の訳者による担当箇所は別に記した通りだが,研究会には欠かさず参加したものの残念ながら翻訳メンバーに加わらなかった者もいるし,両方で大いに活躍したメンバーも多い.なかでも翻訳作業を積極的にリードしてくれた訳者のひとり,江本弘君には感謝の言葉を述べたい.

とはいえ，訳文中に誤りや読みにくさなどあれば，それはひとえに監訳者の責任である．そして翻訳の開始以来，遅々として進まない作業を見守り，この膨大な訳文を逐一チェックしてくださった丸善出版の小根山仁志さんには心からの感謝を捧げたい．そして，21世紀の新しい近代建築理論史として読み継がれるであろう本書が，ギーディオンの『空間・時間・建築』の版元である丸善出版から刊行されたことは，監訳者にとってこの上ない喜びである．

2016年7月

加藤耕一

目　次

はしがき　xi

Chapter 1　序　奏 …………………………………………………………… 1
 1　フランソワ・ブロンデルとフランスにおけるアカデミーの伝統　2
 2　クロード・ペローとルーヴル　7
 3　新旧論争　12
 4　サント＝ジュヌヴィエーヴ聖堂の最初の計画　20

Chapter 2　啓蒙思想と新古典主義理論 ………………………………… 31
 1　フランスにおける啓蒙思想　32
 2　スフロとサント＝ジュヌヴィエーヴ聖堂　36
 3　マルク＝アントワーヌ・ロージエ　43
 4　ギリシアの「再発見」　53
 5　ヴィンケルマンの歴史叙述　62
 6　ギリシア＝ローマ論争　67
 7　新古典主義と性格（カラクテール）　76

Chapter 3　18世紀イギリスの理論 …………………………………… 91
 1　ジョーンズとレンの遺産　92
 2　パラーディオ主義　99
 3　ピクチャレスクと崇高の起源　108
 4　スコットランドとアイルランドの啓蒙運動　118
 5　ピクチャレスクの理論　127
 6　ジョン・ソーン　136

Chapter 4　新古典主義と歴史主義 …………………………………… 145
 1　デュランとカトルメール・ド・カンシー　146
 2　多彩色（ポリクロミー）論争　160
 3　社会主義，ロマン主義，「小さな革命（プチ・レヴォリューション）」　169
 4　イギリスにおける古典主義とゴシック・リヴァイヴァル　179

Chapter 5　ドイツ理論の興隆 197

1　ドイツの啓蒙運動　198
2　フリードリヒ・ジリーとカール・フリードリヒ・シンケル　204
3　ヴァインブレンナー，モラー，クレンツェ，ゲルトナー　224
4　どの様式で建てるべきか　234
5　カール・ベティヒャーと様式論争　237

Chapter 6　19世紀半ばの様式論争 249

1　イギリスの様式論争　1840～1860　250
2　ヴィオレ＝ル＝デュクとフランスの議論　272
3　ゴットフリート・ゼンパーと様式観念　288

Chapter 7　アメリカの歴史主義 307

1　アメリカ古典主義の伝統　308
2　19世紀半ばの様式混交　327
3　エマーソンとグリーノウ　335
4　デイヴィスとダウニング　342
5　リチャードソンとサリヴァン　353

Chapter 8　アーツ・アンド・クラフツ運動 371

1　イギリスにおけるアーツ・アンド・クラフツ運動　372
2　ヨーロッパ大陸における改革　389
3　アメリカの改革運動　406
4　カミッロ・ジッテとエベネザー・ハワード　419

Chapter 9　補説：20世紀ドイツ・モダニズムの概念的基礎 427

Chapter 10　モダニズム　1889-1914 449

1　オットー・ヴァーグナー　450
2　リアリズムと即物性(ザッハリヒカイト)　457
3　エンデルとヴァン・ド・ヴェルド　467
4　オルブリヒ，ホフマン，ロース　473
5　ベルラーヘとライト　485

    6　ガルニエ，ペレ，ジャンヌレ，サンテリア　494
    7　ムテジウスとベーレンス　502

Chapter 11　ヨーロッパにおけるモダニズム　1917-1933 ………… 521
    1　シュペングラー主義 vs. テイラー主義　522
    2　ソヴィエトの合理主義と構成主義　528
    3　デ・ステイルとオランダにおけるモダニズム　536
    4　表現主義とバウハウス　544
    5　ル・コルビュジエとギーディオン　563
    6　初期モダン・ムーブメントの広がり　580
    7　ヴァイセンホーフと CIAM　606

Chapter 12　アメリカにおけるモダニズム　1917-1934 …………… 623
    1　アメリカン・スカイスクレイパー　624
    2　ライト：失われた時代　641
    3　シンドラーとノイトラ　648
    4　マンフォードとフラー　654
    5　「インターナショナル・スタイル」展　667

Chapter 13　恐慌，戦争，その後　1934-1958 …………………… 681
    1　ドイツ，イタリアの全体主義　682
    2　その他のヨーロッパにおける第 1 次世界大戦後の理論　699
    3　アメリカの実務，学問改革　1934-1941　706
    4　アメリカの 1940，50 年代　729
    5　中南米・アジア・欧州における戦後モダニズム　768

Chapter 14　モダニズムへの挑戦状　ヨーロッパ 1959-1967 …… 799
    1　CIAM とチーム X　800
    2　モダン・ムーブメントからのイタリアの「退却」　815
    3　バンハム，アーキグラム，メタボリズム，その他のユートピアニズム　821
    4　現象学，構造主義，記号論　833
    5　ウンガース，スターリング，スカルパ，ロッシ　844

Chapter 15　モダニズムへの挑戦状　アメリカ 859
　1　マンフォード，ジェイコブス，アメリカ諸都市の失敗　860
　2　パタン・ランゲージから易経まで　877
　3　ルイス・I・カーン　886
　4　コーリン・ロウ，ピーター・アイゼンマンとCASE　893
　5　建築の多様性と対立性　900

Chapter 16　エピローグ 915
　1　1968年　916

事項索引　941
人名索引　945

はしがき

　過去数世紀にわたる建築のイデアに立ち向かうことは，眠れるプロテウス——アザラシの世話をする神話上の海神であり，『オデュッセイア』によれば，眠っているところを襲われたときに自らをさまざまな姿に変えて逃げようとした——を攻撃することにどこか似ている．理論がさまざまに偽装しながらもついには真のアイデンティティーを顕わにせざるを得なくなるまで，がまん強く追求しつづけるしかないのである．建築理論は17世紀に整備され，その主たる思想はおおよそひとつか２つに限定されたアカデミーの中で，講義や論文を通じて説き明かされてきた．啓蒙運動の時代になると，それは初めて公共の場へと飛び出し，非学術的視点により学術的教義を受容せんとする挑戦が始まる．19世紀の国家的アイデンティティーの勃興と建築雑誌の普及は，建築理論の論説を限りなく拡大し促進した．そしてもちろん20世紀のさまざまな宣言書はたいてい短いものであったが，格言的なダイアグラムや簡略なスケッチにまで力強く削ぎ落とされたミニマリストたちの声明書は，論争を巻き起こしてきた．我々は建築理論を最大限広義に捉え，堅苦しいものもそうでないものも含め，建築的思考の歴史として単純に定義すべきであろう．さらにいえば，どの世代の人々もすでに存在しているものと関連づけて自己を定義づけたいという欲求を処理してきたのであるから，建築理論はほとんどいつも過去に対する反動だったといえる．

　本書は1673年から1968年という波瀾に富んだ年までの，近代建築の思考の主要な流れを語ろうとするものである．こうした年代設定は恣意的に見えるかもしれないが，そこには根拠もある．まず初めに，「理論」と「近代」という言葉が重要性を帯びるようになったのは17世紀後半のことであったことが挙げられる．ギリシア語あるいはラテン語の *theoria* という言葉は——ギリシア語の *theros*（見物人，目撃者），*theos*（神），そして *theatron*（劇場）と関連している——初期古代においてはいくつもの意味を有していた．それは宗教儀礼に参加し，補助をして神託を求める人物のことを示しており，あるいは（最も古い時代には）神を目撃する体験を示していた．この事実を鑑みて，デイヴィッド・レザーボローは *theory* の詩的な意味をめぐる議論の中で，宗教的な悟りや人生を左右するような体験をしている人物に光をあてた[1]．後期古代になると，この言葉は「見つめる，注意深く見る，凝視する」などを意味す

---

[1] David Leatherbarrow, *The Roots of Architectural Invention: Site, Enclosure, Materials* (New York: Cambridge University Press, 1993), pp. 218-20.

るようになった。例えばアリストテレスは、「熟慮の対象」に言及するのと同様に、*theoria* という語を「凝視する、熟慮する」という意味で用いている[2]。キケロもアッティクスに宛てた手紙の中でこのギリシア語を大まかには同じ意味で用いているが、ラテン語においては、中世を通じてこの言葉が哲学的問題に適用されるようになるまで、このような意味に解釈されることは比較的まれであった[3]。例えばローマの建築家ウィトルウィウスが理論と実践を区別しようとしたことは有名だが、前者には「推論、予測、推理、立論の道筋」を意味する言葉である *ratiocinatio* を用いた[4]。

　イタリア語の *teoria* は、後期ルネサンスの芸術に関する著作の中に時折現れた[5]。ジョルジョ・ヴァザーリは『列伝』の1558年の版の中で、芸術家は継続的に実践と融合すべきであるという理論的な信念に言及するために、アルベルティに関する記述の冒頭で *teorica* という語を用いた[6]。その1年前にはダニエル・バルバロがウィトルウィウスの『建築書』のイタリア語版の中で *ratiocinatio* を *discorso* と訳した[7]。イタリア語ではこの世紀の早い時期には *ratiocinatio* の訳として *calculatione* や *ratiocinatione* の方が好まれていたので、バルバロはもしかすると、1547年にこの語をフランス語で *discours* と訳したジャン・マルタンの先例に従ったのかもしれない[8]。いずれにせよ、*théorie* という語がフランス語に、そして *theory* が英語に広く受容されるようになるには次の世紀を待たなければならず、しかもそれは、はじめは科学の分野においてであった。1656年、ブレーズ・パスカルは『プロヴァンシアル書簡』の7通目において、実践の対義語に言及するに当たって *théorie* という語を完全に近代的な意味で用いている[9]。より重要なのはクロード・ペローであり、彼は1673年のウ

---

[2] Aristotle, *Metaphysics* 1003^b 15, 1083^b 18.
[3] Cicero, *Letters to Atticus*, trans. E. O. Winstedt (London: William Heinemann, 1918), 7:6.
[4] Vitruvius, *On Architecture*, trans. Frank Granger (Cambridge, Mass.: Harvard University Press, 1998), bk. 4 chap. 5, 103-7.
[5] Luigi Grassi and Mario Pepe, *Dizionario della critica d'arte* (Turin: Utet, 1978), 2:599 を参照。この文章の中で、teoria を用いた例として、ロレンツォ・ギベルティ、レオナルド・ダ・ヴィンチ、ヴィンツェンツォ・ダンティ、ジョルジョ・ヴァザーリ、ジョヴァンニ・ロマッツォが挙げられている。
[6] Georgio Vasari, *Le vite de' più eccellenti pittori scultori e architettori* (Novara, Italy: Instituto Geografico de Agostini, 1967), 2:411. イタリア語では次のように書かれている："Chi non conosce che bisogna con matura consideracione sapere, o fuggire, o apprendere, per sé solo, ciò che si cerca mettere in opera, senza avere a raccomandarsi alla mercé dell'altrui teorica, la quale separata dalla pratica il più dell volte giova assai poco?"
[7] Vitruvius, *I dieci libri dell'architettura, tr. et commentati da monsignor Barbaro* (Vinegia, Italy: Marcolini, 1556).
[8] Jean Martin, *Architecture, ou, Art de bien bastir de Marc Vitruve Pollion* (Paris: Gazeau, 1547).
[9] Blaise Pascal, *Les Provinciales, ou lettres écrit par Louis de Montalte*, ed. Charles Louandre (Paris: Charpentier, 1873), 135. "Encore que cette opinion, qu'on peut tuer pour une médisance, ne soit pas

ィトルウィウスの翻訳の中で，ラテン語の *ratiocinatio* を意味する言葉として *théorie* を選んだ．この語とその類義語は瞬く間にヨーロッパ中に広まり，建築の議論におけるスタンダードになった．ペローのテキストの簡約版を底本として1692年に出版された英語版は，この言葉を建築的な用例として最初に定着させたものである[10]．*theory* という語は，建築的思考の主要な部分にあまりにもうまく適応したので，11年後にこの本が再版されたとき，そのタイトルは『建築の理論と実践：あるいはウィトルウィウスとヴィニョーラ簡約版』（*The Theory and Practice of Architecture; or Vitruvius and Vignola Abrig'd*）に変更されたのだった[11]．

好都合なことに，*modern* という語もこの頃から用いられるようになった．同様の概念を表すために古代初期の他のいくつかの言葉も使われていたが，*modern* のラテン語の起源である *moderunus* は紀元後5世紀末になって初めて登場した[12]．それがようやく普及するのは8世紀か9世紀になってからのことであり，*modernitas*（今日的な）や *moderni*（最近の人々）などのかたちで用いられた．しかしながら芸術の用語として *modern* が一般的になるのは，17世紀末の「古代—近代論争」においてであった．この「論争」は1670年代から1680年代にかけて行われた芸術と文学の分野における論争であり，近代理論の形成において決定的なものだった．これは，古代ギリシア・ローマ時代の芸術面における優位性を擁護しようとする人々と，「理性的な」基準と洗練された趣味ゆえに近代的な芸術家の優位性を支持しようとする人々とを，互いに反発させたものである[13]．「古代」派は概して，近代に新しく考案された「装飾」よりも古典時代に考案されたものを好んだ．「近代」派は，過去の研究から得られる恩恵を認めながらも，その「不完全さ」ゆえにあえて古代を批判しそれを乗り越

---

sans probabilité dans la théorie, il faut suivre le contraire dans la pratique."

[10] *An Abridgment of the Architecture of Vitruvius, Containing a System of the Whole Works of that Author* (London: Unicorn, 1692). Art. 2 (pp. 23-4) には次のように書かれている．「建築は他の多くの偉大なる芸術と科学の学識に裏打ちされるべき科学であり，したがって，それに属するすべての芸術作品に関する正しい判断の手本となるということを意味している．この科学とは理論と実践によって獲得されるものである」．本書は1674年と1681年に出版されたフランス語の簡約版 *Architecture generale de Vitruve reduite en abreg', par Mr. Perrault,* からの英訳である．

[11] *The Theory and Practice of Architecture; or Vitruvius and Vignola Abrig'd* (London: R. Wellington, 1703).

[12] 例えば，古代後期の文法家たちは当節の著述家たちに言及するために，*Neotericus* という言葉を使って *Neoterici* とよんだ．Ernst Curtius, *European Literature and the Latin Middle Ages*, trans. Willard R. Trask (New York: Pantheon Books, 1953), 251.

[13] この論争とモダニティとの関連については次を参照．Matei Calinescu, *Five Faces of Modernity: Modernism, Avant-Garde, Decadence, Kitsch, Postmodernism* (Durham: Duke University Press, 1987), 26-35. 芸術に関連するこの出来事については次の2つの古典的著作がある．Ange-Hippolyte Rigault, *Histoire de la querelle des anciens et des modernes* (Paris: Hachette et cie: 1856), Huber Gillot, *La querelle des anciens et des modernes en France* (Paris, 1914).

えようと努めた．そして多くの研究ではこの論争の起源を 1680 年代末に見出そうとするが，建築に関わる人々のあいだで実際にこの論争が始まったのは，あるひとつの脚注がきっかけとなったためであり，それは，またもや先に挙げた 1673 年のペローによるウィトルウィウスの翻訳中のものだったのである．

　本書の末尾を締めくくる年代として 1968 年を選択したことにも，少し説明が必要だろう．まず初めにこの年は，モダニティの終わりを示すものとして，あるいは建築の死を意味するものとして選ばれたわけではないし，世界的な思想のコンセプチュアルな発展のなかで，より大きなパラダイムシフトを示すものとして選ばれたわけでもない．本書は，文化産業との関連性を論じるものではないし，「損害と断絶の傷跡」に基づいたアヴァンギャルドの概念について論じるものでもなく，ましてやベンヤミン的なアウラなき世界で一時停止した芸術の生命をモンタージュにして論じるわけでもない[14]．フランチェスコ・ダル・コは近年，今日の教育の場における理論の成功と「実践的建築家の側における理論的作品の減少と，歴史研究によって要求されるますます強調される自律性」のあいだの奇妙な符合を指摘した[15]．この指摘——実践における理論が弱まったときに理論は栄え，またその逆も然りである——は，あまりにもコンセプト優先の立体表現に対する理論の抵抗に光をあてるものであり，たしかに大変興味をそそられるものである．建築理論とはおそらく，適度に完結した本体として，あるいは何世紀もかけて形成された思想の文化，絶えず変化しつづける文脈に向き合っても全く変わらず安定したままの思想として見ると，より理解しやすいだろう．そしてこの意味において建築の議論は，1960 年代末から 1970 年代初頭にかけて，いかなる断絶の兆候も思考の決裂もなく極めてシームレスに変化したのである．

　しかしながら，1968 年が意味をもたないというわけではない．それはドラマチックな社会的対立の年であり，戦争や厳しい経済的停滞の結末にも似た方針と感受性の混乱によって特徴づけられる大変動の年であった．この年とそこで起こった出来事は，当時の建築理論の主要部分の適切性に疑いを挟み，その過程において若干の知的閉塞感，かけひき，冷笑的態度（シニシズム）を議論の中に注ぎ込んだ——たとえこれらの特徴がヨーロッパやアジアでは北米とは全く異なる政治的な含意と共鳴していたとしても．

---

[14] 引用はテオドール・アドルノ『美の理論』より．全文は以下のとおり．「近代の芸術作品の真性の質を保証するものはなんだろうか．変わらないものの滑らかな表面で，それらによって押しつけられる損害と断絶の傷跡である」．これはもちろん，マックス・ホルクハイマー，ヴァルター・ベンヤミン，そしてアドルノ自身のよく知られたモデルや言葉遣いをほのめかしている．

[15] Francesco Dal Co, review of *Architecture Theory Since 1968*, edited by K. Michael Hays, Journal of the Society of Architectural Historians 59 (June 2000): 271.

我々はまた，怒りや無益さの感覚，そして世界を変えたいと欲しつづける建築家の広範囲に及ぶ信用の失墜を大目に見るべきではない．もし1970年代の理論の深まりが，一方では形態の再意味化を，他方ではかつての内容の非意味化を促したのだとしたら，双方の努力は全く同じ衝動の誕生とみることができるだろう．理論は1968年には変化しなかったが，その文脈は根本的に変わったのである．

　私はまた，理論の歴史は建築の歴史とは異なるということを強調したい．前者において重要なのはイデアであり，主要な建築家たちの何人かは理論の推移にはごくわずかな影響しか与えなかったが，その一方であまり重要ではない建築家たちが大きな衝撃を与えることもあった．したがって理論の傾向は，歴史のそれとは異なっているのである．同様に，もし私がある特定のムーブメントや組織——1920年代のデ・ステイルやバウハウスなど——を特権的に扱ったとしたら，それは歴史記述としてその年代の文脈において卓越していると認めざるを得なかったからではなく（明らかに過去の歴史家たちはそうしてきたのだが），むしろそれは同時代の他の出来事と比べて，理論分野に対して彼らがより大きく，より直接的な影響を与えたからである．さらにいえば，本書は全くすべてを包括するものではないが，西洋の理論の発展として，ヨーロッパと（少し遅れるが）北アメリカから発信されたものの双方のバランスがとられるように配慮した．

　すべての本はそれ自身，生命を帯びている．本書に取り組むことになったきっかけはクラーク・アート・インスティテュート研究センターに招かれたことであり，私はそこでマイケル・コンフォーティ，マイケル・ホーリー，そして美しい景色に囲まれたウィリアムスタウンの牧歌的な図書館のスタッフに大変お世話になった．本書の最終章はモントリオールのカナダ建築センターで書き上げられたもので，ここに招待してくれたフィリス・ランバートの寛大さに感謝すると同時に，そこで何度も議論の相手をしてくれたルイス・マーティン，マーティン・ブレサニ，マリオ・カルポ，ダーク・デ・マイヤー，スパイロ・パパペトロスにも謝意を表したい．本書は，ジェラルド・ビーズリー，ピエール・ボワヴェール，レナタ・グットマン，スージー・キンタル，ポール・シュニエ，フランソワーズ・ルーによって監理されているこの著名な研究機関の文献資料に多くを負っている．図版についてはクリスティーナ・コンドンドリオプロスに格別の感謝の気持ちを抱いている．同じくカナダ建築センターではナタリー・セネカルとアリキ・エコノメデスに貴重な助けをいただいた．また私の地元の図書館では，ペグ・ウィルソンに図書館間相互貸借で協力していただいた．極めて重要なグラハム財団美術研究基金を交付していただいたおかげで，ある時期私はフルタイムでこの仕事に没頭することができた．また，J・ダンカン・ベリー，マルコ・フ

ラスカリ，バリー・バーグドール，ヘンリク・カルゲ，ジョーン・オックマンなど，何年にもわたって本研究に関わる多くの議論に参加してくれた人々にも多くの謝意を表したい．ことによると，この作業の最も強力なサポーターはケンブリッジ大学出版の編集者ベアトリス・レールだったかもしれない．

　最後に編集に関わることを一言述べておきたい．引用では，近年の用例と異なっていたとしても原語のスペルとアクセント記号を用いた．また，本書のような歴史的な視野をもつものは，他の多数の歴史的な調査がなければ成し遂げることはできなかった．用いた資料については，すべての場合において参照できるようにすることを努めたが，この企画の広すぎる視野ゆえに，何年にもわたる私自身の仕事の局面を形成する業績のすべてについてそれを判別できるようにすることはできなかったし，またすべてを網羅する参考文献目録を作成することもできなかった．したがって，注記できなかった資料を執筆したすべての歴史家たちに，ここでお詫び申し上げる次第である．

Chapter 1

序　奏

> 我々の世紀の，あるいは少なくとも我が国民の趣味は，古代人とは異なっている．
> ——クロード・ペロー——

1
フランソワ・ブロンデルと
フランスにおけるアカデミーの伝統

　17世紀の初めのフランスにおける建築思潮は，イタリアやスペインと同じく，建築芸術は宇宙観や自然の秩序，すなわち古代からその時代まで伝えられてきた永続的な価値を有する諸形態の文法，数，比例関係といったものに基づいた神聖性に参与するものである，という観念に立脚していた．ファン・バティスタ・ヴィラルパンダは預言者エゼキエルとソロモンの神殿を巡る1604年の論考において，こうした数や比例はウィトルウィウス的な伝統と整合するのみでなく，神から直接ソロモンに与えられたものであるということの立証を試みている[1]．数年のうちに，この教理はより広い文脈で考察され，ルネ・デカルト（René Descartes, 1596-1650）の哲学的反駁に遭うことになる．1628年までに執筆されたと考えられる『精神指導の規則』において，デカルトは述べている．「提示された対象に関して探求されるべきは，他人が何を考えたか，あるいはまた，我々自身が何を推測するかではなく，我々が何を明晰かつ明証的に直観できるか，あるいは，何を確実に推論できるかである」[2]．これら2つの異なる価値の体系――受け継がれた伝統と，自信に満ちた人間理性の力――の衝突は，近代理論の最初の兆候を広く喧伝することとなった．

　デカルトによる第3の「規則」の示唆はさらに豊かである．そこに内在するのは後に「デカルト的懐疑」として知られるようになる原則であり，これは書物や思索から得たあらゆる認識に対する前提としての方法的な留保を意味した．後期スコラ主義や古来の思考から近代科学を解き放ち，これを「明晰かつ明確」な理念の上に着地させるためにはこの種の批判的懐疑主義が必要であるとデカルトは強調する．デカルト自身が挙げた例に倣うならば，アリストテレスの議論や語法は，もはや神聖不可侵とされるべきではない．近代の批判的精神は，経験と演繹的推論によって，あらゆる問題に対して改めて立ち向かわねばならないのだ．

---

[1] Juan Bautista Villalpanda, *In Ezechielem, explanations et apparatus urbis, ac templi hierosolymitani commentariis et imaginibus illustratus*, 3. vols. (Rome, 1596-1604). この大部の研究はJéronimo Prado が始めたもので，一般にPrado が共著者とされる．

[2] René Descartes, *Rules for the Direction of the Mind*, in *The Philosophical Writings of Descartes*, trans. John Cottinghm, Robert Stoothoff, and Dugald Murdoch (Cambridge University Press, 1988), 1: p. 13 参照．この『精神指導の規則』はラテン語で1628年より以前に執筆されていたが（*Regulae ad Directionem Ingenii*），1684年まで刊行されなかった．その内容は『方法序説』（1638）で敷衍され，第1の準則として含められた．

17世紀の半ばにはデカルト主義がフランスの自然哲学者の間で高まりを見せ，この頃には芸術においても同じような態度が見出されるようになる．建築家ロラン・フレアール・ド・シャンブレ（Roland Fréart de Chambray, 1606-1676）は1650年，『古代建築と現代建築の比較』（Parallèle de l'architecture antique avec la moderne）の緒言に以下のような戒めを記している．すなわち，現代の建築家は古代からの，もしくは長期にわたる慣習が建築的思考に押しつけてきた「盲従や崇敬」を慎まねばならない，なぜならば「精神は自由で束縛を逃れて」おり，「我々は自分達を彼らの奴隷として捧げることなく，創案し，天分に従う権利を〈古代人〉に並ぶほど十分に有している」[3]からである．フレアールがいう現代建築の古代建築からの離脱は，しかし，無条件なものではない．当時の哲学的風潮の中にあって，彼はその著作を「〈幾何学の原則〉の上」に据えているのである．これは，建築における本質的な美は「全体の〈シンメトリー〉と〈エコノミー〉」，あるいは「真の〈芸術〉の知によって啓蒙された眼が至高の歓喜を伴いつつ熟視するところの，視覚的な調和と統一」の中に存するからであった[4]．

　その歓喜はさておき——フレアールの過去への懐疑的態度は周辺にほとんど反響を起こさず，「盲従と崇敬」を諫める訓戒も支持を得ることはなかった．17世紀後半のフランスは，実際にはますますの関心と沈着さをもって古典主義の理念を追求していたのである．この古典回帰の文化的背景には，フランスの地位をあらゆる分野で押し上げるという抗い難い野心を帯びて玉座に就いたルイ14世の治世がある．少なくとも在位の初期においてその成功は揺るぎないものだった．これは部分的には30年戦争（1618-48）の後の大きな変容を経験したヨーロッパにおいて，フランスが最も繁栄を収めた国となることができたためである．イングランドの4倍，ネーデルラント連邦共和国の18倍という人口を擁するフランスにあったルイ14世は，大胆な賭けに出るために必要な人材と資源を手中にしていた．また彼は，財務総監・建築総監として卓越した能力を発揮するジャン＝バティスト・コルベール（Jean-Baptiste Colbert, 1618-83）を配下に置いたということにおいて，極めて幸運であったともいえる[5]．1世紀近くのち，ヴォルテールは——特に知性と「尚のこと類い稀な」よき趣味の徴を備えた読者への言葉において——ルイ14世の治世をアレキサンダー，アウグストゥ

---

[3] Roland Fréart de Chambray, *Parallèle de l'architecture antique avec la moderne* (Paris: Martin, 1650), pp. 1-2. 以下の英訳より引用．John Evelyn, *A Parallel of the Ancient Architecture with the Modern* (London: Roycroft, 1664), pp. 1-2.

[4] Ibid., p. 3.

[5] コルベールの生涯と活動については Inès Murat, *Colbert*, trans. Robert Francis Cool and Jeannie Van Asselt (Charlottesville: University Press of Virginia, 1984) 参照．

ス，メディチ家の時代，すなわち「芸術が完成の域へと高められ，人間精神の偉大さを示すという意味において後代の模範となるような」[6]諸時代に相並ぶものと称している．

驚異の一時代であったことは疑いないだろう．イエズス会のフランス人宣教師らの探査は，中国や北米といった遠く離れた土地まで及んでいた．コルベールはそれ以外の国々やほとんど知られていない地域にまで特使を派遣し，国交の樹立，さらにはフランス王室に奉納させる選りすぐりの宝物を探し求めていた．典型的なものにシャル・フランソワ・オリエ（ノワンテル侯爵）の仕事がある．オリエは1670年，オスマン帝国との貿易協定の交渉のためにコンスタンティノープルに派遣され，エジプト，ギリシアを経由して帰国する．随行した美術家（とりわけジャック・キャレ）がその間に行った（まだ無傷だった頃の）アテネのパルテノンの彫刻装飾の記録はあまりにも有名である．母国にあっては，コルベールは若い王に代わって建築事業の指揮を執ることに加え，多様なアカデミーの創立・再編に注力していた．コルベールによるこうした2方面からの尽力が綯い交ぜとなりつつ，建築理論の流れが変化していくこととなる．

「アカデミー」という語はいうまでもなくプラトンが学徒と対話を行ったアテネの学園へと遡るが，この語が息を吹き返すのは15世紀のイタリアにおいてであり，そこでは形式を問わずにあらゆる哲学的な議論において用いられる語となっていた．パラーディオが1530年代に高等教育を受けたヴィチェンツァのジャンジョルジョ・トリッシーノのもとに集う教養人のサークルは，古典学習の重視によりアカデミーと呼ばれていた．1555年にパラーディオはアカデミア・オリンピカの創設に参与する．これは古典作品のみならず数学の問題についても議論するものであった．初期のアカデミーのうちで専ら美術の問題を扱うものには，1563年にフィレンツェに創設されたアカデミア・デル・ディゼーニョがある．これは毎週の会合とともに教育プログラムの実現の構想をもっていたが，教育については文書で記されるのみにとどまっていた．対照的に，ローマのアカデミア・ディ・サン・ルカは1593年に誕生して間もなく，美術の理論と実践を手ほどきする最初の学校として称えられることとなる[7]．

フランスでも，初期のアカデミーは私的なものであったが，1635年には枢機卿リシュリューによってアカデミー・フランセーズが設立された．当初，この組織の主眼はフランス語の辞書を編纂し文語の規範を示すことであった．さらに重要だったのは

---

[6] Voltaire, *The Age of Louis XIV*, in *The Works of Voltaire* (New York: Dingwall-Rock, 1927), 12:5.
[7] アカデミア・デル・ディゼーニョとアカデミア・ディ・サン・ルカについては Nikolaus Pevsner, *Academies of Art Past and Present* (Cambridge: Cambridge University Press, 1940), pp. 42-66 参照．

1648年の王立絵画・彫刻アカデミーの設立である．これはローマのアカデミア・ディ・サン・ルカをモデルとし，実技教育を旨としたものであった．1660年代になると，ルイ14世の即位を受け，フランスは国家としてアカデミーの大胆な拡大・再編成に着手することとなる．1661年には王立舞踏アカデミー，その2年後にはアカデミー・フランセーズの分会として発足した「小アカデミー」，すなわち，後の碑文・文芸アカデミーが誕生している．コルベールは1664年に，絵画・彫刻アカデミーを全面的に再編し，教育を任じる憲章を定めた．その再編と並行して1666年には，コルベールはローマにアカデミー・フランセーズを開き，芸術の分野で最優秀の成績を収めた生徒を招くことで，学業の集大成を図る舞台となった．同じ年に科学アカデミー，さらに1669年には音楽アカデミーが開かれている．こうしたアカデミー政策の最上の成果とも呼ぶべきはおそらく1671年に発足した王立建築アカデミーであろう[8]．これらの組織の設立により，コルベールと王は以下のことを実現させた．第1に，特権とともに教育への責務を帯びた「アカデミシャン」（アカデミー会員）というエリート階級を創出したということ，第2に，すべての芸術教育を集権的な権威の傘下に置いたということである．各々の学科は厳格に統べられるようになり，さらにいえば，それらは古代とルネサンスの先例に基礎を置くものだった．

　王立建築アカデミーの初代総裁は，当時53歳の数学者・技術者だったフランソワ・ブロンデル（François Blondel, 1618-86）である[9]．建築に携わるようになったのは遅かったものの，ブロンデルは広範な教養と堅実な業績を備えた個性的な博学の徒であった．その長期にわたるキャリアでは，まず陸軍および海軍の戦術分野で頭角を現し，一方でオスマン帝国との外交任務を遂行しながら，イタリア，ギリシア，エジプトを訪問し，コレージュ・ド・フランスで数学の講義を行い，デンマーク大使としても奉職している．フランスでは工廠の要塞化や海港の防備改善に尽力した．就任の直前にはコルベールの二番目の息子の教師としてイタリア・ツアーに同行した．

　王立建築アカデミーの目的は古典的デザイン原理の体系化だけではなく，それらの原理を信奉することも含んでおり，後者は毎週2回の公開講義を行うことで遂行された．各授業の最初の1時間は建築の理論面に充てられ，続いてユークリッド幾何学の

---

[8] これらのアカデミーの詳細については Francis A. Yates, *The French Academies of the Sixteenth Century* (London: Warburg Institute, University of London, 1947; reprint, Millwood, N.Y.: Krause, 1968), pp. 290-311 参照．また Anthony Blunt, *Art and Architecture in France 1500-1700* (London: Penguin, 1977), pp. 324-35, pp. 344-5 も参照．

[9] ブロンデルの伝記的事項については C. Vigoureux, *Nicolas-François de Blondel Ingénieur et Architecte du Roi (1618-1686)* (Patis: A. Picard, 1938) を参照．また，Henry Lemonnier, *Procès-Verbaux de l'Académie Royale d'Architecture, 1671-1793* (Paris: Jean Schemit, 1911-29) の序文も参照．

初歩など技術的な側面についての講義が行われた．1671年12月31日にはブロンデルによる創設演説が鳴り物入りで実施され，ここで新任総裁は建築の微妙なニュアンスを習得することの利点を長々と論じた後，生徒に対し，コルベールの采配に基づく王の経済的寛大さ——「その徳と行為の偉大さ」——の恩恵を活用するように強く求めている[10]．

　ブロンデルの実践に先行していたいくつかのアカデミーのカリキュラムがここにも反映されていることはいうまでもないが，建築は固有の課題も抱えていた．おそらくその筆頭はバロック時代の放逸の風潮に対する古典の伝統の再興であり，ここにはフランスの建築的独立宣言，すなわちイタリアの古典的な遺産から自らを引き離し，イタリア人建築家の作品を自国民の仕事によって乗り越えてゆくことへの渇望が秘められている．そのため，フランスの理論的展開において，さまざまな文脈の新たな出発点となるのはルネサンスではなく古代であった．もしこの時期のフランスにおける現代建築がその他の美術分野と同様に古代ローマの傑作の再現を目指すのならば，規範とすべき対象の選択には極めて大きな注意が払われなければならなかったろう．理論の世界においては当然のようにウィトルウィウスの教えが上位に置かれ，そこで曖昧なままに遺された問題についてのみ，パラーディオ，スカモッツィ，ヴィニョーラ，セルリオ，アルベルティといったルネサンス期の解釈が参照されたのである[11]．

　ブロンデルはまた，自身の講義の出版も行い，1675年から1683年にかけて大部の2巻からなる『建築教程』（*Cours d'architecture*）を刊行している．彼の教えは極めて伝統的な，建築の美はまず比例に由来するという理念に留まるものだった[12]．さらにブロンデルは，眼が感得する建築の比例は耳で聞き取る音楽の調性と同様に高次の宇宙的秩序に由来し，その調和の知覚は神が人間の精神に刻印した理念によって可能になるものであると信じていた．ブロンデルが援用していたのは友人の音楽学者ルネ・ウヴラールの議論であった．ウヴラールは『調和的建築』（*Architecture harmonique*）において，「建築物は，音楽の構成や和声と同じ規則に従わなければ完全となることはない」[13]と述べていた．やはり比例関係こそ建築実践の要となるものと見做

---

[10] 建築アカデミーの議事録はHenry Lemonnierにより全10巻の*Procès-Verbaux de l'Académie Royale d'Architecture, 1671-1793*として刊行されている（注9参照）．ブロンデルの講義は『建築教程（*Cours d'architecture*）』（1675）の冒頭に収録されている．
[11] アカデミー創設後の数ヶ月間，ブロンデルはこれらの理論家をこの順に取り上げた．Lemonnier, *Procès-Verbaux de l'Académie Royal d'Architecture*, 1: pp. 6-8を参照．
[12] ブロンデルの理論についての考察では，Wolfgang Herrmann, *The Theory of Claude Perrault* (London: Zwemmer, 1973) に読めるものが今なお最良である．
[13] R. Ouvrard, *Architecture harmonique, or application de la doctrine des proportions de la musique à l'architecture* (Paris, 1679), p. 1. ウヴラールの理論の詳細についてはJoseph Rykwert, *The First*

されている．すなわち理想としての美は，こうした比例についての眼識を有する精神において絶対的と見做されるのである．四半世紀前，フレアール・ド・シャンブレが古代に対して抱いた懐疑はブロンデルの分析にも時折その影響が見出せるものの，それは過ぎ去ったものへの心酔を揺るがすようなものではない．ルイ14世の時代のとば口において，建築は古典の伝統の上に再び堅固に据えられたのであった．

——2——
クロード・ペローとルーヴル

　コルベールが芸術に及ぼした影響の第2の側面は，彼が1664年1月1日に就任した建築総監および王立の製造業・商業・美術を監督する地位に由来するものである．この職位は，絶対王政における多くの新たな芸術および建築政策のほぼ全権を掌握するものであった．例えば，コルベールの最初の施策はパリにあったゴブラン織りの工場を国有化し，王室第一画家であったシャルル・ル・ブランにその運営を委任することであった．絵画・彫刻・版画・金細工・指物・機織り・染色・モザイクなどに長じた何百名もの職人が外国（主にイタリア）から招聘された．いうまでもなく，すべてはフランスのさらなる栄光のために為されたことである．

　当時構想段階にあった最も主要な建築プロジェクトは，ルーヴル宮の東部への拡張である．この建物はルイ14世の都市居住に供されるものであり，その建設の過程は複雑を極めている[14]．この敷地における角櫓を備えた最初期の城館は中世初期にまで遡るが，これは16世紀および17世紀初頭に実施された2つの建設事業によって徐々に解体された．1546年，ピエール・レスコー（Pierre Lescot, d. 1578）は現存する正方形の中庭の南西隅部にある建物の見事な設計を行い，これが新たな拡張の基点となっている．1624年からはジャック・ルメルシエ（Jacques Lemercier, 1582-1654）がさらに野心的な全体構想を計画し，新たな中央パヴィリオンを付加するなど建物の大きさを2倍に拡張することを提案した．その計画は南北の端部から翼廊を延ばし，東端で新たな建物に接合し，中庭を内包する方形を形成するものであった．北側の翼廊

Moderns: The Architecture of the Eighteenth Century (Cambridge: M.I.T. Press, 1980), p. 13 を参照．
[14] とりわけ，Robert W. Berger による価値ある研究 Berger, *The Palace of the Sun: The Louvre of Louis XIV* (University Park: Pennsylvania State University Press, 1993), pp. 13-16 参照．以降の歴史的経緯の多くはこれに依拠した．

の基礎など一部の建設は完了していたが，事業はルイ 13 世の死去により 1643 年に中断された．

ルイ 14 世の王権がその絶頂に向けて上昇を続ける中，1659 年に事業は再始動する．この年に王室主席建築家ルイ・ル・ヴォー（Louis Le Vau, 1612-70）は建築群の新しいデザインを準備し，建設が再開された．まもなく南の翼廊がほぼ形になり，基礎と東に向いた儀礼用の正面部に沿う壁面の一部が立ち上げられた．そしてコルベールが要職に就くとともに，状況は目まぐるしく変化することとなる．コルベールはル・ヴォーの設計に満足せず，1662 年にはすでに非公式に別案の検討を始めていた．1664 年に新たなポストについたコルベールはフランスの他の建築家の提案を募った．これにはジャン・マロ，ピエール・コタール，そしてフランソワ・マンサールが含まれている．このうち 2 つの構成案が，のちに実現した形態に重要な影響を与えている．ひとつは東側ファサードに沿ってコリント式の開放列柱廊を設けるもので，ル・ヴォーのデザインには見られなかったものである．この案は 1664 年にパリで匿名のうちに発表されたが，後にクロード・ペロー（Claude Perrault, 1613-88），すなわちコルベールの私設秘書シャルル・ペロー（Charles Perrault, 1628-1703）の兄の作と知れることとなった．第 2 の案は同じく東側ファサードに独立柱の列柱廊を設けるものであったが，列柱は 2 本ずつが 1 組となって配置されていた．この案はフランソワ・ル・ヴォー（François Le Vau, 1613-76），すなわちルイ・ル・ヴォーの弟によるものであった[15]．

フランソワ・ル・ヴォーの提案は，しかし，1664 年 12 月までコルベールの手元には送られなかった．その年の 3 月にコルベールはイタリアのバロック建築家ジャン・ロレンツォ・ベルニーニ（Gian Lorenzo Bernini, 1598-1680）に設計案の提案を求めており，それは 6 月にパリに到着した．1664 年 12 月の時点ではコルベールは明らかにこのイタリア人建築家の登用を考えており，王の代理としてベルニーニに設計案の再検討とローマからパリへの旅行を実現するように求めていた．1665 年 6 月 2 日の，ベルニーニの意気揚々とした（そして贅沢な）馬車によるパリへの到着については多くが語られている[16]．しかし最終的にはこの旅は無益に終わった．その理由は，ベルニーニの改良案がコルベールの秘書シャルル・ペローのみならずフランスの建築家の厳しい批判に遭い，王自身の興味も次第に失われたためである[17]．東翼の工事はベル

---

[15] フランソワ・ル・ヴォーの設計案は，カップルド・コラムの列柱と平坦なエンタブラチュアが主屋および両隅パヴィリオンの屋根・屋根裏階の下部に連なるもので，実施案とは異同がある．Berger, *Palace of the Ssun*, pls. 24-32 参照．

[16] 例えば Rykwert, *First Moderns*, pp. 30-1 を参照．

[17] シャルル・ペローによれば，王の意思はこのプロジェクトを遂行すべきか否かという問いへの沈黙

ニーニ帰国後の10月に停止し，プロジェクトは1667年の春まで停滞を余儀なくされた．コルベールは設計の再検討のために新たな委員会（*petit conseil*）を設け，新しい提案を模索した[18]．この委員会は3名，すなわちシャルル・ル・ブラン（王の第1画家），ルイ・ル・ヴォー（この時も王室主席建築家），そして1664年に求められもせずに設計案を作成していたクロード・ペローによって構成されていた．

その弟による政治的支持や，委員会への影響力を示したいというコルベールの意向が関わっていることはほぼ確かであるにせよ，300年以上を経た今日では建築の経験に乏しいペローが選ばれた理由を完全に理解することは不可能である．しかし，彼が相当な力量の人物であったということは確かであるといえる（図1）．

1 クロード・ペロー．Artist Portraits: Scrapbook, 1600-1800 より．カナダ建築センター（モントリオール）所蔵．

最初のルーヴルの設計案まで，51歳のペローは，おそらくは自分が所有するヴィリーのカントリー・ハウスの改修以外に建築に関心を示すことはなかった[19]．1642年にパリ大学医学部で医学の免状をとり，その後の20年間はそこで解剖学・病理学に関する講義を折に触れて行っていた．細々と医学の実践は続けていたものの，彼の専門的な関心は自然科学の探求へと吸い寄せられてゆく．科学に対する態度においてペローは実のところこの上ないデカルト主義者であり，多くの王立動物園の動物の解剖に加え，植物学，地質学，力学の問題についての研究を行った．ある時には著名なオランダの自然学者クリスティアーン・ホイヘンスとともに音速に関する実験を行っている．抜擢の前年にあたる1666年には，ペローとホイヘンスはいずれも科学アカデミーの初代メンバーに選出されている．これはコルベールの認可を必要とした特別な職務への就任であり，したがってペローの科学における業績がコルベールの知るものであったことは確かなのである．

によって示されたという．*Charles Perrault: Memoirs of My Life*, trans. Jeanne Morgan Zarucchi (Columbia: University of Missouri Press, 1989), pp. 77-8.

[18] この委員会の初期の議事については Berger, *Palace of the Sun*, pp. 25-45 に詳述されている．

[19] Herrmann, *Theory of Claude Perrault*, p. 18 参照．ペローに関する卓抜な研究として他に Antoine Picon, *Claude Perrault, 1613-1688, ou La Curiosité d'un Classique* (Paris: Picard, 1988) が挙げられる．

クロード・ペローはまた，パリでは比較的希有なもうひとつの能力を有していた．ラテン語，ギリシア語の両方に堪能だったのである．このことは——おそらく1666年の後半に——コルベールが国家の予算を注いで行おうとしていたウィトルウィウスの翻訳の担当者を探したときに存在感を示したであろう．そしてこの翻訳プロジェクトが将来の建築アカデミーと不可分のものとして構想されていたことは疑いない．一方でペローの建築への関心もまた，訳者に選出されたことによって加速させられ，あるいはこれにぴったりと歩調を合わせたようである．その後1666年のうちに彼はルイ14世に献ずるオベリスクを設計している[20]．また，1667年の春には新しい王立天文台の建築家に任じられた．この建物は科学アカデミーが会合の場とするものであった[21]．そしてこの設計委託は，ルーヴル宮建築の委員会が第1回の会合を開くわずか数週間前のことであった．

　ペローが最終的な設計案（後代，ペローだけがその名声を独占してきたものである）にどの程度関わっていたのかは常に建築史上の議論の争点となってきた．しかしながら，設計が基本的に委員会の産物であることは確かであろう（図2, 3）[22]．1667年4月と5月にルイ・ル・ヴォーのアトリエで最初のドローイングが作成された．これらにおいては東側正面の主階にカップルド・コラム，あるいはペア・コラムが用いられているが，このデザインの萌芽はフランソワ・ル・ヴォーの初期の案に由来するように思われる．一方でペローもまた新設計案の練り上げに大きく貢献しており，その責務はプロジェクトが1668年の最終案へ向けて改良を重ねてゆくにつれて次第に増大していったようである[23]．列柱廊の構造設計は組積造部材を緊結するために網の目のように鉄材を配する巧妙なものであり，科学の教養と力学の知識を備えたペローがこれに参画していたことは疑いない[24]．彼は建設に用いた機械装置も一部考案したと考えられる．いずれにせよ，ルーヴル宮の，カップルド・コラムにわたされた19フィート（5.7m）の真っ直ぐなエンタブラチュアはいつしかフランス古典主義の傑作として称賛されるようになる．ペローの貢献は，それが歴史的事実であるにせよ，あるいは単にそう語られているだけであるにせよ，ペローがこの建築を自分のいまひ

---

[20] Claude Perrault, *Voyage à Bordeaux* (Paris: Renouard, 1909), pp. 234-41 に所収の "Dessein d'un Obérisque" 参照．この計画は実施されなかった．
[21] 天文台の詳細については Michel Petzet, "Claude Perrault als Architekt des Pariser Observatoriums," *Zeitschrift für Kunstgeschichte* (Munich: Deutscher Kunstverlag, 1967), pp. 1-53 参照．
[22] この見解はこの件に関する最近30年間の研究に基づくもので，どうやら大方の合意を得られている．
[23] これらの変更は Berger, *Palace of the Sun*, pp. 35-40 に詳述されている．また Berger は，ペローによる変更はプロジェクト委員会に助言を行っていたロラン・フレアール・ド・シャンブレの直接の影響下で行われたと指摘している．
[24] Berger (in collaboration with Rowland J. Mainstone), *Palace of the Sun*, pp. 65-74 参照．

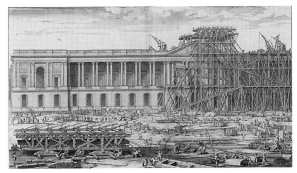

2 ルーヴル宮の版画，1674 年．Sébastien Le Clerc, *Lifting on the Louvre Pediment Stones, 1674.* より．カナダ建築センター（モントリオール）所蔵．

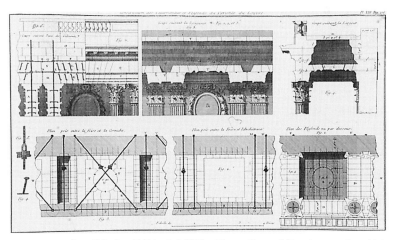

3 ルーヴル宮の列柱廊の鉄材による補強．Pierre Patte, *Mémoires sur les objets les plus importantes de l'architecture*（Paris, 1769）より．カナダ建築センター（モントリオール）所蔵．

とつの偉業である 1673 年のウィトルウィウスの訳本の扉絵に――自身による他の建築デザインとともに――用いる程度には知られていたのである．

3
新旧論争

　ルーヴル宮の設計とウィトルウィウスの翻訳は，建築の実践と理論において 2 つの革命が時を同じくするという稀有な瞬間を指し示すものである．実際ペローは，訳本の註釈としてルーヴル宮のデザインの説明をしている．第 3 書第 3 章に加えられた註釈は重要である．ウィトルウィウスはここでギリシアの建築家ヘルモゲネースの創案，とりわけ二重周翼式（dipteral）神殿の二重の柱列の内側のものを取り去る改良を讃えている[25]．ウィトルウィウスは，このデザインの単純化は機能的にも審美的にも利点があると論じている．すなわち，外側の列柱の背後に人々のための通過空間を作り出し，同時に視覚的には神殿の外貌を軽いものとし，そこにある種の荘厳さを付与することができるという．ペローはルーヴル宮東側ファサードに用いたカップルド・コラムを正当化するためにこの一節を巧みに援用する．

　　我らの世紀の趣味は，あるいは少なくとも我が国民の趣味は古代人とは異なっており，おそらくそこには少しばかりのゴシックが含まれている．なぜなら，我々は大気，日光，そして開放性（dégagemens）を愛好しているからである．そこで我々は柱を配置するにあたって第 6 の手法を考案した．それは 2 本の柱を 1 組にし，2 本ずつの間には 2 倍の柱間を設けるものである……これはヘルモゲネースの模倣としてなされた……それぞれの廊で一連の柱を除くことによって彼が行ったことを，我々は列柱において 2 本の柱の間にある柱を取り去り，それを近くの柱に寄せるという方法で行っているのである．この手法は偽密柱式（Pseudosystyle）と呼ぶことができよう[26]．

　ペローが言及する「少しばかりのゴシック」が暗に意味するのはゴシック建築の形

---

[25] ペローの訳による *Les dix livres d'architecture de Vitruve* (Paris: Coignard, 1673) 参照．最初の 2 章が 1 章にまとめてられているため，該当する箇所は 2 章に相当する．
[26] Ibid., p. 76. 原文は以下のとおり．"Le goust de nostre siecle, ou du moins de nostre nation, est different de celuy des Anciens & peut-estre qu'en cela il tient un peu du Gothique: car nous aimons l'air le jour & les dégagements. Cela nous a fait invnter une sixième maniere de disposer ces Colonnes, qui est de las accoupler & de les joindre deux à deux, & de mettre aussi l'espace de deux entrecolonnemens en un. . . . Cela a esté fait à l'imitation d'Hermogene. . . . Cette maniere pourroit estre apellée *Pseudosystyle*"（アクサンと綴りは原文のママ）

式や装飾的な側面ではなく，むしろその構造システムの合理性，すなわち，ずんぐりとした古典主義の柱のプロポーションと比較したときの垂直支持材の軽快さである．1669 年，ペローはフランス南部への旅行を行い，中世や古代の建築のスケッチやメモを作成した．この中にはポワチエのサン＝ティレール＝ル＝グラン聖堂（「構造は一種独特である」），およびボルドーのサン＝タンドレ大聖堂が含まれている[27]．ボルドーでは，彼はまた円形闘技場の遺跡やガロ＝ロマン期の神殿の柱の遺構であるピリエ・ド・チュテル（現存せず）を視察している[28]．これらの2つはローマ建築の構築技術を示すものとしてペローにとっては重要であった．しかしながらさらに重要だったのは，彼が中世あるいはゴシック建築（「ゴシックのオーダー」）が，相対的に構造的な効率性を有していることに触れ，これを評価したことである．彼は，それらの構造的な巧みさだけでなく，視覚的な軽快さによってもたらされる美的な趣味をも，パリへと持ち帰ったのだった．

同じく注目に値するのは引用中で「開放性（openness）」と訳出したフランス語，dégagemens あるいは dégagement である．これらは文字どおりには「（束縛からの）解放（disengagement）」を意味する．ペローは背後の宮殿から列柱を離して設けていること，そしてそれによって実現される全体的な空間の軽快な印象を指してこの語を用いている．これはイタリア・ルネサンス建築に対する，すなわち，それが補強のための付柱を伴った重厚な外壁によって成立していることへの批判であった．ペローは，列柱廊の開放性に加え，背後の壁体への荷重が軽減されることにより，壁体により大きな開口が可能となり，それによって自然光の導入と空気の循環を促すと述べている．この論点は，当初ルーヴル宮の壁に計画されていた開口がすでに閉塞した壁龕へと（1668 年に）変更されたにもかかわらず，ペローが指摘したものであった[29]．

第3の重要な語彙はウィトルウィウスの原典にあるラテン語 asperitas（フランス語では aspreté，現代語では âpreté，英語では asperity，荒々しさ）である．ウィトルウィウスはヘルモゲネースの新たなデザインの視覚的効果についてこの語を用いて

---

[27] Perrault, *Voyage à Bordeaux*, p. 155. ペローは続けて以下のように述べている．"La voûte qui est un berceau, ayant des fenêtres qui ne s'élèvent pas jusque en haut comme en l'ordre gothique, mais qui sont en lunette, est portée sur de grosses colonnes qui ont leurs bases de chapiteaux approchant assez de l'ordre antique."（「ゴシックのように最上部までの開口ではない，リュネット窓を有する円筒ヴォールトが，古代のオーダーに似た柱礎をもつ太い柱に支えられている」）この旅行時のスケッチについては Hermann, *Theory of Claude Perrault*, p. 27 および pls. 20-2 参照. Robin Middleton, "The Abbé de Cordemoy and the Graeco-Gothic Ideal: A Prelude to Romantic Classicism," *Journal of the Warburg and Courtauld Institutes* 25 (1962), p. 298 も参照.

[28] Berger は，ピリエ・ド・チュテルを見ることがペローの南方旅行の動機であったと指摘している（*Palace of the Sun*, pp. 99-103）．

[29] Berger, *Palace of the Sun*, pp. 47-52 参照.

いる．これは軽快な柱廊が神殿の壁体に深い陰影を与える効果である．この語自体は表面の粗さや不均一さを意味するが，ペローはこれをフランス語において柱廊が実現する「生き生きとした印象」や「ピクチャレスクな眺め」について，すなわち換言すれば視界の中で感得される立体的な視覚的緊張関係について用いているのである[30]．dégagement, âpreté は後のフランスの建築理論の鍵となる語彙であり，これに関する議論では常にこの一節が参照されることとなる．

　ペローのゴシックに対する極めて非・古典的な解釈，およびルーヴル宮のカップルド・コラム（古代・ルネサンスに先例はほとんど皆無である）の擁護は，興味深いことに，アカデミックな世界における反応を即座に引き起こすことはなかった．実際のところ，1674年12月に（毎週1冊ずつ取り上げられる講読会において）建築アカデミーでペローがまさにこの箇所を読み上げたときには，会合ではその他の注釈箇所，すなわち数行後の柱の逓減に対する一定の「難しさ」に対する指摘はあったものの，当該の箇所にコメントを挟む者はなかった[31]．議事録では専門家としての慎みから，あからさまな対立を記述することは憚られたのかもしれないが，しかしペローによる，古典主義理論のさまざまな了解次項についての考察は，ブロンデルの『教程』に疑義を差し挟むものであった．したがって反論が提起されることは避け難く，これは1683年にブロンデルが『建築教程』第2巻を刊行した際に現実化する．アカデミーの総裁は，実に書物の3章分をこの注釈に関する議論にあてたのであり，同時にルーヴル宮の設計への苛烈な批判を展開したのであった．このブロンデルによる応答は，フランスにおけるより広範な文化的議論，すなわち，後世に「新旧論争」として知られる論争の第1ラウンドの開始を告げるものであった．ブロンデルはこの中で，古代の擁護を通じて古代派の陣営に立ったのである．

　ルーヴル宮の設計については，ブロンデルは何よりもまず列柱に使用された補強鉄材の量に懐疑的であった．ブロンデルは，建築の堅固さのために建築家に要求されるのは，設計の安定性への「信頼」を損なうような短絡的な解決を図らないことであると強調する．そして，現代よりも建造物が重厚であった古代は，いかなる場合にもこの種の解決に頼ることはなかったのである[32]．またブロンデルはカップルド・コラムという解法の構造的利点にも疑問を投げかける．この点について，ペローはその構造的優位を次のように説明していた．すなわち，2本組とすることにより，より大きな

---

[30] Wolgang Hermann は，マルク＝アントワーヌ・ロージエ『建築試論』の英訳 *Essay on Architecture* (London: Hennessey & Ingalls, 1977) で âpretè の訳語としてこれらの語を用いている．
[31] Lemmonier, *Procès-Verbaux de l'Académie Royale d'Architecture*, 1, p. 87 参照．
[32] François Blondel, *Cours d'architecture* (Paris: 1698 ed.), p. 237.

柱間に渡されることになる複合梁は，それぞれの端部において内側の柱に全荷重を委ねることができるのだという．ブロンデルはこの構造的優位性はまやかしであると反論した．その要点は，片持ち梁の端部は反りによって持ち上がるため，支持する柱の内側の角部に過大な負荷を与える，という誤った考察によるものであった[33]．当時こうした問題を数学的に検証する方策は存在しなかったため，ペローはカップルド・コラムの付柱と片持ち梁に近い構成による解法を，実験室において鉄と石による，1フィートを1インチに縮小した模型を使って証明していたということは付言されるべきだろう[34]．

　ブロンデルはその著作において，多くのページを割いてペローの設計とその根拠を古代およびルネサンスの先例に探し求めている．その結果，カップルド・コラムあるいはカップルド・ピラスターについては，古代とルネサンスにおいてあまりにわずかな例しか見出すことができなかった（後者についてブロンデルが見出したのはブラマンテによるベルヴェデーレおよびラファエロ邸，さらにはミケランジェロによるサン・ピエトロ大聖堂における用法である）．またブロンデルは，このモチーフが――ペローの設計例を通じて――この10年の間に広く受容されていたことについて驚きを表明している．「彼ら（これを用いる建築家）が，普遍的な称賛を集める古代の遺跡と，古代人が柱やピラスターを2本組にした半ばゴシック的な建物の差異を見ていないということには，驚愕したといわざるをえない」[35]．

　ここで問題となったのは，この構造部材を2本組にすることに見られるゴシック主義的堕落である．「私は，彼（ペロー）が我が国民性に帰した，陽光と開放性への愛情について反論することは何もない．なぜならば，我が国民性にはゴシック趣味もあるのであり，それゆえに古代の性質からは極めて隔たったものであるということを認めるからである」[36]．そしてペローが彼の発明を正当化するためにヘルモゲネースを用いるならば，それは両刃の剣であるとブロンデルは強調する．「これと同じ論拠が，建築やほかの芸術における無秩序への扉をいつも開いてきたこともまた確かである」．ブロンデルはここで核心に到達する．「ゴシックの建築家は彼らの建物をこうした不

---

[33] Ibid., pp. 232-6.
[34] Pierre Patte, *Mémoires sur les objets les plus importans de l'architecture* (Patis: Rozet, 1769), pp. 269-75 参照.
[35] Blondel, *Cours d'architecture*, 2, p. 230. 原文は以下のとおり． "Je m'estonne, dis-je, qu'ils n'ayant pas veu la difference qu'il y a entre ces restes qui ont l'approbation universelle & cas bîtimens demi Gothique ou les Anciens ont couplé des Colonnes ou des Pilastres."
[36] Ibid., p. 235. 原文は以下のとおり． "Je n'ay rien à dire sur cette amour que l'on attirbue à nostre Nation pour le jour & les degagemens, puisqu'on avoüe en même temps qu'il tient encore du Gothique, & qu'il est en cela fort different du goust des Anciens."

見識で満たしてきた．それは彼らが，ギリシア人とローマ人の発明に何かを付加することが許されていると信じているためなのである」[37]．

ブロンデルのこうした所感はことのほか教条的で，あらゆる新機軸に反対するものであるように見える．しかし，彼にとってこの論点はあまりにも重要なものであり，その中では彼自身の技術者および教師としての評価はとるに足る問題ではなかったということも注意しておかねばならない．一方のペローは再び議論に参画することを余儀なくされる．ペローの最初の応答――その自然科学的訓練を貫くデカルト的懐疑による論考――は，1684年に刊行された仏訳版ウィトルウィウスの第2版に付された，大幅に加筆された注釈というかたちで表明された．この議論は極めて理知に富むものである．彼は一方で古代の作品への盲従はあらゆる進歩や現代の新機軸を窒息させる効果をもつと述べ，他方でゴシック主義の害悪を正面から認めるのである．

> ブロンデルが拠り所とする反論は，古代人の実践から離脱することは許されないという，予断と誤った憶測に基づいている．つまり，古代人のやり方に倣わないことはすべて異常な奇想に違いなく，この規則が神聖なものとして守られなかったならば芸術の無秩序化への道が開かれてしまう，というものである．しかしながら，この論法はあまりに多くのことの根拠になっている一方で，何ひとつ立証してはいない．なぜならば，あらゆる美しい創発への扉を閉ざしてしまうことの方が，自らを損なってしまうほどに馬鹿げた発明の方へ扉を開くことよりもはるかに大きな損失だからである……．
>
> しかし彼は，我々の偽密柱式（Pseudosystyle）に対する最大の非難は，それがゴシックに似ていると述べることだと考えている．私はこの注釈においてはこのことに同意することを躊躇するが，一般的にいってゴシック（および，それを構成する要素のすべてを考慮する）は最も美しい建築様式というわけではないと考える一方で，ゴシックにみられるものすべてを拒絶せねばならないとは考えない．その建築物の内部の明るさ，そしてそれがもたらす開放性はゴシックの人々が古代人とは異なる点であるけれども，ゴシックが軽蔑されねばならない理由にはならないのだ[38]．

---

[37] Ibid. 原文は以下のとおり．"Il est pourtant tres vertible que c'est ce même raisonnement qui a ouvert la porte de tout temps au dereglement qui se trouve dans l'Architecture & dans les autre Arts.... Les Architectes Goths n'ont rempli leurs edifices de tant d'impertinences, que parce qu'ils ont cru qu'il leur étoit permis d'ajoûter aux inventions des Grecs & des Romains."

[38] Perrault, *Les dix livres d'architecture* (Paris: 1684), pp. 79-80, n. 16. 原文は以下のとおり．"La principale objection sur laquelle on appuye le plus, est fondée sur un prejugé & sur la fausse

このようにして，1684年には古代人と現代人を巡る建築上の議論を構成する最初の論点が出揃うこととなった．しかし，古典古代の権威に対する深い懐疑をもつペローはここに留まらなかった．仏訳版ウィトルウィウスの第2版が刊行される前年，ペローは自身の建築論文『古代人の方法に倣った五種のオルドナンス』(*Ordonnance des cinq espèces de colonnes selon la méthode des anciens*) を刊行していたのである．これはブロンデルのアカデミックな体系をいっそう脅かすものとなった[39]．表向きは，ペローの論文は（イタリアにおいてもフランスにおいても）ルネサンスの理論が解決できなかった問題を提示して見せたものとなっている．すなわち，柱の比例のための普遍的な体系を創出するという問題である．

ルネサンスの建築家もよく理解していたように，この問題は実に長きにわたるものである．ウィトルウィウスが提示する体系は受容しがたいものであった．その理由は，まずローマ建築は十分なディテールを示していないこと，そして，基本的な比例関係は時代とともに変化してきたと著者自身が認めていること，さらに，ローマ建築の遺構（主に帝政期）に見られる柱にはそこで解説されているような比例関係が見られないことである．究極の美に対する信頼と，齟齬を来たさない統一的な体系の希求にあたって，レオン・バッティスタ・アルベルティ（Leon Battista Alberti, 1404-72）からヴィンツェンツォ・スカモッツィ（Vincenzo Scamozzi, 1552-1616）に至るルネサンスの建築家は，寸法の定量的な解を提案してきた．より近い時代には，1650年にフレアール・ド・シャンブレがいまひとつ別のアプローチを選択している．彼は，建築家が最良の決断ができるように，10人の著者が提案してきた寸法を単純に並べ編纂したのであった[40]．これを受け，新たに設立された建築アカデミーの喫緊の課

---

supposition qu'il n'est permis de se départir des usages des Ancients; que tous ce qui n'imite pas leurs manieres doit passer pour bizarre & pour capricieux, & que si cette Loy n'est inviolablement gardée, on ouvre la porte à une licence qui met le déreglement dans tous les Arts. Mais comme cette raison prouve trop, elle ne doit rien prouver: car il y a beaucoup plus d'inconvient à fermer la porte aux belle inventions, qu'à l'ouvrir à celle qui estant ridicules se doivent détruire d'elle-mêmes.... Mais le plus grand reproche que l'on croit faire à nostre Pseudosystyle est de dire qu'il tient du Gothique. J'estoit demeuré d'accord du fait dans ma notte; mais supposé que Gothique en general, & à considerer tout ce qui le compose ne fust pas le plus beau genre d'Architecture, je ne pensois pas que tout ce qui est dans le Gothique fut à rejetter. Le jour dans les Edifices & les dégagemens don't il s'agit, sont des choses en quoy les Gothiques different des Ancients: mais ce n'est pas en cela que le Gothique est à reprendre."

[39] Claude Perrault, *Ordonnance of the Five Kinds of Columns after the Method of the Ancients*, trans. Indra Kagis McEwen (Santa Monica, Calif.: Getty Publications Program, 1993), p. 52. 原著は，*Ordonnance des cinq espèces de colonnes selon la méthode des anciens* (Paris: Jean Baptiste Coignard, 1683).

[40] Fréart de Chambray, *Parallèle de l'Architecture antique avec la Moderne*.

題は，現代的な応用の指針とするために，ローマ人建築家が使用していた体系を高い精度で定めることにあった．

この目的のため 1674 年，コルベールは学生だったアントワーヌ・デゴデ（Antoine Desgodetz, 1653-1728）をローマへ派遣する．その任務は主要なローマのモニュメントの計測であった[41]．この旅はデゴデとその同伴者オーギュスタン＝シャル ル・ダヴィレが南へ向かう途上の早々に海賊に誘拐され，国が身代金の支払いを余儀なくされるなど，初めから波乱に満ちたものとなった．デゴデは 1677 年のパリ帰還時には 50 近くもの建造物の実測結果を携えていた．このうち 25 のモニュメントが選定されて版画となり，1682 年に官製出版物『極めて正確に測り描かれた古代ローマの建物』（*Les Edifices antiques de Rome dessinés et mesurés très exactement*）として刊行された[42]．しかし，古代に用いられていた比例体系を明らかにするどころか，デゴデの調査はむしろ，共通する寸法体系など存在せず，セルリオやパラーディオといったルネサンスの著名な著述家が記した寸法は，彼の「極めて正確な」実測と比較したとき，全く不正確なものであるということを明らかにしただけだった．

ブロンデルはデゴデの調査研究の結論は重く見なかったようであり（とりわけ，ブロンデルの究極的な美という信念とは相容れないものであったためである），その結論の隠匿，あるいは少なくともまともな検証の機会を与えないという措置が，ブロンデルの判断によるものであることはほぼ確かである[43]．対照的に，同じく事態の推移に注意していたペローはデゴデの発見に興味をひかれており，それがペローの科学的な精神に新たな課題を与えたことは疑いない．ペローの『5 種のオーダー』の最初の目標は柱のための新しい数比の体系を提示することであり，これを彼は経験的なやり方で案出しようとしている．ペローは遺構や現代および古代の著述家による書物から数値を収集し，これらを用いて柱とエンタブラチュアの各モデュールの算術平均を求めたのである．そこには建築家の「よき趣味」は 2 つの極の間の中庸の選択にあるという前提が込められている[44]．彼の「確度の高い平均的比例」はまた，彼の創案によ

---

[41] Wolgang Herrmann, "Antoine Desgodets and the Académie Royale d'Architecture," *The Art Bulletin*, March 1958, pp. 23-53 参照．
[42] Antoine Desgodets, *Les Edifices antiques de Rome dessinés et mesurés très exactement* (Paris: J. B. Coignard, 1682).
[43] デゴデのドローイングはアカデミーの 1677 年最後の講義（12 月 13 日）で検討され，1678 年にもその機会がもたれたが，議論は結論には至らなかった．著作自体は 1682 年に刊行されたが，ブロンデルの没後 8 年を経た 1694 年までアカデミーで検討されることはなかった．1682 年時点で本が等閑視されたことには他の理由も考えられる．ひとつ挙げれば，急速に王の知遇を失ったコルベールはその翌年に没しており，後任者フランソワ＝ミシェル・ル・テリエ（ルーヴォワ候）が実施した緊縮政策はアカデミーにおける理論的な議論を制限するものだった．
[44] Perrault, *Ordonnance of the Five Kinds of Columns*, p. 54.

るプチ・モデュール（柱の直径の 1/3）にも基づいていた．これは，細部に関しても端数のない単純な数比の使用を可能とした．

　この論争において最も重要な意味をもったのは，やはり『5種のオーダー』の理論的導入部である．というのは，そこでペローはブロンデルの教程への当初の反駁をより広い文脈において組み立てる機会を得たからである．例えばペローは，1673年の仏訳版ウィトルウィウスのいくつかの註釈において，比例は「明証的，必然的，そして説得力のある美」の源などとは到底認められず，むしろ人間の精神（想像力）の産物なのであり，どの作品が模倣に値するかという判断に立脚した「建築家の合意」によって到達されるものであると言明している[45]．この信念によって，彼は建築の美について 2 類型を提示するに至った．すなわち，実証的なものと，恣意的なものである．前者のカテゴリーには，誰もが容易に理解する「説得的な理性」に基づくさまざまな美，例えば「材料の豊かさ，建物の規模と壮麗さ，正確かつ端正な姿，および対称性」が含まれる[46]．実証的な美とは，したがって絶対的な美を想起させるが，これはその評価が普遍的であるという意味にすぎない．恣意的な美は，他方，「理性によってではなく，ただ慣習と，異なった2種のものを結びつける精神の連想作用のみによって，誰の目にも快く現れる余地のある事物に決定的な比例，形状，形態を与え，無様なものを忌避したいという我々の望みによって決定される」[47]ものである．建築の比例は，「情緒」と「連想」という表題のもと，ここに備わっているのである．ペローの議論はしたがって絶対的でない相対的な美学を予示するものとなっていた[48]．

　美の実証性と恣意性というペローの峻別もまた，いまひとつのアカデミーの教理への疑問の呼び水となる．例えば，ペローは継続していた医学研究に依拠しつつ，音楽と建築が調和的価値を共有するという考えを非難する．耳と目では感覚情報を処理する仕組みが異なるということがその論拠であり，耳は知性の反省なしに機能するが，目による感得は完全に知識に媒介されるというのである[49]．ペローは，音楽家は和声を司る音程の正否について意見を異とすることは決してないが，建築家は（円柱のオーダーに関する多数の規則書が示すように）ほとんどいつも比例について異なる意見をもっているとも指摘する．ペローはまた建築の美が自然あるいは合理性の模倣に基づくべきであるという理念に異議を唱え，習慣や慣例に全面的に委ねるべきであると

---

[45] Perrault, preface to *Les Livres*, p. 12 n. 3, p. 100 n. 1, p. 102 n. 2. また，Hermann, *The Theory of the Claude Perrault*, pp. 132 ff. における，関連事項に関する検討も参照．
[46] Perrault, preface to *Ordonnance of the Five Kinds of Columns*, p. 50.
[47] Ibid., p. 51.
[48] 例えば，ペローの建築書はジョン・ロック『人間知性論』（1690年）に 7 年先んじている．
[49] Perrault, *Ordonnance of the Five Kinds of Columns*, pp. 48-9.

述べる[50]．彼の最も痛烈な——その「現代派」の立場を最も鮮明に示す——言葉は，古代に過大な崇敬を示す建築家に宛てられたものである．「建築家が，彼らが古代のものと称する作品を敬慕し崇める度合いは想像を越えている．彼らはそれらのすべてを，なかでもその比例の妙を称賛してやまない」[51]．ペローは，この同時代における過去への「過大な敬慕」を，中世の野蛮が文化のさまざまな分野を修道院へ遁走させたこと，すなわち「科学によって遂行された無慈悲な戦争」になぞらえている．建築の基盤を脱神話化し，基本となる教理を厳格な合理主義の土台に据えようとするペローの渇望の背景には，このように長年にわたる科学の世界での鍛錬があったのである．

しかしこの渇望が表明されたのは，建築的な論争が終結へと差し掛かった頃であった．そしてこの短い期間に限ってみれば，ペローの見解は多くの支持者を得ることができなかった．ブロンデルは1686年に死没し，その後継者フィリップ・ド・ラ・イール（Philippe de la Hire, 1640-1718）は絶対的な美と比例を扱った教程を遺すことになる．ペロー自身は1688年に生涯を終える．細やかで思慮深い科学者としての人生とは裏腹に，その死因はラクダの解剖時に罹患した感染症であった．

——— 4 ———
サント＝ジュヌヴィエーヴ聖堂の最初の計画

クロード・ペローの生前，すでに新旧論争は新しい段階に突入していた．議論の新たな位相を喚起したのはシャルル・ペローが1687年1月27日にアカデミー・フランセーズで朗読した詩であった．これは『ルイ大王の世紀』と題されたもので，この中でシャルルはルイ14世の治世に遂行された偉業およびそれまでの四半世紀になされた芸術の飛躍を称えている[52]．彼の詩文は，これらの（建築や他の）実績を「アウグストゥスの輝かしき時代」の偉業になぞらえるに及んだ．

文芸の世界においてこの種の類比への反応は迅速で容赦なかった．古典主義者ニコ

---

[50] Ibid., p. 52.
[51] Ibid., p. 57.
[52] シャルル・ペローは知友であるラヴォー神父にこの詩を朗読させている．ペローはこれを『芸術と学問に関する古代人と近代人の比較』の第1部末尾に収めている．*Parallèle des anciens et des modernes en ce qui regarde les arts et les sciences: Dialogues* (1692-7; reprint, Geneva: Slatkine Reprint, 1971), pp. 79-85. また，Rykwert, *The First Moderns*, pp. 24-8における論争の検討も参照．

ラ・ボワロー＝デプレオーが，朗読が終わるのを待たずに席を立ち，大きな音で扉を閉めて退出したと伝える者もいる．のちに彼はペロー兄弟の独断的文化観への容赦ない攻撃を始めた．これは彼の文芸サークルに属するラ・フォンテーヌやラシーヌなど他の「古代派」も同様であった[53]．シャルルには，しかしまだ二の矢が残っていた．1682 年にコルベールの秘書を辞したのち，彼は文芸の追求に復帰した（彼の仕事で最もよく知られているのは童話集の編纂である．その多くは 1812 年から 1815 年にかけてグリム兄弟によって再収録・刊行された）[54]．ボワローに対し，彼は 4 部からなるソクラテス的対話編をもって応答した．すなわち 1688 年から 1697 年にかけて発表された『古代人と現代人の比較』（*Parallèle des anciens et des modernes*）である．彼はこの中で芸術と科学の進歩を擁護するそれまでの議論を大幅に拡大し，それが過去の様式的束縛からの逸脱を意味するということを顧みたうえで，同時代の人間がその時代の芸術精神を規定することの権利を再び擁護してみせた．シャルルの熱情的な合理主義（弟においても同様であったろう）に関して，新旧論争を扱ったある 19 世紀の年代記作家は，彼を「デカルトの息子」とさえ呼んだ[55]．

この論争はしかし，主として文芸上の事件であった．建築理論にとってはるかに重要だったのは，シャルルが 1697 年に著した短い『覚え書き』である．これは 1697 年に刊行されたもので，「パリ，サント＝ジュヌヴィエーヴ聖堂のポルタイユのデザイン」と題されていた[56]．これは彼がクロードとともに 1670 年代半ばに作成していた，以前のサント＝ジュヌヴィエーヴ聖堂，すなわちパリの守護聖人に献じられた聖堂の拡大設計案であった．増築案はクロードによりウィトルウィウスの翻訳の数年後に設計されたもので，残された内観パースや立面図には，クロードの翻訳に用いられた図版を思わせるものが含まれている[57]．

---

[53] この論争の詳細な経緯については Hippolyte Rigault, *Histoire de la Querelle des Anciens et des Modernes* (Paris: Hachette et cie: 1856), p. 146 参照．後にヴォルテールはこの論争のおよそ個人的なものであったと強調した．『ルイ 14 世の世紀』では，ペロー兄弟へのボワローの敵意は「個人的な立腹」によるものと述べている（Voltaire, *Age of Louis XIV*, 14, p. 242 n. 1)．『哲学辞典』の項目「古代人と近代人（Anciens et Moodernes）」ではこの論争について以下のように述べている．「ボワローはペローに対してホメロスを正当化するのみだが，このギリシア詩人の欠点は巧みに避け，ホラティウスが彼を非難した「居眠り」にも触れていない．彼はホメロスの敵たるペローを嘲笑することだけに努めている．〔…〕しかし，しばしば誤解されているペローが正しい場合も多いということも十分ありうるのだ」(*Philosophical Dictionary*, 3, pp. 160-1 n. 6)．

[54] 彼が著した童話には「赤ずきん」「シンデレラ」「眠りの森の美女」「青ひげ」などがある．

[55] Rigault, *Histoire de la Querelle des Ancients et des Modernes*, p. 49.

[56] シャルル・ペローの覚書 "Dessin d'un Portail pour Église de Sainte-Geneviève a Paris" は最初に以下において発表された．Michel Petzet, "Un Projet des Perrault pour Église Sainte-Geneviève à Paris," *Bulletin Monumental* 115, pt. 2 (1957), pp. 81-95.

[57] Perrault, *Les dix livres*, pls. XXXIV, XXXV, XL, LIV.

この設計案には2点，18世紀に多大な関心を呼ぶ要素を含んでいた．ひとつは聖堂の玄関部であり，独立柱による柱廊がその上部の分節の水平なエンタブラチュアを支えているものである．いまひとつは，身廊内部の水平なエンタブラチュアで，身廊の両脇で円柱列に支えられており，その上の天井はヴォールト状となっていた（実際にはその上部のトラスによって支持されている）．バシリカの身廊における独立柱の使用は，ペローがおそらく自身の調査から知っていたもので，後期ローマ時代および初期ルネサンスのいくつかの遺構を思わせるものであったが，規模の大きな聖堂の身廊でこうした柱を用いることはルネサンスで途絶えていた．構造的には，ヴォールト天井（防火のために求められたもの）の荷重と側面への推力には，重厚な付柱によるより強固な支持構造が必要であった．

　このペロー兄弟による構成案はルーヴル宮の列柱と同じく，細身のプロポーションのために構造的な挑戦を含んだものであり，これもまたルーヴル宮の設計案を擁護する註釈に由来するものであることは疑いない．より細身の比例をもつ柱によって内部に導かれる陽光，その佇まいのゴシック的軽快さ，平面の開放性（dégagement），これらはクロードがあらゆる古典主義理論への逆説となることを意に介することなく見出したゴシック建築の要素である．ミヒャエル・ペツェットが「より古典的な聖堂，すなわち柱とアーキトレーヴから成る聖堂は，同時にいっそうゴシック的な構造を有することになる」と述べるとおり，ここでは内部の形式的統一さえ実現されている[58]．

　1698年にはヴェルサイユ宮の礼拝堂でも工事が開始された．これはその10年近く前のジュール・アルドゥアン=マンサール（Jules Hardouin-Mansart, 1646-1708）[59]の設計に基づいたもので，この礼拝堂は独特な建築的問題を抱えていた．すなわち，王家の席を第2層に配し，下層は王の随行者のうちそれほど地位の高くない者の席に充てることになっていたのである．細い礼拝堂の高さと既存のヴェルサイユ宮の立面を整合させるために，高さ方向の解決策が必要とされていた[60]．アルドゥアン=マンサールの設計は巧みなものであった．彼は2つの部分からなる構成を採用し，地上レベルには背の低い付柱の列を，上部には真っ直ぐなエンタブラチュアとヴォールト天井（木と漆喰による）を支持する背の高いコリント式の独立柱による柱列を配したのであった．上層部分の列柱の背後にある開口から内部へと射し込んでくる外光が階下の

---

[58] Petzet, "Un Projet des Perrault pour Église Sainte-Geneviève à Paris," p. 92.
[59] Pierre Bourget and Georges Cattaui, *Jules Hardouin Mansart* (Paris: Éditions Vincent, 1960), pp. 161-2 参照.
[60] Blunt, *Art and Architecture in France*, pp. 223-4 参照.

暗く沈んだ空間との対照をもたらすことにより，王の区画はいっそう引き立つこととなった．外部の飛び梁についてはいうまでもなく，アーキトレーヴに埋設された鉄棒と鎖によって補強されたその細身の柱ゆえに，この古典主義の礼拝堂にゴシック的印象を指摘する歴史家は数多い．アルドゥアン＝マンサールがその光の効果や設計の優美さについてどこから霊感を得たにせよ，これはクロード・ペローの革新精神に完全に呼応していた．

　アルドゥアン＝マンサールの設計は，同時代に展開していたまた別の歴史的変化にも対応している．ペローは，1669年にボルドーへ旅行した折，「ゴシック式オーダー」(l'ordre gothique) に言及している．これは同じ文中で「古代式オーダー」(l'ordre antique) と対比したものである．つまり彼はゴシックと古典主義建築の様式的峻別を行っていたのであり，これは17世紀におけるフランスではある意味で目新しいことであった．これは当時ゴシック建築が知られていなかったとか，あるいは研究の対象となっていなかったということではない．むしろ，真実はその逆に近い．ロビン・ミドルトンが指摘するように，フランスの世俗社会および聖職者の間では，16〜17世紀を通じてゴシックの建設事業の伝統とそのギルドが強い存在感を保っていた[61]．実のところ，イタリア・ルネサンス趣味の最初の唱導者であるフィリベール・ド・ロルム (Philibert de L'Orme, 1515?-70) は『建築第1巻』(*Le premier tome de l'architecture*) のいくつかの章をゴシックのヴォールト架構技術に充てているのである[62]．また16世紀末のさまざまな技法書や建築書は，中世フランスのモニュメントについてある程度細かな議論をしている．そして17世紀の初頭にはアンドレ・デュシェーヌやフランソワ・ドランを含む多くの著述家が，ゴシックの形式的・構造的側面について高度な理解を示したのみならず，ゴシックの構造的解法の「優雅さ」「上品さ」「軽快さ」を強調しているのである[63]．ペローの様式的峻別が意味するものは，ゴシック建築をひとつの様式として見るに足るとするその立場を別にすれば，ゴシックの建築物の形態上・構造上の技術のより深い理解によって，古典主義建築が実

---

[61] Middleton, "The Abbé de Cordemoy and the Graeco-Gothic Ideal," pp. 290-9 参照．
[62] Philibert de L'Orme, *Premier tome de l'architecture* (Paris: Federic Morel, 1567). 第4部の8から10章を参照．ド・ロルムはゴシックのヴォールトを「現代のヴォールト (la voûte moderne)」と呼んでいる．
[63] アンドレ・デュシェーヌ（1584-1640）は古代研究家で以下の著作がある．André Duchesne, *Les Antiquités et recherches des villes, châteaux et places les plus remarquables de toute la France* (Paris, 1609). フランソワ・ドラン（1591-1644）は建築家・数学者で，初めてゴシック建築を構造的に評価した者のひとりである．その研究は以下に著された．François Derand, *L'Aechitecture des voûtes, ou l'art des traits et coûpes des voûtes* (Paris: S. Cramoisy, 1643). この2人については Middleton, "The Abbé de Cordemoy and the Graeco-Gothic Ideal," p. 293, 296 で検討されている．

質的に恩恵を被っていたということなのである.

　建築アカデミーにおいてもこの見方は完全に排斥されていたわけではない.ブロンデル自身,ゴシック建築の形式や装飾に強固に反対していたものの,その作品の構築における側面には幾分の評価を与えている(技術者という彼の出自によるものであろう).とはいえ,1676年に建築アカデミーでド・ロルムの論文の講読が始まったとき,アカデミーはゴシックの分析の部分をとばして古典主義オーダーを扱った第5書から始めている[64].その2年後,コルベールの求めにより,建築アカデミーのメンバーはパリ周辺で現地調査を行い,中世の聖堂の現状や石造部材の劣化の程度について研究を行った[65].ノートル゠ダム大聖堂などのパリの作品のほか,建築家と学生らはサン・ドニ,ルーアン,シャルトルなどを訪問している.

　10年後の1687年,ジャン゠フランソワ・フェリビアン(Jean-François Félibien, c. 1656-1733)――初代アカデミー秘書官アンドレ・フェリビアン(André Félibien, 1619-95)の息子――が『最も著名な建築家の生涯と作品の歴史的集成』(*Recueil historique de la vie et des ouvrages des plus célebres architectes*)を刊行すると,ゴシック様式はまた別の正統性の基準を獲得することとなる[66].いずれ父の跡を継ぐこととなるフェリビアンは,南部におけるゴシックの端緒をホノリウス帝の時代(384-423)としたが,フランスにおいてはそれをおよそ11世紀の初めにあたるユーグ・カペーの息子の世代の在位期とした[67].フェリビアン[68]はまた,「古ゴシック」(gothique ancien)と「新ゴシック」(gothique moderne)の区別を行った.前者はおよそロマネスクに相当するもので,「堅固さと荘重さ」をその特質とした.新ゴシックとは1140年のサン゠ドニ聖堂に始まるもので,対照的に「やや行き過ぎた精妙さ」を帯びたものとした[69].フェリビアンはすべてのフランスの大聖堂についてまとまった論考を行っており,シャルトル大聖堂を「今日のヨーロッパで見られるものの中で最も壮麗なものに比肩する」と位置づけて憚らない[70].

　フェリビアンの歴史的な調査研究は,これに遡る,ルーヴル宮の設計の擁護および

---

[64] アカデミーはスカモッツィを数箇所講読した後,1676年11月23日からド・ロルムの第5部を読み初め,これは断続的に1677年10月まで続いた.Lemonnier, *Procès-Verbaux de l'Académie Royale d'Architecture*, 1, pp. 125-53 参照.

[65] Ibid., pp. 168-248. コルベールの要求は1678年7月12日,ペローによってアカデミーで誦読された.アカデミー会員によるシャルトルのノートル゠ダム大聖堂訪問は9月3日.

[66] Jean-François Félibien, *Histoire de la vie et des ouvrages des plus célebre architectes* (Paris: Trevoux, 1725).

[67] Ibid., preface, p. 15.

[68] Ibid., t. 4, pp. 20-1.

[69] Ibid., p. 21.

[70] Ibid., p. 210.

サント=ジュヌヴィエーヴ聖堂の設計案におけるペローのゴシック様式への言及ともども，この様式について，古典主義の理論に関連したさらに徹底的な考察を行う下地を準備していた．18世紀の始めには，2冊の書物の刊行を通じて，ミドルトンの表現を借りればこうした「理想的グレコ=ゴシック」への熱狂が徐々に高まっていたことを知ることができる[71]．

　ミシェル・ド・フレマンの『建築批判論』(*Mémoires critiques d'architecture*, 1702) がその種の論考の最初のものである．これは辛辣なテキストであり，評判のよいアカデミー会員なら備えているであろう礼節と沈着さを欠いているが，逆に，オーダーに関しては，威厳に溢れたアカデミーの討議に欠落していた批判的情熱に満ちている．財務官僚であり技術者であり，道路・橋梁建設の監督も行っていたフレマンは，実のところオーダーの重要性をそれほど大きなものとは考えておらず（「建築における枝葉末節」と見做していた），建築の実務的な追求に傾注していた[72]．彼は48通の書簡という形式を選択し，その冒頭には「やや知性の足りない人々」も読むことができようと述べている[73]．その書簡は人夫の不手際の暴露から，フレマン自身の発明による煙を出さない煙突の設計，さらに漆喰の利点などへととりとめもなく展開し，なかには「月が石造物を侵食するという馬鹿げた意見」を論難するものもある[74]．

　この書物が重要であるのは，ペローの註釈で扱われたdégagementをフレマンが援用して，これに機能主義的な展開を加えたことである．第6の書簡において，ノートル=ダムとサント=シャペルという2つのゴシック聖堂を，サン=トゥスターシュおよびサン=シュルピスという2つの古典主義聖堂と比較している．サン=トゥスターシュ聖堂の設計（1532年起工）は興味深い混淆を呈しており，基本的にはゴシックの平面をルネサンスの外貌が覆う形式である．内部の付柱はゴシックではなく古典的であるが，その比例はゴシックに近い．サン=シュルピス（1645年起工）もまた古典とゴシックの要素をないまぜにしたものであるが，こちらでは付柱の比例は古典のそれに近づいている．フレマンは，内部空間を有効に利用していないという点から，いずれの解決に対しても極めて批判的である．彼はサン=トゥスターシュを，その多くの小柱によって「粗野」であるとして批判する．とりわけオルガンを支持する部材については「床面の半分以上が石造部材に占められている」ため強く非難し

---

[71] Middleton, "The Abbé de Cordemoy and the Graeco-Gothic Idel."
[72] Michel de Frémin, *Memoires critiques d'architecture* (Paris: Charles Saugrain, 1702), avertissement. フレマンについては Dorothea Nyberg, "*The Mémoires critiques d'architecture* by Michel de Frémin," *Journal of the Society of Architectural Historians* 22 (December 1963), pp. 217-24 参照．
[73] Ibid.
[74] Ibid., chap. 44.

た[75]．サン゠シュルピスへの評価は，その9フィート幅の方形の「怪物じみた小柱」ゆえにさらに手厳しい．単にこれらの柱が過大な床面積を占めているばかりか，これらは建築家の臆病の現れであり，「小さな台座を支えるために石切場全部の石を積み上げ，手を放したら建物が崩れるのではないかと震えているのだ」[76]．

2つのゴシック建築は，対照的に，宗教上の用途に完全に合致したもので，十分な広さと光を提供している．サント゠シャペルは，それが側廊を欠き，大きめの開口を有しているがゆえに「真実の建築の範例」であり，この長所はゴシックの細身の付柱によっていっそう引き立てられている[77]．またノートル゠ダムはその平面のゆとり，あるいは音響・光・換気の必要を満たしており，そして巧妙にして経済的なヴォールト架構ゆえに賛美される[78]．フレマンは，先行するペローに似て，ゴシック様式への回帰を唱導するのでなく，この様式の機能的・構造的効率性を聖堂の設計に導入することを主張しているのである．

フレマンの著作は建築アカデミーからは冷遇された．その論説が建築の主題からは「隔たりがある」とみられたのである[79]．しかしながら，この本はその4年後に世に問われたいまひとつの書物，ジャン゠ルイ・ド・コルドモワによる『あらゆる建築についての新論』（*Nouveau traité de toute l'architecture*, 1706）の議論形成に寄与することになった．コルドモワは門外漢でありながら，伝統的な理論書に連なるものとしてその著作を執筆しており，自身の考えとペローのそれとの連関を明確に意識していた．彼はデカルト主義哲学者で歴史家のジェロー・ド・コルドモワ（Gerauld de Cordemoy, 1626-84）の第5子である．ジャン゠ルイはソワッソンのサン・ジャン・デ・ヴィーニュ教会の聖堂参事会員であり，建築の修練を積んだ形跡はみられず，フレマンと同様に，その見解はアカデミーの教理と鮮明に対立している[80]．彼の研究は部分的にはオーダーに関するものであり，ペロー——「この学識ある人物」——の『5種のオーダー』に提示された比例体系に従いつつも，ペローのアイデアの漠然と

---

[75] Ibid., p. 34.
[76] Ibid., p. 37.
[77] Ibid., pp. 30-1.
[78] Ibid., pp. 27-9.
[79] フレマンの著作に関する討議がもたれたのは，Nybergによれば1704年7月2日と9日である（"*Mémoires critiques d'architecture* by Michel de Frémin," p. 219）．しかし，議論の対象となっている書物の著者としてフレマンの名は言及されていない．アカデミーの議事録には，この著作には地階で使用された材料について有用な内容が含まれるという指摘がみられる．Lemonnier, *Proèc-Verbaux de l'Académie Royale d'Architecture*, 3, p. 196 参照．
[80] コルドモワの生涯と理論の検討については Middleton, "The Abbé de Cordemoy and the Graeco-Gothic Ideal" 参照．また，Middleton, "Cordemoy, Jean Louis de," in *Macmillan Encyclopedia of Architects* (New York: The Free Press, 1982), 1, p. 453 も参照．

した部分をより簡略化するものであることを，同書の冒頭で認めている．

コルドモワは何よりもまず合理主義者であり，彼の建築観はほとんどペローのâpreté（視覚的緊張関係）と dégagement（空間的ゆとり）という理念を薄めたものであるといえる．全般的に，コルドモワは装飾の少なさ，平坦な表面，そして方形の建築形態を好む．反対するのはバロックやロココの要素を擁する部位，すなわち多重の付柱，ジャイアント・ピラスター，ジャイアント・オーダー，捻れ柱，台座付きの柱，屋根や壁龕の彫刻，壁龕それ自体，そして切り妻屋根である．しかしながら，彼が好んだ現代的発明もひとつあった．それはカップルド・コラムと平坦なエンタブラチュアを用いた独立柱による柱廊である．この柱と楣による解法は，その「真実の比例」と「真実の美」のみならず，「それのみが，古代人が好んだ視覚的な緊張関係（âpreté）あるいは（円柱の）詰め込み（serrement），そして現代人が注意深く探求している空間的豊かさ（dégagement）などによって生ずる美を備えている」[81] ために，好まれたのだった．

聖堂の内部空間についても同様である．コルドモワによれば，多くの人間はローマのサン・ピエトロがその豪奢さ，桁外れの高さ，装飾の正しさによって世界で最も美しい聖堂であるという．しかし，彼はその判断に異議を唱える．なぜならば，付柱とアーケードによって内部のヴォールトとドームをひとまとめに支持するシステムは，聖堂の内部空間の悪しき先例となっているからである．コルドモワはパリのヴァル＝ド＝グラース聖堂を，いっそう優れた内部空間の例であると見做すが，これもさらに改善の余地があった．

> 無価値で鈍重なアーケードの代わりに，あるいは過大な空間を占有して陰気さを醸している付柱や大きな支柱に代わって，建物を支えるための一連の円柱をそこへ配すれば，さらに限りなく美しいものにはならなかっただろうか？ そのドームが，偽の支持部材となっている方形のアーケードではなく列柱によって支持されているとすれば，それはもっと美しいものにならなかっただろうか？[82]

---

[81] Jean-Louis Cordemoy, *Nouveau Traité de toute l'architecture ou l'art de bastir; utile aux entrepreneurs et aux ouvriers*, 2nd ed. (Paris: Coignard, 1714), p. 52. 原文は以下のとおり． "... puisqu'elle a seule, & cette beauté qui résulte de l'âpreté ou du serrement des Colonnes, qui plaisoit tant aux Ancients, & ce dégagement que les Modernes recherchent avec tant de soin."

[82] Ibid., p. 109. 原文は以下のとおり． "... ne seroit-elle pas infiniment plus belle, si au lieu de toutes ces inutiles & pesantes arcades, de ces Pilastres & ces larges Piédroits, qui occupent mal-à-propos bien de la place, & qui causent nécessairement de l'obscurité, on n'y eût mis que des Colonnes pour porter les reste de l'édifice tel qu'il est? Son Dôme, si beau d'ailleurs, ne l'auroit-il pas été davantage, s'il eût été soûtenu par une Colonnade, plûtôt que par les quatre arcades, sur lesquelles il porte à faux?"

大胆さを欠いた過度に不毛なこの聖堂に代わり，コルドモワは「ルーヴル宮の入口のポルティコのような聖堂，あるいはサント＝ジュヌヴィエーヴ修道院の著名など・クレイユ神父の創案によるものこそが，世界で最も美しい事物である」と見做している[83]。

先行するペローに近かったコルドモワの見解はただちに反駁に遭うことになる．ここでは若い歩兵将校で技術者であったアメデ・フランソワ・フレジエ（Amédée François Frézier, 1682-1773）によるものであった．フレジエの敵愾心はコルドモワの知識と建設経験の欠如に向けられ，とりわけサン・ピエトロやヴァル＝ド＝グラースのように巨大で重量のあるドームが柱のみで支持可能であるという素朴な認識がその焦点となった．フレジエはまた，コルドモワが実作からの根絶を望んだほとんどの事柄についての弁護を展開し，これには現行の石造アーケード構造も含まれている．さらに，彼はフランスで採れる小さな石材では水平の楣やエンタブラチュアは不可能であると強調する[84]．フレジエによる批判は，その後1709年から1712年の間に当事者2人の間で行われた数回にわたる議論の応酬の発端となった[85]．1714年にコルドモワは著作の第2版を刊行し，そこでは直接フレジエの論難へ応答している[86]．コルドモワの主張では，素人が建築の批判をする権利の擁護や，柱を用いた聖堂がより美しいこと（「私が古代人と共有している信念」），ルーヴル宮の列柱の構造的巧妙さなどが取り上げられている．彼はまた，ブラマンテとミケランジェロが聖堂内部において付柱とアーケードを用いたのが誤りであったという以前の主張を繰り返す．つまり，コルドモワはその考え方において厳格なペロー主義者として立ち現れてくるのであり，彼は理想とする聖堂の先例を初期キリスト教のバシリカに豊富に見出したのであった．

コルドモワの精気溢れる主張は，あるいは——仮にフランスにおける建築実践を押し流すひとつの強力な潮流がなかったとしたら——18世紀最初の数年間にさらに展開することができたのかもしれない．しかしアルドゥアン＝マンサールによってヴェ

---

[83] Ibid., p. 111. 原文は以下のとおり． "Je regarderois en effet une Eglise dans le goût du Portique de l'entrée du Louvre, ou de celuy de l'invention de l'Illustre P. de Creil à Abbaye de Sainte Geneviéve de Paris, comme la plus belle chose du monde."

[84] フレジエの指摘について Middleton, "The Abbé de Cordemoy and the Graeco-Gothic Ideal," pp. 287-90 参照．

[85] 多くの書簡の応酬が以下に刊行されている．*Mémoires de Trévoux*, Septembre 1709, Juillet 1710, Août 1710, Septembre 1711, Juillet 1712.

[86] Cordemoy, *Nouveau Traité de toute l'architecture ou l'art de bastir*, p. 135 ff. "Extrait d'une lettre de l'auteur au R. P. de Tournemine Jesuite, pour servir de réponse aux Remarques de M. Frezier Ingénieur Ordinaire du Roy, insérées dans le *Journal de Trevoux* du mois de Septembre 1709."

ルサイユに導入されたますます豪奢なインテリアは，例えばジル＝マリー・オプノール，ロベール・ド・コット，ジャン・オベール，そしてジュール＝オレル・メッソニエなどフランスに多くの追随者を生み出した．そして1730年代半ばまでには華麗なロココ様式が，成熟した「新たなる手法」（nouvelle manière）として──ヨーロッパ中に──確立される．そのためペローが口火を切った論争は，少なくとも暫くのあいだ，後方に退くこととなるのである．

Chapter 2

啓蒙思想と新古典主義理論

> 突然，眼の前に明るい光が差してきた．かつては霧と雲しか眼に入らなかったのが，対象をはっきりと眼にしたのだ．
> ——マルク=アントワーヌ・ロージエ（1753）——

1
フランスにおける啓蒙思想

　18世紀初めの数十年間のフランスにおける建築議論の相対的な低調さは，知的活動全般をより広範に低迷させていた疲弊状態を反映している．ロココの理論には，建築の関心をモニュメントの設計から住居の計画へと向かわせたという側面があった．この潮流は，3版を数えたオーギュスタン＝シャルル・ダヴィレの『建築講義』(Cours d'architecture, 1691, 1710, 1738)，そしてジャック＝フランソワ・ブロンデル (Jacques-François Blondel, 1705-74) の『別荘の間取りと建物一般の装飾について』(De la distribution des maisons de plaisance, et de la décoration des edifices en general, 1737-38) に読み取ることができる．他方でフランスのロココ論は軟弱な政治・経済的基盤に胚胎した思潮でもあった．ルイ14世の治世初期に約束された華々しい展望はまもなく霧散し，彼がもたらしたフランス文化のルネサンスはナント勅令の廃止 (1685) によって大幅な退潮を余儀なくされた．勅令の廃止は何万という有能なユグノーを終わりなき宗教的亡命へと導くことになった．さらに放縦と過剰を尽くしたヴェルサイユの建築とスペイン継承戦争 (1701-13) の甚大な損失で国庫は払底した．君主の亡骸をサン・ドニの墓所に運ぶ葬列が，その道すがら群集の怒号を浴び続けたほどに，フランスの士気は挫かれたのである．オルレアン公の摂政政府 (1715-23) は復興を約束したもののこれを果たすことができず，名目上ルイ15世の統治 (1723-74) が始まってからも，初期にはほとんど状況の改善に貢献しなかった．戦役・伝染病・飢餓・貧困・宗教的迫害そして政治的抑圧といった状況は，18世紀前半期にあっては例外的なものではなく——ヨーロッパの至るところで——支配的な状況だったのである．フランスの建築理論は多かれ少なかれアカデミーの垣根の内に押し込められ，そして堅固であったはずの徴税制度に不備があったという事情は，すなわち大規模な建築的構想が不可能であるということに等しかった[1]．

　しかしながら，こうした事情は啓蒙思想が18世紀中葉のヨーロッパで生じたことの解説にはほとんどならない．これはヨーロッパの至るところでほぼ同時期に生ま

---

[1] この話題については以下を参照．Chapter "The System of the Home," by Richard A. Etlin in *Symbolic Space: French Enlightenment Architecture and its Legacy* (Chicago: University of Chicago Press, 1992), and Michael Gallet, *Stately Mansions: Eighteenth Century Paris Architecture* (New York: Praeger, 1972).

れ，時を置かずしてアメリカにまで影響を及ぼした思潮である．8年間という短い期間——すなわちオーストリア継承戦争（1740-48）と7年戦争（1756-63）の戦間期——にさまざまに新しい「理性」を語る人々，すなわちエチエンヌ＝ボネ・ド・コンディヤック，アンヌ＝ロベール・テュルゴ，ドニ・ディドロ，ジャン・ル・ロン・ダランベール，そしてジャン＝ジャック・ルソーといった人々がパリで交錯した．フランスの建築界においてはサント＝ジュヌヴィエーヴ聖堂の刷新が決定され，理論ではマルク＝アントワーヌ・ロージエ神父が『建築試論』（*Essai sur l'architecture*, 1753）を世に問い議論の的となる．「旧体制」はその瓦解までさらに数十年間長らえることになるが，モダニズムの理念を発動させる知的な推力はすでにこの世紀半ばに明確な輪郭を獲得していたのである．

　その尖兵となったのはドニ・ディドロの編集による『百科全書』であった．この批評家・哲学者はもともと聖職の研鑽のために1728年にパリを訪れたが，ヴォルテールの書物（とりわけ禁書となった1733年刊の『哲学書簡』）によりその道を思い留まった．1730年代終りにはディドロは気儘な生活を謳歌しながら語学の研鑽と大学講義への出席に明け暮れていた．初めて世に出した著作は『哲学断想』（*Pensées philisoqhiques*, 1746）である．これは情念の擁護および宗教への痛烈な批判書であり，パリ市当局が焚書の対象にするほど危険なものと受け止められた．いまひとつの初期作品には1749年の夏を監獄ですごすきっかけとなった『盲人書簡』（*Lettres sur les aveugles à l'usage de ceux qui voient*）があり，これはジョン・ロックとコンディヤックが提起した認識論的課題を扱ったもので，人間は本来いかなる道徳も身につけずに生まれてくると主張したものだった[2]．

　ディドロの収監は百科全書の計画を遅滞させはしたものの，その歩みを止めることはなかった．このプロジェクトはそもそも，パリの出版業者アンドレ・フランソワ・ル・ブルトンが，1743年にイーフレイム・チェインバーズの『サイクロピーディア』（*Cyclopedia*, 1728）のフランス語訳として始めたものである．1745年から編集に参加したディドロは2年後に編集長に任じられ，イギリス由来ではない新たなプロジェクトに踏み出すよう出版人を説得したのである．1750年につくられた刊行概要では，少なくとも10巻で挿図600点を含む大部な書物になることが記されていた[3]．人類

---

[2] ディドロの文章のきっかけとなったのは先天的に盲目だった女性が手術によって視力を回復したという出来事である．盲目に生まれ，触覚によって立方体と球体の区別を学んだ人間が，視力回復後に触れることなく同じ区別ができるか，という問題はジョン・ロックが最初に議論し（『人間知性論』第2巻9章8節），コンディヤックも考察している（『人間認識起源論』第1部第6章）．

[3] *Oeuvres completes de Diderot*, ed. J. Assézat (Paris: Garnier Frères, 1876), 8, pp. 129-64 に収録の「趣意書（Prospectus）」を参照．

の知識を記憶・理性・想像力の3つに大別し，それぞれに歴史・哲学・芸術の諸学問分野を対応させた構成であった．

第1巻（1751）に収録されたダランベールの「序論」によってこのプロジェクトの哲学的な方針がさらに明確にされた[4]．デカルト（とりわけその懐疑論），モンテスキュー，ヴォルテールらの影響とともに，イギリスの哲学者（フランシス・ベーコン，アイザック・ニュートン，ジョン・ロック）の重要性を偏りなく認めながら，厳密な分析と合理的方法を奉じるため，政治や宗教といった微妙な話題を含めつつ，いかなる自明性や先験性をも認めないとされた．科学に関するほとんどの項目を書いたのは，自身がアカデミー会員で数学者であり物理学者でもあったダランベールであった．ディドロはさらに多くの項目を執筆し，親しい友人であったルソーなど他の著者とも度々協力している．「建築」の項目はジャック＝フランソワ・ブロンデルによって書かれたが，後に建築が経験する劇的な変貌はほとんど予見されていなかった[5]．

多くの項目は高度な水準で書かれていたが，裏腹に国の検閲官と教会関係者の非難を免れることはできなかった[6]．初めの2巻は1751年6月と1752年1月に発刊されたものの，その2月には後続巻がすべて発行禁止とされた．ヴォルテールは本拠をベルリンに移すようディドロに勧めたが，ディドロは王権周辺に協力者を得る途を探った．そしてポンパドゥール夫人（ルイ15世の公妾）の口添えにより，その春には禁書が解かれることとなった．第3巻から第6巻は1753年から1756年にかけて刊行されたが，厳しい検閲下のものであった．1759年にはヴォルテールによる姦淫の項目とダランベールのカルヴァン主義論が掲載された第7巻が王権の強い拒絶を招く．多くの協力者は逮捕を恐れて身を引いたがディドロは踏み留まり，秘密裏に後続巻の刊行を続けた．その後の6年間にわたってさらに10巻の制作を指揮し，11巻の図版集の監修を行っている．この企画の完遂はディドロの知的誠実さの証しであるといえよう．

啓蒙思想の理念は，1750年と1755年に発表されたルソーの2つの論考によってさ

---

[4] Jean Le Rond d'Alembert, *Preliminary Discourse to the Encyclopedia of Diderot*, trans. Richard N. Schwab (Indianapolis: Bobbs-Merrill, 1981).
[5] 以下を参照．*Encyclopédie, ou Dictionnaire raisonné des Sciences, des Arts et des métiers*, par une société de Gens de Lettres (1751; reprint, New York: Readex Microprint Corporation, 1969), pp. 616-18. また，Joseph Rykwert, *The First Moderns: The Architects of the Eighteenth Century* (Cambridge: M.I.T. Press, 1980), pp. 417-18, p. 474 n. 24 も参照.
[6] フランスの検閲法は1723年に強化され，宗教，社会秩序，道徳的価値観に疑義を呈するものは禁書とされたが，1750年にクレチアン・ギヨーム・ド・ラモワニョン・ド・マルゼルブが出版統制局長になると運用がやや緩和された．マルゼルブはディドロと『百科全書』のプロジェクトを支援したが，これも反対者がなかったわけではない．出版統制は1757年のルイ14世暗殺未遂事件後，さらに強化された．

らに確かな輪郭を獲得する．ジュネーヴ出身のルソーは1740年代初頭にパリに亡命した．当初はパリで音楽の新しい記譜法を世に問うがこれは失敗に終わり，ディドロの影響下で文芸の世界に転身する．一躍その名を知らしめたのは，1749年の夏にディジョン・アカデミーが公募した「学問と芸術の復興は習俗の純化に寄与したか」という課題の懸賞論文（訳注：受賞後，『学問芸術論』（*Discours sur les sciences et les arts*）として1750年末に刊行された）である．獄中でディドロと議論したのちにルソーは懸賞への応募を決意し，最高賞を獲得した．

ここでのルソーの主張は——審査員の目論見を裏切って——学問と芸術は道徳を純化しないばかりか，それらを堕落させてきたというものであった．論考ではまず自然状態における「健康で活力ある人間」と社会的慣行を経験した「洗練された人間」を区別する．前者は裸体で競技するギリシアの運動選手のようにその強靭さを誇りとし，装飾は奇形を隠すために考案されたものとして忌み嫌う．習俗は粗野であったが自然であった．しかし学問と芸術の到来により，素朴さは偽りの行儀作法へと途を譲るようになる．「人々はもはやありのままの自己を表そうとはしないのだ．そしてこうした絶え間ない強制の中で，社会といわれる集団を形成している人間は同じ環境に身を置かれ，より強力な動機によって導かれないかぎり，全く同じことをするであろう」[7]．そしてルソーはアテネとスパルタの差異について有名な指摘を行う．スパルタは城壁内から学問と芸術を追放し有徳で敬虔な気質を保ち続けたが，対照的に，礼節と洗練された趣味を醸成する芸術・雄弁術・哲学の都となったアテネは腐敗へと向かう．初期のローマは好戦的で勇敢であったが，文芸と芸術で弱体化した帝政ローマは背徳の重みで崩壊する，というのである．

ルソーの次の論文は，さらに厳格な論法で同じ主題を扱ったものである．このときディジョン・アカデミーが掲げた課題は「人間の不平等の起源はなにか，それは自然法によって認められるか」であった．ルソーはこれに，樫の木の下で眠り，手の届く食物を食べ，近くの小川で渇きをいやす「自然状態の人間」の描写から応えてゆく．彼は感覚の水準で生き，自由で，健康で，頑健で，不幸を知らず，困窮を感ずることなく，美徳と悪徳を理解することもない．対して軟弱な生活に慣れた「社会的」人間は，市民社会のあらゆる害悪を経験する．私有財産の発生が自然の秩序にとって最初のターニング・ポイントであり，そして冶金と農業が労働，社会的隷属，そして不平等を生む．こうした文明化の虚栄から，素朴な暴政はいうに及ばず，「犯罪と戦争と

---

[7] J. J. Rousseau, *The First and Second Discourse*, ed. Roger D. Masters, trans. Roger D. Masters and Judith R. Masters (New York: St. Martin's Press, 1964), p. 38.

殺人」さえもが生み出されるのである[8]．

　ルソーの分析に革命への熱情を嗅ぎ分けることは難しいことではない．『人間不平等起源論』初段の「ジュネーヴ共和国」への賛辞は，この小都市の民主制を理想化された姿として称えるものである．言及はされないものの，これは一握りの人々が支配するフランスの君主制──「多くの飢えた人々が必要なものにこと欠くというのに，一握りの人々が余分なもので満ちあふれている」[9]──と鮮やかな対照をなしている．既存の体制はこの種の論説を危険視し，ルソー本人も数年後には逮捕の危惧からパリを出なければならなかった．ここで指摘しておくべきは，政治的・社会的与件を吟味の俎上に上げたこの年代の理想主義者たちには同胞がいたということである．すなわち，建築の理論と実践においても同じ営為が進行中だったのだ．

── 2 ──
スフロとサント＝ジュヌヴィエーヴ聖堂

　ポンパドゥール夫人がディドロの『百科全書』プロジェクトに手を差し延べたのは1752年のことだが，彼女がフランスの文化活動に深く関与するのはこれが初めてではない．1745年に王の公妾としてヴェルサイユに姿を現して以来，彼女にはさまざまな方面の権能が着実に集積されてきた．ポンパドゥール夫人は有力銀行家の執事の娘であり，出生名をジャンヌ・アントワネット・ポワソンという．幸福な結婚に恵まれ──そして美貌と知性と芸術への真摯な関心を備え──自らサロンを開きパリの高級社交界へ参入することを切望していた．彼女の目論見は，ヴォルテール，モンテスキュー，フォントネル，エルヴェシウスらを自邸に招くようになって実現してゆく．そして1745年の仮面舞踏会でルイ15世の目にとまることとなった．王がその夏フォントノワの戦勝視察に外遊する際，新たに公妾となったポンパドゥール夫人は宮廷の社交作法の指導を受けるためにエチオル城に招聘された．夫人はその年の終わりまでにヴェルサイユの芸術界を根本的に変えてゆくことになる．彼女は「思想家たち」の友人であり，その一員であるということを体現するのみならず，諸芸術の庇護者ともなった．宮廷での最初の政略のひとつに，自分の弟であるアベル＝フランソワ・ポワ

---

[8] Ibid., p. 141.
[9] Ibid., p. 181.

ソン（後のマリニー侯爵）を将来のパリ王室建築総監に内定させたことがある．抜擢されたポワソンは建築の学識を深めるために長期のイタリア旅行を行うこととなった．そして，この旅行の際に夫人が選んだ3人の同伴教育係のひとりがリヨン出身の「極めて才ある建築家」，ジャック＝ジェルマン・スフロ（Jacques-Germain Soufflot, 1713-80）であった[10]．

スフロもまた，刷新を熱望するこの世代の建築家のひとりであった．オーセールの近郊で生まれたスフロは法律を修めるためパリに移り住むが，1731年には建築への興味を追求すべくローマ旅行へ出立している．1734年末には現地のフランス・アカデミーに居を構え，ローマ建築の研究に着手した．リヨンに戻るのはようやく1738年のことであったが，時をまたずに注目作を実現していった．リヨンの作品で最も重要なのはローヌ河畔のオテル・デュー病院の拡張（1739-48）であった．また種々の居館や両替所（1748-50），劇場（1753-56）の設計も行った．有力者との知遇も徐々に得ていたとみられ，その中には元ローマ大使タンサン枢機卿の名を認めることができる．その姉妹タンサン夫人はパリの有名サロンの立役者で，文化人サロンを1750年の末期まで運営していた．

スフロの飛躍の鍵となったのは，1738年に彼を迎えたリヨン王立芸術協会で発表したいくつかの論文であった．「建築の比例について」（"Mémoire sur les proportions de l'architecture", 1739）と題したその第1作ではブロンデルとペローの論争を採り上げ，比例関係と絶対的な美の問題については「ペロー氏の心情よりも，ブロンデル氏のそれに常に従ってきた」と述べている[11]．これはスフロのその後の方向性からすると少しばかり興味深い．スフロはローマの3つの聖堂の実測結果から，自然における好ましい比例は広い幅をもつが，少なくとも聖堂のデザインに関する限り，そのうちの2, 3が「必然として快さを惹起する」のであるという控え目な結論を述べている[12]．

---

[10] ポンパドゥール夫人は自ら旅程を仔細に計画し，弟に31通もの助言の手紙を送った．その一部は Edmond and Jules de Goncourt, *Madame de Pompadour* (Paris: Fremin-Didot, 1888), pp. 75-82 に再録されている．夫人がスフロを「極めて才ある建築家」と呼んでいるのは，Nancy Mitford, *Madame de Pompadour* (New York: Harper & Row, 1958), p. 140 に引用された1749年のニヴェルネ公への手紙である．スフロの生涯と業績についての基本文献は Jean Monval, *Soufflot, Sa vie. Son oeuvre. Son esthétique* (Paris: Alphonse Lemerre, 1918) である．また *Soufflot et son temps (1780-1980)* (Paris: Caisse Nationale des Monuments Historiques et des Sites, 1980) および，Allan Braham, *The Architecture of the French Enlightenment* (Berkeley: University of California Press, 1989) におけるスフロに関する章も参照．

[11] J. J. Soufflot, "Mémoire sur les proportions de l'architecture," in Michel Petzet, *Soufflots Sainte-Geneviève und der französische Kirchenbau des 18. Jahrhunderts* (Berlin: Walter de Gruyter, 1961), p. 132.

別の報告「ゴシック建築について」("Mémoire sur l'architecture gothique", 1741) では，ペローが提起した別の問題を再考している[13]．スフロはフランスの多くの著述家がゴシック様式を「奇怪で軽蔑に値するもの」と捉えていることを踏まえ，ゴシックの構造面での革新性についてまともな研究が欠けていることを嘆いている．大きな窓と豊かな外光の導入，細身の支持材と斜めに配置された支柱による開放的なプラン，水平方向の突出部を設けないエンタブラチュアなど，同時代の教会建築に援用できるものも多いのでないか，と彼は指摘する．とりわけ賞賛されるのはゴシック構造の軽快さと繊細さで，「より巧緻かつ大胆で，現代のものよりも扱いが困難でさえある」[14] という．スフロはゴシックの「奇怪な装飾」と「比例の極端さ」は気にも留めず，建築家に向かって「彼らの様式と我らの様式の正しい中庸」を追求するように呼びかけ，これを実現する者は——自らの後の成功を予見するかのように——万人の賛辞を受けるであろうと主張した[15]．

この頃，フランスではゴシック建築の構築技術が改めて関心を集めていた．1736年のディジョン・アカデミーでは建築家フェルディナン・ドラモンスがゴシック建築の「繊細さ」を褒め称えている[16]．その2年後にはかつてコルドモワの著作を論難した当の技術者であるフレジエが，ゴシックの構造システムの巧みさに賛辞を贈った[17]．また，スフロと同じく1738年にディジョン・アカデミーに迎えられたアンドレ・クラプソンは，1741年より少し前にゴシック聖堂に関する報告を発表し，この様式のさらなる研究が建築の発展に大きく寄与するであろうと述べている[18]．

1744年にリヨン・アカデミーで発表された3つ目の報告で，スフロはロココへの意義を申し立てた．この報告の主眼は建築における趣味(テイスト)は規則の体系に勝るのか，あるいは趣味よりも規則が優先されるべきかという問いの提起であった．比例の試行錯

---

[12] Ibid., p. 135.
[13] J. J. Soufflot, "Mémoire sur l'architecture gothique," Petzet, *Soufflots Sainte-Geneviève*, p. 136.
[14] Ibid., p. 140. 原文は以下のとおり．"Quand à la construction, pour peu qu'on examine celle des églises gothiques, on verra qu'elle est plus ingénieuse, plus hardie, et meme plus difficile que celle des nôtres."
[15] Ibid., 142. この箇所に付されたラテン語はホラティウスの引用と指摘されている．Wolfgang Herrmann, *Laugier and Eighteenth Century French Theory* (London: Zwemmer, 1962), p. 82. 引用された詩句は "Omne tulit punctum qui miscuit utile dulci"（「快と益を混ぜ合わせる者が，万人の票を獲得する」ホラティウス『詩論』343）．
[16] 該当する論文の議論については Hermann, *Laugier and Eighteenth Century French Theory*, p. 81, app. VIII, p. 5 参照．
[17] フレジエの論文 "Dissertation historique et critique sur les orders d'architecture" については Robin Middleton, "The Abbé de Cordemoy and the Graeco-Gothic Ideal: A Prelude to Romantic Classicism," *Journal of the Warburg and Courtauld Institutes*, 25 (1962), p. 290 参照．
[18] Hermann, *Laugier and Eighteenth Century French Theory*, p. 81, app. VIII, p. 5 参照．

誤に基づく彼の回答は単純であり，「規則とは趣味である，すなわち趣味が諸規則を規定するのである[19]」というものであった．この報告を締め括るにあたって，スフロはロココに通ずる「過剰さ」と「奇抜な装飾の組合せ」を批判した．霊感なき衒学の徒よりも無学の天才の試みを好むことは認めつつも，しかし真の建築美は「優れて一般的な部位の真正なる配置に存し，その部位が常識的で安定した比例関係を具備していること」にあると強調したのである[20]．

　1750年から翌年にかけての2回目のイタリア旅行を通じ，スフロはさらに多くの見識を吸収した．後のマリニー侯爵（アベル＝フランソワ・ポワソン），スフロ，ル・ブラン神父と彫刻家ニコラ・コシャンの一行がパリを発ったのは1749年の12月である．この旅を通じて一行は卓越した人材と交流し，ローマではパラッツォ・マンチーニ，すなわちフランス・アカデミーと同じ建物に居を構えた．この年にフランス王立建築アカデミーの二級会員に迎えられたことに続き，スフロはローマ再訪に際してサン・ルカ・アカデミーの会員にもなった[21]．この旅は，マリニー侯には古典の学識を，スフロには重要な人脈を与えたという意味で成功であった．1751年にマリニー侯はフランスへ帰国するが，スフロとコシャンはさらに南下し，ナポリで新たに発見されたローマ都市ヘルクラネウムの発掘現場を視察している．しかし，この旅のハイライトはその後に訪れたギリシアの植民都市パエストゥムであった．スフロとその旧友ガブリエル＝ピエール＝マルタン・デュモンはここでギリシア神殿の大量の実測やスケッチを行った[22]．こうして，この2人は古代ギリシアの建築遺構を研究した最初のフランス人建築家となるのである．

　帰国にあたり，コシャンとスフロのその後のキャリアはおよそ確実なものとなっていた．1751年11月に王室建築総監に就いたマリニー侯は控え目でやや自信を欠く性格であったものの，古代への敬意をもち，助言者や知己の忠告に多くを委ねるという実務上不可欠な手腕を備えていた．そうした人のよさがまず発揮されたのが，コシャンとスフロにルーヴル宮の居室を与えたことである．さらに後にはコシャンを王立絵画・彫刻アカデミーの書記に任命している．そして1755年，彼はこの世紀で最重要

---

[19] Soufflot, "Mémoire pour server de solution à cette question: savoir si dans l'art de l'architecture le goût est preferable à la science des règles ou la sciences des règles au goût," *Nouvelles archives statistiques, historiques et littéraires de déparetment du Rhône* (Lyons: Barret, 1832), 1, p. 113.
[20] Ibid., p. 114, p. 116.
[21] スフロはマリニー侯の随伴に選ばれて間もない1749年11月に建築アカデミーに迎えられている．またマリニー侯の推挙により1755年に一級会員に昇格した．
[22] ドローイングはデュモンにより1764年に以下の書名で出版された．Gabriel Pierre Martin Dumont, *Suite de plans, coupes, profils . . . de Pesto . . . mesurés et dessinés par J. G. Soufflot, architecte du roy en 1750.*

4 ジャック＝ジェルマン・スフロ，サント＝ジュヌヴィエーヴ聖堂の外観，パリ．著者撮影．

なものとなる建築プロジェクトをスフロに託した．すなわちサント＝ジュヌヴィエーヴ聖堂の刷新である（図4，5）．

　1793年にフランスの偉人廟パンテオンへと転用されたこの建物は，もともと修道院付属聖堂であり，1670年代半ばにはペロー兄弟が改築案を示していた．その敷地は由緒と聖性を帯びている．この地にはパリの守護聖人として著名な聖ジュヌヴィエーヴが西暦500年に葬られ，その7年後，クロヴィス1世によって彼女を記念するバシリカの建造が命じられた．建物は9世紀にノルマン人の襲撃によって焼失するが11世紀に再建された．さらにゴシック式のヴォールトで改修され，フランスの聖アウグスチノ修道会本拠地となる．1670年代のプロポーザルには，この時点で建物が修復を要する状態であることが示されているが，作業は実施されず建物の状態は悪化していった．状況の改善には半世紀の時間を要することになるが，どうやらそこには神意も必要であったようだ．1744年にメスの戦場で病に倒れたルイ15世は，その回復を聖ジュヌヴィエーヴの加護に委ねたのである．その10年後の1754年11月，パリで御礼参りに赴いた王は聖堂の惨状を認め，数日後には新堂の建設を命じるとともに相当の資金を拠出した．ローマのサン・ピエトロ大聖堂，あるいはロンドンのセント・ポール大聖堂に比肩する大きな象徴的価値をもつ聖堂の建立が意図されていた．

　通常であればこの事業は王室主席建築家であったアンジュ＝ジャック・ガブリエルに託されるはずであったが，こちらはヴェルサイユとパリの多くの建設で手一杯であった．1755年1月6日にマリニーは王にスフロを推挙し，2月には早くもスフロはパリで敷地の測量にあたっていた[23]．スフロの新たな職位はパリ王室建築監督官であ

り，したがってその管轄はサント＝ジュヌヴィエーヴ聖堂に限られず広範である．1755 年の秋には最初の計画案が作成されるが，1757 年，1758 から 59 年，1764 年，1770 年と順次更新された．当初の建設作業は遅々として進まなかったが，これは大規模な基礎工事が必要とされたため，また七年戦争（1756-63）の余波によるものでもあった．地上レベルに建物が姿を見せるのはようやく正式な定礎が行われた 1764 年のことである．ドームの建築は 1785 年，すなわちスフロの没後 5 年を経るまで着手されなかった．建設は 1791 年まで続くが，この時点で革命委員会が宗教的な資格を取り消し，パンテオンへの改修が決定された．このときのさまざまな改修工事を監督したのが後の芸術アカデミー終身書記であるアントワーヌ＝クリソストム・カトルメール・ド・カンシーである．最も重大な改変は開口部を閉塞し霊廟に射し込む外光を遮断したことであった．この 1791 年の夏，等身大の蝋人形を頂き，12 頭の白馬がひく車でヴォルテールの遺骸が運び入れられた．その 3 年後にルソーが続く．

5　ジャック＝ジェルマン・スフロ，サント＝ジュヌヴィエーヴ聖堂の交差部の内観，パリ．著者撮影．

こうした経緯の一方で，この建築を建築理論にとって極めて重要なものとしたのは，そこに示された過去との断絶の予兆であり，とりわけ「ゴシック建築の構造的軽快さとギリシア建築の純粋性と壮麗さを，最高度に美しい形で融合すること」――後のマクシミリアン・ド・ブレビオンの筆による――というスフロの企図であった[24]．

---

[23] この教会堂の設計と構法の詳細については Petzet, *Soufflots Sainte-Geneviève* 参照．
[24] Maximilien de Brébion, "Mémoire à Monsieur Le Comte de la Billarderie d'Angiviller Directeur et Ordonnateur Général des Bâtimens" (1780). Petzet, *Soufflots Sainte-Geneviève*, p. 147 に収録されている．原文は以下のとおり．"Le principal objet de M. Soufflot en bâtissant son église, a été de réunir sous unde des plus belles forms la légèreté de la construction des edifices gothiques avec la pureté et

Chapter 2　啓蒙思想と新古典主義理論　　41

1世紀前にペローによって提起された問題のほとんどがここで再び俎上に載せられたといってもよい．ただしこうした取組みを行ったのはスフロひとりではなかった．ピエール・コンタン・ディヴリ（Pierre Contant d'Ivry, 1698-1777）は，コンデ＝シュル＝レスコーのサン・ヴァノン聖堂（1751年着工）とアラスのサン・ヴァスト聖堂で，ギリシアとゴシックを構造的に統合する可能性を模索し始めていた．スフロが核心に据えたのはこの統合のアイディアであった．サント＝ジュヌヴィエーヴ聖堂の平面はギリシア十字形で，「古代」風のポーティコを通じて入場する構成である．ポーティコは24本の巨大なコリント式柱により，ルーヴル宮で用いられたのと同様に鉄材で緊結された楣を支持している．内部では，身廊と5つのドームがバールベックのコリント式装飾に範をとった細身の柱に支えられており，柱の比例関係はペローが示したものに倣っている．システマティックな鉄材の使用と，中世の聖堂に倣って視野から隠された上部の飛び梁により，軽快な構造が実現された．

　この建物ではあらゆる箇所に緻密な技術が投入されている．スフロがパリで最初に与えられた仕事のひとつにルーヴル宮東翼の修繕と仕上げがあった．コーニスとパラペットは未完成で，エンタブラチュアに使用された金属性緊結材は錆びて迫石に亀裂を生じさせていた[25]．サント＝ジュヌヴィエーヴ聖堂は前例を遥かに超える規模の鉄筋入り石造構造を採用しているが，ルーヴル宮の現場はスフロにとって構造研究の実験室になったのである．スフロは技師長であった王立土木学校校長のジャン＝ロドルフ・ペロネ（Jean-Rodolphe Perronet, 1708-94）とともに，鉄材の伸びを計測する種々の実験を行った．またペロネの助手エミリアン＝マリ・ゴテ（Émiliand-Marie Guathey, 1732-1808）は石材の圧縮強度を計測する機械を考案した．1770年にピエール・パットが内部の支持材の細さを批判したときには，ペロネとゴテは実際の構造計算結果を示して設計の正当性を主張している．ある歴史家によれば，パットは自身の報告書で「重量」や「荷重」といった語彙を用いる一方，ペロネは力と抗力を総合的に捉えてその構造の正しさを主張していた[26]．まさに近代的な構造理論が生まれつつあったのである．

　スフロの設計の「ギリシア的」な要素も非常に興味深いものである．聖堂のクリプ

---

la magnificence de l'architecture grecque."
[25] Antoine Picon, *French Architects and Engineers*, trans. Martin Thom (New York: Cambridge University Press, 1992), pp. 142-4 を参照．
[26] 議論の引き金となったのはパットが1770年に発表した"Mémoire sur la construction du dome projeté pour couronner l'église de Sainte-Geneviève"である．スフロとペロネはいずれも *Mercure* 誌（1770年4月）で応答し，ゴテは1771年に"Mémoire sur l'application des principes de la méchanique à la construction des voûtes et des domes"で応えた．この論争の詳細についてはPicon, *French Architects and Engineers*, pp. 168-80 を参照．

トの当初案はギリシア風の装飾と柱礎のないドリス式柱を備える小さな空間であった。後に大幅に拡張されてルスティカ仕上げのトスカーナ式柱が加えられたが，精巧な截石術が内観を際立たせていることに変わりはない。ドームはもともと非常に控え目に設計されていたが1764年の案で大幅に拡大され，この変更で光の効果が強調されることとなった。外観では，段付き円錐形シルエットのクーポラが頂部の巨大な聖ジュヌヴィエーヴ像の台座の役割を果たしている。アラン・ブラハムは，この設計のヒントは1740年代のローマにおけるフランス人学徒の試み，とりわけスフロの友人であったデュモンの設計案に帰せられるとしている[27]。ジョゼフ・リクワートは，その典拠をケリュスが出版した後期ヘレニズム時代のヌミディアの墓の版画に求めている[28]。いずれにせよ，1764年時点のドームは──後に改修されるが──聖堂全体の設計と同様にまったく新しい形態言語で設計されていた。しかし，この傑作が完成した頃には，それが先鋒となっていたはずの「ギリシア趣味」はすっかり時代遅れになってしまっていたのである。

── 3 ──
マルク＝アントワーヌ・ロージエ

　スフロのサント＝ジュヌヴィエーヴ聖堂の設計は伝統的な慣行への挑戦であったが，理論においてこれに呼応するのはマルク＝アントワーヌ・ロージエ（Marc-Antoine Laugier, 1713-69）の『建築試論』（*Essai sur l'architecture*, 1753）である[29]。2人の人物の相違点は大きいが，興味深い共通点もある。ロージエの理想主義も，広くいえば啓蒙思想の知的な気風と軌を一にする。例えば『試論』冒頭の一文には本能のみに従う原初の人間が描かれるが，これは1750年にルソーが提示した「自然状態の人間」に想を得たものだろう。また，この自然人についてルソーが1755年の『人間不平等起源論』で描いた姿，すなわち樹下で眠り，飢えと渇きのみの充足を求める人間は，1753年のロージエの記述に触発された可能性がある。
　スフロと同じ年にプロヴァンスで生を受けたロージエは1727年にイエズス会修練

---

[27] Braham, *Architecture of the French Enlightenment*, p. 56, 77 を参照。
[28] Rykwert, *First Moderns*, 453. Rykwert と Braham はいずれもこの教会堂について質，量ともに優れた分析を行っている。
[29] ロージエについての基本文献は Hermann, *Laugier and Eighteenth Century French Theory* である。

院に入り，長い厳格な課程を通じて高等教育への旅路に就いた．アヴィニヨンで初等課程を修了した後はリヨン，ブザンソン，そしてマルセイユのイエズス会学院を巡り，1740年頃にアヴィニヨンの学院に再び戻った．ロージエのリヨン時代は，実にスフロが最初にイタリアから帰国した時期と一致している[30]．最終誓願を立てるために1744年に移ったパリでは，サン=シュルピス教会での教説の巧みさが評判となり，名を知られるようになった．1749年末にはフォンテーヌブローに派遣され，王に臨席して説教を行っている．降誕祭における説教をその白眉として，幾度かこの種の機会があった．

　ロージエが匿名で『試論』を刊行したのは1753年，巷に革命の兆しが感じられていた頃である．新税制を巡る王と聖職者の対立により政治不安が惹起され，反対勢力への対抗策としてルイ15世はパリ高等法院を閉鎖し司法官らをパリから追放した．この処置は1754年まで続く政紛を導き，政体の存亡が脅かされる事態となる．ロージエの小論はもちろん政治的な危機に関わるものでなかったが，政府関係者が示した反応は興味深いものである．検閲官タヌヴォは1752年10月，パリの検閲主査マルゼルブ宛の書簡で『試論』の原稿を読んだこと，およびこれが「非常に品位のある」「趣と才気に満ちた」ものである旨を書いている．彼は「いとも尊重さるべき」この著者と一席をともにしたい——とはいえ，その著作の内容ではなく著者が端々に示す「やや先鋭的に過ぎる精神性」のゆえに——とまで書いている[31]．これを踏まえると，初期に発表された『試論』の書評のひとつが教会と対立する「思想家たち」の周辺から発せられていることは驚くにあたらない．1753年末にはディドロの近い友人である編集者フリドリッシュ・メルシオル・グリムがこの書物に言及している．彼はロージエが1753年のサロンの機会に著した小冊子を好意的に評する中で，『試論』に触れ著者を称えている．「この著作は目下増補された第2版の準備がなされており，その作者が賢明にもリヨンに身を潜めているうちにパリで大きな成功をおさめているのである」[32]．グリムはまた，ロージエの情熱をスフロ——「今日のフランスで唯一称え

---

[30] ロージエは1730年代にリヨンで就学しているが，正確な期間は知られていない．リックワートは，18世紀前半のリヨン・アカデミーの知的環境ではイエズス会が強い存在感を維持しており，スフロの見解はイエズス会関係者に伝わっていたと推測している．また，1741年のスフロのゴシック建築に関する講演については，当時アヴィニヨンもしくはニームに滞在していたロージエが聞き知っていた可能性もある．Rykwert, *First Moderns*, pp. 444-5 参照．

[31] Hermann, *Laugier and Eighteenth Century French Theory*, p. 205 を参照．上記には書簡が一部再録されている．

[32] Friedrich Melchior Grimm, *Correspondance littéraire, philosophique et critique, addressee a un souverain d'Allemagne depuis 1753 jusqu'en 1769, par Le Baron de Grimm et par Diderot* (Paris: Longchamps, 1813), p. 100. 原文は以下のとおり． "Cet ouvrage, don't on nous prépare une second édition fort augmentée, a eu un grand succès à Paris, dans le tamps que son auteur de cachait

らるべき建築家」——の建築と結びつけ，力の込もった結論を述べている．すなわち「ロージエ神父はまだ若い．芸術に関する彼の才能と見識は修道院に埋もれたままでは終わるまい．また彼は時をおかずして，文芸の名誉に寄与したイエズス会出身者に名を連ねるであろう」[33]．

　これらの発言は，グリムとロージエは1753年の夏に一度会っただけの関係ではなく，ロージエ自身が（少なくともこの時点では）公にすることを望んでいなかった情報に通じていたことを示唆している．いずれにせよ，ロージエはその翌年の春に政治的緊張が急峻に高まる中，誰もがわかる形でイエズス会との決別を明らかにした．ヴェルサイユにおけるこの年の復活祭の説教において，王の道徳的堕落と無分別を嘆くばかりか，高等法院の軽視についても遺憾の意を表明してみせたのである．ロージエは危機をもたらした不敬虔な政体を解散し，正義のためには流血を恐れるべきではないとまで力説した．ルイ15世は顔色を失い，イエズス会は迅速に反応した．ロージエは直ちにリヨンに呼び戻され，そこでイエズス会脱退に必要な手続が進められた．1756年の春にベネディクト会へ転入したロージエは，まもなく『ガゼット・ド・フランス』（*Gazette de France*）の編集の職を得てパリに戻ってきた．彼はこれを起点として文芸の世界で第2のキャリアを築いてゆく．『試論』の増補第2版はこの間の1755年に刊行された．1759年から1768年の間には12巻からなるヴェネツィアの歴史書を著し，1765年には主に比例関係を扱った『建築所見』（*Observation sur l'architecture*）を刊行した[34]．こちらの方は，注目度という点ではすでにヨーロッパ中で有名となっていた『試論』には程遠いものであった．

　『試論』の主題は一見単純なものだが，哲学的には複雑なニュアンスを孕んでいる（図6）．グリムは1753年の書評において，ロージエは議論の内容として「有益な」だけでなく，「読んで快い」著作とすることに成功していると指摘した[35]．第1章は本能のみを頼りとする，原始の自然状態における人間の描写で幕を開ける．草原にひとり寛ぐ彼を太陽が日陰へと追いやると，彼は最初に森に向かうがそこでは雨に悩まされる．次に洞窟を隠れ家にするが，暗がりと淀んだ空気のために長くはいられない．そこで落ちている枝木に目をとめた彼は，4本の棒を四隅に立て，さらに頂部に4本を水平に渡した．さらに仕上げに斜めに枝を切妻風に立てかけ，木の葉で屋根を覆っ

---

soigneusement à Lyon."

[33] Ibid., pp. 103-4. 原文は以下のとおり．"Le P. Laugier est jeune; il y a apparence que ses talens et son goût pour les arts ne resteront pas enseveli dans un cloître, et que nous le compterons bientôt dans le nombre des ex-jésuites qui ont fait honneur à la littérature."

[34] M.-A. Laugier, *Observations sur l'architecture* (Paris: A La Haye, 1765).

[35] Grimm, *Correspondance littéraire, philosophique et critique*, p. 101.

6　マルク=アントワーヌ・ロージエ『建築試論』(Marc-Antoine Laugier, *Essay sur l'architecture*, 1753) の扉絵．カナダ建築センター（モントリオール）所蔵．

た．この3要素——柱・エンタブラチュア・切妻屋根——がすなわち建築の本質的要素を構成する．その他のすべての要素——アーチ・柱脚・小屋裏・さらには扉や窓まで——は本義からすれば夾雑物である．壁や扉などは機能上の必要から地位を回復することもあり得るが，必要性を欠く要素は「気紛れ」として建築での使用が廃絶されるべきである．こうして建築は合理的に純化される．

　取り除くべき要素は数多い．ロージエは多くの章をさいて同時代の建築実践の過誤を数え上げている．ここには円形の付柱，方形の付柱，柱のエンタシス，柱脚，アーチ，ブロークン・ペディメント，壁龕，彫像の濫用，過剰な文様，そして度を超して巨大な建物といった，要するにルネサンス，バロックおよびロココの伝統に関連するほとんどすべてが含まれる．ロージエの理想的建築にとって第1のモデルとなるのはペローによるルーヴル宮の列柱とアルドゥアン=マンサールによるヴェルサイユの礼拝堂であり，これらに繰り返し言及している．しかしこれらも無謬ではない．前者は不幸にも東面の長大なファサード中央にペディメントがある（本来，建物の短辺にのみ使用されるべきモチーフである）．さらにその下部の主開口部アーチのために柱列の基壇が不連続となってしまっている[36]．ヴェルサイユの礼拝堂は地上階のアーケードが問題である[37]．古代で最も称賛されるのはロージエが知悉していたニームのメゾン・カレである．また理論ではペローとコルドモワの著作が繰り返し引用されている．

　ロージエがペローへ寄せる信頼は「âpreté」「dégagement」といった用語の使用に

---

[36] Marc-Antoine Laugier, *An Essays on Architecture*, trans. Wolfgang Hermann and Anni Hermann (Los Angeles: Hennessey & Ingalls, 1977), p. 8, 16, 20, 24, 26, 34, 37, 92, 104.
[37] Ibid., p. 17, 20, 24, 37, 61, 104, 105.

も表れている．彼は前者を透視画法的な眺望において柱列が与える視覚的な緊張感を指すものとして用いるが，これはコルドモワやペローと全く同じ用法である．彼はこの語彙をヴェルサイユの礼拝堂における柱列の美しさ——「柱間の整った様」[38]——を描写するために用いている．また彼が頻用し，実質的に自身の理論の基礎となるのが dégagement という語彙である．柱を壁から dégagement（＝解放・引き離し，すなわちピアや付柱を避ける）することは，軽快さ，見通し，空間の拡がり，単純さ，そして優美さといった美しい建築の基準を獲得する手段となる[39]．

しかし，ロージエがペローの合理主義的厳格さを称揚していることと，この両者の設計観がよく似ていることから考えて興味深いのは，比例と絶対美についてはロージエが立場を異にしていることである．実のところ1750年代初めには以前の論争——新旧論争——の主題に再び関心が集まっており，それに言及するのはロージエが嚆矢というわけではない．90歳を越えていた建築家シャルル＝エチエンヌ・ブリゾー（Charles-Étienne Briseaux, 1660-1754）は，1752年に『諸芸術における本質的な美について』（*Traité du beau essentiel dans les arts*）を刊行した．以前の論争の経緯を直接知るブリゾーは，序文のすべてをブロンデルの業績への賞賛に費やしている．ペローについては「狡猾な屁理屈」に立脚していると論難し，アカデミーの理論の衰退と「フランス建築の退廃時代」を招いたとして責めている[40]．

問題に対するブリゾーのアプローチは，実質的にはかつてのブロンデルの議論と大きく異なるものではない．彼はアルベルティ，パラーディオ，ヴィニョーラの理論を復興させ，自然のうちに見出される絶対的あるいは「本質的な美」，すなわち人間の本性と和合する普遍的な調和的比例を強調する．新しい動向に目を向けているのは美の心理学（すなわち趣味(テイスト)の問題）に関してのみである．美や正しい比例の感覚は神経への刺激が機械的に惹起するものだが，以下の２つの理由から人間の知覚では幅をもつという．第１に，事物を知覚する主体の内面的能力や感受性には差がある．とりわけ諸原則を身につけておらず，未だ強化されていない精神の場合にそうである．第２に，対象となる事物は，いわば「その印象を受けとめる感覚の欠陥により」歪められるため，その認識に幅を生ずる[41]．簡単にいえば，高次の理性的準則に訓育されてい

---

[38] Ibid., p. 17.
[39] Ibid., p. 23, 93, 101, 104.
[40] Charles-Étienne Briseaux, *Traité du beau essentiel dans les arts . . . avec un traité des proportions harmoniques* (Paris: Grange Batelière, 1753), pp. 2-3. ブリゾーの理論については Hanno-Walter Kruft, *A History of Architectural Theory from Vitruvius to the Present*, trans. Royal Taylor, Elsie Callander, and Anthony Wood (New York: Zwemmer & Princeton Architectural Press, 1994), pp. 146-8 参照．
[41] Briseaux, *Traité du beau*, p. 46, 60.

ない精神は，単純な感覚の快さに満足するということである．この理性の準則は生得観念として言及されているように読み取れる．ブリゾーは論考の中で多くの「調和的比例」の例を挙げるが，興味深いことに，ペローの議論への応答として，確定的な柱の比例関係は未だ定まっていないと認める．それでも，建築家は調和的比例を会得することの必要性に同意すべきなのである[42]．

　ブリゾーの比例と美についての見解は，1751年にこの問題についてエッセイを発表していたディドロのそれと比較できよう[43]．ディドロの立場は遥かに主観的であるが，理路や諸前提はブリゾーと似通っている．ディドロはまず美についての理論を歴史的に検証するが，彼が美の理念を基礎づけるのは生得的な観念ではなく，むしろジョン・ロック的な感性，特に諸々の関係や比例への感受性である．例えば（ディドロの例示に従えば）ルーヴルの東面ファサードを見るにあたっては，それが漠然とした，あるいは曖昧としたものであっても，さまざまな部位の組合せが精神にある悦ばしい比例関係の存在を呼び起こす．とはいえ，このことは美の理念が感情や感覚に還元されるということではなく，また絶対的な美の不在を示すわけでもない．建築物における対称性や部位の比例関係，とりわけ斬新あるいは複雑な部位の配列は，全体の効果を感得するためのより高次の理性的構想力や理解を要求する[44]．したがって，美の判断は2つのレベルで作用する．第1は線・色・音の特定の関係性の経験においてであり，第2はこれらの関係や比例が惹起する観念的連関においてである．ディドロはこうした理路のもとに，それ自体との関係における対象の考察に基づく「実在の美」と，他の対象との関係における考察に依拠する「相対的な美」を峻別する[45]．そしてディドロはシャフツベリによる美と倫理の調和を手がかりとして，美と善の相関性へとさらに複雑な議論を進めてゆく[46]．

　ロージエの美の概念には，これらの議論の枠組みが反映されている．実際にロージエの立場が明るみに出るのは，ブリゾーとフレジエからの否定的な書評に応えた1755年の『試論』増補第2版である[47]．1753年の時点では，ロージエは芸術家の創

---

[42] Ibid., 4-5. 原文は以下のとおり．"Il n'a donc pas été possible d'en constater de fixes, mais tous les auteurs sont d'accord sur la nécessité d'en observer."

[43] Denis Diderot, "Recherches philosophiques sur l'origine et la nature du beau," in *Oeuvres complètes de Diderot*, ed. J. Assézat (Paris: Garnier Frères, 1876), 10, pp. 5-42.

[44] Ibid., p. 27.

[45] Ibid., pp. 28-30.

[46] ディドロの典拠については以下を参照．R. Loyalty Cru, *Diderot as a Disciple of English Thought* (New York: Columbia University Press, 1913), pp. 408-10.

[47] ブリゾーはラ・フォン・ド・サン=ティエンヌと連名で以下の書評を書いている．"Examen d'un Essai sur l'Architecture," *Journal de Trévoux*, Mars 1754. フレジエの書評は以下．"Remarques sur quelques livres nouveaux concernant la beauté et le bon goût de l'Architecture," *Mercure de France*,

作にいかに堅固な原理が必要とされるかということについて，漠然と指摘するに留まっている．これは，建築的創造の過程は単に直感に導かれるのではなく，論理的な考察と美の仕組みについての経験が必要とされる，というものであった[48]．彼はブリゾーと同様に，建築には内面的な習慣や人間の先入観には左右されない本質的な美があると強調する．しかし彼がその基礎とするのは比例だけではなく，形態の優美さや装飾の選択と配置をも含む[49]．さらにロージエは建築においては比例の数比が厳密であること，つまり同じ正確な効果をもたらすための道筋はひとつしかないと述べている[50]．問題は，単純にこうした数比が未知のため，さらなる研究が必要とされるということであり，彼はいつの日か偉大な建築家が現れて建築の不変の法則を明らかにするということを望んでいた[51]．

　1755年になっても絶対的な美に関するロージエのスタンスは揺るがなかったが，それ以外については変化していた．フレジエが批判したのはロージエによる比例の厳密性の主張についてであり，批判の論拠は基本的に既出のペローの主張であった．すなわち美は慣習や教育に左右されるため，時とともに変化するという認識であり，これは諸民族間での趣味(テイスト)や様式の差異，例えばギリシアと中国の建築の違いに端的に示されている，ということである．ロージエは第2版に付された「回答」節で反論を記した．この中で彼は，諸芸術には流行とは関係のない「本質的な美がある」が，ペローはその存在を「ひねくれた精神」あるいは「救いようのない頑迷さ」によって拒絶しているのだと述べている[52]．しかし彼は，ブロンデルに倣い絶対的な美の礎を調和的な比例のみに帰するブリゾーにも批判的である[53]．ロージエにとって比例は美の重要な基礎のひとつではあるが，唯一の因子ではない．彼は，我々は無意識のうちに本質的な美を感得できるが，しかし知覚においては感覚のレベルが最初に発動するためそれを説明できないのだと説く．これはディドロの理路に近い．さらに，先例や流行は眼を特定の形態や様式に慣れさせてしまうため，感性の働きに影響を与え，あるいはその働きを阻害する．最終的には，感覚をそうした夾雑物から効果的に引き離す高次の理性の媒介作用を通じてのみ，本質的な美が姿を現す．美の領野はしたがって

Juillet 1754. 委細については Hermann, *Laugier and Eighteenth Century French Theory*, pp. 148-60 参照.
[48] Laugier, *Essay on Architecture*, p. 1.
[49] Ibid., p. 62.
[50] Ibid., p. 63.
[51] Ibid., p. 2.
[52] Marc-Antoine Laugier, *Essai sur l'architecture* (1755; reprint Farnborough, Enlgand: Gregg Press, 1966), p. 255, 260. なお Laugier, *Essay on Architecture*, pp. 63-4 も参照.
[53] Laugier, *Essai sur l'architecture*, p. 260.

「内省的思考によって増進される」ものなのである[54]．ロージエはさらに「多数の個別存在の結合に起因する原始的な美」にも言及している．これは民族によって異なるさまざまな趣味(テイスト)の基底をなす本質的な美であり，彼の原始の小屋のパラダイムとも相通ずるものである[55]．

　美と比例に関するロージエの立場は，1750年代においても，この話題に関するペローの主張が未だ少数派であったということの証として意味をもつ．すでにその他の建築理論や実作の主題については，疑義の声が上がり始めている段階である．『試論』第2版が刊行された1755年の最初の3ヶ月，建築アカデミーはペロー訳のウィトルウィウスの再読を始めた．脚注に関して一度ならず激しい議論が生じたが，議事録はそれに応えて「いくらかの考察」が示されたことを示唆するのみである[56]．ロージエが『建築所見』を発表した1765年，建築アカデミーは再びこの問題に立ち返り，今度はフランソワ・ブロンデルの『建築教程』(Cours d'architecture) の関連箇所を検証した．このときには「考察」が差し挟まれたという記録はなく，比例についてのブロンデルの見解は，調和的比例に関するものを含めて論争なく受け容れられたようである[57]．1753年から1765年の間にロージエの名が挙げられることはなかった．フランスにおけるアカデミーの主流は未だ基調に忠実であったのである．

　しかし実際的には，1765年の時点でフランスの理論はロージエの『試論』，とりわけすべての考察の指針として「理性」の重要視に影響を受けていた．仮に建築の合理主義の血統がペローのデカルト主義にまで遡るものであるとしても，いまやそれは進歩という啓蒙思想の理念および制度改革と歩調を合わせ，新古典主義理論に新たな様相を生みつつあったのである．とはいえ，改革を求めるロージエのメッセージは——すなわち単純化された古典主義への回帰の希求は——『試論』刊行が時宜に適っていたこと，そしてスフロのサント＝ジュヌヴィエーヴでの仕事と理念的に通底していたということがなければ，これほどの反響を呼ばなかったであろう．『試論』とスフロの設計はいずれも，同時代における実践（すなわちロココ的なもの）への批判的態度と，ゴシック様式の構造的利点の見直しの反映であった．

　フランスのロココは17世紀最後の10年間を起点とするが，成熟を迎えるのは「ル

---

[54] Ibid., p. 256.
[55] Ibid., p. 257. 原文は以下のとおり．"Je me représente ce beau primitif comme un point de perfection, qui résulte de l'assemblage d'une foule de qualités particulieres."
[56] 1755年1月20日に始まった講読は3月17日に早くも終了したため，最初の2章を扱ったのみである．Henry Lemonnier, *Procès-Verbaux de l'Académie royale d'Architecture* (Paris: Édouard Champion, 1920), 6, pp. 230-3 参照．
[57] Ibid., 7, pp. 219-21. ブロンデル『建築教程』の関連箇所が読まれたのは1765年7月15, 22, 29日．

イ15世様式」そして「ポンパドゥール様式」として知られるようになる1730年頃である．フィスケ・キンボールはフランスにおける最盛期を1740年から1755年の間としている[58]．しかしながら，その装飾の過剰さに対して反旗が掲げられるのも早かった．ジャック＝フランソワ・ブロンデルはこの様式を学んで育ったが，1737年には「戯れの新奇さが数年来はびこらせてきたものすべて」への反対を表明した[59]．すでに見たようにスフロは1740年代にこの風潮への反対を表明し，ケリュス伯の古典主義サークルの参加者もみな同様であった[60]．したがってロージエの一貫した「狂ったアラベスク的想像力」への敵意は他の反論者の動向と見事に同期し，「この危険極まりない疫病は終末を迎えんとしている」とさえ予見してみせた[61]．

またロージエはゴシックの構築技術の優位性を主張するが，これはスフロの試行と方向性を同じくする．サント＝ジュヌヴィエーヴ聖堂で採用された多くの新機軸――低い柱礎をもつ独立柱，平板なエンタブラチュア，豊かな光，高いヴォールト，そして軽快な雰囲気――を，ロージエは設計開始以前に肯定的に言及していた．これは彼がスフロと同じ典拠（ペローとコルドモワ）を参照していたからである．しかし，彼はこの世紀の前半に同じ構想で実現されていた作品についてはほとんど知らなかったようだ．例えばヴェルサイユの礼拝堂は多くの模倣を生み出しており，ジェルマン・ボフランのシャトー・ド・リュネヴィルの礼拝堂（1703-19，1740年に再建）では，地上階レベルの柱をアーケードに変えて類似のプロポーションを用いている．ギヨーム・エノーが1718年に建てたノートル＝ダム＝ド＝ボンヌ＝ヌーヴェルの聖堂もそのひとつで，これはヴェルサイユの礼拝堂のインテリアを模倣しつつ，ゴシック風の外観を与えられている．コンスタン・ディヴリが近い時期に設計した聖堂では，高い柱とまっすぐなエンタブラチュアが石造ヴォールトを支持しており，大きな関心が払われていたとしてもおかしくなかった[62]．構造的な軽快さに関していえば，1763年に

---

[58] Fiske Kimball, *The Creation of the Rococo* (Philadelphia: Philadelphia Museum of Art, 1943), pp. 152 ff.

[59] Jacques-François Blondel, *De la Distribution des maisons de plaisance* (Paris: Jombert, 1737-8), p. xv. 引用箇所の全文は以下のとおり．"Mon intention sur tout est d'engager ceux qui veulent professer l'Art de bâtir, à puiser dans l'ancienne Architecture les premiers élemens de cet Art, & que par là on accoûtume son génie à connoître ce qui est véritablement beau, & à éviter tout ce que les caprices de la nouveauté ont introduit depuis quelques années."

[60] ケリュスの建築観とスフロへの関心については Braham, *The Architecture of the French Enlightenment*, p. 32 参照．同じく絵画観については Samuel Rocheblave, *Essai sur le Comte de Caylus: L'homme, l'artiste, l'antiquaire* (Paris: Hachette, 1889), pp. 213-30 参照．その他，ケリュスについては *Julien-David Le Roy: Ruins of the Most Beautiful Buildings in Greece*, trans. Dabit Britt (Los Angeles: Getty Publications Program, 2004) における Robin Midddleton の序文を参照．

[61] Laugier, *Essay on Architecture*, p. 61.

[62] Middleton, "The Abbé de Cordemoy and the Graeco-Gothic Ideal" 参照.

始まったコンスタン・ディヴリによるマドレーヌ聖堂の設計は――もし完成していれば――スフロの業績に匹敵するものになっていたであろう[63].

とはいえ,ロージエの建築への情熱とその理論の論理性と明晰さは,その小著をして同時代の議論の最前線へと立たせることになった.読者の輪はフランス国内外に大きく拡がった.すでに見たように,フランスではグリムがこの書を肯定的に評価し,ブリゾーとフレジエは否定的に評価した.ジャック゠フランソワ・ブロンデルは『建築を学ぶ必要性についての論考』(Discours sur la nécessité de l'étude de l'architecture, 1754)の結論で推薦書のひとつにこれを挙げ,「新しいアイディアに満ちた聡明な書」と解説している[64].スフロ自身もロージエを高く評価し,ダヴィッド・ル・ロワもまた同様であった[65].

イギリスでは 1755 年に『試論』が翻訳され,その主張の多くはただちに(ときにそのままの文言で)アイザック・ウェアの『建築全書』(Complete Body of Architecture, 1756)に引かれている[66].ウィリアム・チェインバーズは熟知していたものの内容については若干批判的であった[67].さらにロージエの影響を大きく受けたのは,ジョージ・ダンスやジョン・ソーンといった次世代のイギリス人建築家である.ソーンは少なくとも 11 部の『試論』を所有し,さまざまな部分の訳を作成していたといわれる[68].

1756 年から 1768 年までの間に『試論』の翻訳が 3 版刊行されたドイツでも,長期にわたるロージエの影響があった.読者のうちで最も名が知られるのはヨハン・ヴォルフガング・フォン・ゲーテであるが,彼の態度は両義的である.ゲーテは単純さの希求と反ロココ的な感覚には同調的であるものの,原始の小屋という理念を始め,ロージエの理論が立脚する合理主義には冷笑的であった[69].しかしドイツに古典主義が

---

[63] この大規模な教会堂はサント゠ジュヌヴィエーヴと多くの類似点をもっていたが,基礎工事のみに留まった.後にナポレオンが設計を却下し,1806 年にはピエール・ヴィニョンの新たな設計に基づいた教会堂の新設が命じられた.

[64] J.-F. Blondel, Discours sur la nécessité de l'étude de l'architecture (Paris: Jombert, 1754), p. 88 n. ブロンデルはコルドモワの著作も挙げている.

[65] スフロは 1758 年 9 月,マリニー候からの手紙への返答で建築家シルヴィ(Silvy)の建築論草稿の出版を勧めている.その理由はシルヴィの執筆にロージエが協力していたためである.Herrmann, Laugier and Eighteenth Century French Theory, pp. 11-12, p. 153, 206 参照.

[66] Ibid., pp. 173-5. Hermann はこうした箇所を詳細に検討している.

[67] Ibid., pp. 175-7.

[68] Robin Middleton and David Watkin, Neoclassical and 19th Century Architecture (New York: Electa, 1987), p. 195 参照.

[69] ゲーテはストラスブール大聖堂を題材にした,反古典主義で知られる小論「ドイツの建築について」でロージエの思想に触れている.ゲーテはドイツ建築の本質を柱でなく壁とし,ロマン的な理想主義から,建築に原則を課すことに反対している.

根づく1780年代から1790年代までロージエの評価は命脈を長らえ，ダヴィドとフリードリヒ・ジリー父子の周辺にその理論の反響を見出すことができる[70]．

イタリアにおいても，ロージエの考え方は大きな影響力をもっていたはずである．例えば建築家アンドレア・メンモは1756年，ロージエが同書の執筆以前にヴェネツィアを訪れており，そこで知ったカルロ・ロードリの建築論を剽窃したはずであると主張している[71]．この嫌疑には根拠がないが，書物への感情的反応を示唆するものであろう．『試論』はローマのフランス・アカデミーでも熱心に読まれた．そこではジャン=ロラン・ルジェ（Jean-Laurent Legeay, c. 1710-c. 1788），ガブリエル・デュモン，ニコラ=アンリ・ジャルダン（Nicolas-Henri Jardin, 1720-1799）といった1740年代の先達の尽力を引き継ぐ新世代のフランス人学徒が，後代のフランス古典主義の表徴となる柱の様式を構想していた[72]．そして，自らの『古代のローマ』（*Antichità romae*, 1756）の刊行によって国境を越えた舞台へ踏み出そうとしていた若き建築家兼版画家もまた，ローマのロージエ読者のひとりであった．他ならぬジョヴァンニ・バッティスタ・ピラネージはしかし，ロージエの主張が妥当か否かということについて，大いに異なる見解をもっていたはずである．

4
ギリシアの「再発見」

1750年代のスフロとロージエの探求と時を同じくするのが，いわゆるギリシアの再発見である．その影響を全方位的に評価するのは困難だが，ヨーロッパの建築思潮もまた，この出来事の劇的な影響を受けた．

当然ながら，古代ギリシア文化の豊かさはよく知られていた．ギリシアの哲学者，劇作家，詩人，修辞学者，歴史家の著書は広く読まれ，幾世紀にもわたって多くの建築書がギリシア建築の美に触れてきた．しかしながらギリシア建築の実態やローマ建

---

[70] この周辺におけるロージエの影響については *Friedrich Gilly: Essays on Architecture, 1796-1799*, trans. David Britt (Santa Monica, Calif.: Getty Publications Program, 1994), pp. 33-5におけるFritz Neumeyerの序文を参照．
[71] この嫌疑を巡る包括的な検討はHermann, *Laugier and Eighteenth Century French Theory*, pp. 160-6参照．
[72] 1740年代・1750年代におけるローマのフランス・アカデミーの学生についてはBraham, *Architecture of the French Enlightenment*, pp. 52-61, 83-107参照．

築との違いについては驚くほど知られていなかった．アルベルティを始め，ほぼすべてのルネサンスの建築書は，建築がアジア（ときにエジプト）に始まり，ギリシアで開花し，ローマで成熟したと解説している．フランソワ・ブロンデルも1675年にこの見解を踏襲し，建築の諸規則が最初にギリシアで案出されたものだとしても，それが大いに高められたのは帝政ローマにおいてであり，ローマ建築の威容はその「重みと精神」を証しているのだと述べている[73]．見解を異にする理論家もわずかながら存在した．例えばフレアール・ド・シャンブレは1650年にギリシア人の「栄光と不滅」に触れ，彼らを「おそらくこの国においてのみ完成をみた」諸芸術の「創案者」としている[74]．ジャック＝フランソワ・ブロンデルは，別荘住宅に触れた1737年の書物をギリシア人への言及から始め，彼らはモニュメントの壮大さを発展させることには失敗したが，初めて建築に「優美さ」を賦与したと述べた．そして，それ以来，彼らによる比例関係は「我々のうちの最も能力ある建築家が今日再び見出している規則」となり，そこには何も付け加えることができなかったと述べている[75]．ロージエはこの件について「建築は，その最も完璧なところを，ギリシア人に負っている．彼らは天性に恵まれた民族で，科学を少しも無駄にせず，芸術においてあらゆるものを発明したのは彼らだった」と述べていた[76]．問題は，当然ながら，ギリシアに関する明瞭なイメージがなければこうしたすべての見解はおよそ根拠がないということである．

　視覚的な資料の不備が補われるようになるのは1750年くらいからである．1751年末，スフロとデュモンは予定外であったがパエストゥムを訪問した．彼らが紀元前5〜6世紀まで遡るこのギリシア植民地（もともとはポセイドニアと称するギリシア人入植地）の神殿遺構の知識を得たのは，ナポリでフェリーチェ・ガッツォーラ伯に会ってからである．当時は遺構がギリシアのものか，ローマのものか，あるいはエトルリアのものかは確実なことが判明しない状態であった[77]．ナポリ・シチリア王国の王立砲兵隊の傑出した工兵であり司令官であったガッツォーラは1746年にこの遺跡を知り，図版集の出版準備も始めていた．デュモンが1764年に刊行した版画集には，

---

[73] François Blondel, *Cours d'architecture enseigné dans l'Academie Royale d'Architecture* (Paris: Lambert Roulland, 1675), 1, p. 4.
[74] Roland Fréart de Chambray, *Parallèle de l'architecture antique avec la moderne* (Paris: 1650), p. 3.
[75] Blondel, *De la Distribution des maisons de plaisance*, p. xii.
[76] Laugier, *Essay on Architecture*, p. 8. この件について，ロージエは数ページ後で語気を強めて繰り返している．「したがって，実際のところローマ人にとって建築は月並な務めでしかなく，価値があるもの，確かなものについてはただギリシア人にのみ負っているのである」（*Essay on Architecture*, p. 40. 上記は仏語原著 p.68 より新たに訳出）〔M＝A・ロージエ著『建築試論』三宅理一訳，中央公論美術出版，1986年〕．
[77] この混乱についてはKruft, *History of Architectural Theory*, pp. 215-17 参照．

これを下敷にしたものが含まれている可能性がある[78]．この頃にはわずかではあるが旅行者もパエストゥムを訪れていた．ドイツの歴史家ヨハン・ヨアヒム・ヴィンケルマンは1758年に現地を訪問し，1764年から1784年の間には神殿遺跡に関する図版入りの書籍を8冊も刊行した[79]．

この頃，シチリアのギリシア植民都市にも同様の遠征が行われた．最初の調査はジャック＝フィリップ・ドルヴィルが1727年に行ったが，彼のドローイングが刊行されたのは没後の1764年である[80]．ジュゼッペ・マリア・パンクラーツィは全2巻からなる『古代シチリア詳説』(*Antichità Siciliane spiegate*, 1751-2)の中に数点のギリシアのモニュメント建築を採録した．スコットランドの建築家ロバート・ミルンはこの著作とパンクラーツィのために実測調査を実施し，その成果はヴィンケルマンの著作『シチリア・アグリジェントの古代神殿建築の考察』(*Anmerkungen über die Baukunst der alten Tempel zu Girgenti in Sicilien*, 1759) に着想を与えた．コンコルディア神殿のずんぐりとしたプロポーションに関心をもったヴィンケルマンはこれをウィトルウィウスや，ディオドロスが示す神殿，パエストゥムの神殿調査と比較し，シチリアの神殿は「疑いなく，世界最古のギリシア建築のひとつである」と厳かに結論を述べている[81]．

ギリシアや中東への旅行者はさらに多かったが，見聞や発見の伝達に寄与しないことも多かった．この地方は15世紀以来オスマン朝の治下にあったが，1685年から1687年にかけてはヴェネツィア共和国がアッティカとモレアスを支配し，このときパルテノンがヴェネツィアの火砲によって破壊された．ギリシアの石像は17世紀初頭から西欧に渡るようになり，その多くは外交使節や商人によってもたらされた[82]．しかし，同じ世紀の最後の四半世紀には旅行がより一般的となった．前述した1674年のノワンテル侯爵の旅では，その際に作成されたジャック・キャレによる彫像のス

---

[78] ガッツォーラの交友範囲とスフロの関係については S. Lang, "The Early Publications of the Temples at Paestum," *Journal of the Warburg and Courtauld Institutes* 13 (1950), pp. 48-64 参照．

[79] Ibid.

[80] Jacques-Philippe d'Orville, *Sicula, quibus Siciliae Veteris Rudera*, 2 vols. (Amsterdam, 1764).

[81] J. J. Winckelmann, "Anmerkungen über die Baukunst der alten Tempel zu Girgenti in Sicilien," in *Johann Winckelmanns sämtliche Werke*, ed. Joseph Eiselein (Donauöschingen: Verlage deutcher Classiker, 1825), 2, p. 306. 原文は以下のとおり．"Der sogenannte Tempel der Concordia zu Girgenti ist ohne Zweifel eines des ältesten griechischen Gebäude in der Welt, und hat sich von aussen unbeschädigt erhalten."

[82] 例えば，1621年から1628年までコンタンティノープルのイギリス大使であったトマス・ローはバッキンガム公およびアランデル伯の代理人を務めている．Fani-Maria Tsigakou, *The Rediscovery of Greece: Travellers and Painters of the Romantic Era* (New Rochelle, N.Y.:Caratzas Brothers, 1981) 参照．また，*Julien-David Le Roy: Ruins of the Most Beautiful Buildings in Greece* の Robin Middleton による序文は，ギリシアに関する知見が深まる過程を論じたものとして比類がない．

ケッチが有名になった一方，モニュメント自体には関心が向けられなかった．1675年にはジャコブ・スポンとジョージ・ホイーラーがパルテノンを中心にした私的な旅行を行った．スポンは畏敬の念に打たれつつ視察を行ったものの，著作『イタリア・ダルマチア・ギリシア・レヴァント旅行』（*Voyage d'Italie, de Dalmatie, de Grèce, et du Levant*, 1678）では特徴やプロポーションを捉え損ねた．パルテノンの稚拙なスケッチしか示していない[83]．しかしながら，この不正確な図像はベルナール・ド・モンフォーコンによって1719年から1724年の間に刊行された15巻の『古代詳説』（*L'antixuité expliquée*）中でパルテノン復元の手がかりとして用いられた．さらに，1721年のフィッシャー・フォン・エルラッハによるパルミラとオリンピアの寺院の復元はこのモンフォーコンの復元を参照している[84]．

1740年代にはオスマン朝と西欧諸国間で政治的緊張が緩和され，ヨーロッパからギリシアや中東を目指す旅行者はいっそう数を増すが，旅の条件は依然として厳しいものであった．1730年代後半と1740年代にはリチャード・ポコック（Richard Pococke, 1704-65）とリチャード・ダルトン（Richard Dalton, c. 1715-91）がそれぞれ独自に東地中海地方を訪れ，見聞を記録している[85]．しかしながらさらに重大な意味をもつ遠征は1750年代の英国人ジェームズ・スチュアート（James Stuart, 1713-88）とニコラス・レヴェット（Nicholas Revett, 1720-1804），およびフランス人ジュリアン＝ダヴィッド・ル・ロワ（Julien-David le Roy, 1724-1803）らによるものであった．

こうした探検行の実像は同時代のロバート・ウッド（Robert Wood, 1716-71）が残したパルミラ（シリア）とバールベック（レバノン）への遠征の記録からうかがい知ることができる[86]．デゴデのローマ建築モニュメント研究に触発されたウッドは，同様の調査のために1750年にジェームズ・ドーキンズを含む3人とともにギリシア，小アジア，シリア，フェニキア，パレスチナ，およびエジプトへ向けて出発した．アテネではアッティカのモニュメントを記録していた先述の「2人の英国人画家」と遭遇するが，ウッドとドーキンズは小アジアに注力することを決めていた．馬を操る人

---

[83] Jacob Spon, *Voyage d'Italiem de Dalmatie, de Grèce, et du Levant* (Lyons, 1678).

[84] フィッシャー・フォン・エルラッハによる研究は *Entwurff einer historischen Architektur* (1725) である．熱を帯びた想像力による，建築研究史上有数のめざましい文献である．

[85] Richard Pococke, *Discription of the East . . . and Some Other Countries*, 2 vols. (London, 1743-5). リチャード・ダルトンは1749年にチャールモント卿とともにエジプト，トルコ，ギリシアを訪問し，1751年に版画集を出版した．ダルトンによる *Antiquities and Views of Greece and Egypt* はようやく1791年に刊行されている．

[86] Robert Wood and James Dawkins, *The Ruins of Palmyra, otherwise Tedmor in the Desert* (London: 1753); idem, *The Ruins of Balbec, otherwise Heliopolis in Coelosyria* (London: 1757).

物との予期せぬ遭遇，金銭欲，「恥を知らぬ無節操さ」，地元の首長の手厚い歓迎など，ウッドは一行が遭遇した種々の危険や幸運を書き留めている．2人は現地の危険への対処とその「収穫」の保護のため，「武装した使用人」を雇用していた．後期ヘレニズム時代の都市パルミラとバールベックの歴史──「おそらくは現存する最も驚くべき古代の威容の2つ」──は多くが未詳のままだった[87]．いずれもソロモン王の時代より遡るという説にウッドは懐疑的であったが（一説ではパルミラはダヴィデがゴリアテを倒した地に築かれたとされた），この2都市はソロモンが礎を築き，後にネブカドネザルに破壊され，ローマ時代に再建されたという現地の伝承には同意していた．通りに柱列が設けられたこの2都市は比較的よく保存されていたが，建物は廃墟となっていた．それでも，バールベックの配置計画はウッドの眼に「我々の知る，建築で試みられた最も大胆な平面の名残」に映った[88]．

　ジェームズ・スチュアートは，やや異なる目論見を抱いて1742年にイタリアに到着した．スコットランドの船員の息子であったスチュアートは，比較的壮年になってから自費でローマを（徒歩で）目指した．マルコ・ベネフィアルの工房で「6〜7年の間」画家修行し，コレッジオ・ディ・プロパガンダ・フィーデで古典を学んだ．1748年にナポリを訪れた際にニコラス・レヴェット，ガヴィン・ハミルトン，マシュー・ブレティンガムとギリシア行きの可能性を検討した．ハミルトンとブレティンガムは後に手を引いたが，スチュアートとレヴェットは計画を続け，同じ年の内にスチュアートが紀行の趣意文の草稿を作成した．後年に刊行された著作に収録された趣意文には，アテネをギリシア建築の「源泉」とし，「優美と礼節の母であり，その荘厳さはほとんどローマに引けを取らず，その歪みなき様式の美はローマを凌駕しているということが認められるべき」と述べている[89]．この書物は購読予約者の資金とディレッタンティ協会からの援助を受け，芸術家のみならず「諸芸術の愛好者たる紳士の方々」をも読者として想定していた[90]．この2人は1750年3月にローマを発つが，ザキントス島へ向けてヴェネツィアを発つのは翌年の1月になってからであり，そこからさらにいくつかの経由地を経て3月18日にアテネに到達した．当地ではコンスタンティノープルのイギリス大使館が警護のために手配した「スルタンの使い」に遇された[91]．スチュアートとレヴェットはほぼ2年間をアッティカ地方ですごして綿密

---

[87] Wood and Dawkins, *The Ruins of Palmyra*, p. 1.
[88] Wood and Dawkins, *The Ruins of Balbec*, p. 6.
[89] James Stuart and Nicholas Revett, preface to *The Antiquities of Athens* (London: John Haberkorn, 1762), p. v. n. スチュアートの生涯と業績の詳細については David Watkin, *Athenian Stuart: Pioneer of the Greek Revival* (London: George Allen & Unwin, 1982) 参照．
[90] Ibid.

7 ジェームズ・スチュアートとニコラス・レヴェット,パルテノンの眺め.『アテネの古代遺跡』(*The Antiquities of Athens*, vol. 2, 1788) より.

な実測調査を行い,1754年にそれぞれ帰国の途についた.

　この時点では,彼らの旅は,実際には行わなかったことが語り伝えられた.遠征の開始が喧伝されるとギリシアへの関心は高まる一方で,新発見への国際的な期待も膨らんでいたが,スチュアートとレヴェットはそうした関心にほとんど気を留める様子がなく,成果の公表を急ぐこともなかったからである.また1748年の最初の趣意文では,ギリシアの古代遺物の調査結果を全3巻の書籍とし,第1巻はアテネのアクロポリスとその周辺の遺跡に充てることを計画していたが,彼らはこれらの調査成果の掲載を第2巻に延期し,第1巻(1762)では美術的な重要性が劣る遺跡を中心に扱うこととした.第2巻にはパルテノンの非の打ちどころのない図像が挿入されたものの,刊行は1788年にスチュアートが没した後のことであった(図7).最終巻の第4巻は1816年に刊行され,ギリシア建築を巡る後発の議論にようやく追いついたのだった.

　スチュアートとレヴェットが時期を逸したことにより,出版ではフランス人ジュリアン=ダヴィッド・ル・ロワが先行することとなった.王室付き時計職人の息子であるル・ロワはジャック=フランソワ・ブロンデルらのもとで学び,1750年には「ヴォールト付き温室」の設計でピエール=ルイ・モロー=デプルー (Pierre-Louis

---

[91] これらの件を含め,スチュアートとレヴェットの旅行の詳細については Dora Wiebenson, *Sources of Greek Revival Architecture* (University Park: Pennsylvania State University Press, 1969) 参照.

Moreau-Desproux, 1727-94) やシャルル・ド・ヴァイイ (Charles de Wailly, 1730-98) らを抑えてローマ賞を受賞した．ローマではシャルル＝ルイ・クレリッソー (Charles-Louis Clérisseau, 1721-1820) の知遇を得るが，復活祭で聖餐の証書への署名を拒否するという「尊大さ」の故にフランス・アカデミー館長シャルル・ナトワールとは疎遠となった[92]．その一方で芸術修行には専心し——スチュアートとレヴェットの企画を知った後に——アテネを訪れて主要なモニュメントを描く認可をナトワールおよびローマとヴェネツィアのフランス公使から取り付けた．この計画は一部政府の援助を受けることとなり，フランス陣営にとっては成果物の出版を巡る英仏間の競争と捉えられるようになった．ル・ロワは1754年の春，80門の砲を備えた大使の船でヴェネツィアから船出した．中途ではオスマン朝から公式許可を得るためにコンスタンティノープルに立ち寄る必要があり，アッティカに短い寄港をしたのみである．翌年2月にアテネに到着，3ヶ月に満たない滞在を経て7月にはローマに戻り，1755年の秋にはパリに帰って出版準備を開始した．

　ル・ロワは遠征中にケリュス伯と連絡を取り合っており，1756年3月の「提案書」に始まるパリ帰投後の企画はケリュス伯の後押しがあったようである[93]．この間の作業の遅れはル・ロワの素描の完成度に起因していた可能性がある．後にスフロの友人コシャンは，ル・ロワの帰国後にケリュス伯とともにそれを見た際，「ひどく粗雑」だったため描き直しが必要と判断した旨を述べている．この作業は版画家ジャック＝フィリップ・ル・バスとジャン＝ジョゼフ・ル・ロラン——コシャンによれば後者は「十人並の絵描き」であるが「趣味よく見栄えのするように」描くことができる——に託された[94]．

　完成した『ギリシアの最も美しい建造物の廃墟』(*Les Ruines des plus beaux monuments de la Grèce*) は1758年に刊行され，フランス美術界から高い評価を受けた．『文芸通信』(*Correspondance littéraire*) はこれを「見事な仕事であり……かつて英国人がこの分野で発表したいかなる出版物よりも際だって優れている」と誇った[95]．建築アカデミーでは，1758年の11月半ばにブロンデルが惜しみない賛辞を与え，その翌週にはアカデミーの空位をル・ロワに献じた．こうしてフランスの威信は高まり，かつて「尊大」であった一学徒には，およそ揺るぎない地位が保証されることとなったのである．

---

[92] このため，ル・ロワについての悪評がローマからパリのマリニー侯に届いている．Wiebenson, *Sources of Greek Revival Architecture*, p. 33 n. 58 参照．
[93] Wiebenson, *Sources of Greek Revival Architecture*, pp. 85-87 に再録されている．
[94] コシャンの記述は *Mémoires inédits de Charles-Nicolas Cochin* (Paris: Baur, 1880), pp. 78-9 に読める．
[95] Wiebenson, *Sources of Greek Rivival Architecture*, p. 102 より引用．

8 ダヴィッド・ル・ロワ,ミネルヴァ神殿(パルテノン)の眺め.『ギリシアの最も美しい建造物の廃墟』(*Les Ruines des plus beaux monuments de la Grèce*, 1758) より.ゲッティ・リサーチ・インスティテュート所蔵.

ル・ロワの成果物のさまざまな「不正確さ」については多くが語られたが(1762年にはすでにスチュアートとレヴェットが指摘している),批判はしばしば見当外れであった.ル・ロワの意図は厳密な考古学的研究ではなく,むしろディテールの描写という副次的な方法を用いながら「廃墟」の印象を抽出しようとしたものである.その着想の源のひとつは,ウッドとドーキンズによるパルミラについての,廃墟の絵画的な眺望と概略的な歴史,さらに旅行の逸話を組み合わせた著作である[96].完成したドローイングは極めて完成度が高く,喚起力豊かである(図8).特にル・ロランは——コシャンの評価にかかわらず——才能豊かな芸術家であり,ローマでの修行中にジョヴァンニ・パオロ・パニーニとジョヴァンニ・バッティスタ・ピラネージの影響を受けていた[97].付け加えるならば,1740年代から1750年代のフランス・アカデミーの生徒のドローイングは,全般的に緻密で正確な描写から,想像力を活かした絵画的で喚起力のあるものへと変化している.ル・ロワの素描から作成されたル・ロランの版画は,熟達したピラネージのような強烈な心理的印象には到達していないもの

---

[96] Julien-David Le Roy, *Les ruines des plus beaux monuments de la Grèce* (Paris: Guerin & Delatour, 1758), 1, p. vii. Wiebenson, *Sources of Greek Revival Architecture*, p. 34 も参照.
[97] ル・ロランの重要性については Rykwert, *First Moderns*, pp. 357-63; Middleton and Watkin, *Neoclassical and 19th Century Architecture*, pp. 69-70; Braham, *Architecture of the French Enlightenment*, pp. 58-9 参照.ピラネージとフランス・アカデミーとのつながりについては John Wilton-Ely, *The Mind and Art of Giovanni Battista Piranesi* (London: Thames & Hudson, 1978), p. 21 参照.パニーニの生涯と業績については Michael Kiene, *Giovanni Paolo Panini: Römische Veduten aus dem Louvre* (Braunschweig: Herzog Anton Ulrich-Museum, 1993) 参照.

の，際立って劣るわけでもない．彼らはギリシア建築の形態と特徴を初めてヨーロッパ人に印象づけたのみならず，それを極めて魅惑的な手法で達成したのである．そしてそれは「純文学愛好者」や英国の上流階級ではなく，むしろ芸術家や建築家にアピールするものであった[98]．

　ル・ロワの著作が建築界でこれほど強く反響を呼んだいまひとつの理由は，自身が建築家であったル・ロワの専門的な感覚が盛り込まれていたことである．彼はこの研究を2部構成とし，第1部を自身の発見とギリシア建築の歴史に充てている．第2部は実測に基づくドローイングと理論である．「公共建築史論」では，エジプト建築を超えて完成へ至るギリシア建築の歩みを詩情豊かに弁じ，ギリシア人を「最も崇高なる理念の高みへと昇り，最も繊細な洗練へと下る」，また「建築における美と巧みさのすべて」を見出した者として描いている[99]．ローマ人はこの道程においては遥かに劣った存在である．彼の推測によれば，ローマ人の建築はその長所のいくつかをエジプト人に学んだが，神殿やその他の建築はすべてギリシア人から派生している．ローマ，アテネ，キュジコス，パルミラ，バールベックのローマ人は，重要なプロジェクトに際して最も名高いギリシア人の建築家を援用した．ル・ロワの結論は「ローマ人には，ギリシア人のような多くの発見をもたらした創造的な才気を欠いていたのであろう」というものである[100]．

　ル・ロワの大部な研究の第2部に収録された「公共建築の諸原理の本質について」においても，同様の見解が反映されている．すなわちギリシア建築は「壮大さ，気品，威厳，および美」，つまりホラティウスからモンテスキューまでの誰もが認める美的な成果として讃えられるべきものである[101]．しかしル・ロワは，ギリシア建築の比例，調和，堅固さといった個別の美の範疇については曖昧に述べ，ドーリス式オーダーについて3段階の発展説を提示するに留まっている．どうやらル・ロワにとってギリシア建築は，視覚的および心理的な経験，すなわち彼の世代が再び体験すべき建築のドラマにおける強烈な瞬間こそがおよそすべてであったようだ．このような見方は結論においても明らかで，ル・ロワはここで同時代の建築がギリシアの比例を模倣すべきか否かという問いに紙幅を割いている．ル・ロワの解答は「調停の途」を模索することであり，なんらかの共通理解を得るという希望のもとに，あらゆる民族，あらゆる時代の遺跡を研究することの必要性が示唆されている．ル・ロワはしたがっ

---

[98]「教養ある文学の愛好者（Lovers of Polite Literature）」は，スチュアートとレヴェットの旅行の最初の趣意書に読める句である．Wiebenson, *Sources of Greek Revival Architecture*, p. 77 参照．
[99] Le Roy, *Les ruines des plus beaux monuments de la Grece*, 1, p. ix.
[100] Ibid., 1, p. xiii.
[101] Ibid., 2, p. ii.

Chapter 2　啓蒙思想と新古典主義理論

て，比例はその美において「本源的」ではなく，むしろ有能なる建築家たちの思慮深い合意の結果である，というペローの信条に同意している．ル・ロワは，比例の相対性という見解において，1758年時点のフランス人建築家では特異な存在であった．しかし，この状況は長く続かない．

── 5 ──
ヴィンケルマンの歴史叙述

　ギリシア関係に続く著作で，ル・ロワは歴史家・理論家としてさらなる展開を示した．『コンスタンティヌス1世時代から現代までのキリスト教寺院の配置と諸形式』(*Histoire de la disposition et des formes différentes que les chrétiens ont données à leurs temples depuis le règne de Constantin le Grand jusqu'à nous*)は1764年に発表されたもので，サント＝ジュヌヴィエーヴ聖堂の起工の機会を捉えたものでもあった[102]．全4章のうちの3章分は教会建築の比較研究に充てられ，これはウィトルウィウスのバシリカからコンスタン・ディヴリによるマドレーヌ寺院の列柱（見事なものながら未完に終わる）およびスフロのサント＝ジュヌヴィエーヴ聖堂に至るまでの発展を描くものである．第3章はイギリスやディドロの『百科全書』に発する美学の新しい傾向に大きく依拠しつつ，列柱や建築の内部空間の心理学的・知覚的な経験を論じている．例えば彼はペローの議論をさらに推し進めて，理論的な価値ではなく視覚的な魅力や壮大さという心理的感覚を理由として列柱の使用を称賛している．また近年の新古典主義作品における列柱の頻用に触れ，ペローのルーヴル宮の列柱を歩く体験についてこと細かに語りつつ，これが「ヨーロッパ建築の最良のもの」であると述べる[103]．内部空間について論じた部分では見かけのスケール感と実寸の離齬を扱い，建築設計に関わる知覚的な要素について考察している．ル・ロワのこうした議論は多くが『ギリシアの最も美しい建造物の廃墟』第2版(1770)でさらに敷衍され，各民族の芸術と気候・社会構造・政治体制の関係など，啓蒙思想由来の史観も援用されている．

　ル・ロワの比較研究は重要なものであったが，その国際的地位は1764年刊行の1

---

[102] Julien-David Le Roy, *Histoire de la disposition et des formes différentes que les chrétiens ont données à leurs temples depuis le règne de Constantin le Grand jusqu'à nous* (Paris: Dessaint & Seillant, 1764).
[103] Ibid., p. 59.

冊の書物によって奪われた．すなわちヨハン・ヨアヒム・ヴィンケルマン（Johann Joachim Winckelmann, 1717-68）による『古代美術史』（Geshichte der Kunst der Alterthums）であり，これは新古典主義理論の精華であると同時に，1750年代のローマが醸成した歴史観の結晶であった．ヴィンケルマンは新しい思潮に一貫した史的・美学的枠組みをもたらしただけではなく，そこには美術史の「体系」が十全に提示されていた．その真価はようやく19世紀に認められ，このときヴィンケルマンは生前にも勝る評価を得ることとなる．

プロイセンの一地方の靴職人の息子として生を受けたヴィンケルマンは，ハレとイエナの大学で神学と医学を短期間学んだ後，古典へ関心を向けた[104]．1748年，30歳のときにザクセン公国のハインリヒ・フォン・ビューナウ伯爵の司書の職を得て，その後6年間伯爵の神聖ローマ帝国史執筆に協力した．1754年にドレスデンに移り，ここではパッショネイ枢機卿のもとで同じ職務に就き，この街が保有する古代美術コレクションを身近にする機会を得た．さらに1755年にはアルキント枢機卿の司書としてローマに移った．その3年後，収集家であったフォン・ストッシュ男爵の斡旋により，ローマ教皇クレメンス11世の甥にしてヨーロッパ随一の古代美術収集家であるアルバーニ枢機卿の司書に任じられた．1763年にはその学識を買われてヴァチカンの古美術品監督との兼任となった．その翌年に刊行されたこの有名な『古代美術史』により，ヴィンケルマンの名はヨーロッパにおける古代美術の最高権威として知られることとなる（図9）．

ヴィンケルマンの建築理論への寄与には2つの側面がある．まず，古物研究および文献学的な過去への探求はモンテスキューの方法論に大きな影響を受けており，感性およびギリシア文化全体に浸透する価値観の具現としてのギリシア美術を描出した．そのギリシア美術観は盛期ギリシアというよりは後期ヘレニズム時代，もしくはグレコ=ローマン時代に焦点をあてたものだが，そこに示される抽象的・具象的価値観はそのまま建築作品に敷衍できるものであった．第2に，ヴィンケルマンはギリシア美術の勃興を体系的に概念化し，事実上その射程は古代美術全体に及んでいた．この体系はギリシア美術の形式的・創造的・時代的な諸段階に沿ったものでありながら，一方で芸術に関する本質的な洞察に富むものであった．彼にとって古代美術の最盛期はペリクレスからアレクサンドロスまでの期間であり，これは当然ながらローマ美術が「模倣者の美術」であって芸術的に劣ることを示唆している．この体系はしたがって

---

[104] ヴィンケルマンの伝記的事項に関しては，未だにCarl Justi, *Winckelmann und seine Zeitgenossen*, 3 vols. (Leipzig: F. C. W. Vogel, 1923) が基本文献である．また，*Winckelmann: Writing on Art*, ed. David Irwin (New York: Phaidon, 1972) のDavid Irwinによる序文も参照．

9　ヨハン・ヨアヒム・ヴィンケルマン『古代美術史』(Geschichte der Kunst der Alterthums, 1764) の序章第1ページ.

それまでの学界の範例的な理解を根底から揺さぶるものであった．そして，この歴史家が建築的思考の趨勢に与えた第3の影響があるとすれば，それは彼が用いたイメージの力と言説の説得力によるものであろう．彼はただ権威に依拠して史観を提示したのみではなく，そこには情熱と，隔絶した時代や場所を喚起する生気と想像力に溢れたヴィジョンの寄与があったのである．

こうしたヴィンケルマンの資質が初めて示されたのは1755年の小著『ギリシア美術模倣論』(Gedanken über die Nachahmung der griechischen Werke in der Mahlerey und Bildhauer-Kunst) であった[105]．彼はこれをドレスデン時代に見聞した古代ギリシア彫刻の石膏像，版画および言説の知識のみによって執筆しており，ギリシア美術はローマ美術よりも優れると論じている．その理由はなによりも，完璧な気候のもとで育まれ，豊富な栄養を摂り，極限まで鍛え上げられているギリシア人の肉体的な美に見出せる．ヴィンケルマンにとって，ギリシア文化の精髄はエーリスのオリンピック競技に顕れており，そこでは国中から集まった最も強靭かつ勇敢な若者たちが，彫像に刻まれる名誉と神々に等しい不朽の名声のために競い合ったのである．競技場は芸術家の修行の場となり，羞恥や躊躇に迷うことなく鍛錬を行う裸体の習作を行った．しかし，ギリシアの神々を大理石に表現するためには単一のモデルでは足りなかった．ギリシアの芸術家は完璧ともいえる自然の発露に学ぶだけではなく，特に洗練された理想美を現出するためにさまざまな身体から最高の部分を集約したのである．この完全な身体に付与されるのが「高貴なる単純さと静謐なる偉大さ」の身振りと表現である．ヴィンケルマンに

---

[105] David Irwin による英訳が Winckelmann: Writing on Art, pp. 61-85 に収録されている．Johann Joachim Winckelmann, Reflection on the Imitation of Greek Works in Painting and Sculpture, trans. Elfriede Heyer & ROger C. Norton (La Salle, Ill.:Open Court, 1987) も参照．

とってそれが最もよく具現されているのは群像彫刻ラオコーン像である．この彫像では苛烈な力と苦痛のもとにある英雄が神々しい慎みと尊厳のうちに死の苦しみと対峙し，人間存在の地位を高らしめている．「高貴なる単純さと静謐なる偉大さ」という字句そのものはすでに珍しくないものであったとしても，ヴィンケルマンによってこれは芸術の新潮流の真髄を示す文言とされた[106]．

建築に関わるヴィンケルマンの 2 つの著作は，同時代の議論に顕著な貢献をしたとはいえないが（当時は広く読まれることはなく，あまり知られてもいなかった），ロジエの理論との対照は興味深い．彼は 1758 年に実施したパエストゥム調査とその翌年のアグリジェントの神殿論（前述）を下敷として，1761 年に『古代建築論』(Anmerkungen über die Baukunst der Alten) を著している．その序文は当時の考古学的な発見の状況を詳述している．彼はガッツォーラ伯爵によるパエストゥムの実測調査（ローマで伯爵が彼に紹介したもの）とパンクラーツィによるシチリアに関する 2 巻本をよく知っていた[107]．また多くはイタリア半島のその他の廃墟（その多くはエトルリアのもの）も知悉していた．さらにル・ロワ，ウッドおよびドーキンズの研究を賞賛し，予告されていたスチュアートとレヴェットの著作を「大いに期待」すると――この期待はほどなく失望に変わった――述べている[108]．

ヴィンケルマンの著作の主題は 2 つあり，ひとつは「本質的なもの (Wesentliche)」に関わり，いまひとつは「装飾的なもの (Zierlichkeit)」を扱う．彼は第 1 の題目の下で建設材料や手法，建築物の全体的な形態，不可欠な各部位，そして比例関係を扱っている．ここでの彼の創案は，ル・ロワによる 3 部仕立てのドリス式オーダー発展説に第 4 の段階を加えたことくらいである[109]．しかし，第 2 部における考察はまったく新しい領域を拓いている[110]．ヴィンケルマンは装飾性について慣例的な定義――「装飾を欠く建築物は貧困の中の健康に似て，それを幸福な状態と見做す者はない」――を与えた後，パエストゥムの調査に基づき，装飾は最古の建築物では最少限で，逆にネロの治世以降の後期ローマ時代の作品で最盛期を迎えると指摘している．結論として，建築が「その美の喪失と引き換えに豊穣さを得た」古代の言語と同じ運命を辿らぬよう，「単純さ」を美的な規範として称揚している[111]．

---

[106] 該当する句のドイツ語は "eine edle Einfalt, und eine stille Grösse" である．ドイツ語 "stille" は英語 "still" に対応する語で，静寂・静止といった意味のみならず，この場合には超然とした落ち着きといった含意をもつ．

[107] Justi, *Winckelmann*, 2, p. 403 参照．

[108] Winckelmann, *Anmrkungen über die Baukunst der Alten*, in *Johann Joachim Winckelmann Sämtliche Werke*, 1, p. 347. ヴィンケルマンの失望については Rykwert, *First Moderns*, p. 352 参照．

[109] Winckelmann, *Anmerkungen über die Baukunst der Alten*, 1, pp. 391-2.

[110] Ibid., p. 441.

ヴィンケルマンは，建築がその原初の様式における剥き出しの形態から風雅な単純さに到達し，そしてバロック的な過剰へ至るという発展史的な枠組みを，ヴァザーリに倣って信奉している．そして，この枠組みは同時代のバロック的過剰さ，すなわちミケランジェロの「豊穣なる想像力」に胚胎されたものの，ボッロミーニによって殊更に肥大させられた装飾的放縦という構図へと，さほどの困難もなく敷衍されている[112]．

　ヴィンケルマンは『古代美術史』で同様の枠組みを踏襲し，さらに「様式」を美術史用語に導入して議論を整理している[113]．彼は古代芸術全体について4つの様式による時代区分を行った．すなわち「古い様式」「大いなる様式」「美しい様式」そして「模倣の様式」である．「古い様式」はギリシアではフィディアスの時代，すなわち紀元前5世紀半ばまで続いた．「大いなる様式」はフィディアスの後からプラクシテレスまで，すなわち紀元前3世紀半ば頃までであり，「美しい様式」はプラクシテレスからリュシップスとアペレス，すなわち紀元前4世紀末までである．「模倣の様式」は古代の末期まで続き，したがってローマ美術の全体を含む．

　これらの様式区分は主に彫刻作品から見出されたものであり，形式と精神の両面で規定されている．「大いなる様式」は「古い様式」の大部分がもつ生硬さとは異なる厳格な美を内包し，これはさらに洗練され優雅で快い形態をもつ「美しい様式」へと移行する．そしてこの傾向は過剰になり「模倣の様式」へと導かれる．様式の変遷を導く文化的な力は芸術全体を特徴づけ，「大いなる様式」の建築の最善の表象としてパルテノンとオリンピアのゼウス神殿が示される．これはローマの美術と建築の地位と正当性を全面的に削ぎ落とす視点であり，当然ながら根本的に新しい古代観であった．仮にロージエの『試論』が，よき建築が規準とすべき概念的パラダイムとして原初の小屋を措定したとすれば，ヴィンケルマンの『古代美術史』は，新古典主義が範とすべき適切なモデルとしてギリシアの黄金時代を提示したのである．ル・ロワの図像資料と組み合わされたこの2つの見解は，実質的に相互に支持し合うものであった．

---

[111] Ibid., p. 443.
[112] Ibid., pp. 470-1.
[113] J. J. Winckelmann, *The History of the Art of Antiquity*, trans. H. F. Mallgrave (Los Angeles: Getty Publications Program, 2005) の Alex Potts による序文を参照．

6 ギリシア=ローマ論争

　ヴィンケルマンは1761年末にはその偉大な史書の草稿を完成させていたが、これは2年以上ものあいだドレスデンの出版業者のもとに放置され、日の目を見たのは1764年の初め、すなわちまさに古典古代の議論が盛んになろうとしていた頃であった。同じ年の11月、ケリュス伯やル・ロワらに近かった古代研究家のピエール=ジャン・マリエットは、ジョヴァンニ・バッティスタ・ピラネージが1761年に発表したローマ美術優越論に対して異議を唱える書簡を発表した。マリエットは否定的な意味を込めて、ローマ美術とギリシア人の「美しく高貴なる単純さ」を対置したのである[114]。新聞で公開されたこの書簡は嘲笑的、あるいは高圧的ともいえる調子を帯びており、ピラネージ本人からの激しい反応を誘うものとなった。

　ローマではピラネージ（Giovanni Battista Piranesi, 1720-78）が、1750年代のギリシアへの傾倒の風潮に苛立ちを募らせていた（図10）。ヴェネツィアに生まれたピラネージはまずこの地で建築を修めており、このことは後の考え方に大きく影響することとなる。彼はまず母方の叔父マッテオ・ルッケージのアトリエで、続いて名高い技術者でヴェネツィア建築史研究家でもあったジョヴァンニ・スカルファロットのスタジオで修行時代を送った。カルロ・ツッキのもとで透視図法を学び、ビビエナ家の舞台芸術とも関わる一方、フランシスコ会修道士で逍遙学派の哲学者であり建築に強い関心をもつカルロ・ロードリ（Carlo Lodoli, 1690-1761）の建築論にも親しんでいた。先述のとおり、ある者はこれをロージエが剽窃したと指弾したが、それはともかくロードリの思想はそれ自体として言及に値するものである。

　ロードリの合理主義はたしかに基本的な諸原理の探求を試みるものであったが、ロージエとは全く異なるアプローチに基づいている[115]。ロードリは当時ヴェネツィア

---

[114] マリエットの書簡は1764年11月4日付 *Gazette Littéraire de l'Europe* で補遺として刊行された。この書簡およびピラネージの応答、そして議論の全般については G. B. Piranesi, *Observations on the Letter of Monsieur Mariette* (Los Angeles: Getty Publications Program, 2002) 参照。

[115] ロードリの生涯と建築論については以下を参照。Emil Kaufmann, "Piranesi, Algarotti and Lodoli (A Controversy in XVIII Century Venice)," *Gazette des Beaux-Arts* 46 (July-August 1955), pp. 21-8; Edgar Kaufmann Jr., "Memmo's Lodoli," *The Art Bulletin* 46 (March 1964), pp. 159-72; idem, "Lodoli Architetto," *In Search of Modern Architecture: A Tribute to Henry Russell Hitchcock*, ed. Helen Searing (New York: The Architectural History Foundation), pp. 31-7. Rykwert, *First Moderns*, pp. 288-326; Marco Frascari, "Sortes Architectii in the EIghteenth-Century Veneto" (Ph. D. diss.,

領であったダルマチア地方で数学と哲学を学んだ．その後ローマで学業を続けるうちに美術への関心を強めるようになり，1715年にヴェローナに移った．ここではマルケーゼ・フランチェスコ・シピオーネ・マッフェイの古代愛好サロンで古典の理解を深めた．この人物は後にヴィンケルマンがその著作をたびたび批判することとなる古代彫刻史家である[116]．1730年にヴェネツィアに戻ったロードリは聖地巡礼者の宿の監督をしつつ検閲官として働く．マッフェイの仲介により，博学者として名を知られるようになったロードリは，1748年まで貴族の子息のための建築講座を開講し，ヨーロッパに広まりつつあった啓蒙思想という新しい理念に心酔してゆく．彼はヴォルテールとモンテスキュー，後にはルソーの信奉者となり，イタリアの初期啓蒙思想の知的先導者であった歴史家・社会思想家ジャンバッティスタ・ヴィーコの仕事を強く支持した．

　ロードリの講義の柱のひとつはその「厳格主義」的な建築理論であり，これは2部残されている建築論の草稿からうかがうことができる[117]．草稿は後にアンドレア・メンモによって刊行された．ロードリの議論はまず現存する理論体系のすべてを批判的に再検討することを求める．とりわけウィトルウィウスと，後代のバロック期の解釈者に対してである．ロードリは同時代の要求——理性と帰納的論証によって論理的に導かれた形態や用語——に応える「新しい形態と用語」の必要から反論を展開する．要約すれば，建築は「科学の装い」を纏うべきであり，そのようなものとして理解されるべきであるということである．その要素に不可欠なものの第1は構造の堅固さであり，これは比例・規則性・対称性といった他の不可欠な要素と組み合わされる．第2に必要な要素は利便性と装飾である．後者は「常に，選択された素材に応じて全面的に調整された，人間と構造の複合的な条件から導かれるべきである」[118]．

　ロードリの思惟は第2の草稿でさらに明解になる．建築の「ただ2つの究極的，科学的な目的とは，適切な機能と形態」であり，これらは一体になるべきである[119]．機能は，第1に建築物とその各部分の構造的な効率性に関わる．形態とは，材料が幾何学的・数学的・光学的な法則に準じつつ要求された目的へと導かれる際に生ずる表

University of Pennsylvania, 1981).

[116] ヴィンケルマンはまず『古代美術史』の序文でマッフェイを手厳しく批判し，さらに脚注でその誤謬を繰り返し指摘している．

[117] アンドレア・メンモの手により，草稿の注記は Andrea Memmo, *Elementi d'architettura Lodoliana: Ossia l'arte del fabbricare con solidità scientifica e con eleganza non capricciosa* (1834; reprint Milan: Mazzotta, 1973) として刊行された．その英訳は Edgar Kaufmann Jr., "Memmo's Lodoli," *The Art Bulletin* 46 (March 1964), pp. 159-72 に読める．

[118] "Memmo's Lodoli," p. 164.

[119] Ibid., p. 165.

現である．ここでも構造の堅固さ，比例，そして有用性が正しい形態に不可欠な要素とされる．装飾は本質的要素ではないが，さらに数学的・合理的な特質を帯びたものとなる——すなわち，それは作られ方と働きにおいて真正かつ「判読可能」なものでなければならない．したがって伝統的な語彙は使用可能ではあるが，これらの規準のもとで，批判的な検討を経た上でのこととなる．ロージエとロードリは一点において明確に意見を違えている．ロージエは建築の「真正さ」の観念的な土台を据えたのはギリシアであると考えるが，一方でロードリにとっては，石造による構築は歴史的にエジプト人によって発明され，エトルリア人を経てローマ人にもたらされたものである．したがって，古代ギリシアの建築家が石造で模倣したとされる木造の形式は，そもそも道理と真正さを欠いているのである．

ピラネージがどの程度ロードリの議論を吸収していたかは明らかではないが，1740年にローマに到着した際には，理論面に通じた確かな建築の素養を備えていたといってよいだろう[120]．ピラネージはローマでジュゼッペ・ヴァージとともにエッチングを学び，パニーニの建築的空想に親しむ

10 ジョヴァンニ・バッティスタ・ピラネージ．*Artist Portraits: Scrapbook, 1600-1800* より．カナダ建築センター（モントリオール）所蔵．

ようになった[121]．滞在初期にはフランス・アカデミーの学生たちとも交流し，この中

---

[120] ロードリの学説との関係におけるピラネージの思想の解釈には諸論がある．例えば Emile Kaufmann Jr.（注 115 参照）はピラネージの『建築についての対話（*Parere su l'architettura*）』を「ロードリの教説への論駁」とするが，Joseph Rykwert はピラネージを「最も優秀で影響力のあったロードリの門徒」（*First Moderns*, p. 26）としている．

[121] ピラネージの芸術上の歩みについては多く書かれているが，英語における最良の文献は John Wilton-Ely, *The Mind and Art of Giovanni Battista Piranesi* (London: Thames & Hudson, 1978) であ

にはジャン＝ロラン・ルジェ，ミシェル＝アンジュ・シャル，そしてジャン＝ジョゼフ・ル・ロランがいた．1743 年にピラネージは 12 枚の図版からなる最初の版画集『建築と透視法 第 1 部』（*Prima parte di architetture e prospettive*）を刊行した．その後ヘルクラネウムを訪れてその遺跡を描いた作品を構想するが，経済的な事情によって 1744 年の春にはヴェネツィアに戻ることを余儀なくされた．この時点ではジャンバッティスタ・ティエポロの影響を受けて表現性に富む新たな描写法を試みており，これは 1745 年に初版が刊行された『牢獄』（*Invenzioni Capric de Carceri*）に表れている．

ピラネージは 1745 年末にローマに戻った．再びフランス・アカデミーの学生らとの交流の中で活動し，その後の 20 年間以上にわたる膨大な版画制作，著述および設計活動により国際的な名声を獲得するに至る．1750 年代にローマを訪れたフランス人留学生には，後に新古典主義の代表的な建築家となるル・ロワ，マリ＝ジョゼフ・ペイル，シャルル・ド・ヴァイィ，ヴィクトル・ルイがいた．イギリス人留学生ではウィリアム・チェインバーズ，ロバート・ミルン，ロバート・アダム，そしてジョージ・ダンスがピラネージを恭敬していた．1740 年代の後半にはピラネージは廃墟を含んだローマの「都市景観」（vedute）を数多く制作したが，1750 年代には次第に考古学的な主題へと関心を移してゆく．それらの作品の多くは，空想的なスケールで聳え立つローマ時代の建築の威容を想像によって再現するものである．こうした試みの到達点は，全 4 巻からなり，掲載図版 250 枚に及ぶ『ローマの古代』(*Le antichità romane*, 1756) であり，そこではローマ建築の偉業と技術の妙が図像，碑文および種々の用具の想像力豊かな構成によって誇示されている[122]．

続く 10 年間のピラネージの歩みは『ローマ人の偉大さと建築について』(*Della magnigicenza ed architettura de' romani*, 1761) の刊行によりさらなる展開をみせた．同書はわずかに 38 枚の図版と 200 ページを超える文章からなり，アラン・ラムゼイの「趣味についての対話」("Dialogue on Taste", 1755)，およびギリシアについてのル・ロワの著作への応答として 1758 年にすでに企図されていた．ピラネージの友人でスコットランド出身の肖像画家ラムゼイの著作は，2 人の登場人物が美術を語る対話の形式をとっている．そのうちの一方はギリシアの優越性を声高に宣し，ローマ人はギリシア建築の模倣者にすぎないと咎めていた[123]．ピラネージはこれに業を煮や

る．Wilton-Ely は以下の 2 書も編纂している．*Giovanni Battista Piranesi: The Complete Etchings* (San Francisico: Alan Wolfy Fine Arts, 1994); *Giovanni Battista Piranesi: The Polemical Works, Rome 1757, 1761, 1765, 1769* (Farnborough, England: Gregg, 1972).

[122] G. B. Piranesi, *Le antichità romane*, 4. vols. (Rome: A. Rotilj, 1756).

[123] Allan Ramsey, "Dialogue on Taste," *The Investigator* (London, 1762; facsimile in Yale University

してローマの文化擁護に立ち上がったのである．彼は最新のエトルリア調査に基づく学説やヴィーコが主張するローマ文化の自律性を援用しつつ，ローマ人はギリシア人との接触以前から十分に芸術を発展させており，その指導者となったのはギリシア人ではなくエトルリア人であったという（ロードリと同様の）議論を展開する[124]．そしてエトルリア人（ピラネージによればギリシア人よりも古い歴史をもつ民族）が後のローマ文明の建築の基礎を据えたとするならば，翻ってエトルリアの石造建築の源流はエジプト人にまで遡ることができる．したがって「あらゆる芸術を究極に」至らしめたのはギリシア人ではなくエトルリア人であり，不運にもギリシア人は「空虚な優雅さ」を弄することができたのみなのである[125]．ピラネージが引き合いに出す例証は主にローマの工学技術的な成果，すなわち道路およびクロアカ・マキシマのような導水システムや水道橋である．先行するロードリと同じく，ピラネージはそれらを通じて真正さ，技術の高度さ，実用的な機能，そして端正さを賛美するのである．

『ローマ人の偉大さと建築について』はまた，この論争のいまひとつの側面を明かしている．例えばいくつかの図版は木造の小屋型を石造へ移行させるというロージエ的な理念を描いている．この他に明らかにル・ロワの描写に呼応する図版も多い[126]．例えば，装飾豊かなローマ建築の柱頭を示す図版の上に，ル・ロワのギリシアのイオニア式オーダーの図版が「素っ気なく」配置されている[127]．その含意は，ローマ人はまさしくその豊穣な装飾性のゆえに卓越した創造力を有しているということである．

1760年代前半の大部分を通じて，ピラネージの想像力はローマの壮大さという主題に占められていた．『ローマ人の偉大さと建築について』に続いて，ローマの水道システムを強調したスケールで描いたもの（1761）や，アルバーノ湖のエミッサリウム（治水施設，1762），さらにアルバーノ湖，ガンドルフォ城，古代都市コラの建造物（1764）を描いている．幻覚的とまでいわないとしても空想的なこの種の再現図版のうち最も壮大なものは，疑いなく『古代ローマのカンポ・マルツィオ』（*Campo Marzio dell'Antica Roma*, 1762）であろう．これはローマのカンプス・マルティウス

Library), pp. 37-8.

[124] ジャンバッティスタ・ヴィーコによるイタリア文化擁護ははじめ『新しい学』（1720）で述べられている．ロードリにおけるヴィーコとの関係とその影響については Kaufmann, "Memmo's Lodoli" を参照．エトルリアの自律性という主張に関連してピラネージは A. F. Gori および Thomas Dempster を引いているが，Wittkower の指摘によれば主要な典拠は M. Guarnacci である．Rudolf Wittkower, "Piranesi's 'Parere su l'architettura,'" *Journal of the Warburg Institute* 2 [1983-9], p. 149.

[125] Piranesi, *Della Magnificenza ed Architettura, de' Romani* (Rome, 1761), in *Giovanni Battista Piranesi: The Polemical Works*, fols. XIX, XCIX.

[126] 特に Plates 783-7, in *Giovanni Battista Piranesi: The Complete Etchings*, 2, pp. 851-5 を参照．

[127] Ibid., pl. 780, p. 848.

11 「マリエット氏の書簡についての意見」（"Osservazioni sopra la Lettre de M. Mariette", 1765）のタイトル・ページ．ゲッティ・リサーチ・インスティチュート所蔵．

（カピトリーニの丘の北西に広がる平地）の壮大な建築群の段階的な発展を，空想的スケールで再構成することを意図したものである．作品は6枚組の地図「イクノグラフィア」（Ichnographia）を中心に構成されている．これは連関する建築や都市構造物を並び重ねるように集約したもので，フランス・アカデミーの生徒作品のようでもあるが，遥かに複雑かつ洗練された幾何学性を併せもっている．この作品はロバート・アダムに捧げられており，一部は実際に1750年代半ばのアダムとピラネージの共同研究の資料に基づいていた．ピラネージにとって考古学的正確さはもはや問題ではなく，芸術の放縦と虚勢こそが世間の求めるものだったのである．

ピラネージのローマ人擁護に込めた情熱を顧みると，反響を呼ぶまでの時間は驚くほど長かった．しかしフランスのマリエットがようやく1764年に（『ローマ人の偉大さと建築について』の書評への応答として）ピラネージに照準を合わせた際，マリエットはこの論争を誇張して喧伝し，国民を巻き込んだ争論にまで拡大した．書簡の冒頭でマリエットはピラネージの主張を咎めている．すなわちローマ建築はギリシア建築に何も負ってはおらず，ローマのモニュメントは堅固さ・規模・壮大さにおいて遥かに優れており，そしてローマ人の範や建設方法はギリシア人との交流以前にエトルリア人から学んだものである，といった主張である．実際のところ，このうち最後の点はマリエットには意味のない議論であった．なぜならマリエットは，エトルリア人は起源を遡ればギリシア人であると誤認していたからである．続けて，マリエットはル・ロワとヴィンケルマンの見解を援用しつつ舌鋒を鋭くする．すなわち，ローマ人が初めてギリシア人と交流した時点で，ヘレニズム美術はすでにその完成の域に到達しており，つまり「美

しく高貴なる単純さを命題とする原則になおも統べられていた」のである[128]．したがって，本性において美術への適正がなく，ギリシア都市を略奪することしか能のないローマ人にできたのは，ただ諸芸術を衰退へと導くことのみであった．それどころか，ローマ人が彼らなりに凡庸な手法で達成したとされる美的な成果は，ギリシア人奴隷に帰されるものであると．

　ピラネージは直ちに反応した．1765年に以前の主張を大幅に発展させた文章を2編執筆し，1769年には自らの立場について最終的な見解をまとめた．これら3編の文章のうちの最初のもの「マリエット氏の書簡についてのジョヴァンニ・バッティスタ・ピラネージの意見」（"Osservazione di Giovanni Battista Piranesi sopra la Lettre de M. Mariette"）は，同じページの左右にマリエットの書簡とこれに対する逐一の反論を並置したものであった．論争の枠組みは扉絵のトスカーナ式柱頭の図版に端的に示されており，トスカーナ式オーダーはエトルリア人とイタリア人の考案であり，ギリシアのドリス式オーダーに先行するというピラネージの見解を示唆している（図11）．このページの左側には左手（古来，左側は不吉・有害とされる）が論壇へ向けた手紙を書いている図があり，その下にはトスカーナ式オーダーの輪郭の中に円形モチーフが描かれ，高貴な芸術家・建築家の道具が配されている[129]．これらのイメージの上下の銘 "aut cum hoc" "aut in hoc"（「コレニヨリテ」「コレノウチニ」）には，日々の実践に邁進する者と対比して，芸術に口を出すだけの文士風情への軽蔑が込められている．

　三人称で見解を詳述するピラネージは口調を緩めることなくマリエットの議論に反駁している．マリエットの大言壮語を正し，ほのめかしを咎めつつ，何よりも語り口の衒学的な尊大さを揶揄している．「あなた自身のことをいえば，マリエット様，あなたは一体何者なのでしょう．あなたの書簡の中で美術の趣味や才能の有無をお認めになったり否定されたりしているのはどなたでしょうか．画家でも，彫刻家でも，建築家でもありますまい」[130]．ピラネージが強調するのは，自分はローマ人がギリシア人の趣味に負うものがあることを否定したことはなく，むしろ建設の技術や実践において学ぶものがなかったといっているにすぎないということである．また彼はエトルリア人が元々はギリシア人であるという誤認を指摘する．繰り返し激しく批判するのは，ローマで芸術の実践に関わったのはギリシア人奴隷だけだったという見解であ

---

[128] Piranesi, *Obervations on the Letter of Monsieur Mariette*, p. 98 参照．

[129] この図版にはじめて言及し，左手の意匠の重要性を指摘したのは Wittkower である．Wittlower, "Piranesi's 'Parere su l'architettura,'" p. 151.

[130] Piranesi, *Obervations on the Letter of Monsieur Mariette*, p. 94.

る．とりわけ逆鱗に触れたのはローマ人が粗野な民族で趣味を欠いていたという見解であった．

　著作においてピラネージは（最後にもう一度繰り返すのであるが）ローマ人は……ギリシア人が一度も人のなせることとして脳裏に描いたことのないものを建設したと主張している．またローマ人の大多数は（つまり市民は）時に有能な建築家でもあり，彼らはギリシア人の建築に見出した数え切れないほどの欠点を正したのであると述べている．彼らはエジプト人やギリシア人にも比肩する壮大な成果を達成したのであり，したがってほかのいかなる民族よりも偉大なのである，と．ローマ人がこれ以上芸術の名誉に貢献できたことがあるだろうか[131]．

　最終的に議論は国の面目の問題へと至る．ピラネージにとってマリエットは「〔フランチェスコ・〕アルガロッティ氏が述べた如く，イタリアへの旅は若い芸術家にまったく益がないと考えている類のフランス人のひとりなのである」[132]．
　1765年の第2のテキスト『建築についての対話』（*Parere su l'architettura*）は，これまでの議論に図版と内容の両面で新しい考案を加えたものである．ピラネージの手による強烈に装飾過剰でバロック的な建築のデザインが掲載され（図12），文章はピラネージのデザインについてプロトピロとディダスカロという2人の建築家が対話する形式をとっている．当時の「厳格主義」的傾向を支持するプロトピロは，『ローマ人の偉大さ』において真正さと単純さを賞賛しつつ，実作では豊かな装飾を好むピラネージの矛盾を咎める．続けてロージエを暗に引き合いに出しながら，簡素な円柱，直線，平滑な表面を好む当時の傾向を評価する．相手役のディダスカロは2点からその立場を批判する．まず彼はプロトピロの厳格主義の論理を極限まで突き進めてみせる．すなわち柱礎，柱頭，刳型，フリーズ，コーニス，そしてヴォルトを取り去り，建築を原初の小屋と同様の味気ない「存在しなかった規則」へと還元するのである[133]．第2に，プロトピロが「自身が賞賛する建築を生み出した精神そのもの」を批判していると告発する．その精神とは建築家を単なる職工より優る存在へと高めた創造的な競争心であり，装飾のヴォキャブラリーはまさにこの精神の建築的発露のひとつなのである[134]．

---

[131] Ibid., p. 95.
[132] Ibid., p. 101.
[133] Ibid., p. 106.
[134] Ibid., p. 108.

12　「マリエット氏の書簡についての意見」("Osservazioni sopra la Lettre de M. Mariette", 1765) より図版IX．ゲッティ・リサーチ・インスティテュート所蔵．

もし，装飾を創意工夫して変化させる自由が奪われてしまえば，近い将来，建築の聖域は明け渡され，万人の知る建築は，万人から軽視される対象になることでしょう．時とともに，建造物の質は地に落ち，あなたのいう合理的な手法は，それを支持する過程で姿を消すのです．そして，もはや建築家など存在しないのだから，彼らと批評し合ったり，その中で頭角を現したいという野心も奪われるでしょう[135]．

ピラネージは1765年にはすでに建築の実践に参画していた．1763年にはローマ教皇クレメンス8世に，サン・ジョヴァンニ・イン・ラテラノ聖堂の祭壇と聖歌隊席の設計を依頼されていた．ピラネージの手の込んだデザインは実現されなかったが，翌年にはマルタ騎士団の本拠であるサンタ・マリア・アヴェンティナ聖堂の改修の依頼を受けた．この聖堂で発揮された独特な折衷様式により，教皇から「金の拍車の騎士」(Cavaliere die Sperone d'oro) の称号を授与され，サン・ルカ・アカデミー会員に選出された．

ピラネージの最後の理論的著作は1769年に発表された『暖炉のさまざまな装飾法』(*Diversi maniere d'adornare i cammini*) である．3ヶ国語（伊・英・仏）で発表されたこの本の主意は「エジプトとエトルリアの建築の弁護」であった．内容はこれら2つの民族の建築様式のオリジナリティと洗練へのオマージュとして，暖炉のデザイン

---

[135] Ibid., p. 111.

を示したものである．このエッセイはそれまでのようなギリシアへの反論を表明したものではないが，ギリシア人が建築の美点すべてを考案したのではないという点は譲歩しない．例えばイオニア式オーダーの渦巻型装飾については貝殻の渦巻きに由来し，「以上の建築の3種のオーダーをギリシアに」もたらした功績はフェニキア人に帰している[136]．また，ピラネージは自身のデザインにおける装飾の過剰さについて「観る者に害悪なのは装飾の多さではなく，それらの悪しき配置」なのであり，「めりはり」の乏しさであると弁明している[137]．しかしながら彼の弁明の決め手であり，思考のさらなる進化を表すのはその注目すべき結論である．すなわち，建築家は装飾を考えるためにギリシア人のみを参照するのではなく，エトルリア人やエジプト人をも参照するべきだというのである．「ギリシア，トスカーナ，そしてエジプトを慎重に組み合わせることにより，新しい装飾と新しい手法を見出す途が開かれるであろう」[138]．この言説において，ピラネージは歴史相対主義，あるいは建築の折衷主義に到達した最初の建築家となったのである．

7 新古典主義と性格（カラクテール）

　1769年にピラネージが提唱したバロック的折衷主義は，18世紀における新古典主義の命運をいくつかの点で規定するものだった．1750年代と1760年代にローマで過ごした外国人留学生はこの時点までに帰国しており，建築家として実務に携わりながら，過去のものとは大きく異なる建築形態を試みていた．この18世紀後半における創造性の発露にはさまざまな原動力が存在するが，いずれにせよ予想だにしない建築のフォルムが実現していった．新古典主義を特徴づける創意と戯れに満ちた諸要素は，かえってその呼称の不適切さを強調しているといってもよい．ギリシアとローマのモチーフがデザインの重要な源泉であるにせよ，それらに限定されるわけでも，それらを凌駕したわけでもない．とりわけ1760年代後半の新古典主義の成熟段階とは，まずもって古典的な諸価値の崩壊によって規定される．フランスでは，スフロによる

---

[136] Giovanni Battista Piranesi, "An Apologetical Essay in Defence of the Egyptian and Tuscan Architecture," in *Divers Manners of Ornamenting Chimneys*, in Wilton-Ely, *Giovanni Battista Piranesi: The Polemical Works*, pp. 28-9.
[137] Ibid., pp. 5-6.
[138] Ibid., p. 33.

サント゠ジュヌヴィエーヴ聖堂の初期案（1755）からフランス革命までの期間は実験的な試みが盛んな時期であり，その幕引きとともにアカデミー的古典主義の最後の残滓は———一時的にせよ———一掃された．

このプロセスを彩るプロジェクトはさまざまである．アンジュ゠ジャック・ガブリエル（Ange-Jacques Gabriel, 1698-1782）によるヴェルサイユのプチ・トリアノン（1761-68）ではアカデミー的な様式とフランスのロココ趣味が相半ばしており，新たな動向の胎動が見てとれる[139]．依頼者は王の公妾ポンパドゥール夫人であったが，彼女は完成をまたずして世を去った．これは彼女の私的なパヴィリオンとしてヴェルサイユに新設された植物園の中に建てられたものである．このプチ・トリアノンは慎しく洗練されているが，一方でやや曖昧である．ガブリエルの初期のデザインでは方形平面で，正面の4本の付柱（背面では柱列）は中心に寄せて配され，凱旋門あるいはパラーディオ式の聖堂を想起させる．正面入口は分節されたペディメントを頂き，側面には花綱装飾が付されている．設計変更時に正面ファサードは5分節されることとなり，付柱は等間隔に改められた．また外部の装飾は取り去られ，当初基壇に使用されていた一般的なルスティカ積みは最終案において水平線を強調した組積モチーフに変更された（図13）．こうしてシンメトリカルの中にも抑揚のある構成で古典主義の香気を感じさせる建物となったが，直方体状の外観と屋根の簡素な欄干（ペディメントや彫像を備えない）は，同時代の者には「ギリシア」風と感じられるものであった[140]．ガブリエルは内部においてさらに大胆な古典主義的伝統からの脱却を試みている．主要な室はすべて方形で，サロンを除き回り縁の刳形がない．壁面は直線的なモチーフで構成され，装飾と刳形は明瞭で徹底して古典的である．この建物にはわずかにロカイユ模様が残されているが，室内の淡色で色みの少ない色調（金箔は使用されていない）に至るまでもが新しい時代の謹厳さを湛えている．このパヴィリオンの慎ましさは見かけだけのものである．

プチ・トリアノンは1768年に完成すると，まもなくさらに革命的なデザインの2つの建物が続いた．ジャック・ゴンドワン（Jacques Gondoin, 1737-1818）と，クロード・ニコラ゠ルドゥー（Claude-Nicolas Ledoux, 1735-1806）によるものである．この2人の建築家はジャック゠フランソワ・ブロンデルのもとで学んだが，ローマ賞は受賞していない（ゴンドワンはローマのフランス・アカデミーで4年間学んだ）．

---

[139] ガブリエルの生涯と業績の詳細は以下を参照．Georges Gromort, *Ange-Jacques Gabriel* (Paris: Vincent Fréal, 1933); Christopher Tadgell, *Ange-Jacques Gabriel* (London: Zwemmer, 1978).

[140] Fiske Kimball, *The Creation of the Rococo* (Philadelphia: Philadelphia Museum of Art, 1943), pp. 218-19 参照．

Chapter 2　啓蒙思想と新古典主義理論

13 アンジュ=ジャック・ガブリエル，プチ・トリアノン（ヴェルサイユ，1761-8），正面ファサードの眺め．

しかしながら彼らはいずれも，新潮流を自らのものとし，先陣を切って存在感のある建築形態を生み出した建築家であった．

　パリの外科医学校（1769-74）はゴンドワンによる数少ない実作のひとつである[141]．1764 年にローマからパリに戻ったゴンドワンは，ピラネージの考古学への情熱と折衷的な構想力に影響を受けていた．外科医学校の設計依頼は，最初の王室外科医であるジェルマン・ピショ・ド・ラ・マルティニエールとの交流によるものと推測される．ゴンドワンは狭隘な敷地に対し，通りに中庭を開いた伝統的な U 字型プランを提案した．同時にイオニア式柱列のスクリーン（奥行に向かって 2 列になった柱列）によって中庭を半ば閉じ，柱の上階には図書室を設ける構成とした（図 14）．街路からの外観は林立する柱の列になっており，これはル・ロワの心理学的検証を念頭にしたものでないとすれば，ペローの思想へ捧げたオマージュの一表現であるといえよう．正面入口両側の柱間には彫刻パネルが嵌め込まれており，上部のモニュメンタルな浅浮き彫りともに荘重な凱旋門の遺構を思わせる．施設の主室である外科階段教室は正面入口の反対側に配置され，大きなコリント式のポーティコでそれとわかるようになっている．これは敷地に程近いスフロのサント=ジュヌヴィエーヴのポーティコを思わせる．その奥の格天井と半円窓で飾られたギリシア風半円形階段教室のデザインは，光の効果と劇的な空間がまさにピラネージ風である．ディテールに至るまで

---

[141] ゴンドワンについてはモノグラフがないが，最良の議論はおそらく Braham, *Architecture of the French Enlightenment*, pp. 137-45 に読めるものである．

14 ジャック・ゴンドワン，外科医学校（パリ，1769-74），通りからの眺め．著者撮影．

が革新的で，スクリーン部分と中庭のイオニア式柱列ではエピステュリオン（あるいはアーキトレーヴ）が省略され，装飾を取り去ったイオニア式柱頭の上に平滑なフリーズが直接載せられている．2層分の中庭のコリント式ポーティコは背面の低いイオニア式柱列から突出し，異なるスケールのものが階段教室の正面に唐突に接続されているために，他の建物から取ってきたもののように見える．その奥行は浅く，象徴的な示唆以外の用途はない．そしてスケールの離齬を強調するかのように，背面のイオニア式柱はポーティコの両端で組柱にされている．この作品ではすべてがわずかずつぎこちなく，受ける印象は全く非古典的である．

同じ年のうちにルドゥーはマドモワゼル・ギマールのためのパヴィリオンと個人劇場（1769-72）を設計した（図15）[142]．依頼人はコメディ・フランセーズとパリ・オペラ座の著名な踊り子で，建築費は彼女の愛人たちによって賄われたようである．当時「テルプシコラの神殿」として知られたこの建築の主要モチーフは入口部分の半円形ニッチで，上部を開放し，完全なエンタブラチュアを頂く4本のイオニア式円柱のスクリーンを通過して入る構成である．このニッチの格天井はピラネージの版画のフ

---

[142] Athony Vidler, *Claude-Nicolas Ledoux: Architecture and Social Reform at the End of the Ancient Régime* (Cambridge: M.I.T. Press, 1990) 参照．また，以下も参照．Michel Gallet, *Claude-Nicolas Ledoux, 1736-1806* (Paris: Picard, 1980); Emil Kaufmann, *Three Revolutionary Architects: Boullée, Ledoux, and Lequeu* (Philadelphia: American Philosophical Society, 1952)〔エミール・カウフマン著，白井秀和訳『三人の革命的建築家：ブレ，ルドゥー，ルクー』中央公論美術出版，1994年〕．ルドゥーの版画については C. N. Ledoux, *L'Architecture* (Princeton Architectural Press, 1984)〔ルドゥー著，白井秀和訳『ルドゥー「建築論」註解』中央公論美術出版，1993年〕参照．

Chapter 2　啓蒙思想と新古典主義理論

15 クロード=ニコラ・ルドゥー，マドモワゼル・ギマールのためのパヴィリオン（パリ，1769-72），*Architecture de C. N. Ledoux* より．

ォロ・ロマーノにおけるウェヌスとローマ神殿を想起させるが，ルドゥーが参考にしたのはおそらく1760年代に同様のドームを頂くニッチをシオン，ケンウッド，ニュービーの住宅内部に用いていたロバート・アダムであろう．これは巨大な外部モチーフとして驚くほど成功しており，ルドゥーは浅浮き彫りとルスティカ積みの水平線で謹厳なそのキューブ状の外観を強調している．水平線はアーチの迫石を模すように開口の上部で屈曲されている．入口壁面を円弧状にしたことで——極めて非古典的な手法で——正面入口は45度振って設けられている（ニッチの正面背後は浴室である）．入口は楕円形平面の前室につながり，そこから同様の屈曲を経て軸線が設定されている．

　初期のルドゥー作品のいまひとつの特徴として，修辞的あるいは寓意的なモチーフの使用がある．1769年に完成したユゼス館では軍人である依頼人のために凱旋門を模した門を設け，その前面にはトルソ・盾・兜・武具・戦勝記念碑で飾ったドリス式の独立円柱群を配置した．マドモワゼル・ギマールのパヴィリオンでは，入口上部のエンタブラチュアに踊りのミューズとして戴冠されるテレプシコラの群像彫刻を置いている．このニッチの浅浮き彫りではテレプシコラがクピドとバッカスのひく車に乗り，3人の美の女神と踊るファウヌスの行列を従えている．結果としてこの都市住宅は相応しい劇場的な装いを与えられ，依頼人の賑々しい社交生活を差し引いたとしても評判を呼ぶこととなったのである．

　ゴンドワンとルドゥーの革命的なデザインは「性格（カラクテール）」という概念のもとで適切に

捉えることができる．この概念は当時のフランスの理論で広まりつつあったものだが，アカデミーにおいては長らく議論されていた．1668 年にシャルル・ル・ブランが王立絵画・彫刻アカデミーで行った「感情表現に関する講演」と題された講義で初めて言及されたと思われる[143]．ル・ブラン（当時ルーヴルの設計のためクロード・ペローと協働していた）の関心事は歴史画中の人物の表現であり，古今のさまざまな資料を参照して考察している．例えば修辞学のデコルムという概念は，言辞が機会に応じて適切な性格（カラクテール）を表すことを求めていた．美術においてこの理念は，文体理論，音楽におけるフリジアン，ドリアン，エオリアン，リディアンといった旋法理論，さらに建築ではドリス式，イオニア式，コリント式といった様式理論へと翻訳される．ル・ブランはこうしたニュアンスをデカルトの生理学と組み合わせ，個別の感情表現のために美術表現上の定式を提案している．そこでは眼と眉が最も顕著な指標とされる（脳の中心部にある松果体に近いためである）．例えば強い恐怖は眉を中心寄りに上げつつ眼を大きく見開かせ，一方で嫌悪を伴う恐れは瞼を下方に引きつらせ，瞳孔を瞼の裏に引き上げる．表情は個人の顔のつくりや年齢，社会的地位によっても変化する．

　初めて感情表現の理論を建築的な性格の概念として解釈したのは建築家ジェルマン・ボフラン（Germain Boffrand, 1667-1754）の著作『建築書』（*Livre d'architecture*, 1745）である[144]．ボフランはもともとヴェルサイユの礼拝堂を手がけた建築家アルドゥアン＝マンサールのもとで学び，1700 年に上流階級のための住宅設計に携わり成功を収めた．その後の半世紀のあいだ，ボフランはフランスのロココを代表する建築家となり，博学者としても高い評価を得た．『建築書』は個別の主題に関する 4 編のエッセイを収め，彼自身のデザインによる版画を豊富に収録したものである．このうち最も重要なのは「ホラティウスの詩論に基づく諸原則」と題されたもので，もともと 1734 年に王立建築アカデミーで講演した内容であった．

　このエッセイの概要は，ホラティウスによる文芸上の諸規則を建築に移し換えたものである．ボフランによれば，諸芸術は人間感情に訴えかけるという伝統と目的を共有しているため，「多様なジャンルをもち，それぞれに相容れない様式を備えている」詩の諸規則を建築理論に応用することが可能である[145]．語る，という一般的な能力を建築が備えているということへの理解に留まらず，建築家は見る者に共感を抱かせ

---

[143] Jennifer Montagu, *The Expression of the Passions; The Origin and Influence of Chaeles Le Brun's Conférence sur l'expression générale et particulière* (New Haven: Yale University Press, 1994) 参照．

[144] Germain Boffrand, *Book of Architecture: Containing the General Principles of the Art*, trans. David Britt, ed. Caroline van Eck (Aldershot, England: Ashgate Publishing, 2002) 参照．

[145] Ibid., p. 8.

るような装飾的ヴォキャブラリーの使い方を学ぶべきなのである．したがって建築が美を表明するためには発話を目的としなければ達成できない．「建築は見栄えのよさだけでは不十分である．それは心地よくあらねばならないのであり，伝えようとする性格を見る者が感じ取らねばならない」[146]．この議論の枠組みはまずオーダーによって提示されるが，人間感情の幅広さに対応した性格類型はより充溢したもので，細部の微妙なニュアンスを通じてさまざまな印象を生み出す．ボフランが性格の基本原則とすることには極めて一般的なことが含まれる．例えば「喜びを伝達するためには快活に見える必要があり，敬意や悲しみを伝える場合には深刻で陰鬱にする必要がある」よう，建物に首尾一貫した性格を付与せねばならない，といったことである[147]．一方でかなり限定的な事項もある．例えばその理由のために「その芸術に精通した者のみが感得することができ，達成するのは極めて困難であるような気品や優美さが存在する」ような刳形（「弁論における語彙」）[148]の断面設計の難しさに関する考察である[149]．

　ボフランの性格理論は，ロージエやスフロと並んで18世紀後半で最も影響力のあった建築家のひとりであるジャック＝フランソワ・ブロンデルの教説を通じて練り上げられることとなる[150]．何よりブロンデルは教師であり，多くの著述をなした．1739年から翌年にかけ，ブロンデルは王立建築アカデミーの反対に逆らってパリのアルプ通りに建築の私塾を開講した．後にブロンデルが作成した趣意によれば，この新学校の目的は生徒をひとつのスタジオに集め，基本的な設計の原理から高度な理論，さらに実作における技術的な原則まで一連の体系的な講義（アカデミーはこれを欠いていた）を受けさせることであった．この教程の目論見はただちに成功し，彼は次代を担う多くの優秀な学生を集めた．この中にはゴンドワン，ルドゥー，エティエンヌ＝ルイ・ブレ，ウィリアム・チェインバーズが含まれる．1755年にブロンデルは2等級会員として建築アカミデミーへの加入が認められ，1762年には彼の学校はその教育課程ともども正式にアカデミーと一体となった．

　ブロンデルはまた『百科全書』に関わる知識人の交友の中でも活動し，ディドロの企画のために多くの記事を執筆している．4巻からなる『フランス建築』

---

[146] Ibid., pp. 10-11.
[147] Ibid., p. 11.
[148] Ibid., p. 9.
[149] Ibid.
[150] ブロンデルに関しては以下の2論文が興味深い．W. Knight Sturges, "Jacques François Blondel," *Journal of the Society of Architectural Historians* 11 (1952), pp. 16-19; Robin Middleton, "Jacques François Blondel and the *Cours d'architecture*," *Journal of the Society of Architectural Historians* 18 (1959), pp. 140-8.

（*Architecture Françoise*, 1752-6）は事実上フランスの主要建築を掲載した百科事典である．ただし，一見する限りではブロンデルは革命的な人物とは到底思えない．彼の趣味の傾向はフランス古典主義の伝統的な形式に則っている（とりわけフランソワ・マンサール，ペロー，フランソワ・ブロンデルの古典主義時代）．ロジエの教説については当初は評価したものの後に批判し，ロココ的傾向やギリシアへの関心の高まりにも反対した．また理性や合理的分析に高い価値を認めたが，ブロンデルの理論は原則や規則を好み，アカデミー由来の概念である適合性（convenance）に忠実に従っていた．装飾は建築美の試金石としてそれほど価値を貶められることはなく，「室の配置」やプランニング——ブロンデルにとって，建築の適切な発展のためにフランスがなした貢献——は高い地位を認められて装飾に並ぶものとなった．要するに当世の潮流に乗る世代の教育に携わっていた一方，ブロンデル自身は時流と裏腹にアカデミックな路線に留まっていたのである．また，彼は初めて建築理論に「様式」という用語を導入し，建築物が表象する多様な性格を指すものとして用いた．

ボフランと同様，ブロンデルにとってオーダーは素朴さ・繊細さ・荘厳さといった主要テーマの措定によって作品に偉大さを付与する第1の手段である．その一方で，より微妙な性格の表現が必要とされる．「同じジャンルでありながらも，ひとつでは崇高で高貴で高尚な様式，いまひとつでは素朴，単純，真正な性格といった差異のある2つの建築物を峻別して設計できるのは，あれらの感得し難いニュアンスの助けによるということを疑ってはならない」[151]．3種のオーダーを基礎とする「感得し難いニュアンス」としてブロンデルは30ページを超える一覧を示し，男性的・堅固・雄々しい・軽い・優雅・繊細な・田舎風の・素朴な・女性的な（プチ・トリアノン）・謎めいた・雄大な，等の区別が示されている．ブロンデルは同時代の過剰な傾向には慎重であるものの，建築家に以前よりも幅広い裁量を認めている．ブロンデルの指針は最終的に「趣味」を指向し，それが「建築物のそれぞれのジャンルに適した様式を定めて確立し，ファサードの無限の可能性を建築家に——その論理的思考の導きによって——与える」のである[152]．とはいえ，ブロンデルの性格理論が受容され

---

[151] J.-F. Blondel, *Cours d'architecture ou traité de la décoration, distribution & construction des Bâtiments; contenant les leçons données en 1750 & les années suivantes* (Paris: Desaint, 1771-7), 1, p. 373. 原文は以下のとおり．"N'en doutons point, c'est par le secours de ces nuances imperceptibles qu'on parvient à mettre une distinction réelle dans les projets de deux bâtiments de même genre, mais qui néanmoins doivent s'annoncer différement, en préférant dans l'un style sublime, noble, élévé; dans l'autre un caractere naif, simple, vrai."

[152] Ibid., p. 3, p. lxxi. 原文は以下のとおり．"C'est le goût qui établit, qui détermine le styel propre à chaque genre de Bâtiment, & qui, guidé par le raisonnement de l'Architecte, lui fait varier ses façades à l'infini."

Chapter 2　啓蒙思想と新古典主義理論

たのは，完全にアカデミーの伝統的な枠組みの内であった．さらにこの世紀の残りの期間を見てゆくと，この理念が劇場的な効果，もしくは「語る建築」(architecture parlante) として知られるものと絡み合い，全く異なる命運を辿ってゆくさまが見出される[153]．

ニコラ・ル・カミュ・ド・メジエール (Nicolas le Camus de Mézières, 1721-89) による1780年の『建築の精髄：この芸術とわれわれの感覚のアナロジー』(*Le genie de l'arhchitecture, ou L'analogie de cet art avec nos sensations*) は，新たに性格（カラクテール）の心理学的な解釈という展開をもたらした．この書の大部分はフランスの住宅のプランニングの規則に関するものであるが，ル・カミュはその短い序文において自然的・建築的形態が喚起する無尽蔵の雰囲気と性格に触れている．「近寄って観れば観るほど，あらゆる事物は固有の性格をもち，しばしばそれはただ1本の線，あるいはごく単純な輪郭線によって十分に表現されるということが見出される」[154]．ル・カミュの議論には，一見すると逆行的に思われる側面──例えばル・ブランの感情表現理論や調和的比例に関するウヴラールの数学書の参照，そしてペローの絶対的比例に関する懐疑への批判──があるが，ル・カミュは性格を人間の感性や反応のみを通じて解釈することで，性格の議論を完全に感覚論的な基礎の上に置いている．「深い陰影と透き通った光の対比，あるいは穏やかな天候がもたらす喜びと風や嵐の混乱の対照の間に，我々が感得し得ない感情があるだろうか．すべての微妙な差異，あらゆる多様性が我々に働きかけるのである」[155]．つまるところ形態と我々の感性には密接な関連があるが，同時に建築は印象主義的な芸術にもなるのである．「全体，量塊，比例，陰影，そして光は我々の作品の基盤である」[156]．

ル・カミュの文章はよく知られたブレの性格理論の前駆として読まれることが多いが，我々はひとまず別の書物を採り上げる．ジャン=ルイ・ヴィエル・ド・サン=モーの『古代と現代の建築に関する書簡』(*Lettres sur l'architecture des anciens et celle des modernes*) である．収録されている書簡は1779年から1787年の間に発表された．著者については建築家シャル=フランソワ・ヴィエル (Charles-François Viel,

---

[153] この件を最初に扱った基本文献は Emile Kaufmann, *Architecture in the Age of Reason: Baroque and Post-Baroque in England, Italy, and France* (Cambridge: Harvard University, 1955) である〔エミール・カウフマン著，白井秀和訳『理性の時代の建築 イギリス，イタリアにおけるバロックとバロック以後』中央公論美術出版, 1993年〕.

[154] Nicolas Le Camus de Mézièrese, *The Genius of Architecture; or the Analogy of that Art with our Sensations*, trans. David Britt, introduction by Robin Middleton (Santa Monica, Calif.: Getty Publications Program, 1992), p. 70.

[155] Ibid., p. 71.

[156] Ibid., p. 75.

1745-1819) の弟であった程度しか知られていないが，このフリーメーソンを背景とした書物は，アカデミーの伝統とはかけ離れたところに位置している．彼は不遜にも，ウィトルウィウスの建築書と「それを応用してきた幾世紀」を建築の発展を阻害したものとして咎め，それを「人類の永遠の愚劣さ」を示す文献的記念碑であると指弾しているのである[157]．そして著者は数を増す古代関連書やインド・日本・中国・バビロニア・ペルシアの旅行記に目を転じ，それらから古代建築の復元を行う．これは農業・宇宙生成論・宇宙論・豊穣さといった原初的な象徴的主題について，「語る詩」（poême parlant）としての建築という極めて象徴的な復元である．聖なる暦のために建立された先史時代のメンヒルから，「自然の大義と人間の精神を伝える」柱頭[158]，「黄道12宮のような」表現のフリーズに至るまで，古代の建築はすべてヴィエルにとって象徴的存在である[159]．ペディメントの三角形は丸太造りの小屋の模倣ではなく，三角形とは古代において円と同様に高次存在の普遍的象徴だったためとされる．

　この「象徴的様式」が，同時代の実践や文化にどう影響し新風を吹き込むのかについては，ヴィエルはかなり曖昧である．しかしジャック＝フランソワ・ブロンデルを「建築のペテン師」と呼び，ユゼス館の入口の柱列のデザインはジャン＝ロラン・ルジェから剽窃したものとしてルドゥーを非難するなど臆するところがない[160]．一部完成していたルドゥーによるパリの徴税請負館については，ヴィエルはシンボルの混乱について皮肉を込めて以下のように問うている．その階段状の入口と「マーキュリーのトルソ」が——竣工時に——意味するのは教会，病院，劇場，学校，あるいはタバコ店のどれなのであろうかと[161]．ヴィエルは現代的な設計が主題内容あるいは「固有の性格」を欠いていることについてさらに批判を行い，象徴形態の使用の拡大を提唱する[162]．

　性格（カラクテール）の効果への指向と，建築が象徴的になり得るという認識は，エティエンヌ＝ルイ・ブレ（Etienne-Louis Boullée, 1728-99）の理論とドローイングにおいてひとつに合流する[163]．ブレと，彼の同僚にして同時代人であるルドゥーの作品には，1750

---

[157] Jean-Luis Viel de Saint-Maux, *Lettres sur l'architecture des anciens et celle des modernes* (1787; reprint, Geneva: Minkoff, 1974), 4, p. 13.
[158] Ibid., p. 19.
[159] Ibid., p. 22.
[160] Ibid., 7, p. 47 n, 15, p. 58 n. 29.
[161] Ibid., p. 59 n. 32.
[162] Ibid., p. 23.
[163] ブレとその業績を主題とする英語文献は Jean-Marie Pérouse de Montclos, *Etienne-Louis Boullée, 1728-1799: Theoretician of Revolutionary Architecture* (London: Thames & Hudson, 1974); Helen

年代以来わだかまっていた革命的気運の高揚が顕著に表れている．ブレは当初絵画修行をした後，ブロンデルとボフランのもとで建築を学んだ．さらに重要なのは，1732年の王立建築アカデミー大賞受賞者で，描写技術に定評のあったジャン＝ロラン・ルジェがパリに構えた事務所で建築を学んだことである．ブレは南方旅行に出ることはなかったが，教師およびルドゥーと同様の現代風都市住宅設計者としてパリでキャリアを積んだ．評価の高い注文設計にブリュノワ館（1774-9）があり，この作品では庭園側の正面に6本のイオニア式円柱からなる高い神殿風ポーチを設け，その周囲三面を開口付きのアーケードで囲んでいる．ポーチ上部の階段ピラミッド状ペディメントの頂部には女神フローラの像を据え，庭園の象徴的主題とした．つまりブレもまた性 格（カラクテール）を寓話的な観点で捉えているのである．1778年にブレは公職に就くが，あらゆる努力にもかかわらず公的な仕事はほとんど獲得できなかった．1782年には実務から身を引き，幻視的なドローイングと書物の構想に没頭する．未完に終わったそのテキスト「建築：芸術試論」（"Architecture, Essai sur l'art"）は1953年まで刊行されなかったが，彼のアイディアを記録した膨大な図像資料（遺志によりフランス国家に寄贈された）ともども，彼の門下生や同時代の建築家にはよく知られていた．

　ブレの理論は，単純な立体——球・立方体・四角錐——の情感的な印象を強調し，こうした要素を飾り気のない美学へと磨き上げることで，アカデミックな性格概念を乗り越えるものである．興味深いことに彼の「建築」は，ペロー＝ブロンデル論争の長大な言及から始まる．この中でブレは，現代のほとんどの建築家はペローの立場に近く，建築の比例は本質的に「空想的」，すなわち人間の想像力の産物であると信じていると述べている．しかしブレはこれに異議を唱える．建築は心象や視覚像の詩的創造物であるが，それは規則性・対称性・多様性を基本原理とするヴォリュームの操作を通じて創り出される．そして比例は「これらの属性の組合せ」であり，ヴォリュームの規則的秩序が生み出す効果なのである．「読者は以下を容易に推論できよう」とブレは述べている，すなわち「基本的な規則，建築の諸原理を統べる原理は規則性から生まれるのであり，いかなるものであれ対称性から逸脱することは，音楽において調和の規則を遵守しないほどに，あってはならないことである」[164]．

　性 格（カラクテール）はこうした諸原理と高度に象徴的な論理を通じて結合する．すなわちそれは「我々に何らかの印象を喚起する事物の効果」，あるいはより明確には「その事物に関

Rosenau, *Boullée and Visionary Architecture, Including Boullée's 'Architecture, Essay on Art''* (New York: Harmony Books, 1976) がある．Kaufmann, *Three Revolutionary Architects*; Etlin, *Symbolic Space* も参照．

[164] Boullée, "Architecture, Essay on Art," in Rosenau, *Boullée and Visionary Architecture*, p. 87.

連した感覚のみをつくり出す，あらゆる手段の適切な使用」である[165]．性格はまた，よき趣味や，我々の存在の奥深くに喜びをもたらす「繊細な美的洞察力」によっても育まれる．例えば建築に抱く壮大さという印象は，「多くの戯れを内に含み，量塊として高貴で荘厳な動勢を湛え，可能な限りの展開を尽くして全体を形成するヴォリューム群の配置に存する」のである[166]．さらにすべては光と陰の戯れ，色彩の巧みな使用，副次的要素の整序された配置によってより強調され得る．こうして，性格はアカデミーの慣習が定めるものから直接的な感覚の所与という理解へ――ル・カミュの理論がその前兆であった――革命的な遷移を遂げた．建築物は，形状を通じてそれぞれの個性と特有の性格を獲得するのである．

　ブレの理論は古風な装いが意図され清明な理論的壮麗さを帯びているが，よく知られたセピア調のドローイングも，建築の還元の試みとしてこれに劣らず際立つものである．そこには基本的な形状のみが示され，しばしば古代的要素に還元された列柱と組み合わされている．都市の聖堂のためのデザインは，スフロのサント＝ジュヌヴィエーヴ聖堂を下敷きにしているものの，人間的な想像力を凌駕する空想的なスケールで理想化されている．その内部では，隠喩的な過剰さを帯びるまでに反復された列柱がペロー的壮麗さを醸成し，フリーメーソンの入会儀礼に相応しい背景を提供している．文章では「友人」ル・ロワの著作に大きく依拠しつつ，スケールの知覚上のニュアンスと，柱列が分節する空間の知覚経験を詳述している．同様の理路で，階段状空間に書物を蔵する巨大なバシリカ状の国立図書館は「それが備える建築オーダーは深い思慮に基づき，蔵書群が生み出すスペクタクルへの関心を削ぐことがないばかりか，この美しい空間にさらなる輝きと高貴さを付与するための必要な装飾のみを与える」[167]．列柱のない「スパルタ人の墓」案では，戦地へ赴く兵士の行列で構成されたフリーズが屋根を支持している．称賛の的となってきた「ニュートン廟」は巨大な球体で，崇高さという性格的効果を生むべく計算された光の操作が行われている．

　周到に純化された古典的形態を描くブレの建築ドローイングは，深淵な理想的幾何学の追求の企てであり，人間の精神性の寓話である．この意味では後期ルドゥーのデザインもほとんど同じである．ルドゥーは幾多のパラーディオ的な試みの後，古典性の領域を越え出て，図版によって示される内容を手がかりとする形態の研究に向かう．キャリアの転換期は1771年で，この年ルドゥーはデュ・バリー夫人との交流を通じフランシュ＝コンテ地方の製塩査察官という名誉職を得た．これ以降，ほとんど

---

[165] Ibid., p. 89.
[166] Ibid.
[167] Ibid., p. 105.

が私的な依頼であったこれまでの仕事に加えて，一連の大規模な公共建築の提案を行うようになった．多くのプロジェクトは実施されずに終わるが，一部は建設され，また版画の形ではすべての記録が残っている．版画資料から一貫して見て取れるのは，気紛れな形態の探求である．1775 年から 1780 年の間に建設されたアル＝ケ＝スナンの製塩所の建築群では，象徴的な装飾をほとんど削ぎ落とし，徹底して幾何学性に基づく包括的な古典主義を追求している．ここでは敷地が擁する労働者コミュニティに対して権力を体現するものとして，半円形プランの焦点にはルスティカ風のジャイアント・オーダーを伴う 2 つのキューブで構成された監督の館が周到な計算のもとに据えられている．同じ頃建設されたブザンソンの劇場は，もともと理想都市ショーの配置計画と同様の古代劇場プランで計画されていたが，内部では伝統的なボックスシートを採用していない．エクス＝アン＝プロヴァンスの監獄設計案（1787）では，寸胴で柱礎のない柱を配した玄関と，「葬儀」風のモチーフを屋根に帯びた隅塔，および小数の水平スリット状の窓がその外観の概要を決定している．議論を呼んだパリの関門（パリの周縁に配置された入市税徴収所．この計画に加えてルドゥーは 8 棟の宿屋と，モンマルトルの「娯楽の館」を計画した）では古典主義のオーダーと建築作法を悉く無視し，折衷的想像力を存分に発揮している．人生最後の四半世紀をかけて構想された理想都市ショーの計画に至っては，ルドゥーは建築を古典的遺産から完全に解き放ち，アンソニー・ヴィドラーが指摘するように「ヒエログリフ」の「絵解き文」へと変容させている[168]．

これらすべてにより，ルドゥーはまさしく「革命的建築家」と称された[169]．しかし，最初にして唯一の著作である 1804 年刊行の『芸術，風俗，法制との関係の下に考察された建築』（*L'Architecture considérée sous le rapport de l'art, des moeurs et de la législation*）（図 16）には，ルドゥーの別の興味深い（建築的にはより穏健な）側面が垣間みられる．この企画は 1780 年頃，ショー近郊の製塩所の構想案と実施案の版画集として開始された．その後の 10 年間で図版数が大幅に増すが，フランス革命および王党派シンパであったため収監され，計画は中断を余儀なくされた．企画が再開すると，ルドゥーは自らの建築的自尊心を護るのみならず，その象徴的な建築のヴィジョンを示す必要性をも感じていた．建築は国家の希求するところ，すなわち彼の言葉によれば「道徳の普及と純化」に供されてこそ，これを正当化するものであるという見識である[170]．彼の理想都市においては，そのためにすべての館が自ら目的を

---

[168] Vidler, *Claude-Nicolas Ledoux*, p. 312.
[169] カウフマンの『三人の革命的建築家』以降，これが基本的なルドゥー観となっている．
[170] C.-N. Ledoux, *L'architecture considerée sous le rapport de l'art, des moeurs et de la législation* (Paris

明らかにしている．例えば娯楽・快楽の館である「オイケマ」の平面は男根の形態であり，河川管理人の館には川が流れ，そして樽職人の家は樽の形状をしているのである．

このような考え方に従えば，建築は「ふさわしい外貌」を帯びねばならない[171]．美の魅力を引き出すのは疑義をもつべき「暴政」であり，装飾は軽薄で「文明の甘美なる諸術に支えられた狡猾な媚態」となる[172]．建築は神話劇のように語る．「建築と石造技術は，詩と文芸の関係にある．すなわちこれは劇的な熱狂のうちにある技なのであり，ただ昂揚を伴ってのみ語ることができる．設計が形態を与えるものだとすれば，すべての生産物を生気づける魅力を授けるのはその技なのだ．思惟が画一的なものでないように，その表現もまた画一的なものではありえない」[173]．

そのフリーメーソン的な背景はさて

16　クロード＝ニコラ・ルドゥー『芸術，風俗，法制との関係の下に考察された建築』(Claude-Nicholas Ledoux, *L'Architecture considérée sous la rapport de l'art, de moeurs et de la législation*, 1804) のタイトルページ．

おき，ルドゥーの作品のヒエログリフ的な側面は同時代においても古典主義的作法からの大幅な逸脱とみられていた．カトルメール・ド・カンシーは1788年の辞典において，項目「濫用」「奇抜」の図解としてルドゥーのデザインを引用した[174]．1800年，建築家シャルル＝フランソワ・ヴィエルはルドゥーについて「その破滅的な構想

1804), p. 3. 原文は以下のとおり．"Le caractère des monuments, comme leur nature, sert à la propagation et à l'epuration des moeurs."

[171] Ibid., p. 10.
[172] Ibid., p. 13.
[173] Ibid., pp. 15-16. 原文は以下のとおり．"L'Architecture est à la maçonnerie ce que la poésie est aux belles lettres: c'est l'enthousiasme dramatique du métier; on ne peut en parler qu'avec exaltation. Si le dessin donne la forme, c'est elle qui répand le charme qui anime toutes les productions. Comme il n'y a pas d'uniformité dans la pensée, il ne peut y en avoir dans l'expression."
[174] A.-C. Quatremère de Quincy, *Encyclopédie méthodique. Architecture* vol. 1 (Paris: Panckoucke, 1788). "Bossage" "Barrières" "Dorique" の各項目も参照．

で著名な」と言及している[175]．しかし，実際にはルドゥーの評価は中傷を乗り越え，彼の創造がもつ途方もない構想力はあらゆる意味で啓蒙思想が秘める自由主義の急所を象徴するものとなった．その建築観はユートピア的であると同時に功利主義的であり，すなわち断頭台と無政府状態が生んだものの帰結であった．ルドゥー亡き後を大洪水が襲う．革命後のフランス建築は縮退を余技なくされるのである．

---

[175] Charles-François Viel, *Décadence de l'architecture à la fin du dix-huitième siècle* (Paris: 1800), p. 9.

Chapter 3

18世紀イギリスの理論

> しかし，建築家が人体から何らかの着想を得たことなどないことは，私にはこの上なく自明なことと思われる．
> ― エドマンド・バーク（1759）―

1
ジョーンズとレンの遺産

　18世紀イギリスの知的発展が，比較的独自の路線を歩んだことには多くの理由がある．政治的に最重要な出来事は，1688年の名誉革命と1713年のユトレヒト条約である．前者は立憲君主制による改革を導き，表現の自由を奨励し行政プロセスの安定化をもたらした．一方で後者は12年間に及んだフランスとの戦争を終結させ，イギリス人の中に国際政治における自身の立ち位置に関わるプライドと野心を植えつけることとなった．1715年のハノーヴァー朝の確立はこの歩みを堅固なものとし，この世紀半ばまで持続する比類なき植民地拡張と経済繁栄の時代を導いた．美術や建築といった贅沢品への関心は，当然ながらこうした発展と歩調を合わせたものであった．
　この世紀を通じてイギリスはヨーロッパ文化の舞台でフランス，イタリアと次第に激しく競い合うようになるが，この国には特殊な事情があった．18世紀の後期までイギリスは芸術に関わるいかなるアカデミックな制度を有さず，したがって，芸術上の指針を統一的に定めてゆく組織的な手段をもっていなかったのである．イギリスの建築家が職能を身に付けたのは，仕事場における徒弟修行や，イタリアのルネサンスやフランスの古典主義に関する，書物を用いた独学を通じてであった．高等な学校教育が求められてはいたものの，むしろ直接に古典主義の伝統を吸収するためには，南欧への旅に出なければならなかったのである．その帰結として，少なくとも当初のイギリスの建築理論は，イタリアやフランスのウィトルウィウス的伝統から脱却できないものとなった．
　しかし同時にイギリスは競争心が逞しく，筋の通った自国の流儀を備える国でもあり，18世紀にはこうした傾向が次第に目立ってくるようになった．すでにこの世紀の初めから，イギリス人独自といえる美的な感覚がいくらか存在していたことが指摘できる．こうした傾向をフランシス・ベーコン（Francis Bacon, 1561-1626）の功利的な美学に帰するか，あるいはジョン・ロック（John Locke, 1632-1704）の経験主義に帰するかはそれほど重要ではない[1]．重要なのは18世紀における明瞭な感性の変

---

[1] ベーコンの論述については，特に *The Essayes or Cousels, Civill and Morall*, (1625) の45節 "On Building" を参照〔『ベーコン随想集』渡辺義雄訳，岩波文庫，1983年，「建築について」〕．ロックによる経験論の記念碑的著作は *An Esssay Concerning Human Understanding*（1690）〔『人間知性論 1〜4』大槻春彦訳，岩波文庫，1972-77年〕である．

化であり，これはルドルフ・ウィットカウワーがいみじくも「理性の力に対立する，感覚の支配下にあるもの」への変移と指摘したものである[2]．この世紀の初めには，理論において絶対主義的な傾向と相対主義的な傾向が不和や矛盾を感じさせることなく共存していた．しかしデイヴィッド・ヒュームが『人間本性論』の最初の2巻（Treatise of Human Nature, 1739-40）――そこでは，もはや理性は精神のいまひとつの知覚作用である感覚と緊密に結びついたものとされた――を世に問う頃になると，そうした立場の混淆は論外なものとなる[3]．18世紀最初の四半世紀の（フランスやイタリアのルネサンスを継承した）イギリスのパラーディオ主義において，あれほど卓越した地位を得ていた絶対的な美や比例

17　イニゴ・ジョーンズ．Artist Portraits: Scrapbook, 1600-1800 より．カナダ建設センター（モントリオール）所蔵．

への古典主義的な信念は，この世紀後半になるとこの国の理論の布置にほとんど見出すことができない．主流となったのは新しい連想的・感覚的心理学に足場を得たピクチャレスクの理論である．

　建築の理論における古典主義と相対主義的価値観の衝突は，イニゴ・ジョーンズ（Inigo Jones, 1573-1652）とクリストファー・レン（Christopher Wren, 1632-1723）それぞれの立場に萌芽が認められる．フランシス・ベーコンやウィリアム・シェークスピアなどと同時代人であった若きジョーンズは，イギリスにおけるイタリア由来の理論と古典的指向への傾倒を代表する人物である．もともと衣装制作を手がける王室芸術家であったジョーンズは，専ら文献調査と南欧への旅行を通じて建築を学んだ（図17）．イタリアへの最初の旅は世紀の変わり目のことで，彼の関心は当時まだ劇場に向けられていた．1613年には19ヶ月にわたってイタリアを再訪し，この時ジョ

---

[2] Rudolf Wittkower, "Classical Theory and Eighteenth-Century Sensibility", *Palladio and English Palladianism* (London: Thames & Hudson, 1974), p. 195 参照．

[3] David Hume, *A Treatise of Human Nature: Being an Attempt to introduce the experimental Method of Reasoning into Moral Subjects* (London: Noon, 1739-40).〔ヒューム『人間本性論』法政大学出版局，2011年〕

ーンズはスカモッツィと知遇を得てパラーディオに耽溺するようになり，1601 年版のパラーディオの建築書からこの巨匠の作品や古代ローマのモニュメントを学んだ[4]．1616 年に王室工事監督の測量官として建築に携わるようになると，ジョーンズはルネサンスの生きた伝統を継ぎ，芸術を統べる普遍的韻律と調和を信念として職務にあたった．高い評価を受けたロンドンのバンケティング・ハウス（1619-22）と，グリニッジのクイーンズ・ハウス（1616-35）では，その思想の深みを見て取ることができる．簡潔にして端正な古典的デザインは，ルネサンスの原典からの注意深い研究によって得られたディテールともども，18 世紀最初の四半世紀に形成されるイギリス・パラーディオ主義の里程標となった[5]．

ジョーンズの建築観はヘンリー・ウォットンの『建築の要素』（*The Elements of Architecture*, 1624）とも通底する[6]．ヴェネツィア大使であり美術愛好家であったウォットンはジョーンズと親交があったのみならず，彼がパラーディオのドローイングを購入する際に援助もしている[7]．よく知られるように「利便性(コモディティ)，堅固さ(ファームネス)，喜ばしさ(デライト)」を理論の要として称揚するウォットンの小論がウィトルウィウスを典拠とすることはいうまでもないが，しかしここでのウィルトルウィウスはアルベルティ，デューラー，そしてパラーディオの絶対性の美学と齟齬のないように再構成されたものでもあった．さらにこの論文は実用性を重視して用途に注意を促すもので，あたかもイギリスの上流階級の建築家に向けられたガイドブックのようであった．

レンもまたキャリアの初めの頃には同様の古典的指向をもっていたが，その作品の一部——オックスフォードのトム・タワーなど——では文脈(コンテクスト)上の要求として，設計が「金物師の仕事と調和するようにゴシックであるべき」とされたものも含まれている[8]．レンは，ジョーンズと同様に独学の建築家である（図 18）．ただし彼は一級の

---

[4] イニゴ・ジョーンズによるパラーディオ『建築四書』の写しと，彼が所有していた原著は以下に復刻されている．*Inigo Jones on Palladio, being the notes by Inigo Jones in the Copy of I Quattro Libri dell architettura di Andrea Palladio 1601*, 2 vols. (Newcastle-upon-Tyne: Orien Press, 1970). ジョーンズについては John Summerson, *Inigo Jones* (New York: Yale University Press, 2000) 参照．

[5] バンケティング・ハウスのデザインは，ジョーンズがしばしば繰り返す，ミケランジェロを嚆矢とするマニエリスム的な傾向への警戒と併せて考察されるべきである．曰く，「そして真実をいえば，ミケランジェロが導入し多くの設計者が続けているこれらの装飾はすべて，私見によれば，手堅い建築においては奏功していない」．John Summerson, *Architecture in Britain 1530-1830* (Harmondsworth, England: Penguin, 1963), p. 67 も参照．

[6] Henry Wotton, *The Elements of Architecture Collected by Henry Wotton Knight, from the best Authors and Examples* (London: John Bill, 1724).

[7] John Harris, Stephen Orgen, and Roy Strong, *The King's Arcadia: Inigo Jones and the Stuart Court* (London: Arts Council of Great Britain, 1973) 参照．

[8] 1681 年 5 月 26 日付けジョン・フェル主教（Bishop Fell）への書簡．Eduard F. Sekler, *Wren and His Place in European Architctcure* (London: Facer & Faber, 1956), p. 74 より引用．また，以下も参

数学者兼天文学者であり，王立協会の創設会員，ロンドンのグレシャム・カレッジ天文学教授，後にオックスフォードのサヴィル教授職に就いている．旧セント・ポール大聖堂の改築に際して構造について助言を求められたことで（1663および1666），レンはほとんど偶然に建築の世界に足を踏み入れることとなった．大学関係者との地縁的なつながりから，ケンブリッジのペンブローク・カレッジの礼拝堂（1663-65），オックスフォードのシェルドニアン・シアター（1664-69）の設計も行った．1665年にはフランスを訪問し，芽生えたばかりの建築への関心を追求するために主要なモニュメントを視察している．現地ではルーヴル宮の仕事に携わっていたベルニーニと面会した他，初期のレンの作風であったルネサンス様式に変化をもたらした

18　クリストファー・レン．*Artist Portraits: Scrapbook, 1600-1800* より．カナダ建設センター（モントリオール）所蔵．

フランソワ・マンサールやルイ・ル・ヴォーと会ったともいわれる．彼が建築に専念するようになる直接の契機となったのは1666年のロンドン大火である．レンはまずシティ再建のための6名からなる委員の1人に任じられ，1669年にはロンドンすべての新造建築を統括する主任測量官に任命された．

　レンのフランス旅行は仔細な検討に値する．なぜなら，このときからレンは建築理論にも関心を抱くようになったからである．1665年秋の「パリから友人への手紙」では，レンは偏愛的にパリの日常生活の細部を描写しており，これは後のトマス・ジェファーソンがこの街に寄せた情熱を想起させる．彼はこの街と近郊の「ほとんどの名高い建物」を調査した．これにはマザラン宮，シャトー・ド・メゾン，フォンテーヌブローの王室関係地所，サン・ジェルマンのシャトー＝ヌフ，そしてヴェルサイユの初期事業が含まれている[9]．レンはベルニーニとマンサールの作品を称賛する一

　照．Lisa Jardine, *On a Grander Scale: The Outstanding Life of Christopher Wren* (New York: Harper Collins, 2002); Adrian Tinniswood, *His Invention to Fertile: A Life of Christopher Wren* (London: Jonathan Cape, 2001); Kerry Downes, *The Architecture of Wren* (Reading, England: Redhedge, 1988).

方，ル・ヴォーのコレージュ・ド・キャトル=ナシオンなどは批判している．女性が「牛耳っている」というヴェルサイユは二度にわたって訪れ，その過剰な豪華さに強く反発して「細かい珍奇な装飾で1インチの隙間もなく埋め尽くされている」と書いている．レンはこうした当世風の「瑣末な小細工」に，「永遠性をその属性とすべき，したがって新しい流行とは相容れない唯一の」芸術としての建築観を対比させている[10]．

この旅は，レンが建築についての文章を書き留めるきっかけを与えたようである．後に彼の息子が編纂した「小冊子」には，冒頭に以下のような言明が示されている．曰く，建築とは「永遠性を指向するのである．故に，その要件のうちで様式や流儀にはなしえない唯一のもの，すなわちオーダー(モード)に狙いを定めるのである」[11]．その3つの基本的（ウィトルウィウス的）原理とは美しいこと，堅固であること，そして便利であることである．最初の2つは「光学と静力学の数学的合理性」に根拠をもち，3番目は多様性に依拠する．美は「目が心地よさと感知する事物の調和」と定義され，自然的な美，慣習的な美の2つの契機がある．前者は「統一性（すなわち均質性）と均斉を有する幾何学に由来」する．後者は「我々が通常ほかの契機によって心地よさを感受する事物への感覚を用いること」に由来する．他の契機とは，例えば「それ自身では魅力のない事物への愛好を生む，親密さや特別の好感など」である．そして，「真正な審判は常に自然的なもしくは幾何学の美に存する」ゆえに，慣習的な美（慣習）は，建築における判断を誤らせる要因でもある[12]．

こうしたわずかに残る文言は，理論的な含蓄に富むことからさまざまな解釈を生んできた．まずは，これら2つの美の契機を，ほぼ同時代のペローによる明証的な美と恣意的な美の峻別に関連づけようとする誘惑に駆られる．ただしペローは比例を恣意的な美の範疇としており，またレンは2つの異なる美の種別を示したのではなく，美の2つの契機を提示したのであった．またある歴史家が指摘するとおり，レンが重きを置く美の幾何学的な立証は，その字句や思想において，啓発された判断力の「調和と一致」をもって美の幾何学的定式化を行ったフレアール・ド・シャンブレに近い[13]．

---

[9] "Letter to a Friend from Paris" in *Wren's "Tracts" on Architecture and Other Writings*, ed. Lydia M. Soo (New York: Cambridge University Press, 1998), pp. 103-5 参照．
[10] Ibid., p. 104.
[11] Ibid., "Tract I," p. 153.
[12] Ibid., p. 154.
[13] J. A. Bennett, "Christopher Wren: The Natural Causes of Beauty," *Architectural History* 15 (1972), p. 17 参照．

とはいえ,レンは美の問題についてさらに合理的,科学的なアプローチをとっており,これはルネサンスの理論とは異なる.少なくとも「目が心地よさを感知する事物の調和」には暗黙のうちに経験主義が容認されている――すなわち見る者の眼識が重視されている.そして「統一性」と「均斉」を建築造形の中心に据えてはいても,レンは一方で「野蛮という罪を犯さぬよう,過度に厳格で衒学的な規則へと押し込める」者には批判的である.レンにとってそれらはむしろ「運用される時代ごとの様式モードや流儀にすぎない」[14].この文化的,美学的な相対主義は精神性としてレンの古典主義と明白に対立するもので,レンが同時代の新旧論争で占める位置はなお興味深い問題となる.レンの科学的な関心と実験主義的な精神は進歩に貢献する立場にあるということを示すが,一方で「永遠性」の強調と「建築家は新奇さに嫉妬しがちである」という誡めは異なる可能性を示唆している[15].

この問いへの唯一の手がかりとなるのはそれに続くレンの実践だが,その業績もまた議論の対象となってきた.1936年にジョン・サマーソンは,レンが「王立協会気質」の人物,すなわち「科学の徒」であり「古典的な学識者」であったとする一方,建築家としては想像力に乏しく「経験的で恣意的な設計方法論」に拘泥したと述べた[16].近年の解釈はレンの業績をより肯定的な観点から評価する傾向になっているが,その理論の古典的な基盤と,実践で顕著になるバロック的感性の調停には困難を伴っている[17].セント・ポール大聖堂における設計の変遷やロンドン市内の教会堂での創意と多様性に富むデザイン,既存のゴシック的伝統との融和を図るという彼の意思,そして後期作品におけるバロック的要素――これらすべてが示すのは科学的な合理性を備えた柔軟さであり,それがレンの作品の変容を可能にしたのである.

「歴史」を扱ったレンの文章からは,古代に関する自身の立場の手がかりを得ることができる.まず,彼の関心は決して,ローマやギリシアの過去に限定されるものではなかった.ドリス式への洗練に先立つものが「テュレス式オーダー」であると仮定することは,レンの文化的相対主義と軌を一にしている.レンが傾倒していた古代イスラエルや聖書的な建築物――サムソンに引き倒されたダゴンの神殿,ソロモン神殿,ポルセンナとアブサロムの墓所,バビロンのピラミッドや市壁,そしてエフェソスの

---

[14] Wren, "Tract II," in *Wren's "Tracts,"* p. 157.
[15] Ibid., "Tract I," p. 155.
[16] John Summerson, "The Mind of Wren," in *Heavenly Mansions and other Essays on Architecture* (New York: Norton, 1963), p. 62.〔ジョン・サマーソン著,鈴木博之訳『天上の館』鹿島研究所出版会,1972年所収〕.
[17] 例えば「媒介」instrumentality 概念を手掛りとした Soo によるレン作品の解釈を参照(*Wren's "Tracts,"* p. 197).その他のレンの解釈については Downes, *Architecture of Wren* 参照.

ディアナ神殿とハルカリナッソスの廟——は,古典主義の真正な解釈ではどうあっても許容されないほどに豊穣な造形の可能性を暗示している[18].つまり我々はレンの中に,建築モチーフの造形レパートリーを拡張してゆく実験的な実践と,「幾何学の美」を純化してゆく知覚的な傾向とを,どちらも認める必要があるのである.

ほとんど折衷主義的ともいえるレンの傾向が,18世紀初頭のニコラス・ホークスムア(Nicholas Hawksmoor, 1661-1736)とジョン・ヴァンブラ(John Vanbrugh, 1664-1726)のデザインに影響を与えたことは疑いない[19].彼らは総体的にも個別的にも,18世紀イギリス建築の最初の動勢,すなわち明白な折衷的手法によるアプローチを決定づけた.ホークスムアとレンの関係はとりわけ際立ったもので,彼は10代の頃にレンの事務所でキャリアを開始し,後に多くのプロジェクトで協働した.1691年から1710年の間はセント・ポール大聖堂の主任ドラフトマンを務め,また1698年にはグリニッジ病院の設計でレンをサポートした.その1年後にヴァンブラと組むようになり,ヴァンブラの設計によるカースル・ハワード(1699-1712)とブレナム宮殿(1705-25)の細部のデザインと施工の支援から協働関係を始めている.

ホークスムアの歴史理解と創意が評価されるようになったのはようやく最近のことである.彼は歴史的な主題の探求に関してヴァンブラよりも積極的で,実作への反映にも熱心であった.例えば1720年より少し前にウスター・カレッジのために準備された注釈付きの図面では,多くの典拠が下敷にされている.ある図書室のデザインでは「サントの橋の上のアーチ」すなわちフランスのサントにある凱旋門が引用され,また別の図面では「ボルドーの古代遺物」として,ペローがスケッチしたテュテル宮殿の列柱を参照している.さらにヴィニョーラ,アテネの風の塔,パンテオン,コンスタンティヌスの凱旋門,そして「セント・ジェームズ礼拝堂における,ジョーンズ氏による田舎家」を参照した図面もある[20].ライムハウスのセント・アン教会堂の「ゴシック風」頂塔(1714-19)は風の塔を典拠にしたものである.レンとホークスムアをいずれも魅了したハルカリナッソスの霊廟は,24段の階段状ピラミッドがジョージ1世像を支える,ブルームズベリーのセント・ジョージ教会堂(1716-35)の尖塔として引用された.

---

[18] Tract III, IV, and V, in *Wren's "Tracts,"* pp. 167-95 参照.
[19] ホークスムアについては以下を参照. Kerry Downes, *Hawksmoor* (London: Zwemmer, 1959); Vaughan Hart, *Nicholas Hawksmoor: Rebuilding Ancient Wonders* (New Haven: Yale University Press, 2002); Peter Ackroyd, *Hawksmoor* (London: Hamish Hamilton, 1985). ヴァンブラについては以下を参照. Kerry Downes, *Vanbrugh* (London: Zwemmer, 1977); Geoffrey Beard, *The Works of John Vanbrugh* (London: B. T. Batsford, 1986).
[20] Downes, *Hawksmoor*, pp. 147-51.

ホークスムアはそのゴシック建築観もまた独特なもので，当時としては極めて先進的であった．1730年代半ばのウェストミンスター・アビー主席司祭への書簡では，ホークスムアは「ゴシック（Gothick）」という語彙を，ギリシア人やローマ人による「野蛮な（Barbarous）」の用法と同じように「あらゆる不快なものごと」へと拡大して解釈する者から擁護している．ホークスムアにすれば，それが指すのはビルディング・タイプの変化と小さな石材を用いる必要から生じた，賞賛すべき必然的な建築様式であった．オックスフォードのオール・ソウルズ・カレッジ（1718-24）の北側の中庭で用いられたゴシックの造形を見る限りでは，どうやら彼の好みは明らかに中庭部分の構造的，材料的な必然性というより，尖塔の連なりが描く物語めいた屋根の造形（ゴシックの頂華(フィニアル)がリズムを与えている）やロマンチックで重厚な塔，あるいは交錯する光と影の戯れにあったようである．インテリアの様式の古典性は，彼の設計が舞台芸術的な性格のものであったことを裏づけている．

　ヴァンブラはやや控え目であるものの，やはり詩的感覚の愉楽に身を委ねている．1716年にレンを継いでグリニッジ病院の測量士に就任した際には，その昇進を記念して，狭間を刻んだ通路や「白い塔」および女子修道院などを備えた中世風の「ヴァンブラ城」を近くに建てた．この空想的な建築が建てられたのは，ヴァンブラとホークスムアがカースル・ハワードの敷地にオベリスク，ピラミッド，ピラミッド型の門，神殿，マウソレウムなどを作っていたのと同じ頃である．独特の典拠に現れたホークスムアの折衷主義が，18世紀後半の「革命的」建築に顕現する傾向の前兆であるとするならば，ヴァンブラによるさまざまな趣向の演出は，芽生えつつあるピクチャレスクの感性の表出である[22]．2人はいずれも，大陸の動向とは隔絶した考え方をしていたのだった．

── 2 ──
パラーディオ主義

　ホークスムアとヴァンブラのバロック的傾向は，同じく18世紀初頭に形成された対立的な傾向であるパラーディオ主義の思潮にも格好の話題を提供した．その創始者

---

[22] ヴァンブラが劇作家として仕事を始めていることは当然ながら注記に値しよう．Frank McCormick, *Sir John Vanbrugh: The Playwright as Architect* (University Park: Penn State University Press, 1991) 参照．

はいうまでもなく，初期パラーディオ主義者イニゴ・ジョーンズである．1652年のジョーンズの死後，蔵書と設計案は有能な助手であったジョン・ウェッブ（John Webb, 1611-72）が引き継ぎ，ウェッブはさらに17世紀の第三四半世紀までパラーディオの伝統を継承してゆく．パラーディオの建築はレンらの関心をひき続けた．例えば1690年代のオックスフォードでは，クライスト・チャーチの学寮長ヘンリー・アルドリッチ（Henry Aldrich, 1648-1710）とジョージ・クラーク（George Clarke, 1661-1736）の交友関係を中心にパラーディオへの強い支持があった．アルドリッチは幾何学と建築に関する未刊の論考を編纂し，1706年にはクライスト・チャーチのペックウォーター・クアドラングル（中庭）のための堂々たるパラーディオ風設計案を作成している．クラークはホークスムアの親しい友人であり，ホークスムアにパラーディオへの関心を植えつけたのはクラークであった可能性もある．クラークはオール・ソウルズ・カレッジの北学寮長公舎（1710頃）を含めたパラーディオ風の設計案を複数作成した．18世紀の初めにパラーディオに魅入られた者には，他にアレクサンダー・フレッチャー，ウィリアム・タルマン，ウィリアム・ベンソンなどがいる[23]．

　このようにパラーディオ・リヴァイヴァルは，第3代シャフツベリ伯アントニー・アシュリー・クーパーが大きな影響力をもつ「意匠についての書簡」("Letter Concerning Design")を書いた1712年よりかなり以前から生じていた．シャフツベリ伯の書簡は，しばしば知識人の間でのレンの地位失墜を示すものと指摘される．新プラトン主義者シャフツベリ伯は，数多くの重要な建築物が「芸術家がゴシックの性質と称するものを多く保持している」ために「我々にとって失敗作に終わった」ことを嘆いている[24]．レンはハンプトン・コートとセント・ポール大聖堂を例に挙げて酷評され，ヴァンブラのブレナム宮殿のデザインは「台無しにされた新宮殿」と称された．それでも，シャフツベリ伯はイギリスの大衆の趣味は向上するであろうと楽観しており，将来新しい王宮と議事堂の姿にはそれが表現されるだろうと考えていた．また，シャフツベリ伯は「この国の若者を実践的に訓練するアカデミー」を請うている[25]．

　シャフツベリ伯はパラーディオの名は挙げていないが，その振る舞いや性格は完全

---

[23] パラーディオ主義の起源については以下を参照．John Harris, *The Palladian Revival: Lord Burlington, His Villa and Garden at Chiswick* (New Haven: Yale University Press, 1994); Rudolf Wittkower, *Palladio and English Palladianism* (London: Thames & Hudson, 1974).

[24] Earl of Shaftesbury, "A Letter Concerning Design,", in *Second Characters or The Language of Forms*, ed. Benjamin Rand (Bristol: Thoemmes Press, 1995; originally published in 1914), pp. 21-2.

[25] Ibid., p. 24.

に古典主義的である[26]．シャフツベリ伯は他でもないジョン・ロック（初代シャフツベリ伯の私設秘書兼医師であった）の教育を受け，1680年代後半のイタリア旅行を通じて芸術的感性を養った．彼の理想主義的な道徳哲学は調和，均斉，そして称賛の的である「よき趣味」といった古典的理念を基礎とし，また著作『人間，風習，意見，時代の諸特性』(*Characteristics of Men, Manners, Opinions, Times*, 1711) には，ひとかどの人物に必要とされる徳目や道徳的感性を獲得するための手引きが記されている．彼は――ロックと対照的に――美は生得観念であり，「内なる眼」によって感得されると考えていた[27]．

運動としてのパラーディオ主義は，まず1715年前後にジャコモ・レオニ (Giacomo Leoni, 1686-1746) とコレン・キャンベル (Colen Campbell, 1676-1729) の仕事によって地歩を築いた．その2年前にイギリスに渡ったヴェネツィア人レオニは，英訳された『建築四書』(*The Architecture of A. Palladio; in Four Books*, 1715-20) を2巻に編纂し，この巨匠の言説と設計を初めてイギリスの読者の手元に届けた（図19）．ニコラス・デュボワは訳者前書きで，パラーディオを「公共建築の巨匠」の中で「最も卓越した」と形容している．また，現状は「審美性と趣味と対称性を欠いた，ゴシック風とローマ風をないまぜにした滑稽さ」に反発して「古代人の高貴にして雄大な単純さ」に向かっているという楽観的な認識を述べた[28]．レオニは同書の第2版で，原著のパラーディオによ

19　ジャコモ・レオニ編，『建築四書』(*The Architecture of A. Palladio; in Four Books*, London, 1715) の扉絵より，アンドレア・パラーディオの肖像．

---

[26] シャフツベリ伯については Robert Voitle, *The Third Earl of Shaftesbury: 1671-1714* (Baton Rouge: Louisiana State University Press, 1984) 参照．
[27] シャフツベリ伯における美の概念については，特に以下を参照．"The Moralists, a Philosophical Rhapsody," in *Characteristics of Men, Manners, Opinions, Times*, ed. Lawrence E. Klein (Cambridge: Cambridge University Press, 1999); Stanley Grean, *Shaftesbury's Philosophy of Religion and Ethics: A Study of Enthusiasm* (Columbus: Ohio University Press, 1967), pp. 246-57.
[28] Nicholas Du Bois, translator's preface to *The Architecture f A. Palladio in Four Books... Revis'd, design'd, and publish'd by Giacomo Leoni*, 2 vols. (London: Watts, 1751-20), p. 3. 扉の表記と異なり．

る木版を修正，改善するために5年の期間と多大な労力を費やしたと記した．ただし，レオニは単にオリジナルの図版を整えただけではなく，なかにはデザインを変更し，明らかにバロック的な装いを与えたものもあった[29]．

レオニ版のパラーディオが世に出る直前の1715年，キャンベルが同様に野心的な『ウィトルウィウス・ブリタニクス』（*Vitruvius Britannicus or the British Architect*）の第1巻を刊行した．この書物はもともとイギリス建築の概説書として構想されたもので，レンやジョーンズの作品に十分な紙数が割かれている．キャンベルの意図はそれらの作品によって「我が国の実践に対する評価」に異議を唱え，イニゴ・ジョーンズの名を「著名なるパラーディオ」と同列に加えることであった[30]．しかしキャンベルは，「先立つ者をすべて凌駕し」「その芸術の極致たる」パラーディオには格別の地位を与えている[31]．ベルニーニとフォンターナの作品，およびボッロミーニの「異常で奇想天外な美質」は徹底的に糾弾された．しかし，キャンベルはトマス・アーチャー，ニコラス・ホークスムア，そしてジョン・ヴァンブラのバロック的デザインを採り上げる程度には寛容であった．

しかしながら，1720年代の初めにパラーディオ主義運動（この時点ではより明瞭な輪郭を帯びるようになった）の先導役が第3代バーリントン伯・第4代コーク伯リチャード・ボイル（Richard Boyle, 1694-1753）に代わると，レオニとキャンベルの仕事は間もなく役不足となってくる[32]．裕福で文化的な環境に生まれたバーリントン伯は成年に達した1715年に爵位を継いだ．その前年には最初のイタリア旅行を行い，音楽や演劇の鑑賞，絵画の購入を存分に楽しんだ．バーリントン伯は当初シャフツベリ伯的な「ヴァーチュオーソ」，すなわち冷静に美的形式を鑑賞する者の理想を追求していた．ほかでもないジェームズ・ギブズがピカデリーのバーリントン・ハウスの改修に雇われたのはこの旅行の最中のことである．1715年に帰朝したバーリントン伯は，レオニとキャンベルの著作に刺激され建築への関心をもったようである．その結果バーリントン・ハウスの改修はギブズからキャンベルに代えられるのだが，キャ

初回配本分は実際には1716年に刊行された．
[29] Rudolf Wittkower が以下で初めて指摘している．"English Neoclassicism and the Vicissitudes of Palladio's *Quattro Libri*," in *Palladio and English Palladianism*, p. 85.
[30] Colin Campbell, introduction to *Vitruvius Britannicus or the British Architect containing the Plans, Elevations, and Sections of the Regular Buildings, both Publick and Private, in Great Britain* (1715; reprint, New York: Benjamin Blom, 1967).
[31] Ibid.
[32] バーリントン伯の業績と思想については Harris, *The Palladian Revival*, and Dana Arnold, ed., *Belov'd by Ev'ry Muse: Richard Boyle, 3rd Earl of Burlington & 4th Earl of Cork* (London: Georgian Group, 1994) 参照．

ンベルはその後数年間，バーリントン伯の助言役を務めたともいわれている．こうした状態はバーリントン伯がキャンベルの古典様式の不純さに批判的になり，パラーディオの現地研究のための2回目のイタリア遠征を決断した1719年まで続いた．バーリントン伯は現地で多くのパラーディオ作品を調査したのみならず，散逸を免れたドローイングを可能な限り購入した．帰国後は，パラーディオのドローイングを含むイニゴ・ジョーンズのコレクションをほぼすべて購入した．

　こうして1720年代に入り，チジックに所有する2つ目の地所で邸宅の改装に着手する頃には，バーリントン伯の建築的成功に必要な材料は整っていた．1725年に火災を被ったこの建物について，彼は1725年から1730年にかけてパラーディオ風のロトンダとして新造することを決断し，その完成されたデザインはパラーディオ主義の範例となった．しかし彼はこれに留まることはなかった．1724年にはイタリアで交流のあったウィリアム・ケントに『イニゴ・ジョーンズのデザイン』(*The Designs of Inigo Jones*) の編纂を託し，これは1727年に全2巻で刊行された[33]．また，彼はその翌年に『図説　古代のヴィラ』(*The Villas of the Anciens Illustrated*) を刊行したロバート・カステルを援助したようである．この中でカステルは小プリニウスが描写したラウレンティウムとトゥスクルムの別荘を復元している．カステルについてはあまり知られていないが，彼は「イニゴ・ジョーンズとパラーディオの多くの作品は滅び去ったが，貴殿の建築への愛はこの限りではない」として同書をバーリントン伯に献じている[34]．さらに1730年にはバーリントン伯が『古代建築』(*Fabbriche antiche*) を刊行し，自身のコレクションから古いパラーディオ作品の未発表の復元を紹介した[35]．

　この交友の核を形成したバーリントン伯とケントの仕事上の関係は，複雑で興味深い．バーリントン伯が初めてケントに会ったのは1714～15年のローマのことで，当時ケントはバーリントン伯の買い付けのエージェントを務めていた．1719年にバーリントン伯はケントを装飾画家としてイギリスに招く．ケントはバーリントン家で暮らし，ピカデリーのバーリントン・ハウスおよび後にチジックの邸宅の内装をひととおり手がけた．1720年代後半にはチジックの庭園の再設計にも協力している．1730年代になるとこうした仕事から次第に建築へと移行し，本格的なものとしては手始めにノーフォーク州の豪奢なホルカム・ホール（1734）の設計に携わった．これはおそら

---

[33] William Kent, *The Designs of Inigo Jones, consisting of Plans and Elevations for Publick and Pricate Buildings*, 2 vols. (London: William Kent, 1727).

[34] Robert Castell, *The Villas of the Ancients Illustrated* (London: author, 1728).

[35] Riccardo Conte' di Burlington, *Fabbriche antiche disegnate' da Andrea Palladio Vincenzo e' date in luce' da* (London: author, 1730).

くはバーリントン伯との共作と考えられる[36]．同じ 30 年代にケントは新しい大蔵省，王宮，国会議事堂の古典的な計画案も準備していた．これは以前のシャフツベリ伯の忠告に血肉を与える案であった．

　バーリントン伯のもとで働き，その交友関係の一員でもあったアイザック・ウェア（Isaac Ware, d. 1766）もまたパラーディオ主義運動に大きく寄与した人物である．その著作『イニゴ・ジョーンズおよびその他のデザイン』（*Design of Inigo Jones and Others*）は最初 1735 年に発表されたようである[37]．その 3 年後，ウェアは新訳で『建築四書』（*The Four Books of Andrea Palladio's Architecture*）の刊行を開始する[38]．かねてからレオニによるパラーディオ原著の改変を容認していなかったバーリントン伯は新訳の正確性に心を砕き，自ら翻訳の修正をして刊行の経済的支援も行った．

　この時期，古典建築について最も活発に執筆していたのはロバート・モリス（Robert Morris, 1701-54）かもしれない．彼はバーリントン伯の交友関係の少なくとも周縁部には所属していたが，その精力的な文筆活動を除いてはほとんど知られていない．トゥイッケナム出身で建築家ロジャー・モリスの「親類」ではあったが，ほとんど実作は行わなかった．第 1 作『古代建築の弁明，あるいは古代と現代の建築物の比較』（*An Essay in Defence of Ancient Architecture; or a Parallel of the Ancient Building with the Modern*, 1728）の献辞はすべての「古代建築の奨励者と実践者」に宛てられ，バーリントン伯，ペンブルック伯とアンドリュー・ファウンテンには特に名を挙げて賛辞を送っていた[39]．書名はいうまでもなくフレアール・ド・シャンブレの著作と新旧論争を意識したものである．モリスはほとんど宗教的ともいえる熱情をもって古代の側に立つが，その理路はフランスのそれとは全く異なる．モリスは，「誤りなき規則にして理性と自然の完璧な規範」としての古典主義は「ゴート族とヴァンダル族」によって破壊され，ルネサンスの建築家によって回復されたが，「その

---

[36] 初めて初期におけるケントの設計の多くの部分をバーリントン伯に帰したのは Rudolf Wittkower, in "Lord Burlington and William Kent," *Archaeological Journal* 102 (1945), pp. 151-64 である．ただし，この見方は Michael Wilson, *William Kent: Architect, Designer, Painter, Gardener, 1685-1748* (London: Routledge & Kegan Paul, 1984) で諸点について反論されている．ケントの業績については Margaret Jourdain, *The Work of William Kent: Artist, Painter, Designer and Landscape Gardener* (London: Country Life Limited, 1948) も参照．

[37] Isaac Ware, *Designs of Inigo Jones and Others* (London, 1735?). この書の刊行年については諸説がある．

[38] Isaac Ware, *The Four Books of Andrea Palladio's Architecture* (London: author, 1748-55).

[39] Robert Morris, *An Essay in Defence of Ancient Architecture; or a Parallel of the Ancient Buildings with Modern: Shewing the Beauty and Harmony of the Former, and the Irregularity of the Latter* (London: Browne, 1728; reprint, Farnborough, England: Gregg International, 1971), p. iii, pp. xii-xiii.

栄誉はパラーディオに帰される」という[40]．さらに時代を下って「イギリスのパラーディオ」ことジョーンズおよびそれに続くレンがイギリスの状況を正道に戻した．モリスの理論の中心となるのは調和の概念である．モリスはこれを「全体の有機的統一の中心で一体となる，個々のすべての部材の好ましい対称性（シンメトリー）と一致（コンコーダンス）」の意で用いている[41]．彼が擁護するのは「新奇さや個別性」のための「軟弱な」探求ではなく，徹底的な数学的正確性に律された建築である[42]．

　1734-36 年に刊行されたモリスの『建築講義』（*Lectures on Architecture*）では，ややパラーディオへの熱は冷めているものの，同じような正確な「調和的比例」の重視が見て取れる．また，その分析は全体的にそれほど古典的といえるものではない．彼はやはり比例を肝要なものと見ているものの，建築の「立地」や設計物の「利便性」についても同じように重視している[43]．モリスの考える「立地」は広い意味をもち，建築の敷地や地勢の特性のみならず，それらが連想的に喚起する質——「すぐれて高尚な観念」を喚起する風景の特質——をも含んでいる[44]．続く著作『主に立地と建物との関係における調和について』（*An Essay upon Harmony as it related chiefly to Situation and Building*, 1739）では，立地は「魂の諸機能に影響力を及ぼす」とまで述べている．この自然な調和が可能なのは，「自然が産出するさまざまな美点と一致するように我々の肉体が組織されている」ためである[45]．すなわちモリスの理論では，古典美の透徹した客観的規準が，黎明期のピクチャレスク思想の連想的で主観的な理想観と融合しており，パラーディオ的な理想はわずかに変質しつつあった．

　フランス由来の新古典主義の影響もまた，この世紀中葉におけるイギリスのパラーディオ主義の軟化を示す指標である．少なくともアイザック・ウェア『建築全書』（*A Complete Body of Architecture*, 1756）にそれを読み取ることができる．ここでは，パラーディオは完全に批判を免れるわけではないものの「最高にして最も偉大

---

[40] Ibid., p. xviii, 23.
[41] Ibid., p. 14.
[42] Ibid., pp. 20-1.
[43] Robert Morris, *Lectures on Architecture: Consisting of Rules Founded upon Harmonick and Arithmetical Proportions in Building, Design'd As an Agreeable Entertainment for Gentlemen: and More Particularly useful to all who make Architecture, or the Polite Arts, their Study*, 2nd ed. (London: Sayer, 1759; originally published in 1734-7; reprint, Farnborough, England: Gregg International, 1971). モリスの理論におけるこの側面を初めて強調したのは David Leatherbarrow, "Architecture and Situation: A Study of the Architectural Writings of Robert Morris," *Journal of the Society of Architectural Historians* 44 (March 1985), pp. 48-59 である．
[44] Morris, *Lecture on Architecture*, p. 173.
[45] R. Morris, *An Essay upon Harmony, As it relates chiefly to Situation and Building* (1739). 以下に再録されている．Morris, *Lectures on Architecture*, p. 22; 同じく p. 18 も参照．

な」設計の源泉とされている[46]．一方，同書がイギリス初の古典理論概説書であったことに劣らず重要だったのは，ロージエが『建築試論』(1753)に示した見解との関連である．すなわちウェアは多くのロージエの言葉を伝えるのみならず，しばしば訳文をそのまま断りなく自分の文章として書いている[47]．例えば柱は，円柱で，捻れがなく，壁から独立して，膨らみもなく，柱礎も省くべきである，とされる[48]．ウェアは同様にアーチを拒絶するものの，正しく柱を用いることができない稀な場合については付柱の使用を認める[49]．また先細りの柱は認めるが，視覚補正には反対であり，柱のフルーティングさえ「合理的な根拠を欠く」「紛い物の装飾」であるとする．またイギリスの建築家は知らないかもしれないが，彼らは「その最新で最も正しい作品においては，いかなるオーダーでも柱にフルーティングを施さない」フランスの状況に目を向けるべきなのだという[50]．ウェアはさらに「単純さのうちに見出される高貴さ」を求める．そこでは「合理的なものを除いていかなる装飾も許容されない，そして建築では使用の諸原則に基づかない何ものも合理的ではない」[51]．ウェアの古典主義解釈で最も驚くべきは，彼がペローのカップルド・コラムを寛容に受け入れていることである．その理由は，これは「これらの〔古代の〕規則に現代人が確実かつ偉大な肉づけを行い，これを改善した」からである[52]．

　似たようなフランスの影響はウィリアム・チェインバーズの『公共建築論』(*Treatise on Civil Architecture*, 1759) でも明瞭である[53]．この著作はフランスで修行したチェインバーズ (William Chambers, 1723-96) がキャリアの比較的初期に著したもので，実のところイギリスにおけるパラーディオ主義の終焉を示すものといえる．論文は簡明で（もともと小冊子のデザイン書として意図されていた）精巧なドローイングが付され，理論的な注釈は予期せぬ箇所に付されている．しかし，著者の全

---

[46] Isaac Ware, *A Complete Body of Architecture: Adorned with Plans and Elevations, from Original Designs* (London: Osborne & Shipton, 1756), pp. 131-2. パラーディオは，例えば互いに貫入するような柱の扱いを譴責されている (p.254).

[47] こうした事例は Wolfgang Hermann, *Laugier and Eighteenth Century French Theory* (London: Zwemmer, 1962), pp. 173-5 で詳細に検討されている．

[48] Ware, *Complete Body of Architecture*, pp. 138-9.

[49] Ibid., p. 237.

[50] Ibid., p. 136.

[51] Ibid.

[52] Ibid., p. 149.

[53] W. Chambers, *A Treatise on Civil Architecture* (London: Haberkon, 1759). チェインバーズの生涯と思想・作品については以下を参照．John Harris, *Sir William Chambers: Knight of the Polar Star* (London: Zwemmer, 1970); John Harris and Michael Snodin, eds., *Sir William Chambers: Architect to George III* (New Haven: Yale University Press, 1996); Michael Snodin, ed., *Sir William Chambers* (London: Victoria & Albert Museum, 1996).

般的な主張と，同時代における立脚点は非常に明瞭である．チェインバーズは先達を頼りとしてフランスとイタリアの論者を頻繁に参照するが，それに疑義を呈することには躊躇がない．ペローは範例としてしばしば引き合いに出されるが，同時代のブロンデルに優る評価は与えられていない．パラーディオは貴重な典拠として頻繁に援用されるが，特に「正確で格調ある」様式として採り上げたのは第3版（1791）のみであった[54]．制約的なロージエについては明らかに冷淡で，「極めてぞんざいに柱形，付柱，壁龕，アーケード，小屋裏，ドーム等のすべてを一挙に追放し，特別な思い入れのみによって扉と窓，および壁を許容した」と述べている[55]．

『公共建築論』で最も示唆に富むのは比例について述べた2つの章である．ドリス式オーダーの章では，チェインバーズは「調和的関係に固執するのは非合理だと思われる」と述べている．なぜなら全体の印象とそれが喚起する感覚には，観察する際の「個々の部材の形姿と状況」が寄与しているからである[56]．彼がここで援用しているのはエドマンド・バークの比例に関する相対主義——バーク自身の反古典主義性とは相反するものでありながら——であり，「単純な形態は複雑なものより敏速に作用し，そのような設計は難解なものより迅速に知覚される」という認識もそれによっている[57]．以後の章でも反古典的な論調でこの主題に立ち返り，比例が喚起する「喜びもしくは嫌悪」は，「しばしば想像されるようにそれ自体の固有の性質に起因するというより，むしろ先入観か，あるいは観念と形態を関連づけるわれわれの習慣に起因する」と主張する[58]．そして「完璧な比例はこれらの極端さの中庸に存する．この中庸こそ，建築の諸規則が定めようとするものである」とし，ペロー的な流儀でその立場を表明している[59]．

興味深いことに，この立場は後に著者自身によって修正された．大幅な改訂が行われた1791年の第3版ではペロー＝ブロンデル論争が言及されるが，そのいずれの立場に与するのかは積極的に述べられていない．チェインバーズは，「調和的比例の主張者」と相対的比例の支持者はいずれも同じ古代の建築群を完全さの根拠にしており，

---

[54] W. Chambers, *A Treatise on the Decorative Part of Civil Architecture*, 3rd ed. (London: Joseph Smeeton, 1791), p. 107.
[55] Chambers, *Treatise on Civil Architecture*, p. 58.
[56] Ibid., p. 18.
[57] Ibid.
[58] Ibid., p. 64. 王立アカデミー所蔵の未刊の手稿において，チェインバーズは比例の相対的な性格とバーク的な心理学に関して同様の見解を繰り返している．以下も参照．David Watkin, *Sir John Soane: Enlightenment Thought and the Royal Academy Lectures* (London: Cambridge University Press, 1996), pp. 33-4.
[59] Ibid.

その典拠の「喜びをもたらす誤謬なき方途は〔…〕かくも普遍的に認められている」と述べている[60]．つまるところ，フランスのル・ロワやイタリアのピラネージ（彼はこの2人とも個人的に親交があった）とともに1759年のチェインバーズが抱いていた比例に関する相対主義は，この時点で——すなわち世間では比例の絶対性がもはや支持されなくなった時点において——絶対主義的な傾向を示すものになっていた．これは奇妙なことであり，1791年のチェインバーズが1759年時点よりさらにパラーディオ的になっているという事実もまた同断である．

——3——
ピクチャレスクと崇高の起源

　「ピクチャレスク」と「崇高」という相互に関連する概念は，18世紀イギリスの美学理論を貫く大きな主題である．それらへの言及（言葉として，あるいは観念として）は時とともに数を増し，その多くは互いに共鳴し合うものだった．この2つの概念が形づくった美学は伝統的な美の主題からやや視点を変えた論点と関心をもち，建築への影響は深甚であった．ピクチャレスクと崇高の概念は幾何学，対称性，比例といった古典主義の関心とは全く異質な観点を前提とし，いずれも本質的に反古典的である．

　ピトレスク（pittoresk：明瞭で心を打つ情景）という語は早くも1685年に英語に登場するが，概念としてのピクチャレスクが本格的な発展を遂げるのは18世紀である[61]．この単語はしばしば——そして正当にも——風景の理論と関連づけられるが，より一般的で，本質的にイギリス的といってよい美学的態度とも結びついている．この初期の例としては，1709年のジョン・ヴァンブラによるマールバラ侯爵夫人への請願が考えられよう．ヴァンブラはブレナム宮殿の敷地にあった旧邸宅と礼拝堂の保存を願い出た際，それらが「（その印象の助けを借りない歴史よりも）かつてそこに住んでいた者の，そしてそれらの内に置かれていた素晴らしい物の，より生き生きとして快い印象を呼び起こすのです」と述べていた[62]．ヴァンブラはさらに，自然の中

---

[60] Chambers, *Treatise on the Decorative Part of Civil Architecture*, p. 107.
[61] Walter John Hipple は初出を William Aglionby による1685年の用例とする．この語の英語への導入については Hipple, *The Beautiful, the Sublime, and the Picturesque in Eighteenth-Century British Aesthetic Theory* (Carbondale: Southern Illinois University Press, 1957), p. 185 参照．
[62] Letter of John Vanbrugh to the Duchess of Marlborough, 11 June 1709, in *The Complete Works of Sir*

にあるこれらの廃墟をより魅力的にする景観の効果を指摘している．例えば「（主に立派なイチイと西洋ヒイラギが）野趣あふれる茂みとなって縦横に育つ」「最高の風景画家が考案できる最も快いものをつくり出す」といった具合である[63]．

　ピクチャレスクの理念は，この世紀の初め頃，シャフツベリ伯やジョゼフ・アディソンの著作に登場していた．しばしば引用されるのはシャフツベリ伯の『人間，風習，意見，時代の諸特性』で，そこで彼は「あの原初の状態に介入する人間の技巧や，自惚れや，気紛れによって本来の秩序が損なわれていない，自然の事物」への好みを表明していた．さらに，「自然のままの岩石や，苔むした洞穴や，人の手が入らずごつごつとしたほら穴や，曲がりくねって流れ落ちる滝さえもが，未開という冷淡な気品を湛え，自然をより豊かに表現し，豪奢な庭園に見られる形だけのまがいものよりも遥かに人をひきつけ，壮麗に立ち現れるのだ」と続けている[64]．

　シャフツベリ伯の友人ジョゼフ・アディソンの文章，とりわけ『スペクテイター』(*Spectator*) 誌に書かれた1714年のエッセイはピクチャレスクと崇高の概念への示唆を豊富に含んでいる．これは「想像力の心地よさについて」("On the Pleasure of Imagination") という副題のもとに，「実際に目に見えるものに喚起される，あるいは，絵画や彫刻や叙述を通して心中にその観念を呼び起こされる」感覚について述べたものである[65]．アディソンはその「心地よさ」のうちに「大なること，類稀であること，美しいこと」という類別を提案した．美の概念を対称性，比例，物体の秩序ある配置といった伝統的な美学理念のもとで理解する一方，「大なること」（すなわち崇高の理念）の現れを「一体のものとして捉えられた見掛けの全体が巨大であること」に帰属させている[66]．自然における「大なること」とは「荒削りの壮大さ」であり，「広大で荒れ果てた砂漠，山岳の巨大な峰々，高い岩山や絶壁，あるいは広大な海原」といった広大さが喚起するものである[67]．建築の「大なること」は「建造物の嵩や一体性，あるいは建てられている様式（マナー）」に結びつけられ，ピラミッド，バベルの塔，中国の長城，そして建物に入ると「想像力が壮大さと驚嘆で満たされる」というパンテオンを例に挙げている[68]．アディソンは美学的な可能性に満ちた崇高の概念を素描し

John Vanbrugh, letters edited by Geoffrey Webb (Bloomsbury, England: Nonesuch Press, 1928), 4, p. 29.
[63] *Ibid.*, p. 30.
[64] Anthony Ashley Cooper, Third Earl of Shaftesbury, *Characteristics of Men, Manners, Opinions, Times*, ed. Lawrence E. Kleine (Cambridge: Cambridge University Press, 1999), p. 317.
[65] Joseph Addison, in *The Spectator* (London: George Routledge & Sons, n.d.), no. 411, p. 593.
[66] *Ibid.*, no 412, p. 594.
[67] *Ibid.*
[68] *Ibid.*, no. 415, p. 599.

たが，これが十分に練り上げられるのはこの世紀の半ばになってからのことである．

ピクチャレスクの概念はやや先んじて深化されていて，アディソンがたびたび述べる「自然の粗く気ままな筆遣い」「自然の広大な舞台」，あるいは一般的な「荒涼とした光景」への嗜好にはそれが表れている．

> したがって，野原や草原や森，川が巧みに配置されて変化をつけられた景観に，あるいは大理石の石目に見出されるあの偶発的な木々や雲や街の姿に，あるいは岩石や洞窟に見出される風変わりな雷文模様に，すなわち，まるで計画されたかのように見えることから，偶然の所業と称される多様性や規則性をもつあらゆる事物に私たちは喜びを見出すのだ[69]．

ジョン・ヴァンブラのもと，カースル・ハワードで働いたことのある造園家スティーヴン・スウィツァーは，全3巻からなる『イクノグラフィア・ルスティカ』(Ichnographia Rustica, 1718) の中で，同様のピクチャレスクの理念を「規則の造園家」(regular gardener) と「自然の造園家」(natural gardener) という単純な対比によって述べた[70]．

ピクチャレスクの概念に重要な方向づけを行ったのは，詩人アレキサンダー・ポープである．まず彼は『イーリアス』の翻訳（The Iliad, 1715-25）の注釈および書簡を通じてこの言葉の流布を後押しした[71]．自身の庭園の設計でピクチャレスクの効果を努めて活用したこともこれに劣らず重要である．ポープ家は1716年にチジックに移り，これをきっかけにポープはバーリントン伯の交友関係に加わっている．1718年に，そこから程近いトゥイッケナムのテムズ河畔に邸宅を賃借したポープは，建物を改修した後，「あらゆる造園はすなわち風景画である」という信念のもと，背後の5エーカーの緑地の手直しに注力していった[72]．この庭園の最も特筆される造作は地下のグロットであり，訪問者はハンプトン・コートからロンドンへ通じる道路をくぐってこれに入る（図20）．当初は古典的なニンフェウムとして構想されたことが推測されるが，後にポープはコーンウォールの錫鉱山の坑道を模した外観を与えた[73]．庭

---

[69] Ibid., no. 414, p. 597. アディソンの庭園観については no. 477, pp. 682-3 を参照．
[70] Stephen Switzer, *Ichnographia Rustica* (London, 1718), 3, p. 5. David Watkin, *The English Vision: The Picturesque in Architecture, Landscape and Garden Design* (London: John Murray, 1982), p. 8 より引用．
[71] ポープによるこの語彙の使用については Hipple, *The Beautiful, the Sublime, and the Picturesque*, pp. 185-6 参照．
[72] Conversation with Joseph Spence from 1727, in *Anecdotes*. Isabel Wakelin Urban Chase, *Horace Walpole: Gardenist* (Princeton: Princeton University Press, 1943), p. 108 より引用．

20 アレキサンダー・ポープの庭園のグロット．John Serle, *A Plan of Mr. Pope's Garden, as it was left at his death: with a Plan and Perspective View of the Grotto*（London, 1745）より．

園はさらに「丘」（見晴らし場），ブドウ畑，温室，曲がりくねった小径，オベリスク，そして貝殻仕上げの園亭を備えていた．

　1720年代後半には，バーリントン伯が整形されたチジックの庭園に，曲がりくねった小径，泉水，橋，滝などを導入しており，これはポープの仕事の影響の可能性がある．バーリントン伯の仕事の典拠として，小プリニウスによるラウレンティウムとトゥスクルムの別荘が見て取れる．これらはロバート・カステルが『図説　古代のヴィラ』(1728) で復元を試みたものである．カステルはトゥスクルムに関連して，ローマ時代のランドスケープ・アーキテクトの設計には3つの段階があったと述べている．第1期は「ほとんど，あるいは全く改変を行わない」「大略的な様式」，第2期は「規則と直線に従う」庭園のレイアウトである[74]．そして最も発展した第3段階では，建築家はこうした形式性を離れて別の様式を考案する．「その美しさは自然の忠実な模倣にあり，そこでは諸部分が最高の技巧を尽くして配置されるが，不規則性が保たれている」[75]．また，この最終様式は「自然の形態のままの岩石，滝，木々」を用いたとされた[76]．

　同じ頃のバティ・ラングレー（Batty Langley, 1696-1751）による『新造園原理』（*New Principles of Gardening*, 1728）も似通った見解を示す．トゥイッケナム出身の

---

[73] Morris R. Brownell, introduction to *Alexander Pope's Villa: Views of Pope's Villa, Grotto and Garden: A Microcosm of English Landscape* (London: Greater London Council, 1980), p. 9 参照．
[74] Castell, *Villas of the Ancients Illustrated*, p. 116.
[75] Ibid.
[76] Ibid., p. 116-17.

21 ウィリアム・ケント. *Artist Portraits: Scrapbook, 1600-1800* より. カナダ建設センター（モントリオール）所蔵.

ラングレーは冒頭で「硬直した整形式の庭園」への批判を述べ，「自然を複写あるいは模倣」し，「最大限の正確さでその足取りをなぞること」を勧めている[77]．彼の研究は伝統的要素に忠実である一方，真に新しい要素も認められる．「庭園一般の立地と配置について」の節では自然らしさ，多様性，そして「道を曲がるたびに訪れる喜び」が強調され，その後の展開を予期させる内容である[78]．眺望が限られた遊歩道では「樹木，森，不恰好な岩，奇抜な形の崖，山，古い廃墟，あるいは立派な建物」による分節を勧めている[79]．また木立は「規則的な不規則性」に従って植えられるべき，とする[80]．

しかし，バーリントン伯の交友関係から誕生したピクチャレスク理論を初めて仔細に検討したのは1730年をすぎてからのウィリアム・ケントの仕事である（図21）．すでに見たように，この画家はこの頃建築に関心を向けるようになっており，1720年代末までにはチジックのバーリントン伯の地所で実施された複数の景観整備に関わっていたようである．1728年に完成したシアター（もしくは温室）の設計にケントの名が残っている．また庭園用のエクセドラを設計し（実施されず），別荘の西側に野趣に富む滝を擁した荒野をデザインしたといわれる．しかし彼がランドスケープ・デザインの「新しい趣向(テイスト)」——トゥイッケナムにおけるポープから大きな影響を受けたもの——を存分に実現したのはカールトン・ハウス，ストウ，およびラウシャムの庭園である．トマス・ロビンソン準男爵は，カーライル卿に宛てた1734年の書簡でケントの創案について報告している．

---

[77] Batty Langley, *New Principles of Gardening: Or, the Laying Out and Planning Parterres, Groves, Wildernesses, Labyrinths, Avenues, Parks, etc. After a more Grand and Rural Manner, than has been done before* (London: Pater-Noster Row, 1728), pp. v-vi (p. v は誤って p. x と印字されている).
[78] Ibid., p. 198.
[79] Ibid., p. 195.
[80] Ibid., p. 202.

〔設計には〕水平線や直線は用いないのです．といいますのは，12エーカーからなる公(プリンス)の庭園は私が今まで見たことがないほど多様で変化に富んでいるからです．そしてこの造園法は，美しい自然のような出来上がりを見るにつけいっそう好ましいものなのです．そう教えられることがなければ，仕上がりに技巧が凝らされていることは想像できないでしょう．それは，決して直線的な植え付けはせず，規則的なデザインはしないといわれている中国人のこの種の仕事をモデルにしているのです[81].

ストウ庭園では，ケントは1731年から1735年にかけて「エリュシオンの野」を造り，ヴァンブラによる庭園構成をゆとりあるものに変えた．樹木の間を曲がりくねった小径と小川が流れる谷には，「古代の徳の神殿」（ティヴォリのウェスタ神殿に基づく），「現代の徳の神殿」（ピクチャレスク的な廃墟），「イギリス人名士の神殿」（彼がチジックでデザインしたエクセドラをもとにしたもの）が設けられた．1737年に始まるラウシャム庭園でも，その放射状の構成を樹々の生い茂る「ヴィーナスの谷」へと変え，野趣あふれる2つの滝を導入した．また奥側の公園と邸宅は7つのアーチを設けたテラス「プラエネステ」で結ばれている．これらの2つは初期のピクチャレスク庭園の傑作であるが，その10年あまり後にはヘンリー・ホア2世がスタウアヘッド（ウィルトシャー）のパラーディオ風の地所を田園風に改修し，さらに著名になった．これは大規模な人工池を設け，ウェルギリウスに想を得た一連の園亭を視覚的に結びつけたものである．パンテオンのミニチュアやバールベックのヴィーナス神殿（近い時期にドーキンズとウッドがそれに関する書籍を出版していた）に基づく園亭を含め，そのほとんどはバーリントン伯の門徒ヘンリー・フリッツクロフトによるデザインであった．

やや下ってこの世紀の後半に『造園の現代的趣味の歴史』（*History of the Modern Taste in Gardening*, 1771）という大きな影響力をもつ書物を著したホレス・ウォルポール（Horace Walpole, 1717-97）は，初めて新しい風景の様式に詩的な造形を付与したという功績をケントに帰した――「彼は柵を飛び越え，自然のすべてを庭園と捉えた」[82]．ケントの発明とされるものは遠近法の完璧な扱いから，光と陰の絵画的コントラスト，樹木の自然なまとまり，そして個別の造作による厳選された建築要素にま

---

[81] 書簡の日付は12月23日．Wilson, *William Kent*, p. 192 より引用．Jourdain, *The Works of William Kent*, p. 77 も参照．

[82] Walpole, "Histoty of the Modern Taste in Gardening." これは1771年に書かれたが，初出は *Anecdotes of Painting in England*（1780）の最終巻である．引用はより最近の Chase, *Horace Walpole*, p. 25 に拠った．

で及ぶ．そして何より，「穏やかな小川が，それ自身が望んでいるかのような曲線を描いて配される」というケントによる水の自然な利用法が挙げられている[83]．

　自然美の認識と，その原動力となったピクチャレスク的な感受性は，イギリス思想に影響を与えた別の2つの潮流によってさらに増進された．ひとつはゴシック建築へ向けられた新たな関心であり，最終的にゴシックは本質的なイギリスらしさとして認識されるに至る．もうひとつは中国由来のもの全般への傾倒であり，これはイギリスの植民地的関心に由来する．これらはいずれもピクチャレスク運動と滑らかに融合していった．

　すでに見たように，ゴシックのデザインはパラーディオ主義の全盛期にあってもイギリス建築界から完全に放逐されることはなかった．ホークスムアの設計によるゴシック様式のオール・ソウルズ・カレッジ（オックスフォード）は1715年から1734年にかけて建設され，同じく彼のウェストミンスターの2基のゴシック風の塔はさらに遅く1735年から1745年にかけて建てられている．ポープがゴシック様式に寄せていた深い関心はよく知られており，ケントもまた中世に魅了されていた．ケントは1730年代には中世の邸館イーシャー・プレイスに小塔，狭間胸壁，ゴシック風の窓を加えた．さらに1732年にはクロック・コートの一部とハンプトン・コートのヴォールト付き門楼をゴシック様式で再建し，後にウェストミンスター・ホール（1738-39）とグロスター大聖堂にゴシックの内陣仕切りを加えた．またゴシック風の添景に変えられたラウシャムの水車小屋など，模造建造物(フォリー)を数多く設計している．

　同じ趣向を追求したのは彼らだけではなかった．ストウの敷地では1741年にジェームズ・ギブズが，赤鉄鉱石を使った目をひく2層のゴシック風神殿をデザインした．こうした潮流に触発されたのか，その翌年にはバティ・ラングレーが『復興され改善された過去の建築』(*Ancient Architecture, Restored and Improved by a Great Variety of Grand and Usefull Designs, entirely new, in the Gothick Mode, for Ornamenting of Building and Gardens*) を刊行した[84]．ゴシック風の神殿，パヴィリオン，庭園の小径の交差点に据えられる日除けなどに加え，古典様式との同等性を示すかのように古典主義風の5種のゴシック式オーダーを図解している．

　ゴシック・リヴァイヴァルの新局面を拓いたのはウォルポールによるストロベリー・ヒルの仕事である．初代オーフォード伯の息子にして著名な国会議員であったウ

---

[83] Ibid., p. 26.
[84] このラングレーの著作は第2版で，以下のより一般的な題名に改題された．*Gothic Architecture: Improved by Rules and Proportions, in many Grand Designs*. Gregg Pressによる1967年の復刻は1747年版のものである．

3— ピクチャレスクと崇高の起源

ォルポールは，1748年にトゥイッケナムに小さな邸宅を購入して，地所を自然風に整えることに注力し，翌年には邸宅の一連の拡張をゴシック様式で実施することを決めた．1753年には図書室と食堂，1761年にはギャラリーと円塔および回廊，1770年には北側の大寝室，1776年にはボークレール塔という調子で，その後の四半世紀にわたりウォルポールは「城」の重要な拡張を実現していった．結果として完成したものはゴシック風の翼部と小塔が不規則に配置された混成物であるが，ゴシックのディテールは次第に正確なものとなり，その設計には18世紀後半における最良の建築家が複数参加した．欠点はあるにせよ，ストロベリー・ヒルに表現された中世主義はイギリスにおけるゴシック・リヴァイヴァルの幕開けを画するものであり，この運動は19世紀を通じて進展してゆく．

　ウォルポールはまた，当世の造園趣味についてのエッセイの中で，同時代における中国への強い関心にも言及している．中国への関心がヨーロッパ中に広がるのは17世紀半ばのイエズス会宣教師の報告以降である．1650年頃には中国茶がイギリスに輸入されるようになった．中国製陶磁器の人気は高まり，とりわけ18世紀初めに西欧で製陶技術が再現されるといっそう注目を集めた．

　初めて中国の庭園を論じたのはイギリス人ウィリアム・テンプル（William Temple, 1628-99）の注目すべきエッセイ「エピクロスの庭園について」（"Upon the Gardens of Epicurus; or, Of Gardening, in the Year 1685"）である．テンプルは中国とヨーロッパの庭園を比較し，中国人はヨーロッパ式庭園の対称性や規則性を軽蔑していると述べ，それとは相対する彼らの手法を解説している．「むしろ彼ら〔中国人〕の想像力が最も発揮されるのは，大いなる美が目をひきながら，しかも一般人が容易に見抜ける，諸部分の秩序や配置を全くもたない形を作る際である」[85]．テンプルはこの技巧を指す「シャラワジ」（Sharawadgi）という中国の言葉も紹介している．興味深いことにテンプルは，ヨーロッパ人に対してこの造園手法を採り入れないよう勧めている．それは美点に欠けるからではなく，達成するのが困難なためである．

　アディソンが1714年の中国庭園論で典拠としたのは，疑いなくテンプルの文章であった．アディソンはそこで「彼らの作品ではむしろこうした自然の本性を見せるようにし，それゆえ常に人為を隠すようにしているのです」と述べている[86]．こうした中国への関心の高まりにさらに寄与した人物こそバーリントン伯であった．バーリン

---

[85] William Temple, "Upon the Gardens of Epicurus" (1685), in *Five Miscellaneous Essays by Sir William Temple*, ed. Samuel Holt Monk (Ann Arbor: University of Michigan Press, 1963), p. 30.
[86] Addison, *The Spectator*, no. 414, p. 598.

Chapter 3　18世紀イギリスの理論　　115

トン伯は1724年に，イエズス会宣教師マッテオ・リーパの版画を購入している．版画は北京から離れた承徳に位置する康熙帝の離宮と庭園を描いたものであった．この版画はバーリントン伯がチジックの自身の庭を考え直す契機になったともいわれる[87]．いずれにせよバーリントン伯の関心は，次第に高まる中国風建造物への関心を反映しており，1740年代から1750年代にかけては，イギリスのさまざまな庭園で中国風構造物が実現されていった．リチャード（ディッキー）・ベイトマンは，1740年代にオールド・ウィンザーのグローヴ・ハウスに，英国風・ゴシック風の装飾に加えて中国風の橋と家屋を設けた[88]．世紀の半ばには中国趣味（シノワズリ）がいっそう流行し，ウィリアム・ハーフペニーは機と捉えて『新しい中国寺院のデザイン』（*New Designs for Chinese Temples*, 1750）および『正しく装飾された中国風・ゴシック風建築』（*Chinese and Gothic Architecture properly ornamented*, 1752）を出版している．

中国へ向けられた関心の到達点を示すのは，ウィリアム・チェインバーズの設計と著述である．既述のようにチェインバーズはスウェーデンに生まれてフランスで修行した建築家である．建築修行に先立ってスウェーデンの東インド会社で働き，そのため1740年代には中国と極東を3回訪問していた．1757年に発表されたチェインバーズの最初の著作『中国の建物，家具，衣服，機械，道具のデザイン』（*Designs of Chinese Buildings, Furniture, Dresses, Machines, and Utensils*）は当時の中国熱に乗じたものであった（図22）．これには「中国人による庭園配置の技法」と題された章が設けられ，チェインバーズは彼らの仕事を称えるとともに，イギリスの作例との親和性について述べている．「自然こそが彼らの模範であり，そのすべての美しき不規則性を模倣することが狙いなのである」[89]．このとき，チェインバーズはすでにキュー・ガーデンに「孔子廟」を建てていた．これは彼が建築を学び初めた頃，1749年にパリで謁見したウェールズ公フレデリックの強い勧めに応えたものであった．チェインバーズはその後1757年から1763年——すなわち『サリー州キューの庭園と建物の平面図・立面図・断面図・透視図』（*Plans, Elevations, Sections, and Perspective Views of the Gardens and Buildings at Kew in Surry*）を刊行した年——にかけて，キューの複数の庭園を改修している[90]．これらのピクチャレスク庭園のエキゾチックな

---

[87] Morris Brownellは以下でこの影響関係について示唆している．Brownell, introduction to *Alexander Pope's Villa*, p. 6.

[88] ディッキー・ベイトマンについては John Harris, "Dickie Bateman und seine Bedeutung für die frühe Chinoiserie in England," in *Sir William Chambers und der Englisch-chinesische Garten in Europa*, ed. Thomas Weiss (Stuttgart: GErd Hatje, 1995), pp. 43-6 参照．David Watkin, "The Rococo and Chinoiserie Phase," in *English Vision*, pp. 31-44 も参照．

[89] William Chambers, *Designs of Chinese Buildings, Furniture, Dresses, Machines, and Utensils* (London: author, 1757); reprint, New York: Benjamin Blom, 1968), p. 15.

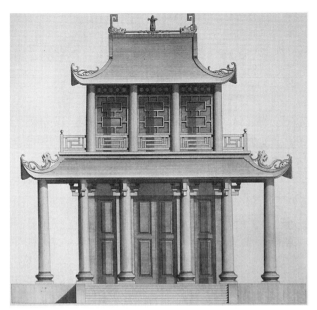

22 ウィリアム・チェインバーズ『中国の建物,家具,衣服,機械,道具のデザイン』の図版より. William Chambers, *Designs of Chinese Buildings, Furniture, Dresses, Machines and Utensils* (London, 1757).

園亭は今日でも人気があり,なかでも1761年に建てられたチェインバーズによる10層のパゴダはよく知られている.彼はさらに続けて『東洋の造園術について』(*A Dissertation on Oriental Gardening*, 1772) を執筆するが,これが世に出る頃には,中国への好奇心はすでに失われつつあった[91].

---

[90] William Chambers, *Plans, Elevations, Sections, and Perspective Views of the Gardens and Buildings at Kew in Surry* (London: Haberkorn, 1763). チェインバーズの孔子廟のデザインについては John Harri, "Sir William Chambers and Kew Gardens," in *Sir William Chambers*, pp. 56-7 参照.

[91] W. Chambers, *A Dissertation on Oriental Gardening* (London: Griffin, 1772).

Chapter 3　18世紀イギリスの理論　　117

4
スコットランドとアイルランドの啓蒙運動

　1750年代のイギリスでは，それまでおぼろげにしか現れていなかった知の変革が国内全土で顕在化してきた．そしてそれは，フランスで起こっていたのと同じく，無意識的かつ根本的な変革だった．この変化の初期の徴候のひとつは，1755年に『インヴェスティゲーター』(*The Investigator*) 誌上に発表されたアラン・ラムゼイの「趣味についての対話」("Dialogue on Taste") である[92]．前章では，ギリシア・ローマ論争の主唱者としてラムゼイを取り上げた．彼は当時ローマに在住していたスコットランド人の画家であり，その論考の中で，当時紛糾していた美学的問題を鮮やかに切り取った．ラムゼイがこの論考を書いたのは彼がエディンバラに9ヶ月滞在していた1754年のことであり，その想を得たのは，同年デイヴィッド・ヒューム（David Hume, 1711-76），アダム・スミス（Adam Smith, 1723-90）とともに設立した，セレクト協会（Select Society）との関係の中だった．この団体は，芸術上・科学上の新たな問題を取り上げるためのエディンバラの討論クラブであり，若手建築家のロバート・アダムとジェームズ・アダムのアダム兄弟もそこに設立メンバーとして参加していた．ラムゼイはヒュームの近しい友人であり，「対話」の中のアイディアをこの哲学者と議論していたと思われる．また，この論考の主人公である懐疑論者のコロネル・フリーマン自身がヒュームをモデルにしているという指摘もある[93]．

　この「対話」のテーマは，趣味は何らかの絶対的な基準をもち得るか，あるいは単に個人的な好みなのか，という問題である．フリーマンは後者の立場をとり，人体美という古典的な理想（後にヴィンケルマンが復権させる理想）は美的特質の向上あるいは選択ではなく，規範を外れたものを除外しながら，外貌に関する仮の基準を求めているにすぎないとした．彼にとってみれば，この平均化はいわば，趣味の相対性という問題を克服するため，つまり，個々人の心的印象に準拠し，十分に摘要された中立の慣例を定めるためになされたものだった．

　建築に関していえば，ラムゼイは，美学上の相対主義によっていくつかの興味深い

---

[92] Alastair Smart, *Allan Ramsay: Painter Essayist and Man of the Enlightenment* (New Haven: Yale University Press, 1992) 所収の "The *Dialogue on Taste* (1755)" 章 (pp.139-48) が参考になる．
[93] スマートはヒュームとコロネル・フリーマンをつなげるいくつかの根拠を挙げている (*Allan Ramsay*, p. 139)．

立場をとることとなった．ひとつにはまず，彼がゴシック建築に対して大変な敬意を払っているということである[94]．この評価はアダム兄弟とも共通する．そして彼は，普遍的な基準の設定が不可能であること説いている．彼は建築の趣味と料理を比較しながら，以下のように指摘する．

> たとえ趣味を全く持ち合わせていない芸術家でも，パラーディオ様式のレシピさえあれば，非常に優雅なコリント柱をつくることが可能である．ひどい味音痴のコックでも，主婦のための便利帳さえあればふつうのビーフシチューをつくれるのと同じことだ．だが，これらのルールは単純に，習慣の中で改善されていったものを分析した結果にすぎず，美しさや味わいに関する自然な基準の存在を示すものではない．しかし，柱や料理といったものはもともと，人を喜ばせる目的に応えるため，そうした自然な基準に則って設計されていたのではなかったか．柱身の上に逆さまに置かれたコリント式の柱頭の見栄えが，慣習どおりに載っているのと比べて，悪くなるのはなぜなのか．その理由が聞ければ私も十分得心がいくはずだ[95]．

ヒュームはラムゼイの「対話」の相対主義にすぐさま応じた．それ以前の文章において，ヒュームは美を，心地よさの感情から起こり，「感じられる」力であると定義していた[96]．また初期の論考「趣味と情熱の精度について」("On the Delicacy of Taste and Passion")では，判断力強化のための訓練を通じて情緒の細やかさを育むことが望ましいと語っていた[97]．そして彼は，1757年の重要論考「趣味の基準について」("Of the Standard of Taste")の中で，このロジックの結論を導いた．彼は論じる．「美とは物そのものの中にある性質ではなく，単にそれらを鑑賞する心の中にあ

---

[94] ロバート・アダムがゴシック様式に魅了されたのは，ゴシックを想源とするインヴァレリー城（アーガイルシャー）の責任者を1749年に引き継ぎ，その建設に携わったことからである．ゴシックに対する彼の傾倒ぶりは，いくつかのゴシック建築訪問を主目的として，1759年春にジェームズとイングランド中を訪問したことからも見出せる．またスマートは，1754年にラムゼイが書いた肖像画の中でジェームズ・アダムがもっているドローイングにはもともとゴシックの塔が描かれていた，という事実に注目している（*Allan Ramsay*, p. 109）．ラムゼイはゴシック建築の書籍も執筆しようとしていた．

[95] A. Ramsey, "On Taste," *The Investigator* (London: 1762; reprint, New Haven: Yale University Press, 1972), p. 33.

[96] *A Treatise of Human Nature*（1739-40）の第2書第8節などを参照．〔土岐邦夫，小西嘉四郎訳『人性論』中央公論新社，2014年〕．

[97] David Hume, "Of the Delicacy of Taste and Passion," 1: 1-5. *The Philosophical Works of David Hume*（Boston: Little, Brown, 1854）中の *Essays Moral, Political, and Literary* 所収．

るものだ．そしてそれぞれの心は，それぞれ異なる美を知覚する」[98]．この主観主義的定式は一見，美の普遍的な基準・ルールの存在可能性を否定しているようだが，それはヒュームにはあてはまらない．こうした「より優れた心の感動」が引き起こされるためには，むしろ，「有利な状況の同時多発」が求められ，そうした状況同士が団結あるいは結合し合わなければならない[99]．そしてそのためには，「細やかな想像力」「特定の技芸の実践」「偏見のない心」そして「良識」といった先天的特質が必要となる．ヒュームによれば，そうした人々の判断とその詐称者の判断をうまく区別する指標は2つある．そのひとつ目は時間の隔たりである．アテネとローマで評価されたホメロスは，パリとロンドンでもやはり評価された．そして2つ目は，「趣味の一般原則は人性に照らして不変である」[100] という事実である．審美における主観性と普遍性の仲裁という哲学問題は後に，イマヌエル・カントの美の第2契機の議論の焦点となる[101]．

そしてラムゼイの「趣味についての対話」とヒュームの「趣味の基準について」のすぐ後に続いたのが，エドマンド・バークの『崇高と美の観念の起源についての哲学的考察』（*A Philosophical Inquiry into the Origin of our Ideas of the Sublime and Beautiful*）だった．大きな影響力を誇るこの記念碑的著作の出版は，1757年の，ヒュームの論考のわずか数ヶ月後のことである．事実，アイルランド人バーク（Edmund Burke, 1729-97）が序論の「趣味について」（"On Taste"）の掲載を1759年の第2版まで思いとどまっていたのは，ヒュームの見解に十分に応えるためだったようである．バークは初版の序文の中で，本作は1753年までには実質的に完成していたとも書いている．

バークが『崇高と美の観念の起源』で述べた見解は，いくつかの理由で画期的なものだった．まず彼は，ロック以後のイギリス思想に顕在していた感覚論者（心的諸観念は感覚機能に従属するという意味での感覚論）的傾向に対し，またひとつの議論として，美の観念は知的活動のみに対する身体の神経反応によって引き起こされるのではなく，むしろ対象に対する神経反応によって引き起こされる，という視座を与えた．また第2に，一方のヒュームが趣味の判断は想像力の特に細やかな人々によってのみ発揮されると主張し，懐疑的な立場をとっていたのに比べて，彼はそれよりずっ

---

[98] David Hume, "Of the Standard of Taste," p. 252 (*Philosophical Works of David Hume*). なお，この論考はもともと *Four Dissertations*（1757）中で発表されたものである．
[99] Ibid, pp. 254-63.
[100] Ibid, p. 268.
[101] Immanuel Kant, *Critique of Judgment*, "Analytic of the Beautiful," pars. 6-9 を参照．〔篠田英雄訳『判断力批判 上・下』岩波書店，1964年〕．

と明快な見解を示した．バークは，自らが「想像力の産物や洗練された芸術の影響を受け，あるいはそれらについての判断を形成する，単一あるいは複数の精神的能力」と定義した趣味的判断の根拠となる，「不変かつ確実な法則」を見出そうと試みたのだった[102]．そこで彼は，崇高（sublime）と美（beautiful）という概念から，権威という名のすべての装飾をはぎとり，それらを互いに同等かつ相補的な美学的範疇と捉えた．

　これまで見てきたように，崇高の概念とは，まずアディソンによって偉大さ（greatness）という対概念経由で開発されたものに，その後概念としての精緻化がほとんど行われずにきたものである．「崇高性」（sublimity）という言葉そのものは，ほぼ1世紀の長きにわたりすでにヨーロッパ思想の中に広く行きわたっており，幅広い議論の中で語られてきた．例えば，ニコラ・ボワロー＝デプレオーの翻訳・解説による，ロンギヌスの『崇高について』（*On the Sublime*, 1674）が挙げられる[103]．「崇高性」は初め文学的な感覚で用いられ，「言葉の風格」を意味し，それが後にあらゆる感情の激しさを表すようになった．一方，1714年に「偉大」を「美」から区別することで，新しい「崇高」理解をほのめかしたのがアディソンだった．ヒュームもまた，崇高の概念を「距離」（distance）および，昂ぶった情熱に距離が及ぼす影響と関連づけた[104]．

　「崇高」の語義の展開に関する重要な進展は，1759年に出版された，アレクザンダー・ジェラードの「趣味論」（"An Essay on Taste"）にも認めることができる．ただし，ジェラードのこの長編は，実は1756年にエディンバラのセレクト・ソサエティに向けて書かれたものであり，この論考で彼は協会の年間賞1等を勝ち取っている．ジェラードの「偉観あるいは崇高性」（grandeur or sublimity）の定義は，「それの知覚のための感覚を用いることによりもたらされる，（目新しさよりも）はるかに高等で高尚な喜び」である．「かたや，卑しいものが付着すると，すべてのものは不愉快かつ無趣味なものとなる．量，広さ，単純さを併せもつものは崇高である」[105]．崇高の感情を引き起こさせる自然現象の例は，アルプス，ナイル，大洋，空，「あるいは，

---

[102] Edmund Burke, *A Philosophical Inquiry into the Origin of our Ideas of the Sublime and Beautiful* (London: G.Bell & Sons, 1913), p. 53.〔中野好之訳『崇高と美の観念の起原』みすず書房，1999年〕．

[103] ロンギヌスは紀元1世紀に著されたギリシア研究書『ペリ・ヒュプソス（崇高について）』の著者であった．

[104] Addison, *The Spectator*. 特に412号を参照のこと．ヒュームの議論は *A Treatise of Human Nature*, ed. L. A. Selby-Bigge (Oxford: Clarendon Press, 1951) 所収，"of Contiguity and Distance in Space and Time" pp. 432-4 に見られる．

[105] Alexander Gerard, *An Essay on Taste*, 3rd ed. (Edinburgh: Bell & Creech, 1780; reprint, Gainesville, Fla.: Scholars' Facsimiles & Reprints, 1963), p. 11.

限界や終わりがなく，一様に広がった空間の広大さ」である[106].

バークは，「崇高性」を美とは異なる美学的範疇そのものと考えた．彼の定義によれば，「美」とは「愛やそれに類する情熱を喚起するものが有する，単一あるいは複数の質的要素」であり，「崇高」とは「苦痛や危険の観念を引き起こすことに多少なりとも適したすべてのもの，言い換えれば，多少なりとも恐ろしいすべてものや，恐ろしいものと結びつくものすべて，恐怖に似た影響を及ぼすものすべてのこと」[107]である．この定義は一見すると衝撃的だが，実際はそれほど驚くほどのものではない．こうした苦痛や恐怖はあくまで，身体は実際には恐ろしい状況には置かれていないという意味で，代理的なものにすぎない．それは例えば，崖の縁に立つときに感じる危険の観念に，身体が反応しているだけのことなのだ．一方，美は逆に，小ささ，なめらかさ，ゆるやかな変化，繊細さ，鮮明で明るい色彩などの特性を備えたものによって引き起こされる．

建築理論分野で，バークの崇高と美の区別を極めて重要なものとしているのは，その学説体系に見られる数々のニュアンスである．それには例えば，目的への適合性についての議論がある．バークによれば，適合性という概念には感覚的印象を越えた理性の介入が含まれているため，それは美との関係性をもち得ない．また，崇高性の経験に関して，彼は，大きさ，困難，光といった建築用語を用いて議論している．大きさは建物の寸法の効果にとって重要である．一方，ストーンヘンジは困難さの例として取り上げられる．これは，並外れた体力と労働が求められる，崇高な作品であるとされた．さらにバークは，「建築における光」（"Light in BUILDING"）の表題のもとに，崇高の概念を生み出す暗く陰鬱な空間や，光の著しい変化の必要性を語っている．「それゆえ，君が建物に入ると，君は外で浴びたよりも大きな光の中を通過することはできない．少し明るさが落ちるくらいの建物に入るのでは，変化はとるに足らない．変化を著しいものとするためには，最も強い光のもとから，建築の用途に支障のない程度の深い暗闇に入っていくべきだ」[108]．ウィリアム・チェインバーズやジョン・ソーンはこの一節から学んだ．しかしそれにとどまらず，このような考え方はまもなくフランスにも広まっていった[109]．

そして最後に画期的だったのは，プロポーションの問題を扱う際，彼が堂々と，古典的伝統から全くかけ離れた捉え方をした点である．彼によれば，プロポーションも

---

[106] Ibid.
[107] Burke, *Philosophical Inquiry*, p. 113, 74.
[108] Ibid., p. 108.
[109] チェインバーズとソーンのバーク読解については Watkin, *Sir John Soane*, pp. 34-7 を参照．

また美の原因ではなかった．なぜなら，プロポーションはむしろ利便性と関連しているというのである．また，さらに重要な理由は，自然観察や人体のプロポーションからはこれまで，満足のいくものが得られてこなかった，という点である．バークは，レオナルド・ダ・ヴィンチの円と正方形の中で腕を伸ばす人体のドローイングを引用しながらこのように語った．

> しかし，建築家が人体から何らかの着想を得たことなどないことは，私にはこの上なく自明なことと思われる．まず，人間はこのような伸びきった姿勢をとることはない．これは明らかに不自然な格好であり，人間に全く似合っていない．第2に，このように配置された人体の図が自然に正方形を示唆するはずはなく，この場合示唆するのはむしろ十字形である．腕と地面のあいだの広い空間は，見る者に正方形を思い浮かべさせる以前に，別の何かを想起させるに違いない．第3に，正方形ではなくとも，やはり一流の建築家が設計しており，正方形と同等か，あるいはそれ以上によい効果をつくり出している建物も存在する．あるいは，建築家が人体を手本に設計したら，形容しがたい奇妙なものができあがるだろう．人体と家，人体と寺院ほど似ていないものはない．それらは目的が全く異なっている．それは，敢えてここでいうまでもないだろう[110]．

バークの見解の過激さは，『崇高と美の観念の起源』とほぼ同時代に出版された，ケイムズ卿 (Lord Kames, 1696-1782) の『批判の諸要素』(*Elements of Criticism*) と比較すればよりわかりやすくなる．ケイムズ卿は，趣味は肉体的な快楽と知性の喜びのあいだ，人間の経験の中央の位置を占めるとした．プロポーションに関しては，彼は一方では厳密な数理関係に批判的だったが，他方ではプロポーション相対主義とも対立する立場をとった．彼からすればそれは，プロポーション，規則性，秩序，適切さを知覚する人間的楽しみをないがしろにするものだった．与えられた状況にはそれに適ったプロポーションの範囲がある，というのが彼の立場である．なぜなら，「もしこれらのプロポーションが本来的に好ましいものでなかったならば，慣習がそれを定めることもなかったはず」[111]だからである．

ケイムズ卿が同書を出版する頃には，それまで彼が関心を寄せていた諸問題に対する答えは，実践の中から導き出され始めていた．それはまず，チェインバーズの建築

---

[110] Burke, *Philosophical Inquiry*, p. 121.
[111] Henry Home (Lord Kames), *Elements of Criticism*, 7th ed. (Edinburgh: Bell & Creech, 1788), 2: p. 465.

理論の中にある程度見て取ることができる．彼は初め，バーク同様，プロポーションは相対的なものだと捉えていた．また，ケイムズ卿にとっての問題の解答は，ロバート・アダム（Robert Adam, 1728-92）と弟のジェームズ（James Adam, 1732-94）の作品の中により明確なかたちで現れている．この2人はラムゼイとヒュームの近しい友人であり，ケイムズ卿の知人でもあった．なお，ロバートとヒュームの交友関係が1752年から始まったというのは意味深である．ヒュームはその時点において，社会から拒絶された状態だった．つまり1752年というのは，反宗教的で懐疑的な思想により，彼が大学の役職をはねつけられた二度目の年なのである．また同年には，ヒュームがエディンバラ弁護士図書館の館長の役職を得ている．セレクト・ソサエティの会合がそこで催されたのには，こうした事情があった．

　ロバート・アダムとラムゼイの交友関係は比較的よく文書に残っている．それが本格的に始まったのは，ローマでのことだった．ラムゼイは1754年の夏，二度目の南方滞在のためエディンバラを発ち，アダムは同年10月にグランドツアーを開始した．ローマのラムゼイは自身が毎週開催していた「座談会」(カンヴァセーション)にアダムを招いた．これは当時数多くの芸術家を引きつけていた会合であり，アダムはラムゼイをまねて，この種のイベントをすぐに自分でも開くようになった[112]．彼らは連れ立ってイタリア中をスケッチして巡り，1757年の帰国に際しては帰路も途中まで一緒だった．なおロバートは，ローマのフランス・アカデミーを追い出されていたル・ロワの友人，クレリッソーとも近しかった．クレリッソーはチェインバーズのドローイング教師を短期間務めており，アダムも同様の職で彼を専任で雇った．そしてクレリッソーは逆に，当時スコットランド人に絶大な人気を博していたと思しきピラネージをアダムに紹介した．かくしてピラネージは，アダムとクレリッソーのローマ周辺へのスケッチ探索に頻繁に加わり，アダムの毎週の夜会にも出席した．ピラネージの『アンティキータ・ロマーネ』（*Antichità romane*）の口絵の中では，アダムとラムゼイはともに，アッピア街道沿いに由緒正しき墓を与えられている．その後ピラネージは，チャールモント卿との苦々しい仲違いの後，『イコノグラフィア』（*Ichnographia*. 6葉の巨大なローマ地図）をアダムに進上した．しかし，この進物こそ無償のものだったが，これに対してアダムは「この地図の80～100部」[113]を購入する羽目になった．

　アダムの南方滞在のハイライトのひとつはスパラトロ（スプリット，現在のクロアチア）への小旅行だった．これはディオクレティアヌス帝の宮殿遺跡の記録のため

---

[112] Smart, *Allan Ramsay*, p. 121 を参照．
[113] John Fleming, *Robert Adam and His Circle in Edinburgh and Rome* (London: John Murray, 1962), p. 170 より引用．このフレミングの研究は初期のアダムを最もよく解説している．

に，滞在の終わり近くに急遽手配されたものである．クレリッソーほか2人のドラフトマンと連れ立ち，1757年7月，アダムはフェラッカ船を雇ってヴェネツィアを出港した．許可取得や現地の軍事総督の躊躇によって遅れが生じたが，最後の5週間の滞在で，アダムは一団を統括してローマ皇帝の宮殿の調査にあたった．しかし，その調査報告である『ダルマテフィアのスパラトロにおけるディオクレティアヌス帝の宮殿遺構』(*Ruins of the Palace of the Emperor Diocletian at Spalatro in Dalmatia*) は1764年になるまで出版されなかった．当時出版予定だった，スチュアート＆レヴェットのギリシア研究の発表を待ちたかった，というのがアダムの理由のひとつだった．

出版が遅れた他の理由には，帰国後のアダムの急速な名声の高まりがある．彼は1757年，ドローイングの束と2人の選りすぐりのイタリア人ドラフトマンを携え，ロンドンに帰還した．「アダム・スタイル」は1760年にジェームズが3年間の南方旅行に発つ前からすでに具体的なかたちをとり始めており，その要素は広く議論されていた[114]．それは，イギリスにそれまで見られなかったたぐいの，高度に洗練された構成と装飾をもつ様式であり，変化に富む幾何学的空間，内部の独立柱や柱によるスクリーン，グロテスク模様の豊かさや細かな漆喰造作，あるいは，彩色，斑入りの大理石，装飾合金を用いた，鮮やかなポリクロミーを特徴としたものだった（図23）．ロバート・アダムはチェインバーズ同様ローマ時代を好んだが，同時にアダム兄弟は，エトルリア，ポンペイ，ヘルクラネウム，ルネサンス，バーリントン伯のパラーディオ主義，そしてヴァンブラのモチーフさえを含めて，歴史の参照範囲を拡大した．またここへ，ロカイユとしか表現すべくもない，彼らの個人的なデザイン傾向が加わる．

彼らの建築概念の基礎となる考え方のいくつかは，1773年から1822年の間に全3巻からなる『ロバート＆ジェームズ・アダム建築作品集』(*The Works in Architecture of Robert and James Adam*) の序文からうかがうことができる．ただし，この序文の起源はその出版以前に遡るものである．1762年，ジェームズ・アダムはケイムズ卿との往復書簡において，「情緒的な」建築，すなわち，専ら官能に訴えかける建築の可能性を考え始めている．さらにいえば，その言説の発端は1758年のロバートとの議論にまで遡るという指摘もある[115]．それは十分にあり得ることだろう．

---

[114] アダム・スタイルについては Joseph and Anne Rykwert, *Robert and James Adam: The Men and the Style* (New York: Rizzoli, 1985) および Eileen Harris, *The Genius of Robert Adam: His Interiors* (New Haven, Conn.: Yale University Press, 2001) を参照．

[115] この点は Fleming, *Robert Adam and His Circle* の p.303 で指摘されている．フレミングはジェームズ・アダムの未発表論考についてもかなり詳しく議論している．

23 ロバート&ジェームズ・アダムによるワトキン・ウィリアムズ・ウィン卿の音楽室の天井（セント・ジェームズ・スクエア，ロンドン）．*The Works in Architecture of the Late Robert and James Adam*（London, 1822）より．

なぜなら『作品集』の序文は，ジェームズの未発表の文章のいくつかをつなぎ合わせて作られたものだからである．そうして，この序文で最も重要なのは，彼らが「より大きな動的効果と多様性」の創造にかける欲求である．この概念を，彼らは脚注の中で次のように定義している．

> 動的効果は，他のさまざまな造形とともに，建物の中の異なる部分において，上昇や下降，前進や後退を表現し，構成の中のピクチャレスク性を大きく高めるためにある．そして，凸と凹，あるいは他の大きな部分の造形と同じく，上昇と下降，進行と退却は，風景の中で丘と谷，前景と遠景，隆起と沈降がもつのと同じ効果を建築の中に生じさせるのである．つまりそれらは，適切かつ多様な等高線を生み出す役に立つのである．この等高線は絵画のように，寄せ集まり，対照をなしながら，光と影の多様性を生み出す．これによって，構成の中には偉大な精神と美と効果がもたらされる[116]．

この注はさらに，サン・ピエトロのドーム，パリのコレージュ・ド・キャトル・ナシオンおよび付属教会，また，「これらの完全性の偉大な例」として，ブレナム宮と

---

[116] Robert Adam and James Adam, *The Works in Architecture of Robert and James Adam* (London: authors, 1778; reprint, London: Academy Editions, 1975), pp. 45-6 n.

カースル・ハワードを設計したヴァンブラの「天才」も指摘している[117].

　この序文にはまた，ヒューム主義者の美学も明らかである．彼らによれば，建築とは，その性質上絶対的な基準は存在しないものの，「正しい趣味，偉大な巨匠たちによって示された美についての勤勉な研究」によって改良されるべきものだった．なぜなら，こうした努力や瞑想を通じてしか，「人は，美しいものとそうでないもの，調和をもつものともたないものとの峻別ができるようにならない」[118] からである．趣味は完全に主観的ではあるものの，その最高の水準は，鍛錬と経験を通じてしか獲得され得ない．

　また1779年に出版された第2巻の序文では，アダム兄弟は，ローマ人はギリシア人と接触する遥か以前，エトルリア人から建築の知識を得ていたという，ピラネージの視点を強く肯定している[119]．これは，ロバート・アダムが彼らの同時代人の中で最もバロック的で，折衷的であり，また，偉大なイタリアの芸術家ピラネージの芸術理念に最も深く影響されていたという事実を強調するものである．

——5——
ピクチャレスクの理論

　18世紀末までのおよそ30年間にフランスで花開いた新古典主義の美学は，イギリスではまだ，海外からの輸入にとどまっていた．そしてそれは結局，当時進化の途上にあったイギリス的感性との混合を果たせずに終わった．これはアダム兄弟（公然の古典主義者）の言明にも明らかである．長期にわたるイギリス建築の方向性はむしろ，進化を続けながら，18世紀末の数十年のあいだに理論としてまとまった，ピクチャレスク的伝統とともにあった．

　18世紀前半のピクチャレスク式大庭園は，もうひとりのスコットランド人，ランスロット・"ケイパビリティ"・ブラウン（Lancelot "Capability" Brown, 1716-83）の作品の中において，初期の統合を果たした．彼は，1739年に仕事の場をイングランドに移し，その2年後にコブハム卿にストウの造園家の主任として雇われた人物である．それゆえ彼は，この時期の庭園改造の責任者という意味において，「ケントの弟

---

[117] Ibid., p. 46n.
[118] Ibid., p. 50.
[119] Ibid., p. 58.

子」と見做すこともできる．ただし彼は，自らのスタイルもまた開発していた．かくして1749年にコブハム卿が没すると，ブラウンは他の仕事を引き受け始め，続く1750年代の中頃までにはイギリスで最も著名な造園家となり，ゆくゆくはブリテン島の隅々に至る，数知れぬほどの庭園の計画に携わるようになるのである．水や木々，穏やかなオープンスペース，自然の眺望など，特に自然の要素を取り入れることを好んだ彼は，そのスタイルからピュリストと呼ばれた．また彼は建築的あるいは彫刻的要素の導入を避けた．小道はつねに曲がりくねり，土地の等高線に沿っていた．うねる芝地は凹凸を組み合わせてていねいに刈り込まれた．また，小川を堰き止めた人口湖の存在も，彼の仕事の典型的な特徴をなした．

ブラウンの仕事はウォルポールだけでなく，議員のトマス・ウェイトリーも賛美した．ウェイトリーの『現代造園論』(Observations on Modern Gardening, 1770) はブラウンに大きく影響されたものである．ウェイトリーは造園を風景画と無関係とは考えず，これによって造園を一般教養の地位まで高めようとし，5つの「マテリアル」，すなわち地面，森，水，岩，建物の分類のもとに，現代造園の分析を行っている．彼は風景によって喚起される情緒的・想像的な想念や，特に個性（character）なる理念・心理的特質を非常に重要視している．事実，「個性」という用語は，彼の理論の要点を端的に表すものである．彼の論文が1771年にフランス語に翻訳された際，それは単に「イギリスの造園術」("l'art des jardins anglois") を大陸にもたらしただけでなく，ル・カミュ・ド・メジエールの個性理論に影響を与えもしたのである．

ウェイトリーは「ピクチャレスク」という用語を用いることに極めて慎重であり，この時点ではまだ絵画的構成というほどの意味だった．また，ウィリアム・ギルピン（William Gilpin, 1724-1804）による1768年の定義も，ウェイトリーと同様，「絵画の中で好ましい，特殊な美の種類を意味する語」[120]くらいのものだった．しかし，1782年にギルピンが『ワイ川紀行』(Observations on the River Wye)（彼はブリテン島の田園地方に関する多数のガイドブックを著したが，その最初のもの）を著した時，彼はその副題を「主にピクチャレスクの美に関連して」("Relative chiefly to

---

[120] William Gilpin, *An Essay on Prints: Containing Remarks on the Principles of Picturesque Beauty* (London, 1768), pp. 1-2（初版，第2版では匿名）．また，idem, *Observations on the River Wye, and Several Parts of South Wales, etc. Relative chiefly to Picturesque beauty; made in the Summer of the Year 1770* (London: Blamire, 1782; reprint, Richmond: Richmond Publishing, 1973) も参照のこと．
再版されたギルピン著作には，ほかにも *Observations on the Highland Scotland, Observations on the Mountains and Lakes of Cumberland and Westmorland, Obseravations on the Western Parts of England, Remarks on Forest Scenery* などがある．

Picturesque Beauty"）としている．1760～70年代のギルピンはブリテン島をさまざまに経巡ったが，それは特に，新しい美学研究に専念し，最終的にはそれを公表するためだったのである．「この研究は，土地のうわべを観察するにとどまる性質のものではない．これはその土地を，ピクチャレスクの美の規則によって分析するものである．またこれは記述のみを目的とするものではない．自然風景の記述を人工風景の原理に合わせて書くのである．これらの相互比較から引き出される愉悦，その源泉を開くのだ」[121]．ギルピンが見た自然は，半宗教的な面持ちを湛えていた．それは例えば，グッドリッチ城の描写に示される．「見事な湾を形づくる川が眼前に広がる．右手の土手は急で，森に覆われている．その向こうには険しい岬が突き出ており，頂には木々の間々から城がそびえる」[122]．そしてこの景色をギルピンは，「まさにピクチャレスク．純自然的な風景の特質とはよもやいえまい」[123]と称した．そしてこの芸術家は，「だからこそささやかな規則を定める」のだった．「それは単に，自然の表層上の，このようなちっぽけな部分を，その規則の射程に入る限り，自分の目に合わせたいというだけのことだ」[124]．ギルピンはまた，自らの言語描写を，印象派の絵画に驚くほど似た，柔らかなアクアチント図版やドローイング図版で描写した．

またギルピンのさまざまなガイドブックは，世紀末に向けハンフリー・レプトン（Humphry Repton, 1752-1818），ウヴェデール・プライス（Uvedale Price, 1747-1829），リチャード・ペイン・ナイト（Richard Payne Knight, 1750-1824）の作品の中に応用されていた，ピクチャレスクの理論のより完全な成長に至る軌跡とみることもできる．

レプトンは18世紀ピクチャレスク造園の中でも最重要の実践者となった．この職に就いたときには若くはなかったものの，彼はその後すぐに成功を収め，1790年代半ばまでには，その原理全体について彼が師と仰ぐブラウンにひけをとらない数の依頼を受け，実践していた．彼の成功の秘訣は，卓越した水彩技術や，計画をスケッチに表現する能力の高さでもあり，また，アプローチの専門性や，デザインの実現性の高さや，実務における構築の巧みさでもあった．しかし同時に，彼は自分の考えをはっきりと述べる思索者あるいは理論家ではなかった．また彼は，「高水準の芸術家が行ってきた丁寧な習作」を行っていないものと見做され，彼の試みの芸術的側面を巡っては，プライスやナイトと侃々諤々の議論となった[125]．

---

[121] Gilpin, *Observations on the River Wye*, pp. 1-2.
[122] Ibid., pp. 17-18.
[123] Ibid., p. 18.
[124] Ibid.
[125] *The Landscape Gardening and Landscape Architecture of the Late Humphry Repton*, et. J. C. Loudon

『景観造園のスケッチとヒント』(Sketches and Hints on Landscape Gardening, 1795) はレプトンの自作の解説書だが，興味深いのはその補遺である．彼はそこで，適合性，実用性，秩序性，対称性，多様性，単純性，対照性といった一般属性からなる 21 の「風景の造園における愉悦の源泉」を提示しながら，プライスとナイトの批判に応答している．また，ここで彼は，「連想性」(association) の概念も「最も深い感銘を与える心地良さの源泉のひとつ」と定義している．それは，「偶然や……古代遺跡によっても喚起されるが……しかし特に，長年知っているものに対する個人的愛着によって喚起される」[126] ものだった．また，「ピクチャレスク効果」もひとつの源泉である．なぜならそれは，「造園家に光と影の面的な広がりや，群造形，輪郭線，色彩，構成バランス，でこぼこや崩壊からしばしば受ける恩恵，経時的効果などを与えてくれる」[127] からである．レプトンが使う「ピクチャレスク」が自然の中の絵画的なもの，野性的なもの，荒々しいものといった，ギルピンによって提示された意味であったことは指摘されてきた[128]．それゆえ，彼はピクチャレスクを必ずしもランドスケープデザインにおいてよいものとは考えておらず，彼の自然の扱いはまだいくらか伝統的なものにとどまっていた．しかし逆に彼は，建築のピクチャレスク効果については，平面構成あるいは輪郭構成上の何らかの不規則性という意味で用い，デザインの個性を確実に引き出せるものだと捉えた．

　レプトンの『景観造園の理論と実践』(Observation on the Theory and Practice of Landscape Gardening, 1803) はひとつの事業としていっそう野心的な試みだったが，ここでのアイディア自体にはさほどの進展はみられない．ここで彼の理論の土台となったのは，「相対的適合性すなわち実用性，相対的プロポーションすなわちスケール」である．彼が定義する相対的適合性とは，「快適性，利便性，個性，そしてある場所に人間にとって望ましい居住を与え，その場所を所有者各々の利用形態に合わせて変えさせる，その場所のすべての仔細」[129] のことである．この考えは，ブラウン的自然主義を特徴とするレプトンのデザインにおける，絵画的・詩的性質とはまさし

(London: Longman, 1840; reprint, Farnborough, England: Gregg International, 1969) 所収，H. Repton, *Sketches and Hints on Landscape Gardening: Collected from Designs and Observations* (1795), p. 108 参照．プライスのコメントは *A Letter to H.Repton, Esq. On the Application of the Practice As Well as the Principles of Landscape-Painting to Landscape-Gardening*（レプトンからプライスに宛てた公開書簡への返信）中．レプトン，プライス，ナイトを巡る論争については Hipple, *The Beautiful, the Sublime, and the Picturesque*, pp. 224-5, 238-46 を参照．

[126] Repton, *Sketches and Hints on Landscape Gardening*, p. 113.
[127] Ibid., p. 112.
[128] Hipple, *The Beautiful, the Sublime, and the Picturesque*, p. 233.
[129] *The Landscape Gardening and Landscape Architecture of the Late Humphry Repton* 所収の Repton, *Observations on the Theory and Practice of Landscape Gardening*, p. 113 を参照．

く好対照である．建築に関する限り，レプトンは，自らギリシア様式にとって代わると見做した様式よりも，ゴシック様式の方を好んでいた．

かくして，ピクチャレスク的思考のさまざまな要素をひとつの理路整然とした理論にまとめ直す作業は，プライスとナイトの仕事として残されることとなった．ただし，プライスの『ピクチャレスク試論』（Essays on the Picturesque）は1794年が初版であり，事実上はレプトンの本に先立つ．議員で古典学者（パウサニアスの訳者）のプライスは，ヘレフォードシャーにある自身のカントリー・エステートでランドスケープ思想を実践に移した人物でもあった．園芸の細かな知識こそ全く持ち合わせていなかったが，風景画を駆使する能力は，この不足を補ってあまりあるものだった．特に彼は，クロード・ロラン，ニコラ・プッサン，ジャン＝アントワーヌ・ワトーらの作品を意のままに使い分けることができた．事実プライスは，当時ウェイトリーとジョシュア・レノルズの先例に倣っていた．1786年，王立協会で行った第13回講演において，造園を芸術の域にまで高めようと試みたのがレノルズだった[130]．そしてこの画家的な視点が，プライスとレプトンの確執のもととなる．レプトンは逆に，その2つの技芸の違いを強調したのである．プライスは概して，ケント的・ブラウン的伝統に対する非難に容赦がなかった．プライスにとってみれば，前時代の庭園の幾何学形式を新しく正則曲線形式に置き換えただけの彼らの手法は，単調であり，かつ，露骨に作為的なものに見えた．プライスは，ブラウンがつくる曲がりくねった道路・歩道・運河を蔑視していた．また彼は，「クランプ」すなわち，同じ樹齢・同じサイズの木々をほぼ等間隔に，自然な下草も生やさせずにまとめて植える，という手法にも否定的だった[131]．そこで自身が提唱したのは，自然における時間や偶然の重要性である．彼が信じたアプローチを，論敵は怠慢による造園だと揶揄した．それはすなわち，多様性をもち，複雑で，細部を偶然にまかせた，完全に自然な造園だった．

しかし，プライスの最も重要な貢献は，バークの体系の中に「美」と「崇高」に並ぶ第3の美学的範疇として，「ピクチャレスク」を加えようとしたことにある．彼によれば，「ピクチャレスク」は，そもそも美と異なるというだけでなく，美の性質とはほぼ正反対の性質から生起する．すなわち，バークが美の最も重要な2つの特質を「なめらかさ」と「ゆるやかな変化」に求めた一方で，プライスは「ピクチャレスク」を「粗さ，そして不規則という意味の粗さに結びつく急な変化」に起因するものだと

---

[130] Joshua Reynolds, *Discourses on Art*, ed. Robert R. Wark (New Haven: Yale University Press, 1959), p. 240 を参照．
[131] Uvedale Price, *Essays on the Picturesque as Compared with the Sublime and he Beautiful; and, on the Use of Studying Pictures for the Purpose of Improving Real Landscape* (London: Mawman, 1810; originally published in 1794), 1: p. 244.

定義したのである。また彼は、経年と腐朽、対称性の欠如、枯れ味を帯びた色調といった特質もそこに掲げている[132]。廃墟はプライスにとって「ピクチャレスク」の概念を要約するものである。彼は、かたちが壊れたり崩れたりしているさまや、風雨による汚れ、蔦や苔などが一部を覆っているさま、その結果の全体の不規則性などを褒め称えた。また、崇高性が規模の大きさや、驚きの念を喚起するような畏れるべき対象に関連する一方で、「ピクチャレスク」は対象の大小にかかわらず、明るく楽しいものの中にも、境界線の形成・配置の中にも見出し得るものであるとされた。なお、プライスは「美」と「崇高」の中間の神経反応として「ピクチャレスク」を記述しているが、ここからはバークの生理学が想起される。バークによれば、美なる景色は神経線維を通常以下に和らげる。逆に、崇高なるイメージは同じ神経線維を通常以上に張りつめさせる。一方プライスの議論によれば、「ピクチャレスク」は弛緩と緊張のあいだの自然な状態を生み出し、「『ピクチャレスク』の要(かなめ)は好奇心である」[133]という。ただし、彼はこうした心理学的な説明を極めて簡潔なものにとどめており、その記述の土台として目立っているのはやはり心理学的・連想的な事柄である[134]。

　1798年、プライスは『ピクチャレスク試論』(*Essays on the Picturesque*)に3つの新しい文章を加えた。そして、そのうちの最後である「建築と建物について」("An Essay on Architecture and Buildings")の中で、彼は自身のコンセプトを建築に応用した。この文章で最も興味深いのは、ここで彼が、ジョン・ヴァンブラの名声を、イギリスの最も優れた「画家的建築家(アーキテッティ=ピットリ)」、つまり、風景画と建物をともに研究し、その両者に対し絵画の原理を応用した建築家として復活させようとしていることだろう。この点におけるヴァンブラの傑作はブレナム宮である。プライスによれば、これは「ギリシア建築の壮麗」と「ゴシックのピクチャレスク性」を統一する「大胆で困難なデザイン」であり、この建築がもつ「色々な高さの突起」「輪郭の多様性」「ルールの逸脱」「純理性の等閑視」「新しさのある印象的な効果」は、まさしくピクチャレスク的なデザインのための基準だった[135]。なお、著者自身が書き留めているように、プライスの見解はここでもまた、ヴァンブラを「画家のように創作した建築家」と賞賛したジョシュア・レノルズの第13回講演から受け継がれたものだった[136]。そして、デザインそのものに関するプライスの大胆な結論も我々の興味をそそる。すなわ

---

[132] Ibid., p. 50.
[133] Ibid., p. 88.
[134] バークとプライスの理論の関係については Hipple, *The Beautiful, the Sublime, and the Picturesque*, pp. 203-8 を参照。
[135] Price, *Essays on the Picturesque*, 2: pp. 212-15.
[136] Reynolds, *Discourses on Art*, p. 244.

ち彼は，建物は風景と調和するようにデザインされるべきである，としたばかりでなく，ピクチャレスク建築はまた，不規則で非対称な増築や平面計画の柔軟性をうながし，人が「そこから心地よさの観念を」得られるようでなければならない，としたのである[137]．あまたある建築様式の中でもプライスは，「分岐や分裂を有し，パーツを過度なまでに大いに飾った」ゴシックの建造物や古い城館を最もピクチャレスクなものだと考えた[138]．かくしてウォルポールのストロベリー・ヒルが背後にはらむものは聖典化され，プライスの本は19世紀の理論に至るかけがえのない道のりを築くこととなった．

　一方，ヘレフォードシャーでプライスの近隣住まいだったリチャード・ペイン・ナイトも，「ピクチャレスク」に対してプライスと同じような熱意をもっていた．彼の『趣味の原理についての分析的研究』(Analytical Inquiry into the Principles of Taste, 1805) は，18世紀のイギリス思想最大の業績のひとつである[139]．シュロップシャーの鉱山オーナーの孫であるナイトは，1771年にヘレフォードシャーの1万エーカーの土地を相続するとすぐに，ティーム川の上流に，小塔や胸壁をもつ城館「ダウントン」を建て始めた．彼はそれ以前にイタリア旅行は経験していたが，1776年に再びイタリアに向かった．今回の場合は，パエストゥムとシチリア訪問がその目的だった．1777年の日記では，パエストゥムの遺跡の色合いを「調和があり，魅力的で，ピクチャレスクだ」と描写している[140]．そして，この二度目の旅行によってディレッタンティ協会の会員となった彼は，ダウントンに帰ると古代美術品の収集と文献学研究に没頭した．ヴィンケルマン同様，彼は古代のプリアプス信仰，すなわち男根崇拝に魅せられていた[141]．そして時はすぎ，1805年頃になると，エルギン大理石(マーブル)を巡る論争において，彼はいささか評判の悪い論客として名を馳せることとなった．この時彼は，エルギン大理石(マーブル)はローマ時代の修復であり，エルギン伯が大英博物館に要求した35,000ポンドの価値などないと主張したのだった．

　それはともかく，ナイトが重要なのは彼が『分析的研究』の著者だということである．その出版の10年前，詩集『ランドスケープ』(The Landscape) の第2版におい

---

[137] Price, Essays on the Picturesque, 2: p. 269.
[138] Ibid., p. 261.
[139] ナイトとその思想については Andrew Ballantyne, Architecture, Landscape and Liberty: Richard Payne Knight and the Picturesque (New York: Cambridge University Press, 1997) を参照．
[140] Nikolaus Pevsner, "Richard Payne Knight," Art Bulletin 31 (December 1949): p. 312.
[141] ナイトの処女著作である『ナポリ王国イゼルニアに最近残るプリアプス信仰の名残について』(An Account of the Remains of the Worship of Priapus, Lately Existing at Isernia in the Kingdom of Naples) は1786年にディレッタンティ協会内部で公表され，後の1818年にその一部が The Symbolical Language of Ancient Art and Mythology の中に再録された．

て，彼は，プライスが「美」と「ピクチャレスク」をはっきりと区別していることや，「崇高」を別個の美学的範疇と見做していることに疑問を呈していた[142]．この問題に対しナイトは「感覚(センセーション)」「観念連合(アソシエーション・オブ・アイデアズ)」「情熱(パッション)」という表題のもとに分析を行っており，その論法はバーク式というよりヒューム式である．視覚とは「視神経に対する刻印あるいは刺激」[143]以外の何ものでもないという仮定は「感覚」に関する（バーク式の）基本前提であり，ナイトはここから，「光，影，色彩の美とは，目に作用する，あるいは器官感覚や知覚に刻印を残すすべてのもの」[144]であると演繹した．しかしナイトによれば，「ピクチャレスクなるもの」の経験とは，なおも心理的なものなのである．それは客体そのものに起因する属性ではなく，むしろ，光刺激によって促される，習慣化した観念に起因する属性なのだ．それゆえ「ピクチャレスク」（彼はそれを「向上した知覚」と呼んだ）とは，音楽家が楽器のチューニングができるようになり，ワインの醸造業者がその化学成分を利き分ける力をつけていくのと同じように，後天的に獲得される審美眼(テイスト)なのである．「ピクチャレスク」は絵画芸術に精通した人間にしか見えず，しかし，それが自然美の理解に移行することはほとんどない．さらに，「ピクチャレスク」は，ルールを欠いているために分析することができない．廃墟が描かれたクロード・ロランの風景画はピクチャレスクだが，同じ彼の作品でも，波止場や宮殿などを描いた風景もまたピクチャレスクである．対称性やプロポーションはいずれも連想によって形づくられた恣意的な慣習であり，それらが外観上に果たす役割は全くない．また彼によれば，「ピクチャレスク」とは，「スカルプチャレスク」や「グロテスク」といった性質と同時に存在しながら，「古典的なる，ロマン的なる，田園的なる」ものなどの，より優れた内容を有するものなのだった[145]．友人プライスからの批判に応えて，ナイトは「美」と「ピクチャレスク」の両観念は同義ではないと主張した．ここで彼が，前者が後者の一部門に過ぎないと考えていることは明らかである．

それでも，ナイトによる「ピクチャレスク」の定義は完全に底なしというわけではなく，建築を考えるときには，完全に彼独自の新しい領域に踏み入っている．ここでの彼の議論は，現代の建築はギリシアやゴシックの手本に固執するあまり，「あまりにも厳格」になってしまっているという点に批判が集中した．彼によれば，それはイ

---

[142] *The Landscape: A Didactic Poem in Three Books* (London: Bulmer, 1795) の第2版に掲載の広告では，ナイトは「ピクチャレスク」を「美のようなもの」と論じた．
[143] Richard Payne Knight, *An Analytical Inquiry into the Principles of Taste*, 2nd ed. (London: Luke Hansard, 1805), p. 57.
[144] Ibid., p. 85.
[145] Ibid., pp. 192-5.

ギリス中に植え付けられた，イニゴ・ジョーンズ風，パラーディオ風のイタリア化されたヴィラや，「純粋ゴシック」の城館・大聖堂を建てる当時の潮流に示されるものだった．そこでナイトは疑問を呈する．ゴシック建築の規則とは，プロポーションとは，定義とは，いったい何なのだ，と．彼によれば，ゴシックとは，挟間胸壁や尖頭アーチといった要素こそギリシアやローマより遥かに時代を遡るものの，歴史的にはローマ崩壊に遅れて現れた様式である．したがってゴシック建築とは，神聖なるギリシア，ローマ建築に，エジプト，ペルシャ，インドに起源をもつムーア式やサラセン式の要素が混ざった雑種に他ならない[146]．しかしナイトは，これは必ずしも悪いことではない，と考える．なぜなら彼は，初期のギリシア寺院がもつ規則性・秩序は見せかけのものであり，現代においては禁じられるべきだと思っていたからである．結局，彼が現代の実践のために適していると考えた方向は，彼が当初暗示した，ギリシア形式とゴシック形式の混合（なお，それらはすでにイタリアのヴァナキュラー建築に見出されており，さらにはクロードやプッサンの絵画の中でも認められていた）なのだった．

　ナイトのピクチャレスク的・折衷主義的モデルは，自身のダウントンの城館を語るに至って，より明示的なものとなる．「著者が思いきって屋敷の建造に着手しはじめてから，すでに30年以上が経った．これは，外側はいわゆるゴシックの塔と挟間胸壁で飾り，内側はギリシア式の天井，柱，エンタブラチュアでしつらえたものである．この作品はそれほど多くの追従者こそ生まなかったが，ともかくも実験としては大成功だった」[147]．また彼は，レプトンの理論，ウォルポールによるストロベリー・ヒルのゴシック式邸宅に対する痛罵の感情を見え隠れさせながら，カントリーハウスの造形をまわりの風景の個性に合わせる最近の傾向を賞賛している．ただし，彼にはひとつの警告があった．平面計画の不規則性という観念は「中世の野蛮な建造物」から引き出されてきたものであって，さらに悪いのは，装飾やプロポーションが「粗雑で技術足らずの当時の遺構」から隷従的にコピーされているということと，そしてその結果，これらの家屋の「内部は重く，不細工で，陰気に」なることである[148]．ナイトが目指したのはその逆であり，ピクチャレスク的オブジェの利点と，優雅で利便性の高いインテリアと結びつけながら，なお「ごまかしやてらいが見える」のを避けることだった．このため，彼が辿りついた見解はピラネージのものと非常に近い．

---

[146] Ibid., pp. 162-6.
[147] Ibid., p. 221.
[148] Ibid., p. 220.

不規則でピクチャレスクな家屋のために現在用いうる最良の建築様式とは，クロードやプッサン派の建物を特徴づけるような混合様式である．なぜなら，この様式のモデルとなった建物は，時代の経過とともに，少しずつ建てられていったものだからである．異なる国々のあいだにおいても，この様式は，特別な施工方法あるいは装飾の等級では区別できない場合がある．この様式は，最も乱暴な組積造でつくられた無地の壁やバットレスからはじまり，最も入念に作業の施されたコリント柱に至るまで，何でも手あたり次第に許容する．雑多であることを公言しているこのような様式においては，そうした対照性を導入しても，見た目に騙りや詐欺がでることはなく，それが美の楽しみを邪魔するということがない．そのため，こうした対照性を，美の味わいを高めるために用いることができる[149]．

このように，ナイトの「ピクチャレスク」の解釈によれば，人は挟間胸壁も小尖塔もフライング・バットレスも用いながら，なおも風景の個性を守り，かつ現代の需要を満たすことができるのだった．彼の考えでは，こうした目標の追求に成功したただひとりのイギリス人建築家はヴァンブラである．そしてこの考えは，ある卓越した建築家によってまもなく共有されることとなる．

—— 6 ——
ジョン・ソーン

近年まで，ジョン・ソーン（John Soane, 1753-1837）をピクチャレスクの建築家と考えるのは，いかなる意味においても困難だった．彼は，当時ロンドンに新設されたロイヤル・アカデミーで古典主義建築家としての訓練を受け，伝統的な南方旅行を行い，趣味は明らかにフランス好みであり，また，ロイヤル・アカデミー会員となった人物なのである．しかし，デイヴィッド・ワトキンの研究成果により，今日の我々は，ソーンの考え方や人となりについて，以前よりかなり多くのことを知ることとなった[150]．ソ

---

[149] Ibid., p. 223.
[150] ワトキンの重要な研究 *Sir Johan Soane* を参照．最近の研究には Dorothy Stroud, *Sir John Soane, Architect*（London: Faber & Faber, 1984），Pierre de la Ruffinière Du Prey, *John Soane: An Accidental Romantic*（New Haven: Yale University Press, 1999）などがある．

ーンの実践を司っていたのは，時の折衷主義的傾向から現代的な建築をつくるという，ひたむきな欲望だった．そして理論分野における彼の取組みは，啓蒙主義思想家としての彼の抜きん出た一面を示すものである．18 世紀のイギリス・大陸の多種多様な思潮を統合した傑物，ソーンの知は，歴史的文脈の中でも，他の追随を許さぬ唯一無二のものである．

事実ソーンは，イギリスの先人たちとほぼすべての点において異なっている．バークシャーの建設業者の息子である彼は，社会的な地位や，階級や富がもたらす特権を何も持たずに専門のキャリアを始めた．15 歳でジョージ・ダンスの事務所に使い走りの従弟として入所，しかし 3 年後には十分な製図技術を身につけており，これによって小さな建築系カリキュラムをもつ，当時新設されたばかりのイギリス王立アカデミーに入った．そして 1776 年，凱旋橋の設計で得たゴールドメダルを携えて，待望の南方旅行を開始した．パリでは同時代のルドゥー，ブレ，ゴンドワン，ジャン・ロドルフ＝プロヌらの作品に感動した．ローマでは亡くなるわずか 2, 3 ヶ月前のピラネージと会った．また多分に漏れず，ナポリ，パエストゥム，シチリアなどの古代の土地も訪れた．このイタリア旅行中，将来の設計依頼を期待してイギリス人貴族との面会に力を注いだのはチェインバーズやアダム兄弟以来の伝統だが，それはほとんど功を奏さなかった．彼はデリー主教のフレデリック・ハーヴェイからの依頼のため，時期を早めて 1780 年にイギリスに戻っているが，それも結局頓挫した．

1780 年代に始まるソーンの経歴はとても緩やかなものであった．彼はこの年代に，レットン・ホール，ショットシャム・ホール，ノーフォークのラングレー・パーク，ワーウィックシャーのマルベリー・ホール，スタッフォードシャーのチリングトン，ヨークシャー沿岸のマルグレイヴ・キャッスルなど，多くの地所の増改築の仕事を調達することができた．トマス・ピットのような信頼できる友人の激励や，実用的な設計をするという評判や，構造の細部にかける心遣いや，恵まれた結婚（これにより彼はその後，経済的に自立できるだけの資金を相続することになる）などによって，彼はゆっくりと，しかし着実に，個人経営の建築家としての経験を積んでいった．1788 年にイングランド銀行の建築士となることが決定する頃には，彼の職業的成功は保証されていた．

しかし，彼についてさらに興味深いのは，その後の他方面にわたる活動である．まず触れておくべきなのは，1778 年に出版された，「遊技場，公園，森などを飾る」ための空想的な銅版図版を収めた『建築デザイン』(*Design in Architecture*) である．これは，実際には彼がイタリアに向かう前にすでに準備されていたものだった[151]．ここに描かれたティールーム，神殿，カジノ，庭園といったさまざまなデザインはま

24 ジョン・ソーン『建築スケッチ集』(John Soane, *Sketches in Architecture*, London, 1793) の中のデザイン.

さしく,実験好きで,エロティックで,想像力のほとばしる若年建築家の作品である.柱にヘルメスの胸像を用いた「庭のベンチ」,あるいは「ゴシックの夏の家」といったデザインは,我々の想像を凌駕している.「ムーア様式の乳製品工場の立面」は一対のオベリスクや,入口の上部に置かれた実物大の乳牛像,グランドレベルの壺の上に載る雄牛の頭部が特徴的である.

似たような遊び心は彼の『建築スケッチ集』(*Sketches in Architecture*, 1793) にも見られる.ここでソーンは田園地方や田舎のデザインの水彩画を掲載したが,それらには往々にして,古典的な対称性に草葺き屋根を合わせるなど,奇妙な取り合わせが見られる(図24)[152].なお,その後の彼は時おり,クライアントを説得して自分で設計したフォリーを建ててしまうことさえあった.1798年にヘンリー・グレスウォルド・ルイスのために建てた,「パエストゥム風」の煉瓦のカップルド・コラムのある納屋はその一例である.

また,ソーンのカントリーハウスを収録した『建物の平面,立面,断面』(*Plans, Elevations, and Sections of Buildings*, 1788) も同様に,彼の価値観を不明瞭なものにしている.このモノグラフの序文はいささか仰々しい調子で始まる.まず彼は,建築

---

[151] John Soan, *Designs in Architecture, Consisting of Plans and Elevations, and Sections* (London: Taylor, 1788). ソーンの名字の末尾に「e」がつくのは1784年の結婚以降.

[152] John Soane, *Sketches in Architecture; Containing Plans and Elevations of Cottages, Villas, and other Useful buildings with Characteristic Scenery* (London: author, 1793; reprint, Farnborough, England: Gregg International, 1971).

家の義務と責任について，ウィトルウィウス，マルティアリス，ホラティウス，プリニウス，アルベルティの一節を（ラテン語およびイタリア語で）引用しながら品よく語るのだった．しかし，建築は「根気よく心を配り，常に思いやりを示さないとその心を勝ち取れない，恥ずかしがりやの情婦」[153]なのだと語った後で，数点の理論的思索は珠玉である．彼は語る．「装飾を施す際には慎重でなければならない．簡単で，用いる場所に適した，その場所の特色を活かす装飾でなければ使ってはならない．それらは規則性をもったデザインとしなければならず，その輪郭は完全に明瞭でなければならない」[154]．特に彼は，イギリスの家屋に見られる「生贄の頭蓋骨，雄牛の頭部，その他宗教儀式に特有の装飾」[155]などの古代の寓意装飾を用いるような「幼稚で不愉快な」実践を戒めている．しかし，自身でそう忠告しておきながら，彼はドリス色の濃い「ハメルズの乳製品工場」において，ペディメントに乳牛を置いている[156]．

ソーンはこの序文の中で，ゴシック建築についても語っている．彼のいう「ゴシック」とは，「現代のゴシック模倣建築に見られる，はっきりしない造形の醜い寄せ集めのような建築のことではなく，我が国の大聖堂や教会その他の公共建築の多くに見られる，軽さのある優雅な建築のことである．これらは，厳粛で，真面目で，瞑想的な諸観念をかきたてるよう，見事に計算されている．そこに立ち入ったとき，我々は，深い畏敬と尊敬の念を禁じ得ない」[157]．例えば，ケンブリッジのキングス・カレッジ礼拝堂は「大胆さと数学的認識」を湛えた「輝かしい作品」である．そしてソーンは，これらの建築の記録化と保存を切に願いながらこの一節を結んだ．

しかし，建築理論に関するソーンの見解の全幅を理解し始めようとするならば，ロイヤル・アカデミーの公式講義に目を向けないわけにはいかない．これは1810年から始まり，幾度かの中断を挟んで1836年まで続いたものである．その内容の出典は興味をそそるが，それらの詳細は今ではすべて判明している．また，彼の蔵書になる浩瀚な建築書には大量の注が書き込まれており，講義の準備に対する彼の並々ならぬ努力が知れる．

ソーンとロイヤル・アカデミーとの関係は積年のものだった．彼は年次展覧会に1772年以来（ほとんど例外なく）作品を出展しており，1795年にはかつての指導者である友人ジョージ・ダンスに働きかけ，同アカデミーの準会員となった．そしてそ

---

[153] John Soane, *Plans, Elevations and Sections of Buildings* (London: Taylor, 1788; reprint, Farnborough, England: Gregg International, 1971), p. 5.
[154] Ibid., p. 8.
[155] Ibid., p. 9.
[156] Ibid., pl. 44.
[157] Ibid., p. 9.

の翌年，ウィリアム・チェインバーズの死去によりアカデミーの1等席が空席になると，死去のまさにその日，ソーンはいささか無謀にも，その役職のための政治的支援を固めようとした．とはいえ結局，彼がジョゼフ・ボノーミ（Joseph Bonomi, 1739-1808）を破って正会員になるのには6年を要した．しかしそれから，ソーンと他のアカデミー会員との対立はすぐに表面化する．そのひとつが，ソーンが無礼を働いたために生じた，ダンスとの対立である．ダンスは当時建築学の教授であり，1798年から学生や一般の人々に対する1年完結の建築学講義を受け持っていた．しかしダンスには，市お抱えの建築家としての仕事が重荷となっていたために，その講義を行うことができなかった．そこでソーンは1805年，個人的に，ダンスからその地位を奪うための働きかけを始めた．ダンスはそれに気づき，その年の年末前に教授職を辞した．この時ダンスは友人の策略によって自分が置かれてしまった困難な状況に悪感情を募らせていたが，かたやソーンは落ち着いたもので，翌年，その空いたポストに収まった．しかし公正を期していうならば，ソーンはこの時期，この悲願の達成のために，フランス人やイタリア人による多くの著作の翻訳にエネルギーを注いでいたのである．また彼は，その職が決まった直後から，講義で生徒に見せるための大スケールの建物ドローイングの準備という地道な仕事にも取りかかっており，その枚数も1,000枚を超えた．

　彼の講義は，矛盾したりときには相反する資料を折衷的に利用するものだった．このため，その論旨は往々にして，自身の建築の好みを擁護する言い訳のようにも聞こえる[158]．彼は，ルソー，ディドロ，ダランベールの思想も語れば，ペロー，ロージエ，ジャック＝フランソワ・ブロンデル，ピラネージ，フランチェスコ・ミリツィア，ル・カミュ・ド・メジエール，スフロ，ルドゥーの思想も語った．イギリスの思想家では，アディソン，シャフツベリ，バーク，ケイムズ，レノルズに言及し，プライスとナイトのピクチャレスク思想，バーリントン伯，ロバート・モリス，ロバート・アダム，チェインバーズ，トマス・サンビーにも言及した．そして彼は，イギリスの建築の指導者の頂点にジョン・ヴァンブラを掲げ，「建築界のシェークスピアなる，まさしく彼ならではの称号」[159] を与えている．かつて見下されたバロック建築家は，ここで完全に復活したのである．

　ヴァンブラの神格化はソーンの折衷的な視点を象徴するものである．また彼は，建築の壮大さや構造感覚，統一性に関して，現代人より古代人の方が勝っていると心か

---

[158] ワトキンの *Sir John Soane* の序章ではこれらの典拠が十二分に語られている．
[159] John Soane, Lecture V. ワトキンの *Sir John Soane* の p.163.

ら信じていたにもかかわらず，驚くことに，先の議論においてブロンデルよりもペローの側についたのだった．ただし，その理由はいささか奇妙なものだった．例えば，ソーンは美を「内在的か，相対的か，あるいは両者の合成」[160]と定義する．彼にとっての内在的な美とは，円や正方形や正多角形のような「決まったかたちやプロポーション」のことであり，相対的な美とは用途や性質が求める「寸法」であるとする．そして彼はこのように断言する．「内在的な美を相対的な美とうまく調和させることで均整と均衡が生まれ，それが真の芸術家の作品と卑しい模倣者の作品を区別させる．つまり建物は，すべての部分が的確なプロポーションをもち，バランスがとれ，それらが適切な量の光と影，適切な量の肥沃と平静を併せもつときのみ，美しいと見做され得るのである」[161]．

しかし，これから見るように，このうちの最後の2，3点の必要条件からさらに複雑な懸案事項の数々が生じることとなり，結局，数理的プロポーションの絶対性という概念は無効になる．例えばソーンは，ウヴラールの調和的プロポーション理論に所見を述べる際，建築と音楽に相関関係を見ることには「妥当性も利益もない」としており，再びペローの名を引き合いに出し，建築学はいかなる機械的な体系にも還元され得ないと主張した．「建築には確固たるプロポーションというものがない．そうして建築家の知性は，趣味や良識や確かな判断力の導きによってこそ，正しい相対プロポーション，すなわちあの，部分の全体に対する関係や，全体の各部に対する関係を，応用できるようになるはずなのだ」[162]．

しかし，いったい「趣味や良識や確かな判断力」とは何なのか．これに答えるため，ソーンは古典主義思想とピクチャレスク思想という2つの大通りへと我々を誘導する．古典主義大通りでは，装飾は妥当性という厳格な規則に支配されなければならないとの警告を受ける．この通りでは，不必要なペディメントや屋内柱といった装飾的造作，また，雄牛の頭部，花輪，グリフィン，スフィンクス，ライオン，へびなど，古代の儀式上・政治上の寓意画が拒絶される．ピクチャレスク大通りでは，イギリス式パラーディオ主義や新古典主義のモニュメンタル派の「魔除けのまじない」を住宅デザインの分野で打破した，アダム兄弟による「明るく空想的な装飾様式」をソーンは評価している[163]．ただし彼からすれば，アダム兄弟は古代の最高建築の事例から学び損ねていた．そこで彼は，古典の建築言語を用いながら，陰刻の幾何学線，

---

[160] Ibid., Lecture VII, p. 586.
[161] Ibid., Lecture VII, p. 587.
[162] Ibid., Lecture VI, pp. 573-4.
[163] Ibid., Lecture VI, p. 642.

くぼんだ刳形，ドーム状の天蓋といった，自前の装飾的抽象操作を追い求めていった．かくして，彼の根底にあった保守性は，より興味深いデザイン革新の土台となった．

ソーンの建築観念の中核をなすのは，個性(キャラクター)の概念である．この主題は，たとえソーン自身に微妙なニュアンスの違いがあったとしても，基本的にはフランスの理論に負うところが大きい．

> 大きかろうが小さかろうが，単純であろうが優雅であろうが，すべての建築は，絵画のように，見る人に対して明瞭に語りかけねばならない．各々の建築は，自身が建てられた目的や効用に目を向けさせられるだけの，独自の肯定的な個性(キャラクター)をもっていなければならない．これは，建築に個性(キャラクター)が欠けていては達成されえない．アテネの演説家は，あなたの演説術に不可欠なものは何かと問われ，アクション，アクション，アクション，と答えた．それならば，建築構成特有の美とは何かと問われたときには，キャラクター，キャラクター，キャラクター，が答えだ[164]．

「妥当性」は建築の個性(キャラクター)のひとつの決定要因である．「用途への適合性」や「風景への順応性」もその必要条件である．しかしソーンの考える建築の個性とは，そのほとんどが，自然光に対する表現やニュアンスの操作，ディテールの中に宿るものだった．「どれほど小さな刳形であろうと，自身が部分となる全体の個性を高めもし，下げもする」[165]のである．そしてリンカーンズ・イン・フィールズの彼の自邸が長らく証明してきたように，彼自身もまた，感情的な質を目指した自然光利用（彩色や反射も）を繰り返し自らの実践の基調としてきた．「フランスの芸術家は『神秘的な光(リュミエール・ミステリューズ)』の使い方が巧みである．その光は，天才が手にした最も強力な手段だ．その威力は人智を超える．どんなに賞賛しても賞賛しきれない光だ」と語るように，光は彼の建築概念の本質である[166]．それゆえ光の効果は「芸術家のきめ細かな感性や鋭い眼識のすべてを用いて」組織化されなければならない．この方法によってのみ，建築家は「魂を揺さぶり，人間の感性に訴える」[167]ことができるのである．

---

[164] Ibid., p. 338-9. なお本箇所は後の版で第五講義に補足されたもの．
[165] Ibid., Lecture VI, p. 648.
[166] Ibid., Lecture VIII, p. 598.
[167] Ibid., Lecture XI, p. 648.

ソーンはまた,「個性」の概念は, ヴァンブラのブレナム宮やゴシック建築の魅力を要約しているという. ブレナムについて彼は,「堂々とした巨大構造. さまざまな部分に見られるピクチャレスク効果. 限りなく続く心地良い変化. 異なる高さ, 異なるマスの中で起こる, 急激な変化とコントラスト. こうしたことによって, 厳密な目をもつ鑑賞者の胸の内には, 遠くから見ても, 中距離から見ても, 近くから見ても, この上ない感動が生まれる」と語り[168], このような構成を「単調なパラーディオ主義の厳格な規則に照らして」批判するのは, シェークスピアの力強い言葉を「アリストテレスの堅苦しい規則」[169]で批判するのも同然のことだと断じた. また彼は同じ語り口で, ゴシック建築が人をひきつける力をもつのは「異なるマスの中で起こる思いがけない変化・調和・壮観のすべてや, 組み上げられた全体の複雑さと躍動感, 光と影の戯れと対比, グレア光の完全排除」[170]のためだと語る.

　古典主義者ソーン. しかし, 古典建築言語の抽象化, 誇張的プロポーション嗜好, 唐突な空間の切り替えと舞台的照明, といったデザインの特徴を通じてみると, ピクチャレスク建築家としての彼の姿が浮かび上がる. ただし彼個人の感情はやはりアンビヴァレントなものであり, それを正確に定義することには困難を伴う. 彼は一方において, ピクチャレスク理論の美学と, その美学が芸術家の表現技能に対して与えた寛容な統制手段を大いに評価した. 他方, 建築との関わりを求めてナイトの長編論文を読み, そこへ注を書き込んでいったソーンは, その内容に同意しながらも, ダウントンの城館のゴシックの挟間胸壁やフライング・バットレスに「ギリシア式の天井, 柱, エンタブラチュア」を融合させ, そうした形式を現代の建物に応用するナイトの,「あらゆる面白みを台なしにするために算段された危険な傾向」に同調するまでには至らなかった[171]. 古典主義に照らせば, それは絶対に許せないものだったのである. ソーンはダリッジ・ギャラリーなどの（様式化されず, 歴史的でもない）デザインにおいて, しばしば, 20世紀の抽象モダニズムの先駆者だと解釈される. しかし, 彼の思想の精彩と深みを斟酌するならば, 18世紀最後の一流建築家と呼んだ方が正確だろう. この呼称によって彼の近代性が失墜することは決してないのである.

---

[168] Ibid., Lecture V, p. 563.
[169] Ibid.
[170] Ibid., p. 555.
[171] Ibid., Lecture VIII, p. 600.

Chapter 4

新古典主義と歴史主義

> 何故，建築には少しの革命も起こらないのだろうか
> ——レオン・ヴォードワイエ（1830）——

1
デュランとカトルメール・ド・カンシー

　1789 年 7 月 14 日に起きたバスティーユ牢獄の襲撃が，ヨーロッパ史において前近代(プレモダン)と近代(モダン)を隔てる境界線としての役目を長きにわたり果たしてきたとしても，それはさまざまな意味で象徴的なものだった．この（すでに取り壊しが予定されていた牢獄から 5 人の囚人と 2 人の狂人を解放しただけの）事件は，一方ではフランスの「旧体制」の崩壊，そしてその保護を受けていた貴族層と聖職者層の特権の崩壊を象徴し，他方では，個人の権利と民主的統治の新時代の幕開けを象徴していた．このフランス革命によって引き起こされた社会的・政治的な影響は，もちろんフランス国内に留まるものではなかった．1789 年から 1815 年にわたる期間は，依然として大部分が封建的であったヨーロッパにとって激動の時代であり，ヨーロッパは既存体制の根本的な再考を余儀なくされた．戦争とそれによる社会不安から生じる事件はほぼ絶え間なく起こっていた．そして，これらの大変動による深刻な影響に付け加えるべきものが，産業革命による経済的圧力である．近代がもつ価値が初めて明瞭に認識されるようになり，他の文化的領域と同様に，建築理論も自らを明示するようになる．

　この頃起こった政治的・軍事的事件は，次第に混迷の度合いを深めていく事態の諸段階を簡潔に表している．1789 年夏のフランスで生じた騒動は，（アメリカ独立宣言を模倣した）「人権宣言」と限定的な立憲君主制をもたらした．ヨーロッパとアメリカ各地の知識人たち——洞察力に優れていたエドマンド・バークを除く——は革命による社会変革の可能性に魅了された[1]．フランスの対オーストリア戦争（すぐさま対プロイセン，対イギリス戦争が続いた）と継続する社会混乱は，1792 年夏の第 2 次革命とジャコバン派による政権の掌握をもたらした．続いてマクシミリアン・ロベスピエールに率いられた権謀術数に満ちた恐怖政治が始まり，1793 年夏から（ロベスピエール自身が死に追いやられる）1794 年夏までに国王ルイ 16 世を含む 2 万人以上が斬首刑に処された．1795 年にいわゆる「総裁政府」（5 総裁による政権）がフランスの指導的地位に就いたが，今度は 1799 年にナポレオン・ボナパルトが起こしたク

---

[1] 『フランス革命についての省察』（*Reflections on the Revolution in France*, 1790）において，バークは度を超えた革命の危険性を警告している．バークは特にルイ 16 世が強制的にヴェルサイユからパリへと連行されたことについて激怒した．〔『フランス革命についての省察』上・下，中野好之訳，岩波書店，2000 年〕．

ーデターにより失脚させられた．軍事力の拡大に注力したナポレオンは，いうまでもなく十分すぎるほどの成功をおさめ，その後 100 年以上続くことになる国粋主義的な気運を引き起こしたのだった．ナポレオンは 1810 年までに（英国とロシアを除く）ヨーロッパのほぼすべての支配権を獲得していたが，モスクワへの破滅的進軍はかつての「大陸軍《グランド・アーミー》」に甚大な被害をもたらした．1814 年の初め，オーストリア，ロシア，プロイセン，バイエルン，イギリス連合軍がライン川を越えてパリを急襲した．その年の 3 月に首都パリは陥落し，ナポレオンはフォンテーヌブローに退避した．退位を余儀なくさせられたナポレオンだったが，エルバ島の統治権だけは与えられた．そして翌年のエルバ島からの脱出とパリへの帰還の後，ワーテルローの激戦で命運は決した．ウィーン会議（1814-15）において，主要参戦国の代表は，26 年間ほぼ間断なく続いた戦争終結後の彼らの利権を協議し，領土を取引し，ヨーロッパ諸国間の境界線を引き直した．

　もちろん，フランス革命により生じた影響のすべてが破壊的な性質をもっていたのではない．革命によって貴族と教会の特権は一掃され，行政・財政・教育・法律に関する一連の改革がフランスとナポレオンによる征服地の双方において成し遂げられた．自身もかつては熱心なジャコバン派であったナポレオンは，その改革の成果を法の下の平等という理想の実現と見做した．またドイツの多くの国家において，当初は幾多の知識人たち――その中にはフリードリヒ・クロプシュトック，イマヌエル・カント，ゲオルク・ヴィルヘルム・フリードリヒ・ヘーゲル，そしてフリードリヒ・ヘルダーリンらがいた――が，1789 年の事件をヨーロッパのさらなる道徳的かつ精神的刷新への序奏と見做し，称賛の声を上げた[2]．続いて起こった恐怖政治と侵略行為さえも，これら一部の傍観者たちの熱狂を和らげることはなかった．1807 年 10 月，プロイセン軍撃破の端緒としてナポレオンたちがイェーナに入城した際，「世界の指導者」を部屋の窓から見たヘーゲルは彼に心を奪われた[3]．その数ヶ月後のベルリンで，ヨハン・ゴットリーブ・フィヒテ（Johann Gottlieb Fichte, 1762-1814）が『ドイツ国民に告ぐ』（Reden an die deutsche Nation, 1807-8）の執筆を開始する．この著作はフランスによる支配という屈辱に対する強烈な国粋主義的反応を引き起こした[4]．

---

[2] G. P. Gooch, Germany and the French Revolution (London: Frank Cass, 1965) を参照．ナポレオンに対するヘーゲルの称賛については Terry Pinkard, Hegel: A Biography (New York: Cambridge University Press, 2000), pp. 22-6 を参照せよ．また，Claus Träger, ed., Die Französische Revolution im Spiegel der deutschen Literatur (Frankfurt, 1975), Charles Breuning, The Age of Revolution and Reaction 1789-1850 (New York: W. W. Norton, 1970) も参照のこと．

[3] Pinkard, Hegel, p. 228.

[4] J. G. Fichte, Reden an die deutsche Nation (Berlin, 1912).

フランス革命により引き起こされた政治的・社会的諸変化は，この不穏な時代において，産業革命による同じく重大な諸変化と対応しており，ますますその輪郭を顕わにし始めていた．産業化――手工業における諸技術を機械化された生産様式により置き換えること――への促進過程は，18世紀の間に繊維工業・石炭鉱業・金属工業の工程を変質させていたイギリスから主としてもたらされた．イギリスでは，蒸気機関化された工場が1770年代に初めて現れたが，それは『国富論』（*The Wealth of Nations*, 1776）の中でアダム・スミス（Adam Smith, 1723-1790）が資本主義的金融政策を主張したのと同時代の出来事だった．ソーンがイングランド銀行のための革命的デザインに着手したのは1788年のことであり，その時彼は，イギリスの経済的繁栄と植民地拡大を司る中枢神経系の只中で活動していた．1797年，イングランド銀行は初のポンド紙幣を発行し，それにより貨幣交換が簡略化された．

　19世紀に入ると，当初先行していたイギリスにフランス，ドイツ，アメリカ合衆国が迫り，競争は激化する．しかしながら，産業化の衝撃はいずれも同様であった．生産面の変化が生じるには，労働者の郊外からの大移動，古い都市の拡大と新たな都市の出現，新たな高速移動手段の誕生（運河や，後に鉄道），企業家中産階級の創出，そして都市労働者層の出現が必要だった．これらの諸変化に付け加えなければならないのが，18世紀後半のヨーロッパにおける人口爆発である．1789年から1815年の間に，プロイセンの人口は300万人から600万人と倍増し，フランスの人口は2,000万人から2,900万人へ，そしてイギリスは900万人から1,600万人へと増加した．

　建築の変化が生じることも予想されたとおりだった．産業化は証券取引所，銀行，そして工場といった新たなビルディング・タイプを生み出しただけでなく，微妙な影響をももたらした．例えば1793年にフランスがメートル法を採用すると，伝統的な比例公式の使用はさらに難しいものとなった．フランスでは，国家の指導的建築家と同様に，古典主義的傾向をもつ貴族的団体も，いまや（少なくとも一時的には）見下されるようになった．例えばクロード＝ニコラ・ルドゥーは，1793年から1794年にかけて収監された後はその職に復帰することはなかった．しかし，1790年代初めの革命政府が新たな「民主的」趣味を象徴する多くの建築設計競技を開催したことが示すように，彼の同世代の者の中には革命の政変を生き抜いた者もいた[5]．だが，提案されたデザインのほとんどは継続する政治的混乱の影響で実現することはなかった．

---

[5] これらの計画に関する議論については，James Leith, *Space and Revolution: Projects for Monuments, Squares and Public Buildings in France, 1789-1799* (Montréal: McGill-Queen's University Press, 1991), Richard A. Etlin, *Symbolic Space: French Enlightenment Architecture and Its Legacy* (Chicago: Chicago University Press, 1994), pp. 30-47, Barry Bergdoll, *European Architecture:1750-1890* (Oxford: Oxford University Press, 2000), pp. 105-17 を参照のこと．

例外のひとつが，スフロのサント=ジュヌヴィエーヴ聖堂を，フランスの「偉人」をあがめるための国家のパンテオンへと用途変更(コンバージョン)したことであった．

1789年から1815年の騒乱の時代に，建築に関する2つの重要な出来事が起こった．1794年のエコール・ポリテクニーク設立と，その後のエコール・デ・ボザールの創設である．これらの機関は，初めにその筋道を方向づけた2人の人物，ジャン=ニコラ=ルイ・デュラン（Jean-Nicolas-Louis Durand, 1760-1834）とカトルメール・ド・カンシー（Antoine-Chrysostome Quatremère de Quincy, 1755-1849）による教育と常に結びつけられてきた．

デュランは革命的理想と，その建築理論への導入の重要性について，他のどの建築家よりも多く語っている[6]．パリに生まれたデュランは，建築に活動の焦点を合わせる以前の1770年代半ば，一時的にコレージュ・ド・モンテギュに通った．そしてピエール・パンスロンの事務所で働いた後，王立建築学校に通い，ル・ロワの講義を受けながらブレの事務所に勤務した．1779年と1780年のローマ大賞競技会において2等を獲得したデュランは，イタリア訪問を経験するという順調な経歴を当初は送った．しかし1790年頃，フランス革命が彼の思考を活気づけ，ブレとピラネージに触発されて168の都市景観スケッチからなる建築書の出版を準備し始める．1793年からその翌年にかけて，デュランはジャン=トマ・ティボーとともに15の建築設計競技に没頭し，そのうちのひとつ《平等の寺院》計画で1等を勝ち取った（図25）．それは共和制の美徳を象徴する，理想化された古典的な人頭を柱頭に抱いた四角柱をもつ簡素な神殿だった．

1794年，デュランは新設されたエコール・ポリテクニークで製図を教えるために雇われ，その3年後には助教授へと昇進し，フランス軍の技術者と科学者たちを対象とした建築学の講義を担当した．1799年から1801年にかけて『比較建築図集』（*Recueil et parallèle des édifices en tout genre, anciens et modernes*）を出版し，ル・ロワの初期の教会研究に多くを負うこの書籍は，世界中の建築の視覚的な比較を豊富に呈示するものだった[7]．デュランはこの試みに続いてエコール・ポリテクニークでの建築学講義録である『建築講義要録』（*Précis des leçons d'architecture*, 1802-5）を出版した[8]．

---

[6] デュランの生涯と思想の詳細に関しては，Werner Szambien, *Jean-Nicolas-Louis Durand, 1760-1834: De l'imitation à la norme* (Paris: Picard, 1984), Alberto Pérez-Gómez, *Architecture and the Crisis of Modern Science* (Cambridge: M. I. T. Press, 1983), pp. 297-326 を参照のこと．

[7] J. -N. -L. Durand, *Recueil et parallèle des édifices de tout genre anciens et modernes* (Paris: Gillè Fils, 1799-1801); reprint, Nördlingen: Alfons Uhl, 1986).〔『デュラン比較建築図集』，ジャン・ニコラ・ルイ・デュラン，長尾重武編，玲風書房，1996年〕．

25 ジャン=ニコラ=ルイ・デュラン、ジャン=トマ・ティボー、《平等の寺院》、1794年. *Projets d'architecture, et autres productions de cet art qui ont mérité les grands prix accordés par l'Academie* (Paris, 1834) より.

　デュランの理論は，同時代の出来事や教員としての彼の立場の周辺から知識を得たものだった．革命政府は1794年，先進的な工業学校として，すなわち軍の技術者を対象とし，数学・機械学・物理学・化学に焦点をあてた理工複合型の大学として，エコール・ポリテクニークを創立した．これらの科学的・工学的な研究方針に沿って，デュランは基礎的な建築教育の提供を担ったが，それは理論的というよりは実践的な性質をもつものだった．この任務が，古典を基盤とする建築の再考，より厳密にいえば近代産業社会に対して古典建築がもつ社会的連関の再評価を，デュランに促した．彼の思考の背後には強力な3つの推進力があった．そのひとつはウィトルウィウス的伝統の徹底的再検討と，それによりもたらされる伝統がもつ妥当性のゆらぎであり，またもうひとつはかつての師であるブレが，同じくウィトルウィウス的伝統に対して行った「感情的(センチメンタル)」な批判であった——ここでの「感情的」とは情動や性格という意味と結びつけられている．この点において，デュランの前提は政略的に動機づけられていたのであり，彼が再考しようとしたのは古典の建築言語ではなく，むしろ設計のプロセスそのものだった．3つ目の推進力は，建築実践における職業意識の新たな尺度，そして構造理論の発展だった．ここでも，デュランにとっては設計方法が何にも増して重要だったのであり，効率と有用性が獲得すべき2つの目標だった．『要録』

---

[8] J. -N. -L. Durand, *Précis des leçons d'architecture données à l'École Polytechnique* (Paris: author, 1802-5) の David Britt による翻訳, *Précis of the Lectures on Architecture, with Graphic Portion of the Lectures on Architecture* (Los Angeles: Getty Publications Program, 2000).

の第 1 巻がジャン＝バティスト・ロンドレ（Jean-Baptiste Rondelet, 1743-1829）による『構築術についての理論的・実践的概論』（Traité théorique et pratique de l'art de bâtir, 1802-17）の第 1 巻と同じ年に出版されたのは決して偶然ではない[9]．ジャック＝フランソワ・ブロンデルとブレ双方の教え子であるロンドレは，サント＝ジュヌヴィエーヴ聖堂完成の責を負っており，進歩を希求する最重要の科学的領域として構造的観点から建築を捉えていた．

　デュランが革命の炎をその思考の内に宿していたことは，『要録』の冒頭の数ページにおいて直ちに明らかになる．彼の戦略は，建築は自然を模倣するという観念（オーダーを人体の形状になぞらえる比喩），または建築はロージエの始原の小屋のような仮説に基づいたモデルに倣うという観念を失墜させることにある．デュランはウィトルウィウス的伝統における 3 つの原理——配置（用），構成（強），装飾（美）——の価値と意味を問うことによってその戦略の達成を目指す．もし初めの 2 つの原理が重視されるならば，そのような価値観をもつ新たな時代において装飾は軽視される．そしてデュランの結論は，革命勃発後に王党派の常軌を逸した華美な振る舞いに対して向けられた軽蔑に同調するものとなる．「今までに快楽が建築の目的となり得たことは一度もなかったのは明白であり，また建築装飾がその対象となり得ないのも同様である．公的な有用性と私的な有用性，個人と社会における幸福と保全．それらこそが建築の目的である」[10]．こうして設計行為は「適合性と経済性」へと変換される．そしてこの適合性と経済性こそが「建築術の研究と実践に我々を導き得るただひとつの原理」[11]なのである．

　フランス語で適合性を意味するconvenanceという語はジャック＝フランソワ・ブロンデルの理論を思い起こさせるものであり，古代ローマにおいては適切さや礼儀正しさに近い意味を有した．しかしデュランはこの語を構成に関わるものとしてより厳密に定義し，目的に対して「堅牢であり，心地よく，適切である」ことを指す語であるとした[12]．さらに，規則性，均整美，簡素さという観念を通してデュランが明確にしている経済性とは，ただ単に金銭的な抑制に関する問題ではない．特に簡素さという観念は，必要最小限の物質的手段よりも，設計のコンセプトにおける視覚的な繊細さや創意に満ちた明晰さについて述べている．経済性という思想を論証するために彼

---

[9] Jean-Baptiste Rondelet, *Traité théorique et pratique de l'art de bâtir*, 7 vols. (Paris: author, 1802-17). 1770 年代，ロンドレはサント＝ジュヌヴィエーヴ聖堂を設計するスフロの技術顧問となり，1784 年から 1812 年にかけて計画を遂行，完成させた．
[10] Durand, *Précis of the Lectures on Architecture*, p. 84.
[11] Ibid.
[12] Ibid.

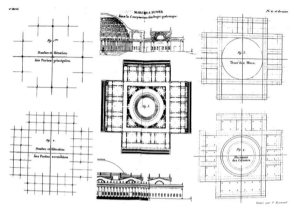

26 ジャン＝ニコラ＝ルイ・デュラン,『建築講義要録』(Paris, 1802-5) より,「教程」における図版.

が挙げた有名な例が,スフロによるサント＝ジュヌヴィエーヴ聖堂であった.彼は完成されたばかりのこの聖堂における使用可能床面積に対する外壁の比率を批判し,代わりにもっと低いドームを用いた円形の解決案を提示する.それは同じ材料を用いながらも,床面積を 600 ㎡拡大するものだった[13].

　適合性と経済性の原理がもつ抽象的な性質は,当然ながらきわめて大まかな方向にしか建築家を導くことができない.そこでデュランは次に,適切な形状要素の結合という単純な手続による分析的設計手法を提案する(図26).その開始地点は直行する座標軸からなる基準グリッドであり(このグリッド自体が 1770 年頃に登場した建築上の革新的手法である),それはいわば座標に接続される構成要素のための設計基盤として機能する.グリッドという着想には,形態上の可能な選択肢群,つまり全体の平面図・ポーチ・玄関ホール・階段・噴水・植生・立面図・屋根の形状などを描写する一連の表や図版が付随する.各部を分類学的に区分する目的は,構成能力を発揮できるさまざまなプランや組み立て方の多様な変化を設計者に提供するためである.大変興味深いことに,立面の様式はぼんやりと古典的であり,大抵はフランスやイタリアのヴァナキュラーな形態に類似している.実際,デュランにとっては建造物の様式は何ら意味のあるものではなく,合理的な設計方式がこの手法の主役なのである.もうひとつのドローイング群においては,デュランは図書館,裁判所,博物館,大学,そして病院といった建造物の全体平面図を提示している.事実上,デュランは自習に

---

[13] Ibid., pp. 86-7, pl. 1.

適した設計用プログラム群を（工学を学ぶ）生徒たちに提供したわけである．

デュランによる新たな設計方法がもたらした影響は評価が難しい．同書は（翻訳の早かった）ドイツで広く読まれることになったが，おそらくそれが軍の技術者を対象とした講義集であったという事実のために，フランス国内における当初の影響は取るに足りないものとなる．そしてその実利重視の姿勢は，1803 年におけるエコール・デ・ボザールの庇護下におけるアカデミー理論の再編に反することにもなった．

この出来事は，激動の革命期におけるアカデミーに対する抑圧に起因するものだった．王立建築アカデミーはすでに 1780 年代を通じて日増しに大きくなる混乱に悩まされており，1790 年代初頭のパリ・コミューンに参加した学生たちは，アカデミーを反革命的であるとして非難した．1791 年，同校は一連の改革案を提示したが，この対策では革命論者たち，特にジャック＝ルイ・ダヴィッド（Jaques-Louis David, 1748-1825）の怒りを鎮めることはできなかった．彼はすべての王立アカデミーの廃止を要求し，1793 年 8 月 16 日の夜に多くの機関が閉鎖されたことで，この活動家らの目標は達成された．建築アカデミーはその後 2 年間にわたり曖昧な状態で存続しており，改革計画の下で，ル・ロワとアントワーヌ＝ロラン＝トマ・ヴォードワイエ（Antoine-Laurent-Thomas Vaudoyer, 1756-1846）が非公式に講義を続けていた．建築アカデミーは 1795 年に建築専門学校（Ecole Spéciale de l'Architecture）と新たに命名されたが，画家，彫刻家，建築家，版画家，そして音楽家をひとつの傘下に統合し管理する「美術部会（Classe des Beaux-Arts）」をナポレオンが創設する 1803 年まで改革は完了しなかった．それにもかかわらず優先されたのは戦争権益や戦後処理であり，芸術アカデミーという語──エコール・デ・ボザールを包含する機関を意味している──が再び用いられるのは，1816 年にブルボン王朝が復権したときのことであった．

それゆえ，フランス革命期とナポレオン為政期のあいだに建築家育成教育は著しく妨げられた．1793 年，ル・ロワはアカデミー図書館が封鎖されることを何とか防いだが，学生はほとんど残っていなかった．その後の 4 年間はローマ賞の競技会も開催されることはなく，そして 1798 年，ナポリ軍の軍勢がローマにおけるフランス・アカデミーの本拠地であるパラッツォ・マンチーニを焼き落とした際に，状況はより悪化した．ヴィラ・メディチがフランスの所有となったのは 1802 年のことであり，ローマ賞が毎年開催の制度として正式に復活したのは 1806 年になってからだった．ル・ロワは 1803 年に没するまで建築家教育の指揮を執り，その後レオン・デュフュルニ（Léon Dufourny, 1754-1818）がル・ロワを継承して，既存の古典教育プログラムを固守した．1818 年にデュフュルニが死去すると，すぐにルイ・ピエール・バル

タール（Louis Pierre Baltard, 1764-1846）がエコール・デ・ボザールの建築部門指揮の任を負った．しかしながら，最も強大な指導力を発揮したのは，1816年に芸術アカデミー終身書記（Secrétaire perpétual de l'Academie des Beaux-Arts）に着任したカトルメール・ド・カンシーであり，彼はその後1839年までこの地位に就くこととなった．

建築が彼の最も重要な関心事のひとつとなるにもかかわらず，カトルメール・ド・カンシーは建築家ではなかった[14]．彼は抜きん出て聡明であり，そしてその長い人生は運命の劇的な転換と変化に満ちていた．生地商人の息子として生を受けた彼は，ギヨーム・クストゥー（Guillaume Coustou, 1716-1777）のアトリエで彫刻を学び，その後1776年に自費で「南方」へ旅立ち，ローマ，ナポリ，ポンペイ，パエストゥム，そしてシチリアを訪れた．ある時期を除いて，彼は1785年までイタリアに留まり続け，行程のほとんどをローマ賞受賞者であるダヴィッドとともに旅し，ピラネージやカノーヴァといった大家たちに会った．そしてフランスに帰国した直後，エジプト建築とギリシア建築の起源に関する歴史論文で研究賞を獲得し，その後すぐに，芸術についての新しい百科全書である『系統的百科全書』（*Encyclopédie méthodique*）の建築に関わる項目の執筆依頼を受けた．アルファベット順に項目が掲載された大部の第1巻（Abajour（ランプシェード）からColonne（円柱）まで）が1788年に出版され，2部構成の第2巻が1801年と1820年に，そして第3巻が1825年に出版された．すなわち，カンシーの学問的名声は革命に先立って確立されていた．

しかし，フランス革命はこのような状況すべてを変えた．そして革命の理念こそ，カンシーが真っ先に支持したものであり，彼はパリ・コミューンに選出され，公教育委員会委員に就任し影響力を発揮した．彼はこの委員会で友人ダヴィッドとともに働き，シャルル＝モーリス・ド・タレーランとの重要な関係を築いた．1791年，サント＝ジュヌヴィエーヴ聖堂のパンテオンへの改築計画を組織する任に就くと，彼は設計教育の改革に関する2つの小論文を書きながら仕事を遂行した．しかし原理主義者たちがより強大な政治的支配力を得ると，彼の革命への肩入れは徐々に衰えていった．革命における中心人物のひとりであるラファイエットがジャコバン派と敵対したために革命への裏切り者として名指しされた後も，カンシーは彼を擁護した．そしてそのことが1793年に，彼の人生における危機を引き起こすことになる．同年，山岳

---

[14] カトルメール・ド・カンシーの生涯と思想については，Thomas F.Rowlands, "Quatremère de Quincy: The Formative Years, 1785-1795" (Ph.D. diss., Northwestern University, 1987), Sylvia Lavin, *Quatremère de Quincy and the Invention of a Modern Language of Architecture* (Cambridge, Mass.: M. I. T. Press, 1992), Samir Younés, *The True, the Fictive, and the Real: The Historical Dictionary of Architecture of Quatremère de Quincy* (London: Pa-padakis, 1999) を参照．

派ジャン＝ポール・マラーはカトルメール・ド・カンシーを王党派であると名指しし、彼は友人であるダヴィッドが署名した令状のもと1794年3月に逮捕される。同年7月のロベスピエールの失脚とともに解放されたカンシーは、国民公会に対して公然と反旗を翻した。そして1795年、群衆を扇動し暴動を引き起こすことで、その敵愾心を示したのである。彼は追手の兵をかろうじて逃れるが、欠席裁判において死刑を宣告され、さらに財産を没収された。後に捕えられた際、驚くべきことに、彼は無罪の立証に成功した。しかしながら、1796年にクリシーで開かれた王党派の会合へ出席した事実により、新たな逮捕状が発行されてしまう。タレーランの援助によりドイツ北部へ逃れると、1797年から1800年の間、その地でドイツ哲学、美学、考古学の研究に没頭した。1800年になるとナポレオンが実施した大赦により、この活動家にして学者である人物はフランスへと戻り、アカデミーにおけるキャリアを開始するのである。1804年、碑文・文芸研究所（Académie des Inscriptions et Belles-Lettres）のメンバーに選出され、その翌年に講義を開始したカンシーは、同時に執筆作業も継続し、出版された書籍は1816年における高位職への登用に貢献した。

彼の理論的核心はフランス革命以前に形成された。そしてその理論は古典的な姿勢を示していたにもかかわらず、彼は学説体系における古い中枢の単なる再構築以上のことを成し遂げた。建築という概念上の諸前提を根本から再考したといっても過言ではない。この点に関して、エジプト建築についての2つの論文は、彼がなした革新の前触れであり、その後の理論の発展の道筋を示す指針を与えるものである。

1785年の論文コンペティションのために書かれたひとつ目の論文は、「エジプト建築とはいかなる条件の下にあったか？　そしてギリシア人たちはエジプト建築から何を借用したのか？」という問いに答えたものである。ここでカンシーは、エジプト建築とギリシア建築それぞれの起源についてのル・ロワの考察を引き合いに出しながら、エジプト建築とギリシア建築は各々の建築の様式的形態の決定要因として、一連の社会的（原始的社会と文化的社会）・地理的な諸条件を示している、という相対主義的な解釈をもって答えている。この解釈は、初期の社会は狩人・羊飼い・農民の3つの生活形式から発展した、という人類学的な（そして聖書の内容に関連した）根拠に基づいている。狩猟・漁業社会は定住住居を必要としなかったため、彼らは海や河川の沿岸部に居住し、手近な洞窟に天然の仮住まいを見つけた。これと対照的に、遊牧という生活習慣をもっていた羊飼いは、テントのような軽量の可動式住居を必要とした。農業社会は安定した傾向にあり、それゆえに、頑丈な木造の小屋が原型的な彼らの住居だった。さらに、人種的および地理的な理由のために、いくつかの地域は特定の種類の住居を好む傾向にある。テントは西アジアの乾燥した砂漠や中国の牧羊民

のうちによく見られ，また農業はインド・ヨーロッパ語族，特にギリシアの初期定住者たちによって初めて実践された技術だった．そして，エジプトの狩猟・漁業民にとっては，洞窟が建築の根源となる天然の原型だった．これらの地域にその後現れる建築の形態は，始原の生活形式と結びついた住居の形態的特徴を保持していた，というのがカンシーの論拠である．それゆえ，例えば穴居人であるエジプト人たちは，構築物の一体性と堅牢さだけでなく，単純な平面と大きな量塊を好んだのである．

　しかし，彼の理論は，ひとつ目の論文から見て取れる以上に複雑なものだった．1785年の論文においては，エジプト建築には2つの起源があるとカンシーは述べた．すなわち，洞窟と小屋の双方がエジプト建築の形態に影響を与えたというのである．これに加筆し1803年に出版された論文では，ギリシア建築とエジプト建築は根本的な構成単位において完全に別々のものであり，それは特定の地域に特有の小屋／洞窟の類型に由来する，と考察している．カンシーは言語学の理論を引き合いに出しながら，あらゆる言語に適用される一般原理である普遍文法と，特定の言語で適用される独特な文章構造とのあいだの違いに言及している．彼は，ギリシア建築の形態（例えばドリス式など）の起源をエジプト建築という原型に求めようとする人々の（1785年に彼自身も試みたような）企てを阻止しようとしていた．実際，柱は普遍文法に属するがゆえにどこにでも現れる一方で，古代ギリシアの3様式を成り立たせている特定の配置構造は，ギリシア建築の価値を他地域におけるどの建築のそれよりも高めているのである．

　この質的な差異は，2国における居住の原類型を考察することによっても裏づけられる．テントや洞窟は発展に有用な建築的特徴をほとんど提供しないがゆえに，それらから利点を導き出すことはできない．というのも，テントの特長は軽さに見出せるのみであり，その一方で洞窟はあまりにも重く形態的な多様性に乏しいからである．けれども，木材の組合せからなる小屋の形態は容易に改変が可能であり，合理的な形態的発展の可能性に富んでいる——むしろ，微妙な差異をもつさまざまな可能性が考えられるがゆえに，「建造物の骨組みから得る学びのみが，建築を論理的思考に基づいた芸術にすることが可能である，と断言できよう」[15]．この前提からカンシーは，ギリシア建築を他のどの国の建築よりも高い位置へと引き上げたのは，（彼が神殿に見出した）木造から石造へ，という小屋固有の素材転換であると主張し，（ロードリ

---

[15] Quatremère de Quincy, *De l'architecture égyptienne, considérée dans son origine, ses principes et son goût, et comparée sous les mêmes rapports à l'architecture grecque* (Paris: Barrois, 1803), p. 241. 原文は以下のとおり．"On peut affirmer que le seule école de la charpente pourvoit faire de l'Architecture un art raisonné."

の教えに反論する）重要な一歩を踏み出す．要するに，次に述べるような形態と材料の幻想に基づいて記念碑建築は成り立っているのである．すなわち，「他の諸芸術と互いに組み合わさりながら，それらが演じている芝居に建築が出演することを可能にし，またそれら諸芸術と競い合う機会を建築に与える，この快い創造の産物，この巧妙に作られた仮面．これを建築から取り払うことは，建築の本質，そして建築が我々を喜ばせる諸手段のうち最大の部分を占めているものを理解することにはならないだろう」[16]．それゆえに，古典建築の「見事な隠喩」——すなわち，その原型である木造形態を古典建築が模倣しているということ——が優れた美的根拠を建築に与えているのである．

カトルメール・ド・カンシーは，1788年に刊行が開始された『系統的百科全書』中の論考において自身の着想を発展させた．彼はまず初めに，「定められた比率と規範に従う建造術」[17]として慣習的な手法で建築を定義する．そして建築を「音楽が放つ魅力，詩人の歌声，演劇が見せる幻想」と同列に扱いながら，その見せかけだけの「詐術」へと読者の注意を向けさせる．この「錯覚でもあり，そして同時に現実でもある」[18]詐術は，木から石への素材転換に際して，始原の小屋とその骨組みに対して建築が用いたものであり，またそれどころか古典建築は二重の意味で模倣を行っているのである．すなわちそれは概念化された小屋の演劇的模倣であり，かつ自然における一般原理と法の比喩的模倣である．こうして，カンシーが述べる建築の定義に驚くべき柔軟性が生じる．それというのも，形態形成法則に対する例外を自然が創り出すのと全く同じように，建築における比例法則が，自身の内部での変化を許容する全体的な指針としてのみ機能することになるからである．「我々の感覚に備わる感情や知性による認識に関する調和の諸原理に基づく，オーダーの諸原理のもとでの自然の全体的な模倣が建築に魂を与え，建築をもはや模倣者でも偽造者でもなく，自然そのものの対抗者にしているのである」[19]．そして，建築は本質的に概念的な存在となる．

---

[16] Ibid., p. 242. 原文は以下のとおり．"En effet, ce seroit bien peu connaitre l'essence de l'Architecture, et la plus grande partie des moyens qu'elle a de nous plaire, que de lui enlever cette agreable fiction, ce masque ingenieux, qui, l'associant aux autres arts, lui permet de paroitre sur leur theatre, et lui fournit une occasion de plus de rivaliser avec eux."

[17] A. C. Quatremère de Quincy, "Architecture," in Encyclopédie méthodique. Architecture (Paris: Panckoucke, 1788-1825), 1: p. 109. 原文は以下のとおり．"C'est l'art de bâtir suivant des proportions & des règles déterminées."

[18] Ibid., p. 115. 原文は以下のとおり．"Delà, la charme de la musique, du chant des poëtes, des illusions du théâtre. C'est également de cette fiction habituelle de l'architecture... dans l'imitation tout-à-fois illusoire & réelle de la charpente & de la cabane."

[19] Ibid., p. 120. 原文は以下のとおり．"L'imitation générale de la Nature dans ses principes d'ordre, d'harmonie relatifs aux affections de nos sens, & aux perceptions de l'entendement, lui ont donné

その後1780年代の終わり，カンシーはこの調和と秩序に関する観念的認識に基づいて，「明晰かつ緻密な着想」の欠如，言語学的な歪曲と混乱した寓意，および「芸術家のための幼稚な玩具，人間社会にとって不可解なもの」[20]となっていることに関して，当時の建築（疑いなくルドゥーの作品をほのめかしている）を厳しく批判するのである．

カンシーによる百科全書中の記事「性格(カラクテール)」は第1巻中で群を抜いて最長の記事である．我々は第2章においてこの概念を十分検討したかもしれないが，ここでも彼はこの概念に全く新たな生命を与えている．この記事においてカンシーは性格(カラクテール)についての学問的観念と啓蒙主義的な（とりわけモンテスキューとヴィンケルマンの）新たな歴史的・美的体系とを調停しているのに対し，同時にその一方で感情的・情緒的趣旨を含む観念をひとつ残らず剥ぎ取っている．「自然が対象それぞれにその本質・弁別的特性・相対的属性を記しつける際の記号」として性格(カラクテール)を定義づけることから始め，そしてこの定義によって本質的性格・弁別的性格・相対的性格それぞれを区別する[21]．これら各々はさらに肉体的，あるいは精神的側面それぞれに分類された語を用いて描写され，種／生理的傾向，外観的特徴／一時的変化，能力／能力の特質，のような一般属性が導かれる．これらの類型はすべて生物学的観念を基にしたものであり，建築に適用されることでさまざまな結果を生み出すのである．

建築における性格(カラクテール)は，「その存在の仕方，物質的必要性や道徳的振る舞いを満たすために不可欠なさまざまな部分の組合せのあり方，そしてその組合せにおいて自らの姿を表現する各民族の風土，思想，社会慣習，趣味，存在の喜び，性格」[22]にその本質がある．これに続いて各性格の差異が説明される．本質的性格は最も根源的であるが，力や壮大さを最も豊かに表現するものでもあり，例えば骨組構造のような建築類型の表出や，古代の3つのオーダーのような一般的様式において見出される．興味深いことだが，洗練された社会においては，ドリス式オーダーに備わる力強さや表現力が装飾的に扱われることがないために，3つのオーダーの中ではドリス式が最大の本

---

l'âme, & en ont fait un art non plus copiste, non plus imitateur, mais rival de la Nature même."
[20] Ibid., pp. 116-17. 原文は以下のとおり． "Un jeu puéril pour les artistes, & une enigme pour le commun des hommes."
[21] Ibid., "Caractère," p. 478. 原文は以下のとおり． "Ainsi, dans l'emploi métaphorique de ce mot, *caractère*, n'est autre chose que le signe par lequel la nature écrit sur chaque objet son essence ses qualités distinctives, ses propriétés relatives."
[22] Ibid., p. 492. 原文は以下のとおり． "…je dirai que le caractère d'architecture des differens peuples consiste dans une manière d'être, dans une conformation nécessitée par les besoins physiques & les habitudes morales, & dans laquelle se peignent les climats, les idées, les moeurs, les goûts, les plaisirs & le caractère même de chaque peuple."

質的性格をもつのである．弁別的性格は建築の外観のありようやその独創性に備わるものであり，固有の様式を備えている建築であることの証しである．相対的性格は建築にとって最も実りある発展をもたらすものである．なぜなら，材料の表現力に富んだ使用や，（例えば言語体系から詩が創られるような）観念的・芸術的性質の行使，そして「デコルム」における規範を遵守することでこの性格が生じるからである．カンシーは次のように述べる．「簡素な類型と少ない方策しかもたない自然が，それにもかかわらず，その組織の仕方によって数々の作品を変化させるありようにおいて，いかに無尽蔵であり変化に富んでいるかを見なさい」[23]．

したがって，カンシーが論じる古典主義は，厳格な規則に縛られた古典主義ではなく，適切な，節度ある変化を含んだ古典主義なのである．その変化とは，ふさわしい類型を選択し，装飾的な付属物をあてはめ，巧妙な言語表現を用いるという適切さ，あるいは，何世紀にもわたって蓄積され，彼によれば今や消滅の危機に晒されている「視覚的表現力」のもとに現れる．後に百科全書の第3巻（1825）で「類型」「様式」「理論」といった概念を用いて学説モデルを完成させる際，その哲学的な鋭い洞察力はいっそう洗練の度合いを増すようになる．建築における類型とは，模倣すべきものの似姿ではなく，むしろ「原型または規範として機能すべき要素の観念」[24]であり，また様式とは特定の形態言語を指すのではなく，むしろ「性格，固有の手法と同義であり，もしくはそれぞれの作品・作者・ジャンル・流派・地域・時代等に属する弁別的外観と同義」[25]なのである．そして理論には実践的かつ学術的な側面が備わるが，より重要なことには，理論に備わるその高度な「形而上学的」次元がある．それは「高等教育の段階」であり，さらに以下のように続く．

> それは規範を作り出すことではなく，そこから規範が発せられる根源にまで遡ることである．それは規則を作ることではなく，規則に備わる理念を探求し，見抜くことである．それは建築作品に潜む原理を汲み取ることではなく，自然の法則・我々が抱く印象の原因・芸術が我々の心を打ち，我々に感銘と喜びを与える原動力を作品の原理として提示することである[26]．

---

[23] Ibid., p. 510. 原文は以下のとおり．"Voyez combien la nature, simple dans ses types, éconeme dans ses moyens, est cependant inépuisable & variée dans toutes les combinaisons qui modifient ses ouvrages."
[24] Ibid., "Type," 3: p. 544. 原文は以下のとおり．"... que l'idée d'un élément qui doit lui-même servir de règle au modèle."
[25] Ibid., "Style," p. 411. 原文は以下のとおり．"... style, disons-nous, devient synonyme de *caractère*, ou de la manière propre, de la physionomie distinctive qui appartienne à chaque ouvrage, à chaque auteur, à chaque genre, à chaque école, à chaque pays, à chaque siècle, etc."

こうして，再編成されたエコール・デ・ボザールは，卓越した巧妙さと知的洗練とを備えた古典主義の理論基盤を与えられた．しかしながら，この理論基盤は極めて短い期間しか持続しないことが明らかとなる．それというのも，1825 年に百科全書の最終巻が仕上げられるや否や，カトルメール・ド・カンシーの理論体系が非難を浴びたためである．さらなる革命——政治と建築双方における革命——の前兆が現れていた．

2
多彩色論争
（ポリクロミー）

　建築界では，全ヨーロッパ規模の多彩色論争（ポリクロミー）がこの革命の第 1 段階を象徴した．この論争の発端は，19 世紀初頭に古代ギリシア時代のポリクロミーをまさしく「発見」したことであり，そこには革命を起こそうなどという意図はなかった．実際にはその約 75 年前に，スチュアートとレヴェットが，テセウス神殿域内のいくつかのアテナ神殿に描かれた装飾の輪郭を記録した時点で，それは発見されていた（図 27）．彼らは塗料の残骸は目にしたものの，それ以外の部分では白大理石が露出していたこれらの遺跡における塗料の存在が及ぼす，遥か遠方にまで至る影響を予見することはできなかった．またそれは同時代における他の人々にとっても同じことであった．主としてヘレニズム期彫刻の大理石製の模造品をもとに考察を行ったヴィンケルマンは，彫刻美の本質とは輪郭と形態にあり，それは白大理石という素材の高潔さによって高められる，とする新古典主義的見解を定義した．ヴィンケルマンは，白という色は光線を最もよく反射し，外形や輪郭線を最も明確に見せることができるゆえに，大理石の白さの度合いが彫刻の美に影響を与える，とさえ述べたのであり[27]，そのような見解は容易に建築へと転位された．1801 年の著作において，ドイツの歴史家クリスティ

---

[26] Ibid., "Théorie," p. 485. 原文は以下のとおり． "C'est, non celle qui donne les règles, mais celle qui remonte aux sources d'où les règles émanent. C'est, non celle qui rédige les lois, mais celle qui en scrute et en pénètre l'esprit. C'est, non celle qui puise ses principes dans les ouvrages, mais celle qui donne pour principes aux ouvrages, les lois même de notre nature, les causes des impressions que nous éprouvons, les ressorts par lesquels l'art nous touche, nous émeut et nous plaît."

[27] J. J. Winckelmann, *Geschichte der Kunst des Alterthums* (Dresden: Walther, 1764), pp. 147-8. 原文は以下のとおり． "Da nun die weisse Farbe diejenige ist, welche die mehresten Lichtstrahlen zurückschicket, sogleich sich empfindlicher macht, so wird auch ein schöner Körper desto schöner seyn, je weisser er ist."

アン・ルートヴィヒ・スティーグリッツはこの新古典主義的態度を要約し，次のように述べた．「建築作品は，美しい形態を通じて自身の美を授かる．この建築という芸術においては，建築と関連するその他の芸術と同様に，秩序と調和，適切さと比例によってその美しい形態というものが生み出される」[28]．

その当時，建築におけるポリクロミーの存在についてなされたいくつかの古典的な論及は，見過ごされるか，あるいは軽視されていた．ウィトルウィウスは木造神殿のトリグリフに塗布された青色の蝋に言及していたし，パウサニアスは，紀元2世紀に執筆された彼の旅行報告の中で，赤と緑に彩られたアテネの裁判所を見たと述べていた[29]．しかしながら，そこから導かれた仮説は，色はアクセントとしてのみ建造物に適用され，大部分は白色であった，というものだった．しかし，壁画についての問題が事態を複雑にした．紀元1世紀のローマの歴史家，大プリニウスは，ギリシア人はその最盛期においても本当の意味での壁画を描いたことはなく（これはローマ人による堕落した形式である），その代わりに壁に設置された板に絵を描いた，と記述していた[30]．ヴィンケルマンは（今後現れるであろう論敵のために）この主張に反論していたが，それにもかかわらず，この大プリニウスの記述によって古代ギリシア遺跡の「白い姿」は，18世紀の終わりまで議論の余地のない状態であ

27 テセウス神殿の彩色されたエンタブラチュアの詳細．スチュアートとレヴェット『アテネの古代遺物』より．

---

[28] C. L. Stieglitz, *Arcliaeologie der Baukunst der Griechen und Römer* (Weimar: Verlage des Industrie-Comptoirs, 1801), pp. 258-9. 原文は以下のとおり．"Die Werke der Baukunst erhalten ihre Schönheit durch die schöne Form, die bey ihr, so wie bey den bildenden Künsten, an welche sie sich anschliesst, durch Ordnung und Ebenmass, durch Schicklichkeit und gute Verhältnisse hervorgebracht wird."

[29] Vitruvius, *De Architectura*, bk. 4, chap. 2.〔ウィトルウィウス著，森田慶一訳注『ウィトルーウィウス 建築書』東海大学出版会，1979年〕.; Pausanias, *Guide to Greece* (Harmondsworth, England: Penguin, 1979), par. 28.〔パウサニアス著，馬場恵二訳『ギリシア案内記』上・下，岩波書店，1991, 1992年〕.

[30] Pliny, *Natural History* (Cambridge: Harvard University Press, 1868), bk. 35, I. 3 and XXXVII. 118.

り続けた[31]．ギリシア建築は主として白いものと考えられ，広範囲にわたって色が使用されていたという多くの証拠が確認される場所——例えばエジプトの霊廟や浅浮き彫り，ミケーネにあるアトレウスの宝庫の多彩装飾，そしてポンペイやヘルクラネウムの壁画——や時代は芸術的に未熟であるか，または辺境の地における退廃であったと見做された．ペリクレス期の格調高い様式が，その穢れなき芸術的栄光において，これらの時代の上に君臨していた．

多くの旅行者たち——その大半はイギリス人だった——がギリシアを訪れてさらなる調査を行うにつれ，この見解は反論を受け始めた．1799年から1802年にかけて，在コンスタンティノープル特任大使であったスコットランド人，第7代エルギン伯爵トマス・ブルース（Thomas Bruce, 1766-1841）は，パルテノン神殿から装飾彫刻を剥ぎ取り本国イギリスに送るという計画を着想した．当時のギリシアには建築家ウィリアム・ウィルキンス，地誌学者ウィリアム・リーク，そして古物研究家エドワード・ドッドウェルらも旅行者として滞在しており，彼ら全員がポリクロミーの形跡を見つけた．ウィルキンスは，プロピュライアとテセウス神殿（ヘファイスティオン）のエンタブラチュア上に塗料の痕跡を発見し[32]，リークは「さまざまな色」がパルテノン神殿の壁表面や彫刻に塗られていると記した[33]．そしてドッドウェルはパルテノン神殿で青，赤，そして黄色の塗料の広範囲に及ぶ痕跡を見つけ，以下のように記した．

> 多くの色で彩色された神殿や彫刻，という観念に我々の思考を納得させるのは難しい．しかし，この彩色という行為が最初期のギリシア人，そしてペリクレス期のギリシア人にとってさえも馴染み深いものであったことは確かである．すべてのギリシア神殿が同じやり方で……彫り刻まれた部分に調和した最高の仕上げともっとも卓越した優雅さによって装飾されていたのは間違いない[34]．

1810年頃には，C・R・コッカレル，ドイツ人カール・ハラー・フォン・ハラーシュタイン，ロシア人オットー・マグヌス・フォン・シュタッケルベルク，そしてデンマーク人ピーター・オールフ・ブロントシュテッドらを含む，さらなる旅行者の一波

---

[31] Winckelmann, *Geschichte der Kunst des Alterthums*, p. 264.
[32] William Wilkins, *Atheniensia* (London: Longman, Hurst, Orme, & Rees, 1816), pp. 86-8.
[33] William Leake, *The Topography of Athens, with Some Remarks on its Antiquities*, 2nd ed. (London: J. Murray, 1841; originally published in 1824), p. 335.
[34] Edward Dodwell, *A Classical and Topographical Tour Through Greece* (London, 1819), pp. 342-3. あわせて pp. 320-42, 365-7 も参照のこと．

がギリシアに到達した——そして彼らの発見はさらに劇的なものとなった．1811 年，アイギナ島において，コッカレル，ハラーシュタイン，ブロントシュテッドが，部分的に建ち残っていた神殿からペディメント彫刻を発掘し，彫像部分だけではなくコーニスの刳形にも彩色が施されていたことを発見した．しかしながら，外気と日光に晒された直後に塗料が蒸発してしまったことが問題だった．その年の遅くに，バッサイのアルカディア神殿を発見した同グループは，またしても広範囲にわたる塗料の痕跡を見つけた[35]．この神殿を設計した建築家はパルテノン神殿も担当したイクティノスだったため，この発見は最も重要なものであった．

　これこそが，1815 年にカトルメール・ド・カンシーが文献学的研究『オリュンポスのジュピター，あるいは新たな観点のもと考察された古代彫刻術』（*Le Jupiter olympien, ou l'art de la sculpture antique considéré sous un nouveau point de vue*）を出版した際に問題となった点だった．1803 年に執筆が開始されたこの本には近年の発見の諸々が考慮に入っていなかったが，著者であるカンシーがそれらの（多くは出版されていなかった）諸発見を認知していたことは疑いのないことである．ヴィンケルマンの偉大なる歴史書への「補足」と彼が表現するこの研究の目標は，フェイディアスによる黄金と象牙製の名高い彫像——オリンピアとアテネの神殿内それぞれに置かれていたゼウスとアテネの巨大な彫像——を復元することだった．例えばパウサニアスのような古典の著述家は，古代ギリシアにおける傑作としてこれらの作品を称賛していたが，ケリュスなどの新古典主義の権威たちは，衣と肌を表現するために 2 種の素材を使用することにまったく魅惑されていなかった．カンシーが要約するように，彼らが非難する点は次の 4 つであった．① 金と象牙による多色使いが，ギリシア人の通常の慣習に馴染まない異質な嗜好を表している．② 2 種の素材の混合は「不統一な状態」を生み出すのであり，大理石のような高貴な素材ただ一種を使用することに比べて純粋ではない．③ 芸術作品の本質的価値に関しては，その素材の贅沢さが古代人に不当な影響を与えた．そして，④ 彫刻の最も「基本的な原理」である形態を貶める「ある種の幻覚」が色の使用によって生み出されている[36]．

　カトルメール・ド・カンシーは，無数の古典の資料を援用しながら，400 ページ以上にわたって展開する主張をもってこれらの批判に反論する．これらの作品の歴史上の原型は異質なものではなく，むしろ初期古代ギリシアにおける，衣服を施された原

---

[35] コッカレルとハラーシュタインは，ジョン・フォスターやヤーコブ・リンクとともに 1811 年に寺院の跡地を発見したが，大規模な発掘作業は行わなかった．1812 年にブロントステッドとシュタッケルベルクが跡地に戻り，発掘を行った．

[36] Quatremere de Quincy, *Le Jupiter olympien, ou l'art de la sculpture antique considéré sous un nouveau point de vue* (Paris: Chez Firmin Didot, 1815), pp. 389-91.

始的な木製彩色偶像――人体彫像（statues-mannequins）――であったと彼は主張する．そしてこれらの人体彫像の彩色・装飾技術は，彫金（金属を浮き出し加工する，もしくは彫刻する）という技術的な発展段階へと移行する．天候や時間による風化から素材を守り，素材の欠点を補完し，素材表面の冷淡さと単調さを和らげるために，他の諸素材への彩色も継続された．こうしてペリクレスの時代までに，ギリシア彫像術の長い伝統を享受してきた彩色行為は，内容において象徴化され，かつ宗教的慣行によって神聖化されていたのであった．美しく色づけされて描かれた金・象牙製のゼウス像とアテナ像のドローイングにおいて，透き通る色艶で覆われた像の様子を表現したカンシーは，次のように記している．「色彩であることなしに絵画のようであり，色を塗られることなく色を帯びており，そして，幻影の現実感ではなく，幻影のうわべを示している」[37]．

　カンシーは，この議論を特定の考古学的・文献学的問題に答えたものとして構築していたのであり，自身の建築理論に秘められた含意には間違いなく無関心だった．しかしながら，他の建築家や考古学者らは，この議論に注目した．例えば，1819年にコッカレルがアイギナの大理石彫刻群についての発見を発表した際，彼はそれを「ギリシア人たちのあいだで普及していた，古代における彫像彩色のとても優れた実例」[38] と説明した．彼はこの実践を，「退屈もしくは単調にならないように個々の部分を際立たせ，そして種々の繊細な色調によりその効果を高める」[39] 手段と見做した．その 2 年後，ドイツ人建築家レオ・フォン・クレンツェ――同じくアイギナの大理石彫刻群を収蔵することを目的とした博物館，ミュンヘンのグリュプトテークの設計を依頼されていた――が古代建築についての講義を開き，古代遺物に対する見解が「つまらなく，冷たく，そして凝り固まっている」として，ヴィンケルマンやケリュスを厳しく非難した．そして続けて，とりわけカンシーとコッカレルは，過去を正しく再評価しているとして称賛された[40]．大理石彫刻の背景として機能させるための神殿の復元において，クレンツェは柱とメトープを黄色に，神室の壁を赤色に，そしてトリグリフを青色に塗った．

---

[37] Ibid., p. 36. 原文は以下のとおり．"... une sorte de peinture sans être de la couleur, c'est d'être colorés sans avoir été peints, c'est d'offrir enfin l'apparence et non la réalité de l'illusion."

[38] C. R. Cockerell, "On the Aegina Marbles," *Journal of Science and the Arts* (London), 6, no. 12 (1819): p. 340.

[39] Ibid., p. 341. コッカレルの旅に関する記述は Samuel Pepys Cockerell, ed., *Travels in Southern Europe and the Levant, 1810-1817: The Journal of C. R. Cockerell* (London: Longmans, Green, 1903) を参照せよ．

[40] Leo von Klenze, *Versuch einer Wiederstellung des toskanischer Tempels nach seinan historishen und technischen Anlogien* (Munich, 1822), p. 9, 77.

古代の多彩色(ポリクロミー)についての別の説明もこれに続いた．1826年，バロン・フォン・シュタッケルベルクは，バッサイ神殿における発見についての書籍を出版した．彼はその中でカンシーの主張を繰り返すだけでなく，生き生きとしたギリシア精神と南方のカラフルな景観についての観察によって論拠を強化した．

> 色，それは建築から感じ取られる重量感を増すために南方の人々すべてにとって今日でさえも不可欠なものであり，ギリシア人たちによってペリクレスの時代の偉大なる傑作建築にドリス式とイオニア式双方で用いられ，テセウム，パルテノン，アテナ・ミネルヴァの神殿，そしてプロピュライアにおいて見られるように，建造物の外観装飾にさえ複数の色が用いられている．加えて，記念碑，ギリシアの壺絵，そしてポンペイのフレスコ画におけるいくつかの例が，建築作品そのものにおける彩色装飾の普遍性を示している．このような色の効用は温暖な気候によって促進され，ドリス神殿は我々が想像するよりもさらに豊かに装飾されているように見えたのである[41]．

1825年から1830年にかけて出版されたスチュアートとレヴェットによる『アテネの古代遺物』の第2版は，この議論をさらに前進させた．ウィリアム・キナードは，パルテノン神殿について新たに書かれた注解において，塗料は未だに「はっきり見える」ほどであり，そして装飾的要素以外の部分にも彩色が施されていたと主張した．すなわち，「白大理石製の磨かれた柱とそのアーキトレーブ，トリグリフ，そしてコーニスの主要部分は，目に心地良い方法で，よく日の照る気候の中，思慮深く塗布された金箔と色の組合せ，そして互いの相乗効果によって引き立たせられていたのかもしれない」[42]．色彩の使用について引き合いに出される理由は，建物表面の鮮やかに装飾された彫刻群に必要だからというだけでなく，アテネ人の純粋なデザイン感覚に

---

[41] O. M. Baron von Stackelberg, *Der Apollotempel zu Bassae in Arcadien und die daselbst ausgegrabenen Bildwerke* (Rome, 1826), p. 33. 原文は以下のとおり．"Der Farbe, noch jetzt bey allen südlichen Völkern zur Belebung von Architekturmassen unentbehrlich, wandten die Griechen in der höchsten Meisterwerke der Baukunst aus dem Perikleischen Zeitalter, sowohl Dorischer als Ionischer Bauart, noch bezeugen: das Theseium, der Parthenon, der Tempel der Minerva Polias, die Propyläen, wo selbst äussere Bauverzierungen mit Farben aufgetragen waren. Ausserdem lassen sich manche Beyspiele aufweisen in Denksteinen, in Vasengemälden aus Griechenland, in Wandgemälden aus Pompeji, welche die Allgemeinheit der Maler ausziervung an architektonischen Werken darthum. Das milde Clima begünstigte diesen Gebrauch und Dorische Tempel erscheinen hiedurch viel reicher geschmückt, als man sich denkt."

[42] William Kinnard, commentary to Stuart and Revett's *The Antiquities of Athens*, 2nd ed. (London, 1825), 2: pp. 44-5 n.

合致するから，ということまでいわれるようになったのである．

　自身による多彩色(ポリクロミー)に関する発見のフォリオ形式による発表『ギリシアにおける旅行と調査』(*Reisen und Untersuchungen in Griechenland*) において，ブロントシュテッドは同様の見解を表明した．彼は，カンシーの唱えたギリシア彫像術の4段階説を建築へ置き換え（神殿は木造の原型から発展し，それゆえ初めは彩色する必要があったと考えた），そして連続する各段階において色彩は十分に活用されていたと見做した．ペリクレス期には，「色彩の利用法における第一義，すなわち実際の建築における諸目的のために用いられる彩色は，ギリシア建築が最も美しかった時代に一般的であったのであり，すでに述べたように，程度の差はあれすべてのギリシア神殿が彩色されていたと自信をもって断言できるほどである」[43]．ブロントシュテッドが用いたこの彩色とは，柱，壁，そしてその他すべての表面の彩色という意味だった．

　こうして1825年までには，ギリシアの古代遺物の「白い姿」はおおかた過去のものとなった．理論の面では，色彩が古典主義にもたらした課題は，単にひとつの論点にすぎない．すなわち，古典的な建築の構成において色彩が重視されるにつれて，均整美，デコルム，そして何よりも比率に配されていた重要性が弱まったということである．それにもかかわらず，多彩色(ポリクロミー)問題はこの課題から連想されるよりも大きな軋轢を招いてしまうこととなった．1820年代後半のフランスにおける学生の多くにとって，多彩色(ポリクロミー)問題は，アカデミーの理論体系における美学的核心を攻撃するためのいわば口実となったのである．事実，徐々に増加していく多彩色(ポリクロミー)の証拠に直面したカトルメール・ド・カンシーは比率の価値を擁護し，これにより彼の権威は弱体化した．

　この点に関して，アカデミーにとって最も痛手となった出来事——それは考古学という学問領域を明らかに超え出るものでもあった——が，カンシーのかつての友人ジャック・イニャス・イトルフ (Jacques Ignace Hittorff, 1792-1867) が行った，シチリアにある小さな記念碑の復元だった．ドイツのケルンに生まれたこの建築家は，1810年にナポレオンによりライン西岸が併合されたことによってフランス市民を名乗ることとなり，エコール・デ・ボザールに入学した．フランスの職業階層を瞬く間に駆け上がったイトルフは，エルギン大理石(マーブル)見学のためのイギリス訪問やカンシーの書籍から刺激を受け，多彩色(ポリクロミー)に関する新たな発見を目的とする南方への旅の計画を開始した[44]．彼は1822年9月にパリを発ち，まずローマに向かい，ここでミュンヘン

---

[43] P. O. Brøndsted, *Reisen und Untersuchungen in Griechenland*, (Paris, 1825-30), 1: p. 147.
[44] 独学で英語を学んだイトルフは，エルギン大理石を見るため1820年にロンドンへ旅し，そこでのさまざまな調査研究は多彩色を巡る論争で彼が果たした役目に貢献した．Karl Hammer, *Jakob Ignaz Hittorff: Ein Pariser Baumeister 1792-1867* (Stuttgart: Deutsche Verlags-Anstalt, 1986); David van Zanten, *The Architectural Polychromy of the 1830s* (New York: Garland, 1977); Robin

移送前のアイギナ産大理石を修復していた彫刻家ベルテル・トルヴァルセンに会い励ましを受けた。そしてイギリス人ウィリアム・ハリスとサミュエル・エンジェルが，彩色されたメトープをセリヌスで発見したという報を受けたイトルフは，自身の採掘作業に着手するためにシチリアの発掘現場へと急いだ（結果的に，それはドイツの建築家クレンツェとの競争だった）。さらにパレルモでエンジェルと落ち合い（ハリスは直前にマラリアで死亡していた），赤味がかったメトープを直接目にした[45]。アグリジェントで発掘を委託したイトルフはある程度の成果を得たが，その後発掘チームをセリヌスに移動させ，そこで部分的に石膏で覆われ彩色を施された小さな神殿（神殿B）の遺跡を発掘した。彼は色の復元を準備するためにローマに戻り，完成結果をさまざまな建築家に見せた後，出版をすぐには行わないことを決めた[46]。実際，イトルフが復元画の展示と多彩色「体系(ポリクロミー)」の公式発表を芸術アカデミー全体に向けて行ったのは，1830年4月30日のことだった[47]。

　結局のところ，イトルフの体系は推測以外の何ものでもなかったが，推測ではないといい張ることも決してなかった。ブロントシュテッドと同様に，イトルフもカトルメール・ド・カンシーが唱えた色彩理論の本筋を建築へ置き換えており，そしてシュタッケルベルクと同様に，日の照る南方の「輝かしい植生」や「尽きることのない自然の豊かさ」に適合するような建築の必要性を強調した。彼がこの議論にもたらした新しいもの——生き生きと描かれた，全面彩色のドローイングに加えて——とは，あるひとつの多彩色(ポリクロミー)の体系，つまりより大きな表現形式であるオーダーの下位体系としての多彩色(ポリクロミー)の体系が古代に存在していた，という主張だった。イトルフの見解によれば，色彩は建造物の特徴を表現するための強力な補助的手段を建築に与えた。すなわち，「人々が神々を包み込みたいと欲した，その輝きという観点からすると，神聖な建造物に視覚的な壮麗さをある程度付与する機能を果たしたのは，装飾の華麗さ，と

　Middleton, "Hittorff's Polychrome Campaign," in *The Beaux-Arts and Nineteenth-Century French Architecture* (Cambridge, Mass.: M.I.T. Press, 1982); and Musée Carnavalet, *Hittorff: Un Architecte du XIXème* (Alençon, France: Alençonnaise, 1986) を参照。

[45] William Harris and Samuel Angell, *Sculptured Metopes discovered amongst the Ruins of the Temples of the Ancient City of Selinus in Sicily* (London, 1826), pls. 6-8. を参照。

[46] イタリアに滞在しているあいだ，イトルフはフランソワ・ゲラール，ルートヴィヒ・フォン・ショーン，シャルル・ペルシエにこの発見を報告した。また1824年にはローマのフランス・アカデミーに論文ひとつを提出したが，自身が提唱したシステムについて論じることはなかった。そして1827年から1830年にかけて出版した『シチリアの古代建築』(*L'Architecture antique de la Sicile*) に49枚の版画を掲載し，そのうちの3枚は彩色されていたが，それでも1830年に発表した復元画は掲載しなかった。

[47] J. I. Hittorff, "De l'architecture polychrôme chez les Grecs, ou restitution complète du temple d'Empédocles, dans l'acropolis de Sélinunte," *Annales de l'institute de Correspondance Archéologique* 2 (1830): pp. 263-84.

りわけ色彩によって性質を補完された装飾の華麗さの度合いであった」[48].

イトルフが視覚的資料を用いて提示したのは、「芸術的」復元だった．彼は利用できるような発掘証拠をほとんどもっていなかった．そして自ら認めたように，タルキニア，ポンペイ，アイギナ，そしてエルサレムのような広範囲にわたる場所と時間から装飾の構成単位と色彩とを借用し，それらを寄せ集めることによって，イトルフはシチリアの英雄廟（さらにいうと「全時代を記念する，古代ギリシアのモニュメント」）を再構成したのだった．これによりもたらされた結果は，全く思いがけないものだった．芸術アカデミーにおけるカトルメール・ド・カンシーの最終的な後継者である歴史家，デジレ・ラウル = ロシェットが，イトルフの復元作業に対する評価を「申し分のない復元」から「恣意的で，仮説にすぎない思いつき」へと即座に変更し，このことが，この学問分野の最前線で展開される大論争を引き起こしたのである[49]．その後6年間に及んだ論文の激しいやり取りの中，イトルフとラウル = ロシェット（と彼の擁護者たち）は，多彩色(ポリクロミー)に関する公開討論の場でついに侮辱的な言葉を発して応酬した．そして議論はドイツ，イギリス，スペインへと即座に拡散していったのである[50]．

---

[48] Ibid., p. 273. 原文は以下のとおり．"C'était le degré de richesse dans les ornements dont la peinture était plus spécialement chargée, qui servait à donner plus ou moins de magnificence apparente aux édifices sacrés, selon l'éclat dont on voulait entourer les dieux."

[49] イトルフが行った復元に対する最初の批評は，『学識者新聞』（*Journal des Savants*）1829年7月号中の『シチリアの古代建築』へのラウル = ロシェットによる論評である．また二番目の批評は『学識者新聞』1833年6月号から8月号にかけて掲載されたラウル = ロシェットの論説「古代の建造物における壁面彩色」("De la peinture sur mur chez les anciens")においてなされた．しかしながら，彼のイトルフに対する姿勢は1830年7月にアカデミーで行われた講演を境に変化していた．

[50] ドイツにおける多彩色(ポリクロミー)論争は，1834年から1835年にかけて，ゴットフリート・ゼンパーとフランツ・クーグラーの見解の対立をもって始まった（第5章を参照のこと）．またイングランドにおけるそれは，エルギン大理石に彩色の跡が残されていないか再検査するため，大英博物館が会議の招集を決断したことから開始された（これより以前にエルギン大理石は薬品で研磨されていたために，痕跡は消し去られていた）．"Report of the Committee Appointed to Examine the Elgin Marbles, in order to Ascertain Whether any Evidence Remains as the Employment of Colour in the Decoration Architecture and Sculpture," *Transactions of the Royal Institute of British Architects of London* 1, pt. 2 (1842): 101-8 を参照．スペインにおける論争については，A. Zabaletas, "Arquitectura," *No me Olvides*, no. 11 (July 1837): 5-7; no. 12 (Aug 1837): pp. 1-3を参照．またマリア・オコン・フェルナンデス（María Ocón Fernández）のスペインにおける多彩色(ポリクロミー)に関する近刊書も参照のこと．

──3──
社会主義,ロマン主義,「小さな革命」
<small>プチ・レボリューション</small>

　アカデミー・デ・ボザールへ向けたイトルフの発表は，未来の明るい兆しでもあった．なぜならそれが，1830年の4月，もうひとつの革命がフランスを飲み込む3ヶ月前に提示されたためである．問題は1814～1815年に開かれたウィーン会議で，ナポレオンとの戦いに勝利したヨーロッパ諸国がブルボン王家を復位させたときまで遡る．フランスはこうして，不人気で無能なルイ18世，2つに分裂した議会，大幅に縮減された国境，そして多額の戦争賠償金を背負い込むこととなった．それゆえに発足当初の政府は脆弱な状態にあり，そしてアナーキー——この革命期に初めて使用されるようになった言葉である——は水面下で悪化し，苛立ちや苦しみを生み出していた．1824年にルイ18世が死亡し，追討ちをかけて不人気なその弟，シャルル10世が王位を継承するも状況はさほど改善せず，1820年代末期のフランスは革命の話題でもちきりであった．

　この状況は1830年3月，下院出身の政治家であり歴史家のフランソワ・ギゾーが政治的自由を求める歴史的嘆願を行った時点で頂点に達した．シャルル10世は新たな選挙を行うことで応えたが，それは王に敵対する勢力の躍進という，彼が意図していなかった結果を生むものであり，1830年7月24日，ついにシャルル10世は言論の自由の抑圧，議会の権限の抑制を命じる勅令に秘密裏に署名した．勅令が周知の事実となった数日後，パリの至る所で600ものバリケードが建てられた．8月7日，下院の代表団が議会を再招集し，国王から地位を剥奪し，そして王冠をオルレアン公ルイ・フィリップへと授けたのである．その10日後，打ち負かされた王はフランス中で群衆に追われ，英仏海峡を渡りイギリスへと亡命し，ついに母国に戻ることはなかった．

　本来，この政治事件は，工業化によって深くその根を下ろして拡大した社会的危機を反映したものでしかなかった．世紀の変わり目を取り巻いた恐怖で血塗られた歳月と，数十年間ほとんど絶えることのなかった戦争は，ヨーロッパ全体を沈滞させ，社会全体の見直しを試みるさまざまな活動を引き起こした．イギリスでは，ジェレミー・ベンサム (Jeremy Bentham, 1748-1832) やロバート・オーウェン (Robert Owen, 1771-1858) といった改革者が社会を変えるための方策を推し進めた．功利主義を提唱した主要な理論家であるベンサムは，今日では監獄の規範としてのパノプテ

ィコンの発案において最も知られているかもしれないが，彼は同様に貧困階層に対しての人道的処置や，工場を効率的で安全かつ衛生的な労働の場へと変換する試みに関してもさまざまな提案を行っていた．また，1790年代，社会主義を唱えた最初の理論家のひとりであるオーウェンは，スコットランドのニュー・ラナークに工場労働者の生活共同体モデルをつくり，そこでは大人たちが共同体の厳しい規則に従うことで「改善」を施されている昼の間，子供たちは教育などの援助を受けていた．それから遥か後の1825年，オーウェンは実験共同体ニュー・ハーモニーの建設のため米国インディアナ州に30,000エーカーの土地を購入したが，その試みは3年で失敗に終わった．

フランスの主要な空想的社会主義者としては，シャルル・フーリエ（Charles Fourier, 1772-1837）とクロード＝アンリ・サン＝シモン（Claude-Henri Saint Simon, 1760-1825）の2人が挙げられる．フーリエは画期的な社会学上の発見──「情念引力および斥力の分析的かつ総合的な計算」の発見──を1799年に成し遂げたと信じていたが，7種の産業機能（家庭，農業，製造，商業，教育，科学，芸術）を有する計画共同体ファランステールの建設計画は遅々として進まなかった[51]．彼は本質的には無政府主義者かつ理神論者であり，生産と消費を包含する科学的かつ合理的な生活共同体による社会問題の解決を追求したのだった．この新たな共同体において，芸術は重要な教育的役割を担っていたが，婚姻制度に捉われない自由な性行動の合法化のような諸改革もまた同様の機能を果たした．フーリエ主義運動が目指した共同体は1830年までは完全に実現することはなく，そして数少ないファランステール建設の試みは早々に破綻した．しかしながら，彼らはカール・マルクスのような後の思想家たちの関心を引き寄せたのである．

サン＝シモンの社会主義思想は，1820年代に（フーリエのそれよりも）はるかに広く行き渡り，建築理論に強い影響を及ぼした．貴族の家系に生まれたサン＝シモンはジャン＝ジャック・ルソーの思想的継承者であり，アメリカ独立戦争に短期間参加した．そしてフーリエと同様に恐怖政治の時期には投獄されており，その哲学的信念を徐々に確立していった．1816年の初め，サン＝シモンは新たな「有機的」時代の創造を要求した．それは工業的生産手段に基づいて根本的に変化を遂げた社会秩序であり[52]，また能力主義を想定していたこの秩序は，社会的階級制度を伴うものであっ

---

[51] 引用した表現はフーリエが『四運動の理論』(*Théorie des quatre mouvements*, 1808) のための「豫講」("Preliminary Discourse") で用いたものである．*The Utopian Vision of Charles Fourier*, translated and edited by Jonathan Beecher and Richard Bienvenu (London: Jonathan Cape, 1971), p. 101. を参照．〔シャルル・フーリエ，巖谷國士訳『四運動の理論〈上・下〉』現代思潮新社，2002年〕．

た．女性は政治参加に関して完全に平等であり，貧困の撲滅が社会の目標とされた．その社会階層の頂点には全体を統治する知的支配階級，すなわち芸術家，科学者，そして産業技術者たちからなる行政を司る幹部たちがおり，生産と社会発展を指導するものとされた――それは後にル・コルビュジエが抱いた未来像を思わせるものだった．

　サン＝シモンが唱えた理論は，1820年代の後半にさまざまな追随者を獲得した．初期からの弟子のひとりであったオーギュスト・コントは自身の思考の諸相を実証主義的社会学へと発展させた．実証主義によれば，神学的段階と形而上学的段階の後に続くものである目下の歴史的段階は，世界の解釈は自然科学的言語によって厳密になされるのであり，自然科学もしくは「実証的」科学に基づくものこそが真実なのである．1820年代にサン＝シモン主義から現れたもうひとつの新概念が，より人間的な世界へと向けた進歩を先導する，芸術における「前衛」という観念であった．1825年，オランド・ロドリグはこの概念を援用し，前衛という観念に軍事的，政治的含意を付与した．

　　前衛をつとめる者，それは我々芸術家である．なぜなら芸術が有する力は実に最も迅速であり，かつ最も急激なものであるからだ．我々はあらゆる種類の武器を手にしているのだ．新たな観念を人々のあいだに広めたいときには，我々芸術家は大理石やキャンヴァスにそれを刻みつける．詩や歌を通して社会に普及させる．そして同様に竪琴やフルート，頌歌や歌唱，物語や小説を用いて広めるのだ．劇的な光景が眼前に開けており，その作用によって我々は衝撃的な勝利を収めるのである[53]．

---

[52] サン＝シモンは1816年から1818年にかけて4巻にわたって出版された『産業』(*L'Industrie*) 誌において初めて自身の思想を提示した．芸術にとってのサン＝シモンがもった意義については，Donald Drew Egbert, *Social Radicalism and the Arts: Western Europe* (New York: Knopf, 1970), pp. 117-33 を参照．

[53] Olinde Rodrigues, "L'artiste, le savant et l' industriel. Dialogue," in *Oeuvres de Saint-Simon et d'Enfantin* (Aalen, Germany: Otto Zeller, 1964), 10: p. 210. 原文は以下のとおり．"C'est nous, artistes, qui vous servirons d'avant-garde; la puissance des arts est en effet la plus immédiate et la plus rapide. Nous avons des armes de toute espère: quand nous voulons répandre des idées neuves parmi les hommes, nous les inscrivons sur le marble ou sur la toile; nous les popularisons part la poésic et la chant; nous employons tour à tour la lyre ou le galoubet, l'ode ou la chanson, l'histoire ou le roman; la scène dramatique nous est ouverte, et c'est là surtout que nous exerçons une influence électrique et victorieuse." エコール・ポリテクニークの卒業生だったロドリグは，例えば1832年の「新たなるエルサレム New Jerusalem」の設計計画のように，建築的「構想(ヴィジョン)」も持ち合わせていた．Spyros Papapetros, "The Symposium Issue: Spaces of Transformation" (online article), *Iconomania: Studies in Visual Culture* (1998) を参照．

1830年に出版されたエミール・バロー（Emile Barrault, 1799-1869）による論争的な小冊子『芸術家たちへ』（*Aux artistes*）においては，芸術的かつ建築的な観点からこの声明が繰り返される．「芸術の退廃は明らか」であり，そして建築はその秩序立った構成において，うわべは優雅で好ましいけれども，根底にある生気と詩情を欠いている[54]，という主張をもってバローはこの小冊子を書き出しており，続いて「有機的」あるいは「危機的」時代というサン＝シモン的枠組みにおいて現在という時期が陥っている状況について考察する．有機的時代とは宗教，社会，芸術におけるそれぞれの理想が調和のうちにあり，相互に補強し合っているような歴史上の短い時期である．そしてこれに続く危機的時代には，同様の諸力が対立し合い，他を呑み込もうとする．またバローによれば，西洋文明には今までにたった二度の有機的時代しか訪れたことがない．その一度目はギリシア文明の勃興から始まったものであり，二度目は中世におけるキリスト教勢力の強化によって開始されたが，15世紀までには疲弊してしまった．フランス革命とサン＝シモンの教えは新たな有機的時代の幕明けの兆しである，という主張をもってバローはこの書物を締め括っている．というのも「芸術は有機的時代においてのみ繁栄できるのであり，そのためのひらめきはそれが社会と宗教に資するものであるときのみ強力かつ有益となる」[55]からである．このバローの筋書きでは，建築は新たな社会主義的共同体に対する需要と熱望を満たすための総合的分野に相応しいとされる．このような世界観の背後には，選ばれた社会は各段階の循環を経て進歩していくだけでなく，願わしい目的へと漸進してもいるのだという歴史認識が潜んでいる．それゆえに各状況に対応した文化的あるいは人類学的要素が最も重要となるのである．

　結局このような観念は，建築に関する思考へと容易に焼き直される．1788年，カトルメール・ド・カンシーは性格（カラクテール）という概念の提示と各々の文化の独自性を強調することによって，すでにフランス建築理論に相対主義的思考の種を植えつけていたのであり，またエコール・デ・ボザールにおいて1823年に開始されたジャン＝ニコラ・ウイヨ（Jean-Nicola Huyot, 1780-1840）の建築講義も同様の観念の影響を受けているのである[56]．ウイヨは1807年にローマ賞を受けており，パリに送付，提出され

---

[54] Emile Barrault, *Aux artistes: Du passé et de l'avenir des beaux-arts. Doctrine de Saint-Simon* (Paris: Alexandre Mesnier, 1830), p. 9.
[55] Ibid., p. 73. 原文は以下のとおり．"Nous l'avons déjà vu; les arts ne peuvent fleurir qu'à la condition d'une époque organique, et l'inspiration n'est puissante et salutaire que lorsqu'elle est sociale et religieuse."
[56] ウイヨの講義に関しては，Robin Middleton, "The Rationalist Interpretations of Classicism of Léonce Reynaud and Viollet-le-Duc," *AA files* 2 (Spring 1986): pp. 29-48., Barry Bergdoll, *Léon Vaudoyer: Historicism in the Age of Industry* (New York: Architectural History Foundation, 1994), p.

たパレストリーナのフォルトゥナ神殿の壮大な復元計画（1811，後にヴィラ・メディチの壁面に展示される）はさまざまな国からローマに集ったすべての学生たちを魅了した[57]．1819 年，ウイヨはカンシーの登用によって建築史教授となる．彼の初期における歴史観を示す確実性の高い記述は存在しないが（ウイヨによる講義の最も古い記録には 1830 年という日付が記されている），彼の着想が古代ギリシア・ローマに基づいていたにもかかわらず，その着想が重要な諸側面において上司であるカンシーのそれと異なっていたことは明白である．彼は古代建築に重点を置いていたが，何らかの根源的な型として古代建築を捉えるような観点からそれぞれの文化における建築を考察するというより，むしろ地中海地域における地理的，社会的，歴史的文脈の中に建築を位置づけようとしたのである．

　いずれにせよウイヨの講義は，1820 年代にローマのフランス・アカデミーで暮らしていた才能あるローマ賞受賞者たちのグループ——自称ロマン主義者——に共感を呼び起こさせたのであり，その中にはフェリックス・デュバン（Félix Duban, 1797-1874），アンリ・ラブルースト（Henri Labrouste, 1801-1875），ルイ・デュク（Louis Duc, 1802-1879），レオン・ヴォードワイエ（Léon Vaudoyer, 1803-1872）らがいた[58]．ローマ賞を受賞した学生はローマでの 5 年間の研究生活を送る資格を付与され，その間ヴィラ・メディチで生活を送ることになっていた．そこでの初めの 3 年間はオーダーをはじめとしたディテールの「分析的な」考古学的研究に充てられ，4 年目には古代ローマ遺跡の主要作品の歴史的解釈を加味した復元作業の完成を要求された．5 年目にはフランス本国のための現代的モニュメントのデザインが高級官職登用へ向けた準備段階として求められ，それは研究生活において獲得した古典に関する知識と考古資料に携わった経験を基になされるものであった．各年に作成されたドローイングはローマで展示された後，公式展示とアカデミーによる審査のためにパリへと送付され，アカデミーの教授たちは各学生の進展と芸術的成果に対する批評を書面で通知した．18 世紀においてそうであったように，建築デザインは帝政ローマの古典主義に留まるべきであると当然のように認識されていた．

　1820 年代半ば，このような見解は軽視され始めていたが，その理由は美学的なものであるのと同じくらい政治的なものであった．学生たちの不満の一端は，1826 年，

---

[41] を参照．
[57] ローマで展示されたドローイングに畏敬の念を抱いた人々の中には，カール・フリードリヒ・シンケルやトマス・レヴァートン・ドナルドソンもいた．Frank Salmon, *Building on Ruins: The Rediscovery of Rome and English Architecture* (London: Ashgate, 2000), pp. 106-7 を参照．
[58] David Van Zanten, *Designing Paris: The Architecture of Duban, Labrouste, Duc, and Vaudoyer* (Cambridge: M.I.T. Press, 1987) を特に参照．

パリにおいてカトルメール・ド・カンシーによる死者たちへの弔辞が，嘲笑や野次によって妨害され，ホールから排除される事態となった出来事に見て取ることができる．しかしながら，カンシーによるブルボン王朝の「喜ばしき復古」という王党派寄りのほのめかしと，この建築家がもつ古典的理想への言及のどちらに彼らの怒りがより向けられていたかは定かではない[59]．

サン＝シモンの提唱した概念は 1828 年にはローマへと広がっており，学生たちは反抗の実行に向けて徐々に歩を進めていた．もはやローマ賞受賞者たちは帝政ローマ時代の公認モデルへの関心を失っており，そして共和制ローマ期の作品，シチリアの古代建築，エトルリア遺跡，そしてルネサンス建築さえをも対象とした調査に興味をもつようになっていた．このような事態を引き起こした原因の一部は考古学的関心によるものであるかもしれない．なぜなら数年前にイトルフがシチリアにおいてエトルリア遺跡を発見し，そして重要なことには 1827 年にエトルリアの墓地遺跡群がコルネート（現在のタルクイーニア）で発掘されたからである．しかし 1827 年に以下の 3 人の学生が型破りの研究課題を提出したように，既存体系を覆したいという欲求も確かに一因となっていた．ヴォードワイエはその 3 年次の計画として 3 つの古代ローマ寺院の比較研究を提出し，そのうちのひとつであるコリのドリス式オーダーをもつヘラクレス神殿がその比例のあり方においてエトルリアの流れを汲んだものであると主張した[60]．またデュバンは 5 年次の研究課題に主要な古典的モニュメントではなく，ローマ・カトリックや古代における先例のない「プロテスタント信者のための礼拝堂」や集会所の計画を提出した[61]．しかし，最大の物議をかもした計画はアンリ・ラブルーストの 4 年次におけるものであった．彼は古代ローマ建築ではなくパエストゥムの 3 つの古代ギリシア神殿の復元を行ったのであり，それらはまさにほぼ 80 年前にスフロらを魅了した建造物であった[62]．

---

[59] Bergdoll, *Léon Vaudoyer*, p. 103, 295 n. 77 を参照．
[60] ヴォードワイエの思想と研究課題に関する詳細な考察については，Bergdoll, *Léon Vaudoyer* を参照．
[61] デュバンの「プロテスタント信者のための礼拝堂」については，David Van Zanten, "Duban's Temple Protestant," *Search of Modern Architecture: A Tribute to Henry-Russell Hitchcock*, ed. Helen Searing (New York: Architectural History Foundation, 1982), pp. 64-84 を参照．
[62] ニール・レヴィーンは，この計画を含めたラブルーストによる諸計画を以下の著作において分析してきた．*Architectural Reasoning in the Age of Positivism: Henri Labrouste and the Néo-Grec Idea of the Bibliothèque Sainte-Geneviève* (New York: Garland, 1975); "The Romantic Idea of Architectural Legibility: Henri Labrouste and the Neo-Grec," Arthur Drexler (ed.), *The Architecture of the Ecole des Beaux-Arts* (New York: Museum of Modern Art, 1977), pp. 325-416; "The Book and the Building: Hugo's Theory of Architecture and Labrouste's Bibliothèque Ste-Geneviève," *The Beaux-Arts and Nineteenth-Century French Architecture*, ed. Robin Middleton (note 44), pp. 139-173.

ラブルーストの計画はすべての面においてアカデミーの期待に対する挑戦として受け止められた．それらの神殿は当時すでにかなり知られており，正確な年代推定や測定がなされていたが，ラブルーストは23の復元図面によって異なる解釈を採った．第1に，彼は自身の論文で時系列の定説を覆し，(比例関係がギリシア神殿のそれに最も近いことから一番新しいものであると推測されていた) 第2ヘラ神殿が実際には3つのうちで最も古いものであると主張した．その比例関係はまさにギリシアのものであり，ギリシア本土からの入植者の到来からまもない時期の建造であったことを示しているが，植民地パエストゥムが独自の物質的，歴史的，文化的変質を経験していくにつれて当地における建築はその変わりゆく状況を反映していった，というのが主張の論拠であった．したがって，建築デザインの変遷とは，不当にも土地を占有していた先住民が用いた比例関係から古代ローマの理想に近い優美なそれへと移っていくものではなく，社会機構の発展に沿って相対的に生じていくものであるという．そしてこの論拠を踏まえて，より粗野で古いと思われる造形をもつ第1ヘラ神殿は，神殿などではなくむしろ世俗的儀式を執り行うために建てられた市民のためのバシリカである，とラブルーストは同定したのだった．そのバシリカのドローイングにおいて，漆喰仕上げと彩色をこれらの建造物に施し，槍と盾を模した装飾を付加し，そして壁面に銘（壁画）を描いた．こうしてこの神殿と考えられていた建造物は――ニール・レヴィーンが解説したように――都市に起きた出来事や軍事作戦で獲た戦利品を年代順に記録する「アルバム帳」のようなものとしての機能を果たしていたことにされたのであり，アカデミーの教義に対するこのような侮辱的行為は，まさに「破門に値する冒瀆的仕業」[63]だったのである．

　ラブルーストのドローイングがパリへ送り届けられる前であったにもかかわらず，敵対勢力は応戦態勢についていた．カトルメール・ド・カンシーは，ローマのフランス・アカデミー総裁のオラス・ヴェルネを手紙で叱責したが，それは若い学生が市外へ出かけることを認めたためという理由であった．これに対し，ヴェルネは社会的地位の高い友人たちの支持を集めてラブルーストを擁護した．1829年8月にパリでドローイングが展示されると大きな騒動となった．カンシーはこの論争をエコール・デ・ボザールの教義を崩壊させるためのたくらみであると見做したが，それは果たしてそのとおりであり，王党派を支持するカンシーを破滅させる機会としてこの出来事を捉えた学生もいたのである．一方で，論争を建築における「ロマン主義的」な自由

---

[63] Levine, "The Romantic Idea of Architectural Legibility: Henri Labrouste and the Neo-Grec," in *The Architecture of the Ecole des Beaux-Arts* (note 62), p. 386.

の尊重の例証であるとみる者もおり，それは社会規範に反発する運動としてのその当時におけるロマンティシズムと一致するものであった．パリにいる父へ向けてローマから送った手紙の中で，若き日のヴォードワイエはカトルメール・ド・カンシーを「本当につまらない」，そして「我々が1780年という，今は昔の時代に生まれていたならば評価したであろう」人物として非難している[64]．

　論争は依然落ち着きをみせなかった．1829年，ラブルーストは5年次の送付計画によって再度アカデミーに公然と反旗を掲げたのであり，その主題は古典的モニュメントではなく，洗練されていない小さな橋であり，フランス，イタリア国境間を横断するための機能を仮設的に与えられた装飾の乏しいものであった．しかしこの計画がもたらすであろうと予期された騒動が引き起こされないうちに，1830年の初めにパリへと戻ったラブルーストは，（権威あるアトリエから離脱した）学生たちから自身のアトリエの開設を嘆願されたのである．七月革命の激動の日々のあいだ，彼は仲間の学生たちの肩に担がれ，勝利の象徴としてパリ市内を練り歩いたといわれている．権威の失墜はそれからすぐのことだった．1830年9月7日，ヴェルネはその地位から退くことを申し出たが，辞表は新首相フランソワ・ギゾーによって拒否された．カンシーはその後9年間地位にしがみつく．しかしその権威はもはや地に落ちていた．

　しかしこの物語はまだ終わらない．1830年のあるとき，ラブルーストは小説家ヴィクトル・ユゴーに話をもちかけられ，新著『ノートル=ダム・ド・パリ』（*Notre-Dame de Paris*，英語では『ノートルダムのせむし男』と訳された）に組み込む予定であった建築に関する章についての助言を求められる．ユゴーは建築に強い関心をもっており，フランスで芽生えつつあるロマン主義（やゴシック復興）運動が，芸術と建築を古典主義の束縛から解放し再活性化させるという期待を早くも1824年には表明していた[65]．『ノートル=ダム・ド・パリ』においてユゴーが建築を描いた章――のちにフランク・ロイド・ライトが自身の芸術的信条としてこれに傾倒した――は，しかしながらより悲観的なものであった．「これがあれを滅ぼすだろう（Ceci tuera cela）」と題されたこの章は，司教補佐クロード・フロロと変装した王ルイ11世との間で交わされる会話の補遺として描かれており，机上の書物から窓外のノートル=ダム大聖堂へと眼を移した司教補佐は，悲しげに「これがあれを滅ぼすだろう」と述べる[66]．ユゴーはこの発言について2つの説明を示しており，その2つ目の説明におい

---

[64] L. ヴォードワイエからA.-L.-T. ヴォードワイエへの手紙，1829年7月20日，1829年9月16日．Bergdoll, *Léon Vaudoyer* (note 56), pp. 90–91 を参照．

[65] Victor Hugo, *Oeuvres completes de Victor Hugo. Phiolosophie*, I, 1819–1834. Levine, "The Book and the Building," *The Beaux-Arts and Nineteenth-Century French Architecture* (注62), p. 140 から引用．

て彼の建築観が明らかにされている．「これ」とは印刷機の発明，そして出版され流通する言葉を示しており，また「あれ」とは建築という「偉大な本」を指しているが，この「偉大な本」は表現の道具としての座を奪われようとしている．この背後にあるユゴーの論拠は非常に興味深いものであり，垂直に立てられた石が最初の文字，この石の上にまた石を積み重ねたものが最初の言葉，そして完成した（彫像やステンドグラスを備えた）モニュメントが人類の偉大な思想が記録された最初の書物になる，という美術の歴史をユゴーは構想しているのである．これはヒンドゥー教地域のパゴダから中世の大聖堂が到達した美術の大いなる絶頂に至るまでの 6,000 年間にわたる過程であるが，グーテンベルクの発明がすべてを変えてしまった．印刷された書物は社会を対象とした表現行為が採る形式としてよりアクセスしやすく，より安価で，そしてより効果的なものだったのであり，この発明以降，建築は結果として衰え続けてきたのである．ルネサンスの古典主義は冷たく，乾燥した，不毛なものだったのであり，フランソワ 2 世からルイ 15 世に至る統治のあいだに古典主義という病は幾何級数的に伝染していき，建築は「骨と皮以外の何ものでもない」ものとなったのである[67]．「建築はかつてそうであったような社会的，共同体的な性質をもつ主要な芸術になることは決してないだろう．偉大な詩，偉大な構造体，人類の偉大な傑作としての建築は二度と建てられることはなく，それは印刷されるのだ」[68]．とユゴーは結論づける．

小説の第 2 版（1832）において初めて組み込まれたこの章は，フランス建築を危機的状況にあるものとして描き出した．その状況とは，3 通りの道が続く岐路に建築が立たされているものと解釈できる．

ひとつはゴシック建築に対する新たな関心であり——ユゴーが主張した道である——それは 1830 年代，1840 年代のフランスにおいてゴシック建築の修復，復興を強く推し進めたものである．この道はウジェーヌ・エマニュエル・ヴィオレ＝ル＝デュクの合理主義理論へとつながる．

2 つ目の道はラブルースト自身によって，スフロの傑作に向かい合うかたちでパンテオン広場に建てられたサント＝ジュヌヴィエーヴ図書館（1838-50）のルネサンス建築に着想を得たデザインに，その特徴が見て取れる．この道もひとつ目と同様に合理主義の一形式と解釈されるが，これは技術面において革新的な合理主義なのであり，

---

[66] Victor Hugo, *The Hunchback of Notre-Dame* (New York: Penguin, 1965), p. 173.〔ヴィクトル・ユゴー著，辻昶・松下和則訳『ノートルダム・ド・パリ』潮出版社，2000 年〕．
[67] Ibid., p. 185.
[68] Ibid., p. 186.

それが寓意的表現によって和らげられている。例を挙げれば、サント＝ジュヌヴィエーヴ図書館はアルベルティによるリミニのサン＝フランチェスコ聖堂への暗喩的表現をまとっている（図28）。ブレの精神はもはや古典主義ではなく、ルネサンス的な被覆をまとってきたのであり、これはユゴーの悲観論に対する反論であった。

そして3つ目の道の行方は、あまり名の知られていない建築家、レオンス・レイノー（Léonce Raynaud, 1803-1880）によって指し示される。彼はサン＝シモン主義や反体制派学生グループと長いあいだつながりをもっていた。まず1821年にエコール・ポリテクニークに入学したものの、無政府主義者組織に加入した疑いにより退学させられる。その数年

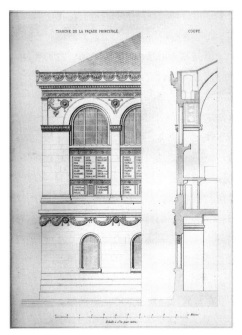

28 アンリ・ラブルースト、《サント＝ジュヌヴィエーヴ図書館》、パリ、1838-50、César Daly, *La Revue Générale d'Architecture et des Travaux Publics*, vol. 10 (1852) より。

後にはエコール・デ・ボザールに入学したが、ローマ賞獲得のために争うことは一度もなかった。その代わりに1828年にはローマのフランス・アカデミーへ向けて自費で旅行し、そこでレイノーはサン＝シモンが提唱した概念を——ロビン・ミドルトンの推測によれば——ラブルーストやヴォードワイエに知らしめたのである[69]。1832年の時点では、レイノーはピエール・ルルー率いる知識人たちの交流の輪に所属しており、ルルーは1831年に『雑誌百科全書』（*Revue encyclopédie*）の事業を引き継ぎ、（レオンスの弟ジャンとともに）サン＝シモン主義思想に基づく新たな百科全書を出版する計画へと転換した。1834年の終わり頃、レオンス・レイノーは「建築」の項目を書き上げ、それはもはや時代遅れとなったカトルメール・ド・カンシーが執筆した記事を置き換えることを意図したものだった。

---

[69] Middleton, "The Rationalist Interpretations of Classicism of Léonce Reynaud and Viollet-le-Duc," p. 36 を参照。

エコール・デ・ボザールの教義に公然と反抗する中で，レイノーは「過去の制度のうち，絶対的価値をもつと考えられるものはひとつもなく」，そして「確かなモデルとして機能し，その規則を我々に課すことが可能な」制度はひとつもない，と誇らしげに告げる[70]．レイノーはサン＝シモンの歴史観における根拠を推し進め，有機と危機の弁証法に関わるような芸術としてよりは，むしろ科学や技術と手を取り合いながら進歩的発展に向けて突き進んでいく芸術として建築を捉えているのである[71]．（柱と水平材による）楣式（まぐさ）構造はギリシア建築において初期の完成をみた．エトルリア人の発明したアーチは，ゴシック時代にのみ，その理念の完全な具現化を達成した．近年のキリスト教の凋落は，これらの建築形式が社会の中で消耗していることの兆しであり，新しい「偉大な道徳的観念」を表現する独自の新たな建築を生み出せるかどうかは現在にかかっているのである．レイノーの記事におけるもうひとつの革新的な特徴は，以下のような合理主義的解釈である．レイノーによれば，様式とはより大きな社会思想を表すものであるかもしれないが，実際その造形は素材や構造的解決における創意によって決定されるものである．それらの要因はあまり深刻にならない方向性に寄与している．この道筋はもちろん，歴史主義そのものを終わりへと導くものであった．

4
イギリスにおける古典主義と
ゴシック・リヴァイヴァル

ピクチャレスク理論の隆盛にもかかわらず，19世紀前半におけるイギリス建築は強烈な古典の復興の嵐に見舞われた．この古典主義への新たな注目の原因は，イギリスにおける組織の多くにみられる保守的性質に大いに関係していた．スチュアートとレヴェットによるアテネに関する書籍――2巻から4巻は1788年から1816年にかけ

---

[70] Léonce Reynaud, "Architecture," *Encyclopédie nouvelle, ou Dictionnaire philosophique, scientifique, littéraire et industriel*, ed. P. Leroux and J. Reynaud (Paris: Libraire de Charles Gosselin, 1836; reprint, Geneva: Slatkine Reprints, 1991), 1: p. 772. 原文は以下のとおり． "... qu'aucun des systèmes du passé ne peut être considéré comme ayant une valeur absolue... ne peut être pour nous un modèle définitif et ne doit nous imposer formellement ses lois." Van Zanten, *Designing Paris*, pp. 48-52 も参照せよ．

[71] "The Rationalist Interpretations of Classicism of Léonce Reynaud and Viollet-le-Duc" において，ロビン・ミドルトンはギゾーとティエリの歴史学的方法論がこのような相対主義的な建築解釈において果たした重要性を強調している．*Léon Vaudoyer* (pp.41, 84) におけるバリー・バーグドールの主張も同様である．

て世に出された——の出版は予定から大幅に遅れたものの，古典に対する関心の維持に大いに寄与したし，紳士階級(ジェントリー)の「南方」への旅（グランド・ツアー）に対する変わらぬ偏愛と，ディレッタンティ協会や英国建築家協会（1836年設立）も同様の役割を果たした．そして特に19世紀の初めの30年間においては，ギリシアでの考古学的調査もまた衰えることなく継続していたのである．これらの諸要因のうちで，エルギン大理石(マーブル)のロンドンへの到着こそが疑いなく最も大きな影響を及ぼした．エルギン大理石(マーブル)がギリシアを出港したときからその到着は待ち望まれていたものの，1803年に輸送船団のうちの1隻がマレア岬沖で沈没し，海中に沈んだ大理石をダイバーが回収しなければならなくなったことにより遅れが生じたこともあり，1807年から1812年までの期間には，それらがロンドンで元通りに組み立てられることはなかった．エルギン大理石(マーブル)の展示に向けて準備期間が生じたことで，ウィリアム・キナード率いる建築家や古典主義者らで編成されたチームによるさらなるギリシア探索が遂行された．スチュアートとレヴェットによる『アテネの古代遺跡』（*The Antiquities of Athens*）に注釈を加え，より安価な設定とした第2版のための製作準備や情報の補遺がこのチームの目的であり，この第2版は1825年から1830年にかけて出版された．

　このような古代への関心が建築における実践活動へと転換される始まりの年としてふさわしいのが1804年であり，この年には同時期に財産の寄付を受けたケンブリッジ大学ダウニング・カレッジを巡って論争が生じている．新古典主義者ジェームズ・ワイアットは古代ローマ風の構成に基づく新たなカレッジ建設計画を提出していた．ダウニング・カレッジの学寮長であるフランシス・アンスリーは著名な芸術収集家，愛好家であるトマス・ホープ（Thomas Hope, 1769-1831）に意見を求めた．審査員としてホープを選択したことは興味深いものであった．なぜならアムステルダムに裕福なイギリス人商人の子として生まれたホープは，1787年から1795年にかけて格別な熱意をもってグランド・ツアーを敢行し，シチリア，エジプト，トルコ，シリア，そしてギリシアを旅していたからである．またアンスリーからの依頼を受けた時点では，ホープはポートランド・スクエアにあるロバート・アダムが設計した住居の内装を，彼自身が住むために整えている最中だったためでもある．

　ホープは35ページからなる小論『建築家ジェームズ・ワイアット設計によるケンブリッジ大学ダウニング・カレッジのための平面，立面計画案に関する私見』（*Observations on the Plans and Elevations designed by James Wyatt, Architect, for Downing College, Cambridge*）を以てアンスリーに応えた[72]．自身の経験した長大な旅と建築に対する感性について隅々に至るまで詳細に述べた後，ホープは提出された

デザイン案に対する深い失望を表明する．「その建設に割かれた莫大な金額を考慮すれば，この国にとって初めての誇りとなり得るだけでなく，またそのように意図されているであろう建造物の計画案．それを見て思うのは，品位の落ちる古代ローマ風建築ではなく，とりわけ純粋な古代ギリシア様式が提示されるべきではないかということである」[73]．ホープは「真の古代ギリシア様式によるモニュメントこそが唯一無二のすばらしいものとなるだろう」と主張を続け，そしてその例として「ウィルキンス氏が最近我が国に持ち帰り，そして間もなく出版しようと意図している古代ギリシア神殿のデザイン」[74]について述べた．さらに，これまで出版されてきた古代ギリシア芸術を描いた白黒印刷は，古代ギリシア様式の真の特性を少しも実物どおりに表現できていない，と論じることによってこの論点を補強するのである——それは（後にホープのインテリアデザインを批判することになるとはいえ）ジョン・ソーンが全面的な同意を表明することになる主張だった[75]．

ホープの小論によってワイアットの雇用を思い留まったアンスリーは，ジョージ・バイフィールドに代替案の提示を求め，また同様にギリシアから戻ってきたばかりだったウィリアム・ウィルキンス，フランシス・サンディーズ，ジェームズの甥のルイス・ワイアットらも計画案を作成していた．これらを勝ち抜き，1806年までにまとめられたウィルキンスの計画案は，（部分的にしか建設されなかったが）イオニア式の正面玄関（その柱頭はエレクテイオンのそれをモデルとしていた）とカレッジの正門として機能することを意図したドリス式のプロピュライアを付加した建造物を提示したものだった．そしてウィルキンスの作品に備わる考古学的性格は，その翌年に出版された彼自身による著作『マグナ・グラエキアの古代遺跡』（*Antiquities of Magna Graecia*）によってその論拠を確固たるものとしたのであり，この著作は主に古代ギリシアの植民都市であったシチリアやパエストゥムにおける諸作品に焦点をあてたものだった[76]．ダウニング・カレッジの仕事が委託されたことによって輝かしい経歴を

---

[72] Thomas Hope, *Observations on the Plans and Elevations designed by James Wyatt, Architect, for Downing College, Cambridge, in a letter to Francis Annesley, esq., M. P.* (London: D. N. Shury, 1804). ホープの小論に対するジェームズ・ワイアットとルイス・ワイアットの反応については，John Martin Robinson, The Wyatts: An Architectural Dynasty (Oxford: Oxford University Press, 1979), pp. 143-4 を参照．

[73] Ibid., p. 31. ホープが抱いていた建築に関する思想については，David Watkin, *Thomas Hope 1769-1831 and the Neo-Classical Idea* (London: Murray, 1968) を参照．

[74] Ibid., p. 17, 21.

[75] ホープから小論の写しを渡されたソーンは，この一節に，「より高度な建築美を打ち立てることで名を上げようと考えていた彼の真に価値ある思慮深さ」という注釈を付けた．David Watkin, *Sir John Soane: Enlightenment Thought and the Royal Academy Lectures* (New York: Cambridge University Press, 1996), pp. 403-4 を参照．

歩み始めたウィルキンスは，ユニヴァーシティ・カレッジ・ロンドン（1826-30），ナショナル・ギャラリーと同建物内に入るロイヤル・アカデミー（1832-8）を含むさまざまな古典的な作品を設計した．

ウィルキンスによるダウニング・カレッジの計画案は，考古学的特性や三次元的な単純さという特質をもつ新古典主義という局面へとイギリスの建築を移行させる役割も果たした．新古典主義の実践者としては他にロバート・スマーク（Robert Smirke, 1780-1867）がいる．彼はコヴェント・ガーデン・シアター（1808-9）の設計によって初めての足跡を記した．スマークは1790年代の半ばに短期間ソーンに師事し，そして1799年にロイヤル・アカデミーのゴールドメダルを授与されたことにより，フランス，イタリア，シチリア，そしてギリシアを旅することができた．スマークの設計した劇場はその飾り気のない簡素さ，ドリス式の正面玄関，そして建物正面上部を水平に走る浅浮き彫りにより注目を浴びた．そのデザインは，当初は称賛されたものの，1810年1月，ロイヤル・アカデミーの講義においてソーンがこれを取り上げ批判したことから議論の標的となった．スマークが講義の聴衆として参加している中で，ソーンはこの建物にみられる象徴的文脈の欠如から生じる貧相さを「著しく不適切」として非難した——このことにより聴衆の一部はソーンに対する不満を表明し，アカデミーも同様に彼の発言を咎めた[77]．この事態を受けたソーンは2年間にわたってアカデミーでの講義を見合わせたが，それは実質的にはアカデミーにおける建築教育の廃止ともいえるものだった．しかしながらこの論争はスマークの評判を傷つけるものではなく，1815年，彼はソーンやジョン・ナッシュと並び立つ建設局における最高位の官職に就任した．

イギリスにおける古典主義のこのような局面は，その古代ギリシア的な簡素さや考古学的検証に耐え得る正確さで知られたものの，1830年頃にその輪郭を現し始めたさらなるもうひとつの運動により取って代わられることとなる．それはより創造的かつより折衷的な基盤をもつ運動であった．その最も才能に恵まれた実践者がチャールズ・ロバート・コッカレル（Charles Robert Cockerell, 1788-1863）だろう[78]．自身の父親であるサミュエル・ペピス・コッカレルやスマークから訓練を受けた後，コッカレルは7年もの年月を「南方」へのグランド・ツアーに費やし，1810年から1815年にかけてはアエギナやバッサイで考古学的価値のある発見を成し遂げた．その後2年

---

[76] William Wilkins, *The Antiquities of Magna Graecia* (London: Longman, 1807).

[77] Watkin, *Sir John Soane*, 544., pp. 72-78 を参照.

[78] コッカレルについては，*David Watkin, The Life and Work of C. R. Cockerell* (London: Zwemmer, 1974). また Peter Kohane, "Architecture, Labor and die Human Body: Fergusson, Cockerell and Ruskin" (Ph.D. diss, University of Pennsylvania, 1993) を参照.

29　チャールズ・ロバート・コッカレル,《アシュモレアン博物館》, オックスフォード大学, 1841-5. 著者撮影.

間北イタリアとローマに居住すると，そこでフランスから集まった学生たちの野心的な復元作業に刺激を受け，そして自身もアテネ，ポンペイ，古代ローマのフォーラムを描いたドローイングによって次世代のイギリス人学生たちに感銘を与えたのだった[79].

　その一方で，コッカレルの建築家としての才能はゆっくりと開花していった．1820年代，その経歴の初期において彼が設計した建造物群，特にエディンバラのカールトン・ヒルにスコットランドの「国家的モニュメント」として「パルテノン」を設置する，という試み（1824-29）は賞を獲得したものの，スマークのもとでの修練を裏切るものであった．しかしコッカレルのデザインに対する感性——古代ギリシア，古代ローマ，パラーディアン，そしてバロック様式の装飾パターンなどを集めて組み合わせるのを好むようないくぶんピラネージ風の趣味——はついに表面化し，1830年までにそれらは造形的な細部を層状に積み重ねる手法を含めた極めて独創的な表現に到達するのである．ロンドンのウエストミンスター生命保険・英国火災保険会社（1831-2），ケンブリッジ大学図書館（1837-1840），そしてオックスフォード大学アシュモレアン博物館（1841-45）（図29）の3作が，コッカレルの堂々とした外観表現の見事な例である．また，ケンブリッジ大学フィッツウィリアム美術館（1846-47）とリヴァプールのセント・ジョージ聖堂（1851-54）のそれぞれの内装に施された仕

---

[79] ギリシアやその他の地を訪れたコッカレルの旅の記述に関しては，Cockerell, *Travels in Southern Europe and the Levant, 1810-1817* を見よ．またローマ滞在中の記述に関しては，Salmon, *Building on Ruins*, pp. 98-101 を参照．

上げもインテリア表現の妙を示している.

　先に挙げた2つの建造物の外観もまた世紀半ばに至るまで,そして世紀半ばを越えてもイギリスにおいて古典的伝統が未だ力強く生き残っていたことの証である[80].ブレシアのカピトリウムに着想を得たフィッツウィリアム美術館の壮大なポーティコはソーンの教え子であるジョージ・バセヴィ(George Basevi, 1794-1845)によって設計された.彼は1816年にイタリア,ギリシア,小アジアへの旅を敢行していたが,イリー大聖堂の足場から落下したことによって負った致命傷によって,古典主義者としての前途を有望されたその経歴は1845年に突如として閉ざされてしまう.リヴァプールのセント・ジョージ聖堂における列柱デザインは,1839年と1840年に行われた設計競技――当初はコンサート・ホールと巡回裁判所のために催された別々の設計競技だった――の後にハーヴェイ・ロンズデール・エルムス(Harvey Lonsdale Elmes, 1814-1847)によってなされたものであった.ロイヤル・アカデミーのゴールドメダルを1837年に獲得していたエルムスはコッカレルの作品に多大な影響を受けたが,後に病によって若くしてこの世を去った.彼の死後,コッカレルは設計の引き継ぎを申し出て,楕円形状の音楽ホール内のカリアティードやその他の細部をデザインし,そしてカラカラ浴場の微温浴室(テピダリウム)に着想を得たコンサート・ホールに仕上げを施したのである.

　この時代におけるその他の設計競技や建設事業により,古典的な立場に則った建築設計の多種多様なあり方が明らかになる.1839年,ウィリアム・タイト(William Tite, 1798-1873)は王立取引所の設計競技に勝利した.ジェームズ・ペネソーン(James Pennethorne, 1801-71)も「南方」へのグランド・ツアーを敢行したひとりであるが,彼はロンドンの鉱床学博物館(1844-48)における,ドリス式のホールを照らし出すトップライトを採用したギャラリーで最もよく知られる.そしてトマス・ハミルトン(Thomas Hamilton, 1784-1858),ウィリアム・プレイフェア(William Playfair, 1790-1857),アレクサンダー・トムソン(Alexander Thomson, 1817-1875)らによってスコットランドに建てられた,古典的なモニュメント群がある.これらはすべて古典主義を賛美するものであり,その隆盛の晩期を示している.

　しかしながら,19世紀前半のイギリスで建設された公共のモニュメントの多くに古典様式を採用するという選択がなされた事態は,間もなくゴシック・リヴァイヴァルの提唱者らによる攻撃の的となった.我々がこれまで見てきたように,この運動の

---

[80] フィッツウィリアム美術館とセント・ジョージ聖堂のデザインの詳細については,Salmon, *Building on Ruins*, pp. 169-88, 210-26 を参照.

起源は18世紀に遡ることができ，またその美学的論拠の一部はピクチャレスク理論の出現に帰せられる．ストロベリー・ヒルにあるホレス・ウォルポールの邸宅と地所（1748年に開発が始められた），リチャード・ペイン・ナイトのダウントウン・キャッスル（1772-78），そしてフォントヒル・アビーにおけるジェームズ・ワイアットによるデザイン（1796-1807）は，このピクチャレスクへの傾倒を象徴する作品群であるが，この流行は考古学専門誌や古代遺跡への関心によっても推し進められたのであり，その例として，イギリスにおけるモニュメントの歴史的系譜の作成という権能を18世紀を通じて高めてきたロンドン古物協会の設立（1717）が挙げられるだろう[81]．もちろん建築史に対する国家的な関心は，イギリスだけで展開されたわけではない．例えばヨハン・ヴォルフガング・ゲーテによるエルヴィン・フォン・シュタインバッハとストラスブール大聖堂に捧げられた著名な賛歌——「ドイツの建築について」（"Von deutsher Baukunst"）——は1772年に著され，ドイツ・ロマン主義運動を発生させる一助となった[82]．また，フランソワ=ルネ・シャトーブリアンによる同様に名高い章「ゴシック教会」は1802年，『キリスト教精髄』（*Le Génie du christianisme*）の一部として出版された[83]．

　19世紀の初め頃には，イギリスにおけるゴシック・リヴァイヴァル運動は大陸で展開された同名の運動から独立した道を，そしてより学術的な道を歩み始めた．ゴシック建築への関心はより考古学的な性質を強め，歴史的にも緻密な検証が行われるようになる．それは同時に中世の国家形成期への好奇心とも結びついていた．その初期の研究としては，ジェームズ・ベンサムの『イングランドにおけるゴシック建築とサクソン建築の歴史』（*History of Gothic and Saxon Architecture in England*, 1798）とジョン・ミルナーの『ウィンチェスターの教会史と文明史，並びに古物調査』（*The History, Civil and Ecclesiastical, and a Survey of the Antiquities of Winchester*，全2巻，1798-1801）の2つが挙げられる．その次に位置づけられる研究がジョン・カー

---

[81] この考古運動の展開については，Nikolaus Pevsner, "English Antiquarians," *Some Architectural Writers of the Nineteenth Century* (Oxford: Clarendon Press, 1972), pp. 16-22 を参照．ペヴスナーによる考察の対象となった著作には以下が含まれる．James Murphy, *Plans, Elevations, Sections, and Views of the Church of Batalha in the Province of Estremadura in Portugal* (1795); James Hall, "Essay on the Origin and Principles of Gothic Architecture," *Transactions of the Royal Hibernion Academy*, vol. 3 (1790); James Anderson, "Thoughts on the Origin, Excellencies and Defects of the Grecian and Gothic Styles of Architecture," *Recreations in Agriculture, Natural-History, Arts and Miscellaneous Literature*, vols. 2-4 (1800-1).

[82] J. W. Goethe, "On German Architecture," in *Goethe on Art* (London: Scolar Press, 1980), pp. 115-23 を参照．

[83] Viscount de Chateaubriand, *The Genius of Christianity or the Spirit and Beauty of the Christian Religion* (Baltimore: John Murphy, 1856), pp. 384-7.

ターの『イングランドの古代建築』(*Ancient Architecture of England*) であり，1795年から1814年にかけて出版された[84]．

その他の初期研究としてはジェームズ・ダラウェイとジョージ・ダウニング・ウィティントンによって行われたものがある．ダラウェイの『イングランドの軍事・教会・世俗建築に関する所見』(*Observations on English Architecture, Military, Ecclesiastical and Civil*, 1806) は古典建築や中世に建てられた建築に関する概説を提示したものであり，（スフロを引用しつつ）ゴシック様式に構造的価値を置いた点，初のゴシック様式はフランスに登場したと示唆した点の双方において注目に値する[85]．この示唆はイングランドにおいて支配的だったゴシック様式の起源に関する国家的属性を付与された見解のみならず，ゴシックはドイツに起源をもつ様式 (alt-deutsch style) であるという多くのドイツ人が抱いていた考えをも否定するものだった．ダラウェイの考察はウィティントンの『フランス古教会建築の史的調査研究』(*An Historical Survay of the Ecclesiastical Antiquities of France*, 1809) において述べられた全く同じ意見によって擁護された[86]．フランス中世建築に関する研究を書き上げるという意図をもって1802年からその翌年にかけてフランスを旅していたウィティントンは，近代においてサン＝ドニ大聖堂をゴシック様式の先駆的作品と見做した初めての歴史家のひとりである．そして彼の活動は，ジョン・ブリトン (John Britton, 1771-1857)，トマス・リックマン (Thomas Rickman, 1776-1841)，そしてオーガスタス・チャールズ・ピュージン (Augustus Charles Pugin, 1768-1832) らによるきわめて強い影響力をもった研究の枠組みを提供することとなった．

ブリトンは第1に地誌学者であり，中世イギリスにおける建築諸作品を測量した平面・断面・立面図の編纂が彼の主要な貢献であった．その最初期の研究——『ウィルトシャーの美的景観』(*Beauties of Wiltshire*, 全3巻，1801-25) と『イングランドとウェールズの美的景観』(*Beauties of England and Wales*, 全10巻，1801-16)——を下地とした『グレート・ブリテンの古建築』(*The Architectural Antiquities of Great Britain*, 全5巻，1807-26) は，大量の魅力的な挿絵版画を通じて，イギリスにおけるロマネスク様式やゴシック様式の建造物だけでなく，多くのエ

---

[84] カーターについては，J. Mordaunt Crook, *John Carter and the Mind of the Gothic Revival* (London: W. S. Maney, 1995) を参照．

[85] James Dallaway, *Observations on English Architecture, Military, Ecclesiastical, and Civil, Compared with Similar Buildings on the Continent: Including a Critical Itinerary of Oxford and Cambridge* (London: J. Taylor, 1806).

[86] G. D. Whittington, *An Historical Survey of the Ecclesiastical Antiquities of France with a View to Illustrate the Rise and Progress of Gothic Architecture in Europe* (London: J. Taylor, 1809).

30 ジョン・ブリトン『グレート・ブリテンの古建築』(1807-26) 中の図版.

リザベス様式とルネサンス様式の建造物をも対象に考察を行った (図30)[87].

ブリトンは全体を貫く法則をもつような注目すべき様式としてゴシック建築を体系立てることには失敗したが，代わりにその作業はトマス・リックマンの『英国建築様式識別試論，ノルマン・コンクエストから宗教改革まで』(*An Attempt to Discriminate the Styles of English Architecture, from the Conquest to the Reformation*, 1817) の貢献によって達成された[88]．リックマンの著書は初めて広汎に普及したイギリスのゴシック建築研究であり，ゴシック様式を用いようとする修復家や建設業者のための指針として機能することも意図されていた．リックマンは1812年に建築業へ転向する以前には（医業を含む）さまざまな職業に従事しており，この著書は1815年に初めて発表された小論から発展したものだった[89]．古代ギリシア建築や古代ローマ建築が生まれながらに典拠としての価値をもつ古典建築であるのと同様に，ゴシック建築は本質的に「イギリス的」特質をもつと彼は主張し，次のような主要な4段階

---

[87] John Britton, *The Architectural Antiquities of Great Britain, Represented in a Series of Views, Elevations, Plans, Sections, and Details, of Ancient English Edifices: With Historical and Descriptive Accounts of Each*, 5 vols. (London: J. Taylor, 1807-26).

[88] Thomas Rickman, *An Attempt to Discriminate the Styles of Gothic Architecture from the Conquest to the Reformation: Preceded by a Sketch of the Grecian and Roman Orders* (London: Longman, Hurst, Rees, Orme, & Brown, 1817).

[89] 1815年のリックマンによる論文はこの著書と同じ題名を冠しており，『パノラマ・オブ・サイエンス・アンド・アート』(*The Panorama of Science and Art*, Liverpool, 1815)に掲載された．リックマンが展開した議論に関しては，Pevsner, "Rickman and the Commissioners," *Some Architectural Writers* を参照.

を定義した．すなわち，ノルマン式（1189年まで），初期英国式（1307年まで），装飾式（1377年まで），そして垂直式（1630年または1640年まで）である．この書物の初版から第6版が1817年から1881年にかけて出版されるあいだに，これらの用語はイギリスの歴史意識に早々に刻みつけられることとなった．

　ゴシック建築の細部の正確な描出に焦点をあてた研究がオーガスタス・チャールズ・ピュージンによる『ゴシック建築見本集』（*Specimens of Gothic Architecture*）であり[90]，全2巻はそれぞれ1821年と1823年に出版された．1792年にフランスから移住し，ロイヤル・アカデミーで絵画を学び，建築製図工ならびにゴシック建築の専門家としてジョン・ナッシュとの長期にわたる（7年間の）提携を開始したピュージンは，同時に彩色銅版画への関心を追究し，ブリトンやE・W・ブレイリーなどの地誌学者らと書籍を製作した．『ゴシック建築見本集』は「真のゴシック建築の幾何学的比率，平面，そして構成」[91]を正確に描いた図版を建築家に提供したという点でこの時代の他の古物研究と異なっており，ピュージンは第1に細部が実物に忠実に描かれていることを，第2に縮尺を示す必要性を，第3に用いる様式の調和と一貫性を保つことを強調した．その全身全霊を注ぎ込んだ真実への取組みは，「現代ゴシック」の初期の試みにおける，無知な建設業者と建築家らによるゴシック様式の濫用が引き起こした「嘲りと侮蔑」を鎮めることを意図したものであった．建築家E・J・ウィルソンが執筆した『見本集』の補遺「ゴシック建築に関する所見と現代におけるその模倣について」でも同様の発言が繰り返されている．その歴史批評において，ウィルソンはレン，ホークスムア，ラングレー，そしてウォルポールらによるゴシック作品を非難したが（「矛盾に満ちあふれ，くだらないものの寄せ集めにすぎない」），ジェームズ・ワイアットがトマス・バレットのためにリー修道院で行った初期の仕事（1782）のことは称賛した[92]．いうまでもなく，ウィルソンはゴシック建築のデザインが考古学的観点においてより精密な新段階への移行を開始した段階として現在を見做していたのである．

　ピュージンによるデザイナーのための手引書は，ゴシック様式と古典様式とのあいだにおいて生じた衝突の素地を用意したのであり，1830年代，両者はイギリスでの優位を巡って公然と張り合った．この対立の火に油を注いだ効力のひとつがピュージンの息子，オーガスタス・ウェルビー・ノースモア・ピュージン（Augustus Welby

---

[90] A. Pugin, *Specimens of Gothic Architecture; selected from various Antient Edifices in England* (London: Taylor & Britton, 1821).
[91] Ibid., v.
[92] Ibid., x, xii, xiv, xvii, xx.

Northmore Pugin, 1812-52)の非凡な才能であり，もうひとつがウエストミンスター宮殿と国会議事堂の設計競技だった．

建築に及ぼしたその影響の大きさについては議論の余地があるものの，1836年の設計競技は，実際に19世紀イギリスにおける最大かつ最重要の建築設計競技だった．この設計競技は，1834年秋の大火により旧ウエストミンスター宮殿の大部分が焼失したことが原因として開催された．建設局所属のロバート・スマークは「チューダー様式」の再建案を提出したが，そのデザインは政治家やウィリアム4世からは少しも共感を得られなかった．1835年，この問題を再検討した特別委員会は新たな建造物の公開設計競技の開催を強く求め，さらに用いられる様式は「ゴシック様式またはエリザベス様式」のいずれかであることが義務づけられた．この2つの様式が選ばれたのは，付近に建つウエストミンスター大聖堂やウエストミンスター寺院と一致する様式をもつ新たな建築作品への欲望，そしてイギリス政府の中世にまで遡る起源を建築によって象徴的に表現したいという欲望に起因するものだった．しかし，古典的な伝統の支持者が多く存在したこともあり，この選択はかなりの議論を経た後になされたものであった．設計競技には計97の案が提出され，そのうちの4案がウィリアム4世が下す最終判断の場へと通された．そして1836年2月，チャールズ・バリー（Charles Barry, 1795-1860）が勝者として発表された[93]．

この建築家もまた学生時代に古典建築の地を旅しており，その経歴には古典とゴシックが交錯する場が存在した．1817年に「南方」へ向けて旅立ったバリーは，フランス，イタリア，ギリシア，トルコ，そして——彼のスケッチを気に入る人物と偶然に出会い，旅先で訪れた地の絵を描くという仕事の申し出を受けた後に——シリアとエジプトを訪れた．1820年代半ば，バリーはいくつかのゴシックの聖堂を設計したが，彼の評判を確立したのはマンチェスター王立協会芸術部門（現在のマンチェスター・アート・ギャラリー，1824-35）におけるグリーク・リヴァイヴァル様式のデザインや，ロンドンのパル・マルに面した2つのクラブにおけるルネサンス様式のデザインだった．2つのクラブのうち初めに建設されたものがトラベラーズ・クラブ（1837-41）で，これは18世紀末以降のロンドンで初めて建設されたパラーディオ様式の建造物である．そしてもう一方のリフォーム・クラブ（1837-41）のデザインはパラッツォ・ファルネーゼの影響を受けたものであった．バリーによるウエストミン

---

[93] バリーの生涯と経歴の詳細については，*Alfred Barry, Memoir of the Life and Works of the Late Sir Charles Barry* (1867; reprint, New York: B. Blom, 1970); *Marcus Whiffen, The Architecture of Sir Charles Barry in Manchester and Neighbourhood* (Manchester: Royal Manchester Institution, 1950); and Michael Harry Port, ed., *The Houses of Parliament* (New Haven: Yale University Press, 1976) を参照．

スターのデザインもその平面計画においては古典的なものであり，テムズ川に面した長大なファサードはヴィクトリア・タワーとビッグ・ベンの配置を除けば正確に左右対称をなし，そして中央ホールとそれを貫く2軸の周囲に各機能を配置する手法には，論理と単純さの妙が尽くされている．しかしながら，建造物の細部をゴシック様式で処理するために，古典主義者バリーはこの様式の機微を熟知したパートナーを探さなければならず，助力を求めてチャールズ・ピュージンの息子，ウェルビー・ピュージンに目をつけたのである[94]．

バリーは設計の才に恵まれると同時に優秀な図案家でもあったが，装飾家としてはピュージンの方が優れていた．そして，バイリンガル，ヨーロッパ大陸への旅，立派な私有図書室，さらに歴史理解に対する強い興味を含めて，ピュージンは彼の家系だからこそもち得た数々の利点を確かに有していた．さらにピュージンは建築に携わる同世代の者のうち誰ももっていないもの，すなわち気力の尽き果てるまで理想を追い続ける情熱と胸に秘めた大志を宿していた．彼は驚くべき芸術作品や文学作品を生み出したが，その代償は大きなものだった．1852年までにその体力と精神力のすべてを使い果たし，わずか40歳でこの世を去った．

ピュージンは一般的な方法で建築家としての訓練を受けたのではなかった．少年期にはドローイングの腕を磨き，自身の父親の出版を手伝い，家具設計への興味を養ったピュージンは，15歳の時にモレル＆セッドンの援助を受けてウィンザー城の家具をデザインした．次にピュージンの関心は舞台背景画へと向かい，また同時にジェームズ・ギレスピー・グラハムのもと，図案家としての才を発揮した．彼は家具と内装の設計にも挑戦したが，この分野においては成功を得ることはなかった．そして1832年（弱冠20歳の時），ゴシック様式と教会建築のデザインに関する小さな手書きの書物の執筆に着手したピュージンは[95]，同年の父の死に際して『ゴシック建築例集』(*Examples of Gothic Architecture*) の第2巻の制作を引き継ぎ，1836年にこれを出版した[96]．また1835年にゴシック様式の家具，鉄や真鍮の細工，そして金・銀細工の

---

[94] ピュージンについては，Phoebe Stanton, *Pugin* (New York: Viking, 1971); Michael Trappes-Lomax, *Pugin: A Medieval Victorian* (London: Sheed & Ward, 1932); Paul Atterbury and Clive Wainwright, eds., *Pugin: A Gothic Passion* (New Haven:Yale University Press, 1994); Megan Aldrich and Paul Atterbury, eds., *A. W. N. Pugin: Master of the Gothic Revival* (New Haven: Yale University Press, 1975) を参照．

[95] その最初のシリーズは『棚』(*The Chest*) であり，1832年という年代が記されている．またすべてのシリーズはヴィクトリア＆アルバート博物館に収められている．Alexandra Wedgewood, "The Early Years," Atterbury and Wainwright, *Pugin*, pp. 29-30.

[96] A. Pugin and A. W. Pugin, *Examples of Gothic Architecture; Selected from Various Antient Edifices in England*, 3 vols. (London: Bohn, 1836-8). また同年にはピュージンの「指導」のもと，*Thoman Walker, The History and Antiquities of the Vicar's Close, Wells.* が出版された．ウォーカーは子ピュ

小さなパターン・ブックの叢書の刊行も始めていたピュージンは[97]，同じ年にバリーと出会い，バーミンガムのグラマー・スクールにおけるゴシック様式のインテリアデザインを手がけるために雇われた．

　1834年11月6日，ウエストミンスターを襲った大火災を目撃したピュージンはスマークの再建候補案に失望する．E・J・ウィルソンに宛てた手紙の中で，彼はスマークの「ひどい設計と忌まわしいディテール」を批判し，新たな再建案に注力することを誓った．なぜなら「彼の経歴はあまりにも長く，今回の設計競技が彼の不名誉で愚かな行為を白日のもとに曝すまたとない機会となる」ためであった[98]．ピュージンは，競技期間中はバリーとグラハムの2つのチームを援助するために自身の製図の才能を活かし，1836年1月の終わりにバリーの勝利が発表されてからは，そのデザインのさらなる洗練に没頭した．特にインテリアへのピュージンの貢献は計り知れないものであった．そしてウエストミンスターの建設は1840年についに開始された．

　ピュージンはその頃すでにほかの面でも名声を確立していた——それは『対比，もしくは壮麗な中世建築と類似する今日の建造物との比較による現在の荒廃の提示』(*Contrasts: or, A Parallel between the Noble Edifices of the Middle Ages, and Corresponding Buildings of the Present Day; Shewing the Present Decay of Taste*, 1836) の発表によるものだった[99]．1830年代の初め，ピュージンがカトリックの教義とその儀式に対する関心を抱いたとき（ピュージンは1835年にカトリックに改宗した）から同書の着想が練られていた．ピュージンは，中世建築の精巧なデザインと，産業革命期の非装飾的で安上がりな生産体制から生まれる建築との間の差異を痛感しており，ウエストミンスターの火災やそれに伴うスマークの再建候補案が，彼の現状に対する不満を増加させた．もはや彼の意図は中世建築の造形（とその優れた理論基盤）の優位を賛美するだけでなく，美学的観点と道徳的観点に欠ける古典主義を悪，さらには「異教の産物」として描くことだった．『対比』第1章の幕を開ける文章では，以下の主題が誇らしげに述べられる．「この3世紀のあいだに建てられた建築作

　　ージンが所有していた父ピュージンのスケッチを購入，出版した．
[97] A. W. Pugin, *Gothic Furniture of the 15th Cent.* (London: Ackermann, 1835); idem, *Designs for Iron & Brass work in the style of the xv and xvi Centuries* (London: Ackermann, 1836); idem, *Designs for Gold & Silversmiths* (London: Ackermann, 1836); and idem, *Details of Antient Timber Houses of the 15th & 16th Centuries* (London: Ackermann, 1836).
[98] 1834年11月6日の手紙．Alexandra Wedgwood, "The New Palace of Westminster," in Atterbury and Wainwright, *Pugin*, p. 220 から引用．
[99] A. W. Pugin, *Contrasts: or, A Parallel between the Noble Edifices of the Middle Ages, and Corresponding Buildings of the Present Day; Shewing the Present Decay of Taste* (London: author, 1836; 2nd ed., London: Dolman, 1841; 2nd ed. reprint by Leicester University Press, 1973).

品と中世に建てられた建築作品とを比較することで，後者の驚異的な優位はこの書の熱心な読者たちすべてに感銘を与えるだろう．そして彼らの精神はこの大きな変化をもたらした原因についての思考へと，そして建築における趣味の堕落が辿ってきた足跡の究明へと自ずと誘われる．涸落がその第一歩を記した時代から現在にまで達しているこの足跡が次ページ以降の主題となる」[100]．

それぞれの国家が各々の気候，慣習，宗教慣例に適するように建築様式のあり方を輪郭づけると論ずるピュージンは，リックマンの議論のように，尖頭式建築（すなわちゴシック建築）が固有の「国家的」特徴を有していることを強く主張する．そしてもし古典建築の造形や細部が，それがモデルとした古代遺跡が捧げられていた「異教の儀」や種々の神々をありのままに表しているならば，尖頭式建築ははるかに大きな称賛を受ける権利を有することになると述べる．なぜなら「尖頭式建築においてのみ，キリスト教精神がもつ信仰が具現化された姿や，キリスト教の儀礼の視覚的表現が表されるからである」[101]．ピュージンはこの主張に続いて，造形的な展開よりもむしろ倫理面での退廃に焦点を置きながら，ゴシック建築の史的展開を素描し始める．この退廃は宗教改革とともに始まり，そして「現代における教会建築の堕落状態」にまで至っているのである[102]．

この書には，敬虔さを示すように理想化されて描かれた中世の建造物と，そうではない現代の建造物とを対比させることで，この堕落した状態を表現した有名な挿絵がある．神々しい中世風の扉絵の反対側にはそれをソーン風に鋳直した扉絵が配置されており，それは同時に「角ばった新様式」やウィルキンス，スマーク，そしてナッシュらの作品群を揶揄してもいる（図31，32）．その他の挿絵のひとつでは架空の教会設計競技を告知する形が採られている．そこでは（ウエストミンスター宮殿と国会議事堂の設計競技を皮肉って）「ゴシックまたはエリザベス」様式で，というように使用可能な様式が指定されており，そして「改善された安っぽい新理論」に基づいて19世紀に行われた建築設計が糾弾されている．また，巻末にみられる挿絵の数々はそれぞれが対をなして掲載されており，いくらかの悪意を込めながら現代の建築家たちの作品を批判している．攻撃の対象となった建造物は雑な絵柄で表現されており（そしてしばしば下劣で非道徳的な点景で彩られており），共感を得られやすいように描かれた敬虔な雰囲気を醸し出す中世建築の画像がそれらの画像と対比されている．例えば「教授の持ち家」（ロンドン，リンカーン・イン・フィールズにある

---

[100] Pugin, *Contrasts* (1973 reprint ed.), p. 1.
[101] Ibid., p. 3.
[102] Ibid., p. 35.

ソーンの住居）は，ルーアンの大時計通り沿いに建つ格別に装飾的な中世風住居と比較されている．またピュージンは第2版（1841）で追加された図版において，教会の尖塔の輪郭がいくつも浮かび上がる1440年当時のカトリック教会の町の全景を，同じ町の1840年の光景と対比しているが，そこでは醜悪な工場や煙突が点在し，そしてパノプティコン型の監獄が前景に配されている．『対比』が出版されるまでは，存命の建築家たちの作品がこれほどまでに辛辣に攻撃されたことも，宗教的な道徳改革という外力の下位に現代建築理論が全面的に位置づけられたこともほとんどなく，ましてや国家全体に関わるものとしてひとつの様式が熱心に要請されたことなど一度もなかった．

31 中世風の扉絵．ピュージン『対比』(London, 1836) より．

『対比』の人気とそれが巻き起こした論争により，ピュージンは一躍時の人となった．バリーの雇ったゴシック装飾家として名を馳せ，ゴシックに潜む原理を歴史的観点から把握したピュージンの活動が，次に建築設計へと向かうのは自然な流れであった．教会建築を専門として1840年代に多くの業績を生み出し始めたピュージンは，最終的にブリテン諸島全体で100以上の聖堂（ほとんどが教区教会だった）を設計・改築した．またこれらに加えて，壁紙，家具，陶磁器，書籍，宝飾品，金属細工，ステンドグラス，そして織物のためのデザインが数千挙げられる[103]．1840年代，中世風デザインを行うピュージンのギルドは，これまで組織されたギルドのうちで最も生産的なもののひとつとなったのである．

　ピュージンが引き起こした論争は，1830年代にイギリス国内やその他の場所で継

---

[103] これらのうちの多くがAtterbury and Wainwright, *Pugin*. にカラー図版として掲載されている．

続されていたこれまで以上に綿密な多くの歴史調査の動きと同調している．1830年代だけで，ズルピーツ・ボワスレーの『ケルン大聖堂の歴史と描写』(Geschichte ind Beschreibung des Domes zu Köln, 1823-31) の最終部，ウィリアム・ヒューウェルの『ドイツ教会建築解説』(Architectural Notes on German Churches, 1830)，アルシス・ド・コーモンの『古代モニュメント教程』(Cours d'antiquités monumentales, 1830-41)，ロバート・ウィリスの『中世建築に関する所見，特にイタリア中世建築について』(Remarks on the Architecture of the Middle Ages, especially of Italy, 1835)，ゲオルク・モラーの『ドイツ建築の記念碑』(Denkmähler der duetschen Baukunst, 1836) の二度目の英語翻訳，そしてヘンリー・ガリー・ナイトの『ノルマンディー建築旅行』(An Architectural Tour of Normandy, 1836) が出版され，1840年にはアルフレッド・バーソロミューの『実践的建築家とは何か，現代イングランド建築における知の体系とその構造の凋落に対する批評を序として』(Specifications for Practical Architects preceded by an Essay on the Decline of Excellence in the Structure and in the Science of Modern English Buildings) が世に出された．

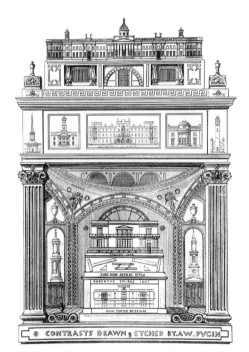

32　ソーン風に見せかけた扉絵．ピュージン『対比』(London, 1836) より．

　ピュージンによる問題提起に触発され，ジョン・メイソン・ニール (John Mason Neale, 1818-66) とベンジャミン・ウェッブ (Benjamin Webb, 1819-85) はケンブリッジ・キャムデン協会を1839年に創立した．その目的は中世に行われていた儀式を聖公会 (アングリカン・チャーチ) に再び導入すること，古くなった聖堂を修復する際の公認指針を提供すること，そして新たに聖堂が建設される際に，適切な様式が用いられているか否かを監視する役目を果たすことだった．この学会は，ピュージンの主張と同様にあらゆる点で真正さを追究し，建築に関していえば，12世紀半ばから13世紀半ばまでのイングランドにみられたゴシック様式への忠実な回帰を意味した．

学会は成功を収め，会員はすぐに数百名を数えることとなった．ニールとウェッブが1841年に創刊した学会誌『教会建築研究家』（*The Ecclesiologist*）は，後に巻き起こる激しい様式論争において突出した影響力をもつこととなった[104]．

その一方で，ピュージンは明快な論理と情熱をもったイギリス・ゴシック様式の代弁者であり続けていた．彼が1841年に出版した『尖頭式建築の真の原理』（*The True Principles of Pointed Architecture*）は，『対比』で導入した主題をさらなる歴史研究を踏まえて進展させたものであり，その冒頭に提示された2つの規則──「第1に，利便性，全体の構成，または適切さにとって不必要であるような特徴が建造物にあってはならない．第2に，すべての装飾は建造物の全体構成をその本質から強化するものでなければならない」──はしばしば機能主義理論の先駆けとして受け止められているが，そのような判断はこの議論の高度な複雑性を隠し，かつピュージンの立ち位置を極度に単純化してしまっている[105]．ピュージンの議論では，建造物がゴシック様式で設計されることによってのみこれら2つの原理が実現され得るのであり，そしてさらに，ピュージンは当時最も才能ある装飾家であり，後に彼自身が認めたように，その作品では全体構成と装飾とを区別することがほぼ不可能なのである[106]．しかし，このことは2つの原理が何の影響も与えなかったことを意味するわけではない．なぜなら，ヘンリー・コールやその周囲の人物たちによって，これらの原理はすぐにデザイン改革運動の教義として謳われることになるからである．この著作のメッセージは，古典のデザインに対するゴシック様式の優位を論証すること，そしてバーミンガムやシェフィールドの工場で製造された醜い品々を糾弾することにあてられており，そのうちいくつかは律儀に挿絵となっている．

1840年代にピュージンが著したその他の著作は，美しく作られ，機知や学識に富み，明確な論理構成からなっているものの，その論調は道徳的な教訓めいたものに陥りがちであり，またときとして自身の主張を頑固に押し通そうとする．建築という主題に捧げられた最後の著書，『イングランドにおけるキリスト教建築復興への弁明』

---

[104] 『教会建築研究家』（*The Ecclesiologist*）の創刊号は1841年の終り頃に発刊されたが，冊子の体裁でまとめられたのは1842年だった．ケンブリッジ・カムデン協会の活動とその機関誌については，Nikolaus Pevsner, "The Cambridge Camden Society and the Ecclesiologists,", *Some Architectural Writers*, pp. 123-38 を参照．

[105] A. W. Pugin, *The True Principles of Pointed or Christian Architecture* (London: John Weale, 1841), p. 1.

[106] 例として，以下の彼のコメントを参照．*An Apology for the Revival of Christian Architecture in England* (London: John Weale, 1843), pp. 15-16. n. 原文は以下のとおり．"In my own case I can truly state, that in buildings which I erected but a short time since, I can perceive numerous defects and errors, which I should not now commit; and, but a few years ago, I perpetrated abominations."

(*An Apology for the Revival of Christian Architecture in England*, 1843) は自身が設計した教会デザインを図示しているが，より重要なのは，この書がアカデミーに蔓延する折衷主義とその時代における「建築のカーニヴァル」への辛辣な批判であることだ．「建築のカーニヴァル」というフレーズによってピュージンがいわんとしているのは，諸様式が「創り出される」というよりむしろ「選び取られて」おり，「あらゆる国とあらゆる時代から借用してきた様式や象徴の煩雑な寄せ集め」が形成されているにすぎないということである[107]．建築をこのような状況に陥れた体制側に属する者たちに対するピュージンの個人攻撃は，かつてのように隠されることはなかった．そしてロイヤル・アカデミーの教授職に就いていたコッカレルはとりわけ厳しい言葉に晒された．コッカレルは「キリスト教建築に関する誤った意見」によってのみならず，「オックスフォード大学アシュモレアン博物館のデザイン」によっても学生たちの精神を毒しており，そして「その建築家は醜い異教の細部装飾群をもつ大建築を築き上げている．これらの装飾は協働して大学博物館で見世物をでっちあげており，道を挟んで建つセント・ジョンズ・カレッジの荘厳な正面，すなわちイングランドで最もカトリック的色彩の濃い都市の美しい玄関口をすっかり台無しにしているのである」[108]．ソーンと彼の建築における「奇妙な特徴」に対する扱いにおいては，もはや気遣いは感じられない．ソーンが設計したイングランド銀行の新配当局 (New Dividend Office) は「あらゆる種類の無意味な漆喰装飾を過剰に施され，わずかながらの適切さも建物の使用目的への参照も全くないままに尊大に構えている」[109]．タイトの王立取引所は「適用の仕方を間違えた古典主義の重苦しく，退屈で，つまらない陳腐な表現であり，国家や市民に関わる公共建築であることを国民の精神に呼び起こすことは微塵もない」[110]．ピュージンは，自身がかつて提唱したゴシック主義の再検討さえ行っていた．「心地よさ，清潔さ，耐久性をもたらす，現代におけるいかなる発明も，首尾一貫した意図をもつ建築家によって採り入れられるべきである．それが歴史あるものだからという理由で模倣することは，現代の異教徒による真似事と同じくらいばかげた行いである」[111]．1843年までに，イギリスでは「様式戦争」の火蓋が切られていたのである．

---

[107] Ibid., p. 2, 5.
[108] Ibid., p. 3 n. 3.
[109] Ibid., p. 17.
[110] Ibid., p. 18.
[111] Ibid., p. 38.

Chapter 5

ドイツ理論の興隆

> すべての主要な時代はその時代の建築様式を残してきた．なぜ我々もまた，我々の時代の様式を見つけようとしないのだ．
> ──カール・フリードリヒ・シンケル──

1
ドイツの啓蒙運動

　エコール・デ・ボザールを襲った1830年代初期の混乱は，それまでボザールがヨーロッパの建築理論に及ぼしていた計り知れない影響力の衰退の始まりだった．たしかにこの学校そのものは，その後19世紀を切り抜け，20世紀に入ってもしばらく生き続けた．しかし建築理論におけるフランスの権威が失墜することは，もはや避けられなかった．一方でドイツはこの当時まだ多くの人々に認識されておらず，かつて僻地であった，この分裂した国家が世紀末までにヨーロッパの理論全体を支配しようなどとは，ほとんどの者は予想すらしていなかった．

　ゲルマン民族独自の思想大系の形成が極めて遅かったことを考えると，この成長はいっそう特筆すべきものとなる．17世紀および18世紀初期のドイツにおける芸術の「地方性」は，その政治上，経済上の分裂と切り離して考えることはできない．この時期ドイツはひとつの国家としてではなく，300を超える州と都市の中世的提携組織として存在しており，それらは古来の帝国，すなわち神聖ローマ帝国の保護のもとに同盟を結んでいた．こうした独立体は主として封建体制であり，すべての人々がドイツ語を話すとは限らず，宗教もカトリックとプロテスタントが混在し，皇帝，王，伯爵，公爵，辺境伯，主・司教，および選定侯らがないまぜとなり，統治の手法もさまざまであった．こうした独立体のうちの51が，北方のハンザ同盟の交易中心地が主導権を握る自由都市として機能していた．

　18世紀中葉の政治力および軍事力は，南ではハプスブルク家，北ではプロイセン＝ブランデンブルクに集中するようになった．1438年に神聖ローマ帝国の王位を手にしたハプスブルク王朝はバロック期のウィーンにその中心を定め，時を経るに従って，スペイン，オランダ，ボヘミア，ハンガリー，および北イタリアの一部を含んだ，ヨーロッパの多くの地域を統治した．しかし遂に，プロイセン皇帝のフリードリヒ大王（1712-86）がこれに反旗を翻し，1740年に王位につくと，彼はすぐさまハプスブルク勢に対して勢力拡大のための軍事行動を起こした．以降，1763年までには当初の目論見が果たされると，そこから彼は（その後の23年にわたって）経済改革，農業改革，法制改革の実行に自らの関心を移していった．その支配は過酷なものであったが，フリードリヒ大王はさまざまな点において啓蒙運動の所産だった．彼は信教の自由を認め，その寛容さゆえにプロイセンには熟練した移民が多く流入した．彼は

ヴォルテールの後援者であり、『百科全書』(*Encyclopédie*) の編纂を補助し、さまざまな著作を発表した。

　この啓蒙運動によって知的興奮がひときわ高まりをみせたのが、まさにこのドイツの地だった。18 世紀後半のドイツには、イマヌエル・カント (Immanuel Kant, 1724-1804)、ゴットフリート・エフライム・レッシング (Gottfried Ephraim Lessing, 1729-81)、ヨハン・ゴットフリート・ヘルダー (Johann Gottfried Herder, 1744-1803)、ヨハン・ヴォルフガング・ゲーテ (Johann Wolfgang Goethe, 1749-1832)、フリードリヒ・フォン・シラー (Friedrich von Schiller, 1759-1805) を含む実に多くの作家、思想家が登場した。レッシング、ゲーテ、シラーの心理劇は、ゲルマンの文芸復興の先陣に立ちながら、海外の潮流に初めて拮抗し得た。博識家ヘルダーは、ゲルマンの民族(フォルク)は比類なき才をもった共通の文化理念に導かれた民族である、という信念を抱いていたことでよく知られており、カントは近代ドイツの哲学・美学における知的基礎を築いた人物である。彼の著作である『純粋理性批判』(1781)、『実践理性批判』(1788) および『判断力批判』(1790) はそれぞれ、19 世紀のドイツ観念論の認識論上、倫理学上、美学上の基礎となった。しかしこうした数々の取組みは、ゲルマン思想を支えるものであった一方で、イデオロギーにおいては国粋主義的というよりむしろ、概してヨーロッパ的なものだった。遥かケーニヒスベルクの地に住んでいたカントが、彼自身を「独善の居眠り」[1]から目覚めさせてくれたのはデイヴィッド・ヒュームであると述べている。また彼の倫理上の諸見解はその大部分がルソーに由来しており、彼の美学はプロティノスやシャフツベリやバークといったおのおの全く異なる情報を典拠とした[2]。ところがこれとは逆に、ヘルダーによるヨーロッパ史学の相対主義的批判は、これまで「啓蒙主義哲学の最も偉大な知的勝利のひとつ」[3]であるとされてきた。

　この世代の芸術に注ぐ情熱の深さをおそらく最もよく象徴している人物が、ヴァイマルの賢人と呼ばれたゲーテである。ライプツィヒの法学生だった彼は、かつてヴィンケルマンの芸術教師であったアダム・フリードリヒ・エーザーから絵画の指導を受けており、そこからヴィンケルマンの芸術史に通暁した[4]。その後 1770 年にストラ

---

[1] Immanuel Kant, *Prolegomena to Any Future Metaphysics*, trans. Paul Carus and James Ellington (Indianapolis: Hackett, 1977), p.5.〔篠田英雄訳『プロレゴメナ』岩波書店、2003 年〕.

[2] Ernst Cassirer, *Kant's Life and Thought*, trans. James Halden (New Haven: Yale University Press, 1981), pp. 86-90, 275-326 参照.〔門脇卓爾、浜田義文、髙橋昭二、岩尾龍太郎ほか訳『カントの生涯と学説』みすず書房、1986 年〕.

[3] Ernst Cassirer, *The Philosophy of the Enlightenment*, trans. Fritz Koelln and James Pettegrove (Princeton: Princeton University Press, 1968), 233.〔中野好之訳『啓蒙主義の哲学（上下）』筑摩書房、2003 年〕.

スブールへ居を移すとヘルダーに出会い，エルヴィン・フォン・シュタインバッハとストラスブール大聖堂へのロマンティックな讃辞（これはドイツで初めてゴシック建築が感情に訴える力を賛美したものである）[5]へと至る，国粋主義的なインスピレーションをヘルダーから得た．1787年にシチリアとパエストゥムのギリシア寺院を目の当たりにしてから，彼は古典主義へと転向することとなるが，ここを訪れた際には建築史家のアロイス・ヒルト（Alois Hirt, 1759-1834）が同行していた[6]．またゲーテとフリードリヒ・シラーとの知的協力関係が形作られたのは，シラーがヴィンケルマン主義的論考『美的人間教育について』（1795）の執筆に着手する直前の1794年のことである．そしてゲーテは，シラーとの親交によって数年後に雑誌『プロピュライア』（*Propyläen*）を創刊し，これを古典主義への入口として芸術の「内なる聖域」に踏み込むことを望んだのだった[7]．また，アウグスト・シュレーゲル（August Schlegel, 1767-1845），ヨハン・クリスティアン・ヘルダーリン（Johann Christian Hölderlin, 1770-1843），ノヴァーリス（Novalis, 1772-1801），フリードリヒ・シュレーゲル（Friedrich Schlegel, 1772-1829），ヨハン・ルートヴィヒ・テーク（Johann Ludwig Tieck, 1773-1853），ヴィルヘルム・ヴァッケンローダー（Wilhelm Wackenroder, 1773-1798），フリードリヒ・シェリング（Friedrich Schelling, 1775-1854）らに代表されるドイツ・ロマン主義の黄金時代も，これとちょうど同じ時期（1794-1798）にあたる．

　18世紀のドイツ建築は概して，各地からもたらされる当時の潮流に倣った．世紀前半にゲルマンの土地を支配していたのは，南ではイタリア風の後期バロック様式であり，北ではフランス古典主義である．当時貴族政治体制下にあり，皇帝家の財もあったバロックとロココの本家ウィーンでは，この2つの様式はフィッシャー・フォン・エアラッハ（Fischer von Erlach, 1656-1723）とヨハン・ルカズ・フォン・ヒルデブラント（Johann Lucas von Hilebrandt, 1668-1745）のデザインによって新たに綜合された．ボヘミアはディエンツェンホーファー家という高名な建築家一族の活動の

---

[4] ゲーテによれば，1768年のヴィンケルマンの死は「晴天の霹靂のごとくに我々の只中に降りかかり」，ライプツィヒ「全体が嘆きと悲しみに暮れた」という．*Autobiography: Truth and Fiction Relating to My Life*, trans. John Oxenford (London: Amaranth Society, 1901), 1: p. 273 参照．〔山崎章甫訳『詩と真実：第1部』岩波書店，1997年〕．

[5] ゲーテの有名な小論 "On German Architecture"（1772年）は *Goethe on Art*, ed. and trans. John Gage (London: Scolar Press, 1980), pp. 103-12 に所収（『ゲーテ全集』）．

[6] ゲーテとヒルトの親交については J. W. Goethe, *Italian Journey, 1786-1788*, trans. W. H. Auden and Elizabeth Mayer (San Francisco: North Point Press, 1982), pp. 420-1 参照〔相良守峯訳『イタリア紀行（上中下）』岩波文庫，岩波書店，1960年〕．

[7] Goethe, *Goethe on Art*, p. 3 参照．

中心地だった.後期バロック様式はバイエルンでも,バルタザール・ノイマン (Balthasar Neumann, 1687-1753),ヨハン・ミヒャエル・フィッシャー (Johann Michael Fischer, 1692-1766) らの作品中によく現れており,ザクセンではゲオルク・ベーア (Georg Bähr, 1766-1738),マテウス・ダニエル・ペッペルマン (Matthäus Daniel Pöppelmann, 1662-1736) がこの様式に通暁していた.

オーストリア,ボヘミア,バイエルンおよびザクセンの一部は宗教的にも,文化的にもカトリックであり続けたが,北ドイツやスカンジナビアといったプロテスタントの土地に目を向けると,実践に対する態度は極めて異なる.これらの土地では当時,フランスやイギリス,なかでもフランスの影響が強かった.例えば,マンハイムの選帝侯宮 (1755-65) の仕事にあたったのはフランスの有能な建築家ニコラ・ド・ピガジェ (Nicolas de Pigage, 1723-96) であり,シュトゥットガルトの新城を完成させたのもフランスで学んだ建築家,フィリップ・ド・ラ・ギュエピエール (Philippe de la Guêpière, 1715-73) である.また,1740年代にローマ賞でグランプリを獲得した才能あるニコラ゠アンリ・ジャルダンは,1754年にフリードリヒ5世によりデンマークに招かれ,この地で17年間仕事をした.そして彼の友人でローマ賞の給費留学生(ペンショネール)だったジャン゠ジョゼフ・ル・ロランは,スウェーデンのティエシン伯爵の城の内装デザインに携わった.北方では初期にパラーディアン様式が影響していたことも,スウェーデン人グラーフ・フォン・ダールバーグ・エリック・ヨンソン (Erik Jönson, Graf von Dahlberg, 1625-1703) やデーヌ・ラウリッツ・ローリゼン・デ・スラウ (Dane Lauritz Lauridsen de Thurah, 1706-59) らの著作から明らかである[8].

しかし,地理的にも,様式的にもさまざまな影響が混じり合っていることを最も明らかに見て取ることができるのは,フリードリヒ大王の宮廷である.例えば,彼の下で働いた建築家の筆頭は古典主義者のゲオルグ・ヴェンゼスラウス・フォン・クノーベルスドルフ (Georg Wenzeslaus von Knobelsdorff, 1699-1753) であり,芸術顧問に就いたのはロードリの教え子のヴェネチア人,フランチェスコ・アルガロッティ (Francesco Algarotti, 1712-64) だった.クノーベルスドルフはシャルロッテンブルクの宮殿の新翼を古典様式で建設し,1741年にはベルリンのオペラ座を設計した.後者のプロジェクトで興味深いのは,これがパラーディアン様式的特徴を有していることだが,この選択はおそらく,バーリントン伯の作品に通じていたアルガロッティが奨めたものだった.また,フリードリヒ大王がポツダム宮廷に移った際に旧宮殿を

---

[8] Erik Jönsson, Graf von Dahlberg, *Svecia Antiqua et Hodemia* (Stockholm, 1726) および Laurids Lauridsen de Thurah, *Den Danske Vitruvius* (Copenhagen: Berling, 1746-9).

リノベーションしたのもクノーベルスドルフである．彼は後に公園を有したピンクと白の小品のサンスーシ宮殿（1745-47）を設計しているが，この建物はフランス・ロココ風の優美さで名高いものである．一方，彼の最後の設計のひとつであるベルリンの聖ヘードヴィヒ聖堂（1747-73）では，ローマのパンテオンが手本とされている．

ポツダムで活動していた建築家には，ジャック＝ジェルマン・スフロの友人で一度ピラネージと協働したことのあるフランス人，ジャン＝ロラン・ルジェイ（Jean-Laurent Legeay, 1710-86）がいた．フリードリヒ大王は1756年にルジェイをポツダムに招いてお抱えの宮廷建築家にしたが，このフランス人はたちまちこの頑迷な王と仲違いし，1763年にプロイセンを去った．彼の設計になる，両端が開け放ちの寺院形式の新宮殿サービス棟の列柱は，当時異彩を放った，ヨーロッパの新古典主義の最初期の事例のひとつである．ルジェイの出立後にこの複合施設の建設を任されたのはカール・フォン・ゴンタルト（Karl von Gontard, 1731-91）だったが，彼は1777年から80年にかけて，ベルリンのケーニヒス橋に接した「王のコロネード」も築いている．このように，1750年から1780年の間のベルリンとポツダムでは，フランス建築に依存しながらも，計らずもヨーロッパ建築の最先端となっていた．

フリードリヒ大王はフランスのみに目を向けたが，その他の北方の統治者たちはそうではなかった．レオポルド・フリードリヒ・フランツ公は1766年に友人の建築家フリードリヒ・ヴィルヘルム・フォン・エルトマンスドルフ（Friedlich Wilhelm von Erdmannsdorff, 1736-1800）に指示して，デッサウ近郊のヴェルリッツに宮殿と「ピクチャレスクな」庭園を作らせている．この2人はヨーロッパの展開を熱心に学んでおり，1760年代には二度旅をともにし，イギリス，スコットランド，フランス，イタリアを巡っていた．6ヶ月以上にも及んだローマ滞在中の彼らの傍には常にヴィンケルマンがおり，また同地で彼らはクレリッソーとピラネージにも会っている．また，イギリスでは数々のピクチャレスク庭園を訪れ，アダム兄弟の初期作品を学んだ．ヴェルリッツの地所にはこれらからの影響がそこかしこに現れているが，それに留まらなかった．メインの建物はパラーディアン様式である一方，内部はアダム兄弟のポンペイ風の先例に倣っており，庭園はエルムノンヴィルのルソー埋葬島を模範としながら，ストウヘッドのようにいくつかの神殿を散在させていた．

北方の人々のイギリス式庭園への関心は，最高潮に達していた．1779年，ホルシュタイン人クリスティアン・カイ・ローレンツ・ヒルシュフェルト（Cristian Cay Laurenz Hirschfeld, 1742-92）は『庭園芸術の理論』（*Théorie de l'art des Jardins*）全5巻のうちの第1巻を出版したが，ここでは民主的な現代に特に相応しいのは，幾何学庭園の厳格性ではなく，イギリス式ピクチャレスク庭園の非整形や非対称性である

と述べている[9]．キール大学の教授であったヒルシュフェルトはイギリス人の「新しいテイスト」とフランス人の「古いテイスト」を比較し，ウィリアム・チェインバーズ，トマス・ホエートリー，ホレス・ウォルポールの著作をとりわけ賞賛した．彼は何らかの「田園的な」特性の他，鮮やかな対比，バリエーション，色彩，動き，愛嬌，新奇性，意外性といった属性を推し進めようとし，デザイナーとしては洗練と感性を兼ね備えながらそのすべてを開拓していった．

　ドイツの啓蒙運動の中心地には他に，ヘッセン州の街カッセルがあった．この「北の新都市」は1685年にフランスのユグノーが追放された後，彼らのコミュニティとして建設されたものである．この都市の拡張にあたった建築家はポール・デュ・リ（Paul du Ry, 1640-1714）という，パリでフランソワ・ブロンデルの訓練を受けた人物である．そしてその孫のシモン・ルイ・デュ・リ（Simon Louis du Ry, 1726-99）が，その後ドイツにおけるフランスからの影響を受け継いだ．シモン・ルイはスウェーデンで訓練を受けた後，パリにあるジャック＝フランソワ・ブロンデルの学校で学んだ人物であり，彼の新古典主義に対する最も重要な貢献にはフレデリツィアヌム美術館（1769-79）がある．ここに見られる水平のスカイラインと簡素なイオニア式のポーティコは，ジャン＝フランソワ・デ・ヌフォルジュのデザインを基礎にしたといわれているが，そこにはイギリスのパラーディオ主義者に対する関心も介在している[10]．その他には，1870年代中頃にはフランス人クロード＝ニコラ・ルドゥーがヘッセ方伯によってこの地に招かれ，いくつかのプロポーザル設計案を提示している．フリードリヒ大王もまた当時，カッセル市街を遥かに見下ろすヴィルヘルムスヘーエ宮殿のリノベーション設計をパリの建築家シャルル・ド・ヴァイイに依頼している．ただし，このプロジェクトを実行したのは結局，彼とシモン・ドゥ・リの門弟ハインリヒ・クリストフ・ユーソーフ（Heinrich Christoph Jussow, 1754-1825）だった．

　そして最後に挙げるべきは，ドレスデンの建築家，フリードリヒ・アウグスト・クルプザキウス（Friedrich August Krubsacius, 1718-89）である．彼による建築論『古代人の建築趣味に関する省察』（*Betrachtungen über den Geschmack der Alten in der Baukunst*）は，1754年にドレスデンに移り住んだヴィンケルマンの教科書だった[11]．

---

[9] C. C. L. Hirschfeld, *'Theorie de l'art des jardins*, 5 vols. (Leipzig: Weidmann & Reich, 1779-85). なかでも4巻所収の "Remarques diverses sur le nouveau gouten fait de jardins" と題する小論を参照のこと．

[10] David Watkin and Tilmann Mellinghoff, *German Architecture and the Classical Ideal* (Cambridge: M. LT. Press, 1987), p. 46 参照．また，*Maxmillan Encyclopedia of Architects* (New York: The Free Press, 1982) 第1巻所収，Fritz-Eugen Keller, "Du Ry Family," p. 615 も参照のこと．

[11] Carl Justi, *Winckelmann und seine Zeitgenossen* (Leipzig: Vogel, 1866-72), 1: p. 308 参照．

ロージエの『建築所見』(Observations sur l'architectur) の1771年のドイツ語版の訳者もまた、クルプザキウスであったようだ[12]。彼が手がけたドレスデン・ラントハウス(1770-76)は現在美術館となっている。そこに見られるトスカナ式のポーティコおよび際立った直線性はスフロに影響されたものであるともいわれているが、階段の鋳鉄の手すりにはむしろバロック的感性が強く感じられる。しかし、建築を論じたさまざまな著作において、クルプザキウスは自身をスフロと並ぶ新古典主義の初期の代弁者であるとしている[13]。

2
フリードリヒ・ジリーと
カール・フリードリヒ・シンケル

　1760年代、1770年代のドイツの古典主義建築家たちは当時、なおもフランスとイギリスの流行を重んじながら、世紀末に向けて、ドイツ式理論の強化のために欠かせぬ基礎を固めていた。この独自の古典志向を発展させる重要な契機となったのは、やはり南方旅行である。1770年代初頭から急激に増加し始めたローマへのドイツ人旅行者は、世紀末にはローマにいる外国人の中でも最も大きい一団を形成するまでになっており、1780年代にこの都市を旅した文化人・芸術家には、ゲーテ、アロイス・ヒルト、カール・フィリップ・モーリッツ、ハインリヒ・マイヤー、ハンス・クリスティアン・ゲネッリ、ヨハン・ゴットフリート・シャドウらがいた。そうして彼らは、ハインリヒ・クリストフ・ジュッソウ、ペーター・ヨーゼフ・クラーヘ、クリスティアン・フレデリック・ハンセン、ヨハン・アウグスト・アレンスといった建築家たちの協力を得るのである。1790年代初頭のこの都市には、画家のアスムス・ヤーコプ・カルステンスの他、建築家ハインリヒ・ゲンツ (Heinrich Gentz, 1766-1811) およびフリードリヒ・ヴァインブレンナー (Friedrich Weinbrenner, 1766-1826) が住んでいた。こうした芸術家の多くは帰国後たちまちにして芸術分野のリーダーシップを担うこととなる。例えばモーリッツ、ヒルト、ゲネッリ、シャドウはベルリン美術アカデミーで教鞭をとっており、ヴァインブレンナーはカールスルーエで古典主義の旗手となった。かくして、1770年代および1780年代の「疾風怒濤」の時期は、や

---

[12] Watkin and Mellinghoff, German Architecture and the Classical Ideal, p. 51 参照。
[13] クルプザキウスの2作目の著作である『美術装飾の起源、発展、衰退』(Ursprung, Wachstum und Verfall der Verzierungen in den schönsten Künsten) の出版は1759年のことだった。

がて古典主義とロマン主義の2つの衝動のもとでの，穏やかかつ広範な文化的隆盛に道を譲り，ここにドイツの国家的アイデンティティーの最初の兆しが現れる．

建築理論にとって重大な契機となったのは，1799年のベルリン建築アカデミー（バウアカデミー）の設立である．当時この都市の建築にはすでに，フリードリヒ・ヴィルヘルム2世が1780年代に促進した古典主義の影響があった．というのも，ギリシア的気質をもった「ドイツ的」趣味の育成に興味を示していたヴィルヘルム2世は，1787年にはエルトマンスドルフに委託してベルリン宮殿を厳格な古典様式でリノベーションさせており，1789年から1791年の間には，カール・ゴットハルト・ラングハンスがブランデンブルク門を建設していたのである．シレジア人ラングハンスが初めて頭角を現したのはブレスラウだったが，彼がこの門のデザインの基礎に据えたのは，スチュアートとレヴェットのアテネ式プロピュライア門である．この門の扁平なエンタブラチュアが支えている浅浮彫はクリスティアン・ベルンハルト・ローデが手がけたものであり，同じく有翼の勝利の女神の乗ったクアドリガはシャドウの作になる．また，1780年代後半にフリードリヒ・ヴィルヘルムが召集した建築家には，他にポメラニアン・ダヴィド・ジリー（Pomeranian David Gilly, 1748-1808）がいる．ジリーの実務はそれまで主に地方に限られており，1783年にはセッティンという町でフランスの教育メソッド（ジリーはユグノー系の家柄の出身であった）を使った小さな建築学校を経営していた．しかしベルリンに居を定めたのち，彼は1793年にレーアンシュタルト（「教育機関」）として再び学校を設立し，この学校がバウアカデミーとして，1799年に国王認可を受けるのである．ところがこの時期にはすでに，ジリーの存在は息子のフリードリヒ・ジリーの才能によって霞んでしまっていた．ロマン主義建築家たちの組織はもはや，この息子を中心に形成されていた．

1800年に肺病で非業の死をとげたフリードリヒ・ジリーは，友人たちにとってロマン主義的理念をもつ天才の典型だった[14]．父親との訓練およびベルリンへの移転ののち，ベルリン美術アカデミーに入学した彼は，その後建築視察官として国務に就き，またエルトマンスドルフとラングハンスのもとで短期間働いた．そして1794年のポメラニア視察旅行に際して13世紀城館のドローイング・シリーズを作成し，このために国王より4年間の旅行奨学金を与えられた．しかし，フランスとイタリアの

---

[14] ジリー研究の主要論文としては Alste Oncken, *Friedrich Gilly: 1772-1900* (Berlin: Verein für Kunstwissenschaft, 1935; reprint, Gehr. Mann, 1981) が挙げられるが，展覧会カタログ *Friedrich Gilly 1772-1800 und die Privatgesellschaft junger Architekten* (Berlin: Willmuth Arenhövel, 1984) も重要である．このカタログには Konrad Levezow の"Denkschrift"の記述もある．なお，*Friedrich Gilly: Essays on Architecture, 1796-1799*, trans. David Britt (Santa Monica, Calif.: Getty Publications Program, 1994 中のフリッツ・ノイマイヤーによる序論も情報量が多く参考になる)．

政治的混乱のために出発を延期した彼は，1796年夏にフリードリヒ大王記念碑の設計コンペティションに参加する．

このコンペはドイツの国家的自我の成長のもうひとつの兆しである．このコンペには，ドリス式とイオニア式双方の変形柱を用いた小さな円形神殿のデザインで，ラングハンスが勝利した．ヒルトは，ゲネッリとシャドウが1787年にローマで作成した案をほのめかす，シンプルなギリシア神殿を提案した．ゲンツの案は，自身が以前，王立夏の家（ルストハウス）のために作成した案やルドゥーの建築から要素を引用した，高台の上に据えられた完成度の極めて高い円形神殿のデザインだった．しかしやはり，時代を捉えていたのはジリーのデザインである．ゲンツのプロジェクトと同様，彼は王の石棺の納められた土台の天辺にギリシア神殿を置いたが，そのスケールのために，彼はプロジェクトの要件として提示された敷地ではなく，ブランデンブルク門のすぐ南のライプツィヒ広場の神殿の敷地内にそれを配置している．そして，クアドリガ（都市に入るための門として機能している）やドリス式のコロネードをもち，オベリスクとライオンの立ち並ぶマッシブな凱旋門が，この新しい都市広場の聖域性をさらに明確化した．他にも，土台部のクリプトを思わせる空間のスケッチはマウソレウムを極めてロマン主義的に解釈しており，光と闇のコントラストによってとりわけドラマチックな演出が施されている．

1790年後半頃には，ジリーはすでにドイツのロマン主義ムーブメントの第一線に躍り出ていた．作家のヴァッケンローダーも，1793年にティークに宛てて書かれた書簡の中ですでにジリーを神童と評している．「彼こそが真の芸術家でしょう！　古代ギリシアの簡潔性にこれほどまでに身を焦がしている人物がいるとは！　彼と美学を語らうひとときはとても幸福なものでした．まさに神のような人物です！」[15]．ただし，ジリーのカリスマ性の一端は自らの内省的で芸術家然とした人格によるものでありながらも，他方では彼の幅広い人脈にこそ関係したものだった．そこには建築家ではヒルトやマルティン・フリードリヒ・ラーベやカール・ハラー・フォン・ハラーシュタイン（彼はのちにギリシアでコッカレルと交流を深めた）がおり，彫刻家シャドウや言語学者ヴィルヘルム・フォン・フンボルトがいた．なおゲンツはこの交流関係のひとりだっただけでなく，ジリーの従兄弟でもあった．ゲンツは1798年に新しいベルリン造幣局の設計にとりかかった．そして，明確な箱形や，ルスティカ仕上げの1階上部を連続して走る古典主義のフリーズ（ジリーのデザインでシャドウの施

---

[15] Wilhelm Heinrich Wackenroder, *Werke und Breife*, ed. Friedrich von der Leyen (Jena: Diederick, 1910), 2. Oncken, *Friedrich Gilly*, p. 29 より引用．

工）で有名だったこの建物の最上階が，バウアカデミーの最初の拠点となった．

　1799年，ジリーとゲンツは青年建築家秘密協会（「7人の報告者による読書会，討論会，デザインの相互批評促進のための協会」）を設立する[16]．ジリーは参加者に向けて数編の論文を読んだが，その中でも筆頭に挙げられるのは「理論と実践における建築諸分野の統合努力の必要性に関する所見」である．本書では便宜的に，この論文をもってモダン期のドイツ理論の開始点と位置づける．

　この論文は実際には，自らも教授を務める新設のバウアカデミーのカリキュラムに対する批評から起草されていた．このアカデミーは当初，パリのエコール・ポリテクニークをモデルとしており，このため，国務のための建築家養成には，工学が重視されていた．そこでジリーの批評は，建築にますます技術的な要素が求められてきていることや，歴史学上の基礎と芸術の基礎とを調停しなければならないという，19世紀の理論上の主要関心事を議論するところから始められた．彼の議論によると，現代の建設技術は向上し続けており，その結果として実利主義的デザインと専門分化の方向に推し進められている．しかしその反面，もう一方には芸術を小難しいルールや古物蒐集癖へと押し下げるアカデミー的傾向が存在しており，――この「致命的な偏向性」は単なる「学術研究」に行きつくか，「いくら悲惨な結末を迎えようが存在し，繰りひろげられる，アカデミック建築家とフランスやイギリス勢の取るに足らない確執や口論」[17]に堕する．そこでジリーは続ける．この誤った分化を乗り越えるのに必要なのは，ゲーテのいう「偉大への傾向をもった全般的かつ能動的な芸術愛」[18]である．科学の産物の価値を高める記念碑的作品が召喚される時とは，このようにしてしか訪れ得ない．

　1797年4月にそれまで長らく延期していた研究旅行に出発したジリーだったが，ナポレオン軍が徐々に入り込んでいたイタリアを訪れることはなく，パリ，ロンドン，ウィーン，プラハ，ハンブルクを巡った．また，現存するわずかなスケッチブックからも，彼が目利きではあったが移り気な芸術家であったことが裏づけられている．フランスではルドゥー作品をスケッチしてはいるが，何も述べてはいない．また，エンジニアのジャン＝ロドルフ・ペロネの作品を賞賛し，ル・ランシーでルイ・

---

[16] この私設協会のゲンツ，ジリー以外のメンバーは，ハーラーシュタイン，ヨアヒム・ルートヴィヒ・チーテルマン，カール・フェルディナント・ラングハンス（カール・ラングハンスの息子），フリードリヒ・ラーベ，カール・フリードリヒ・シンケルだった．
[17] F. Gilly, "Some Thoughts on the Necessity of Endeavoring to Unify the Various Departments of Architecture in both Theory and Practice," in *Friedrich Gilly: Essays on Architecture*, p. 169.
[18] Ibid., p.172. ノイマイヤーも述べるとおり，ジリーは "Über Lehranstalten zu Gunstender bildenden Künste," *Propyläen* 2, no. 2 (1799): pp. 10, 13, 17 中の異なる3ヶ所からゲーテを引用している．

ル・ヴォーが建てた城館を含むさまざまな地方の大邸宅を訪ねているが、最も感動しているのは、1777年に建築家フランソワ・ジョゼフ・ベランジェ（François-Josef Bélanger, 1744-1818）が設計した、「バガテル」というパリの小さなあずまやだった。ジリーにとってベランジェとは、「フランス建築に全く新しい方向性を与えた数少ない建築家の中のひとり」[19]だった。なおジリーの1799年の重要な建築デザイン——新ベルリン劇場のコンペティション用デザイン——はフランスの影響を示すものであるが、このコンペでは闊達な議論の末、ラングハンスに敗れている。

しかしジリーの名は、建築史の中では今後もまず間違いなく、常にカール・フリードリヒ・シンケル（Karl Friedrich Schinkel, 1781-1841）という、19世紀で最も重要な建築家の名と結びつけられることになるだろう。1797年、ダヴィド・ジリーのもとに現れた——と伝えられている——ときのシンケルは16歳の学生だった。息子のフリードリヒ・ジリーの、フリードリヒ大王記念碑のコンペティション用ドローイングを見に訪れたのである。その後この若者は、ジリーの学校に入学しただけでなく、ジリーの家庭にも受け入れられ、さらに重要なこととして、フリードリヒ・ジリーの庇護下にも置かれている。フリードリヒが1800年に没した際、彼の一連のドローイングを相続したのもシンケルだった。また1805年のシンケルはダヴィドへの書簡の中で、その息子の夭折をなおも悼みながら、フリードリヒのことを「今の私を作り上げてくれた人」[20]であるとまで書いている。

シンケルはベルリンから30マイル南に位置する、ノイルッピンという村で生まれた。1787年に起きた火災が村を壊滅させ彼の父の命を奪ったが、寡婦となった母が1795年に家族をベルリンへと移住させ、シンケルはそこで標準的な中等学校(ギムナジウム)に通った（同校の生徒には、後に彼の友人となるペーター・クリスティアン・ボイトがいた）。1803年にバウアカデミーを卒業したのち、シンケルは18ヶ月のイタリア、シチリアの旅に出る。しかし彼がドイツに帰国した時、1806年10月のナポレオン軍とプロイセン軍の支隊2隊とのアウエルシュタットおよびイエナでの衝突の結果として、ベルリンは占領下に置かれていた。そのため続く10年は、プロイセンの建築家にとってことのほか過酷なものだった。フランスの占領に伴い経済は壊滅的なダメージを

---

[19] F. Gilly, "A Description of the Villa of Bagatelle, near Paris," in *Friedrich Gilly: Essays on Architecture*, p. 147.

[20] 1805年1月ダヴィド・ジリー宛K・F・シンケル書簡. *Aus Schinkel's Nachlass: Reisetagebücher, Briefe und Aphorismen*, ed. Alfred Freiherrn von Wolzogen (Mittenwald, Germany: Mäander Kunstverlag, 1981; originally published in 1862-4), 1: p. 173参照. シンケルをテーマにした文献は膨大な数にのぼるため、ここで要約することはできない。シンケルの生涯と思想の英語による入門書としては Barry Bergdoll, *Karl Friedrich Schinkel: An Architecture for Prussia* (New York: Rizzoli, 1994) が最もよい。

受け，建設活動は停止した．

しかしシンケルはこうした混乱においても決然とした態度を崩さなかった．常日頃から哲学にのめり込みがちなシンケルだったが，1801年に若き哲学者ヴィルヘルム・フェルディナンド・ゾルガーに出会うと，彼は当時展開された観念論に没頭する．彼が南方旅行に持参した唯一の本は，人間の道徳行動や義務観念を人類の進歩と含めて論じた，ヨハン・ゴットリープ・フィヒテの『人間の使命』だった．なお彼はこの旅行では一般的な場所だけでなく，珍しい場所も多く訪れている．例えば景観やヴァナキュラーな建設様式を求めてクロアチアの海岸を踏査し，また旅の佳境としてエトナ山に登った．ここでは，夜に山頂付近でキャンプを張り，夜明けに山頂に到着した．旅行記によると，当時の彼は古典主義の妥当性については重要視しておらず，むしろ「土地と目的の真の特質を伝える作品」[21]に心血を注ぐと誓っていた．ここで，彼が思い描く建物とは，古典主義でもルネサンスでもなく，この二者のあいだの発展期の中にこそ存在するものだった．それは彼が「サラセン式」と呼称した，「民族大移動の時代に，東方と古典の建築が融合したことから生まれた」[22]様式である．彼がこのように後期ローマ様式およびロマネスク様式に着目したのは，ヨーロッパの他の建築家がこの2つの時代に同じような注意を向けることとなるよりも，30年以上も前のことだった．

1805年から15年はまた，彼の知的成長にとっても極めて重要な時期だった．当時建築表現の機会に恵まれていなかったシンケルは（1810年には，彼は建築に関する州の美学「顧問(アドバイザー)」に任命されている），自らの夥しいイマジネーションを風景画やパノラマ館，ジオラマ，舞台デザインの制作で具現化させたのである．ローマを訪れた際にシンケルはヨーゼフ・アントン・コッホの壮大な古典主義的風景画を賛美していたが，そのコッホのスタイルもまた，カールステンやニコラ・プッサンの影響を受けたものだった．人の気配をほのめかすことで風景に雰囲気を出したり，前景と背景を離すことで空間に奥行きをもたせたり，といった表現を特徴とするシンケルの風景画のスタイルはコッホの影響によるものだが，通常，シンケルのこうした絵画の焦点となるのは建築だった．そして1810年頃にゴシック建築に関心を向けるようになると，彼はしばしば中世あるいはゴシック的なものをテーマにした．彼の絵画には同時代人カスパー・ダヴィド・フリードリヒの作品に見られる内的な精神性や物寂しい陰

---

[21] 1804年12月，ダヴィド・ジリー宛シンケル書簡．*Aus Schinkel's Nachlass*, 1: p.33所収．
[22] Ibid., 1: p. 164. 原文は以下のとおり．" ... aus diesem Styl ziehen, den man gewöhlich den saracenischen nennt, weil er durch die Vermischung morgenländerund antiker Architektur in der Zeit der Völkerwanderungen entstand."

鬱さが欠けているが，ロマン主義的な感性の強さと，深い哲学的・史学的な熟慮はこの2人の絵画に共通のものである．クルト・W・フォースターが述べるように，シンケルの絵画は明敏な知性をたよりに構成された空間と光の 感情絵画（シュテイムングスビルダー）（詩的感性のイメージ）なのである[23]．1844年，グスタフ・フリードリヒ・ヴァーゲンは，シンケルは絵画に専心していれば「歴史上最も偉大な風景画家になっていたであろう人物だ」，と指摘した．なぜなら「彼は，北ヨーロッパ気質特有の，ロイスダールの絵が訴えかけてきたような質素でささやかな喜びと，クロード・ロランによる南欧の風景から強く印象づけられた魅惑的な光の感性とを兼ね備えた」[24]人物だったからである．

また，シンケルはパノラマとジオラマにも強い興味を示していた[25]．シンケルが1804年にパリで初めて体験したパノラマ館は，さまざまな点で近代の映画館の先駆であった．スコットランド人のロバート・バーカーが1788年に特許を取得したもので，観客は円形の部屋（もともとは直径60フィート）の中に据えられた一段高い壇に立ち，その周りの連続した画像（都会あるいは自然の風景）を眺めた．画像と壇のあいだは暗くされ，画像自体には，上方および背後から，隠し光源によって光があてられた．空間の照明効果はまた，徐々に変化したり，錯視効果を生み出したりもした．シンケルによる有名なパレルモのパノラマは1808年にベルリンで大群衆の前にお披露目されたものだが，それよりも1年早く，彼は（劇場オーナーであったヴィルヘルム・グロピウスとの協働で）「透視光学展望器」という新たな光学装置を開発した．これはジオラマの一種で，列柱で構成された暗い空間の奥に設置された透明な大画面（オリジナルは13フィート×20フィート）を30フィート離れたところから眺める，というものだった．1807年には，サン・ピエトロおよびミラノ大聖堂の内部，そしてヴェスヴィオ山とモンブランの風景の4つの画像が出品されている．また，別の年には，遠方の都市（コンスタンティノープルやエルサレムなど）あるいは歴史的景観（エトナ山を背景としたタオルミーナの劇場の遺跡など）の画像を発表した．

---

[23] Kurt W. Forster, "'Only Things That Stir the Imagination': Schinkel as a Scenographer" 参照．*Karl Friedrich Schinkel: The Drama of Architecture* (Chicago: Art Institute of Chicago, 1994), pp. 18-35 所収．

[24] Gustav Friedrich Waagen, "Karl Friedrich Schinkel als Mensch und als Künstler," *Berlin Kalender* (1844): 330. 引用は Helmut Börsch-Supan, "Schinkel as Artist," in Michael Snoden, ed., *Karl Friedrich Schinkel: A Universal Man* (New Haven: Yale University Press, 1991), p. 1 よりの抜粋．

[25] この地域のシンケルの作品については "Schinkel's Perspective Optical Views: Art between Painting and Theater"（*Karl Friedrich Schinkel: The Drama of Architecture*, pp.36-53 所収）参照．また，展覧会カタログ *Karl Friedrich Schinkel: Architektur, Malerei, Kunstgewerbe*（Berlin: Verwaltung der Staatlichen Schlösser und Gärten, 1981）にもこれらの作品に対する言及が多いので参照されたい．August Grieseback, *Carl Friedrich Schinkel: Architekt, Städtbauer, Maler* (Frankfurt: VIIstein Kunstbuch, 1983; originally published in 1924), pp. 40-69 も参照のこと．

1812 年にはモスクワの大火，翌年にはフランス軍の残党をプロイセン軍が圧倒したライプツィヒ近郊の戦闘の一場面が公開された．これらの見世物は大変な人気を博し，当時，シンケルはパノラマの「天才」であると報道された．1810 年に国王夫妻がケーニヒスベルクから戻ってきた際には，2 人はこの芸術家に私的な観覧の依頼までしている．これにいたく感動したフリードリヒ・ヴィルヘルム 3 世は，シンケルを建築顧問の役職に就かせ，すぐさまベルリンおよびシャルロッテンホフの宮殿諸室のリノベーションに着手させた．

　一方で，ベルリン劇場におけるシンケルの舞台デザインもまた，注目すべきものである．ジオラマは本質的に舞台風景だった．しかし 1813 年，彼は，ベルリン劇場主任のアウグスト・ヴィルヘルム・イフランドに対し，1799 年にラングハンスが設計したこの建物のリノベーションを提案したのである．ここでシンケルは，ゲーテとティークの計画に従い，大きくて扱いにくいステージセットと舞台裏の除去と，薄く透明な画像を背後から照らすことを提案した．また，俳優たちが演じる非現実世界と観客をさらに切り離すためにプロセニアムを深くし，両側に 4 つずつのコリント柱を配置することで，遠近法に類似した効果を作り出すことも提案した．正確な舞台風景をつくるのでなく雰囲気を重視することで，より濃密で質の高い劇場体験を意図したのである．シンケルはイフランドを納得させることこそできなかったが，イフランドの後任のグラーフ・ブリュールは彼の才能を活かした．かくして，1815 年から 1828 年の間に，シンケルは 45 演目のために 100 を超える舞台セットを創作することとなる．1816 年上演のモーツァルト《魔笛》のためのセンセーショナルなセットは，10 余りの太古のカラフルでエキゾチックな風景に観衆をいざない目を眩ますもので，その年の皇帝の即位の式典のクライマックスにふさわしいものとなった[26]．

　しかし 1815 年，シンケルは再び建築と真剣に向き合うことになる．なぜならこの年に，彼は機密建設主任（Geheimer Oberbaurat）のポストに昇格し，プロイセンの建設活動のほとんどをコントロールできるようになったからである．そして当時のプロイセンは，フランスの侵略行為に対する防御策として，ウィーン会議においてルール渓谷およびザール渓谷（工業発展の要衝）の他，ラインラント，ウェストファリア，ザクセン各地方における鉱物資源の保有を委任され，地位が向上していた．すなわち，首都ベルリンは，シンケルが芸術家としての最盛期に向かうまさにその頃に，ヨーロッパの主要拠点となる準備が整ったのである．

---

[26] シンケルの舞台デザインは Forster, "Only Things That Stir the Imagination" 中にも仔細に議論されている．

この時期には，彼の建築的感性も進化していた．すなわちシンケルもまた戦時下のロマン主義的動向に影響を受け，当時フランスの侵攻に対抗する手段として支持されていた，「古ドイツ」（ゴシック）様式に傾倒し始めたのである．当時の彼は，ベルリン・ペトリ教会（1810）の再建および解放戦争カテドラル案（1814）のデザインにおいて，ゴシック様式と古典の要素を組み合わせることを試みているのである．一方，王立衛兵所「ノイエ・ヴァッヘ」（1816-18）の委託設計では，ポーチにスパルタのドリス様式を選択したが，これはおそらく，ジリーの古典主義へのオマージュである．

　1817年夏の火災によって，シンケルが4年前にリノベーションを提案していたベルリン劇場は完全に使いものにならなくなった．そしてシンケルはこのとき，劇場主任であるブリュールとの関係から，再建委員会との折衝において有利な立場にいた．こうして彼は，全く新しい建築的操作で設計された劇場を生み出すのである．ブリュールはこの火災を絶好の機会と捉え，劇場の機能を考え直した．彼は，ゲーテやシラー他の現代劇作家の作品は上演し続けるが，オペラや喜劇はやめて，古代ギリシアの戯曲を主とした古典劇場にすることを主張した．そこでシンケルが応じたデザインは古典的ではあったものの，曖昧なものに留めている（図33）．この建物は3部構成をとり，客席と舞台がそれぞれ正方形をなして連なるものだった．また，座席は視環境をよくするために半円に近い形に配置され，かつてジリーが作成したこの劇場の初期の案を思わせる．そして，古典主義の外観には，この建物の立面すべての特徴として，彫刻を施したペディメントおよび塑像群が置かれ，モニュメントの天辺ではアポロがクアドリガを指揮しながら，3体のミューズが下部ペディメントの上部を飾る．そしてこの作品の図版集の刊行にあたって，シンケルは「ギリシアの形式と構造にできる限り近づくよう努めた」[27]と述べた．

　しかしこの建物は，プロポーションやマッスの操作，そして細部の装飾においても，およそ古典的とはいえない．すなわち，以前の劇場の基礎を用いることを強いられた中で，シンケルは，市民広場へとつながる急角度の階段（隣り合ったフランスおよびドイツの聖堂のために階段を設けるスペースが限られていた）を設えたルスティカ仕上げの壮大な基壇の上に建物を配置し，「一般的な都市建造物を超える」[28]作品を創造したいという自らの野望を叶えているのである．常連客を乗せた馬車は階段の下から建物に入り，サイドウイングの各下階入口からはコンサートホールおよび各業務

---

[27] Karl Friedrich Schinkel, *Collection of Architectural Designs* (New York: Princeton Architectural Press, 1989), p. 36.
[28] Paul Ottwin Rave, *Schinkels Lebenswerk, Berlin I* (Berlin: Deutscher Kunstverlag, 1941; reprint, Berlin: Deutscher Kunstverlag 1981), p. 94 参照.

33 カール・フリードリヒ・シンケル,ベルリン劇場 (1819-21). 著者撮影.

エリアに入ることができる.ピラミッド状の革新的なマッスの配置(火災を意識して各部分が別々に構成されている)の他,外部造作で最も興味深いのは窓割りである.シンケルは,水平方向の一連の開口部を正方形断面の「ピラスター」(柱頭はもたずごくわずかに分節される)によって区切る,という方法をとり,独立窓としていない.彼はこの難解な工夫を古典の立場に立って(スチュアートとレヴェットを引用しながら)正当化したが,とはいえこれは全く新機軸の創作である.そしてゲーテの《タウリケーのイフィギネイア》(*Iphigenia in Taurus*)の上演に合わせた1821年5月26日,この新たな劇場は脚本家本人の書いた前口上を皮切りにオープンした.この設計をもって初めて建築の傑作を生み出したシンケルだったが,以後の彼の探求は,ドイツのブルジョア社会における文化的熱意に適った新様式を考案することへと向かっていった.

1820年代と1830年代初期はシンケルが才能を揮った時代であり,この時期の彼の建築における成果は並はずれていた.またベルリンという都市にとっても,通商,製造業,芸術における中心地となった発展の時期だった.建築理論に対するシンケルの個人的な貢献——新しい様式の探求——は,技術的なものと美学的なものという,2つの側面に関連している.1830年代半ばに執筆したと思われる,彼が自身の過去20年の奮闘を振り返った一節には,この両者についてそれとなく言及されている.

> 建築の勉強を始めてから,また,ほかの分野でもいくらかの進歩があった後,私はすぐに,自分の魂に何か沸き起こるものがあるのを感じた.それが何なのかはっきりさせようと思えば思うほど,それはより重要なものとなっていった.

Chapter 5　ドイツ理論の興隆　　213

私は，建築のすべての形態(フォルム)の基礎には3つの基本的認識がある，ということに気づいた．① 構造の形態．② 伝統あるいは歴史的重要性をもった形態．③ それ自体で意味をもつ，自然に範をとる形態．そしてさらに私が気づいたのは，形態に関する巨大な宝庫が世界中，あまたの発展の世紀をまたぎ，全く異なる民族同士が作ってきた作品に見られるように，すでに生み出されており，蓄積されているということである．この蓄財は，しばしば全く異質のもの同士が集まったものであり，個々の形態(フォルム)にはそれぞれ独自の魅力がある．しかし一方で，こうしたものを任意に利用する場合においても，歴史，構造など，そこに必然的なモチーフがありそうだという朧げな予感があってこそ，その利用は増大し，また，模倣したくなるものだろう．ところが現代では，ただこうした蓄財を使っただけで作品に魅力が出ると思われている．このため，古い作品の中で私に最高の喜びをもたらしてくれた始原的な外観も，現代の作品に使われるとひどく不快に感じることがままある．そして特にはっきりし始めたのは，このでたらめな使用こそが，我々の時代の新しい建物の多くに災いしていると思われる，個性や様式の欠乏の理由なのではないかということである．

　かくして，この問題を解明することが，我が人生の目的となった．しかしこれを考えれば考えるほど，自分の取組みに対峙するさまざまな困難が意識される．たちまちにして私は，純粋かつ根本的な抽象化という誤謬に陥った．これによって私は，具体的な建築作品は完全に実利目的と構造に起因するものと考えた．こうした場合，無味乾燥で剛直なものが現れる．しかし，そこには自由が欠けており，そこからは，史的なものと詩的なものという，2つの本質的要素が完全に締め出されていた[29]．

---

[29] K. F. Schinkel, Goerd Peschken, *Das arkitectonische Lehrbuch* (Berlin: Deutscher Kunstverlag, 1979), pp. 149-50 より引用．原文は以下のとおり．

　Als ich meine Studien in der Baukunst gegonnen, und einige Forschritte in den verschiedenen Zweigen gemacht hatte, fühlt ich bald eine Hauptempfindung in meiner Seele, die näher zu beleuchten und zu verstehn mir vor allen Dingen wichtig schien. Ich bemerkte, dass in den Formen der Baukunst alles auf 3 Grundlage beruhe
1. auf die Formen der Konstruktion,
2. auf Formen welche durch herkömmerliche geschichtliche Wichtigkeit erzeugt werden und,
3. auf Formen die an sich bedeutsam, ihr Vorbild aus der Natur entlehnen.
　Ich bemerkte ferner einen grossen unermesslichen Schatz von Formen, der bereits in der Welt durch viele Jahrtausende der Entwicklung und bei sehr verschiedenen Völkern in Ausführung von Bauwerken entstanden war und niedergelegt ist. Aber ich sah zugleich, dass unser Gebrauch von diesem angehäuften Schatz oft sehr heterogener Gegenstände, willkührlich sey, weil jede einzelne Form einen eigenthümlichen Reiz bei sich trägt, der durch eine dunkle Ahnung eines nothwendigen

シンケルの「純粋かつ根本的な抽象化という誤謬」(これは実に,20世紀ドイツ・モダニズムの最初の前兆であった)は,構造技術とその革新にかける,彼の積年の思慕の産物だった.その始まりは,技術に基礎を置いたバウアカデミーにおけるダヴィド・ジリーのもとでの訓練,ヒルトの講義への出席(ここには構造の歴史も含まれていた),そこでのイタリアの素材や技術に対するヒルトの評価である.こうして,シンケルのこの思考はそれ以後,彼が政府のポストに就いたことによる技術関連のさまざまな職務によって助長される[30].技術革新の問題は戦時中のプロイセンの破産寸前の財政状況と関連しており,1815年以降,この国は工業化および近代化の問題にじかに直面するのである.そしてシンケルのこの思考には,彼とペーター・クリスティアン・ボイトとの親交も関係していた.

シンケルとボイトは幼い頃からの友人であり,両者ともに1810年に国務に就いた.1818年までにボイトは内務省内で頭角を現し,通商産業局の重役となった.この局は工業化の進展とプロイセン貿易の促進とをその目標としていたが,その一方でボイトと局は当時,外国での産業スパイ(イギリス,フランス,アメリカ)から国内の教育改革まで,さまざまな活動を行っていた.彼の改革のひとつは,工業芸術・通商協会という現在のベルリン工科大学の前身となった専門学校の創設(1821)である.そしてこの協会の先導のもと,工業と連携したデザイン技能の育成に特化した,一連の地方工芸学校が作られた.また1821年には,ボイトは産業能率振興組合(「産業の変化の加速のための職業団体」)を設立している.シンケルはボイトの委員会に数多く参加し,1822年には,2人はバウアカデミーの管轄をそれまでの美術アカデミーからボイトの通商産業局に移すことに成功している.この移管の目的は,建築教育におけるより大きな柔軟性の獲得と専門分化とを可能にすることだった.

Motivs, sey es geschichtlich oder constructive, noch erhöht wird und verführt davon Anwendung zu machen. Man glaubt seinem Werk durch einen solchen Gegenstand einen besonderen Reiz zu verleihen dass was mir Aber in seinem primitiven Erscheinen an alten Werken eine höchst erfreuliche Wirkung erzeugte, bei seiner neuen Anwendung an Werken unserer Tag oft durchaus widerstand. Besonders werd mir klar, dass in dieser Willkührlichkeit des Gebrauchs der Grund grosser Characterlosigkeit und Styllosigkeit zu finden sey, woran so viele neue Gebäude zu leiden schienen.

Es ward mir eine Lebensaufgabe hierin Klarheit zu gewinnen. Aber je tiefer ich den Gegenstand durchdrang je grösser sah ich die Schwerigkeiten die sich meinem Bestreben entgegenstellten. Sehr bald gerieth ich in die Fehler der rein radical Abstraction, wo ich die ganze Conception für eines bestimmtes Werk der Baukunst aus seinem nächsten trivialen Zweck allein und aus der Konstruction entwickelte, in diesem Falle entstand etwas Trockenes, starres das der Freiheit ermangelte und zwei wesentliche Element: das Historische und das Poetische ganz ausschloss.

[30] 特に Goerd Peschken, "Technologische Ästhetik in Schinkels Architektur," *Zeitschrift des deutschen Vereins für Kunstwissenschaft* 22 (1968): pp. 45-81 を参照のこと.

ボイトはまた，1826年のフランス，イギリス，スコットランドへの重要な旅で，シンケルに随行した人物でもある[31]．シンケルは当時アルテス・ムゼウムの設計に従事しており，この旅の表向きの理由はパリ，ロンドンの博物館を研究することだった．パリでは，シンケルとボイトのほかに，地理探検家でヴィルヘルムの兄弟でもある，アレクサンダー・フォン・フンボルトが付き添っていた[32]．そして，フランスの第一線の建築家にも多く会い，技術的な事柄にかなり強い関心をもち始めていたシンケルは，このとき，パレ・ロワイヤルの鉄とガラスのギャラリーや，パンテオンのドーム，ポンヌフ橋，穀物取引場（アール・オ・ブレ）の鉄のドーム，証券取引所（ブルス）の鉄屋根などを調査している．また，イギリスとスコットランドでも，彼ら2人は数多くの工場，工房，橋梁，機械類，鉄造工作物を訪ねて回っている．ここでは，ロンドンのバンク・オブ・イングランドやソーン邸も見たシンケルだったが，この滞在の最大の成果となったのは，テムズ川の下のトンネルの掘削が開始される頃に，マーク・ブルーネル（Marc Brunel, 1769-1849）と出会ったことである．そしてこの2人のドイツ人は，トマス・テルフォード（Thomas Telford, 1757-1834）の橋を求めてマンチェスター，ヨーク，エディンバラ，グラスゴーにも訪れている．シンケルが特に感動したのは，当時完成したばかりで，9日前に通れるようになったばかりの，メナイの吊り橋だった．

　さらにボイトは，シンケルが建築学の『教科書』（レアーブッフ）に着手するようになったことにも一役買っていた．1821年の工業芸術・通商協会の設立とともに，2人は，建築教育上それまでのハインリヒ・ゲンツによるものにとって代わる，学生たちのための新しい教科書を作りたいと考えた[33]．シンケルはこのとき，全4巻からなる『製造業者と工芸家のための見本集』（*Vorbilder für Fabrikanten und Handwerker*）の制作でボイトを手助けした．これは基本的には，工業デザイナーに向けた，造形原理や装飾原理の訓練のためのパターンブックだった．

　シンケルの『レアーブッフ』すなわち理論テキストブックの論点は，その後の歴史の中で多くの不適切な扱いを受けてきたために錯綜している．1841年にシンケルが

---

[31] K. Schinkel, 'The English Journey': *Journal of a Visit to France and Britain in 1826*, ed. David Bindmann and Gottfried Riemann（New Haven: Yale University Press, 1993）参照．ボイトのキャリア詳細については Angelika Wesenberg, "Art and Industry"（Snodin, *Karl Friedrich Schinkel*, pp. 57-63 所収）を参照のこと．

[32] シンケルとヴィルヘルム・フンボルトとの親交は遅くとも1803年には遡ることができる．この年財政的に苦しかったシンケルは，当時在ローマ・プロイセン大使であったフンボルトの援助を受けイタリア旅行を行った．また，公務を退いた後の1820年，フンボルトはシンケルに自身が所有していた郊外地所（Schloss Tegel）の設計見直しを依頼している．

[33] Scott C. Wolff, "Karl Friedrich Schinkel: The Teetonic Unconscious and New Science of Subjectivity"（Ph. D. diss., Princeton University, 1977）, pp. 279-317 中では，シンケルとボイトの親交，*Vorbilder* の記事，および『レアーブッフ』の起源の仔細が論じられている．

没すると，彼のドローイングや文筆原稿はまとめられ目録が作成されたが，ドローイングとテキストは切り離され，また掲載順序も編年ではなく内容に従って行われた．それから，これら互いに異なる文書はのちの記録保管人たちによって，切り取られてさまざまに継ぎ合わされた．このために，これらのテキストの進化を編年的に理解することは，不可能ではないにしても，極めて難しいものとなっている．これを解明するための真摯な試みの筆頭は，1803 年から 1840 年までの『レアーブッフ』の素材を 5 つの異なる概念によって整理した，ゴルド・ペシュケンのものである[34]．この整理には議論の余地は残されていたものの，ここでは少なくとも，シンケルの理論の発展が，ロマン主義哲学，構造学，建築創造における芸術的全体性などに対する関心を反映するかたちで明らかにされている．

　シンケルのロマン主義は，若年期に抱いたゾルガー，フィヒテ，シェリング，アウグスト・シュレーゲル，カール・グスタフ・カルスらの観念論への関心から生じている[35]．また初期のノートには，哲学上の言明や政治的発言に建築の言い回しをあてはめて，格言をつくろうとしているものが散見される．例えばスコット・ヴォルフは，政治活動家のヨーゼフ・ゲレスによる一文をシンケルが変えた点を指摘している．シンケルはここで，「憲法」の語を「芸術」に置き換え，政治的論争を芸術のマニフェストに変化させている[36]．

　シンケルの建築に関する初期の格言には Zweckmässigkeit について頻繁に言及されるが，この語はドイツ理論では，カントの『判断力批判』にその起源をもつ．美のための「第 3 の契機」の中で，カントは「目的の観念なしに知覚される，ある対象の合目的性の形式」[37] として美を定義する．現代の語法では Zweckmässigkeit の語は「適切性」や「妥当性」さらには「機能性」をも意味し得るが，カントにおいてこの語は，目的論的な「目的」と，彼にとって対象の目的や有用性の考慮されない「美学

---

[34] Peschken, *Das architektonische Lehrbuch* 参照．ペシュケンの研究では，『レアーブッフ』の構想はロマン主義時代（1810-15 年），古典主義時代（1825 年頃），技術主義時代（1830 年頃），正統主義時代（1835 年以降）ではっきりと異なるとされている．しかしその一方では，単に集めた資料が広範囲に及んだだけだと主張し，このような強い区分を疑問視する研究者もいる．Erik Forssmann, *Karl Friedrich Schinkel: Bauwerke und Baugedanken* (Munich: Schnell & Steiner, 1981), p. 58 ff. などを参照のこと．
[35] シンケルとドイツのロマン主義理論との関係は Bergdoll, *Karl Friedrich Schinkel* および Wolff, "Karl Friedrich Schinkel" に詳述される．
[36] この点はスコット・ヴォルフが "Karl Friedrich Schinkel", p.67 で指摘している．
[37] Immanuel Kant, *Kritik der Urtheilskraft*, in *Kant's gesammelte Schriften* (Berlin, 1911), 5: p. 236. "Schönheit ist Form der Zweckmässigkeit eines Gegenstandes, sofern sie ohne Vorstellung eines Zwecks an ihm wahrgenommen wird."〔篠田英雄訳『判断力批判（上下）』岩波文庫，岩波書店，1964 年〕．

Chapter 5　ドイツ理論の興隆　　217

的判断の性質」の用語法のあいだを揺れており,より繊細な意味を帯びている.エルンスト・カッシーラー[38]はカントの Zweckmässigkeit の概念を,ゴットフリート・ライプニッツの「和合」の概念と密接に結びついた「ある多様体のさまざまな部分がもつ,均整のとれた統一状態の一般的表現」と定義している.ステファン・ケルナーはこの概念を「目的に適う全体」の概念を通じ,すなわち,美しい物体の中に我々が期待する内部形式,あるいは同様に我々が期待する,形式的調和,と定義する[39].ケルナーによれば,我々は自然の製作物に,理解が及ぶ範囲で機能的,形式的統一を押しつける.しかし,それと同じく,芸術作品や建築も首尾一貫するように構築され,このさまざまな部分の調和的併合を示さなければならない.

この Zweckmässigkeit の概念は,1800 年以降,シェリングとアウグスト・シュレーゲルの美学理論の中でさらに推敲されることになる.しかしシェリングの(当時未公刊の)芸術講義がイエナで行われたのが 1802 年から 1803 年(ヴュルツブルグで再演されたのが 1804 年)であることを考えると,シンケルが彼らのことを知っていたとは考えにくく,ここでは彼らのことは考察しない[40].一方シュレーゲルの講義はベルリンで 1801 年から 1802 年に行われており,シンケルはほぼ確実にその場にいた.この講義において,シュレーゲルはまずカントに反発し,目的の概念を建築に引き戻すところから話を始めた.そして建築を「自然の中に一定の範をもたず,人間の知性に浮かんだ想念に率直に従ってデザインすることで,対象に美しい形態(フォルム)を与える芸術」と定義しながらも,一方で「ある目的に向けられるべき」芸術として,2 通りに定義する[41].問題は,建築の「美しい形態(フォルム)」を世俗的な「目的」の通念から救い出す

---

[38] Cassirier, *Kant's Life and Thought*, p. 287.〔前掲『カントの生涯と学説』〕.
[39] Stephan Körner, *Kant* (New Haven: Yale University Press, 1955), pp. 180-5.〔野本和幸訳『カント』みすず書房,2000 年〕.
[40] シェリングは,建築の「合目的性」とは自然法則を理性的に忠実に描写することであると考えたが,この場合の「目的」とは,絶対的真理という原理の描写ではなく,制約条件の描写のみであった.彼は「凍れる音楽」という有名な建築の定義において,建築は算術的および空間幾何学的関係を問題とし,こうした関係を模索することでしか客観的世界,すなわち自然世界との融合を主観的に成し遂げることはない,と語っている.「建築が美術となるためには,おのれの内なる合目的性を客観的合目的性として描き出さなければならない.つまり,着想と事物間,主観的なものと客観的なものとの間の主観的一致として描き出さなければならない」.
  Friedrich Wilhelm Joseph von Schelling, *The Philosophy of Art*, trans. Donglas W. Scott (Minneapolis: University of Minnesota Press, 1989), pp. 163-80 (quotation from p. 168).〔大西昇訳『芸術哲学』霞書房,1948 年〕.
[41] August Schlegels *Vorlesungen über schöne Litteratur und Kunst* (Heilbronn, 1884; reprint, Nendeln: Krause, 1968), pp. 160-1. 原文は以下のとおり. "... die Kunst schöner Formen an Gegenständen, welche ohne bestimmtes Vorbild in der Natur, frei nach einer eignen ursprünglichen Idee des menschlichen Geistes entworfen und ausgeführt werden ... sie müssen auf einen Zweck gerichtet seyn."

ことである．そのために彼は，数々の模倣理論を概観し，これらから教訓を得ようとした．ここでシュレーゲルが同時期のフランスのデュランと酷似していたのは，彼もまた，石造建築は木造小屋の模倣あるいは寓意であるといった主張や，建築のプロポーションは人体の模倣であるといったウィトルウィウス的見解を退けた点である．シュレーゲルは，建築は自然を模倣するのではなく，むしろ理想化された自然の「方法を」模倣する，すなわち，規則性，均整，均衡および（重力に逆らう）物理的心理的な形態法則といった，より次元の高い概念を模倣するという命題を堅持していた[42]．そして彼によれば，これらの原理を建築家が創造力を用いて選び取り，彼らがより高い「合目的的外見」の達成に邁進したとき，建築は世俗的な「目的」をうまく逃れることができるものとされた．そしてシュレーゲルは，この議論を，神殿の破風の形態（フォルム）を巡るキケロの有名な一節を引用することで締め括る．破風の屋根形にはもともと雨水を流す目的があったが[43]，ペディメントの形態はその後，時代とともに，より高い宗教的価値を手に入れた．キケロはこう語ったが，シュレーゲルの主張はさらに続き，雨の降らない天空に城塞を築くことがあったとしても，もはやこの破風なしには威厳を欠いたものとなってしまうだろう，と語った．すなわちここで，象徴によって表される形態（フォルム）のより高等な合目的性が，この造形のもともとの目的を凌いだのである．

　シンケルが援用した合目的性の概念も，例えば初期の格言にみるように，まさにこれと同じ感覚であるように見受けられる．「すべての建物の基礎原理が合目的性であるのと同様に，その建物の芸術的価値を決めるのも，理想の合目的性の最大限の表現，つまり建物の性格や外観である」[44]．

　シンケルのこうした着想は，かつての彼の師であるアロイス・ヒルトとの関係性を疑問視するものである．ヒルトのアカデミーでの講義は『古代人の原理に則った建築』(*Die Baukunst nach den Grundsäten der Alten*) のタイトルで1809年に出版されたが，シンケルはこれに応えてノートにヒルトの一節を写し，反駁している[45]．例えば彼は，ギリシア寺院の始原的性質（「木の翻訳である」）や，神聖にして侵すべからざる理想形の未来永劫にわたる有効性，といったヒルトの信仰に強く反発している．

---

[42] Ibid., p. 165. "Denn die Architektur ahmt nicht in einzelnen Geständen die Natur nach sondern in ihrer allgemeinen Methode."

[43] Ibid., p. 179. Cicero *De oratore* p. 3180.

[44] K. F. Shinkel, Peschken, *Das architektonische Lehrbuch*, p.22 より引用．原文は以下のとおり．"Da Zweckmässigkeit das Grundprincip alles Bauens ist so bestimmt die möglichste Darstellung des Ideals der Zweckmässigkeit das ist der Character oder die Physionomie eines Bauwerks seinen Kunstwerth."

[45] Alois Hirt, *Die Baukunst nach den Grundsätzen der Alten* (Berlin, 1809).

彼は，前者を信じている者は皆必ず「模倣の奴隷」になると記しており，また，古典主義が成し遂げた完成，という問題に関しては，「ここで露呈した最大の問題は彼の了見の狭さだ．全体としての建築の完成とは，おそらく遥か未来のことなのだ」と書いている[46]．あるいは，古典の理想は「暗黒の」中世のあいだに抑圧されていたというヒルトの主張に対しても，シンケルは，中世が実はさほど暗黒の時代といえるものではなく，むしろ「全く新たな成長の始まり」[47]であることが未来の研究で解明されるだろう，と同様に力説している．繰り返すが，このような観点で歴史を捉えることは当時は極めて稀なことであり，この点で彼は，同時代の建築専門家の中で独自の位置を占めていた．

とはいえ，ヒルトの建築美の観念——ほぼ利便性と構造の用語のみで定義される美の観念[48]——は，シンケルの理論的関心が第2局面，すなわち構築術(テクトニクス)への興味に移行させるきっかけとなった．この関心は，1820年代の彼の中心的な話題であり，後にボイトに勧められて建設をテーマとした書籍の執筆に着手することとなる．この時期のシンケルのノートは極めて精巧なスケッチ群で埋められているが，これらは，完全に構造的論点を土台に据えた建築理論の最初期の試みのひとつである．ここで実質的にシンケルが取り組み始めたのは，発生時代区分ごとに構造形式を形態学的に分類することであった．彼が説き起こす建築とは，力の流れを可視化する構築的な遊戯（建築形態の心理学であるともいえよう）である．これにはアルトゥル・ショーペンハウアーの『意志と表象としての世界』(1819)がひとつの想源となったことも考えられる．この哲学者は同書において，建築とは，建築家による巧妙な静的均衡システムによって生み出された，重力のダイナミックな戯れであると解釈しているが[49]，シンケルはこれと同じようなアニミズム的な語り口を帯びながらも，そうした動的な力の流れを厳格に重力のみに限ることはしていない．彼はむしろ，そうした力を歴史の中の感情の痕跡，あるいは文化の表現として理解したという点で，ショーペンハウアーと

---

[46] K. F. Schinkel, Peschken, *Das architektonische Lehrbuch*, p. 28 より引用．原文は以下のとおり．"Diese Frage zeigt die höchste Beschränktheit, die Vollendung der Baukunst im Ganzen mögte wohl in die undendliche Zeitriehe hinausfallen."

[47] Ibid., p.28. 原文は以下のとおり． "Diese sogenannten finstern Jahrhunderte des Mittelalters wenn man etwa die der Völkerwanderung ausnehmen mögte sind für den tiefer blickenden nicht so finster sondern zeigen den Anfang einer durchaus neuen Entwickelung das durchaus neue Princip scheint Hirt nicht zu sehen."

[48] ヒルトの建築理論全体については Jan Philipp Klaus, *Um 1800: Architekturtheorie und Architekturkritik in Deutschland zwischen 1790 and 1810* (Stuttgart: Axel Menges, 1977) 参照．

[49] Arthur Schopenhauer, *The World as Will and Representation*, trans. E. F. J. Payne (New York: Dover, 1969), 1: pp. 213-18 (sec. 43) 参照．〔西尾幹二訳『意志と表象としての世界（全3巻）』中公クラシックス，中央公論新社，2004年〕．

は決定的に異なっていたのである．彼によると，「建築のプロポーションの基礎はごく一般的な力学法則ではあるが，一個人の存在，あるいは分節化され組織化された自然物の存在との関連や比喩を通じて見たときにのみ，プロポーションは真の意味をもつ」[50]のだった．建設とはデザインの開始点を形成し，したがって「本質的なものはすべて可視的でなければならない」．そして，安らぎ，力強さ，安全といった喜ばしい感覚は，「可視的に建設された部分の特性を通して建物にもたらされるものである」[51]．しかしこの観念に倣った場合，建設は「美学的感性によって高められる」だけのものであるはずはなく，道徳的な性質をもつものとなる．「形態（フォルム）は，実用本位の満足とは全く異なる心的・精神的満足を呼び起こさせる．それはさまざまな想念が喚起されたことによって生じる一方，明確な理解という単純な行為から確実に湧き起こる歓喜からも生じるものである」[52]．

シンケルが遺した何百ものスケッチからは，彼の関心が観念としての構築（テクトニック）形態の例証（石に関する話題を筆頭とする）から，複雑な柱―楣（まぐさ）式構造システムおよびヴォールト構造システムに移っていったことがわかる．すなわち，1826年のフランス，イギリスへの旅の後，彼の形態の捉え方には煉瓦や木材，鉄材といった現代の建材を視覚的に考える視点が入るまで拡大したのである．こうしたシンケルの構築学にわずかでも類似する理論書は，この時期には存在しなかった（もっとも，シンケルのものもすべて未刊行であったが）．また興味深いのは，1820年代の彼の「純粋かつ根本的な抽象化」の実験である．関税管理局（パックホフ）の設計が始まったのは1825年のことだが，この2棟は単純な組積造（片方には矩形の，もう片方にはアーチ状の窓が付いた）であり，歴史に範をとったディテールは見られない．また，1827年にフランス，イギリス旅行から帰国した際，ベルリン商業地区の新しい煉瓦のマーケットを（誰に依頼されたわけでもなく）提案しているが，ここで彼は，ヴォールトと柱の内部構造とガラス壁の外部を融合させてパレ・ロワイヤルによく似た屋内の店舗ギャラリーを作っている．しかし，この時期に最も特筆されるべきデザインは工業芸術・通商協会新館

---

[50] K. F. Schinkel, Peschken, *Das Architektonische Lehrbuch*, p. 45 より引用．原文は以下のとおり．
"Die architectonischen Verhältnisse beruhen auf ganz allgemeine statischen Gesetze, werden aber erst recht bedeutend durch die Beziehung und Analogie der persönlichen Existenz des Menschen zunächst oder ihm gleich gebildeter und organisirter Wesen der Natur."

[51] Ibid., p. 58.

[52] Ibid., p. 148. 原文は以下のとおり．"Architectur unterschieden hier vom Bauen - dass Architectur bezeichnet die mit ästhetischem Gefühl erhobene Construction." Ibid., p. 59. 原文は以下のとおり．
"Ganz unabhängig vom sinnlichen Wohlgefallen erwecken hierdurch die Formen ein sittlichgeistiges Wohlgefallen, welches theils aus der Erfreulichkeil der angeregten Vorstellungen hervorgeht, theils auch aus dem Vergnügen welches die blosse Thätitkeit eines deutlichen Erkennens unfehlbar nach sich zieht."

(1828) のものである．この建物は支持のための単純な柱——楣（まぐさ）グリッドによって分割された，大きなガラス開口をもった3層からなる．ここでも歴史的な造形（フォルム）が切り捨てられているために，この建物は我々の目にはこの100年後にデザインされたもののように映る．

　しかし1830年前後には，シンケルは自らの「純粋かつ根本的な抽象化という誤謬」に気づき始め，彼の理論の展開は第3局面に移行する．ここで彼は再び，建物に装飾を施していく．しかし古典やゴシックの造形への回帰ではなく，むしろ彼の構築術（テクトニック）構想の展開である．なぜなら，ここで彼は，構築術的（テクトニック）にみて純粋な建築を，「史的かつ詩的なもの」という捉えどころのない属性で再被覆しようとしているのである．この壮大な構想は特に，実現した2つの作品にはっきりと現れている．

　そのひとつ目はアルテス・ムゼウム（1823-41）である．これはベルリンの最初の美術館であり，ベルリン劇場と同様，この若きブルジョア国家の文化的熱望を表した記念碑であった（図34および35）[53]．列柱の立ち並ぶ正面と中央のパンテオンを見ればこれはあからさまに古典の作品であるが，しかしそこに，洗練されたモダンのメタファーが用いられている．ここでの芸術上の主要モチーフはイオニア式の18本の柱のスクリーン（シンケルはこれを，王宮とベルリン大聖堂に対面するルストガルテン庭園に建物を据えつけるための形式上の工夫であるとしていた）ではなく，その後ろの壮大な都市的列柱廊（ストア）であった．そして，この列柱廊下の壁上半分全面に，1828年から1832年にかけて，シンケルは2つの巨大なフレスコ画をデザインしている．これらのフレスコ画の目的は，この建物の本質的な文化的役割——すなわち，天界および上古の神々の神話的，形而上学的来歴を語り，自然および人類のさまざまな時点を選んで伝えること——を明言することだった[54]．そしてこの物語が堂々とした階段背後にある，広々とした入口のあいだに続くことで，この建築作品は都市的劇場となり，文化儀礼のために提供される．ここにおいて建築は，市民教育のための，そして歴史の熟考を促す場となった．

　新しいバウアカデミーのデザイン（1831-36）においても，シンケルのこの理念は

---

[53] プロイセンの新たな文化政策に対するアルテス・ムゼウムの重要性については Steven Moyano, "Quality vs. History: Schinkel's Altes Museum and Prussian Arts Policy," *The Art Bulletin* 72 (1990): p. 585-608 参照．また，*Art in Berlin 1815-1989* (Atlanta: High Museum of Art, 1990), pp. 41-60 所収の Forster-Hahn and Kurt W. Forster, "Art and the Course of Empire in Nineteenth-Century Berlin" も参照のこと．

[54] この壁面デザインについては Helmut Börsch-Supan, "Zur Entstehungsgeschichte," *Zeitschrift des deutschen Vereins für Kunst-Wissenschaft* 35 (1981): pp. 36-46; Jörg Trempler, *Das Wandbildprogramm von Karl Friedrich Schinkel, Altes Museum Berlin* (Berlin: Gehr. Mann, 2001) 参照．Wolff, "Karl Friedrich Schinkel," pp. 185-90 も参照のこと．

34 カール・フリードリヒ・シンケル，アルテス・ムゼウム（ベルリン，1823-30）．

35 カール・フリードリヒ・シンケル，アルテス・ムゼウム（ベルリン，1823-30）．

継続されている．そして彼の構築的なアイディアは，この特筆すべき区画耐火構造において，頂点に至ったのである．この建物は高層ビルのように，むき出しの煉瓦の非耐力壁に覆われた，ひとつの独立の構造体で構成されている．あまり高くない屋内のヴォールトは，外部ではセグメンタルアーチとして強調される．そしてこの建造物には，スパンドレル，マリオン，敷居，扉まわりに用いられたテラコッタによって，より多くの「史的かつ詩的な」意味が織り込まれている．これらの部分でシンケルは再び，建築の神話的，文化的な来歴を表現しているのである（図36）[55]．1階は店舗に

---

[55] これらの内容については Rave, *Karl Friedrich Schinkel*, pp.76-7 参照．また，Bergdoll, *Karl Friedrich Schinkel*, pp.195-209 でのバウアカデミーとその装飾の内容についての議論も参照のこと．

36 カール・フリードリヒ・シンケル，ベルリン・バウアカデミー，1831-6．『建築デザイン集』(*Sammlung architektonisher Entwürfe*, 1819-40) より．

使われているため，通りすがりの訪問者も，この都市的彫刻フリーズの列を眺めることができる．シンケルのバウアカデミー（1961年に取り壊された）は彼の最も偉大な勝利，そして，彼の建築理論を鮮やかに表現した作品であると評価されるべきものである．なお，彼の同時代人もやはり，彼の努力および天分には気づいていた．1841年に（極度の疲労によるとされる肉体の衰弱ののちに）没した際には，彼は英雄として，「この大都市でもあまりお目にかかれないほどの葬列」[56]で弔いを受けた．

―― 3 ――
ヴァインブレンナー，モラー，クレンツェ，ゲルトナー

　19世紀の最初の30年あまりにわたって，ドイツ人建築家でシンケルのほとばしるアイディアと実現作にかなう者はほとんどいなかったが，それでもこの時期，建築活動のペースはドイツ全土で持ち直してきていた．特に，19世紀のその後および次の世紀に傑出することとなる，著名な工業学校，建築学校のための教育基盤がこの時期に整ったことは極めて重要である．そして，なかでも野心的な試みを行っていたのは，バーデン州州都のカールスルーエである．この都市はバーデン＝デュルラハ辺境伯カール・ヴィルヘルムによってライン川沿いに1715年に建設された，宮殿が弧をなし，中央の環から32本の道路が放射する，バロック式計画に則ったものである．バーデンは1806年にナポレオンと同盟を結び版図を拡大させ，この同盟によって戦争の時期にも惨禍を免れることができた．そして同年には，建築家フリードリヒ・ヴ

---

[56] Franz Kugler, *Karl Friedrich Schinkel* (Berlin: George Gropius, 1842), p. 21.

ァインブレンナー（Friedrich Weinbrenner, 1766-1826）が新しい都市広場の設計案を実施に移し始める．

　カールスルーエ生まれのヴァインブレンナーは，ウィーン，ドレスデン，ベルリンを訪れた後，1791年からイタリアを6年間旅行し，ベルリンではラングハンスとフリードリヒ・ジリーに会い，イタリアではヒルトと親交を深めている．ベルリンでのヴァインブレンナーはフリードリヒ大王記念碑のコンペティションにも参加したが，それ以前の1791年にも彼はすでに，バーデン辺境伯に対し宮殿南側エリア拡張を提案し，主要都市広場の創出を訴えていた[57]．この案はカールスルーエに帰郷した後に彼が準備し，実行した1797年の計画の基礎となったものであり，また，彼が都市建築家に任命されたのも，この提案がもととなっている．

　ヴァインブレンナーは1800年に私設の建築学校を設立し，1820年代にはそれがカールスルーエに新設された工芸学校に合併される．また，当時教育に関心のあった彼は教科書として『建築学教程』（*Architecktonisches Lehrbuch*）を執筆し，1810年から1819年にかけてこれを全3巻で刊行しているが，1巻，2巻は幾何学と遠近法を扱ったものであり，彼の建築観が語られ始めるのは第3巻からである．当時彼は土地の風習や気候，素材，堅牢性，計画の利便性にも重きを置いていたが，彼の考えでは，こうした因子はすべて，表現されるべき本質的着想に従属するものに留まっていなければならなかった．そして彼の論述でさらに興味深いのは，美の捉え方である．ヴァインブレンナーが（カントを想起しながら）定義する美とは，「形態(フォルム)と目的の完全な調和である．形態は，その物体に不足がないように感じられるとき，すなわち所与のデザイン自体(ゲシュタルト)やその周りに加えるべきものが何も思いつかなくなったときに，完璧なものとなるのである」[58]．そして彼はこの調和を「合目的的完全性」と呼び，こう断言する．「芸術の美は着想にかかっている．真の芸術家ならば，──制作技術の才能とともに──形態(フォルム)の領域に広く行き渡ったあの霊感を持ち合わせ，形態の生み出し方や，形態への生命の吹き込み方を知っているはずである」[59]．

---

[57] ヴァインブレンナーは多数のモニュメントを設計したが，そのいくつかはフランスのためのものだった．こうしたモニュメントの全容については Klaus Lankheit, *Friedrich Weinbrenner und der Denkmalskult um 1800* (Basel: Birkhäuser, 1979) 参照．また Gottfried Leiber, *Friedrich Weinbrenners städtebauliches Schaffen für Karlsruhe* (Karlsruhe: G. Braun, 1996); David B. Brownlee, ed., *Friedrich Weinbrenner, Architect of Karlsruhe* (Philadelphia: University of Pennsylvania Press, 1986) も参照のこと．

[58] Friedrich Weinbrenner, *Briefe und Aufsätze,* ed. Artbus Valdenaire (Karlsruhe: G. Braun, 1926), p. 11. 原文は以下のとおり．"Die Schönheit liegt somit in der vollkommenen Uebereinstimmung der Form mit dem Zweck, und vollkommen ist die Form, wenn das Objekt in ihr vollendet erscheint, so dass wir für die gegebene Gestalt nichts dazu oder davon denken können." ヴァインブレンナーはここでの注でカントの美の第3の契機を論じている．

ヴァインブレンナーの最初の生徒のひとりであるゲオルク・モラー（Georg Moller, 1784-1852）は，自身が（1810年に）お抱え建築家となったルートヴィヒ大公の地ダルムシュタットにヴァインブレンナーの古典主義観を持ち込んだ人物だった．カジノ（1812）のようなモラー初期の作品は，控え目で，ときおり地味でもあるヴァインブレンナーのアカデミックな表現方法に倣ったものだが，以降の聖ルートヴィヒ聖堂（1820-7）や，ルネサンス風でジリーやデュランの影響を受けた王立劇場（1829-33）などには想像力もあり，芸術家としての秀でた才能も発揮されている[60]．

　理論に対するモラーの最も重要な貢献は，ダルムシュタットの納屋の中でケルン大聖堂の西側立面のオリジナル・ドローイングの半分を発見した（フランス諸機関による調査で見落とされたものと考えられる）1814年以降に見出せる．この発見の後，ズルピーツ・ボワスレーがパリの美術店でもう一方の半分を見つけると，この長らく未完成であった大聖堂（1248年に建設が始まったが1560年に一旦中断した）の完成は，国内の政治的問題となる[61]．そして彼は，全3巻の歴史書『ドイツの歴史的建造物』（*Denkmäler der deutschen Baukunst*, 1815-21）を執筆し，ドイツのゴシック・リヴァイヴァルに貢献するのである[62]．このカール大帝期から始まるドイツ中世建築研究書は当時評判が高く，イギリスやフランスのゴシック・リヴァイヴァル運動期には数多くの人々に読まれた．ただしここでモラーはゴシックの形態(フォルム)への回帰には反対の論を唱えており，様式は気候や建設材料，その国の情緒や流儀から生まれなければならないと主張した．そして彼は，それゆえに「外国のものや不適切なもののすべて」[63]を拒絶した．

　ミュンヘンはレオ・フォン・クレンツェ（Leo von Krenze, 1784-1864）とフリードリヒ・フォン・ゲルトナー（Friedrich von Gärtner, 1791-1864）という2人の優れた建築家の故郷だが，両者はともに理論面で重要な痕跡を残している[64]．クレンツェは

---

[59] Ibid., p. 11. 原文は以下のとおり．"Schön ist demnach eine Gestalt, in deren Umrissen sich durchaus eine zweckmässige Vollendung zeigt" Idem, 12, "Das Kunstschöne beruht auf einer Idee, und darum muss der ächte und rechte Künstler neben dem Talent für technische Ausführung jene geniale Kraft besitzen, welche frei im Reiche der Formen waltet, und sie hervorzubringen und zu beleben weiss."

[60] モラーについては Marie Frölich and Hans-Günther Sperlich, *Georg Moller: Baumeister der Romantik* (Darmstadt: E. Roether, 1959) 参照．

[61] J. Görres, "Der Dom in Köln," *Rheinischer Merkur*, 20 November 1814, pp. 125-7 参照．

[62] G. Moller, *Denkmäler der deutschen Baukunst*, 3 vols. (Darmstadt: Karl Wilhelm Leske, 1815-21); translated by W. H. Leeds, as *Moller's Memorials of German-Gothic Architecture* (London: J. Weale, 1836).

[63] *Moller's Memorials of German-Gothic Architecture*, pp. 6-7.

[64] クレンツェの生涯と作品については Windfried Nerdinger, *Leo von Klenze: Architekt zwischen Kunst und Hof, 1784-1864* (Munich: Prestel, 2000); Oswald Hederer, *Leo von Klenze: Persönlichkeit*

高邁な野心を抱いた建築家だった。ブラウンシュヴァイク近郊に生まれた彼は，1800年にベルリン・バウアカデミーに入学し，シンケルの学友でもあった。そして修了したのちパリに移り，数ヶ月のあいだエコール・ポリテクニークでデュランの授業に出席し，ペルシエとフォンテーヌのもとで働いた。その後，イタリア旅行ではジェノヴァである貴族と出会い，のちにヴィルヘルムスヘーエのヘッセンを統治することになる，ナポレオンの弟，ジェロームへの紹介状を手に入れた。しかし戦争がすべてを台無しにし，クレンツェはヴィルヘルムスヘーエには小さなパラーディオ式の劇場しか建てられず，ジェロームもイタリアへの逃亡を余儀なくされた。かくして，パリとウィーンで和平交渉が行われていた1815年，クレンツェは（新しいパトロンを探して）旅をしていた。彼は自身にとってのマエケナス（すなわちパトロン）となるバイエルン王太子ルートヴィヒと知り合い，ミュンヘンにある国王の宮廷へと招待された[65]。

　クレンツェとルートヴィヒ（1825年に王位継承）との関係は長年にわたり保たれていたことが判明しており，この野心にあふれた大都市にクレンツェは20を超える建物を設計している。彼の最高傑作が彫刻館（グリュプトテーク）(1815-34)および絵画館（ピナコテーク）(1822-36)の2つの美術館であることは間違いない。この彫刻館のコンペティションは，1812年にアエギナで出土された彫刻群を収蔵するという，具体的な目的のためにルートヴィヒが行ったものである（図37）[66]。なおそれまでの間，これらの彫刻はローマに残され，ルートヴィヒがローマ時代より親しくしていた，ベルテル・トルヴァルセンの手による修復を受けていた。クレンツェによるイオニア式のエントランスのプロポーションは絶妙だが，内部空間はさらに素晴らしい。デュランの平面図を基にしており，スケール感，装飾，照明，すべてが快適な空間づくりに寄与している。絵画館（ピナコテーク）は，ドイツにおけるルネサンス・ムーブメントの初期の作例であり，トップライト式の展示諸室をもった革新的な平面計画となっている。

---

und Werk (Munich: Georg D. W. Callwey, 1981); Norbert Lieb and Florian Hufnagel, *Leo von Klenze: Gemälde und Zeichnungen* (Munich, 1979) 参照。ゲルトナーについては Winfried Nerdinger, ed., *Friedrich von Gärtner: Ein Architektenleben, 1791-1847* (Munich: Klinkhardt & Biermann, 1992); Oswald Hederer, *Friedrichvon Gärtner, 1792-1847: Leben, WerkSchüler* (Munich: Prestel, 1976); Klaus Eggert, *Friedrich von Gärtner: Der Baumeister König Ludwigs I* (Munich: Verlag des Stadtarchivs München, 1963) 参照。また，Kathleen Curran's chapter on Gärtner and Murrich in her new book *The Romanesque Revival: Religion, Politics, and Transnational Exchange* (University Park: Pennsylvania State University Press, 2003) も参照のこと。

[65] *Romantik und Restauration: Architektur in Bayern zur Zeit Ludwigs I, 1825-1848* (Munich: Hugendubel 1987) 所収の Winfried Nerdinger, "Weder Hadrian noch Augustus Zur Kunstpolitik Ludwigs I" も参照のこと。

[66] グリュプトテークの平面計画および装飾については Klause Vierneisel and Gottlieb Leinz, ed., *Glyptothek München 1830-1980* (Munich: Glyptothek, 1980) 内の各論考を参照。

理論に対するクレンツェの興味は，彼の著述の多くが今なお未公刊のままであるために，これまであまり注目されてこなかった[67]．しかし早くも1809年に「建築の起源，歴史，規則に関する見解としての覚書と引用」[68]と題する論文の執筆に着手している．彼はこれを完成させることこそできなかったが，1821年

37 レオ・フォン・クレンツェ，グリュプトテーク（ミュンヘン，1815-34）．著者撮影．

には考古学の2つの著書，『アグリジェントのオリュンピア・ジュピター寺院』(Der Temple des olympischen Jupiter von Agrigent) および講義録の『歴史的，技術的対応物からのエトルリア寺院の修復の試み』(Versuch einer Wiederherstellung des toskanischen Tempels nach seinen historischen und technischen Analogien) を出版している[69]．また翌年には教会設計の資料集成として『キリスト教建築の指図』(Anweisung zur Architektur des christlichen Cultus) も出版したが，この著作には，ナザレ派の画家ペーター・コルネリウスが唱えた，教会デザインに古典様式を使用することに対する異議への反論もみられる[70]．なお，この同年にはヨハン・グーテンゾーンとヨハン・ミカエル・クナップ共著の『キリスト教遺跡』(Denkmale der christlichern Religion, 1922-7年）第1巻が刊行されている．

クレンツェのさまざまな考古学的関心事は幾度にもわたる南方旅行から生じたものだったが，ルートヴィヒ王太子はそのうち2回同行していた．すでに見たように，クレンツェは1820年代のポリクローム論争に盛んに加わっていたが，それは第1に，彫刻館(グリュプトテーク)の中に陳列されたアエギナ大理石彫刻群のための彩色背景を彼が描いていたからである．また彼はさまざまな講義の中で，多色彩(ポリクロミー)は古代から用いられていたと主

---

[67] クレンツェの理論については Dirk Klose, *Klassizismus als idealistische Weltanschauung: Leo von Klenze als Kunstphilosoph* (Munich: Uni-Druck: 1999) 参照．

[68] Ibid., pp.12-13.

[69] L. von Klenze, *Der Tempel des olympischen Jupiter zu Agrigent* (Stuttgart, 1821); idem, "Versuch einer Widerherstellung des toskamsehen Temples nach seinen historischen und technischen Analogien" Qecture given 3 March 1821), *Denkschriften der Königlichen Akademie der WISsenschaften* 3 (1824).

[70] L. von Klenze, *Anweisung zur Architektur des christlichen Cultus* (Munich: In der Liter. Artist. Anstalt, 1822; reprint, Nördlingen: Uhl, 1990).

張していた．クレンツェは1824年にセリヌス採掘場の非公開コンペティションでイトルフに敗れはしたものの，旅行中には大量のスケッチと実測ドローイングを作成している．そして彼は，1834年に生涯の夢だったアテネ訪問を実現させた．この旅は公的なものだった．なぜならギリシア独立戦争の後，ヨーロッパ列強により，ギリシアの初代国王に選ばれたのは，ルートヴィヒ王太子の次男のオットーだったからである．そしてクレンツェは，ギリシアの作品を子細に研究することも，それらの保存および修復を提案することもできた．これが19世紀ドイツの考古学の出発点なのである．なお，この旅と同じ頃，シンケルはアクロポリスの上に建つオットーの新宮殿のために，壮大なポリクロームの図面を作成していた．ここにおいて再び，かつてバウアカデミーの生徒だった2人の経歴が重なるのである．

　考古学的かつ古典主義的な感覚は，彼の教会建築論にも行き渡っている．建築とはクレンツェにとって「倫理的には，人間社会とその需要のために自然素材を造形しつなぎ合わせる技術（アート）」であり，「最も強い安定性と持続性」をもっている．しかし彼によれば，この実用主義上の正論も，聖堂のデザインにギリシア古典主義を採り入れることを妨げるものではなかった[71]．クレンツェは，当初ゴシック・リヴァイヴァルに反対の立場をとっていた．そして，キリスト教の典礼必需品には過去何世紀にもわたる進化があったということを認めざるを得なくなった彼は，その後の論において，スフロのサント＝ジュヌヴィエーヴ聖堂やジョヴァンニ・セルヴァンドニのサン＝シュルピス聖堂のファサードといったフランスのモデルと特徴が似通った，古典風バシリカをプロトタイプとするに至る．しかし，クレンツェ唯一の聖堂デザイン——ミュンヘンの諸聖人（オール・セインツ）宮廷聖堂（1826-37）——は，彼がルートヴィヒと二度クリスマスをすごしたことのある[72]パレルモのパラティーナ礼拝堂の，ポリクロームのふんだんに用いられたロマネスク様式に影響されたものである．この建物に関してはミュンヘンで最初の半円アーチ式（ルントボーゲン）の事例として特別に言及されることもあるが，たまたま同地に前例がなかったというだけのことであろう[73]．

　全般的にクレンツェの建築観は，常にギリシア古典主義への心酔に基づいたものと

---

[71] Ibid., pp.6-7. 原文は以下のとおり．"Architektur in ethischen Sinne ist die Kunst, Naturstoffe zu Zwecken der menschlichen Gesellschaft und ihrer Bedürfnisse so zu formen und zu vereinigen."

[72] David Watkin and Tilman Mellinghoff, *German Architecture and the Classical Ideal* (Cambridge: M.I.T. Press, 1987), pp. 141-69のクレンツェの章では，こうした逸話やクレンツェの他の生涯・作品が紹介されている．教会については GüntherAlexander Haltrich, *Leo von Klenze: Die Allerheiligenhofkirche in München* (Munich: Uni-Druck, 1983) 参照．

[73] "The German Rundbogenstil and Reflections on the American Round-Arched Style," *Journal of the Society of Architectural Historians* 47 (1988): p.356 の中でキャスリーン・カラン（Kathleen Curran）がこの点を指摘している．

されるが，そのデザイン傾向は極めて柔軟なものだった．彼によれば，ギリシア建築は今日のバイエルンに「内的生命原理」や適切な「精神的意味」を与えたが，ギリシア人自身が彼らの建築の原理を育んだのは無意識な必然性によるものである．それに対して，19世紀初期という時代は「思考，研究，意識的内省の時代」であり，かつての文化的に素朴な状態とは本質的にかけ離れている[74]．クレンツェは，こうした所見の後に明らかにデュランの実用概念を匂わせる論旨を展開し，「実践上の合目的性と最大限の簡潔性(エコノミー)の結合こそが，いま建築にはっきりと求められているのである」，と主張した[75]．

クレンツェのミュンヘン最大のライバルであったフリードリヒ・フォン・ゲルトナーの作品にも，これと極めて似かよったフランスからの影響を見ることができる．実践と理論におけるゲルトナーの主たる貢献は，初期半円アーチ(ルントボーゲン)・ムーブメントの画期となった州立図書館（1827-43）およびルートヴィヒ聖堂(キルヒェ)（1828-44）の両作である．ミュンヘンの著名な建築家の息子であったゲルトナーは，カール・フォン・フィッシャーとともにミュンヘン・アカデミーに学び，カールスルーエでも短期間ヴァインブレンナーとともに学んだ後，1812年にパリへと向かった．ここで彼はロンドレの講義に出席し，ペルシエとフォンテーヌの作品に親しみ，おそらくシャルル=ピエール=ジョゼフ・ノルマン（Charles-Pierre-Joseph Normand, 1765-1840）にふれたのちデュランのデザイン大系を身に付けた[76]．その後イタリアとシチリアに移り住み，1819年にはイギリスを訪れC・R・コッカレルと出会っている．このように，ミュンヘン美術アカデミーの教授に任命された1820年時点でのゲルトナーは非常に高学歴の人物だった．事実，同校をドイツ全土で最も名声のある学校のひとつにしたのも彼だったのである．

ところが，ゲルトナーのキャリアは長らく伸び悩んでいた．これはクレンツェに起因すると思われる．ルートヴィヒがゲルトナーに州立図書館および新聖堂を依頼するのは，ようやく1827年になってからのことだった．州立図書館で最も人目を引くのはその壮大な階段だが，この空間はジャン=フランソワ=テレーズ・シャルグランのパリのリュクサンブール宮（1803-7）の階段を手本としたものである．ただし，ヴォ

---

[74] *Leo von Klenze*, p. 14でヘデラーが引用したクレンツェ手稿より抜粋．原文は以下のとおり．"Wir leben nicht mehr in der Zeit des unbewussten, naturnotwendigen Schaffens, durch welches früher die Bauordnungen entstanden, sondern in einer Epoch des Denkens, des Forschens und der selbstbewussten Reflexion."

[75] Ibid., p. 15. 原文は以下のとおり．"Eine scharf ausgesprochene Anforderung der Gegenwart an die Baukunst ist die Verbindung praktischer Zweckmässigkeit mit möglichster Kostenersparnis."

[76] Werner Szambien, "Die Ausbildung in Paris (1812-1814)" 参照．Nerdinger, *Friedrich von Gärtner*, pp. 41-50 所収．

ールトおよび柱頭の装飾はオリジナルの度合いが高い．一方，近くにあるクレンツェ設計のネオ・ルネサンス式の陸軍省の先例を踏まえて，この図書館の外観は突出部のない，平坦なものにするよう強いられた．しかしここでゲルトナーは当意即妙に，（ルスティカ仕上げの1階に載った）露出煉瓦の上2階のディテールを正確に処理し，この上階の上に持ち送りの蛇腹と中世式の棟飾りを載せている．

ルートヴィヒ聖堂におけるゲルトナーの意図はさらに明確である（図38）．ここで彼は「そうした厳密にギリシア的なルール——いやもっと広くいえば——そうした綿密で周到な建築のルールと，中世的な，心から純粋に思い描いた夢想のあいだのどこかに位置する」聖堂をデザインし，クレンツェの古典主義，および彼の教会建築に対する認識への嫌悪を露わにした．「これらのルールと空想とが合わされば，キリスト教の，特にカトリックの聖堂に相応しいものとなる」のである[77]．ゲルトナー自身，1829年にこの自作を「純化されたビザンツ様式」を反映するものとして言及しているが，これは，同時代的要求に合わせてスケールダウンさせたイタリア・ロマネスク様式，という意味である[78]．堂々としたスケールをもつ双塔および中央のポーティコから，内部に入ると，空間的・装飾的に高潔なポリクロームのドラマが展開し，ペーター・コルネリウスによる大フレスコ画が見どころとなる．その後ヨーロッパと北アメリカでは，この作品——半円アーチ様式聖堂デザインの先駆け（ルントボーゲン）——で達成された様式的統合を凌ぐこと

38　フリードリヒ・ゲルトナー，ルートヴィヒ聖堂，1828-44．フリードリヒ・フォン・ゲルトナー『建築実作デザイン集』（Sammlung der Entwürfe ausgeführter Gebäude, ミュンヘン，1844-5）より．

---

[77] 1828年1月13日付，ヨハン・マルティン・フォン・ヴァークナー宛ゲルトナー書簡．Eggert, *Friedrich von Gärtner*, pp. 21-2 所収．原文は以下のとおり．"... dass zwischen diesen strengen griechischen oder überhaupt den schulgerechten strengen architektonischen Regeln, und dem rein gemütlichen und phantastischen des Mittelalters etwas liege, dass wenn es vereint werden könnte sicher das beste für christliche nämentlich katholische Kirchen seyn müsste."

[78] ルートヴィヒ教会の計画については Frank Büttner, "Die Planungsgeschichte der Ludwigskirche in München," *Munclmer Jahrbuch der bildenden Kunst* 35 (1984): pp. 189-218 参照．

Chapter 5　ドイツ理論の興隆

が大きな目標となった．またこの作品は，ドイツのプロテスタント聖堂のモデルとして初期キリスト教のバシリカを提唱した，クリスティアン・カール・ヨジアス・ブンゼン（1791-1860）の『キリスト教ローマのバシリカ』（*Die Basiliken des christlichen Roms*, 1842-44）にも明らかな影響を与えている．

4
どの様式で建てるべきか

　この州立図書館とルートヴィヒ聖堂のデザインはどちらも，歴史主義の動向が高まってきた19世紀の文脈では，生まれつつあったネオロマネスク・ムーブメント初期の試みであると解釈し得る．そしてこのムーブメントは，1828年に現れた論争集によっておおよそ明確化され始めた．その著者は，当時ほぼ無名のカールスルーエの建築家，ハインリヒ・ヒュプシュ（Heinrich Hübsche, 1795-1863）である[79]．そして『どの様式で建てるべきか』（*In welchem Style sollen wir bauen?*）というそのタイトルによって，ヒュプシュは単なる問題提起以上のことを行った．すなわち，彼はドイツにひとつの議論の火を灯しながら，その過程において，ドイツの建築理論を新たな道筋へと推し進めたのである．

　ヒュプシュはたった52ページのテキストでこの偉業を成し遂げたが，これは彼の哲学にかけた努力の大きさを裏づけるものである．事実，彼が1813年にハイデルベルク大学で受けた高等教育は，哲学と数学であった．そしてこの大学で言語学者ゲオルク・フリードリヒ・クロイツァーの薫陶を受けている．彼が大学に進む以前の10年で，ギリシア史学とギリシア神話学の理解に新しい科学的基礎を与えたのが，このクロイツァーだった．その後，ヒュプシュの興味は建築に移る．そしてカールスルーエに移り，ヴァインブレンナーから堅実な技術教育を受けた彼は，南方旅行を渇望す

---

[79] ヒュプシュの生涯と作品の詳細については Artbur Valdenaire, *Heinrich Hübsch: Eine Studie zur Baukunst der Romantik* (Karlsruhc, 1826); Joachim Göricke, *Die Kirchen Bauten des Architekten Heinrich Hübsch* (Stuttgart: Koldewey-Gesellschaft, 1974); Wulf Schirmer, *Heinrich Hübsch, 1795-1863: Die grosse badisd1e Baumeister der Romantik* (Karlsruhe: C. F. Müller, 1983) 参照．ヒュプシュの理論および彼の思想背景については Wolfgang Herrmann, ed., *In What Style Should We Build? The German Debate on Architectural Style* (Santa Monica, Calif.: Getty Publications Program, 1992) の序論を参照．また，Barry Bergdoll, "Archaeology vs. History: Heinrich Hübsch's Critique of Neoclassicism and the Beginnings of Historicism in German Architectural Theory," *Oxford Art JournalS*, no. 2 (1983): pp. 3-12 も参照されたい．

るようになる.

　しかしヒュブシュが1817年から21年にかけて行ったイタリア, ギリシアの旅は, 彼の師の期待とは逆の効果をもたらした. 彼は当初から古典主義の精神にはあまり心酔しておらず, イタリアの中世建築により強く魅了されていたのである. そしてこのとき彼の成長にとって重要だったのは, ローマで受けた2つの存在からの影響である. それはまず, ドイツ・ナザレ派という, 古典的なアカデミック教育を拒み, 中世および初期ルネサンスのフレスコ画に触発された新しい宗教様式を探求した芸術家たちの組織である. そして次に, 1805年からローマのドイツ人コミュニティの半正会員となっていた美術史家, フリードリヒ・フォン・ルーモール (Carl Friedrich von Rumohr, 1785-1843) である[80]. ルーモールは1827年から31年にかけて『イタリア調査』(*Italienische Forschungen*) を出版し, 「新しい芸術史のための資料的基礎」[81] を固めようとした人物であるが, 彼が成し遂げた史学上の革新はまだ十分には評価されていない. しかし, 同書の第3巻に所収された非常に長い試論 (「中世の建築諸流派の共通起源について」) はまさに, イタリアの中世建築を扱った, 史上初めての歴史研究なのである. ルーモールはここでギリシア・ローマ的伝統の連続性が東ローマ帝国まで遡れることを強調し, ギリシアの楣(まぐさ)式システムからローマのアーチ式システムへの変遷は, 芸術上または技術上の衰退によるものではなく, むしろ気候, 素材の違い, 新しい建物類型や新しい需要の出現といった要因のためであることを主張した (フランスの歴史家が同じ主張をするのは1840年代になってからである). また, 同書に付された長い批判的序文の中で, ルーモールはヴィンケルマンの観念論とシェリングのロマン主義の中道を切り開くことを誓っている. 彼のこの立場によれば, 「様式」とは性質上, 「芸術家が素材の内的要求にうまく順応すること」と定義される. 「実際, 彫刻家や画家は, そうした内的要求によってかたちを創造し, 自らのイメージを可視化する」のである[82]. ベルリン大学の美学講義でヘーゲルがこうした実利主義的な芸術解釈に憤るのも, それから間もなくのことである[83].

---

[80] ルーモールはルートヴィヒ・ティエックとともに1805年初めてローマを旅し, 現地での彼はマダム・ド・ステールやヴィルヘルム・シュレーゲル, フンボルト兄弟らと会っている. 1817年から1821年にかけてはローマとトスカナの2ヶ所ですごしている. ヒュブシュとルーモールは親交が深く, ヒュブシュはギリシアから彼にドローイングを送っている. Herrmann, *In What Style Should We Build? The German Debate on Architectural Style*, p. 452 n. 13. 参照.

[81] Friedrich von Rumohr, *Italienischen Forschungen*, ed. Julius Schlosser (Frankfurt: Frankrufter Verlags-Anstalt, 1920), 1 :iv.

[82] Ibid., 1: p. 87. 原文は以下のとおり. "... wir den Style als ein zu Gewohnheit gediehenes sich Fügen in der inneren Forderung des Stoffes erklären, in welchem der Bildner seine Gestalten wirklich bildet, der Maler sie erscheinen macht."

[83] ヘーゲルは自身の講義中にルーモールの唯物論の定式を拒絶している. G. W. F. Hegel, *The*

ヒュプシュは1818年にローマを発ち，ヨーゼフ・テュルメルとフランツ・ヘーガーとともにギリシアに長く滞在する以前から，ルーモールの見解をある程度知っていた．そして彼は，その土地で見たものを大いに評価したのだが，同時に古典形式はもはや現代には適用できないという確信をもってギリシアをあとにした．かくして，1821年にドイツに帰国した彼は，「現在が作った諸需要に敏感に対応した新様式を確立するために，今まで以上に徹底的に前進しなければならなかった」[84]．そして彼の改革主義は，翌年出版の研究書『ギリシア建築論』(*Über griechische Architectur*, 1822) の中で喧伝されることとなった．これが彼の，建築を「古代の鎖から」解放するための最初の試みだった[85]．

　同書の中でヒュプシュは，ギリシア建築に否定的な理解は示していない．むしろ彼はモラーと同じく，ギリシア建築の構築的(テクトニック)な論理は地域の材料や構法に由来しながら，気候や社会情勢にまつわる具体的な急務が介在したものであると捉えている．なお，ここでの批評には，かつての師であるヴァインブレンナーの教えも間接的な標的とされている．しかし，その直接の標的はヒルトの理論，特に『古代人の原理に則った建築』(*Baukunst nach den Grundsätzen der Alten*) 中で述べられる古典主義観の根本である．この10年前にヒルトが語る「システム」の歴史的意義を否認したのはシンケルだったが，ヒュプシュの場合はその前提に根底から反発した．すなわちヒュプシュは，石造寺院は木造寺院の翻案である，という命題から推論されたヒルトの「機械論的」普遍的法則信仰を無視しただけでなく，石造寺院には木造の原型があったという命題自体を退けたのである．そして彼は，ギリシア寺院はギリシア自身に固有の材料事情，構造事情，社会事情からのみ起こったとする反対論を展開し，それゆえ，そうした形式を異なる気候，異なる材料，異なる社会事情に翻案しようとするのは愚かなことである，と結論づけた．

　このヒュプシュの著作はヒルトの怒りを買い，1825年には，ヴァインブレンナーまでもがこのかつての生徒の議論に異議を唱えた[86]．ところが，ヴァインブレンナー

Philosophy of Fine Art, trans. F. P. B. Osmaston (London: Bell & Sons, 1920), 1: p. 399 参照．〔長谷川宏訳『ヘーゲル美学講義 (上下)』作品社，1995年〕．

[84] Heinrich Hübsch, *Bau-Werke* (Karlsruhe: Marx, 1838), p. 2. 本文は Herrmann, *In What Style Should We Build? The GermanDebate on Architectural Style*, 5 より引用．

[85] この意向は *In welchem Style sollen wir bauen?* (Karlsruhe: Müller, 1828; reprint, Karlsruhe: Müller, 1984) 冒頭の献辞に明言されている．

[86] ヒルトはこれに対抗し "Verteidigung der griechen Architecture gegen H. Hübsch"(「H・ヒュプシュに対しギリシア建築を擁護する」) を発表した．これに対し，ヒュプシュは第2版 (1824) に "Verteidigung der griechen Architectur gegen A. Hirt"(「A・ヒルトに対しギリシア建築を擁護する」) と題する補遺を加えた．Bergdoll, "Archaeology vs. History", p. 3 参照．

がその翌年に没すると，ヒュプシュは奇しくも，彼の後任としてカールスルーエの市専属建築家となる．しかし当時のヒュプシュには，自らが引き起こした論争に対して，より大がかりな返答を準備する用意もできていたのである．かくして1828年4月，ニュルンベルクで行われたナザレ派によるアルブレヒト・デューラーの祝賀イベントと同時に，彼は小冊子『どの様式で建てるべきか』（*In welchem Style sollen wir bauen?*）を出版する[87]．

　このタイトルはヒュプシュがすでに答えを見つけていると誤解されそうだが，それは違った．「建築形式の美は絶対的なものであり，どの時代のいかなる状況でも変わらずにあり続けるのであり，そうした形式を完璧に理想的な姿で表現しているのは古代の様式のみなのだ，と信じている」[88] 人々の「詭弁」に対して，ヒュプシュの代替案はシンプルなものであり，その分析方法は殊に革新的なものだった．すなわち彼は，需要(ニーズ)に基づいた，新様式の「客観的な」創造原理を定めようとしたのである．彼がここでいう需要とは，日用性と堅実性の二重の意味をもたせた合目的性(ツヴェックマッシヒカイト)を議論することで定義されるものだった．また彼によれば，ある様式を最もよく特徴づけるのは屋根や支持材といった一次構造部材であり，古典期と中世期を見れば，建築の2つの基本類型が楣(まぐさ)式システムとアーチ式システムであることがよくわかる．一方，様式創造に影響する因子には，他に地域的，伝統的建設材料，気候，文化的需要，静的技術観(テクノスタティック)の進歩などがある．そして，ここでの「静的技術観(テクノスタティック)の進歩」とは構造技術の進歩レベルや知識レベルのみをいうのではなく，構造のプロポーションに対する集団的あるいは文化的な認識のことも指している．ここでのヒュプシュは，Zweckmässigkeit の語を純粋に功利主義的あるいは機能的な意味で用いているようである．

　このような議論を基礎として，次にヒュプシュは，構造システムの歴史や，その構造システムをもつ造形の歴史を追求しながら現代の方向性を探った．しかし，ここでの彼の論理は無情なものであり，体積と材料がかさむという構造の非効率性，および北方の気候には合わないということから，円柱式システムは直ちに考察対象から外された．したがって，ヒュプシュに残された選択肢はアーチ式システムだけということになったが，アーチでとるべき選択肢も，尖頭型（ゴシック）と半円型（ビザンチン）の2つである．そこでヒュプシュは議論する．尖頭アーチの構造効率は非常に高いが，その「急勾配なプロポーション」のために，内部への採光を最重視する点は

---

[87] Hübsch, *In welchem Style sollen wir bauen?*
[88] Hübsch, *In What Style Should We Build?* pp.63-4.

Chapter 5　ドイツ理論の興隆

「我々の需要には相容れない」[89]．その一方，コブレンツ近郊のマリア・ラーハ修道院を模範とする半円アーチ・システム(ルントボーゲン)には，これを選択するべき多くの理由がある．ただしヒュプシュは，ドイツ人が新様式を探求する際に初期ロマネスクを模倣することは推奨していない．むしろ彼は，「もしそれが古代様式の悪しき回想によって邪魔されることなく，自由かつ自然に展開していた場合に導かれていたであろう」半円アーチという抽象原理を唱導したのである[90]．彼は至る所でプラグマティズムを披瀝する．「本書で詳説している芸術理論はしたがって，多少の問題点でしか現実と関わらない学究理論とは異なるものである．そうした理論から抜き出された諸規則は躊躇もなく一般法則に仕立て上げられてしまうが，私の理論は徹頭徹尾実践的なものである」[91]．そして彼はここでまたしも，半円アーチ(ルントボーゲン)をひとつの様式として見做すことに意義を唱えている．「これからの新様式の建物はもはや，歴史的，習慣的内容をもたなくなる．したがって，事前の考古学教育抜きには，情緒的な反応もなし得ない．これからの新様式の建物は真に自然な内容を備え，門外漢も学識ある芸術家と同じものを感じるのである」[92]．

　ヒュプシュの 1828 年の記述に見られる唯物論者的性質（および，当時のやりとりとの関連性）は，ヘーゲルが当時ベルリン大学で行っていた講義の観念論者的な言説と比較すると理解できる．ヘーゲルにとって芸術とは（イデアの描出に関しては哲学および宗教に劣るものの），完全に精神世界のことを意味した．したがってヘーゲルの論では，重力の制約と戦う感覚的な物質性をもつ建築は，諸芸術の中で最も精神性や観念性に劣るものとされたのである．そして建築は，少なくとも初期段階においては，象徴芸術でもあった．この点でも建築は，ヘーゲルの文化的発達の弁証法段階の最下位に置かれる．しかし，建築がある程度進歩したというのもまた事実である．エジプトのピラミッドを代表とする象徴の段階から，建築はギリシアにおいて古典段階に入り，このとき，イデアと主題が同等に扱われるようになった．そして建築はゴシック期に遂にロマン主義的発展段階に至り，大聖堂においてイデアの「果てしない意義」が「単なる計画的利便性を差し置いて称えられ」，「建築造形の空間的関連性を通じて」無限が表現されるようになった[93]．しかし，こうした理想的な構想には問題があった．すなわち，ヘーゲルの考えによれば建築生産の頂点は必然的に 13 世紀にあることになり，（古典の基礎と中世の基礎の弁証法の上に築かれた）19 世紀の建築に

---

[89] Ibid., p. 95.
[90] Ibid., p. 99.
[91] Ibid.
[92] Ibid.
[93] Hegel, *Philosophy of Fine Art*, 3: pp. 90-1.

は芸術としての未来があまり残されていない，つまり，造形上，構造上のさらなる進展の可能性が残されていないことになるのである．ヒュプシュの記述は逆に，いかなる形而上学的な拘束とも無縁である．「我々は今，念願を果たし，新様式のための厳密に客観的な骨子を明確化させることができた．私も十分に整然と述べることができたように思う．これを読めば芸術家は自分に自信をもてるはずだ」[94].

── 5 ──
カール・ベティヒャーと様式論争

このヒュプシュの小冊子が刊行された1828年の前後にはゲルトナーが州立図書館とルートヴィヒ聖堂の建設を始めており，また，この3年後にはシンケルがバウアカデミーのデザインを始めている．またヒュプシュ自身は1825年時点ですでに，アーケードを有する劇場のデザインで半円様式の実施を試みている．この構造の主役は，むき出しの鉄造トラスによる優れたアーチ屋根だった[95]．他にカールスルーエ財務省 (1829-33) やカールスルーエのポリテクニーク (1833-36) に見られる，露出した煉瓦による平坦で無装飾のファサードなども，ブルナハの聖キュリアクス聖堂 (1834-37) のデザインやバーデン＝バーデンのポンプ室(トリンクハレ) (1837-40) と同様，彼の理論の進歩的な路線を反映したものである．また，1829年11月にお披露目された，プフォルツハイムのプロテスタント聖堂のための，双塔を備えたロマネスク式デザインが，ゲルトナーのルートヴィヒ聖堂のデザインに影響を与えたということも考えられるだろう[96]．しかし逆に，ポリテクニークのためのヒュプシュの半円式デザインは，ゲルトナーの州立図書館に何らかの関連があると考えられる[97]．

しかし，ヒュプシュの著作が重要なのは，彼がそこでひとつの建築思想を表明したということよりも，その出版によってもたらされた副産物の方である．ヒュプシュの著作を批評した人物のひとりである青年建築家，ルドルフ・ヴィーグマンは，当時の

---

[94] Hübsch, *In What Style Should We Build?* p. 99.
[95] ヒュプシュの劇場のデザインを巡る論争に関しては Kurt Milde, *Neorenaissance in der deutschen Architektur des 19.Jahrhunderts* (Dresden: Verlag der Kunst Dresden, 1981), pp. 117-19 参照．
[96] ミュンヘンのヒュプシュ展とこれに対するゲルトナーの反応については Curran, *The Romanesque Revival* 参照．
[97] Herrmann, *In What Style Slwuld We Build? The German Debate on Architectural Style*, 103-4: originally published in *Kunst-Blatt* 10 (1829): pp.173-4, 181-3 所収，Rudolf Wiegmann, "Remarks on the Treatise In What Style Should We Build?"

古典主義建築の衰退、およびその結果起こった折衷主義的状態（「あらゆる国や時代の松葉杖に支えられ、彼らのほろを着ている」）を認めながらも、「足枷を取り換える」こと、特に、他の地域に起源をもつ「ビザンチンの建築様式」のような非ゲルマン的なものによる代替には懐疑的だった。ヴィーグマンは他にも、「物質が精神を司る」として物質的、構造的要因を強調するヒュプシュの論に反対している[98]。ヴィーグマンにとって様式とは、その時代の国民が一時的に生み出す広範な風潮や、天才芸術家が呼び醒ました情動反応の外郭を表現するものである。「ヒュプシュのような」唯物論者の戒めは、「ただ芸術創造の芽を摘み天才の翼をもぎ取るだけで」、芸術家の精神を自らの時代の傾向と一致させる役割を果たすものは少ない[99]。

ベルリンの青年歴史家フランツ・クーグラーもまた、ヒュプシュの1834年の研究にそれとなく言及しながら、ヴィーグマンと同様の取組みを行った。彼はヒュプシュの議論とクレンツェの古典主義とを公正に比較しながら、後者が進歩の妨げであると論じたが、一方、「芸術作品は物質的、外部的状況の中からこそ進化し得る」[100]というヒュプシュの信条も、クーグラーは否定している。クーグラーの主張はむしろ、新しい様式はその国の宗教的伝統の中からしか発生し得ない、というものだった。

ヒュプシュの歴史主義問題への関心は、ゆっくりと、しかし着実に、重要なものと認識されるようになってきた。1840年までには、この時代の建築は様式問題に関して危機的状況にあるだけでなく、よい解決策もまた見出せていないという共通認識を、（他のヨーロッパと同様に）ドイツの建築家のほぼすべてが抱いていた。新しい方針をとるべきであるという点には皆が同意していたが、どのような手法をとれば望む結果が得られるかについて、意見は一致しなかった。こうして10年が経過するあいだに新しい建築系雑誌・新聞が相次いで創刊されたこともまた、この議論を活発化させた。ウィーンでは1836年にルートヴィヒ・フォースターが『建築大観』(*Allgemeine Bauzeitung*) 誌を、その5年後にはヨハン・アンドレアス・ロンベルクがライプツィヒで『実践建築』(*Zeitschrift für praktische Baukunst*) 誌を創刊し影響力を誇った。両誌はこの様式問題を大々的に扱い、1842年にライプツィヒで組織されたドイツ建築家技師連盟の第1回会合でもこの問題が焦点となった。そしてその結果、さまざまな様式派の周りに多くの陣営が合流することとなった。

当時、中世の陣営はすでに半円アーチ派（ルントボーゲン）とゴシック派に分裂していた。クレンツェ

---

[98] Ibid., p. 105.
[99] Ibid., pp. 106, 111.
[100] Franz Kugler, "Über den Kirchenbau und seine Bedeutung für unsere Zeit," *Museum: Blätter for bildende Kunst* 2 (1834): p. 5. 本文引用部は Herrmann, *In What Style Should We Build?* p. 6 より抜粋。

とゲルトナーの生徒で1833年にミュンヘン工科大学の教授となったエドゥアルド・メッツガーは，当初からゴシック様式を唱道していたひとりである．彼は，1837年に出版した様式論の大著の中で，ドイツの中世の様式を考察するにあたって，ロマネスク様式からゴシック様式構造への進化を論じながら，ゴシックは「高等な詩情」をもつ形式であると捉えている[101]．彼によれば，ゴシックのヴォールトのリブはひとつのネットワーク，すなわち「ひとつの全体として，あるいは自力で存在し得る格子を個々のヴォールト場に作り出す，秩序のある，互いに緊密に結びつき支えあう張力システム」を形成するものだった．なお彼は，ギリシア建築，エジプト建築，中世建築を批評しながら，様式は国家的性質（文化と宗教），自然（風土），建設材料（自然法則と構造規則）という3つの要因の中から生まれると論じたが，実際に彼の分析の中で優位に立っているのは，このうち最後のものだった．

しかし当時，メッツガー以上に構造的発想に焦点をあてたゴシック支持者は他にいなかった．例えば，バウアカデミーの卒業生であるカール・アルベルト・ローゼンタールも，1844年，ドイツ建築家技師連盟のメンバー全員に宛てた書簡の中で，同時代におけるあらゆる様式の妥当性を批評しながらゴシック様式の優越性を定めている．ゲルマン的，すなわちゴシック的な様式はここで，ヘーゲル的な「上方への格闘があり，また，物質に対する精神の支配，感覚に対する精神性の支配を象徴する，造形(フォルム)によるマッスの支配」[102]を有するゆえに優れているとしている．ローゼンタールはすなわち，そのような様式を本質的にゲルマン的なものと信じていたのである．逆に，その鈍重な造形を鑑みるに，ロマネスク様式はローマ衰退の最後の名残であり，「アラビア様式」以上に現代に妥当しない．またアラビア様式の一番の過ちは，（キリスト教的要素がないことは別として）「構造力学を象徴的に表現することに対してほぼ何の配慮もない」[103]ことだった．

また，ゴシック理念のさらなる熱烈な支持者として，政治家であり文筆家のアウグスト・ライヒェンシュペルガー（August Reichensperger, 1808-95）が挙げられる．彼は1844年から45年に『ゲルマン的キリスト教的建築とその現代的意義』（*Die christlich-germanische Baukunst und ihr Verhaltnis zur Gegenwart*）を著した．ライ

---

[101] E. Metzger, "Über die Einwirkung natürlicher und strucktiver Gesetze auf Formgestaltung des Bauwerkes," *Allgemeine Bauzeitung* nos. 21-26 (1837): pp. 196. 原文は以下のとおり．"… nach einem Systeme geordneter Spannung gebildet find, enge verbunden sich wechselseitig vertreten und Stützen, wornach für das einzelne Gewölbefeld ein Flechtwerk erzeugt ist, welches als Ganzes auch für sich bestehen konnte."

[102] Ibid., p. 120.

[103] C. A. Rosenthal, "In What Style Should We Build?" in Herrmann, *In What Style Slwuld We Build?* p. 119.

ヒェンシュペルガーはコブレンツに生まれ，青年時代にはボン，ハイデルベルグ，ベルリンの大学で法律を学び，ヘーゲルの講義にも出席していた好人物である[104]．しかし彼は，カトリック擁護者のヨーゼフ・ゲレス（当時彼は，カトリック信者からなるラインラントを，プロテスタント信者で構成されるプロイセンが支配することに反対していた）の教えを受け，1838年には自らの自由主義路線を改める．そしてカトリック信仰に改宗した彼は，2年後には，1815年からドイツ国体のシンボルとなっていたケルン大聖堂の完成運動に勢力的に関わり，この大聖堂の建設が華々しく再開された1842年には指導者となっていた．しかし同年，彼はピュージンの『尖頭式あるいはキリスト教建築の真の原理』(The True Principles of Pointed or Christian Architecture) を初めて読み，同書の見解に同調するようになる．ライヒェンシュペルガーの1844年から45年の著作はピュージンの原理をドイツ国内の議論に巧みに移植した．これにより，彼の活動は「真理」を求める倫理改革へと変わった[105]．

半円アーチ(ルントボーゲン)ムーブメントも広く受容されるようになり，この様式を支持したヒュプシュも主唱者として活動的であった．かつて彼を評論した，当時デュッセルドルフ・アカデミー教授だったヴィーグマンが支持したのも，また半円アーチ(ルントボーゲン)様式だった．1841年，ヴィーグマンは『建築大観』に「当代の国家的建築様式についての考察」という重要な記事を寄稿し，その議論がいかに洗練の域に達しているかを強調した．彼の課題は「我々の時代の精神」と建築との「有機的な関係」の探究であり，現今の工業技術の大きな進歩を称えながらも，一方で建築の「精神表現」を制限することは望まなかった[106]．そして彼は，各々の民族は自らの建築様式をもつべきであると論じ，ギリシア，ローマ，ビザンツ，ゴシック，イタリア諸様式の濫用に異を唱えた．「この折衷主義は，ほとんど目標も見えないままにこの芸術に混乱を招き」，そのため現代の建物は「純粋な芸術というよりは，流行の観点で認識されている」のである[107]．そこで，この「バビロニア的混乱」に対抗するために，ヴィーグマンは過去から何を採り入れるべきかを考え，ゴシックの内面的な主観性，精神性と，古代の形式の理性的客観性を提示した．そして，シンプルな造形でありながら，合理的で，ドイツの材料，気候，需要に適した半円アーチ(ルントボーゲン)様式は，すべてを満たしている．しかし

---

[104] ライヒェンスペルガーの生涯と思想の詳細については Michael J. Lewis, *The Politics of the German Gothic Revival: August Reichensperger* (New York: Architectural History Foundation, 1993) 参照．

[105] Ibid., pp. 57-86.

[106] R. Wiegmann, "Gedanken über die Entwickelung eines zeitgemässen nationalen Baustyls," *Allgemeine Bauzeitung* 4 (1841): p. 207.

[107] Ibid., p. 208. 原文は以下のとおり．"Dieser Eklektizismus hat nun eine Verwirrung in diese Kunst gebracht, deren Ende kaum abzusehen ist ... unsere modernen Bauwerke mehr aus dem Geschichtspunkte der Mode, als dem der echten Kunst zu beurtheilen sich veranlasst fühlen."

彼にとっての半円アーチ(ルントボーゲン)様式は，歴史的典拠から単純に引き写せばよいものではなかった．13世紀のゴシックの隆盛によって成長が阻害されたこの様式には，さらなる洗練が必要であった．このゴシックの内的精神とギリシアの文化的世俗性（教養(ビルドゥング)）との（半円アーチ(ルントボーゲン)的）統合——この，「感覚と精神の間の調停」——を通じてのみ，望むべき「外に向かうものと内に向かうものとの完全なる調和」[108]を達成することができる．

しかし，ヴィーグマンが試みたこの統合理論は，当時カッセル大学の教授だったヨハン・ハインリヒ・ヴォルフの古典主義論（彼は1843年には古典主義の「不変の真理」を擁護するにまで至った[109]）によって1840年代に度重なる反論を受けている．そしてヴィーグマンの論文の2年後の1843年，ヴォルフは，バンベルクでのドイツ人建築家に向けたフリードリヒ・スティーアのスピーチに対し，自らの立脚点を再度表明した．彼によれば，建築の形式はすでに開発され終えており，現在に残されているのは単に「古典から必然的に深化した建築的諸要素を修正，再配列」[110]することだけであるという．そして，独自性や国家様式を探るのではなく，普遍的に正当なものに焦点をあてるよう，建築家たちに対し檄を飛ばした．「いかなる芸術家でも，適切で正しいものを求めて努力すれば，作品はおのずから彼の知性の痕跡を伝えるものとなる」[111]のである．

ヴォルフはありふれた教育者ではなかった．彼はカッセルではクレンツェ，パリではシャルル・ペルシエの下で修練し，1816年から18年にかけてはローマにも滞在している．そして彼はこのローマで古典主義信仰に至り，のちに刊行した『建築美学への寄与または彫塑造形の基本法則』(Beitrage zur Aestetik der Baukunst oder die Grundgesetze der plastischen Form) は当時のドイツの新しい建築潮流にとっての信頼のおける古典理論の入門書となっている[112]．彼はさらに，一連の公刊記事の数々を通じてヴィーグマンと絶え間ない論戦を繰り広げた．ほぼ1840年代を通して交わされたこの論戦は，ときに怒気を含んだものとなった．

---

[108] Ibid., p. 214. 原文は以下のとおり．"Der Versöhnung des Geistigen mit dem Sinnlichen, der vollkommenen Harmonie zwischen dem Aeusserlichen und Innerlichen."
[109] J. H. Wolff, "Entgegnung," *Beilage zur Allgemeinen Bauzeitung* 2, no. 1 (1843): pp. 1-5.
[110] Herrmann, *In What Style Should We Build?* p. 144 に J. H. Wolff, "Remarks on the Architectural Questions Broached by Professor Stier at the Meeting of Architects at Bamberg" として収録されている．初出は "Einige Worte über die von Herrn Professor Stier bei der Architekten-Versammlung zu Harnberg zur Sprache gebrachten architektonischen Fragen," *Beilage zur Allgemeinen Bauzeitung* 2, no. 17 (1845): p. 270.
[111] Ibid., p. 145 (original, p. 270).
[112] J. H. Wolff, *Beiträge zur Aesthetik der Baukunst oder die Grundgesetze der plastischen Form, nachgewiesen an den Hauptllwilen der griechischen Architektur* (Leipzig: Carl Wilhelm Leski, 1834).

しかし，この激しい様式論争の頂点は早くも 1846 年に，幾分ドラマチックに訪れた．この年，1841 年に没したシンケルを称えた年次記念講演で，ベルリン・バウアカデミー新任教授のカール・ベティヒャー（Karl Bötticher, 1806-99）に演説が依頼され，「現今の我々の建設への応用を目指した古代ギリシアとゲルマンの建設方法の原理」を論じたのである．

　ここで理論家ベティヒャーは，ドイツ建築が 1815 年以降に遂げた急速な進歩を概括した．かつて彼は，ボイトが 1820 年代に再建した工業芸術学校に魅了された学生のひとりとして，テキスタイル関係の装飾の訓練を受けたが，その後新しい工芸学校の数々で教鞭を執りながら，シンケルの招きに応じて 1839 年にはバウアカデミーの教壇に立つ．ここで建築に焦点をあてるようになった彼は，1844 年には実務の国家試験に合格する．そしてこの頃までにはすでに，ギリシア構造学の名著の第 1 巻を書き上げている．

　先のベティヒャーの講演はギリシア原理とゴシック原理の統合をテーマとしたものだったが，このテーマ選定にはシンケルの教えが関係していた．例えば，シンケルは 1810 年の時点ですでにいくつかの教会のデザインで様式の統合を模索しているが，1825 年のハンブルグの劇場デザインにはそれがより明らかである[113]．この劇場のデザインは，インポスト部で中柱に支えられた楣と交差するアーチ 2 層を基本に成り立っている．また，シンケルはノートにも様式の統合に関する持論を書き込んでおり，1833 年のマクシミリアン 2 世バイエルン王太子に宛てた書簡の中では具体的な質問にも答えている．彼はこの書簡の中で，歴史的な統合はまだ可能であるとしながら，永遠の理想という考え方は退けている．すなわちシンケルによれば，「古代ギリシア建築の精神原理は，我らが新世界の時代状況によって拡大され，さまざまな時代が有する最良の部分を調和的に混淆させることによって」のみ「堅持されうるもの」[114]だったのである．そして 1841 年の逝去によっても，彼のこの夢は潰えなかった．彼の死後，フリードリヒ・ヴィルヘルム 4 世はシンケルの弟子であるフリードリヒ・アウグスト・シュトゥーラー（1800-65）とヨハン・ハインリヒ・ストラック（Johan Heinrich Strack, 1805-86）の 2 人をイギリスへと派遣し，当時の教会建築を研究さ

---

[113] シンケルの「様式の統合」という概念については Norbert Knopp, "Schinkels Idee einer Stilsynthese," in *Beiträge zur Problem des Stilpluralism* (Munich: Prestel Verlag, 1977), pp. 245-54 参照．また，この建物に関する Bergdoll, *Karl Friedrich Schinkel*, pp. 99-101 の議論も参照のこと．

[114] K. F. Schinkel, *Aus Schinkels Nachlass*, 3: p. 334. 原文は以下のとおり．"Könnte man, altgriechische Baukunst in ihrem geistigen Princip festhaltend, sie auf die Bedingungen unsererneuen Weltperiode erweitern, worin zugleich die harmonische Verschmelzung des Besten aus allen Zwischenperioden liegt, so möchte man für die Aufgabe vielleicht das Geeigneteste gefunden haben."

せ，プロテスタント聖堂のプロトタイプについてアイディアを提案させているが，このときのシュトゥーラーとストラックのドローイングは，1843 年のバンベルグ建築家会議で展示されている．さらにその翌年には『聖堂，司祭館と学校のデザイン』(*Entwurfe zu Kirchen, Pfarr- und Shulhausen*) 第 1 巻が刊行されるが，ここにはシュトゥーラーや，やはりシンケルの生徒であるアウグスト・ゾラー（Johan August Karl Soller, 1805-53），ルートヴィヒ・ペルシウス（Ludwig Persius, 1803-45）らによってデザインされた，正式な後援者がいるさまざまな聖堂のデザインが掲載されていた．ここでは，中世の平面計画に対して列柱やドームといった古典的なテーマが掛け合わされているが，造形的解決はなぜか半円アーチ(ルントボーゲン)的な性質のものだった[115]．

ベティヒャーの 1846 年の講演を動機づけたのは，第 2 に，メッツガーが 1845 年に出版した論文「現代の疑問に対する貢献，いかなる様式で建てるべきか！」("Beitrag zur Zeitfrage: In welchem Stil man bauen soll!") だった．ここでのメッツガーの分析はとりわけ洞察力に富んでいる．彼の論は，自らの時代の劇的な社会的，物質的変化（新たに起こったさまざまな需要，実践および理論上の豊富な経験，鉄道，運河等の通商網の発達に関わる大規模なエンジニアリングプロジェクト）や，それらによって科学と芸術にもたらされた対立の考察から始まる．そしてその後，歴史研究を手がかりに解決策を探るという論の展開はこれまでのものと同じだが，このメッツガーの論ではその前に，ピラミッド，柱，ヴォールトという，ヘーゲル的段階が語られ，それぞれの構造コンセプトはそれ以前のものの上に築かれているものと理解された．そして，ロマネスク時代，ゴシック時代の，それまで以上に劇的なヴォールト架構技術は，ここでもヴォールト原理の発達の極致だとされている．この最も重要な構造システムが 14 世紀に完成をみたとすると，歴史的に見て，新しいものとは常に，従来のシステムの中で最も有効なものから発生するということもまた事実である．その上で彼は結論づける．現在の様式の方程式に導入すべき新たな変数は，鉄——彼はそれを，彫刻家や建築家にとっての「恐ろしい言葉」と呼ぶ——の構造上の可能性である！[116]

ここに至ってメッツガーは，鉄の「細く繊細な線形状」と，「ブレースを集中させた尖頭アーチシステムのネットワーク」のあいだに見られる類似点を極めて教訓的なものだとして述べる[117]．彼の（エッフェル塔のような作品をおぼろげに予兆してい

---

[115] *The Romanesque Revival* におけるキャスリーン・カランの見解．
[116] E. Metzger, "Beitrag zur Zeitfrage: In welchem Stil man bauen soll!" in *Allgemeine Bauzeitung* 10 (1845): p. 176. 原文は以下のとおり．"Dieses Wort ist für den Plastiker als Architekten, ich glaube es gerne, ein Schreckenswort!"
[117] Ibid., p. 178. 原文は以下のとおり． "... eine schlanke feingefühlte Linienbildung, aufstrebend

Chapter 5　ドイツ理論の興隆

る）目論見は，かつて彼が構造的であると見做したゴシックのヴォールトの三角リブが，トラスのような鉄造システムに応用できることを示すことである．それは特に，水平方向が抑えられている場合，そしてアーチ形式または尖頭形式のトラスが妥当であると考えられる場合にいえる．当時，この造形原理はイギリス，フランス，ベルギー，ロシアの産業建築ではすでに自明なものだった．しかしメッツガーは同時に，この原理をドイツ建築に応用することには慎重であった．彼の考えでは，新しい技術を用いてこれまでの原理を改良することで生じる建築造形の変化は，ゆっくりと起こるべきものだったのである．事実彼は，計画案に留まる紙上コンペティションの中で，鉄の新しい造形に関するこれからの議論の質を高め，形作ることを望んでいた．

しかし，メッツガーの分析はなお説得力をもっており，ベティヒャーにも多大な影響を与えている．そしてベティヒャーの1846年の講演は，過去20年で高まったあらゆる問題をさらに明確化させた．彼はまず，様式を（ヒュブシュ同様）「空間被覆のシステム」と定義し，古典様式とゴシック様式（彼はこれを「ゲルマン様式」と呼んだ）の2つの現存様式はそれぞれ楣式（協調強度［リラティブ］）システムとアーチ（反作用強度［リアクティブ］）構造を完成させており，これらをさらに発達させることは不可能である，という点においてヒュブシュの主張に同意しながら，これから生まれる新様式——それは「歴史的必然」であった——には，新しい空間システムが，新しい材料（石の可能性は底をついた）を用いて空間上，機能上のすべての必要を満足させるものが考案されなければならない．この新しい素材はこれまでよりも軽いものとなり，支持壁体に求められる建材量を削減させるだろう．それは，現に存在し，目下試験段階にある材料である鉄である．そして彼は，鉄は原則的に張力に対し絶対的な耐力をもつため，それを採用すれば「アーチ式構造の中世のシステムが単材の楣で支えていた古典のシステムに勝るのと同じように，古代ギリシア並びに中世のシステムに勝る」[118] 様式は近い将来に生まれることだろう，と語った．

ベティヒャーの（制限のなくなった）このヘーゲル的統合理論は，ドイツ国内の小さな州における工業化がなおもイギリス，フランスに大きな遅れをとっていたという事情のみに照らしてみても，特筆に値するものである．彼による仮定はこうした事情

---

geordnet." Ibid., p. 177. 原文は以下のとおり．"Das Netz des spitzbogigen Bausystems in seiner gesammten Verspannung ist jenem, das sich der Natur des Eisens gernäss entwickelt, nahe verwandt."

[118] Herrmann, *In What Style Should We Build?* p. 158 所収，Karl Bötticher, "The Principles of the Hellenie and German Ways of Building with Regard to their Application to Our Present Way of Building". 初出は "Das Prinzip der hellenischen und germanischen Bauweise hinsichtlich der Uebertragung in die Bauweise unserer Tage," *Allgemeine Bauzeitung*, 11 (1846): pp. 111-25.

のために，経験的というよりは概念的なものとなった．また，この講演のいまひとつ重要な点は，ベティヒャーの議論の大半が，先に挙げた言説からもわかるとおり，構造というよりも，むしろ歴史を扱ったものだったことである．そしてここで中心的に語られた歴史という問題はその後，世紀後半の建築界の関心を最も強くひきつけた．当時のドイツ国内では，他のどこにも増して歴史の問題が切実だった．

　ベティヒャーも多分に漏れず，現行の議論は古典主義者とゴシック主義者に支配されていると考えていた．そして彼によれば，前者は着想が野蛮なゴシック様式を避け，人類の建設行為の最盛期としてのギリシアの理念に忠実に，構造や空間の可能性にのみ注意を払っていた．また後者は，ギリシア美学はドイツの国民精神とは異質のものであり，現代の機能や文化にはそぐわぬものであると考えていた．しかしベティヒャーの議論では，この両陣営は，ともに建築の正しい歴史を認識していない．彼によれば，一方の様式の諸原理は，もう一方を知らなければ理解され得ないのである．かくして，歴史的な基盤を失い「さらなる発展の基盤に未来しか残されていない」文化に「巨大な空虚コロッサル・エンプティネス」ができるのは当然の帰結である[119]．知の進歩のためには過去を受けとめなければならない．そこでベティヒャーは，3つの選択肢を突きつけた．その第1は，伝統的な形式に忠実に，そこからなるべく踏み外さないこと．第2はゴシックの構造システムにギリシア様式の造形を「着せる」ことで，2つのシステムの融和を図る（シンケルの初期の関心事である）こと．第3はベティヒャーの推奨するものであり，現存の伝統の精神的・物質的な性質を歴史的に研究し，その本質とその本質から帰結する形態フォルムについてのよりよい理解を得ることである．要するにベティヒャーは，2つの様式のあいだの和解の道を探ったのである．新しい様式は，ゴシックから空間の可能性と構造原理を借用する一方，ギリシアが造形に象徴的な意味を付与したのと同じ方法を用いることで，それらを芸術として成長させる．彼の言葉に従えば，「この方法で伝統の本質を理解すれば，同時に伝統的造形の中に潜む原理，法則，イデアへの意識は取り戻される．生気なき折衷主義を破壊せよ．そうしてまた再び，芸術創作の泉に触れるのだ」[120]．

　ベティヒャーの統合理論の一部は，彼の同時代およびそれ以前になされた，ギリシアの構築術テクトニクスを扱った研究の数々に由来している．彼がこのテーマに向かったのは1830年代，シンケルの影響を受けてのことであり，強大な影響力を誇った彼の『古代ギリシアの構築術』（*Der Techtonik der Hellenen*, 1844）は現に，ドイツの建築理

---

[119] Ibid., p. 151.
[120] Ibid., p. 165.

Chapter 5　ドイツ理論の興隆　　245

論の中に「構築術(テクトニクス)」の語を持ち込んだものである．この語を彼は，広く「建設と設備化の行為」と定義した[121]．

　この難解な概念研究の輪郭および主な前提の初出は，1840年の『建築大観』の「古代ギリシアの構築術(テクトニクス)における造形(フォルム)の発展」である．これは当時の哲学上の流行に則って幾何学の定理や公理を並べたような体裁となっており，前の定理を踏まえた各定理には所感と解釈が付される．彼の論点では，ギリシア寺院のために生まれた装飾造形（例えば柱頭やモールディング）は，各部やそれらの位置の機械としての働きを象徴している．またここでの構想には，「核形式(ケーンフォルム)」と「装飾被覆(デコラティヴェ・ベクライドゥング)」と「芸術造形(クンストフォルム)」を峻別する，というコンセプトも横たわっている．核形式に入るのは，荷重の支持，アーチ架構，壁体形成，あるいは境界確定などの，建物の構成要素が満たすべき，機能的な必要である．各部はしかし，単に核形式としてのみ表現されることはなく，外形上で展開し，かつ表現された構造的機能と一致する，何らかの象徴化の調整，すなわち芸術造形（例えば柱を丸めたりテーパーがけをしたり）を常に経ている．こうした理想的な調整のための表現手段，つまり芸術造形は，どこかで（例えば自然で）同じような機能をしている部材を暗示するか，機能の性質自体が「内なる感覚」を放散することで存在するものだった[122]．そうして彼は，自らの構想における第3のコンセプトに，各部の有機的な連結としての「接合部(ユンクトゥーア)」を定義した．

　また『古代ギリシアの構築術』中では，この主要テーマは生物学的なものにもなり始める．彼によれば，「古代ギリシアの構築術の原理」とは「創造力を有する自然の原理」と同じものであり，目的表現を象徴する装飾言語を発達させたのはギリシア人のみであった[123]．そして彼は，ここで自身の主要コンセプト――核形式（「機械として必要な，静的状態で働く仕組み」）と芸術造形（「明確化の機能を果たす特性」）[124]――の2つを簡略化した．しかし，ここでの彼はその一方で，ギリシア神殿のすべての構成要素に対し，博識かつほぼ宗教じみた解釈を加えながら，自身のテーマを大幅に広げるのである．例えばギリシアの波刳形(サイマ)（オジー・モールディング）は，ドリス式柱頭のコーニスやエキヌスのような，神殿のつなぎ目の部分に充てられていた．エキヌスの波刳形(サイマ)は「荷重と支持の拮抗」を象徴するが，コーニスの波刳形は単に「縫い目(シーム)」の機能のみをもち，「終端なしの上向き」[125]のコンセプトを象徴す

---

[121] Bötticher, *Die Tektonik der Hellenen* (Potsdam: Ferdinand Niegel, 1852), p. 1.
[122] Bötticher, "Entwickelung der Formen der hellenischen Tektonik," *Allgemeine Bauzeitung* 5 (1840): p. 322.
[123] Bötticher, *Die Tektonik der Hellenen*, Vorwort, p. xiv.
[124] Ibid., p. xv.
[125] Ibid., p. 28.

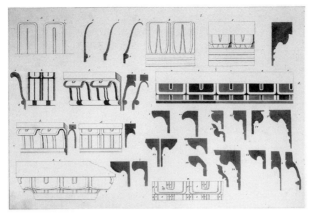

39 カール・ベティヒャー『古代ギリシアの構法』（ポツダム，1844-5）内の図版．

る．モールディングのカーブはこうして多様化したが，しかし波剡形(サイマ)はすべての場合において，象徴として，形態が支える荷重の大きさの表現となっている．また他方で，彩色のパターンとして波剡形(サイマ)には芸術形式が適用されていた．エキヌスが荷重を負担している場所では断面の傾きは水平角に近づく．サイマティウムの位置が荷重を負担していない場所では波剡形(サイマ)は鉛直に近い断面をとり，屋根の輪郭線の終端を象徴する屋根とのつなぎ目の剡形にもなる．同様に，この議論の中では波剡形(サイマ)に描かれた装飾でさえも意味のあるものとされる．エキヌスでは，葉のような形状のもの（描かれたものであれ造形されたものであれ）は荷重で垂れているが，これが効果的に垂れ下がることで卵鏃の装飾モチーフを形成する（図39）．この高度なベティヒャーの分析の要点はすなわち，ギリシア神殿は基壇面(スタイロベート)から屋根の頂点まで自覚的に芸術的，象徴的表現を表示しているということである．ギリシア建築をここまで綿密あるいは科学的に，またはここまで抽象化された理想形で捉えた者は皆無だった．なお，ベティヒャーはその自著の献辞にシンケルおよび考古学者カール・オトフリード・ミュラーの両者の名を挙げている．

　ベティヒャーのギリシア神殿研究は，他方面にも影響力の強いものだった．例えば，バイエルンのマクシミリアン王は1850年にミュンヘン・アカデミーに働きかけ，特に現代のための「新様式を開発する」という目的の建築コンペティションを行わせている．この試みの結果は惨憺たるものであったが，ベティヒャーの定式に「鉄」という新素材が（新様式の「核形式」としてうまく）導入されたそのとき，建築家の課題は，鉄の空間的可能性に対して，相応しい目的と美の表現を有したひとつの「芸術

造形」を付与することになった.そして多くのドイツの建築家たちがこの課題と対峙した.ギリシア人たちは芸術表現の繊細かつ崇高さの極みに到達できた.19世紀のドイツ人にそれができぬはずがあろうか?[126].

---

[126] August Hahn, *Der Maximilianstil in München: Program und Verwirklichung* (Munich: Moos, 1982) および Ebenhard Drüeke, *"Maximilianstil" Zum Stilbegriff der Architektur im 19. Jahrhundert* (Mittenwald, Germany: Mäander, 1981) 参照.

Chapter 6

19世紀半ばの様式論争

> 人々は我々建築家を進歩性が見られないと非難する．我々は，
> 世界共通の史的重要性をもつ新概念はないかと，一生懸命，
> 自覚的にそれを追いかけてきた．しかし，そのようなものは
> どこにも存在しないのだということがはっきりとして，
> その非難の声はいよいよ厳しくなった．
> ——ゴットフリート・ゼンパー（1869）——

1
イギリスの様式論争 1840〜1860

ドイツ人建築家のあいだで活発な様式論争が行われていた1820〜40年代，イギリス人建築家のあいだでも明らかに不穏な空気が高まってきていた．ただしイギリスの論争の起こりはドイツとは多少異なり，その経緯にも哲学色は薄かった．この国では，ロイヤル・アカデミーや英国建築家協会（1834年設立）といった組織が体制の象徴となったため，新しい組織（ロンドン建築協会（London's Architectural Association，すなわちAA）やヘンリー・コールの応用芸術学部（Department of Practical Art）），あるいはオーガスタス・ウェルビー・ピュージンやジョン・ラスキンといった強烈な個性の攻撃の的となったのである．その論争の背景は，もちろんイギリスの高度産業化である．それは1851年，芸術と科学技術のための第1回万国博覧会に帰結することとなった．

ケンブリッジ・キャムデン協会（Cambridge Camden Society）とその論争誌『教会建築研究家』（The Ecclesiologist）もまた，この時期の議論に参加した組織のひとつだった．1839年に38人で設立されたこの協会は，1843年には700人を超える会員を擁するようになり，その中にはイギリス国教会の指導者も数多く含まれていた．『教会建築研究家』は，礼拝や建築に関する「真実」を執拗に支持した[1]．そして彼らは，「最も高尚な意味におけるキリスト教建築はゴシック建築だけであり」，「ロマネスクであろうが，ビザンチンであろうが，折衷であろうが，新様式」を導入することは「激しく非難されるべきである」と語った瞬間から，すべての競合する教会様式とはっきりと対立することとなった[2]．

時折そこに対抗する組織が現れ，この協会の教条主義や，ピュージンが唱えた典礼改革の推進を支持していることに対して異議を唱えた．例えばジョン・ウィール（John Weale, 1791-1862）は1843年，プロテスタント主義を擁護し，キャムデン主義

---

[1] ケンブリッジ・キャムデン協会についてはJames F. White, *The Cambridge Movement* (Cambridge: Cambridge University Press, 1962); Phoebe B. Standon, *The Gothic Revival and American Gothic Architecture: An Episode in Taste, 1840-56* (Baltimore: Johns Hopkins University Press, 1968) 参照．

[2] *The Ecclesiologist* 2, nos. 14-15 (1842), p. 5. また，イギリスの教会建築におけるロマネスク様式および半円アーチ様式の使用に関してはKathleen Curran, *The Romanesque Revival: Religion, Politics, and Transnational Exchange* (University Park: PennsylvaniaUniversity Press, 2003) も参照のこと．

に対抗するために『季刊 建築雑誌』(Quarterly Paper on Architecture) を創刊した[3]。しかし19世紀半ば頃にはエクレジオロジカル協会 (1846年, ケンブリッジ・キャムデン協会から改名) がイギリスのゴシック・リヴァイヴァルをすでに支配しており, 1852年にピュージンが没した後も, その発言力は衰えなかった.

それは, ピュージンに代わる人物として, ジョージ・ギルバート・スコット (George Gilbert Scott, 1811-78) が現れたことによる. いまひとりのゴシック支持者の重要人物である彼の建築事務所は, たちまちロンドン最大のもののひとつとなった. スコットは宗教関係者の家庭に生まれており, 1838年に初めて教会を設計し, その後1841年に初めてピュージンの著書にふれ, ケンブリッジ・カムデン協会に参加すると, 教会設計というかたちで協会の目標に貢献した[4]. しかしスコットと協会の関係は, 彼がハンブルクのルター派聖堂である聖ニコライ聖堂のコンペティションに勝った1845年に厳しい状況を迎える. この時『教会建築研究家(エクレジオロジスト)』は, キリスト教会が「異端派」に魂を売ったとして, 彼のデザインを激しく非難した.「このような契約をして束の間に得たものとは, 虚偽性の哀れな代用物であり, 罪の代用物であるといわなければならない」[5]. しかしその2年後, イーリー大聖堂の修復の委託を受けた際にスコットの地位は回復され, 1849年には彼はウェストミンスター寺院の監督官(サーベイヤー)に選ばれている. そして彼のゴシック建築観は, 1850年に出版された『我が国の古い教会堂の忠実な修復への要請』(A Plea for the Faithul Restoration of Our Ancient Churches) で明らかにされる[6].

同書は2つのテーマをもっている. そのひとつはタイトルにも示されているとおり,「〈修復〉なる見せかけの名のもとに, 我が国の古い教会堂を脅かし, その半数あまりの生粋の個性を台無しにしようとしている破壊の激流」を止める必要があるという訴えである[7]. 19世紀の修復の実践の文脈に照らせば, これは進歩的な考え方にも聞こえる. しかし, スコットの「忠実」の捉え方はいささか大雑把なものであり, 彼自身も常に過去に忠実な修復をしたわけではなかった[8]. もうひとつのテーマは,

---

[3] ウィールに関しては Nikolaus Pevsner, *Some Architectural Writers of the Nineteenth Century* (Oxford: Clarendon Press, 1972), pp. 129-30 参照.
[4] スコットは自伝の中で『ダブリン・レビュー』(*Dublin Review*) 掲載のピュージンの記事に言及しており,『ゴシック建築実例集』(*Specimens of Gothic Architecture*) の重要性も強調している. C. G. Scott, *Personal and Professional Recollections* (London: Sampson Low, 1879; reprint New York: De Capo, 1977), p. 110 参照.
[5] *The Ecclesiologist* 4, no. 4 (1845), p. 184.
[6] G. G. Scott, *A Plea for the Faithful Restoration of Our Ancient Churches* (London: John Henry Parker, 1850).
[7] Ibid., p. 2.
[8] Pevsner, *Some Architectural Writers*, pp. 171-2 参照.

「至るところで」幅広くゴシックの形式を用いるべきであるという,その時代の建築実務に対する呼びかけである.スコットは建築が歩んだ過去300年を「誤った道のり」だと考えており,こうした理由からその時期以前の北ヨーロッパのゴシック様式,特に13世紀の「中期尖頭式」への回帰を説いた.このリヴァイヴァルには訓練という意味が含まれており,つまり彼は,ゴシック様式の徒弟見習い修行を通じてのみ,建築家はその様式を現在の需要に合わせるための,技能と規律を身につけることができるというのである.同じ見解は,『世俗建築と住宅建築の現在と未来』(Remarks on Secular and Domestic Architecture, Present and Future, 1857)や『中世建築の起源と発展に関する講義』(Lectures on the Rise and Development of Medieval Architecture, 1879)にも反復されているが,後者の方では,現代の目的のためにはその様式を単に「蘇えらせる(リヴァイヴ)」のではなく,「新しい命を吹き込む(リヴァイヴィファイ)」ことが必須である,と語っている[9].セント・パンクラス駅(1868-74)にみられる極めてピクチャレスク的なデザインは,時代の需要に合わせたゴシックの形式を選ぶという彼の理想を,色鮮やかな実例として示したものである.

しかし,当時提示された展望はこれだけではなかった.例えば,ゴシック論争に対する初期の発言のひとつに,トマス・ホープの『建築史論』(Historical Essay on Architecture, 1835年)が挙げられる[10].これまで見てきたように,ホープは当初からギリシア古典主義を支持し,ウィリアム・ウィルキンスの経歴を高めた人物である.しかしロンドンとサリーで自宅を改築していく中で,彼の趣味は拡大していき,フレンチ・アンピール的なもの,ピクチャレスク的なもの,ルネサンス的なものまでを包含するまでになった.そして『建築史論』には,彼のこのような折衷的な趣味が反映している.ホープはその中で半円アーチ様式(ルントボーゲン)を賞賛し,イタリア・ルネサンス(1500年代様式(チンクエチェント))を大いに評価していたが,そこにはまた,いくつかの留保があった.彼の著書の中で最も頻繁に引用される一節は,まさに最後の段落である.ここで彼は,ピラネージに倣い,折衷主義的な立場を明言している.

> あらゆる既存の建築様式から,ただ借りてくるだけの建築をつくりたい.そうした希望や想念をわずかでも抱いている人物は,まだ現れていないようだ.その典拠は,実用的であろうが装飾的であろうが,科学的であろうが審美的であろうが関係ない.新しい配置や新しい形式によってもたらされうる,すべての利便性や

---

[9] G. G. Scott, *Lectures on the Rise and Development of Medieval Architecture* (London: J. Murray, 1879), p. 209.
[10] T. Hope, *An Historical Essay on Architecture* (London: John Murray, 1835).

優雅さをそこに付加するのだ．自然な創作に関わる，前時代には知られていなかった新たな発見を．新たな領土を獲得するのだ．より美しく，より多様性に富んだ，新しい模倣のモデルをつくるのだ．そして，我々の国で生まれ，我々の土地で育ち，我々の気候，制度，習慣と調和し，優雅かつ妥当で独創的な，真に「我らの」と呼ぶべき建築を創作するのだ[11]．

19世紀における「折衷主義」は，特にイギリスとフランスにおいては，後のような軽蔑的な意味を含んだ言葉ではなかった．歴史家のピーター・コリンズがそのように指摘したのは数年前のことである．厳密な哲学的感覚で用いられた場合，当時その言葉は，時代に適した新しいものを創造するために，思慮分別をわきまえながら過去の最高の教理（モデル）同士を融合させること，という意味をもっていた[12]．

ルネサンスを好意的に評価したということに関しては，ホープとチャールズ・バリーは同じである．それは，トラベラーズ・クラブ（1829-32）やマンチェスターの文芸クラブ（1836-9），リフォーム・クラブ（1837-41）といったバリーのデザインにも示されている．また，ウィルヘルム・ヘンリー・リーズも1839年の「現代イギリス建築論」（"An Essay on Modern English Architecture"）[13]の中でルネサンス様式を擁護した．コッカレルもまた，しばしば自作の中でこの様式を利用している．彼はウィルキンソンとソーンの跡を継ぎ，1839年にロイヤル・アカデミーの建築学科の教授となった人物だった．1841年から1856年にかけて行われた講義では，ソーンのカトリック的な趣味をウィルキンスの趣味に反映させ，ルネサンス期に果たされた芸術の統一や，それに対するイニゴ・ジョーンズ，クリストファー・レン，ジョン・ヴァンブラといった後世の建築家たちの解釈を評価した．なお，彼らの名前がここで出てきたことは，コッカレルが建築教育の基礎として歴史を強調した，という点においても重要である[14]．

またルネサンス様式は，さまざまな様式の中のひとつとして，英国建築家協会の創設者たちによっても実践されている．トマス・レヴァートン・ドナルドソン

---

[11] Ibid. (3rd ed, 1840), p. 492.
[12] Peter Collins, *Changing Ideals in Modern Architecture 1750-1950* (London: Faber & Faber, 1965), p. 218.
[13] W. H. Leeds, *Studies and Examples of the Modern School of English Architecture*（London: Weale, 1839）所収．
[14] Peter Kohane, "Architecture, Labor and the Human Body: Fergusson, Cockerell and Ruskin" (Ph.D. diss. University of Pennsylvania, 1993), pp. 278-414 では，これらの講義について詳細な議論がなされている．また，氏は同講義のいくつかのコピーを私に提供して下さった．ここに記して謝意を表する．

(Thomas Leverton Donaldson, 1795-1885) は，そのうちのひとりである．フランス，イタリア，ギリシアを広く旅してきたドナルドソンは，完全に国際人の考え方をする人物だった．ロイヤル・アカデミーのゴールドメダル受賞者（1816）として，彼は建築が潜在的にもつ劇的な性質に敬意を払いつつ，そこに学術的な興味を抱いていた．また彼は，英国建築家協会（のちに「王室(ロイヤル)」がつき RIBA となる）と伝統的なヨーロッパ・アカデミズムを結びつけようとしていた．1835 年の協会設立記念演説では，会員および学生の海外旅行（特にローマ）の促進を目標として掲げている[15]．そしてこの目的のために，彼は海外の著名人を名誉会員として協会に推薦した．その中にはシャルル・ペルシエやピエール・フォンテーヌ，カール・フリードリヒ・シンケル，レオ・フォン・クレンツェ，ジャック・イニャス・イトルフなどがいた．1841 年，ドナルドソンはユニヴァーシティ・カレッジ・ロンドンの初代建築学科教授に任命された．ここで彼は，折衷問題について直截に語った．

> 建築における様式とは，文学における言語と比較することができる．その言語独自の美や，その言語にしかない適正や能力をもたない言語がないように，そのようなものをもたない様式はない．拒絶して差し支えない様式など存在しないのである．各々の様式の中で手綱を操るのは，建築家が何らかの緊急事態に際し，その状況に適切に応用できる，ひとつの原理だ．さまざまな言語を話す旅人が，精通した言葉を喋る人々の中にいて気楽にくつろげるのと同じことで，建築家という厳しい職業において困難な状況に置かれたときの対処に向いているのは，古典様式の風格，ゴシック様式の崇高性，リヴァイヴァル様式の優美さ，アラビア様式の優れた想像力を操れる人物だ[16]．

そして「模倣主義(コピーイズム)」ともいわれる模倣(イミテーション)問題は，1842 年にジョージ・ゴドウィン（George Godwin, 1815-88）が創刊したイギリスの主力建築雑誌，『ビルダー』（*The Builder*）の誌面でたちまち議論を呼ぶこととなった．この雑誌は当時あらゆる派閥の主唱者たちに対しても開かれており，ゴドウィンはこの論争を扇ることを楽しんでいたようにも見受けられる．しかしその後の 1850 年，ジェームズ・ファーガソンが火つけ役となって，さらに印象的な論争が始まる．ファーガソンはこの時，中世の建

---

[15] Frank Salmon, *Building on Ruins: The Rediscovery of Rome and English Architecture* (London: Ashgate, 2000), pp. 144-5 参照．

[16] T. L. Donaldson, *Preliminary Discourse pronounced before the University College of London, upon the Commencement of a Series of Lectures on Architecture* (London, 1842), p. 28.

設方式と建築意匠を復活させようとするピュージンを激しく論難した[17]．ピュージンは次号の記事「我国教会をいかに建てるべきか」("How Shall We Build Our Churches?")で自身のアプローチを擁護し，ファーガソンの「良識(コモンセンス)」に依拠するアプローチを非難した[18]．しかし，この論争で勝利したのはファーガソンといえるだろう．その後発表された記事の中ではエドワード・レイシー・ガーベットとロバート・カーがファーガソンを支持して模倣主義の終結を求め，カーはさらに，ゴシック・リヴァイヴァルに対して「単なる流行」の烙印まで押したのだった[19]．

　ファーガソンは元々インドでインディゴの製造業をしていたが，それからイギリスの先導的な建築史家としてホープの跡を継ぐこととなる．『芸術美の真の原理に関する歴史的研究』(An Historical Inquiry into the True Principles of Beauty in Art, 1849)(建築を「普遍の科学(ユニバーサル・サイエンス)」として定義しようと奮闘し失敗した試み)の序章において，彼はまず，良識様式(コモンセンス・スタイル)を奨励し，「人が考えることをやめて模倣しはじめた時から始まり，誰もが考えることをやめ，模倣することしかできなくなった現代に至るまでの，現代ヨーロッパにはびこる猿真似様式」を敵対視した[20]．それから彼は，名著『近代建築様式史』(History of the Modern Styles in Architecture, 1862)の中で自身の主張をさらに精緻化させ，ゴシック・リヴァイヴァルと古典リヴァイヴァルの双方を攻撃したが，このときの彼の論旨はこの論争の中で他に類を見ないものだった．「彼〔哲学的な芸術学生〕にはわかっている．どちらも誤っており，結局どちらも真の芸術の理念を提示するものではない．彼の唯一の希望は，〈第三の様式〉(テルティウム・クイド)があるという認識の中に存在する．それは，他によい名前がないためにイタリア様式と呼ばれることもあるが，本来は良識様式(コモンセンス・スタイル)と呼ぶべきものである」[21]．ファーガソンにとってこれは，新しい形式を求める無駄な探求と，精神的に崩壊している模倣の実践とのあいだに中道の形成を可能にする，唯一の様式だった．「これまでも誰かが考えていたように，新しい様式を開発することには個人も集団も必要ない．現在大きく欠如しているのは自己制御と自己否定だ．我々が求めているのは，建築家が借用を慎みながら，考え，仕事をし，これまでにすでに得たものを少しずつ改善することを受け入れる道徳的勇気をもつことである」[22]．ファーガソンの見解によれば，これまでにすでに得

---

[17] J. Fergusson, "Effect of the Want of Reality on the Works of Modern Architects," *The Builder*, 16 March 1850, p. 122.
[18] A. W. Pugin, "How Shall We Build Our Churches?" *The Builder*, 23 March 1850, pp. 134-5.
[19] R. Kerr, "Copyism in Architecture," *The Builder*, 16 November 1850, p. 543.
[20] James Fergusson, *An Historical Inquiry into the True Principles of Beauty in Art, Especially with Reference to Architecture* (London: Longman, 1849), p. xv.
[21] J. Fergusson, *History of the Modern Styles in Architecture: Being a Sequel to the Handbook of Architecture* (London: Longman, 1849), p. 329.

たものとは，ルネサンスの伝統のことである．

『ビルダー』の常連の寄稿者としては，他にロバート・カー（Robert Kerr, 1824-1904）の名が挙げられる．カーはアバディーンの出身で，1843 年にニューヨークで実務を始めたが，その翌年にはロンドンに移り住み，3 年後に新設の建築学校である建築協会（Architectural Association, AA スクールの前身）の創設者のひとり（そして初代校長）となった[23]．この協会は学校であるとともに討論クラブでもあり，彼が怒りに燃えて攻撃した，ロイヤル・アカデミーの教育やイギリス建築家協会の教育に対抗するために設立されたものだった．彼はまた，ゴシック・リヴァイヴァル主義者にも賛同しなかった．そして『ニューリーフ美術建築談話』（Newleafe Discourses on the Fine Art Architecture, 1846）での彼は，建築を単なるビジネスや建設行為，あるいはオーダーの応用，骨董趣味などと見做す者，さらに建築を「様式」として認識している人々を嘲笑した．そこで彼に残されたのは，自由，理性，適切性，使い勝手のよい平面計画，そして「絵画的効果の原理」すなわち，見る者の感動を呼び起こす建築家の能力である[24]．その後カーは 1850 年代に自身の大げさな論調を和らげ，自作においてはファーガソンの良識様式を採用する傾向にあった．とはいえ彼は生涯，同時代の状況に対する明敏な批評家であり続けた．

エドワード・レイシー・ガーベット（Edward Lacy Garbett, d. 1898）の『建築のデザイン原理に関する基礎論』（Rudimentary Treatise on the Principles of Design in Architecture, 1850）もまた，この時期に現れた周到な本の 1 冊である．同書の第 1 部の大部分はヴィクトリア朝の道徳的展望という観点から建築を取り上げており，序章で語られるのはデザインにおける礼節，美しさ，表現性，詩情である．ここではラスキンやジョシュア・レノルズの思想が支持される．しかし，こうした定義づけを終えると，彼の歴史分析の方向は変わる．彼が「建設の真実（コンストラクティヴ・トゥルース）」や「建設の統一性（コンストラクティヴ・ユニティ）」の概念のもとにそこで打ち立てた前提とは，建物は「実際には用いられているものとは別の静力学原理のもとに建設されたように見えてしまう」ようであってはならないだけではなく，過去様式の造形を模倣するのならば同じ構造原理と意図まで模倣せねばならず，そうでないものは虚偽である，というものだった[25]．この論に従えば，ゴ

---

[22] Ibid., p. 490.
[23] 建築協会（AA スクール）については John Summerson, *The Architectural Association 1847-1947* (London: Pleiades Books, 1947) 参照．
[24] Robert Kerr, *The Newleafe Discourses on the Fine Art Architecture: An Attempt to Talk Nationally on the Subject* (London: Weale, 1846), p. 179.
[25] E. L. Garbett, *Rudimentary Treatise on the Principles of Design in Architecture as Deducible from Nature and Exemplified in the Works of the Greek and Gothic Architects* (London: Weale, 1850), p. 130.

シックの建設方法を用いずにゴシックの造形を使用することは虚偽であり，厳密な柱—楣（まぐさ）システムを用いずに古典の造形を用いることも虚偽となる．彼からすれば，要するに，これらはどちらも，復活することのない，死せる様式なのである．そしてこの「先例の誤った使用」に，「新奇性の追求」という同等の罪が加わる．――「スキュラの岩礁とカリュブディスの大渦のあいだで，多くの者は，そしてその多くの建築家たちは，難破する運命から永遠に逃れることはできない」[26]．だが，そこで建築家は八方塞がりになってしまうのだろうか．

　ガーベットは実はルネサンスに共感していたが，建築様式の問題に対して彼が唱えた究極的な解決策ははるかに過激なものだった．ここで彼が展開した議論はおそらく，カール・ベティヒャーに影響を受けたものだろう．彼は，様式的な統一に達したギリシア様式とゴシック様式は，2つの異なる構造原理を採用していると語る．ギリシアの神殿は「交差＝緊張（クロス＝ストレイン）」，すなわち彼が「押下式（デプレッサイル）」構造原理とも称する原理に基づいて建てられている．この原理では，柱—楣（まぐさ）システムの荷重は地面に対して垂直に伝わる．一方，ゴシックのシステムは，ヴォールトとアーチの「圧縮（コンプレッサイル）」システムである[27]．そこで彼が提唱したのは，三番目の構造の可能性（彼はその発見をアルフレッド・バーソロミューのものだとした）だった．それは「張力式（テンサイル）」システムである．このシステムでは，荷重は張力の中に伝えられる．「この第三の構造原理にはまだ，ひとつのシステムへと推敲していく余地がある．2つのシステムは過去のものであり，死んでいる．我々には，消えゆくその見事さの痕跡を賞賛することもできよう．しかし，それらを復活させることは絶対にできない．しかし第三の構造原理は未来の建築に向けられている」[28]．ガーベットにとって，このシステムを象徴するのはトラスの可能性だった．

　構造を根拠としたこの論法はかなり異例のものである．しかし，そうしたガーベットの業績は，イギリスではほとんど気づかれていなかったものと思われる．それにはおそらく，もっともな理由があった．1850年の秋，ロンドンはすでに，多くの文化史家たちが19世紀イギリスで起こった唯一の最重要イベントと見做すことになる，1851年の万国産業大博覧会への期待に沸き立っていたのである．ロバート・カーの言葉によれば，建築界の出来事としてのそれは，「美術としての建築」が特権的な台座から降りて他の応用芸術と統合し，「産業芸術（インダストリアル・アート）としての建築」となった瞬間でもあったかもしれない[29]．

---

[26] Ibid., p. 253.
[27] Ibid., pp. 263-4.
[28] Ibid., p. 264.

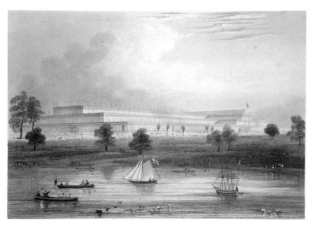

40 クリスタル・パレス，1851 年大博覧会．Peter Berlyn, *The Crystal Palace: Its Architectural History and Constructive Marvels*（London, 1851）より．

　この大博覧会を議論するにあたって，建築史家たちはこれまで鉄とガラスの建物にほぼ焦点を絞ってきた．このために，この博覧会が理論に与えた影響はいささか誤解されてきている（図 40，41）．すなわち，建築の新しい方向性を示したのは，ジョゼフ・パクストンのデザイン（一般的に同時代の報道はこれを好意的に批評した）というよりは，むしろ建設スピードや経済性の方であった．その設計から組み上げ，完成までに要した期間は 11ヶ月である．この偉業は，同時期に 23 年を費して完成した大英博物館の建設と比較するとよいかもしれない．また，当時最大の熱狂を生んだのはこの建造物がもつ工業的な斬新さではなく（当時のほとんどの建築家はそれを理解していなかった），むしろ，陳列された科学技術や芸術品と相まった，空間が生み出す感動だった．5 月 1 日，女王と王配の到着を目のあたりにしようと，50 万人もの群衆がハイドパークにひしめき合っていた．そしてこの建物の中には，開会スピーチやトランペット，祝祷を聴くために，3,000 人以上が集まっていた．その中には，近くのサーペンタイン池に停泊するフリゲート艦から皇礼砲が放たれたら，ガラス屋根が砕け散ってしまうのではないかと心配する者もいた．その 93,000㎡の床面積の中には，世界中から集まった 14,000 人の出品者による，未加工の素材や，産業機械，農業用具，荷馬車，機関車，織物，宝石，芸術品などの 100 万点もの品々が展示されてい

---

[29] J. Fergusson, *History of the Modern Styles of Architecture*, 3rd ed. (London: John Murray, 1891), p. vi（R・カーによる序）．

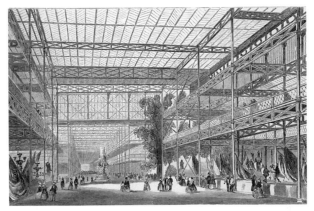

41 クリスタル・パレス，1851年大博覧会．Peter Berlyn, *The Crystal Palace: Its Architectural History and Constructive Marvels*（London, 1851）より．

た．当時の『ザ・タイムス』（*The Times*）は，「その大建造物．そこに集められた重要美術品．人の群れに，行事の厳粛さ．そのすべてが合わさり，感覚で読み取れるよりも，想像力で得られるよりも遥かに多くの何ものかを暗示する」，と評した[30]．他の批評家は，クリスタル・パレスのことを，異なる芸術の発展段階にあるさまざまな国々から集められた品々を一同に集め，「人間は本質的かつ普遍的に，熟練工であり，職人であり，芸術家なのだ」ということを明らかにする，「魔法のガラス」キャビネットに例えた[31]．

このイベントのすべてを企画した人物こそがヘンリー・コール（Henry Cole, 1808-82）だった[32]．勤勉で，信仰篤く，野心があり，政治的には冷酷なコールは，多くの点において典型的なヴィクトリア女王時代の人物である．チャールズ・ディケンズによる『ハード・タイムズ』（*Hard Times*）第2章のパロディでは，彼は「自称拳闘家であり，コンディションは常に完璧で，誰かれかまわず，まるで動物用の大丸薬でも飲ませるように，相手の喉奥に押し込むべきシステムを常備している」人物で

---

[30] Patrick Beaver, *The Crystal Palace: 1851-1936: A Portrait of Victorian Enterprise* (London: Hugh Evelyn, 1970), pp. 41-2 より引用．
[31] William Whewell, "On the General Bearing of the Creat Exhibition," in *Lectures on the Progress of Arts and Science* (New York. 1856), p. 12.
[32] コールに関しては Elizabeth Bonython, *King Cole: A Picture Portrait of Sir Henry Cole, KCB, 1808-1882* (London: Victoria & Albert Museum, n.d.) 参照．また，Henry Cole, *Fifty Years of Public Work. Accounted for in his Deeds, Speeches and Writings*, 2 vols. (London: George Bell & Sons, 1884) も併せて参照のこと．

ある[33]．首相のダービー卿はかつて，彼のことを「私の知る中で，最も嫌われている人物」と称した[34]．しかしコールは一向に気に留めていなかっただろう．彼は財務裁判所の記録員として自らのキャリアをスタートさせ，官僚として大いに出世した．当初はあくまで趣味として芸術に関心を抱いていただけだった．それから「サマリー・ホーム・トレジャリー」（Summerly Home Treasury）という，才能ある芸術家を多数挿絵画家として起用した児童書を発刊し，これが人気シリーズとなる．また1845年にはサマリー・アート・マニュファクチャーズという，製造工場にデザインを売り込もうとする芸術家たちの提携団体を設立した．そして同年，彼は芸術協会（Society of the Arts）のメンバーに任命された．この協会はアルバート公の庇護下にある政府審議会であり，そこでは，輸出に立ち後れたイギリスの競争力回復が課題として話し合われた．審議会は1846年から1849年にかけてコールを説得し，イギリス産業の成果を展示するための一連の展示会の開催を指揮させた．そこで彼は，1851年の国営展示会計画を国際的な規模にするという，大胆なアイディアを思いついたのだった．次に彼はこのイベントを企画した王立委員会の議長となると，建設委員会との共同設計を含む展示会建物のコンペティションに応募された245案をすべて却下した．すなわち，ジョゼフ・パクストン（Joseph Paxton, 1801-65）に依頼したのがコールなのである．パクストンはただ，大温室を手がけた経験があるという点において適性があった．コールは建築家たちや，彼らの気取った見せかけを嫌っていたのであろう．

　コールにとっては，1851年の大博覧会は単にそれ自体が目的なのではなく，他の目的のための手段だった．1848年，彼はロンドン・デザイン学校に招かれて講義を行った．この学校は，産業デザインの向上による輸出促進のため，1837年に議会が設立したいくつかの産業芸術学校のうちのひとつだった．しかし最初の10年間は，これらの運営は失敗していた．ある歴史家は，「彼らは確執によって混乱し，借金を負わされ，反抗に動揺していた」と書いている[35]．とりわけ，最初の8年間にわたる確執が3人の校長の不興を買った．かくして1847年の年末頃には，リチャード・レッドグレイヴ，H・J・タウンゼント，J・R・ハーバートの3人の芸術家による名ばかりの体制によって学校は運営されていた．コールが講義の招待を受けたのはまさにその時期であったが，カリキュラムの混乱を理由にそれを断った．ところが彼はその

---

[33] Charles Dickens, *Hard Times* (New York: Gramercy Books 1982), p. 337.〔田辺洋子訳『ハード・タイムズ』，あぽろん社，2009年〕
[34] Bonython, *King Cole*, pp. 1-2 より引用．
[35] Quentin Bell, *The Schools of Design* (London: Routledge & Kegar Paul, 1963), p. 1.

後，貿易省（取締局）に3通の報告書を提出し，徹底的な教育改革と行政改革を求めたのである．しかし，それだけでは物足りないと思った彼は，さらなる試みを推し進めたのだった．それが『ジャーナル・オブ・デザイン・アンド・マニュファクチャーズ』(*Journal of Design and Manufactures*, 1849-53)の創刊である．この機関誌の目的のひとつは「装飾芸術の正しい原理が書かれた論文をデザイナーに供すること」であり，もうひとつはコールのデザイン学校批判を代弁させることだった[36]．そして次に，彼はリチャード・レッドグレイヴ（Richard Redgrave, 1804-88），オーウェン・ジョーンズ（Owen Jones, 1807-88），マシュー・ディグビー・ワイアット（Matthew Digby Wyatt, 1820-77）との協力関係を築いた．彼らは皆，改革に心奪われていた．

この関係で唯一意外なことといえば，コールと一蓮托生の道を選んだこの3人のうち，2人が建築家だったという点である．レッドグレイヴはその例外であり，ロイヤル・アカデミー会員の画家である．彼は初め風景画と歴史画で名を上げたが，その後は女性をモチーフにし，感傷的で教訓めいた描写を好むようになった[37]．彼は1843年に芸術委員になった後，すぐにロンドン・デザイン学校で教鞭を執り始めている．そして1850年には博覧会委員会でコールと合流し，『審査委員会報告書』(*Reports by the Juries*)の展示品記事を任されたが，彼はこの報告書に極めて批判的な「デザインに関する補足報告書」("Supplementary Report on Design")を書き添えたのだった．レッドグレイヴは鋭敏な批評家だった．彼はピュージンに倣い，構造物(コンストラクション)を装飾するのではなく装飾を構成(コンストラクト)してしまっているとして，博覧会に展示された機械製製品(マシンメイド)を非難した．また彼は，当時の建築を取り巻く状況も批判している．

> 国家様式の創出に関して，かつては世界中が幸運だった．その頃デザインは，皆が感じている必要に合わせることができ，その時代の感性に共鳴していた．しかし現在，人々はもはや，そんなことは気にも留めない．彼らにはそうした指針が全くなく，その結果，彼ら特有の様式を全く持ち合わせない．彼らはエジプト建築やギリシア建築，ローマ建築，あるいは任意（あるいはすべて）の優れた時代のキリスト教国建築を，見境なく再現して喜んでいるありさまだ．独創性など，彼らはこれっぽっちも持ち合わせていない[38]．

---

[36] *Journal of Design and Manufactures* 1 (March 1849): p. 3.
[37] レッドグレイヴに関しては Susan P. Casteras and Ronald Parkinson eds, *Richard Redgrave, 1804-1888* (New Haven: Yale University Press, 1988) 参照．
[38] *Report by the Juries* (London: William Clowes & Sons, 1852) 所収, R. Redgrave, "Supplementary Report on Design," p. 713.

Chapter 6　19世紀半ばの様式論争　　261

この数年後にワイアットは，レッドグレイヴの博覧会報告書はオーウェン・ジョーンズが「1851 年大博覧会拾遺」("Gleanings from the Great Exhibition of 1851"，『ジャーナル・オブ・デザイン・アンド・マニュファクチャーズ』に連載）の中で定めた原理の拡張版であると語っている．ウェールズ人のジョーンズは，ルイス・ヴリアミーのもとで訓練を受けた後，トルコ，エジプト，スペインへと旅立ち，帰国後に準備したムーア式宮殿の多色石版刷図版集『アルハンブラの平面・立面・断面・詳細』(Plans, Elevations, Sections and Details of the Alhambra, 1836-45) で初めて賞賛を受けた．1840 年代にロンドンに建てられた彼の 2 つの建物はこの「サラセン」様式に倣っている．そして 1850 年，彼はクリスタル・パレスの内部の鉄材塗装のために雇われ，ミシェル・シュヴルイユの色彩理論に従い赤，青，黄色の塗装を行った．ジョーンズは，彼の「大博覧会拾遺」の中で，やはり西洋諸国の展示品を非難したが，インド，チュニス，エジプト，トルコの展示品は逆に賞賛した．なかでもジョーンズが高く評価したのは調和的色彩と抽象的な表面装飾をもった織物であり，彼はそれを 6 つの様式原理に還元している[39]．さらに 1852 年の博覧会公式講義では，それらの原理は 22 に拡張された．かくしてこの原理は，高い影響力を誇る『装飾の文法』(Grammar of Ornament, 1856) の中で 37 にまで拡大することとなった．「装飾芸術は建築から生じるものであり，正しく建築に付き添っていなければならない」[40]．最も重要なのはこの命題である．

　ワイアットも，衒学的な主張を好む点ではジョーンズと同じだった．建築家としてのワイアットが最も有名なのは，ジョージ・ギルバート・スコットとの奇妙な協働である．初めスコットがデザインした外務省庁舎（1856-73）は中世的なものだったが，当時の首相，パーマストン卿の個人的な干渉によってワイアットと協働することとなり，彼らは結局ルネサンス式のデザインをまとめたのだった．そしてワイアットは洞察力のある批評家でもあった．彼は建築家・芸術家一家に生まれた．新古典主義者のジェームズ・ワイアット（James Wyatt, 1746-1813）はワイアット家でもよく知られた人物だが[41]，マシュー・ワイアットのヨーロッパ旅行のテーマは中世である．そしてこの旅が，ジョン・ラスキンに賞賛された彼の処女作，『中世幾何モザイク集』(Specimens of Geometric Mosaics of the Middle Ages, 1848) へとつながった．その後

---

[39] O. Jones, "Gleanings from the Great Exhibition of 1851," *Journal of Design and Manufacturers* 5 (June 1851): p. 93.
[40] O. Jones, *The Grammar of Ornament* (New York: Van Nostrand Reinhold Co, 1982; originally published in 1856), p. 5.
[41] John Martin Robinson, *The Wyatts: An Architectural Dynasty* (Oxford: Oxford University Press, 1979) 参照.

彼は1849年にコールと連れ立ちフランスを旅行したが，このときに彼ら2人は国際博覧会のアイディアを企てた．彼はこの博覧会を実現するためにも精力的に活動しており，初めは王立委員会の秘書として働き，後には建築家としてクリスタル・パレス建設の監督にあたった．

　ワイアットはこの大博覧会に関してさまざまな講義や論考を行っているが，彼のこのイベントの見方は他とはいささか異なる．『ジャーナル・オブ・デザイン』掲載のある記事の中では，彼は工業化のペースを「2倍速」であると言及しながら，この博覧会は最終的にはイギリスの産業を潤し，国内全土の国粋的な偏見を和らげるだろう，と論じた[42]．また，彼が編集した展覧会カタログ『19世紀の産業芸術』(*The Industrial Arts of the Nineteenth Century: A Series of Illustrations of the Choicest Specimens Produced by Every Nation at the Great Exhibition of Works of Industry*) の序論では，この大博覧会は工業時代の狼煙(のろし)に例えられ，オリンピックとギリシアの関係にもなぞらえられている．彼にとっての大博覧会とは，1815年に始まって以来，その後の36年間の工業化の過程の極点だった．それは，「製造における分業を，商業における生産品の集約と結びつけることによって成し遂げられた，多方面に及ぶ進歩」を反映するものだったのである[43]．また彼は，博覧会の建物自体に対して先見の明があった．その開場直前に彼はこう述べている．「たとえ結果がどうあろうとも，博覧会の建物が〈切に望まれる消費〉を加速させるであろうこと，そして，この建物の造形や細部の新奇性が国家的趣味に強い影響を及ぼすであろうことは，決して無視できる事実ではない」[44]．

　コールもきっとそのように感じていただろう．雑誌の編集者として，博覧会の責任者として，彼は工業化と運命をともにしていた．そして，文化的にも財政的にも素晴らしい成功をおさめたこの博覧会は，彼の思想の核心の正当性を証明し，1851年末にはロンドン・デザイン学校の運営顧問の職を与えられた．1860年代半ば頃には，サウス・ケンジントンの新事務所で，90以上の芸術学校とひとつの美術館（現ヴィクトリア・アンド・アルバート美術館），さらに16,000人の生徒を管理していた．その教育モデルと展示モデルは，その後ヨーロッパ全土で広く模倣されることとなる．

---

[42] M. D. Wyatt, "The Exhibition under Its Commercial Aspects," *Journal of Design and Manufacturers* 5 (August 1851): p. 157.

[43] M. D. Wyatt, *The Industrial Arts of the Nineteenth Century: A Series of Illustrations of the Choicest Specimens Produced by Every Nation at the Great Exhibition of Works of Industry, 1851* (London, 1851), I: p. vii.

[44] M. D. Wyatt, "Iron Work and the Principles of Its Treatment," *Journal of Design and Manufactures* 4 (September 1850): p. 78.

一方，彼の業績に対する評価は大きく分かれる．1891年，カーは，「コールの功績は装飾芸術を世界中に流行させる基礎を築いたことである」と語った[45]．しかし，同時代の他の人々は異議を唱えた．「ケンジントンでヘンリー・コール卿が教鞭を執ったことによって，イギリス全土の芸術教育システムは堕落し，この国は挫折と欺瞞の国になった．この状態から立ち直るには20年を要するだろう」[46]．このように述べた批評家は，コールの数多い敵のひとり，他ならぬジョン・ラスキン（John Ruskin, 1819-1900）である[47]．資本主義と社会主義，醜と美，産業主義と信仰がそれぞれ対立し，イギリス論壇はここにおいて，これまでと全く異なる新たな局面を迎えた．

　この論争の主問題に対するラスキンの影響力は，その後比類なきものとなる．裕福な実業家の子として生まれた彼は，1849年の『建築の七燈』（*The Seven Lamps of Architecture*）で突如建築界に現れた．オックスフォード大学在学中の1830年代末，彼は「自然に倣いて」(カタ・ピュシン)という筆名でジョン・クラウディス・ラウドンの『建築雑誌』（*Architectural Magazine*）にいくつかの記事を書いた．すべてに「建築の詩」（"Poetry of Architecture"）という題名が付けられたこれらの記事では，民家のピクチャレスク的な魅力や，風景に対する気取らぬ順応性，先天的にもつ趣味のよさ，あるいはそれらに反映されている民族性が褒め称えられた．当時彼は地質学者になることを熱望していたが，1840年の夏に画家のジョゼフ・ターナーに出会って，考えを変えた．それから『近代画家論』（*Modern Painters*）第1巻（大半がターナー賛美に占められる）が1843年に出版されると，ラスキンはその芸術批評と情感あふれる散文で一躍有名になった．第2巻は1846年に出版されるが，その前後，彼は定期的にヨーロッパ大陸を旅行し，一心不乱にスケッチをした．ルーアンの中世建造物やアルプスの自然美，ヴェネツィアの多彩色(ポリクロミー)は彼にとって，特に価値のあるものとなった．そして1847年の末頃，彼は建築に関する本を書くことを決意する．しかし彼は当時，ロンドンにおける論争についての知識をさほど持ち合わせておらず，まして伝統的な建築書の知識などなおさらだった．彼はほとんど，中世建築に対する視覚的な熟考だけから建築を理解していたのである．

　『建築の七燈』が1849年において理解し難いものであったのは，彼が建築の専門家

---

[45] R. Kerr, "English Architecture Thirty Years Hence," paper read in 1884, reprinted in Pevsner, *Some Architectural Writers*, p. 299.
[46] Bonython, *King Cole*, p. 10 より引用．
[47] ラスキンの生涯と思想に関する書籍は多数あるが，中でも Quentin Bell, *Ruskin* (New York: George Braziller, 1978).〔出淵敬子訳『ラスキン』，晶文社，1989年〕; Wolfgang Kemp, *The Desire of My Eyes: The Life and Work of John Ruskin*, trans. Jan van Heurck (New York: Noonday Press, 1990), Tim Hilton, *John Ruskin*, 2 vols. (New Haven: Yale University Press, 1985-2000) を参照されたい．

たちから距離を置き，超然としていたからにほかならない．というのも，この本にはその時代の議論に対してほとんど言及されていない．犠牲(サクリファイス)，真実(トゥルース)，力(パワー)，美(ビューティ)，生命(ライフ)，記憶(メモリー)，恭順(オベディエンス)の七燈は，倫理のかがり火あるいは「あらゆる局面，あらゆる様式に応用できる，正しさの大原則」である[48]．それらは永遠の真実という名のマントを身にまとった道徳的な教えなのだ．ラスキンによれば，建築は学問的な束縛とは無縁である．それは「用途如何にかかわらず，人間によって建てられる建物を，それを見た人の心理的健康，強壮，快楽に資するよう配置し，飾る技術(アート)」である[49]．この着想の中核をなすのは装飾である．彼の有名な図版に示されるとおり，シンプルな石積壁は単なる建物(ビルディング)もしくは建設物(コンストラクション)にすぎないが，そこに縄形刻形などの付加的な造作が貼られたとき，それは建築となる．かくして建築は，「自らの造形の上に，尊い，あるいは美しい，しかしともすれば不必要な何らかの特徴を刻印する」のである[50]．

　すべての燈は，各々が独自に，造形の上にそうした特徴を刻印する．犠牲の燈は建築家を駆り立て，上質な素材や労働などの，貴重なものを奉げさせる．真実の燈は「いかなる侮辱も許さず，いかなる汚点も許さず」，構造的虚偽や，塗装で他の素材を表現することや，機械製装飾の利用などの嘘がないことを要求する[51]．力の燈とは，面の広がりや影の量に現れる，人間の想像力の表現である．美の燈は自然から引き出され，また，自然自体のシステムに従った自然的装飾モチーフの使用から得られる．生命の燈は，素材に人間の刻印を残すことを求める．記憶の燈は歴史的なものに敬意を払う．また，恭順の燈が命じるのは，新様式の開発ではなく，「何らかの様式」すなわち，その中で建築家が創造力を発揮し得る，一般的に認められた様式的枠組みの利用である[52]．そしてラスキンは，いくらか単純に当時の様式上の選択肢を，ピサ・ロマネクス様式，初期イタリア・ゴシック様式，ヴェネツィア・ゴシック様式，イギリス初期装飾様式という，彼にとって最もなじみ深い4つの様式に還元した．なお，彼は「最も安全な選択肢」としてその最後の様式を好んだが，「フランスの精巧な装飾式ゴシックに由来する装飾要素」を組み合わせるつもりであったにせよ，それはほとんど説得力をもたなかった[53]．

---

[48] J. Ruskin, *The Seven Lamps of Architecture* (London: Smith, Elder & Co, 1849), p. 2.〔杉山真紀子訳『建築の七燈』鹿島出版会，1997年〕．
[49] Ibid., p. 7.
[50] Ibid., p. 8.
[51] Ibid., p. 28.
[52] Ibid., p. 187.
[53] Ibid., p. 192.

だが，ラスキンの著作の重要性はこのような安易な判断の中にあるわけではない．この散文は聖書の引用で輝きを増す．プロポーション規則の議論（「それは決して数えられず，知られない」）や色彩規則の議論は，建築の精神に直感的に訴えかける．「ピクチャレスクなるもの」（本文中では「寄生的崇高性〔パラサイティカル・サブリミティ〕」と定義される）に関する補説は，人間の弱さや不完全さを素直に認めることを前提とした，ラスキンの典型的な美学である[54]．鉄に対する見方もまた教訓的なものである．彼は「理論的には鉄を木材同様の頻度で使用してはいけない理由などないように思える」と述べ，さらには，「金属造建設に完全対応した建築法則の新体系が生み出されるのはおそらく近い」ということさえも受容している[55]．しかし歴史はさらに警告する．彼によれば，「科学がさらに進歩した時代においても」，建築の「第一の価値」は「昔の素材や原理」であり続けるのである[56]．

　ラスキンが提唱した装飾理論は皮相なものではなかった．例えば，鉄道駅の壁には絶対に縄形刻形を使ってはいけないという．なぜなら，「鉄道移動システムのすべては，当分はせわしない，みじめな人々に向けたもの」だからである[57]．同様に彼は問うた．近年道路建設やトンネル建設，線路敷設や機関車製造に多額の資金が投入されたが，もし「それと同額の資金を美しい住宅や教会の建設に費やしていたら」どうなっていただろう[58]．答えは明らかである．「早く移動できるというなんとも眉唾な利益を得る代わりに，より満たされて家ですごせるという，確かな利益を得ていたはずだ」[59]．そしてこの場合もやはり，装飾に関する重要な問いは，「それは喜びをもって行われたか——それに携わっているあいだ，彫刻師は幸福だったか」ということだった[60]．もし幸福であったのなら，いくら装飾を施しても過剰だということはない．もし幸福でなかったのなら，どんなに小さい装飾も悪となり，過剰となる．

　『ジャーナル・オブ・デザイン』10月号でラスキンの本を評論した匿名記者は「この思慮に富んだ雄弁な書籍」の「卓越した精神」に理解を示していたが，一方で同書の限界も認識していた．彼によれば，ラスキンは当時の動向の改善手段を考えるわけでもなく「それらのさらなる進歩に背を向け，芸術活動を4世紀前の行動指針に戻そうとしている！」[61] そしてラスキンが提唱した未来の4つの様式の可能性については，

---

[54] Ibid., p.114, pp. 173-4.
[55] Ibid., p. 36.
[56] Ibid., pp. 36-7.
[57] Ibid., p. 111.
[58] Ibid., p. 195.
[59] Ibid., pp. 195-6.
[60] Ibid., p. 160.
[61] *Journal of Design and Manufacturers* 2 (October 1849): p. 72. ペヴスナーはこの評者をマシュー・ディ

この記者は次のように述べている.「様式の創造や樹立の原因は,人間が定めた選択肢より遥かに深いところにある.彼にはそれがわからなかったのか?」[62]

しかし,ラスキンは明らかにそれを理解していた.ただ彼は,自らが作り出した世界に対するイメージを,非常に鮮明にもっていただけなのだ.また,彼はおそらく,この書評そのものを読んでいなかった.なぜなら彼は,1849年にヴェネツィアに旅行しているのである(もちろん低速の馬車で).この都市は1848年にハプスブルク家による支配からの独立を宣言した後,6ヶ月に及びオーストリア軍の包囲攻撃と度重なる爆撃を受けていた.それから1849年8月には降伏したものの,いまだ厳戒令が布かれており,コレラと飢餓が蔓延していた.ラスキンはおそらく,あえてこの時期にこの都市を訪れた,ただひとりのイギリス人だったろう.しかし彼にとって芸術とは停止した現実であり,彼の使命は,脅威にさらされたこの都市に残るビザンチン建築およびゴシック建築を,くまなく記録することだった.ある伝記作家が語るところによれば,彼が書きためたノートは10冊を超え,延べ1,100ページ以上となり,その他にも建築のディテールを記した大判のスケッチ図面が168枚あるという[63].そしてその成果は,19世紀文学の最高傑作のひとつ,『ヴェネツィアの石』(The Stones of Venice,全3巻,1851-3)として結実した.その冒頭は本作の黙示録的な意図を表明する.「人類ではじめて海上支配が行使されて以後の世界ではこれまで,3つの重要な王座がその砂上に置かれてきた.それはテュロスの王座,ヴェネツィアの王座,イギリスの王座である.これら大国のうち,その最初のものはただ記憶が残るのみ.二番目のものは今や廃墟となっている.三番目のものは彼らの偉大さを受け継いだ.しかし,もし彼らの先例を忘れたならば,いと誇るべき高みから,憐れむべくもない崩壊に至るだろう」[64].

「ヴェネツィアの石(ザ・ストーンズ・オブ・ヴェニス)に打ちつける波々は,弔いの鐘のごとくして,みるみる陸地を削りゆく.私には,そのひとつひとつが警告を発しているように思われる」[65].この場面を背景に,この都市と,この都市の建築の壮大な物語が始まる.前作において彼はときおり未知の領域に踏み込んでしまった素人のように映ることがあったが,本作では,過去のヴェネツィア建築を微に入り細を穿ち(彼の言葉を借りれば,「石材ひ

グビー・ワイアットであるとしている(Some Architectural Writers of the Nineteenth Century, p. 155).

[62] Ibid.
[63] Kemp, Desire of My Eyes, p. 162.
[64] J. Ruskin, The Stones of Venice, 3 vols (New York: John W. Lovell, n.d.), 1: p. 15.〔福田晴虔訳『ヴェネツィアの石』全3巻,中央公論美術出版,1994-6年〕.
[65] Ibid., pp. 15-16.

とつひとつというばかりではなく，この都市の様式の形成にいたる何らかの手がかりをもつ，この都市全域にあるすべての破片まで」[66]）研究しつくした熟練者であり，その言葉には重みがあった．しかし，何をおいてもこの本はヴェネツィア賛美に向けられたものだった．「基礎(ファウンデーション)」と題された第1巻ではおおよそ，建築とその造形の進歩が話題となっている．第2, 第3巻ではヴェネツィア建築の歴史がビザンチン，ゴシック，ルネサンスの段階（それぞれヤペテ，セム，ハムから生まれる）からそれぞれ辿られ，1418年にこの都市の建築にアダムの堕罪が訪れる．ラスキンによれば，建築は一般的に，行いがよいこと（よい建設），語りが上手なこと（洗練と礼儀作法を伴うこと），見栄えがよいこと（よい装飾）という，人間の3つの徳に倣っている．しかしこれらは本当は，建築装飾は「人間が神の作品の中に見出す喜びの表現」でなければならないという，より大きな道徳律の3側面なのだった[67]．そこでラスキンは，それまでのゴシック建築の図解を踏まえてヴェネツィア建築の構成要素のドローイングを豊富に掲載した（図42）．かくして，話題がルネサンスのルスティカ仕上げの壁・迫元と，ピストイア大聖堂の色鮮やかな壁体部分を比較したメゾチント版画に及ぶ頃には，読者はみな後者の優位を確信し，ラスキンの批評に間違いがないことを確信したのだった[68]．

『ヴェネツィアの石』第2巻には，後にアーツ・アンド・クラフツ運動のマニフェストとして使われる「ゴシックの本質」という最重要論考が収録されている．彼によれば，ゴシック建築は豊富な造形語彙だけでなく，生ける魂，つまり，野蛮性(サヴェッジネス)，変化性(チェンジフルネス)，自然主義(ナチュラリズム)，怪奇性(グロテスクネス)，剛直性(リジディティ)，還元性(リダクション)といったピクチャレスク的属性を十分に引き出す生命の特性を有しているとされ，それぞれの属性が解説される．「野蛮性」の解説における，ギリシア装飾とルネサンス装飾品の「奴隷的(サーヴァイル)」性格と，中世装飾における道徳の優位性との対比は有名である[69]．ギリシア装飾の直線および完璧な幾何は，彫刻家を単純化されたパターンに隷属させることで，彼の精神を奴隷化させてしまう．「もし彼らからその精確性を得ようとし，彼らの指で歯車のように角度を測り，彼らの腕でコンパスのように曲線を引きたいならば，あなたは彼らを非人間化しなければならない」のだ[70]．高慢と不信心という大罪の支配下に置かれたルネサンス建築は，進展がないまま，「飼い馴らされた痴愚を披歴する退屈な作品」を生み出すだけだった[71]．一方ラスキンにとっては，ゴシック装飾はあらゆる点において優れ

---

[66] Ibid., p. 3.
[67] Ibid., p. 49, 56.
[68] Ibid., pl. XIII（291ページの対面）.
[69] Ibid., 2: pp. 159-60.
[70] Ibid., p. 162.

42 ジョン・ラスキン『ヴェネツィアの石』(ロンドン, 1851-3) の図版.

ていた．それは創意の介入を許容し，人間の不完全性を認め，シンメトリーを蔑み，むしろ各人の個性の発露を賛美さえした．影になった迫元から見える醜いゴブリンや不格好な怪物は，自由な創意であり，生命のしるしであり，作業者の幸福の証左である．ギリシア人はたった5つのオーダーしか創造することができなかったが，一方で「ゴシックの大聖堂の付属礼拝堂は必ず50以上のオーダーをもっている．その最悪のものもギリシアの最高のものに勝り，そのすべてが新しい」[72]．ここでも，こうした問題に対するラスキンの見方は完全に新しかった．

　ラスキンにとってはすべてが道徳に関係していた．例えば，彼は住宅建築にはゴシックの窓が採用されなければならないと語ったが，それは「それ〔ゴシック〕が最も上質で最も頑丈な建築であるのと同時に，最も美しいものだ」からである[73]．彼によると，長方形の窓は元来，下等で不安定なものなのだ．そして彼は，サン・マルコ寺院を活写した後，「この外被建築派は完璧で恒久的な色彩装飾が可能な唯一のものである」と結論づけた[74]．かくしてドゥカーレ宮に関する同じく情熱的な描写はダンテの議論に導かれた後，ローマ，ロンバルディア，アラブを影響源とし，ドゥカーレ宮に融合している「精確に等しいプロポーション」こそが，このヴェネツィアのランドマークを「全世界の中核的建築」としているのだと説く[75]．ここでの彼の意見は触覚により形成されたもので，1849年から1850年に至る例年になく寒い冬に，彼は関節

---

[71] Ibid., p. 160 n.
[72] Ibid., 3: p. 101.
[73] Ibid., 2: p. 267.
[74] Ibid., p. 83.
[75] Ibid., 1: p. 31.

炎を患った指で，この宮殿のすべての線をトレースしたのだった．

『ヴェネツィアの石』は時事的な問題に対する批評も豊富である．ガーベットは，ラスキンは「美」と「装飾」を同じ意味で用いているため，それを「重罪」扱いしたが，これに対し彼は堂々と，「そのとおり．これからもそのつもりである」と答えた[76]．また彼は，さらに細かい点に関してガーベットの誤りを指摘している．「いったい彼にはどんな権利があって，正しいものと呼ぶべき装飾を，余分なものと決めつけることができるのだろうか？ 本書でもすでに語り，これまでも繰り返しているが，最も美しいものとは，最も使いみちのないものなのである．余分などとは決していっていない」[77]．こうして彼は，「あらゆる芸術作品の価値はそこに注がれた人間性の総量に正確に比例している」という公理をもとに，クリスタル・パレスの批評でこの話題を閉じた．この事例では，この規定はかなり厳しい判定尺度となっている．

> クリスタル・パレスが表現しているのは，これまでのどの温室よりも大きな温室を建てることが可能かもしれないという，パクストン氏たったひとりのご立派な思考であろう．しかし，それはおそらく，彼の活発で知性あふれる頭脳に常に湧き出る計り知れない思考のどれをも少しも上回るものではない．この思考は，そしてこの極めて単純な代数学は，ガラスが人間の知性の表象となり得ることを示しているにすぎないのだ[78]．

ようやく彼の同時代人も気づいたように，ラスキンは建築の専門性と戦っていたのである．

しかし彼は，1850年代末までには難なく勝利を収めていた．まず登場したのは，ウィリアム・バターフィールド（William Butterfield, 1814-1900），ジョージ・エドマンド・ストリート（George Edmund Street, 1842-71），ベンジャミン・ウッドワード（Benjamin Woodward, 1816-61），トマス・ディーン（Thomas Deane, 1792-1871）という，ラスキン主義の建築家たちである．彼らは手仕事で削り出された素材や中世的多色彩(ポリクロミー)に対するラスキンの愛着にインスピレーションを受けていた．さらにラスキンは演説家として名声を高めていった．彼は，自身が悪と見做した自由放任主義的な資本主義に対する批判に情熱を注ぎ込んでいった．『建築・絵画講義』（*Lectures on Architecture and Painting*）はエディンバラで1853年に彼が語った建築原理を一般大

---

[76] Ibid., p. 399.
[77] Ibid., p. 399.
[78] Ibid., pp. 406-7.

衆向けにまとめたものだが，ここに理論の進展は見られない[79]．しかし1858年のケンジントンでの講義では，彼は一瞬，自らの神秘的世界の深みを覗かせた．それは，シャルトル大聖堂の正門の像の不自然な細さを語った時のことだった．

> これらの彫像は長らく，12世紀もしくは13世紀初めのフランスの高い技術力を示すものだと考えられてきた．それは正しい．事実，これらには品格や繊細な魅力がある．以後の作品の多くはそれが欠けている．これはその高貴な顔だちのが引き出したものであるが，しかし何より，その非常に細い衣紋がみせる，優しさと厳しさをあわせもつ懸下線によるものでもある．よく練られた構成の仕上がりもさることながら，すべての装飾が他の部分とやさしく調和している．だが，これらの彫像が信仰心に働きかけることができるのは，そのわかりやすい非自然性のおかげである．この点については，私はこの彫像を称賛することはできない．その体躯の誇張的な細さや，そのこわばった姿勢は過ちである．ただし，それは高尚な過ちだ．これによってこの彫像たちには，あたかもその建物そのものの一部であり，その建物を支えているかのような奇妙な見た目が与えられる．これがギリシアのカリアティードと違うということはすぐにわかり，ルネサンスのカリアティードには似ても似つかない．それはあたかも，静寂なもの，断固たるもの，俗世を離れたもの，現世の恐怖に怯えて硬直したもののすべてが，永遠に大理石に変化したかのようである．かくて精霊はそこへ，現世における教会の柱を支えさせるため，天上ではもはや不要の忍耐と期待とを与え給うたのだった．これは，これらの彫像の意味に関する超越論的解釈である[80]．

ヘンリー・コールは，文章の美しさではラスキンには到底及ばなかった．しかし，彼らの個人的な確執は，1850年代のさらに大きな知的，政治的，道徳的諸勢力の衝突を象徴するものである．現実主義者のコールは，新しい経済秩序と社会秩序を引き起こしていた機械と資本主義の影響力を受容した．彼は根本的には改革主義者だった．一方，精神主義者のラスキンも目下の大変動を認識していたが，彼には同様に工業がもたらす影響力の残酷さも垣間見えてしまっていた．1849年に彼の著書を批評

---

[79] J. Ruskin, *Lectures on Architecture and Painting, Delivered at Edinburgh in November, 1853* (London: Smith, Elder & Co, 1855).〔内田佐久郎訳『建築と絵画；ラファエル前派主義』改造社，1933年〕．

[80] J. Ruskin, "The Deteriorative Power of Conventional Art over Nations," *The Two Paths: Being Lectures on Art, and its Application to Decoration and Manufacture* (London: Smith, Elder & Co, 1859), pp. 34-5.〔小林一郎訳『二ツの道』玄黄社，1917年〕．

した人物がいみじくも示唆したとおり，彼はただ背を向けたのである．ところが，歴史は一筋縄ではいかないものだ．コールの近代性への賛美は1900年頃に近代性が受容されることの前触れにもかかわらず，次の半世紀のアングロ＝サクソン世界の多くで受け入れられたのは，ラスキンの自覚的な回顧思想の方であった．純粋な情熱の力とはこのようなものである．

——2——
ヴィオレ＝ル＝デュクとフランスの議論

　19世紀中葉のフランス国内において，イギリス国内におけるラスキン理論に比肩されるのは，ウジェーヌ・ヴィオレ＝ル＝デュクの影響である[81]．このフランス人建築家が頭角を現したのはラスキンよりも数年早く，彼はまた文筆家として多作だった．ただし彼が支持者を得ることとなるのは晩年のことであり，ラスキンと同様のゴシック建築熱に駆り立てられていたとはいえ，ヴィオレ＝ル＝デュクとラスキンではその情熱の理由も違っていた．

　また，フランス国内のゴシック建築を巡るそれまでの状況も，いずれの地域とも異なるものだった．18世紀に，スフロをはじめとした多くの建築家がゴシック建築を讃えた理由は，もっぱらその構造的な性能にあった．また，王立建築アカデミーはゴシック建築の装飾やプロポーションを認めず，革命という厳しい現実のために，イギリスやドイツで発現したようなあふれ出るロマン主義的な感性も半ばにして鳴りを潜め，また，歴史研究も実質的には行われていないに等しかった．実際，1790年代には革命評議会が教会の地所をすべて国有化し，その財産がパリに移されたことで，こうした教会の多くは当時壊滅的状況に陥っている．この状況を打開したのは，画家の

---

[81] ヴィオレ＝ル＝デュクを扱った書籍は膨大な数に上るが，その中でも Jean-Paul Midant, *Au Moyen Âge avec Viollet-le-Duc* (Paris: Parangon, 2001); Kevin D. Murphy, *Memory and Modernity: Viollet-le-Duc at Vézelay* (University Park: Perm State University Press, 2000); Laurent Baridon, *L'imaginaire scientifique de Viollet-le-Duc* (Paris: Harmattan, 1996); Fraçoise Bercé, *Viollet-le-Duc: Architect, Artist, Master of Historic Preservation* (Washington, D.C.: The Trust for Museum Exhibitions, 1987); M. F. Hearn, *The Architectural Theory of Viollet-le-Duc: Readings and Commentary*（Cambridge: M.I.T. Press, 1990）を参照されたい．また，*Macmillan Encyclopedia of Architecture*（New York: Macmillan, 1982）内におけるロビン・ミドルトン（Robin Middleton）によるヴィオレ＝ル＝デュクの項目，およびマーティン・ブレッサーニ（Martin Bressani）による *Surface into Depth: A Tracing of Viollet-le-Duc's Constructive Imagination*（Ashgate Publishing, 2010）も参照のこと．

アレクサンドル・ルノワールである．それまでパリのプチ＝オーギュスタン修道院に保管された中世作品の保護を任されていた彼は，1795 年にフランス記念物博物館 (Musée des Monuments Français) を開館し，編年的に並べた中世の宝物で館内を満たしたのだった[82]．

しかし当時，ゴシック様式に対する共感は他の領域で培われていったものだった．フランソワ＝ルネ・シャトーブリアンは『キリスト教精髄』(*Le Génie du Christianisme*, 1802) の中に「ゴシック聖堂」という章を設け，これらの聖堂に立ち入る際の美的印象 (「畏敬のような，ぼんやりと神の存在を感じるような感情」) を議論した[83]．また，当時イギリスの研究書で初めてフランス語に翻訳されたものの 1 冊にジョージ・ウィッティントンの『フランス教会建築史』(*An Historical Survey of the Ecclesiastical Architecture of France*) という，ノルマンディのゴシック建築研究書があった．そしてこれがフランス国内におけるゴシック教会研究の嚆矢となり，1824 年にはその中心人物となったアルシス・ド・コーモンの処女作，『ノルマンディの中世建築』(*Sur l'architecture du moyen-âge particulièrement en Normandie*) が出版された[84]．

そして 1830 年代には，ヴィクトル・ユゴー，フランソワ・ギゾー，プロスペール・メリメらの試みを主として，ゴシック・ムーブメントはその勢いを増してきた．ユゴーはこれ以前の 1823 年からこのムーブメントに関わってきた人物であり，当時はアドルフ＝ナポレオン・ダドロンやコント・ド・モンタランベールらをはじめとして，『ノートル＝ダム・ド・パリ』(*Notre-Dame de Paris*, 1831) のゴシック賛美の声をはっきりと聞きとっていた人物もいた．一方，これらの試みに政府の援助が得られたのは，1830 年に新政府の内務省閣僚に任命された歴史家，ギゾーの存在によるものである．彼は自らが創設した歴史的記念物総監 (Inspecteur Général des Monuments Historiques) の職位にルドヴィク・ヴィテを就任させ，その後 1834 年には当時文学と保存の双方に興味を抱いていたメリメが後任となった．また，1837 年にはジャン・バトゥーが新たな政府委員会として歴史的記念物委員会 (Commission des Monuments Historiques) を設立している[85]．

若きウジェーヌを支援したのは，ヴィオレ＝ル＝デュク一家と長きにわたる関係を有し，後年にはウジェーヌに最も近い親友のひとりとなったメリメである．ウジェ

---

[82] Murphy, *Memory and Modernity*, pp. 39-40 参照．
[83] Viscount de Chateaubriand, *The Genius of Christianity or the Spirit and Beauty of the Christian Religion* (Baltimore: John Murphy, 1856), p. 385.
[84] ペヴスナーによるコーモンの議論参照．*Some Architectural Writers*, pp. 36-44.
[85] Murphy, *Memory and Modernity*, pp. 45-6 参照．

ーヌ・ヴィオレ=ル=デュクは，王宮の管理を生業とした熱心な書籍蒐集家の父をもつ，中流家庭の生まれの人物であった．ヴィオレ=ル=デュク家の屋根裏には母の兄弟である，〔ジャック=ルイ・〕ダヴィッドに学び『討論』（Journal des Débats）誌にも寄稿していた画家，エティエンヌ・ジャン・デルクルーズが住んでいた．ウジェーヌのドローイングや絵画の技能はこれまで評価されていないが，彼がこの技術を磨いたのはこのデルクルーズの助力によるものである[86]．父とこの叔父は定例サロンを開いたが，ここにはスタンダール，サント=ブーヴ，ヴィテ，メリメら，多くの芸術家，文筆家が集っている．また，ウジェーヌはサン=シモン主義運動にも影響を受けており，1830年の7月革命の折にはバリケードの守備についている．その後，ユゴーに刺激されたウジェーヌは建築研究を志した．しかし彼はエコール・デ・ボザールへの入学を拒否し，建築家マリー・ユヴェ，アシル・ルクレールらの徒弟として働き，フランス，イタリア，シチリアを広く旅した．そして彼は1837年に帰国すると再びルクレールの事務所に所属したが，その3年後，当時26歳のこの建築家に（メリメの仲介によって）ヴェズレーのマドレーヌ聖堂の修復依頼が舞い込んだ．

その後2年と経たないうちに，才能あるヴィオレ=ル=デュクはフランスの建築保存運動の第一人者となっていた．彼が初めて手がけたのは先のマドレーヌ聖堂でのことであったが，これはフランス国内に当時現存していたロマネスク聖堂の中でも最大のもののひとつであり，構造に大がかりな修理を必要としており，ヴィオレ=ル=デュクにとっては中世建築に関する自らの思想を展開し試す上での，ひとつの実験の場となったのである．そして彼は，1840年にはフェリックス・デュパンの下でパリのサント=シャペル聖堂修復の「第2監督」となった．このときの「第1監督」がジャン=バティスト・ラシュス（Jean-Baptiste Lassus, 1807-57）であり，ヴィオレ=ル=デュクはここから彼と近しく仕事をするようになる．事実，ラシュスとヴィオレ=ル=デュクはその後，革命により損傷が著しいパリのノートル=ダム大聖堂の修理という栄誉ある依頼を勝ち取っており（1844），1845年までにこの2人がフランス国内に修復を依頼されていた歴史的建造物は12件にも上っていた．

ヴィオレ=ル=デュクが初めて理論に関心を向けたのは1840年代中葉のことである．1844年にアドルフ=ナポレオン・ダドロンが創刊した『考古学年報』（Annales archéologique）に寄稿したが，彼にはその創刊号から「キリスト教の発端から16世紀までにおけるフランス宗教建築の建設方式」[87]と題する全9回のゴシック建築史

---

[86] Bercé, *Viollet-le-Duc* 参照．Bressani, *Surface into Depth* も参照のこと．
[87] Viollet-le-Duc, "De la construction des edifices religieux en France depuis le commencement du christianisme jusqu'au XVIe siecle." 同記事本論は『考古学年報』の1844年から1847年にかけて，

論の連載という特別の機会が与えられていた．しかしこの論文は伝統的な意味での歴史学とはおよそかけ離れたものであり，ここで彼が提示したのは，マドレーヌ聖堂およびパリのノートル＝ダム大聖堂という自身が通暁している2つの建造物に焦点をあてたイデアの歴史だった．そしてこの論文は，「それまで知られておらず，現在には失われている，ひとつの科学とひとつの芸術」の再発見を語り起こす，物語の形式をとっていた．彼によれば，人類がこの知的啓蒙の瞬間に初めて辿りついたのが，ヴェズレーにおいて，石工の棟梁が，既存の木材のアーチ枠の上ではなく，所定の場所に配された対角リブアーチの上に交差ヴォールトの2つのベイを建設した時点だった[88]．この時，新しい「しなやかな」——しなやかさ（ヴィオレ＝ル＝デュクはよくこの言葉を用いた）とはまた，ある種の造形の生気のことも意味している——建築観が誕生した[89]．次の段階は，13世紀における尖頭アーチの発明である．この時期は芸術が「決まったルール，ひとつの秩序の下に置かれ」「最も完成され」ていた[90]．それゆえ，「極めて単純明快で，理解するための説明の必要のない，感性と理性に満ちたこの魅力的な構造」は，我々にとって，人類史上の頂点と映る[91]．ヴィオレ＝ル＝デュクの考えるゴシック建築とは，より効率的な材料利用によって支えられ，均衡の中に潜むヴォールト力学がますます精確に理解されるようになったことで，まるで神がかったかのように生み出された構造システムだった．ゴシック建築においては，すべてのモールディング，すべての装飾的ディテールに一様に合理的・機能的な意味が与えられている．そう語ったヴィオレ＝ル＝デュクの中ではこのとき，ペロー，コルドモワ，スフロらの合理主義の理想がある種，神聖視されていた．

　このような論旨の裏には当然ながら，ゴシック様式の妥当性，すなわち，当時のデザインに対してもこの様式は引き続き有効か，という問題が横たわっていた．一方でヴィオレ＝ル＝デュクが考えるゴシック様式とは，もともとキリスト教的でありフランス的な，したがっていまだ有効な様式だった．しかし興味深いことに，彼のこうした見解への反論は，エコール・デ・ボザール勢ではなく，当時なお発展を続けていた，サン＝シモン主義の信奉者の側から起こったのである．この問題は実際，極めて複雑なものだった．なぜなら，それまでの10年で多くの歴史研究がなされてきた背

5章構成で8回連載された．

[88] Ibid., vol. 2 (1845), p. 136. 原文は以下のとおり．"Il y a là une science et un art ineonnus jusqu'alors et perdus aujourd'hui, que nous croyons tout savoir et que nous avons tant de choses à retrouver."

[89] *Surface into Depth* 内のブレッサーニはこの「しなやかさ」の概念をペール・アンファンタンの理論に遡った詳細な議論を展開している．

[90] Viollet-le-Duc, "De la construction des édifices religieux en France," vol. 2 (1845), p. 136.

[91] Ibid., p. 329.

景があったために，この時すでに，議論には微妙な差異が生じていた[92].

これはおそらく，1831年にサン＝シモン主義者運動が二派に分裂するという事件の影響である．この時，プロスペール・アンファンタンは救世主的な大志を抱いて一派を引き連れ，もう一派の社会運動家たちをパリに残して郊外のメニルモンタンに自身の新宗教のための神殿を建設させた．アンファンタンの反対派を先導していたのはピエール・ルルー，イポリート・フォルトゥー，ジャン・レイノー，レオンス・レイノー，アルベール・ルノワール（先の中世博物館キュレーターの息子）である．ルルーは，連続的進歩という概念を支持し歴史に有機的・批判的議論を持ち込んだサン＝シモン主義者たちの見解を否定した人物であるが，彼自身は当時，『新百科事典』(*Encyclopédie nouvelle*) の編集によって，あらゆる物事に精通した新たな知識体系を広めようとしていた．

先述したように，レオンス・レイノーは1834年に「建築」の項目を執筆し，建築の発展をより「科学的な」基礎の上に据えようとしたが，この主張の要点は2つあった．そのひとつ目は先にも指摘したとおり，建築様式が人類の科学の発展段階に対応するものならば，過去の体系は絶対的な価値を持ち得ない，とした点であり[93]，2つ目は「〔建築には〕常に，物質空隙比を下げること，あるいは支持と荷重の関係を材料の使用量を減らすことによる解決が促す発展が存在する」[94]，とした点である．彼によれば，建築の発展とはこのように建設と科学技術の発展に追従するものであり，建築とは常にさらなる構造的合理性に向かって進んでいくものだった．

1833年に『マガザン・ピトレスク』(*Le Magasin pittoresque*) を創刊したエドゥアール・シャルトンもまた，連続的進歩の理論から連想される人物のひとりである．彼は1839年からレオン・ヴォードワイエとアルベール・ルノワールにフランス建築史の執筆を依頼しており，その後，2人は14年かけてこの仕事を完結させた．1830年代に中世建築の起源の探究のための国内調査を終えた2人にとって，この依頼のタイミングは絶妙だった．ヴォードワイエはフォルトゥーとともにフランスとドイツの歴史建造物を研究した．ルノワールは1836年にはるばる中東を訪ね，中世建築は「ビ

---

[92] 特に Robin Middleton, "The Rationalist Interpretations of Classicism of Léonce Reynaud and Viollet-le-Duc," *AA Files* 11 (Spring 1986): pp.29-48 および Barry Bergdoll, Leon Vaudoyer: *Historicism in the Age of Industry* (Cambridge: M.I.T. Press, 1994), pp. 122-43 を参照のこと．

[93] Léonce Reynaud, "Architecture," in *Encyclopedie nouvelle, ou Dictionnaire philosophique, scientifique, litteraire et industriel*, ed. P. Leroux and J. Reynaud (Paris: Librarie de Charles Gosselin, 1836; reprint, Slatkine Reprints, 1991), 1: p. 772.

[94] Ibid. 原文は以下のとおり．" 'Ce qui peut s'exprimer ainsi: Il y aura progrès toutes les fois que les supports et les parties supportées seront disposés de manière à ce que le rapport du plein au vide soit diminué, ou à ce qu'on puisse employer de plus petits matériaux."

ザンチン様式」および「ラテン様式」という比較的自律的な2つのローマ建築分派から形成されたとする，自身の命題の検証にあたった．さらに彼ら2人は，建築は造形に関して連続的な展開および様式の統合過程をもち，ゴシック様式もその例外ではないという，レイノーと同じ見解を有していた[95]．

　ヴォードワイエとルノワールによれば，ゴシック様式とは，構造において当時の技術レベルを超えたものを志向していたため，完成に至らなかった様式だった．そしてこのような見解からすれば，現代には2つの選択肢しかないことになる．そのひとつ目は「アーチの解放」(affranchissement de l'arcade) という初期段階への――つまりロマネスクへの――回帰と，それを新たな理想的統合に至る出発点としての利用である．2つ目は，初期ルネサンスや，以後に現れたフランス・ルネサンスのような，統合的発展への回帰である．なお，1842年に建設が始まったラブルーストのサント＝ジュヌヴィエーヴ図書館は初期ルネサンス・モデルに従ったが，一方のヴォードワイエとルノワールが支持したのはフランス・ルネサンスだった．こうして，ゴシック模倣に依拠したヴィオレ＝ル＝デュクの1844年の発言に対するルノワールの懐疑的な反応を理解することができる．「ゴシックを我々の国民芸術だといってよいのだろうか？　ゴシック以後の進歩はすべて否定すべきだというのか！」[96]．

　そしてこの議論には，この時期に新たな見解が加わる．そのひとつは，1840年創刊の『建築土木評論』(Revue générale de l'architecture et des Travaux Publics) 誌で提示された．その編集長セザール・ダリ (César Daly, 1811-94) はユートピア思想家シャルル・フーリエの信奉者であり，土木工学や科学の進歩に肯定的な人物であり，同誌も創刊から数年間は工学の発達というテーマに対し――主要な歴史家としてルノワールを擁していたにもかかわらず――歴史的，美学的テーマと同程度の力点を置いていた．しかし，ダリの建築観は時とともに進化していった．ダリは当初新様式の可能性を，過去と現在との科学的な理解から生じるもののように考えており，（友人の）ラブルーストなどの建築家を称賛しながらも，ダドロンやヴィオレ＝ル＝デュクの中世主義とも相反することはなかった．ところが1840年代後半には，ダリはゴシック・リヴァイヴァル主義者たちに反旗を翻し始めるのである．「芸術における自由」と題する1847年の熱のこもった論考の中で，彼はヴィテの修復理念を痛烈に非難し，歴史学への情熱から「排他的なゴシック崇拝を押しつけたがる」人々に反対した．彼によれば，ゴシックとは「盲目的崇拝」から生まれた専制政治だった[98]．19世紀には

---

[95] この点に関しては特に Bergdoll, *Leon Vaudoyer*, pp. 125-9 参照．
[96] Bergdoll, *Leon Vaudoyer*, p. 129 より引用．原文―― "Quoi! Le gothique serait notre art national! Et nous devrions répudier toutes les conquêtes qui ont été faites depuis!"

自らの時代を定義づける必要がある.「〔19世紀は〕進歩を信じ,過去を重んじ,自由を求める」[99]のである.

レオンス・レイノーもまた当時,ヴィオレ=ル=デュクのゴシック主義を批判していた.レイノーの『建築論』(*Traité d'architecture*, 1850-8) は彼が 1840 年代にエコール・ポリテクニークで教えた内容を要約したものである.ここでの彼の見解は百科事典の記事の時期から根本的には変わっていなかったが,さらなる歴史研究によってその態度は強まっていた.彼はこの「優れて合理的な」芸術の実現手段や基本造形を語り起こす際に,ここでも建築は科学や工業の影響を受けるものである,という点を強調している[100].さらに彼は,鉄が建築の刷新に果たす役割に関する記述に一節すべてを費やしている.彼によれば,「極めて顕著な審美観を有した」現代的作品,すなわち竣工したばかりのサント=ジュヌヴィエーヴ図書館に明らかなように,鉄は建築に新しい造形やプロポーションをもたらすのである[101].そして彼は第 2 巻において,ロマネスクおよびロンバルディア建築の段階へ,また,さらにルーツであるビザンチン建築へとゴシック建築を遡り,建築の展開に見られる連続的進歩の存在を強調した.一方ヴィオレ=ル=デュクはその後,1852 年にこの系統づけに異議を唱え,フランスの中世建築に見られるロンバルディア的要素は「外来(エキゾチック)」のものであり,通常の発達経路からは外れていると論じた[102].

こうした経緯がありながらも,1850 年代のヴィオレ=ル=デュクがレイノーの批判から自身の立脚点を修正することはなかった.大部事典の事業に着手し,有名な『建築講話』(*Entretiens sur l'architecture*, 1858-72) の執筆も始めるなど,文筆家ヴィオレ=ル=デュクにとって 50 年代とは特に創造力に富んだ 10 年であり,この時期にはナポレオン 3 世の即位とともに,彼もますます昇進していった[103].10 巻からな

---

[98] César Daly, "De la liberte clans l'art," *Revue Générale de l'Architecture* 7 (1817): p. 393.
[99] Ibid., p. 397. 原文は以下のとおり."Il eroit au progrès, il respede le passé, il veut la liberté."
[100] 100. Léonce Reynaud, *Traite d'architecture*, 2 vols. (Paris: Dalmont et Dunod, 1860-3; originally published in 1850-8), 1: pp. 14-15.
[101] Ibid., p. 557.
[102] Viollet-le-Duc, "Essai sur l'origine et les developpements de l' art de Batir en France," *Revue Générale de l'Architecture* 10 (1852): p. 245. また,Bergdoll, *Leon Vaudoyer*, p. 201 も参照のこと.
[103] E. E. Viollet-le-Duc, *Dictionnaire raisonné de l'architecture française du XIe au XVIe siècle*, 10 vols. (Paris: Bance, 1851-68); idem, *Dictionnaire raisonné du mobliler français de l'epoque carolingienne à la renaissance*, 6 vols. (Paris: Morel, 1858-75); idem, *Entretiens sur l'architecture* (1858-72); translated by Benjamin Bucknall as Lectures on Architecture, 2 vols. (New York: Dover, 1987). なお,バリー・バーグドール (Barry Bergdoll) の序による *The Foundations of Architecture: Selections from the Dictionnaire Raisonné*, (New York: George Barziller, 1990) には,ケネス・D・ホワイトヘッド (Kenneth D. Whitehead) による *Dictionnaire raisonné de l'architecture française* 抄訳の掲載がある.

る中世建築の百科事典である『11〜16世紀フランスの建築考証事典』(*Dictionnaire raisonné de l'architecture française du XIe au XVIe siècle*, 1854-68) は19世紀の偉大な歴史著作のひとつである．ヴィオレ＝ル＝デュクがここで事典という体裁を選択したのは，情報と作例が多い中で歴史物語の体裁をとると「混乱を招き，理解を妨げる」[104]と考えたためだった．ここでの彼の分析の目的は，芸術家の関心を過去に向けさせることでも，19世紀世界に模倣の手本を提供することでもない．彼はこの時代の芸術をまるで，オリジナルのアイディアが眠る鉱山——他のどの時期にも欠けている，コンセプトの一貫性とディテール同士の調和を唯一備えた時代——であるかのように研究したのである．「我らがフランスの天分より受け継いだ柔軟性と，真の原理をあらゆるものに応用する気質と，生まれもったオリジナリティと，独立心とを建築家諸氏に示さん」[105]ことを意図したこの『事典』はまた，当時のフランスに特有の，国粋主義的な研究成果でもあった．

　このような目標を定めたヴィオレ＝ル＝デュクは9巻（10巻は目次）をかけ，外科医がメスをふるうように中世建築の解剖を進めながら，その「論理の法則の威厳」や，ゴシック様式の創成を極点とする歴史の弁証法的展開を暴いていったが，ここでヴィオレ＝ル＝デュクがレイノーと対照的だったのは，ゴシック様式を史的観点から特別なものとして扱った点である．また，同書の「建築」の項目には336ページが費やされており，ここからはヴィオレ＝ル＝デュクが抱いていた修道院建築への強い興味と，彼の軍事建築への深い知識の双方をうかがうことができる[106]．一方，「建設」の項目は279ページが割かれていたが，その内容はヴェズレーで自身が行った調査に強く依拠したものだった[107]．またこの項目は，美学は設計の中で目に見える役割は果たさず，それぞれの形態はある構造的問題の論理的な解答として発生するとした点で，彼が『考古学年報』に発表したそれまでの論考とも極めて近い内容をもっていた．この項目の議論は特筆すべきものであり，解剖学風のドローイングによる図解も多数掲載されている[108]．

　「彫刻」などの他の項目からは，彼の国粋主義者的な感情がうかがえる．ラスキン

---

[104] Viollet-le-Duc, *Dictionnaire raisonné de l'architecture française*, 1: xi.
[105] Ibid., xix-xx. 原文は以下のとおり． " ... c'est que nons rcgardons cette étude comme pouvant rendre aux arehitects cette souplesse, cette habitude d'appliquer à toute chose un principe vrai, cette originalité native et cette indépendence qui tiennent au génie de notre pays."
[106] *The Foundations of Architecture* にはホワイトヘッドによるこの項目の70ページ近い翻訳が収録されている．
[107] この重要な項目に関しても，*The Foundations of Architecture* にホワイトヘッドによる長い抄訳が収録されている．
[108] ヴィオレ＝ル＝デュクのドローイングに関しては Bressani, *Surface into Depth* 参照．

はシャルトルの不自然に細い彫像の中に自身の理論が向かう精神的超越を読み取ったが，ヴィオレ＝ル＝デュクの分析にも同様の情熱がこめられていながらも，かつ秩序だったものだった．フランスの彫刻はある美の規範，ある調和，そしてフランス的な，古典彫刻とは異なるが依然としてそれらに劣ることのない，ある外相が見て取れる．ノートル＝ダムの北側扉に彫られた聖母のモデルは「良家の女性，高貴な婦人」であり，ここにはその人の知性やエネルギーがきめ細かに表現されている[109]．ストラスブール大聖堂のまた別の聖母は「気位が高い性格」であり，それが「素晴らしい施工」で彫刻され「とても美しく具現化されている」[110]．ランス大聖堂のハープ弾きにも同じことがいえる．パリ大聖堂の中央扉に配置された，目隠しされて裸で馬に乗る剣を携えた女性——ヴィオレ＝ル＝デュクが伝えるところによれば——聖ヨハネに対するイエス・キリストのお告げを暗示している[111]．しかし，スーイヤックのサント＝マリー修道院付属聖堂の柱を見ると，ここに刻まれた人間と動物を餌にする恐ろしい鳥獣たちからは逆に，フランス的ではない，ヒンドゥー的な感性が見受けられるという[112]．ヴィオレ＝ル＝デュク以前には，このような歴史研究に敢えて取り組もうとした建築家はほぼ皆無だったといってよい．

　『事典』を完成させるまでに14年を費やしたことを考えれば，そのあいだにヴィオレ＝ル＝デュクが視野を広げていったことも驚くにはあたらない．例えば，初期に書かれた項目は地方史に焦点をあてる傾向にあったが，後期の項目はより広い歴史範囲を包含し，中には，当時彼の中で深まっていった，オリエンタリズムへの興味を反映したものも見られた．しかし，後期の記事にも「科学的な」姿勢は保たれていた．8巻 (1866) 所収の「修復」の項目では，ヴィオレ＝ル＝デュクは現今の史学の試みをジョルジュ・キュヴィエの解剖学や地質学研究，そしてそれらを支える同時代の文献学者，民族誌学者，考古学者らの試みになぞらえている[113]．また，同巻所収の「様式」の項目では，同じくキュビエをほのめかしながら，彼はこの分析をさらに一歩進めている．「このように，1枚の葉を見るだけでその植物全体を再構築することが可能であるのと同様，ある建築の輪郭を見るだけでその建築の部材を演繹することもまた可能なのである」[114]．この，歴史上の流派という意味での「諸様式」とは全く異なる意味で使った「様式」は，彼の主要な概念である．彼にとっての様式とは，統一と

---

[109] Viollet-le-Duc, *Dictionnaire raisonné de l'architecture*, 8: p. 167.
[110] Ibid., p. 169.
[111] Ibid., pp. 156-7.
[112] Ibid., pp. 196-7.
[113] Ibid., p. 15.
[114] Whitehead, *Foundations of Architecture*, p. 242 より引用.

調和を表し，内にありながら目に見える，「人体における血液」に例えられるものでありながら，芸術造形とともに発達し，かつ芸術造形を養うのに不可欠な，ひとつの現象でもあった[115]．あるいは，「ある原理に基づいた，ある理想の表現」とする，様式の第2定義はよりよく知られたものである[116]．そしてさらに，様式とは「秩序立てて進められた原理の帰結」のことでもあった．それは「例外によって妨げられることのない法の順守」でありながら，意識的に得ようとして得られる特性でもない[117]．そして様式は——植物と同様——自然に，自然法則に従って育つ．つまりそれは，用いられる素材から，その用いられ方や達成されるべき結果を導き出すものであり，より大きな全体の統一から論理的演繹過程を導き出すものなのである．かくして

43 セザール・ダリ『建築土木評論』（*Revue générale de l'architecture et des Travaux Publics*，パリ）の表紙（1840）．

ヴィオレ＝ル＝デュクは，自分は中世復興を助長しているのではなく，むしろ中世の原理を理解し，今の時代の芸術上の取組みにそうした原理を吸収させようとしているのだ，と主張することが可能となった．彼の理論はここで，観念的かつ科学的な機能主義となり始める．

> 建造物のひとつひとつの石は，実質的かつ必要不可欠な機能を果たす．ひとつひとつの輪郭はあるはっきりとした目的をもち，その目的はその線に明瞭に示される．建造物のプロポーションは幾何学的調和の諸原理から導かれる．装飾は自然の花々に基づくものであり，それらの花々は忠実かつ想像力を働かせて観察されたものである．何ものも偶然任せではない．素材はその材質に合わせて用いら

---

[115] Ibid., p. 231.
[116] Ibid., p. 233.
[117] Ibid., pp. 256, 248.

れ，その質は素材に与えられた造形で示される．こうしたことをすべて斟酌したとき，果たして芸術は空疎で科学のみが有効である，ということがいえるだろうか[118]．

しかしこれに対する答えは単純なものではない．なぜなら，この問い自体は1866年に提示されたものであり，その解釈は，そのほぼ10年前の1858年から書き始められた，『建築講話』の文脈の中で行われる必要があるからである．この講義の着想を得たのは，ラブルーストが当時名を馳せていた自らのスタジオを閉鎖することを決めた1856年のことだった．彼の生徒の中のひとりのアナトール・ド・ボド（Anatole de Baudot, 1834-1915）に導かれた15人が，ヴィオレ＝ル＝デュクに接触し，スタジオの開設を依頼したのである．そこでヴィオレ＝ル＝デュクは，エコール・デ・ボザールの教育に挑むことを決意し，彼らの要望に応えて建築学の教育教程と講義を編成した．しかしこの試みは失敗に終わった．彼は熱意を喚起することができず，建築保存家としても，長期間パリから離れることを余儀なくされた．生徒はひとりまたひとりと彼のスタジオを去っていった．ある日旅行から戻ると，自分が風刺画で揶揄されているのを目にし，ついにアトリエを去り二度と戻ることはなかった．最初の4つの講義はこのときの生徒のために書かれたものだが，スタジオ閉鎖の後にもヴィオレ＝ル＝デュクはさらに1863年まで執筆を続け，10の講義からなる第1巻を完成させた．

また，この時期に別の事件が起こった．エコール・デ・ボザール——ヴィオレ＝ル＝デュクはこの機関に対し何年もの間辛辣な批評を展開してきた——の改革を巡る長期にわたる激しい議論が1863年に山場を迎えると，結果としてエコール・デ・ボザールがアカデミー・デ・ボザールの管轄外になったのである．そこで学校の運営審議会に在籍していたメリメは，新たに迎える芸術・美学教授として，親しい友人（であり，陰謀の共犯者）のヴィオレ＝ル＝デュクの名を挙げた．ところがこれが教授陣と学生双方からの反感を買い，彼に苦い経験をもたらした．この新任教授は批判の的にさらされ，1864年1月に行われた最初の全学共通講義では，数名の政府高官も出席していた中，怒号や野次が浴びせられた．その後幾度も授業妨害を受け，3月18日に行われた第7回講義の後に彼は辞表を提出し，エコール・デ・ボザールの改革計画はまたも中断されることとなった．

その後，イタリア・北アフリカ旅行で傷心を癒したヴィオレ＝ル＝デュクは，パリ

---

[118] Ibid., p. 260.

に戻ると，エコール・デ・ボザールの抵抗勢力と見做されていた新設の建築学校であるエコール・サントラルを支持し，再びこの論争の渦中に飛び込んでいった．また，同時期の彼は講義の執筆も続けており，1872年には最終回となる第20回目の講義を書き上げている．なお，ジョルジュ＝ウジェーヌ・オスマン男爵により目まぐるしく変化していたパリは，当時その多くの場所で建設工事が行われていたが，こうした時期は不幸な結末を迎える．フランスがドイツに宣戦布告したのは1870年のことだが，その後フランス軍はすぐさまプロイセンの軍事力に完敗し，ヴェルサイユで新ドイツ帝国（本質的には，国家としての統一を果たした以後のドイツ）の建国が宣言された．そしてフランス国内ではこれに引き続いて内戦が起こり，1871年冬にはパリ・コミューンが成立し，これはヴィオレ＝ル＝デュクにも相当な痛手となった．1870年8月に当時56歳の彼は志願兵として軍務に就いたが，その当日にフランス軍は退却を始め，ナポレオン3世は最高司令官を辞した．

　次世代の建築家たちに大きな影響を与えたヴィオレ＝ル＝デュクの講義は，さまざまなテーマを扱いながら，なおも思考能力の指標となるものだった．そしてこれらの講義の構成には，ヴィオレ＝ル＝デュク自身の境遇の変化も反映されている．最初の5回の講義は概して教訓的かつ歴史学的なものであり，その中ではギリシア人は「造形愛好家」であり，無意識的な「芸術家集団」であるとされた．そして彼らの目標は，明晰さや明快な表現に厳重な注意を払うことによって，構造から論理的に造形を引き出すことであるという．一方ローマ人は組織者であり統治者であって，彼らによるヴォールトの開発に重要な役割を担ったのは経済性の概念であったとされる．彼らにとっては，装飾とは構造に対する付加的な「衣服」，すなわち被覆である[119]．またこれら各々の古代国家においては，風俗，習慣，法律，宗教，芸術のあいだには緊密な関係があった．

　1859年に書かれた第6回講義でヴィオレ＝ル＝デュクが扱ったテーマは様式であり，その歴史記述は中世初期から始まっていた．ここで彼は現行の実務に対し数々の反論を企て，まずは同時代の建築家に創意が欠けていることや，科学分野におけるガリレオ的な基本概念をもった体系に固執していることなどへの非難で口火を切った．「我々建築家は我々の芸術――半分が科学で半分が感情の芸術――の内に籠り，大衆に解読不可能な象形文字しか提示しない．それでは大衆は我々を理解できず，我々を見放し，我々に社会と隔絶した議論を続けさせるだけだ」[120]．進歩不足（ルソーを真

---

[119] E. E. Viollet-le-Duc, *Lectures on Architecture*, 1; p. 81. ヴィオレ＝ル＝デュクはギリシア建築を「服を脱ぎ去った人間」とし，ローマ建築は「服を着た人間に喩えて差し支えない」とした．
[120] Ibid., p. 172.

似た表現）の一因は，過剰な文明化と文化的洗練による衰弱であり，ヴィオレ＝ル＝デュクはサン＝シモン同様，「これまで，知的産物が最も多く生み出された時期というのは，大きな不安の時期でもあった」[121] と考えていた．また，様式の欠如も進歩不足の一因であるとされたが，ここでヴィオレ＝ル＝デュクの定義する様式とは，「理性の法の支配を受けた霊感」[122] である．そして，この様式の欠如もまた文明化の進展に反比例して悪化する現象であり，その是正には人間の想像力が必要であるとされる[123]．そこで彼は，簡素な銅製の器を例に挙げながら，以下のように語り起こす．まず，この器には様式がある．それは第1に，この器が機能的だからである．第2に，この器を作る方法が素材に合っているからである．第3に，この器の造形が素材および機能に調和しているからである（図44）．しかし，そこに別の銅細工師がやって来て，この器の鋭角的な線を和らげて改良しようとするが，これはこの様式の論理を盗んだだけである．さらに別の銅細工師は，この器から機能的・素材的論理づけを狭猾に剝ぎとることで，これを全く台無しにしてしまった．こうした語りから，ヴィオレ＝ル＝デュクの話題は工業化時代の様式の問題へと進んでいく．

> 例えば機関車には，誰もが賞賛できる特別な外相がある．機関車を紛れもないひとつの創造物としているのがこの外相だ．制御下に置かれたエネルギーとはいかなるものかを，この轟音を響かせる重量のある機械ほどにうまく表現したものは他にない．その挙動は穏やかにも激しくもなる．猛烈な速さで進む一方で，ちっぽけな生き物の手によってあっさり制止させられた姿は，もどかしそうに荒い息を吐いているかのようである．彼にはこの機関車を，思い通りに発進させ，停止させることができる．機関車とはひとつの生物のようなものである．そしてその外的な造形は，この生物の力を純粋に表現したものである．機関車はすなわち，様式をもっている[124]．

彼の理論におけるこうした重要な転回は，鉄材の使用を扱った第2巻の最初の講義の中でさらに際立って語られることとなる．ここでの講義は1866年から68年にかけて，別の論争の渦中で書かれたものである．セザール・ダリは自誌の1866年の「序論」において，新設のエコール・サントラルおよび，「現段階において〔建築芸術〕

---

[121] Ibid., p. 176.
[122] Ibid., p. 177.
[123] Ibid.
[124] Ibid., p. 184.

44 ウジェーヌ＝エマニュエル・ヴィオレ＝ル＝デュク『建築講和』（1858-72）
第6講義の図版．

を〔工業建築〕に変換させる方向に向かい」ながら，理性を「唯一の審判」に定める
この学校の「合理主義者的」カリキュラムを論難していた[125]．そして彼は，古典主
義，ゴシック主義，合理主義による極端な言動に対抗して，「芸術」を擁護する立場
から，現在の様式上のジレンマを解決する暫定的な方法として，知的かつ趣味のよい
「折衷主義」を説くのだった．ダリはこの3年前にも，この折衷主義なる「地峡」は
「間違いなく，弱き我々がこの解体しつつある旧世界を脱し，未知の内奥よりゆっく
りと現れる新世界に移行するのを容易ならしめるはず」[126]のものであると述べてい
る．

　その後まもなく，ヴィオレ＝ル＝デュクはまたもや批判の矢面に立つこととなっ
た．きっかけは，「建築のリアリズム（あるいは芸術のない構造）」[127]を非難したブル
ジョワ・ド・ラニーによる，ヴィオレ＝ル＝デュクの生徒アナトール・ド・ボドへの
攻撃である．ド・ラニーはこのとき，シャンフルーリや，当時文学と絵画に顕在化し
ていた「リアリスト」ムーブメントを特にほのめかしながら，建築のリアリズム
（「未発達で野蛮な文明段階」にしか見出せないもの）が見過ごしていることとして，
歴史的価値のある芸術はその本質において理想主義的であるということ，また，美は
それゆえに「選択」と「隠匿」双方に宿っているのだということを論じた．彼によれ
ば，歴史的価値のある芸術は優美な輪郭，調和のとれたプロポーション，優雅な造形
などを見せるべきものであり，配置と効果のオリジナリティを表現しなければならな
かった．一方，素材との不適合や，力と荷重に対する抵抗を暗示するものはすべて隠
さなければならなかった．しかし鉄材は明らかに後者のカテゴリーに入るものであ

---

[125] César Daly, "Introduction," *Revue Générale de l'Architecture* 24 (1866): pp. 5, 8. 原文は以下のとおり．
" ...l'école rationaliste, qui tend en ce moment à transformer l'art architectural en architecture industrielle."

[126] César Daly, "Introduction," *Revue Générale de l'Architecture* 21 (1863): p. 9. 原文は以下のとおり．"Il se tiendra prudemment sur cet isthme destiné à faciliter à notre faiblesse le passage du vieux monde qui achève de s'écrouler, vers ce monde nouveau qui émerge lentement du sein de l'inconnu."

[127] Bourgeois de Lagny, "Salon de 1866," *Le Moniteur des Architectes*, 1 June 1866, pp. 81-2. 原文は以下のとおり．"Le realisme architectural (ou la construetion avec l'absence d'art)."

り，目に見える部分への利用は限定されるべきであるとされた．

これに対しヴィオレ＝ル＝デュクは，第20回講義で掲載した優れたドローイングでこれに応え，現代の建築実務における可視的な鉄材利用の可能性を示した（図45）．ここでの彼の議論は多角的なものである．材料費や人件費の高騰，技術者の権威の上昇などにより，建築家の登用は贅沢で時代遅れのものとなってきている．その中で建築家は，新しい科学技術や構造効率の概念を受け入れ時代の要請に力強く応えなければならない．そこで問題のひとつとされるのは鉄材をどの程度採用すべきかという問題であるが，ここで彼が好例として挙げたのはヴィクトル・バルタールの中央市場（1805-74）である．この都市市場の建設が組積造で始まったのは1845年のことだが，その後これはオスマンの指示により解体され，1853年から57年にかけて鉄とガラスで再建されている．エミール・ゾラにとってこの市場は「リアリズム」の体現であり，彼は後の小説『パリの胃袋』（Le ventre de Paris, 1873）において，これを旧弊な芸術や廃れた社会秩序の待望の破壊者であり，かつ「20世紀の実態を控え目に示す例」[129] であると見做している．ヴィオレ＝ル＝デュクもまたバルタールの取り組みを評価していたが，彼の場合は——ここがリアリストと違う点である——金属材が完全に組積材の代わりに使われている点において，この設計を否定している．すなわち，ヴィオレ＝ル＝デュクが提唱するのはこの2つの材料の和解だったのであり，この大ホール群に関してこの和解を達成するには，「外郭構造はすべて組積造の壁体やヴォールトとする一方で，鉄材を利用し材料の使用量を減らし，かつ邪魔な支持材をなくすこと，中世の建築家が身につけていた均衡システムを鉄によって改良し，かつこの材料の性質に対して適切に配慮すること」[130] が求められたのである．そこで彼は次に，壁式の外郭構造に組積造を採用し，支柱と屋根構造に鉄材を用いた混構造デザインを数点提案した．しかし，これはいくつかの点においては当時の理論問題に対する見事な解答となっていたものの，建築的な解答としては現実性に欠けたものであり，そのため多数の読者の支持を得ることはできなかった．また一方で，1867年のパリ万国博覧会（ギュスターヴ・エッフェルの最初の仕事）で披露された工学技術を考えれば，ヴィオレ＝ル＝デュクのこの解答は全く控えめなものにすぎなかった．

ヴィオレ＝ル＝デュクはその後の余生においていっそうの文筆に励んだが，フランス軍の敗北を理由にスイスの山岳地帯に隠遁した1872年以降には，もはや理論に取り組むことはなかった．この戦争により，彼の関心事はフランス文化およびフランス

---

[129] Emile Zola, *Le ventre de Paris* (Paris: Librairie Générale française, 1978).
[130] Viollet-le-Duc, *Lectures on Architecture*, 2: p. 58.

人種の復興に移っていた．後期の彼の著作で最も興味深いと思われるのは，『ロシア芸術，その起源，その構成要素，その絶頂期，その未来』（*L'Art russe, ses origines, ses éle-ments constitutifs, son apogée, son avenir*, 1877）である．同書の中で彼は，ロシア建築を分析し，ひとつの文化の中でいかに伝統的造形の刷新が行われ得るかを検証した．同書のロシア語への翻訳は1879年，彼がローザンヌで没した年である．

　ヴィオレ＝ル＝デュクが後世に残した影響は再評価されつつある．合理主義者としての彼の評価はかなり表面的なものだった．一方，彼はフランス独自の合理主義理論を確立した人物でもあるが，門外漢にはその理論の全貌を理解することは難しい．彼の理論を継承した偉大な人物に，技術者であり教師でもあったオーギュスト・ショワジー（Auguste Choisy, 1841-1904）がいるが，彼の『建築史』（*Histoire de l'architecture*, 1899）は，良い建築の本質は論理的建設であるとするヴィオレ＝ル＝デュクの信条の適切さを証明している．ヴィオレ＝ル＝デュクよりもショワジーにとってはなおさら，建築史とは科学技術の発展の流れの中に位置づけられるものなのである．よき形態は常に，機能の簡潔な表現となる．「今日，新しいプロポーション体系が創造されつつある．この体系の中では，調和の法則とは，安定性の法則以外の何ものでもなくなるはずである」[131]．ラブルーストの有名な国立図書館閲覧室を語りながら，ショワジーは同書の最終段落でこのように述べた．ヴィオレ＝ル＝デュク本人でも，ここまで絶妙に言い

45　ウジェーヌ＝エマニュエル・ヴィオレ＝ル＝デュク『建築講和』（1858-72）第12講義の図版．

---

[131] A. Choisy, *Histoire de l'architecture*, 2 vols. (Paris: Gauthier-Villars, 1899), p.764. 原文は以下のとおり．" ... un système nouveau de proportions s'est fait jour; où les lois harmoniques ne seront autres que celles de la stabilité."

表せなかっただろう.

——— 3 ———
ゴットフリート・ゼンパーと様式観念

　19世紀中葉のフランス,イギリスの理論とドイツの理論には大きな違いがあった.そのことを強調するのが,ゴットフリート・ゼンパー(Gottfried Semper, 1803-1879)の形而上学的な記述である.しかしゼンパーは,ヴィオレ=ル=デュクやラスキンといった理論家とは,重要な点において異なっていた[132].この(歴史に名だたる建物を数多く設計した)偉大な建築家は,先の2人が各々の文化的文脈の中で及ぼした影響よりも,はるかに強くドイツ理論を支配した.彼は,ゲルマン民族の理論のその後30年の進路をほぼ決定づけた.それだけではなく,彼の思想を拠り所としなければ,世紀末のドイツ・モダニズムの衝動を理解することもまた不可能なのである.

　ゼンパーはハンブルクの比較的裕福な家庭に生まれ,少年期にはナポレオンによる支配と,その後の地域の荒廃を耐えぬいた.それからゲッティンゲン大学に1年ほど通い数学を専攻した後,1825年にミュンヘンの美術アカデミーに入学しフリードリヒ・ゲルトナーの生徒となるが,授業にはほとんど出席していなかったようである.1826年12月に彼はパリに移っているが,その理由はレーゲンスブルクでの決闘だっただろう.現地で彼は,イトルフの友人であるフリードリヒ・クリスティアン・ガウの私立学校に通った.これによりゼンパーは,エコール・デ・ボザールの学生暴動で混乱した1820年代末のこの街を経験することとなった.また彼は7月革命も目のあたりにし,非常に強い興味と熱狂をもってこれを観察している.そして1830年の秋,彼は南方に向けて旅立った.

　ゼンパーの芸術面における成長にとって,この旅は重要なものとなる.ローマで数ヶ月すごした後,フランス人学生の一団に加わると,彼らとともに船を借り,パエストゥム経由でシチリア島に向かった.また,彼らはともに,ハリス,エンジェル,イトルフらのポリクローム図集に促され,すべてのギリシア遺跡を収めた図集の刊行の

---

[132] ゼンパーの生涯と思想については,Wolfgang Herrmann, *Gottfried Semper: In Search of Style* (Cambridge: M.I.T. Press, 1984), H. F. Mallgrave, *Gottfried Semper: Architect of the Ninteenth Century* (New Haven: Yale University Press, 1996) 参照.

計画も立てた．次にゼンパーは，ジュール・グーリーと連れ立ってギリシア行きを敢行する．十数年前であればこれはたやすいことであったが，1821年にギリシアが独立戦争を始めて以来，この地域への旅行は非常に危険なものとなっていた．当時ギリシアはヨーロッパ諸国の支援を受けてオスマン帝国からの独立の道を模索していたが，国内の派閥争いによって状況は複雑化していた．アテネのアクロポリスとアイギナ島で考古学調査を行うことはできたものの，ゼンパーもやはりギリシアに7ヶ月足止めされた．また彼はある時期，バイエルン政府代表として停戦を仲介していたフリードリヒ・テオドール・ティールシュに現地のドイツ大使館員を任されていた．しかし1832年5月の末，ついに彼は船を調達し——公海上で海賊に遭遇したものの——イタリアに戻った．

多彩色論争がまさに最高潮に達していた頃，このギリシア旅行はゼンパーに話題を提供することとなった．彼はパルテノン神殿を中心に，自身の研究成果から大量の着色ドローイングを作成した．さらに彼は，ローマ考古学研究所の支援を受けながらエトルリアの墓地の研究を進め，トラヤヌスの記念柱によじ登って塗料の痕跡を探した．そして1833年末，彼はローマを離れアルトナに向かった．この道中にベルリンに立ち寄り，彼のドローイングに強い興味を抱いていたシンケルにそれを見せている．その後，企画していた古代多彩色図集こそ具体化されなかったものの，『古代彩色建築・彩色彫刻序論』(*Voläufige Bermerkungen über bemalte Architektur und Plastik bei den Alten*, 1834)[133] と題する1冊の理論書を上梓した．こうして彼は国際的な多彩色論争に加わることとなった．

ゼンパーは，ギリシア神殿は全体に塗装が施されていたと主張した．しかし，この過激な説はイトルフからはあまり支持されず，それはシチリア島の植民地建築に限られるという反論を受けた．そこで彼は，自説の妥当性を3つの論点から主張した．その第1点として，多彩色は伝統的に神聖化された行為であり，ホメロス時代にはきらびやかだったものが，のちに適切で規律のあるものに変化していったという，(以前カトルメール・ド・カンシーが用いた) 歴史的な議論を取り上げた．第2点ではバロン・フォン・シュタッケルベルクとイトルフの環境論を持ち出した．ここでの議論によれば，晴天の日が多く風景の変化に富む南欧では，日光のグレアを和らげるためにも，建物と周辺環境を調和させるためにも，色彩が必要となるとされた．第3点は美

---

[133] *Gottfried Semper: The Four Elements of Architecture and Other Writings* (New York: Cambridge University Press, 1989), pp. 45-73 所収，G. Semper, *Preliminary Remarks on Polychrome Architecture and Sculpture in Antiquity*, translated by H. F. Mallgrave and Wolfgang Herrmann. 原書初版は G. Semper, *Vorläufige Bermerkungen über bemalte Architectur und Plastik bei den Alten* (Altona, 1834).

学的議論である．ギリシアにおけるポリクロームの神殿は実質的には地域の儀式のための舞台でもあり，それを最初に設計した建築家は，より崇高な芸術的理想のためにそこを意識的に演出した．また，最初期の神殿は粗末な足場にすぎず，そこへ装飾花や花綱，供犠動物，装身具，盾などの象徴物が取り付けられていた．そうしてこれらが，後に平縁，卵鏃模様，アラベスク，円花装飾，雷門模様，迷路模様として様式化された．彼によれば，色彩はこうした効果を互いに関連づける手段であり，劇的な効果をもたらす「総合芸術」(ゲザムトクンストヴェルク)（芸術的綜合）として，その作品全体を照らし出すものだった．彼の言葉を引用する．

> 塗装のほかにも，金属装飾，金めっき，タペストリー状のドレーパリー，飾り天蓋，カーテン，可動式の家具などがあることを忘れてはならない．これらの遺跡はもともと，こうしたものもすべて念頭において設計されたものであり，人の群れ，神官，行列といったその周りの状況すらも考えられていた．これらの遺跡は，こうした要素をまとめてひとつの共通の舞台に上げるための足場だったのである．その時代を思い浮かべようとした時に想像を膨らませることのできる人物には，その時代以降の人々による妄想が刷りこまれた偽物など，色あせた，ぎこちないものに映る[134]．

ゼンパーは神殿の表面から剥がした塗装のサンプルをギリシアから持ち帰っていたが，ここでは詳細な考古学史料は提示していないため，このことが彼の論拠を弱めている．

なお，彼はこの小冊子の冒頭でさまざまな建築論を披歴しているが，ここからは当時の彼がサン＝シモンに心酔していたことがわかる．彼は当時の折衷主義的な動向（特にクレンツェの作品）や，デュランによる（機械的なデザインが可能な）グリッド利用，（建築家に複製を促す）トレーシングペーパーの発明を強く非難した．そこで彼が求めたのは，新しい「有機的な」時代だった．芸術は，その時代に至って初めて，「需要という土壌と，自由という太陽の下で」花開く[135]．そして有機的建築

---

[134] Ibid., p. 65（ドイツ語版 pp.33-4）．原文は以下のとおり． "Dabei darf neben der Malerei der metallene Zierrath, die Vergoldung, die Drapperie von Teppichen, Baldachinen und Vorhängen und das bewegliche Geräthe nicht ausser Augen gelassen werden. Auf alles dieses und mehr noch auf die mitwirkende Umbegung und Staffage von Volk, Priestern und Festüngen waren die Monumente beim Entstehen berechnet. Sie waren das Gerüste, bestimmit, alien diesen Kräften einen gemeinsamen Wirkungspunkt zu gewähren. Der Glanz, der die Einbildungskraft ausfüllt, denk man sich lebhaft in jene Zeiten zurück, macht die Nachahmungen aus denselben, wie man sich seither gefallen hat, sie den unsrigen aufzudringen, erbleichen und erstarren."

は，大建築への志向を抑制し，人間の需要を満たすことに全力を注ぎ，建築表現における素材の誠実な利用を貫くことによって生まれる．彼はそのように感じていたのだが，それはまだ大規模の建築の依頼を受けたことのない，31 歳の建築家の戯言だった．

しかし，ゼンパーの思想と経歴は，それから間もなく進化することとなる．彼の「極端な」ポリクロミー論はヨーロッパでは軽視され，特にベルリンの歴史家，フランツ・クーグラーはそれを痛烈に批判した．ただし，この 1834 年の冊子は彼にドレスデン美術アカデミーの教授の地位をもたらし，設計実務を始めるチャンスも得た．1838 年，（シンケルの協力を得た）彼は，ザクセン宮廷の王立劇場の設計という名誉ある依頼を受けた．もともとこの建物はマテウス・ダニエル・ペッペルマンが設計したロココ調の複合施設（ツヴィンガー宮殿）の増築というべきものであり，彼はアーチ式のルネサンス様式を選択し，同じリズムで同じスケールのアーチを連続させた．また，内装にはゲーテ，ティーク，シンケルらの改良案をいくつか取り入れた．かくして 1841 年 4 月 12 日，この劇場はゲーテの《トルクァート・タッソ》(*Torquato Tasso*) の上演をもって幕を開けた．このとき多くの人々は，この劇場をドイツでも最も立派な劇場だと見做した[136]．

この仕事を受けた後にも，ゼンパーには続く 10 年のあいだ大きな依頼がいくつか舞い込んだ．その中でも最も大規模なものはドレスデン美術館（1839-55）である．一方この時期，生まれ故郷であるハンブルクにおいて，彼は建築家としての唯一の挫折を味わうこととなる．1845 年，聖ニコラス聖堂のコンペティションにおいて，ゼンパーはフィレンツェ風デザインを提案し 1 等を獲得した．しかし，G・G・スコットのデザインを推したゴシック様式支持者の結託によって，その結果が覆されてしまったのである．ただしゼンパーは，それでもドイツで最も優れた建築家として君臨し，ドレスデンの文化人サークルの中で彫刻家のエルンスト・リーチェルやエルンスト・ヘーネル，音楽家のフランツ・リストやリヒャルト・ヴァーグナー，俳優一家のドゥヴリアン家と懇意になった．ゼンパーと当時ほとんど無名だったヴァーグナーとの交際（ちなみに，ヴァーグナーの最初のオペラはゼンパーが設計した劇場で上演されている）は，両者の理論の成長を考えるためのヒントになる．ヴァーグナーが（自分より 10 歳年上の）ゼンパーと出会ったのは，ドレスデンの楽器店でのことである．その時この建築家は，《タンホイザー》(*Tannhäuser*) の台本を買おうとしていると

---

[135] Ibid., p. 47（ドイツ語版 pp. viii-ix）．原文は以下のとおり．"... nur auf dem Boden des Bedürfnisses und unter der Sonne der Freiheit."
[136] 同劇場の仔細については Mallgrave, *Gottfried Semper*, pp. 117-29 参照．

ころだった．しかし，後にヴァーグナーが述べているように，このときのゼンパーが「私がそのような［中世の］題材を選んだことを馬鹿にしていることはすぐにわかった」[137]．彼らは何度かカフェで議論することもあり，それらは乱闘寸前にまで至ることもあった．しかし，彼らそれぞれの総合芸術観(ゲザムトクンスト)がこのような活発な交流の中で育まれたことは間違いない．

　しかしこの幸福な日々も，1849年の政治事件によって終わりを迎えることとなる．前年のパリの革命に刺激され，当時のドイツは，懸案となっていた国会設立と憲法制定による統一国家の樹立の機運にわいていた．かくして1849年3月には憲法草案が完成し，4月にはプロイセン国王フリードリヒ・ヴィルヘルム4世に名ばかりの国王の称号が与えられた．ところがヴィルヘルム4世は，それにより自らの権力に制限が加わることを嫌いこの申し出を拒否し，ここから各州で暴動が頻発するようになった．バリケードが建設されるなど，ザクセンでも状況は極めて緊迫したものへと発展した．ザクセンの統治者フリードリヒ・アウグスト2世はザクセン議会を解散し，プロイセンからの軍事援助を要請した．ゼンパーは市民軍の中の「学術部隊」を指揮しており，ヴァーグナーもまた，彼と同じく反政府側について戦った．ここでゼンパーは，とりわけ大規模で巧妙に設計されたバリケードを築き，戦場にその名を轟かせた．後年のヴァーグナーの回想では，このバリケードは「ミケランジェロやレオナルド・ダ・ヴィンチばりの実直さで」[138]築かれたという．だがその後，プロイセン軍とザクセン軍が市内に入ると，2人は身を隠した（彼らにはその時，反逆罪により逮捕令状が出されていた）．そこでヴァーグナーはチューリッヒに向かい，ゼンパーは身を切るような思いでパリに逃亡した．

　その時ゼンパーの人生は破綻したも同然であった．彼は妻と6人の子供を，何の扶養の手段もないままに置き去りにしていた．建築の実務も学術的な地位も失った．彼は仕事を得る見込みのない中，無一文でフランスに辿り着いた．現地で仕事を探すもののそれもかなわず，到着から9ヶ月後，ついに彼はアメリカへの移住を決意する．しかし，汽船がル・アーヴルを発つ直前に，彼に1通の手紙が届いた．それはロンドンからの設計依頼だった．そこで彼は船を飛び降り，ロンドンに向かった．だが，その依頼は結局虚偽のものであり，そこから2年間，彼はロンドンで苦しい生活を強いられることになった．ところがそこへ，ヘンリー・コールから新設の実用芸術学部での職を打信される．かくしてゼンパーは，1855年に新設されたチューリッヒのスイ

---

[137] Richard Wagner, *Mein Leben* (Munich: F. Bruckmann, 1911), 1: p. 373.
[138] Ibid., p. 479.

ス連邦工科大学の建築学科長に就任するまで，ロンドンに留まった．

　彼の経歴を破滅寸前に追い込んだものは，逆に彼の理論への傾倒を支えるものとして働いた．もはや，彼の人生の中では理論が主役となった．それから彼の努力が最初に実を結んだのは，『建築の四要素』(*Die Vier Elemente der Baukunst*, 1851)[139] と題された小論文である．これはさまざまな意味で先駆的な研究だった．彼はここ数年のあいだに，民族学，考古学，言語学に対する興味を募らせており，これらの分野の進歩によって，それまでの人類学的モデルは払拭されようとしていた．例えば，カトルメール・ド・カンシーが提唱した，原始建築の3類型論（洞窟，テント，小屋）が挙げられる．カンシーの命題の基礎となっていたのは人類の歴史を6,000年遡った聖書の年代記であり，彼はそれをもとにしていたからこそ，先の類型は歴史上，エジプト，中国，ギリシアの初期文化の中で生まれたことを主張することができた．しかし，この年代記が示したことは1830年代の科学の進歩を目前にして破綻した．すなわち，チャールズ・ライエルが『地質学原理』(*Principles of Geology*, 1830-3) において，地球が誕生したのは数千年前どころではなく数百万年前であることを提唱したのである．またフランツ・ポップの『サンスクリット，ゼンド，ギリシア，ラテン，リトアニア，ゴシック，ドイツ，スラヴ言語の比較文法学』(*Comparative Grammer of the Sanskrit, Zend, Greek, Latin, Lithuanian, Gothic, German, and Slavonic Languages*, 1833-52) も，インド＝ヨーロッパ語の言語の進化はさらに長く，数千年では起こり得ないほど複雑であるということを示した．人種問題や生物進化論も活発に議論された．その発表は1858年まで控えられていたものの，チャールズ・ダーウィンが自然淘汰理論を編み出したのも1840年代のことである．

　ゼンパーの思考は，1840年代の2つの出来事によって刺激された．ひとつは，ポール・エミール・ボッタとヘンリー・レイヤードが競い合って行った考古学探検がもたらした，アッシリア文明の発見である．アッシリアの存在（前1350頃〜前612）はそれまでにもギリシアの歴史家や旧約聖書の記述によって知られてはいたが，埋もれたアッシリア都市から精巧に彫刻されたアラバスターの壁面パネル（図46）が出土したことによって，この文明の本質がようやく明らかになり始めたのである．ボッタの説明では，アッシリア芸術（当時アッシリア文明は，さらに古い南方のシュメール文明やカルデア文明と文化的に区別されていなかった）はエジプト文化とギリシア

---

[139] G. Semper, *The Four Elemets of Architecture: A Contribution to the Comparative Study of Architecture* (*Gottfried Semper: The Four Elemets of Architecture and Other Writings* 所収). 原書（ドイツ語版）初版は *Die Vier Elemente der Baukunst: Beitrag zur vergleichenden Baukunde* (Braunschweig, 1851).

文化の中間に位置するとされた．写実描写(ナチュラリズム)の観点からすると，アッシリアの人物像（横向きのみで描かれる）は，まだ神権政治の足かせが強かったエジプトのものは凌いでいるものの，美の理想を自由に追求したギリシアの彫刻には及ばなかった．なおゼンパーの考えでは，アッシリアの建築形式は既知のどの国のものとも全く異なっていながら，ギリシアの形式とは興味深い類似点がいくつかあった．

　1840年代にゼンパーの理論に影響を与えた第2の出来事が，グスタフ・クレムの『人類の文化史概略』(*Allgemeine Cultur-Geschichte der Menschheit*, 1843-52) の出版である．ゼンパーと同じドレスデンに住んでいたクレムは，人間の最も未開な文化状態から，それがやがて「有機的・社会的な集団」[140] へと統合されていく過程を歴史書としてまとめた．同書が示しているのは，野蛮段階，被飼育段階，自由段階という，文化成長の3段階の輪郭である．彼によれば，文化という現象が現れるのは第2段階からのことであり，これはマレーシア，メキシコ，エジプト，中東，中国に見られる．第3段階の自由段階は主に西洋の功績であり，独裁者の支配が崩壊した瞬間に始まった．ペルシア人，アラブ人はこの段階の端緒につくことができたが，ギリシア，ローマ，ゲルマンの国々はこの段階のほぼ最後まで辿りついた．そしてこれらの段階は，互いに文化的業績に資する無数の要因によって支えられている．このように考えるとクレムの研究書は，あらゆる国と民族が繰り返してきた人間の活動や制作物の目録として読むことができる．当初彼は，物理特性と精神特性，家族と社会生活，食事習慣と埋葬習慣，住居，服装，装飾，道具，武器，家庭用品，宗教，言語といった要素から人間性を考察した．しかし文化の進展につれ，これらのカテゴリーは広がりその数を増す．火および言語の使用は文化的発展の発端だが，文化段階をよりよく示すのは家族が形成されているかと，所有概念が生まれているかである．クレムはいわゆる原始社会を観察し，初期の道具や彼らの技能の程度，身体装飾，歌，踊りといったものをじっくりと検証した．彼にとっては，これらのすべてが，人類の発達史を辿るにあたって根本的に新しい視座を与えるものだった．

　『建築の四要素』のゼンパーは，この民族学的・考古学的根拠に基づき，すべての建築創造に欠かすことのできない概念的要素として，炉，盛土，屋根，囲いの4つの動機（モチーフ）(モティーヴ)[141] を提唱した．彼によれば，これらは形の発展に各々が独自に作用しており，またそれぞれが初期段階の技術工芸と関係している．例えば社会的な

---

[140] クレムとゼンパーの関係については H. F. Mallgrave, "Gustav Klemm and Gottfried Semper: The Meeting of Ethnological and Architectural Theory," *RES 9: Journal of Anthropology and Aesthetics 9* (Spring 1985): pp. 68-79 参照．

[141] G. Semper, *The Four Elements of Architecture*, pp. 102-3.

炉，すなわち火は，人類最初の部族が，狩りを終えた後に集まるためのものだった．ここから火は，家族（炉）から社会（祭壇）までを含む，すべての社会的団体の萌芽を象徴するものとなった．そして火はまた，陶芸を創出した．盛土づくり，屋根づくり，壁づくりは，神聖な火を守るためのものだった．盛土（以降のあらゆる基礎の起源）は，湿った大地から炎を持ち上げた．そして，最終的にそれはダム，運河，棚田，組積造建造物などの類型へと発展を遂げた．屋根は炎を上から保護し，木工の概念，すなわち固定式の骨格構造という概念を生み出した．壁は，もともとは織物や簡単なマットでつくられた．これは炎を風から守るためだが，それと同時に，空間的な内部，すなわち外部と明確に異なる私的世界を規定した．さらにゼンパーは，建築形式と社会制度との関係を考えた．彼は例えば，地中海の北部高地に

46 アッシリアの有翼人図．オースデン・ヘンリー・レイヤード『ニネヴェ遺跡』（ロンドン，1849）より．

おける家父長制の始まりと破風の形式を関連づけ，気候がより温暖で厳格な階級制を有していたエジプトには中庭式の建物が適していた，と語っている．またゼンパーは，織物のような模様をもっていたアッシリアの壁面パネルを，織物のモチーフが，布から硬質素材に直接変換されたものだと見做した．それは，建築モチーフとは，本来とは全く異なる形式に逸脱して進化しうるものであり，それに伴い素材や文化も変化しうることの一例である．

　『建築の四要素』は1851年の冬に出版された．それはまさに，彼がロンドンで身を立てようとしていた頃だった．当時クリスタル・パレスは建設中だったが，仲介者を通じてヘンリー・コールを紹介された．この出会いにより彼は，この博覧会の展示デザイナーとしての仕事を手にした．かくしてトルコ，カナダ，スウェーデン，デンマークのブースのレイアウトを準備したゼンパーには，この博覧会の建物に入場する特

別の権利が与えられた。彼は北アメリカのインディアンの工芸品や、マオリ族の装飾デザイン、草で作られたアフリカのスカートに強い感銘を受けた。そして博覧会場で、彼はトリニダードの「カリブ」の小屋のモデルが、根源的な形式であり、まさに自身の4つのモチーフ理論を完璧に例証しているということを発見した（図47）。火まわりは丸太の下部構造に載って上がっている。葦の屋根は竹の骨組みに支えられている（図47）。壁のマットは屋根の支持体のあいだに垂直に垂れている。「各建設要素がすべて自ずからひとりで言葉を発し、他の要素との関連がない」[142]。ただし彼はまた、蒸気ハンマー、ベッセマー式ポンプ、ボイラーなどの、自身がドイツで慣れ親しんだものに先んじた、最新の工業機器の数々にも劣らず感銘を受けていた。

　1851年の秋に執筆した『科学・産業・芸術』（*Wissenshaft, Industrie und Kunst*）は、彼がこの博覧会に魅了されていたことの自然な帰結である[143]。そして、ここでゼンパーの理論は予期せぬ広がりを見せる。この時彼は、現在の建築生産の危機は思想の産物ではなく、工業過程が育てた、仕事場の「ある異常」の産物なのだと考えるようになっていた。たしかに工業化は、それに比例する「手段の過剰」とともに、人間の手による労働を基礎とした伝統的な芸術制作を荒廃させ、あるいはその価値を減じさせていた。しかしゼンパーにとっては、──ここがラスキンと好対照なのだが──既存の芸術類型のこの「崩壊」は、嘆くことではなかった。すなわち、この崩壊によって「新しくてよいもの」の出現が可能となり、（「借りたり盗んだり」してモチーフを反復している）現状を脱却する道が見出せるようになったのである[144]。かくしてゼンパーは、現在の建築の危機は経済的あるいは社会的なものではなく、様式的なものだと断じた。彼は述べている。「様式とは、基本となるアイディアと、芸術作品のテーマをよりよく具現化させる内在的・外在的な共同作因に重きを置き、それらに芸術としての意義を与えることである。」[145] この定義において重要なのは、基本となるアイディアやテーマである。「内在的・外在的な共同作因」とは、テーマの提示の仕方に作用する変数のことである。内在的変数とは、作品制作の際に使われる素材および技術的手段のことであり、外在的変数とは、作品に作用する土着的、時間

---

[142] G. Semper, Ms. 97, fol. 1, ゼンパー資料室、ETH-Zurich 所蔵。
[143] G. Semper, *Science, Industry, and Art: Proposals for the Development of a National Taste in Art* (*Gottfried Semper: The Four Elemets of Architecture and Other Writings* 所収)。原書初版は G. Semper, *Wissenschaft, Industrie und Kunst: Vorschläge zur Anregung Nationalen Kunstgefühles* (Braunschweig: Friedrich Vieweg & Sohn, 1852).
[144] Semper, *Science, Industry, and Art*, pp. 143-4.
[145] Ibid., p. 136（ドイツ語版 p.15）。原文は以下のとおり。"Styl ist das zu künstlerischer Bedeutung erhobene Hervortreten der Grundidee und aller inneren und äusseren Coefficienten, die bei der Verkörperung derselben in einem Kunstwerke modificirent einwirkten."

的，民族的，個人的諸因子のことである．彼はすなわち，現行の変数およびそれらが芸術にもつ影響を適切に分析すれば，再び様式を有した作品を生み出すことができるのではないかという希望をもっていたのである．実質的に，芸術はすでに産業時代に移行しており，芸術制作はそうした新しい要因に対処しなければならなくなっていた．

『科学・産業・芸術』の中でも，大博覧会の展示品を評論した章はヘンリー・コールを強く意識して書かれている．ゼンパーはコールがデザイン学校を運営していたことを認識しており，実際彼はコールに職を求めたのである．コールはゼンパーの苦境に少なからぬ同情を示していた．また1851年末には，コールはドイツ旅行でドレスデンにあるゼンパーの宮廷歌劇場を見に行っており，ザクセン王が，いつか彼を捕まえて自分の劇場で縛り首にしてやると脅していたという話をおもし

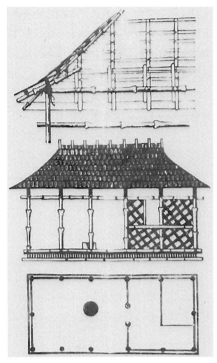

47　ゴットフリート・ゼンパー，大博覧会で展示されたトリニダードの「カリブ」小屋．ゴットフリート・ゼンパー『技術的・構法的芸術における様式，あるいは実践美学』2巻（1863）より．

ろがっていた[146]．しかし官僚仕事につきものの遅れのために，コールがゼンパーを「金属製品の装飾芸術の原理と実践」の講師に任命したのは1852年になってからのことだった．これはすなわち，長年にわたる孤独と貧困の末，ゼンパーがついにロンドンで妻と子供たちに再会できることを意味していた．

　ゼンパーがイギリスで書いたもう1本の論文は，ギリシアのパチンコ弾に関する数学的研究だった[147]．それは，ギリシア人が普遍的に有効なプロポーション規則をもっていたかどうかという，王立英国建築家協会（RIBA）の議論から生まれたものだ

---

[146] Henry Cole, "Journey to Vienna," Victoria and Albert Museum Library, 101. A. 72.
[147] G. Semper, *Über die bleiernen Schleudergeschosse der Alten und über zweckmässige Gestaltung der Wurfkörper in Allgemeinen*, (Frankfurt: Verlage für Kunst und Wissenschaft, 1859).

った.そこで彼は,大英博物館にあるギリシアとアラブのパチンコ弾の動力学的特性を研究することで,これに応えたのである.図表を豊富に用い,複雑な三角関数や導関数を 100 ページにわたって書き連ねながら,彼は,ギリシアの弾丸の空気力学的な造形が(鳥や魚の方向軸と似ているだけでなく)建築で使われる輪郭と似ているのは,ギリシア人が数式を使用して寺院を設計していたためではなく,「彼らがものに形を与える上で,その輪郭線上の至る所で応力が優位になるように自然法則に従っており,そのことはただ漠然と示唆されたのみならず,はっきりと識別できるようにされた」[148] からである,ということを証明しようとした.しかし,こうした法則も絶対的なものではない.なぜならそれぞれの造形は特定の生活環境や文脈の中で判断されなければならないからである.

　1855 年にゼンパーはチューリッヒの工科大学(現在の ETH)の建築学科長となり,それから 5 年後に理論研究の大著『様式(技術的・構法的芸術における様式,あるいは実践美学)』(*Der Stil in den technischen und tektonischen Künsten oder praktische Ästhetik*,1860-63)の第 1 巻を書き上げた[149].第 2 巻はその 3 年後に出版されたが,建築と様式問題のみに割かれる予定だった第 3 巻は,計画のみで執筆されることはなかった.それにもかかわらず,この研究書には途方もない野心が注がれていた.

　『様式』においてゼンパーは,「比較方法」あるいは「実践美学」を携えて,過去のゲルマン理論と決別する.特に彼は,ゲオルグ・ヴィルヘルム・フリードリヒ・ヘーゲルその他のロマン主義哲学者たちの難解な美学理論構築を覆そうとしていた.「装飾の形式上の合則性および芸術上の象徴としての装飾の意味」と題する,チューリッヒ到着から間もなく開かれた講義にも,この新しいアプローチの前兆が見てとれる[150].彼はこの講義を,天体運動の中に見出される秩序および,装飾品の概念の両者を意味する,ギリシア語の「コスモス」という単語の(宇宙であり 美容 (コスメティック) であるという)二重の意味を巡って組み立てている.すなわち,装飾することとはギリシア人にとって暗に「装飾されたものに自然の秩序を」課するという意味を含んでいたの

---

[148] Ibid. 原文は以下のとおり."... dass die Gesetz der Natur, wonach diese bei ihren Formengebungen die extremen Grenzen beobachtet und über Spannung herrschen lässt, nich bloss dunkel ahnten, sondern klar erkannten."

[149] G. Semper, *Der Stil in den technischen und tektonischen Künsten oder praktische Ästhetik*, 2 vols. (Frankfurt: Verlag für Kunst und Wissenschaft, 1860-3). 英訳版に *Style in the Technical and Tectonic Arts, or Practical Aesthetics*, trans. H. F. Mallgrave and Michael Robinson (Los Angeles: Getty Publications Program, 2004) がある.

[150] G. Semper, *Ueber die formelle Gesetzmässigkeit des Schmuckes und dessen Bedeutung als Kunstsymbolik* (Zurich: Meyer & Zeller, 1856).

であり，この形式的合法性によって芸術は，自然の中の宇宙の法則を模倣あるいは反映するのである[151]．北アメリカのインディアンが着用していたバイソンの頭部から，南洋の島民のマスク，お守り，タトゥーに至るまで，この装飾本能に関する民族学的な事例をいくつか示したのち，ゼンパーは，ギリシア人は初めて宝飾品や衣服に意識的にこの装飾的合法性を活用した人々であることを主張した．彼によると，ギリシアの装飾は実際に，① イヤリング，飾り房，ヘアスタイルなどの垂下装飾，② ネックレス，ブレスレット，ベルトなどの環状装飾，③ 王冠，司教冠，戦士のヘルメットなどの指導者を示す装飾，の3種類に分かれている．そして，このような類型化にどのような意味があるのかは，ゼンパーがこれと全く同じ方法でギリシア神殿の装飾を分析した際に明らかなものとなる．滴状装飾や持ち送りは垂下要素である．大玉縁（トルス），平縁（タエニア），玉縁（アストラガル）は環状要素である．屋根の彫像や棟瓦は指導者の要素である．指導者的性質をもったフリーズのパネルは彫刻の宝石で結び合わせられた心地よいリズムのネックレスとなっている．また，アクロテリオンには戦士のヘルメットに付いた羽根飾りと類似の形式がみられる．

　『様式』に持ち込まれているのも，これと同じ比較方法論である．同書は，芸術とは何かといったことや，19世紀中葉に建築が置かれている危機の概説から始まる．ゼンパーの目的は，「芸術現象における生成と発生の過程の中で浮かび上がってくる個々の適法性や秩序性を見つけ，そこから経験主義的芸術理論の基礎となる一般原則を演繹すること」[152]である．「経験主義的理論」という概念には若干の語弊があるが，彼は単純に，ドイツ観念論の哲学者たちが思索に偏りがちであるということ，また，彼らの思想に実用的な価値や芸術家に資する要素が欠けていることに対抗するためにこの語を用いている．彼の理論は，創作に関する具体的な指標を提示することで，実用的なものにしようとしているのである．「それが求めているのは，理念，労働力，材料，手段といった，形式それ自体ではない形式の構成部分，すなわち形式の基礎的前提条件なのである」[153]．

　彼は，同時代の建築は3つの誤った思想派閥によって支配されていると考えた．「唯物論者」たちは新素材の可能性や構造上の偉業に夢中になってしまい，そのため形式創造においては物質的要因を理念より上位に置いている．「歴史主義者」たちは逆に，過去のモデルに固執するばかりに，現行のものを本来あるべきように自由に進

---

[151] Ibid., p. 6. 原文は以下のとおり． "Wo der Mensch schmückt, hebt er nur mit mehr oder weniger bewusstem tun eine Naturgeschlichkeit an dem Gegenstand, den er ziert, deutlicher hervor."
[152] Semper, *Style in the Technical and Tectonic Arts*, p. 71.
[153] Ibid., p. 72.

化させ損ねている.また彼は,アウグスト・ライヒェンシュペルガーの著作を引用し,「西北および北ヨーロッパを新たにキリスト教に占領されるべき異教国のように」[154]扱っているとして,ゴシック派までも非難した.第3の誤った学派(「純粋主義者,形式主義者および未来主義者」)もまた,役には立たない.ゼンパーによれば,彼らは建築を哲学の予行演習か,「美学的清教徒主義」の一種のように扱うことで説明的な意味を強調しすぎ,究極的には建築からすべての表現手段を取り上げてしまっているのである[155].ゼンパーにとって建築とは,組み合わさった花輪,丸くなった巻物,輪になったダンス,オールを漕ぐリズムといった,身の周りの至る所で称賛されるような,法則性と遊戯性に満ちた本能の中から生まれ出るものなのである.そして「音楽と建築は,これらを発端として,最も高等な2つの純宇宙的(コズミック)(非模倣的)芸術に至る.それらの法則的な支援がなければ,他のどんな芸術も成立し得ない」[156].これと同じ本能はかくしてシンメトリーやプロポーション,方向性といった空間的状況に従うが,その一方,解釈や創造のための厳しいルールには縛られない.

　ゼンパーはこうした構成に則って,テキスタイル,陶芸,結構術(テクトニック)(木工),截石術(ステレオトミー)(石工)という芸術産業において,この4つの基本モチーフの展開を分析し始める.その記述は百科事典のように細部にまで言及した内容となるものもあるが,一方で彼は,簡単な言い回しで,それまでに全くなかった新しい洞察を読者に提供している.例えば陶芸の節は,その形式に関する用語とともに非常に重要である.彼の見解では,ペリクレス時代のアテネの陶芸分野で考案された造形の断面は,建築の剖形(ヒュドリア)の断面にも応用されていたというのである.また,ある事例では,ギリシアの瓶(ヒュドリア)とエジプトの坪(シトゥラ)の形状を,集団あるいは「国家の象徴」であるとまで解釈している.坪(シトゥラ)の重心の低さに彼は「すべてのエジプト建築の基本的特質」を読み取り,一方瓶(ヒュドリア)の重心の高さには「ドリス式建築に見られるいくつかの類型」を発見したのである[157].あるいは,こうしてひとつのモヴェクーフあるいは類型的形式がある表現手段から他のそれへと翻訳されるのは,新陳代謝(シュトフヴェクセル),すなわち「素材の転換」を通じても起こる.さまざまな変化を被る芸術様式は,この新陳代謝(シュトフヴェクセル)によって,それ以前の様式の名残や残滓を繰り越す.例えば,テキスタイルに発生したバスケット編みは伝統的な装飾デザインへと翻訳されることがあり得る.さらには,張力のモチーフとして柱頭に応用されるようになることすらあり得るのである.

---

[154] Ibid., p. 79.
[155] Ibid., pp. 80-1.
[156] Ibid., p. 82.
[157] Ibid., p. 469.

結構術(テクトニック)と截石術(ステレオトミー)の節にも新しい論点が見られる．例えば，ローマのヴォールトの発展に本来備わっている「空間的」モチーフを考える際，ゼンパーは，空間そのものの問題を，建築を考える時に有効な問題として取り上げている．また鉄に関する議論でも彼は，19世紀以降のゲルマン系の鉄に関する議論を規定するような発言をしている．素材としての鉄は薄くなることでより完璧に，より効率的になるため，本来「芸術にとっては不毛の土壌なのだ！」[158]と語った一方で，それを管状に用いて大トラスをつくり，大きな寸法を与えることができれば，「鉄に芸術の未来を託すことも可能であろう」としている[159]．

　最もページを割いているのはテキスタイルの節だが，話題を飛躍させながら，この破れにくく，柔軟で丈夫な素材のもつ複雑な歴史の紆余曲折を語り起こしていく彼の分析は，ことに創造性に富んでいる．かくして彼は，「被覆(ベクライドゥング)」という重要概念――彼は，人間の衣服と建築の被覆のあいだのある類似に気づいた――を冗長に書き連ねていく中で，自身の建築理論の基本理念を仔細に語り起こしていったのだった．歴史的に見ると，テキスタイルとは，空間の仕切りとして垂直に吊り下げた，原始的な絨毯の壁に由来する．続いて，枝の編み物から靱皮繊維の編み物への移行が起こり，植物素材から紡いだ糸の使用を経て，ついには機織りに至る．この発展段階にあっても，ポリクロームの壁掛けは空間のモチーフを象徴するために固体壁に垂直に吊り下げられていたが，これはやがて，被覆として壁自体に移植された．最も明白な事例がテキスタイル状のアッシリアの壁体パネルである．しかしギリシアでは，こうしたテキスタイル壁が塗装となった時点で，さらなる決定的な一歩が踏み出された．なぜなら，これによってそれらは「精神化された」，つまり，もはや単に表層を装飾するのではなく，高度に象徴的かつ表現豊かに壁を「仮面で覆う」ようになったのである．ゼンパーによると，この西洋芸術の重大事件（芸術作品で見られる，現実を〔テーマをもった〕仮面で覆う手法）は，ギリシア戯曲の発生と同時に起こったものであり，同様の演劇に対する本能から生じたものだった．

　　私は，被覆と仮面は人類の文明と同じくらい古くから存在し，この両者の喜びは，人間を，彫刻家，画家，建築家，詩人，音楽家，劇作家すなわち芸術家へと駆り立てるものの中にある喜びと同じであると考えている．すべての芸術的創造，すべての芸術上の楽しみの前提には，ある何らかの祝祭精神がある．あるい

---

[158] Ibid., p. 659
[159] Ibid., p. 660.

Chapter 6　19世紀半ばの様式論争　　301

は，私の考えを当世風に述べさせてもらえば，カーニバルのキャンドルの靄こそが，芸術の真の趣なのだ[160]．

この「現実の否定」，テーマを仮面で覆うことこそが，彼によると，シェイクスピアの戯曲やモーツァルトの《ドン・ファン》(*Don Juan*) にインスピレーションを与えた衝動であり，フェイディアスの石のドラマにひそむ「祝祭精神」だった．そしてこれは奇妙にも，ゼンパーにとっての歴史的建築作品の存在理由そのものだった．

ゼンパーは1863年に『様式』の第2巻を完成させたが，それとほぼ同時期に彼の関心は，のちに19世紀最大のもののひとつとなる建築プロジェクトに移った．1849年以降多忙となっていたリヒャルト・ヴァーグナーは，ようやく長い間探し求めたパトロンを見つけた．それは，1864年に即位したバイエルンの若き王，ルートヴィヒ2世である．ヴァーグナー（当時彼は《ニーベルングの指環》を書いていた）に専任作曲家になることを望んだこの新しい王は，彼に対して自身のオペラを上演するための世界最大の劇場の建設を提案した．ゼンパーはその設計を依頼され，それからの3年間，彼はこの建物のさまざまなディテールのデザインを進めていた．ところがその一方で，ヴァーグナーはすぐさま宮廷の贅沢さに順応していき，公庫にたびたび金銭の要求をした．それをバイエルンの納税者たちは快く思っていなかった．そして1865年にコジマ・フォン・ビューローとの不義が公になると，この都市における彼のふるまいに対し，半ば暴動のような反応が起こった．ヴァーグナーは密かにスイス行きの列車に乗せられ，大劇場のプロジェクトはここで絶望的なものとなった．

この設計の仕事によって，ゼンパーの『様式』第3巻の作業は中断された．彼は1860年代も終わりに近づく頃にようやく執筆を再開したが，成果はほとんどなかった．彼の最後の公的な場での講義「建築様式について」("On Architectural Style", 1869) は，2つの点において注目すべきものである．1点目は，「建築全体の未来」は「空間創造という壮大な芸術」にかかっているという彼の認識である[161]．2点目は，この齢66歳の建築家の言い訳めいた身を引く意志，および今はとにかく新しい建築様式が生まれるのに相応しい時代ではない，という彼の主張である．このように主張する中で，ゼンパーは創作の重荷を次の世代，「この国のもっと若い仲間たちの誰か」へと譲ったのだった[162]．

---

[160] Ibid., p. 660.
[161] G. Semper, *On Architectural Styles* (*Gottfried Semper: The Four Elemets of Architecture and Other Writings*, p. 28 所収). 原書初版は *Ueber Baustyle* (Zürich: Friedrich Schulthess, 1869) で，該当箇所は28ページ．
[162] Ibid., p. 284（ドイツ語版 p.31）．

しかしゼンパーのこの失望には，興味深い後日談がある．1869年初頭，彼はウィーンとドレスデンで大きな設計依頼を受けたため実務に復帰した．ドレスデンでは，1869年の大火によってゼンパーが最初に手がけた劇場が焼失してしまっていた．そこで，ザクセン王は多少躊躇したものの，新しい劇場を建設させるために，もはや有名になったこの建築家を街に呼び戻した（図48，49）．こうした出来事の一方では，ドイツのさらなる知識人，フリードリヒ・ニーチェがゼンパーの理論に魅了されていた．『様式』を読んだニーチェは，ギリシア演劇と「現実の仮面被覆」を扱った箇所に特にひきつけられた[163]．ニーチェは当時，1869年秋にまとめられた2つの講義でギリシア演劇に関するアイディアを発展させていたところであり，彼はそれらを出発点として処女作『音楽の精神からの悲劇の誕生』（*Die Geburt der Tragödie aus dem Geiste der Musik*, 1872）を完成させた．この本には2つのメインテーマがある．そのひとつ目は，ギリシア悲劇はアポロ的な力とデュオニュソス的な力の，デュオニュソス的傾向が優位に立った融合から生まれるというものである．しかしこの融合は，エウリピデスおよびソクラテスの時代には事実上の終わりを迎えた．このとき，理性的でない要素は，後に西欧文明となる理性的な力の高まりによって，いわば粛清を受けたのである．2つ目のテーマは，デュオニュソスの「麻酔の一口（ナルコーティッシュ・ゲトレンケ）」がギリシア人にとって，不安という根源的な状態から逃れる手だてや，悲劇的な英雄を（合唱（コロス）を通じて）象徴として生贄に捧げ，巧みに精神的な贖罪を果たす手だてを与えるものだった，というものである．ギリシア人は演劇を通じ，文明化の自惚れから逃

48 ゴットフリート・ゼンパー肖像（W・ウンガース画，1871）．『美術雑誌』（*Zeitscherift für bildende Kunst*, 1879年）より．

---

[163] ニーチェとゼンパーの関係に関する議論については Mallgrave, *Gottfried Semper*, pp. 346-52 を参照．

れ,抑圧された理性的でない衝動を解放することができた.「この合唱のために,ギリシア人は架空の自然状態なる足場を作り上げ,その上に架空の自然存在を据えた.悲劇はこの土台の上に現れた.そこで当然,悲劇には,初めから綿密な現実描写などなくてもよかったのである」[164].

そして,ゼンパーが二度目のドレスデン劇場のデザインの中で追求したのも,これと同じ着想だった.すなわち,この新劇場の図像計画(これはまさにプロイセン軍がフランスに侵攻する頃に作成された)では,彼は,劇場装飾の地位において,長らくアポロンに与えられ受容されてきた優位性を覆し,この大作の頂上に,花嫁のアリアドネをオリュンポス山に連れていく,デュオニュソス

49 ゴットフリート・ゼンパー,第2ドレスデン劇場(1870-8).著者撮影.

の4頭立て二輪馬車のブロンズ像を据えたのである.この「ディオニュソスの帰還」は,劇場内部の隅々にもはっきりと示されている主要なテーマである.またゼンパーは,2つの覚え書きからなる1874年の小冊子の中で,自分はこのデザインで,芸術が人々の民族的自覚に向けられていた神話期に最もよく理解されていた,(適者生存のような残忍な自然法則とは対照的な)より高い人類の法に訴えかけているのだと語り,この図像の妥当性を主張している[165].合理化された工業の主導権の高まりは,かつてなく大きな人間破壊の可能性を孕みながら,人間のより根底にある本能を宥め飼い馴らすという原初の救済の役割を,芸術から根本的に奪い去ってしまっている.それゆえ彼にとっては,芸術が人類から文明化という悪魔を追い払うという社会的な

---

[164] F. Nietzsche, *The Birth of Tragedy*, trans. Walter Kaufmann (New York: Vintage, 1967), p. 58. 〔西尾幹二訳『悲劇の誕生』中央公論新社, 2004年〕.
[165] この2つの覚え書きについてはHeinrich Magirius, *Gottfried Sempers zweites Dresdner Hoftheater: Entstehung, künstlerische Ausstattung, Ikonographie* (Vienna: Hermann Böhlaus, 1895), pp. 141-4 で議論がなされている.

役割を果たし続けるためには，理性的でないものは，より率直に称揚される必要があった．結局のところ，ゼンパーの新たな様式に対する諦めは，主に形而上学的なものだったようである．その芸術家観において，彼はほぼ確実に，自身が好きだった芸術家——ミケランジェロ——に対するものと同じ観点で自らを見ていた．19世紀最後の建築家だった．

Chapter 7

アメリカの歴史主義

> 建築の守護霊(ゲニウス)はこの土地全土に呪いをかけたのではないか．
> ── トマス・ジェファーソン（1781）──
> 妬みとは無知である．模倣とは自殺である．自分を良い方に連れていくのも悪い方に連れていくのも自分の領分である．ひとは教養を積んでいくなかで，誰しもこの確信に立ち至るときがある．
> ── ラルフ・ワルド・エマーソン（1841）──

1
アメリカ古典主義の伝統

　予想されるとおり，アメリカで建築理論が興るのは比較的遅い．1840年代以前には，アメリカでは哲学の愉悦にはほとんど関心が抱かれていなかった．ただしこれは，それ以前に国家的な思考特性が顕在化していなかったということではない．アメリカ建築はその始まりからヨーロッパからの入植者たちの文化観および歴史観に強い影響を受けてはいたものの，新しい地理的・文化的環境によってさまざまな変動が強いられたために，ヨーロッパ建築との重要な差異は早くから現れていたのである．例えば，アメリカの建築家には過去の歴史建造物――ギリシア，ローマ，中世，ルネサンスの建築――すなわち，ヨーロッパの歴史概念を得るための直接のコンテクストを提供するモデルにいつでも触れられる，ということがなかった．また，経済的，物質的に困窮した開拓者の生活ゆえに，アメリカのヨーロッパ人は倹約と実用性を尊重しなければならず，彼らのヨーロッパ文化への自負もたちまちにして薄らいでいった．一方で，昔の面影をそのままに残しながら，おおかた人も住んでいなかった当時の北アメリカの景観も考えなければならない．アメリカに田園的，反都会的志向が広く育っていったのには，その距離やスケールの大きさも一役買っているのである．さらに，アメリカの政治体制上の平等主義や民衆の反王政の感情も極めて重要である．彼ら民衆は当初，個人の不摂生および市民の虚飾を避けたのだった．そうしてアメリカには，北部と南部の社会観の違いや移民パターンの違いからくる（政治的および文化的双方の）明確なイデオロギー分裂があった．初期ニューイングランド地方の人々はその多くがイギリス社会の下層社会に出自をもっており，厳しい宗教指針と共同体の信条を抱いてやって来た．そしてそこには，アメリカの未来を神の計画の観点から見る，清教徒的な終末論も含まれていた．一方，南部に惹かれた初期移民は逆に利益的な誘因に引きつけられた．すなわち彼らは，潮水もふんだんで，より温暖な気候の地域，そして肥沃な土地に引きつけられたのである．彼らはすぐにタバコ，稲，綿花といった作物を栽培した．こうした土地所有者は，まさしく荒野から文明を刻んだ誇り高き「独立独行の」人物だった．このように，共和国にはその早い段階から信念に基づいた（これらは結局荒廃同然になったが）者同士の政治的分裂が起こっていた．

　この地域間の違いは，チャールズ・ブルフィンチ（Charles Bulfinch, 1763-1844）とトマス・ジェファーソン（Thomas Jefferson, 1743-1826）という，アメリカ最初の

重要な建築家2人の方向性の違いの中にも見ることができる[1]．ハーヴァード大学出身のボストン人であるブルフィンチは，1785年に2年間のヨーロッパ旅行に乗り出した．そしてかの地でジェファーソン大使に出会い，彼の提案に従って南仏とイタリアを訪れる．しかしブルフィンチの建築観を形作ったのはイギリスであり，蔵書もイギリスの書籍で構成されていた．初期作のフェデラルストリート劇場（1793-4）とトンタイン・クレセント（1794）の2作はイギリスの典拠をモデルとしており，彼の代表作であるマサチューセッツ州会議事堂（1795-8）もウィリアム・チェインバーズのサマセット・ハウスに負うところが大きい．ただしブルフィンチの建築デザインはイギリスのモデルよりも軽快かつ簡素であり，全体プロポーションには北東部の木造の伝統的スケール感がある．なお，彼のアメリカ的感性の成長はランカスター聖堂（1816-18）の禁欲性に最もよく見ることができる．これはまさしく，アメリカの実践初期の傑作のひとつである．

一方，ジェファーソンの建築観も同様に模倣的なものであるが，典拠への視野はいっそう国際的なものとなっている．また，彼の着想についてはさらに多くのことが知られている．彼が学校教育を受け始めたのは1760年代初期のウィリアム・アンド・メアリー大学においてだが，彼が初めて建築書に出合ったのもこの頃（おそらくウェストーヴァー近郊のウィリアム・バード図書館で）である．その後ジェファーソンは1767年に最愛の自邸モンティチェロの建設を始めたが，そのオリジナルデザインの基本にあったのは，ロバート・モリスの本に掲載されていた平面図だった．ここでの3部屋構成の計画は，穏当かつ古典的なものとして，イングリッシュ・パラーディオ式の特徴を有していた．そしてその後数十年にわたる建設，設計変更，増設は，ジェファーソンにとって，自らの進化し続ける数々の建築アイディアを試す手段となった．また1770年代初頭のジェファーソンは，八角形の礼拝堂，ウィリアム・アン

---

[1] ブルフィンチの生涯と作品については Howard Kirker, *The Architecture of Charles Bullfinch* (Cambridge: Harvard University Press, 1969); Charles A. Place, *Charles Bullfinch: Architect and Citizen* (New York: Da Capo Press, 1968; originally published in 1925); and Ellen Susan Bullfinch, ed., *The Life and Letters of Charles Bullfinch, Architect, with other Family Papers* (Boston: Houghton Mifflin, 1896) 参照．ジェファーソンの建築に対する興味については多数の書籍が公刊されているが，特に Robert Vickery, *The Meaning of the Lawn: Thomas Jefferson's Design for the University of Virginia* (Weimar: VDG, 1998); George Green Shackelford, *Thomas Jefferson's Travels in Europe, 1784-1789* (Baltimore: Johns Hopkins University Press, 1995); Michael Brawne, *The University of Virginia, the Lawn: Thomas Jefferson* (London: Phaidon, 1994); Jack McLaughlin, *Jefferson and Monticello: The Biography of a Builder* (New York: Henry Holt, 1988); Howard C. Rice Jr., *Thomas Jefferson's Paris* (Princeton: Princeton University Press, 1976); Fiske Kimball, *Thomas Jefferson Architect* (New York: Da Capo, 1968; originally published in 1916); Frederick Doveton Nichols, *Thomas Jefferson's Architectural Drawings* (Charlottesville, Va.: Thomas Jefferson Memorial Foundation, 1961) を参照のこと．

ド・メアリー大学にある通称「レン・ビルディング」の増築（彼は「下卑た不格好な建物」と書いたが），総督公邸の改築など，ウィリアムズバーグの建物も多く設計している[2]．これらは皆，パラーディオ式の先例に基づいたもののようである．1780年，当時リッチモンドの新議事堂計画担当委員会の長だったジェファーソンは，ヴァージニア州会議事堂の第１案をデザインしたが，この計画の各端には古典的なポーティコがついていた[3]．

　1784年から1789年までの在フランス大使としての５年間は，ジェファーソンの建築観にとって非常に実りのある時期だった．ニームのメゾン・カレ——この建物はロージエに完璧な建築モデルを与えた——への彼の（「不倫関係の愛人に対するような」）心酔はよく知られており，彼がそれ以前にヴァージニア州会議事堂に翻案したのも，無論この神殿形式である[4]．当時，彼は少々贅沢に，ジャン＝フランソワ＝テレーズ・シャルグラン（Jean-Francois-Thérèse Chalgrin, 1739-1811）設計の新古典的な作品である，オテル・ド・ランジャックをアメリカ大使館として借りて使っていた．この建物はシャンゼリゼ通りに位置しており，道を挟んだ向かいにはルドゥー設計の入市税関事務所のひとつがあった．ジェファーソンはピエール・ルソー設計のオテル・ド・サームにも「猛烈に惚れ込んで」いた[5]．また彼はジャック・スフロのパンテオンをスケッチし，穀物取引場(アール・オ・ブレ)の薄層の木造ドームを賞讃した．そして彼は，シャヴィルにあるエティエンヌ＝ルイ・ブレ設計のテッセ伯爵夫人の家にもよく訪れていた．ジェファーソンの古典主義はこのように，はっきりとしたフランス的色彩を帯びるようになった．

　1786年の春，ジェファーソンはジョン・アダムスとともにイギリスを訪れ，当地の地所や庭園をくまなく見て回った．その中にはバーリントン伯のチジック（ドームは「悪影響」を及ぼしており，庭は「手が込みすぎている」）があり，アレキサンダー・ポープのトウィッケナムがあり，ウィリアム・ケントのストウがあり，キューがあった[6]．イギリス的な造園へのアプローチは，彼の見解では，「地上のすべてに勝る」，「自分の認識を遥かに上回った」ものだった[7]．しかし逆に，「アメリカの建築

---

[2] T. Jefferson, *Notes on the State of Virginia* (1782-7), in *Thomas Jefferson: Writings* (New York: Library of America, 1984.), p. 278.
[3] Nichols, *Thomas Jefferson's Architectural Drawings*, p. 4, pl. 12 参照.
[4] 1787年3月20日付ド・テッセ伯爵夫人（Madame de Tessé）宛書簡より引用．*Thomas Jefferson: Writings*, p. 891 所収.
[5] Ibid.
[6] ジェファーソン "Travel Journals, a Tour to Some of the Gardens of England," (*Thomas Jefferson: Writings*, pp. 623-8 所収) 参照.
[7] 1786年5月4日，ジョン・ペーシ宛ジェファーソン書簡．*Thomas Jefferson: Writings*, p. 853 所収.

1 — アメリカ古典主義の伝統

は悪い．私が見た中で，アメリカでどこよりも悪いのはヴァージニアだ．しかしこれらを含めて見ても」，イギリスの建築は「何とも見下げ果てたもの」だった[8]．1788年にはオランダとドイツも巡っており，これによって彼は，自身の受けたやや保守的な建築教育を締め括った．

　こうした体験すべては，彼の建築思考を変えた．モンティチェロの建設は1793年からまた新たな高まりを見せるが，ジェファーソンはそこで，フランスの多くの作例のアイディアを取り入れている．また，おそらくさらに重要なのは，ワシントンという新都市に彼が国務長官および大統領として残した痕跡である．ジョージ・ワシントン大統領がフランスの画家・建築家，ピエール＝シャルル・ランファン（Pierre-Charles L'Enfant, 1754-1825）に新首都の計画立案を依頼した1791年，この大統領はランファンにジェファーソンと接触するよう指示した．そこでジェファーソンはランファンに対し，即座にヨーロッパの都市計画資料数点を渡し，返信書簡の中で国会議事堂には「これまで幾千年にわたり認められてきた古代のいずれかを手本に選ぶ」[9]ことを提案したのだった（図50）．また，ランファンが1792年に解雇された後，ジェファーソンは大統領官邸のコンペティションと国会議事堂のコンペティションを開催している．大統領官邸のコンペティションに勝ったのはアイルランド人のジェームズ・ホーバン（James Hoban, c. 1762-1831）だったが，このコンペティションには，パラーディオのヴィラ・ロトンダをベースとしたデザインでジェファーソンも匿名で参加していた．また，彼は後にホーバンの案の改変を求めて幾度も口論しており，ベンジャミン・ラトローブが1807年にホワイトハウスにポーチを増設した際の責任者も彼だった（図51）．

　国会議事堂の初期デザインは大きな議論を呼んだ．1792年時点では該当作なしとされたが，建設委員会はコンペティション参加者のひとりであるエティエンヌ＝シュルピス・アレ（Etienne-Sulpice Hallet, c. 1760-1825）を保留とし，応募計画を「改め」させた．しかしこの段階で，ウィリアム・ソーントン（William Thornton, 1759-1828）がコレン・キャンベルのデザインを下敷きとしたデザインをもって新しく名乗り出てきた．そこから1年ほどソーントンとアレは代替案を出し続けたが，徐々に場を掌握していったのはソーントンだった．なお，ジェファーソンはアレの修正案のひとつをスケッチにおこしてジョージ・ワシントンに譲っている．ソーントン

---

[8] Ibid., 853-4. ジェファーソンの美学については Kenneth Hafertepe, "An Inquiry into Thomas Jefferson's Ideas of Beauty," *Journal of the Society of Architectural Historians* 59 (2000): pp. 216-31 参照．
[9] 1791年4月10日付ランファン少佐宛ジェファーソン書簡．*Thomas Jefferson: Writings*, p. 976 所収．

50 国会議事堂とワシントン D.C. を見る (1810). J. W. Moore, *Picturesque Washington: Pen and Pencil Sketches* (Chicago, 1886) より.

51 ホワイトハウス. ペンシルヴァニア通りより見る. J. W. Moore, *Picturesque Washington: Pen and Pencil Sketches* (Chicago, 1886) より.

は当面の間(つまり,当時の大統領ジェファーソンが 1803 年にソーントンの後任にベンジャミン・ラトローブを起用するまでの間),案をうまく進めていたが,ジェファーソンもソーントンの案には批判的だったわけである[10]. ジェファーソンはこのようにしてこのプロジェクトへの影響を及ぼし続けた. 下院議院の屋根のデザインを巡っては,ラトローブと 2 年間の長きにわたる論戦を繰り広げた. この点では,建築家側の激しい反対に対し,勝ったのはジェファーソンだった. なお,ジェファーソン案の天窓(アール・オ・ブレ)(穀物取引場の屋根のデザインに基づく)ではぎらつく光と結露が問題となりこの大統領を困らせたが,この問題はイギリス製の松明の使用によって無事に解決した. こうしたさまざまなことを斟酌すると,この新議事堂に古典的性格を与えた張本

---

[10] Nichols, *Thomas Jefferson's Architectural Drawings*, pl. 18 のジェファーソンによるアレの計画案のスケッチを参照. ジェファーソンは 1793 年 3 月 26 日にアレの改変案をワシントン大統領に送っており,その際ジェファーソンはソーントン案の採光と空気循環の問題を指摘している. これに対し大統領は 1793 年 6 月 30 日に憤慨気味の返答を書き送っている.

52 トマス・ジェファーソン, ヴァージニア大学キャンパス (1817-26). William Alexander Lambeth, *Thomas Jefferson as an Architect and a Designer of Landscapes* (Boston, 1913) より.

人はジェファーソンであるとするのも不当ではない.

　ジェファーソンの最も重要な設計はヴァージニア大学 (1817-26 年, 図 52) にほかならないが, これはまた, 彼の古典的理想主義がもっとも完全な姿で具現化した設計でもあった. 1805 年の開始時には「大学は家ではなく村であるべきである」とする優れて市民的な考え方 (これはおそらく, カトルメール・ド・カンシーの百科事典の記述に影響されたものである) が明言されており, 1810 年にはこの考え方全体が精緻な計画にまで落とし込まれていた[11]. この時, ラトローブは「マスとしてもディテールでも, 良き建築趣味の実例として, 考えつく中で最も完璧なものとなるでしょう」[12]と, この複合施設の先に焦点となる建物を配置するアイディアをジェファーソンに提案しているが, ジェファーソンはその焦点にローマのパンテオンを(半分のスケールで)用いることで, 全体設計に気品と真実性をもたらしている. 互いにコロネードでつながった 10 人の教授のためのパヴィリオンは, 立面も平面もディテールも

---

[11] 1805 年 1 月 5 日付リトルトン・ウォーラー・タズウェル宛ジェファーソン書簡 (*Thomas Jefferson: Writings*, p. 1152) 参照.「学問の村」という着想については 1810 年 5 月 6 日付のヒュー・L・ホワイト他に宛てた書簡 (*Thomas Jefferson: Writings*, pp. 1222-3 所収) も参照のこと. メアリー・N・ウッズによれば, このコンセプトの想源はカトルメール・ド・カンシーの *Encyclopedie methodique* (1788 年) 内の「大学」(College) の項であるとされる. Idem., "Thomas Jefferson and the University of Virginia: Planning the Academic Village," *Journal of the Society of Architectural Historians* 44 (October 1985): p. 272 を参照されたい.

[12] 1817 年 6 月 12 日付書簡の中でジェファーソンはラトローブに自身の計画に対するコメントを求めている. これに対しラトローブは, 1817 年 7 月 24 日にラフスケッチを付して返答した. *The Papers of Benjamin Henry Latrobe*, ed. Edward C. Carter II (New Haven: Yale University Press, 1984-8), 3: pp. 901-2, 914-16 参照.

さまざまで、ラトローブも思ったとおり、さながら一種の建築辞典の体をなしている。IX棟にルドゥーのオテル・ド・ギマールの入口のエクセドラを用いた点にはジェファーソン独特の才能が光っており、芝生へのテラスの張り出し方や、パヴィリオンの空間が徐々に広くなるように作られているところなどにも、視覚的な機微が現れている。このキャンパスは19世紀建築最高の佳作として、また、反都市的、個人主義的な憧れをもつ作品として、骨の髄までアメリカ的な作品だった。

　19世紀前半に古典主義が広く受容されたのは、ベンジャミン・ヘンリー・ラトローブ（Benjamin Henry Boneval Latrobe, 1764-1820）に負うところも大きい[13]。ラトローブがアメリカに移民してきたのは1796年のことだったが、このとき彼はすでに熟練のエンジニア兼建築家であり、また移民の際には1,500冊の本を持参していた。彼はイギリスに生まれ、ザクセンとシレジア（ポーランド）でモラヴィア教会の学校に通ったが、その後、ロンドンでジョン・スミートンとサミュエル・ペピス・コッカレルの事務所で働いた。そして彼は事務所を開き、英仏戦争以前にはソーン風をはっきり感じさせるスタイルで2軒の住宅を設計したが、妻の早世をきっかけにヴァージニアに発った。この新興国での成功はゆっくりと訪れた。その設計とエンジニアの腕が初めて披瀝されたのはヴァージニア州立連邦刑務所（1797）でのことだが、彼の手腕にさらに大きな表現が与えられたのは、ペンシルヴァニア銀行（1799-1801）や浄水場（1799）といった、フィラデルフィアのプロジェクトにおいてである。ローマ神殿的なデザインのなされたこの銀行は、ヴォールト架構の円形ホールをもつものとしてアメリカで最初のものである。一方、大胆で力強い造形を有したセンタースクエアのポンプ室には、ルドゥーやソーンの影響が現れている。

　しかし、ジェファーソンが救いの手を差し伸べに来るまでは、ラトローブはなおも苦労していた。ヴァージニアに降りたって少ししてから、ラトローブは政治的なコネの開拓を試みた。その初めは1796年のマウントヴァーノンへのジョージ・ワシントン訪問であり、その2年後、次に彼は副大統領のジェファーソンに会っている[14]。しかし、大統領となったジェファーソンがラトローブをワシントンD.C.に招き、海軍の船渠（ドライ・ドック）の設計を依頼したのは、ようやく1802年になってからだった。それはデラ

---

[13] ラトローブの作品については *The Architectural Drawings of Benjamin Henry Latrobe*, Jeffrey A. Cohen and Charles E. Brownell (eds.), 2 vols. (New Haven: Yale University Press, 1994); Talbot Hamlin, *Benjamin Henry Latrobe* (New York: Oxford University Press, 1955) 参照。また、*The Journal of Latrobe: Being the Notes and Sketches of an Architect, Naturalist and Traveler in the United States from 1796 to 1820* (New York: B. Franklin, 1971; originally published in 1905) も参照されたい。

[14] *The Journal of Latrobe*, pp. 50-64 には、ワシントンと一夜をすごしたこの日のことがラトローブにより詳述されている。

ウェア川とチェサピーク湾の間の運河に関する書簡をやりとりした後のことで、ジェファーソンはこのドックの屋根を「パリの穀物取引場のように」[15]設計するよう伝えた。しかしこのプロジェクトはその後進展せず、2人が、建築を議論する機会はなかったようである。ところが、その年の11月に開かれた大統領主催の晩餐会において、ジェファーソンは、このラトローブが自分の探していた古典精神をもつ同志だったことを見出すのである[16]。かくして1803年初頭、ジェファーソンはワシントンの公共建築物検査官のポストを復活させてラトローブを選任し、それまで長引いてきた国会議事堂の作業の進行も彼に任せた。

しかし、この建物を巡ってはそれまで喧々諤々の議論が繰り広げられており、彼の提案した構造の是正と平面の修正も一筋縄では受け入れられなかった。また、ラトローブがジェファーソンの友人であったことから、当時まだ建設委員であった連邦党員のソーントンは彼に猛烈に反対し、その評判を落とすために手を尽くした[17]。しかし、彼はソーントンの異議を押しのけ、1803年から1811年の間に一連の古典的空間を創作した。プロポーションに均整がとれている点や、ドーム状のキャノピーを戴いている点、また光の効果などはソーンのイングランド銀行のホール群に負うところが大きい。また、イギリス軍によって最初の国会議事堂が焼き討ちにあった後に作成された1815年の国会議事堂修正再建案では、ラトローブはよりはっきりとソーンのホールに依拠するようになっていた。

ラトローブはあらゆる点で万能のデザイナーだった。例えば1805年のボルチモア大聖堂では、彼は初め、自らは「前者を好む」[18]としながらも、「ゴシック式」と「ローマ式」の両方のデザインを提案したが、このアメリカ唯一のカトリック教区に実際にもたらした聖堂とドームは古典の傑作だった。書簡中にラトローブが言及する書籍は、ヴィニョーラに始まりスチュアートとレヴェット(彼らの『アテネの古代遺跡』(*Antiquities of Athens*)は国会議事堂の主な発想源となっている)、ウィリアム・チェインバーズ、ダヴィド・ジリーといったお決まりの古典のテクストだった[19]。1807

---

[15] 1802年11月2日付ラトローブ宛ジェファーソン書簡. *The Papers of Benjamin Henry Latrobe*, p. 1221所収.
[16] 1802年11月24日付メアリー・エリザベス・ラトローブ宛ラトローブ書簡参照. ibid., pp. 1232-3, 234-5.
[17] ソーントンによるラトローブに対する個人攻撃は衰えることを知らず、最終的に名誉棄損訴訟にまで発展した。この問題の詳細についてはHamlin, *Benjamin Henry Latrobe*, pp. 284-6 参照.
[18] 1805年4月16日付ジョン・キャロル宛ラトローブ書簡. *The Papers of Benjamin Henry Latrobe*, 2: pp. 52-4所収.
[19] Latrobe refers to Gilly's *Handbuch der Land-Bau-Kunst* in referring to the Delorme roofing system. 1805年7月19日付ジェファーソン宛ラトローブ書簡 (ibid., 2, p. 108) 参照.

年ジェファーソン宛の書簡はよく引用されるが，ここでラトローブは，自らが「バルバ，パルミュラ，スパラトロのローマ建築およびハドリアヌスの治世の後に建てられたすべての建物を非難するギリシア一点張りの人間」[20]であることを自称している．しかしこの言及には前後がある．これ以前の1通の書簡において，彼は，ジェファーソンに痛いところを突かれていたのである．すなわちジェファーソンは，ラトローブが下院議院に架けようとしているドームとキューポラが，古代あるいは古典に先例のない単なる「イタリアの発明」であると主張したのである[21]．そこでラトローブは——そこには彼の座学偏重を戒める意味が確かにあった——古代の建物を隷属的にコピーすることを非難してジェファーソンに応じた．

> 我々の宗教には，彼らの神殿とはまるで異なる聖堂が必要なのです．我々の政府に必要な建物は，我々の立法議会に必要な建物は，我々の法廷に必要な建物は，彼らのバシリカとは全く異なる原理をもっています．また，我々の娯楽も彼らの劇場や競技場では到底上演できないでしょう．あるいは，まず気候の違いの問題からして，我々の建物は古代人の建物から変えなければならないのです[22]．

そしてラトローブは，「ギリシア人やローマ人が神殿に背の高いキューポラを置いていないからといって，必然的な場合のキューポラさえも美しくなり得ないとは思えません」[23]と締め括る．

ラトローブの強みは幾何学的なプランニングであり，エンジニアとしての腕であり，デザイナーとしての創作力だった．これらにかけては，当時のアメリカ人建築家で彼に匹敵する者などいなかった．二番目の下院議院の設計は近代の先例を讃えた見事な作品である．この設計は1795年から97年にかけて建設されたブルボン宮殿のドーム架構の下院議場（Chambre des Députés）に基づくものだが，この先例自体もゴンドワン設計の外科学校の階段教室を思い起こさせるものだった[24]．全体にわたってポリクロームや空間による劇的な効果を有したこの議事堂は，当時の政治家たちからは絶え間ない中傷に遭っていたが，苦難の時期の若き民主主義のシンボルとなるよう，見事な着想がなされていた．

---

[20] 1807年5月21日付ジェファーソン宛ラトローブ書簡（ibid., p. 428）．
[21] 1807年4月22日付ラトローブ宛ジェファーソン書簡（ibid., p. 411）．
[22] 1807年5月21日付ジェファーソン宛ラトローブ書簡（ibid., p. 429）．
[23] Ibid.
[24] Latrobe cited the French Revolutionary precedent for design in "Report on the South Wing of the Capitol," 27 April 1815, ibid., 3: p. 655.

建築の才能をもった移民はラトローブひとりではなかった．1794年にニューヨークに現れたジョゼフ=フランソワ・マンジャンは都市測量士となり，また1802年にはニューヨーク市役所のコンペティションに勝った（施工はジョン・マッコム，1803-12）．この10年に彼は他の作品もいくつか建てているが，1817年前後にはフランスに戻ったものと思われる．また，フランス仕込みの建築家マクシミリアン・ゴドフロワ（Maximilian Godefroy, 1765-1840?）は1805年にアメリカに到着し，主としてボルチモアで活動した．彼はラトローブと親交を結び，ボルチモア証券取引所では協働もしている．ただしこの協働関係は口論へと発展し，1819年にゴドフロワはイギリスに戻る[25]．さらに，才能を有していたフランス移民には，フランソワ=ジョゼフ・ベランジェの弟子のジョゼフ・ラメ（Joseph-Jacques Ramée, 1764-1842）がいた．ラメがベルギー，ドイツ，デンマークを経由しアメリカにやって来たのは1812年のことであり[26]，1813年にはニューヨーク州のスケネクタディのユニオン・カレッジの設計依頼を受けたが，ここで彼がこの大学の建物に採用した，古典的なペディメントを有した中央のロトンダを際立たせるU形平面は，竣工の数年後，ヴァージニア大学の計画の最終調整を始めた頃のジェファーソンの目をひいている．同1813年，ラメはまた，繊細なドローイングにおこした凱旋門のデザインを携え，ボルチモアのワシントン記念碑のコンペティションに参加している．ここでは，中央開口部内部に収まった2柱式スクリーン付きのエンタブラチュア（「ギマール式モチーフ」）が作品全体に紛うことなきフランス的味付けを添えている．しかし，ラメのデザインはロバート・ミルズの次席の2等となり，実務を続けるのに失敗した彼は1816年にヨーロッパに戻ることとなった．

そして最後に挙げるのは，イギリス人のジョージ・ハドフィールド（George Hadfield, 1763-1826）およびウィリアム・ジェイ（William Jay, c. 1793-1837）である[27]．ジェイはサヴァナに1817年から1824年まで滞在しただけだが，彼は特異な新古典的な作品群をもってこの都市に消せぬ痕跡を残していった．ハドフィールドもまた相当な才能を有していた人物である．ロイヤル・アカデミーで教育を受け，ジェームズ・ワイアットのもとで働き，奨学金でイタリアを旅した後，ハドフィールドがア

---

[25] ゴドフロワがボルチモアに設計した作品については Robert L. Alexander, *The Architecture of Maximilian Godefroy* (Baltimore: Johns Hopkins University Press, 1974) 参照．
[26] ラメをテーマにした優れた研究書に Paul V. Turner, *Joseph Ramee: International Architect of the Revolutionary Era* (New York: Cambridge University Press, 1996) がある．
[27] ジェイの作品については Frederick Doveton Nichols, *The Architecture of Georgia* (Savannah: Beehive Press, 1976) を，ハドフィールドについては Michael Richman, "George Hadfield (1763-1826): His Contributionto the Greek Revival in America," *Journal of the Society of Architectural Historians* 33 (1974): pp. 234-5 を参照．

メリカに移民してきたのは1795年のことで，ここで彼は議事堂の建設を監督した．短気なソーントンとの諍いのため，結局ハドフィールドは2年後にはこの職を辞することになるが，その後も彼はこの街に残り，連邦政府の建物を多く設計している．彼の作品で最も注目すべきは，ポトマック川の真向かいに位置する，アーリントンのカーティス＝リー・マンションである．青々とした丘の上に位置したこの建物は，パエストゥムの造形を手本とした，フルーティングの入らない6本のドリス式柱をもつ堂々たるポーティコを有しており，今でもこの土地の目をひくランドマークであり続けている．

なお，新世紀が明けて数十年は，こうした外国生まれのカウンターパートと同じく，アメリカ生まれの建築家たちも実務を確保するために奮闘していた．ブルフィンチの古典様式は，ボストンではアレクサンダー・パリス（Alexander Parris, 1780-1852），ソロモン・ウィラード（Solomon Willard, 1783-1861），イザイア・ロジャース（Isaiah Rogers, 1800-69）という3人の有名な信奉者を得た[28]．彼らのスタイルの手引書としては，1806年から1827年の間に6版を数えたアッシャー・ベンジャミン（Asher Benjamin, 1773-1845）の『アメリカン・ビルダーズ・コンパニオン』（*American Builder's Companion*）を挙げることができる[29]．このベンジャミンはアメリカ最初の建築テクストを出版した人物であるとされるが，彼もまた実務建築家だった．このテクストは『カントリー・ビルダーズ・アシスタント』（*The Country Builder's Assistant: Containing a Collection of New Designs of Carpentry and Architecture*, 1797）という，全7冊の自著のハンドブックの第1冊だった[30]．『アメリカン・ビルダーズ・コンパニオン』初版では，ジェームズ・ギッブスの『建築書』（*Book of Architecture*）や，ブルフィンチ，ベンジャミンの著作から引用されているが，3版（1816年）では主な引用元をウィリアム・チェインバーズに変えている．また，ベンジャミンはその後1827年の第6版に「ギリシア建築」の節を追加し，パルテノンのオーダーとイーリッソス川沿いのイオニア式神殿を特に重点的に解説してい

---

[28] パリスについてはEdward F. Zimmer, "The Architectural Career of Alexander Parris (1780-1852)" (Ph.D. diss., Boston University, 1984) を，ウィラードについてはWilliam Wheildon, *Memoir of Solomon Willard: Architecture and Superintendent of the Bunker Hill Monument* (Boston: Monument Association, 1865) を参照．

[29] A. Benjamin, *The American Builder's Companion, or, A New System of Architecture, particularly Adapted to the Present Style of Building in the United States of America* (Boston: Etheridge & Bliss, 1806); Jack Quinan, "The Architectural Style of Asher Benjamin" (Ph.D. diss., Brown University, 1973) 参照．

[30] A. Benjamin, *The Country Builder's Assistant: Containing a Collection of New Designs of Carpentry and Architecture* (Greenfield, Mass.: T. Dickman, 1897).

る．ただし，同書内では理論に関する議論はごくわずかなものに留まり，それもロージエからの丸写しであると思われる．彼の議論では，建築は自然を模倣する．しかし，ここで具体的に言及されているのは，この新古典主義者のフランス人が記述した通りの原始の小屋(プリミティヴ・ハット)である．また彼によれば，建物の構造部材は必要あるいは欠くことのできないものである一方，装飾は「アクセサリーにすぎない」ため，趣味がよく，はめを外さない程度のものでなければならない．またオーダーの起源に関してベンジャミンはウィトルウィウス的な説明をしているが，この説明の正確性については「これまで大いに疑問視されてきており，おそらくそう信頼するには足らない」[31]としている．

　ギリシア古典主義に賛意を示した宣言としては，これよりも早い1814年に1編の小論が現れているが，この論は同時に，当時のグリーク・リヴァイヴァルのより大きな土台となった[32]．その著者は，ジェファーソン信奉者のフィラデルフィア人であり，ジェファーソンの伝記作家の先がけでもある，ジョージ・タッカーだった[33]．タッカーの論は，建築界に（13世紀頃のゴシック建築の「短期間」を除いて）2000年にわたり君臨してきたギリシア建築を，本当に建築における優れた不変の尺度としてよいのか，という問いから始まる．そしてタッカーは，シャフツベリとバークの美学を引用しながら，文明人のほぼすべてがギリシア建築を尺度にしていることのさまざまな理由を考察する．そうした理由としては，例えば，実用性と利便性，本源的な美，穏当かつ効果的な装飾，伝統的な権威といったものがあった．しかしこの最後の理由のために，彼はジレンマに陥る．タッカーは一方で，変化やコントラストの必要性も，人間の創作衝動の存在も認知していながら，また一方では，ラトローブが国会議事堂で行った革新的な柱頭デザインや，ジェファーソンがヴァージニア州会議事堂で側面入口を用いたことにはともに批判的である．タッカーは結語において，次のように語っている．

　　現代人は確かに，美しいものや雄大なものには，ギリシアの先人に劣らぬ先験的な審美眼を有しているかもしれない．歴史に劣らぬ優れた創造性も持ち合わせ，歴史に劣らぬ壮麗な建築物を建設でき，その創造性を発露するための，歴史に劣らぬ十分なフィールドも有しているのかもしれない．しかし彼らは *servum pecus*〔ホラティウス『書簡集』に言及される模倣文学者〕と並び称されること

---

[31] A. Benjamin, *The American Builder's Companion* (New York: Dover, 1969), p. 30.
[32] グリーク・リヴァイヴァルを扱った古典書にタルボット・ハムリン著 *Greek Revival Architecture in America* (New York: Dover, 1964; originally published in 1944) がある．
[33] George Tucker, *The Life of Thomas Jefferson* (London, 1837) に書かれた政治略歴を参照．

に甘んじなければならない. 他の諸芸において, いくらオリジナルでありたいと望んだところで, こと建築においては, 彼らは卑屈な模倣者に留まる者である[34].

ギリシア建築の初期の擁護者としては他に, 古典主義的訓練に当時のヨーロッパの流行を伝えた人物として, アッシャー・ベンジャミンの生徒のイシエル・タウン (Ithiel Town, 1784-1884) を挙げることができる. タウンは1805-6年にベンジャミンのもとで働き, 1810年にボストンで開業, 1813年にニューヘヴンに移り, アメリカ最初期のゴシック・リヴァイヴァルのひとつであるトリニティ聖堂 (1813-16) を建てた. しかし彼の興味は次に橋梁へと移り, 1820年には, 近似的に一体的構造のように挙動する, 巧妙な格子状トラスで特許を取得している[35]. しかしその後の彼は1825年には建築業界へと戻り, ニューヨーク劇場 (1826) やニューヘヴンのコネチカット州会議事堂 (1827-31) を含む古典的で重要な建物を数多く建てている. またタウンは, アレクサンダー・ジャクソン・デイヴィスとパートナーシップを組む直前の1829年にヨーロッパに旅立ち, イギリス, フランス, イタリアを訪れた[36]. このとき, ロンドンではジョン・ソーン, ジョン・ナッシュ, ロバート・スマーク, C・R・コッカレルの建物に感銘を受け, イタリアではヘルクラネウムとポンペイに寄っている. その後アメリカに帰還すると, デイヴィスと協働でこの国最大の事務所を築き上げる (1829-36)[37]. アメリカで当時最も多くの建築の蔵書を有していたといわれたニューヘヴンの「耐火構造」の自邸 (1834-6) にはソーンの影響がはっきりと滲み出ているが, 一方, 事務所で行ったインディアナ州 (1831-5) およびノースカロライナ州 (1833-40) の州会議事堂のデザインには古典的な色合いが強い. タウンはまた, アメリカにおける建築家の地位向上のためにも多くの時間を注ぎこんだ. 英国建築家協会の名誉通信員だった彼は, アメリカに「建築家協会」を築くために休むことなく働いた. その彼が教育にかける期待は『ニューヨーク美術アカデミー及同協会設立計画概要』(*Outlines of a Plan for Establishing in New York an Academy and Institution of the Fine Arts*, 1835) の中で表明されている.

---

[34] George Tucker, "On Architecture," *Port Folio* (1814): p. 569.
[35] タウンによる橋梁技術の革新については Tom F. Peters, *Building the Nineteenth Century* (Cambridge: M.I.T. Press, 1996), pp. 47-9 参照.
[36] R. W. Liscombe, "A 'New Era in My Life': Ithiel Town Abroad," *Journal of the Society of Architectural Historians* SO (March 1991): pp. 5-17 参照.
[37] このパートナーシップについては Roger Hale Newton, *Town & Davis, Architects: Pioneers in American Revivalist Architecture, 1812-1870* (New York: Columbia University Press, 1942) 参照.

1820年代のタウンのギリシア古典主義信奉はロバート・ミルズ（Robert Mills, 1781-1855）やウィリアム・ストリックランド（William Strickland, 1792-1852），ジョン・ハヴィランド（John Haviland, 1792-1852）らの古典主義的デザインと共同歩調をとったものであり，彼ら3人の作品には，ラトローブの広範にわたる影響力が証明されている．

　サウスカロライナ人のミルズは，「専門職としての建築の研究に向かった初めてのアメリカ現地人」を自負していた[38]．初めはホーバンの，その後はジェファーソンの下で訓練を受け，それから後者によって1803年にラトローブの事務所を紹介された彼は，フィラデルフィアの仕事を担当しながらラトローブの事務所にほぼ5年間在籍し，1808年に独立した．ミルズはフィラデルフィアのワシントン・ホールで列柱付きのエクセドラ（オテル・ギマールのモチーフ）を用いているが，ここからは，彼もまた初期において，ジェファーソンが夢中になっていた当時流行の新古典主義に心酔していたことがわかる．しかし，より独創を進めたサンソム通りのバプティスト聖堂（フィラデルフィア，1811-12）やユニタリアン八角聖堂（フィラデルフィア，1812-13），モニュメンタル聖堂（リッチモンド，1812-17）などのデザインには，彼の建築家としての力量の限界も表れている．これらの聖堂はそれぞれ内部にロトンダを擁しており，厳格な幾何学と質実剛健な装飾をもつ．

　これと同じ彼の限界は，ジョージ・ワシントンのための2つの記念碑の計画にも見ることができる．そのうちのひとつは，1814年から1842年の期間で建設されたボルチモアの記念碑である．これはトラヤヌスの柱を手本としたドリス式柱であり，都市広場に見事に合ったものだった．首都のモニュメント（1833-84）の元々のデザインは，円形の「パンテオン」が基礎となる，背の低い頭頂部のオベリスクだった．ワシントンの特許庁（1836-40），財務省建物（1836-42），郵政公社（1839-42）などの古典主義的な解はミルズがラトローブの先例に倣ったものであった．これらはすべて構成も上手く，技術的にも革新的で，耐火建築物であり，見事に簡素に収まっている．ミルズはまたヴァージニアとサウスカロライナにおいても重要な建物を数点建てているが，彼の設計者としての腕が特に際だっているのはカウンティ・レコーズ・ビルディング（チャールストン，1821-7）のような小品群である．

　ミルズには数点の著述や未完論文が残されている．企画されていた「ヴァージニア

---

[38] Helen Mar Pierce Gallagher, *Robert Mills: Architect of the Washington Monument, 1781-1855* (New York: AMS Press, 1966; originally published in 1935) はミルズの伝記のスタンダードである．また，John M. Bryan, ed., *Robert Mills* (Washington, D.C.: American Institute of Architects Press, 1989) 所収の小論も参照のこと．引用部はGallagher, *Robert Mills*, p. 168所収のミルズ手稿 "The Architectural Works of Robert Mills" より抜粋．

建築の進歩」("The Progress of Architecture in Virginia")という小論のメモの中で、ミルズはヨーロッパ、アジア、エジプトや「古代の建物を隷属的にコピーすることを咎めた」[39]と記す。そこで彼が建築家に学ぶよう勧めたのは、これらとは違う「自分たちの国のオリジナルのモデル」である。「手本を求めて旧世界に行ってはならない。我々は世界史の新たな局面に突入したのだ。我々の定めは導くことであり、導かれることではない。我々の前には広大な国土があり、我々のモットーはより高くで^{エクセルシオール}はないか」[40]。また、企画されていた研究論文「ロバート・モリス建築作品集」("The Architectural Works of Robert Mills")の序では、ジェファーソンの「ローマ様式」とラトローブによって改善された「純粋ギリシア」様式を区別し後者を賞賛し、また、「ギリシアの建物のもつ簡素な様式」[41]の好例であるとして、スチュアートとレヴェットへの讃辞を述べている。ただし彼は、自らのさまざまな革新性にコメントする際にはより実践的な見方をとり、「実際に役立つのに十分な配置解決上の調和と美」を有した「実用性と経済性」を強調した[42]。

一方、ストリックランドのギリシア古典主義はこれとは逆に、より表現にまつわる衝動から湧き出たもののようである[43]。彼はペンシルヴァニア銀行の設計期間中にラトローブのもとで修業した人物であるが、処女作のメーソニック・ホール（フィラデルフィア、1808-11）では風変わりなゴシック様式を採用している。そしてその後、1812年の戦争が終わってからの彼は、フィラデルフィアの合衆国第2銀行のコンペティションに勝ち、華々しく実務に帰り咲く（図53）。このコンペティションの要項には「最大限に簡潔に、ギリシア建築を品よく模倣すること」が求められていたが、ストリックランドは側面の列柱が省略されたパルテノンの模倣でこれに応じている。この銀行は竣工間もなくある外国人訪問者から「合衆国でこれまで見た中で最も美しい建物だ」との讃辞を受けており、ジェームズ・フェニモア・クーパーからは世界で二番目に美しい19世紀建築である（アレクサンドル・テオドール・ブロンニャール設計のパリ証券取引所の次点）と評された[44]。エジプト様式を試した例外はあるものの、その素晴らしいキャリアを通じて、ストリックランドは一貫して自身のギリシア

---

[39] Robert Mills, "The Progress of Architecture in Virginia," in Gallagher, *Robert Mills*, p. 155.
[40] Ibid., pp. 156-7.
[41] Ibid., p. 169.
[42] Ibid., p. 170.
[43] ストリックランドについては Anges Addison Gilchrist, *William Strickland, Architect and Engineer: 1788-1854.* (New York: Da Capo Press, 1969; originally published in 1950) 参照。
[44] Fiske Kimball, *American Architecture* (Indianapolis: Bobbs-Merrill, 1928), p. 98 および Wayne Andrews, *Architecture, Ambition, and Americans: A Social History of American Architecture* (New York: The Free Press, 1978), p. 130 より引用。

53 ウィリアム・ストリックランド,合衆国第 2 銀行 (フィラデルフィア,1818-24).著者撮影.

的ボキャブラリーに忠実であり続けた.

ストリックランドはまた,フィラデルフィアで建築教育を始めたことでも有名である.事実,建築教育の問題は,このアメリカ最大の都市の長年の懸案だった.この問題はフィラデルフィア・カーペンターズ・カンパニーの 1790 年憲章にも取り上げられており,このギルドは 1804 年にも,定かならぬ理由により却下される前に,再度真剣に学校計画を取り上げている.しかしこの正規の教育という問題は,1824 年に「機械技能振興のためのペンシルヴァニア州フランクリン協会」(The Franklin Institute of the State of Pennsylvania, for the Promotion of the Mechanic Arts) が発足されると,また新たな展開を見せる.なお,「機械技能」とは,ここでは科学技術と建設技術のことを指す.「唯一有効な手段である教育を提供し,職人階級の境遇改善と地位向上を成し遂げる」[45] という使命が与えられたこの協会に入会した支持者は,初年には 500 名を数えているが,ストリックランドには,このフランクリン協会に入会した 2 人の建築家のうちのひとりとして,建築学の教授の立場が与えられた.1824 年から 25 年にかけて,彼は少なくとも 8 回の講義を行いこれに応えたが,これこそがアメリカの土壌の上で建築史が講じられた最初だった.

この講義では,当時その人気が最高潮に達しようとしていた古典精神が讃えられている.この講義のうち,6 回はギリシア建築その他を扱い,1 回はトスカナ・オーダーが議論されているが,一方,初回の講義には 1824 年時点の建築的大志が鮮やかに

---

[45] Jeffrey A. Cohen's invaluable article "Building a Discipline: Early Institutional Settings for Architectural Education in Philadelphia, 1804-1890," *Journal of the Society of Architectural Historians* 53 (1994.): p. 142 より引用.

描き出されている.この時,ヒンドゥー建築,ペルシャ建築,エジプト建築について意見を述べた後,ストリックランドの話はギリシア人に及んだが,彼によれば,「彼らの芸術技能と審美眼は彼らの前後のありとある国々を遥かに凌いでいた」[46].それから彼は,木造形式から石造形式への転位を説明し,また,エルギン大理石(マーブル)や,スチュアートとレヴェットの「賞讃すべき尽力」によって知られるようになったアテネの主要作品群を引用した.さらに彼は,ローマのアーチとドームの開発を讃える一方で,開放的なスケールをもち,「最も輝かしく透明な効果」[47]を生み出すステンドグラスを使用したゴシック作品をよりいっそう褒め称えた.「公的性質をもつ建物には,看板や表札がなくてもデザインの外見的な特徴から聖堂,銀行,裁判所,刑務所,等が見てわかるように,その建物が建てられた意味や目的をデザインで伝える義務がある」が,寓意的な装飾の使用は許容する,とする彼のメッセージは,「はっきりとした特徴」を重視しているように見受けられる[48].かくして,当時の建築の総括で話を締め括る彼は,合衆国国会議事堂は「規模と出来栄えにかけてはおそらくこの共和国最大の成果」と指摘する一方で,美しさにおいてはこれも,フィラデルフィアの自作のペンシルヴァニア銀行や合衆国銀行には負けている,と語った.彼によれば,フィラデルフィアが「クラシカル・シティたる誇らしき称号」[49]を確言できるのも,そうした自作の存在があるからこそだった.

　1824年にフランクリン協会に入会したもうひとりの建築家とは,ジョン・ハヴィランド(John Haviland, 1792-1853)である[50].彼はイギリスで教育を受け,ロシアへの移民を考えた後,1816年にフィラデルフィアに定住するに至った.仕事の依頼が乏しい中で,当初は友人の芸術家,ヒュー・ブリッドポートと建築ドローイングの学校を運営して自活していた.彼らの努力の最初の成果は全3巻からなる『ビルダーズ・アシスタント』(*Builder's Assistant*)である.この本は建築家や大工にとって,図版満載の極めて詳細な教科書として,当時最も信頼の置かれていたものだった[51].第1巻全体はオーダーを扱っており,「ギリシア,ローマ遺跡の中でも最高の

---

[46] J・ストリックランド,「序論」("Introductory"). Reuben Haines, Box 90, folder 65, Wyck Papers, Architectural Philosophical Society, Philadelphia, n.p からの写し.
[47] Ibid.
[48] Ibid.
[49] Ibid.
[50] ハヴィランドについては Matthew Eli Baigel, "John Haviland" (Ph. D. diss., University of Pennsylvania, 1965) 参照.また,バイゲルの "John Haviland in Philadelphia, 1818-1826," *Journal of the Society of Architectural Historians* 25 (1966): pp. 197-208 も参照のこと.
[51] John Haviland and Hugh Bridport, *The Builder's Assistant, Containing the Five Orders of Architecture: Selected from the Best Specimens of the Greek and Roman, with the Figured Dimensions of their Height, Projection, and Profile, and a Variety of Mouldings, Modillions &*

作例」「ヨーロッパ現存の最高の近代作品」が取り上げられているが，これらの内容は1824年末にこの2人が始めた教程にも反映されている[52]. ハヴィランドはまた，並々ならぬ才能を有したデザイナーでもあった. 彼は1825年にはフランクリン協会の新しい建物を設計しており，また同年には投機的な事業であるフィラデルフィア・アーケード計画（1825-8）も始まっている. これはロンドンのバーリントン・アーケードの成功に基づいた，アメリカ初の閉鎖型ショッピングギャラリーだった.

　アメリカ最後の重要な古典的建築家であるトマス・U・ウォルター（Thomas Ustick Walter, 1804-87）もまたフィラデルフィア育ちである[53]. 彼のキャリアは，ストリックランドによる第2銀行の工事責任者だった父親のもとで石工として働いたことに始まり，その後ストリックランドの事務所でしばらく働いた後，1924年にフランクリン協会に入会する. ウォルターが初めて職業的成功を収めたのは，1833年のジラード・カレッジのコンペティションの1等設計だった. なお，このコンペティションに敗れた参加者にニコラス・ビドル（Nicholas Biddle, 1786-1844）がいたが，彼は当時フィラデルフィアに住んでいた人物の中で，ウォルター以上に興味深い人物である. ペンシルヴァニア大学を13歳で卒業したこの神童は，その後18歳でプリンストン大学の古典学の学位を修了，20歳でパエストゥムとギリシアを旅し，1814年にはジョージ・タッカーの記事を掲載したアメリカ初の文芸誌，『ポート・フォリオ』（Port Folio）の編集者になった. そして外交官として奉職したのち，ビドルはジェームズ・モンロー大統領によってフィラデルフィアの合衆国第2銀行の委員会に選任されるのである. ビドルはまた，1833年にはジラード・カレッジの理事会の長となっており，ウォルター設計の中央棟（「ファウンダーズホール」）のデザイン変更のために彼と近しく仕事をし，この建物を（ヴォールト天井の）3層分の教室を擁する大きなコリント式の神殿に変えている. そしてそれから数年後，ウォルターはアンダルシアにあるビドルの地所内の母屋に，パエストゥム風のポーティコを増築している. ウォルターがどれだけビドルの「邪魔だてを受けた」かは未だ争点だが，ウォルターがそこかしこに優美な神殿形式を用いたことは確かである. ウォルターのこの傾向は，チャールストンのヒベルニアン・ホール（1835）における優美なイオニア式のポーティコに最も顕著である. なお，ウォルターのキャリアにおける最も偉大な業績は国会議事堂（1855-65）の鉄のドームである.

　Foliage, on a Larger Scale, both Enriched and Plain, 3 vols. (Philadelphia: John Bioren, 1818-21).
[52] Ibid., preface, vol. 3.
[53] ウォルターについては Robert B. Ennis, *Thomas U. Walter, Architect, 1804.-1887*, 2 vols. (Philadelphia: Athenaeum, 1982) 参照．また，Glenn Brown, *History of the United States Capitol*, 2 vols. (New York: Da Capo Press, 1970; originally published in 1902) も参照のこと．

1840年にウォルターはフランクリン協会の建築学教授の職を引き受け，同年の冬に講義を始めた．なかでも特筆すべきなのは，1841年12月に行われた第5回講義の「現代建築論」("On Modern Architecture") である．ここで彼はルネサンス以降の建築の歩みを追いながら，フランスのフィリベール・ド・ロルムやクロード・ペロー，イギリスのイニゴ・ジョーンズやクリストファー・レン，あるいはウィリアム・チェインバーズやジェームズ・スチュアートについて語った．彼によれば，スチュアートは「ギリシア建築の品格と優雅さに対する審美観を文明世界全体に確立した」[54]人物だった．そして，この古典的審美観を示すアメリカの傑作には，ニューヨークの市役所や，国会議事堂の上院会議場，「氏の聳え立つ才能に相応しい形見」として「高度の知的満足を」与えてくれる，ラトローブ設計のペンシルヴァニア銀行などが挙げられた[55]．

　しかし同時にウォルターは，この古典様式をすでに下火になったムーブメントであると語る．彼は一方で，その褒むべき品格が目下，度を越して「貧相で精彩に欠けた」様式（「本国最高の街路の多くが単なる煉瓦の山のようになってしまったのは，この類の空疎な様式によるところが大きい」）に成り果ててしまったことを認めている[56]．そして彼は他方において，現代の発明や改良，版画の蔓延，蒸気エンジンおよびそれが輸送および知識の普及にもたらす影響が重なり合い，単一あるいは国家的な様式という概念は時代遅れになってしまった，と語るのである．彼によれば，いかなる様式，すなわち「エジプトの量塊的な様式」から「イギリスの尖頭式諸様式」にいたる一連の様式も，ある特定の建物の目的をもっと簡潔に表現するために使うことができるという．さらにアメリカでは，民主主義の原理も途切れず，富も増大していることで，この国独自の建築が頭角を現してきている．「我々は徐々に，世襲の君主政下において常に好まれてきた壮麗，壮大，見かけ倒しの豪華さといったものではなく，より簡素でつましく，かつより確固とした審美観，共和制ギリシアの揚々たる経歴を際だたせたような審美観へと，身を落ち着けることになるだろう」[57]とウォルターは主張する．「人民が貴族なのだ」[58]．

---

[54] Thomas U. Walter Papers, Athenaeum of Philadelphia, ms. p. 25.
[55] Ibid., pp. 37-8.
[56] Ibid., p. 36.
[57] Ibid., p. 61.
[58] Ibid., p. 62.

———— 2 ————
19世紀半ばの様式混交

　アメリカのグリーク・リヴァイヴァルの衰退を知らせるこのウォルターの批評は，彼が国会議事堂のドームに携わる10年以上も前のものであるが，ここには当時の感性の変化が的確に反映されていた．1840年代初頭のアメリカでは，いわゆるグリーク・リヴァイヴァルに対する強い異論が湧き起こっていたのである．それは，移民が勢力をもち，他の様式への知識も増していったことで，当時のアメリカの実務者が多様な様式が共存していたヨーロッパと共同歩調をとることとなったためである．イギリスからはゴシック・リヴァイヴァルがもたらされ，アメリカでは教会建築学ムーブメントがこれを支持した．ドイツからは半円アーチ様式(ルントボーゲン)がもたらされ，これがアメリカ国内に広範囲に広がった．そしてフランスからは1850年代末に第2帝政様式がもたらされた．

　こうした多元主義的な傾向と同時に起こったのが，南北戦争に窮まる工業化および社会的な不和という2つの現象だった．工業化の急激な加速は資本の増大と迅速な景気拡大の燃料となったが，その一方で南北戦争は，膨大な数の奴隷を解放した以上に，アメリカ全体を経済的に疲弊させ，続く数十年を貧困に貶めることとなった．もはや，経済力と政治力は完全に北部に移っていった．それは，金銭と資源が西部開拓という出口を見出すまで続く．

　なお，ゴシック・リヴァイヴァルは1840年代に新しく起こった現象ではなかった．つまり正確にいえば，ニューヨーク市のトリニティ聖堂（1788-90）が建設された時から教会建造物に好まれた様式だったのである．当時においては，古典建築家もやはり，精確性や自信の度合いに程度の差こそあれ，ほとんど誰もがキャリアのどこかでゴシック様式を実践していた．ラトローブも1805年にはボルチモア大聖堂のデザインにゴシックを提案しており，その3年後には首都にゴシック聖堂を建てることに成功している．またゴドフロワも1806年，ボルチモアに古典風ゴシック礼拝堂としてセントメアリー礼拝堂を建てている．当時のゴシックの作例には他にも数十の例を引くことができるが，そのほとんどは「座学的」なインスピレーションのものであり，そこで典拠とされたのはジェームズ・ギッブスやバティ・ラングレーといった18世紀に出版された著作だった．

　しかし1830年代，トマス・リックマンとジョン・ブリトンの歴史研究が大西洋を

渡ってアメリカに伝わるとともに，この状況は急激に変化し始める．1830 年にはイェール大学の教授であるベンジャミン・シリマンが『科学と芸術』(*American Journal of Science and Arts*) 誌に，その起源や構造原理を含めてゴシック建築を詳細に論じた記事を連載している[59]．また 1836 年には歴史家ヘンリー・ラッセル・クリーヴランドがゴシック様式を論じたが，この時には建設コストが嵩むことから，ゴシックのアメリカにおける可能性には限界があるとされた[60]．なお同年には，バーモント州聖公会の主教であるジョン・ヘンリー・ホプキンスも教会関係者に向けた入門書として『ゴシック建築論』(*Essay on Gothic Architecture*) を出版している[61]．

　このゴシック・ムーブメントによりはっきりとした方向性を与えたのは，1840 年代のリチャード・アップジョン (Richard Upjohn, 1802-78) である[62]．彼は 1829 年にアメリカに移民したイギリス人だった．それ以前には生地ドーセット州で木製家具職人としての訓練を受けていた彼は，マサチューセッツ州のニュー・ベッドフォードに数年住んだのちにボストンへと移り，アレクサンダー・パリスの事務所に入所し，バンガーの聖ジョン聖堂 (1835-6) などのメイン州のプロジェクトをいくつか手伝っている．そしてゴシックの形式についての知識を蓄えつつある彼に，1839 年，ニューヨークのトリニティ聖堂の教区牧師だったジョナサン・ウェインライト博士から，この 1790 年に建設された老朽化した聖堂の修復の監督が依頼される．しかしそれからしばらくして，既存建物の構造的問題が明るみとなり，新築が決定された（図 54）．

　次に起きたことはアメリカ建築の注目すべき 1 ページとなった[63]．この新しい建物に対し，アップジョンは一連のデザインを準備したが，その最初期のものはバンガーの聖ジョン聖堂に似ていた．しかし，その後イギリスの近年の成長や，ケンブリッ

---

[59] シリマンのゴシック建築論（全 4 本のうちの 1 本）は 1830 年 7 月の第 3 号に掲載された．ウィリアム・H・ピアーソンの推測では，ここでのシリマンの高度に知的な語り口は，アレクサンダー・ジャクソン・デイヴィスかイシエル・タウンが彼の執筆を手伝ったためであるとされる．Pierson's *American Buildings and Their Architects: Technology and the Picturesque, the Corporate and the Early Gothic Styles* (New York: Anchor Books, 1980), pp. 168-9, 468 n. 430 参照．

[60] ヘンリー・ラッセル・クリーヴランドの書評は *North American Review* 43 (October 1836): pp. 356-84 に掲載．

[61] John Henry Hopkins, *Essay on Gothic Architecture, with Various Plans and Drawings for Churches: Designed Chiefly for the Use of the Clergy* (Burlington, Vt.: Smith & Harrington, 1836). ピアーソンは *American Buildings and Their Architects*, pp. 168-72 の中でシリマン，クリーヴランド，ホプキンスの発言を論じている．また，Phoebe Stanton, The *Gothic Revival and American Church Architecture* (Baltimore: Johns Hopkins University Press, 1968) も参照されたい．

[62] アップジョンについては E. M. Upjohn, *Richard Upjohn: Architect and Churchman* (New York: Columbia University Press, 1939) 参照．

[63] Pierson, *American Buildings and their Architects*, pp. 49-205 参照．

ジ・カムデン協会の取組み,ピュージンの著作などを学んだことにより,アップジョンの1841年の最終案は,当時出版されたばかりのピュージンの『尖頭式建築の真の原理』に提案された理想の聖堂に極めて近い,前面に塔と尖塔が付くデザインとなったのである.かくして,尖塔(この尖塔は長らくニューヨーク市で最も高い構造物であった)や内陣の垂直式(パーペンディキュラー)の窓,リブ・ヴォールトの天井(プラスターと木舞で構成される)を有したこの聖堂は,それまで北アメリカにはなかった,形式的に正しいゴシック様式の聖堂となった.もっとも,1842年にウィリアム・フットナーが始めたモントレアルの聖ジョージ聖堂のような他の聖堂も,すぐにピュージンの影響を見せ始めるのではあるが[64].

54 リチャード・アップジョン,トリニティ聖堂(ニューヨーク市,1839-46). *Trinity Church: Bicentenial Celebration, May 5th, 1897* (New York, 1897) より.

ゴシック様式理解に関してアップジョンを追ったのが,建築家のジェームズ・レンウィック(James Renwick, Jr., 1818-95)だった[65].彼の多作のキャリアは,24歳で手がけたニューヨークのグレース聖堂をその始まりとする.この聖堂はアップジョンのトリニティ聖堂と特徴を同じくしているが(例えば正面の塔と尖塔など),この2作には重要な違いもある(グレース聖堂は十字平面と曲線トレーサリを有している).またレンウィックといえば,1853年に依頼されたニューヨークの聖パトリック大聖堂の建築家として最もよく知られている.ここで参照源とされたゴシック様式はイギリスよりもフランスのものだが,この大聖堂の複雑なデザインの歴史は,レンウィックが様式的な偏見を有していたためではなく,本質的にはむしろ,彼の洗練された折衷趣味の反映である.

---

[64] Clarence Epstein, "Church Architecture in Montreal during the British-Colonial Period 1760-1860" (Ph. D. diss., University of Edinburgh, 1999), pp. 216-17 参照.
[65] Pierson, *American Buildings and their Architects*, pp. 206-69 のレンウィックの章参照.

ギリシアの形態に代わりゴシックの形態を用いることの正統性は，ボストンの建築家アーサー・デラヴァン・ギルマン（Arthur Delavan Gilman, 1821-82）が 1840 年代に強く主張していた．1844 年に『ノースアメリカン・レヴュー』（*North American Review*）に寄稿された書評において，ギルマンはアメリカの実務に関する 44 ページの論文を執筆する機会を得た．結果それは「ラトローブと彼のライバルたちの幼稚な行い」やスチュアートとレヴェットの『アテネの古代遺跡』（*The Antiquities of Athens*）（「あの悪趣味の尽きぬ源泉」），および完成間近のボストン税関（「何と不調和で愚かな堆積物」）に対するピュージン式の罵倒となったが[66]，ギルマンによる非難はこれにとどまらず，さらにアレクサンダー・ジャクソン・デイヴィス，トマス・ウォルターや，古典様式を実践した人物のほぼ全員を糾弾するのだった．そして彼は逆にピュージンの近著である『尖頭式あるいはキリスト教建築の真の原理』（*True Principles of Pointed or Christian Architecture*）の公理の数々を讃えた．ただし，彼のこのピュージン讃美は宗教建築に関してのみのことだった．ここで，彼が特に賞賛したのは，アップジョンのトリニティ聖堂である．この聖堂は「中世に比肩すべき威風をもって我らが西海岸に屹立している．国民の豊かさ，趣味のよさ，信心深さを示す，これだけ充実した証拠があることに気づかされ，実に満足である」[67]．しかし彼は，他の建物類型には，ジョーンズ，ヴァンブラ，バーリントン伯，チャールズ・バリーといった人物たちのイギリス・ルネサンス様式などの，他の様式が使われる可能性も許容している．なお，この段階では単なるイギリス贔屓だったヴァンブラは，後にフランスの第 2 帝政様式に心酔することとなる．

　アップジョンとレンウィックの有していた折衷観は同じものであり，両者ともにゴシック様式専門の立場はとらなかった．そしてこの 2 人が 1840 年代中頃にドイツの半円アーチ^{ルントボーゲン}様式を試したことで，アメリカのロマネスク・リヴァイヴァルが始まったのだった．半円アーチ^{ルントボーゲン}様式を使いたいという衝動には，2 つの理由が考えられる．まずひとつには，アウグスト・ゾラーやフリードリヒ・ゲルトナーといったドイツの建築家が出版を通じて知られ始めるようになったということ．そして第 2 には，特に 1849 年の政治騒動以後，特にドイツで修業した建築家たちがアメリカに大挙して移民してきたことである[68]．なお，ブルックリンの巡礼者聖堂のデザイン（1844-6）や

---

[66] A. D. Gilman, "Architecture in the United State §," *North American Review*, April 1844, 437-8, p. 440.
[67] Ibid., p. 463.
[68] アメリカにおける半円アーチ^{ルントボーゲン}流行の第 3 の刺激要因は，（1840 年代に開始された）バイエルン王ルートヴィヒ 1 世とプロイセン王フリードリヒ・ヴィルヘルム 4 世の試みの数々であった．Kathleen Curran, *The Romanesque Revival: Religion, Politics, and Transnational Exchange* (University Park:

ボードン・カレッジ聖堂（1845-55），ハーヴァード・カレッジ聖堂（1846，未建設）で半円アーチ(ルントボーゲン)を採用したアップジョンは，この点においてもやはりレンウィックに先んじていた．ブルックリンの聖堂で彼が半円アーチ(ルントボーゲン)様式を選択したのは，聖公会が好んだイギリス式ゴシックとは違った教会様式を定めるという，アメリカ会衆派教会の試みの反映である．この点における宗派の入門書は『聖堂と名士のための図面集』（*A Book of Plans for Churches and Parsonages*, 1854）である．同書では様式問題に対する態度を公式に明言することはなかったが，イギリス田園式，ノルマン式，ロマネスク式といった様式の（ゴシック的なものや古典的なものへの）様式上の修正「は極めて多様な状況に適応しており，また，それらのほとんどは，何年も前にこの国で大流行した小規模神殿や大聖堂を大幅に改善した」[69]と述べている．なお，ここに掲載された18の聖堂デザインのうち，4つは半円アーチ(ルントボーゲン)様式であり，その中にはアップジョンおよびレンウィックが作成した最大のものが2つ入っていた[70]．

1840年代に半円アーチ(ルントボーゲン)式で設計した建築家には他にチャールズ・ブレッシュ（Charles Blesch, 1817-53），レオポルド・アイドリッツ（Leopold Eidlitz, 1823-1908），アレクサンダー・セルツァー，トマス・アレクサンダー・テフト（Thomas Alexander Tefft, 1826-59）がいた．ミュンヘンでゲルトナーに学んだブレッシュは，アイドリッツ（ウィーンに学ぶ）と組んで聖ジョージ・エピスコパル聖堂（1846-48）を設計したが，しばらくの間ニューヨーク市で最大だったこの聖堂のもととなったのは，ゲルトナー作のミュンヘンのルートヴィヒ聖堂だった[71]．また，ベルリン・バウアカデミーで学んだセルツァーがニューヨーク・アスター図書館の有名なコンペティションに勝利した際の案も，朧げながらにゲルトナー作のミュンヘンの州立図書館を基礎とした，ロマネスクのデザインである．ロードアイランド出身のテフトは半円アーチ(ルントボーゲン)様式を最も好んだようだったが，それはおそらく，個人的な好みで用いたものだった．ヘンリー＝ラッセル・ヒッチコックはかつて，テフトが設計した特異な弧状アーチをもったプロヴィデンスのユニオン・デポット駅を「新世界初期の駅舎として最高の佳作」[72]であると讃えた．テフトは1851年にポーツマスで行われた講

Pennsylvania State University Press, 2003) 参照．
[69] *A Book of Plans for Churches and Parsonages Published under the Direction of the Central Committee appointed by the General Congregation Convention, October 1852* (New York: Daniel Burgess, 1854), p. 13.
[70] Gwen W. Steege, "The *Book of Plans* and the Early Romanesque Revival in the United States: A Study in Architectural Patronage," *Journal of the Society of Architectural Historians* 4.6 (September 1987): pp. 215-27 参照．
[71] Kathleen Curran, "The German Rundbogenstil and Reflections on the American Round-Arched Style," *Journal of the Society of Architectural Historians* 4.7 (December 1988): p. 373 参照．

義の中で当時の建築について省みているが，ここでは，国会議事堂の外観を讃える一方，「まとめ方がひどい」内部は評価していない．また，彼はこの時アップジョンの聖堂のいくつかは褒めたものの，プラスターと木舞の天井や擬似クリアストーリーといった，構造的なごまかしは評価していない．その一方，彼は「ドイツの半円アーチ(ルントボーゲン)派」を極めて高く評価している．彼によればこの派は「設計に多くの創造性とオリジナリティを注ぎ込んでいるため，よい成果を期待してまず間違いない」[73]ものだとされた．そしてその数ページ後にこの言及の真意を明らかにしている．すなわち，ここで彼は，建築が「目的を誤解の余地なく表現すること」の必要性や，具体性を増すことの必要性を強調しているのである．彼の言葉によれば，「そこまで長持ちしない構造を夥しい装飾で飾るよりも，ごく簡単で長持ちする素材で安く建てたところへ正しく装飾したほうが遙かに趣味がよい」[74]のである．彼が自身で設計した鉄道駅にも，この点は示されている．

　半円アーチ(ルントボーゲン)様式は，ドイツ系移民がニューヨークやフィラデルフィアおよび中西部諸都市に殺到した1850年代に人気を博すこととなった．フィラデルフィア音楽アカデミーのコンペティション（1854）を例とすれば，このコンペティションでは夥しい数のロマネスク風デザイン案が提出されている．また，このコンペティションに勝ったのはナポレオン・ルブランとグスタフ・ルンゲであったが，このうちルンゲはドイツから移民してきたばかりの人物だった．半円アーチ(ルントボーゲン)様式とは，ある建築家にとっては歴史上使いつくされた古典あるいはゴシック様式の「現代的な(モダンな)」代替策であり，ある建築家にとっては経済的，機能的な解答や具体的な表現もしくはプランニングにおける空間の可能性を与えてくれるものだった[75]．しかし，こうして唐突に人気を博した一方，半円アーチ(ルントボーゲン)様式に関しては，1857年の経済破綻を境に急激に廃れていった．そして，以後の恐慌のために当時のアメリカ国内における建設活動はほぼ停滞し，直近のヨーロッパ移民は本国に強制送還されることとなった．

　1861年に始まった南北戦争もまた，建設活動に壊滅的な打撃を与えている．しかしこの頃までにはすでに，さまざまな嗜好は半円アーチ(ルントボーゲン)様式から第2帝政様式へと取って代わられていたのである．そして第2帝政様式を代表する人物として——この連

---

[72] Henry-Russell Hitchcock, *Architecture: Nineteenth and Twentieth Centuries* (Hammondworth, England: Penguin, 1977), p. 138.
[73] Thomas A. Tefft, "The Cultivation of True Taste," lecture given in Portsmouth, 25 October 1851, archives of the Rhode Island Historical Society, fol. 13.
[74] Ibid., fol. 19.
[75] これらは1988年にブラウン大学で行われたシンポジウムにおいて，マイケル・J・ルイス（Michael J. Lewis）の"The German Architect in America"中で指摘された．

想には幾分誤解があるものの――リチャード・モリス・ハント（Richard Morris Hunt, 1827-95）がいる．ハントは，当時新たに形成された，エリート階層の建築職の典型的人物となっていった[76]．まず，連邦議会議員の息子だった彼には，新興の富豪社会からもたらされるすべての特権があった．1857 年の米国建築家協会の創立メンバーとして受けた職業的な評判に言及せずとも，家柄は良く，満足な教育を受け，広く旅することができ，さらに彼の結婚相手も裕福な家庭の出身だった．またハントは，1846 年にアメリカ人として初めてエコール・デ・ボザールの 2 級への入学を許可されるという栄誉を獲得し，1839 年にグランプリを獲得したエクトル＝マルタン・ルフュールのもとで学んだ．そしてこの師が 1854 年初頭にルーヴルの建築家に任命された際，当時イタリア，シチリア，エジプト，パレスチナ，シリア，ギリシアの旅から戻ってきたばかりのハントは，彼のもとでその後 2 年間働いたのち，1855 年にアメリカに帰還した．母国に戻ることに対しては，ハントは乗り気ではなかった（この段階での彼は，アメリカ人というよりヨーロッパ人だったのである）．しかし「ニューヨーク市では贅沢な家がパリ以上にいくつも建設されているところだった」[77]．この当時（アスター家，ヴァンダービルト家といったヨーロッパ的な貴族趣味を好む成金グループ内で）「フランス的なものすべて」が大流行していたことも，おそらく同様に重要である．

　実務の初期の 10 年間は，ハントはほとんど何も手がけなかった．その代わりに彼は信頼のおける社交クラブに入り，いくつかの事務所を設立し，何人かの（能力のある）生徒をフランス流のアトリエシステムで訓練し，暇なときにはスケッチをしていた．そしておそらく最も重要なのが，ニューポートに夏の邸宅を構えたことである．彼は自身の「フランス・アカデミー派の建築」をいみじくも「壮麗，荘重，そして何らかの記念碑性が，建設における最も不可欠な特性と定める一派」[78]と名づけた．しかし，彼が実務を始めるのは，1867 年に三度目のヨーロッパ長期旅行から帰ってきてからのことになる．たとえ彼のフランスへの固執が豪奢ではあるが奇妙な「フレンチ・シャトー」様式と解釈されてしまうことがあったとしても，ハントは鍛錬を積みかつ相当な才能をもつ建築家だった．

　とはいえ，レンウィックのココラン・ギャラリー（ワシントン D. C., 1859-71）やグリッドリー・ブライアントのボストン市庁舎（1861-5，アーサー・ギルマン設計），フラーとレーヴァーのニューヨーク州会議事堂（1867 年開始）に見られるように，

---

[76] ハントについては Paul R. Baker, *Richard Morris Hunt* (Cambridge: M.I.T. Press, 1986) 参照．
[77] Baker, *Richard Morris Hunt*, p. 62 からの引用．
[78] Ibid., p. 58.

ナポレオン3世の第2帝政様式は，好評だったマンサード屋根をはじめとして，1850年代と1860年代に実際に流行した様式だった．
　こうしたヨーロッパ「文化」の輸入に関して見逃してはならないのが，工業の発達である．そして当時，アメリカの物質的，地理的な組成も急速に変化していた．ペンシルヴァニアに最初の馬車鉄道が現れるのは1829年のことだが，1850年にはミシシッピーに蒸気動力の鉄道が通り，1869年には統一ゲージの大陸横断鉄道が整備された．ワシントンD.C.＝ボルチモア間に初の電信線が完成したのは1844年であり，その22年後には大西洋横断回線が稼働し成功を収めた．また，バルーンフレーム構法を記録した文書が初めて現れたのは1833年シカゴでのことであり，それからバルーンフレーム工法は当地やサンフランシスコを筆頭とする西部の新都市でたちまち急増した．1853年のニューヨーク世界博覧会ではエリシャ・グレイヴス・オーティスが自作のエレベーターを堂々と展示し，1846年にはドイツ系アメリカ人エンジニアのジョン・オーガスタス・ローブリングがピッツバーグのモノンガヒラ川に初めての吊り橋を建設し，次いでナイアガラの滝（1855）さらにはシンシナティのオハイオ川（1867）へと，さらに大きなものを架けていった．そしてその翌年に彼はブルックリン橋の仕事に取りかかっている．
　建築実務にとってこれらに劣らず重要なのが，ジェームズ・ボガーダス（James Bogardus, 1800-74）のさまざまな取組みである[79]．ニューヨーク北部出身の彼は一時腕時計職人をしていたが，1836年から40年にイギリスに住み，現地で鋳鉄の建築への応用を視察，そして1840年のイタリア旅行の際に，建物に応用するためのモジュラー化鋳鉄の構造システムを閃く．その後，彼は1847年にニューヨーク市に住みながらこの問題に本格的に取り組み，2年と経たないうちに財政的な支援先を見つけ，自らのアイディア群の実例として鋳鉄フレーム4階建の工場兼倉庫（デュアンストリート・ファクトリー）を建てたのだった．この建物の外側をチューブ状の鋳鉄のドリス式の柱が立ち上がり，そのあいだを窓ガラスとスパンドレルパネルが埋める．内部構造はすべて鉄である．より高層のサンアイアン・ビルディング（1851）では総鉄構造のコンセプトはさらに発展しており，1853年のニューヨーク世界博覧会に際しては300フィート高の鉄の円形タワーを中心とした巨大スタジアムを提案している．この提案は受け入れられなかったが，とにかく彼は，鋳鉄造という新しい産業を興したのである．そうしてこれが，1850年のカリフォルニアのゴールドラッシュの後押し

---

[79] ボガーダスについては Margot Gayle and Carol Gayle, *Cast-Iron Architecture in America: The Significance of James Bogardus* (New York: W. W. Norton, 1998) 参照．

を受けて，西部に急速に拡がることとなっていった．

　ボガーダスたちの取り組みは，アメリカの建築の専門職に対する挑戦だった．新生の米国建築家協会に提出された「装飾建築における鋳鉄」("Cast Iron in Decorative Architecture")の中で，ヘンリー・ヴァン・ブラント（Henry van Brunt, 1832-1903）はこの新素材を支持する側にまわり，「建築のアクロポリスに横柄に座った」[80] ある団体が鋳鉄を拒絶したことを批判した．またヴァン・ブラントは，よい建築とは素材の高さや施工にかかった時間の長さによるものだというラスキンの信条を疑問視し，逆に「鉄は廉価であり，細工も早く手軽にでき，素材自体の用意も素早い」が，民主主義社会にはこうした特質こそが役に立つのだと主張した[81]．この2週間後にはアイドリッツが論文でこれに応酬し，鉄は二次的で実利的な目的にしか使ってはならないものだとした．ハントは講義の締めくくりに教え子ブラントを擁護する立場を表明したが，ハント自身がブロードウェイ沿いの2店舗の正面で鋳鉄を実験するまでには，そこから実に12年の年月がかかった[82]．一方，ヴァン・ブラントはその後ヴィオレ=ル=デュクの『建築講話』をアメリカ人で初めて翻訳し，世紀後半にはアメリカ随一の明敏な建築批評家となった．

——3——
エマーソンとグリーノウ

　19世紀半ばのアメリカの建築家たちにこうしてヨーロッパ文化の流行ファッション，傾向トレンドへの依存が広まっていったにもかかわらず，アメリカ的感性は独自に，粛々と耕されていた．この理論の展開の前線のひとつを代表するのがラルフ・ワルド・エマーソン（Ralph Waldo Emerson, 1803-82）とホレーシオ・グリーノウ（Horatio Greenough, 1805-52）の思想である[83]．両人はともにハーヴァード大学の卒業生だが，互いに知

---

[80] ヘンリー・ヴァン・ブラントの論文は1858年12月7日に提出された．William A. Coles, *Architecture and Society: Selected Essays of Henry Van Brunt* (Cambridge: Harvard University Press, 1969), p. 79 参照．

[81] Ibid., p. 84.

[82] 「鋳鉄と建築」("Cast Iron and Architecture")と題するアイドリッツの論文は1858年12月21日に発表された．ハントの店舗2つはブロードウェイ474-6番地（1871）および，同478-82番地（1874）に位置する．

[83] チャールズ・R・メッツガー（Charles R. Metzger）の *Emerson and Greenough: Transcendental Pioneers of an American Esthetic* (Westport, Conn.: Greenwood Press, 1954.; reprint, 1974) には，こ

己を得たのは卒業後のことである．エマーソンは1821年に勉学を終え，ユニテリアン教会の牧師であった父に倣って1825年にハーヴァード大学の神学部に入学し，1829年にはボストンの下級牧師のポストを得たが，1831年の19歳の妻の死を受けて人生を見つめ直す．そして1832年，彼はこの職を辞し，さらなる知的教育を求めてイタリア，フランス，イギリス，スコットランドの旅に出た．その後マサチューセッツに戻ったエマーソンは，コンコードへと移り，執筆に着手するようになる．彼の周りにはコンコード・サークルと呼ばれる超越論者のサークルが作られ，最終的には，セオドア・パーカー，マーガレット・フラー，ブロンソン・アルコット，ヘンリー・デイヴィッド・ソロー，ウォルト・ホイットマンも参加した．こうしてこのサークルは徐々に知的勢力として影響力をもつまでに拡大していった[84]．

　エマーソンが初めてグリーノウに会ったのは，1833年，グリーノウのフィレンツェのスタジオだった．グリーノウは1825年にハーヴァード大学での教育課程を終えており，その後彫刻を学ぶため，ベルテル・トルヴァルセンへの紹介状を携え，直ちにローマへと発った[85]．当地では国際学生コミュニティに入り，フィレンツェで古典主義者ロレンツォ・バルトリーニの見習いを終えた後，1832年にはアメリカ議会から，国会議事堂の大広間に据えるジョージ・ワシントン像の制作を依頼された．ところが，肌の一部を露出した彼のワシントン座像に賛意を示す者は，その首都にはほとんどいなかった．そのような評価は，彼が後に手がけたいくつかの古典的な作品についても変わらなかった．エマーソンは一度トマス・カーライルに，グリーノウは「鑿で彫刻するよりもはるかに口が達者だ」[86]と語っている．また，『イギリスの特質』(*English Traits*, 1856) でエマーソンはさらに正直に，この今は亡き彫刻家は「情熱的で雄弁かつ優秀な男で，彼の意見にはすべて気持ちの高揚と度量の広さがあった．〔…〕1843年に出た彼の建築の論文は，建築の〈モラリティ〉にまつわるラスキン氏

　の2人の美学思想が研究書として最も簡潔にまとめられている．グリーノウの伝記のひとつに Nathalia Wright, *Horatio Greenough: TheFirst American Sculptor* (Philadelphia: University of Pennsylvania Press, 1963) がある．

[84] 超越論ムーブメント全般については F. O. Matthiessen, *American Renaissance: Art and Expression in the Age of Emerson and Whitman* (London: Oxford University Press, 1941); Paul F. Boller Jr., *American Transcendentalism, 1830-1860: An Intellectual Inquiry* (New York: G. P. Putnam, 1974) 参照．

[85] グリーノウは，ワシントン・オールトンに宛てた書簡中で「ソルヴァルセンは私のものの見方を大きく変えました．私の作品についての彼のそのわずかな言葉のお陰で，私は自分でものを考えられるようになったのです」と語っている．*Letters of Horatio Greenough: American Sculptor*, ed. Nathalia Wright (Madison: University of Wisconsin Press, 1972), p. 7 参照．

[86] 1853年4月19日付書簡．*The Correspondence of Emerson and Carlyle, 1834-1872*, ed. Joseph Slater (New York: Aperature, 1980), p. 486 所収．

の思想に先んじたものだった．彼らのあいだに美術史観の対立があったことも事実だが」[87]と伝えている．

　グリーノウはエマーソンのサークルに参加したことはなかったが，この2人の精神上の合致点を理解するためには，エマーソンの超越論的視座が鍵となる．エマーソンの理論の骨子は，「大霊(オーヴァー・ソウル)」（神的精神）という擬似汎神論的概念を初めて明言した1836年の「自然」("Nature")と題する小論に見られる．ここでは，人間はこの「大霊」の延長または投影でしかない．「裸の大地の上に立ち――頭に快活な風を浴び，無限の空間へと上昇すると――浅ましい自惚れは皆消し飛ぶ．私は透明な眼球になる．私は何物でもない．私はすべてを見る．宇宙的存在者が私の隅々までを流れ巡る．私は神の一部，はたまた神のかけらなのだ」[88]．彼はこの超越的なものという概念をカントから拝借しているが，カントはこの概念を，経験から学んだのではない，知性が感覚素材を系統だてるための直観的知覚として，空間，時間，因果性といったものの性格を叙述するために用いた．しかしこの「超越的なもの」という概念を，エマーソンはもっと単純に，哲学上唯物論によく似たものとして，現実を否定しないながらもより深い精神的自覚から世界を捉える，「信仰の過剰」であると定義する．「超越論者は霊的な教えをもつ宗派全体を取り込む．彼は奇跡を信じ，人間の意識があらたな光と力の流入に絶えず開いていることを信じる．彼は霊感(インスピレーション)を信じ，法悦(エクスタシー)を信じる」[89]．

　エマーソンの思想のもうひとつの極は，1841年発表の「自立論」("Self-Reliance")の中に見つかる．この題はすぐさまアメリカ的な大胆不敵さを表す標語となったが，ここでいわれている自立とは世俗的，経済的な意味のものではなく，むしろ一個人や国全体の知的自立のことを指すものである．ここでは，彼の終末観や啓示観――人類の救済のストーリーの中でアメリカに課された天命――が明らかにされる．「イタリア，イギリス，エジプトを偶像とする旅行神話がアメリカ教養人全体の中で今なおその魅力を保っているのは，自己修養の不足のせいである」[90]，と彼は語り，そして続ける．「我々は模倣する．しかし，模倣とは思考の旅行でなくて何だ．家は外国の趣味で建つ．棚は外国の装飾で飾られる．意見も，趣味も，能力も，傾きも．そして過去と遠くを追いかける．〔…〕しかし，ドリスやゴシックの手本をコピーしなければない必要とは何なのだ」[91]．エマーソンはこのようにアメリカ独自の文

---

[87] Ralph Waldo Emerson, "English Traits," in *Ralph Waldo Emerson: Essays and Lectures* (New York: Library of America, 1983), p. 768.
[88] Ralph Waldo Emerson, "Nature," in *Ralph Waldo Emerson*, p. 10.
[89] Ralph Waldo Emerson, "The Transcendentalist," in *Ralph Waldo Emerson*, p. 106.
[90] Ralph Waldo Emerson, "Self-Reliance," in *Ralph Waldo Emerson*, p. 277.

化を求めていたが,一方では律法不要論者の奇行と自由主義者のエリート志向はいかなる形であれ拒絶した.

> 美,利便性,遠大な思想,古雅な表現——我々もじきに,他の誰かれと同じくこれらを実現することとなろう.気候,地質,日の長さ,人々に不足しているもの,政府の習わしや慣行を考えながら,自分のなすべきことの勉学に愛と希望をもって励めば,アメリカの芸術家にもそのすべてが備わった家を創造することができるはずだ.その暁にはまた,審美眼と情緒がともに満たされるはずである[92].

しかしこうした発想は,1841年の別の小論の中ではさらに明白な形で建築に翻訳される.エマーソンの考えでは,芸術は宇宙的,創造的な要素を含んでいなければならない.また,芸術の造形は自然に従属するが,しかし同時に,自然の造形力の続きや延長の役目,明確な目的を目指して働く「ひとつの知性の再現」としての役目を果たさなければならないとされた.適切性とはしたがって,純粋芸術の中でさえ美に欠かせない構成要素なのである.「高度な建物は巧みな韻を踏む.そうした建物を見た我々は,完璧な歌を耳にしたときと同じく,その建物が霊的な有機性をもっていることを悟る.すなわちそのとき我々は,この建物は本来存在の必然性の備わった,神の意識の可能態のひとつであったものであり,この建物はそれが芸術家によって発見され実現されたものにすぎず,芸術家が独断で創作したものではないということを悟る」[93].そして遂に,エマーソンの有機の概念は,素材と方法の「完璧な無駄のなさ(エコノミー)」や使用の正確さ,ひいてはすべての装飾的権力象徴に対する清教徒的な軽蔑へと転化する.「今後,建物に関する我々の審美は塗装およびすべてのごまかしを拒み,木材本来の木肌を露わにすることになる.何も支持していないピラスターや柱を拒み,正直に家の姿を見せる真の支持材を受け入れる.必要あるいは有機的な行動はすべて見る者を喜ばす」[94].

この有機観はグリーノウによって豊かな発展をとげた.古典の教育を受けたグリーノウは,アメリカのグリーク・リヴァイヴァルには非常に手厳しかった.1836年の合衆国滞在の際には,彼はある友人に向かって「建築はギリシア主義に固執し,その

---

[91] Ibid., p. 278.
[92] Ibid.
[93] Ralph Waldo Emerson, "Thoughts on Art," in *The Works of Ralph Waldo Emerson* (New York: Tudor Publishing, n.d.), p. 467.
[94] Ralph Waldo Emerson, "The Conduct of Life," in *Ralph Waldo Emerson*, p. 1104.

莫大な出費のために，立ち往生している．〔…〕理解できたのは鉄道線路だけかもしれない」[95]と述べている．そしてさらに注目すべきは，これより5年前にパリからワシントン・オールストンに宛てて書かれた1通の書簡である．その中でグリーノウは建築の話題に数ページを割いているが，ここでも話の始めはギリシア派を「誰もが見境なく賞賛している」ことへの非難である．特に，当時完成したばかりのストリックランド設計の「フィラデルフィアのパルテノンは，街路の普通の建物の間に突っ込まれ，側面の柱列は摘まれ，光のために至る所に穴が開けられている．これはさしずめ，征服者に捕虜にされた貴族が紋章と装飾を剥がされて，他の強制労働者たちと一緒に働いているさまを思い起こさせる」[96]．彼はもはや「壮大であり同時に感動的な」ゴシックに心酔することもなく，代わりに「唯一真実の芸術の学校」[97]である自然への回帰に対し同調を示す．この主張は1831年には歴史形式の適度な使用という論旨へと変わることとなるが，しかしそうした形式も彼によれば──1隻の船のように──ひたすら実際的あるいは機能上の重要事項のために役立たなければならないとされる．「おのおのの建築物の外殻も，そこで求められている諸要求や利便性を鋳型に作られるようであってほしい．そうしたことはこれまで造船で行われてきた．海上で船を見たことのある人間ならば，その作品の内においてこそ，自分がその製作者にもっとも肉薄できたことを白状するだろう」[98]．

　グリーノウはこの船舶のアナロジー──上記はル・コルビュジエが同じアナロジーを使うほぼ1世紀前である──を，1843年の「アメリカ建築」("American Architecture")という小論の中で，さらに大きな理論の一部として再び用いている．しかし今度はより大きな理論においてである．この小論における一貫した主張は「この合衆国は新しい建築様式を作り上げる運命にあるか否か」，あるいはアメリカは「これまでの衣料品の流行りや娯楽形態のように，建築の諸観念をヨーロッパから受け取っている状況に甘んじた」[99]ままでいいのか，といったことであり，グリーク・リヴァイヴァルと「小規模ゴシック」はここでもまた非難される．「それは見せかけの偽りである」と彼は指摘する．「それは本物ではないのだ．我々は大理石の柱頭を見る．そして有名なアカンサスの葉の彫刻を見る．──信じられない，これが神殿で

---

[95] 1836年8月18-19日，リチャード・ヘンリー・ワイルド宛グリーノウ書簡．*Letters of Horatio Greenough*, p. 199 所収．
[96] 1836年10月，ワシントン・オールストン宛グリーノウ書簡．ibid., p. 90.
[97] Ibid., pp. 88, 90.
[98] Ibid., p. 91.
[99] *Form and Function: Remarks on Art, Design, and Architecture,* ed. Harold A. Small (Berkeley: University of California Press, 1974) 所収，H. Greenough, "American Architecture," pp. 51, 53.

はないとは」[100]．またグリーノウは自然のメタファーを用いて反撃する．動物の骨格（偶然のプロポーションが全くない）にも，白鳥，鷲，馬の機能的な形態にも皆，彼が進化論を語る際に自ら「適応法則」と名づけるそれが成立しているのだと．ここで再び船舶のメタファーが登場する．「造船にのしかかる責任を国内の建築にも持ち込んではどうか．そうすればやがて我々もパルテノンにも勝る殿堂を得ることとなろう．我々の目的はそこである．コンスティテューション号およびペンシルヴァニア号がアルゴ探険隊のガレー船に勝っているように」[101]．さらに彼は建築に関してこう嘆願する．「あらゆる種類の建物のさまざまな機能を無理やりひとつの一般形態に押し込めたり，内部配置への参照もなく目と連想のために外形を決めたりせず，細胞核のように中心から始めて，外に向かって作業しようではないか」[102]．ここで注目すべきは，この「有機的な」アプローチは「弔慰や信仰，あるいは国民の趣味のために作られる」記念建造物にはあてはまらず，厳密に実用的な建物にのみあてはまるとした点である．「それらは，その個々が自らの種の抽象型への参照によって作られるべき機械とも呼び得る」[103]．このように，グリーノウには機能主義者としての信条が顕著である．

この信条は『あるアメリカ人石切職人の旅と記録と体験』（*The Travels, Observations, and Experience of a Yankee Stonecutter*）のタイトルで 1852 年に出版された書簡・随筆集の中でさらに詳述される．例えば，1851 年 12 月 28 日付のエマーソンに宛てた書簡では，グリーノウは自らの「構造理論」をこのように要約している．

> 機能と敷地に合わせた，空間および形態の科学的配置——機能の等級づけされた重要度に見合わせた特性の強調——厳密に有機的な諸法則により（各々の決定に明確な理由をもたせ）決定され配置され変化をつけられるべき，色彩と装飾——間に合わせや見せかけの偽りの，完全かつ速やかな追放——[104]．

また，「比較美と独立美」（"Relative and Independent Beauty"）という小論の中で，彼自身の「未熟さ（クルディティーズ）」を補うためにシラーやヴィンケルマンおよびゲーテやヘーゲルの名誉を「盗む（パーロイン）」ことを拒否した彼は，ここで明らかにエマーソン主義をとる．

---

[100] Ibid., p. 56.
[101] Ibid., p. 61.
[102] Ibid., pp. 61-2.
[103] Ibid., p. 65.
[104] 1851 年 12 月 28 日付エマーソン宛グリーノウ書簡．*Letters of Horatio Greenough*, pp. 400-1 所収．

美とは単なる「機能の裏づけ」であり,「形態・色彩の別なく,初めて非有機的で機能しない要素が導入されたとき」が建築生産が下降線をたどる第一歩なのだった.「私が提唱するようなシステムが裸の状態をつくり出すといわれるなら,私はその予言を受け入れよう.裸の中に私は,見せかけの虚飾ではなく,本質の尊厳をみる」[105].そして「構造と編成」("Structure and Organization")という小論の中でのグリーノウは,彼のシステムでは実利的で安っぽい様式になってしまうという発想に対して再び抗弁する.「否! これはどんな様式よりもかけがえのないものだ! ここには人間の思考が,沢山の,実に多くの思考が用いられている.不屈の研究が,不断の実験がなされている」[106].

そしてこうした議論はエマーソンのサークル内部にも広がることとなる.エマーソンがヘンリー・デイヴィッド・ソローにグリーノウからの書簡を見せたのは1851年のことであるが,この時ソローは日記に,エマーソンがこの手紙のことを「随分気に入っている」と書き残した.一方,ソロー自身はグリーノウにそれほど満足してはおらず,彼のことを好事家であると非難したが[107],その数ページ後に自らの建築観を表明する局面になって,彼もまたグリーノウからの影響を吐露するのである.「いま自分が建築美だと思っているものの内容は,たしかに内から外へと次第に育ってきている.それは,住まう人や建てる人の特性や需要の内から沸き上がるものであり,そこには単なる装飾のための思考はないのだ」[108].いかなる形であれ,ソローは被装飾建築に反対する.単純性を追求する彼が好むのは「樵の山小屋」であり「郊外の詰め所」,すなわち「居住者の生活が想像力に見合う程度に簡素になるとき」[109]である.そして数年後の思索では,彼は——ディオゲネスよろしく——3×6平方フィートの小屋に木工用の錐で孔をいくつか開けて「風を通す」ようにすれば,満足な庵になるとまで考えている[110].また彼は,プロのデザイナーという概念を嘲笑していた.「コテージ建築の様式の改良事業だと! それよりも自分の家をどうにかしろという話だ」[111].

建築に関しては,グリーノウはまちがいなくソローが思ったような好事家ではなかった.彼は旅行経験豊かで,目先も利き,ヨーロッパ建築に精通していた.1820年

---

[105] Small, *Form and Function* 所収, H. Greenough, "Relative and Independent Beauty," p. 128.
[106] Small, *Form and Function* 所収, H. Greenough, "Structure and Organization," p. 128.
[107] H. D. Thoreau, 11 January 1852, "Journal 111," *The Writings of Henry David Thoreau* (Boston: Houghton Mifflin Co., 1968; originally published in 1906), 9: p. 181.
[108] Ibid., p. 182.
[109] Ibid., pp. 182-3.
[110] Ibid., p. 240.
[111] Ibid., p. 183.

代，イタリアに到着してしばらく後には，フランス合理主義者の伝統に詳しくなり，ヴィラ・メディチでアンリ・ラブルーストに会ったはずだといわれている[112]．ドイツを旅行してきたばかりの友人に対する質問にみられるように，シンケルの作品のことも知っていた．「暇だったらどうか，シンケルという建築家の作品を見た君の印象を教えてくれないか．配置とか調整とか，つまり編成のさせ方を．それが未来の建築の根源なのだ．」そして，1834 年に出版されたメンモのロードリ論に（機能の重視に関して）グリーノウが親しんでいた可能性は極めて高い[113]．つまり，グリーノウはおそらくヨーロッパの理論に学ぶ目も持ち合わせた批評家だったのである．彼がその後アメリカの理論に影響を与えたのは，それを考えれば当然のことだった[114]．

4
デイヴィスとダウニング

「コテージ建築の様式」の改良を皮肉ったということから，当時のソローがアレクサンダー・ジャクソン・デイヴィス（Alexander Jackson Davis, 1803-92）およびアンドリュー・ジャクソン・ダウニング（Andrew Jackson Downing, 1815-52）に代表される，当時のアメリカの理論家たちのあいだに発生していた新たな潮流に気づいていたことがわかる．デイヴィスとダウニングは自然に対する崇敬の念をもっており，建築造形を風景の機微に合わせることを重要視していたため，エマーソンの考えをよく受け入れ，のちにこの両者はコンコードの哲人〔エマーソンの尊称〕から個人的な知遇まで得ている．しかし，この同時代的動向の出発点は超越論ではなく，当時まさにアメリカ独自のものへと変貌を遂げようとしていた，ピクチャレスク理論の美学だった．

デイヴィスは，ラトローブ，リチャードソン，サリヴァンらと並んで 19 世紀のアメリカ人建築家の中でも最重要人物のひとりであると考えられる[115]．ニューヨーク

---

[112] Wright, *Horatio Greenough*, p. 188 参照．
[113] 1839 年 11 月 16-18 日，チャールズ・サムナー宛グリーノウ書簡．Wright, *Letters of Horatio Greenough*, p. 268 所収．
[114] ライトもまた，グリーノウが「ロドリの息のかかった領域」に近かったことについて議論している．Wright, *Horatio Greenough*, p. 187 参照．
[115] デイヴィスの生涯と作品については Amelia Pect, ed., *Alexander Jackson Davis: American Architect 1803-1892* (New York: Rizzol 11992) 所収の各論および John Donoghue, *Alexander Jackson Davis: Romantic Architect, 1803-1892* (New York: Arno Press, 1977) 参照．

市で生まれ，ニューアークとニューヨーク州中部で育った彼は，もともと腹違いの兄弟の営むヴァージニア州アレクサンドリアの新聞社で，植字工としての訓練を積んでいた．しかし1823年にはすでにニューヨークに戻っていた彼は，ここから芸術を学び始める．彼が訓練を受けたのはアメリカ美術アカデミー（学長はジョン・トランブル），ニューヨーク絵画協会，ナショナル・アカデミー・オブ・デザインであったようだが，彼はこうした諸団体でサミュエル・B・モールス，レンブラント・ピール，および，1825年のアメリカ・アカデミー展で最大の話題となった絵画の作者である，トマス・コールとも知り合ったようだ．その後，デイヴィス自身の作品は次第に建築の透視図（ペンと水彩）や解説図へと移っていき，ジョサイア・ブラディの建築事務所で1年過ごした後には，彼は国内で最も有能なドラフトマンのひとりとなっていた．そして彼は1827年にタウンと出会う．この時デイヴィスの建築家としての野望を焚きつけたタウンは，自身の書庫への彼の立ち入りを許した．ところがデイヴィスはタウンの膨大な蔵書だけでは飽き足らず，1827年と1828年のボストンへの長期旅行では，さらにアセニアム図書館で建築を学び続けている．かくして，1829年1月にパートナーとして正式にタウンの事務所に迎え入れられた時点での彼はまだ若かったが，すでに芸術家として十分な成長をとげていた．鉛筆画に無類の才能をもち，博学多識であった一方で，彼は書物に頼った建築観ばかりで建築を見ることはせず，純粋に画家的な視点で建築をとらえ，スケールとプロポーション，光と濃淡，テクスチャーと色を自身のデザインツールとした．

　1830年代前半には，タウンとデイヴィスはアメリカの実務者の中の第1線にまで躍り出た．彼らの事務所は1831年にインディアナ州会議事堂（1831-5）のコンペティションに勝ち，その2年後にはノースカロライナ州会議事堂（1833-40）の依頼を勝ちとった．そして1833年にデイヴィスは，新古典の最重要作品である合衆国税関（1833-42）を設計する．1832年から1834年のあいだのデイヴィスはまた，ワシントンD.C.の合衆国特許庁のためのいくつかの古典的デザインも準備している．なお，その最終案はペローのルーヴル宮東翼のデザインへのオマージュだった．ところが彼らは，こうした成功の裏で1835年に袂を分かった．この分裂の原因は，デイヴィスがギリシア古典主義のボキャブラリーにフラストレーションを感じていたためであったようである．こうして，アメリカの風景に深い眼識をもっていたデイヴィスはその間，ハドソン・リバー派の作家や芸術家にひかれていった．彼はアッシャー・B・デュラン，トマス・コール，ウィリアム・カレン・ブライアントと親しくなり，キャッツキル山地やバークシャー山地への「自然」遠足の常連となった．彼の建築上の関心はこの時，住宅設計や風景の中への住宅の配置の問題へと移行した．

55 アレクサンダー・ジャクソン・デイヴィス，ブライズウッドのベランダと土地を望む．Andrew Jackson Downing, *A Treatise of Theory and Practice of Landscape Gardening Adapted to New America* (New York, 1841) より．

　彼の関心の移り変わりを実証する鍵となるのは，1836年にロバート・ドナルドソンのためにデザインされた1軒の住宅兼守衛所である．これより2年前，タウンとデイヴィスの事務所はドナルドソンのためにフランボワイヤン式の「英国聖堂参事会様式の住宅」をデザインしたが，ドナルドソンは部分的に森となっていたこの土地を，建設前に売却してしまい，1836年にバリトン近くのハドソン川沿いに別の広大な地所を購入したのだった．そこには既存の家が1軒あったが，この新しい家主はその名をブライズウッドと改めた上で，デイヴィスを招きその手直しを依頼した（図55）．そこでデイヴィスは，家の3面を格子垣に支えられたベランダで囲うという，シンプルな変更を提案した．このベランダを描いた彼の有名な透視図には，家ではなく，ハドソン川の風光美を強調する，ポーチ越しの眺めが描かれている．また彼は，このブライズウッドの敷地に1棟のシンプルな「田舎コテージ様式の守衛所」を設計した．これはよく目立つ破風のうち3つに装飾的な縁飾りの付いた，7部屋2層のコテージである．フード付きの窓や，ポーチを支えるのに（第2層の中央のバルコニー）木の幹を使っているところから判断すれば，これはたしかに「田舎風」である．しかしここには，無地の木製下見板を目板羽目（ボード・アンド・バタン）のパターンで垂直方向に並べるという，新しいデザイン手法も用いられている．

　ブライズウッドのベランダおよび守衛所の意義は，この建築家が『田園住宅』(*Rural Residence*) と題する1837年出版の自著の中で——ドナルドソンの最初のゴシックのヴィラとともに——両者を解説したときに明らかになった．デイヴィスは田

園建築のビルディングタイプのためのデザインを6つのパートで提示するつもりだったが，実際に掲載されたのは2つのパートだけである．この2つのパートはコテージ，農場家屋，ヴィラ，村の聖堂の手塗りの着彩リトグラフからなり，そこに簡単な説明，平面図，工費試算，材料表が掲載されていた．つまり同書は，住宅その他のデザインのための作品集であり，パターンブックでもあったのである．なおデイヴィスの参照源は「イギリスのピクチャレスク・コテージやヴィラ」であったが，それは序に述べられるとおり，単に平面図と輪郭の多様性を参考にしただけだった[116]．彼は，イギリスのヴィラはアメリカの需要からすればスケールが大きすぎ費用もかさみ，同じくイギリスのコテージは「共和党員相応のプライドに比して瑣末にすぎ質素にすぎる」[117]と考えていた．彼の願いは大きく，住宅と自然環境との接続を称える地域的デザインによって当時のアメリカ住宅の「退屈でつまらない側面」に反撃したいとまで考えていた．すなわち，雨風を凌げて風光明媚な風景を楽しめる場所，というのはブライズウッドのベランダの知恵であり，「ヴィラ」という語の使用さえも当時のアメリカ文学では珍しかった．しかしウィリアム・H・ピアーソンも指摘する通り，この語はもはや「単なる家ではなく，財力があり，知性のある人物のために建てられ，特殊な自然環境を思いやってデザインされたカントリーハウス」[118]のことを意味するようになった．ブライズウッドの「田園コテージ」は，空間を暗示する2軸プランの他にもデザイン上の重要な含意を有している．このコテージは，以後の数十年にわたりデイヴィスが実直に育てることとなる一粒の種――郊外開発のための，アメリカ的空間をもった住居タイプの種――を運んできたのである．

　そしてこのブライズウッドがダウニングの興味をかき立てることとなった[119]．1838年，ハドソン渓谷の村，ニューバーグ出身のこの若き造園家は，ハドソン川を巡りながらこの川沿いの立地に優れた地所を調査していた．そこでブライズウッドに辿り着いた彼は，ドナルドソンに焚きつけられ，事務所を訪れて作品を見たいという旨の希望をデイヴィスに書き送った．当時ダウニングはランドスケープ・ガーデニング論を書き上げていたところで，自身の考えを補完する建築的アイディアを捜しあぐ

---

[116] A. J. Davis, preface to *Rural Residences* (New York: Da Capo, 1980; originally published in 1837).

[117] A. J. Davis, "Address," Davis Collection, Avery Library, Columbia University. Cited from Jane B. Davies, "Alexander J. Davis, Creative American Architect," in Pect, *Alexander Jackson Davis*, pp. 14-15.

[118] William H. Pierson, *American Buildings and Their Architects*, p. 298.

[119] ダウニングの生涯と思想については David Schuyler, *Apostle of Taste: Andrew .Jackson Downing 1815-1852* (Baltimore: Johns Hopkins University Press, 1996); George B. Tatum and Elisabeth Blair MacDougall, eds., *Prophet with Honor: The Career of Andrew Jackson Downing, 1815-1852* (Philadelphia: Athenaeum of Philadelphia, 1989) 参照．

ねているところだった．その状況にあって，この時の2人の巡り合いは実に幸運なものだった．デイヴィスはダウニングの著作のために設計とドローイングを提供し，ダウニングはランドスケープと住宅に関して共通に培っていたさまざまなアイディアの解説を文章にしてデイヴィスに渡した．こうして，彼らの協働はその後12年続くこととなる．

しかし実際は，ダウニングには明確な任務をもってデイヴィスの事務所を訪れたのである．養樹園で成功した父をもつ彼は，1838年にジョン・クインシー・アダムスの又姪と結婚しており，父の養樹園に隣接していささか豪華な「エリザベス調の」家の建設を始めていた．これはラウドンの『事典』やフランシス・グッドウィンの『田園建築』(*Rural Architecture*, 1835)の実例を学んだあとに設計されたものであり，ダウニングの『造園の理論と実践』(*Treatise on the Theory and Practice of Landscape Gardening*, 1841)がこれらの著作および他のイギリスの資料に負っていることも驚くにはあたらない．タイトルにせよ，その美学理論の多くにせよ，さらには本のレイアウトさえ，ハンフリー・レプトンの『造園の理論と実践についての所見』(*Observations on the Theory and Practice of Landscape Gardening*, 1803)からとられたものである．しかしこのダウニングの著作はデイヴィスの著作と同じく，ただ内容の順序を入れ換えただけの代物ではない．すなわちダウニングは，「田園娯楽の愛好者でありながら，貴き愛国者であり，リーダー的政治家であり，賢者」[120]であるジョン・クインシー・アダムスへの献辞に始まり，そこへ明らかに北部アメリカ人的といえる特質を込めているのである．ここでのダウニングの目標とは，先祖の地（イギリス）の文化的ルーツやその地の造園原理を，はっきりとアメリカ的なものをもった土壌や気候，およびアメリカの政治上の大志に「根付かせる」ことだった．

> それゆえ，我々をして自らの住まいの周りに生活の癒しと気品を集めさせるものはすべて，地元愛を強め，家庭生活をより楽しくすることに資する．要するに，自分の快楽を増加させることだけでなく，愛国心を強めることも，よりよき市民にすることもそうなのだ．そうして，大地を耕すこと，自らの所有物に美しさを添えること以上に，強い，あるいは永い精神的満足を得られる職や娯楽はない[121]．

---

[120] A. J. Downing, *A Treatise on the Theory and Practice of Landscape Gardening: Adapted to North America, with a View to the Improvement of Country Residences, etc.* (New York: Wiley & Putnam, 1841; reprint, Washington, D.C.: Dumbarton Oaks, 1991), dedication.
[121] Ibid., p. iii.

予想されるとおり，ダウニングの『理論と実践』の本文はそのほぼ全体が造園問題およびアメリカのさまざまな草木種の紹介に割かれている．ただし終盤近くに彼は「景観建築あるいは田園建築」の章を盛り込んでおり，自らの建築観を明らかにしている．ここで彼は都会の住宅と田舎の住宅を区別するところから語り始めるが，前者に関しては「不満はない」としながらも，後者の評価はこれ以上ないほどに低い（「敷地に合わせる努力が微塵も感じられない」）[122]．では，田園住宅はどのような特徴をもつべきなのか．賞賛に値する住宅には「田園生活の癒しと便宜のための十二分なスペースがあるだけでなく，また，変化に富んでピクチャレスクな造形，輪郭や，ポーチ，ベランダその他のために，周囲の自然と理に適った関係性をもっていたり，あるいはそれを十全に踏まえているように見えたりする．建築美とは，風光美あるいは敷地に繋げて考えなければならないものなのだ」[123]．ここで指導原理とされたのは，① 風景との調和，② 意図の表現，および ③ 何らかの特定の建築様式を表現することだった．

　しかしこれらの原理は，1842年に出版され，ロバート・ドナルドソンへの献辞を掲載し，ダウニングがデイヴィスの才能を活用した次著，『コテージ住宅』（*Cottage Residences*）において大幅な推敲をすることとなった．同書のテーマは田園建築で，初版には9つの設計のプロトタイプが掲載されているが，そのうちの2つはデイヴィスの依頼設計に，ひとつはジョン・ノットマンのデザインに，そして7つはダウニングのスケッチに基づいたものだった．この最後の7つのデザインにおいて，デイヴィスはダウニングのスケッチを参考に，そのプロポーションとディテールを直し，凝った仕上がりの木版画とした．序の中でダウニングは「住宅建築の改良に何がしかの貢献をしたい」「美しい造形を好む人のすべてに刺激を与えられたらよい」，と自らの願いを表明しているが，彼はそれを，「コンパクトで使いやすく快適な家」[124] を提示することで達成できると考えていた．なかでも彼が望むのは，「遠くない日に我々の地方住居が〈イギリスのコテージ住宅〉に張り合うことができ，広く正しく賞賛される」[125] ことである．

　同書の冒頭の「建築的提言」（"Architectural Suggestions"）で，ダウニングはまず，『理論と実践』の中で議論された3つの原理を敷衍する．その中の主導原理である適合性とは，彼によれば，快適性や（クローゼットの使い方などの）計画の利便性

---

[122] Ibid., p. 297.
[123] Ibid., p. 298.
[124] A. J. Downing, *Victorian Cottage Residences* (New York: Dover, 1981; originally published in 1842), pp. vii-viii.
[125] Ibid., p. ix.

Chapter 7　アメリカの歴史主義　　347

だけでなく，（耐久性の低い方から順に）木材，煉瓦，石材の順のヒエラルキーを有した，材料の適合性とも関係するものである．彼の語る目的表現の概念は，正直な表現というだけではなく，色彩などの問題にも関係している．一方，彼は輝度が高くグレアを起こす色調は避け，ウヴェデール・プライスを引用しながら，「それ自体として極めて美しい，柔らかい金色の色相」[126]を全体的に推奨していた．様式の表現とは彼によれば「特定の建設方式に付随する情緒」とおおよそ同じであるとされるが，そこにはまた，例えば統一性や形態の規則といった審美的特性，あるいはダウニングが各部の「シンメトリカルな不規則性」（アシンメトリのバランス）と呼ぶ特性がある．そして彼は言語のアナロジーを用いながら，住宅建築には叙事詩に使われる高尚な形式言語は必要とされていない，住宅建築とは「田舎風ゴシックのコテージ」あるいは「イタリアのヴィラ」といった「日用」言語に最も適したものなのだ，と語る．ここでもまた，様式とは凝り固まった因習のようなものではなく，一見大したことがないように見えてもきちんと機能をもったディテールから発散され全体に行き渡る，ひとつのピクチャレスク的感覚であるべきだとしている．「住宅建築には，こうしてさまざまな建築様式を簡単に調整することを強くお勧めする．美しさとは，住宅的な美に乏しい強い特徴がほかを圧倒している造作よりも，窓やベランダといった，実用的造作あるいは洗練された造作の質的向上から生じてくるものなのだ」[127]．

デイヴィスの設計およびドローイングはこのテキストと完全に一致している．木質構造に反感をもっていたダウニングであったが，この『コテージ住宅』で取り上げられた設計には木材を主軸に置いたものも多く，同書中にはまた，新しく馴染みのないデイヴィスの目板羽目（ボード・アンド・バタン）技法を紹介した図版もある．あらゆるところに設けられたベランダ，ひとまとめにされた内部の煙突，ペンダント飾りをもつ縁飾り板やコーニス（直線的な形態を視覚的に和らげる），といったデザインも彼の業績である．なお，ダウニングは自作の「腕木方式（ブラケット）のコテージヴィラ」の設計を特に熱をこめて語っており，「すぐれて独創性に富む建築家が」このデザインをよく学べば，「アメリカンコテージスタイルを作り出すこともできるだろう」[128]としている（図56）．

アーサー・ギルマンは1843年の記事でダウニングのこの最初の2つの著作を批評した際，この著者による様式への自由なアプローチを称え，腕木方式（ブラケット）のコテージヴィラを特に称賛した．ギルマンによれば，「永遠のギリシアに誰もがうんざり」し，「コテージに関する限りではゴシックの全盛もまた過ぎた」国の中にあって，ダウニ

---

[126] Ibid., H. ダウニングの引用はプライス著 *Essays on the Picturesque* よりの抜粋．
[127] Ibid., p. 23.
[128] Ibid., Design V, p. 89.

ングは「どこかから隷属的に拝借するのでもなく，それらの長所を性急に拒否するのでもない，そうした適切な形式が存在するかもしれない」ことを示したのだった[129]．その一例がこの「アメリカンコテージスタイルである．このスタイルは，徐々に他に取って代わって本国の住宅建築の優位を占めるようになってくれば，我々の需要にもしっかりと合い，この国の風景にもよく調和し，目にも心地よいものとなるだろう」[130]．ギルマンはまた，ベイウィンドウや，装飾的な破風や，屋根を支える上品な腕木(ブラケット)や，彩度を抑えた色彩など，ダウニングのすべてに賛同しており，そこで例外だったのは，そこかしこにベランダを付けることだけだった．ギルマンにしてみれば，それは室内光を奪いすぎるものと感じられたのである．ただしこ

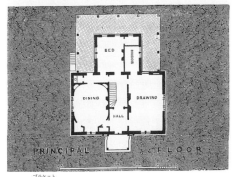

56 「腕木(ブラケット)方式のコテージヴィラ」．アンドリュー・ジャクソン・ダウニング『コテージ住宅』（ニューヨーク，1842）より．

れは些細なことである．というのも，ダウニングの設計はギルマンにとって，「いつも美しく，どこも美しい．それは単に装飾としてではなく，生活の洗練度合と品格を示すものとして美しいのである」[131]．

19世紀半ばまでにはすでにデイヴィスとダウニングはともに経験を積み，当時デイヴィスはアメリカ随一の住宅建築家になっており，（のちのフランク・ロイド・ライトのように）郵便を使って国中のクライアントに家のデザインを売ることで，国内全土に仕事をもつようになっていた．またダウニングは執筆のペースを上げ，1846年には養樹園を売却し『園芸家』(*The Horticulturist*) 誌の編集権を買い取り，その翌年にはジョージ・ワイトウィックの『若き建築家諸君へのヒント』(*Hints to*

---

[129] *North American Review* liB (January 1843), Arthur Gilman's, p. 10.
[130] Ibid., pp. 10-11.
[131] Ibid., p. 9.

Young Architects）と同時出版で，『アメリカで建てるためのヒント』（*Hints to Persons about Building in the Country*，1847）を公刊している[132]．同書は基本的には以前の見解を繰り返したものだが，一方で「社会習慣や家庭習慣で正当化できない様式や様式改良はすべてこれを放棄すると誓う」[133]態度はさらに強くなっている．この時点でダウニングの興味はそれまで以上に建築に向けられており，1848年にはデイヴィスに正式なパートナーシップを申し込んでいるが，デイヴィスはこれを断ったようである．それから1850年7月にダウニングはイギリスへ旅立ち，これは特に建築家のパートナーを探すためだったが，そこで彼が見つけたのがカルヴァート・ヴォークス（Calvert Vaux, 1825-95）である．なお，この2ヶ月前の4月に，ダウニングとデイヴィスは最後の共同事業となる『カントリーハウス建築』（*The Architecture of Country Houses*，1850）の作業を終わらせている．

　同書は一般に共同執筆者としての彼らの最高傑作であると考えられている．たしかに，掲載されたデザインの数と幅広さから見れば，そのとおりである．当時ダウニングはより小さく廉価な住宅の問題も扱わなければならないと考えており，このために彼は各章をコテージ（「自身ですべての家事を行うか，最大でひとりか2人の使用人で家事を行う家族向け」），農家，ヴィラ（「ある程度の審美観と品を備えた建設と手入れのできる資産や富を有した人向け」）に分けた[134]．同書に掲載のコテージの数は実際には彼が定義した数よりも少なく，またそれらは単純労働者を念頭においたものだった．ここでダウニングが推奨するのは廉価な木質構法とデイヴィスの目板羽目技法だったが，逆に（リチャード・アップジョン設計のニューポートのキング邸のような）ヴィラの多くは豪邸（マンション）のスケールに近く，当時成功したアメリカ人もまた多かったことが窺われる．

　しかし，理論家たちのあいだでの同書の評判は芳しくなかった．ダウニングはラスキンの『建築の七燈』（*Seven Lamps of Architecture*, 1849）を読んだ直後に「建築の本義」（"On the Real Meaning of Architecture"）と題する野心的な序章を執筆しているが，ここで彼が同書に大きな感銘を受けていることは明らかだった．ダウニングは同国人に対して今こそアメリカ的な深みを有する住宅をもつべきだと語ったが，これを説明する際の3つの理由には，ラスキン主義的倫理観が行きわたっていた．① 優

---

[132] *Hints to Young Architects, Calculated to Facilitate their Practical Operations by George Wightwick ... with Additional Notes, and Hints to Persons about Building in the Country. By A. J. Downing* (New York: Wiley & Putnam, 1847).

[133] Ibid., p. XV.

[134] Andrew Jackson Downing, *The Architecture of Country Houses* (New York: Dover, 1969; originally published in 1840), 40, 257.

れた住宅は文明化の強力な手段となる．② 優れた住宅は大きな社会的価値を有する．③ 優れた住宅は倫理的な影響を及ぼす．「わが家という感覚に過ぎないものが，頑丈な碇のように，これまで生活の嵐に巻き込まれた数多くの人々を難破から救ってきた」．それゆえ住宅とは，「社会生活における最も優れた人格や最もよい娯楽を象徴し，またそこでの最もかけがえのない情緒や喜びを象徴するものなのだ」[135]．そして，生態学的な根拠づけを伴うこの楽天主義こそが，確かにダウニングの最も偉大な業績のひとつなのである．その後，ヴィンセント・J・スカリーも「アシンメトリでピクチャレスクなデザイン原理をアメリカに確立した決定的人物として，平面計画および空間編成における全く新しい手法系列の基礎を築いたのがダウニングだった」[136]と評したのは周知のとおりである．

　しかし，ダウニングの生涯は悲劇的な最後を迎える．1850年にヴォークスとともにイギリスから帰還した彼は，このパートナーとともに蛇行する道からなる擬似ピクチャレスクの計画案で国会議事堂前公園（キャピトル・モール）の国家コンペティションに勝った．この仕事の成功は約束されたようなものであったが，いざ実施に移ることとなった翌年に，この設計はワシントンD.C.内で多くの政治妨害に遭うこととなった．そして1852年の7月28日，蒸気船ヘンリー・クレイ号がハドソン川で出火し，70人が沈没に巻き込まれた．当時36歳だったダウニングもそのひとりであり，直後にモールの仕事は中断された．

　住宅建築とピクチャレスク理論で彼が遺したものは甚大だった．1852年にはフィラデルフィアの建築家であったサミュエル・スローン（Samuel Sloan, 1815-84）は『模範的建築家：コテージ，ヴィラ，郊外住宅のオリジナルデザイン集』（*The Model Architect : A Series of Original designs for Cottages, Villas, Suburban Residences*）の全2巻を出版したが，この書籍のデザインと体裁もダウニングの伝統に倣ったものだった[137]．そして，この伝統にさらに堅実に則っていたのはカルヴァート・ヴォークスの『ヴィラとコテージ』（*Villas and Cottages*, 1857）である．同書はダウニングとヴォークスの共作を掲載し，かつそれを大幅に発展させてもいる．ヴォークスは優れた設計の無駄のなさや，造形を巧みに整理することの重要性，プロポーション，適合

---

[135] Ibid., p. XX.
[136] Vincent J. Scully, *The Shingle Style and the Stick Style: Architectural Theory and Design from Downing to the Origins of Wright*. (New Haven: Yale University Press, 1971), p. xxxix.
[137] Samuel Sloane, *The Model Architect: A Series of Original Designs for Cottages, Villas, Suburban Residences*, 2 vols. (Philadelphia: E. S. Jones & Co., 1852); reprinted under the title *Sloan's Victorian Buildings: illustrations of and Floor Plans for 56 Residences & Other Structures* (New York: Dover, 1980).

性および多様性を特に重視した。ここでエマーソンの魂に浴したヴォークスは、共和主義者が「偶像崇拝、ローマカトリック、貴族政体に緊密に結びついた虚飾や虚栄」を嫌悪することを大いに褒め讃えるのだった。また彼にとってヨーロッパ芸術とは、「存在していた当時、それは選り抜きの少数の望みを満たすためのか弱き温室植物」[138]だった。かくして「様式」の問題を語る際、イギリス移民のヴォークスは、アメリカ独特の気候や風習（個性）や民主的な政治システムに起因する、真に土着的なアメリカ建築を作り出さなければならないと主張した。すなわちヴォークスの考える建築とは、この新興の発展社会のもつ、大衆主義的で自由を愛する理念の「拠り所」なのだった。「アメリカにあってこの岩(ロック)は広大な景色を望む。しかし、束縛をもたぬ人間による最大限自由な作風と、最大限の雅量を具えた野心と、最大限に清らかで美しい技芸とを備えた建物でなければ、この岩の上にはうまく建ちもしなければ、長持ちもしない」[139]。

　1857年にヴォークスとパートナーシップを組んだフレデリック・ロー・オルムステッド（Frederick Law Olmsted, 1822-1903）の着想もまた、ダウニングの影響を受けている。コネチカット生まれのオルムステッドは、イギリスのピクチャレスク思想およびエマーソンとソローのアメリカ的超越論の伝統の双方を吸収した後、23歳のときの中国旅行を皮切りとして世界各地を旅行するようになる。その後1847年にスタテン島で実験農場を始めたオルムステッドだったが、1857年、この島での成功が誘因となり、ヴォークスが彼にニューヨーク・セントラルパークのコンペティションへの共同参加をもちかける。ダウニングとヴォークスによる以前の国会議事堂前公園(キャピトル・モール)計画案に部分的にインスピレーションを受けた彼らの提案は、かくして1等を獲得し、ここからこの2人の（単独、協働併せた）華々しい経歴が始まることとなる。こうして彼らは、ブルックリン、フィラデルフィア、モントリオール、ワシントンD.C.、サンフランシスコを始めとする各地に公園設計の依頼を受けるようになっていった。

---

[138] Calvert Vaux, *Villas and Cottages: A Series of Designs Prepared for Execution in the United States* (New York: Dover, 1970: originally published in 1857), p. 28.
[139] Ibid.

5
リチャードソンとサリヴァン

　南北戦争直前の合衆国の建築は，理論の上で競合する立場が多いことが特徴だった．世紀前半にポピュラーだった「ギリシア風」様式に発展したジェファーソン的伝統は，1860年代末には（目下建設中であった国会議事堂のモニュメント以外では）支持されなくなっていた．この頃にはすでにエマーソンとソローの超越論的伝統がグリーノウの美学とともに堅固な理論の足がかりを作っていたが，実践への影響はまだ少なかった．加えて，ダウニングとデイヴィスの近親的ともいえる自然主義は，後に単世帯住居の急速な発展と提携することとなる展開の端緒を作り出していた．しかしその一方では，北西アメリカを筆頭とする新しく発展した都心部の建築家は，ヨーロッパの様式面での流行と以前にも増してしっかりと足並みを揃えていた．そして，アレクサンダー・ジャクソン・デイヴィスのように異議を唱えた少数の建築家は職業的に孤立し，不遇な状況に置かれた．例えば彼の場合，新しく組織された米国建築家協会を辞し，彼らが盛期ゴシック様式やフランス諸様式を重点的に取り扱っていることに不快感を表明している．ただし，デザインの上にアメリカの刻印を捺したいという圧力は高まり続けており，この戦争が終結すると，才能のある米国建築家が実際に頭角を現している．

　フランク・ファーネス（Frank Heyling Furness, 1839-1912）の若々しく逞しい作風は，この世代の高い創造性の表れである[140]．彼の父ウィリアム・ヘンリー・ファーネスはマサチューセッツ出身の著名な牧師であり，奴隷廃止論者であり，またエマーソンのクラスメイトにあたり生涯の友でもあった．ウィリアム・ファーネスがフィラデルフィアに仕事と家族を移した後にも，エマーソンはまだフランクの早熟に強い興味を示しており，ある折には立体視装置をプレゼントして自身の自然賛美と建築賛美を語っている[141]．そして1858年にフランクは父親の名声によりハントの私設アトリエへの入門を許され，ここで芸術的意欲を掻き立てられる．ここから彼はパリで学ぶ計画を立てたが，それは南北戦争によって頓挫し，1861年から1865年にかけて，

---

[140] ファーネスの生涯と作品については James F. O'Gorman, *The Architecture of Frank Furness* (Philadelphia: Philadelphia Museum of Art, 1973); Michael. J. Lewis, *Frank Furness: Architecture and the Violent Mind* (New York: W. W. Norton, 2001) 参照．

[141] Lewis, *Frank Furness*, pp. 14-15.

彼はラッシュ大佐の名高き槍騎兵連隊に騎兵隊将校として果敢に仕えた．その後1865年に勲章を携えてハントの事務所に戻ったファーネスであったが，この事務所を1年も経たないうちに辞め，フィラデルフィアに移って開業した．

　ファーネスに最初に重要な依頼が舞い込んだのは1871年のことである．当時彼はジョージ・ヒューイットとパートナーを組んでおり，彼とともにペンシルヴァニア美術アカデミーのコンペティションに勝ったのである．この建物は2人の協働でデザインされた，オリジナルでもありハイブリッドでもある作品である．初期の彼はハントの事務所で学んだフランス式デザインで，コンポジションおよび軸性の強調と，細部の装飾を潤沢かつ適度に抑える，という手法を組み合わせて実践していたが，ヒューイットは逆に，ゴシックの形態を強調し，ポリクローム的手法で素材の色を存分に活かすラスキン主義的ヴィクトリア式の訓練を受けていた．しかし，このペンシルヴァニア美術アカデミーという19世紀における最も輝かしい業績のひとつの中では，こうした全く異なる要素同士が渾然一体となっている．入口側のファサードと第2帝政様式の中央翼では，虫食い形装飾を施された青色砂岩（ブルーストーン），平滑な砂岩，研磨花崗岩，赤色・黒色煉瓦のパターンパネル，尖頭アーチ風の開口，古典的な浅浮き彫りがアンサンブルをなしてまとめ上げられている．これはさながら，古典のプロポーションに緩やかに合わせて練り上げられた，テクスチャー効果による演出である．しかしメインの階段ホールはさらに魅惑的である．天窓，そして頂部が金めっきされ，スパンドレルがナイル・レッドに塗られ，濃青色の星形天蓋によって，このホールはえもいわれぬ色彩で輝く．そしてここでは，花のモチーフがフランスとイギリスの典拠から集められ，彫られ，鋳られ，型抜かれ刻まれて，研磨大理石のずんぐりした柱や，花咲き誇る柱頭や，塗り鋳鉄の柱や桁たちの盛装に加わる．この建物はヴィクトリア風でもフランス風でもイスラム風でもない．すなわちこれは，一群の典拠から諸種のテーマや逞しい造形を自由に汲み出しそれらの競合を描いた，ひとつの意図的な戯画なのである．

　1876年に疾病のためヒューイットが事務所を辞した後には多彩色（ポリクロミー）は鳴りを潜めるが，こうしたテクスチャー氾濫の感性はその後，この事務所に欠かせぬ作風となった．ファーネスは夥しい数の銀行や鉄道駅，住宅，アパート，オフィスビルを設計した．これらの作品の中での彼は，造形モチーフや装飾モチーフに極めて幅広く手を伸ばしているが，彼にはそれを遊び戯れながら抽象化することができた．そうした中での彼の最後の傑作は，赤みを帯びた煉瓦や砂岩，テラコッタを用いた，ペンシルヴァニア大学図書館（1888-90）である．ファーネスの手法の美点を「正確さを公然と無視するところから生じたもの」だと述べたのはルイス・マンフォードだったが，この

建物のこうした美点や四層の読書室，巨大な鉄の大梁は，当時，さらなる波として訪れようとしていたボザールの洗練された「文化(カルチャー)」に，たったひとりで立ち向かうようなものであった[142]．彼が設計した建物は常にハイアートであるという自惚れに身を委ねていたが，そのやり方の中にファーネスの遺したものが宿っている．

　似たような誇張表現（個性とはいわず）は，ファーネスのほぼ同時代人であったヘンリー・ホブソン・リチャードソン（Henry Hobson Richardson, 1838-86）の作品にも見られる[143]．この2人は実際に，米国建築家協会に入会した南北戦争終結後すぐの時期にニューヨークで出会っている．この時ファーネスは戦場から帰ってきたばかりだったが，リチャードソン（彼はルイジアナから来た南部人だった）はパリでの研究生活の後，帰国してすでにニューヨークに落ち着いていた時期だった．なお，この2人には他にも不思議なつながりがあった．リチャードソンは著名な科学者で，ユニタリアン聖堂の牧師でもあったジョゼフ・プリーストリーのひ孫だったが，この曽祖父は1794年に合衆国に移民するとフィラデルフィアに定住し，ユニタリアン聖堂の牧師として身を立てた．そして，この職を後に受け継ぐこととなるのがウィリアム・ヘンリー・ファーネスなのである．

　リチャードソンの建築にはよく，「マッシヴ」「存在感」「重量感」といった形容がなされるが，こうした言葉も，彼の建物を間近で見たときの実際のスケールの大きさを表すものとしては不十分である．リチャードソンの建築には哀れな様子や貧相なところがない．彼自身からして，シャンパンとチーズに目がない300ポンドの太鼓腹の大男だった．彼の名は，紛れもないアメリカン・スタイルを明示した初の建築家として，また，ヨーロッパに認められた初のアメリカ人デザイナーとして認識されることが多い．「リチャードソン風ロマネスク」はすでに一般的な建築用語の中に紛れ込んでいる言葉だが，彼の作品全体を学ぶほど，この呼称は厄介なものとなってくる．彼の典拠は歴史的というより現代的であり，またそれほど単純なものでもない．

　ルイジアナのプランテーションのオーナーの息子だったリチャードソンは，1859年にハーヴァード大学を卒業．この時の彼は99人のクラスの中で6人しかいない南部人のひとりだった．このハーヴァード時代に人脈を築き，未来のクライアントに出

---

[142] Lewis Mumford, preface to *Roots of Contemporary Architecture* (New York: Dover, 1972), p. 7.
[143] リチャードソンに関する文献は膨大な数にのぼる．優れた研究書の数ある中でも，ここでは Mariana Griswold Van Rensselaer, *Henry Hobson Richardson and His Works* (New York: Dover, 1969; originally published in 1888); Henry-Russell Hitchcock, *The Architecture of H. H. Richardson and his Times* (Cambridge: M.I.T. Press, 1961; originally published in 1936); James F. O'Gorman, *Living Architecture: A Biography of H. H. Richardson* (New York: Simon & Schuster, 1997) を挙げる．

会うのだが，当時の彼は卒業するとすぐにフランスに発ち，エコール・デ・ボザールへの入学を計った．そして彼は1860年11月にルイ＝ジュール・アンドレのアトリエに入り，1年間の勉学の後に翌年入学試験に合格する．ボザール時代の彼は精彩を欠いたが，その原因の一部は，1861年に南北戦争が始まり，資金援助が絶たれてしまったためである．この年，ボストンに戻った彼は，ボストンでの実務か南部に帰るかを思案したものの，結局パリでの学生生活を続けることを決断したのだった．かくしてパリに舞い戻った彼は，生計を立てるためにアンリ・ラブルーストの兄であるテオドールの事務所に就職した．ボザール時代の彼について他に知られているのは，1864年に騒動を起こして逮捕されたことのみである．それは，物議を醸したためすぐに廃止されたヴィオレ＝ル＝デュクの講義のひとつがあった日の後のことだった．この暴徒学生はこうして，作家のテオフィル・ゴーティエと監房で一夜をともにすることとなった．

1865年，リチャードソンはルイジアナにもボストンにも戻らずにニューヨークに移り，スタテン島に新妻と家族のための（マンサード屋根の）住宅を建てた後，チャールズ・ガンブリルとの協働で建築事務所を開いた．マサチューセッツに設計した最初の聖堂——ユニティ聖堂（スプリングフィールド，1866-69），グレース聖堂（メドフォード，1867-69）——のインスピレーション源はイギリス・ゴシックだが，グレース聖堂の表現豊かな巨石造りの壁には，彼のその後のデザインが暗示されている．そして彼は，ブラットルスクエア聖堂（1869-73）の半円アーチ様式(ルントボーゲン)のデザインでゴシックと決別する．この聖堂では，交差点を守護しているように見える極めて独創的な隅の塔が，薔薇窓，半円アーチの戸口，ランダムに積まれた切石壁を統御している．持ち送り積みになった屋階の下にリチャードソンは秘蹟を象徴する聖人をあしらった見事なフリーズをデザインし（彫刻はオーギュスト・バルトルディによる）配置した．また，各隅部のバットレスにはめっきのトランペットを吹く天使が配されているが，ここでの建物の機能の隠喩表現は，ホイットマンの『神秘のトランペット吹き』（*The Mystic Trumpeter*）の構図とほぼ一致している．

リチャードソンの名を同業者のあいだに知らしめたのがブラットルスクエア聖堂だとすれば，そこからほど近い，ハント，ウェア＆ヴァン・ブラント，ピーボディ＆スターンズ，ウィリアム・A・ポッター，ジョン・スタージスらを差し置いて勝利した1872年のトリニティ聖堂のコンペティションのためのデザインは，彼をアメリカの実務者の中の最前線に踊り出させた．この初期のポリクロームの傑作（デダム産の花崗岩とイーストロングメドウ産砂岩のバンドとアーチで構成される）は，しばしば彼の最も「考古学的な」作品であると見做されるのだが，実際にはほとんど学究的なも

のではない。たしかに、「色の聖堂」というアイディアをフランスのオーヴェルニュ地方から拝借したことは考えられるし、塔のデザインのもとがサラマンチャ大聖堂であったということもあり得る。それでもこのトリニティ聖堂は、その印象的なシルエットとマッシヴな存在感だけでも建築コンセプトにおける新機軸を明示している。何よりもこの塔をもつ聖堂は、100フィートもの天井高のカラフルな中央空間が、変則型ギリシア十字平面を見下ろす構成において際だっている。たしかにこの塔そのものは協働により生まれた構造の傑作であり（この塔はボストンのバックベイ産の盛り土に埋め込まれた4,400本の杭で支持されている）、その鮮烈なポリクロームのインテリアもジョン・ラ・ファージの才能に一部負うものである。しかし、このデザインの大胆なイメージと荒削りの造形はすべてリチャードソンの賜物である。この度胸のある建築家は同業者の仕事を参照することは決してなく、彼の作品もまた様式上精確であることはなかった。

リチャードソンがその（47歳で腎障害による死によって途切れた）キャリアの中で達成した建築的成果は数えきれず、どれもよく知られたものである。彼がアメリカ建築の実務と理論に持ち込んだのは、同時代のさまざまな知的伝統を糸口とした、主体性と自信だった。たしかに、それらはしばしばヨーロッパ（フランスとイギリス）のモダニティの諸相と結びついてもいたが、そこで生まれたデザインはあくまで新機軸を打ち出すものだった。この点を明らかにするのは彼の住宅作品、特にニューポートのワッツ・シェルマン邸である。この住宅はしばしばクイーン・アン様式あるいはショー荘園様式（シャヴィアン・マノリアル）の作例として見做されることがあるが、インスピレーション源はそれよりも遥かに広い。すなわち、前面に張り出した破風が見せる箱入れ型家屋（ソルト・ボックス）のシルエットから、柿板葺（シングル）の表面や、中心にリビングホールを配置する平面計画まで、この住宅はアメリカの植民地的伝統とピクチャレスク的伝統からじかに生じた特性を有しているのである[144]。この住宅は事実、デイヴィスの数々の新手法から、後にシングル・スタイルとして完成されるものまでに至る重要な線を結ぶ作品である。また時期は異なるが、この線はこれまで長らくアメリカ住宅設計の偉業のひとつと見做されてきた、リチャードソン設計のストートン邸（ケンブリッジ、1882-83）にも見出せる。

しかし、ノースイーストンにあるエームズゲート・ロッジ（1880-81）もまた興味深い。リチャードソンはこれをオルムステッドとの協働で、巨石が散らばる意味深で

---

[144] Jeffrey Karl Ochsner and Thomas C. Hubka, "H. H. Richardson: The Design of the William Watts Sherman House," *Journal of the Society of Architectural Historians* 51 (June 1992): pp. 121-45 参照。

超現実的なランドスケープの上に建てている. 2 人が協働した年月に彩られたこの建物は, 両人の近しい関係の記念碑である. 1870 年オルムステッドはステーテン島計画 (ここで任されていたのは島のコミュニティのために理想の郊外を開発することであった) にリチャードソンを引き入れており, 1875 年にはともに夫婦同伴で, トーマス・クック創始の旅行代理店企画による「クック・ツアー」でナイアガラの滝に出かけている. この建築家とランドスケープ・アーキテクトの 2 人はまた, 1876 年のニューヨーク州会議事堂や, 1880 年のボストンのフェンウェイ公園に「自然な」橋 2 基を架ける仕事で, またその翌年にはノースイーストンの列車車庫周りの植生計画でも協働した. リチャードソンがエームズゲート・ロッジを設計したのは 1880 年のことである. この設計では, 車道の一方に植木屋 1 軒と複数のゲストルームおよび「独身者会館」があり, もう一方に植物のための冬季貯蔵庫があり, それを「シリア風」のアーチが車道を跨いでつなぐ, という構成がとられている. しかしそこには様式的な気取りはなく, ロッジはほぼすべて現地で見つけた存在感のある巨石で建てられている. 部分的にロングミードウ産の赤い砂岩が使われており, 自然が建築家の手で飼い馴らされているさまがごくわずかに暗示されている. またランドスケープ・デザインに関していえば, オルムステッドは露頭した岩並みをレイアウトしただけでなく, 建築家に一貫した思想を付与している. オルムステッドの後年の言及では, リチャードソンは「粗々しく切り出された石材と巨石でできたセントラルパークの 2 つの作品を 20 年前に調べて以後」[145] に巨石スタイルにひきつけられたのである. なお, オルムステッドがここで婉曲に述べているのは, ヴォークスとオルムステッドが 1860 年代初頭に建設した 2 基の橋のことである. この橋が架かった背景には, セントラルパークの各エリアに蔓草や緑樹で和らげた原始的な石のランドスケープを作ろうとする意図があった.

　当然リチャードソンが有名なのはさらに大きい作品のためだが, たとえそうした作品においても, 彼の使う半円アーチは独自の発想で自ら発展させた形態・空間原理以外の何物でもない. アレゲーニー郡裁判所刑務所 (ピッツバーグ, 1883-88) に見られる技量の優れた設計においても, 花崗岩の巨大な切石ブロックと——入口の 300 フィートの鐘楼と,「溜息の橋」と, 難攻不落の刑務所の壁とに対して——好対照となって反復している (図 57). そしてこのピラネージ的な演出はメインとなる内部階段

---

[145] この協働の詳細は Francis R. Kowsky, "H. H. Richardson's Ames Gate Lodge and the Romantic Landscape Tradition," *Journal of the Society of Architectural Historians* 50 (June 1991): pp. 181-8 中に論じられている. オルムステッドの引用はコウスキーが記事内 (p.181) で引用した "A Few Annotations, For Private Use Only, Upon 'Architectural Fitness,' Humbly Submitted to the Consideration of His Omniscient Editorial Majesty, by His Prostrate Servant, F. L. O." よりの抜粋.

において最高潮に達し，版画の中でしか試みられてこなかった高度の技術をもって，半円アーチと弓形アーチが十字に交わり交差する．彼はその死の直前，「今までやったちっぽけな作品で俺を褒めるとしたら，ピッツバーグのやつが完成したのを見たら，皆何ていうものかね？」[146] といったとされる．リチャードソンの死亡記事を執筆する際，ヘンリー・ヴァン・ブラントは彼のすべての業績の深い重要性を理解していた．

今この瞬間，我々はひとつの衝動に支配されている．それは実に逞しく，健やかで，我々にとってよい刺激となる衝動だ．それは以前のいかなる衝動とも大きく異なる，実践への順応性を実によくもった衝動だ．同業者よ，今までを遙かに凌ぐ学識と

57 ヘンリー・ホブソン・リチャードソン，アレゲーニー郡裁判所刑務所（ピッツバーグ，1883-8）．

訓練を積むことだ．そうしてその彼がこの衝動を手中に収めれば，様式の発展に対する最重要作はきっと生まれるはずである[147]．

また，アレゲーニー郡裁判所の建設と同時期のものにシカゴのマーシャル・フィールド商会（1885-87）の建設があったが，彼はこの完成も見ることなくこの世を去った．ここでの功利主義的な「簡素さ」にはフィレンツェ的色合いをはっきりと見て取ることができるが，本作は構成衝動を脱却し，著しい成長を遂げているアメリカ精神を象徴する商業モニュメントである．ルイス・H・サリヴァンがこの建物を生物に例えて語ったということは，おそらく彼は，この「我々の砂漠のオアシス」を最高のも

---

[146] O'Gorman, *Living Architecture*, p. 181 より引用．
[147] Coles, *Architecture and Society* 所収，H. Van Brunt, "Henry Hobson Richardson, Architect," p. 171.

Chapter 7 アメリカの歴史主義

のと見做していたのだった.「いや,私がいいたいのは,ここには君たちが見るべき ひとりの人間がいるということだ.4本足ではなく2本足で歩く人間,彼は活発な筋 肉と心臓と両肺その他の内蔵によって生き,呼吸する人間,赤い血が流れる人間であ る.生身の人間,凛々しい人間である.逞しい力.力漲り,活力に満ち,圧倒的なエ ネルギーを有した,五体満足の男性だ」[148].

　サリヴァン(Louis Henry Sullivan, 1856-1924)がリチャードソンの衣鉢を継ぐこ とを切望していたのは周知の事実である.しかし,これに加えて,エマーソンとソロ ーの超越論を受け継いだのも彼だった[149].さらに,サリヴァンについては,これか らのアメリカ(ニュー・ワールド)に「健全な子孫たちが大勢現れてくることを見通し」[150]ながら,民主主 義を揚々と,かつ熱狂的に信奉していた賢人,ウォルト・ホイットマン(Walt Whitman, 1819-92)の著作に特に敬服していたこともよく知られている.1887年に サリヴァンはこのアメリカ詩人のもとに「インスピレーション」("Inspiration")と 題する叙情エッセイのコピーを送り,「私もやはり,逞しい土着芸術の基層に手を伸 ばそうとしながら,『地層を覗き込み,髪の毛の1本までを精密に分析』してきまし た」[151]と打ち明けた.この小論は有機体の成長の驚異を扱ったものだったが,その前 年,サリヴァンがこの不可解なエッセイを西部建築家協会の大会で読んだ際には,聴 衆は呆気にとられ静まり返った[152].この小論では,建築の話題に及ぶことは決して なかった.

---

[148] Louis H. Sullivan, *Kindergarten Chats and Other Writings* (New York: Wittenborn Art Books, 1947), p. 29.
[149] サリヴァンに関する優れた研究書の数ある中でも,ここではRobert Twombly and Narciso G. Menocal, *Louis Sullivan: The Poetry of Architecture* (New York: W. W. Norton, 2000); John Szarkowski, *The Idea of Louis Sullivan* (Boston: Bullfinch Press, 2000); David Van Zanten, *Sullivan's City: The Meaning of Ornament for Louis Sullivan* (New York: W. W. Norton, 2000); Nancy Frazier, *Louis Sullivan and the Chicago School* (New York: Knickerbocker Press, 1998) Robert Twombly, *Louis Sullivan: His Life and Work* (New York: Viking, 1986); Hugh Morrison, *Louis Sullivan: Prophet of Modem Architecture* (New York: W. W. Norton, 1935) を挙げる.また,サリヴァンによる *The Autobiography of an Idea* (New York: Press of the American Institute of Architects, 1924).〔竹内大, 藤田延幸訳『サリヴァン自伝—若き建築家の肖像』鹿島出版会,1977年〕およびFrank Lloyd Wright's *Genius and the Mobocracy* (New York: Duell, Sloan & Pearce, 1949) も歴史研究上重要であ る.Narcisco G. Menocal, *Architecture as Nature: The Transcendentalist Idea of Louis Sullivan* (Madison: University of Wisconsin Press, 1981) およびSherman Paul, *Louis Sullivan: An Architect in American Thought* (Englewood Cliffs, N.J.: Prentice-Hall, 1962) ではサリヴァンの思想の超越論者的 側面が重視されている.
[150] Walt Whitman, "Democratic Vistas," in *Walt Whitman: Complete Poetry and Collected Prose* (New York: Library of America, 1982), p. 929.
[151] 1887年2月3日付ホイットマン宛サリヴァン書簡.Paul, *Louis Sullivan*, p. 2 より引用.
[152] *Louis Sullivan: The Public Papers*, ed. Robert Twombly (Chicago: University of Chicago Press, 1888) 所収,Louis Sullivan, "Inspiration".

サリヴァンは実に積極的な人物だった．ボストンに生まれ，1872年には最初期の生徒として，マサチューセッツ工科大学の建築学の新カリキュラムに入学したが，次の春には退学している．このプログラムはウィリアム・ロバート・ウェアの指揮のもとでこの数年前に始められたもので，フランス人ウジェーヌ・ルタンがエコール・デ・ボザールの構成メソッドに沿ったデザインを教えていた．この短い滞在の後サリヴァンはフィラデルフィアへと移り，ファーネスの事務所への採用を（彼の建物ひとつを見ただけで）不遜にも自薦し，実際にその職を得てしまった．しかしこの在職期間も1873年の恐慌のためにあえなく終わることとなったため，次にシカゴに降り立った．この地では，彼はウィリアム・ル・バロン・ジェニーの事務所で働き，初めての知的助言者となる，ジョン・エデルマンと親交を結んでいる．ところが翌年に彼はパリへと出帆し，エミール・ヴォードルメールのアトリエに入りエコール・デ・ボザールに通うのだが，ここでもまた，彼の滞在はたった6ヶ月だった．ヴォードルメールはこの弟子にほとんど影響を与えなかったものとみられるが，一方でこのアメリカ人は，装飾芸術学校（エコール・デ・ザール・デコラティフ）において，ヴィクトル＝マリー・リュプリック＝ロベールの製図の講義（サリヴァンはファーネスの事務所で，すでに装飾デザインには詳しくなっていたものとみられる）に出席していたようである[153]．ただし，この経験によって自身の実務の焦点が定まったものの，彼はなおも気を揉んでいた．かくして，特にミケランジェロのシスティナ礼拝堂を見るためにイタリア旅行を決行し，それからシカゴに帰ってきたのは，この建築家が19歳，1875年のことだった．その後フリーランスのデザイナー兼ドラフトマンとして事務所を渡り歩く中で，成功はゆっくりと訪れ始めた．1880年，彼はドイツ生まれのダンクマール・アドラー（Dankmar Adler, 1844-1900）の事務所に入った．そして遂にその3年後，彼が正式なパートナーにおさまると，サリヴァン「神話」が開花し始めた．

　1875年にシカゴに戻ってきた若き日のサリヴァンは，装飾の分野では随一の腕前をもっていた．エマーソンは建築装飾に慎重であり，リチャードソンはスタンフォード・ホワイトのような優秀な事務所に装飾ディテールを任せてしまっていたが，サリヴァンは装飾を称えた．彼はまた，別の道でも自らの思考を進めた．彼はシカゴに大勢いたドイツ移民のひとりである，フレデリック・バウマン（Frederick Baumann, 1826-1921）という極めて熱心なゼンパー主義者のエンジニアと親しくなった．サリヴァンはよく勉強し，よく主張した．かくして，1880年にアドラーの事務所に勤め

---

[153] Ruprich-Robert がサリヴァンに与えた重要な影響については Wim de Wit, ed., *Louis Sullivan: The Function of Ornament* (New York: W. W. Norton, 1986) 所収の David Van Zanten, "Sullivan to 1890" 参照．

ることになった直後のボーデン・ブロック（1880）のコーニスとスパンドレルで即座に装飾の筆を揮うと、彼はその後も同様のデザインで装飾を担当した。そして 1883 年にアドラー＆サリヴァンの合名会社が組織されてからのサリヴァンは、いくらかためらいながらも、さらに大胆な実験を始める。1885 年にセントルイスで行われた西部建築家協会講演では、国民様式の創造やヨーロッパ伝来様式の超克という視座を提起したが、この講演でのサリヴァンは、こうした問題の核心に迫っているとはいい難かった。彼は「より理性的で有機的な表現方式」および「生得の詩的感情」について語ったものの、その結論は単に、新しい国民様式は「ミネルヴァのように」出て来るものではなく、「滋養物をゆっくり少しずつ消化吸収するもの」のはずであると言及するに留まった[154]。

1886 年末、アドラー＆サリヴァンはオーディトリアム・ビルの依頼を受けた。これはこの合名会社にとって、その時点では最も大きく最も複雑なものであり、このビルにはこの都市に文化が現れたことを示す、アイコンの役割が担わされていた[155]。そしてこのタイミングは彼にとってもよいものだった。当時、サリヴァンは（「全く思いがけずに」）ホイットマンの詩に巡り合ったばかりであり、また、リチャードソンによるマーシャル・フィールド商会の建設が始まった時期でもあった。サリヴァンはこのリチャードソンの先例に倣って、外部に装飾を使うことを避け、巨大な石壁にリズミカルに開口を設ける選択をとった。とはいえ内部、特にオーディトリアム自体において、彼は装飾をふんだんに使っていたのだが、オーディトリアム・ビルの完成間近になると、外部への装飾を避けるスタイルは突然の終わりを迎え、ゲッティ墓碑（1890）やセントルイスのウェインライト・ビルディング（1890-1）において、大いに絢爛なデザインが生み出されることとなる。サリヴァンの革新的スタイルの諸要素がまず円熟を迎え、シカゴのさまざまな討論会を賑わしたのがこのときだった。

この年月はいわゆるシカゴ派の形成期であるが、様式論争にとりわけ活発だったのはサリヴァンだった。彼は 1884 年の西部建築家協会（Western Association of Architects）の創設メンバーのひとりであり、その後 1889 年のアメリカ建築家協会との合併に至るまで、活動的なメンバーであり続けた。また 1885 年には、サリヴァンは「他に流されないアメリカの近代建築派の出現」[156]のために組織されたシカゴ建築スケッチクラブ（Chicago Architectural Sketch Club）の後援ともなっている。サ

---

[154] *Louis Sullivan: The Public Papers* 所収 Louis Sullivan, "Characteristic and Tendencies of American Architecture", p. 3-7.
[155] シカゴにおけるこのビルの重要性については Joesph M. Siry, "Chicago Auditorium Building: Opera or Anarchism", *Journal of the Society of Architectural Historians* 57 (June 1998): pp. 128-59 参照。
[156] A goal voiced by the club's secretary, Herman V. von Holst, cited by Twombly, *Louis Sullivan*, p. 216.

リヴァン，ジェニー，ルートはしばしば，このクラブが開催した年に1回のドローイング展の審査員になっており，サリヴァンは1888年と1889年の2回，このクラブのために口頭発表も行っている．なお，この発表の論題は，様式を巡る高度に哲学的な思索や，想像力の芸術における利用法についてだった[157]．

　しかし，サリヴァンのことを理解する上でより重要なのは，イリノイ州建築家協会（西部建築家協会の地方支部）をスポンサーとする討論会への彼の貢献である．このイリノイ支部はシカゴで月例会を開いていたが，そのうちの数回が理論の問題に割かれた．1887年3月に開かれた討論会の議題は「現代アメリカの建築デザインの趨勢やいかに」であり，この問題を議論したのはサリヴァン，ルート，アドラー，バウマン，クラレンス・スタイルズおよびW・W・ポイントンであった．ルートは歴史研究が必要であることを強調し，未来のアメリカ建築の基礎を普遍性（さまざまな様式の翻案），重力，実用性，壮麗さであるとした．スタイルズは，アメリカの建築家はただ既存の諸様式を修正していればよいのだとするルートの主張に異を唱えながら，近い将来にアメリカ由来の建築が生まれるだろう，と予測した．バウマンはこのとき，様式(スタイル)の概念には実用性という観念が含まれている必要があるとしながら，ゼンパーによる様式の概念を引き合いに出した．しかしサリヴァンはこれに反論し，様式とは外部に宿るものではなく，むしろ我々自身の内にあって「我々の思考と経験知識の種類と質」[158]に帰するものなのだ，と主張した．また，ルートによるロマネスク・モチーフの受容に対しては，サリヴァンは「歴史上のモチーフにはかつてなら特別な意義があったが，今それを我々のデザインに使うのは浅薄で意味のないことなのではないか」[159]と主張している．件のオーディトリアム・ビルのリチャードソン風ロマネスク壁は，無論，この時建設中だった．

　そのほか，1887年5月の討論では主役のサリヴァンは「ディテールのマスへの正しい従い方とは」というテーマを扱っているが，ここでこの建築家は唐突にエマーソン主義者になる．というのも，ここで彼はこの問題を完全にレトリカルにとり，さらには理論家の取組みをすべて糾弾するのである．

---

[157] この2つの論文はそれぞれ「スタイル」("Style", 1888)および「芸術における想像力の効用」("The Artistic Use of the Imagination", 1889)と題された．*Louis Sullivan: The Public Papers*, pp. 45-52, 62-6 所収．

[158] Louis Sullivan, "What Are the Present Tendencies of Architectural Design in America?" *The Inland Architect and News Record* 9 (March 1887): pp. 23-6.
Louis Sullivan: The Public Papers, p. 29. The symposium is reprinted in Donald Hoffmann, ed., *The Means of Architecture: Buildings and Writings by John Wellborn Root* (New York: Horizon Press, 1967), pp. 206-17 より引用．

[159] Ibid., p. 29.

現代の芸術理論は空虚だといいたい．過去の芸術理論も未来の芸術理論も同じく空虚である．すべてのがらくたやほこりや科学的分析的美学の曖昧さを取り払ったあとに残る本質的な事実だけが真の事実なのだ．それは誰もが心の中にもっているものである．すなわち，私の心の中にも．だから私はここで周囲の人たちとともに自然に熱中しているのだ．そして，私たちは皆，私たちがまだ持ち合わせていない何かを求めて躍起になっている．ゆえにすべてのものとすべての原因には，計り知れない力が行き渡っているのだ[160]．

なお，バウマンが先述の1887年3月の例会でゼンパーの様式の定義を引き合いに出したことも重要である．この建築家は数度にわたりゼンパーの思想の解説を試みているが，この例会での発言はその最初のものだった．同様の発言には，1889年と1892年にアメリカ建築家協会に向けて口頭発表された論文2本も数えられるが，これらはともにシカゴの『インランド・アーキテクト・アンド・ニューズ・レコード』誌（*The Inland Architect and News Record*）に採録されている[161]．また，ジョン・ルートもゼンパーへの同じ関心から，1899年に同誌のために，ゼンパーの最終講義である「建築様式論」を翻訳している[162]．すなわち，1880年代末のシカゴでは，建築の4要素という概念モデルを中心としたゼンパーの思想が，確かに「話題になって」いたのである[163]．当時ゼンパーに猛烈な関心が注がれていた証左としては他にも，1880年代のアドラー＆サリヴァンのドラフトマン，エンジニアの大部分が，ドイツで訓練を受けていた事実からも見て取れる．エドガー・カウフマン・Jr. は，1889年に少し前にドイツから移民してきたパウル・ミュラーが，サリヴァンにフランク・ロイド・ライトを紹介した（なおこれは，ライトが親しみを込めた「敬愛の師(リーバー・マイスター)」というドイツ語の称号でサリヴァンを呼んだ理由でもあるだろう）ことを書き留めている[164]．また，ゼンパーの「被覆」の命題と「カーテンウォール」

---

[160] Louis Sullivan, "What Is the Just Subordination in Architectural Design, of Details to Mass?" *The Inland Architect and News Record* 9 (April 1887): pp. 52-4.
   Louis Sullivan: The Public Papers, p. 34 より引用．
[161] Frederick Baumann, "Thoughts on Architecture" (address to the American Institute of Architects in Washington, D.C., 1890), *The Inland Architect and News Record* 16 (November 1890): pp. 59-60 およびidem, "Thoughts on Style" (address to the American Institute of Architects in Chicago, 1892), *The Inland Architect and News Record* 20 (November 1892): pp. 34-7 参照．
[162] John Root, "Development of Architectural Style," which ran from December 1889 to March 1890 in *The Inland Architect and News Record*.
[163] Roula Geraniotis, "German Architects in Nineteenth-Century Chicago" (Ph.D. russ., University of Illinois, 1985) がこの点を立証している．また，同著者による小論 "German Architectural Theory and Practice in Chicago, 1850-1900," *Winterthur Portfolio* 21 (1986): pp. 293-306 も参考になる．

のコンセプト上の関連性も指摘されている[165].

ただし，これらは皆，理論に対するサリヴァンの個人的な反感，あるいは少なくとも，自らの建築のインスピレーションを言葉に置き換えることへの彼の不快感を強調するものにすぎない．例えば，有名な小論である「装飾」（"Ornament", 1892）の中で彼は，建築家たちが「形態として美しく，裸の状態で上品な建物を作るのに思考を専心集中させる」ために一時的に装飾を使うのを控えれば，それが「大いに我々の審美観のためになる」，と指摘している[166]．わかりやすい言明であるようにも思えるが，しかしこれは，数ページ後で表明された，彼の個人としての見解とは全く合致していない．すなわち建物は「性質上，本質的に，物的存在として，感情の表現なので」あり，「着想に釣り合いがとれ，きちんと検討された被装飾構造から装飾システムをはぎとってしまうと，その個性は台無しになってしまう」[167]のである．この小論が発表された1892年には，サリヴァンはシカゴ万国博覧会の運輸ビルディングのための「黄金門(ゴールデン・ドアウェイ)」をデザインしている．

また，「理知建築と情動建築：ある主観的，客観的研究」（"Emotional Architecture as Compared with Intellectual: A Study in Subjective and Objective", 1894）という別の重要な小論において，サリヴァンは，「直感」「想像力」「インスピレーション」についての自らの見解を詳述している．彼は一方では理性的思考の重要性を認めているが，「グレート・スピリット」によって自らの作品に生命を吹き込め，とする建築家への諫言には明らかに汎神論的な含意がある．「人間の魂には最も根源的なものとして，自然および深遠な霊と仲良くありたいという欲望が確かに満ちている．最も偉大な芸術作品とは，疑いなく，この激しく忍耐強い憧れの実感に最も肉薄したものである」[168]．そして彼は結論する．古典様式およびゴシック様式は自らの目的に巧みに適い，人間の意識のいわば客観的側面と主観的側面を表現したのである．しかし今はこの両者ともに不十分であり，真に詩的な建築がそこに取って代わらなければならない．「それは必ずや，人間の自然との交わり，および同胞との交わりの完全性を，明瞭に，雄弁に，熱をもって語るものとなろう」[169]．これはまさしくエマー

---

[164] *9 Commentaries on Frank Lloyd Wright* (New York: Architectural History Foundation, 1989) 所収, Edgar Kaufmann, Jr., "Frank Uoyd Wright's 'Lieber Meister'", pp. 37-42.
[165] 特に Rosemarie Haag Bletter, "Gottfired Semper," in *Macmillan Encyclopedia of Architects* (New York: The Free Press, 1982), 4: p. 30 を参照されたい．
[166] *Louis Sullivan: The Public Papers* 所収, Louis Sullivan, "Ornament in Architecture" (1892), p. 80.
[167] Ibid., p. 81.
[168] *Louis Sullivan: The Public Papers* 所収, Louis Sullivan, "Emotional Architecture as Compared with Intellectual: A Study in Subjective and Objective" (1894), p. 94.
[169] Ibid., p. 102.

ソンそのものであるが，これらの思想が発せられたのがすなわち，彼の芸術家としての傑作である，バッファローのギャランティー・ビルディングの依頼を受ける直前のことだった．

サリヴァンの有名な格言「形態は機能に従う」が初めて表明されたのは，1896年の「芸術的に考慮された高層オフィスビル」("The Tall Office Building Artistically Considered") という小論においてである．「機能(ファンクション)」の語はここではオフィスビルの営利上，物理上の機能に関して用いられているが，サリヴァンの使い方にはすでにそれ以上の含みがある．というのも，彼はグリーノウの生物学のアナロジーを経由してこの語を導入しているのである．事実ここでは，鷲，馬，白鳥などを例に，自然の形態と機能の関連を示すこの彫刻家の作品も数多く挙げられている[170]．

19世紀アメリカの理論を語る上で過小評価を受けてきたが，グリーノウ理論が再び公式化されていこうとする中で見逃してはならないのが，レオポルド・アイドリッツの『芸術の本質と機能：特に建築について』(*The Nature and Function of Art: More Especially of Architecture*, 1881) の重要性である[171]．プラハで生まれウィーンで訓練を受けたアイドリッツは，1840年代初期にアメリカへ移民した．すでに見たとおり彼は半円アーチ(ルントボーゲン)様式の初期の支持者であるが，またゴシック様式の作品も多く手がけている．彼のポリクロームのデザインを評価することこそ今日では難しい（彼の作品はほとんどが現存しない）ものの，著作からは彼が知的な深みをもった人物であったことがうかがい知れる．彼は哲学的志向をもち，イギリスの理論だけでなく，ドイツのロマン主義の伝統やアメリカの超越主義の伝統も援用した．その議論に現れるのは，大まかに挙げただけでも G・W・F・ヘーゲル，J・J・ヴィンケルマン，フリードリヒ・シラー，フランツ・クーグラー，プラトン，ソクラテス，アリストテレス，シャフツベリ伯がいる．アイドリッツの観念論はしかし，オリジナルでもあり，ドイツの心理美学に触発されたものでもあり，彼はそれを「有機(オーガニック)」のアナロジーに翻訳する．「建築家は，物の自然状態を模倣する際，機能のストーリーを語るように形態を具現化する」[172]．人間が物理的側面と感情の側面をもつように，建築にも骨と腱という骨格面の他に感情表現という観念的な面をもつ．彼の論では，「構造上の表

---

[170] *Louis Sullivan: The Public Papers* 所収．Louis Sullivan, "The Tall Office Building Artistically Considered" (1896), p. 111.

[171] L. Eidlitz, *The Nature and Function of Art: More Especially of Architecture* (New York: A. C. Armstrong & Son, 1881; reprint, New York: Da Capo Press, 1977). アイドリッツの理論については Biruta Erdmann, "Leopold Eidlitz's Architectural Theories and American Transcendentalism" (Ph. D. diss., University of Wisconsin, 1977) 参照．

[172] Ibid., p. 223.

現が装飾によって引き立てられたとき,その有機体の演じるさまざまな機能の性質は,よりはっきりと即座に伝えられる」[173]とされた。すなわち,建築の意匠表現の中で首位に立つのは,実用的なマッスにうまく生命を吹き込むことのできる彫刻装飾と着彩装飾なのである。「彫刻装飾と着彩装飾には,建築的有機体中の荷重,圧力への反力を誇張する以上の目的はない。この二者は(後により細かく見ていくが)密度,大きさ,投影,造形,置かれた方向によってその目的を達する。例えば方向は,荷重と圧力の反力の方向と一致していなければならない」[174]。

　建築形態と機能の間の類似点については,サリヴァンが1901年から翌年にかけて週刊誌の記事として書いた『キンダーガーテン・チャット』(Kindergarten Chats)の中でも広く扱われている。これらの記事は,ひとりの聡明で厳しい先生(サリヴァン)と,本当の教育を受けたいと思っている建築学校卒業生とのとりとめのない対話の形式をとる。建築形態は現世レベルでは特定の機能類型で建築の内容を表現しなければならないが,それはサリヴァンの要点からは遠い。彼の主張では,我々はひとつの宇宙の中に生きており,その宇宙の中では「すべては機能であり,すべては形態である」,すなわち「すべての形態の裏には,生命にかかわる得体の知れない何かがある。それは僕らには見えていないけれど,その形態そのものの中に本当に見えるはずのものなんだよ」[175]。この「生命にかかわる何か」とはすなわち,「無窮の創造霊」に他ならず,これに気づくことによって我々は彼の哲学の核心に辿りつく[176]。

　すなわちサリヴァンのいう機能には,世俗的な目的を意味する含意は皆無なのである。サリヴァンにおいて機能とは常に「生きた力(リヴィング・フォース)」というある霊的あるいは生気論的な力であり,形態(フォーム)というのも「有機的な」構造表現という以上のことは意味しない。建築家の任務とは彼にとっておそらく素材に「自然に,論理的に,詩的に」生命を吹き込むことだったが,彼によれば,その建築家はまた,より大きな価値,例えば,整理された社会形態(ソーシャル・フォーム)での表現を模索しているアメリカの「民主主義精神」といったものもそこに吹き込まなければならない[177]。「建築家の真の役目(ファンクション)」は形而上学的かつ道徳的かつ利他的なものである。「建設材料を生かすこと,ひとつの思考,ひとつの意識状態をもって建設材料に一括に生命を与えること,建設材料に主観的な意義や価値を付与すること,建設材料を社会構造そのものの一部となすこと,建設材

---

[173] Ibid., p. 251.
[174] Ibid., p. 288.
[175] Louis Sullivan, *Kindergarten Chats and Other Writings* (New York: Wittenborn Art Books, 1947), p. 44-6.
[176] Ibid., p. 46.
[177] Ibid., p. 99.

料へ人民の生活の真実を吹き込むこと，詩人の目が生活の内面を探りながら人民のもつ最善の面を見るように，建設材料にその人民のもつ最良の点を授けること」[178]。すなわちサリヴァンにとってみれば，形態の機能的な 表 現 とは究極的には，民主主義の未来を約束する自身の救世主的なヴィジョンをまとった，倫理観のひとつの総体なのだった。装飾とはそうして，詩的表現の霊媒である。エマーソン主義的な 大 霊 は存在する，「なぜなら自然とはそもそも，劇のように，人間がその隅々を動きまわる背景だからだ。夢を見ている当人がその中で動いている夢は彼の夢だ。それは当人の現実としての現実だ。そうして，すべての生活はまとめてひとつの広漠たる劇，ひとつの広漠たる夢だ。そこでは，人間の魂がその第1の観客だ」[179]。

サリヴァンの形而上学は以降もこの点から微動だにしなかったが，一方，彼の「科学的」倫理学はチャールズ・ダーウィンやウィリアム・ジェームズの心理学に始まり，ソースティン・ヴェブレン，ジョン・デューイ，オスカー・ロヴェル・トリッグスの社会学に至るまで，ありとあらゆる哲学的典拠で膨れあがっていった[180]。あるいは，ニーチェとホイットマンの情動もまた，彼のインスピレーションの平野から遠く逸れていくことはなかった。事実，ホイットマンによる「封建制」と「民主主義」の寓意的な区別は，162ページからなる哲学論「民主主義：ある人間探求」("Democracy: A Man-Search", 1908年最終編集，1961年出版) でサリヴァンが語る歴史弁証法にも援用されている[181]。ここでのサリヴァンによれば，封建性とはひとつの政体のことではなく，過ぎ去ったすべてのもの，二元的思考という機能不全の封鎖的体系すべてのことを意味した。一方，民主主義もまた，彼によれば抽象的な政治秩序ではなく，未来——自然な思考を身につけ，心理的諸力の非限定性を認識した時に人類全体に訪れる，心理的開放のようなもの——のことを指した。したがって，アメリカ民主主義の未来とは，国の境界を越え，ゆくゆくは人類のすべてがその恩恵に浴し分かち合うこととなる，ひとつの大望なのだった。

サリヴァンの優れた小論「建築とは何か：現代アメリカ人についての一研究」("What is Architecture?; A Study in the American People of Today", 1906) の中では，この同じ着想がより具体的に建築において解釈される。ただし，同書は建築をご

---

[178] Ibid., pp. 140-1.
[179] Ibid., p.159. Laurens Weingarden, "Louis H. Sullivan's Metaphysics of Architecture (1885-1901): Sources and Correspondences with Symbolic Art Theories" (Ph.D. diss., University of Chicago 1981) 参照。
[180] Paul, *Louis Sullivan*, pp. 93-108 の論がサリヴァンの蔵書に関して参考になる。
[181] Louis Sullivan, *Democracy, A Man-Search*, ed. Ellen Hedges (Detroit: Wayne State University Press, 1961). The original title for this manuscript was "Natural Thinking: A Study of Democracy."

く一般的な方法でしか扱っておらず，またここでは多少の悲観論が入り込む．建物は常に人間の思考の表現であり，過去から現在の各々の建物は「その時代の文明の産物であり指標であるとともにまた，その時代その場所に生きる人々の思考の産物であり指標でもある」[182]．人間の思考とは進行中のプロセスであるのが常であるのだから，過去の建築を模倣しようとするのは自由の身にある人間には相応しくない．「一言でいえば，アメリカ人民は民主主義向きではないのだ」[183]．

サリヴァンによれば，この誤りの基礎には，建築とは形態の閉鎖系であり，したがってこの系は選択するか，模倣するか，改作するかしかないと考える前提がある．そして彼にとってさらに由々しき問題なのが「有機論法」の途絶，すなわち，理論と実践の人為的な分断，表現に対する謙虚で誠実かつ正直な感情の欠如である．彼は平板な調子で語る．「あなたがたの建物には哲学がない．それはあなたがたに哲学がないということだ」[184]．良識としてまかりとおっているものは「愚かで軽薄だ．街は特許薬品や，品質の悪い食品や，短気な人や，不潔と煙の愚かさで溢れかえっている」[185]．しかし，こうした封建主義的かつ横柄な風習に対してはまさしく，自然のエネルギーや均衡の理解が気付け薬として働く．これにより今度は，人間の思考に根本的な変化が訪れる．

> そしてまた，あなた方の基本的な思想が変わるとき，万事の中にひとつの哲学が，ひとつの詩が，ひとつの表現芸術が浮かび上がってくる．なぜなら，民主主義人民の健全な発育成長のためには特有の世界観，詩および表現芸術が欠かせないのだということを，そのときにあなた方はもう学んでいるだろうから[186]．

実際のところ，エマーソンの理論とデューイの理論はここで接続するのである．
サリヴァンの最後の文筆となる『人間諸力の哲学に基づく建築装飾システム』(*A System of Architectural Ornament According to a Philosophy of Man's Powers*, 1924) には，彼の50年に及ぶ知の成長のあとが，言葉とともに視覚表現によって，すなわち20枚の素晴らしい図版としてまとめられている（図58）．その「非有機的なるものと有機的なるもの」と題する短い序論の中で，彼は再び，意志の

---

[182] *Louis Sullivan: The Public Papers* 所収, Louis Sullivan, "What Is Architecture? A Study in the American People of Today" (1906), p. 177.
[183] Ibid., p. 179.
[184] Ibid., p. 188.
[185] Ibid.
[186] Ibid., p. 196.

力，共鳴する力など，創造に関する人間の諸力について熱を込めて語った．しかし彼が語ったのは何より，「それまで存在していなかったもの」[187] を生み出す力についてだった．すでにほのめかしたように，その行間にはエマニュエル・スウェーデンボリの神智学が見出せる可能性もある．また，サリヴァンの人となりもそこには色濃く現れる．「夢想家は占い師になる，神秘家になる，詩人になる，預言者になる，パイオニアになる，真実の語り部になる，誇り高き冒険者になる」[188]．図版は正方形や五角形などの単純で非有機的な形態から始まり，「中核的なアイディアを人間が巧みに操作することで，可塑的で，動的で，輝かんば

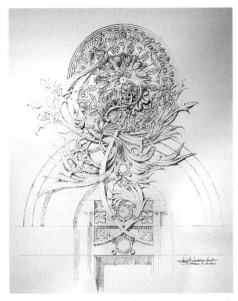

58 ルイス・サリヴァン『人間諸力の哲学に基づく建築装飾システム』（シカゴ，1924）の図版．

かりの表現段階へと進み，それが葉ざかり花ざかりの形態の極点へとつながっていく」[189]．そしてついには硬直した幾何学は「可動媒体」へと姿を消し，拘束は自由に屈する．

サリヴァンがアルコール依存症の中で没したのは1924年，出版されたドローイングを目にして間もなくのことだった．彼は「誇り高き冒険者」として，自身が提案した仕事のほとんどを誠実にやりとげながらこの世を去った．彼は途方もない表現力と深みを湛えたドラフトマン兼造形作家（フォームメイカー）であるとともに，それまで70年あまりのあいだ発酵を続けてきたひとつのアメリカの哲学思想系列をひとつの結論に導いた人物でもあった．それは，彼の直接の後継者であるフランク・ロイド・ライトの知力をもってしても，それより先には進められないものだった．

---

[187] Louis Sullivan, *A System of Architectural Ornament: According with a Philosophy of Man's Powers* (New York: Eakins Press, 1967; originally published in 1924).
[188] Ibid. スウェーデンボリの思想とサリヴァンの関係については Menocal, *Architecture as Nature*, pp. 24-31 参照．
[189] Louis Sullivan, *A System of Architectural Ornament*, pl. 4.

Chapter 8

アーツ・アンド・クラフツ運動

> 今の芸術は不健康だ．ほとんど死んでいるといってもよい．
> 芸術は，誤った道の上にいる．その道を辿れば，
> たちまち死に行きあたる．
> ——ウィリアム・モリス（1881）——

1
イギリスにおける
アーツ・アンド・クラフツ運動

　近代建築に関する数多くの研究で言及されてきたようなヴィクトリア時代(1819-1901)の芸術に対する否定的な見方は，批評家たち，中でも特にその時代に近い時代を生きた人々のあいだでは，必ずしも共有されたものではなかった．例えば，19世紀末に批評家のロバート・カーは，ヴィクトリア時代は偉大なる「芸術の大衆化」の始まりであり，ここで初めて芸術的なデザインが中流階級の娯楽になったとした．さらにカーは，1851年のロンドン万国博覧会を機に，かつては高みに鎮座していた「美術(ファインアート)としての建築」が，小芸術(マイナー・アート)に歩み寄るために，新たに「産業芸術(インダストリアル・アート)としての建築」に姿を変えたと主張した．かつては装飾的で劣ったものと考えられてきた美術工芸(アーツ・アンド・クラフツ)は，「もはや品格の上で建築に何ら劣ることなく，むしろ対等であり，同じように美しい存在」[1]として，建築に受け入れられたのである．

　先のカーの主張は，歴史上重要な点を指摘している．このイベントが開かれた際，批評家たちのほぼすべてが，それまで何世紀にもわたり評価されてきた芸術の諸原則は，工業的操作による製造方法へと適応されたことにより，もはや過去のものとなったことを悟ったのである．そのような意味において，1851年のロンドン万国博覧会はまさにヨーロッパにおける理論のターニングポイントであった．これこそ，リチャード・レッドグレイヴが執筆した公式文書『審査委員会報告書』(*Reports by the Juries*, 1852)」の補遺「デザインに関する補足報告書」("Supplementary Report on Design")におけるメインテーマであった．彼は博覧会における膨大な数の展示品に過剰な装飾がなされていることを繰り返し嘆き，「完全に実用的なもの（各種の機械や道具など）が称讃されるようになり，それらにおいては実用性こそが最重要であるために装飾は否定された．そして，合目的的であることが目標として探求されるために，高次の簡潔性が導き出されている」と述べた[2]．

　レッドグレイヴは，自分の信念に基づいて行動することができる立場にあった．ヘンリー・コールが1852年にデザイン学校の理事長に任命された際，レッドグレイヴ

---

[1] ロバート・カーによる第3版への序文．James Fergusson's *History of the Modern Style of Architecture* (New York, 1891), p. vi.

[2] Richard Redgrave, "Supplementary Report on Design," *Reports of the Juries* (London, 1852), p. 708.

は芸術監督の地位を得て，新しいカリキュラムを組み，足りない部分を補うこととなった．また当時は，政府による芸術分野への出資額が増大した時期でもあった．博覧会により思いがけない多額の収入があったため，ドイツ出身のアルバート公（ヴィクトリア女王の夫）は，それを工芸教育に還元することにしたのである．この目的のために，委員会は芸術と手工芸の学校を設立すべく，サウス・ケンジントンの土地を購入した．1856年，この土地にブロンプトン・ボイラーとして知られる最初の鉄とガラスの構造体が建てられたが，この建物は結露と水漏れの問題のために人々を困らせた．1862年の初めには，フランシス・フォークというエンジニア（コールは依然として建築家を寄せ付けなかった）が初代ヴィクトリア・アンド・アルバート・ミュージアムの前身となる工芸学校と図書館，美術館が組み合わさった最初の施設を建設した．工芸品のコレクションの主要なものは，コールとレッドグレイヴ，オーガスタス・ウェルビー・ピュージン，オーウェン・ジョーンズ，そしてJ・R・ハーバートからなる委員が博覧会で買い集めたものであった．

　新たに命名された「応用芸術学部」(Department of Practical Art)（かつてのロンドン・デザイン学校）に当座の建物を与えるため，アルバート公は1852年にマールボロ・ハウスを提供した．この学校の教師陣はコールとレッドグレイヴによって選任され，オクタヴィアス・ハドソン，ヘンリー・タウンゼント，ラルフ・ワーナム，ゴットフリート・ゼンパーやJ・C・ロビンソンらが務めた．設置された部門は金属細工，テキスタイル，木版画，石版画，解剖学，陶板画，実用的構造の全7部門である．「ただ単に職人たちを教育するということではない．彼らは工場に雇われているばかりでなく，大衆への奉仕者なのだから，すなわち，すべての人々の芸術的素養を向上させること」こそが，コールが公表した建学理念であった[3]．依然として学校の基礎はドローイングであり，生徒は所定の見本を模倣するのが常であった．

　チャールズ・ディケンズが『ハード・タイムズ』(Hard Times, 1854) で風刺したように，この新しい学校の教育は，デザインの原理によって生徒らを指導しようとするものであった．1852年の秋には，レッドグレイヴがコールに「ハドソン氏とゼンパー教授は，さまざまな分野に応用できる一連の教義，あるいは規範，原理を用意すべきだと思う．このデザインの原則は，オーウェン・ジョーンズ氏が唱えた命題のような形にして生徒の目に触れるよう教室に掲示するつもりなので，ぜひご検討の上，採用願います」とのメモ書きを送っている[4]．1852年の6月，ジョーンズは学校の初

---

[3] Henry Cole, lecture of 24 November 1852, *Addresses of the Superintendents of the Department of Practical Art* (London: Chapman & Hall, 1853), p. 12.

[4] Redgrave to Cole, 25 September 1852, Victoria and Albert Museum Library, Correspondence Box 14.

回授業で,「装飾芸術は建築から生まれ,建築に付随する」という最初のデザインの命題を示した[5]. さらにその授業において, 彼は当時の建築の現状に関して, 様式の不調和という点を第1に挙げて,「今の我々には原理も統一性もない. 建築家, 室内装飾業者, 紙の着色工, 織工, キャラコの印刷工といった職能は, それぞれ別個の過程で作業している. そして各々が無益に奮闘し, 美しくない新商品を生産するか, もしくは知性に欠けた美を生み出している」と非難した[6]. そして,「建築には失われた過去の様式を模倣し, 再生産するという慣習が, 至る所で見られる. 過去の知識が豊富になるにつれ, 何より恥知らずなことに, その傾向は日増しに強まっている」と語った.

ジョーンズが示した命題の多くは, レッドグレイヴが執筆したとされる1853年発行の応用芸術学部の問答式入門書の中に収められている[7]. さらに同書では, 装飾は実用性と構造に従属する必要があり, 実用性と構造は材料に適合する必要があると強調された. そしておそらく, これらの中で全体の概略を最もよく示していたのは, 装飾は写実的であるよりも, むしろ様式化されるべきという原理であろう. レッドグレイヴは「真の装飾とは, 自然物の単なる模倣ではない. 材料の性質や芸術の法則, そして生産における必要性といった制限の中で, 装飾するという目的のもと, ある特定の自然物の形や色の美を応用することこそ, 真の装飾である」と表現した[8]. この主張をした際のレッドグレイヴは, はっきりとラスキンの唱えた自然主義とは反対の立場を取っていた.

他の書籍でもデザインにおける様式化について語られたが, それは当時の折衷主義と密接に結びついていた. ラルフ・ワーナムの『装飾の分析』(Analysis of Ornament, 1856) では, 装飾様式を「文を書く手に比すべき」, すなわち芸術家が独自に採用する出来合いのシステムもしくは表現形式(ヴォキャブラリー)として捉え, 主要な9つの様式を分析した[9]. それにもまして野心的な著作だったのは, オーウェン・ジョーンズの『装飾の文法』(The Grammar of Ornament, 1856) であった. 同書は, アルハンブラ

---

[5] Owen Jones, *On the True and the False in the Decorative Arts: Lectures Delivered at Marlborough House June 1852* (London: Chapman & Hall, 1853), p. 4.
[6] Ibid.
[7] アンソニー・バートン (Anthony Burton) は "Richard Redgrave as Art Educator, Museum Official and Design Theorist" において, レッドグレイヴの美学思想全般とともに, これらの定理の考案者について論じている. *Richard Redgrave1804-1888* (New Haven: Yale University Press, 1988) 所収.
[8] Richard Redgrave (?), *Principles of Decorative Art* (London: Chapman & Hall, 1853), p. 1.
[9] R. Wornum, *Analysis of Ornament: The Characteristics of Styles*, 3rd ed. (London: Chapman & Hall, 1877), p. 1.

のムーア式の建築や博覧会における未開発国の作品への興味に端を発している。この彩色されたリトグラフ（石版）には、「未開人」（タヒチ、サンドウィッチ諸島、ニュージーランドやその他の南洋地域の人々）から始まり、異国風のペルシャやトルコ、インド、中国のデザインが続き、最終的にお馴染みの西洋の様式へと至るという、装飾文様の体系的な概観が示されており、まさに色彩豊かな狂想曲であった。つまり、オーウェン・ジョーンズは本書に37のデザイン命題（造形原理の37箇条）を掲げたが、そのうち実際にデザインを論じたのは13のみであり、その大半は自然物の様式化表現の構成法に関するものである。他の24の命題は色彩に関するもので、それらはミシェル・シュヴルイユとジョージ・フィールドの色彩論に依っていた[10]。

オーウェン・ジョーンズが唱えた、色の知覚的次元（視覚的調和の獲得）に関する主張は斬新であった。そしてまた、装飾から見た様式の序列化も、新機軸であった。ジョーンズにとって、装飾文様創作の極地はいまだにアルハンブラであり続けており、アルハンブラではすべての装飾がそれ自体の中に文法をもっていると論じ、続けて37の命題を掲げている。「アルハンブラには、エジプト人の表情豊かな芸術、ギリシア人の天性の気品や優美さ、さらにローマ、ビザンチン、アラブの人々の幾何学的な構成を見ることができる」のだという[11]。ジョーンズはエジプトの装飾も好んでおり、象徴としての意味や装飾の発展における幅広さに関しては、ギリシアにも優ると考えていた。また、他の様式とは違い、「エジプトの装飾様式は遺物が古ければ古いほど、完璧な作品である」ために、エジプト芸術は装飾デザイナーのための原始の言語を構成するものであった。つまり、「エジプト人には、幼年期の形跡や他国に影響を受けた痕跡が一切見られない。彼らは自然から直に着想を得ていたに違いないのである」[12]。

そして疑いようもなく、著者ジョーンズにとって最も重要なのは、最後の「草花の写生」という章である。なぜなら、彼はそこで新しい装飾と建築の様式の問題に関心を向けるからである（図59）。彼は2つ目の命題において、建築を「その時代における需要や機能、感情の具体的な表現」と定義した。そして、建築様式とは、その表現がそれぞれの地の気候や使用可能な材料の影響を受ける、特殊な形式（フォーム）であるとした[13]。しかしながら最終章で彼は、装飾こそが全体を主導するものだという思い切っ

---

[10] Michel Chevreul, *De la loi du contraste stimultané des couleurs*（1839）は1854年に英訳されている。また、George Field, *Chromatography: Or a Treatise on Colours and Pigments*（London, 1835）も参照のこと。

[11] Owen Jones, *The Grammer of Ornament* (New York: Van Nostrand Reinhold, 1982; originally published in 1856), p. 66.〔『世界装飾文様集成』学習研究社、2010年〕.

[12] Ibid., p. 22.

た見解を打ち出すのである．つまり，「装飾こそが，新しい様式へと至るための最も手近な手段」であるという．そして，「もし我々が，その支持手段の新たなる限界をつくり出すことさえできたなら，最大の難関のひとつは突破されるだろう」と但し書きを付け加えた[14]．この但し書きがいわんとすることは明らかでないが，彼の装飾からの提案は，過去の様式を模倣するのではなく，自然に立ち返り，その有機的な創造原理を「理想化する」ことであった．

　ジョーンズはほとんど実作を残さなかったが，それは応用芸術学部で最も優秀な生徒であったクリストファー・ドレッサー（Christopher Dresser, 1834-1904）とは対照的であった[15]．ドレッサーは1847年にデザイン学校に入学した．しかし1850年代にジョーンズの研究に魅了され，ジョーンズのために『装飾の文法』のドローイングを作成した．1856年，ドレッサーはサウス・ケンジントン学校で植物学の講師となり，講義と著作の業績によりイエナ大学の哲学博士を授与された．その後，彼はたちまちイギリスにおける先駆的な産業デザイナーとなり，簡潔で機能的な形態で知られる，近代的で廃れることのないデザインを数多く生み出した．

　ドレッサーのデザイン論は，1862年の『装飾デザイン芸術』（*The Art of Decorative Design*）（図60）において初めて表明された[16]．同書は，ジョーンズの取組みをもとに，装飾デザインの入門書として書かれたものである．「洗練された形態は洗練された精神による表現であり，形に対する鋭敏な洞察力は研ぎ澄まされた知覚能力を意味する」という心理学的な前提を基礎とし，数多くの鋭い見解が示されている[17]．ドレッサーの成果において重要なのは，装飾形態の美しさはイデア的な内容や知識と同様に発展するという主張であるが，それはおそらく，彼の日本への興味に大きな影響を受けているようだ．自然を模しただけの装飾は最も低級であり（これはラスキンに対する非難である），その次に様式化された装飾があり，そして最も高級な装飾はこの上なく崇高なイデアのためにある．すなわち，「真に理想的な装飾とは，最も高貴であり，完全に魂によって創作されたものである．なぜならそれは，まさに精神が具象化したもの，もしくは人間の内面から生み出されたものだからである．このような起源や性質により，高尚な性格(キャラクター)がもたらされる」のだ[18]．ドレッサーは続

---

[13] Ibid., p. 5.
[14] Ibid., p. 155.
[15] ドレッサーに関しては，Michael Whiteway, *Christopher Dresser*, 1834-1904 (London: Thames & Hudson, 2020); Widar Halén, *Christopher Dresser: A Pioneer of Modern Design* (London: Phaidon, 1993); Stuart Durant, *Christopher Dresser* (London: Academy Editions, 1993) を参照．
[16] Christopher Dresser, *The Art of Decorative Design* (London: Day & Son, 1862; reprint, New York: Garland, 1977).
[17] Ibid., p. 12.

59 オーウェン・ジョーンズ『装飾の文法』に掲載された図版（The Grammer of Ornament, London, 1856）

60 オーウェン・ジョーンズ『装飾デザイン芸術』の表紙（The Art of Decorative Design, London, 1862）

けて，オーダーや反復，曲線，均整，変化，適応といったさまざまな点において，装飾デザインと作曲とが類似していると議論を進める。彼の研究で最も革新的なのは，象徴の重要性を軽視したことであった。そして象徴的な装飾体系が必要とされた時代は過ぎ去り，今後再びそのような時代が訪れることはない，とまで主張している。どうやら，ドレッサーは当時流行していたドイツの美学論と心理学理論に精通していたようだが，彼が心理学的な観点から形態を解釈した最初のイギリス人であったという事実もいくらかそれに起因するのだろう。その理由ひとつだけを取っても，彼は重要な理論家であった。続く『装飾デザインの原理』（The Principles of Decorative Design, 1873）では哲学的な要素は減り，より教育的な詳説となっている[19]。

　ドレッサーはこのように機能的な理想主義を掲げたが，それはウィリアム・モリス（Williams Morris, 1834-96）の説く社会主義的な教えとは全く異なっていた。ここに

---

[18] Ibid., p. 37.
[19] Christopher Dresser, *The Principles of Decorative Design* (London: Cassell Petter & Galpin, 1873; reprint, London: Academy Editions, 1973).

Chapter 8　アーツ・アンド・クラフツ運動　377

我々は，以前コールとラスキンのあいだに見られた意見の相違の第2段階を見出すことができる[20]．反逆児モリスは，これまでにない探求をするにあたり，財力においても，また知識においても有利であった．というのも，父親は彼の幼少期に亡くなったが，残された家族が何不自由なく暮らしてゆけるだけの充分な財産が遺されたためである．1853年，オックスフォード大学時代のモリスは，後に画家となるエドワード・バーン＝ジョーンズ（Edward Burne-Jones, 1833-1898）に友人として力を貸していたが，彼らはラスキンの著作を読むうちに，芸術に貢献する封建的な共同体という発想に至った．それは隠遁した禁欲的な生活を送ることではなく，純粋で闘志に溢れた生活を送ることであり，バーン＝ジョーンズの言葉を借りるなら，「時代に対する十字軍，聖戦」であった[21]．この計画は行き詰まることになるが，その情熱は尽きることはなかった．1855年に学業を終えたモリスは，オックスフォードにあるジョージ・ストリートの事務所で働き，そこでフィリップ・ウェッブ（Philip Webb, 1831-1915）と出会うこととなった．その後，モリスは建築への興味を捨て，バーン＝ジョーンズを追ってロンドンへ行き，ラファエル前派のダンテ・ゲイブリエル・ロセッティ（Dante Gabriel Rossetti, 1828-1882）のもとで絵画を学んだ．2人の若者にとっては最も自由奔放な時期であり，そして何より，ロセッティのサークルに参加し，ラスキンと初めて接触したのもこの時期であった[22]．1859年にモリスがジェーン・バーデンと結婚すると，こうした時期も終わりを迎えた．彼女はロセッティのモデルであり，そのあまりの美しさから，この年老いた画家は彼女を手放すことを嫌がったのである．この結婚は，必ずしも幸福なものとはならなかった．

　しかしながら，この結婚がきっかけとなり，モリスはウェッブと協力してベクスリーヒースに「赤い家（レッド・ハウス）」を建設することになった．この家は長らく「初期モダン・ムーブメントの聖地のひとつ」として考えられてきたが，その建築作品としての重要性は誇張されている．ゴシック的な要素があるため，時に中世的と評されるが，簡素な

---

[20] 定評のある伝記として，E. P. Thompson, *William Morris: Romantic to Revolutionary* (Stanford: Stanford University Press, 1988; originally published in 1955) が挙げられる．同じく，非常に重要な文献として，Philip Henderson, *William Morris: His Life, Work, and Friends* (New York: McGraw Hill, 1967)〔川端康雄訳『ウィリアム・モリス伝』，晶文社，1990年〕; John Mackail, *The Life of William Morris*, 2 vols. (London: Longmans, 1899); Nicholas Salmon, *The William Morris Chronology* (Bristol: Thoemmes, 1996); William Morris, Collected Works, 24 vols. (New York: Russell, 1910-15; reprint, New York: Russell & Russel, 1966) が挙げられる．
[21] John Mackail, *The Life of William Morris*, vol. 1, p. 63 より引用．
[22] バーン＝ジョーンズとモリスが初めてラスキンに会ったのは彼らのアパートにおいてであり，ラスキンがスイスから帰国して間もない1858年10月のことであった．当時ラスキンは労働者大学（Working Men's College）で製図を教えていたが，毎週木曜の夜は，継続的に彼ら2人のもとに訪れた．

煉瓦造の外観や左右非対称な配置計画は，むしろその土地特有の地方的な建築を模倣している．一方内部は，重厚な手製の家具や装飾模様，ガラス細工があるために，より洗練されていた．いずれにせよ，この建築の重要性は，1861 年に「モリス・マーシャル・フォークナー商会」（Morris, Marshall, Faulkner & Company, Fine Workman in Painting, Carving, Furniture and the Metals）の敷地となり，その最初の工房として使用されたことにある．

　つまり，封建的な共同体という発想は商業的企業へと発展したのである．会社の設立趣意書で，モリスは近年の装飾芸術の発展は「イギリスの建築家」の功績によるものだとしているが，それはおそらくストリートやウィリアム・バターフィールド，ジョージ・ボードレイらが手がけた室内装飾を意味しているのだろう．彼らのデザイン制作は，芸術的な調和がとれておらず，統率されてこなかったために，「粗雑かつ断片的」であった[23]．この問題は，装飾のための商会を設立し統一するという手法によって解決されると考えられ，商会の共同経営者にはバーン＝ジョーンズ，チャールズ・フォークナー，フォード・マドックス・ブラウン，ロセッティ・P・P・マーシャルといった才能溢れる芸術家が名を連ねた．

　そもそも，芸術家のギルドを作り，手工芸の製作手法によって諸芸術を活性化し，統合しようという発想自体は完全に新しいものではなかったが（ピュージンがすでに提案していた），このような商会を設立して営利事業を行うというのはこれまでにない試みであった．商会への注文のうち，特にステンドグラスやタペストリー，壁画の多くは，教会設計を手がける建築家からであった．さらに，家具を制作して委託販売をしたり，ロンドンのオックスフォード・ストリート展示場で展示するなどした．モリスが専門としたのは，染織や織物，柄布，壁紙，キャラコ，本の印刷であった．全体として商会は経済的な成功を収め，それから数十年後には何十人もの労働者を雇うほどとなったが，その背景にはモリスの政治的な活動があった．1883 年，彼はイギリスにおける初期の社会主義政党である民主連盟に参加し，その 2 年後にはフリードリヒ・エンゲルスの協力を得て民主連盟から分かれて，マルクス主義の社会主義同盟を結成した．そして 1880 年代後半における演説や宣伝活動を通じて，彼はイギリスで最も有名な社会主義者のひとりとなった．

　芸術家が高級芸術(ハイアート)ではなく美術工芸品(アーツ・アンド・クラフツ)に従事するという発想は，19 世紀末の四半世紀の間，人々を魅了した[24]．ウィリアム・ド・モーガン（William De Morgan,

---

[23] Ray Watkinson, *William Morris as Designer* (London: Trefoil Publications, 1990), pp. 16-7 より引用．
[24] アーツ・アンド・クラフツ運動に関しては，全般的に多くの研究がなされている．Gillian Naylor, *The Arts and Crafts Movement: A Study of Its Sources, Ideals, and Influence on Design Theory*

1839-1917)やウィリアム・A・S・ベンソン(William A. S. Benson, 1854-1924)らの工房をはじめ,多くの小規模な商会や作業場がモリス商会から誕生し,もしくはモリスの主張により設立された.一方で,中世に見られた形式のギルドも人気があった.その最初の事例は1871年にラスキンが設立したギルド・オブ・セント・ジョージ(Guild of Saint George)の社会主義ギルドであったが,このごくわずかな期間で解散した共同体は農業的かつ非工業的であり,その設立資金の一部はラスキンの印税によって賄われていた.より成功を収めたのは,アーサー・マクマードゥ(Arthur Mackmurdo, 1851-1942)とセルウィン・イメージ(Selwyn Image, 1894-1930)が設立したセンチュリー・ギルド(Century Guild)であった[25].マクマードゥは建築家としての訓練を受けていたが,1871年にラスキンを読み始め,彼の関心は変化していった.そして1874年にラスキンとともにイタリアに訪れた3年後,モリスに出会った.センチュリー・ギルドが目指したのも「芸術の全分野を,商人の領域ではなく,芸術家の領域にすること」であった.

これとは別の初期のギルドとして,アート・ワーカーズ・ギルド(Art-Worker's Guild)が挙げられるが,これはラスキンとモリスの政策と密接に関わっていた.このギルドは1884年に建築家で歴史家のウィリアム・リチャード・レサビー(William Richard Lethaby, 1857-1915)が率いる多数の若いデザイナーたちによって設立された[26].この私設美術家集団の中にはルイス・F・デイ(Lewis F. Day, 1845-1910)とウォルター・クレイン(Walter Crane, 1845-1915)もいた[27].彼らのねらいは,民衆による芸術改革を推し進める活動組織を作り,ロイヤル・アカデミー(Royal Academy)と王立英国建築家協会(RIBA: Royal Institute of British Architects)の影響に対抗することであった.このギルドから派生した重要な組織がアーツ・アンド・クラフツ展示会協会(The Arts and Crafts Exhibitions Society)であり,その最初のイベントは1888年に開催された.1893年に展示会協会が出版した『アーツ・アンド・クラフツ論』(*Arts and Crafts Essays*)において,クレインは「それまでの既成概念に異議を唱え,モリスが指摘したように近代における機械技術の発達や快適さ,贅沢品によって,生活が『日に日に醜くなってゆく』ことを主張した」ことこ

(London: Trefoil Publicatinos, 1971); Isabelle Anscombe and Charlotte Gere, *Arts and Crafts in Britain and America* (New York: Rizzoli, 1978) を参照.

[25] *Catalogue of A. H. Mackmurdo and the Century Guild Collection* (London: William Morris Gallery, 1967) を参照.

[26] レサビーに関しては,Godfrey Rubens, *William Richard Lethaby: His Life and Work, 1857-1931* (London: The Architectural Press, 1986); Sylvia Backemeyer and Theresa Gronberg, *W. R. Lethaby, 1857-1931: Architecture, Design and Education* (London: Lund Humphries, 1984) を参照.

[27] *Architects of the Art Workers Guild, 1884-1894* (London: Riba Heinz Gallery, 1984) を参照.

そ，この組織の成果であると述べた[28]．そしてクレインは，「すべての芸術の真の根幹と基礎は，手工芸にある」という信念を断固として主張し，モリスを追って社会主義同盟に参加した[29]．

クレインの著書のうち，最も影響力のあった『装飾芸術の主張』（*The Claims of Decorative Art*, 1892）は，この10年間に彼が書いた論文を集めたものである．同書において彼は，現代の生活における「忌まわしき奢侈や下賤」や「不格好で魅力に欠けた，拡がり続ける巨大な都市」を痛烈に批判し，それは「無節操な商業主義」や土地私有，暴走する産業主義，そして生活費を稼ぐことのできない芸術家に原因があると論じた[30]．そして，こうした状況はすべて社会の変動する「流行や商業」という「移り気な道化」から生じるものとした[31]．クレインは「経済基盤に立脚した新しい生活観」を訴えたが，彼にとってそれこそが社会主義における「宗教」と「道徳規範」であった[32]．同書はドイツで1894年に翻訳出版され，すでにこの国で始まっていた改革に影響を与えた．また，その1年前にイギリスの『ザ・ステュディオ』誌が創刊されたが，同誌もまた，ヨーロッパの人々にイギリスのアーツ・アンド・クラフツ運動の特質を余すことなく伝えるものであった．

クレインの他に，イギリスにおける運動の重要な理論家として，チャールズ・ロバート・アシュビー（Charles Robert Ashbee, 1863-1942）がいる[33]．ケンブリッジ大学で学んだ後，彼もロンドンのジョージ・ボードレイの事務所で建築家として働いた．その際，彼はトインビーホールに住んでいたが，ここは生活と教育における実験的な大学セツルメントであり，後にシカゴのハルハウスのモデルとなった施設である．そこで彼は芸術を教えて手工芸の学校を設立し，1888年にはギルド・オブ・ハンディクラフト（Guild of Handicraft）と合併した．そのギルドは，デザイン学校と商業的な作業所とが共同したものとしては，成功した最初の事例であった．アシュビーの作品はアーツ・アンド・クラフツ展示会協会の展示に欠かせない存在となり，1890年代後半以降は海外でも定期的に展示され，人々の目に触れるようになった．こうして

---

[28] Walter Crane, "Of the Revival of Design and Handicraft: With Notes on the Work of the Arts and Crafts Exhibition Society," *Arts and Crafts Essays* (New York: Charles Scribner's Sons, 1893; reprint, New York: Garland, 1977), p. 3.

[29] Ibid., p. 4.

[30] Walter Crane, *The Claims of Decorative Art* (London: Lawrence & Bullen, 1892), p. 6, 12.

[31] Ibid., p. 176.

[32] Ibid., p. 74, 79.

[33] Alan Crawford, *C. R. Ashbee* (New Haven: Yale University Press, 1985); Peter Stansky, *William Morris, C. R. Ashbee and the Arts and Crafts* (London: Nine Elms Press, 1984); *C. R. Ashbee and the Guild of Handicraft: An Exhibition* (Cheltenham, England: Cheltenham Art Gallery, 1981) を参照．

実績を積んだ彼は，1902年にギルド・オブ・ハンディクラフト（150人の職人とその家族たちからなる）をグロスタシャーのチッピング・カムデン村に移した．そこでアシュビーは，ラスキンに倣い，近代都市と工業的な生産手段に代わり得るような，封建的な社会主義の共同体を作ろうとした．しかしながら，他の冒険的事業と同様に，この計画も失敗に終わり，アシュビーはロンドンへと戻り，再び建築家として活動することとなった．

　これまで見てきたアーツ・アンド・クラフツ運動の指導者の中で，アシュビーは建築家として最も活躍した人物であったが，この運動に多くの建築家が参加したことを鑑みると，特に住宅設計に関して，皆が共感できる理念を共有していたと考えられる．いうまでもなく，フィリップ・ウェッブは運動の黎明期においてモリスと最も近しい建築家であり，後年には形式的な「古典主義」の建築をつくり，芸術的な側面においては彼が独自の考えをもっていたことが明らかになったとはいえ，長年にわたりモリスと共有してきた理想に対して忠実であり続けた[34]．「赤い家」(レッド・ハウス)の形式ばらない平面計画や煉瓦造の外観（それ自体が斬新なものだった），瓦屋根，巨大な煙突と暖炉などは初期のクイーン・アン様式であり，ゴシック様式を採用した開口部のみが，時代の流れに反していた．この様式はバロック期のクイーン・アン時代（1702-14）に属しており，いくらか誤解されやすいのだが，ゴシック・リヴァイヴァルに嫌気がさしてこの様式を擁護した者は，17～18世紀のイギリスでごく一般的なヴァナキュラー建築を模倣しようとしたのである．この様式は，これまで挙げた特徴に加えて，機能的で実用的な平面計画を採用し，鉛枠と木枠の細長いベイウィンドウを取り入れ，材料と色，ボリューム感の巧みな操作によって簡素で気取らない効果を上げていた．

　1860年代から70年代にかけてのウェッブの仕事はこうした傾向にあったが，クイーン・アン様式の建築家として最も有名なのはスコットランド出身のリチャード・ノーマン・ショー（Richard Norman Shaw, 1831-1912）である．彼はゴシック・リヴァイヴァル運動の中で注目されるようになった人物であった[35]．もともとウィリアム・バーンの事務所で修行していたが，すぐにピュージンの教えにひかれるようになった（1852年にはピュージンの墓参りをしている）．さらにアンソニー・サルヴィンのもとで働いた後，ジョージ・ストリートの事務所の一員となり，ちょうどその頃

---

[34] フィリップ・ウェッブに関しては，William Lethaby, *Philip Webb and His Work*（London: Oxford University Press, 1935）を参照．

[35] ショーに関しては，Andrew Saint, *Richard Norman Shaw*（London: Yale University Press, 1976）; Reginald Blomfield, *Richard Norman Shaw, R. A. Architect, 1831-1912*（London: Batsford, 1940）を参照．

「赤い家」の設計を始めていたウェッブのあとを継ぎ，チーフ・ドラフトマンとなった．1862年にショーは独立し，親友のウィリアム・エデン・ネスフィールド（William Eden Nesfield, 1835-1888）と事務所を共有していたのだが，このゆるやかな協働関係は両者にとってかけがえのないものとなった．ネスフィールドは約5年間ヨーロッパ大陸に滞在し，『中世建築の実例』（Specimens of Mediaeval Architecture, 1862）のための資料を集めた[36]．彼はおそらく，「古き良きイギリス」のヴァナキュラーに魅せられた最初の人物だと考えられ，イギリスの地方様式を寄せ集めたシプリー・ホールの農家（1860-1）とリージェント・パークの2棟の小屋（1864-5）を設計し，他の建築家が追従する道を示した．

その後10年間，ネスフィールドは美学的思想を洗練させ，用いる様式の規準に磨きをかけたが，一方のショーは，ゲルン・アンドレッド（1866-8）とレイウッド（1868-9）（図61）というサセックスにある2つの地所と大邸宅の指揮を執った．この2つの土地の俯瞰図が『ビルディング・ニュース』（Building news）の紙面に掲載されたが，それがリチャード・モリス・ハントとH・H・リチャードソンの興味をひき，アメリカにおいても同様の運動が起こるきっかけとなった．初期のショーのスタイルには，曲折しながらも機能的な平面計画，煉瓦造の外観，素材感のあるタイル張り，ハーフティンバー，巨大な煙突群，切妻屋根や屋根窓（ドーマーウィンドウ）の自由な使用，連続する巨大な窓といった特徴がある．全体から受ける印象は，洗練されており田舎風でピクチャレスクであるが，その一方でこの様式は非常に費用がかかるものだった．ショーによる初期のタウン・ハウスはより控えめであったが，それでもなお独自性があり，彼の手腕が見て取れた．おそらく，彼の作品の中で最も高い評価を得たのは，ベッドフォード・パークのタウン・ハウス（1877-1880）だろう．デベロッパーのジョナサン・カーは，この計画をロンドン西方の田園郊外住宅地と捉えていたが，ショーは共同体におけるすべての建物や住宅を，使い勝手よく，なおかつ芸術的に配置することにより，魅力的な造形とした．この郊外地域には手つかずの自然植生が残っていたため，瞬く間に芸術家と作家たちが集う場所となった．おそらくショーは，ヘルマン・ムテジウスが論じたように，少なくともイギリスの建築家の中では「19世紀の建築界において初めて様式の呪縛から解放された人物」と讃えるに相応しい人物であったといえるだろう[37]．

ショーの才能とその成功は，運動の渦中にいる多くの人々の興味をひいた．ウィリ

---

[36] William Eden Nesfield, *Specimens of Medieval Architecture: Chiefly Selected from Examples of the 12th and 13th Centuries in France and Italy* (London: Day & Son, 1862).
[37] Hermann Muthesius, *The English House* (New York: Rizzoli, 1979; originally published in 1904), p. 22.

61 リチャード・ノーマン・ショーによるレイウッド（サセックス）の邸宅．『ビルディング・ニュース』（*The Building News*, March 31, 1871）より．

アム・リチャード・レサビーは1879年から1889年にかけてショーの事務所のチーフ・ドラフトマンを務めた人物で，その間にアート・ワーカーズ・ギルドの設立にも尽力した．1890年代に入り，レサビーは自身の事務所を構えたが，その後も建築家としての実務よりも，教育や組織運営，工芸デザインでの活動の方が目立っていた．それでもなお，彼が手がけた最初の大きな物件であるハンプシャーのエイヴォン・ティレルに建てられた特異な構成をもつ領主の館（1891-2）は，「イギリスの民家のもつ陰鬱とした壮麗さに，繊細で独特の雰囲気を持ち込んだ」としてムテジウスに絶賛された[38]．

　レサビーの他に，ショーの影響を受けた人物として，エドワード・ウィリアム・ゴドウィン（Edward William Goodwin, 1833-1886）がいる．彼は，もともとゴシック・リヴァイヴァルの作品から仕事を始めたが，1865年にロンドンに移り住んだ後，しばらく建築活動をやめ，家具と舞台設計を手がけるようになった．彼の有名なチェルシーの白い家（ホワイト・ハウス）（1878）は，画家のジェームズ・ウィスラーのために設計されたものだが，そこにはショーから受けたにわかな影響が現れている．同様の影響はアーサー・マクマードゥの作品にも見られるが，彼も教育活動と工芸デザインの活動をしていたために，建築の実務は非常に限られていた．ゴドウィンは，エンフィールドのプライベート・ロード6番地にショーの強い影響を受けた住宅（1872-76）を設計したが，それが彼のその後の仕事を決定づけ，続いて，プライベート・ロード8番地に二

---

[38] Ibid., p. 38.

番目の住宅(1886-87)を建てることになった.

　そして,アーツ・アンド・クラフツ運動に関わったイギリス人建築家の中で最も才能のある人物が,マクマードゥの親友チャールズ・F・ヴォイジー(Charles F. A. Voysey, 1857-1941)であった[39].彼は1881年から建築の実務を開始したが,最初の住宅を手がけたのは10年後のことであり,それまでの期間はアート・ワーカーズ・ギルドのためにテキスタイルや壁紙,家具のデザインをしてすごした.ヴォイジーの本格的な建築活動は1890年に始まったが,彼はヴァナキュラーな建築要素を用いつつも抽象化し,そこにヨーロッパにおける前衛芸術の影響を取り入れた.1890年に同様の活動をした建築家として,M・H・ベイリー・スコット(M. H. Baillie Scott, 1865-1945)とエドウィン・ラッチェンス(Edwin Lutyens, 1869-1945)が挙げられる.いうまでもないことであるが,ラッチェンスは最終的に活動拠点をインドに移すこととなる.

　19世紀末の四半世紀におけるイギリスの住宅建築の変容には,理論にまつわる決定的な声明が欠けていた.その中では比較的興味深い文献のひとつとして,1890年代初頭のレサビーによる難解な『建築,神秘主義,神話』(Architecture, Mysticism, and Myth, 1892)が挙げられる.同書の主題は,古代建築の本質にある宇宙論的かつ象徴的な性質であり,その系譜を,カルデア人やユダヤ人,エジプト人,アラブ人,ミノア人,インド人,そして中国人などの神秘的な文化を通じて検証した.彼は,そうした宗教的な象徴主義は過去のものであるが,だからといって,現代建築は単なる「中身のない覆い」ではない,と主張した[40].そして,セザール・ダリの言葉を引用しつつ,「我々は,大多数の観客が直ちに理解し得る象徴体系をもたねばならないが,しかしそれには恐怖や神秘,壮麗さといったメッセージがあってはならない」と論じた[41].それにも関わらず,彼はそのメッセージそのものを漠然と定義しただけだった.つまり,「メッセージは依然として自然と人間,もしくは秩序や美に関するものであろうが,しかし,大事なのは,美しさ,簡潔さ,自由,確信,そして光である.そして,その対局に過去がある.なるほど,過去は生命の破壊をその目標としている.新しいもの,つまり未来は,生命を助け,育む.こうして,美がそよ風のように

---

[39] Wendy Hitchmough, *C. F. A. Voysey* (London: Phaidon Press, 1995); Stuart Durant, *C. F. A. Voysey* (London: St. Martin's Press, 1992); Duncan Simpson, *C. F. A. Voysey: An Architect of Individuality* (London: Lund Humphries, 1979); David Gebhard, *Charles F. A. Voysey, Architect* (Los Angeles: Hennessey & Ingalls, 1975) を参照.

[40] W. Lethaby, Architecture, *Mysticism and Myth* (New York: George Braziller, 1975; originally published in 1891), p. 7.

[41] Ibid.

生命に入り込むのだ」という[42].

　レサビーはオリエンタリズムを通じてマクマードゥの影響を強く受けていたが，その思想はオーブリー・ビアズリーやアーサー・シモンズ，オスカー・ワイルドなどのいわゆるデカダン派の集団をも魅了した．なかでもレサビーの本に熱中した建築家が，チャールズ・レニー・マッキントッシュ（Charles Rennie Mackintonsh, 1868-1928）である[43]．彼はイタリアへと旅行し，1891年にスコットランドへと戻った．そしてその後2年間，グラスゴー美術学校で2つの講座を担当したが，最初の講義ではラスキンの『建築の七燈』における原理を長々と議論した．1893年に行った二番目の講義は，単に「建築」と題し，レサビーの思想に倣ったものだった．彼が聴衆に典拠を伝えたか否かは定かでないが，実際，講義の内容の半分近くはレサビーの本の序章そのままであった[44]．興味深いのは，しかしながら，講義の終盤に彼が語った自身の考えであった．「今日存在しているすべてのすばらしい建築」は「それが生み出された時代の人々の需要や心情の表現である」という意見を述べた後，折衷主義をあらゆる方法で非難した．彼によると，「我々は現代の考え方に，現代のドレスを着せねばならない．つまり，日常生活に基づく審美眼で我々のデザインを飾らねばならないのだ．我々は，現代人による現代人のためのデザインをしようではないか．それは，厳粛なる現実の生き生きとした具現化の表現であり，あるいは個々の技能に対する熟慮の表現である．そしてそれは自然界における形態の優美と色彩の愉悦を享受することである」という[45].

　ただし，これらの発言はレサビーからではなく，強い影響力をもつ別のアーツ・アンド・クラフツ運動のデザイナーであるジョン・D・セディング（John D. Sedding, 1838-91）という，当時亡くなったばかりの人物の言葉を借りたものであった[46]．こ

---

[42] Ibid., p. 8.
[43] マッキントッシュに関する研究書は数多く，Charlotte and Peter Fiell, *Charles Rennie Mackintosh (1868-1928)* (Cologne: Taschen, 1996); Alan Crawford, *Charles Rennie Mackintosh* (London: Thames & Hudson, 1995); James Steele, *Charles Rennie Mackintosh* (London: Academy Editions, 1994); Robert Macleod, *Charles Rennie Mackintosh: Architect and Artist* (New York: E. P. Dutton, 1983) などが挙げられる．
[44] この点に関して，ゴッドフリー・ルーベンス（Godfrey Rubens）は Lethaby, *Architecture, Mysticism and Myth*（xvi-xvii）の復刻版の序章で言及している．さらにデイヴィッド・ウォーカー（David Walker）は優れた小論 "Mackintosh on Architecture" にてより詳細に論じている．*Charles Rennie Mackintosh: The Architectural Pagers*, ed. Pamela Roberton (Cambridge: M.I.T. Press, 1990), p. 170 所収．
[45] Charles Rennie Mackintosh, "Architecture," *Charles Rennie Mackintosh: The Architectural Pagers*, p. 207.
[46] デイヴィッド・ウォーカーも指摘しているが，マッキントッシュのこの文章は Sedding, "Design," *Arts and Crafts Esssays*, pp. 411-12 における2つの文をつなぎ合わせたものである．

のようにマッキントッシュは他人の言葉を勝手に引用したが,それは驚くべきことではなかった.というのも,彼はこの3年間に手がけた鉄道終着駅コンペティションのためのゴシック的作品(1892)やグラスゴー・ヘラルド・ビルディング(1893)のデザインにおいて,セディングや他の建築家・デザイナーによる建築モチーフを拝借していたからだ.しかしここで注目されるのは,彼が自身の思想を発展させるために,レサビーやセディングの思想を利用したと思われることである.そして,彼がかの有名なグラスゴー美術学校のコンペティションのための設計をしたのは,1896年のことであった.

最後に,モリスの著作について見てみよう[47].彼は膨大な量の小論や講義,手紙の中で建築に言及しているが,それらは散在しており,なおかつほとんど内容のないものが多い.建築を直接的に語ったものは少なく,その大半が本質的に政治的で,悲観的な口調であり,そうした点ではクレインの小論と全く同じである.ロンドンで行った講演「文明化における建築の可能性」("The Prospects of Architecture in Civilization",1881)では,モリスは「文明化の性急さ,もしくは配慮のなさ」や「今日の都市生活のみすぼらしさ」,そして至る所に存在する「普遍的な醜さ」により,大地が受けた損傷について長々と非難した[48].そして,彼は代替案として,「農家にまだ美が生きながらえていた」時代に建てられた,「コッツウォルズ産の石灰岩」を用いた労働者の小屋を掲げたが,それはさすがに極端であったように思われる[49].彼がそうした変化を引き起こすための手段として,保存協会の設立や,住宅を過剰な芸術で飾りたて,ズールー人の住居や東グリーンランドの人々が住む雪小屋よりも下劣なものとさせている「無益な贅沢品(「快適さ」とも呼ばれる)」からの離脱を掲げたが,それらの方法は不適切であり,かつ見せかけの純粋さを装っていた[50].

また「建築の復興」("The Revival of Architecture",1888)という他の論考では,過去の世代におけるゴシック・リヴァイヴァルについて論じたが,モリスにとってそれは完全に,ラスキンが唱えた「いかなる時代の芸術も,必然的に,その時代の社会生活の表現であることを免れない」という見識に端を発したものであった.しかしながらモリスは,ゴシック・リヴァイヴァルはその大部分が失敗に終わったと捉えていた[51].彼はクイーン・アン様式に対してもそれほど熱心ではなかった.彼によると,

---

[47] 非常に有用なモリスの著作集である *William Morris: On Architecture*, ed. Chris Miele, (Sheffield: Academic Press, 1996) を参照.

[48] William Morris, "The Prospects of Architecture in Civilization," *William Morris: On Architecture*, p. 65, 84, 67.

[49] Ibid., pp. 72-3.

[50] Ibid., p. 94.

クイーン・アン様式は,「確かに一般的に使用するには崇高でありすぎることはなく」,現代の様式に勝ってはいたが,それは単に,「ゴシックの感覚がまだいくらか残って」おり,たいてい趣味のよい建築家によって実践されているためであった[52]。結局のところ,先時代のゴシック・リヴァイヴァルと同様に,クイーン・アン様式も「視野が狭すぎた」。なぜなら,建築における根本的な復興は,完全に,社会全体の復興によるものだからである[53]。言い換えるならば,建築を真に改良するためには,社会主義の革命を待たねばならない,ということになる。モリスは,「社会の新しい発展を待つ間,臆病で何もしない者もいれば,変化を起こすべく希望に溢れた仕事に邁進する者もいる。だが少なくとも我々は皆,ごく少数の学者や作家,芸術家らが嗜好する気晴らしではなく,文明世界全土の職人の必要性と大志からつくられる作品を待ち望んでいる」と語っている[54]。

また,モリスが1890年に著した未来小説『ユートピアだより』(News from Nowhere) は22世紀のイギリスが舞台であるが,そこでは建築に関するテーマがほとんど見られないという事実も注目すべきである。ここに登場する時間旅行者は,ハマースミスの吊り橋 (1887) がフィレンツェのポンテ・ヴェッキオを思わせる「感嘆すべき橋」に架け替えられていることを見出して喜び,そしてまた,「醜い昔の建物」である大英博物館は依然として健在であることに気づいて不自然にだまりこむ[55]。この新しいユートピアにおける建築描写に近しいものは,時間旅行者がロンドンに近づき,最初に「光り輝く,華麗で生き生きとした様式」に遭遇した場面で見られる。それは,「北ヨーロッパにおけるゴシック様式の最も質の良い部分と,サセラン様式とビザンチン様式のそれとを包括し,それでいて,そのどれをも模倣していない様式」であった[56]。なかでも,依然として洗礼堂が「きわめて繊細に装飾された」改良型であるという点からも,中世のフィレンツェが想起させられる。

モリスの22世紀に対する中世史観は,非常に風変わりな点がある。この未来小説で,時間旅行者はクララとディックという2人の登場人物と出会い,彼らの芸術について,そして芸術作品(芸術家による作品というより,むしろ一般人によるそれ)における主題が,グリム童話のような架空のおとぎ話から着想を得ているという事実に

---

[51] William Morris, "The Revival in Architecture," *William Morris: On Architecture*, p. 131.
[52] Ibid., pp. 135-6.
[53] Ibid., p. 137.
[54] Ibid., p. 139.
[55] William Morris, *News from Nowhere* (Cambridge: Cambridge University Press, 1995; originally published in 1890), p. 4, 10, 53.〔松村達雄訳『ユートピアだより』岩波書店,1968年〕.
[56] Ibid., p. 26.

ついて，語り合う．時間旅行者は，このようなクララとディックの「幼稚さ」を不思議に思う．なぜなら，2人とも過去に「写実」芸術が存在していたこと，そしてそれが現代的な生活と関係していたことを知っていたからである．ディックが論じるところによると，彼の世紀の芸術は，「私たちの中の子供のような部分」が想像力に富んだ作品を生み出す，という事実に依っているのであり，それゆえ，彼の生きる無邪気な社会は，子供時代を取り戻した喜びから生じた現象なのだという．しかしながら，クララはそこまで断言できず，「私としては……自分たちが，詩や絵の主題として描かれるのに充分なほどに，興味深い存在になりたい」と語る[57]．

モリスの思想によれば，建築分野においても社会主義者は「第2の子供時代」の到来を待つべきであるとされる．しかしながら，いくら政治的に誠実だといっても，彼の見解は特権に基づいたものであり，オックスフォード大学出身らしく目立ちたがりで独善的な性質は，自惚れと紙一重であった．モリスは社会と芸術における劇的な変化の中に生き，そこで多大な貢献を果たしたが，彼はどうやら最後まで，その時代が果たした最も重要なことに気がつかなかった．未来小説の登場人物にもまして，彼は最初に関心を抱いた民話の中の非現実的な世界から，決して離れることがなかったのである．

2 ヨーロッパ大陸における改革

ヘルマン・ムテジウスの『イギリスの住宅』（*The English House*, 1901-02）が出版されて以来，アーツ・アンド・クラフツ運動は主としてイギリスで起きた現象であり，それが後にヨーロッパ大陸と北アメリカへと広まったという捉え方は，ほとんど自明のことと見做されてきた．しかし，こうした見解は，目的や観念上の起源を異にする欧米諸国における改革運動の相互関係の複雑さを，単純化してしまっている．実際，ムテジウスはドイツ大使館の一員として，イギリス国内における建築とデザインを評価すべくロンドンに派遣されたのであり，それには，イギリスのアーツ・アンド・クラフツ運動と，それと同様のドイツにおける改革に向けた試みとを，比較するという目的も含まれていた．

---

[57] Ibid., p. 107.

ヨーロッパ大陸における美術工芸博物館の成立は，まさに示唆的な論点である．1852年にヘンリー・コールによってマルボロー・ハウスに設立されたロンドン装飾美術博物館は，ヨーロッパにおけるこの種の博物館の最初のものであったが，美術工芸品を専門に扱う博物館自体は古くから存在しており，それらは一般的に地方の君主や皇帝の権力と結びついていた．ドレスデンは1世紀以上前から，磁器のコレクションと「グリーン・ヴォールト」に収蔵された宝飾品で知られていた．またウィーンでは，ハプスブルグ王宮にあるシャッツカンマー（Schatzkammer）という宝物庫が有名であった．フランスでは，タペストリーと磁器のコレクションが，それぞれゴブランの工場とセーヴルの工場に展示されていた．1832年には，アレクサンドル・デュ・ソンムラール（Alexandre du Sommerard, 1779-1842）が自身の収集した家具や彫刻，陶器，テキスタイル，そして金属製品をパリのオテル・ド・クリュニーで展示し始めた．そしてこのコレクションは11年後にフランス政府に買い上げられ，永続的に認可されることとなった[58]．

　コールがロンドンで活動した同時代には，ニュルンベルクのドイツ国立博物館（1852）とバイエルン国立博物館（1853）が設立された．両者とも，ドイツ中世に焦点をあてた歴史博物館であった．この限定的な思考は，ウィーンのオーストリア国立工芸美術館（1863）とベルリンのドイツ応用芸術博物館（1867）が設置されたのを境に，1860年代から変化し始めた．これら2つの美術館は，サウス・ケンジントンの開発事業に感化されたものであったが，ウィーンはルドルフ・フォン・アイテルベルガー（Rudolf von Eitelberger, 1817-85）とヤーコプ・フォン・ファルケ（Jacob von Falke, 1825-97），ベルリンはユリウス・レッシングといった国内初のキュレーターや指導者の手により，同時代的な改革を目指していた．

　実はアイテルベルガーは，1867年にチューリッヒでゼンパーに会い，1852年に彼がコールのために用意した金属製品のカタログの写しを一部頼んでいる[59]．美術史家であったアイテルベルガーはこの原稿に興味津々であったが，それというのも，「文化の歴史を測る指標(インデックス)」によって歴史を本質的に再検討し，それによって一般大衆とデザイナーの両者を教育することが可能であるという，工芸品コレクションの配置に関する序文が書かれていたからであった．さらにゼンパーは，「近代において人為的に分断されてしまったものを再び結びつけること」，つまり，純粋芸術(ハイアート)といわゆる小芸術(マイナーアート)との再統合が必要であると主張し，結論として，テキスタイルと木工，陶芸，

---

[58] 美術工芸博物館に関する初期の概要調査としては，Charles R. Richards, *Industrial Art and the Museum*（New York: Macmillan Company, 1927）を参照．
[59] Eintelberger to Semper, 25 November 1863, Semper Archiv, ETH-Hönggerberg.

石工という4つのモチーフによって装飾的な人工物を分類する理想的な博物館とそのスケッチを示した[60].

こうしたゼンパーの発想の影響は，ウィーンのアイテルベルガーとレッシングのみならず，1874年にハンブルグの応用芸術博物館を創設したユリウス・ブリンクマンにも及んだ．そして1870年代に入ると，ドレスデンやフランクフルト，カッセル，キール，ライプツィヒ，ブルノそしてブダペストなど多くの都市で，工芸に焦点をあてた博物館が設置された．サウス・ケンジントンの先例に倣い，これらの新しい施設には，図書館が備わり，講義や巡回展が催されるなどといった特徴があり，ドイツや他の中欧諸国における美術工芸の改革の重要な土台を築いた．

それ以外の影響も，徐々に現れ始めていた．1842年には，アウグスト・ライヒェンシュペルガーやズルピーツ・ボワスレー，エルンスト・ツヴィルナーなどといったドイツおけるゴシック・リヴァイヴァルの擁護者たちの運動が実を結び，ケルン大聖堂の建設が再開されることとなった．この出来事は，ゴシック様式そのものへの関心を強めただけでなく，そこから得られる教訓をいかに近代建築へと応用できるかが注目された．

中世に熱狂した新たな世代の人物として，ゲオルク・ゴットロープ・ウンゲヴィッター（George Gottlob Ungewitter, 1820-64）が挙げられる[61]．このヘッセン出身の青年は，1850年頃にライヒェンシュペルガーに出会う以前から，すでに半円アーチ(ルントボーゲン)とゴシックの形態を近代建築に応用する方法を示したパターン集の書籍を制作していた．そこに見られるデザインは，左右非対称の平面計画をもち，自然素材を用いていたものが多いが，おそらく，これらの書籍の中で最も重要なのは，2巻からなる『都市住宅と田園住宅のためのデザイン』（*Entwürfe zu Stadt- und Landhäusern*, 1856-8）であろう．同書で彼は，構成において中世建築に影響を受けつつも，形式ばらずに計画された独自の住宅設計を提示している（図62）[62]．ここには，イギリスにおけるクイーン・アン様式の流行と全く同様の傾向が見られるが，その精神はよりいっそう古い時代に根ざしており，特にゴシックの垂直性に重点を置いていた．また，コンラート・ヴィルヘルム・ハーゼ（Conrad Wilelm Hase, 1812-1902）という人物も，ウンゲ

---

[60] Gottfried Semper, "Practical Art in Metal and Hard Mateials: Its Technology, History and Styles," Victoria and Albert Museum Library, 86.FF. 64 (p.2より引用). アイテルベルガーのために作成されたカタログの写しは，現在ウィーンの博物館内の図書室に所蔵されている．

[61] Karen David-Sirocko, *George Gottlob Ungewitter und malerische Neugotik in Hessen, Hamburg, Hannover und Leipzig* (Petersberg, Germany: Michael Imhof Verlag, 1997), Michael J. Lewis, *The Politics of the German Gothic Revival: August Reichensperger, 1808-1895* (New York: Architectural History Foundation, 1993) を参照．

[62] George Gottlob Ungewitter, *Entwürfe zu Stadt-und Landhäusern*, 2 vols. (Leipzig: Romberg, 1856-8).

ヴィッターと似た手法を用いた。彼のハノーファーの自邸（1859-61）はウェッブの赤い家（レッド・ハウス）と同時期に建てられた作品であったが、両者の建築は、煉瓦をむき出しで用い、左右非対称な平面をもち、窓や扉にゴシックの細部を取り入れているという点で共通していた。

さて、ドイツにおける革命の基礎となる土台を整えたのは、上述のゴシック・リヴァイヴァル派と中世半円アーチ派（ルントボーゲン）だけではない。ベルリンでは、いわゆるシンケル派の勢力が19世紀に入っても継続していた。この一派はフリードリヒ・ヒツィヒ（Fridrich Hizig, 1811-81）やヨハン・ハインリヒ・スタルク（Johann Heinrich Stark, 1805-80）、ルートヴィヒ・ペルシウス（Ludwig Persius, 1803-45）などに代表されるが、彼らは皆、イタリアの邸宅に基づいた、自由なヴィラ様式を発展させていった。同様の傾向は、ハンブルクのアレクシス・ド・シャトーヌフ（Alexis de Chateauneuf, 1799-1853）にも見られるが、彼はイギリスの住宅建築の知識を自身の作品に取り込んでいる[63]。そしてさらに、ゴットフリート・ゼンパーによるルネサンス様式を自由に組み合わせる手法は、多くのデザイナーに影響を与えたが、その中にはコンスタンティン・リピウス（Constantine Lipsius, 1832-94）、アルフレート・フリードリヒ・ブルンシュリ（Alfred Friedrich Bluntschli, 1842-1930）、ハンス・アウアー（Hans Auer, 1847-1906）、そしてハインリヒ・フォン・フェルステル（Heinrich von Ferstel, 1828-83）らがいた[64]。中でもフェルステルは、1868年にアイテルベルガーによってオーストリア美術工芸博物館の設計者に選ばれた人物である。そしてこれを境に、それまで約20年の間にばらばらに展開されてきた改革に向けた取り組みが発展し、特に住宅設計において本格的な運動として花開いた。

その兆しは、ヘルマン・ロッツェの『ドイツ美学の歴史』（*Geschichte der Aesthetik Deutschland*, 1868）の結論部分に見られる。そこでは、住宅設計においては記念碑的建造物を作る際の規則が適用されることはない。ロッツェは、仮に記念碑の存在意義が「人生の理念上の目的を人々に意識させること」であるとするならば（それは一般的に、統一された様式を形式的に用いることで表現されるが）、家庭生活はただひとつの思想に支配され得ない、と主張する。むしろ、住宅の設計はより「絵画的で、景観的」であろうとする発想から展開すべきであり、それはつまり、平面の対称性や統一性といった規制からの解放を意味し、それゆえに「近代的な生活に役立

---

[63] David Klemm and Hartmut Frank, eds., *Alexis de Chateauneuf, 1799-1853: Architekt in Hamburg, London und Oslo*（Hamburg: Dölling & Galitz, 2000）を参照。

[64] ここに挙げた才能ある建築家に関しては、特に J. Duncan Berry, "The Legacy of Gottfried Semper: Studies in Spälhistorismus"（Ph.D. diss., Brown University, 1989）を参照。

てることが可能である」とした[65].

　そして，ベルリンの建築家であるリヒャルト・ルカエ（Richard Lucae, 1829-77）も，同時期にロッツェと同様の結論に達したようだ．彼は後にバウアカデミーの校長となる人物であるが，1867年に「人間と住宅――私の家は私の城である」（"Der Mensch und sein Haus - my house is my castle"）と題した講義で，当時の住宅は実用的でなく，自然光や自然換気ができていないと嘆き，住宅における家族と家庭，快適な暮らしとの関係性を強調した[66]．この講義以前に，ルカエはイギリスへと旅行し，産業化の悪影響に対する鋭い批評家となっていた．

　当時のドイツで実践されていたアーツ・アンド・クラフツ運動を批判する人々は，この運動に対し，また別の流れを形成した．フリードリヒ・ペヒトは1867年にパリで開催された万国博覧会を網羅的に研究し，何ページにもわたって，ドイツ人による手工芸品の生産は平均的な施工の質や時代様式の表現という点でフランスに大きく遅れをとっていると嘆いた[67]．数年後この意見に同調したのが，ベルリンのドイツ産業博物館の初代館長を務めたユリウス・レッシングであった．彼は1873年に開催されたウィーンの万国博覧会を振り返り，手工芸においてはフランスが優位であり，ドイツは国際的な発展と結びつこうとするあまり，混乱状態にあると指摘した[68]．こうしてレッシングは産業化を支持し，すべての歴史主義的な傾向に反対しようとした．

　ドイツにおける改革運動の大半は，ウィーンとミュンヘンで起こった．アイテルベルガーとレッシングの2人はウィーンのオーストリア国立工芸美術館と関わっていたが，彼らは住宅改革を牽引した．当時新たに建設された環状道路（リンクシュトラーセ）沿いの住宅に関して2人が共同で執筆した小論文において，都会の投機的な共同住宅は，しばしば豪華な見せかけの上品さを施すことによって，都会での暮らしが実は「遊牧生活」であることを隠蔽しているとして非難した．さらに，オーストリアの伝統的な住まい方に見られる，持ち家という考え方を賞賛した[69]．この工芸美術館の最初のキュレーターであるヤーコプ・フォン・ファルケ（Jakob von Falke, 1852-97）もこの運動に加わり，

---

[65] Hermann Lotze, *Geschichte der Aestheik in Deutschland* (Munich: Cotta'schen Buchhandlung, 1868), pp. 546-7.
[66] Richard Lucae, "Der Mensch und sein Haus -my house in my castle," *Deutsche Bauzeitung* 1 (1867), pp. 62-4. ドイツにおける改革運動に関する重要な研究として，Stefan Muthesius, *Das englische Vorbild: Eine Studie zu den deutschen Reformbewegungen in Architectur, Wohnbau und Kunstgewerbe im späteren 19. Jahrhundert* (Munich: Prestel-Verlag, 1974) がある．
[67] Friedrich Pecht, *Kunst und Kunstindustrie auf der Weltausstellung von 1867* (Leipzig: Brockhaus, 1867).
[68] Julius Lessing, *Das Kunstgewerbe auf der Wiener Weltausstellung 1873* (Berlin: Ernst & Korn, 1874).
[69] Rudolph von Eitelberger and Heinrich von Ferstel, *Das bürgerliche Wohnhaus und das Wiener Zinshaus* (Vienna, 1860). Muthesius, Das englische Vorbild, p. 78 参照．

62 ゲオルク・ゴットロープ・ウンゲヴィッターによる住宅デザイン．『都市住宅と田園住宅のためのデザイン』(*Entwürfe zu Stadt-und Landhäusern*, Berlin, 1889?) より．

　一般の人々に趣味のよい実用的な設備について教育すべく，様式化された室内を博物館内に展示した．そして彼は『現代趣味の歴史』(*Geschichte des modernen Geschmacks*, 1866) という著書において，当時顕著であった「様式の欠如シュティーロジヒカイト」を回避するために，合理的かつ適切なものとしてルネサンス様式を用いることに賛成した．こうした見解は，ヴィルヘルム・リュプケの『ドイツ・ルネサンスの歴史』(*Geschichte der deutsche Renaissance*, 1873) によって支持された．リュプケはアルブレヒト・デューラーの活躍したルネサンス期を，芸術が素朴であり，改革が行われただけでなく，南方の造形感覚と北方の精神性とが効果的に融合した時代であるとして評価した．

　1871年になると，ファルケは住宅設計の法則をまとめた概要書である『家の芸術』(*Die Kunst in Hause*) を出版したが，その後同書は幾度も再版を重ね，1879年には英語版が出版されることとなった[70]．様式はさまざまに定義されるが，ある1脚の家具も，「それがまさにあるべきように存在するならば，つまり，それが意図された目

---

[70] Jakob von Falke, *Art in the House: Historical, Critical, and Aesthetical Studies on the Decoration and Furnishing of the Dwelling*, trans. Charles C. Perkins (Boston: L. Prang & Co., 1879).

的に適っており，その目的が間違いなくそれ自体に刻み込まれているならば」，様式をもつとした[71]．さらにファルケは，様式化されていないありふれた家具も様式をもちうるし，もつべきではあるが，「現代生活」が目まぐるしく変化することを考慮するならば，彼が以前設計した「時代もの」の部屋のように，様式を統一させるために努力することは果たして賢明なのか，疑問を感じるようになっていた．彼は室内設計における芸術的な調和を色彩と形態にまで還元し，特に後者に重きを置いた[72]．さらにファルケは1878年に「イギリスの家」と題した論文を発表し，昨今のイギリスの住宅建築を教訓として褒め称えた[73]．

　ファルケと同時代に活躍した人物として，ミュンヘンのゲオルグ・ヒルト（George Hirth, 1814-1916）が挙げられる．ヒルトは1870年代初頭にミュンヘンに移り，『ドイツ一般新聞』（Allgemeine Zeitung）の政治担当部に務めていた．1875年，彼は出版業に興味のあった父親クノールの援助のもと，高品質な芸術関連書籍を専門的に取り扱う，クノール・ウント・ヒルト（Knorr und Hirth）出版社を協同で設立した．彼は芸術作品の熱心な収集家でもあり，1890年にはアール・ヌーヴォーの雑誌である『ユーゲント』（Jugend）の創刊に尽力することとなった．彼の住宅改革への興味が最初に示されたのは，1876年にミュンヘンで開催された応用美術博覧会の際に自身が寄付した品々においてであった．1880年には『ドイツ・ルネサンスの室内』（Das deutsche Zimmer der Renaissance）を出版したが，それは19世紀後半に世に出された書籍の中で最も内容に富み，美しい図版で彩られていた．同書は副題として「家庭内における芸術育成のための提言」を掲げており，ドイツ・ルネサンスに見られる趣味のよい諸原則――簡潔で理にかなった線，無彩色の色調，装飾と構造の統合，そして個々の部分の調和――に則った改革を賢明に訴えた．そして，この本の最も長い章は「彩り豊かであることに対するドイツ人の本能的な愛着」の記述に費やされているが，新様式の基本的な原則は「素材の正しさ（シュトフゲレヒティヒカイト）」，つまり材料を適切に使うことであるとされた（図63）[74]．ヒルトは薄茶の色彩を好み，床や壁，天井には製材されていない木材の暖かみをよしとし，対照的に，選ばれたごく一部分が華やかな色調や物で装飾されるべきだとした．このような室内を推奨した背景には，彼が長いこと抱いていた「我々の倹約的な暮らしを改善するであろう諸条件の中で，国民的な趣味の育成は大事な位置を占め，おそらくは最も重要な事項に違いない」という確信があ

---

[71] Ibid., p. 172.
[72] Ibid., pp. 169-70.
[73] この論文は，彼の著書 Zur Cultur und Kunst (Vienna, 1878), pp. 4-67 のメイン・テーマとなった．
[74] George Hirth, Das deutsche Zimmer der Renaissance: Anregungen zu häuslicher Kunstpflege (Munich: G. Hirth's Verlag, 1880), pp. 126-7.

63 ゲオルグ・ヒルトによる室内のデザイン.『ドイツ・ルネサンスの室内』(*Das deutsche Zimmer der Renaissonce*, Munich, 1880) より.

った[75].

ヒルトとともに活動した人物としてガブリエル・フォン・シーデル (Gabriel von Siedl, 1843-1913) という建築家がいる. 彼はルネサンスに着想を得て復元した「角にアルコーブをもつ室内」を 1875 年の展示会で発表し, それをヒルトが解説した. 応用芸術博物館 (Kunstgewerbehause, 1877) とガストホーフ・ドイチュ・ハウス・ホテル (Gasthof Deutsch Haus, 1879) の設計を皮切りに, シーデルは地方の様式を大衆化して世に広めたが, それの様式は後に「リアリズム」と称されるようになった. つまり, なめらかな壁の表面と, 開口部の上下でほっそりとした輪郭を見せる刳形によって構成される, 学術的ではない地方様式の「現実」を強調したのである.

1880 年代に入ると, ここ 20 年の間にさまざまな改革運動を繰り広げた人物がクイーン・アン様式の支持者や指導者らと一体となったことにより, イギリスと同様, ドイツの改革運動も大きく統合された. その一例として, ロベルト・ドーム (Robert Dohme, 1845-93) の『イギリスの住宅』「(*Das englische Haus*, 1888) という魅力的な研究が挙げられるが, 同書ではイギリスで起こった出来事が手際よくまとめられていた. ドームはその前年, 『ドイツ建築の歴史』(*Geschichte der deutschen Baukunst*) を著していたのだが, その後イギリスへ旅行したことにより, イギリスの新たな発展

---

[75] Ibid., p. 1. 原文は以下のとおり. "…dass unter den Bedingungen, die zur Hebung unseres wirthschaftlichen Lebens zusammenwirken müssen, die Heranbildung eines guten nationalen Geschmackes eine hervoragende, vielleicht die vornehmste Stelle einnimmt."

に関して半ば公式の報告書を書くこととなった．彼の論文は，まずイギリスの歴史から始まり，ローマ人とノルマン人による侵略から，読者をゴシック，ルネサンス，そしてバロックへと誘う．ピクチャレスクの理論が果たした役割だけでなく，『ビルダー』誌で活躍したピュージンとジョージ・ゴドウィン，そしてヘンリー・コールの尽力，さらにロセッティやバーン＝ジョーンズの美学ももれなく記述された．中でも特に注目すべきはショーによる革新的な仕事であり，ショーこそがおそらく「文化における新たな革命期」の創始において，最も重要な人物であるとした[76]．

こうした論点を確立すると，ドームはイギリスの住宅を構成する個々の要素に関する詳細な調査を開始した．イギリスの設計手法が優れている所以は，「空間の広がりや記念性でもなければ，裕福さでもない……それは個々の部屋の調和であり，それらの巧みな配置にある．つまり，実践的な感性や洗練された生活必需品の需要が，総体として快適な生活の必須条件として示されている」と考えた[77]．ここでいう需要もしくは属性とは，敷地の選定と方位もしくは眺望，採光と換気，心地よさ，快適さ，便利さ，プライバシー，清潔さの7つである．ドームは，これらの属性はまだヨーロッパ大陸においてはっきりとは認識されていないが，「近代的な自動車や船舶において，その目的を達成するにあたり，我々はできる限り機能に注意を払い，簡潔な形態となるよう率直な線のみを用い，すべての余分なものを排除することによって，その美を追究してきた」と主張した[78]．それゆえ，ドームはグリーノウに次いで，建築と近代的な自動車や船舶を結びつけるアナロジーを説いた，第2の人物となった．

しかしながら，ドームは同時期のドイツにおける改革運動に関してほとんど知識がなかったようで，その点に関しては，1888年に出版された先の著書（『イギリスの住宅』）は誤解を生じやすい内容となっている．一方，同年に出された二番目に重要な書籍であるコルネリウス・グルリット（Cornelius Gurlitt, 1850-1938）が著した『中流階級住宅の内側』（*Im Bürgerhause*）では，そうした問題はなかった．グルリット

---

[76] R. Dohme, *Das englische Haus: Eine Kultur-und baugeschichtliche Skizze* (Braunschweig: George Westermann, 1888), p. 42. 原文は以下のとおり．"…hier vielmehr das Einsetzen einer neuen Entwickelungsperiode der Kultur vorzuliegen."
[77] Ibid., p. 28. 原文は以下のとおり．"Nicht Grösse und Monumentalität, nicht Reichtum und Luxus machen…sondern die Harmonie der einzelnen Räume, ihre geschickte Gruppierung, kurz die Erfüllung jener Summe von Erfordernissen, die sein praktischer Sinn und verfeinertes Lebensbedürfnis ihm als Voraussetzungen eines behaglichen Daseins ergeben haben."
[78] Ibid., p. 42. 原文は以下のとおり．"Man denke beispielshalber an unsere modernen Wagen und Schiffe, deren Schönheit wir unter Aufgabe all und jeden schmückenden Ornamentes lediglich in einer aus der möglichsten Zweckdienlichkeit der Objekte hergeleiteten Grazie der Linien, bei höchster Einfachheit der Formen, unter Abstreifung alles Überflüssigen suchen- und in hohem Masse erreicht haben."

には 97 もの著作があり，ほぼ間違いなく，その分野で最も優れたドイツ人の批評家であった．彼はサクソン人の血を引いており，ベルリンとシュトゥットガルトで建築家の修業を積んだ後，1870 年代に歴史と批評の分野に転向した．1879 年には，彼はドレスデン工芸美術館のキュレーターとなり，その後ドレスデンの技術学校の講師を任された．先に挙げた彼の著作『中流階級住宅の内側』は「美術，工芸，家具に対する訴え」との副題が添えられているが，同書はデザイナーではなく，都市に住む新しい階級の人々に向けて書かれていた．ドイツ語の Bürger は英語の Burgher と関係のある言葉で，中産階級を連想させるだけでなく，質素さや実直さ，単純さ，気取らなさといった意味合いを兼ね備えた言葉である．それゆえこの本は，近代的な住まいに必要とされるものを経済的に選び，準備するための入門書といった類いのものであった．

同書の初めの 80 ページほどはデザインではなく「文化」に関する内容であり，特に育まれつつあるドイツ文化に対する意識が主題となっていたが，それは国家が統一されてからまだ 17 年しか経っていなかった当時においては，ドイツ人とはいかなる者かということを意味していた．グルリットは新古典主義とロマンティシズムの哲学と，それらの時代における美の観念について多くのページを割いている．彼は，過去 20 年間の改革の基礎を築いた点において，特にゼンパーを高く評価していた．モダン・ライフの手本として，ドイツ人がイギリス人を見倣うよう望むドームのような人々に対し，それは「錯覚，妄想，思い違い」であるとするグルリットの反応は単純明快であり，人々を驚かせた．彼は同書の中で，「イギリスの様式は何ものをも模倣しておらず，そしておそらくは世界中のあらゆる様式に影響を受けながらも，その主題が全くもって国家的であるという事実にこそ，その本質があるのだ．我々はイギリス人にならない限り，イギリスの様式など作れないのだ」と述べている[79]．

グルリットは，簡潔さや色，材料，生産における正直さ，そして目的の達成といった，今やすっかりお馴染みとなった常套句を評価した．しかし，彼は結論において，様式と流行は絶えず変化する束の間の事象であるとも言及している．「それらはものの形態を変えるのみならず，我々の判断力をも変えてしまう．この机が今，我々にとって魅力的に感じられても，5 年後には退屈なものだと感じることもあり得ることで

---

[79] C. Gurlitt, *Im Bürgerhause: Plaudereien über Kunst, Kunstgewerbe und Wohnungs-Ausstattung* (Dresden: Gilbers'sche königl. Hof-Verlagsbunchhandlung, 1988), p. 70. 原文は以下のとおり．"Das Wesen des englischen Stiles besteht darin, dass er Niemand nachahmt, dass er vielmehr trotz einzelner aus allen Stilen der Welt zusammen genommenen Motive ganz national ist. So lange wir nicht Engländer werden, werden wir keinen englischen Stil machen können." グルリットの人生と彼の思想に関しては，Jürgen Paul, *Cornelius Gurlitt* (Hellerau: Hellerau-Verlag, 2003) を参照．

ある.このような変化に何か法則はあるだろうか？ 机の脚はどの程度太ければよいかといった美の法則はあるのだろうか？ そのようなものは,決して存在しないのである」[80].それゆえ,美学的な法則を作り出そうというすべての試みは無駄であり,芸術作品が効能をもつとしたら,その時代の精神と「趣味が合い」,それを表現しているはずだ.そしてグルリットは,「我が国は前進し続けるのだ」と結論づける.「我々はもはや,夢や歴史の領域を生きてはいない.我々の行動や思考は,まず我々の周囲で起こっている物事へと向けられる.それらの物事において,我々は積極的な役割を担い,自らの立脚点を確保しなければならない.そして,絶えず積極的であり続ける我々ドイツ人の偉大さへと目を向けたとき,我々の芸術は現代的なものとなるのであり,また現代的なものにしかなり得ないのである」と語る[81].それゆえ,人間の性格の奥深さは,一定の原則に基づいた美学的な論法よりも優先されるのである.

1880年代に投げかけられたこれらの訴えが,いかに重要なものだったかを理解することは困難である.ドームの書籍がイギリスのデザインへの興味を引き起こし,それが1890年代まで続いた一方で,自国に根ざしたドイツの発展をより直接的に目指したグルリットの書籍もまた,「リアリズム」と「即物性(ザッハリヒカイト)」が近代ドイツの論法となっていく,その後10年間の運動に影響を及ぼした.

デザインと国家のアイデンティティーの表現を関係づけることは,帝政ロシアと北欧諸国でも盛んに議論された[82].スカンジナビアでは,文化的アイデンティティーと国民的アイデンティティーの探求は,「古きよきノルウェー人」神話と土着的な装飾の伝統に対する興味の盛り返しと並行して起こった.それは,建築においては主に木造の技術と装飾的な意匠を意味していた.ノルウェー建築を研究した最初の優れた歴史家であるヨハン・クリスチャン・ダール (Johan Christian Dahl, 1788-1857) は,ノルウェーで生まれ,デンマークで修行を積んだ後,教授として生涯の大半をドレスデンですごしたが,彼はそこで風景画を教えていた.彼の著作『ノルウェー内地の最初期から高度発達期までの木造建築モニュメント』(*Denkmale einer sehr ausgebildet-*

---

[80] Ibid., p. 227. 原文は以下のとおり. "Sie wandeln nicht nur die Gestalt der Dinge, sondern auch unser Auge. Derselbe Tisch, der uns heute zu zierlich vorkam, kann uns in fünf Jahren als zu plump erscheinen. Giebt es Gesetze für solchen Wandel? Giebt es Regeln der Schönheit, wie dick ein Tischbein sein müsse? Sicher nicht."

[81] Ibid., p. 229. 原文は以下のとおり. "Der Zug unserer Nation geht nach vorwärts, wir leben nicht mehr im Reich der Träume und der Geschichte, sondern unser Wirken und Denken richtet sich zuerst auf die Vorgänge um uns, in welchem wir uns zu bethätigen haben, in welchem wir unsere Stellung behaupten müssen; und dann wenden wir den Kopf nach vorwärts, um die Grösse unseres Volkes dauernd wirksam zu schauen. Darum seien wir auch in der Kunst modern und nur modern."

[82] ロシアにおける多様なワークショップの形成に関しては,Wendy R. Salmond, *Arts and Crafts in Late Imperial Russia*（New York: Cambridge University Press, 1996）を参照.

64 スターヴ聖堂.ヨハン・クリスチャン・ダール『ノルウェー内地の最初期から高度発達期までの木造建築モニュメント』(*Denkmale einer sehr ausgebildeten Holzbaukunst aus den frühsten Jahrhunderten in den inneren Landschaften Norwegens*, 1837) より.

en Holzbaukunst aus den frühsten Jahrhunderten in den inneren Landschaften Norwegens, 1837) は,エキゾチックな木造のスターヴ聖堂に関する記述でよく知られている(図64).同書に掲載されていた図版の影響により,それらの建物の保存に対する関心が高まったのみならず,最終的には1867年のパリ万博において,ノルウェー人とスウェーデン人が中世の農家のパヴィリオンを建設するに至った[83].そして今度は,アクセル・キーやロレンツ・デートリクソン,カール・カルマンといったスウェーデンとノルウェーの知識人らが啓蒙され,1870年代から80年代初頭にかけて「古きよきノルウェー人」の住宅を建設し,過去の木造のヴァナキュラーな建築に現代的な外観を与えるモデルを示した[84].

その他に,1880年代に木造のヴァナキュラー様式を試みた人物として,ハンス・ヨーン・ホルム(Hans Jorgen Holm, 1835-1916)とマルティン・ニーロップ(Martin Nyrop, 1849-1921)がいる.グルリットと同様に,ホルムは新古典主義によって土着の文化的伝統が駆逐されたと考えており,彼が木造と煉瓦造で試みた建築で

---

[83] Johan Christian Dahl, *Denkmale einer sehr ausgebildeten Holzbaukunst aus den frühsten Jahrhunderten in den inneren Landscaften Norwegens* (Dresden: privately published, 1837).
[84] スカンジナビアにおける運動とそれらのイデオロギーの概要をまとめた優れた文献として,Barbara Miller Lane, *National Romanticism and Modern Architecture in Germany and the Scandinavian Countries* (New York: Cambridge University Press, 2000) が挙げられる.

は，単純ながら表現力に富んだ過去の建築技術を現代的に再現することが意図されていた．ニーロップは最も才能のある建築家のひとりであり，19世紀末の数十年間，ヨーロッパ各地で活躍した．彼の鮮やかに色づけられたフォルケホイスコーレの体育館（Vallekilde, 1884）は，その色彩だけでなく，何らかの様式を模倣することなく，簡潔で現代的な手法で木造の床板張りを使用したことにより，この時代において際だっていた．また，1888年にコペンハーゲンで開催されたノルウェー万博のために手がけた建築は，伝統的な木造の被覆材料と構造技術を用いた特筆すべき実例であり，そのトラスはまさにスターヴ造の教会堂を手本としていた．4年後，ニーロップは高く評価されることとなるコペンハーゲンの市庁舎（1892-1905）の仕事を開始し，その作品はH・P・ベルラーヘ（H. P. Berlage）によるアムステルダムの証券取引場のモデルとなった．

　土着的かつ伝統的な造形に着想を得た建築家が活躍しただけでなく，スカンジナビアは芸術家コミュニティの本拠地でもあった．彼らは，質素な田舎風の家や自然環境，簡潔な材料に興味をもっただけでなく，民芸品に着想を得た革新的なテキスタイルと家具で住宅を埋め尽くした．ノルウェーでは，エーリック・ヴァーレンヨルド（Erik Werenskiold, 1855-1938）とイェールハルド・ムンテ（Gerhard Munthe, 1849-1929）が中心となって芸術家サークルを作った．スウェーデンではアンデシュ・ソーン（Anders Zorn）とエマ・ラム（Emma Lamm），カール・ラーション（Carl Larsson）がダラルナのモラ地区に移り住み，自邸にはスウェーデン文化に影響を受けた現代的な芸術作品やテキスタイル，家具一式を整えた．おそらく，これらの初期の芸術家による共同体の中で最も興味深いのは，他のスカンジナビアとは異なりゲルマン語族に入らない国フィンランドのカレリア地区に結成された事例である．フィンランドは中世から1809年までスウェーデンの支配下にあったが，1815年にはその支配権がヨーロッパからロシアへと移り，それ以降はロシア革命によってフィンランドが最終的に独立を果たすまでのあいだ，日に日に厳しくなってゆく「ロシア化」が強制された．こうした19世紀後半の外部からの文化的な強制に対する反動として，「フィン人」文化の再発見が起こった．先のカレリアはロシアとの国境沿いにあり，最初期のフィン人が住み着き，伝統的な文化と民芸品が最も忠実に保存されている地区といわれてきた場所であった．

　1890年代までには，カレリアはインスピレーションを求めて休暇をすごす芸術家の拠点となった．その中には，画家のアクセリ・ガッレン・カッレラや，作曲家のジャン・シベリウス，そして建築家のラーシュ・ソンク（Lars Sonck, 1870-1956）らがおり，彼らは皆フィン人文化普及の一翼を担った．おそらく，それに魅了された建築

65 エリエル・サーリネン,ヘルマン・ゲゼリウス,アルマス・リンドグレンによる1901年に開業したヴィトレスクの施設の居間.『装飾芸術』(*Dekorative Kunst*, Vol. 5, February, 1907) より.

家の中で,最も重要な人物はエリエル・サーリネン(Eliel Saarinen, 1873-1950)であろう.彼は,1897年にはヘルマン・ゲゼリウス(Herman Gesellius, 1874-1916)とアルマス・リンドグレン(Armas Lindgren, 1874-1929)と協働関係にあった.1901年,サーリネンとこの2人のパートナーは,ヘルシンキ郊外のヴィトレスク湖近くの孤立した場所に住宅兼スタジオを建て始め,この共同体はフィンランドにおけるアーツ・アンド・クラフツ運動勃興の中心地となった(図65).家具や壁掛け,テキスタイルの多くはサーリネンとその妻ロハによってデザインされており,20世紀のフィンランド人建築家に対する高い評価は,このコミュニティから始まったのである.

スカンジナビア,ドイツ,オーストリア,そしてイギリスにおけるアーツ・アンド・クラフツ運動は,少なくともある部分においては,それ以前のフランス趣味に対抗し,それぞれの国の文化を取り戻させることとなった.実際のところ,フランスは政治的に不安定で革命に悩まされていたにもかかわらず,ヨーロッパの最新の流行において,その装飾芸術は19世紀末の段階まで圧倒的な影響力をもっていた.ナポレオン3世の統治下にあった第2帝政時代,フランスは控えめではあったが経済的利益を生み出し,パリを急進的に改造したが,1870年の夏にドイツとの戦争に突入し,数週間のうちに国が崩壊することとなった.そして,いわゆる第3共和政がその年の9月に成立したが,その直後からパリで起こった問題,具体的には社会主義者らが先導するパリ・コミューンの反乱に直面した.この暴動は1871年の5月に突如,悲劇的な終焉を迎え,フランス軍によって約3万ものパリ・コミューン支持者が殺害され,約4万の人々が拘留される結果となった.ドイツの軍隊は1873年までフランスから撤退せず,共和制政府の成立が無事に果たされたのは1879年のことであり,そ

の後1918年までの間に，この最初のものを含めて15の政府が入れ替わった．1880年代のフランスは，表面上は正常状態に戻ったが，経済は完全には回復しなかった．1890年代初頭までに，工業生産におけるフランス経済の規模はイギリスに次ぐ2位であったのが，ドイツ，アメリカに抜かれて4位へと転落した．しかしながら，19世紀を通じて，パリはヨーロッパの文学と芸術の中心地であり，当時のリアリズム，印象派，象徴派，そして後期印象派の運動は，パリが依然として芸術面では活気ある都市であったことを裏づけている．

あのボザールでさえも，1860年代の崩壊以降の数十年間，比較的穏やかな時代を満喫していた．1872年，ジュリアン・ガデ（Julien Guadet, 1834-1908）はボザールと関わり始め，その後1894年から1908年にかけて，同校の建築論の教授を務めた．彼の大作である『建築の構成要素と理論』（Eléments et théorie de l'architecture）は，時代遅れだが影響力が強く，1902年から1904年にかけて，4巻に分けて出版された[85]．数千ページにも及ぶ文章と図版には，実際には理論も革新的なアイディアも含まれていなかった．彼は秩序だった方法で，「偉大で変わることのない芸術の法則」と構成の単純な規則とを強調したが，それはつまり，時代背景や場所性を基盤としない建築の設計手法であった．

応用芸術もしくは装飾芸術におけるフランスの戦略は，自国の製品を他国のそれと比較することで質を向上させ海外へと売り出すために，国際的な博覧会を開催することであった．フランスは1851年のロンドン万国博覧会の大成功に衝撃を受けたが，直ちにそれを上回る規模の博覧会を1855年，1867年，1878年，1889年，そして1900年に催した．中でも最も重要なのが1889年の博覧会であり，機械館（ギャルリ・デ・マシン）とエッフェル塔という，工学分野における傑作を生み出した．

しかしこうした試みがなされた背景には極めて明確な国家方針があり，その核心は歴史主義であった．第2帝政は壮大なブールヴァールや大建築政策のみならず，後期バロックやロココの貴族趣味を取り入れ，それらの様式は直ちに定着した．この動きを先導したのはウジェニー皇后の歴史趣味であり，彼女はポンパドゥール夫人とマリー・アントワネットの時代を好み，テュイルリーとサン・クロード，そしてマルメゾンの宮殿を再整備させた．建築的には，シャルル・ガルニエのオペラ座（1861-75）は国家公認の新趣味を反映した偉業であり，そこで用いられたロココ様式は，1878年のパリ万博におけるフランスの装飾芸術工業を席巻した．この様式を支持した最も

---

[85] J. Gaudet, Eléments et théorie de l'architecture: Cours professé -à l'École nationale et spéciale des beaux-arts, 4. vols. (Paris: Librairie de la Construction Moderne, 1902-4).

影響力のある人物はゴンクール兄弟であった[86]。懐古趣味的なインテリアをもつ，彼らのオートゥイユにある邸宅は，エドモン・ド・ゴンクールによる『ある芸術家の家』(*La maison d'un artiste*, 1881) で詳細に記述され，新しい装飾様式の中心地となり，一般大衆だけでなく，前衛派の人々をもひきつけた．アール・ヌーヴォーにおけるロココの影響は，長い期間をかけて形成されたものであり，フランスで最も重要なアール・ヌーヴォーの芸術家であるエミール・ガレ (Emile Galle, 1864-1904) が，後の1880年代を通じてバロック様式を用い，それが後の生気論へと至る原点となったのも，当然のことであった[87]。

　ロココ様式の復活は，当時のさまざまな公的な改革を支えていた．装飾芸術の博物館の設立を求める最初の声は，すでに1852年に発せられていたが，ロンドンにおけるコールの成功を受けて，そうした動きは再び活発となった．1856年にはド・ラボルド伯が，その設立のための統括組織として芸術産業組合を組織した．そして2年後，産業向上協会という装飾芸術の組織が結成された．1864年には，プロスペール・メリメの要望を受け，皇帝が産業応用美術中央組織を創設した．この組織は装飾芸術の博覧会を計画する責務を担っていた．1870年から翌年にかけての市民戦争の後，マルキ・フィリップ・ド・シュヌヴィエールが装飾芸術学校の一連の改革の主導権を握り，ボザールの中に応用芸術部門を設置し，1877年には装飾芸術博物館準備組織の責任者となった．1880年，この組織と先の美術中央組織とが協同して，『装飾芸術誌』(*Revue des Arts Décoratifs*) を創刊したが，これはフランスで装飾芸術に特化した最初の雑誌であった．最終的に，1882年にはこれら2つの組織が統合されて「装飾芸術中央組織」となり，その後20年間にわたり装飾芸術の教育と奨励を掌握することとなった．

　これらすべての機関においては，その教育の基礎にロココ様式の影響が残っていたものの，1880年代には際だった日本の影響が見られるようになる．東洋美術は1860年代から70年代にかけて，パリとロンドンで研究されるようになったが，フランスにおいてはそれがひとつの形となった．最初の包括的な歴史書である『日本美術』(*L'art Japonais*) は1833年にルイ・ゴンスによって書かれたが，芸術運動の先駆者となったのはサミュエル・ビング (Samuel Bing, 1838-1905) であった．このドイツ

---

[86] とくに，Debora L. Silverman, *Art Nouveau in Fin-de-Siècle France: Politics, Psychology, and Style* (Berkeley: University of California, 1989), pp. 17-39 におけるゴンクール兄弟に関する章を参照のこと．

[87] ガレの芸術論に関しては，Silverman, *Art Nouveau in Fin-de-Siècle France*, pp. 229-42 参照．また，バロックとロココの影響に関しては，S. Tschudi Madsen, *Art Nouveau* (New York: McGraw-Hill, 1967), pp. 65-8 を参照．

人企業家は，1850年代に家族の事業の営業利益を管理するためにパリを訪れたが，1876年には市民権を得てパリ市民となった．それ以降，彼は日本美術を販売する事業を開始し，1880年には日本に1年間滞在し，パリにある3つの店舗で販売するための商品を買い付けた．1880年代には，自身のコレクションを装飾芸術博物館へと寄贈し，展覧会を企画し，『装飾芸術誌』の記事を執筆した．おそらく，彼が行った中で最も影響力のある事業は，1888年に創刊の『ル・ジャポン・アルティスティク』（*Le Japon Artistique*）という雑誌に非常に凝ったデザインをしたことであった．彼が創刊号で述べているとおり，同誌は「フランス装飾芸術の未来に関心のある」人々をターゲットとした雑誌であった．より厳密には，以下のように述べられている．

  極東からやって来たこれらさまざまな新しい造形は，瞑想に耽る芸術愛好家たちの眼前にあるプラトンの饗宴に勝り，あらゆる面で見做うべき手本となる価値あるものである．ただし，それは我々が古くから受け継いできた美学体系の基礎を根絶するということではなく，過去に我々自身が適用してきた体系に新たな息吹を付け加えるものなのであり，国家的精神を支え，助けるものなのである．時の経過とともに新鮮な源泉を受け入れない限り，その精神の活力を保ってゆくことなどできないのだ[88]．

 かの有名な美術商店メゾン・ド・アール・ヌーヴォーを1895年に開設した後も，ビングは日本美術への興味を持ち続け，その商売を継続した．
 これらすべての出来事は，いうまでもなく，フランスとその他のヨーロッパ諸国におけるアーツ・アンド・クラフツ運動の違いを明確にするものである．イギリスでは，モリスや1880年代から90年代に活躍した芸術家たちが中世的な実践を前提として，そこから着想を得た社会主義的な方針を応用して芸術を再興しようと試みたのに対し，国際色豊かなフランスは自国の内側に解を求めると同時に，自国の歴史的な遺産に海外から取り入れた極めてエキゾチックな流行を注ぎ込むことを求めたのである．デボラ・シルバーマンが指摘したとおり，「フランスのアール・ヌーヴォーは芸術を大衆化し，人々の手に取り戻そうとしたというよりも，工芸を上流階級のものとし，職人の仕事をも芸術へと高めようとした」のである[89]．経済的には，これらの試みはその大半が成功しなかった．それというのも，政治的な不安定が続き，ついには

---

[88] Samuel Beng, Programme, *Artistic Japan* (London, 1888), pp. 3-4.
[89] Silverman, *Art Nouveau in Fin-de-Siècle France*, p. 12.

1890年に致命的な保護貿易主義政策が採られたためである．20世紀初頭のフランスは，ボザールという組織が弱体化し，自国への自信が衰えたことにより，建築理論における影響力をほとんど絶やしてしまったのだった．

3
アメリカの改革運動

　アメリカでは逆に，19世紀末までのおよそ30年間は，すべての分野で過剰なまでの楽観主義を謳歌した時代だった．それは経済と産業における前代未聞の発展の時代であり，不況と高度成長の時代であり，2つの万博の，西部開拓の，米西戦争の時代だった．電気，屋内トイレ，電話，自動車，タイプライター，工場の組立ラインの導入を成し遂げたのがこの時代だった．1900年になると，アメリカは僅差で後塵を拝していたイギリスを工業生産高で追い抜き，GNPはドイツやロシアの2倍以上になった．この頃の人口はおよそ8千万人で，フランスのおよそ2倍にまで膨れ上がっていた．マッキンリー大統領が暗殺された1901年頃，アメリカ合衆国はまさに大国に成長したのである．セオドア・ルーズヴェルトは，モンロー主義を明確に支持し，パナマ運河の承認プロセスを進め，ホワイトハウスの非公式の晩餐会に初めて「有色」の人物――ブッカー・T・ワシントン――を招いた．アメリカという新しい勢力への疑念から，ヴィルヘルム2世皇帝治下のドイツ政府は，「プエルトリコ」とロング・アイランドの侵略の先にアメリカを見据えた作戦を立てていた．

　当然のことながら，当時は芸術にも活気に満ちた熱狂の気分が表れていた．多くのアメリカ人芸術家は外国で修業することを（建築界と同様に）好んだが，その一方で，ほとんどの者は本国に自立した芸術文化を築くという野望を抱いていた．装飾芸術分野では，1876年のフィラデルフィア万国博覧会が改革への重要な火つけ役だった．そこには，イギリスのアーツ・アンド・クラフツ運動の作品，フランスのリアリストや印象派の作品，そして日本の芸術作品までもが展示されていた．ジョン・ラ・ファージ（John La Farge, 1835-1910）やルイス・カムフォート・ティファニー（Louis Comfort Tiffany, 1848-1933）といったアメリカの優れた芸術家のうちの幾人かはこのとき，すでにこうした影響に感化されていた[90]．この2人はこれまでに，

---

[90] ラ・ファージについては Helene Barbara Weinberg, *The Decorative Work of John La Farge*（New

乳白色(オパールセント)ガラスの実験を行っていた.ラ・ファージはもともと画家としての教育を受けた人物だったが,この時期にはボストンのトリニティー聖堂のステンドグラスを仕上げているところだった.そして1879年,彼はガラス製法で特許をとった初めての人物となり,1880年代にはそれが多くのステンドグラスデザインの製作に使われるようになる.また,1889年のパリ万博に出品した窓などは,フランスのマスコミからデザインの名作であると絶賛された.

しかし,ティファニーの話はそれよりもさらに印象的なものである.チャールズ・ティファニー(著名な宝飾品会社の創設者)の息子として生まれたルイス・ティファニーは,家業の跡取りとなるという安易な生き方に抵抗して芸術の道に進んだのだった.かくして彼は,1868年から69年までパリのレオン・バイイーのもとで絵画を学び,その後スペインと北アフリカを旅する.そしてニューヨークに戻った彼はアトリエを開き,1876年のフィラデルフィア万博には3点の油彩画と6点の水彩画を出品した.1877年にニューヨーク装飾芸術協会(New York Society of Decorative Art)を設立したキャンディス・ウィーラーと出会ったのは,およそこの時期のことである.そして彼らは1879年にティファニー工房(Tiffany and Associated Artists)を設立した.この工房の中では,ルイスはガラスデザイン,ウィーラーは刺繍,サミュエル・コールマンは織物と壁紙,ロックウッド・ド・フォレストは木彫と装飾がそれぞれの専門である.アメリカでインテリア・デザインの専門家が生まれたのがこの時期のことだった.チャールズ・イーストレイクの『家庭の趣味の手引き』(*Hints on Household Taste*)のアメリカ版は1872年の出版であり,クラレンス・クックの『ハウス・ビューティフル』(*House Beautiful*)の出版は1877年である.なお,クックはウォーレン&フラー社に唆されて『壁はどうする?』(*What shall we do with our walls?*, 1881)を執筆したが,同社はティファニーとコールマンを雇って壁紙と天井紙をデザインさせてもいる.この時期に出版された書籍では,他にハリエット・プレスコット・スポッフォードの『家具の芸術装飾』(*Art Decoration Applied to Furniture*, 1878),ヘンリー・ハドソン・ホリーの『アメリカの要望と気候に適した現代都鄙住宅』(*Modern Dwellings in Town and Country Adapted to American Wants and Climate*, 1878),ファルケの『住宅の中の芸術』(*Art in the House*, 1879),コンスタンス・ケーリー・ハリソンの『現代住宅の中の女性の手工芸』(*Woman's

---

York, 1977)を参照.ティファニーについてはAlastair Duncan, *Masterworks of Louis Comfort Tiffany* (New York: Abrams, 1989); Alastair Duncan, *Tiffany Windows* (New York: Simon & Schuster, 1982); Robert Koch, *Louis C. Tiffany; Rebel in Glass*, 3rd ed. (New York: Crown Publishers, 1982); Henry Winter, *The Dynasty of Louis Comfort Tiffany* (Boston: H.Winter, 1966?)を参照.

Chapter 8　アーツ・アンド・クラフツ運動

66 ルイス・C・ティファニーの窓のデザイン「展示セクション」("Exhibit Section", *Tiffany Glass & Decoration Company, Furnishers & Glass Workers*, New York, 1893) より.

Handiwork in Modern Homes, 1881) などがある.装飾芸術と室内装飾は,女性がデザイン分野に立ち入る際の重要なパイプ役となったのである.

ティファニーの芸術家ギルドは 1881 年に友好的に解消されたが,ホワイトハウス (1882-83) およびサン・オーガスティンのポンス・デ・レオン・ホテル (フロリダ,1885-87) の内装デザインの依頼を受けたことで,彼は間もなくアメリカ人の屈指のデザイナーのひとりとなった.1880 年代の彼はまだ,ウィーラー,ラ・ファージ,オーギュスト・サン＝ゴダン,スタンフォード・ホワイト,ハーター兄弟など,非常に才能のある数多くの芸術家や職人と協働していた.1881 年には乳白色(オパールセント)ガラスの特許を取り,1885 年にティファニーガラス社 (Tiffany Glass Company) を設立したが,当初はステンドグラスを専門としていた.1889 年のパリ万博で初めてエミール・ガレの作品を目にし,サミュエル・ビングと知己も得て実り多い交流を始めた.そして 1890 年代初頭に「ファブリル」ガラスを開発(特許取得)した後に制作し始めたのが,有名なランプや花瓶,ジュエリーの数々である(図 66).彼の製品がビングの「メゾン・ド・アール・ヌーヴォー」に飾られたのは 1895 年のことだが,おそらく彼は,その時点ですでに最も有名なアメリカ人芸術家になっていた.型破りな造形と技術を駆使した彼の難解な作品は,時折アール・ヌーヴォーと呼ばれることがある.しかし,そのような烙印は彼のデザインの独創性をただ曖昧に言い表しているにすぎない.彼の(ヨーロッパのトレンドと並行した)感性のもとをたどれば,そこにはムーア美術や印象派美術,東洋美術の研究がある.

ティファニーが名声を得た 1880 年代には,関連分野の活動も活発になっていた.この時期彼は建築の仕事でよくスタンフォード・ホワイト (Stanford White, 1853-1906) と協働していた[91].ホワイトもまた,彼と同じくインテリアデザインに

並外れた才能を注いだ人物である．当初ホワイトは芸術家を目指していたが，ラ・ファージの指南を受け建築に転向し，1872 年に H・H・リチャードソンの事務所に入った．その後彼は 1 年足らずで独立したジョージ・マッキム（George McKim, 1847-1909）の後任としてリチャードソン事務所の主任デザイナーとなった．そして 1879 年，マッキム・ミード・アンド・ホワイトが結成される．第 1 主任は 1870 年代以来アメリカン・コロニアル様式とジョージアン様式に倣っていたが，ホワイトはニューポート・カジノ（1880），ショート・ヒルズ・カジノ（ニュージャージー，1880），アイザック・ベル邸（ニューポート，1883），ゴレ邸（ニューポート，1883-84）によって，たちまち空間関係や柿板のテクスチャー的な扱いに対する才能を開花させた．ヴィンセント・スカリー Jr. によれば，1883 年とはクイーン・アン様式とコロニアル・リヴァイヴァル様式が「シングル・スタイル」に道を譲った年である[92]．ジョージ・ウィリアム・シェルドンの『芸術住宅』（*Artistic Houses*, 1883-83）および『芸術的な田園住宅』（*Artistic Country-Seats*, 1886-87）でもシングル・スタイルの住宅はよく紹介されており，またこれらにはブルース・プライス，ウィルソン・アイアー Jr., ウィリアム・R・エマーソン，W・ハルシー・ウッドらの革新的住宅も掲載されていた[93]．つまりアメリカの郊外住宅はこの時期，デイヴィスとダウニングの遺産が実を結ぼうとしていたのである．

また，ときおり「アメリカン・ルネサンス」と呼ばれる動向が形となり始めたのも，同じ 1880 年代のことである[94]．この古典主義的趨勢の誘因となったのは，マッキム・ミード・アンド・ホワイトのヘンリー・ヴィラード邸（ニューヨーク，1882-83），ボストン公立図書館（1888-95）（図 67）である．前者の室内は 1885 年，マリアナ・グリスウォルド・ヴァン・レンセリアからアメリカ最高のインテリアと称された．一方，ボストン公立図書館のインテリアが追及した壮大な空間，諸芸の統合といったテーマからは（リチャードソンおよびパリのサント＝ジュヌヴィエーヴ図書館のオマージュとなっている外観に隠れながら），ラトローブの議事堂が思い起こさ

[91] スタンフォード・ホワイトについては Suzannah Lessard, *The Architect of design: Beauty and Dangerin the Stanford White Family* (New York: Dial Press, 1996); David Lowe, Stanford White's NewYork (New York: Doubleday, 1992); Paul R.Baker, *Stanny: The Gilded Life of Stanford White* (New York: Doubleday, 1992); Charles C.Baldwin, *Stanford White* (1931; reprint, New York: Da Capo, 1971) を参照．

[92] Vincent J.Scully Jr., *The Shingle Style and the Stick Style: Architectural Theory and Design from Downing to the Origins of Wright*, rev.ed. (New Haven: Yale University Press, 1971), p. 70.

[93] Arnold Lewis, *American Country Houses of the Gilded Age* (Sheldon's "Artistic Country-Seats") (New York: Dover, 1982) の再版本でイメージを確認．

[94] 「アメリカン・ルネサンス」については *The American Renaissance 1876-1917* (New York: Brooklyn Museum, 1979) を参照．

Chapter 8　アーツ・アンド・クラフツ運動

67 マッキム・ミード・アンド・ホワイト，ボストン公立図書館，1888-95．コーナー部分詳細．著者撮影．

れる[95]．

住宅建築の古典主義ムーブメントを最もよく表しているのは，イーディス・ウォートンとオグデン・コッドマンによる『住宅の装飾』(The Decoration of Houses, 1897) である．同書では，過去10年間のアメリカのインテリアデザインの大きな歩みが誇らしげに語られる．ウォートンとコッドマンは古典主義を「ある様式」を代表するものではなく「様式」そのものを代表するものであると捉え，目的への配慮，調和，リズム，論理，プロポーションといった特質からこれを考察した．さらに彼らは，「美は適切性の有無によって決まり，適切性をはかる究極の基準は生活の実際的要求」であり，「これが一度はっきりと理解できたならば，独創性と伝統のあいだにある対立と思われているものは，決して対立などではないということがわかるだろう」と語る[96]．そして最後の文章の脚注では，彼らは古典主義の権威として，他ならぬデュランを引用した．

さらに広くみれば，アメリカン・ルネサンスのムーブメントは，1893年のシカゴ・コロンビア博覧会で頂点を迎えたといえる．しかしアメリカ建築史の中で，この博覧会ほど，十分に分析されていないにもかかわらず安易に非難されているイベントはない．1924年，サリヴァンは訳知り顔で「ペテン師の露出狂」と，このイベントを激しく非難した[97]．この博覧会が研究されないのはそのせいでもあろうが，しかしことはそれほど単純ではない．まず初めに，その「白の都市」(ジョン・ルート，フレデ

---

[95] ボストン公立図書館については William H. Jordy, *American Buildings and Their Architects: Progressive and Academic Ideals at the Turn of the Twentieth Century* (New York: Anchor Books, 1976), pp. 314-75 を参照．

[96] Edith Wharton and Ogden Codman Jr., *The Decoration of Houses* (1897; reprint, W. W. Norton, 1978), pp. 196, 10.

[97] このサリヴァンの批評は *The autobiography of an Idea* (New York: Dover, 1956; originally published in 1924), p.322 の発言の最後の方で登場する．

リック・ロー・オルムステッド,ヘンリー・コッドマンの協働による計画)は当時,現在とはかなり異なった受け止められ方をしていた.マスコミと大衆は,その美しさと魔力に完全に圧倒されていた.それは,一般の観光客だけではなく,芸術家,建築家,知識人たちも同様であった.ニューイングランド人のヘンリー・アダムスは,自伝のほぼ1章分を使ってこの博覧会の荘厳な印象を書き記し,彼自身はその究極的な意味こそわからないものの,「この博覧会はアメリカ思想を初めてひとつの統一体として表現したものである.我々はここから出発しなければならない」と述べている[98].またハーヴァード大学総長のチャールズ・エリオット・ノートンは,その建造物同士の配置を「堂々としており独創性があり,申し分のない,ひとつの美術作品」であるとし,「堂々たる巨大建造物同士の関係を調和させたまとめ方は功を奏しており,すばらしい印象をつくり出している」ことをとりわけ褒め称えた[99].建築評論家のモンゴメリー・スカイラーも同じ評価を抱いている.彼によれば,この博覧会は「この国で建てられた中でも最高評価を受けた建築群」だが,「その成功とは何をおいてもまず統一の成功のことであり,アンサンブルの勝利のこと」であり,「本博覧会全体の絵画的成功の鍵は景観計画」なのだった[100].最後に挙げるのは,評論家でありこの博覧会に貢献した建築家のひとりでもあるヘンリー・ヴァン・ブラントである.「歴史に残る建物を,という具体的な目的のために企画された記念建造物同士の結合体で,これほどまでに,あらかじめ定めた秩序性と荘厳さを目指して慎重かつ工夫の行き届いた検討がなされているものは他にない.」[101] なかでも彼は,オルムステッドとルートの努力を見抜いていた.彼によれば,この2人は「この地域の役に立たない砂丘や湿地を,ひとつづきの広々とした低いテラスにするという見事なアイディア」を思いついた張本人だった.そしてこのテラスが「本博覧会ならではの持ち味である池や運河や潟をまたぐ」[102] のである.

そのすべてが,禁欲的かつ社会主義的な野心を抱くアーツ・アンド・クラフツ運動の改革論者の思想とは遠く隔たっていた.しかし,アメリカで彼らの影響力が目をひ

---

[98] Henry Adams, *The Education of Henry Adams* (New York: Modern Library, 1918), p. 343.
[99] チャールズ・エリオット・ノートンの言葉.Charles Moore, *Daniel H. Burnham, Architect, Planner of Cities* (Boston, 1921), 1: p. 79 より引用.
[100] Montgomery Schuyler, "Last Words about the World's ," *Architectural Record* (January-March 1894). 引用は同記事が再掲された Montgomery Schuyler, *American Architecture and Other Writings*, 2 vols. (Cambridge: Belknap Press, 1861), 2: pp. 557, 559, 563 より.
[101] Henry Van Brunt, "The Columbian Exposition and American Civilization" (1893), *Architecture and Society: Selected Essays of Henry Van Brunt*, ed. William A.Coles (Cambridge: Belknap Press, 1969, p. 313.
[102] Ibid.

くようになってきたのは，実はようやくこの頃のことなのである[103]．もちろん，開けた土地があり余るこの国では，ユートピア思想のギルドや共同体はそれ以前にも存在していた．そうした中でも比較的成功していたものとして，「シェーカー」として知られるクエーカー教宗派があった．彼らは1774年にイギリスから移住し，共産主義と独身主義を説いた．それから1世紀が経った頃のアメリカには，58の集団に分かれた2,000人を超えるシェーカー教徒がおり，彼らの占める土地は10万エーカーを超えていた．彼らは高度に統制の行き届いた共同体だったが，その中でも最大なのはニューレバノンとニューヨークのものである．また彼らは1852年に家具工場を開き，シンプルで実用的なデザインの家具を販売した．

アメリカのアーツ・アンド・クラフツ運動に大きな影響を与えたグスタフ・スティックリー（Gustav Stickley, 1857-1942）であったが，その彼に影響を与えたのが，シェーカー家具と田舎の生活だった[104]．1884年にウィスコンシンからニューヨーク州に移ったスティックリーは，親戚とともにいくつかの家具の会社を設立し，ここでは主に既存様式の再現家具を製造していた．1898年にはヨーロッパを旅し，ヴォイジー，アシュビー，サミュエル・ビングと会ったが，思想面で共鳴したのは最初の2人だけだった．そして1900年，スティックリーと2人の兄弟は手工芸の伝統技術に基づくオリジナルデザインに特化した会社を創設した．また彼は，1901年10月に『クラフツマン』（The Craftsman）誌を創刊し，最初の2号でモリスとラスキンの思想を紹介した．同誌はその後も，1915年まで定期的にアメリカの革新的な住宅設計を掲載しながら，彼の「職人（クラフツマン）」理念の中核にある，イギリスの運動の理念，そしてアメリカ的「誠実，簡素，便利」のモットーを讃え続けた．シラキューズで開催されたアーツ・アンド・クラフツ展覧会のカタログ（1903）では，目的の表現，装飾の不在そして「創作に使う素材に作業を忠実に合わせること」と，自身の創作原理を簡潔に述べている[105]．また，『クラフツマン・ホームズ』（Craftsman Homes, 1909）の結語

---

[103] アメリカにおける（イギリスを思源とする運動としての）アーツ・アンド・クラフツ運動については，Anscombe and Gere, *Arts and Crafts in Britain and America*; James Massey and Shirley Maxwell, *Arts and Crafts Design in America: A State by State Guide*（San Francisco: Chronicle Books, 1998）および Robert Judson Clark, ed., *The Arts and Crafts Movement in America 1876-1916*（Princeton: Princeton University Press, 1972）を参照．また，Wendy Kaplan, ed., *"The Art that is Life": The Arts and Crafts Movement in America, 1875-1920*（Boston: Boston Museum of Fine Arts, 1987）所収の論考では，この運動はより広義に捉えられている．

[104] スティックリーについては Mark A. Hewitt, *Gustave Stickley's Craftsman Farms: The Quest for an Arts and Crafts Utopia*（Syracuse: Syracuse University Press, 2001）; Barry Sanders, *A Complex Fate: Gustave Stickley and the Craftsman Movement*（New York: Preservation Press, 1996）; Donald A. Davidoff, *Innovation and Derivation: The Contribution of L. & J. G. Stickley to the Arts and Crafts Movement*（Parsippany, New Jersey: Craftsman Farms Foundation, 1995）を参照．

にあたる包括的な議論の中では，自身の家具やバンガローのデザインと，贅沢あるいは過剰な物的所有を「個人生活」の障害と見做す，大きな社会的，政治的，産業的思潮とを結びつけている。職人は逆に，質素でしがらみのない，飾り気のない田舎の生活を讃える。「なぜなら我々は，田舎を唯一住むべき場所だと固く信じているのである」[106]。ここにダウニングの霊の存在を感じることができる。

　世紀の変わり目にあたる時期，アメリカのいくつかの都市ではアーツ・アンド・クラフツ運動の影響が強かった。しかし，特にそれが顕著だったのがシカゴである。『ハウス・ビューティフル』（*House Beautiful*）の創刊号は 1896 年 12 月にシカゴで出版され，モリス，クレイン，アシュビー，ヴォイジーの記事が掲載された。また同誌は 1897 年にイギリスの『ステュディオ』（*Studio*）誌のアメリカ版と合併し『インターナショナル・ステュディオ』（*International Studio*）にその名を変えた。1899 年にはシカゴで工芸同盟（Industrial Art League）が結成され，アーツ・アンド・クラフツの振興のための作業場，教科指導，図書館および博物館の設置，出版事業を活動目標とした。シカゴ大学の教授，オスカー・ロヴェル・トリッグスはその創設者のひとりであり，その後 1901 年にはイギリスを手本とした手工芸ギルドおよび学校を提案している。彼はまたウィリアム・モリス協会（William Morris Society）のシカゴ支部の幹事でもあり，シカゴ・アーツ・アンド・クラフツ協会の設立メンバーでもあった。彼の『アーツ・アンド・クラフツ運動史』（*Chapters in the History of the Arts and Crafts Movement*, 1901）では，アーツ・アンド・クラフツ運動は完全にイギリスの出来事だと捉えられており，その想源はモリスの赤い家（レッド・ハウス）から遡り，ラスキンおよびカーライルの思想にあるとされた[107]。彼は 1901 年頃になると控えめながらも機械や工業生産を支持するようになるが，それでも相変わらずこのような認識をもち続けた。

　トリッグスはおそらく，ハル・ハウスとの接触を機に工業主義に転向したのだった。それは，ジェーン・アダムズ（Jane Adams, 1860-1935）とエレン・ゲイツ・スターが 1889 年に設立した，大量の移民の能力向上のための都市施設である。運動家アダムズは，1888 年にロンドンのトインビー・ホールを訪問した後，シカゴでデイ・ケア，英語教育，就労斡旋などの基本的な社会福祉サービスと，美術館，図書館，芸

---

[105] グスタフ・スティックリーの言葉。Anscombe and Gere, *Arts and Crafts in Britain and America*, pp. 31-32 より引用。

[106] Gustave Stickley, *Craftsman Homes: Architecture and Furnishings of the American Arts and Crafts Movement* (New York: Dover, 1979; originally published in 1909), pp. 194-197.

[107] Oscar Lovell Triggs, *Chapters in the History of the Arts and Crafts Movement* (New York: Benjamin Blom, 1971; originally published in 1901).

術・音楽の授業などの文化的アメニティを兼ね備えた施設を作ろうとした．シカゴ・アーツ・アンド・クラフツ協会の1897年10月の第1回会合はハル・ハウスで開かれたが，これは明らかにスターとアダムズの働きかけによるものである．そして，ここに出席した建築家の中にいたのが，フランク・ロイド・ライト（Frank Lloyd Wright, 1867-1959），ドワイト・パーキンズ，マイロン・ハント，ロバート・スペンサーである（彼らは当時オフィスを共有していた）．ハル・ハウスはライトが1901年の有名な講演「機械の工芸」("The Art and Craft of Machine")を行った場所でもあった．

　ライトがアーツ・アンド・クラフツ運動に転向し，いささか異端的な立場でそこから離脱したのは，1890年代の出来事であった．オークパークの柿板葺きの自邸（1889-90）の炉辺と暖炉（および，ブルース・プライスやスタンフォード・ホワイトをほのめかす外部）からは，初期の彼がこの運動の理念に忠誠を誓っていたことを窺わせる．しかし，1893年に自身の「海賊版の家」を巡る争いが原因でサリヴァン事務所から独立してすぐ，彼は実験を始める．彼はウィンズロー邸（1893-94）の古典主義的シンメトリーから，バグリー邸（1894），ムーア邸（1895）などの歴史模倣を経て，ヘラー邸（1897）やハッサー邸（1899）に見られる，より自由な空間展開および水平面の層状化へと手法を移していった．ハッサー邸は，ハル・ハウスを含めた10回のアーツ・アンド・クラフツ関連の講演のためにシカゴを訪れた1900年のアシュビーに非常に大きな感銘を与えた．その日記の中でハッサー邸を「アメリカで見た中で最も個性的な創造物のひとつ」と評した彼であったが，それに続いて書き留められているのは，ライトが彼に遠慮なく突きつけた，大胆な挑発の内容である．

　　　彼はいった．「私の神は機械だ．未来の芸術とは，機械の幾千の能力を通じた芸
　　　術家個人の表現のことだ．機械には職人個人ではできないことがすべてできる．
　　　創造的な芸術家とは，それをすべて統御し理解する者のことである」[108]．

　そして背信者ライトはこの理念を1901年のハル・ハウスでの講演でも繰り返し語った．その講演の冒頭において，彼は「偉大な社会主義者」ウィリアム・モリスおよび「偉大なモラリスト」ジョン・ラスキンによる「簡素の福音」伝道に賛辞を贈った[109]．しかし彼によれば，モリスは俗悪に対する信念こそ正しかったものの，自由

---

[108] チャールズ・ロバート・アシュビーの旅行日誌より，本人の言葉．David A. Hanks, *The Decorative Designs of Frank Lloyd Wright* (New York: E.P.Dutton, 1979), p. 67 より引用．
[109] Frank Lloyd Wright, "The Art and Craft of the Machine," *Frank Lloyd Wright: Writings and*

をもたらすものとしての機械の潜在力を根本的に見誤っていた．機械とは「現代のスフィンクス」であり，現代の芸術家は，それが提示する謎かけを解かなければならない．なぜなら，その謎かけにこそ，「アーツ・アンド・クラフツ唯一の未来」があるからである[110]．こう語ったライトはサリヴァン風の散文を駆使して機械を猛烈に弁護し始め，聴衆たちをヴィクトル・ユゴーの『ノートル＝ダム・ド・パリ』の建築の章から（インディアナ州ゲーリーの）「100トンのフライホイールを動かす天下無双のコーリス式直列エンジン」へと導いていく[111]．「崇高なる古の意味での芸術」はすでに死んでいる．芸術家の魂がとらえる機械の究極の役割とは，「人間の表現行為を解放」し，さらには，ホイットマンが切望した民主主義の夢を叶えることである[112]．イギリスのアーツ・アンド・クラフツ運動が目標とした中世的社会主義は，ライトにとっては単なる懐古趣味だった．資本主義も，近代都市という「神経節」も，切実な問題なのだ．高層の近代的オフィスビル（「純粋で単純な機械」）は新建築の「固く骨ばった骨格(スケルトン)」となる．今こそ芸術家は，それを包むための，「たくましい想像力でできた生ける肉体」をもった組織を与えるときである[113]．過去に戻ることは不可能だ．「今もなお近代性と機械に対して，当時ウィリアム・モリスとラスキンが正しいと思っていたように感じている芸術家諸君は，はっきりと立ち止まって，自分がまだ偉大な業績を残す余地のある社会学の考え方をもって働きなさい．芸術活動の分野では，彼らは紛れもない害を働くだろう．むしろ，彼らはもう悲劇的な被害を及ぼしている」[114]．

　この発言によって，ライトは同時代の人々と袂を分かった．それがトリッグスら聴衆を驚かせたことは明らかだが，彼には自分が何をしているのか十分わかっていた．あるいは，後になってわかっていたと自信満々に語った．実際それは本当だったのである．「社会は『手工芸』へと傾き，すぐに機能しなくなった」[115]と彼は指摘した．彼は，極めて大きな政治的・産業的問題を扱ったイギリス理論の呪縛を解いただけでなく，さらにひとつの亀裂をつくった．その亀裂は，その後修復不可能なまでに広がっていくこととなる．

　この亀裂は，アメリカのもう一方のアーツ・アンド・クラフツ運動の中心地，西海

Buildings (New York:New American Library, 1960, p. 56.
[110] Ibid., p. 55.
[111] Ibid., p. 72.
[112] Ibid., p. 60.
[113] Ibid., p.60, 62.
[114] Ibid., p. 64.
[115] Frank Lloyd Wright, *An Autobiography* (New York: Horizon Press, 1977), p. 156.〔樋口清訳『フランク・ロイド・ライト自伝――ある芸術の展開』中央公論美術出版，2000年〕．

岸にもやはり存在した。1890年代のサンフランシスコでは，この運動はバーナード・メイベック（Bernard Maybeck, 1862-1957）の周辺で受容された。そこにはウィリス・ポーク（Willis Polk, 1867-1924），A・C・シュワインファース（A. C. Schweinfurth, 1864-1900），才能豊かなアーネスト・コックスヘッド（Ernest Coxhead, 1863-1933），ジョン・ガレン・ハワード（John Galen Howard, 1864-1931）がいた。メイベックがサンフランシスコに到着した1890年，そこはすでに成長都市として人口30万人を超えており，彼にとってこれ以上のタイミングはなかった[116]。ドイツ系アメリカ人の父から木彫師としての教育を受けていた彼は，しかし金銭的には苦しい中にありながらも，1882年にエコール・デ・ボザールへの入学を果たした。1886年にはニューヨークに戻りカリエール・アンド・ヘイスティングス事務所に勤め始める。桁外れの規模を誇る，セントオーガスティンのポンス・デ・レオン・ホテルの建設を監督しながら，ティファニーらデザイナーの仕事を調整したのが他ならぬ彼だった。しかし，このプロジェクトが1888年に完成すると，メイベックは前途を求めて西に目を向ける。そこで彼がまず向かったのはカンザス・シティであり，サンフランシスコはその次だった。そして彼は，ついにA・ページ・ブラウンの事務所に職を見つける。その後1890年にゼンパーの様式論の翻訳にとりかかり（これは未完に終わった），1894年にはカリフォルニア大学バークレー校で講師として製図を教え始める。この時の生徒には例えば，ジュリア・モーガン（Julia Morgan, 1872-1957）がいた。一般にメイベックの名が知られているのは教職員クラブ（バークレー，1902）や第1科学者キリスト教会（バークレー，1927-29）などの比較的大きな作品だが，彼の才能が最も発揮されたのは住宅だった。メイベックは折衷主義者であり，実験的手法でさまざまな様式を混合させた。建築家としての彼のキャリアの始まりは1890年代中頃であり，この時期にはイギリス的なニュアンスのシングル・スタイルの作品を手がけたが，そこへたちまちスカンジナビア，スイス，日本の要素が混ざるようになった。彼の特別な強みは，革新的な空間計画であり，露出した構造フレーム，無着色の木材（セコイアが多かった），パネル外装の利用である。そのインテリアは，アーツ・アンド・クラフツ運動を象徴するものであるというよりは，むしろ東洋的な特徴をもっていた。

　1890年代末のカリフォルニア南部は，アーヴィング・ギル（Irving Gill,

---

[116] メイベックの人生と経歴については Kenneth H. Cardwell, *Bernard Maybeck: Artisan, Architect, Artist* (Santa Barbara, Calif.: Peregrine Smith, 1977); Ester McCoy, *Five California Architects* (Los Angeles: Hennessey & Ingalls, 1987); Sally B. Woodbridge, *Beynard Maybeck: Visionary Architect* (New York: Abbeville Press, 1992) を参照。

1870-1936）とグリーン兄弟の本拠地だった．ニューヨーク出身のギルは，1890年にシカゴに移り，しばらくアドラー・アンド・サリヴァン事務所のライトのもとで働いていたこともあったが，1893年にはサンディエゴに移り事務所を設立した[117]．そして1907年初頭，彼は「クラフツマン・スタイル」から脱し，ミッション建築を想源とするキュービックな造形に引き寄せられていった．漆喰で平滑に仕上げられた表層をもち，質素かつシンプルな（屋根の破風もなく，装飾的ディテールも全くなかった）それらの作品は，すぐれて「近代的（モダン）」なものだった．また彼は，1911年のバニング邸（ロサンゼルス）ではティルトスラブ式のアイケン・プレキャストコンクリートシステムを実験し，1914から16年にかけては，20世紀初頭の真の傑作のひとつであるドッジ邸（ウエスト・ハリウッド）を建てている．1916年に書かれた『クラフツマン』掲載の論考では，折衷主義と装飾による潤色を強く非難し，「直線，アーチ，立方体，円という全建築の力の源泉」への回帰をもとめ，「古（いにしえ）の偉人に活力を与えたこれらの芸術の泉から水を飲め」と語った[118]．さらにギルは，中庭や住宅周囲の野生植物に触れながら，このように記している．

　　我々は，素朴で，簡素で，巨礫のようにがっしりとした住宅を建てなければならない．そしてその装飾は自然に任せるのである．地衣類がそこへ色調を与え，嵐がそこへ鑿を入れ，ツタがそこを心地のよい風流な場所とし，花々がそこへ，草地の石の上に落とすような影を投げかける．また私は，住宅はより頑丈に建てられ，衛生は徹底されるべきだとも考えている．不要な装飾の費用を建設にまわせば，より長持ちする，格調ある建築を手に入れることができるのである[119]．

ギル同様に活躍したのが，20世紀初頭に頭角を現したグリーン兄弟である[120]．チャールズ・サムナー・グリーン（Charles Samner Greene, 1868-1957）とヘンリー・

---

[117] ギルの人生と経歴については Bruce Kamerling, *Irving Gill, Architect* (San Diego: San Diego Historical Society, 1993); McCoy, *Five California Architects*; Thomas S.Hines, *Irving Gill and The Architecture of Reform: A Study in Modernist Architectural Culture* (New York: Monacelli Press, 2000) を参照．

[118] Irving Gill, "The Home of the Futures: The New Architecture of the West: Small Homes for a Great Country," *The Craftsman* 30 (May 1916): p. 142.

[119] Ibid., p. 147.

[120] グリーン兄弟については William Current, *Greene and Greene: Architects in the Residential Style* (Dobbs Ferry, N.Y.: Morgan, 1974); Randell L. Makinson, *Greene and Greene*, 2 vols. (Santa Barbara, Calif.: Peregrine Smith, 1977-9); McCoy, *Five California Architects*; Randell L.Makinson, *The Passion and the Legacy* (Salt Lake City: Gibbs Smith, 1998); Edward R. Boslely, *Greene & Greene* (London: Phaidon Press, 2000) を参照．

Chapter 8　アーツ・アンド・クラフツ運動

68 グリーン・アンド・グリーン,ギャンブル邸（パサデナ,1908）.著者撮影.

メイザー・グリーン（Henry Mather Greene, 1870-1954）は,1869 年にセント・ルイスに移住した両親のもとに生まれ,ワシントン大学が運営する試験的学校である工作教育高等学校（Manual Training High School）に入学した.この学校の立役者はカルヴィン・ミルトン・ウッドワードである.彼は数学と応用力学の教授でありながらウィリアム・モリスの弟子でもあり,空間的思考の補助手段として木工,金工,工作機械設計分野の工作教育を重んじていた.その後 MIT のボザール流教育のために建築に対する興味が削がれたものの,この2人の少年は逞しく成長し,一旗揚げるために 1893 年にパサデナへと出立した.当初彼らはクイーン・アン様式,クラフツマン・スタイル,シングル・スタイルを試行していたものの,1902 年にはすでに西海岸版バンガロー（低層,切妻,1.5 階建てで,通常ポーチの上に小勾配屋根の載る住宅）の開発を始めている.そして 1907 年頃,グリーン兄弟は日本建築とスイス建築のディテールを用い始め,ブラッカー邸（1907-9）,フォード邸（1907）,ギャンブル邸（1908）といったアメリカ建築随一の傑作群を生み出したのだった（図68）.中でもギャンブル邸のディテールは卓越しており,クラフツマンの理念と東洋的構造技術,アメリカの木材,南カリフォルニアの風景を一体のものとしている.因習的なアーツ・アンド・クラフツ運動とともに育った建築家には,この住宅のことは理解できなかったはずである.当時の西海岸の建築家は,アメリカ建築にとって新しい要素を使って仕事をしていた.そして,ここにまさしく,インターナショナル・モダニズムの一大拠点が形成されようとしていたのである.

4
カミッロ・ジッテとエベネザー・ハワード

　都市・郊外計画に対する態度の変化も，19世紀終盤の住宅改良運動と無関係ではない。19世紀は，工業がもたらした生活環境の急激な変化，都心への人口移動，社会階級の平準化を目撃した。主要都市や大都市的な人口密集地域が現れ始めたのは1850年代のことだが，この職住環境の高密化という現象はその後，世紀末までに批評家からの抵抗にあうこととなる。しかし，彼らはたいてい，昔の簡素な時代への回帰を望む者たちだった。それゆえ努力の方向は，膨張し続ける都市環境を手なずけ人間らしくすること，さらには，そうした環境を代替戦略や代替的な生活様式に置き換えることに据えられた。

　ロンドンとパリは19世紀最大の都市拠点だが，ここで考察モデルとしてより相応しいのは，ナポレオン3世と知事のジョルジュ＝ウジェーヌ・オスマン（Georges-Eugène Haussmann, 1809-1891）の手によって急激な変容を被った，フランスの首都パリである[121]。オスマンが知事に就任したのは1853年7月29日のことだったが，それからすぐに皇帝自らが描いた都市計画案が渡され，彼はそこへ新たに街路や大通りを書き加えていった。リヴォリ通りの開発や中央市場周辺の再開発など，この頃にはすでに多少の増築・改良案の工事は始まっていたが，それ以外は完全に新しいものだった。皇帝が考えたこの計画の目的とは，パリをフランス帝国の首都として新たに改造し，都市組織と都市インフラ（水道と下水）を刷新すること，そして集団暴力によって分断されにくい（これも重要な点である），近代的交通幹線道路の建設によって商工業を促進することだった。

　その後の17年間のオスマンは大規模な成功を収めた。1859年，彼は20ｍ以上の幅員の街路に面する建物のコーニスの高さを17.54ｍから20ｍに引き上げ，これによって街路を視覚的に区別した。また翌年には郊外の多くをパリ市に合併し，人口を

---

[121] 最近のオスマン研究には Georges Valence, *Haussmann le grande* (Paris:Flammarion, 2000); Michel Carmona, *Haussmann* (Paris: Fayard, 2000); Willet Weeks, *The Man Who Made Paris Paris: The Illustrated Biography of Georges-Eugène Haussmann* (London: London House, 1999); David P.Jordan, *Transforming Paris: The Life and Labors of Baron Haussmann* (Chicago: University of Chicago Press, 1996) などがある。また，François Loyer, *Paris Nineteenth Century: Architecture and Urbanism*, trans. Charles Lynn Clark (New York: Abbeville Press, 1988), pp.231-372 および David Van Zanten, *Building Paris: Architectural Institutions and the Transformation of the French Capital, 1830-1870* (New York: Cambridge University Press, 1994), pp. 198-255 も参照のこと。

120万人から160万人へと一気に増やした。そして最も重要なのが、彼がこの都市全体に「パリらしい」(擬バロック的な)都市構造を課したことである。すなわち広い並木大通り、緑地と公共広場、噴水、あるいは御影石の縁石やアスファルトの歩道、玉石を敷いた街路、街灯、樹木保護用の格子、ベンチ、キオスク、新聞の売店などを統一的にデザインしたユニークな都市景観である。この都市再編成には、近代性、健康、効率、あるいは、各建物を都市構造や土地類型に従属させることや、将来の都市拡張を見込んだゆとり作りが理由とされた。今日、パリを訪れた観光客が目にするのは、ナポレオン3世とオスマンによって再建された、第2帝政の首都の都市環境である。この変化は、彼らの在任期間中にはおおむね賞賛を受けていた。しかし、まさしくオスマンのこの成功こそが、彼の1870年の解任の原因ともなった。オスマンのデザイン・ガイドラインはパリの建物をより均一な、より地味なものとし、結果それらの個性は消えてしまった。また、急速に進められた投機的開発により、ファサード処理は飾りけのない小手先だけのものとなっていった。さらに、これらの活動のすべてに予定外の支出が生じた。例えば、郊外の合併にかかる支出は新たな税収によって賄われる予定だったが、実際の支出は当初の予定を遥かに超えた。

とはいえ、オスマンのパリ改造は世界中の都市戦略に影響を及ぼしている。例えば、この計画はアメリカでは世紀の変わり目から研究されるようになり、1893年のシカゴ・コロンビア万博の想源のひとつともなった。そしてこの博覧会の閉会直後、この製作責任者であったダニエル・バーナム (Daniel Burnham, 1846-1912) が、パリ計画の理念を都市全体に応用し始める[122]。その中でも最初に出来上がったのは、ワシントンD.C.のマスタープランである。これは、1902年にフレデリック・オルムステッドJr.とジョージ・マッキムの助けを借りて作成したもので、基本的にはランファンの原案のリメイクである。しかしここでは、幾何学的な遊歩道のアイディアが復活し強められている。本案では、この道はワシントン記念塔から所有者不明の湿地を越え、後のリンカーン記念館の敷地まで延びており、公園や野原やモニュメント予定地がポトマック河岸を美しく飾った。かくして、セオドア・ルーズヴェルト大統領がその数々の理想を受け入れたことで、この計画は、通常では致命的なはずの政治問題を切り抜け、ほとんどが実行に移された。

バーナムの「都市美(シティ・ビューティフル)」運動はその後認知度を増していき、アメリカ都市史最大の影響力を誇るムーブメントのひとつとなった。また彼も、ワシントン計画に引き

---

[122] バーナムについては Thomas S. Hines, *Burnham of Chicago: Architect and Planner* (Chicago: University of Chicago Press, 1979) および Cynthia R. Field, "The City Planning of Daniel Hudson Burnham" (Ph.D. diss., Columbia University, 1985) を参照。

続いてクリーヴランド計画案(1903),サンフランシスコ計画案(1905),バギア・マニラ計画案(フィリピン,1905)を発表している.しかし,なかでもとりわけ劇的かつ印象的なのは,彼の最愛の街,シカゴの計画案である.142の図版(61の図面)を含むこの計画案は,1909年にバーナムとエドワード・H・ベネットによって出版もされている.バーナムはここで,万博の敷地だったグラントパークとその湖岸を放射状計画の基点とし,川の数ブロック西に巨大な市民会館を置き,これを放射の中心にあてた.この市民会館のドームは異常なまでにすらりと高く,また周囲の建造物の軒の高さはみな同じだが,出版された計画案を見れば,こうした特徴がパリの事例から直接拝借したものであることは明白である[123].なお,この計画案で実現したものはほんのわずかだったが,フランク・ロイド・ライトは後日,「シカゴはその街独自のウォーターフロントを見つけ出したアメリカ唯一の大都市のように思われる」事実をバーナムの功績に帰した[124].

　古典主義へのあこがれはアメリカだけのことではなかった.1871年のドイツ統一と,それによる経済の繁栄とともに,ドイツでは都市計画の「科　学」(ヴィッセンシャフト)もまた栄えた.その先導的役割を果たしたのは,1876年に『都市拡張』(Stadterweiterung)を出版したラインハルト・バウマイスター(Reinhard Baumeister, 1833-1917)である.バウマイスターは近代都市の支持者として,効率的な自動車交通計画,ゾーニング計画,公衆衛生計画の重要性を強く訴えた.ただし彼は,あらゆる場所にグリッドプランを濫用することには異を唱えていた.なぜなら彼は,ドイツの都市は中世の都市構造をもつものが非常に多く,それらにグリッドプランは適さないと考えたのである.しかし彼は,美的欠点を補う効果があるとして曲線道路を好んでいた点で,オスマンとも異なっていた.なお,バウマイスターの理論を踏襲した人物には,アーヘン,ケルン,ポーゼンの都市計画で活躍したヨーゼフ・ステューベン(Joseph Stübben, 1845-1936)がいる[125].

　だが,パリの変容に最も影響を受けた都市はウィーンである.1850年代末までの

---

[123] バーナムは都市計画にあたりヨーロッパ都市の情報を熱心に集めた.事実彼は当時の国務長官であるハンティントン・ウィルソンと接触し,フランス政府からオスマン前とオスマン後のパリの情報を手に入れるように頼んでいる.この点については Hines, *Burnham of Chicago*, p. 323 を参照.また,Joan E. Draper, "Paris by the Lake: Sources of Burnham's Plan of Chicago," *Chicago Architecture 1872-1922: Birth of a Metropolis*, ed. John Zukowsky, (Munich: Prestel, 1988), pp. 107-19 も参照のこと.

[124] このライトの(詳細不詳のロンドン講演の)発言は Hines, *Burnham of Chicago*, p. 325 より引用.なおライトは,シカゴを「世界で最も美しい都市」とまで呼んでいる.

[125] H. J. Stübben, *Der Städtebau* (Darmstadt: Arnold Bergsträsser, 1890); Oliver Karnou, *Herrmann Josef Stübben* (Braunschweig: Vieweg, 1996) も参照のこと.

Chapter 8　アーツ・アンド・クラフツ運動

7世紀，実質的に全く変わることのなかったこの都市に変化への欲求をもたらしたのは，1857年にフランツ・ヨーゼフ1世（1830-1916）の決定だった．彼はこの時，(1683年にオスマン帝国軍からこの街を守った）古い市壁を取り壊し，「旧市街」（オールド・タウン）と急速に拡張する郊外とを分離する茫漠とした緩衝地帯を開発することを決めたのである．かくして1859年の「リンクシュトラーセ」（ドナウ川とともに環をなし，旧市街を取り囲む幅広の並木街路）の建設は，19世紀最大の都市建設運動のひとつとなった．ひと世代のあいだに，この大通りとそれに隣接する地域には，大教会，新大学，議事堂，市庁舎，オペラハウス，劇場，大博物館など，20もの建物が新築された．外見上，この中欧のヨーロッパ中心都市は，一夜にしてヨーロッパ近代を象徴する最も立派なシンボルに変容した．そして，この計画の主な手本とされたのがパリだった．かくしてウィーンには，近代文化を担う新たな中産階級を住まわせるための，軒の高さを慎重に計算した投機的な建物が無数に建てられることとなった．

　後の付加や変更によって，近代性の模範としてのウィーンのイメージはさらに強くなる．そのきっかけは，1892年から93年にかけて開催された，なおも拡張を続けるこの街に別のマスタープランを作るための国際コンペティションであった．これに勝利したオットー・ヴァーグナーは，「我々のリアリズム，我々の交通，そして近代科学技術は，絶対的に直線を要求する」[126]として，設計競技の報告記事でパリの解決法を賛美した．また彼は，(春の晴れた日に）コンコルド広場からシャンゼリゼ通りの向こうまで散歩することの素晴らしさを説きながら，これとは対照的な，都市計画への「絵画的」アプローチの支持者に対しては次のように主張した．もし彼らが「その目を開いたならば，すぐに納得するだろう．直線的で，清潔で，実用的な街路は，我々を最短の時間で目的地にまで連れていってくれる．そこへ折にふれ，歴史建造物や，適切に設計された広場や，美しく有意義な景色や，公園などが差しはさまれる．それは機能的なばかりでなく，最も美しいものでもあるのだ」[127]．なお，彼がシャンゼリゼに言及したのには，1893年の『ドイツ建築新聞』（*Deutsche Bauzeitung*）に掲載された記事に対する回答の意味があった．その記事の中でカール・ヘンリヒは，ポプラ並木の直線街路を2時間散策するくらいなら，同じ時間「高山をハイク」する方

---

[126] Otto Antonia Graf, Otto Wagner: Das Werk des Architekten（Vienna: Hermann Böhlaus, 1985）1巻所収，Otto Wagner, "Generalregulierungsplan", p. 94. 原文は以下のとおり．"Unser Realismus, unser Verkehr, die modern Technik, sie begehren heute gebieterisch die gerade Linie, …"

[127] Ibid., p. 93. 原文は以下のとおり．"Würden diese Vertreter des Malerischen die Augen öffen, so wären sie schon lange zu Ueberzeugung gekommen, dass die gerade, reine, paraktische Strasse, zeitweilig unterbrochen von Monumental bauten, mässig grosen Plätzen, schönen, bedeutenden Perspektiven, Parks, etc., die uns in kürzester Zeit ans Ziel führt, auch weitaus die schönste ist."

がよい，と書いていた[128]．

このコンペに勝利した結果として，ヴァーグナーは1894年にウィーンの新しい鉄道網(シュタットバーン)の建築家に指名され，40以上の駅舎，橋および高架橋を設計した．彼は自身のマニフェスト本である『近代建築』(Moderne Architekture, 1896) の中でも自らの設計観を語っているが，最も具体的かつ包括的な発言となっているのは，1910年にコロンビア大学で開かれた会議のために準備した『大都市』(Die Großstadt, 1911) である[129]．なお，この会議ではバーナムのシカゴ計画案も議題に挙がっていたが，これ自体もヴァーグナーのアイディアとよく似ていた．

アウグスト・エンデル (August Endell, 1871-1947) の都市論もヴァーグナーの見解と類似したものだった．その著書『大都市の美』(Die Schönheit der großen Stadt, 1908) は，まさしく都市の人工性を賛美するものである．自然および「故郷」の本質的な保守傾向に対して，都市には，無限の多様性をもつ美的体験を誇る，統一的な風景が広がる[130]．エンデルの美学は，オスマンのパリを最初に賛美したフランスのリアリストおよび印象派 (ボードレールの「遊歩者(フラヌール)」についてはいうまでもない)[131] にその多くを負っている．それゆえ彼は，大都会の「神経刺激の増大」は自然な生活リズムとかけ離れたものの代表であると考えた，社会学者ゲオルク・ジンメルの懸念など，全く感じていなかった[132]．なおジンメルのような見解はそれまでにも，小さい共同体の「有機的な」生活を匿名社会の「虚構的で機械的な」生活と対抗させた，フェルディナント・テンニースの『共同体(ゲマインシャフト)と社会(ゲゼルシャフト)』(Gemeinschaft und Gesellschaft, 1887) の中で展開されていた[133]．その境界線こそはっきりしていなかっ

---

[128] Karl Henrici, "Langeweilige und kurweilige Strassen," *Deutsche Bauzeitung* 27, no.44 (June 1893): p. 271 を参照．

[129] ヴァーグナーの都市理論を知るには，*Otto Wagner: Reflection on the Raiment of Modernity*, ed. H. F. Mallgrave (Santa Monica, Calif.: Getty Center Publications Program, 1993)，pp.85-112 所収の August Sarnitz, "Realism versus Verniedlichung: The Design of the Great City" が有益である．

[130] August Endell, *Die Schön heit der grossen Stadt* (Berlin: Archibook-Verlag, 1984; originally published in 1908).

[131] 「遊歩者(フラヌール)」(flâneur) とは，ボードレールが「現代生活の画家」("The Painter of Modern Life") の中で語った都市審美家のこと．Charles Baudelaire, *The Painter of Modern Life and Other Essays*, trans. and ed. Jonathan Mayne (London: Da Capo Press, 1964), pp. 1-40 所収．〔阿部良雄訳「現代生活の画家」，『ボードレール批評〈2〉美術批評2・音楽批評』筑摩書房，1999年〕．

[132] *The Sociology of Georg Simmel*, trans. and ed. Kurt H.Wolff (New York: The Free Press, 1964) 所収，Georg Simmel, "The Metropolis and Mental Life" p. 410.〔川村二郎訳「大都会と精神生活」，『ジンメル・エッセイ集』平凡社，1999年〕．

[133] Ferdinand Tönnies, *Community and Society* (New Brunswick, N. J.: Transaction Books, 1988).〔杉野原寿一訳『ゲマインシャフトとゲゼルシャフト——純粋社会学の基本概念〈上〉〈下〉』岩波書店，1957年〕．また，Francesco Dal Co, *Figures of Architecture and Thought: German Architecture Culture 1880-1920* (New York: Rizzoli, 1990) の序章においてもテンニース，ジンメル，エンデルが

たものの，この段階ですでに，亀裂は広がり始めていたのである．それは本質的には政治的なものだった．

そしてヴァーグナーもやはり抵抗にあった．1893年，彼は都市計画への絵画的アプローチを力強く断じた．その発言が暗示しているのは，もう戦いは始まっているということである．この発言時点における彼の論敵こそ，1889年に『芸術的原則に基づく都市計画』（*Der Städtebau nach seinen künstlerlischen Grundsätzen*）を出版したカミッロ・ジッテ（Camillo Sitte, 1843-1903）だった[134]．

ジッテは建築家の子として生まれ，ルドルフ・フォン・アイテルベルガーのもとで美術史を学んだ人物である．その後彼は1873年にウィーンで建築事務所を開いたが，その2年後，アイテルベルガーにザルツブルグの応用美術学校の校長になることを勧められると，彼は活動の中心を変えた．そしてその10年後，彼はウィーンに新設される応用美術学校の校長に選ばれ，その後間もなくして，彼の自宅はウィーンの知的生活にとっての一大拠点となる．彼はそれまでも作家として多くの著作を世に出したが，1889年の著作を執筆する以前には，都市計画について述べたことなどほとんどなかった．しかし，都市の近代性にまつわる幅広い問題への懸念から，この著作が誕生したのだった．その懸念とは，例えば，街路の風景から人がいなくなることや，スケールの肥大化の傾向，また同様に，適切なスケール感の欠如や，心理的な抑圧（「あくびを誘う空虚と耐えがたき倦怠」[135]）である．大都市の中では，新たに「広場恐怖症」と診断されるべき神経障害が出始めている．これらの問題は，そうした近代的大都市が誘発したものである．そう語るジッテは，過去のヨーロッパにおいて自然発生的につくられた町では，街路や広場のかたちは視覚的（かつ心理学的な）なインパクトを考えて計算されており，そのため建築はその町を定義づける背景なのだ，と論じた．ところが彼によれば，近代においてはこの状況が全く逆になるという．すなわち，「宅地は整然とした閉じた形態にレイアウトされ，そのあいだに残された場所が街路や広場となる」[136]のである．そこでジッテは「自然があり，都市計画に通じた老匠のいる学校に行く」ことを提案し，ヨーロッパで最も成功した古い広場や都市公園の事例を著作中でさまざまに紹介した．なお，彼が「絵画的(マレリッシュ)」という場合，それ

考察されている．

[134] ジッテの人生や思想については，George R. Collins と Christiane Crasemann Collins が英訳した *Camillo Sitte: The Birth of Modern City Planning*（New York: Rizzoli, 1986）の序が最も簡潔にまとまっている．また，Daniel Wieczorek, *Camillo Sitte et les débuts de l'urbanisme moderne*（Brussels: P.Mardaga, 1981）も参照のこと．

[135] *Camillo Sitte: The Birth of Modern City Planning* 所収，Camillo Sitte, *City Planning According to Artistic Principles* p. 183. 〔大石敏雄訳『広場の造形』鹿島出版会，1983年〕．

[136] Ibid., p. 225.

は，ピクチャレスク的な造形を偶然にまかせてまとめたもののことではない．それはむしろ，透視画法の科学法則に基づき組み立てられた，都市パノラマのことである．彼によれば，建物は独自の文脈で自由に配置されるべきものではなく，広場や街路を囲う壁の一部をなすものである．また，広場は絶対に空間的に囲まれていなければならず，その中心には何もあってはならない．さらに彼は論ずる．過去の造形の不規則性を模倣するのではなく，むしろそのスケール感や空間感覚を学び，そうした要素が都市の活気のために果たす重要な役割を認識しなければならない．無限に続く直線街路はそうした統合的な視覚の印象を何も生まないため，退けなければならない．

　ジッテの著作は，ドイツ各地のみならず，ヨーロッパ全土の読者の心をつかんだ．ベルギー人のチャールズ・ブルズは，1893年に『町の美学』(*L'Esthétique des villes*) を出版し，またブリュッセルの市長として，ジッテのような芸術的な志向でこの街の変革を始めた．なお，ジッテとブルズの著作はイタリア（ジッテの多くの引用元）でも非常に好評であった．イタリアでは，都市の歴史特性を近代輸送手段の需要に合わせることが喫緊の問題となっていたからである[137]．

　当時にはまた，真に反都市的な，特に郊外人気から生じた戦略から，また別の発想がその輪郭を現し始めていた．例えば，アメリカ最初期の計画社会のひとつに，1869年にフレデリック・オルムステッドとカルヴァート・ヴォークスによって計画された，シカゴ近郊の郊外都市リヴァーサイドがある．ひとつの小さな商業拠点と，潤沢な自然公園システムを取り囲むように居住区を作る，というのがこの計画のアイディアであり，その街路は曲線を描きながら，そのほとんどが緑の眺望で終わるように計画されていた．そしてこの街は，鉄道でシカゴとつながったことでたちまち郊外都市として成功を収め，フォレスト・ヒルズ・ガーデンズ（クイーンズ，1909-12）からレイク・フォレスト（イリノイ，1914-15）まで，アメリカの郊外開発に大きな影響を与えることとなった．

　イギリス人のエベネザー・ハワード（Ebenezer Howard, 1850-1928）も，リヴァーサイドに強い興味をもって当地を訪れた人物のひとりである[138]．彼は1871年にロンドンを発ち，永住するつもりでネブラスカに越してきたが，まず農業に失敗した．続

---

[137] ブルズ，ジッテおよび彼らのイタリアにおける影響については Richard A. Etlin, *Modernism in Italian Architecture, 1890-1940* (Cambridge: M.I.T. Press, 1991), pp. 106-9 で議論がなされている．
[138] ハワードについては Kermit C. Parson and David Schuyler, eds., *From Garden City to Green City: The Legacy of Ebenezer Howard* (Baltimore: Johns Hopkins University Press, 2002); Peter Geoffrey Hall and Colin Ward, *Sociable Cities: The Legacy of Ebenezer Howard* (New York: Wiley, 1998); Robert Beevers, *The Garden City Utopia: A Critical Biography of Ebenezer Howard* (London: Macmillan, 1988); Robert Fishman, *Urban Utopias in the Twentieth Century: Ebenezer Howard, Frank Lloyd Wright, and Le Corbusier* (New York: Basic Books, 1977) を参照．

いてシカゴに移って速記者としての職を見つけるものの，1876年には結局イギリスに帰郷する．しかし，それからの20年間，彼は議会関係の役所仕事を生業としながら，エドワード・ベラミーの『かえりみれば』(*Looking Backward, 2000-1887*) やロシア人の地理学者ピョートル・クロポトキンなど，雑多な著作を参考にしながら自身の都市計画思想を組み立てていった．かくして彼は『明日――真の改革に至る平和な道』(*To-morrow: A Peaceful Path to Real Reform*, 1898) の中で自らの思想の概略を示した．なお，同書は第3版では『明日の田園都市』(*Garden City of To-morrow*, 1902) と，より説明的な書名となった[139]．

ハワードの理論は実践主義(プラグマティズム)であり，この点で彼はそれ以前の多くのユートピア的計画家とは異なっていた．自由企業制の法的枠組みをとった彼は，この枠の中において，個々の人間の動機(「構成員により十全でより自由な機会が保障されている社会」)と擬社会主義的なヴィジョン(「共同体の安寧が保護された生活状態」)の結合を提案している[140]．この田園都市は，郊外ではなく，衛星都市という提案である．それは，都心，住宅，産業および，建設過剰を防ぐ農業ベルトで構成された，閉鎖系の独立体である．おのおのの田園都市は人口3万人を上限規模とし，土地は自治体所有のものを個人に賃貸する．都市の周囲には鉄道が走り田園都市同士をつなぎ，より大きな都心にも接続する．これらの都市は，自由貿易の行動規範のもとに，自律的に活動する商業体として構想されている．

そしてハワードはその思想を実践に移し，1899年に田園都市協会 (Garden City Association) を設立した．さらに1903年にはレイモンド・アンウィン (Raymond Unwin, 1863-1940) とバリー・パーカー (Barry Parker, 1867-1947) によって，ロンドンの北35マイルの地に初の田園都市，レッチワースの割り付けが行われた[141]．ところが，彼の株式会社は必要な土地を購入することができず，そのためこの街には当初見込まれていた経済的自足性がなく，計画された規模にも届かなかった．とはいえこの街は教養のある中産階級の住人をひきつけることに成功し，北ロンドンのハムステッド・ガーデン郊外開発など，数多くの模倣都市を生み出した．また，ハワードは1919年にルイ・ド・ソワッソンと組み第2の田園都市ウェルウィンを計画しており，後述するように，田園都市ムーブメントは1920年代を通じても強力なものであり続けたのである．

---

[139] Ebenezer Howard, *To-morrow: A Peaceful Path to Real Reform* (London: Swan Sonnenschein, 1898) および idem, *Garden Cities of To-morrow* (London: Sway Sonnenschein, 1902). 〔長素連訳『明日の田園都市』鹿島出版会，1968年〕．

[140] Howard, *Garden Cities of To-morrow*, pp. 116-17.

[141] *Letchworth in Pictures* (Letchworth, England: First Garden City Limited, 1950).

Chapter 9

補説：20世紀ドイツ・モダニズムの概念的基礎

1920年代の実務建築家たちは19世紀末期の建築思想と20世紀初期の建築思想を隔てる概念上の「分水嶺」を強調する傾向にあった．そして近代建築史も，20世紀のあいだ長らく彼らに話を合わせて語られるのが一般的だった．「近代(モダン)」建築，特に1920年代に台頭したいわゆる機能主義建築は，少なくとも建築形態言語に関する限り，西洋建築史上の避け得ぬ境界である——こうした信仰をこのような断絶を仮定する根拠としながら，モダニズム初期の建築家たちはほぼ皆が口を揃えて過去と自らの「断絶」を強調し，設計における歴史的，様式的なテーマへの回帰を拒絶した．「当時」と「今」を隔てる深い溝は埋めようのないものだと見做されていた．

　一方，1970年代，80年代の建築理論家はこの問題にかなり異なった立場をとった．その中には，「意味の喪失」，あるいは初期機能主義本来の限界に反撃するために，デザインに再び「歴史」を導入する必要があると論じる者もいた．そして彼らは，非歴史的な近代の造形ボキャブラリーにはもはや芸術上の可能性はない，それらはいつの間にか退屈で人間味のないものになってしまった，と主張する．「ポストモダン」の核心とは，形態と機能の関係において当然のことと見做されていた一価性(モノヴァレンシー)を，層をなす意味の多価性(ポリヴァレンシー)に取って代わらせることだった．こうすることで形態を豊かにし再活性化させようと目論んだのである．

　歴史記述の規範や目的論的な未来観もまた，この20年前後で根本的に入れ替わった．歴史学はもはや何らかの最終目標に向かって直線的に決定論的に展開するものとは受け取られなくなり，モダニズムの美学的な意義も，もはや絶対的かつ確定的なものであるとは見られなくなった．さらにいえば，歴史的必然という概念はすでに歴史主義の基盤を失ってしまっていた．学界領域の内では少なくとも「歴史」よりむしろ「物語(ナラティヴ)」が有効な語となった．しかしこの時代においてもまた，ポストモダンの理論それ自体が真に断絶を定めることにはならなかった．というより，当初の目論見ほど深刻な断絶とはならなかったといったほうがよい．かくしてポストモダン思想のコンセプトのルーツは20世紀を遡って広がっていったが，その発想の多くは1920年代のモダニストの言説から引き出されたものだった（なお，その年代の形態が再利用されたことはいうまでもない）．そこには，歴史的連続性の誇示と新機軸を謳ったコンセプトとが併存していたのである．これは上述した初期における分水嶺を理解する上で示唆的な事実である．今日なお多くの人々がそのコンセプト上の分水嶺を前提として19世紀と20世紀を切り分けているが，そうした分水嶺の存在は本当に信じるに足るものだろうか．

　ドイツ理論は一般に，初めて工業に感化された「近代(モダン)」様式を育んだかのように見做されている．ドイツの理論史にもたしかに，件のモダンとプレモダンの分水嶺は存

在したかに思える．当初は工場美学の名のもとに提唱された非歴史的な形態は，かつての歴史主義者たちのものとは外見が異なっていた．1909年，派手なバロック式のホーフブルク宮殿の隣にほぼ無装飾な商業とアパートメントの複合施設を建てようとしたアドルフ・ロースが，世論から非難を受けたのは当然のことだった．1920年代になって，鉄，コンクリート，ガラスの工場美学がそれ以外の類型の建物に応用されるようになると，ひとつの分水嶺がよりはっきりと見えてくる．そして1928年，その新建築を単に形態の問題と理解したジークフリート・ギーディオンは，モダニズムの血脈を工業建物や前世紀のエンジニアたちを通じてしか辿り得なかった．（かつては建築家と呼ばれた）近代の「建設者（コンストラクター）」から，19世紀の建築的遺産が剥奪されてしまったのである．こうした歴史展望は1933年以降，ドイツ社会の崩壊，および，この崩壊が第2次世界大戦の誘引として果たした役割によって，さらに高まった．だが，この人災に対して建築史家のあいだでとられた歴史記述上の対応は，ただドイツの歴史および理論の研究から手を引くことだけだった．20世紀初頭にモダニストだった世代のドイツ人の多くは今や亡命暮らしであり，かくて彼らはますます大陸の面影や地史をもたないパイオニアの孤島であると見做されるようになっていく．ウィリアム・モリスのアーツ・アンド・クラフツの美学やヴィオレ=ル=デュクの合理主義，アール・ヌーヴォーの造形の中に些細な血脈らしきを見つけようとする努力には，初めから全く説得力がなかった．

　しかし，歴史や理論の概念的基礎には果たして，（大きな事件の勃発を除いて）それほど性急な変化が起こり得るものだろうか．あるいは，非歴史的な「様式」という概念（これも初めカール・フリードリヒ・シンケルをはじめとした19世紀初頭の人々によって探求されたものである）が，燃えかすだと思われていた歴史主義の灰の中から19世紀末になっていかに生じたのか，という問い方もできる．それ以前の300年の建築思想が連続していたことを考えてみれば，（完全にそれとわかる，決定的に重要な展開の道筋に限っても）答えは明らかである．建築は絶対にそのようには展開しない．新たな形態は常に（他の事物の中の）さまざまな想念に支えられているのである．こうして，20世紀初期のモダニズムも，その世紀のさらに大きな歴史的文脈の中に置けば単純に，「〈モダン〉とは何か」を巡る連続展開の一側面として立ち現れてくる．ここで支えになるのはまたも記号論である．記号論者は，20世紀モダニズムを形態解読や記号による抽象化の最終段階とは見做さない．彼らの議論ではむしろ，モダニズムは，ある意味記号体系が他の意味記号体系に置換したものとみた方が精確であるとされる．そして，こうした置換のすべては，理論的基盤に基づいている．

Chapter 9　補説：20世紀ドイツ・モダニズムの概念的基礎　　429

ドイツ人の理論に連続性があるという事実は，20世紀モダニズムのいくつかの重要な概念の発生を見ることによっても確認される．すなわち，それらのすべては19世紀に明らかなルーツをもっているのである．そしてこれはいみじくも，建築「空間(スペース)」という概念にあてはまる．このテーマを研究した最初の歴史家はカール・シュナーゼ（Karl Schnaase, 1798-1875）である．彼は『オランダ書簡』(Niederlandische Briefe, 1834）において，中世建築を（内部）空間テーマの連続展開として，また，外部に焦点をあてた古典建築への創造的な応答として扱った[1]．アントワープ大聖堂の中央身廊の空間劇を検討する際，シュナーゼはこの主観的な空間体験（「脈打つひとつの有機生命」）を，構造の進化および精細な装飾をもたらした中世建築に最も重要な要素であるとしている．また1840年代には，芸術史家フランツ・クーグラー（Franz Kugler, 1808-58）がベルリンでの講義の中で，ルネサンス建築を特に「空間の美」[2]において知られたものであるとした．ヤーコプ・ブルクハルト（Jacob Burckhardt, 1818-97）も『イタリア・ルネサンスの歴史』(Geschichte der Renaissance in Italien, 1867）の中でこの語を同じ意味に用いており，ルネサンス建築はギリシアおよびゴシック時代の「有機様式」とは区別される「空間様式(ラウムシュティル)」だと述べた．彼の見解によれば，空間的なモチーフはローマ建築，ビザンツ建築，ロマネスク建築，イタリア・ゴシック建築にも見られるものの，それが意識的な着想として初めて十分に発達したのがこのルネサンス期だった[3]．

また，ゴットフリート・ゼンパーの理論の中にも，このテーマに関するまた別の出発点が見つかる．壁の「被覆」という空間モチーフは彼の4モチーフ理論の中核であり，彼はこのモチーフを「構造とは独立の，空間という概念に基礎をもった，建築の中でも最も古い造形原理」[4]であると定義した．また，様式論の著作の第2巻の中で

---

[1] Karl Schnaase, Niederländische Briefe (Stuttgart, 1834), p. 200. また，このテーマについてご教示下さったヘンリク・カルゲ（Henrik Karge）氏に御礼申し上げる．氏による "Das Frühwerk Karl Schnaase: Zum Verhältnis von Ästhetik und Kunstgeschichte im 19. Jahrhundert" (Antje Middeldorf Kosegarten, ed., Johann Dominicus Fiorillo, *Kunstgeschichte und die romantische Bewegung um 1800* (Göttingen: Wallstein Verlag, 1995, pp. 402-19 所収) および "Karl Schnaase: Die Entfaltung der wissenschaftlichen Kunstgeschichte im 19. Jahrhundert," Kunsthistorische Arbeitsblätter: Zeitschrift für Studium und Hochschulkontakt 7-8 (July-August 2001): pp. 87-100 を参照されたい．シュナーゼの全般的な芸術史観については Michael Podro, The Critical Historians of Art (New Haven: Yale University Press, 1982), pp. 31-43 を参照のこと．

[2] David Van Zanten, *Designing Paris: The Architecture of Duban, Labrouste, Duc, and Vaudoyer* (Cambridge: M.I.T. Press, 1987), p. 197.

[3] Jakob Burckhardt, *The Architecture of the Italian Renaissance*, ed. Peter Murray, trans. James Palmes (Chicago: University of Chicago Press, 1985), p. 32.

[4] Gottfried Semper, *Style in the Technical and Tectonic Arts, or Practical Aesthetics*, trans. H. F. Mallgrave and Michael Robinson (Los Angeles: Getty Publications Program, 2004), p. 247.

は，彼はその空間的モチーフを組積造ヴォールト架構の文脈で研究している．彼の年表の中では，空間（虚の構造）の概念は紀元前4世紀に初めて意識的に芸術の地位にまで高められたとされる．それはアレキサンダー大王の建築家たちが進歩させたもので，ローマ人（彼らにとって空間とは，世界統治の概念の表現である）によって「完成された」ものである，というのが彼の議論である．ローマ人は「十分に堂々とした中央広間にヴォールトを架けるのに必要な支持体と迫台を，材料や作業量，および周りの空間自体には最小限のみ費やしながら，また最小限の材料で最大限大きな空間を得つつ，どうしたら作り出せるか，という問いに対する解決」[5] を見つけたのである．なお，1869年にチューリッヒで行われた講義において，彼は再びこの空間の問題をテーマに取り上げたが，ここでの彼はひとつ重要な条件をそこに付け加えている．すなわち，ローマ人は本当に「空間創造という壮大な芸術」を「ひとつの自由で自足的な理想像」にまで育てたわけではない，と述べた後，聴衆の建築家に対し「全世界の建築の未来」はこの新たな空間芸術に関わるものだと指摘した[6]．

しかし，建築における空間の可能性を理論化したのはゼンパーひとりではなかった．チューリッヒで彼がこの講義をしていた数週間のあいだには，ベルリンの建築家リヒャルト・ルカエが「建築における空間の意味と力について」[7] と題する記事を発表している．ルカエの論は建築空間体験の要素を形態，光，色彩，スケールに区別するところから始まる．形態は空間の美的効果を生じさせ，光は空間特性を作り出し，色彩は空間の雰囲気を変える．スケールは「精神に対する身体の空間的関係にまつわる意識的知覚」[8] である．このように述べた後，ルカエはリビングルーム，鉄道駅のホール，山岳トンネル，劇場，ケルン大聖堂，ローマのパンテオン，ローマのサン・ピエトロ，シドナムのクリスタル・パレスらそれぞれの対照的な空間体験を語り起こす．以下はサン・ピエトロの印象である．

> 広大な街路を歩くようにこの身廊をぶらぶらと進む——すると私たちは，無意識にこの建物全体の着想の潜む地点に行き着く．パンテオンの中では空間の始まりと終わりに同時に立つことができるが，この空間の中ではそれはできない．力強

---

[5] Ibid., p. 756.
[6] Gottfried Semper, "On Architectural Styles" in *Gottfried Semper: The Four Elements of Architecture and Other Writings*, trans. H. F. Mallgrave and Wolfgang Herrmann (New York: Cambridge University Press, 1989), p. 281.
[7] Richard Lucae, "Ueber die Bedeutung und Macht des Raumes in der Baukunst." *Zeitschrift für praktische Baukunst* 29 (1869) 所収．
[8] Ibid., p. 208. 原文は以下のとおり．"Ja wohl, der Massstab in der Baukunst ist nur das zu unserem Bewusstsein gekommene räumliche Verhältniss unserer äusseren Person zu tinserem Geiste."

いバレル・ヴォールトが我々の目を導く場所では，周囲の薄明かりが突然退き，超自然的な力をもった光となっている．聖ペテロあるいはキリスト教信仰などそれまで聞いたこともない太古の森の人々ならきっと，立ち止まることなくこのミケランジェロのドームの下へと行き着くはずだ．この光源は，平凡な人生を覆い隠し，我々をある境地にまで導くのである[9]．

クリスタル・パレスは逆に，光によって空間全体が「美しい飾り気のなさ」と「魔法のように詩的な光の造形」で満たされる「大気の彫塑作品」である[10]．ルカエは，建物によって空間の知覚が異なることの根底にあるのは，それぞれの空間の心理的統一体としての体験である，と感じていた．彼にとって建物の様式とは非本質的なものであり，「空間的な効果にはごくわずかにしか影響しない」[11]ものだった．

同年ルカエは，その後のベルリン建築家協会に宛てた講演において，大空間によって引き起こされる感覚を鉄の問題と極めて正しく結びつけた．彼は鉄が潜在的にもつ大スパンの可能性を「上昇に関係することすべてのシンボル」[12]であると解釈している（これは1920年代のギーディオンの論旨を予感させる）．しかしゼンパーと同様に彼もまた，鉄のもつ新しい美学には軽さの感性と華奢なプロポーションが求められており，そのため構造材としての鉄の十分な発達は未来にかかっているものだ，と考えている．「私たちは石造とともに育ちましたが，それとちょうど同じように，鉄構造とともに育った世代がいます．彼らは，私たちがまだ理解できず，完全に手つかずにしている美的感性をもつようになるでしょう．私たちが大切にしてきた美の伝統も攻撃を受けているようですから」[13]．

---

[9] Ibid., p.205. 原文は以下のとおり．"Im Mittelschiffe wandeln wir, gleichsam in einer mächtigen Strasse, unwillkürlich zu dem Punkte hin, in welchem die Idee des garu.en Gebäudes liegt. Wir stehen nicht, wie im Pantheon, zugleich am anfange und am Ende des Raumes. Das mächtige Tonnengewölbe leitet unsere Blick dahin, wo die Dämmerung über uns plötzlich vor einer überirdischen Lichtgewalt zurücktweicht. Sicherlich würde sogar ein Bewohner des urwaldes, der noch nichts vom heiligen Petrus und der christlichen Religion gehört hätte, nicht eher ruhen, als bis er in der Kuppel des Michel Angelo angekommen wäre. Auch hier ist ein Raum, der uns von dem prof.men Verkehr der Welt abschliesst. Auch hier die Quelle des Lichtes in einer Region, die unseren Blicken die Alltäglichkeit des Lebens entzieht."
[10] Ibid.
[11] Ibid., p. 199. 原文は以下のとおり．"... wird der Styl die Raumwirkung nur in einem sehr geringen Masse beeinflussen."
[12] Richard Lucae, "Ueber die ästhetische Ausbildung der EisenKonstruktionen, besonders in ihrer Anwendung bei Räumen von bedeutender Spannweite," *Deutsche Bauzeitung* 4 (1870): p. 12.
[13] Ibid., p. 9. 原文は以下のとおり．"Ein Geschlecht nach uns, welches so aufwächst mit der Eisen-Konstruktion, wie wir mit der Stein-Konstruktion aufgewachsen sind, wird in manchen Fällen das volle ungestörte Gefühl der Schönheit haben, in denen wir heute noch unbefriedigt bleiben, weil eine

芸術評論家であり理論家だったコンラート・フィードラー（Conrad Fiedler 1841-95）は，1878 年のある小論の中で，この空間というテーマを取り上げた．フィードラーは過去にゼンパーを熱狂的に支持していた．一方ではフィードラーはゼンパーの「芸術史の博学」は，彼のデザイナーとしての創作意欲を抑圧したかもしれないと感じていたものの，ゼンパーの理論を極めてよく理解していた．「私はいま彼の書いたものをもう一度読み通していますが，彼による啓示には仰天させられること度々です」[14] と，彫刻家アドルフ・ヒルデブラントに宛てた 1875 年書簡の中で彼は記している．フィードラーは実際，この驚きから発して 1878 年にはゼンパーの様式論に関する著作の解説を書いており，その中で同書の「画期的な」特性だけでなく，さらにゼンパーが「歴史観察および歴史研究に対し，稀にみる深い芸術理解をもたらしている」[15] 事実を強調している．そして，この書評でフィードラーが掴んだテーマが空間の概念である．彼によれば，この「空間」という概念は，当代の建築の見せる歴史諸様式への行きすぎた気遣いに対する創造的な解だった．彼の見解では，ローマやゴシックの形態（フォーム）は今日の建築家にとってさほど重要ではないが，「形態（フォーム）としては単純で工夫に乏しいとしてもヴォールトに囲われているという空間（スペース）の概念」は建築家にとって重要である，とされた．ロマネスク様式に備わった数々の空間の可能性を指摘しながら，彼は指摘する．「しかしここでは逆に，空間を囲繞するという発想は最初から石の範疇で計画されたものとみえる．それは壁を用いた連続的な囲繞の概念の表現の問題および，重量のある素材をこの囲繞の概念の自由な表現へと高める，という問題だったのである」[16]．すなわち，空間という概念は 1878 年時点ですでに，歴史文脈への建築の依存関係を弱めるひとつの手段として認識されていたのである．

　ところがスイスの建築家ハンス・アウアー（Hans Auer, 1847-1906）は，1881 年および 1883 年に書かれた極めて重要な 2 編の小論において，別の進路をとった．アウアーは 1860 年代にチューリッヒでゼンパーに学んだ人物であり，彼の理論を隅々まで完全に理解していた人物だった．初の論文である「建築様式の発展への構造の影響」の中でアウアーは，いかなる建築理論でも筆頭にくるべきは構造だが，建築の最も重要な任務は「空間の創造」[17] である，と指摘している．そして 2 年後，彼は「建

---

uns liebgewordene Schönheits Tradition scheinbar angegriffen wird."

[14] 1875 年 12 月 10 日，アドルフ・ヒルデブラント宛コンラッド・フィールダー書簡．Günther Jachmann, ed., *Adolf von Bildebrands Briefwechsel mit Gonrad Fiedler* (Dresden: Wolfgang Jess, 1927), pp. 54-5 所収．

[15] Conrad Fiedler, "Observations on the Nature and History of Architecture," pp. 127-8. H. F. Mallgrave and Eleftherios Ikonomou, *Empathy, Form, and Space: Problems in GermanAesthetics 1873-1893* (Santa Monica, Calif.: Getty Publications Program, 1994) 所収．

[16] Ibid., p. 142.

築における空間の発展」[18]と題する小論の中で自説を大幅に進展させる．彼はまず，カルナックの多柱式ホールから始め，ローマのサン・ピエトロのドームで結びながら，歴史上の重要な空間創造を吟味する．そして，ますます効果的に空間を発展させていったこの進化過程を語る文脈内において，彼は「空間の詩法」こそが「建物の魂」なのであると定めている．すなわち彼は，芸術において，人間の想像力は他の制約を受けない制御手段であると考えているのである．室の容積には実用上あるいは機能上の意味があるが，上位文化の作品の中では「（その室の）高さは必要性を遥かに凌ぐものであり，心地よく，目を瞠らせ，気持ちを高める圧倒的な何ものかとなって，経験している人間の魂に働きかける」[19]のである．「芸術家のコンセプトの混沌」が主導権を握っている現代においては，この空間の発達過程はさらに目に見えるものとなってきている．例えば新しい鉄道駅が，どれも先行する駅よりも大きくなることが示しているように．ごく単純に，「私たちは今日すでに，過去のすべての伝統に厚かましい拳を振るう，ある新材料――すなわち鉄――の圧倒的な影響のもと，新たな様式が形成される段階に生きている」[20]．この点に関してアウアーは，これまで鉄道駅に使われてきた大きな鉄造トラスも，まだ芸術として満足できるようには扱われていない，と語ったが，否定的見解はこの1点のみに留まった．

　空間の理論化の初期の頂点が，アウグスト・シュマルゾー（August Schmarsow, 1853-1936）が1893年にライプツィヒで行った講義である．ここでのシュマルゾーの出発点もまたゼンパーの思想だったが，彼の話にはヘルマン・ロッツェとヴィルヘルム・ヴントの知覚心理学や，カール・シュトゥンプの現象学が補足されていた[21]．この講義はちょうど彼がライバルのハインリヒ・ヴェルフリンを退けライプツィヒ大学の教授の地位を獲得した時期にあたるが，ここでシュマルゾーが提唱したのはヴェルフリンの形式主義_{フォルマリズム}とは対象的な，芸術史への「発生論的アプローチ」，「内部からの」

---

[17] H. Auer, "Der Einfluss der Construction auf die Entwicklung der Baustile," *Zeitschrift des Österreichischen Ingenieur- und Architekten-Vereins* 33 (1981), pp. 8-18. また，J. Duncan Berry, "The Legacy of Gottfried Semper: Studies in Spathistorismus" (Ph.D. diss., Brown University, 1989), pp. 229-33 内のアウアーに対するベリーの見解も参照されたい．

[18] H. Auer, "Die Entwickelung des Raumes in der Baukunst," *Allgemeine Bauzeitung* 48 (1883).

[19] Ibid., p. 66. 原文は以下のとおり．"... aber die Höhe geht weit über die menschlichen bedürfnissehinaus und sie ist es, welche angenehm, imponirend, erhebend und überwältigend auf die Seele des Eintretenden wirkt."

[20] Ibid., p. 74. 原文は以下のとおり．"Wir leben heute aber schon in einer Phase, in der ein neuer Styl sich bildet unter dem unwiderstechlichen einflusse eines Materials, das mit eherner Faust an allen traditionen der Vergangenheit rüttelt: nämlich des Eisens."

[21] Mallgrave and Ikonomou, *Empathy, Form, and Space* 序論のシュマルゾーに関する言及を参照されたい．

美学を主張するアプローチだった．その逆の「外部からの」美学が形式や様式といった建築の対外的側面に焦点をあてるとすれば，彼のアプローチは芸術体験の心理的側面，つまり，我々はその被建設世界をいかに知覚し解釈しているのか，ということを考える点にある．このように彼は，ローマのパンテオンといった建物には穴居人の洞穴やゼンパーのカリブの小屋とどのような共通点があるのか，という問題提起から始める．しかしシュマルゾーの議論によればその答えは簡単なもので，そのすべては「空間構造物」，すなわち深遠な感情の含みを有するひとつの現実なのだった．「我々の空間意識と空間的想像力は空間創造に向かって突き進む．それらは芸術の内に満足を求めている．我々はこの芸術を建築と呼ぶ．平易な言葉でいえば，それは空間創造の女神だ」[22]．

このように語る中でシュマルゾーは，この空間創造の概念を人間の根源的な本能——自身の実在あるいは存在を世界の中に規定する本能——と同列に置く．アウアーによる空間的想像力が垂直軸を経験における最も重要な場に定めたとすれば，シュマルゾーの空間理論が強調するのは自我の囲繞（空間内での自己の方向づけとそれによる指向運動の経験）である．さらにいえばシュマルゾーはここで，空間の重要性を把握すれば当時の建築実務を再び活性化できるとも考えていた．

>建築は今日においても，建築的創造の伝統の内的側面へと立ち戻って空間創造の女神となれば，再び一般の人々の心に届くはずなのではないか．精神は自らのイメージに合わせて身体を作り上げる，といわれる．建築の歴史は空間感覚(ラウムゲフュール)の歴史であり，したがってそれは，意識的にせよ無意識的にせよ世界観の歴史の基本要素である[23]．

シュマルゾーがこの概念（今でこそ建築で用いる「コンセプト」としては出来合いのものだが）を詳述する中で興味深いのは，彼がどのようにこの視座を思いついたかという点である．彼の理論では，空間の概念は建築，美学，心理学，美術史の枠を自由に移動する．そしてまた，議論の推移の中でこの概念に心理学的性質が強くなっていくこともわかる．ゼンパーの理論ではローマ人の「世界統治」感覚の曖昧な暗示として始まったものが，シュマルゾーの美学では人間の自己認識のための実存基盤となっている．最近の歴史研究は（ジャン＝マルタン・シャルコーおよびジークムント・

---

[22] A. Schmarsow, "The Essence of Architectural Creation," p. 287. Mallgrave and Ikonomou, *Empathy, Form, and Space* 所収．〔井面信行訳『芸術学の基礎概念』中央公論美術出版，2003年所収〕．

[23] Ibid., p. 296.

フロイトの理論を主とする) 19 世紀後半の心理学的思考に重きを置いてきたが，知覚学および生理学研究が頻繁に行われたことは見過ごされがちである．しかし本当は，これらの方が建築理論により直接かつ深い影響を与えたのである．こうした研究は当時どこの国でも行われたが，ドイツでも，ほんの数例を挙げるだけでもヨハン・フリードリヒ・ヘルバルト，ロベルト・ツィンマーマン，ヘルマン・ヘルムホルツ，グスタフ・フェヒナー，ヘルマン・ロッツェ，ヴィルヘルム・ヴントらの心理学研究があった．そして重要なのは，この主力理論が共同で建築理論の焦点を「様式」から離し，より観念的なもの——建築体験自体——に向かってシフトさせたということである．それによって歴史の記号化は価値を失っていったのだった．

また，「フォルム＝フォーム」（形式／形態／造形）という相補概念の中にも，こうした観念化のプロセスを認めることができる．まず，この概念を巡る 19 世紀末の汎神論的な着想はアルトゥル・ショーペンハウアーの哲学にその始まりをみることができる．『意志と表象としての世界』(1819) で彼は，ヘーゲル的な「精神」を「意志」の概念で置き換えることを試みた．そしてこの目標に向かって彼はさまざまな芸術に意志の観点から序列をつけた．このヒエラルキーの中で建築は最下層に位置づけたが，それは建築が物質を必要とし，重力が物体を瓦礫の山へと崩壊させようとするためだった．こうして彼は建築を，壁，床，柱，アーチからなる構造的骨格を使って自然の意志に立ち向かったり，それを覆したりする巧妙な芸術である，と定義した．要するに建築とは，この支持と荷重の対立をダイナミックに表現したものなのである．しかし一方，ショーペンハウアーによれば，建築の構造的，装飾的語彙によってこの対立を明示あるいは強調するのも是とされた．

ショーペンハウアーがこのテーマを最も詳細に語り起こしたのは 1844 年に登場した第 2 版でのことだったが，その頃までにはこのコンセプトはまずシンケルの理論の中へ，そして次にはカール・ベティヒャーの『古代ギリシアの構築術』(*Die Tektonik der Hellenen*, 1843-52) の中へと，すでに建築思想にも入り込んでいた．ベティヒャーにとって，各建築部材の芸術形態（例えば柱頭の形）とは，その部材の構造力学を象徴として表現するためのものだった．

ゼンパーの様式研究にもこれと似た見解が見出せる．ゼンパーの考え方では，円柱とは重力に対して，受動的に耐えるものではなく，上向きのエネルギーでダイナミックに反発するものだった．古典建築においても，柱頭彫刻の線は意味のない装飾ではなく，弾性抵抗および張力の仲立ちを表現するシンボルなのである．ゼンパーのいうように，「芸術的に引き立たせれば支持要素は有機体となり，フレーム支持材および屋根支持材はひとまとめに，純粋に力学的なものとして表現される．円柱に内在する

生命を活性化させるには荷重が必要である。また同時に，フレームおよびその支持材がそれ自体としてさまざまな方法で明示されると，個別の部分は本来生命をもち戦っているもののように見える」[24]。

このテーマの展開は次に哲学界に返された。ゼンパーのチューリッヒでの友人であり学友でもあったフリードリヒ・フィッシャーは，『美学あるいは美の科学』(*Aesthetik oder Wissenchaft des Schönen*, 1846-57) において，すでに同様の方法で建築を解釈している。同書で彼は，静的な物体に「快活な生命」を吹き込み，造形をリズミカルに描出する，という課題を負ったひとつの「象徴芸術」と建築を定義した。さらに，こうした効果（空間の中で動き，上昇し，下降する建築の線）がまとまって作られるシンフォニーは，フィッシャーにとって「民族の外的および内的生活の全体」[25]をはっきり示すものである。しかし，1866年にフィッシャーはゼンパーの先例を踏まえてこの問題を再考し，今度は象徴化の重要性を強調した。それまでのヘーゲル主義的立場では歴史上の象徴化は古典時代に限られることになるため，ここでのフィッシャーはその立場と縁を切り，建築形態は最近までをも含む，概念の進化段階のすべてに有効な，「より高度な」象徴化プロセスを表現しているのだと強調した。そして，建築形態に生命を吹き込むという，この行為の基礎となっている精神衝動とは，人間の「縮小一体化の感覚」(Ineins- und Zusammenfühlung) すなわち，我々の周りの感覚世界と同化したいという汎神論的な衝動だった[26]。

そして，1873年にはフィッシャーの息子であるロベルト（Robert Vischer, 1847-1933) が Einführung という言葉を作り，こうした着想の数々を諸理論のより広い文脈の中に据えた。このドイツ語は逐語的には「感じ入る^{イン=フィーリング}」であるが，これに対応する最も近い英語は empathy（感情移入）である。フィッシャーは人間の感覚，知覚プロセスに関わる当時の新しい生理学研究の他，夢解釈の初期の研究にも魅了されており，そうした生理学的洞察，心理学的洞察を主観的な芸術体験に当てはめる方法を捜していた。例えば，アルベルト・シェルナーの夢解釈に関する著作を暗に匂わせながら，フィッシャーは書き留めている。「さてこうして，身体は夢の中の何らかの刺激に反応する際，さまざまに空間的な姿をとって自己を具象化するのだ，ということが示された。このようにして身体は知らず知らずのうちに自らの肉体の姿——とともに魂もまた——を対象の中へと投入するのである。私が〈感情移入〉と呼んでい

---

[24] Semper, *Style in the Technical and Tectonic Arts*, p. 728.
[25] Friedrich Theodor Vischer, *Aesthetik; oder, Wissenschaft des Schönen*, ed. Robert Vischer, 2nd ed. (1846-57; Munich: Meyer & Jessen, 1922-3), vol. 3, sec. 559.
[26] *Kritische Gänge*, ed. Robert Vischer, 2nd ed. (1866; Munich: Meyer & Jessen, 1922), 4 所収, Friedrich Theodor Vischer, "Kritik meiner Äesthetik," pp. 316-22.

る概念はここから導き出された」[27].

　英語の感情移入(エンパシー)が意味しているのは，ものや人に対して感じる感情の単なる投影だが，ドイツ語の Einfühlung が示すのは，自分の人格全体がその対象とある程度融合してしまうような，より徹底した自我の転移である．我々が建物のような美的対象物に読み取る感応のネットワークとは，本来，読み取ることと同時に，芸術形態の中に我々が投影している，心理体験やさまざまな複雑な意味を合計することに他ならない．したがってこの芸術プロセスは常に自己言及的なものであり，建築および建築形態は現行共有の心理状態をはっきりと示すのである．

　この概念が建築理論へと再翻訳されたのが，1886年のハインリヒ・ヴェルフリンの博士学位論文「建築心理学序論」である．この論文は，「建築造形になぜ感情や雰囲気を表現することが可能なのか」[28]という簡潔な問いで始まる．そして次に，この問題を生理学用語と心理学用語の両者を織り交ぜて説明する．この基礎となったのは「形而下の造形が性格をもつのは我々自身が肉体を備えているだけのためである」[29]という原理だった．言い換えるならば，我々が建築から読み取れる造形表現とは，我々自らの身体に必須の感性（意志表現，バランス感覚，規則性感覚，シンメトリー感覚，プロポーション感覚，リズム感覚）に他ならない，ということである．カント哲学の表現でいえば，「我々自身の身体の構成は，それによって我々がすべての物体的なものを理解する形式(フォルム)なのである」[30]．

　ヴェルフリンは次に建築の分析を始めるが，ここでの彼は主として，支持と荷重という従来型のペアとなる概念を用いてこれを考察している．彼の見解には，建物のファサードを人相判断のように読み取ろうとしているところ以外に目新しさはほとんどない．それでも，ショーペンハウアーよりはるかに生き生きとした建築観をとる．その結果，彼は装飾を「度を超えた形態力の表現」[31]と定義している．なお彼は，（ほぼ付記として）歴史を扱った結びの章で，建築心理学は個々の実例になると当てはめにくくなるが，ある特定の文化または時代の集団心理が溌剌と表現されているものとしては説得力において勝る，という新機軸の認識を表明している．そして彼は，芸術史に全く新しい研究分野を見出した．こうして今や，すべての様式を集団的かつ心理学

---

[27] Mallgrave and Ikonomou, *Empathy, Form, and Space* 所収，Robert Vischer, "On the Optical Sense of Form," p. 92.
[28] Mallgrave and Ikonomou, *Empathy, Form, and Space* 所収，Heinrich Wölfflin, "Prolegomena to a Psychology of Form," p. 149.
[29] Ibid., p. 151.
[30] Ibid., pp. 157-8.
[31] Ibid., p. 179.

的な形態感覚として吟味できるようになったのである.

　しかしヴェルフリンは建築形態の心理学をまだ歴史様式の観点から見ていた.あるいは,この題材が同時期の建築家たちの間でよく取り上げられたのも,新様式の創出という文脈においてのことだった.無論,この新様式の創造という問題は1869年にゼンパーが次の世代に投げかけた問題である.そして当時,それに対して多くの打開策が提案されていた.この問題に初めて対峙したのは,スイスの建築家ルドルフ・レッテンバッハー (Rudolf Redtenbacher, 1840-85) の1877年の一連の記事だった.「現在の建設努力」という小論においてレッテンバッハーは,当時はびこっていた様式上の趨勢を,単一の様式の「狂信者」,ルネサンス支持者,折衷主義者,中立派,の4つの主力グループに特定しながら分析している.その一方で,彼はひとつの様式の純血を重んじることにも,すべての様式からやみくもに要素を選ぶことにも反対しており,このために,我々は「もっと科学的に」ならなければならず,「好事家という子供靴の外に踏み出」[32]さなければならない,と結論づけている.ここでの彼の意図は別の小論で明確化される.そこでは「建築は構造と形態世界が不可分のものとなるところからのみ始まる」[33]と主張したレッテンバッハーだったが,これはすなわち,構造に真の象徴表現が可能となるためにはまず,それが人間の身体のようにひとつの有機体のレベルまで進歩しなければならない,ということだった.

　レッテンバッハーはこのテクトニック理論を1880年代の2つの著作の中で敷衍させている.その2冊目の『近代建築の建築術』(*Die Architektonik der modernen Baukunst*, 1883) では,同書の構築術発達史の冒頭節においてゼンパーの「被覆」理論に標的を定め,「建築モチーフは構法から得た方が」[34]実りがあると論じた.つまり,構法分野から構築術の歴史を掘り起こし,それを現代の建設方式による未熟な造形システムの再活性化のヒントにしてはどうか,というのがレッテンバッハーの提案だった.ところが,力業と呼ぶに相応しいその提案も,彼の早世によって頓挫した.

　技術世界の最前線では,レッテンバッハーの構築的な戦略は,ケルンの建築家でありゼンパー,ダーウィン,および科学技術者エルンスト・カップの弟子だったゲオルク・ホイザーの諸理論によく似ていた.カップは『工学思想概略』(*Grundlinien ei-*

---

[32] Rudolf Redtenbacher, "Die Baubestrebungen der Gegenwart," *Allgemeine Bauzeitung* 42 (1877): pp. 61-3, 77-80.
[33] Rudolf Redtenbacher, "Ueber den Begriff der Baukunst," J. A. Romberg's *Zeitschrift für pratische Baukunst* 37, nos. 6-8 (1877): p. 228. 原文は以下のとおり. "Ich möchte glauben, die Baukunst beginnt erst da, wo Construction und Formenwelt unzertrennlich wurden ..."
[34] Rudolf Redtenhacher, *Architektonik der modernen Baukunst: Eine Hülfsbuch bei der Bearbeitung architektonischer Aufgaben* (Berlin: Ernst & Korn, 1883), p. 1.

ner Philosophie der Technik, 1877）の著者であるが，同書内で彼は人類のさまざまな道具や機械の発達を，「器官突出」というひとつの自然過程と見做し，したがって人間頭脳の拡張である，と定義した．ホイザーは 1881 年に始まった長期連載において，「安定した骨格」，および彼が「格子状様式〔ゲファッハシュティル〕」と用語化したものの形態上の可能性を分析し，I 形鋼という形態上の解決――この形状の材がアメリカの製鋼所で生み出されたのはこの頃のことである――を美学上および工学上の理由から厳しく非難した[35]．しかしいっそう興味深いのは，彼の分析がダーウィン的な骨格をもっていたことである．というのも彼は，建築形態のさまざまな変化は自然淘汰の過程を介して起こるものと主張しているのである[36]．新しい材料および技術も初めは古い材料およびテクノロジーと同じように扱われるが，いずれ新しい変体が現れる．そして変体が現れれば現れるほど，その時代の問題に対するデザイナーの解決はますます正確になっていく．結果が満足のいくものでなかった場合には新旧の理論と技術の交配が起こる．ホイザーの主張では，このようにして当時，建築においては，建設材料としての鉄の発達によって，新たな造形生命が付与されているところだった．

ウィーンの建築家であるハインリヒ・フォン・フェルステルは逆に，その新様式の創造という問題に対する解決は，「芸術探求を全く新しい基礎の上に置いた」ゼンパーの理論にすでに盛り込まれていたと理解した．1880 年のウィーン工科大学の公式演説では，ゼンパーの著作群の研究に立ち返って未来の様式の問題に取り組むように，生徒たちを焚きつける．「近代建築が提示し我々に課した任務を高等な意味での芸術デザインで果たすのだったら，これまでの世代よりも，こうした足がかりのある新しい世代の方が容易なはずだろう」[37]．

フェルステルのウィーンでの学友だったヨーゼフ・バイヤー（Josef Bayer, 1827-1910）には，新様式問題を解くためのより具体的な方策があった．フェルステル同様ゼンパーの理論に通じていたバイヤー（彼によるゼンパー理論の解説はおそらく他のどれよりも理解が深い）だったが，実際の彼は工科大学で文学を教えていた．

---

[35] J. Duncan Berry, "From Historicism to Architectural Realism" にホイザーの理論および様式提案図がある．*Otto Wagner: Reflections on the Raiment of Modernity*, ed. H. F. Mallgrave (Santa Monica, Calif.: Getty Publications Program, 1993), pp. 255-99 所収．

[36] ホイザーは "Darwinistisches über Kunst und Technik," *Allgemeine Bauzeitung* 55 (1890): pp. 18-19, 25-27 中で自身がダーウィン主義者であることをはっきりと肯定している．

[37] *Reden gehalten bei der feierlichen Inauguration des für das Studienjahr 1880/81*, Library of the Technische Universität 所収．Heinrich von Ferstel, "Rede des neu antretenden Rectors" (9 October 1880), p. 51. 原文は以下のとおり．"Auf solchen Grundlagen wird es der neuen Generation weit leichter, als den vorangangeneo werden, die Aufgaben, welche der modernen Baukunst im höheren kunstgestaltendem Sinne gestellt sind, zu vollführen."

1886年の小論である「現代の建築類型」でのバイヤーは,様式を「特定の思考方法であり,その時代の最も内奥にある立脚点・核心に由来する形式的な芸術表現である。主となる方向をただひとつのみもち得るもの」[38]であると定義した。彼の見解では,今日の時代精神(ツァイトガイスト)は過去とは異なる。それは過去の「個人的衝動」に君主制,貴族性,宗教制の痕跡が刻み込まれているためであり,一方,今日の芸術は根本的に「社会的」である。そして,社会の大部分は中産階級的になっている現在,彼によれば,建築はこの社会的な痕跡を反映しなければならないのである。したがって,新様式の要素となるものは歴史的な造形の集積所の中ではなく,むしろ「水平的なものの力」の中に見つかる。すなわちここで彼は,過去の垂直的かつ階層的な建物は,この民主主義の時代には文脈を読んで都市の建物を配置するという手法に道を譲りつつあるのだということ,それら都市の建物の美的判断は個々にではなく「マス同士の力強く際だったリズム」[39]で見られるべきだということを主張していた。ここで彼は,様式は内側から成長するという理由のため,生物のメタファーを用いる。「あの部屋はずっと枯れていたようだ。しかし今,神秘的な生命力が押し上がって,伝統の仮面,様式の襞の内側でその時代の現実的で真実に即した根本的な建築形態が自らの四肢を伸ばしている」[40]。

「我々の時代の様式の危機」と題する同年の小論では,バイヤーは自説を一歩先に進めている。この論の起点は,芸術はただひとりの主人のみを知っている,というゼンパーの1834年の言葉だった。ゼンパーによれば,そのただひとりの主人とは必要であり,それが今日の建築の主人である。しかしバイヤーはこれを「機能主義的な表現」という意味にはとらなかった。「建築に対し,建築自身の中から何らかのディテール——教科書が様式と呼びそうなもの——を生じさせてくれとねだるのは全く馬鹿げたことだ」[41]。そして彼は,建築史をさらに強く掌握した我々にとって,造形上の

---

[38] *Baustudien und Baubilder: Schriften zur Kunst*, ed. Robert Stiassny (Jena: Eugen Diederichs, 1919) 所収, Josef Bayer, "Moderne Bau typen," p. 280. 原文は以下のとおり. "Der Stil ist eine bestimmte, aus dem ionersten Grund und Wesen des Zeitalters stammende Denkweise und Gestaltungs-Äusserung der Kunst, die nur eine obligatorisch vorgezeichnete Hauptrichtung haben kann."

[39] Ibid., p. 284.

[40] Ibid., p. 281. 原文は以下のとおり. "Jene Wurzel schien auf lange hinaus abgestorben; nun aber drängen die geheimen Lehenskräfte empor, und die eigentliche, wahre und wesentliche Baugestalt der Epoche wächst innerhalb der herbergrachten Stilmasken und Stildraperien mit mächtigen Gliedern heran."

[41] *Baustudien und Baubilder* 所収, Josef Bayer, "Stilkrisen unserer Zeit," p. 293. 原文は以下のとおり. "Wie töricht wäre es vollends, von unserer Baukunst zu verlangen, sie solle ein neues eigentümliches Formendetail - was man nach dem Schulbegriffe den 'Stil' zu nennen pflegt - aus sich heraus hervorbringen."

財産は過去よりも豊かになっている,と続ける.しかし過去の様式というイブニングドレスの縫い目は綻びている.「遂に,建築上の新たな問題から新しい造形観も生まれてきている.今では古い造形のリズムさえ建築の新しい生命原理に従って秩序化され変化し,より本質的で大きな勝利を勝ち得ている」[42] そして彼は興味深い言葉で論を締めくくる.

> 私はさらに,モダン・スタイルの核形成はすでにここになされているとまで断言しておきたい.ただし,歴史上のなじみ深い諸様式の視野で我々の建物を見ているのでは,その兆候を感じとることはできないだろう.それではそれらに共通の点ではなく,異なる点しか見えてこない.新しいものの存在が歴然としているのは,我々が建物のデザインに注いでいる総合的な考え方——そのようなものとして,平面構成や,我々の時代特有の構成上の課題がある——の中なのだ[43].

バイヤーの幾分旧態依然としたヘーゲル的な観念論と,この観念論が寄せる内容への関心を,彼と親しい編集者のロベルト・シュチャスニーは1919年に「ヘルバルト学派の形式主義」とは根本的に食い違ったものだったと書き留めた[44].シュチャスニーの評はある非常に重要な1点において正しく,ここでの参照に耐えるものである.すなわち,バイヤーは新様式の問題の解決に近づきはしたものの,まだ思考から様式にまつわる歴史的な残滓を濾過することができなかったのである.事実,この問題に対する解決策は1年遅れて,あるヘルバルト学派の理論家——シュトゥットガルト工

---

[42] Ibid., pp. 293-4. 原文は以下のとおり. "Endlich werden doch allmählich und unvermerkt die neuen Bauprobleme auch zu neuen Formgedanken führen; und selbst der veränderte Rhythmus der alten Formen, nach einem neuen architektonischen Lebensgesetze geordnet, ist bereits ein wesentlicher und grosser Gewinn."

[43] Ibid., p. 295. 原文は以下のとおり. "Ich wage sogar die Behauptung: die Kernbildung eines modernen Stiles ist bereits da; aber die Merkmale desselben findet man freilich nicht heraus, wenn man die Bauwerke unserer Zeit nur äusserlich auf die wohlbekannten historischen Stildetails hin beguckt. Dan zeigt sich dem Blicke allerdings nur, was verschieden, nicht auch dasjenige, was gemeinsam ist. Das nachweisbar Neue aber gibt sich kund in der Gesamthaltung der Bau-Anlagen, in ihrer Durchgliederung aus den Grundrissen heraus, in den unserem Zeitalter eigenartigen Kompositions-Aufgaben als solchen." なお,この1節はヴェルナー・オクスリン(Werner Oechslin)が "The Evolutionary Way to Modern Architecture: The Paradigm of Stilhülse und Kern" (*Otto Wagner: Reflections on the Raiment of Modernity*, pp. 363-410 所収)の主要テーマとした「様式殻と核」(Stilhülse und Kern)について述べたものである.オクスリンの *Stilhülse und Kern: Otto Wagner, Adolf Loos und der evolutionäre Weg zur modernen Architektur* (Zurich: gta/Ernst & Sohn, 1994) も参照のこと.

[44] *Baustudien und Baubilder* 所収, Rohert Stiassny, "Ein deutscher Humanist: Joseph Bayer (1827-1910)," p. VII.

芸学校の建築学教授，アドルフ・ゲラー（Adolf Göller, 1864-1902）——によって提案されることとなる．彼は心理学美学の考察に立ち戻り，問題を完全に形態（フォルム）の問題として見ることをその解決とした．

　ゲラーのこの打開策は 1887 年に発表された「建築における様式変化の原因とは何か」という小論の中に現れたものである．ゲラーと対極をなすのはヘーゲルの芸術理論であり，造形の美を芸術作品の象徴的な（観念的な）内容と同列に置くその立場だった．ゲラーの主張では，建築の知覚は抽象的幾何学形態から成り立つところが大きいために，絵画や彫刻といった芸術に比べて表現された内容や理想化された内容の重要性は遥かに劣る．そして彼は，建築の形態から——分析上——内容や歴史様式を完全に剥ぎ取れば，建築はより簡単に「純粋形態の芸術」と定義できる，とする．この時，建築美とは，彼によれば「線条の，あるいは光と影の，本質的に快い，意味を有さない遊戯」[45] の中に潜むはずのものだった．この一文によってゲラーは——少なくとも理論においては——歴史主義論争における重要なターニングポイントを通過したのである．

　しかしゲラーの指摘はこれに留まらなかった．彼はヴントの心理学から文化的「記憶像（ゲダーハトニスビルト）」の概念を援用し，それを「過去に見たことのある造形の心理学的残滓・記憶」と定義する．人間の心象には喜びを与えるものとそうでないものがある．そうして，人間がある造形を評価して感じるその快や不快は，記憶像を形成する際に行われる心理的作業が無意識の原因となっている．このために，ある個人の（また，ある文化の）造形感覚は，過去に作られた記憶像に左右される．しかし，既存の記憶像が完成し陳腐化するに従い，その像を知覚するための精神的作業はもはや必要なくなる．すると，その造形にそれまで感じていた心地よさは減衰し，ここに至って，芸術家はその造形に改変を加え始める．いうなればそれは，あらゆる様式におけるバロック的段階である．さらにこの段階が経過し，すべての造形に飽きてしまうと，そこで新たに単純な「純粋形態」が新鮮に感じられるようになり，新しい段階が始まる．ゲラーによれば，「飽きること」と「新しい記憶像を追い求めること」の弁証法こそが，建築の様式変化の心理的原因なのである．

　より大部となる 1888 年の『建築様式形態起源論』（*Die Entstehung der architektonischen Stilformen*）でもこの骨組みは採用されたが，今回のゲラーの目論見は様式上の展開において反復する法則を見出すことだった．これはそれ以前のゼンパーの様

---

[45] Mallgrave and Ikonomou, *Empathy, Form, and Space* 所収，Adolf Göller, "What Is the Cause of Perpetual Style Change in Architecture?" p. 195.

式研究とは焦点が異なっているが，その点はマイケル・ポドロの指摘どおりである．「ゼンパーの焦点は建築形態の起源やそれらの再解釈に注がれていたが，ゲラーの関心はこれとは異なる．彼は過去の意匠や形態が変形させられる根本的な動機や，こうした変形に感じる意識の満足の性質に関心をもっているのである」[46]．

　ゲラーはベティヒャーの一般的な理論を位置づけるところからこの研究を始める．ベティヒャーの理論は原理に論理的な一貫性があるとしてギリシアおよびゴシックの様式に優位な価値を認めていたが，ゲラーはある文化の造形感覚とは，本質的に現存の記憶像に条件づけられているものであって，このため，「良い」形や「悪い」形といった意見――ある時代の造形感覚の別の時代への優越――は美学的には無意味であると論じている．ゲラーは例えば，ギリシアのエンタブラチュアの刳形をローマ人がアーチの迫縁(アーキヴォールト)に翻案した（構造に関わるモチーフを装飾に応用した）のも，ベティヒャーの主張するような「虚偽」ではなく，むしろ建築の展開上の創造的プロセスには普通のことである，と断言する[47]．ゲラーはこうして，ある形態が出現したり形式的変化を被ったりする 14 の道程を挙げ，それを転移，変質，合成に分類する．建築形態をこのように包括的に研究した試みはおそらく今でも行われたことはなく，ゲラーのこの著作は今なおさまざまな点で教唆に富んでいる．

　しかし，この著作で最も興味深いのは建築家ゲラーが新様式創造の問題と格闘した結論部である．ここで彼の感情は堂々巡りを繰り返し，分析は支離滅裂なものとなっている．実際に，彼は２つの実感のあいだで引き裂かれていたのである．一方では，彼の理論によれば建築様式は現状に留まっていることはできず（「休止はない！」），変化した造形感覚（彼の時代を表すものである）は新しい記憶イメージを生み出さなければならない．しかしその一方で，その新しい造形が一体どのように現れ出てくるかが彼にはイメージできない．現在，実行可能な選択肢とは，結局のところゲラーにとっては，① 現存のある様式の造形を選びとるか，② 現存のある様式から始めてそれをバロック段階に展開させるか，の２つのみである．このように選択肢が少ないのは歴史の中にいる我々の境遇のためである，と彼は語る．過去を知りすぎた我々には形のバイアスが払拭できず，また新様式の出現も受け入れられず，このため今日の創作分野はかつてなく貧しいものとなっている．「我々の偏見なき感情が，めいめいの造形から我々の時代の様式の土台をひとつ選び出すことの妨げになっている――新様式などというものが可能であればの話だが！」[48]

---

[46] Michael Podro, *The Critical Historians of Art*, p. 56.
[47] A. Göller, *Die Entstehung der architektonischen Stilformen: Eine Geschichte der Baukunst nach dem Werden und Wandern der Formgedanken* (Stuttgart: Konrad Wittwer, 1888), p. 3.

一方でゲラーの論は，彼の時代に達成された進歩の考察へと進む．数々の歴史的傑作が生まれたために，彼の世代はローマ時代やルネサンス時代の建築家のように，美しい平面を設計できるようになった．住宅改良のために家庭はくつろげて実用的な場所になった．富や技術的手段の増大，社会生活の向上――これらは皆過去には知られていなかった恩恵である．また，鉄は桁違いなスパンと空間を可能にした．しかし「鉄とガラス」の様式は，ゼンパーがすでに論じたとおり，形に実体がほとんどないため不可能である．こうしてゲラーは並外れた結論を抱く．「芸術形態の産出にかかわる救済手段で，単純なもの，自然なものはもうすでに使い尽くされてしまった」[49]．そして彼は，これを知ってしまった以上，我々は「とにかくたくさん創作することが健康の秘訣であると悟った上で」[50] 過去という貯蔵庫から選ぶ，ということしかできないのだ，と語った．また，建築を純粋に抽象的な形態（フォルム）（線，光と影）へと心理学的に還元したゲラーは1920年代の建築上の問題をすでに解決してしまっていた（そしてロベルト・シュチャスニーは確かにそう見たはずだった）．ところが，様式的造形の委細に拘泥してしまったゲラーは，自身の新機軸の解決法がいかに革命的なものであったか理解できなかった．ただし，同時代の別の2人の理論家はたしかにそれを理解していた．

　彼の着想に反応した最初の批評家のひとりはヴェルフリンで，彼は先述のとおり同時期に同じ問題と奮闘していた．その学位論文（1886）の中で彼は個人の造形感覚およびそれがいかに建築読解に関連しているかに焦点をあてた．話題がゲラーが研究していた集団的あるいは文化的造形感覚に移ったのは最後の数ページのみであったが，ここでヴェルフリンは，国民あるいは国家に「流行している考え方やムーブメント」はその国の芸術様式のあらゆる側面に反映されていると指摘した．

　この指摘は彼の処女作である『ルネサンスとバロック』（*Renaissance and Baroque*, 1888）のテーマとなった．同書において，おのおのの時代に対してその時代の核となる感性を論じ，すべての様式は固有の心的状態を有していると語ったヴェルフリンだったが，一方で彼は，ルネサンス様式がどのようにバロック様式に姿を変えたかを説明するにあたって，ゲラーの解釈と戦わなければならなかった．たしかにヴェルフリ

---

[48] Ibid., pp. 442-3. 原文は以下のとおり． "… unser unparteiisches Gefühl ist das Hinderniss, ein Einseines als Grundlage eines eigenen Stils unserer Zeit herauszugreifen - wenn ein solcher neuer Stil je möglich ist!"

[49] Ibid., p. 448. 原文は以下のとおり． "Alle einfachen und natürlichen Hülfsmittel zur Herstellung der Kunstformen sind schon verbrauch."

[50] Ibid., p. 452. 原文は以下のとおり． "… vielmehr schöpfen wir daraus mit vollen Eimern; darin liegt eben ds Geheimniss unseres Wohllebens."

ンは，すべての様式はある特定の芸術気質あるいは造形感覚の産物である，という命題の根拠を欲しており，術語の用法および問題の立て方こそ全く異なっていたものの，実際にはこの2人の心理学的視点はそれほど離れてはいなかった．しかし同時に彼は，この造形感覚が単に文化あるいは個人の感受性や「疲弊」の心理プロセスによって変化する，という考えは受けつけなかった．ゲラーの命題に対するここでの異議は全部で3つあった．第1に，ゲラーは形態の問題と形態の時間的，歴史的文脈を切り分けている．第2に，彼の形態進化論は根本的に「全く自動的な」ものである．第3に，彼の解はイタリア・バロックの性質を正しく説明していない[51]．いくらか作為的のきらいもあるが，ヴェルフリンは，バロックの芸術気質は全く新しい何かであって，ルネサンスの何らかの形態やプロポーションに飽きて進化した嗜好では決してない，と見做していたのだった．

しかし，1888年のヴェルフリンがどのように自説とゲラー説との差異化を計ったにせよ，この点を強調しても意味がない．なぜなら，この芸術史家は自身の形式主義的美術史モデルを構築する際に，ほどなくゲラーの解を取り込むからである．一方，ゲラーの理論に対しては1887年末にさらなる批評記事が現れており，これは当座の問題を遥かに鮮明に焦点化させた[52]．この批評記事の執筆者は建築家であり歴史家であるコルネリウス・グルリットだった．ゲラーの心理学に不足をみたのがヴェルフリンだったとすれば，ゲラーは実は未来の美学の基礎を据えた人物である，と考えたのがグルリットだった．

グルリットはゲラーの2つの著作に驚かされるばかりだった．彼の批評記事の始まりのコメントには，今日理論と実践の間には隔たりがあるが，その根本はシェリングとヘーゲルの理論上の構成概念，特に，芸術作品の美は必ず精神的内容の内に潜んでいるという信仰である，とある．建築でいえばこれは，建物はひとつの機能を表現しなければならないという原理に置き換えられる．しかし「建築家は皆，この要求がどれだけのトラブルを生じさせてきたかを知っている．それら機能の『表現』なしに済ませたくないばかりに，いかに作為的な機能を作り出さなければならなかったかを知っている．美的要求を叶えるため，あるいは100もの技術上また観賞上の理由からやむを得ず，しばしば機能の表現を断固拒否しなければならないことも知っている」[53]．要するに，今日の建築の複雑さや用途の多様性は，機能と一対一に対応する

---

[51] ヴェルフリンは「様式変化の要因」章中でゲラーの命題を考察している．Renaissance and Baroque, trans. Kathrin Sirnon (Ithaca: Cornell University Press, 1964), pp. 74-5.〔上松佑二訳『ルネサンスとバロック：イタリアにおけるバロック様式の成立と本質に関する研究』，中央公論美術出版，1993年〕

[52] C. Gurlitt, "Göller's ästhetische Lehre," *Deutsche Bauzeitung* 21 (17 Decemher 1887): pp. 602-4, 606-7.

表現を受けつけないのである．この建築家はしきりに非難した．「このコーニスの線には理由がない——醜い！　この塔は何も意味していない——このからくりは咎めるべきだ！　このドームは建物の最も大事な部屋に架かっていない——芸術上の虚偽である！」[54]

　グルリットは議論を続け，ゲラーの心理学はこうした論法の土台となっているヘーゲル哲学的な基盤を転覆させることを基本としながら，この問題を手際よく解いていると評価した．グルリットによれば，ゲラーの「2冊の注目すべき著作」が示したのは，まず，形態，線，光と影といった抽象的なものの内に潜む純粋形態の美があるということ，そして第2に，形態から受ける感動の変化を司る心理法則があるということである．その上ゲラーの「記憶像」の概念は彼にとって，ペロー＝ブロンデル論争に始まる絶対美と相対美を巡る数世紀に及ぶ議論[55]を終結させるものでもあった．形態はそれ自体として美しいのではなく，記憶像（習慣および慣例）を介してそのように判断されているだけであり，同じことはプロポーションにもすべての様式の優劣判断にもあてはまると語ったゲラーは，グルリットによれば芸術史の地平を手際よく平らにしたのである．しかしながらグルリットは，「純粋形態」のこうした原理が建築だけにあてはまり，絵画や彫刻などの芸術には妥当しないと考えた点で，ゲラーを非難した．この極めて重要な点におけるグルリットの結びの発言は注目すべきものである．

　しかし，重要なのはゲラーの著作に読み得ることだけではない．この純粋形態の美の理論を論理的に絵画と彫刻に応用する者——すなわち，今や知的内容を必要としない形態の世界では，これらの芸術作品においても我々の美的感覚を大いに感動させることができるということを実践する人——は，これから遥かに多くの戦利品を獲ることとなるだろう．彼はまたこれによって，〔ペーター・フォン・〕コルネリウスの，内容ばかりを積め込んだような作風からリアリズムに移ること，すなわち観念の世界から五感で認識する形態の世界へと移ることが，ドイツ芸術にとってどれだけ好ましいことであるかも示してくれるはずである[56]．

---

[53] Ibid., p. 603. 原文は以下のとおり． "Jeder Architekt weiss, wie viel Mühe ihm diese Forderung schon bereitet hat, wi.e oft er sich künstlich Funktionen schaffen musste, weil er ihren. 'Ausdruck' nicht missen wollte, wie oft er einfach darauf verzichten musste, die Forderung der Aesthetik zu erfüllen, weil ihn hundert technische und rein schönheitliche Gründe davon abhielten."

[54] Ibid. 原文は以下のとおり． "Diese Gesimslinie drück kei-1en Zweck aus - sie ist hässlich! Dieser Thurm hat hier nicLts zu bedeuten - er ist ein verwerflicher Nothbehelf! Diese Kuppel überdeckt nicht den wichtigsten Raum des Hauses - sie ist eine künstliche Lüge!"

[55] Ibid., p. 606.

この 1888 年において，初めて抽象芸術のコンセプトが明言されたのである．それは実に，抽象芸術が作品として登場する 20 年前のことだった．美術史における偉業となったこの記事は，近代建築のコンセプトにも，それまでなかった原理を与えたのである．

---

[56] Ibid., p. 607. 原文は以下のとおり．"Aber nicht nur was in Gcollers Büchern zu lesen ist, hat Bedeutung; ungleich reichere Beute wird dem zufallen, welcher die Lehre von der Schönheit der reinen Forra auf Malerei und Bildnerei anwendet und nachweist, in wie hohem Grade die des geistigen Inhalts entbehrende Formenwelt auch in diesen Künsten auf unser Schönheitsgefühl wirkt, wie recht die deutsche Kunst that, dass sie von der inhaltreichen Art des Cornelius zum Realismus überging, von der Welt der Gedanken zu dem der sinnlich empfundenen Form."

Chapter 10

モダニズム 1889–1914

> 私は以下のように意見し，それを世界に向けて表明してきた．
> 文化の発展とは，日常生活用品から装飾を
> 除去することと同義である．
> ― アドルフ・ロース（1908）―

1
オットー・ヴァーグナー

19世紀の大半をかけて理論における熟慮の対象となってきた歴史様式は，おおよそ1889年から1912年までの活気を帯びた時代に捨て去られることとなった．ヨーロッパの理論という視点からこの変化を見ても，新しい観点を指し示した必須論文は1896年から1901年のあいだに発表されている．この近代建築思想の変革は突然だったが，それと並んで，当時2大陸で起こっていた活動の幅広さもまた驚くべきものだった．1889年にパリ博覧会でお目見えした巨大タワーや巨大建造物が，「近代的生活(モダン・ライフ)」のイメージの育ての親として担った役割は侮れないものであり，それらを新しい近代性のシンボルと見るのは一面において正しい．この西洋文化の新段階は，当時の建築家のあいだに流布していた，新規まき直しにかける欲求に下から突き動かされていた．しかしその再出発もやはり，既存の理論的基礎に頼ったものだった．

当時は各地で革新的な建築造形が生まれていた．1889年，カタルーニャの建築家アントニ・ガウディ（Antonio Gaudí, 1852-1926）は，バルセロナにあるパラシオ・グエルの最後の仕上げを行っていた．1890年，ルイス・サリヴァンは，フランク・ロイド・ライトがチーフ・ドラフトマンとして働いていたシカゴ事務所に駆け込んで来て，（進行中のウェインライト・ビルディングのデザインで）「摩天楼」問題を解決したことを誇らしげに告げた[1]．1892年，ヴィクトル・オルタはアール・ヌーヴォーの流行の発端といわれるタッセル邸をデザインした．そして1890年初頭のウィーンでは，ある壮年の地位ある建築家が，建築芸術から歴史的過去を粛清することを求めた．彼の名はオットー・ヴァーグナー（Otto Wagner, 1841-1918）である[2]．

1890年までにも相当の野心をのぞかせていたヴァーグナーであったが，この時にはまだ革命志向は全く現れていなかった．彼はシンケルの死の3ヶ月前，アメリカ人

---

[1] ライトはこの場面を *Architectural Record* 56（July 1924）所収 "Louis H. Sullivan - His Work" p. 29で鮮やかに語っている．

[2] ヴァーグナーに関する著述は膨大な数にのぼる．ドイツ国内の作品のモノグラフではOtto Antonia Graf, *Otto Wagner: Das Werk des Architekten*, 2 vols.（Vienna: Hermann Bohlaus, 1985）が筆頭に挙げられる．また，*Otto Wagner: Reflections on the Raiment of Modernity*, ed. Harry Francis Mallgrave（Santa Monica, Calif.: Getty Publications Program, 1993）はヴァーグナーの理論の入門書として最適である．

建築家 H・H・リチャードソン誕生の 3 年前にウィーンで生を受け，ウィーン工科大学とベルリン・バウアカデミーに短期間通った後，ウィーン美術アカデミーで学び，卒業すると個人事務所を構え，その後は投機的な建物のプロジェクトに重点的に取り組んだ．ヒュッテルベルク通りに彼が最初に設計したヴィラ（1886）が古典的な豪華さを有していたことが示しているとおり，1870，80 年代の彼は経済的には成功していたものの，芸術家としては明らかに満たされていなかった．ウィーン証券取引所 (1863)，ベルリン大聖堂 (1867)，ハンブルク市役所 (1876)，ベルリン帝国国会議事堂 (1882)，ブダペスト議会 (1882)，アムステルダム証券取引所 (1884) など，何年ものあいだ数多くの設計競技に参加していたが，彼の相当なデザイン技術と描画技術をもってしても，入選することはなかった．

　1889 年，48 歳になったこの建築家は，自作のモノグラフの出版に向け動き始めた[3]．出版された本の序章では，自身のスタイルをその土地の環境と近代的な素材に合わせた「自由なルネサンス様式のようなもの」と描写した．しかし一方で，彼は続けて，未来の様式は「必要様式（ヌッツシュティール）」であるとも語った．そして彼は，フランスのリアリズム画家による「現状打破」に言及し，次のような強烈な見解をもって締め括った．「エッフェル塔，オステンドのカジノ等の極めて強烈な事例を見れば，建築分野でも，同様のリアリズムが極めて特異な結果を実らせるかもしれないということがわかるだろう．これらの例においてはリアリズムが強すぎる一方で，昨今の建築のほとんどはリアリズムが弱すぎる」[4]．

　1894 年，ヴァーグナーのキャリアを一新する出来事が起こった．同年 2 月，ウィーンのマスタープラン設計競技において，彼の案が 1 等となったことが発表されたのである．そして 4 月には，街の新しい鉄道システムである「都市高速鉄道（シュタットバーン）」の建築家に選ばれた．これをきっかけに，1890 年代の彼にはふんだんに仕事が舞い込むこととなるのだが，なかでも決定的なものが回ってきたのは同年 7 月のことである．彼は，ウィーン美術アカデミー建築学科教授の 2 つの役職のうちの一方に招聘された．そもそもこの 2 つの役職は，ゴシック派からひとりとルネサンス派からひとりに与えられるのがアカデミーの伝統だった．しかしヴァーグナーはこのとき，すぐにルネサンスのカリキュラムの解体を決め，現代のための新様式の明確化を強く掲げるカリキュラムを組んだ．彼はこのような教育改変を行った，ヨーロッパで最初の教授であった．

---

[3] Otto Wagner, *Einige Skizzen, Projecte und ausgeführte Bauwerke* (Vienna: Kunstverlag Anton Schroll, 1892); translated by Edward Vance Humphrey as *Sketches, Projects and Executed Buildings* (New York: Rizzoli, 1987).

[4] Ibid., p. 18.

1894年10月に行われた，短いが度肝を抜く就任演説において，彼のその意図が発表された。その場には生徒としてヨーゼフ・ホフマン，レオポルト・バウアー，ヨーゼフ・ルートヴィヒがおり，またヴァーグナー事務所の所属スタッフで最も才能ある2人の建築家，ヨーゼフ・マリア・オルブリヒとマクス・ファビアーニがいた。この演説は，ヴァーグナーが自身を「ある実用的な風潮」の追随者だと語るところから始まり，歴史様式の使用に対する激しい非難へと続いていく。彼は断ずる。建築は常にその時代の反映でなければならない。建築は同時代の生活状況や建設方法を表現しなければならない。当面これは，建築家は現今広く行き渡ったリアリズムを受け入れなければならない，ということと同義である。「リアリズムは建築を傷つけることはありません。リアリズムの結果として芸術の衰退が生じることもまた，ありません。リアリズムはむしろ，形態の中に脈動する新たな生命を吹き込み，今はまだ芸術を欠く新分野をやがて制圧することになるでしょう。それは例えば，工学です。芸術の真の進歩は，このようにしか語ることはできません。そうして私は，我々はこのように自らを追い込み，我々を表現する独自の様式に到達しなければならない，とさえ断言しておきたいと思います」[5]。ヴァーグナーのこの言葉に，生徒たちから大きな拍手がわき起こった。そしてその数ヶ月後，専門誌『建築家』(*Der Architekt*) の創刊号において，マクス・ファビアーニはヴァーグナーのスピーチを学生に向けたマニフェストに変えて掲載した。彼は「リアリズム」を「近代生活の需要や，今世紀に大きく広がった建設知識，全く新しい素材を用いた科学技術」に関心を払うヴァーグナー派の「鬨の声」と捉え，これを歓迎したのだった[6]。

　ヴァーグナーはただちにこの呼びかけに大義を見出し，2年後に『近代建築：この芸術領域の学生たちのための手引き』(*Moderne Architekture: Seinen Schülern ein Führer auf diesem Kunstgebiete*)[7] を出版した。その後ヨーロッパ中で広く読まれることとなる初版 (1896) は気取りのないものだったが，それが第3版 (1902) ともなると，繊細にデザインされた美しい造本のマニフェスト書となっており，主要命題が大文字で強調されるようになる。「初版の序」には，ヴァーグナーに頻出のテーマが掲げられる。

---

[5] Otto Wagner, "Inaugural Address to the Academy of Fine Arts," *Otto Wagner, Modern Architecture: A Guide for His Students to This Field of Art*, trans. Harry Francis Mallgrave (Santa Monica, Calif.: Getty Publications Program, 1988), p. 160.
[6] Max Fabiani, "Aus der Wagner Schule," *Der Architekt* 1 (1895): p. 53.
[7] Otto Wager, *Moderne Architektur: Seinen Schülern ein Führer auf diesem Kunstgebiete* (Vienna: Anton Schroll, 1896); translated by Harry Francis Mallgrave as *Modern Architecture: A Guide for His Students to This Field of Art* 注5参照。〔樋口清訳『近代建築』中央公論美術出版，2012年〕。

私はあるひとつの思いつきに触発されて本書を書いた．今日優勢となるべき建築観の基準は変わらなければならない．そして我々は，我々の芸術的な作品のための唯一の出発点は近代生活なのだということをよくよく自覚しなければならない[8]．

　ヴァーグナーは続く章の中で，建築家，様式，構成，建設，芸術の実践について論じ，結章に至るまで断固とした調子で続ける．彼によれば，建築家の中で理想主義とリアリズムがうまく調和することは「近代人の最高の栄誉」だが，大衆がその建築家の創作物をいつもそのように見るとは限らない．なぜなら，その建築家が表現する建築形態の蓄えを，大衆は「全く理解できない」からだ[9]．また様式の章では，近代的であることの必要性が再び強調される．

> 近代的な創作物は，いやしくも近代人に相応しいものとなるならば，すべて新素材や現時の需要に対応していなければならない．それらは我々の，よりよく，民主的で，自信にあふれ，理想主義的な本性を説明するものでなければならず，人類が工業上，科学上成しとげた巨大な業績や，人間がもつ徹底的に実践的な性向を勘案するものでなければならない．——これは全く自明のことだ！[10]．

　さらに，その新様式は感情と知の変化，すなわち

> 我々の全作品の中で起こる，ロマン的なもののほぼ完全な衰退と，ほぼ網羅的に起こる理性の出現[11]

を表現するものでなければならない．なぜなら，

> 近代的なものとルネサンス的なものの間にある裂け目はすでに，ルネサンス的なものと古代の間にある裂け目よりも大きくなっている[12]．

からである．

---

[8] Wagner, *Modern Architecture*, p. 60.
[9] Ibid., p. 61, 65.
[10] Ibid., p. 78.
[11] Ibid., p. 79.
[12] Ibid., p. 80.

このヴァーグナーの論文の理論の核心は建設の章である．ここで彼は，自身の唯物論者としての前提を明らかにする．彼以前の多くのドイツ人作家と同様に，彼もまたゼンパーによる4つの建築モチーフに対する言及から語り始めているが，彼の場合はこれらのモチーフを，理念や技術ではなく，おのおの独立した形式原理であると理解していた．そのため彼にとっては，「**あらゆる建築形式は建設の中から生まれ，それに引き続いて芸術形式となった**」[13] という事実はひとつの公理である．また，彼は続けて，ゼンパー理論の真実を深くえぐる批判を展開している．「たしかにいささか斬新なやり方ではあったが，『様式』（*Der Stil*）の中で我々をこの公理に差し向けたという点は，誰もが認めるゼンパーの功績である．しかし彼は，ダーウィンと同じく，自身の理論を上からと下からの双方から完成させる精神力に欠けていた．そして，建設そのものを建築の根源をなす基礎組織に定めるのではなく，間に合わせに建設の象徴的意味を語った」[14]．

このようにヴァーグナーはゼンパーのモチーフが，実際は本質的に象徴化あるいは理想化された（上からの）ものだということを正しく理解していた．一方，ヴァーグナーにとってそれらのモチーフは純粋に建設的な（下からの）ものでなければならなかった．またヴァーグナーは，ゼンパーは自身の理論が「建築の本質が改良された構造——言ってみれば，図式化されわかりやすくなった静力学と応用力学——にあると考える，単なる唯物論の考え方とは何らの接点ももたない」[15] と語って譲らなかったという事実を確実に意識していた．ヴァーグナーの理論の土台はある程度ルドルフ・レーテンバッハーに負っているようでもあるが，その核心はこのように，アンチ・ゼンパー主義なのだった．

しかし，ヴァーグナーの主張は1896年にしては大胆なものだった．というのも彼は，芸術形式がいかに建設形式から受け継がれるか，ということを，初めて示唆した建築家なのである．彼は建物の建設に「ルネサンスの建設方式」と「近代の建設方式」の2種を同定していた．前者では「巨大な石のブロック」が用いられ，それが所定の場所に持ち上げられた後，その場で彫刻される．このプロセスは，時間も費用もかかる．後者の方式では，石のブロックの代わりに薄い外壁パネル（「面的」表層）が用いられる．これは，内壁（ウィーンの建築基準法により義務づけられた組積造の壁）に青銅のボルト（彼はそれを円花ともよんだ）で取り付けることができるもので

---

[13] Ibid., p. 92.
[14] Ibid, p., 93.
[15] Gottfreid Semper, *Style in the Technical and Tectonic Arts, or Practical Aesthetics*, trans. Harry Francis Mallgrave and Michael Robinson (Los Angeles: Getty Publications Program, 2003), p. 106.

ある．彼によれば，この近代の建設方式は，時間や費用が節約できるだけでなく，「こうすることで多くの新しい芸術モチーフが生まれる」[16] という理由からも，優れたものなのだった．

　ヴァーグナーが1896年に実際に記述していることは，彼がウィーン郵便貯金局（1903年設計）においてついに示した解決策である．しかしこの建物は，ヴァーグナーの成長全体の文脈の中にも位置づけなければならない．その出発点は大学通りのアパートメント（1889）だろう．その形態のまとめ方はサリヴァンによるウェインライト・ビルディングにおける摩天楼という解答に驚くほど似ているが，ただ1点，耐力壁にバロック的モチーフが装飾されていることが例外だった．この建物は，ナポレオン1世時代の様式をほのめかしており，当時はヴァーグナーの「帝政様式（アンピール）」期の作品と呼ばれていた．それと同じバロック的性格は，同年に自身のために建てた，レンヴェーク通りのアパートメントの装飾にも見ることができる．その一方，オシエクの聖堂のためのプロポーザル（1892）では，当時オルタがタッセル邸で使用して広めた，装飾的で極端に細い鉄柱と植物柱頭を戯れのように組み合わせている．1894年に始まった都市鉄道駅舎（シュタットバーン）のデザインはまた別の展開を見せているが，これは，リアリズムの側に立った彼の論争の内容と完全に歩調を合わせたものではない．これらは大部分が古典的に構成され，ディテールはスパルタ風の，幾分食い違いがみられるデザインだった．ヌスドルフのダム（1894）はその一例である．彼はここで，スチール製トラスおよび運河の水位をコントロールする機械装置を露出させた．その一方で，塔門の頂上にゆたかな鬣をたくわえた巨大なライオンを置き，橋の両側の入口を守らせたのである．1890年代半ばに建てられた他の建物も，構成や装飾の扱いは帝政様式的であり，彼の周りの若い世代はそれにしっかりと気づいていた．実際，ファビアーニによるヴァーグナーの就任演説の批評記事の最後は，ヴァーグナーの（「基礎として歴史様式を」使用する）帝政様式好みに対する擁護で締め括られている．ファビアーニはそれを，より深刻なロココ中毒から建築を引き離すための一時的な方策なのだ，と説明した[17]．

　いずれにせよ，ヴァーグナーは1898年に帝政様式から離れた．それはおおよそ，ヴィーンツァイレ40番地のアパートメントのために描かれた1枚のドローイングにまで遡ることができる．このドローイングではおそらく，彼の事務所のあるデザイナーが，最初の案のファサードにあった帝政様式の装飾を消し，そこへ新たに分離派的

---

[16] Wagner, *Modern Architecture*, p. 96.
[17] Fabiani, "Aus der Wagner Schule," p. 54.

Chapter 10　モダニズム 1889-1914　　455

69 オットー・ヴァーグナー,郵便貯金局(ウィーン,1903-12)『建築家』(Der Architekt, vol. 12, 1906)より.

な,抽象的な花模様のマジョリカタイルを書き加えている.また,カプツィーナ聖堂のプロポーザル(ウィーン,1898)には,彼のスタイルの潜在的かつ本質的な変化が留められている.この聖堂は,最近没した女帝エリザベスおよびその他のハプスブルク王朝に連なる人々のための遺体安置所として計画されたものである.そこで彼は,『近代建築』にも記したように,薄い花崗岩パネルで建物を包み込もうと考えた.さらに,大量のブロンズ像を据えることに加えて,暗いブロンズを利用し,ドームを銅で覆うことで,明色の花崗岩パネルの色を相殺することも提案した.ヴァーグナーは明らかに,友人グスタフ・クリムトの色彩感覚に影響を受けていた.

この花崗岩のパネル・システムは,ヴァーグナーが1900年に始まった皇帝フランツ・ヨーゼフ市立博物館のデザイン・コンペティションの応募案でも(さまざまなバリエーションの案の中で)提案していた.しかし,ヴァーグナーにこの「近代的な建設方法」のパネル貼りを実行する機会が初めて与えられたのは,1903年にデザインした郵便貯金局である(図69).組積造の内壁にパネルを取り付けるための巧妙なボルトの頭は,彼にとって,「新しい芸術的モチーフ」の表現のひとつである.それは,1ブロック先のリンクシュトラーセからの見栄えをよくするために,彼がそれを金色に塗りたがっていたという事実からも明らかである.大理石の羽目や暖房の通気口から,半透明膜の照明天井を突き抜けるスレンダーな鉄柱に至るまで,装飾的なボルトの頭はまた,貯金局のホール内部のいたるところにも現れる.外部では,花輪を身にまとったトランペットを吹く天使の大群(計画案)はわずか2人に減らされて,ヴァーグナーの近代性のヴィジョンの最初の勝利を想起させる.花輪とは,ゼンパーによれば芸術の概念的な出発点であった.

2
リアリズムと即物性(ザッハリヒカイト)

　1890年代のヴァーグナーは自身のマニフェストの中で「リアリズム」を何度も援用した．しかし，それはドイツの建築理論にとって別段新しいものではなかった．なぜなら，この用語はこの段階のドイツ・モダニズムに概念上の枠組みを与えており，彼らはみな，そこに縛り付けられていたのである．この用語の起源はもちろん1850，60年代のフランスの絵画分野の運動に遡るものであり，短期間ではあるがヴィオレ゠ル゠デュクの作品を形容するためにも用いられた．その後フランス建築界で再びこの用語が使われるようになるのは，プランタン百貨店（パリ，1881-5）の建築家として名高い，ポール・セディーユ（Paul Sédille, 1836-1900）の著述など，1870〜80年代のことである[18]．

　ドイツで「リアリズム」という言葉が頻繁に用いられるようになるのは1880〜90年代のことであり，当時ドイツ文学やドイツ絵画ではリアリズム運動が起こっていた．アダルベルト・シュティフターやゴットフリート・ケラーの小説は主題の選び方がリアリズム的である．アドルフ・メンツェルやヴィルヘルム・ライブル，マックス・リーベルマンといったドイツ画家はフランスと平行したテーマを追っていた．ドイツの建築界で「リアリズム」という言葉が初めて使われたのは，1860年代のゼンパーの著作においてである．この言葉は『様式』の第2巻に頻繁に現れており，素材の誠実な利用，構造を見せること，建設の主題を素直に表現すること，といったことと同義に使われた（が，常に肯定的に使われていたわけではなかった）．そして，早い時期にゼンパーの伝記作家となったザクセン人建築家，コンスタンティン・リプシウス（Constantine Lipsius, 1832-94）がゼンパーの理論を賞賛する際も，その理由としてゼンパーが「象徴的なものに主な力点を」置いたことに加えて，建設上の問題と素材上の問題にアプローチする際にゼンパーがもっていた「リアリズムの感覚」を挙げている[19]．またその4年後には，フリードリヒ・ペヒトが「リアリズム運動出現以

---

[18] セディーユによる「リアリズム」の語に関しては J. Duncan Berry, "From Historicism to Architectural Realism" で議論がなされている．*Otto Wagner: Reflections on the Raiment of Modernity* (Santa Monica, Calif.: Getty Publications Program, 1993), pp. 261-9 所収．

[19] Constantin Lipsius, *Gottfried Semper in seiner Bedeutung als Architekt* (Berlin: Verlage der Deutschen Bauzeitung, 1880), p. 99. なお，こうしたドイツの建築リアリズムをはじめて議論したのは "The legacy of Gottfried Semper: Studies in *Spdthistorismus*" (Ph.D. diss., Brown University

降のドイツ芸術」と題する論考の中で，幅広い視点からリアリズム問題を取り上げている．ペヒトは，ドイツ・リアリズムは（宗教を犠牲にした）科学の優位やドイツ統一から自然に展開したものであると考えた．それは彼にとって，ドイツ芸術がフランス・モデルから離脱することの前触れだった．ところが彼は，その新潮流を定義するにあたって，ゼンパーの様式の定義に戻っている．「いみじくもゼンパーは様式を『美術品とその起源の一致，美術品とその生成にかかわるすべての前提条件および環境との一致』であると定義した．だとすれば，現代の芸術のリアリズム時代は，間違いなく先立つどの時代よりも広義の様式を開発したのだ」[20]．

1880年代の半ば頃には，フランスで消滅しかけていたその用語は，ドイツの芸術・文学分野では陳腐なまでの言葉となっていた．コンラート・フィードラーはそれ以前にこの概念を用いていたが，それは当時彼がよく好んで使った「自然主義(ナチュラリズム)」に従属した概念だった．当時，この「自然主義」はしばしば「リアリズム」と交換可能な言葉として用いられていたのである[21]．またすでに見たように，グルリットは1888年，ゲラーの書籍の書評の終わりに「リアリズム」の概念を援用しているが，彼の用語法はフィードラーやペヒトのものと似ている．1889年には，ベルリンの建築家アルベルト・ホフマンが，『ドイツ建築新聞』(Deutsche Bauzeitung)にパリ博覧会の建物を絶賛する批評を書き，フランス・リアリストの遺産および，それと平行するドイツの文学・建築運動をともに強調した．ホフマンは文学批評家のハインリヒ・ハートとユリウス・ハートを引用しながら，リアリズムは「徹底的に近代的」であり，「世紀の内奥にある精神」を表現していると主張した[22]．1年後，『ドイツ建築新聞』の編集者K・E・O・フリッチュは，「リアリズム」による「理想主義」の置換，という観点のみに絞って19世紀ドイツ建築の展開を長編にまとめた．ここでフリッチュは，リアリズムは明らかに時流を勝ちとったと語るばかりではなく，ゼンパーを「健全な真のリアリズム運動の指導者」にも挙げている[23]．しかしゲオルク・ホイザーによる同

1989) におけるJ・ダンカン・ベリーである．

[20] Friedrich Pecht, "Die deutsche Kunst seit dem Auftreten der realistischen Bewegung," p. 211. Franz von Reber, *Geschichte der neueren deutschen Kunst*, 2nd ed. (Leipzig, 1884) 所収．原文は以下のとおり．"Wenn Semper der Styl unübertrefflich als 'die Uebereinstimmung einer Kunsterscheinung mit ihrer Entstehungsgeschichte, mit allen Vorbedingungen und Ümstanden ihres Werdens' definirt, so kann es gar keine Frage sein, das jetzige realistische Kunstperiode mehr stylegefühl entwickelt hat als alle ihre Vorgänger."

[21] 特にフィードラーの論考 "Moderner Naturalismus und künstlerische Wahrheit" (1881), *Schriften zur Kunst I* (Munich: Wilhelm Fink, 1991), pp. 81-110 を参照のこと．

[22] Albert Hofmann, "Die kunstgeschichtliche Stellung der Bauten für die Weltausstellung von 1889 in Paris," *Deutsche Bauzeitung* 9 November 1889, p. 543.

[23] Karl Emil Otto Fritsch, "Stil-Betrachtungen," *Deutsche Bauzeitung*, 30 August 1890, p. 423. 原文は以

年の応答記事は,フリッチュの分析に同意しながらも,リアリズム現象はゼンパーの理論ではなく,むしろ1846年のベティヒャー講演を起源とする,とした[24].

1890年代のヴァーグナーによるリアリズム受容はこのように,当時までに多くの追随者を生み,明確に定義された運動の安易な是認だった.またこれを考え併せれば,『近代建築』に対し最も深い洞察を見せた書評が,同書の論争を完全にリアリズム運動の文脈内で評価したのも当然のことである.その記者はリヒャルト・シュトライター(Richard Streiter, 1864-1912)である.彼はほとんど知られていない人物であるが,この時代の最も重要な理論家である.

フランケン地方出身のシュトライターはミュンヘン工科大学で建築を学び,その後,パウル・ヴァロットのベルリン事務所で6年間働いた.ヴァロットはライヒシュターク(ドイツ帝国国会議事堂)の設計で多くの賞賛を受けた建築家だが,シュトライターはこの建物のプレゼンテーション用の図面を大量に作成したのち,1894年に事務所を離れ,ミュンヘン大学の博士課程に編入した.彼の幅広い興味は,今や「感情移入理論」の美学に集中していた.というのも,当時その美学は発展途上でもあり,高名な心理学者のテオドア・リップスが教えていたものでもあったからである.かくして1896年,シュトライターはカール・ベティヒャーの理論に関する学位論文で博士号を取得した.彼の議論によれば,ベティヒャーの構築術(テクトニック)概念はもはや心理美学に重要性を譲り渡していた[25].

シュトライターによる『近代建築』の書評はまず,ヴァーグナーの「きわめて進歩的なプログラム」がオーストリアとドイツの建築界に「センセーション」を巻き起こした,「そのため集中して真剣に応答するに値する」,という一文から始まるこの96ページの博識の書評においては,ドイツの理論において前世紀に提起された,ほぼすべての問題が取り上げられた.それは以下のようである.例えば,ヴァーグナーの様式の章については,K・F・シンケルやハインリヒ・ヒュプシュにまで遡ってその議論を考察しながらも,カール・ノイマンやアドルフ・ゲラーの最近の発言を斟酌して締め括っている[26].なおここで,彼はヴァーグナーの「近代様式」の主張には共感する一方で,彼が暗に様式を形態言語と同一視していることには警戒していた.シュト

下のとおり. "Führer in dies gesunden, echt realistischen Bewegung war Gottfried Semper."
[24] Georg Heuser, "Ein Nachwort zu den 'Stilbetrachtungen,'" *Deutsche Bauzeitung*, 24 December 1890, p. 626.
[25] Richard Streiter, *Karl Böttichers Tektonik der Hellenen als ästhetische und kunstgeschichtliche Theorie: Ein Kritik* (Hamburg: Leopold Voss, 1896).
[26] ここでのシュトライターの議論には,ノイマンの *Der Kampf um die neue Kunst* (Berlin: Hermann Walther, 1896) が深い影響を与えている.

ライターは新様式に相応しい基礎は「真実」を求めるリアリズムの声だと考えたが，ここにもやはり，ある条件があった．

　シュトライターがリアリズム運動の歴史を語り，その問題群を整然と俎上に載せたのがこの瞬間である．彼は建築理論におけるリアリズムに対する衝動の起こりは（ジャン゠ルイ・ド・コルドモワから始まる）18世紀だと理解する一方，絵画と文学分野で最近起こったリアリズムの展開には落胆していた．リアリズムは，「現実離れした理想主義や象徴主義や神秘主義に，また色とりどりで音楽的な情熱崇拝に」堕してしまったというのだ[27]．この「マンネリズムであり，見せかけであり，軽率な〈深遠〉であり，好事家的な傲慢であるもの」に言及する中で彼は，最近のドイツのユーゲント・シュティール運動の動揺をほのめかしている．初期の歴史家の多くは，一般的なアール・ヌーヴォー的風潮を歴史主義とモダニズムの推移段階であると述べたが，シュトライターはより正しく，その風潮をあるがままに捉えた．彼が見たものは，リアリスト思潮から生まれた付帯現象だった．

　この点に言及したうえで，シュトライターはヴァーグナーを建築的リアリズム一派の指導者と呼んだ．また，シュトライターはそのリアリズムを「構築術的(テクトニック)」リアリズムと名づけ，全体的に見て素晴らしい成長であると評価している．「なぜなら，建築と応用芸術における芸術的真実，簡潔さ，〈即物性(ザッハリヒカイト)〉のための第1原理——最も単純な手段で目的を完全に叶えること——を受け入れる覚悟のある時代があるとすれば，それは他でもない，我々の時代だからだ」[28]．そしてそれに続く彼の言葉は，心理美学を思い起こさせる．我々の時代はすでにこの新たな「構造的＝技術的即物性(ザッハリヒカイト)」に慣れており，我々の形態感覚もその影響を受けている．さらに，運送手段が桁外れに増えたことにより，速度を調節するためのバラストはお払い箱になった．近代的科学技術および生活環境の変化は我々の「肉体的な自己」に作用し，「構築術(テクトニック)の課題に対する近代独自の考え方」を引き起こした[29]．

　ただしこれは，シュトライターがヴァーグナーの構築的リアリズムの概念を受け入

---

[27] Richard Streiter, "Architektonische Zeitfragen: Eine Sammlung und Sichtung verschiedener Anschauungen mit besonderer Beziehung auf Professor Otto Wagners' Schrift 'Moderne Architektur'" (1898), p. 79. *Richard Streiter: Ausgewahlte Schriften zur Aesthetik und Kunst-Geschiclite* (Munich: Delphin, 1913) 所収．原文は以下のとおり． "... in eine phantastische Gedankenkunst, in Symbolismus und Mystizismus, in einen farbenmusikalischen Stimmungskultus umschlug."

[28] Ibid., p. 81. "Wenn je eine Zeit geeignet war, mehr wie eine andere der Anschauung Raum zu geben, dass in Architektur und Kunstgewerbe künstlerische Wahrhaftigkeit, Knappheit und Sachlichkeit, vollkommenste Erfüllung des Zweckes mit den einfachsten Mitteln als erste Bedingung gelten soll, so ist es die unsrige."

[29] Ibid., p. 82.

れたことを意味しない．この概念に対する彼の拒絶は，「建設」の章の批評における，芸術形式は建設から生じるという命題を仔細に検討し始めた時，極めて明確になる．シュトライターはまず，ヴァーグナーはゼンパー理論を故意に歪曲しており，ヴァーグナーはいかなる「建設の象徴主義」も嫌っていると指摘し，ヴァーグナーがこの問題に対してとる不明瞭な立場を批判した．「芸術形式が建設から生じるのはまさしくその〈建設の象徴主義〉によって可能であるというのに，いったい彼は，どういう了見で，ゼンパーがその象徴主義に固執していると非難するのだろう」[30]．建設形式それ自体では目的は果たされない，というのがシュトライターの主張である．また彼は，ヴァーグナーの理論と実践のあいだの根本的な矛盾を指摘する．

> ヴァーグナーによる建設と芸術形式の関係の考え方は，他の近代建築家たちが慣れ親しんでいる考え方と全く変わらない．むしろ，建築家は常に建設から芸術形式を開発しなければならないという原理に対しては，ヴァーグナー自身よりも，イギリス人，フランス人，アメリカ人，ドイツ人建築家の大勢の方が遥かによく配慮しているとさえいえるだろう[31]．

そしてシュトライターは，ヴァーグナーによる「ルネサンスの建設方式」と「近代の建設方式」の並列，特に後者が平滑な花崗岩パネルの利用を意味することも快く思わなかった．彼は問うた．「しかし，切石の芸術形式は，パネル被覆の芸術形式とは異なる（より粗面仕上げにされる）べきではないのか」[32]．

シュトライターがヴァーグナーの構築のリアリズムに反対しているのは，彼自身が以前に建築のリアリズムを別様に解釈していたからである．1896年，彼はそれを次のように定義した．

> 建築のリアリズムとは，建築物の創造にあたって，現実の状況を最も広範囲にわ

---

[30] Ibid., pp. 102-3. 原文は以下のとおり．"Wie könnte er sonst bei Semper das Festhalten an einer 'Symbolik der Konstruktion' beanstanden, da doch gerade diese Symbolik das ist, was aus dem Konstruktionsglied die Kunstform werden lässt."
[31] Ibid., p. 105. 原文は以下のとおり．"Nirgends ist zu entdecken, dass Wagner das Verhältnis von Konstruktion und Kunstform anders auffasst, als es sonst von der modernen Architektenschaft aufgefasst zu werden pflegt; ja es kann vielmehr behauptet werden, das eine Reihe englischer, französischer, amerikanischer und deutscher Architekten dem Satz: 'Der Architekt hat immer aus der Konstruktion die Kunstform zu entwickeln,' weit mehr Rechnung trägt, als Wagner selbst."
[32] Ibid., p. 113. 原文は以下のとおり．"Nun müssen aber doch wohl die Kunstformen Quaderschichtmauerwerk anders (derber) sein, als die Kunstformen für Platterverkleidung,…."

たり斟酌することを指し，機能性，快適さ，健全さといった要求すなわち〈即物性〉を最も完璧に満足させることを指す．ただし，それがすべてではない．詩のリアリズムが登場人物と彼をとりまく環境との関係を考えるように，芸術上の誠実性の満足という，建築のリアリズムが考える主要目標は，目的の満足だけに根拠をもつのではない，建物をとりまく環境や，その土地に適した建材，景観，地域の歴史特性などに根ざした建物の個性の開発の中にある[33]．

このように，彼のリアリズムの定義は「即物性」の概念に集約されていた．この即物性は，建築で使う場合には英語ではよく「客観性」と訳されてきた．しかしシュトライターにとってこの言葉は，目的を最も簡単な手段によって「最も完璧に満足させること」，すなわち，ある問題に対する最も簡単で最も実践的な解決，という意味である[34]．ヴァーグナーの構築のリアリズムとの違いの根本はここにある．だがそれは，シュトライターのリアリズムが「即物」という性格をもっていたためではなく，彼が厳格な「構築術的」建築（単に建設として解釈される建築）の芸術的表現には本来的に限界があると考えていたためである．ただ実用的なだけの建築は，環境やその土地の建材，景観，地域の歴史を考慮しない．事実シュトライター自身も，1896年の論考の中でガブリエル・フォン・ザイドルのバイエルン様式を取り上げていた．また指摘しておくべきなのは，Realismus（リアリズム）という言葉が，ドイツ理論の内部において，その後数年のあいだに即物性という言葉に置き換わったという事実である．しかしこの2つの言葉の意味は全く同じである[35]．

未来の新たな「リアリズム」様式の発生様態を論じる際，シュトライターは心理美学という概念上の革新を取り上げ，ハインリヒ・ヴェルフリンの形態理論やアウグスト・シュマルゾーの空間理論を解説した．この時，結局彼はシュトライターの側につ

---

[33] Richard Streiter, "Aus München" (1896) p. 32（*Ricliard Streiter* 所収）．原文は以下のとおり．
"Realismus in der Architektur, das ist die weitgehendste Berücksichtigung der realen Werdenbedingungen eines Bauwerks, die möglichst vollkommene Erfüllung der Forderungen der Zweckmässigkeit, Bequemlichkeit, Gesundheitförderlichkeit, mit einem Wort: die Sachlichkeit. Aber das ist noch nicht Alles. Wie der Realismus der Dichtung al seine seiner Hauptaufgaben es betrachtet, die Zusammenhang der Charaktere mit ihrem Milieu scharf ins Auge zu fassen, so sieht die verwandte Richtung in der Architektur ein vor allem erstrebenswertes Ziel künstlerischer Wahrhaftigkeit darin, den Charakter eines Bauwerks nicht aus seiner Zweckbestimmung allein, sondern auch aus dem Milieu, aus der Eigenart der jeweilig vorhandenen Baustoffe, auf der landschaftlich und geschichtlich bedingten Stimmung der Oertlichkeit heraus zu entwickeln."
[34] 注28の引用文を参照．
[35] Harry Francis Mallgrave, "From Realism to Sachlichkeit: The Polemics of Architectural Modernity in the 1890s", pp. 281-321（*Otto Wagner* 所収を参照）．

くこととなったが，それはただ，新様式は下から突き動かされているという理由によるものだった．「未来の建築全体に統一的な感性をもたらすであろう形態感覚は，それゆえ，個々の形態や個々の装飾の生成を出発点として形成されなければならない」のである[36]．そして彼は，建築美学は本来，単なる構築的・建設的造形を超えて進歩しなければならない，という自身の主張を固めるために，1893年シカゴ・コロンビア博覧会という驚くべき事例を援用した．「巨大なホールの細い鉄の構造体を，使い古された古典建築の華やいだ豪華な衣服がいたるところで覆っている．この博覧会は，古代の建築形態がもつ無尽蔵の生命力の証左である．近代的建設方式ではこれに匹敵する芸術的成果を達成できないということを，これ以上ない説得力をもって告白している」[37]．

なお，1890年代半ばにリアリズムを地方主義的に解釈していたのはシュトライターだけではなかった．彼の見解に近い人物に，ハンブルク・クンストハレのディレクター，アルフレート・リヒトヴァルク（Alfred Lichtwark, 1852-1914）がいる[38]．リヒトヴァルクは，自身の美術館を現代美術のための有名な研修所に改変したのに加えて，「パン」（同名の機関誌も発行）や，「デューラーブント」（1902年に芸術顧問団体として設立）の国家主義運動，「祖国防衛同盟」(ブント・ハイマートシュッツ)（1904年にドイツ文化促進のために設立）でも精力的に活動していた（後の二者はドイツ工作連盟(ヴェルクブント)の前身として重要である）．1896年，リヒトヴァルクは『パン』誌のために「リアリズム建築」("Realistische Architektur")と題する論考を準備していたが，後にこの編集者が語ったとおり，シュトライターのリアリズム論が発表される予定だったことからその掲載は見送られた．結局この論考が発表されたのは翌年のことであり，改稿を経た後にはアルフレート・メッセルのベルリン百貨店を中心的に取り上げたものとなった．ここで彼は，ドイツが待ち望んだ建築のリアリズムの到来を，クリスマス・イヴになぞらえながらこう語った．「今や一般の人々ですら新たな建築的組織体の発生を感じ取っている．その静けさと強さが表現するのは，リアリズム建築の創造にかける決意で

---

[36] Ricliard Streiter, "Architektonische Zeitfragen", pp. 118-119（*Richard Streiter* 所収）．原文は以下のとおり．"Das Formgefühl, das in die Baukunst der Zukunft eine einheitliche Grundstimmung hineinzubringen im Stande sein soll, wird also bei der Formgebung des Einzelnen und der Dekoration einsetzen müssen."

[37] Ibid., p. 111. 原文は以下のとおり．"Das altbewährte feierlich prunkvolle Gewand klassischer Architektur hüllte allenthalben das dürre Gerippe der in Eisen konstruierten mächtigen Hallen ein: das glänzendste Zeugnis für die unversiegliche Lebenskraft der antiken Bauformen, das beredteste Zugeständnis der Unmöglichkeit, den modernen Konstruktionen eine nur annähernd gleich künstlerische Wirkung abzugewinnen."

[38] リヒトヴァルクの理論を概観するには Hans Präffcke, *Der Kunstbegriff Alfred Lichtwarks* (Hildesheim, Germany: Georg Olms, 1896) を参照のこと．

ある．後にそれをほかの建物との関係でとらえたとき，一般の人々は，建築は単なる柱と梁と装飾の集まりではないのだということを自覚し始めるだろう」[39]．続けてリヒトヴァルクはリアリズムの定義に言及する．彼によれば，リアリズムはすでに他の芸術分野で成長段階を経ており，アカデミズム（歴史様式）とロマン主義（アール・ヌーヴォーとユーゲント・シュティール）という二重の社会悪に対する近代的な解決策となっているのだった．

リヒトヴァルクはその後の2年のあいだに発表された論考の中でも同じテーマを扱っており，1899年にはそれらが『宮殿の窓と両開き戸』（*Palasfenster und Flügeltür*）として出版された．彼の建築概念の中核は庶民的なデザインである．bürgerlich という言葉は一般的に「中産階級の」と訳されるが，そこには簡素さや誠実さ，気取りのなさといった含意がある．リヒトヴァルクは，使いやすい建物内部の実現をデザインの中心に据えるべきだと主張した．彼によれば，外部もまたシンプルなマッスをもつべきだが，例えば飾り気のない煉瓦壁に明色に塗られたシャッターや花箱，アクセントをつけた窓枠など，局所的に色を入れる場所をつくり全体を引き立たせる工夫は必要であるという．また興味深いのは，1899年の著作集の中に「リアリズム建築」（"Realistische Architektur"）を収録した時，新語好きのシュトライターにならってタイトルを「即物的建設芸術」（"Sachliche Baukunst"）に変更したことである[40]．

建築家フリッツ・シューマッハー（Fritz Schumacher, 1869-1947）もまた，1890年代後半にシュトライターやリヒトヴァルクの側にいた人物である．彼がとらえたリアリズムの衝動は，建築を下から再生する何ものかだった[41]．シューマッハーはブレーメンに生まれ，南米のコロンビアとニューヨークで育った．そして1890年代初頭にベルリンとミュンヘンで建築を学んだ後，ガブリエル・フォン・ザイドルのもとに職を得た．その後はテオドア・フィッシャーの援助により1896年にライプツィヒの市役所に勤めることとなったが，この在職期間中に多くの知識人と接触し，執筆を始めるようになった．1901年にはグルリットに誘われてドレスデンに赴き，当地の工

---

[39] Alfred Lichtwark, "Realistische Architektur," *Pan* 3 (1897): p. 230. 原文は以下のとおり．"Und sicher hat auch der Laie das Gefühl gehabt, dass ein neuer Bauorganismus entstanden ist, in dem sich ruhig und fest der Wille ausspricht, eine realistische Architektur zu schaffen, und es mag ihm wenn er nachher andere Bauten betrachtet hat, zu erstenmale eine Ahnung davon aufgegangen sein, dass Architektur nicht blosse Säule, Bebälk und Ornament ist."

[40] Alfred Lichtwark, "Sachliche Baukunst," *Palastfenster und Flügeltür*, pp. 257-73. *Alfred Lichtwark: Eine Auswahl seiner Schriften*, ed. Wolf Mannhardt（Berlin: Bruno Cassirer, 1917）所収．

[41] シューマッハーの生涯と思想については Dagmar Löbert, *Fritz Schumacher (1869 bis 1947): Reformarchitekt zwischen Tradition und Moderne*（Bremen: Donat, 1999）; Hartmut Frank, ed., *Fritz Schumacher: Reformkultur und Moderne*（Stuttgart: Hatje, 1994）参照．

科大学の教授となり，1906年にはフリードリヒ・ナウマン，カール・シュミット，ヘルマン・ムテジウスらの援護を受けてドレスデンの応用芸術展を企画し，成功を収めた．またその翌年にはミュンヘンで開催されたドイツ工作連盟(ヴェルクブンド)の設立会議で基調講演を行い，1909年にはハンブルクの指名建築家になった．かくして彼は，フリッツ・ヘーガーやハンス・ペルツィヒとともに当地で北ドイツ様式を実践し，地元産の煉瓦や土着の建築形態を，機能的な平面計画を求める近代的要件と合体させた．

彼はまだミュンヘンの学生だった時分にすでにリアリズム運動に傾倒しており，このムーブメントを「歴史的・社会的幻想に浮かれた，間違った世界に対する反動」だと考えていた[42]．彼の最も重要な初期論考は，1898年に「様式と流行」のタイトルで発表された，最新動向の批評記事である．彼は，ルネサンス・リヴァイヴァル，バロック・リヴァイヴァル，ロココ・リヴァイヴァル，アンピール・リヴァイヴァルを急速に駆け抜けた「歴史様式の回転木馬」は，1890年代の「モーニングコール」とともに突然終わりを迎えたと感じていた．そして，それに代わり現れたのがリアリズムの精神であり，また，パリやブリュッセルのアトリエから広まった，アール・ヌーヴォーという(ひとつの様式を騙る)新しい「流行」だった．そこでシューマッハーは読者に，これらの流行を模倣するのではなく，「新たな有機的創造」をせよと呼びかけた．

> 団結の役に立ち，うまくいけば連帯意識の役割を果たし得るのは，趣味に関するある共通性であるだろう．ことによるとその共通性とは，問題解決の土台は実用目的の性質や，素材の物性や，有機的形態世界の性質や，ヴァナキュラーなものの属性の性質の中にあるとする，芸術家の認識程度のものでしかないのかもしれない．確かに，個々の事例はおのおの異なって映るかもしれない．しかしこの共通性は，リアリズム建築時代の成果であるということもできるのではないか[43]．

---

[42] Fritz Schumacher, *Stufen des Lebens: Erinnerungen eines Baumeisters* (Stuttgart: Deutsche Verlags-Anstalt, 1938), p. 398 n. 33. 引用は J. Berry, "The Legacy of Gottfried Semper: Studiesin Späthistorisinus" p. 61 より．

[43] Fritz Schumacher, "Stil und Mode" (1898), pp. 28-9. *Im Kampfe um die Kunst: Beiträge zur architektonischen Zeitfragen*, 2nd ed. (Strassburg:J. H. Heitz, 1902) 所収．原文は以下のとおり．"... und was als gemeinsames Band hindurch gehen kann und hoffentlich auch noch einmal hindurchgehen wird, das mag eine gewisse Gemeinsamkeit der Geschmacksunterlage sein, die vielleicht nicht mehr Gemeinsames besitzt, als dass die Künstler bei Bewältigung ihrer Aufgaben sichtlich zurückgehen zur Natur des praktischen Zwecks, zur Natur des Materials, zur Natur der organischen Formenwelt, zur Natur des volkstümlichen Eigenart. Das könnte man dann, wie verschieden es im Einzelnen aussehen mag, als die Erreichung einer Epoche *realistischer*

他に1890年代の著名なリアリストを挙げるとすれば,長きにわたりベルリンの応用芸術美術館館長を務めたユリウス・レッシングであろう.レッシングはゼンパーの思想を長く支持してきた人物だが,1890年代には,ヴァーグナーのリアリズム要求を支持する中で最も楽天的な見解をもつひとりとなった.彼の重要論考「新たなる道」("Neue Wege", 1895)は実際にはヴァーグナーの書籍に先立っており,この論考がその建築家に影響を与えた可能性も指摘できる.この論考は過去30年にわたるドイツ応用芸術の改革運動の概説から始まり,続いて,芸術を歴史主義から引き離す方法としての自然主義について記述する.しかし彼によれば,この新しい視座を鍛えるために自然主義より遥かに重要なのは,ゼンパーが定めた目的・素材・技術の三幅対だった.そこで彼は,それに関連した次の2つの問いを掲げた.「歴史主義的伝統から徐々に撤退するのではなく,これらの技術的な要因そのものを考えることで全く新しい形態が生まれるなどということは,果たしてあり得るのだろうか.最近発明された,純粋に建設的な形態をしている近代的なスチールの大梁を,我々は本当にギリシア柱と同様の創造物と見做してよいものだろうか.その形態は神聖視され,今日に至るすべての時代を支配してきたというのに」[44].そして彼は大胆に答えた.「我々にはできる.そして,しなければならない」[45].さらにレッシングはドームによる建築と船や近代的自動車のアナロジーを繰り返した(間もなく第3の男が同じことをする)のち,クリスタル・パレスからシカゴの摩天楼,1889年のパリ博覧会までの一筋の道を描いて見せた.機械を恐れず,彼はこのように結論づけた.

> 好むと好まざるとにかかわらず,我々の仕事は,我々の時代の実生活という土壌に基礎を置いていなければならない.我々の仕事は,我々の需要や我々の科学技術,我々の材料と調和する形態を創造しなければならないのである.もし我々がその中に我ら科学時代の美の形態を作り果せたとしたならば,それはきっと,ゴシックの敬虔の美とも,ルネサンスの豊富の美とも似ないものとなるはずである.それはおそらく,19世紀末の禁欲の美に似たものとなるはずだ.それが,万人が我々に要求しうるすべてなのだ[46].

Architektur bezeichnen."
[44] Julius Lessing, "Neue Wege," *Kunstgewerbeblatt*, 1895, p. 3. 原文は以下のとおり. "Ist es nun denkbar, das an Stelle historischer Überlieferung und allmählicher Weiterbildung diese technischen Faktoren durchaus neue Formen schaffen? Können wir die neu gefundene, rein konstruktive Form eines modernen eisernen Trägers also eine Schöpfung betrachten wie die griechische Säule, deren geheiligte Form bis heute alle Kunstperioden beherrscht?"
[45] Ibid.
[46] Ibid., p. 5. 原文は以下のとおり. "Bequem oder nicht: unsere Arbeit hat einzusetzen auf dem Boden

ゼンパー,リプシウス,ペヒト,ホイザー,グルリット,アルベルト・ホフマン,ヴァーグナー,シュトライター,リヒトヴァルク,シューマッハー,レッシング.建築リアリズムと即物性(ザッハリヒカイト)の支持者たちは,1890年代頃にはすでに,ドイツ建築理論の有力な派閥となっていた.

——3——
エンデルとヴァン・ド・ヴェルド

ユーゲント・シュティール,分離派(ゼツェッション),アール・ヌーヴォーといった1890年代後半の運動のイデオロギーの複雑さは,このリアリズム運動を考察しないことには理解することができない.例えばフランスのアール・ヌーヴォーはバロックや東洋の影響が引き金となったものでもあるが,1895年以降のアンリ・ヴァン・ド・ヴェルドの成功によってまた別の顔をもつようになった.1898年のウィーン分離派(ゼツェッション)を陰で支えた知的推進力は,ヴァーグナーの事務所で働いていたヨーゼフ・オルブリヒとヨーゼフ・ホフマンである.ベルリンのユーゲント・シュティール運動は『パン』誌(1895年創刊)を中心に起こった.一方でこの雑誌はまた,リアリストのシュトライターとリヒトヴァルクの記事も掲載していた.装飾芸術分野のユーゲント・シュティール期の始まりは,一般的にヘルマン・オブリスト(Hermann Obrist, 1863-1927)による1896年のテキスタイルの展示からであるといわれている.この頃にはリヒャルト・リーマーシュミット(Richard Riemerschmid, 1868-1957)も家具デザインを始めており,それらは1897年のミュンヘンのガラス宮で開かれた国際展に出品された[47].またこのイベントには,ベルンハルト・パンコック,ブルーノ・パウル,オットー・エックマン,ペーター・ベーレンス,アウグスト・エンデルも作品を出品していた.しかし,ユーゲント・シュティールのデザイン原理を建築表現に最もうまく翻訳したのは,ここに挙げた中の最後の人物である[48].

---

des praktischen Lebens unserer Zeit, hat diejenigen Formen zu schaffen, welche unseren Bedürfnissen, unserer Technik, unserem Material entsprechen. Wenn wir uns auf diesem Wege zu einer Form der Schönheit im Sinne unseres naturwissenschaftlichen Zeitalters emporarbeiten, so wird sie nicht aussehen wie die fromme Schönheit der Gotik oder die üppige der Renaissance, aber sie wird aussehen wie die vielleicht etwas herbe Schönheit aus dem Schlusse des neunzehnten Jahrhunderts, und das es was man von uns verlangen kann."

[47] Maria Makela, *The Munich Secession: Art and Artists in Turn-of-the-Century Munich* (Princeton: Princeton University Press 1990) 参照.

実際エンデルは，芸術と建築全域にわたってユーゲント・シュティールが応用されるようになった1890年代に，「ユーゲント・シュティール」という呼称は極めて誤解を招きやすいものだと強調している．ベルリンの建築家の家庭に生まれた彼は，当初はチュービンゲン大学で学んだ後，1892年にミュンヘン大学に編入し，心理学，生理学，哲学，芸術史を専攻，続いて博士課程に進んだ彼はテオドア・リップスのもとに学び，リヒャルト・シュトライターとともに博士号取得候補者となった．そして1896年にはオブリストと出会い，その作品に影響を受けて興味を装飾芸術へと移した．1896年に行われたミュンヘン博覧会の批評記事「美について」では，芸術家は芸術探究の際にはもっと感情的に（感情移入的に$_{エンパセティック}$）なれ，理性的になるなと煽りたてている[49]．そして1898年初頭に発表された2本の論文の中で，彼の建築理論が示された．

　そのうちの1本である「新建築の可能性と目標」の中では，エンデルは最近の構築的・リアリズム的動向に反対し，心理的な感情移入の重要性を強調することで自身の主張を擁護した．「目的をもたなければいけない，といっただけでは，建物の骨格しかできない」[50]．そしてこの前提条件を超えたところに，取り組むべき美的感性の領域が存在する．したがって建築家は，もっと広く形態と色彩を扱って仕事をしなければならない．なぜなら「修養され洗練された形態感覚をもつことは，すべての建築創造の根本的な前提条件である．それは理性によって学べるものではない」からだ[51]．そして彼は，ヴェルフリン，ゲラー，グルリットの形態主義$_{フォルマリスム}$的な主張を繰り返しながら，「建築家は形態芸術家でなければならない．新建築の道を開くのは純粋形態$_{ピュア・フォーム}$の芸術だけである」[52]と書き留めた．この新しい「純粋形態の芸術」の存在に気づく者は，まだほとんどいないと彼は感じていた．

　1898年の他の論考において，エンデルはこの思想をさらに詳説した．この論考は，

---

[48] エンデルの思想と作品については Helge David, ed., *Vom Sehen: Texte 1896-1925 über Architektur, formkunst und "Die Schönen der grossen Stadt"* (Basel: Birkhäuser, 1995); Tilmann Buddensieg, "The Early Years of August Endell: Letters to Kurt Breysig from Munich," *Art Journal* (spring 1983): pp. 41-49 を参照．
[49] August Endell, *Um die Schönheit: Eine Paraphrase über die Münchener Kunstausstellung in 1896* (Munich: Franke, 1896).
[50] August Endell, "Möglichkeit und Ziele einer neuen Architektur," *Deutsche Kunst und Dekoration* 3 (March 1898): p. 141.
[51] Ibid., p. 143. 原文は以下のとおり．"Ein ausgebildetes verfeinertes Formgefühl ist die Grundvoraussetzung alles architektonischen Schaffens, und das kann man nicht intellektuell erlernen."
[52] Ibid., p. 144. 原文は以下のとおり．"Der Architekt muss Formkünstler sein, nur durch die reine Formkunst führt der Weg zu einer neuen Architektur."

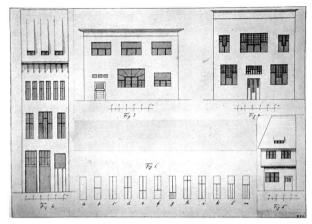

70 アウグスト・エンデル「形態の美しさと装飾芸術」("Formenschönheit und dekorative Kunst") 中の図版.『装飾芸術』(Dekorative Kunst, vol. 2, 1908) より.

窓のある4つの立面が書かれた1枚の図面を中心に組み立てられているが,ニコラウス・ペヴスナーも指摘しているように,これらは1920年代のドイツの住宅デザインと「日付を間違えそうな」ほど「驚くほど類似していた」(図70)[53].エンデルがこの論考で目論んだのは,窓やマリオンの形状を変えるだけで感情移入の感動はまるで変わるということの実証である.彼の論によれば,図中 fig.2 の開口部は「緊張と速いテンポ」を示し,図中 fig.3 の開口部は「低緊張と遅いテンポ」を有している[54].この語り方の例から,エンデルの分析の興味深い点が指摘できる.それはつまり,形態を抽象的に分析することに対する彼の好みである.彼は同時代のユーゲント・シュティール派の大半が行ったような,自然主義的な分析は行わなかったのである.彼は,形状(シェイプ),色彩,プロポーション,空間の関係性だけを問題とする形態心理学を開発しようとしていたのだ.ところが彼には,自らの理論を説得力をもって実践へと変換する能力に生涯を通じて欠けていたのだった.

かくしてエンデルの取り組みは,世紀の変わり目頃に,ベルギー人のアンリ・ヴァン・ド・ヴェルド (Henry van de Verde, 1863-1957) の取り組みによって追い越された.彼もまた複雑な人物であったが,この時期に最も成功した芸術家のひとりであ

---

[53] Nikolaus Pevsner, *Pioneers of Modern Design: From William Morris to Walter Gropius* (Harmondsworth, England: Penguin, 1968), pp. 194-5.〔白石博三訳『モダン・デザインの展開——モリスからグロピウスまで』みすず書房,1957年〕.

[54] August Endell, "Formenschönheit und decorative Kunst,"(*Dekorative Kunst* 2 (1898), pp. 119-25. 所収)を参照.

Chapter 10 モダニズム 1889-1914

る[55]．なおベルギー自体は，それまで長らく新芸術の重要な中心地だった．1881 年には雑誌『現代芸術』（*L'Art Moderne*）が創刊され，その 3 年後に同誌は「新芸術（アール・ヌーヴォー）」を声高に求めた[56]．また 1883 年には，自作の発表の場を求めた前衛画家 20 人が，史上初の分離派（ゼツェッション）である「レ・ヴァン」を結成した．そしてそれからの 10 年というもの，彼らの展覧会は，ジョルジュ・スーラ，ポール・ゴーギャン，ウォルター・クレインといった同時代の芸術家たちの作品を取り上げ，ヨーロッパ美術界の最前線に立っていた．ところがそれと同時に，この組織はますます過激化していき，社会主義と無政府主義の推進に傾倒していった．そしてついに，1893 年の解体を迎えた．

アントワープ出身のヴァン・ド・ヴェルドは，二度目のパリ滞在後ベルギーに戻って間もない 1888 年にレ・ヴァンに参加した．画家としての彼はフィンセント・ファン・ゴッホやスーラから大きな影響を受けていたが，1890 年頃，彼は絵画分野のエリート主義に不満を募らせ，装飾芸術に方向転換した．そして 1892 年のレ・ヴァンの展示には刺繍作品を出品し，その同年にイギリスのアーツ・アンド・クラフツ運動とウィリアム・モリスを意識するようになる．1893 年にはアントワープ・アカデミーで教鞭を執り始めたが，ここでの授業はイギリス・モデルに従って組まれたものだった．それ以後の数年間，彼はさまざまな講義や論考の中で諸芸術の分裂を非難した．彼にとってそれは，より大きな社会的分裂あるいは階級的分裂のあらわれだった．かくして彼は，より大きな倫理的・社会的問題の観点から芸術改革を捉えるようになった[57]．

しかし 1895 年，ヴァン・ド・ヴェルドは家具デザインと建築に関心を移し，ブリュッセル近郊のウックルに自身の「コテージ」を建て始めた．石材，煉瓦，木材，漆喰でできた，どことなく田舎風の住宅において，ヴァン・ド・ヴェルドは初めて建築と自然と装飾芸術の統合を試みたのだった．この家には完成前からジークフリート・ビングやユリウス・マイヤー＝グレーフェが訪れ，内装を見て回った．するとその

---

[55] ヴァン・ド・ヴェルドの生涯と作品については Dieter Dolgner, *Henry van de Velde in Weimar, 1902-1917: Kunstführer* (Weimar: Verlage und Datenbank für Geisteswissenschaften, 1997); Steven Jacobs, *Henry van de Velde* (Louvain: Van Halewyck, 1996); Klaus-Jürgen Sembach und Birgit Schulte, eds., *Henry van de Velde: Ein europäischer Kunstler in seiner Zeit* (Cologne: Wienand Verlag, 1992); Klaus-Jürgen Sembach, *Henry van de Velde* (New York: Rizzoli, 1989) を参照．

[56] Amy F. Ogata, *Art Nouveau and the Social Vision of Modern Living* (New York: Cambridge University Press, 2001), p.5 には，ベルギー国内におけるこの概念の成立および使用法がよくまとまっている．

[57] ヴァン・ド・ヴェルドの初期の著作には，*Cours d'arts d'industrie et d'ornementation* (Brussels: Moreau, 1894), *Deblaiement d'art* (Brussels: Vve Monnom, 1894), *Apercus en vue d'une synthese d'art* (Brussels: Vve Monnom, 1895) などがある．

後，ビングはヴァン・ド・ヴェルドをパリに招き，自身の新店舗「メゾン・ド・アール・ヌーヴォー」(Maison de L'Art Nouveau, 1895年末開店) の3部屋をデザインさせた．また，ヴァン・ド・ヴェルドの作品に関する批評記事は，1897年に内装デザインを手がけたドレスデン博覧会の開催国ドイツでも多く書かれた[58]．そしてその2年後，(マイヤー＝グレーフェによって「天才」の異名をほしいままにした) ヴァン・ド・ヴェルドはベルリンに移って地歩を固めながら，ますます建築に傾倒していった．

そして彼は，ドイツに移って間もなくたて続けに書籍を出版し，それらを通じて自身のデザイン理論を公にしたのだった．その第1作である『現代工芸復興論』(*Die Renaissance im modernen Kunstgewerbe*, 1901) では，彼はまず，新しいムーブメントの顛末を語った．それがパリのビングの店から始まったというのは，彼にとって好都合だった．また彼によれば，このムーブメントの前史として下地をつくったのはラスキン，モリス，クレインの思想であり，またヴィオ＝ル＝デュクの著作群だった．しかしここでさらに興味深いのは，彼がこの新しいムーブメントをリアリズムと自然主義の軌跡に位置づけたことである．リアリズムと自然主義はどちらも，色彩，線，造形といった根源的な質に目を向け，芸術から象徴性を剥ぎ取り，これによって芸術と過去との歴史的関係を断ち切った．ヴァン・ド・ヴェルドの言葉によると，「芸術家にとってのリアリズムおよび自然主義とは，生命の再発見と生命への回帰を意味している」[59]．

「新しい装飾」の概念もまた，彼の理論の中核をなすものである．彼はそれを，完全にリアリスト的な用語で定義した．「私は一種の，ある装飾を創造したいと思いました．それは，芸術家の恣意的な想像力にはもはや，わずかに機関車，鉄橋，ホールを設計するエンジニアがまかせられるほどの自由しか許されない装飾です」[60]．彼の言及は明らかに応用芸術に対するものではない．彼はむしろ，「もの」自体に内在する，線や色彩の調和やバランスに対して言及しているのである．「我々の近代的建造物は，目的以上の意味をもたない．我々の駅や我々の蒸気船，我々の橋，我々の鉄塔

---

[58] *Dekorative Kunst* (vol. 3, 1898-9) の特別号にマイヤー＝グレーフェが寄稿したヴァン・ド・ヴェルド論を参照のこと．

[59] Henry van de Velde, *Die Renaissance im modernen Kunstgewerbe* (Berlin: Bruno & Paul Cassirer, 1901), p.43. 原文は以下のとおり．"Realismus und Naturalismus bedeuten für die Künstler ein Wiederzurückfinden zum Leben."

[60] Ibid., p. 97. 原文は以下のとおり．"Ich habe eine Form der Ornmentik aufstellen wollen, welche der Willkür der Künstlerphantasie nicht mehr frei die Zügel schiessen liess, ebensowenig wie dies einem Ingenieur für die äussere Form einer locomotive, einer eisernen Brücke oder einer Halle verstaltet wäre."

には，隠れた意味などないのだ」[61].

　また，その後間もなく出版された別の論考での彼は，新様式が必要とするのはただ2つの原理のみである，と主張している．それは，「理性」とその所産，すなわち「論理」である．彼はここでもエンジニアの作品（機関車，橋，ガラスのホール）を示し，これらの構造が新たな近代性のモデルとして重要だと語った．「エンジニアは新様式の始まりに立ち，論理という原理がエンジニアの土台となる」のである[62]．そして彼は建築美を「手段と目的の完全なる一致」ときわめて単純に定義した後，新様式の別の誘発因としてシュヴルイユとヘルムホルツの知覚理論を挙げた[63]．ここで彼は，感情移入(エンパシー)理論の問題と，それが新芸術に対してもつ重要性に立ち返った．「線とは，すべての基本的な力と同様の能動的な力である．線をいくつか引き合わせれば，それらは基本的な力をいくつか引き合わせたときと同じように反応し合う．この事実は極めて重要だ．この事実は新しい装飾のシステムの基本だが，唯一の原理ではない」[64]．そして線のエネルギーとは，知覚プロセスの中で目が使ったエネルギーを感情移入(エンパシー)で転移させたものである．ヴァン・ド・ヴェルドは実際にそう語っている．また彼によれば，デザイナーの役割とは，これらの潜在的に感情移入(エンパセティック)的な線に調和をもたらすことである．デザイナーとは実質的に，機能的で，能動的で，抽象的な形態の指揮者なのである．

　新世紀が始まってからの10年間，ヴァン・ド・ヴェルドはこの思想をずっと発展させ続けた．しかしそこで，その合理主義者的で感情移入(エンパセティック)論的な理論と，彼個人のけばけばしい表現様式のあいだの折り合いをつけることが難しくなった．実際，彼のデザインアプローチには，メゾン・ド・アール・ヌーヴォーの喫煙室（1895）やベルリンのハヴァナ・カンパニーの店舗（1899）からハーゲンのフォルクヴァンク美術館（1901）の非常に控えめで目立たない内装に至るまでに大きな転換があった．そして1904年頃の彼はもはや，（ヴァイマール応用芸術美術館やヴァイマール劇場によって）歴史的様式を暗示するものをすべて振りきり，建築の足場を完全に抽象に置いて

---

[61] Ibid., p. 100. 原文は以下のとおり．"Unsere modernen Bauten haben keine andere Bedeutung als ihren Zweck. Unsere Bahnhöfe, unsere Dampfboote, unsere Brücken, unsere Türme von Eisen haben keineswegs den geheimen Sinn..."

[62] Henry van de Velde, "Principielle Erklärungen," p. 172. *Kunstgewerbliche Laienpredigten* (Leipzig: Hermann Seemann, 1902) 所収．原文は以下のとおり．"Der Ingenieure stehen am Beginn des neuen Stils, und das Prinzip der Logik ist seine Basis."

[63] Ibid., pp. 175, 187.

[64] Ibid., p. 188. 原文は以下のとおり．"Eine Linie ist eine Kraft, die ähnlich wie alle elementaren Kräfte tätig ist; mehrere in Verbindung gebrachte, sich aber widerstrebende Linien bewirken dasselbe, wie mehrere gegeneinander wirkende elementare Kräfte. Diese Wahrheit ist entscheidend, sie is die Basis der neuen Ornamentik, aber nicht ihr einziges Prinzip."

いた．その一方で同時に，彼の曲線好みや有機的な線好みと，鉄塔，鉄橋，大展示ホールに彼が見出した強制力の強い論理のあいだにも，折り合いはついていなかった．これには同時代人の多くも気づいており，その整合性のなさから彼を非難した．1890年代後半，ヴァン・ド・ヴェルドの最も声高な支持者のユリウス・マイヤー＝グレーフェも，1901年，アレクサンデル・シュレーダーがミュンヘンに設計したアルフレート・ヴァルター・ハイメル・アパートメントの批評記事の中で，ヴァン・ド・ヴェルドの問題に触れている．彼は，この建物の内装が好ましいのは，まさしくそれらに「ベルギーの線」がないからである，と語った．すなわち，

> 昨今のムーブメントを率いている芸術家の大半がいっていることを真に受けることはない．ふさわしい環境を創造するためには，はてしなく深遠な芸術も必要なければ，「是が非でものモダニズム」もたいして必要ではないのだ．このシンプルな解法をみれば，彼らも残らず多くを学ぶことだろう．特に，いかに芸術を行使せずとも芸術家でいられるのだという，近代的原理の珠玉を[65]．

ヴァン・ド・ヴェルドの問題とは，初めアール・ヌーヴォーのデザイナーとして有名になってしまったということ，そして，1901年以降，再び巷の建築観が転換してしまった後でも，過去の栄光を忘れられずにいたということであった．

——— 4 ———
オルブリヒ，ホフマン，ロース

ヴァン・ド・ヴェルドに見られる合理主義理論と実践のあいだの分裂は，世紀末のウィーンにも顕在化していた．確かに，ヴァーグナーが構築的リアリズムを支持したことによってもたらされたものは，建築が歴史的過去と断絶するための理論的枠組みである．しかしこのテーマに関しては，また別の捉え方もある．事実，1896年頃に

---

[65] J. Meier-Graefe, "Ein modernes Milieu." *Dekorative Kunst* 4 (1901): pp. 262-4. 原文は以下のとおり．
"Hier wurde der Nachweis geliefert, dass es nicht so unendlich liefer Künste und auch nicht so sehr des *A tout prix*-Modernismus bedarf, um ein anständiges Milieu zu schaffen, as das Prestige des meisten führenden Künstler unserer Bewegung glauben lassen möchte. Sie all ohne Ausnahme können an dieser einfachen Lösung viel lernen, vor allem das beste der modernen Prinzipien, dass man nicht wenig genug Kunst anwenden kann, um Künstler zu sein."

ヴァーグナーの作品にも理論と実践の矛盾が見られた．当時にあっては，リアリズムと芸術のあいだに適切な架け橋を見つけることは難しかったのである．そして，これがウィーン分離派（ゼツェッション）の時代（そしてヴァーグナー自身が分離派（ゼツェッション）段階だった時期）だったという事実が問題をさらに複雑にしている．それ以前のヴァーグナーの経歴からすれば，分離派（ゼツェッション）は彼のデザイン観に変化を促したと見られがちである．ところが，彼と分離派との接触は，彼の思考を進歩させていたのではなく，むしろ阻害していたと考える方が妥当だと思われる．

　ウィーン分離派（ゼツェッション）は行政上の争いに個人攻撃が重なった中から生まれたものであり，この点において他の類似した運動とはその出自を異にしている．まず1861年，ウィーンの行政融資プロジェクトで美術品制作を依頼する際，そのすべてはウィーン造形芸術家組合の承認が必要であった．1890年代初頭までには組織内部の分裂はすでに明白であった．国家公認の局はもともと保守的な傾向にあり，評価の定まった芸術家や様式を好んだが，ヘルマン・バールやグスタフ・クリムトといったウィーンの芸術家がヨーロッパ情勢と歩調を合わせ，自らのスタイルを変え始めた．そして，これらのムーブメントと足並みをそろえた若手芸術家たちも急速な変革を求めた．かくして組合の方向性を巡る衝突は不可避のものとなり，1897年4月にクリムトがオーストリア造形芸術家連盟を組織したとき，行政クーデターというかたちでそれが現実化した．クリムトはこれを組合内部の下位集団とするつもりだったが，既成団体からの反応は冷淡なものであり，両者は5月に正式に絶縁することとなった．

　ヴァーグナーはこの論争の中心にいながら両方向に傾斜していた．彼は一方で組合との付き合いから長年多くの依頼を受けており，この分裂期にも組織内の重要な委員会で委員を務めていた．他方で，芸術家としての彼は変革に賛同しており，この意味で彼は新情勢と共同歩調をとっていた．こうしてヴァーグナーは実際，1899年に分離派（ゼツェッション）に加入した．しかし彼はすぐにその行動を後悔したようだった．なぜなら，それは彼が設計した市立博物館のデザイン論争に油を注ぐだけだったのである．確かに，新美術アカデミーのプロポーザル（1897）などは，すべての分離派（ゼツェッション）的幻想作品の中でも最もバロック的なものに数えることができるかもしれない．このようなわけで，ヴァーグナーについて「分離派（ゼツェッション）様式」の話をすることには困難が伴うのである．実際，ヴァーグナーがヴィーンツァイレのアパートメントなどに応用した分離派（ゼツェッション）的装飾は，ほぼ確実に若い所員の作品である．ヴァーグナーが後期の合理的形態に移行するのは，この芸術家的な「入れ墨（タトゥー）」（後のアドルフ・ロースの表現）を剥がしてからのことである．

　また，同様の二項対立は，ヴァーグナーの2人の若き同僚，ヨーゼフ・マリア・オ

4―オルブリヒ，ホフマン，ロース

ルブリヒ（Joseph Maria Olbrich, 1867-1907）とヨーゼフ・ホフマン（Joseph Hoffmann, 1870-1956）の作品にも明らかである．オルブリヒはウィーン美術アカデミーに通ったが，彼が学んだのはヴァーグナーではなく，その前任者のカール・ハーゼナウアー教授である[66]．また，彼がそれ以前にカミロ・ジッテ校長時代のウィーン応用芸術学校で装飾教育を受けていたことも等しく重要である．そして1894年に南方旅行から戻ったオルブリヒはヴァーグナーのオフィスに入所し，4年間在籍した中で主に都市高速鉄道建築（シュタットバーン）の設計を手伝った．その当時の初期のコンペティション用デザインが証明しているように，彼は師のスタイルを他の誰よりも吸収した．彼は分離派館（ゼツェッション）（1898）（これは1890年代のヨーロッパで最も広く宣伝された建物だろう）で大成功をおさめたが，これは展示室の比較的直截な表現と，理想主義を高らかに（金色に）掲げたことから，呼ばれるべくして「ヴァーグナー主義」と呼ばれた．しかし，オルブリヒ自身はそのわずかに傾いたキュービックな形態を新たな近代様式の象徴だとは見做しておらず，むしろ，その中では「ただ自身の感動の音を聴き，冷たい壁の中で硬化した，自身の温かき感性を見ることのみを欲する」，原始かつ久遠の芸術の殿堂だと考えていた[67]．

ところがこの青年らしい熱狂ぶりと，神秘主義とでもいうべき想像力の横溢ぶりの反面，彼には自らのデザイン感覚を基礎づけるべき論理的根拠がなかった．かくしてウックル，パリ，ミュンヘン，グラスゴーの先例にならい，その後数年間の彼の作品は主として（悪い意味で）インテリア装飾に限られることとなった．1900年のパリ博覧会に彼がデザインしたいくつかの部屋も，展示されたすべてのものの中でも，おそらく最も装飾が過剰な，自然模倣的ではなはだ威圧的なものだった．こうして，ヴァーグナーが彼のために探していたウィーンの教職の口を獲得し損ねると，彼は1899年にエルンスト・ルートヴィヒ大公からの招待を受け入れ，ダルムシュタット芸術家コロニーに加わり，短い人生の最後の時期を，神秘的な目的のためにカルトな幻想追及に費やした．理論の観点からすれば，この「無名の」預言者が，自ら設計したエルンスト・ルートヴィヒ館の階段を降り，このコロニーの開村式を始めた頃にはもはや，彼のデザインは意味のないものとなってしまっていた．結局，その修道院じみた虚飾もろとも，ダルムシュタットの実験は短命だった．それは，オルブリヒとヴ

---

[66] オルブリヒに関しては Joseph August Lux, *Joseph M. Olbrich: Ein Monographie* (Berlin: Wasmuth, 1919)．Ian Latham, *Joseph Marie Olbrich* (New York: Rizzoli, 1980); Robert Judson Clark, "Joseph Maria Olbrich and Vienna" (Ph.D. diss., Princeton University, 1973) を参照．

[67] Joseph M. Olbrich, "Das Haus der Secession," *Der Architekt* 5 (1899): p. 5. 原文は以下のとおり．
"Nein, nur meine eigene Empfindung wollte ich in Klang hören, mein warmes Fühlen in kalten Mauern erstarrt sehen."

ァン・ド・ヴェルドが抱いたニーチェ崇拝にも同じことがいえる．しかしこれは，オルブリヒの素晴らしい才能，および1907年に没するまで彼が広範囲に及ぼした影響に異議を唱えるものではない．

　ホフマンはここまで極端ではなかったが，別の観点から見れば，彼もまた分離派(ゼツェッション)の出来の悪い継子となった人物である[68]．1895年に美術アカデミーのゴールドメダルを勝ち取り南方旅行をした彼は，帰国後にヴァーグナーの事務所に入った．1900年のパリ博覧会で彼がデザインした部屋は，芸術家気取りで見た目にもけばけばしく，オルブリヒの室内装飾と競い合っていた．しかし，その後数年のあいだに彼のスタイルは突然，欧州各地の新情勢と足並みをそろえて単純化される．1903年，彼はコロマン・モーザーおよびフリッツ・ヴェルンドルファーと合流しウィーン工房を設立する．これはイギリスのものと似た，さらなるアーツ・アンド・クラフツ的ギルド創設の試みだった．ただしこの両者には，根本的な構想にいくつかの重要な相違があった．それは何よりもまず，少なくとも初期のウィーン工房が，新たな近代性美学（平坦な表層，明快な線）に深く関わっていたことである．

　彼がプルカースドルフ・サナトリウムの依頼を受けたのも1903年のことだった[69]．これは間違いなく，彼が手がけた建築の中でも最高の業績である．サナトリウムというアイディア自体は，当時「神経障害」の革新的治療方法を開発していた著名な精神医学者，リヒャルト・フォン・クラフト＝エビングとアントン・レーヴのものだった．ホフマンは，郵便貯金局の直後に続くかたちで，ヴァーグナー風のデザインをもってこれに応じ，いくつかの点で師を凌ぐこととなった．陸屋根やキュービックな純粋性をもち，漸進的に変化のついたこの長方形建物が20世紀の歴史家をひきつける点は，その「モダニズム性」である．しかしこの作品のもつ創造性や細部への配慮は，その呼称をおよそ凌駕するものである．この設計の主題は，ヴァーグナーが『近代建築』で強調したもうひとつの問題，すなわち「衛生」である．この建物はさまざまな神経症を患う患者のための地方療養施設であり，彼らの治療のためには，日光，新鮮な空気，電気水浴療法などが必要であるとされた．主要ファサードの窓の配置手法は数年前にエンデルが描いたファサードスタディの配置手法と不気味なほど似ているが，この両者はほぼ間違いなく同時期に描かれたものだった．ホフマンがプルカー

---

[68] ヨーゼフ・ホフマンの主要作品については Eduard F. Sekler, *Josef Hoffmann: The Architectural Work, Monograph and Catalogue of Works*, trans. John Maas (Princeton: Princeton University Press, 1985) が有名である．

[69] プルカースドルフ・サナトリウムの成立背景や詳細情報については，Leslie Topp, *Architecture, Truth and Society in Vienna, 1898-1912* (New York: Cambridge University Press, 2002) の，この建物に関して書かれた章に詳しい．

スドルフで達成したものを,同時期のある批評家は「即物的な事実陳述性」（ザッハリヒカイト）であると語った.それはすなわち,実用的で,（電気を用い）十分に明るい,合理的で衛生的な設計のことであり,そして何よりもまず,近代性精神が浸透した設計のことである[70].ところが不幸にも,このサナトリウムは,ホフマンの長いキャリアの中でも最後の成功作のひとつとなった.ストックレー邸（ブリュッセル,1905-11）のデザインを例にとっても,そこにはプルカースドルフの時のような強制力をもつ建築的必然性や建築形態がない.1910 年代になる頃のホフマンは,ピラスター様式とでも呼び得る,大きな屋根の載った,重たく,分厚い,ずんぐりした造形にのめりこんでしまっていた.

1903 年頃のホフマンの作風の変化は,同じモラヴィア人であり,後の論敵でもあるアドルフ・ロース（Adolf Loos, 1870-1933）とカフェで交わした激論からも何らかの影響があったように思われる[71].1900 年頃のロースは,建築家としての影響力は乏しかったものの,論客および評論家としては間違いなく重要人物だった.彼はブルノ（現在のチェコ共和国内）に生まれ,ボヘミア州立大学とドレスデン工科学校で教育を受けた（1890-93）.これは 2 つの理由から重要である.そのひとつはドレスデンのゼンパー的伝統から逃れることができなかったということであり,もうひとつは,ウィーン美術アカデミーに通わなかったために,ハプスブルク帝国の官僚制の中の高い政府役職につく可能性がなかったことである.ウィーンでの彼は,「よそ者」（アウトサイダー）で居続けるほかなかったのである.一方,アメリカ時代の 3 年間では,彼はフィラデルフィアにいる叔父を訪ね,ニューヨーク,セントルイス,シカゴ,1893 年のコロンビア博覧会の建築現場などで雑用をこなした.彼は後にアメリカの話題やホイットマン的「民主主義」概念の話題を自身の論争に活かしもしたが,この海外生活が彼の建築観にどのような衝撃をもたらしたか,ということについては評価が難しい.ただし,彼が同僚よりも遥かに鋭い筆でそうした話題を扱うようになるのは,1896 年に帰国し,ウィーンに住み始めてからのことであった.

彼のウィーン生活は,順調な滑り出しとはいかなかった.当初彼は分離派（ゼツェッション）サークルにひきつけられており,1898 年には彼らの機関誌『聖なる春』（*Ver Sacrum*）に 2

---

[70] 1905 年,ヨーゼフ・A・ルクスは「サナトリウム」("Sanatorium," *Hohe Warte* 1 (1904-5)）と題する記事の中で,この作品は「即物的事実」("*sacheliche Selbstverständlichkeit*", p. 407）に導かれていると評した.これ以外の反応については Topp, *Architecture, Truth and Society in Vienna* を参照のこと.

[71] ロースに関する最も包括的な伝記は Burkhard Rukschcio and Roland Schachel, *Adolf Loos: Leben und Werk* (Vienna: Residenz Verlag, 1982) である.英語では Benedetto Gravagnuolo, *Adolf Loos: Theory and Works* (New York: Rizzoli, 1982) と *The Architecture of Adolf Loos* (London: Arts Council Exhibition, 1985) がある.

Chapter 10 モダニズム 1889-1914 477

つの記事まで寄稿している．そのひとつである「ポチョムキンの都市」での彼は，皮肉たっぷりに，リンクシュトラーセの歴史主義建築を，女帝エカテリーナを騙すためにグリゴリー・ポチョムキンがクリミアにつくったとされる，キャンヴァスとボール紙の村になぞらえている．時に毒舌ともなる嘲笑的なロース節はこの論考時点ですでに顕在化しているが，およそ時を同じくしてこれに惚れ込んだのが，モラヴィアの同志で 1899 年 4 月に風刺雑誌『光明』（*Die Fackel*）を創刊した，批評家のカール・クラウスだった．なお，ロースが分離派(ゼツェッション)あるいは特にホフマン個人と仲違い（おそらく，ロースが分離派(ゼツェッション)館で展示することをホフマンが拒んだため）したのは，これに先立つ出来事だった．ロースはホフマン作品の批判記事をいくつか発表しているが，その最初のものは 1898 年末である．同記事中，ロースは「私にとっては伝統こそがすべてであり，想像力の自由統治など二の次だ」[72]と指摘した上で，彼は「その方向性に最も強く反対する」者であると公言している．また，「建設芸術における新旧の方向性」（"Die alte und die neue Richtung in der Baukunst"）と題する 1898 年の別の論考では，彼は自身の真情をさらに披歴し，未来の建築家は（以下の順に）まず古典主義者であり，次に近代人であり，次に紳士でなければならないと断じた[73]．

1898 年の春から夏にかけて，ロースはウィーンの主力紙『自由新報』（*Neue Freie Presse*）に雇われ，ウィーン革命 50 周年展の批評記事を書いた．頭脳明晰，異論紛々のこの記事は，愉快この上ないものであり，彼はこれを機会に，分離派(ゼツェッション)やアール・ヌーヴォー，オーストリア文化全般に対する蔑みの念を一気に爆発させている．この新聞記事は，男性ファッション，家具，乗り物，下着といった話題を網羅しながら，哲学の話に脱線することもしばしばだった．室内配管設備に関する記事ではオーストリア人の入浴習慣（すなわち入浴しない習慣）を痛烈に批判し，国を挙げて清潔の基準を引き上げなければならないと呼びかけた．「なぜなら，イギリス人に経済的な遅れをとらずにいられるのは水の利用でイギリス人に匹敵する国民だけ，世界支配でイギリス人を追い抜けるのは水の利用でイギリス人を凌ぐ国民だけだからだ」[74]．

---

[72] Adolf Loos, "Ein wiener Architekt" *Dekorative Kunst*, 11 (1898). 同記事は Adolf Loos, *Die potemkinsche Stadt* (Vienna: Georg Prachner Verlag, 1983) に再録されており，引用はこの 53 ページより．原文は以下のとおり．"Für mich ist die Tradition alles, das freie Walten der Phantasie kommt bei mir erst in zweiter Linie."

[73] Adolf Loos, "Die Alt und die neue Richtung in der Baukunst," *Der Architekt* 4 (1898): pp. 31-2（Loos, *Die potemkin selie Stadt*, pp. 62-8 に再録）．

[74] Adolf Loos, "Die Plumber." *Ins Leere gesprochen: 1897-1900* (Vienna, Georg Prachner, 1981; originally published in 1931), pp. 105-6 に所収．引用部は *Plumbing: Sounding Modern Architecture*, ed. Nadir Lahiji & D. S. Friedman (New York: Princeton Architectural Press, 1997) 所収の筆者訳 "Plumbers" 18 ページより．〔加藤淳訳「配管工」，『虚空へ向けて―アドルフ・ロース著作集』アセテート，2012 年〕．

そして履物に関する記事では「より高度に成長した文化をもつ国民は，進歩の遅い国の国民よりも速く歩く」との所見を披歴し，建材に関する記事ではイギリス人は自国の壁紙をオーストリアに輸出しているという．しかし「お生憎さま．彼らにも家まるまる1軒を送ることはできない」[75]．そして女性ファッションの批評記事は，責めを受けている男と女，ぴしゃりと鳴る鞭といった淫欲のイメージ（そしてもちろんマルキ・ド・サドのことも）を冒頭で語っているが，それが実は，女性がズボンを穿ける権利や，女性のための経済的機会均等を求めるための前置きとなっていた[76]．

ロース初期の文学的傑作には他に，分離派(ゼツェッション)批判をヴァン・ド・ヴェルドのアール・ヌーヴォーにまで広げた「金持ちゆえに，不幸になった男の話」(1900)なる長広舌がある[77]．それはすべてを手にした男の話である．その男がある日友人から，しかしお前は「芸術」に対する関心はもっていないだろう，と警告される．そこで彼は建築家を雇って自宅の内装を改めさせ，建築家は壁，絨毯，家具，衣服から，はてはコーヒーテーブルの上のマッチ箱の位置に至るまで，すべてのアイテムをコーディネートした．その後，彼は誕生日に妻と子供からプレゼントをもらった．ところが，その喜びも束の間，次に建築家が現れ，彼が寝室用にデザインされたスリッパを居間で履いているのを見つけて愕然とした．かくして，この建築家がそのプレゼントを捨てさせたのはいわずもがなである．そのとき芸術は，彼の生活を不幸な，しかし「完璧な」ものとした．

ロースがその風刺のきいた横柄な語り口を極めたのは，『他者(ダス・アンデレ)：オーストリアに西欧文化を導入するための新聞』(*Das Andere: Ein Blatt zur Einführung abendländischer Kultur in Österreich*) という皮肉なタイトルの新聞（わずかに2号のみの発行）を創刊した1903年であるとみて間違いない（図71）[78]．この新聞にはエチケットに関する定期コラムが掲載されていたが，彼にそのような機関紙を立ち上げさせたのは，おそらく同国人のテーブルマナーの悪さだったのだろう．彼の予告では，今後の号では祝宴での振る舞い方や表敬訪問での正しい礼儀作法，招待状での正しい言葉遣いなどの差し迫った問題が扱われることになっていた．彼が建築家であり批評家でもあったということからは，サミュエル・ベケットの『ゴドーを待ちながら』

---

[75] Adolf Loos, "Building Materials." *Spoken into die Void: Collected Essays 1897-1900*, trans. Jane O. Newman and John H. Smith (Cambridge: M.I.T. Press, 1982), p. 65.〔加藤淳訳「建築材料」，『虚空へ向けて——アドルフ・ロース著作集』〕.

[76] Ibid., pp. 99-103.

[77] Ibid., pp. 124-7.

[78] Adolf Loos, *Das Andere: Ein Blatt zur Einführung abendländischer Kultur in Österreich* (Vienna: Verlag Kunst, 1903).

（*Waiting for Godot*）が思い起こされる．そのオリジナル版（フランス語）では，口論をエスカレートさせ口汚く罵り合う中，エストラゴンが「建築家〔アルシテクト〕」という言葉でウラディミールを黙らせる．しかし，この劇をベケットが英訳した際には，この箇所は「批評家〔クリティック〕」と翻訳された．

初期のロースがこれだけ多く執筆できたのは，設計の機会が少なかったからである．彼が最初に受けた依頼のひとつに，分離派〔ゼツェッション〕的特質がなく，カットガラス，上質な木材，真鍮建具のシンプルな利用で有名なゴルトマン＆ザラチュ紳士服店の内装（1898）がある．また，いみじくも分離派〔ゼツェッション〕館の近くに位置するカフェ・ムゼウムの内装計画（1899）も初期の成功例である．

71 アドルフ・ロース『他者〔ダス・アンデレ〕：オーストリアに西欧文化を導入するための新聞』（*Das Andere: Ein Blatt zur Einfuehrung abendlaendischer Kultur in Oesterreich*, 1903）の第1号表紙．

このカフェは，外部は装飾なしの白漆喰のみであり，内部もまた，マホガニーの腰羽目だけの壁，真鍮の帯（電線用導管），吊られた照明器具，鏡，トーネット・チェアにまで還元されている．その装飾のなさからこのカフェはたちまち「カフェ・ニヒリズム」の称号を獲得し，作家や芸術家のお気に入りのたまり場となった．

ロースは新世紀が始まってからの10年間に多くのアパートメントの内装を手がけた．しかし，それらの質はまちまちであり，それと同時に，その大半にはこれといった特徴がなかった．そうした中でおそらく最も興味深いのは，精神科医テオドア・ベーアのために設計した，レマン湖岸の「ヴィラ・カルマ」（1904-06）である．4本のドリス柱が支える古典主義的なポーチをもつエントランスこそ備えていたものの，白漆喰を塗っただけのその殺風景な外観は，地元の建設担当の役人との衝突のもととなったが，どうにか建設にこぎつけることができた．一方，鮮やかなポリクロームをもつ（斑入りの大理石，金のモザイク，ディテールの見事な木材の壁板張りからなる）インテリアは，反装飾主義としてのロースのイメージとは明らかに矛盾している．そのデザイン全体が胚胎しているのは，私的な幻想と神秘感覚である．ロースはこの建物を完成させなかったが，これはベーアの「性的嫌がらせ」のせいであったかもしれ

ない。ロースはそれが原因でその国から逃れたのだった。

　ヴィラ・カルマは、彼の初期作品の中で最も視覚的に魅力的なものである。しかし彼の作品の中で最も有名なのが、いわゆるロースハウス（ウィーン、1909-10）であることは間違いない。自分が設計した建物の通称に自身の名前がつけられた建築家など、そうはいない。この建物の建設を巡る論争は、まず、その立地がホーフブルク宮殿のバロック門の外にある重要な都市広場に位置するために起こった。そしてもうひとつは、この建物を条例局と市議会に認めさせた際の詐術のためである[79]。この建物のオーナー（衣料品会社のゴルトマン＆ザラチュ）は 1909 年夏の指名コンペティションにロースを招待するが、彼は一度これを断った。それにもかかわらず、最終的に設計依頼を受けた。ただし彼には、建築家エルンスト・エプシュタインと共同設計をする義務があった（事実エプシュタインも書類にサインをしている）。そこで、ロースは徐々に計画を進めながら、エプシュタインは 1910 年 3 月作成の歴史主義的ファサードのドローイングを表向き準備しておき、建築許可証はこのエプシュタイン案に基づき発行された。その 3 ヶ月後、ロースはこのデザインに変更を加え、上階の 4 層すべてに雷文状の水平帯が現れた。9 月までは、すべてが順調に進んでいた。足場と帆布覆いが外され、上層階の無地の白漆喰仕上げがあらわになるその時までは。同月、市議会は集会を開くと、何十人もの怒れる市民が詰め寄ってこの狼藉を咎めたてた。現場にも人が集まり建物を見物した（この時にはまだ、下層の大理石パネルは取り付けられていなかった）。ここでロースは時間を要求し、新しいファサードを案出するために翌年 6 月までの猶予が与えられた。しかしロースとエプシュタインは 1910 年 5 月まで成り行きを見守り、その時になって新しいデザインのコンペティションを告知するが、結局それは実現することなく、7 月にロースが壁にフラワーボックスを付けるという提案をした。議会はこの提案を拒むも、ロースはそのまま許可もなく、その建物に 5 つのフラワーボックスを取り付けた。それはちょうど、彼が神経衰弱を患う直前のことだった。事態は膠着し、12 月の議会には、事の成り行きを見届けようと、関心をもった 2,000 人もの市民が参加した。そしてさらに 3 ヶ月後、フラワーボックス増設の是非の問題は未解決のまま、議会はその既成事実を認める決定を下した。そのとき、すでにロースは世界的な有名人になっていた——クライアントをほぼ経済破綻に追い込むほどに。

　このデザインを擁護するために書かれた後期の論考の中で、ロースは、まだこの建

---

[79] Gravagnuolo, *Adolf Loos* や Rukschcio and Schachel, *Adolf Loos* では、この建物のデザインを巡る来歴が比較的詳細に語られている。

物の価値を議論する者はいるかもしれないが，この建物を田舎くさいという者はいまい，と語った．彼は「伝統的な建設方法」を優先させながら，「大都市にしか建つことのできない建物」をデザインしようとしてきたのである．しかし，実際にウィーン市にできたものは，複雑で，緻密なディテールをもつ建物だった[80]．ゴルトマン＆ザラチュが使う下の2層分は，ロースがエヴィア島（ギリシア）旅行で手に入れた雲母大理石で覆われている．この2層は，上部の4層のアパート階とも，天窓のある銅屋根の屋階ともはっきり区別できる．主要ファサードで最も目立つ造作であるエンタシスの強い4本の柱には，実際には構造的な意味はないが，ロースはそのことを示すために（極めて巧妙なやり方で）この柱を上層の窓開口のリズムからわずかにずらしており，このために外側の2本の柱が両側の窓を圧迫している．また，上部に幅広のベイウインドウを設けられるのも，この無調性造形によるものである．

エッセイストとしての彼が「装飾と犯罪」で最も知られていることに間違いはない[81]．これは1908年に書かれ，1910年1月にウィーンで初めて読まれたものであり，その執筆動機となったのはおそらく，1908年にウィーンで行われ，ホフマンも仮設展示空間を設計した装飾芸術博覧会である．ロースの建築論の論法には常に機微があるが，この論考の意地悪いユーモアの中にも真剣な議論が隠れている．しかしその議論は，時折手短かにすぎるきらいがある．まず，ロースは装飾と犯罪を同一視していない．例えば彼は，靴屋が自分の靴に伝統的なスカラップを付ける喜びを認めているが，一方で日用品に対する装飾利用を拒絶し，ベートーヴェンの交響曲の演奏者が装飾を身につけることを認めていない．彼ら個々人にとっては，装飾をもたないことが「知的な強さのしるし」となるのである．つまり，現段階の文化の進化状態では，今まで型にはまった装飾のために消耗されてきた時間と金（「今から10年後，どこかにオルブリヒの作品があるかどうかが見ものだ」[82]）が，高品質の品物や国全体の繁栄に注がれるようになっている．したがって装飾とは，経済の停滞と同義である．「文化的に遅れをとっている国に災いは降りかかる．イギリスはより裕福になり，我々はより貧しくなる」[83]．

しかし，これは建築に美的次元が欠落していることは意味しない．ロースは1898

---

[80] Adolf Loos, "Heimatkunst"（1914）参照．*Adolf Loos: Trotzdem* 1900-1930 (Vienna: Georg Prachner, 1982; originally published in 1931) 所収．なお，同論考の英訳版は *The Architecture of Adolf Loos*, pp. 110-3 に所収．

[81] Rukschcio and Schachel, *Adolf Loos*, p. 118 を参照．

[82] *The Architecture of Adolf Loos* 所収，Adolf Loos, "Ornament and Crime"（1908），p.102-3．〔伊藤哲夫訳「装飾と犯罪」，『装飾と犯罪――建築・文化論集』中央公論美術出版，2011年〕．

[83] Ibid., p. 101.

年の論考の中で(とりわけ)ゼンパーの「被覆」原理を扱っているが，ここですでに，彼はゼンパーの命題を極めて鋭く再定義していた。彼は語る。もし(本質的に装飾的)被覆製品が，それを支持するために考案された骨格構造に実際に先行していたとすれば，我々は，被覆と支持材を区別することで不定冠詞の「ある建築家たち」と定冠詞の「建築家」を見分けることができる。前者はまず安易に壁を建て，そこからうまい被覆を探し出す。ところが後者のものの見方はそれとは全く異なる。「芸術家，建築家は，はじめに生み出したい効果を感知し，そこから創造したい空間を思い描く。彼が生み出し，見る者に影響を及ぼそうとしている効果は，それが牢獄の恐怖や恐れであれ，教会での崇敬の念であれ，政府機関での国力に対する敬意であれ，墓地での信心であれ，住宅の居心地のよさであれ，酒場のにぎやかさであれ，材料と形態によって引き起こされる」[84]。

ロースハウスが議論を呼んでいた最中，1910年の秋にベルリンで行われた講義の中でも，ロースはこの思想(構築的設計に対する感情的「効果」の優位性)に立ち戻っている。ここで彼は，感情をかき立てることこそが建築家の目的なのだと断じた。「したがって，建築家はその感情の内容を正確に定義しなければならない。部屋は優しい気持ちを引き起こさなければならない。住宅は住むのに楽しくなければならない。裁判所の建物は隠れた悪を脅かす素振りを見せなければならない。銀行は，あなたのお金はここで守られていて，誠実な人々がしっかり保護していますよ，といわなければならない」[85]。これは，住宅を作ることと芸術を作ることを区別する中から導かれた一節である。彼によれば，芸術をつくるという行為は私的な事柄であり，自律的で，見る者を動転させ，革命的な——つまりは挑発的な行為である。一方，住宅をつくるという行為は，社会的で，目的をもち，利用者にとって快適で，保守的な——つまり簡単にいえば，イメージを喚起させる行為である。したがって家の壁は，人々

---

[84] *Adolf Loos: Ins Leere Gesprochen* 所収，Adolf Loos, "Das Prinzip der Bekleidung" (1898), p.140. 原文は以下のとおり。"Der künstler aber, der *architect*, fühlt zuerst die wirkung, die er hervorzubringen gedenkt, und sieht dann mit seinem geistigen auge die räume, die er schaffen will. Die wirkung, die er auf den beschauer ausüber will, sei es nun angst oder schrecken wie beim kerker; gottesfurcht wie bei der kirche; ehrfurcht vor der staatsgewalt wie beim regierungspalast; pietät wie beim grabmal; heimgefühl wie beim wohnhause; fröhlichkeit wie in der trinkstube; diese wirkung wird hervorgerufen durch das material und durch die form."〔加藤淳訳「被覆の原理」，『虚空へ向けて——アドルフ・ロース著作集』〕。

[85] *Adolf Loos: Trotzdem* 所収，Adolf Loos, "Architektur", p.102-3. 原文は以下のとおり。"Die architektur erweckt stimmungen im menschen. Die aufgabe des architekten ist es daher, diese stimmung zu präzisieren. Das zimmer muss gemütlich, das haus wohnlich aussehen. Das justizgebäude muss dem heimlichen lastere wie eine drohende gebärde erscheinen. Das bankbaus muss sagen: hier ist dein geld bei ehrlichen leuten fest und gut verwahrt."

の感情や快適感に訴えかけなければならない．「人間は，自らの快適感に仕えるすべてのものを愛する．人間は，自分を安全で安心な場所から引き離そうとするもの，自分を煩わせようとするものを憎む．かくして人間は自分の家を愛し芸術を憎むのである」[86]．

　額面どおりにロースを理解するならば，感情に立脚したロースの建築観念にとって，ゼンパーの被覆原理は（19世紀的な）理論的基礎であったばかりでなく，彼の反装飾運動の理論的根拠としても都合がよかったと考えることができるだろう．ロースはホフマンやオルブリヒによる感情移入的な「入れ墨」を，（便所の落書きにも似た）感傷行為と見做していた．彼は，そうした「エロティックな」感情の爆発はもはや近代的感性には適さないと考えていた．そして彼は，被覆素材自体を首位に据えることで，その感傷行為をより洗練された（しかし同様に感傷的な）装飾形式に置き換えたのである．当時彼がインテリアデザインで使った被覆素材には，真鍮や銅，金モザイク，床タイル，絵入りガラス，装飾漆喰，壁紙，高価な木材の壁板など，変化に富み，高価なものが多かった．また何といっても彼の設計は，色鮮やかな大理石の被覆で美しく着飾られていた．こうして，これらのすべてに絶妙なディテールが施され，最大の効果を発揮するのである．ホフマンとオルブリヒは，上からの高等芸術を工芸に押しつけようとした．一方のロースは，自らのクラフトマンシップを被覆に賭けた．石屋の息子ロースは，同世代で大理石の切り方を知る建築家の誰よりも，自らの大理石被覆を薄く（継ぎ目の石目をよく考えて）切る方法を知っていた．それらは装飾的な被覆のためのものであり，彼の目的のためには，この石は紙のように薄くてもよかったのである．滑らかで平らであるのと同時に，高価で耐久性のある模様であるならば．

　むろん，こうした色彩豊かな仕立て効果は，住宅内部のみに関係するものである．そこでは，都市住民も社会的仮面を自由にはずし，本来の自分でいられる．しかし，この論考の中でロースも述べているように，住宅外部はあたかも，仕立てのよい黒のフロックコートのように目立たないものでなければならない．それも，できればカシミアの，クラシックな型で，ボタンも真鍮でなく黒いものがよいのだ．

---

[86] Ibid., p. 101. 原文は以下のとおり． "Der mensch liebt alles, was seiner bequemlichkeit dient. Er hasst alles, was ihm aus seiner gewonnenen und gesicherten position reissen will und belästigt. Und so liebt er das haus und hasst die Kunst."

5
ベルラーヘとライト

　1900年を迎える頃には，ヨーロッパのあらゆる国々でこうした新しいモダニティのイメージが姿を現そうとしていた．オランダでは，この時代におけるモダニズムはほぼヘンドリク・ペトルス・ベルラーヘ（Hendrik Petrus Berlage, 1856-1934）によって体現される[87]．ベルラーヘはウィーンで友人かつ同僚であったヴァーグナーより15歳年少だったが，2人は多くの共通点をもっていた．とりわけ経験した建築教育はよく似ていて，理論の展開もほとんど並走する軌跡を辿っている．

　ベルラーヘはアムステルダムに生まれ，美術の初等教育を受けた後，1875年からチューリッヒで建築を学ぶ道を選んだ．この決断は重要な意味をもつ．なぜなら，1871年以降すでにゼンパーはこの街からウィーンに移っていたとはいえ，彼の教程はそのまま残り，門下のユリウス・シュタッドラーやゲオルク・ラジウスによって教授されていたためである．1882年にオランダに戻るとテオドア・ザンダースとパートナーシップを組むが，初めの数年はこれといった成果を上げていない．作品はヴァーグナーに似て，オランダ・ルネサンスのタッチを加えた「一種の自由なルネサンス風」であった．1884年には情趣豊かなルネサンス様式によってアムステルダム証券取引所コンペティションの入選5作に選出されるものの，コンペティションは二次選考（1885）後に論争となり，実を結ぶことはなかった．1880年代後半になると多様な典拠に基づいたスタイルで，思想も同様であった．初期のゼンパー的な素養に対しては，P・J・H・カイパース（P.J.H. Cuypers, 1827-1921）のゴシック愛好家サークルを通じてヴィオレ＝ル＝デュクの影響が加わった．1890年代のオランダでは現実主義が目立つ一方，ジッテの都市論も注目を浴びていた．その後ラウヴェリクス（J. L.M. Lauweriks, 1864-1932）とデ・バーゼル（K.F.C. De Bazel, 1866-1923）のサークルを通じて東洋哲学と神智学に触れ，ヤン・ヘッセル・デ・フロートの比例幾何学理論を学び，そしてモリスの社会主義思想に深い影響を受けていた．

---

[87] ベルラーヘの思想とデザインについては以下を参照．Pieter Singelenberg, *H. P. Berlage, Idea and Style: The Quest for Modern Architecture* (Utrecht: Haentjens, Dekker & Gumbert, 1972); Manfred Bock, *Anfänge einer neuen Architektur: Berlage Beitrag zur architektonischen Kultur der Niederlande im ausgehenden 19. Jahrhundert* (The Hague: Staatsuitgeverij, 1983); Sergio Polano, *Hendrik Petrus Berlage: Complete Works* (New York: Rozzoli, 1988); Manfred Bock et al., *Berlage in Amsterdam* (Amsterdam: Architectura & Natura press, 1992).

ベルラーヘは1890年代初めにこうしたさまざまな影響を融合し，単純化を指向する個人様式を確立してゆく．「より単純な建築の理念」を唱える論考「建築と印象主義」(1894) では，シルエットよりもマッスの配置が重視され，単純化された線，節度ある細部の造作，および材料や作業の経済性が，平等な社会を目指す社会的潮流との調和を含めて強調される[88]．1895年には地元の当局者の後押しにより証券取引所の設計を私的に始め，これが翌年に市議会の内々の認可を受け，最初の大作として実現されることとなった．この作品はベルラーヘが歴史主義からの離脱を試みた最初のものであり，ヴァーグナーのウィーンでの実践に先んじていた．ただし，その創造過程に影響をもたらしたさまざまな要因が明らかにされたのは竣工後の一連の講演においてである．

　ベルラーヘはもともと知的な事柄にひかれる性向で，ゼンパーと同様に抽象的あるいは純理論的な議論には強い不信感を抱いていた．初期の著述「現代美学における建築の地位」(1886) では，イマヌエル・カントからヘルマン・ロッツェまで15名もの美学者を引いた結論として，「美学者の議論では，諸芸術の体系における建築の地位という問いは未だ十分に応えられていない」と述べている[89]．とはいえ，哲学と社会の発展過程を理解することへの熱意は放棄されなかった．彼の理論的成熟にとって重要なのは1904年初頭にドイツで行った2つの講演である．これは1905年に『建築における様式についての考察』(*Gedanken über Stil in der Baukunst*) として出版された．

　初期の理論的な原動力であった社会主義はここでもはっきり見て取れる．ベルラーヘは19世紀建築の「醜さ」を「理想」の喪失，すなわち資本主義によってもたらされた芸術水準の低下と，社会的関心を凌駕する「個人的関心」の勃興に帰している．まがいものの建築はその帰結なのである．また，産業革命による急激な資本の増大と時を同じくする歴史主義の風潮（とりわけゴシックとルネサンスのリヴァイヴァル運動）を非難する一節もある[90]．しかし，19世紀は2人の真実の伝道者，すなわちヴィオレ＝ル＝デュクとゼンパーを遣わしたと述べている．前者が構造的な真正さという教義を据えたならば，後者は「ハイネのいう『世紀を越えて挨拶を交わし合う』偉大

---

[88] Hendrik Petrus Berlage, "Architecture and Impressionism," *Hendrik Petrus Berlage: Thoughts on Style, 1886-1909*, trans. Iain Boyd Whyte (Santa Monica, Calif.: Getty Publications Program, 1996), pp. 105-21.

[89] Hendrik Petrus Berlage, "Architecture's Place in Modern Aesthetics" (1886), *Hendrik Petrus Berlage: Thoughts on Style*, p. 102.

[90] Hendrik Petrus Berlage, "Thoughts on Style" (1905), *Hendrik Petrus Berlage: Thoughts on Style*, p. 132.

な精神性のひとり」である[91]．ベルラーへは，自然とは最も単純な方法により，しかも一貫した論理の上に無数の形態を産出するものであるという，形而上学的な原理を定めた．この原理から，彼は一体性，そして秩序（幾何学）という理念を導き，それらが新たなる様式の特性であると主張している．

さらにベルラーへの実践のヒントとなる論旨が2ヶ所ある．まず，彼はゼンパーによる「縫い目（die Naht）」と「必要（die Not）」の語源的関係に関する議論と，「必要から徳を生ずる」という格言の「縫い目から徳を生ずる」へのゼンパーによる読み替えを参照する．そして彼は（ヴァーグナーが「建設的モチーフ」を持ち出すのと同様に）「それゆえ，あなた方芸術家はさまざまな建設における困難を装飾モチーフとして活用すべきなのです」[92]と説く．ベルラーへ本人によるこの「縫い目」の装飾的扱いがわかりやすいのは，アムステルダム証券取引所のメイン・ホールである．そこでは，花崗岩の柱の柱頭（迫元）と柱礎は扁平な弓形アーチと同一面に揃えられ（シームレスな縫い目），1本おきに持ち送りで緩く突出する付柱は，シンプルなピン継手によって鋼鉄製トラスを受け止め，また壁面上部は天井との接合部を隠すように内部空間に向けて突出している（図72）．ゼンパーの比喩的な仮面はベルラーへにおいて文字どおりの仮面となり，壁面のパターンや材料や構造的要素は，いわば固有の構造的役割と同時に表面装飾として非構造的な役割をも果たすのである．

第2は補遺として加えられた部分で，そこでベルラーへは建築を「空間を囲い込む術」と規定した[93]．このような言明を行った建築家はハンス・アウアー以来初めてであり——その美学への関心からして——彼はシュマルゾーの著作を読んでいたと思わ

72　ヘンドリク・ベルラーへ，アムステルダム証券取引所，1897-1903年，ピン継手詳細．著者撮影．

---

[91] Ibid., p. 137.
[92] Ibid., p. 139.
[93] Ibid., p. 152.

Chapter 10　モダニズム 1889-1914　　487

れる．彼はゼンパーも熟知していて，被覆（織物）についてゼンパーを参照して「縫い目」と同様の教訓を引き出している．「基本原則に従えば，壁面装飾は平面に留まる，つまり壁に沈み込んでいるべきである．そして彫刻的な要素は究極的には装飾的な壁面部材を構成すべきである」[94]．

ベルラーへの理論の全体像がより明らかになったのは1908年のチューリッヒでの4講演である．これは『建築の基礎と発展』（*Die Grundlagen und Entwicklung der Architektur*）として1908年に出版された．文章の大部分は比例に関する幾何学理論と歴史主義への攻撃に関わるものだが，結びの近くではゼンパーに立ち戻り，ヘルマン・ムテジウスとの関連で考察している．彼はこの2人から新しい芸術のための3つの原理を導出する．第1に幾何学を建築デザインの基盤とすべきこと，第2に過去の様式に由来するモチーフは避けるべきこと，そして第3に形態は「最も単純で即物的なやり方で」展開されるべきこと，である[95]．彼は「即物性（ザッハリッヒカイト）」という語について一般的な意味を踏まえつつさらなるニュアンスを付与している．彼にとって「即物性」とは「建築とは空間的な囲いの術であるということの再認識」を意味し，それが示すのは「絵画的装飾」への配慮，「平滑で単純な美を見せる剥き出しの壁」，あらゆる装飾的・材料的な過剰の排除，そして「自然な単純性と明快さ」である[96]．そして社会的次元をも含んでいる．

> 即物的（ザッハリッヒ），合理的，それゆえ明快である建設が新たな芸術の基礎となるだろう．しかし，この原則が十分に深く浸透し，十分に幅広く適用されてはじめて，我々は新しい芸術の戸口に立つ．そしてその時には全人類の社会的平等という新しい普遍的意識が姿を顕すだろう．その理想は彼岸ではなくこの地上に，我々すべての眼前にあるのだ[97]．

ベルラーへの理論形成がさらに興味深いのは，先行するヴァーグナーと同様，彼が

---

[94] Ibid., p. 153.
[95] Hendrik Petrus Berlage, "The Foundations and Development of Architecture" (1908), *Hendrik Petrus Berlage: Thoughts on Style*, p. 245.
[96] Ibid., pp. 249–50.
[97] Ibid., p. 250. 原文は以下のとおり．"Das sachliche, vernünftige, und daher klare Konstruktion kann die Basis der neuen Kunst Werden; und erst dann, wenn jenes Prinzip genügend durchgedrungen ist und auch allgemein verwendet wird, werden wir an der Pforte einer neuen Weltgefühl, die gesellschaftliche Gleichheit aller Menschen manifestiert sein, ein Weltgefühl, nicht mit seinem Ideal eines Jenseits, d.h. nicht in diesem Sinne religiös, sondern mit seinem Ideal von dieser Erde, also jenem entgegengesetzt."

完全に「即物的(ザッハリッヒ)」な実践に着手する以前に，自分なりのモダニズムの概念化に到達しているからである．そうした実作は厳密にはロンドンのオランダ・ハウス（1914-16）とセント・ユベルトス・ハンティング・ロッジ（1914-20）の設計に始まる．彼はチューリッヒでの講演とこの2作のはざまにあたる1911年にはアメリカを訪問し，フランク・ロイド・ライトの作品から強い印象を受けた．「三次元的」や「可塑的」といった語彙が彼のものとなるのはこれ以降のことである[98]．

　オランダ建築へもたらされたライトの建築からのこれほど強い影響は，一部ベルラーへの目を通じたもので，かたや第1次世界大戦前のライトは海外の展開から影響を受けていた．しかしデザインの革新という観点では，20世紀最初の10年間にライトに比肩する業績を挙げたヨーロッパ人はいない[99]．いうまでもなくライトは1900年の時点では「草原住宅(プレーリー・ハウス)」という解に到達し，自分自身の目指すものと設計哲学に関してほとんど成熟したといってよい理解に至っていた．有名なハル・ハウスでの講演の8ヶ月前，シカゴ建築連盟におけるこの年2回目の講演で，彼は同時代の「無味乾燥な過去の遺物」に対して強烈な異議を唱え，建築の再生を訴えた．加えて，それは「洋の東西を問わず，古典主義者や流行りもの好きの手では実現されない」とした[100]．論調はすでに自信と高尚な倫理性を帯びており，その救世主的な理想主義は自ずとエマーソン，ホイットマン，サリヴァンらの壮健な精神性を想起させる．ライトは聴衆の学生たちに向かって，「建築家というものは元来，自分がいうべきことがなければ黙っているべきなのです．そうした者には建築よりも適している活動の場があります」と述べている[101]．自身の使命とする範囲は広大である．すなわち「高架鉄道網，貨物駅，工場，穀物倉庫，オフィスビル，そして高度に組織化され，莫大な力と意義を帯び，活動のために鍛えられ削ぎ落とされた産業のための建築．さらに力強く，知的で感受性に富み，先進的な人々のための建築」[102]．彼はさらにこのように語っている．「生命は将来の需要に備えます．建築家は現代的な手法やプロセスや機械の可能性を知悉し，その支配者となります．彼は手中にした新素材が自身の職分に

---

[98] Berlage, *Amerikaansche reisherinneringen* (Rotterdam: W.L. & J. Brusse, 1913), p. 45 を参照．以下に収録のIain Boyd Whyteによる序章も参照．*Hendrik Petrus Berlage: Thoughts on StyleI*, p. 65.

[99] ライトの初期については以下を参照．Grant Carpenter Manson, *Frank Lloyd Wright to 1910: The First Golden Age* (New York: Van Nostrand Reinhold, 1958); Anthony Alofsin, *Frank Lloyd Wright: The Last Years, 1910-1922: A Study of Influence* (Chicago: University of Chicago Press, 1993). ライト全般に関する近年の概略的文献としては以下がある．Neil Levine, *The Architecture of Frank Lloyd Wright* (Princeton: Princeton University Press, 1996).

[100] Frank Lloyd Wright, "The Architect" (1900), *Frank Lloyd Wright Collected Writings* (New York: Rizzoli, 1992), 1, p. 48.

[101] Ibid., p. 51.

[102] Ibid., p. 50.

とっていかに重要であるかを感じています．鋼鉄はそのひとつにすぎません」[103]．

　その新しい材料のいまひとつは，コンクリートである．ライトは，早くも1894年頃にはその外観上の性質に関心を抱いていたと思われる．その年の「モノリス状銀行」の設計案では，コンクリート製の壁面に変化を与えているのはクリアストーリー風の窓間壁を挟み込む造形的な装飾パネルのみである．彼がこの設計案を公開したのは1901年で，同じ年の全米博覧会におけるユニヴァーサル・ポルトランドセメント社の展示造形ではコンクリートの造形的可能性を探求している．1902年に設計されたラーキン・ビルではプレキャスト・コンクリート部材を導入しているが，この新素材の最初の重要な試みは，1905年に設計が開始されたオーク・パークのユニティ・テンプルであろう．彼のキャリアにおいて極めて重要なこの建物は，建設においてかなりの技術的困難を伴った．困難の理由は鉄筋コンクリートという素材の新規さのためではなく，このようなやり方で（剥き出しで）用いられたことがなかったためであった．広い壁面で退色や亀裂や打設痕のない均質な表面を実現し，外観に配慮したテクスチャーをもたせるのはかつてない試みであった[104]．彼の巧みな（かつ低予算の）手法は，その後「5,000ドルの耐火建築」(1907)の提案や22階建てのサンフランシスコの高層建築案（1912）の鮮烈なデザインにつながった．素材の可能性の理解という意味では，ライトは同時代の建築家から何年も先んじていたのである．

　20世紀初頭のライトは住宅設計の方が有名であった．彼の草原様式（プレーリー・スタイル）の重層的な形態と風車状配置プランが初めて見られるのはヘラー邸（1897）とハッサー邸（1899）の設計であるが，草原様式（プレーリー・スタイル）がそれとして顕在化するのは1900年のブラッドリー邸とヒコックス邸のデザインである．これ以降の進捗は驚くべきもので，ウィリッツ邸（オーク・パーク，1902-3），ダナ邸（スプリングフィールド，1903-4），チェイニー邸（オーク・パーク，1903-4）マーティン邸（バッファロー，1904），クーンレイ邸（リヴァーサイド，1907-12），ロビー邸（シカゴ，1908-11）を矢継ぎ早に設計した．彼の思想が初めてはっきりと表明されたのは1908年に『アーキテクチュラル・レコード』(*Architectural Record*)誌に発表された論考である．この論考は87枚の作品図版とともに掲載された．

　ただしその「建築の大義のために」("In the Cause of Architecture") という論考は，精緻な論述というよりは論旨が示唆に富むという方が適当である．冒頭ではエマ

---

[103] Ibid., p. 52.
[104] この点に関するライトの方針決定については以下を参照．Joseph M. Siry, *Unity Temple: Frank Lloyd Wright and Architecture for Liberal Religion* (New York: Cambridge University Press, 1996), pp. 143-8.

ーソン的な〈自然〉観と，おおまかに「形態と機能の関係を知ること」とされる「有機的感覚」について述べている[105]．同じ題名をもつ後年のエッセイでは，有機的建築を「その存在の条件と調和しつつ内発的に発展する建築で，外部からあてがわれるものではない」と規定している[106]．この記述には彼の信条がほのめかされているだけだが，ライトの哲学全般にとってこの定義は枢要である．「中西部の新しい流派」の解説として彼が選んだのは，草原様式(プレーリー・スタイル)の6つの原理を列挙することであった．第1の原理――「単純さと落着き」という原則――は数年前のベルラーへの講義と共通点をもつが，彼はさらに，これに基づくデザインの指針を提示している．すなわち部屋数を最小限にすること，開口を構造と一体化すること，細部の造作を制限すること，そして壁面に架ける絵画を壁全体と統合することなどである．「建築は敷地から容易く生まれ出たように見えなければならない」という原理については，緩やかな傾斜の屋根，低く抑えられたプロポーション，大人しいスカイライン，低いテラス，外側に伸びる壁によってつくられる閑静な庭が望ましいとされ，彼のランドスケープ論における重要な考案がすべて述べられている．その他の原理――自然の色彩を用いること，ありのままの素材を見せることなど――も彼の思想とは不可分だが，ライトはこれらについては議論を省略し，建設業者との問題などに紙数を割いている．核心に触れるのはようやく論考の末尾に至ってからである．

> 将来，この仕事は本当の意味でより単純なものに成長していることだろう．より少ない線や形で実現される豊かな表現．少しの労力と豊かな造形性がもたらす明瞭さ．より雄弁でありつつ，より首尾一貫したもの．そして，より有機的なものとして．単に生産の手法やプロセスに最適化されるだけではなく，手法やプロセスに美点や評価に値するものを見出し，それを想像できるうちで最も鮮明かつ力強い筆致で理想的なものへと変えてゆくことであろう[107]．

こうした文句はそれほど洞察に富むものではないが，ライトが感じていたであろう自負が見て取れる．彼は創造力の絶頂といってもよい時期をすでに41歳で迎えていたのである．一方でこの頃，彼の私生活は危機を迎えていた．1908年にオーク・パークのスタジオを訪問したハーヴァード大学教授クノ・フランケは，ライトはアメリ

---

[105] Wright, "In the Cause of Architecture" (1908), *Frank Lloyd Wright Collected Writings*, 1, p. 86.
[106] Wright, "In the Cause of Architecture" (1914), *Frank Lloyd Wright Collected Writings*, 1, p. 127 n. 〔傍点は原文イタリック〕．
[107] Wright, "In the Cause of Architecture" (1908), *Frank Lloyd Wright Collected Writings*, 1, p. 100.

カではほとんど無視されているが,ドイツでは受け入れられると指摘し,事務所を海外に移すことを勧めた[108].それからほどなくして,ベルリンの出版社ヴァスムートから作品集出版を打診された.この提案は破綻した結婚生活およびママー・チェイニー(以前のクライアントのひとり)との関係への助け船となり,1908年6月にシカゴを出立した.彼はベルリンとフィエゾーレでチェイニーとの逢引を重ねつつ,出版に向けたドローイングの準備を進めた.作品集の驚くべき成功によりライトは一気に国際的な名声を得るが,アメリカの新聞は不倫関係を書き立て,母国では芳しくない評判を得てしまった.それ以上にこの作品集を意義深いものにしているのは,この時期に書き下ろされた論考である.

この論考——再びエマーソンとサリヴァンの精神を感じさせる——で最も興味をひくのは,歴史主義という忌むべき災いからアメリカ建築を清めることを,ライトが今や自身の贖罪的な使命として強く自認していることである.彼はアメリカ民主主義の理想やアメリカがもつチャンスと個人性,さらには北東部に蔓延する文化的劣等感にさえ訴えている.北東部では「我々の成金市民は出来合いの伝統を買い,後ろを向きながら前に引きずられている.彼らが憧れとする者からすれば最もばかげた態度であり,明白な空費の好例である」[109].対照的に,「西部や中西部では,広い視野,自立した考え方,そして芸術の世界にも生活と同じように常識を取り入れるのが特徴である」[110].彼が作品に与えようとするのはこの開拓者的な装いである.すなわち「装飾が平面計画の段階から構想され,構造の一部となっている」ような有機的な作品である.ライトはロースを思わせる衣服のメタファーを用いながら,「布地の縦糸と横糸が十分な変化をつけられないところでは別布があてがわれる.柔軟性はしばしば完全性の犠牲にならねばならない」と指摘する[111].中西部の住宅は長持ちするように設計されなければならない.そのためには,心地よい色,柔らかな手触り,生気ある素材,そして水平な線が求められる.「ヨーロッパ人にとっては,これらの紙面上の建築は住めたものではないように見えるだろう.しかしこれらの高さや広がりは全く異なる手段で導かれていて,この地で重んじるに値する唯一の古い伝統,つまり草原（プレーリー）を尊重しているのだ」[112].

---

[108] ライト自身によるこの経過の記述は以下に読める.Frank Lloyd Wright, *An Autobiography (New York: Horizon Press, 1977)*, pp. 185-6.
[109] Wright, "Ausgefuhrte Bauten und Entwürfe von Frank Lloyd Wright" (1911), *Frank Lloyd Wright Collected Writings*, 1, p. 108.
[110] Ibid.
[111] Ibid., p. 112.
[112] Ibid., p. 113.

この最後の考察はたしかに間違っていない．軸線をずらしつつ草原風景に伸びてゆくライトの平面計画は，空間的な制約がさらに厳しい状況で仕事をしているヨーロッパの建築家にとっては風変わりに見えたに違いない．そしてライトが到達したプランや形態の純平面的な抽象化に驚いたとしても，彼らの多くはライトにおける幾何学や構造の重要性には気づいていなかっただろう．この点で重要なのは1912年に出版された『日本の浮世絵』(*Japanese Print: An Interpretation*) と題された小著である．これは多くの意味で，彼の著作の中で最も啓発的な書物である．彼は日本美術に固有の「構造」について語り，それをデザイン一般において「純粋な形態，すなわち，より大きな一体性あるいは生ける全体性に向けて部分や要素が明瞭に構成されたもの」と規定している[113]．建築構造の基底には幾何学がある．つまり幾何学は彼が形態の「文法」と呼ぶものである．しかし，幾何学はより深い本質への出発点にすぎない．

　　しかし，形態の幾何学と，そこから想起されて象徴的な意味をなす観念の間には心理的な相関関係がある．いかなる幾何学的形態にもどこか謎めいた「呪力」のようなものが必ず備わっていて，いわばそれは事物の魂なのだ．例えば円と永遠性，三角形と構造的統一性，円錐と切望，螺旋と有機的発展，正方形と全体性というように，特定の幾何学形態が人間の特定の理念や気分や感情を象徴し，強く示唆するようになったのは何故か，ということに的確で説得的な議論で応えようとすれば，我々は目下の主題を大幅に逸脱してしまうだろう．けれども，我々が特定の心的性質——形態の「呪力」とでも呼べるもの——を，これらの基本的な幾何学形態の微妙な区別のうちに，ある程度はっきり感じていることは事実である．そして芸術家は，鍵盤に向かう音楽家が音符と戯れるようにそれを熟知し，自由に操るのだ[114]．

　ライトの戦前期の建築をこれほどに革新的で能弁にしているのもまたこの「呪力」である．幾何形態を組み合わせたエイヴリー・クーンレイ邸 (1906-09) のプランにせよ，ミッドウェイ・ガーデンズ (1914) の現実離れした空間構成とマヤ的な形態にせよ，ライトの建築はほとんど常に風変わりである．計らずも，そのあまりの奇抜さがデザインの神々の逆鱗に触れてしまったのだろうか．フィエゾーレ滞在を終えてアメリカに帰国すると，シカゴにも妻のもとにも帰らず（妻は離婚を拒否していた），

---

[113] Wright, "The Japanese Print: An Interpretation" (1912), *Frank Lloyd Wright Collected Writings*, 1, p. 117.

[114] Ibid., pp. 117-18.

ウィスコンシン州マディソン近郊にタリアセン・フェローシップを設立した．ここにママー・チェイニーと彼女の2人の子供，および事務所スタッフを住まわせたのである．あるとき，彼がシカゴでミッドウェイ・ガーデンズの現場監督をしていた間に，雇いの料理人——精神を病んでいた——が建物を外から施錠して火を放った．そして彼は炎から逃れた人々を斧で殺害した．ママー・チェイニーと2人の子供を含めて7人が無惨にも犠牲となった．ライトは打ちのめされ，タリアセンの住居区画は灰となった．彼はこの苦境からかろうじて立ち直ってゆく．

── 6 ──
ガルニエ，ペレ，ジャンヌレ，サンテリア

　世紀の変わり目にライトが鉄筋コンクリートを用いた試みには，フランスではトニー・ガルニエ（Tony Garnier, 1869-1948）とオーギュスト・ペレ（Auguste Perret, 1874-1954）の作品が匹敵する．この2人はパリのエコール・デ・ボザールでジュリアン・ガデに学んだが，彼らの作品には世紀の変わり目に未だアカデミーで支配的だった構成手法や古典的形式主義に通じるものがほとんどない．

　ガルニエはリヨンの生まれで，活動の足がかりとしたのもこの街である[115]．1889年に建築を学び始め，6回もの挑戦の末に1899年にローマ賞のグランプリを受賞した．産業都市（シテ・アンデュストリエル）につながる試行を始めたのはローマ滞在中であった．1904年にはパリでさまざまな図面の展示を行い，プロジェクトが出版される1917年までデザインを続けた．このプロジェクトはユートピア的なもので，シャルル・フーリエやサン＝シモンの実証主義の流れに位置する．前提のひとつは，将来的に「ある種の社会秩序の進歩」によって，土地所有と公的な食料・水・医薬品の分配がすべて共有もしくは公有になることである[116]．その他の政治・社会学的なアイディアは，ピエール＝ジョゼフ・プルードンやフレデリック・ル・プレの著作，あるいはその頃に出版

---

[115] ガルニエと彼の「産業都市」については以下を参照．Dora Wiebenson, *Tony Garnier: The Cité industrielle* (New York: George Brazillar, 1969). 以下もあわせて参照．Tony Garnier, *L'oeuvre complete* (Paris: Editions du Centre Georges Pompidou, 1989); René Jullian, *Tony Garnier: Constructeur et utopiste* (Paris: P. Sers, 1989); Krzysztof Kazimierz, *Tony Garnier et les débuts de l'urbanisme fonctionnel en France* (Paris: Centre de Recherche d'Urbanisme, 1967).

[116] ガルニエによる Une Cité Industrielle のための序文は以下の末尾に英訳されている．Wiebenson, *Tony Garnier*, pp. 107-12.

されたハワードの田園都市構想に影響されたものだろう.ガルニエの都市(シテ)構想の規模(人口3万5,000人)はハワードのモデルと同等で,歩行者スケールと緑地を重視した住宅エリアもハワードのヴィジョンに通ずる.しかしガルニエの産業化への寛容さ——賛美ともいってもよい——と,必要に応じた都市の成長を促す態度には別種の考え方が示されている.ことに衛生(日射・空気・植生)とゾーニングへの配慮にそれが顕著である.都市(シテ)は住宅地区と公共地区にはっきり分割されており,後者には行政施設,文化施設(博物館・図書館)とスポーツ施設が置かれる.産業地区は市街地から遠く隔てられ,水力発電施設も同様である.さらに墓地と病院も付近の丘陵に配置され,緑地によって中心市街地から隔離されている.ドローイングで目をひくのは徒歩交通の利便性であるが,一方でパリ風の(ほとんど無人の)街路網や伝統的な住区配置は明らかに当時の新風である自動車交通への配慮を感じさせるものである.

あらゆる壁・床・天井に鉄筋コンクリートが使われていることも,ガルニエのデザインを際立たせる特徴である.この素材はフランスでは1790年代のフランソワ・コワントローの実験に遡る長い発展の歴史があり,ガルニエはさらに最近の事例として,1880年代から1890年代にかけて考案されたフランソワ・エヌビックのコンクリート構法も知っていた.ただし細部に施されたガルニエのデザインは例外なく有能な建築家の手技を示していて,とりわけ紙面上に表現された彼の論理的な解決案の練り上げられた抽象性は,この時代としては革新的なものであった.

1904年からリヨンに戻ったガルニエは,1908年の社会主義者エドゥアール・エリオの市長選出を機に,社会主義都市のためにガルニエの才能を活用したいと望む人脈を得た.第1次世界大戦が始まるまでの期間に,彼はコンクリートと鉄骨構造によって新しい食肉工場(1909-13),グランジュ・ブランシュ病院(1911-27),リヨン・スタジアム(1913-18)を設計した.いずれも歴史性は跡形もなく構造的明快さが特徴だが,理想都市構想ほどの説得力はもっていない.

鉄筋コンクリートを使った作品では,エコール・デ・ボザールでガルニエの級友だったオーギュスト・ペレの方が有名であり,特にエッフェル塔の川向かいに建つフランクリン通りのアパート(1903-4)はよく知られている[117].ペレは1891年にボザールに入学し,ほどなく進級するが,1897年にはディプロマを得ることなく学校を去

---

[117] ペレについては以下を参照.Peter Collins, *Concrete: The Vision of a New Architecture: A Study of Auguste Perret and His Precursors* (London: Faber & Faber, 1959); Ernesto N. Rogers, Auguste Perret (Milan: Il Balcone, 1955); Karla Britton, *Auguste Perret* (London: Phaidon, 2001); Roberto Gargiani, *Auguste Perret, 1874-1954: Teoria e opere* (Milan: Electa, 1993); Kenneth Frampton, *Studies in Tectonic Culture: The Poetics od Construction in Nineteenth and Twentieth Century Architecture* (Cambridge: M.I.T. Press, 1995) 所収のペレに関する章.

って，建設業を営む父親と協働した（もしもディプロマを取得していたら施工業者としての彼の活動を阻害していたかもしれない）．また弟のギュスターヴとも共同設計も開始した．フランクリン通りのアパートはライトのユニティ・テンプルとほぼ同時期に建てられたものである．敷地の奥行が浅いため，ペレ兄弟は動線を奥に，居室を通り側に配置するU字型プランを考案した．構造はエヌビックが特許をもつ柱―スラブ・システムとコンクリート・パネルの組み合わせを採用した（エヌビック自身が設計の助言をしている）．左右に6層の床板が構造体から片持ち梁で突出し，コンクリートはタイル――ヒマワリを象ったパターンの嵌め込みパネル――によって被覆されている．これはユニティ・テンプルの打放し面と対照的である．頂部は屋上庭園である．

この建物は，規模は大きくないが初期の高層構造の事例として重要である．ペレはこの後，コンクリート造のポンテュ通りの駐車場（1905）とシャンゼリゼ劇場（1911-13）を手がけた．後者は当初ヴァン・ド・ヴェルドが1911年に設計していたが，その後ペレに委託されたため，2人にとってはトラブルの種となる．最終デザインは構造の妙技が特徴である．ただし，構造的な力作という点では，マックス・ベルクによるヴロツワフの100周年記念ホールが戦前ではこれを凌駕している．

20世紀初頭の建築におけるペレの位置づけは，ル・コルビュジエとの関係によって規定される部分がある．ル・コルビュジエ――出生名シャルル=エドゥアール・ジャンヌレ（Charles-Edouard Jeanneret, 1887-1965）――は時計作りで知られるフランス国境に近いスイスの街，ラ・ショー=ド=フォンで育った．建築の教育は長期にわたるが断続的なものであった[118]．1905年には庇護者であったシャルル・レプラトニエが校長を務める地元の美術学校に通う．彼を建築の道に導いたのもこのレプラトニエであった．ただしジャンヌレが最初に受けた教育は装飾美術で，オーウェン・ジョーンズの考え方にアール・ヌーヴォーの傾向を加えた教程であった．1906年にはルネ・シャプラの協力のもと初めて住宅を設計した．これは中世風とスイスの山荘(シャレ)を趣深く組み合わせたものである．1907年から1911年はほとんどイタリア，オーストリア，フランス，ドイツへの旅に費やされた．パリでは，1909年の夏からフランクリン通りのペレの事務所でパートタイムの仕事を始めた．この期間ペレは実務的なプロジェクトがなかったため，11月までの短い修行ではあまり得られたものはなかったと考えられる．そもそもジャンヌレはコンクリート設計の技術面に役立つような数

---

[118] 若年期のル・コルビュジエについては以下が貴重な文献である．H. Allen Brooks, *Le Corbusier's Formative Years: Charles-Edouard Jeanneret at La Chaux-de-Fonds* (Chicago: University of Chicago Press, 1977).

学的教養をもっていなかった．それでも，パリ滞在は大都会とその文化に触れるという意義はあった．

1910年のほとんどはラ・ショー=ド=フォンに戻って都市計画の著作の執筆を始めるが，これは結局完成していない．この時期にはジッテの計画理論に心酔しており，1910年春にドイツへ向かったのも，その著作の資料収集のためである（ドイツの応用芸術に関する出版企画の資金獲得も目的であった）．最初はミュンヘンでテオドア・フィッシャーの事務所で仕事を求めるも不調に終わっている．ドイツ工作連盟〈ヴェルクブント〉の会議を目的に訪れたベルリンではペーター・ベーレンスに会い，竣工してまもないAEGタービン工場を訪問した．その半年後に苦労の末ベーレンスの事務所に入所し，5ヶ月間勤務した．ジャンヌレはこの機会におそらく唯一の本格的な建築の修練を経験し，さらに以前の中世主義を捨ててベーレンスの古典主義へと鞍替えした．しかし彼の手紙や書き物に表れているように，この期間は多感な若者にとって幸福なものではなかった．ジャンヌレはベルリンから次なる〈東方への旅〉を企て，バルカン諸国，トルコ，ギリシア，イタリアを訪問した．1911年には帰国してラ・ショー=ド=フォンに落ち着き，最初の著作，『ドイツにおける装飾芸術運動の研究』(*Étude sur le movement d'art décorative en Allemagne*, 1912) を執筆した[119]．

それまでの数年間の経験に鑑みても，この処女作は際立って粗朴である．論理は単純で主張は傲慢にすぎ，食傷するほどに愛国的な論調である．この著作はラ・ショー=ド=フォンで装飾美術を教える美術学校〈エコール・ダール〉から依頼されたものであった（まもなく彼はその教壇に立った）．冒頭の「全般的な考察」では19世紀の装飾様式を強く批判している．ただし平明なブルジョワ趣味の束の間の勝利とするナポレオン時代の帝政〈アンピール〉様式だけは除外された．ジャンヌレによれば，装飾芸術は「ウジェーヌ・グラッセ，ラスキン，モリスがいたにも関わらず」[120] 19世紀後半にはすでに命脈を絶たれていた．その一方，1871年に統一されたドイツは芸術に関して「幾世紀ものあいだフランスを模倣していた」にも関わらず，いまや「モダニズムの先鋒」[121] を目指している．だがジャンヌレの見解によれば，フランスが恐れる必要はほとんどない．なぜならば，ドイツの成功は経済や組織運営の能力と「パリの画家や彫刻家（クールベ，マネ，セザンヌ，ゴッホ，マティス，マイヨール等）の作品の組織的な吸収（購入）」[122] によって達成されたものにすぎないからである．つまり近年の躍進はドイツ

---

[119] Nancy J. Troy, *Modernism and the Decorative Arts in France: Art Nouveau to Le Corbusier* (New Haven: Yale University Press, 1991), pp. 103-7を参照．

[120] Charles-Edouard Jeanneret, *Étude sur le mouvement d'art décoratif en Allemagne* (New York: Da Capo Press, 1968; 原著1912), p. 11.

[121] Ibid., pp. 11-13.

的性向の短所が引き起こした「偶発事」にすぎない.対照的に,「フランスでは人々の思想や精神性に定常的な前進がある」[123].

この主張に続いてジャンヌレは具体的な検討に移り,ドイツ工作連盟(ヴェルクブント),カール・オストハウスによるハーゲンの新美術館,AEG の事業,都市計画運動,およびドイツの美術教育を概観する.叙述は簡素で,考察や詳細な情報はほとんど含まれていない.末尾の考察では再びドイツ民族の芸術的な劣位を唱え,ドイツの「組織に関する天才性」は評価するものの,ある種の蔑みを含めて「パリが芸術の祖国であるならば,ドイツは生産の中心である」[124] と述べている.ジャンヌレが彼国に抱いていた優越感は,同じ年のレプラトニエへの書簡にさらにはっきり示されている.そこには終章の構想として,「フランスはドイツを服従させる.そしてドイツは屈服する」[125] と書かれていた.二国間にこの種の感情を爆発させる第 1 次世界大戦が間近であったことはいうまでもない.

イタリアでは第 1 次世界大戦前の状況はさらに複雑で,ある意味フランスより恵まれていた.数世紀にわたり外国の支配や統治を受け続けたこの国が統一されたのは,1870 年のことである.しかし政府が採用したトスカーナ方言の話者は少なく,実質的な統一というよりは名目的なものであった.北東地方はハプスブルク家のオーストリアと強い文化的紐帯を保ち,北西地方はフランスに近かった.新首都ローマは古典研究の中心であり続けるものの,そうした南部の古典主義は北部の中世主義と好対照であった.19 世紀イタリアの最も重要な建築理論家であるピエトロ・セルヴァティコ(Pietro Selvatico, 1803-80)とカミッロ・ボイト(Camillo Boito, 1836-1914)は,いずれも北部のゴシックの流れに位置している.

イタリアの統一(リソルジメント)はイタリア人の多くに芸術における自国らしさへの欲求を芽生えさせ,同時に芸術上の自立という課題をもたらした.この点で,ボイトの 1880 年の著作の序章「将来のイタリア建築様式について」はイタリア理論のひとつの画期をなしている.ミラノのブレラ・アカデミー建築史教授であるボイトは当時の歴史主義に対立し,合理的な原則に基づく新しい国家様式を求めた.ただし,ボイトは近代的な建設技術や工学を受容しながらも,過去との紐帯を一掃することには反対であった.現

---

[122] Ibid., p. 13.
[123] Ibid., p. 13. 原文は以下のとおり."Il y a en France evolution normale, progressive, de la pensées, de l'âme de ce peuple."
[124] Ibid., p. 74. 原文は以下のとおり."Si Paris est le foyer de l'Art, l'Allemagne demeure le grand chantier de production."
[125] 1911 年 1 月 16 日,ジャンヌレよりシャルル・レプラトニエ宛.Brooks, *Le Corbusier's Formative Years*, p. 251 より引用.原文は以下のとおり."France subjugue l'Allemagne. Et l'Allemagne s'incline."

代のための合理的な出発点としてボイトが提案したのは，考古学的な外観を捨象した中世ロンバルディアの様式であった[126]．

1890年にトリノで開催されたイタリア建築博覧会を機に生じた論争では，この見解に対する異論が噴出した[127]．その火つけ役となったのはライモンド・ダロンコによる，鮮やかな彩色で飾った古典主義モチーフの展示ホールである．古典的形態の大胆な単純化を賞賛する者は多かったが，一方で批評家アルフレード・メラーニなどからは失望の声が聞かれた．彼は以下のように述べている．「我々が手にしたのは美術に窒息させられた建築である．その霊感は様式に関する度をすぎた学問的重圧と，根拠なき衒学的空論の権威に押し殺されている」[128]．メラーニは以前から——著書『イタリア建築の手引き』（*Manuale architettura italiana*, 1887）において——歴史様式の使用を否定しており，その第4版（1904）時点では，自説の補強のためにヴァーグナーやホフマンの業績も引き合いに出すことができた[129]．

主にアカデミックなものであったこの対立は，イタリアの1900年のパリ万国博覧会への参加や，そしてさらに重要となる1902年のトリノ国際現代装飾美術博覧会を契機として，世紀の変わり目に再燃する．パリ万国博はイタリアのデザイナーに厳しい現実をつきつけた．彼らはフランスでまさに頂点を迎えつつあった華美なアール・ヌーヴォーに遅れをとっていることを示されたからである．トリノの博覧会では再びダロンコの目にも鮮やかな分離派風の建築が注目を集め，対立は北方からの芸術的進出に屈服する形勢となった．そこにはオルブリヒ，ベーレンス，ティファニー，マッキントッシュ，オルタらの作品も含まれている．ことにオルブリヒの魅惑的な形態はダロンコにとって神聖以上のもので（したがって盗用するに値する），その魅力によってそれまでの国家様式の問題は一時的にせよ棚上げされた．それでも博覧会は大成功を収めた．

博覧会の帰結としてもたらされたのは，いわゆるリベルティ様式（他の名称でも呼ばれることもある）の誕生である．これは，多くの地域でアール・ヌーヴォーが退潮してゆく時期にイタリアで出現した．他国と同様，新しい建築の潮流は若い建築家にとって古典的伝統からの脱却を促すカタルシスとして作用した．新世紀最初の10年

---

[126] Camillo Boito, "Sullo stile futuro dell'architettura italiana," *Architettura del medio evo in Italia* (Milan: Ulrico Hoepli, 1880).

[127] 以下よりこの博覧会に関する章を参照．Etlin, *Modernism in Italian Architecture, 1890-1940* (Cambridge: M.I.T. Press, 1991).

[128] Alfredo Melani, "Dottrinarismo architettonico," *Prima Esposizione Italiani di Architettura in Torino. Conferenze ottobre-novembre 1890* (1891), pp. 31-2. 以下より引用．Etlin, *Modernism in Italian Architecture*, p. 6.

[129] Alfredo Melani, *Manuale architettura Italiana antica e moderna* (Milan: Ulrico Hoepli, 1904, p. 496.

間の優秀な建築家――アルフレード・メラーニ，ジュゼッペ・トレス，そして特にアンニバーレ・リゴッティ――の作品は，地域的な特徴を残しつつも，より単純な形態構成への新しい理解が認められる．こうして，舞台はさらに急進的な未来主義の潮流へと整えられた．

　前衛的な未来派グループの中心となったのは，パリのキュビスム派とも紐帯をもつ詩人フィリッポ・トマーゾ・マリネッティである．錯乱と科学技術の現代性が交錯する黙示録的な未来派宣言は，1909 年に発表された[130]．マリネッティは自動車で掘割に突っ込むという事故で自身の精神的解放を――彼によれば比喩的に――達成し，その経験から「危険への愛」「速度の美学」「国粋主義」「戦争の称揚」（「世界の唯一の健康法」）「女性蔑視」そして「美術館，図書館，あらゆる種類のアカデミーの破壊」を賛美するに至った[131]．その翌年にウンベルト・ボッチョーニが未来主義の要綱を絵画に適用し，もはや絵画はあらゆる意味での模倣や，「調和」や「よき趣味」といった理念のすべてを忌避すべきであるとした[132]．

　建築における未来派宣言は 1914 年 5 月を待つことになる．署名はアントニオ・サンテリア（Antonio Sant'Elia, 1888-1916）であるが，彼によるものかどうかはしばしば議論となった[133]．コモ出身のサンテリアは十代でミラノに移り，1909 年から 1911 年にかけてブレラ・アカデミーに通った．ここではヴァーグナー派が支配的なデザイン・スタジオを経験した．1911 年には，その後のいくつかのデザイン・コンペティションのため彼は卒業を待たずにアカデミーを離れた．しかしそのことは，2 年後にサイロや発電所や工場の抽象的立体形状へ急激に傾倒していったことの手がかりは与えてくれない．これらの「ダイナミズム」は，サンテリアが 1914 年の大半を費やした奇想的な図版集『新都市』（*La Città Nuova*）の出発点となる．彼は最初に産業都市の 11 枚のドローイングを 2 月のロンバルディア建築博覧会に出展した．この頃彼は「新傾向（ヌオーヴォ・テンデンツァ）」グループに合流している．これは未来派に賛同するものの，過激な主張には与しない建築家の一派である．5 月に開かれた彼らの展覧会で，サンテリ

---

[130] マリネッティの未来派宣言が最初に発表されたのは 1909 年 2 月 20 日である．英訳は以下を参照．Charles Harrison and Paul Wood, ed., *Art in Theory 1900-2000: An Anthology of Changing Ideas* (Oxford: Blackwell, 2003), pp. 146-9.
[131] Ibid., pp. 147-8.
[132] ボッチョーニのマニフェスト〔未来派画家宣言〕は 1910 年 4 月 11 日に発表され，カルロ・カッラ，ルイージ・ルッソロ，ジャコモ・バッラ，ジーノ・セヴェリーニが署名している．以下を参照．Harrison and Wood, *Art in Theory 1900-2000*, pp. 150-152.
[133] サンテリアによるものかどうかは 20 世紀後半を通じた議論となった．その詳細およびサンテリアの業績についての優れた研究に以下がある．Esther da Costa Meyer, *The Work of Antonio Sant'Elia: Retreat into the Future* (New Haven: Yale University Press, 1955).

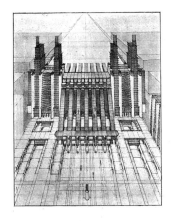
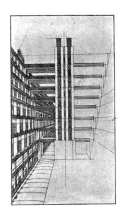
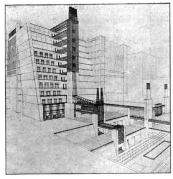

73 アントニオ・サンテリア,未来派宣言.『ミラノ未来派運動の方向性』(*Direzione del movimento Futurista Milano*, Milano, 1914) より.

アは都市的な構想を描いた16枚の巨大なドローイングを発表する.そのうち6枚は高層建築,3枚は発電所であった.彼とスタジオを共有していたマリオ・キアットーネも3枚の都市高層建築のドローイングを描いており,こちらは将来的な発展をより正確に予見したものだった.しかし,斜線の多用,歩道高架橋,ジッグラトのような形態,エレベーター,緊密に行き交う自動車・飛行機・列車の交通を強調したサンテリアのドローイング(ペンと淡彩と色鉛筆による)は,より形態的に豊かでダイナミックである(図73).

1914年の展覧会のカタログで,サンテリアは後に「声明書(メッサージョ)」と呼ばれるマニフェストを発表した.これは過去のすべてを捨て,建築を新たに再始動することを求めたものである.20世紀の世界は,記念碑性や装飾性という旧来の理念とは無縁の新た

な近代都市の定式を要求する.そして「あらゆる国,あらゆる種類の当世風建築」,歴史的保存,静的な線,および現代生活に調和しない高価な素材に反対する[134].それらに代わるべきは新しい建築,すなわち「冷たい計算,大胆不敵さ,そして単純さの建築.そして鉄筋コンクリート,鉄,ガラス,紙,繊維,および木材・石・煉瓦に代わって最大限の弾力性と軽さを実現するあらゆる素材の建築である」[135].「声明書(メッサージョ)」のうち,数ヶ月後にマリネッティが加筆したとされる部分では「オーストリア,ハンガリー,ドイツ,アメリカの擬前衛建築」がことごとく断罪され,未来派建築の証しは「消耗と変移」になると強調されている[136].

後世からすれば,サンテリアや未来派運動の全般は戦前期における孤立した潮流のように思われる.戦争が迫る時期にあって論争もドローイングもヨーロッパ建築界に直接的なインパクトを与えることがなく,長年のあいだ20世紀建築理論の主流には関わらないものとされてきた.1960年頃,イギリスの歴史家レイナー・バンハムが「形態や技術的な方法よりも,精神的な態度」[137]に関わる前衛理論の重要人物としてサンテリアを再評価した.この見方はそれまでのサンテリア評価からの重要な前進を示すものだが,いくらか誇張があることも否定し難い.サンテリアの20世紀モダニズムへの寄与はほとんど詩的なものである.つまり洗練と豊かな想像力をもって描かれた新しい世界は,いかにも紙面に限定された世界であった.彼の最後のマニフェストが発表されたのは1914年8月,第1次世界大戦開戦の数日後のことであった.マリネッティが信奉する「愛と危険」および軍国主義的な国粋主義倫理を讃えつつサンテリアは出征し,1916年10月に前線で帰らぬ人となった.

7
ムテジウスとベーレンス

ロースたちが20世紀初頭に分離派(ゼツェッション)とユーゲント・シュティールに対し繰り広げた

---

[134] Costa Meyer, *Work of Antonio Sand'Elia*, p. 212 より引用.
[135] Ibid.
[136] Ulrich Conrads, *Programs and Manifestoes on Twentieth*-Century Architecture (Cambridge: M.I.T. Press, 1975), p. 36, 38.
[137] R. Banham, *Theory and Design in the First Machine Age* (London: The Architectural Press, 1982; 初版1960), p. 99.〔レイナー・バンハム著,石原達二・増成隆士訳『第一機械時代の理論とデザイン』鹿島出版会,1976年〕.

論争には，それに先行するものとしてヘルマン・ムテジウス（Hermann Muthesius, 1861-1927）[138] の批評があった．そして彼らの議論は，結局ムテジウスの批評に追い抜かれることとなる．このチューリンゲン出身の建築家の名前から一般的に連想されるのは，イギリス建築を扱った，重要な書籍群である．しかし，ただそれらだけに焦点をあてただけでは，20世紀モダニズムに対するはるかに重要な彼の貢献を見過ごすことになってしまう．ムテジウスはまさしく20世紀最初の大理論家である．彼はすなわち，ドイツ・モダニズムの進路を最も具体的に定めた人物だった．

ムテジウスもまた，ヴィルヘルム時代（1871-1918）の新しい中産階級の大志を体現する人物である．彼はベルリン大学で芸術史と哲学を学び，その後1883年にベルリン工科学校で建築を学び始めた．その後駆け出しの政府建築家としてプロイセン政府に仕えた彼は，短期間パウル・ヴァロットの事務所で（シュトライターと入れ違いで）働いた後，エンデ＆ベックマン事務所に就職し，日本で国家が出資するプロジェクトを取り仕切った．そしてこの極東での4年間を終えた後，1891年にドイツに帰国すると，その2年後に公共事業省に戻る．さらにこの機関は，通商貿易省と共同して1896年に彼をドイツ大使館員としてロンドンに送り出したのだった．このときの彼の任務は12年前のロベルト・ドームと同様に，イギリスの装飾芸術および建築の調査だった．この時ムテジウスが得た美学観はドームと全く同じものであり，彼の初の著作である『現代イギリス建築』（Die englischr Baukunst der Gegenwart, 1900）も，かつてのドームによるショウやウェッブの伝統を評価する記述が，レサビー，ヴォイジー，マッキントッシュその他の作品に取って代わっただけのものだった[139]．しかしここで重要なのは，この評価はプロイセンの国策に従ったものにすぎず，ムテジウス自身がドイツ国内でイギリスの趨勢を受容することを主張したことは一度もなかったということである．多方面から知的影響を受けていた彼に，それはできなかった．

1890年代初頭，ムテジウスはすでに，フェルディナント・アヴェナリウスやユリウス・ラングベーン，アルフレート・リヒトヴァルクら，国内の芸術改革運動の中で

---

[138] ムテジウスの生涯，思想，およびドイツ工作連盟内で彼が果たした役割については，Fedor Roth, *Hermann Muthesius und die Idee der harmonischen Kultur: Kultur als Einheit der künstlerischen Stils in allen Lebensäusserungen eines Volkes* (Berlin: Mann Verlag, 2001); Uwe Schneider, *Hermann Muthesius und die Reformdiskussion in der Gartenarchitektur des frühen 20. Jahrhunderts* (Worms, Germany: Wernersche Verlagsgesellschaft, 2000); John Vincent Maciuika, "Herrmann Muthesius and the Reform of German Architecture, Arts, and Crafts, 1890-1914" (Ph.D. diss., University of California, Berkeley, 1998); Hans-Joachim Hubrich, *Hermann Muthesius: Die Scliriften zu Architektur, Kunstgewerbe, Industrie in "Neuen Bewegung"* (Berlin: Mann, 1981) を参照．

[139] Hermann Muthesius, *Die englische Baukunst der Gegenwart: Beispiele neuer englischer Profanbauten* (Leipzig: Cosmos, 1900).

活躍した上流社会の保守層の著作にひかれていた．彼らの多くは工業化がもたらした社会の大変化に直面したドイツ文化の保存に全力を傾けており，彼らの理論の中では，芸術は重要な避難所であり，重要な救済手段であるとされていた．例えば，ユリウス・ラングベーンの『教育者レンブラント』（Rembrandt als Erzieher, 1890）はおそらく 1890 年代に最も広く読まれた本である[140]．ここで彼は，19 世紀末の唯物論と科学技術の越権行為を非難し，「ドイツ性」なる概念でこれに対抗しようとした．それは，ドイツ人の精神の中にある，質素で道徳的な性質を賛美する文化的イメージだった．ラングベーンはシュトライターやシューマッハーに影響を与え，リヒトヴァルクの思想を強く特徴づけた．また彼はフリードリッヒ・ナウマンなどのリベラル派の政治家にも影響を及ぼしており，このムーブメントは一般の社会的・政治的ムーブメントよりいっそう複雑なものだった．

　1900 年頃のムテジウスに影響を与えた人物には，他にユリウス・マイヤー＝グレーフェがいる．彼は『パン』（Pan）の創刊メンバーのひとりであり，彼は同誌の方向性を巡ってリヒトヴァルクと論争に及んでいる．また彼は 1897 年に『装飾芸術』（Dekorative Kunst）誌の編集者ともなっているが，1899 年にはその職を辞し，パリで「ラ・メゾン・モデルヌ」を開店する．その設計はヴァン・ド・ヴェルドだったが，前掲の 1901 年の記事にも示されるように，マイヤー＝グラーフェは当時すでにこのベルギー人から距離を置き始めていた．1901 年，ムテジウスはヴァン・ド・ヴェルドの論難記事を発表し「新芸術」について語った．そして，それは『装飾芸術』の誌面だった．

　ムテジウスの「新装飾と新芸術」は，ヴァーグナーの著作に次いで重要な史料である．それはそれまでの改革者たちが繰り返してきた思想を統合した記事であり，そのため議論は明快かつ単刀直入なものとなっている．彼はその冒頭で数ヶ月前のマイヤー＝グレーフェの記事を褒め称えているが，それはまさしく，マイヤー＝グレーフェがユーゲント・シュティールや分離派などの「馬鹿げた」趨勢（ゼツェッション）から離れたためである．芸術改革はすべて「最初は皮相から始められる」と語った彼だったが，ここで興味深いのは，そのたとえとして彼が言及したのが，ウィリアム・モリスの中世装飾・中世的生産方法にかける偏愛だったということである[141]．ムテジウスによれば，こうした「浮かれ騒いだ」装飾が大陸でひどく好まれるようになったのは，若年芸術家のうちの実に多くが絵画教育で育っているためだった．かくして，彼らは自らの創作

---

[140] Julius Langbehn, *Rembrandt als Erzieher: Von einem Deutschen*（Leipzig: Hirschfeld, 1890）を参照．

[141] Hermann Muthesius, "Neues Ornament und neue Kunst," *Dekorative Kunst* 4 (1901): p. 353, 356.

物に「感情」を吹き込もうと努め始め,椅子の背もたれひとつのために26個の木製部品を使うというような馬鹿げたことが起こるようになった.このように語ったムテジウスは,ヴァン・ド・ヴェルドに対してさらに激しい非難を浴びせかける.つまり彼は,その同じ芸術家たちが,自らの手法を理論立てる際,その最重要事項に「目的の満足」を掲げているというのである.この目標ほど,完成したものとの乖離を示すものはない.これらの動向は単に流行を生んだだけであり,本質的なものを作り出してはいない.

「新芸術」の気まぐれに対してムテジウスが提示したのは,「良識」という基準であり,現代生活は実用性に向かって邁進しているのだという事実である.かくして彼はシュトライターにならい,「即物性(ザッハリヒカイト)」の表題の中にこの「良識」と「実用性」を組み込んだ.「建築分野では〈様式の創造〉が即物的(ザッハリヒ)発展を長らく阻んできたが,応用芸術においてもことは同じである.様式の創造や建築の創造からただ脱却すれば,我々は即物的(ザッハリヒ)進歩に瞠目することとなるだろう.新しい芸術目的なるものを導入するのでなく,むしろ今ある芸術目的を純化することが重要である」[142].そこで彼は,我々は中産階級の理想の時代に生き,中産階級の芸術を必要としているのだとして「過剰な装飾や線の見せびらかしは慎む」ように訴え,ロースに先立って,「より感受性の強い人物はもはや装飾しなくなる」[143]という旨のドームの言葉(1888)を引用した.そして彼は語る.近代人は「非具象的な線」の壁紙も「写実的な薔薇」の壁紙もいずれも好まず,「エレガントに組み立てられた水面を駆ける帆船,電気照明,自転車」をこそ賞賛するのではないか,「こうした物品は,ユーゲント・シュティール様式,分離派(ゼツェッション)様式でつくられたいかなる新しい家具や壁紙にも勝って,我々の時代精神をしっかり把握しているように思われる」[144].またムテジウスは,ヴァーグナーやリヒトヴァルク同様,住宅設計で衛生や日光,空気,身体的快適さに対する配慮も大いに讃えた.「我々は明るく清潔な部屋を必要としている.がらくたの山もなく,埃のたまり場もなく,掃除しやすく動かしやすい滑らかでシンプルな家具のある,風通しがよく開放的な設計の部屋を」[145].つまり,わずか数ページのこの重要論考は,20

---

[142] Ibid., pp.362-3. 原文は以下のとおり. "In der Architektur has das 'Stilmachen' lange die Quellen sachlichen Fortschrittes verstopft, in der Nutzkunst nicht minder. Wollte man dieser Stil- und Architekturmacherei die Thüre weisen, so würde man Wunder an sachlichem Fortschritte erleben. Es gilt also hier vielmehr ein Reinigungswerk an sogenannten künstlerischen Gesichtspunkten vorzunehmen, als ein Hereintragen neuer."

[143] Ibid., p. 364.

[144] Ibid. 原文は以下のとおり. "Das über die Wasserfläche schiessende, elegant gebaute Segelboot der elektrische Beleuchtungskörper, das Zweirad scheinen dem Geist unserer Zeit näher gekommen zu sein, als der Jugend- und Scessionsstil unserer bisherigen neuen Möbel und Tapeten."

年にわたるドイツのリアリズム理論（当時でいう即物主義理論(ザッハリヒ)）の最も簡潔な梗概となっているのである．

そして彼はその後すぐさま自身の論を進展させ，翌年には1901年の2回の講義をもととした『様式建築と建設芸術』(Stil-Architektur und Baukunst) を出版した[146]．「建築(アルヒテクトゥーア)」とは18世紀にドイツ語に入ってきたギリシア語・ラテン語起原の術語として，高等なデザインや歴史的価値をもつデザインのことを指した．しかし大半のドイツ語の記述では，19世紀までドイツ語の「建設芸術(バウクンスト)」が使われていた．ムテジウスがこのタイトルをつけたのは，（押しつけられ，外来の，折衷的な）「諸様式」という高等芸術と，気取りがなく，現実的で，即物的(ザッハリヒ)な方法で建物ができあがる，より真正なドイツ性を有する「建設芸術」とを対比させるためだった．

この論考の第1部は，一般論として過去をあからさまに単純化してとらえた小気味よい歴史考察となっており，後にそれらが，モダニズム初期の他の歴史の中に組み込まれていくという構成になっている．そこでまずムテジウスは，真正な様式とはギリシア様式とゴシック様式の2つであり，ルネサンス様式は様式として不適切だと語った．その主な理由は，ルネサンス様式が「教養に基づく」もので，「上位にある，もとの芸術を映した色あせた像」だからである．また，それが「ゴシックのような人民芸術ではなく支配階級のための芸術」だったことも問題だった[147]．その後18世紀初頭には市民がいくらかの現状改善を行ったが，そうして得られた進歩も，世紀中葉にはギリシア新古典主義なる「第2の」革命によって覆される．しかし，この新古典主義から生まれた混沌を原因として，19世紀にはさまざまな古典様式（優れた作品を生み出すことができたのはシンケルなどのごく少数の建築家だけだった）の理想を追い求める動向および，後のゴシック・リヴァイヴァル（良質で誠実なデザイン）の母体となるロマン主義が起こる．このように語るムテジウスは，ゼンパーのような古典主義者たちは，「世界主義的な建築(コスモポリタン)」であること，また「北欧芸術」を認めていないことを理由に乱暴に退け[148]，かたやヴィオレ＝ル＝デュクやモリスなどのゴシッ

---

[145] Ibid., p. 365. 原文は以下のとおり．"Wir brauchen helle und saubere Räume ohne Staubecken und Staubfänge, glatte und einfache Möbel, die sich ebenso leicht absträuben wie verschieben lassen, eine luftige und durchsichtige Disposition des ganzen Raumes… "

[146] Hermann Muthesius, *Stilarchitektur und Baukunst: Wandlungen der Architektur im XIX. Jahrhundert und ihr heutiger Standpunkt* (Mülheim-Ruhr, Germany: Schimmelpfeng, 1902). 英訳版に *Style-Architecture and Building-Art: Transformations of Architecture in the Nineteenth Century and Its Present Condition*, trans. Stanford Anderson (Santa Monica, Calif.: Getty Publications Program, 1994) がある．「2回の講義」とは1903年の第2版の序文で指摘されているものだが，これについての詳細は不明．

[147] Muthesius, *Style-Architecture and Building-Art*, pp. 51-2.
[148] Ibid., p. 68.

ク主義者をそれぞれ「構造感覚の鋭さ」「職人気質，合理性，誠実さ」といった観点から賞賛している[149]．彼の説明には曖昧なところがない．かくしてその後，手工芸の伝統は機械化という追い風を受けながらも落ち込んでいき，ついには世紀末の「無」に帰し，19世紀はただ「非芸術の世紀」としか呼び得ないものとなった（その後の数十年も同じことが延々と叫ばれ続けていった）[150]．

この大仰な歴史分析に続いて20世紀の展望を語るムテジウスだったが，そこにはいくつかの重要な着想が示されている．彼によれば，（種々の様式を利用することから，「古い組織体の上に現代の植物装飾や樹木モチーフを貼りつけること」に至るまでの）すべての「高等」建築の生産が今，全く機能していないのは，建築が新時代の入口にいるためである[151]．現在の，そしてこれからの芸術生産のためには，経済上・輸送上の新しい需要，新素材や新たな建設原理，快適を達成するための新たな可能性といったもののすべてが，今までとは全く異なる，新たな背景となる．そして，この点での牽引役となるのは，講堂，鉄道駅，蒸気船，自転車などである．「ここに我々は，ある厳密な客観性(ザッハリヒカイト)，科学的ともいい得る客観性(ザッハリヒカイト)の存在に気がつく．それは，すべての皮相な装飾形態を慎むことであり，作品が仕えるべき目的に厳密に従う設計のことである」[152]．ただし，そのように認めながらも，ムテジウスは純工学的な形態を建築設計に使うことを勧めはしなかった．すでに指摘したとおり，彼の理論の中では，工業が行う純「即物的(ザッハリヒ)」デザイン（以前シュトライターが構築的即物性(テクトニックザッハリヒカイト)と呼んだもの）と，日常生活の中の，より中産階級的で，より事実陳述的な，しかし情緒的方面の満足感も生む建設芸術とのあいだには，多少のずれがあった[153]．ここまで明らかにしてきたように，ムテジウスが考える即物的(ザッハリヒ)デザインとは，1896年のシュトライターによるリアリズムの定義とほぼ同一のものなのである．ムテジウスの「即物性(ザッハリヒカイト)」の理解には，1890年代の初め以来，彼が触発され続けてきた田園的感性が満ちていたのだ．

したがって，上記の機械や乗物や橋などの根本にある実利的感性も，いわば，よりありふれた，日常生活の即物的(ザッハリヒ)改革と並行した現象なのである．

　　母なる建築が道を誤っているあいだにも，生活はたゆむことなく，自らが果たした技術革新に適う形態を，純実用的(ザッハリヒ)で簡素な形態を創造し続けた．そして機械

---

[149] Ibid., pp. 65, 67.
[150] Ibid., p. 50.
[151] Ibid., p. 78.
[152] Ibid., p. 79.
[153] *Style-Architecture and Building-Art*, pp. 14-19のアンダーソンによるムテジウス解説を参照．

Chapter 10　モダニズム 1889-1914　　507

が，車が，装置が，鉄橋が，ガラスホールが創造された．生活は実践的（純科学的といってもいいだろう）に前進し，粛々と我々を導いた．生活は時代精神を具現化させただけでなく，同じ神秘的な力のもとに正された美学的(エステティック)かつ構築的(テクトニック)な視点に相応しいものとなった[154]．

そして彼は，このうちの最後に掲げられた「現代の〈美学的(エステティック)＝構築的(テクトニック)〉建築設計観」は工業だけから生まれたものではなく，その母体にはアーツ・アンド・クラフツ運動を初めとする19世紀のさまざまな改革運動もあったのだと語る．このムテジウスの発言は，それまでのドイツ国内の言説とある1点において決定的に異なっていた．すなわち彼は，この1901年のドイツにおいて，機械を公然と容認した，およそただひとりの人間だったのである．彼の建築論の中核である「無装飾の実用形態(ザッハフォルム)」が要求の基礎となっていた背景にも，この達観した機械受容があった[155]．

ドイツ工作連盟(ヴェルクブント)のメンバーとの衝突のきっかけもまた，この機械受容である．1907年に設立されたこの連盟はその後，同様の機械観を普及するための主要媒体となった[156]．なお，ムテジウスは1903年から1907年にかけて通商産業省で改革を行っており，ドイツ工芸協会（Verband des deutschen Kunstgewerbe）では指導者の地位にあった．ここでは，こうしたことも等しく重要である．まず通商産業省でのムテジウスは，1903年にドイツに帰国すると，イギリスでの経験および自身の哲学的なものの見方を買われて，国内の職業専門学校および工芸学校を改革する任務を与えられた．そこで彼はそれらの学校のカリキュラムを再編し，教育のための研修会を開き，展覧会の準備を手伝った．これらはすべて，ドイツ製品の輸出を促進し，家庭生活の質を高めるという意図に基づいていた．そして，即物性(ザッハリヒカイト)なる「近代的」原理の名のもとになされたこうした取り組みの成功こそが，工作連盟(ヴェルクブント)の基盤を築いたのだった．

しかしそれは，ムテジウスだけの功績ではなかった．1903年にドイツに帰国した際，彼は，数ヶ月前にデュッセルドルフの工芸学校の校長に任命されたペーター・ベ

---

[154] Muthesius, *Style-Architecture and Building-Art*, p. 98.
[155] Ibid., p. 92.
[156] 工作連盟(ヴェルクブント)の設立理念および目的の違いについては Joan Campbell, *The German Werkbund: The Politics of Reform in the Applied Arts* (Princeton: Princeton University Press, 1978); Frederic J. Schwartz, *The Werkbund: Design Theory and Mass Culture before the First World War* (New Haven: Yale University Press, 1996) を参照．また *Figures of Architecture and Thought: German Architecture Culture 1880-1920* (New York: Rizzoli, 1982) のフランチェスコ・ダル・コによる工作連盟(ヴェルクブント)に関する章も参照のこと．Mark Jarzombek, "The Kunstgewerbe, the Werkbund, and the Aesthetics of Culture in the Wilhelmine Period," *Journal of the Society of Architectural Historians* 53 (March 1994): pp. 7-19 もまた工作連盟の目的に関する記事であり，短いが非常に重要である．

ーレンス (Peter Behrens, 1868-1940) と合流している[157]．当時ベーレンスは，工業的近代性理念の側に転向したばかりだった．彼は1880年代末に画家としての教育を受け，1890年代にミュンヘンで芸術家として働き，1899年にアポロン的な衝動にかられダルムシュタット芸術家コロニーに移り住んだ．そして1900年，彼が自邸を建て，建築家としての経歴を歩み始めたのは，そのコロニーでのことだった．ところが1902年頃にはすでに，彼はそのコロニーの神秘主義的な芸術観に拒絶反応を示しており，本質的にはムテジウスと同じ見解に行きついていた[158]．また，当時ムテジウスの取り組みと手を結んでいた芸術家・建築家は，リヒャルト・リーマーシュミット (Richard Riemerschmid, 1868-1957)，カール・シュミット，ハンス・ペルツィヒ (Hans Poelzig, 1869-1936) をはじめ，他にも大勢いた．彼らが協働して取り組んだもので最初に大成功を収めたのは，1906年にドレスデンで行われた，第3回ドイツ工芸展である．この時の主催者はフリッツ・シューマッハーであり，ブルーノ・パウルの学校（ベルリン）とベーレンスの学校（デュッセルドルフ）の改革を中心とした，各地の学校で始められた改革が展覧会の目玉とされた．これが，翌年の工作連盟（ヴェルクブント）設立のためのよい予行演習となった．

この工作連盟（ヴェルクブント）の設立には芸術家と実業家の連携組織となることが目論まれており，その意味でこれは，19世紀半ばにコールが作った同盟とかなり似ていた．ただし1点異なっていたのは，前者ではその発端から，前提や目的が互いに対立していたということである．その1907年の第1回大会（ミュンヘン）には，芸術家をはじめとした，およそ300人が招待され，10月5日のシューマッハー基調講演には100人ほどが姿を見せた．この講演には「調和的文化の回復」という力強いタイトルがつけられており，その中で彼は，前工業化時代的な理念の衰退を嘆きながらも，近代生活におけるリアリズムの不可欠さを説いた[159]．すでに，この種の組織にとって機は熟していた．翌3年で工作連盟（ヴェルクブント）の会員数は700人にまで膨れ上がった．また，社会学者ヴェルナー・ゾンバルトや政治学者フリードリヒ・ナウマンを初めとする芸術・産業分野外の知識人たちもここには数多く参画しており，協議にも積極的に加わった．リーマーシュミット，ベーレンス，パウル，オルブリヒ，ホフマン，ヴァン・ド・ヴェルド，テオドア・フィッシャー，パウル・ボナッツ，ハンス・ペルツィヒ，ハインリヒ・テッセノウ，ブルーノ・タウト，ヴァルター・グロピウスなど，参加建築家の中

---

[157] J. Maciuika, "Hermann Muthesius and the Reform of German Architecture, Arts, and Crafts, 1890-1914," pp. 185-245 はムテジウス，ベーレンスおよびこれらの改革について，すぐれた議論を展開している．
[158] Ibid., pp. 133-4.
[159] F. Schumacher, "Die Wiederoberung harmonischer Kultur," *Kunstwart* 21 (January 1908): pp. 135-8.

には戦前期の重要人物はほとんど含まれていた．建築家，職人，教師，美術館長，理論家らが，こうした方法でこのような連携を築いたことなど前代未聞だった．工作連盟(ヴェルクブント)の目的とは，工芸分野の改革促進による，(輸出を通じた)国富の増進と，家庭の生活水準の引き上げである．しかし建築分野においても，そこには実用性(即物性(ザッハリヒカイト))の旗印に包まれた，ある指針が存在していた．

　会員に対して全体的なデザイン・イデオロギーなど強要していないように装っていた工作連盟(ヴェルクブント)だったが，その裏では，連盟の方針を操作するために多大な努力が払われていた．例えば，1908年に運営委員に選任され，以降1914年まで組織の重要な役割を担い続けたムテジウスである．それに先立つ1907年，彼は，ある職業専門学校で行われた重要な講演の中で，世間は社会発展と愛国の名において「新たなムーブメント」がもつ近代的原理の数々を受け入れていると語り，ある伝統職人団体の不興を買った[160]．そこで貿易省は，この発言が引き起こした騒ぎを収拾しようと，ムテジウスに10月の工作連盟(ヴェルクブント)第1回会議には参加しないように要求した．しかし彼は沈黙を貫くことはなかった．彼は早くも，1908年の工作連盟(ヴェルクブント)第2回大会演説で自説を繰り返し，国際市場の中で成功したいのならばドイツは優れたデザインの製品を作らなければならず，より大きな国家戦略として挙国一致の協力関係を築き，各地で同じデザイン原理を受容しなければならない，と断じた．これもやはり1850年代のコールの検討事項と似ているが，ムテジウスの場合はこの「新たなムーブメント」が国粋主義的志向をもつことを正直に認めている．ムテジウスとコールにはもうひとつ決定的な違いがあった．つまり，19世紀のイギリスは植民地帝国であり，植民地支配の富があったが，1908年のドイツはそうではなかったということである．当時のドイツにとっては，デザイン分野の優劣が及ぼす経済的な利害はさらに大きなものだった．

　工作連盟(ヴェルクブント)も短期間居本部を移転していた田園都市ヘレラウは，こうした懸念のただ中に出現した[161]．ドイツには1902年から田園都市協会があったが，この協会は1906年から1907年のあいだに工作連盟(ヴェルクブント)にほぼ統合されていた．ことの始まりは，1906年に実業家カール・シュミットがドレスデン郊外にドイツ工房(Deutche Werkstätten)の労働者のための工場コミュニティとして田園都市の建設を提案したことである．しかしそれは，コミュニティ以上のものになるべく企画されたものだった．すなわち，健康でコミューン的な生活の中で行われる，大胆な社会実験だったの

---

[160] Hermann Muthesius, "Die Bedeutung des Kunstgewerbcs," *Dekorative Kunst* 15 (1907): pp. 177-92.
[161] ヘレラウに関しては Maciuika, "Herrmann Muthesius and the Reform of German Architecture, Arts, and Crafts, 1890-1914," pp. 333-63 を参照．また，Barbara Miller Lane, *National Romanticism and Modern Architecture in Germany and the Scandinavian Countries* (New York: Cambridge University Press, 2000), pp.155-61 も参照のこと．

74　ヘルマン・ムテジウス，ヘレラウの連続住宅，1910年．著者撮影．

である．シュミットは，この目的を達成するため，リーマーシュミット，ムテジウス，テオドア・フィッシャー，シューマッハー，フリードリヒ・ナウマン，ヴォルフ・ドーンら，後の工作連盟(ヴェルクブント)のメンバー（ドーンは工作連盟(ヴェルクブント)の幹事）で委員会を作り，このプロジェクトを検討した．リーマーシュミットは曲がりくねった街路と連続住宅からなる全体配置を作成し，この連続住宅の模型では規格化されたドア，窓，設備が重要な役割を果たしていた．また彼は工場や大きな商業施設も設計しているが，これらにはすべて，南ドイツの田園ヴァナキュラー建築の様式が用いられた．ムテジウスはヴィラ数件と庭付きの連続住宅群を設計しているが（図74），この時彼は，赤い瓦屋根の載る漆喰塗の切妻，塗装された窓と鎧戸，白い杭垣といった，イギリスを想源とする建築ヴォキャブラリーを用いている．一方，ハインリヒ・テッセノウ（Heinrich Tessenow; 1876-1950）はこれらの手本から逸れ，形態的自律性と簡略化された細部の中に原初性の感じられる，急角度の切妻をもつ簡素な住宅街区を設計した．ヘレラウには確かに，第1次世界大戦前のドイツの建築の傑作がいくつかあった．かくしてこの地はたちまちにして，世界各国の芸術家および知識人が訪れる建築のメッカとなった．

　ところが，テセノウがこのコミュニティのための健康，体操，宗教の複合施設となるヘレラウ・リュトミック運動舞踊協会の建物を設計した1911年，ひとつの論争が勃発する．テセノウのデザインは，背高のイン・アンティス型寺院の形態を最大の特徴としていた．そこには厳正なかたちの切妻が付き，直立する方形柱は極度に抽象化され，唯一のレリーフとして2つの切妻に（陰陽を示す）オクルスが付く．ドーンは

この古典主義的なデザインを支持したが,一方でシュミット,リーマーシュミット,ムテジウス,フィッシャーは猛反対した.このうちシュミットを除く3名が,評価委員会がこれを支持すると,抗議の意味を込めて監督委員会を辞した.また,ドーンも間もなく,ムテジウスによって工作連盟幹事の座を追われることとなった.

　この論争が浮き彫りにしているのは,ムテジウスの即物性の理論が当時まだ形態ヴォキャブラリーを見出せていなかったということである.ムテジウス自身も1904年に設計実務に戻ってからは,ベルリン周辺に多くの大規模郊外住宅を設計しているが,このとき彼が実践していたのは,イギリスの平面計画とヴァナキュラーな切妻形式を組み合わせる程度のことだった.建築家としてのムテジウスは,1890年代にリヒトヴァルクが唱道した地方主義的リアリズムの感覚の域を超え出ることはなかったのである.そして1910年頃にもなると,この田園ロマン主義に相対する2つの流れが出現していた.そのひとつは初期の新古典ムーブメントに近いもので,ビーダーマイヤー・リヴァイヴァルと呼ばれることが多い.その指導者はベルリンの建築家パウル・ミーベス（Paul Mebes, 1872-1938）であり,彼は図版を豊富に使った1908年の研究書の中で,古典を想源としながらも,シンプルで簡素な19世紀初頭の中産階級建築こそが現代の設計実務の出発点になることを力説した[162].これに対し,即物性の構築的解釈（工場美学）を中心とした対抗運動が組織されたことは,予期されたとおりである.この運動のスポークスマンはオーストリアの理論家ヨーゼフ・アウグスト・ルクス（Joseph August Lux, 1871-1947）であり,彼は『エンジニア美学』（Ingenieur-Ästhetik, 1910）は,建築家は芸術家から離れエンジニアに近づく必要性を説き,これによって19世紀の議論を再び蘇らせた.現代の工学の産物は,誠実性と経済性に照らして美しい.しかし,大衆はほどなく,それらを次のようにも考え始めることだろう.「現代の工業技術による構造は,時がすぎさえすれば美しいことに気づかされるだろう」[163].

　ペーター・ベーレンスの作品は,この2つの運動を背景に考えなければ理解できない.1901年,ダルムシュタット・コロニーの芝居がかった落成式にあたり,この結晶体は「兆し」であると宣言してその場を演出していたのはいうまでもなくベーレンスである[164].また,1903年に貿易省内でムテジウスと合流し,彼と同じく改革を強

---

[161] Paul Mebes, *Um 1800: Architektur und Handwerk im letzten Jahrhundert ihrer traditionellen Entwicklung* (Munich: F. Bruckmann, 1908).

[163] Joseph August Lux, *Ingeieuer-Ästhetik* (Vienna: Gustav Lammers, 1910), p. 38. 原文は以下のとおり. "Die modernen technischen Konstruktionen brauchen nur älter zu werden, um als schön zu gelten."

[164] Peter Behrens, *Ein Dokument deutscher Kunst: Die Austellung der Kunstler-Kolonie in Darmstadt, 1901, Festsclrift* (Munich: F. Bruckmann, 1901), p. 9. ベーレンスの生涯と作品に関しては Tilmann

く望んでいた人物こそベーレンスであり,彼らの互いに対する忠誠は,ベーレンスがデュッセルドルフ工芸学校の校長(1903-7)になってからも変わることはなかった.とはいえ,ベーレンスの建築には当時,なお数年の成長の必要があった.オルデンブルクの展示パヴィリオン(1905)では以前のユーゲント・シュティールの作風に見切りをつけ,抽象的な建築概念に取り組んでいたが,その幾何学的純粋性はオランダの建築家J・L・M・ラウヴェリクスの理論に負うところが大きい.また,1906年のドレスデン博覧会ではリノリウム会社のパヴィリオンを設計したが,この時は初期ルネサンスのフィレンツェ風古典様式を用いている.美術館長カール・オストハウスのために実施されたハーゲンの火葬場(1906)も同じ様式である.ところがAEG (Allgemeine Elektricitäts-Gesellschaft)の芸術アドバイザーに就任した1907年,彼のスタイルは変貌を遂げる.この時ベーレンスは,ドイツの産業エリートたちの社会集団に近づく方法を獲得しただけでなく,デザインに関する工作連盟(ヴェルクブント)の基本方針を成就した最初の建築家となった.

　この瞬間,彼はドイツの最重要建築家としてその姿を現した.実務経験が10年足らずであったことを考えると,それは驚くべきことであった.以降ベーレンスは,AEGの建物,グラフィック,電気製品に関するデザイン活動すべてを指揮し,ランプ,ファン,ヒーター,やかん,時計などを含む電気製品の大量生産による低価格化を図った.ベーレンスは1907年の覚書の中で「手仕事職人の技術や歴史様式,他素材をコピーすること」を禁じ,機械工程を目立たせるようにうながした.この覚書について,ある歴史家は指摘する.「彼の目的は,工業技術に依拠した生産を芸術的な見地から肯定することにあった.それは,機械の形態と符合し,美観上もそれに似たものを生むデザイン手法の開発によって達成されうるものだとされた」[165].紅茶用のやかんに応用されようが,照明機器に応用されようが,このデザイン戦略は非常に先見の明のあるものだった.

　AEG本部を設計(1905-6)したアルフレート・メッセルのスタッフとして働いていたベーレンスは,メッセルの仕事を引き継いだ.そして1907年から1910年にかけての彼は,ミース・ファン・デル・ローエやヴァルター・グロピウスなどの若きデザイナーたちからなる優れたスタッフを集め,彼らの成長に大きな影響を及ぼした.例えば,第1次世界大戦前にミースが手がけたベルリンの住宅は,同時代のベーレンス

Buddenseig et al., *Industriekultur: Peter Behrens and the AEG, 1907-1914*, trans. Iain Boyd Whyte (Cambridge: M.I.T. Press, 1983); Stanford Anderson, *Peter Behrens and a New Architecture for the Twentieth Century* (Cambridge: M.I.T. Press, 2000) を参照.

[165] Buddensieg, *Industriekultur*, p. 42.

75 ペーター・ベーレンス，AEG タービン工場，1908-9 年．ヨーゼフ・アウグスト・ルクス『エンジニア美学』(Joseph August Lux, *Ingenieur Ästhetik*, Munich, 1910) より．

のデザインと区別がつかない．また，ベーレンス事務所で初めて規格化住宅に興味を持ち始めたグロピウスは，1909 年から 1910 年にかけて，建築家あるいは芸術アドバイザーとして自分を起用するように，多くの時間を費やして資本家に手紙を書き送っている．彼が初めて設計を引き受けることになるファグス靴工場を依頼されるのも，この取り組みを通じてのことである．

　ベーレンスの代表作といえばいうまでもなく，「工業の神殿」と呼ばれ，20 世紀を通じてモダンムーブメントのアイコンとされてきた AEG タービン工場（ベルリン，1908-09）である（図 75）．今となっては，この作品をそのように仕立て上げた理屈はかなり誤ったものだったことがわかるが，いずれにせよこれが複雑な作品であることには変わりがない．ベーレンスは単に，エンジニアのカール・ベルンハルトの仕事を監督する一介の芸術アドバイザーであり，鉄骨構造やガラス壁といったこの建物のさまざまな特徴も，AEG 社内の設計部の指示によるものだった．また，この 2 人のデザイナーのあいだにはいくらかの緊張関係もあったという．ベルンハルトはより多くのガラスの使用を望み，コーナーにもガラスを用いようとしたが，ベーレンスは（非耐力で，ルスティカ風の効果を出すためにスチール帯のまわる）転びのついたコンクリート・パイロンや，（見えない鉄骨トラスで支えられている）コンクリートの切妻を採用した．そこでベルンハルトは，建築家のこの所業を「芸術の真実に則って」非難した[166]．しかしベーレンスとしては，「我々の現代美学のすべての芸術形態

を，機能と科学技術から発明しようとする風潮」には強く反対していたのである[167].つまりこの問題に関しては，彼は結局のところ「保守的」であり，その論理は初期モダニストのパラダイム内に留まっていたのである．純工学的な構造はほとんど「醜く」，適切な被覆でこの醜さを隠すことこそ建築家の役目であるとさえ語った彼は，ルクスと好対照をなす．つまりベーレンスは，工場建築にモニュメンタルな形態を無理強いして用いることによって，それを高等芸術のレベルにまで引き上げようとしたのである．

1913年の『サイエンティフィック・アメリカン・サプリメント』(*Scientific American Supplement*) 誌に発表された英文記事は，彼の本心をさらに明らかにする．彼は同記事において，鉄とガラスは建築形態の物質性を薄めるが，建築は逆に「空間形成体」でなければならない，というドイツ理論内部の極めて古い議論に立ち戻っている[168]．そして彼は，アウグスト・シュマルゾーの言葉に従い，「つなぎ，閉じることを意図しただけのものである」と，2つのコーナーのコンクリート・パイロンを正当化した[169]．また，このパイロンに走る水平の帯は鉄骨構造の垂直性との対比であり，こうした工夫によって「感覚的印象に慣れた目」には，「締まりや，美的に安定しているという感覚」が生まれるのだという[170]．このように，彼には感情移入理論の影響が未だ根強かった．さらに彼は記事の末尾において，エンジニアの専門的な仕事を超えて存在する，芸術家の超個人的な役割を重視した．彼によれば，「これまでに世界中で生み出されてきた偉大なものはすべて，実直な専門職の成果ではなく，強大な人格のエネルギーの所産でこそあった」のだ[171]．それゆえ彼はニーチェのように，そうした強大な人格には敬意を払うべきだと主張する．つまり，「近代様式の特質を自覚し，実現しなければならない．そして，そのために必要となる創造力や様式感覚を持ち合わせる建築家やエンジニアが認められなければならない」[172]のである．

---

[166] Karl Bernhard, "Die neue Halle für die Turbinenfabrik der Allgemeinen Elektrizitätsgesellschaft in Berlin," *Zeitschrift des Vereins Deutscher Ingenieure*, #39 (1911), p. 1682. 引用は Karin Wilhelm, "Fabrikenkunst: The Turbine Hall and What Came of It"(Buddensieg, *Industriekultur* 所収) p.143 より．
[167] Peter Behrens, "Kunst und Technik."(AEG 講義)．*Berliner-Tageblatt*, 25 January 1909 掲載．引用は Buddensieg, *Industriekultur*, p. 62 より．
[168] Peter Behrens, "The Aesthetics of Industrial Buildings: Beauty in Perfect Adaptation to Useful Ends," *Scientific American*, suppl., 23 August 1913, p. 120.
[169] Ibid.
[170] Ibid.
[171] Ibid., p. 121.
[172] Ibid.

Chapter 10 モダニズム 1889-1914 515

ベーレンスの最も興味深い理論に関わる議論は「芸術と技術」("Art and Technology", 1910) と題する講義の中に現れる．彼はその冒頭において，ヒューストン・スチュアート・チェンバリンによる文明（物質的進歩）と文化（精神的・芸術的進歩）の区別を取り上げ，「単に実利的・物質的目的を成就させただけでできた」工学的産物は物質的進歩には寄与するが，文化の土台とはならない，と語った[173]．そしてこのとき彼は，「実利的・物質的目的」をゼンパーに帰するという過ちを犯した．「すなわち，ウィーンの学者リーグルが語った通り，『ゼンパーの機械論的芸術観は，実用目的，未加工材料，科学技術との闘争で敵を圧倒する，明確で意識的な芸術意思（クンストヴォレン）の所産として芸術作品を捉える，目的論的芸術観に取って代わられなければならない』のである」[174]．

この言明は一見，ゼンパー理論を曲解したものとして，10年ほど前のヴァーグナーの議論と大差ないものである．しかしこれは，実は真の宮廷革命だった．すなわち初期20世紀モダニズムは，その決定的な熱意によって，まさにこの瞬間に生まれたのである．そこには新しい（しかし古めかしい）目的論的世界観があった．事実上，ゼンパーの芸術観念論はこのとき，アロイス・リーグルの「芸術意志（クンストヴォレン）」概念に殺されたのだ．

この解釈には説明が必要であろう．歴史家リーグルはウィーンの芸術・産業美術館でテキスタイル部門の学芸員をしており，生涯を通じて献身的なゼンパー主義者だった．そして彼は，自らの芸術意志概念の緩衝材としてゼンパーの観念論をよく援用していた．リーグルは当初（1893），この概念を，芸術を決定づける物理的要因に加わる，個々人の芸術上の自由のための口実と見做していた．しかしその後，彼は『末期ローマの美術工芸』(*Spätrömische Kunstindustrie*, 1901) で自説を覆し，唯物論者であるとしてゼンパーを非難する．この時リーグルは，芸術意志というものを単なる個人的な芸術意欲ではなく，ある時代，ある文化の芸術生産活動を決定づける，超個人的・目的論的な時代精神（ツァイトガイスト）と考えた[175]．大芸術家は前進するが，彼らは自らの時代に固有の精神しか表現することができない，というのがリーグルの考え方であり，それは本質的には，かつて敗北を喫したヘーゲル主義（ヘーゲルの歴史モデル）が建築理論の中に戻ってきたということだった．そして幸運な星のもとに生まれたベーレンス

---

[173] Peter Behrens, "Art and Technology" (Buddensieg, *Industriekultur* 所収) p.213.
[174] Ibid.
[175] その後のリーグルの「芸術意志」概念については Margaret Olin, *Forms of Representation in Alois Riegl's Theory of Art* (University Park: Pennsylvania State University, 1992), pp. 148-53 を参照．また，Harry Francis Mallgrave, *Gottfried Semper: Architect of the Nineteenth Century* (New York: Yale University Press, 1996), pp. 372-81 のリーグル論も参照のこと．

には，リーグルのこの命題を受容することで，自身の取り組みを「成熟文化」の探究であると定義することができた．すなわち彼は，新たな工業時代の世俗の精神を顕現させることを天命とする，ひとりの大芸術家を自認することができたのである．ここに至って，初期モダンムーブメントは目的論的宿命という名の哲学のマントを身にまとい始め，1920年代ともなると，この風潮は次第に強まり，さらに顕著なものとなっていく．かくしてベーレンスは，1910年の演説を次のような不吉な言葉で締め括った．「ドイツの芸術と科学技術は，ひとつの目的に向かって邁進していく．その目的とは，ドイツの国力である．それは，知的に洗練されたデザインによって高められた，豊かな物質生活の中に現れ出でる」[176]．今や芸術には，公然といえるほどに政治権力が与えられたのである．

そして1914年の工作連盟(ヴェルクブント)ケルン展を迎えることとなる．ここでは，ムテジウスとベーレンスの目的論政策は完全に包み隠しのないものとなっていた．そこでまず指摘すべきは，当時の工作連盟(ヴェルクブント)が個人的な確執や協力関係に悩まされていたという事実である．ドーンを追放したことによって，ムテジウスはこの時すでに組織の実権を握っており，工作連盟(ヴェルクブント)事務所もヘレラウからベルリンに戻されていた．彼は秘密裏にこのイベントの「副委員長」の座につき，カール・オストハウスを長とする工作連盟(ヴェルクブント)の正式な計画審議会からケルン展の実権を奪い取ったのだった[177]．裕福な美術館長であり，ヴァン・ド・ヴェルドやベーレンスの初期のパトロンでもあったオストハウスは，それまで長いあいだ，ムテジウスとは別の道を進んでいた．この頃，彼はグロピウスに接近し，ベーレンス事務所の入所を助けている．また1911年にはグロピウスを雇い，ハーゲン美術館のために匿名の工場やサイロなどの写真コレクションをまとめさせた．そしてついにオストハウスは，計画審議会内の自身の権力が，工作連盟(ヴェルクブント)内のムテジウスの見えざる地位によって奪われつつあることに気がつく．そこで彼はグロピウスとともに，工作連盟(ヴェルクブント)からの分離(ゼツェッション)ともいえる作戦を練り始めた．

しかし，ケルン展の資金（ほとんどが政府からの資金）を手荒に管理していたムテジウスもまた，当時は他の者たちと不和の状態にあった．彼はヴァン・ド・ヴェルドの劇場のデザインを幾度となく妨害しており，このため劇場の完成は結局初日に間に合わなかった．彼はアウグスト・エンデルに重要な依頼がなされないようにし，新しい序列の中で二流の地位に格下げした．また彼はペルツィヒを激怒させ，ペルツィヒ

---

[176] Peter Behrens, "Art and Technology" (Buddensieg, *Industriekultur* 所収), p.219.
[177] Maciuika, "Hermann Muthesius and the Reform of German Architecture, Arts, and Crafts, 1890-1914," pp. 364-88; Anna-Christa Fund, ed., *Karl Ernst Osthaus gegen Hermann Muthesius: Der Werkbundstreit im Spiegel der im Karl Ernst Osthaus Archiv erhaltenen Briefe* (Hagen: Karl Ernst Osthaus Museum, 1978) を参照．

はモデル工場の担当を降りてしまう．この依頼はグロピウスに移されたが，ムテジウスは工場のデザインを巡ってグロピウスとも度々衝突した．さらに彼は一連の過程の初期の段階で，かつての協力者ベーレンスの展覧会配置計画をはねつけたことにより，彼からも不興を買っていた．

　1914年5月の工作連盟展（ヴェルクブント）の公式な開会を待たずして，反対派の準備は整っていた．7月3日に予定された大集会で，ムテジウスは基調演説を行うことになっていた．この集会の1週間前に彼は10の「命題」を発布したが，これに対して代表者たちは発声投票でこれを承認することを疑わなかった．ところが，ここで彼が受け取ったのは，ヴァン・ド・ヴェルドのまわりに集まった人々からの，ムテジウスに向けた10の反対命題だった[178]．そこで演説の内容をトーンダウンさせ反乱を避けようとしたムテジウスだったが，時はすでに遅かった．当日の夜とその翌日に参加者たちは喧々囂々の論戦を繰り広げ，その裏ではグロピウスが組織からの脱退を虎視眈々と画策していた（しかしこれは失敗に終わる）．なお，この論争の表面上の問題はTypisierungの一語だったが，この言葉の意味は当時も今もさまざまな議論を呼んでいる[179]．ムテジウスの第1命題はこのようなものである．「建築，および工作連盟のあらゆる創造活動は，型（タイプ）の開発（Typisierung）を目指して努力している．建築はこれによってのみ，調和的文化を有していた時代に持っていた全体的意義を再び手に入れることができる」[180]．

　この論争を研究したこれまでの歴史家たちはTypisierungを「規格化」（standardization）と定義しており，そのためこれを単に，デザイン規格を押しつけたがる人物と芸術的自由の擁護者のあいだの論争として位置づけた．しかしこれは確実に誤りである．ヴァン・ド・ヴェルドは自身の第1反対命題の中で，理想主義者であり，自由な自発的創造者である芸術家は，常に「規範」の押しつけに抵抗しなければならないと主張した．たしかに，この時ヴァン・ド・ヴェルドはこの語をそのように解釈していた．ちなみに彼は，第2反対命題の中ですぐさまこの自由を放棄し，時代精神という名の目的論的（ヘーゲル的）潮流の影に芸術の隠れ場所を見つけようとした．

　時代が下って，歴史家によるこの論争の解釈は変わってきた．Typisiereungは辞書において「定型化」（stylization）と「合理化」（rationalization）と定義されている

---

[178] 10の命題と10の反対命題については *Programs and Manifestoes on 20th-Century Architecture*, ed. Ulrich Conrads (Cambridge: M.I.T. Press, 1975) 所収の "Muthesius/Van de Velde: Werkbund theses and antitheses" (pp. 28-31) を参照．
[179] Schwartz, *Werkbund*, pp. 121-63 では Typisierung の語についての詳細な議論がなされている．
[180] Anderson, *Peter Behrens and a New Architecture for the Twentieth Century*, p. 215 より英訳文を引用．

が，ムテジウスはおそらく，この語をその両義に理解していたように思われる．それはつまり，合理化と定型化を通じてこそ認識可能な，製品に対する美的操作のことを指すのである．それは，ベーレンスがAEGで製作した紅茶用ポットにおける定型化された線と，何ら異なるものではなかった．この点において，このときのムテジウスは，自身が10年以上にわたり主張してきたことを繰り返しているだけのことであり，彼の見解が聴衆にそれほどまでの衝撃を与えるはずはなかった．すなわち彼はこの語をさらに別の意味にも用いていたのであり，やはり新しい意味ではなかったにせよ，多くの人々には，その解釈こそが受け入れられないものだったのであろう．彼は第6命題の中で，ドイツの輸出が国際的に成功するかどうかは「ドイツの死活問題」だと述べた．また次の命題では，その商業的成功を確実なものとするためには，国家的な広報および宣伝活動を始めなければならないと断じ，第9，第10命題では，これらの観点を巨大法人企業の成長と巧みに結びつけた．おそらく1912年から1914年にかけてのムテジウスは工作連盟(ヴェルクブント)の活動と貿易省の活動を完全に結びつけて考えていたのであり，この「非芸術的な」反則のためにこそ彼は凋落したのだった．しかし，この闘争で面子が潰れたのは彼だけではない．この論争の中で第三者的立場をとっていたベーレンスも，その後それまでの立場を回復することはなかった．また（ベルギー人としてすぐに自宅軟禁下におかれることとなる）ヴァン・ド・ヴェルドは隅に追いやられた．この論争の中で勝利を主張し得る者がいたとすれば，それはグロピウスとブルーノ・タウトである．ところがその勝利というのも，最初は虚ろに響いた．この物議をかもした工作連盟(ヴェルクブント)会議のわずか数日前，オーストリアのフランツ・フェルディナント大公とその妃ゾフィーが，サラエヴォを訪れた際に暗殺者の凶弾2発に斃れた．かくして7月，ヨーロッパ各国の軍隊は動き出し，新しき「成熟文化」時代初の軍事行動である，第1次世界大戦が始まったのである．

Chapter 11

ヨーロッパにおけるモダニズム 1917-1933

> 社会は今，手に入れられるかどうかわからない何物かを求める猛烈な欲望に満ちている．すべての手がかりは，ここで挙げたただならぬ兆候に対し払われた努力，関心にすべてが左右されているということだ．建築か革命か．革命は避けられる．
> —— ル・コルビュジエ（1923）——

1
シュペングラー主義 vs. テイラー主義

　ヨーロッパのほぼすべての国々およびアメリカ，カナダ，トルコ，日本，オーストラリア，インドネシア，インド，アフリカの植民国数ヶ国を巻き込んだ，かの「すべての戦争を終わらせるための戦争」では5千万もの人々が軍服に身を包み，長距離砲，毒ガス，戦車，航空機，軍艦，潜水艦，機関銃といった軍事発明によって近代戦争の殺傷能力が致命的に高められた．戦地に没した兵士は総数で1千万人にのぼり，負傷兵も2千万人を超えた．この戦争でトルコだけでも成人男性の1/4を失い，ポーランドでは4百万を超える人々が殺され，家を失った．すべての出来事は起こるべきではなかった．悲しいことに，結局皆がそう納得した．この戦争は，外交の失敗や各国の傲慢，時代錯誤の条約義務が混ざり合って起こった，偶然に近いものだと考えられた．

　主たる交戦国のうち，フランスとドイツの2ヶ国に関していえば，この戦争は1870年から71年の戦争の再開に過ぎなかった．ことの始まりは軍事同盟だった．1879年にドイツはオーストリア＝ハンガリー帝国およびロシアと協定を結び，1882年にはここにイタリアが加わることとなった．しかし，1890年にドイツ新皇帝のヴィルヘルム2世がロシアとの盟約更新の不履行を決定した機に乗じて，フランスがロシアとの同盟を結んだ．そしてこの仏露同盟に1902年にイギリスが半ば非公式的に加わることによって役者は出揃った．衝突の口火を切ったのはハプスブルク朝オーストリアだった．1914年6月，サラエヴォでオーストリアの大公がセルビア人国粋主義者によって暗殺されると，オーストリアはそれから1ヶ月しないうちにセルビアに宣戦を布告した．するとセルビア保護の協定を結んでいたロシアが軍事力を動員し，ドイツ，フランス，イギリスもこれに応じた．そして，本質的な懸案事項を解決するための外交努力をほとんど，あるいは全くしないまま，ヴィルヘルム2世も1914年8月31日にフランスに宣戦を布告する．その4日後，ドイツによるベルギー侵攻の日にイギリスがドイツに対し宣戦を布告した．この時ドイツは慢心し，東方のロシアを牽制するあいだにフランスを早急に叩き，それからイギリスと対峙するという愚直な戦略をとった．

　しかし，期待していたような早期の勝利は決して訪れなかった．ドイツ軍はフランス北部を早々と横断したが，この侵攻は1ヶ月経たぬうちに行き詰まった．東部戦線

がロシア軍に押されていたドイツは西の軍事力をこの前線に移した．そしてその間にイギリスが部隊をフランスに送り込み始めたため，それから4年間のほとんどが膠着状態となった．この戦略的均衡は平穏なものではなく，相次ぐ戦闘ではその都度多数の兵士が犠牲となった．その後イタリアがオーストリアに宣戦布告し，それから間もなく1915年4月には，ドイツが史上初の塩素ガス攻撃を仕掛ける（そして，より強力なマスタードガスも間もなく登場することとなる）．1916年2月のヴェルダンの戦いだけでフランスは50万人，ドイツは40万人の兵士を失った．当初中立であったアメリカも次第にこの戦争に引きずり込まれていく．1915年5月に客船ルシタニア号が撃沈されるとアメリカの世論は連合国側に傾き，フランスとイギリスへの軍需物資供給をさらに積極的に行うようになる．これに応じてドイツは無制限潜水艦作戦の開始を宣言し，1917年にアメリカの船舶2隻が撃沈された数週間後，これをきっかけにアメリカはドイツに宣戦布告した．しかし，アメリカがヨーロッパに100万人超の兵士を動員輸送するにはほぼ1年を要した．

　そのあいだにも，東ヨーロッパは悲劇的な状況に巻き込まれる．ドイツ軍はすでにロシア国内への侵攻をさらに強めており，ロシアは膨大な数の死傷者を出していた．また，これとロシア国内の各都市における大規模な飢餓とが相俟って，当時の皇帝ニコライ2世への支持は著しく低下していた．そして1917年5月に皇帝は退位し，アレクサンドル・ケレンスキーの下に臨時政府が組織された．ボルシェヴィキ革命家のウラジミール・イリイチ・ウリヤーノフ，すなわち歴史上レーニンとしてよく知られる人物は，チューリッヒでこの状況をつぶさに観察し，ドイツ政府と秘密裏に交渉し，自身と同志をロシアに移送する汽車を手配させた．レーニンが革命を先導すればロシアはこの戦争から手を引くだろうという目論見のもと，ドイツは汽車を用意する．かくしてウラジミールは4月中頃にサンクトペテルブルクに到着し，現地で同志のレオン・トロツキーと合流する．しかし7月，彼らによる革命の試みは失敗し，レーニンは身の安全のためフィンランドに逃亡することを余儀なくされる．ところが，極左と極右の攻撃にさらされていたケレンスキー政府は遂に自然崩壊することとなる．ここでレーニンは1917年10月に革命を起こし，直ちにドイツとの和平を訴えた．こうして彼は，マルクス主義の原理に基づく新たな社会主義国家の樹立を掲げて勢力を得ることとなる．この目標を達成するための彼の覚悟が明らかとなったのは1918年7月16日の夜のことである．ここでレーニンは，皇帝ニコライを家族もろとも殺害することも厭わないことを認めたのである．

　ドイツが可能にしたロシア国内のこの革命は，ドイツ国内では裏目に出ることとなった．1918年夏にはフランス戦線におけるアメリカ軍の攻勢により，ドイツ軍は退

却していた．戦争が始まって4年が過ぎ，工業生産力と食料生産力を濫費していたドイツはこれらを継続することができなくなっていた．大都市ではこの時すでに飢餓と暴動が日常茶飯事となっており，ドイツの共産主義者（当時彼らはレーニンから公の支持を得ていた）は反体制のもとに団結していた．それからドイツ海軍が反乱を起こすと，もはや戦争という選択肢はなかった．そして9月末に軍の最高司令官がアメリカ大統領ウッドロウ・ウィルソンに停戦協定を打診し，1918年11月初頭に協定の仔細が決定された．ここでの条件のひとつとして，ヴィルヘルム2世の退位および皇太子の王位継承権の剥奪が盛り込まれた．当初の11月革命政府はその後いわゆるヴァイマル共和国（ベルリン暴動のために交渉はヴァイマルで行われた）に取って代わられることとなったが，これはスパルタクス団のリーダーであったカール・リープクネヒトとローザ・ルクセンブルクによるドイツでの「自由社会主義共和国」樹立の試みがようやく失敗に終わってからのことだった．この2人の革命家は警察の手により1919年1月15日に殺害され，その数日後の選挙で「人民委員」フリードリヒ・エーベルトを主導者とする穏健派社会主義政府が樹立された．

しかしエーベルト政府には成功の機会は訪れなかった．ヴェルサイユ条約（1919年5月締結）に最終的に盛り込まれた条件によって，ドイツからは国家の存亡を左右する物的・経済的資源が奪われた．ドイツは多くの領土を失い，石炭の産出量は自国の需要の半分を下回った．フランスも300億ドルを超える莫大な金額の損害賠償を求めていた．1920年代前半のドイツにおいて，インフレは通貨が破綻するほどの深刻な問題となっていた．しかし，ドーズ案によるアメリカ資本の流入のために，完全な経済危機は回避することができた．なお戦勝国であるフランスとイギリスも安泰とは言えなかった．特にフランスは軍事的，政治的，経済的にすでに壊滅状態にあり，1929年の大恐慌以前にこの状況が好転することはなかった．そして1929年の恐慌が再び壊滅的な政治の崩壊を導くことにより，遂にはまた新たな戦争が引き起こされることとなるのである．

この戦争とその余波のために，1920年代のヨーロッパ芸術は特殊な発展を遂げることとなった．建築史家がこの両大戦に挟まれた時期の「近代建築」の革命を語る時，そこで彼らが通例（少なくとも実現作について）言及するのは，多くの国々で建設が一時的に活気づいた1924年から30年である．戦後のヨーロッパが直面した最も切実な問題が住宅不足であったために，ほぼすべての建設努力はこの解決に焦点をあてた．さらにいえば，この住宅不足には，最小限の建設コストおよび工期で最大数のユニット（高密度で集中していればなおよい）を建てるという具体的な要求があった．こうした判断基準のために，建築理論は装飾や様式といった問題にまつわる従来

の範囲を大きく踏み越えることとなる．ごく単純に，建築実務の規定要因には戦争の厳しい現実によって根本的な変化がもたらされていたのである．

　しかしこの期間には，他にも広範囲に及んだ建築の革命があった．理論領域内において起こったこの革命は，多くの点において，数多の建築家たちに強いられた無為の中から生まれたものだった．だがここにおいても，当座の問題にアプローチするにはいくらかの注意を要する．1920年代の建築のモダニズムは近年，当時の絵画・文学分野における前衛ムーブメントとともに語られるようになっている．このために，それらのもつイデオロギー上の決定的な相違点が曖昧になってしまったのである[1]．1920年代のヨーロッパの建築理論は革新的なものというより，むしろ戦争に先だって出されたアイディア，特に1900年以前に出されたアイディアの統合であるという議論も，一方では可能である．その一方では，政治的次元を有したこの時代の前衛主義は，どう控え目に見ても新奇な現象であった．歴史的にも，建築上の思考がこれほどまでにあからさまな政治色をもっていたのはフランス革命後のような少数の例だけであり，理論がこれほど急進的な体裁をとったのもそれまでにはほとんどなかったことだった．いわゆるアヴァンギャルド理論は戦後の大規模な政治的・経済的荒廃のさなかに生まれたものだった．

　1920年代前半のヨーロッパの思考に影響を及ぼした出来事で最も重要なのは，1917年のロシア革命である．20世紀の共産主義の流れはいかようにも解釈できるが，この共産主義が戦争で荒廃したヨーロッパ全土に屈託のない希望を放ったという点については否定できない．特に終戦直後の知識人や芸術家は，共産主義がヨーロッパ全土に広がることは必定であると信じきっていた．当時は，ヨーロッパは人類の社会発展の新たな段階に突入したのだという共通認識が広く存在した．それは人類の未来の戦争の可能性を排除させる，目的論的な宿命であった．

　この希望にはしかし，同程度の悲観主義が混入していた．我々はそれを，オズワルド・シュペングラーの『西洋の没落』(1918) という書籍が，当時ヨーロッパで最も広く読まれていたという事実に見ることができる．レーニン（Vladimir Ilyich Lenin, 1870-1924）とシュペングラー（Oswald Spengler, 1880-1936）のアイディアには，類似点も相違点も無数にある．この2人はともに「文明化問題」を取り上げ，ともに自然の歴史サイクルにおいて西洋文化は終焉したと考え，ともにこの変化には歴史的必

---

[1] アヴァンギャルド・ムーブメント期の文学，絵画理論については Peter Bürger, *Theory of the Avant-Garde*, trans. Michael Shaw (Minneapolis: University of Minnesota Press, 1984) を参照．また，より広い全体像を知るには Matei Calinescu, *Five Faces of Modernity: Modernism, Avant-Garde, Decadence, Kitsch, Postmodemism* (Durham, N.C.: Duke University Press, 1987) がよい．

然性があると信じ,ともにこの精神の危機を作り出したのは本質的に工業化および経済利益の追求であると論じながらも,かつて西洋の人文主義が唱えた「永遠の真理」を両者はともに避けた.しかし唯物論者レーニンが,戦友たちとともに歌いながら約束の地に進撃する姿を思い描いていた一方で,形而上学者シュペングラーは至るところに差し迫った破滅のみを見た.シュペングラーの考えでは,西洋の近代性が有するファウスト的魂が生まれたのは 1917 年ではなく,10 世紀にまでさかのぼり,精神の再発見とロマネスク建築の発祥に重なる出来事だった.そして,ルネサンス期のアポロ的なものへの回帰の後,バロック,ロココ時代の 17,18 世紀にこの魂は秋色を帯びる.そして 19 世紀に西洋は病の冬を迎え,凋落した(創造性が全くなくなった)ファウスト的精神の文化は,自らの有する数々の実証主義的な妄念と一体となって,端緒についたばかりの「文明」に身を任せることとなる.そこでシュペングラーは,20 世紀に残されているのは「金銭を転覆し無効にするのは血のみだ」という真実を認識することだけである,と結論づける[2].最後に彼は,機械教の 3 種の「高僧」(起業家,エンジニア,工場労働者)は,帝国主義やさらなる戦争,「独裁政治(カエサリズム)」を宗教の力で浄化することによってのみ生き長らえることができると語った.

　レーニンのマルクス主義とシュペングラーの保守主義は時折,共産主義的世界観と資本主義的世界観の対立のシンボルであるように解釈されることがあるが,こうした並置はイデオロギーと理論の微妙な差異をいっそう曖昧にしかねない.しかしこの微妙な差異こそ,建築思想の解釈には欠かせないものである.シュペングラーは自著の最後の 2 章を「金銭」と「機械」にあてた.これは,彼が自らの信念を本質的に社会主義と相容れないものと見ていたからではなく(シュペングラーは社会主義をヴァイマル共和国よりも優れているとした),ドイツ人は科学技術の進歩と工業化を裏づけとした極端な楽観論に裏切られてしまった,という彼の理解のためだった.この観点からすると,理論におけるシュペングラー哲学のアンチテーゼはマルクス主義ではなく,アメリカのエンジニア,フレデリック・ウィンズロー・テイラー(Frederick Winslow Taylor, 1856-1915)であるとするのが妥当である.

　しかし,シュペングラー主義対テイラー主義というイデオロギーの戦場において,1920 年代のヨーロッパ理論の展開は行き着くところまで行ってしまった.テイラーはシュペングラーと同じく学術畑の人物ではなかった.1880 年代,90 年代にアメリカの鉄鋼会社 2 社の管理職であったテイラーは,効率という名目のもとに生産性の定

---

[2] Oswald Spengler, *The Decline of the West*, trans. Charles Francis Atkinson (New York: Knopf, 1934). 2: p. 507.〔O・シュペングラー著,村松正俊訳『西洋の没落――世界史の形態学の素描 第 2 巻:世界史的展望』,五月書房,2007 年〕.

量化に興味をもち始め，1911年，戦後おそらく二番目に広く読まれた著作である『科学的マネジメントの原理』(*The Principles of Scientific Management*) を執筆する．その冒頭には，「マネジメントの主目的たるべきは，被雇用者各人の最大限の財政的成功を加味したかたちでの雇用者の最大限の財政的成功の確保である」[3] と記されている．ここでのテイラーのアプローチは，生産プロセスの細かい段階を分析し，ストップウォッチでそれぞれの動作に要する時間を計り，誤った動作，遅い動作，無駄な動作をすべて取り除き，必要な場合には労働者を新しくより効率的な動作で訓練する，というものであった．テイラーはこの分析をさらに「科学的に」するために，しばしばフランク・ギルブレスを雇い，労働者の手足に小さなライトを付けた状態で彼らの動作を撮影させている．こうした技法を用いて撮られた写真は，単純労働の最も悪い例の説明に用いられることもあったが，テイラーのもうひとつの目的としては，生産性を向上させて労働時間を短縮させ，賃金を上げ，労働者に規則正しく作業させ休憩を与えるためであった．石工の研究を例にとると，ここでギルブレスは，調節可能な足場を用いて煉瓦積みをすれば腰曲げや持ち上げの動作をすべてなくせることや，モルタルの調合を工夫すれば石工はたいて調整することをせずに正しい奥行きで煉瓦を積み重ねることを発見しており，従来はひとりあたり毎時120個の煉瓦を積んでいたのが，この改良によって毎時350個にまで改善された．またテイラーはボールベアリング検査に関する別の研究において，効率を3倍に上げ，労働者の賃金を80から100％上げ，作業時間を1日10時間半から8時間半に短縮させ，かつ労働者に対し毎月2連休の有給休暇を与えることができるとした．

　こうした手法を応用して大成功を収めた分野としては，アメリカの自動車産業が筆頭であった．ヘンリー・フォード（Henry Ford, 1863-1947）はゴットリープ・ダイムラー，カール・ベンツ，ランソン・エリー・オールズといった発明家によって19世紀末に発展した分野のパイオニアとして，比較的遅い段階に登場した人物だった．初めに創設した2つの自動車製造会社は世紀末頃にともに失敗したが，1903年にはフォード・モーターカンパニーを設立し，その2年後には店頭価格400ドルの自動車を年間1万台製造していた．それらは小型車としてすでに他の自動車の平均価格を相当下回っていたが，それでもフォードはコストを下げながら品質を上げるという点に固執し続けた．その後フォードは1908年にモデルT（当初950ドル）を導入し，これは当時の水準では極めて頑丈で，耐久性もあり，かつ最新鋭の車だった．また

---

[3] Frederick Winslow Taylor, *The Principles of Scientific Management* (Minola, New York: Dover, 1998; originally published in New York, Harper & Bros. 1911), p. 1.〔有賀裕子訳『科学的管理法』ダイヤモンド社，2009年〕．

1909年にはアルバート・カーン（Albert Kahn, 1869-1942）を雇い，ハイランドパークに新しい組み立て工場を建設させた．また，テイラーのアイディアに触発されたフォードは，作業者の動きを最小化させるため，ここにベルトコンベアや可動プラットフォーム，高架レールをもった精巧な組み立てラインも作っている．製造サイクルが完成するまでには数年かかったものの，1914年（ヨーロッパが戦争に向かって突き進んでいる頃である）までには，フォードは組み立て時間を50%減らし，労働者の賃金を2倍にし，1日の労働時間を9時間から8時間に短縮するところまで，このシステムを改良していた．そして同年にフォードが製造シフトを2つから3つに増やす決定を下したとき，以前には想像できなかったような出来事が起こった．すなわち，雇用を求めて工場の外で暴動が起きたのである．それから1923年までにはモデルTのコストは260ドルまで下がっていたが，すでにフォード社の被雇用者は，以前には贅沢品であったこのアイテムを買える，世界初の労働者となっていた．かくしてフォードは「よく使われる品目の価格を下げると，その品目の需要はほぼその瞬間に大幅に上がる」というテイラーの言葉を実証し，これにより失業問題を解消したのだった[4]．ヨーロッパの知識人もフォードの考えを十分に意識していた．ドイツ人社会学者のヤーコプ・ヴァルヒャーは自著の『フォードかマルクスか．社会問題の実践的解決』（*Ford oder Marx. Die praktische Lösung der sozialen Frage*）というタイトルでこの1925年の状況を巧みに要約した．

── 2 ──
ソヴィエトの合理主義と構成主義

しかし，この時期「科学的マネジメント」の原理に頼ったリーダーはフォードひとりではなかった．すなわち，1918年の時点ですでに，レーニンもソヴィエト式工業化システムにテイラーのアイディアを組み込む意思を公にしていたのである．しかし，彼が直面することとなった障害はさらに過酷なものだった．マルクス主義理論にとっての共産主義とは，封建主義や資本主義的経済発展も包含する社会的進化の最終段階であったが，1917年の10月革命は未だ封建制が根強く，工業発展において西洋に遥かに後れをとっていた社会の中で起こったものだった．この頃はまだ，生産問題

---

[4] Ibid., p. 5.

はレーニンが対峙していた問題の中では小さな割合しか占めていなかった．1918年のブレスト＝リトフスク講和条約では，ロシアはドイツに国土と人口の1/3および石炭生産量の90％を奪われ，大打撃を蒙った．政権を握ったボリシェヴィキは即座に私有地および金融システムを国有化し，産業もすべて徐々に国有化されていった．そうした法令のいくつかはレーニンの新経済政策（1921）のもとですぐに取り下げられたが，伸び悩む経済はそれでもダメージを受けた．そして内戦，広がる混乱，大規模な凶作がこれに続いた．1918年8月の暗殺未遂事件により，レーニン自身も重態に陥っていた．しかし彼は「赤色テロ」運動で反撃し，12,000人の政敵がその標的となった．この「赤軍」と「白軍」の抗争中にトロツキーがソヴィエト軍を再編し，10万人から500万人にまでその規模を拡張させる．それからレーニンは1922年に最初の脳卒中を発症し1924年に没する．反トロツキー抗争中でレーニンの後任として頭角を現したのはヨシフ・スターリンであった．その後，彼がこの革命に残酷な道を歩ませることとなる．

　ロシアには当時，こうした経済的・政治的に不安定な背景があった．それを考えると，この状況にあって，この時期ソヴィエトの芸術家や建築家が一時期ヨーロッパの主導権を握った事実は英雄的なものとも映る[5]．なお，ここで道を拓いたのは画家の功績も少なくない．カジミール・マレーヴィチ（Kasimir Malevich, 1878-1935）が純粋抽象絵画の実験を始めたのは1913年のことで，その2年後にはあの有名な「黒い正方形」を発表する．そして1919年にはすでに「純粋色の新しい枠組み」（スケールも寸法もなく，「美や経験，雰囲気などの審美的検討事項のすべてから独立な」[6]世界）を模索する，非物質化された非具象的な芸術形式としての「シュプレマティズム」を標榜していた．また，マレーヴィチは1919年にヴィテプスクの学校にシュプレマティズムを採り入れ，翌年にはUNOVIS（新芸術連合）を組織し，ここにはエル・リシツキー（El Lissitzky, 1890-1947）もメンバーとして参加した．なおリシツキーは当時，3次元抽象芸術のプロウン（Proun："Project for the Affirmation of the

---

[5] 近年にはソヴィエト建築を扱った優れた研究書がいくつか現れているが，ここでは特にウィリアム・クラフト・ブラムフィールドによる研究書，William Craft Brumfield, *A History of Russian Architecture* (New York: Cambridge University Press, 1993); William Craft Brumfield, *Reshaping Russian Ardtitecture: Western Technology, Utopian Dreams* (New York: Cambridge University Press, 1990); William Craft Brumfield, *The Origins of Modernism in Russian Architecture* (Berkeley: University of California Press, 1991) の3冊を挙げておく．また，Victor Margolin, *The Struggle for Utopia: Rodchenko, Lissitzky, Moholy Nagy, 1917-1946* (Chicago: University of Chicago Press, 1997) も参照されたい．

[6] Kasimir Malevich, "Non-Objective Art and Suprematism," (*Art in Theory 1900-1990: An Anthology of Changing Ideas*, ed. Charles Harrison and Paul Wood (Oxford: Blackwell, 1999) p. 291 所収）．

New"の頭文字、「新なるものの肯定プロジェクト」）の開発の途上にあった。

モスクワの自由芸術スタジオで教えていたナウム・ガボ（Naum Gabo, 1890-1977）とアントン・ペヴスナー（Anton Pevsner, 1886-1962）兄弟もまた、当時抽象芸術を唱道していた人物であった。もともとポスターとして発行された「現実主義者のマニフェスト」（1920年）では、「絵画要素としての色」に対抗して「物質的な実体としての色」を擁護し、「記述的な意味をもつものとしての線」に対抗して「静的な力やリズムの方向を示すものとしての線」を標榜し、絵画的・造形的空間概念すべてに対抗して「単純な深さ」の側につき、彫塑的なマッスに向こうを張った。「我々はこれらの芸術の中に、即時知覚の基本形である運動リズムにまつわる、ある新しい要素の存在を認めている」[7]。

ソヴィエト芸術の中では、画家・彫刻家のウラジミール・タトリン（Vladimir Tatlin, 1885-1953）を始祖とするまた別の前線が「構成主義」として定義されつつあった。タトリンの「反レリーフ」は1913年から14年に初めて出展され、1919年から20年に第3インターナショナル記念塔のプロポーザルを提出する。これは2つの螺旋が1,300フィート（400m）の高さまで寄り合わさった、鉄とガラスによるダイナミックな塔であった。また、建設観において当時タトリンに近かった人物に、アレクサンドル・ロトチェンコ（Alexander Rodchenko, 1891-1956）がいる。1921年から22年にかけて発行された2冊のプログラム（2冊目は妻のワルワーラ・ステパーノワと協働）では、ロトチェンコは構成主義を「未来の芸術」であり、構築術（テクトニクス）、制作術（ファクチャー）、構成術（コンストラクション）の3つを原理とする「科学的共産主義」を有した芸術である、と言及している[8]。しかしロトチェンコの用語法は政治色が強く、極めて難解である。彼にとっての「構築術（テクトニクス）」とは「実用芸術を創作しながら最新素材および最新工業技術を開拓する社会主義的行為」のことであり、「制作術（ファクチャー）」が意味するものは「素材の選択および取扱い（処理）」であり、また「構成術（コンストラクション）」とは「構成主義的（コンストラクティヴィズム）な組織作用」あるいは「最大限効率的なプロダクト制作」のことを意味した。

構成主義的理念の普及・改良のためのメディアは国立高等美術工芸工房（VKhUTMAS）（ヴフテマス）と芸術文化協会（INKHUK）（インフク）の2つである。この両組織は1920年にモスクワで設立されたもので、国立高等美術工芸工房は新設の芸術・建築学校として、新芸術の主導的理論家の多くをひきつけた。建築分野では、ニコライ・ラドフス

---

[7] Naum Gabo and Anton Pevsner, "The Realistic Manifesto," (Harrison and Wood, *Art in Theory 1900-1990*, p. 299 所収）.

[8] Alexander Rodchenko, "Slogans," and Alexander Rodchenko and Varvara Stepanova, "Programme of the First Working Group of Constructivists." (Harrison and Wood, *Art in Theory 1900-1990*, pp. 315-18 所収）.

キー（Nikolai Ladovsky, 1881-1941）の 1，2 年次のクラスが新しく機械造形の合理主義的構文論や形態的抽象性を教えたことで国立高等美術工芸工房（ヴフテマス）の存在がヨーロッパ中に知れわたることとなった．なお，この授業はラドフスキー自身の「感情移入（エンパシー）」研究が基礎となっていた．また芸術文化協会（インフク）は芸術研究に重点を置いただけでなく，国外で展覧会を開催しバウハウスなどの姉妹機関とも定期的に交流していた．さらに当時は，プロレタリア文化・教育団体（Prolekult）によるプロパガンダの指揮を筆頭に，機械製品やマスプロダクト製品にかかる経済上の権限委託，中央労働協会のテイラー主義化といった取り組みを統括し鼓吹していたのはみな，国家機関であった．なお芸術家はさまざまな手法で貢献しており，1920 年代初頭のタトリンとロトチェンコの場合は労働者服や大衆向け機械製家具のデザインにも携わっている．ソヴィエト連邦では，建築と芸術は当初から大きな経済機構・政治機構の延長部分として受け入れられていたのだった．

　こうした潮流が強くなっていった建築分野では 1923 年に新興建築家協会（アスノヴァ）（ASNOVA）が結成され，作品においても輝かしい全盛——少なくとも紙上では——を迎えることとなった．新興建築家協会（アスノヴァ）のメンバーは合理主義者を自称しており，協会自体は様式主義的な過去の「退化した造形」から建築を解放することを自らの使命としていた．また，この協会は国立高等美術工芸工房（ヴフテマス）を拠点としながらも，領域を超えた芸術家たちとも通じ合い，リシツキー，マレーヴィチ，コンスタンチン・メーリニコフ（Konstantin Melnikov, 1890-1950）らの作品も受け入れていた．構成主義建築という概念を初めて指し示したのはレオニド（Leonid Vesnin, 1880-1937），ヴィクトル（Victor Vesnin, 1882-1950），アレクサンドル（Alexander Vesnin, 1883-1959）のヴェスニン兄弟の作品（特にアレクサンドル）であった．この 3 人は 1923 年に協働し，モスクワの労働宮のコンペティションのために優れたデザインを残している（図 76）．また，アレクサンドルとヴィクトルがこの翌年に設計したレニングラード・プラウダ・ビルディングも有名である．労働宮は中央のオフィスタワーと楕円形の集会場が組み合わさった設計だが，ラジオ塔とケーブル類がずらりと並んでいたり，飛行機のドッキングポートがあったり，といった点も目立っている．プラウダ・ビルディングはガラス張りのエレベータ 1 基が入るガラスタワーがあり，拡声器やサーチライト，時計，パイプレールといった設備が組み込まれている．しかし，これを実際に建設するのは 1920 年代前半時点では不可能だった．したがって，新しいソヴィエト建築で初めて実現に至ったものは，1925 年のパリ万国装飾博覧会に建設された，メーリニコフの木造パヴィリオンであるといえよう．このパヴィリオンは開け放ちの塔と長方形平面を斜めに切って走る移動廊下が見所となっており，内部はロトチェンコ

の設計によるチェステーブルの置かれた労働者クラブとなっていた.

ソヴィエトでは建設活動がなかったため,モイセイ・ギンズブルグ（Moisei Ginzburg, 1892-1946）を初めとして多くの者が理論に取り掛かった.ギンズブルグは戦前にパリとトゥールーズのエコール・デ・ボザールで学び,その後未来派の活動が絶頂を迎えていた頃のミラノの美術アカデミーに通った人物であった.そして彼はリガ工芸学校で戦時期を過ごし,1917年に工学の学位を取得し同校を卒業する.それからクリミアに4年間滞在した後1921年にモスクワに戻ると,国立高等美術工芸工房（ヴフテマス）で歴史と理論を教えるようになる.ここでヴェスニン兄弟と親交を結んだギンズブルグは,1925年に彼らとともに初の建築家構成主義グループであるOSA（近代建築家協会）を設立する.なお,この時ギンズ

76　ヴェスニン兄弟,労働宮コンペ案.ヴァルター・グロピウス『国際建築』(*Internationale Architektur*, Berlin, 1925) より.

ブルクはすでに2冊の書籍を出版していた.1作目の『建築のリズム』(*Ritm v arkhitekture*, 1923) の中での彼は構成主義者らしく,リズミカルに動くダイナミックな形態や,建築と経験との現象学的な関係を好む傾向にあった.また2作目となる『様式と時代』(*Stil' I epokha*, 1924) は,ソヴィエト勢の理論をヨーロッパ思想の最前線に押し出す先駆的な研究であった[9].

ギンズブルグは建築家というだけではなく,知識人でもあった.フランスとイタリアで教育を受けた過去や,ドイツ,アメリカの発展に関する知識を有していた彼は,かくしてソヴィエト勢の理論にヨーロッパ的な視点を持ち込んだのである.ギンズブルグの思考にはヴェルフリン史観やシュペングラーの絶望,テイラーの科学効率論の

---

[9] Moisei Ginzburg, Style and Epoch, trans. & intro. Anatole Senkevitch, Jr. (Cambridge: M.I.T. Press, 1982). ここではセンケヴィッチによるギンズブルク思想の優れた要約も読むことができる.〔黒田辰男訳「様式と時代：構成主義建築論」,（滝沢恭司編『コレクション・モダン都市文化　第2期　第29巻：構成主義とマヴォ』ゆまに書房,2007年,pp.163-392所収)〕.

痕跡が認められるが、また、パウル・フランクル、ヴィルヘルム・ヴォーリンガー、ル・コルビュジエの思想を指摘する研究者も存在する[10]。しかし、比較的古い思想を新しいモデルへと速やかに統合する研究手腕はギンズブルグ独自のものである。彼はヴェルフリン風に「希望するか否か、あるいはそもそも気づくか否かにもほとんどかかわらず、大小問わず人間活動すべての表現に一定の特質を課す、ある種の現象のようなもの」[11]と様式を定義し、様式は皆、青年期（建設的）、円熟期（有機的）、老年期（装飾的）の3段階の発展段階を経るものとされた。また、基本的に彼は、新たな様式的統合は過去の主要様式（グレコ＝イタリック様式およびゴシック様式）から生まれてくるはずだ、というサン＝シモン的なイメージに依拠した。なお、加えて彼はシュペングラー的な発想も受容しながら、ヨーロッパの実務は過去2世紀のあいだ衰退の一途を辿っており、さらにこの2世紀はさらに第1次世界大戦とロシア革命という「壮大な地殻変動」によって現在から切り離されている、という見解をとっている。ところが、彼には、「現代の本質、現代のリズム、現代の毎日の労働やさまざまな関心事、そして現代の高邁な理想」に宿る「近代性(モダニティ)という用語」がこれから実務に新たな進化を生じさせるはずだ、という希望的観測があった[12]。

　ギンズブルグの場合、新様式を形づくる要因の抽出方法もまた興味深い。彼の歴史研究はヨーロッパ実務の「完全なる衰退絵図」描写（彼はベーレンスがAEGで行った工場美学のモニュメント化も拒絶している）とアメリカの工業力賛美で締め括られる。「アメリカの生活テンポというものが現れつつある。それはヨーロッパのものとは全く違い、ビジネスライクで、ダイナミックで、謹厳で、機械化され、一抹のロマンティシズムももたない。そのことが、大人しいヨーロッパを脅かし、はねつけている」[13]。ここでギンズブルグがほのめかしているのは、自身が初め「空間的な解決方法の合目的的な明瞭さ」や「ダイナミクスおよび透徹したエネルギー」[14]を有していることを理由に明示した工業発展モデル（工場や穀物サイロ）である。彼によれば、近代世界の筆頭課題は労働者住宅と工業工場の建設であり、新建築の形態パラダイムはそのうちの後者によってもたらされるものであった。

　厳密にいえば、ギンズブルグが用いたメタファーは機械であり、その機械とは、

---

[10] Catherine Cooke, "'Form is a Function X': The Development of the Constructivist Architect's Design Method" 参照。*Architectural Design: Russian Avant-Garde Art and Architecture, Profile* 47, vol. 53 5/6 (London: Architectural Design and Academy Editions, 1983), pp.38-42 所収。
[11] Ginzburg, *Epoch and Style*, p. 42.
[12] Ibid., p. 47.
[13] Ibid., p. 70.
[14] Ibid., p. 72.

「最高水準に組織化された」装飾のない乗物であり,機動性のあるモーターであった.一方で簡素な組織化が「創造的アイディアを練る際の精度」をもたらすと考えており,また一方では,彼にとっての機動性の好例とは,機関車や,1923 年にヴェスニン兄弟がデザインした労働宮であった.こうしてギンズブルグは,この労働宮を鉛直方向および対角線方向の矢印へと実にわかりやすく還元してみせ,これによって視覚的なエネルギーの流れを示した.この感情移入的な力場は彼にとって,大まかなコンセプト図として理論上重要なものであった.彼によれば,機械のもつ「緊張や激しさ,あるいは機械のもつ強烈な方向表現」は新様式の象徴として選ばれたものである.しかしそれだけではなく,機械はまた,「アシンメトリーな形態,あるいはせいぜいひとつの,しかも主要な運動軸に比して二次的でその主要軸と一致することのないシンメトリー軸しかもたない形態」への特定の建築的嗜好を危機に立たせるものでもあった[15].この観点からして,構成主義(コンストラクティヴィズム)は新様式に至る第1の「建設的な(コンストラクティブ)」段階なのだった.

　ここでギンズブルグのこの研究とエル・リシツキーの『ロシア』(*Russland*, 1930. 初版はウィーンで刊行された)[16]とを比較してみたい.リシツキーはこの「人類の歴史の新たな1ページ」の意義を解釈する際,どちらかといえば楽観的な態度をとっている.彼は1920年代の多くを芸術家および文化使節としてドイツとスイスで過ごしており,これらの国の一連の出来事に大きな影響を与えていた人物だった.リシツキーはこの自著の結論に,① 建築は「単なる感情的なものでも,個人主義的な事柄でも,ロマンチックな情事でもない」,② 設計には「即物的(ザッハリヒ)」なアプローチをとらなければならない.そして最も重要なものとして,③ 建築は「方向をもった目標」でなければならず,科学的でなければならない,という3つの原理を挙げ,それらを用いて新建築を要約している[17].ロシア建築は何世紀にもわたって西側世界の建築に遅れをとってきた,という点はリシツキーも認めるところであるが,しかし同時に彼は1920年代のヨーロッパの展開(審美上の趨勢について)には批判的であり,建築を社会主義的芸術あるいは革命芸術として提示する点は頑として譲らなかった.当時ソヴィエト建築は住宅供給(これは共同キッチンと幼稚園を備えた複合施設を建設することで解決できると考えられていた)と文化的な再教育を目した労働者クラブに喫緊の関心を寄せていた.ところがリシツキーのユートピアニズムの裏に厳しい経済的

---

[15] Ibid., p. 92.
[16] El Lissitzky, *Russland: Die Rekonstruktion der Architektur in der Sowjetunion* (Vienna, 1930). これにはエリック・ドゥルホシフ(Eric Dluhosch)による英訳 *Russia: An Architecture for World Revolution* (Cambridge: M.I.T. Press, 1984) がある.
[17] Lissitzky, *Russia*, pp. 70-71.

困難を読み取ることは難しくない．当時ロシアではこの困難のため，未だ実現に制約のあるデザインが極めて多かった．

　また，1930年頃のリシツキーは，ロシア国内の同業者サークルと政治サークルの双方から敵視されていた．この時期のソヴィエト建築における実践の最後のイベントであるソヴィエト・パレスのコンペティション（1931-3）はその好例である．1929年時点ですでにひとつの同業者グループ（「プロレタリア建築家全連邦協会」の頭文字をとったVOPRA）が組織され，機械美学および西側世界からの影響に根ざしたOSAと対立していた．1931年6月のコンペティション開催の通知と同時に，当時の建築実務に美的な配慮が欠けていることを嘆く共産党のある書記がスピーチをした[18]．そして1932年4月にスターリンが「文学者・芸術家諸協会の改組に関する」布告を発令し，これを基礎として後に「社会主義的現実主義」として知られることとなる様式が公式な国家様式（新古典主義の改訂版）として定められ，審査はさらに複雑化した．このように，このコンペティションの結果は実際のイベントが始まる以前に決まっていたに等しかったが，1931年末時点で委員会には世界各国から160を超える応募があった．その中で最も有名なのはル・コルビュジエのプロジェクトであったが，この案は「入り組んだ機械の美学を助長するものである」[19]とされ，審査のごく初期の段階で落選していた．最も優れていたのはヴェスニン兄弟のデザインであり，これは最終審査まで残った．ボリス・イオファン，ウラジミール・シューコ，ウラジミール・ゲリフレイフによる当選案は，315mの頂上に巨大なレーニン像が載る新古典主義的な塔を主眼に置いたものであった．しかし，1937年に始まったその建設は，結局戦争によって中止されることとなった．

　1930年代末にはソヴィエト建築のアヴァンギャルド期はすでに途絶えて久しく，かつて「近代的(モダン)」であった建築家はそのほぼ全員が実務から離れるか強制労働収容所送りになっていた．一時期隆盛を誇ったソヴィエト建築は，一夜にしてスターリニズムなる漆黒の歴史の陥穽へと崩れ落ちた．

---

[18] このスピーチおよびこのコンペティションの経緯については Antonia Cunliffe, "The Competition for the Palace of Soviets in Moscow, 1931-1933," *Architectural Association Quarterly* 11, no. 2 (1979): pp. 36-48 参照．
[19] Ibid., p. 41.

/ 3 ——
デ・ステイルとオランダにおけるモダニズム

　オランダは第1次世界大戦における数少ない中立国であったため，その建築は他のヨーロッパ諸国では見ることのできない連続性を有している．さらにオランダは，前衛思想が建築作品に対して直接的に顕著な影響を及ぼした数少ない国のひとつでもあり，そうした影響はどのヨーロッパ諸国よりも早かった．オランダは，驚くほど多様なイデオロギーが競合する建築活動により，1920年代前半のヨーロッパにおいて建築分野で最も活気ある国となった．

　オランダにおける発展の連続性は，戦時中もほとんど依頼が減ることのなかったベルラーへの仕事に見ることができる．1914年から1916年にかけて，彼はロンドンのホランド・ハウスを手がけるとともに，フンデルローにクレラー・ミューラー一家のための豪華な猟館（1914-20）を設計した．1919年にはハーグの美術館の設計に取りかかったが，こうした建築設計の仕事をこなしながら，彼はアムステルダム南地区の都市計画案もいくつか作成しており，その最初の提案は1900年代初頭になされた．これらの都市計画案が作成された背景には，1915年に新しいアムステルダム市長によって提案された，3,500戸の住宅建設計画があった．それから2年にわたり，ベルラーへは初期の計画案を作り替え，道路と住宅ブロックとが一体化した案を作成したが，それは論理的には際立っていたものの，性質の上では北側地区における同心円状の運河のシステムと似通ったものだった．

　アムステルダム南地区は，いわゆるアムステルダム派のリーダーであったピーター・クラマー（Pieter Kramer, 1881-1961）とミシェル・デ・クレルク（Michel de Klerk, 1884-1923）による住宅街となった．この2人の建築家はまずエドワード・カイパースの事務所で働き始め，ともにオランダ共産党で活動した．さらに彼らは，第1次大戦の最中にヨーロッパの表現主義運動とオランダのヴァナキュラー運動を擁護した．オランダの雑誌『ウェンディンヘン』（*Wendingen*）の編集者であったテオ・ファン・デル・ウェイドフェルト（Theo van der Wijdeveld, b. 1886）に同調していた．アイヘン・ハールの集合住宅（1913-6）と，クラマーとともに手がけたダヘラードの集合住宅（1920-2）の2作品におけるデ・クレルクの設計は，ディテールとスケールの統制とに気を配り，多様な形態からなるデザインを用い，また煉瓦のテクスチャーを独創的に使用することによって，初期の兵舎風（バラック・スタイル）の集合住宅に対する代替案

を明確に打ち出していた．彼ら以外にも，アムステルダム派の才能ある2人の建築家として，J・M・ファン・デル・メイとJ・F・スタールがいる．

アムステルダム派の作品と関連があり，なおかつフランク・ロイド・ライトから強い影響を受けた建築として，ウィレム・デュドック（Willem Dudok, 1884-1974）の作品群がある．1918年，彼はヒルフェルスム市の建築家となり，（他のいくつかの印象的な建物とともに）ヴォリュームが左右非対称に配置されたタウン・ホール（1924-30）を手がけた．デュドック自身はライトの影響を否定したかもしれないが，ライトの2つの戦略——空間的ヴォリュームの外部への拡張と，垂直方向のつなぎ金物を用いた水平面の層状化（レイヤリング）——をデュドックが習得していたことに関しては，議論の余地がない．

さらに，1910年代後半から20年代前半にかけてのオランダ・モダニズムは，影響力の大きい雑誌『デ・ステイル』（De Stijl）および同名の運動と，ほぼ同義語とされている．その基礎を築いた2人の人物とは，画家のピエト・モンドリアン（Pieter Mondrian, 1872-1944）とテオ・ファン・ドゥースブルフ（Theo van Doesburg, 1883-1931）であった[20]．この運動がオランダで興ったという事実は，第1次世界大戦による混乱と大いに関係があった．モンドリアンは1900年以前から画家として活動していたが，1911年にパリへ移ると，キュビスムの発展に強い興味を抱く．1914年，帰郷している最中に戦争が起こったため，彼はオランダに留まった．それから数年間，彼は抽象芸術の独自の道を探求し，1910年代後半には黒い線によるコンポジションという作風へと至った．11歳年下のファン・ドゥースブルフは，モンドリアンに遅れることほんのわずかのあいだに自身のアイディアを発展させた．1914年，彼はベルギーとの国境の防衛のためにオランダ軍に召集され，このとき初めてワシリー・カンディンスキーの『芸術における精神性に関して』（Concerning the Spiritual in Art, 1910）を読む．同書は，色彩の感情移入的な価値と，芸術に蔓延している唯物主義を駆逐する精神的手段としての抽象の適切性を，強調したものだった[21]．

その他にモンドリアンに影響を与えたのは，スフーンマーケルス（Mathieu

---

[20] デ・ステイルの著名な研究として，H. L. C. Jaffé, *De Stijl 1917-1931: The Dutch Contribution to Modern Art*（Amsterdam: J. M. Meulenhoff, 1956）が挙げられる．また，Mildred Friedman, ed., *De Stijl 1917-1931: Visions of Utopia*（Minneapolis: Walker Art Center, 1982），Nancy J. Troy, *The De Stijl Environment*（Cambridge: M.I.T.Press, 1983）も参照のこと．テオ・ファン・ドゥースブルフに関しては，Joost Baljeu, *Theo van Doesburg*（New York: Macmillan, 1974）とAllan Doig, *Theo van Doesburg: Painting into Architecture, Theory into Practice*（Cambridge: Cambridge University Press, 1987）を参照．

[21] Wassily Kandinsky, *Concerning the Spiritual in Art*（New York: Wittenborn, 1947）．〔西田秀穂訳『抽象芸術論——芸術における精神的なもの』美術出版社，1958年〕．

Schoenmakers, 1875-1944) との対話である．この影響力の大きいキリスト教神智学者は，1915 年に『世界の新しいイメージ』(*Het nieuwe wereldbeeld*)，1916 年に『造形数学の原理』(*Beginselen der beeldende wiskunde*) という 2 冊の著書を出版した．彼の思想は，世界の調和を最重要と見做し，宇宙に作用する調和比例をよしとするルネサンス期の信仰とかけ離れてはいないが，一般には新プラトン主義的で救済的なものといわれており，スフーンマーケルスは自身の信念を「積極的神秘主義」と称した．彼は，自然（もしくは世界）の「うわべの姿」を拒絶し，その形態を看過すべきでない不可解で象徴的な真実として捉えることを好んだ．それらを洞察することにより，内なる数学的な秩序が，直観的に心に映し出されるのである[22]．真の世界とは，目に見える世界とは違い，合理的，造形的かつ数学的であり，より簡単に表現するならば，理性に影響され，感化されやすい抽象概念である．この深遠な教義の背後には，シュペングラー的な世界情勢に対する恐怖が潜在していた．大戦は，オランダにおいてですら，古い社会秩序の価値に対するすべての信仰を打ち砕いたのである．進歩思想は幻想だと見做されるようになり，空想的思想主義への逃避は，ヨーロッパにおける政治的かつ道徳的な苦境によるところが大きかった．

　同様の感情は，1918 年に出されたデ・ステイルの最初のマニフェストにも見られるが，その冒頭部分は以下のとおりである．「古い時代認識と新しい時代認識がある．古い認識は個人に結びつき，新しい認識は世界へと結びつく．世界に対する個人の闘争は，第 1 次世界大戦においてのみならず，今日の芸術界においても起きている」[23]．ここでいう，現在を重視し，過去の伝統を拒絶するする「新しい時代認識」とは，抽象化によって，もしくは感情的なものや個人的なものを否定することによって，自らを本質的に定義づけることである．過去の個人主義（それはただ戦争の原因としかならなかった）に対して，集合体の新しい思想が今，興らねばならない．集合体は人類の共通性を認め，抽象概念における客観性を通して，自らのスタイルを表明しなければならないのだ．

　絵画においては，この抽象芸術の構成要素は平面（多くの場合は正方形か長方形）と線，そして色であった．1925 年に発表されたファン・ドゥースブルフの教科書によると，彼は画家の表現手法を減らし，ポジ（3 原色である赤，青，黄）とネガ（黒，白，グレー）という色に限定した[24]．ここで決定的なポイントは，自然の形態

---

[22] 特に Jaffé, *De Stijl 1917-1931*, pp. 56-62 参照．
[23] De Stijl, "Manifesto I", Harrison and Wood, *Art in Theory*, p. 278 を参照．
[24] Theo van Doesburg, *Grundbegriffe der neuen gestaltenden Kunst* (Mainz, Germany: Florian Kupferberg, 1966; originally published in 1925 in the Neue Bauhausbucher series), p. 15.〔宮島久雄訳『新しい造形芸術の基礎概念』中央公論美術出版，1993 年〕．

が「造形的な(プラスチック)」要素へ進化するという信条である．建築においても，同様の方法的革新が起こった．1923年のあるマニフェストにおいて，ファン・ドゥースブルフは，今の建築は空間と色の法則によって構成されていると主張した[25]．その2年後，彼は建築表現を「表面(サーフェイス)，量塊(マッス)（ポジ），空間（ネガ）」に制限する．そして「建築家は，表面(サーフェイス)および量塊(マッス)と，内部空間あるいは空間そのものとの関係によって，自身の美的な体験を表現する」とした[26]．

　当然のことながら，これらの原理を実践に移すことは捉えどころのない難題であり，ファン・ドゥースブルフはその実現方法への理解を深めるために数年を費やした．1917年にデ・ステイルが生まれた際，その運動に関わっていたのはロバート・ファント・ホッフ（Robert van't Hoff, 1887-1979），ヤン・ヴィルス（Jan Wils, 1891-1972），J・J・P・アウト（J. J. P. Oud, 1890-1963）という3人の建築家であった．ファント・ホッフとヤン・ヴィルスの2人は，立方体の簡潔さと構成に関するライトの教えに魅了されていた．しかしその根底にある物質性は，最終的に，ファン・ドゥースブルフが追い求めていた平面的な抽象化とは相容れないものとなった．一方，アウトの場合は，1915年にはファン・ドゥースブルフと『デ・ステイル』という雑誌を発行する可能性について話し合っており，なおかつ彼はモンドリアンとも大変親しかったため，先に挙げた2人とは異なっていた．少なくともデ・ステイルの画家のひとり——バート・ファン・デル・レック——が，建築家は色をぞんざいに扱う傾向があるとして，デ・ステイルに建築家を入れることを強く反対していたことを考えると，アウトの存在は非常に重要である[27]．

　アウトとドゥースブルフは連携した後すぐに決別し，ファン・デル・レックの恐れていた事態は現実となった．アウトはデルフト工科大学で建築教育を受け，ミュンヘンのテオドア・フィッシャーのもとでしばらく働いた．1914年に彼はライデンに移り，あるプロジェクトでデュドックと協働した．翌年になると，今度はベルラーヘからの影響——形態的にも，政治的にも——を受けるようになるが，そのベルラーヘこそが1917年，ライデンのコミュニティーセンターの仕事をアウトに託した人物であった．アウトによって設計された切妻屋根をもつ2つのシンメトリーの建物は，ベルラーヘ的な手法に倣って煉瓦造で赤い屋根瓦を用いていたが，ファン・ドゥースブルフによる色彩計画の特徴も備えていた．その色彩計画に則って，外部では彩色された

---

[25] "De Stijl: Manifesto V." Ulrich Conrads, ed., *Programs and Manifestoes on Twentieth-Century Architecture*（Cambridge: M.I.T. Press, 1964）所収．

[26] Van Doesburg, *Grundbegriffe der neuen gestaltenden Kunst*, p. 15.

[27] Troy, *The De Stijl Environment*, pp. 13-7 参照．

窓枠と一連の色つき煉瓦のパネルが用いられ，内部では色つきタイルが床のパターンをつくり，ドアとドア枠にも色が塗られた．そして，変調された外部のオランダ煉瓦のディテールは，これらの統合された「芸術」と奇妙な並列関係をつくり出している．しかしながら，この頃，アウトはより抽象的な構成を紙面で実験し，実際に試みるようになった．彼が手がけたカトウェイク・アーン・ゼーの海辺のヴィラ（1917）こそが，デ・ステイルの言語を用いた最初の建築といえるだろう．

アウトとドゥースブルフの決別は，アウトが1918年に設計したロッテルダムの「スパンゲン」集合住宅での協働作業の最中に訪れた．ファン・ドゥースブルフは1920年から翌年にかけて，プロジェクトのために2つの色彩計画を準備した．それはモンドリンが，建物とは多様な平面の集合として捉えるべきであり，そこにおいては色彩が不可欠であり，あらゆるところに色彩が存在しなければならないと提案し，建築界に影響を与えた後のことであった．問題は，スパンゲンにおけるアウトのデザインは依然として切妻屋根であり，いくらか伝統的な形態であったのに対し，ファン・ドゥースブルフは室内外の力強い色彩計画によってデザインを覆いたいと考えたことにある．アウトが形態より色彩を優先することを躊躇した際，ファン・ドゥースブルフは彼の有名な「色彩を選ぶか，もしくはすべてを白紙に戻すか，どちらかだ」という手紙で応えた．そしてアウトは後者を選んだ[28]．

アウトは1918年にロッテルダム市のお抱えの建築家としての重要な仕事を任されたため，この決別は彼にとって好都合であった．社会主義者たちがヨーロッパの合理主義にこれまでになく傾倒してゆく中で，市の建築家という新しい役職についたアウトは，簡潔かつ直接的，経済的に住宅問題を解決する仕事に取り掛かり，デ・ステイルの駆け引きがもたらす虚勢と犠牲と見做されるものから手を引いた．興味深いことに，ファン・ドゥースブルフと決別する数ヶ月前に書かれた1921年の記事において，アウトは色についてほとんど言及していない（煉瓦に色を塗らないように，という警告を除いては）．彼はこの重要なエッセイの冒頭において，形成されつつある「新しい精神的な生活複合体」と，美術的な視野を転換するという未来派やキュビスムの役割に触れたが，それらは20年前のムテジウスとロースとほぼ同様の論証法を繰り返しているとして，即座に切り捨てた．論点は，今やより明白となった．建築家は，実用性と機械生産という現実に根ざしているために，車や船，ヨット，電化製品や衛生機器を「新しい芸術」の出発点として見做すだろう．さらに，彼らはその新しい「卓

---

[28] Letter of van Doesburg to Oud, 3 November 1921 (Troy, *The De Stijl Environment*, pp. 83-6 より引用).

越した表現手法」は装飾(オーナメント)にではなく，細部(ディテーリング)に宿ることに気づくだろう[29]．鉄骨造の場合，それは最小限の材料と「何もない空間」を意味している．鉄筋コンクリートの場合には，支持する部材と支持される部材の結合力，(ギーディオンを先取りして)「まるで宙に浮いたような外観」を示している[30]．そして何より，洗練された材料や輝く仕上げ，色，鉄の輝きにみられるような即物性(ザッハリヒカイト)の高次な形態があるものだとして，以下のように述べた．

それゆえ，建てる術へと向かおうとする建築術的(アーキテクトニック)な発展は，その本質において，過去にそうであった以上に素材と結びついているのだが，表面的には素材とは全く関係ないように見えるようになっていくだろう．それは印象主義的で雰囲気だけのデザインを排除して，建てる術になるだろう．そのプロポーションの純粋さが，満ち足りた光，鮮やかな色彩，相互に関連する形態の明快さの中に見えるがゆえに，二次的な何かが欠けていたとしても，それは古典的純粋さを遥かに上回るものになるだろう[31]．

一方，アウトとの決別はドゥースブルフにとっても有益であった．なぜなら，そのおかげで彼は，1921年から翌年にかけてベルリンとヴァイマルの2ヶ所に滞在し，当初の見解を再考することができたからである．彼はまず1920年12月にベルリンを訪れ，ブルーノ・タウトとアドルフ・ベーネ，ヴァルター・グロピウスに会い，グロピウスにヴァイマルのバウハウスへと誘われたのである．ファン・ドゥースブルフは1921年初頭にその招待に応じ，他の地で予定されていた講演を終えた後，4月に再びヴァイマルへと戻ると，学校の近くに店をかまえ，雑誌を出版した．この時点におけるデ・ステイルの主要メンバーはファン・ドゥースブルフとモンドリアンであったが，モンドリアンは1919年にパリへと戻っていた．ファン・ドゥースブルフの探求

---

[29] J. J. Oud, "Over de toekomstige bouwkunst en haar architectonische mogelijkheden," *Bouwkundig Weekblad*, 11 June 1921. Oud's German Version "Über die zukünftige Baukunst und ihre architektonischen Möglichkeiten," *Holländische Architektur* (Mainz, Germany: Florian Kupferberg, 1976; originally published in 1926), p. 68 より引用．〔貞包博幸『オランダの建築』中央公論美術出版，1994年〕．

[30] Ibid., pp. 782-783.

[31] Ibid., p. 76. 原文は以下のとおり． "So weist die Tendenz der architektonischen Entwicklung auf eine Baukunst, welche im Wesen mehr als früher an das Stoffliche gebunden, in der Erscheinung darüber mehr hinaus sein wird; welche sich, frei von aller impressionistischen Stimmungsgestaltung, in der Fülle des Lichtes entwickelt zu einer Reinheit der Verhältnisses, einer Blankheit der Farbe und einer organischen Klarheit der Form, welche durch das Fehlen jedes Nebensächlichen die klassische Reinheit wird übertreffen können."

77 ヘリット・リートフェルト，シュレーダー邸，ユトレヒト，1924-5. ヴァルター・グロピウス『国際建築』(*Internationale Architektur*, Berlin, 1925) より．

の旅は，自身の思想を布教し，新たな改宗者を運動へと誘い込む伝道の旅でもあった．その両方（布教と勧誘）において大成功を収め，彼が独自に始めたキャンパス外でのスタジオとレクチャーは，バウハウスのグロピウスの教育に対して公然と反旗を翻すようになる．さらに重要なことに，彼はエル・リシツキーに会い，自身の思想とシュプレマティズムの空間に関する教えとを結びつけた．

　翌年，ファン・ドゥースブルフは若いオランダ人建築家コーネリウス・ファン・エーステレンと出会い，また別の協力関係が生まれたが，それはまさにファン・ドゥースブルフがパリのレオンス・ローザンベルグのギャラリーで開かれるデ・ステイルの展覧会の準備をしている時期であった．ローザンベルグのための架空のヴィラのデザインは 1923 年に公開される 3 つのプロジェクトの基礎となり，展示物の中には，彼の有名な空中に吊り下げられた三次元平面のアクソメのドローイングがあった．これらのドローイングの背景にある思想は，すべてマレーヴィチとリシツキーによるものであったが，ファン・ドゥースブルフとモンドリアンの行った提案は，平らな表面の全体に色を用いることであった．さらに，この発想は運動に加わったばかりのヘリット・リートフェルト（Garrit Rietveld, 1888-1964）を刺激し，シュレーダー邸（1924）の設計へと導いた（図 77）．この邸宅は一続きの 3 階建て煉瓦造のタウン・ハウスの端に位置しており，周辺のコンテクストと全く相容れなかった．すべての水平方向と垂直方向の平面は，白と 4 段階のグレーで塗られた．窓枠と支持材，レールは，当初は白とグレー，黒，青，赤，そして黄色だった．この建築は芸術作品として

衝撃的な外観であったが，実際には木と煉瓦でできていた．デザインに数多くの賞賛が寄せられたにもかかわらず，コンセプトと構造の素朴さという点において，当時の技術におけるデ・ステイル建築の限界を浮き彫りにした作品でもあったのである．

　この建設方法が見た目と一致しないという不誠実さは，1925年までに他のオランダ人建築家の目にも明らかになりつつあった．なぜならこの頃，著しい方向性の転換が起きていたからである．アウトはロッテルダムの複数の住宅計画に携わり，第一線のオランダ人デザイナーとして活躍していた．伝統的と見做されるスパンゲンの煉瓦造の街区型集合住宅に代わり，アウト・マテネッセの住宅団地（1922）では低層で田舎風の建築を手がけ，フーク・ファン・ホラントの集合住宅（1924-7）ではコンクリートとガラスの要素へと，さらに劇的な変化をとげた．2階建てユニットが2つの直線を構成するフーク・ファン・ホラントの建築は，連続する2階のバルコニーとパヴィリオン状の4つの端部が特徴的であった．端部のパヴィリオンは優雅な円筒形の建物で，地上階の商店部分に面した長く湾曲したガラス越しに支柱が見えていた．数年後，ヘンリー・ラッセル・ヒッチコックとフィリップ・ジョンソンは，この建築に見られる特徴をインターナショナル・スタイルのアイコンと見做すようになる．アウトはその後立て続けに，カフェ・デ・ユニ（Rotterdam, 1924）とキーフフークの集合住宅（1925-9）という2つの名作を手がけた．

　間もなく，才能ある競合者がアウトに合流した．1925年，若きマルト・スタムはドイツとスイスで数年過ごした後，オランダに戻り，ヨハネス・アンドレア・ブリックマン（Johannes Andreas Brinkman, 1902-49）とレーンデルト・コルネリス・ファン・デル・フルーフト（Leendert Cornelis Leendert Cornelis van der Vlugt, 1902-49）の事務所で働いた．有能なファン・デル・フルーフトは，すでに1922年のコンクリートとガラスを用いた美術工芸学校（Groningen, 1922）で高い評価を受け，そのデザイン技術を世に示していた．ブリックマンとファン・デル・フルーフトの事務所は，数々の有名な建築を生み出したが，その代表作はファン・ネレ煙草工場の事務所ビル（Reiden, 1925-7）とファン・ネレ煙草工場（Rotterdam, 1926-30）である．1920年代に建てられたすべての建築の中でも，フラット・ルーフとガラス壁，幾何学形態，そして「空中」廊下を用いたこれらの作品は，数十年前に構成主義者が紙に描いたものを最もよく具現化していた．彼らのほかに，この時期に現れた非常に才能あるオランダ人建築家として，ヨハネス・ダイカー（Johannes Duiker, 1890-1935）が挙げられる．彼がバーナード・ベイフトと手がけたサナトリウム（Hilversum, 1926-8）は非常に高い評価を受け，世界中のモダニズムの建築に多く引用された．これは間違いなく，この10年間において最も重要な建物であった．

4
表現主義とバウハウス

　第1次世界大戦における壊滅的な敗北により，ドイツは終戦直後の数年間，ヨーロッパの主流な理論を支配する立場にほとんどなかった．ドイツでは1917年まで建築生産がほとんど行われなかったため，その後数年間，すべての都市において貧困対策と住宅供給が主要な問題となった．さらに，ヴェルサイユ条約の条項は，ドイツの速やかな復興を妨げていた．インフレにより貨幣の価値は下がり，1918年から23年にかけて，左右両陣営の政治的過激論者による改革の試みが広まった．大戦を引き起こした1914年の産業を基盤とした楽観主義（インテリ層によって手厚く擁護されていた）は，精神的不安と政治的悲観主義へと姿を変えた．それゆえ，マルクスとニーチェ，スペンサーら偏執狂の亡霊がインテリの論説につきまとった．工芸への回帰や「非現実的な」空想的社会主義への逃避，幻想的なイメージと結びついた表現主義は，長期にわたり無為と必要最小限の生活を強いられた建築家にとって感情のはけ口であった．

　空想的社会主義以外で，最初にこうした論説を表明したのは，フリッツ・シューマッハとハインリヒ・テッセノウであった．シューマッハは1909年にドレスデンを発ち，ハンブルグ市の主任建築家となり，デザインと地域計画における尽力を通じて，この都市に大きな影響を与えた．1917年に出版した『小さな住宅』（Die Kleinwohuung）と『現代の煉瓦造建築の性質』（Das Wesen des neuzeitlichen Backsteinbauses）という2つの著作において，彼は都市住宅の大量生産と，材料と地方建築の伝統と細部に特別な注意を払うことに対し，肯定的な意見を述べた[32]．

　セッセノウは，第1次大戦後の数年間，戦前に抱いていた手工芸に対する興味と近代的な古典主義へと焦点を絞っていく．すでに『住宅建築』（Der Wohnhausbau, 1909）において，彼は単純な形態を用いることで小住宅を規格化する必要性を訴えていた．『住宅建築やそれらのもの』（Hausbau and Dergleichen, 1916）と『手工芸と小さい街』（Handwerk und Kleinstadt）では，自身の理論的展望をよりいっそう簡潔に述べている[33]．例えば前者において，彼は基本となるデザイン（と「大衆」への関

---

[32] Fritz Schumacher, *Die Kleinwohnung: Studien zur Wohnungsfrage* (Leipzig: Quelle and Mayer, 1917), idem, *Das Wesen des neuzeitlichen Backsteinbaues* (Munich: Callwey, 1917).

[33] Heinrich Tessenow, *Hausbau und dergleichen* (Braunschweig: Vieweg, 1986; originally published in

心）を即物性（ザッハリヒカイト）（もはや「工業労働の心理」である）の原理と，オーダー，規則性，純粋性へと絞り込んだ．1919 年，テッセノウはヘレラウに戻り，自身の最も優れた住宅作品を生み出したが，それらは部分的には彼のディテールに対する執念の賜であった．

　第 1 次大戦後のドイツにおける建築は，全般的に「表現主義」の表題のもとに語られがちであるが，そのことにはいささか問題がある[34]．ひとつは，「表現主義」という用語が，セーレン・キルケゴールからエドヴァルド・ムンクまで，さまざまな哲学的，芸術的，文学的な運動に対して幅広く用いられているという点である．絵画の領域では，1905 年にルートヴィヒ・キルヒナーによって設立された「橋」（ブリュッケ）（Brucke）グループや，1911 年にワシリー・カンディンスキーとフランツ・マルクによって設立された「青騎士」（Blue Reiter）グループを意味した．建築では，ハンス・ペルツィヒやブルーノ・タウト，ヘルマン・フィンステルリンらの幻想的なスケッチから，ルドルフ・シュタイナーやエーリヒ・メンデルゾーン，フリッツ・ヘーガーの建築まで，数々の異なる形態思想に対して「表現主義」という用語があてられた．こうしたさまざまなアプローチをまとめ上げるひとつの理論的な筋道が全くないということこそが，問題であった．

　ルドルフ・シュタイナー（Rudolf Steiner, 1861-1925）の建築思想は，当時蔓延していた失望感とは関係なく，表現主義思想のより深遠な側面を明らかにした．彼はオーストリアに生まれ，1897 年にゲーテの研究者としてベルリンを訪れ，そこで初めて文学と芸術のサークルと接触した．1902 年にはドイツ神智学協会のリーダーとなったが，10 年後，彼は独自の「科学的」個人主義に傾倒し，協会の東洋的な方向性を拒絶するようになった．彼は考えを推し進め，一連の漸進的な訓練を通して人間の精神的な力，霊的な力を向上させることを目標に掲げて，人智学協会を設立した．1907 年頃，シュタイナーは自身の信仰を実践する場となる建築の設計に関心をもち，その 4 年後，彼はミュンヘンに建設を予定していた最初の「ゲーテアヌム」を設計した．同市の役人が申請を許可しなかったので，建設地をバーゼルのジュラ山麓へと変

1916），（英訳は "Housebuilding and Such Things," trans. Wilfried Wang, *9H*, no. 8, 1989). Idem, *Handwerk und Kleinstadt* (Berlin: Bruno Cassirer, 1919).

[34] しかしながら，「表現主義」という用語に関しては，多くの文献が出版されている．そのうち，英語文献で主要なものとして Wolfgang Pehnt, *Expressionist Architecture* (London: Thames & Hudson, 1973).〔長谷川章訳『表現主義の建築』鹿島出版会，1988 年〕，Dennis Sharp, *Modern Architecture and Expressionism* (London: Longmans, 1966) が挙げられる．また，表現主義の芸術家に関する主要な研究としては，Rose-Carol Washton Long, ed., *German Expressionism: Documents from the End of the Wilhelmine Empire to the Rise of National Socialism* (New York: G. K. Hall, 1993) が挙げられる．

Chapter 11　ヨーロッパにおけるモダニズム 1917-1933　545

更した.建設は1913年に始まり,巨大な2つの木造ドームがコンクリートの基礎の上に置かれた.それは単に瞑想のための宗教的な場所ではなく,いくらかヘレラウをモデルとした精神的なコミュニティーの一部を構成していた.

シュタイナーによる最初のゲーテアヌム(1922年に焼失)のデザインはヴァン・ド・ヴェルドが手がけた工作連盟(ヴェルクブント)の展示会のための劇場と若干の共通点があるが,シュタイナーの理論的根拠は全く異なっており,彼の目指すところは本質的に象徴主義であった[35].1914年の夏に行われた講演で,彼はアロイス・リーグルやゼンパー,ベティヒャー,アドルフ・ヒルデブラントらの発想への理解を示すが,唯物主義であることを理由に彼らを拒絶する.彼は,重要で強い影響力をもったウィルヘルム・ヴォーリンガーの著書『抽象と感情移入』(Abstraktion und Einfuhlung, 1908)で説明された感情移入の思想にも精通していた.この思想に影響を受けた彼は,数学的かつ象徴的な宇宙論の根底をなす触覚的な形態を重視するようになった.「精神科学」の最高の表れのひとつである建築の役割とは,五感に訴える表面の刻印によって魂が精神的に形づくられるような「生体の全体」を作り上げることである.彼は,パンの焼き型との類似を指摘するが,そこではパン生地(建築の場合は空間)がそのネガとなる形を作り出すのである.「しかしながら,我々の建築においては,ただの壁というものは存在しない.形態は,壁から生じるのであり,それが本質である.そして建物内部を巡るとき,我々はひとつの塑造的な形態を発見し,柱頭や柱礎,アーキトレーブの上に連続的なレリーフの彫刻を見出すだろう」[36].こうして,魂が連続的で有機的な形態にまで空間的に広がり,それらの動きや色,象徴的な印象を共有することにより,魂は「精神との調和」を見出すのである.

ドイツ表現主義としてさらに典型的なのは,ハンス・ペルツィヒ(Hans Poelzig, 1869-1936)の作品である[37].彼はベルリン工科大学で建築を学んだ後,ヴロツワフへ移り,当地の芸術・応用芸術学校で教鞭を執った.1903年,彼は同校の校長となり,ほぼ同時期のデュッセルドルフにおけるベーレンスと同じような道を歩んだ.彼

---

[35] 特に David Adams, "Rudolf Steiner's First Goetheanum as an Illustration of Organic Functionalism", *Journal of the Society of Architectural Historians* 51 (June 1992): pp. 182-204.

[36] Rudolf Steiner, *Ways to a New Style in Architecture: Five Lectures by Rudolf Steiner* (London: Anthroposophical Publishing Co., 1927), p.21.〔上松佑二訳『新しい建築様式への道』相模書房,1977年〕.

[37] ペルツィヒに関しては,Christian Marquart, *Hans Poelzig: Architekt, Maler, Zeichern* (Tübingen: Wasmuth, 1995),Julius Posener, *Hans Poelzig: Reflections on His Life and Work*, ed. Kristin Feireiss (New York: Architectural History Foundation, 1992) および Hans Poelzig, *Gesammelte Schriften und Werke*, ed. Julius Poesner (Berlin: Schriftenreihe der Akademie der Künste, 1970) 参照.

は工作連盟で活動したにもかかわらず，ムテジウスとベーレンスの指針を決して受け入れなかった．1906年にドレスデンで開催された応用芸術博覧会における講演で，彼は建築と伝統の結びつきと，「即物性」の質で満たされた「構築的で建設的な形態」を強調した[38]．そしてこの工芸に根ざした，ヴァナキュラーなニュアンスを帯びつつ，理に適った構造を重視する姿勢は，ヴロツワフのオーデル島に建設されたヴェルダーミュール工場（1906）やポーゼン博覧会のための上部シレジア地方の塔（1913）などといった彼が戦前に成功を収めた作品群の特徴となった．対照的に，1913年のヴロツワフ博覧会のためのパーゴラと博覧会建築は歴史的であり，マックス・ベルクの見事なコンクリート作品，百年記念館と奇妙な対称を示していた．

ペルツィヒにとって，戦時中はほとんど無為な期間であったが，1919年にドイツ工作連盟の会長となり，ベルリン大劇場を設計したことにより，彼の仕事は再び勢いを取り戻した．彼は――1914年以来，久々に開催された――シュトゥットガルトの工作連盟総会にて，ムテジウスの方針を拒否し，芸術と大量生産，貿易政策との結びつきを非難する講演を行った．彼は，工作連盟は職人主義に根ざした初期の理想主義に回帰すべきだと主張し，彼はそれを「何か絶対的に精神的なもの，基本的な心の持ち方であり，何らかの分野における技術的な完璧さとは異なるもの」と定義した[39]．それは同時に，「力強い表現」によって形態を創造するための「道徳理念」でもあった．それゆえ，ペルツィヒは，ものづくりを「感情的」で「芸術的」な側面へと引き戻そうとしたのであり，そのために自由な色彩，独創的な形態，情熱的な形態を用いて，国民文化の再構築を目指したのだった．

それと並行して，ペルツィヒはベルリン大劇場の設計によって，実践の方向性を定めた．1919年，ドイツ人舞台演出家のマックス・ラインハルトは荒廃したマーケット・ホールを購入し，それを5,000人収容の劇場へと構造を作り替えるためにペルツィヒに依頼した．ペルツィヒはその要求に応え，突出した舞台とアリーナ席を覆う巨大なドームを架け，そこに色彩照明を仕込んだ連続する鍾乳石のような形態を吊り下げた．音響と照明の両方の観点において理に適った，視覚的に複雑な洞窟のような形態の強烈さは，戦争に疲れた観客を驚かせた．連続するホワイエ空間（最初の鮮やかな緑）を支える扇形の支持材と軽やかな柱は，観客が劇場の入口の赤い外装から，非現実的で精神を浄化させる舞台の世界へと移動する際に経験する感情のドラマを，徐々に増大させた．翌年，彼はザルツブルグのフェスティバル・シアターの複合施設

---

[38] Hans Poelzig, "Fermentation in Architecture" (1906), Conrads, *Programs and Manifestoes*, pp. 14-7.
[39] Hans Poelzig, "Address to the Werkbund" (1919). Hans Poelzig, *Gesammete Schriften und Werke*, p. 130 より引用．

のためにより大きな一連の計画を提案したが,これらの強烈で偏執狂的な計画は,ついに実現されることはなかった.1920年代にペルツィヒがデザインした作品の中には,いくつか映画の舞台装置もあった.

しかしながら,ペルツィヒは特異な人物であり続け,移り変わる建築界の状況からは——工作連盟(ヴェルクブント)の一員でありながら——ある程度距離を置いていた.1919年頃の表現主義運動の短期的な隆盛をもたらした勢力は,ペルツィヒではなく,むしろブルーノ・タウト(Bruno Taut, 1880-1938)であった[40].彼は,疲れを知らない推進者(プロモーター)であり,まとめ役(オーガナイザー)であり,1919年までにベルリンでヴァルター・グロピウス(Walter Gropius, 1888-1969)やアドルフ・ベーネ(Adolf Behne, 1885-1948)などの知識人から構成されるサークルの取り組みをまとめ上げた.このサークルこそ,1920年代の大部分におけるドイツの理論を支配し,掌握することとなる組織であった.

現代の視点からすると,タウトはリーダーにそぐわない人物のように思われる.彼はベルリンで建築を学び,テオドア・フィッシャーのもとで働いた後,ベルリン工科大学でテオドア・ゲッケのもとで都市計画を学んだ.タウトはフランツ・ホフマンとともに1909年に事務所を開いたが,依然としてその労力の多くを組織活動へと注ぎ込んだ.1914年にシュトゥットガルトで開催された工作連盟(ヴェルクブント)展におけるガラスのパヴィリオンの設計は,その適例である.それは工作連盟(ヴェルクブント)の正式なパヴィリオンではなく,設計案を作成したタウトがガラス会社に建設費の寄付を要請することによって自力で実現させた計画であった.実際に,彼の一番の顧客は,ジャーマン・ラックスファー・プリズム・カンパニーというシカゴの有名なガラス製造会社の支社であった[41].

タウトは,作家であり詩人でもあるパウル・シェーアバルト(Paul Scheerbart, 1863-1915)との友情を育む中で,このガラスのパヴィリオンの着想を得た.パウルは,タウトに捧げた著書『ガラス建築』(*Glasarchitektur*, 1914)において,ガラスは社会改革のメタファーであり,特に光の伝達手段,そして高度な知覚認識を刺激する手段として,その建築的な可能性は溢れんばかりだと謳った[42].タウトは,それに応

---

[40] タウトに関しては,*Bruno Taut 1880-1938* (Berlin: Akademie der Künste, 1980), Rosemarie Haag Bletter, "Bruno Taut and Paul Scheerbart's Vision" (Ph. D. diss., Columbia University, 1973), Iain Boyd Whyte, ed. and trans., *The Crystal Chain Letter: Architectural Fantasies by Bruno Taut and His Circle* (Cambridge, M.I.T. Press, 1985) および Iain Boyd Whyte, *Bruno Taut and the Architecture of Activism* (Cambridge: Cambridge University Press, 1982) 参照.

[41] Dietrich Neumann, "'The Century's Triumph in Lighting': The Luxfer Prism Companies and Their Contribution to Early Modern Architecture," *Journal of the Society of architectural Historians* 54, (March 1995) pp. 24-53 を参照.

[42] *Glass Architecture by Paul Scheerbart and Alpine Architecture by Bruno Taut*, trans. James Palmes

えてガラスのパヴィリオンをシェーアバルトに捧げるとともに,「カスケードの部屋」(滝がある)の室内において銀めっきされたガラスと色ガラス,モザイク,色彩照明の組み合わせを試みた.

タウトは1914年のケルンの展示会で,ムテジウスの提案に反対してグロピウスの側にくみした.この展示会には,アドルフ・ベーネも参加した.彼は建築と美術史の両方を学んでおり——ハインリヒ・ヴェルフリンとゲオルグ・ジンメルに美術史を学んだ——1912年にトスカナ様式の建築に関する博士論文を完成させた.タウト同様,ベーネもベルリンにて自由奔放な生活を謳歌し,1915年に表現主義の建築に与する最初の論文を執筆し,直ちに建築評論家および社会活動家として頭角を現した[43].グロピウスが召集されて兵役に就いたにもかかわらず,ベーネとタウト,そしてグロピウスの友情は戦争によって途絶えることはなかった.それどころか,彼らの信念は戦局が悪化するにつれ,ますます過激になっていった.戦争が終結する頃には,彼らは熱心な社会主義者であり,独立社会民主党(USDP)の活発なメンバーであった.

それゆえ,彼らは1918年の冬に起こったドイツ革命を支持したが,その革命により暫定的にフリードリヒ・エーベルトによる社会主義政府が樹立された.より急進的なドイツ人の共産主義者であるスパルタクス団はソヴィエト連邦式の革命評議会と私有財産廃止を求めたが,一方でエーベルトは資本主義の範疇でより穏健な社会主義を望んだ.カール・リープクネヒトとローザ・ルクセンブルクの革命的な試みがマルクス主義政府樹立に失敗した後,1月に選挙が行われ,立憲政党が政権を握る結果となった.そして1919年の2月6日にいわゆるヴァイマル共和国が正式に成立した[44].

11月グループ(ノヴェンバー・グルッペ)(Novembergruppe)と芸術労働評議会(Arbeistrat für kunst)という2つの芸術団体が結成されたのは,この政治的大変動のさなかであった.1918年の12月に最初のマニフェストを表した前者は,(ダダイストたちと表現主義者たちを結びつけ),会員数においてもイデオロギーにおいても,2つの団体のうち,より幅が広かった.この団体は,「急進的な芸術家組合」として,美術館を抜本的に改革(単に「学術的」に価値があるだけのものは排除)し,美術学校とカリキュラムを徹底調査し,「芸術的に価値のない建築的モニュメントの禁止」といった建築に付随す

---

and Shirley Palmer (New York: Praeger, 1972) 参照.

[43] Adolf Behne, "Expressionistische Architektur," *Der Sturm* 5 (January 1915) p. 175 を参照. *Zur nueun Kunst* (Berlin: Der Sturm, 1915) より引用. また,アドルフ・ベーネに関する導入書 Rosmarie Haag Bletter, *The Modern Functional Building* (Santa Monica, Calif.: Getty Publications Program, 1996) も参照のこと.

[44] この時代の政治史に関する優れた文献のひとつとして,Detlev J. K. Peukert, *The Weimar Republic: The Crisis of Classical Modernity* (New York: Hill & Wang, 1993) が挙げられる.

78 芸術労働評議会マニフェストのタイトルページ．

るすべての事柄を完全に管理すべきだという，奇妙な要求をした[45]．

　一方，タウトとグロピウス，ベーネ，ハインリヒ・テッセノウによって設立された芸術労働評議会は，その設立目的において，いっそう急進的であった（図78）．この組織は労働者と兵士らの革命評議会を規範としており，革命政府のための正式な芸術家による評議会になることを目指していた．1918年のクリスマスに表明されたタウトによる6箇条の建築計画は，人々を田舎の広い住居へと移し，デザインのすべての事象における絶対的な自主性を保証することにより，「建築の宇宙的な性格，つまり信仰的な基盤，いわゆるユートピアを実際に明示する」という建築の革命を強く要求した[46]．しかし，スパルタクス団の反乱の失敗と，カール・リープクネヒトとローザ・ルクセンブルクの死により，瞬く間に政局は変化した．タウトは建築評議会の議長を辞任し，その席は，未だに革命路線ではあるにしろ，より穏やかな策略を密かに練っていたグロピウスへと引き継がれた．ベーネはグロピウスとともに，議員を増やして11月グループ（ノヴェンバー・グルッペ）と統合させようと活動した．グロピウスのもとにいた評議会の急進主義者として，マックス・タウトやオットー・バルトニング，ルートヴィヒ・ヒルベルザイマー，ハンスとヴァシリーのルックハルト兄弟らがいた．グロピウスは，依然として評議会は「偉大なる建築の傘下にある芸術組合」だと主張しつつも，評議会の方針を政治活動組織からより私的な「陰謀団」へと本質的に変化させることによって，その政治指針を和らげた[47]．さらにグロピウスは，アーツ・アンド・クラフツに

---

[45] "Novembergruppe: Draft Manifesto 1918 and 'Guidelines' 1919," Harrison and Wood, *Art in Theory 1900-1990*, pp. 263-3.

[46] Bruno Taut, "A Programme for Architecture," Conrads, *Programs and Manifestoes on Twentieth-Century Architecture*, pp. 41-3 を参照．

[47] Walter Gropius, address to the Arbeitsrat für Kunst, 22 March 1920 参照．Whyte, *Crystal Chain*

回帰することにより達成されるある種の精神の浄化として，ブルーノ・タウトの表現主義とユートピア的方針を保持しようとした．

芸術労働評議会の最初の活動のひとつに，1919年4月に開かれた「無名建築家展」がある．そのテーマはユートピアであり，グロピウスとブルーノ・タウト，ベーネは組織の目標を表明する3部門からなるプログラムを作成した．グロピウスの執筆箇所では，プロレタリア階級に工芸への回帰を呼びかけ，アカデミーの破壊，そして「建築と彫刻，絵画を再び統合するであろう，未来の大聖堂という創造的な概念」を提唱した[48]．タウトは「社会構造の中に寄生し，建築を全く知らず，建築を全く欲せず，それゆえ建築を全く必要としない，すべてをむさぼり尽くす社会！」と嘆いた[49]．タウトほど悲観していないベーネは，展示されたスケッチは売り物だと指摘した上で，それらは「興奮や効果」を求める「俗物」らに買われるべきものではない，と気高く主張した[50]．無名建築家展は，予想通り失敗に終わった．同じ頃，近隣のパウル・カッシーラのギャラリーでは，エーリヒ・メンデルゾーンのペン画が展示されていた．

この時，革命的な論争は全政治史において最も奇妙な展開を見せた．展示会の直後，タウトはグロピウスの「陰謀団」に参加している人々を，同じく自身の組織「クリスタル・チェーン」（Crystal Chain）へ秘密裏に入会させた．14人の芸術家と建築家らが偽名のもと連鎖手紙とスケッチにより互いに刺激し合うという組織である．タウトは，1919年11月24日の最初の手紙にて，彼らに「意識的に想像力に満ちた建築家を目指す」よう奨励し，それゆえ活動をすべて幻想的な世界のみに制限するよう促した[51]．同年，タウトは『都市の冠』（Die Stadtkrone）と『アルプス建築』（Alpine Architektur）を出版したが，前者は彼の長年にわたる結晶に対する興味の賜物であり，後者はアルプス山脈における神秘的な聖堂と結晶のような洞窟の創造についての書であった．1920年，彼は続けて『都市の崩壊』（Die Auflosung der Stadte）を出版し，人々を田舎へと移住させる子供のようなスケッチを提示し，さらに雑誌『曙光』（Fruhlicht, 1920-1）の刊行も開始した．1921年にはマクデブルク市の建築家に任命され，ようやくタウトの情念の時代は終わりを告げた．

1921年から23年にかけては，あらゆる意味で近代ドイツの理論にとって極めて重

Letters, p. 2 より引用．
[48] Walter Gropius, "New Ideas on Architecture," Conrads, *Programs and Manifestoes on Twentieth-Century Architecture*, p. 46 を参照．
[49] Bruno Taut, "New Ideas on Architecture," Conrads, *Programs and Manifestoes on Twentieth-Century Architecture*, p. 47 を参照．
[50] Adolf Behne, "New Ideas on Architecture," Conrads, *Programs and Manifestoes on Twentieth-Century Architecture*, p. 48 を参照．
[51] Bruno Taut, 24 November 1919, Whyte, *Crystal Chain Letters*, p. 19 を参照．

要な期間となった.それは,ロシア構成主義とオランダのデ・ステイルがドイツ国内で普及し始めた時期であった.そしてまた,バウハウスがモダン・デザインの実践の場として認識されるようになったのも,この時期であった.

　第1次世界大戦は,とりわけ,ドイツの芸術教育に危機をもたらした.戦前,美術と美術工芸のアカデミーは——大枠においてムテジウスの支配下にあり——見事に機能していた.戦後は,変わり果てた政治体制と壊滅的な経済状況から,カリキュラムの再編成が問われるようになった.戦前期のヴァイマルの美術工芸の学校は,1902年にザクセン・ヴァイマル大公に芸術監督として招聘されたアンリ・ヴァン・ド・ヴェルドが創り上げたものであった.彼を呼び寄せたことが,新たに応用芸術学校の設立(1904-6)につながり,ヴァン・ド・ヴェルドは独立して運営されるこの学校のために,近隣に建物(1904-11)を設計した.しかしながら,彼の応用芸術学校での在職期間は1914年夏に起こったドイツによるベルギー侵攻によって終わり,彼はベルギー国民ゆえに逮捕されてしまった.実際,1917年になってようやく,屈辱を受けたこの芸術家はスイスへと避難することが許されたのである.

　1914年の終わり頃,数ヶ月前に工作連盟(ヴェルクブント)の大会にてヴァン・ド・ヴェルドを支持したばかりであったグロピウスは,彼に同情の念を示す手紙を書いた.ヴァン・ド・ヴェルドはそれに対する返答として,大公は応用芸術学校の閉鎖をすると脅したが,自分は自身の後継者としてグロピウスかアウグスト・エンデル,もしくはヘルマン・オプリストを推薦するつもりである,という旨の手紙をグロピウスに宛てた[52].学校は実際,1915年10月1日に閉鎖となり,戦争が終わるまで軍隊の病院に充てられた.翌日,グロピウスはヴァイマルの芸術学校の校長であるフリッツ・マッケンゼンから,学校に建築部門を創設することは可能かどうかを問う手紙を受け取った[53].グロピウスは戦場から,建築学校は独立し,他の部門はすべてそれに従属すべきであると返答した[54].この話し合いはおそらく冬の始まり頃まで続いたに違いない.なぜなら,1916年1月にグロピウスは,特に工芸に関する芸術教育改革を推奨する手紙をヴァイマルの州庁に送っているからだ[55].これらの手紙の内容は,ベルリン博物館の館長であり,国家レベルでの改革の責任者であったヴィルヘルム・フォン・ボーデに

---

[52] Van de Velde to Gropius, 11 April 1915. Hans M. Wingler, *The Bauhaus: Weimar, Dessau, Berlin, Chicago* (Cambridge: M.I.T. Press, 1978), p. 21 所収〔バウハウス翻訳委員会訳,宮内嘉久編『バウハウス:ワイマール/デッサウ/ベルリン/シカゴ』造型社,1969年〕.本書におけるこれ以降のバウハウスに関する説明は,この貴重な歴史書によるところが大きい.

[53] Fritz Mackensen to Gropius, 2 October 1915, Wingler, *The Bauhaus*, p. 22.

[54] Gropius to Baron von Fritsch, 31 January 1919, Wingler, *The Bauhaus*, p. 22.

[55] "Recommendations for the Founding of an Educational Institution as an Artistic Counselling Service for Industry the Trades, and the Crafts," 25 January 1916, Wingler, The Bauhaus, p. 23.

よってベルリンでなされた提案と似通っていた．

　第 1 次世界大戦の戦況はその後もさらに悪化したため，グロピウスがこれまでのやりとりを再開したのは 1918 年の年末のことであった．彼はまずベルリン市庁のバロン・フォン・フリッシュに宛てて，自分は以前ヴァイマルの管理職に選ばれたが，それが依然として有効であるか手紙で尋ねた[56]．1919 年 4 月には彼の役職の詳細が決まったことを考えると，この話し合いはすぐに再開されたに違いない．グロピウスは（今はなき応用芸術学校ではなく）芸術学校の校長となり，工芸を教育の基礎とし，おそらく建築教育へとつながる学校へと改革することとなった．「バウハウス」（文字どおりには，家を建てるの意味）という語が中世のギルドを想起させるという発想から，グロピウスは官僚的な裏技を用いて，新しい学校の名前を国立バウハウス（Staatliches Bauhaus）とした．「無名建築家展」の革命的な内容のパンフレットが出されたのと同時期にあたる 4 月に作成されたバウハウス最初のプログラムは，同じく中世というテーマを強調していたが，それはつまり，建築家，画家，彫刻家はまず，清めの儀式として工芸に回帰すべきということであり，「建築，彫刻，絵画をひとつに統合し，新しい信仰のシンボルであるクリスタルのようにいつの日か数百万の労働者の手から天上の世界へと昇るであろう，未来の新しい構造体を，ともに望み，想像し，生み出そう」と書かれていた[57]．さらにグロピウスは，新しい学校には教師と生徒はおらず，むしろ親方，職人，見習いがいる工房であると定義した．そして，建築が教育の第 1 分野として掲げられていたが，木彫，鍛冶，家具製造，エッチング，印刷，職工，絵画，解剖，そして色彩理論といったすべての訓練の基礎は工芸に置かれた．こうして美術アカデミーは，建築を教えるという表向きの目標を掲げながらも，モリスに強く影響を受けた工芸学校へと転換された．

　教育理念をさらに混乱させたのは，グロピウスが任命した最初のスタッフが，「青騎士」の画家・版画家のライオネル・ファイニンガー（版画部門），彫刻家のゲルハルト・マルクス（陶器部門），画家のヨハネス・イッテン（予備課程部門）といった，ファイン・アート界の人々だった点である．そのうえ，名高いデザインの「予備課程」を教えることとなったイッテンは，生徒数人とともに，坊主頭と定期的な瞑想，断食，ニンニク料理を強制するマズダズナン教の狂信的な儀礼に執心した．

　他の部門を担当するスタッフも，徐々に整えられていった．1920 年に迎え入れた講師は，オスカー・シュレンマー（彫刻部門と舞台部門），ゲオルク・ムッヘ（織物

---

[56] Gropius to Baron von Fritsch, 31 January 1919, Wingler, The Bauhaus, p. 26.
[57] "Program of the Staatliche Bauhaus in Weimar," April 1919, Wingler, *The Bauhaus*, p. 31.

部門）とパウル・クレー（ステンドグラス部門）であった．翌 1921 年に，ワシリー・カンディンスキーが壁画のスタジオを引き継ぐために招聘され，1923 年には金属製品の工房を開くためにラースロー・モホリ＝ナジが雇われた．グロピウスの別居中の妻アルマ・マーラーは，学校が成功する秘訣は有名人を雇うことにあると夫に助言した人物であるといわれている[58]．

それゆえ，創設期のバウハウスがさまざまな方面から攻撃を受けたのは，当然のことであった．学生たちは，この芸術学校に入学した際の「芸術家」になれるという期待が，工芸への回帰という校長の主張と矛盾することに気づき，危機感を募らせた．学生による最初の抗議活動は，1919 年 7 月，前年度に制作された学生の作品に教師陣が与えた賞と低い評価に対して起こった．そして，より深刻な学生ストライキは1921 年初頭に勃発した[59]．グロピウスに率いられていた教授陣も，彼らの 美 術(ファイン・アート) 教師としての理論的根拠がぞんざいに切り捨てられたために，同様の憤りを感じていた．1920 年 1 月の初頭，彼らは芸術家や教師，芸術愛好家ら総勢 40 名の署名がなされた「ヴァイマルの芸術家たちによる公式宣言」を作成し，過激な「表現主義」であるバウハウスにおける「偏った，耐えがたい」ルールに異議を申し立て，全芸術の潮流が自由に進化するという「芸術アカデミー」のかつての前提を復活させるよう求めた[60]．この教師陣の反乱は静まらなかった．そこで 1921 年，同じ教授陣は，正式にバウハウスから「分 離(ゼツェッション)」し，芸術学校再編成のために校舎の半分を占有した．

だが，学校内部からの反発は学校外からのそれに比べれば大して勢いのないものであった．こうした観点からすると，グロピウスはいくつか戦略上の間違いを犯したといっていいだろう．彼は政府に働きかけて学校の名前をバウハウスに変更したが，それに反対した関係取締事務局を無視していた．彼が最初に選任した教師が「キュビスト」のファイニンガーだったことは，工芸学校の設立を約束した当の相手であり，大臣でもあったフォン・ボーデを怒らせた[61]．ヴァイマルの住民も一丸となり，新しい校長に対するデモが行われた．彼らがバウハウスに反対する理由は，多岐にわたっていた．一流アカデミーの教師陣を排斥していること，新カリキュラムにおける「表現主義」の視野の狭さ，新しい教師陣が地元の人々に対して示した「侮蔑」，大半の生徒の「スパルタクス」のような政治的態度，そして彼らの貧しい身なりと下品な言葉

---

[58] これに関しては，ミース・ファン・デル・ローエが 1957 年にハワード・ディアスティン（Howard Dearstyne）との会話の中で言及している．詳しくは Howard Dearstyne, *Inside the Bauhaus*, ed. David Speech (New York: Rizzoli, 1986), p. 43 参照．

[59] Ibid., pp. 51-4, pp. 57-8.

[60] Ibid., p. 261 n. 3.

[61] Baron von Fritsch to Hofmarschallamt in Weimar, 20 April 1920, Wingler, *The Bauhaus*, p. 33.

とがさつな振る舞い．さらに，現地の職人たちにとっては，バウハウスの工房が競争相手となり，利益が減るのではないかという現実的な不安もあった．こうした反発を政治的な動機によるもの（グロピウスを支持する急進派と，それに対抗する保守派）として無視してしまうことは都合がよいが，それは間違いなく誤りである．両者とも正当な意見をもっており，何よりグロピウス自身は，理事を兼任している工作連盟（ヴェルクブント）の政治色を誇示したかった．さらにドイツは敗戦後間もなく，改革を行っている最中であり，人々は寒さに震え，飢えており，政治的境界線によって厳格に分けられていた[62]．

　1921年になると，いくつかの勢力が収束していったことにより，教育理論は進化しはじめたが，それは主に，オランダの発展に対する認識と新しいロシア芸術への正しい理解であった．オランダ建築の影響に関して，その下地をつくったのはベーネだった．彼は，1920年にオランダを旅し，ほとんどの主要な建築家に会った．この旅の成果として，彼は『今日のオランダ建築』(*Hollandiache Baukunst in der Gegnwart*, 1922) を著した．デ・ステイルの芸術家であるファン・ドゥースブルフは1920年の冬に初めてベルリンへと旅行し，ブルーノ・タウトの家でグロピウスと会った．彼は数週間後にヴァイマルを訪れ，1921年4月に再びこの街に戻ると──グロピウスの意に反して──その後9ヶ月間にわたって腰を落ち着けてしまった．彼はグロピウスの工芸を基礎とする方針に強く反対し，代わりに機械と空間の抽象性を擁護したことは，教授たちのあいだにも学生たちのあいだにも明らかな分断を生じさせた．グロピウスはドゥースブルフが教壇に立つことを拒んだが，ドゥースブルフは非公式なスタジオと講義を開設し，生徒と頻繁に接触していた[63]．

　構成主義からのバウハウスへの影響は，1921年の終わり頃ベルリンを訪れたエル・リシツキーの尽力によるところが大きい[64]．彼はイリヤ・エレンブルグとともに雑誌『物』(*Vesc'* /Objet/Gegenstand) の出版を開始し，その創刊号と第2号は1922年の4月に，第3号と最終号は5月にそれぞれ発行された[65]．同誌は幅広い分野を扱った

---

[62] ヴァイマルの政治と初期バウハウスに関する優れた考察として，Barbara Miller Lane, *Architecture and Politics in Germany, 1918-1945* (Cambridge: Harvard University Press, 1985), pp. 69-86 を参照．

[63] ファン・ドゥースブルフのヴァイマル滞在に関しては，展覧会のカタログ *Konstruktivistische Internationale schöperische Arbeitsgemeinschaft, 1922-1927: Utopien für eine Europäsche Kultur* (Ostfilden-Ruit, Germany: Gerd Hatje, 1992) 参照．特に，同カタログ掲載の Rainer Stommer, "Der 'De Stijl'-Kurs von Theo van Doesburg in Weimar (1922)," pp. 169-177 に詳しい．また，Dearstyne, *Inside the Bauhaus*, pp. 62-7 のドゥースブルフの滞在とその影響に関する章も参照のこと．

[64] ベルリンにおけるリシツキーの交友関係に関しては，Margolin, *Struggle for Utopia* 第2章参照．

[65] 同誌の復刻版は，英語の翻訳付きのドイツ語表記で1994年にラース・ミュラー・パブリッシャーズ (Lars Müller Publishers) から出版された．

文化雑誌であり,主にロシアが中心ではあったが,あらゆる種類の芸術を取り扱った.最初の2冊は,ファン・ドゥースブルフとル・コルビュジエによる記事を掲載した.1923年初頭,リシツキーはハノーファーにおいて展覧会を開催し,そこでクルト・シュヴィッタースが初めて彼の作品群「プロウン」(Proun)の販売促進を行った.リシツキーはその後間もなく,ハンス・リヒターとヴェルナー・グレフとともにベルリンの雑誌『G』の編集に携わるようになった[66].ファン・ドゥースブルフとモホリ＝ナジの友人であったダダイストのリヒターは同誌を陰で支えるブレーンであり,一方のグレフはここ2年間バウハウスの生徒であった.そしてこの幅広い芸術家の集まりは,シュペングラーの思想に没頭して活動休止状態にあったミース・ファン・デル・ローエを覚醒させた.ミースは,1921年にフリードリヒ街の最初のコンペ案である(鋭くとがった角をもつ)スカイスクレイパーを設計し,年内にそれを曲線的なガラスを用いた案へと発展させ,それが1922年5月にタウトの『曙光』(Frühlicht)誌に掲載された.『G』の創刊号においては,ミースはコンクリートのオフィス・ビル案を発表した.

この時期,理論を展開する勢力は他にも存在したが,最も際立っていたのは1920年代前半にドイツで一世を風靡した「アメリカニズム」であった.この勢力はもちろん戦前から存在したが,映画や音楽,ダンス,工業,そして都市など,モダニティと関連するすべてのものに対して(それを支持する場合にも,反対する場合にも)用いられるキャッチフレーズとなった.1910年,経済的かつ合理的なアメリカのイメージに強く魅了されていたグロピウスは,「大衆住宅を建設するためのプログラム——芸術の普遍原理による建設」を出版した[67].もし第1次世界大戦とシュペングラーが彼の技術と大量生産への興味を一時的に中断させなかったならば,1920年代の初めには一大勢力になっていたであろう.

戦後,テイラー主義とアメリカの生産方法を強く支持したマルティン・ヴァグナー(Martin Wagner, 1885-1957)はグロピウスの友人であり,後にベルリン市の建築家となった人物である.1918年,ヴァグナーはアメリカの建設方法とビジネス・モデルを賞賛する『近代の建設業』(Neue Bauwirtschaft)を出版した.また彼の雑誌『社会の建設業』(Soziale Bauwirtschaft)において,テイラーの原理の導入こそがドイツ経済を復活させる道であるという論説を繰り返し主張した.1921年にベーネが出版した41の論文のひとつ「中世と現代の建物」("Mittlellterliches und mod-

---

[66] 雑誌『G』の2つの号は,Marion von Hofackerの解説付きでKen Verlagによって復刻されている(Munich, 1986).
[67] Wingler, The Bauhaus, pp. 20-1 所収.

ernes Bauen") は，ヴァーグナーの雑誌上で発表された[68]．1923年には，瞬く間にベストセラーとなったヘンリー・フォードの自伝のドイツ語訳が出版されたことにより，アメリカ式の大量生産方式は爆発的にドイツ国内に広まった．高給取りであるだけでなく，戸建て住宅に住み自動車を所有するというアメリカの労働者に対するイメージは，疲弊したヨーロッパの人々に魅惑的に映った．

　ドイツで突如として起こったスカイスクレイパーに対する関心の高まりは，こうした憧れが別の形で表れたものだった．1922年にミースがスカイスクレイパー案を出版した時，「高く聳え立つ鉄骨の骨組が与える印象が圧倒的である」ことを根拠に，彼はガラスを美学的に正当化した[69]．そしてこの年の建築界における重要な出来事だったシカゴ・トリビューンの設計競技には，37人ものドイツ人建築家が参加した．

　こうして，1921年から1923年にかけてグロピウスは工芸を基礎とするバウハウスの体質への愛着を徐々に失い，新たな美学的正当性のもと，技術や大量生産への志向という当初の姿勢へと回帰していった．グロピウスの建築作品においても，またバウハウスの教師陣の中で生じていた争いにおいても，その変化は明らかであった．

　建築作品に関していえば，1921年が転換期であった．ゾンマーフェルト邸の上棟式が1920年の冬に行われたが，大部分に木枠を用いた手作りの内装は，バウハウスの工房で数ヶ月後に完成した．バウハウスの生徒であったフレート・フォルバートは，この丸太小屋が石灰岩の基礎の上に建設されるのを監督したが，それは工芸に回帰するというバウハウスの理念を完全に象徴していた．グロピウスはゾンマーフェルトのために近隣の建物と材木置き場のデザインも手がけていたが，それらは「中国的」もしくは「インド的」な外観を呈しており，（フォルバートによると）グロピウスの東洋文化への一時的な興味が反映されていた[70]．

　1921年に，グロピウスとマイヤーは3つの計画を手がけたが，しかしながら，それらには不可解な意識が反映されていた．（その奇妙なプロポーションをもつ窓のみならず）軸性とシンメトリーな正面をもつオッテ邸（Berlin-Zehelendorf）は，フランク・ロイド・ライトの作品とゾンマーフェルト邸から拾い集めた要素を組み合わせた失敗作であった．また，カレンバッハ邸（1921-2）では，敷地図に斜めの線とデ・ステイルの色彩計画が不器用に用いられており，同様に不格好であった．グロピウスが1921年の冬に引き受けたイェーナにある劇場の改築では，外観に飾り気のないス

---

[68] Adolf Behne, "Mittelalterliches und modernes Bauen," *Soziale Bauwirtschaft*, 15 July 1921.
[69] Mies van der Rohe, "Skyscrapers," *Frühlicht* 1, no. 4 (1922), p. 122. Fritz Neumeyer, *The Artless Word: Mies van der Rohe on the Building Art*, trans. Mark Jarzombek (Cambridge: M.I.T.Press, 1991), p. 240 より引用．
[70] Winfried Nerdinger, *Walter Gropius* (Berlin: Mann Verlag, 1985) 参照．

タッコ仕上げの壁と陸屋根(フラット・ルーフ)を採用したことにより，部分的な変化が見て取れる．内観において，彼はオスカー・シュレンマーに色彩計画と巨大なフレスコ画を任せた．この色彩計画をファン・ドゥースブルフが厳しく非難すると，グロピウスはすべての室内をデ・ステイルの色彩計画で塗り直した．ミース・ファン・デル・ローエは，1923年に再竣工した劇場へと訪れたことを回想し，それが装飾的で見栄えだけを重視していることに対して，やはり「幾分失望した」と述べている[71]．

しばしば指摘されるように，グロピウスは特別な才能をもった建築家ではなかったが，彼は行動を起こし続けた．1922年の春，グロピウスは——アメリカニズムとル・コルビュジエに熱中したため——再び大量生産住宅に興味をもつようになり，これを発展させてアム・ホルンの近くにバウハウスの開拓地の配置計画と標準化住宅の計画を準備するようフォルバートに要請した．フォルバートは7月に建設許可が下りるまでブロック状の計画を推し進めたが，規制取締委員会が陸屋根(フラット・ルーフ)に反対する．その後この計画は頓挫したが，1923年になると，他の学生たちがバウハウスの第1回展覧会に向けて再びこの計画に着手した．画家のゲオルク・ムッヘが（当時学生だったマルセル・ブロイヤーの協力のもと）設計した実験住宅も建てられたが，実用的でない平面計画が厳しく非難された．この時，グロピウスは一方でシカゴ・トリビューンのデザインの準備もしており，技術と工業にひどく傾倒していた．

こうした建築の変化と時を同じくして，グロピウスは同一のテーマに関して教師陣と対立した．イッテンは実践的な取組みを行うべきという学校側からの要請に反対し，1921年の終わり頃から教師陣の会議を紛糾させたようである．グロピウスは12月の会議において，学校が経済的に存続できるかどうかは教師陣が依頼された仕事とは別の，現実的な問題を考慮に入れるかどうかという点にかかっているのだと警告した[72]．翌年の2月，グロピウスは自身の見解を繰り返し述べた8ページにわたる声明文を公表している[73]．彼はロシアで行われている実験を取り上げ，エンジニアの「明快かつ有機的な形態」を賞賛し，芸術と工業の統一を訴えた．この件に関するグロピウスとイッテンの対立は，一般に学校の支配権を巡る個人的な権力争いとして認識されているが，興味深いことに，教師陣のうち画家の大半はグロピウスに反対した．グ

---

[71] ミースは1969年にこの劇場について，以下のように回想している．——「メインの祝賀会はイェーナで開催された．そこには，グロピウスが設計もしくは改築した——私は改築ではなく設計だと信じるが——劇場があった．彼はこの仕事をアドルフ・マイヤーと協働して行った．我々はややがっかりして，『まるでウィーン分離派のようにすべてが非常に装飾的であるため，とても奇妙である』といった」．(Dearstyne, *Inside the Bauhaus*, p. 79 より引用).

[72] Walter Gropius, "The Necessity of Commissioned Work for the Bauhaus" (Wingler, *The Bauhaus*, p. 51 所収).

[73] "The Viability of the Bauhaus Idea," Wingler, *The Bauhaus*, pp. 51-2.

ロピウスの友人であるファイニンガーも,ゲオルグ・ムッヘやシュレンマー同様,工業とのいかなるつながりも断固として拒否したのである[74].

決着の時は,1923年にバウハウスの第1回展覧会とともに訪れた.それは学校の存続がかかった正念場でもあった.1920年にバウハウスが3年分の予算を与えられて以来,学生たちが工芸を基礎とする教育で得た成果を示すべき時であった.学校に向けられた外部からの反発は年々強まる一方であったが,内外の政治的な圧力に動じないことこそが,グロピウスにとっての誇りだった.彼は8月に「芸術と技術:新たなる統合」と題する「バウハウス・ウィーク」開会のための基調演説を行い,学校の新たな方向性を確認した.しかしながら彼のヴィジョンは,展覧会のカタログに記述されたシュレンマーのマニフェストによって不作法に反論されている.この芸術家は――4年前のグロピウスの言葉をいくつか用いて――バウハウスは「芸術と生活における実利主義と機械化」に対抗する孤独で理想的な「社会主義の大聖堂」であるとして,その栄光を讃えた.さらに彼は,神の死,罪深い「商業主義のスピードと膨張」「非人間的な労働」に邁進する資本主義の過ちにまで言及した[75].グロピウスは出版されるまでこの文章を見ておらず,展覧会初日の前夜にカタログからあからさまな政治的マニフェストを必死に取り除いたが,それはすでに手遅れであった.前もって数冊が報道機関に送られていたのである.

この展覧会そのものは,ヴァイマル周辺の数ヶ所を会場として6週間にわたって催された大イベントであった.アウトもレクチャーのためにオランダから訪れた.また,イーゴリ・ストラヴィンスキーの新譜も演奏された.そしてこの「建築の国際展覧会」を見るために,ベルリンやその他の都市から多くの建築家が訪れたが,その展示物は彼の最初の著書の材料として同時に準備されたものだった.グロピウスにとって,この展覧会は自身の建築思想による新しい運動を明示した最初の試みであった.いくつかの競合するモダニズムの潮流(ミース・ファン・デル・ローエやエーリヒ・

---

[74] ファイニンガーは「我々は利益となる事業,つまり大量生産へと向かわねばならない! それは明らかに我々の性分に反し,進化の過程を妨げるものだ」と述べている (Lyonel Feiniger, letter to Julia Feininger, 5 October 1922 Wingler, *The Bauhaus*, p. 52). また,8月1日の彼の手紙(1923, p. 69) と Muche, "Bildende Kunst und Industrieform," *Bauhaus*, no. 1 (1926) も参照のこと.関連部分が Dearstyne, *Inside the Bauhaus*, p. 125 に引用されている.また,シュレンマーは日記や手紙における記述において,グロピウスとイッテンの「争い」について詳細に述べている.特に1922年6月にイッテンがバウハウスを去るであろうことに関して,以下のように述べている.――「彼は我々の中で最も教育者としての素質があり,指導者としての優れた資質をもっている.私は,自分にはそうしたものが欠けていることを痛切に感じるだけだ.もしグロピウスがもはやイッテンに対して強固に反対しないのならば,彼はよりいっそう大きな脅威となるだろう」.(Dearstyne, *Inside the Bauhaus*, p. 88).

[75] Oskar Schlemmer, "The Staatluche Bauhaus in Weimar," Wingler, *The Bauhaus*, pp. 65-6.

メンデルゾーン,ハンス・ペルツィヒらの作品におけるマニフェスト)が披露された一方で,他の手法(フーゴー・ヘーリンクやハンス・シャウロンらの作品における手法)はあからさまに排除された.しばしば指摘されるように,ミースはグロピウスの仕事ばかりでなく,このような偏った視野による展示品の選択に対しても,極めて批判的だった[76].

この展覧会に対する評価は,条件付きではあるが,おおよそ好意的であった.ヴァルター・パッサルゲは,バウハウスの計画はまだ「終了も完成も」していないと指摘しつつも,芸術と技術を統合するという課題を探求するその「誠実さと決意」を賞賛した.彼は,展示された国際的な建築作品の「均一性,関連性,そして簡潔性」に言及し,これらの建築作品が「〈ユートピア的〉で〈表現主義的〉なすべての建築」よりも現代の精神に近いものであると見做した.それは明らかに,初期のグロピウスやタウトの姿勢に対する批判であった[77].この展覧会に対するもうひとつの明晰な批評は,アドルフ・ベーネによって書かれたもので,彼は,この展覧会で支配的だった「手工芸に対する関心の薄さ」からは,新しいテーマである技術は決して明確にはならないと断言した[78].さらにベーネは,グロピウスはここ数年にわたり変化する自身のデザインと,最終的に採用することとなる即物性(ザッハリヒカイト)というテーマとのあいだで選択を迫られており,個人的な分岐点にあると指摘した.

結果的にイッテンはグロピウスに敗れ,展覧会終了後直ちに学校を去ったが,学校に対する地元の人々の反発が収まることはなかった.10月にチューリンゲンで起きた共産主義の暴動には軍隊が投入され,人々は政治的に右傾化していく[79].1924年初頭のチューリンゲンでの選挙によって,それまで優勢だった社会主義の左翼連合が右翼の政党連合に敗北したことにより,学校の命運は定まった.グロピウスはさらに1年間学校を守るために奮闘したが,12月にチューリンゲン州議会は「社会主義の大聖堂」を閉鎖し,教師陣を解雇することを決議した.

しかし,この決定は学校にとってよい方向に働いた.1925年の冬,グロピウスは社会主義者でありデッサウ市長であったフリッツ・ヘッセと交渉し,学校をデッサウ

---

[76] ファン・ドゥースブルフに宛てた手紙(1923年8月23日)にて,ミースはグロピウスの「建設的形式主義」(constructive formalism)を批判している.この手紙の引用は,Richard Pommer and Christian F. Otto, *Weissenhof 1927 and the Modern Movement in Architecture* (Chicago: University of Chicago Press, 1991), pp. 11-2 所収されている.

[77] Ibid., "The Bauhaus Exhibition in Weimar," pp. 67-8.

[78] Adolf Behne, "Das Bauhaus Weimar," *Die Weltbühne* 19 (1923) pp. 291-2. アドルフ・ベーネに関する導入書 Rosemarie Haag Bletter, *The Modern Functional Building*, trans. Michael Robinson (Santa Monica, Calif.: Getty Publications Program, 1996), p. 31 より引用.

[79] Letter of Complaint, 24 November 1923, Wingler, *The Bauhaus*, p. 76 参照.

へと移し,新しい学科——グロピウスの最初の大きな任務であり,新しいスタイルをより推し進めた学科——を創設することを取り決めた.グロピウスはデッサウに移ると,3ヶ月も経たないうちにバウハウス出版の経営を開始したが,それは後にバウハウスにとって非常に重要な宣伝媒体となる.ヴァイマルにおいてもいくつかの素晴らしいデザインが生み出されたが,今日一般にバウハウス・デザインといわれるもの——工業家庭用品やモホリ=ナジのグラフィック・デザイン,ブロイヤーのクローム・チェアなど)——の大半は,デッサウで生み出された.1928年の初頭にグロピウスが役職を辞する少し前の1927年には,このカリキュラムは建築学校を包含するほどまでに拡張した.

　1920年代中頃は,ドイツのモダニズムをさらに決定づけた期間であった.この時期に,最初の「モダニズム運動」に関する歴史書2冊が出版されたのである.アドルフ・ベーネは1923年に『現代の機能的建物』(*Der modern Zweckbau*) を執筆したが,かつての友グロピウスが妨害し,阻止したために,出版社を見つけることができなかった.ようやく出版にこぎ着けたのは,1923年の展覧会記録をまとめたグロピウスの処女作『国際建築』(*Internationale Architektur*) が出版された翌年にあたる1926年のことであった.いずれの著書においても,第1次世界大戦以降のヨーロッパ建築の変化に対する明確な見解が示されていた.

　『現代の機能的建物』は,グロピウスの著作と比べてより論理的であった[80].ベーネは「機能・目的」(Zweck) と「即物性(ザッハリヒカイト)」という2つの概念を軸に論を組み立てた.ストレイターやムテジウスの時代には,問題への単純かつ実践的な解決策を意味した「即物性(ザッハリヒカイト)」という用語について,彼は全く定義していない.ベーネによって蘇ったこの概念は,かつてのものよりもう少し広い意味をもっていたようである.マックス・タウトの『建物と計画』(*Bauten und Plane*, 1927) に先立ち,ベーネはその概念に関して短いエッセイを書いたが,そこでは数ページにわたる定義が含まれる.彼によると,それは小さな概念ではなく,無味乾燥さや質素さ,もしくは無駄を排した図式化を意味するのではない.「即物性(ザッハリヒカイト)とは,責任ある思考を意味しており,すなわち想像される範囲内にある目的,そして想像の範囲外にある目的のいずれも充足する作用である.というのは,想像とは革新的な意味を明るみに出すような目的を把握するという特徴をもつからである」[81].ベーネにとって,ここには社会的な意味合い

---

[80] Adolf Behne, *Der Moderne Zweckbau* (Munich: Drei Masken Verlag, 1926). 同書英訳本 *The Modern Functional Building*, trans. Michael Robinson の note 78 参照.
[81] Adolf Behen, "Von der Sachlichkeit," *Eine Stunde Architektur* (Berlin: Architbook-Verlag, 1984), p. 40.

も含まれていた．デザインが即物性(ザッハリヒカイト)を有するのは，それが社会的問題に関与している場合であり，それが「人間社会の中で健全な機能」を満足する場合である[82]．『現代の機能的建物』において，「即物性(ザッハリヒカイト)」という用語は，漸進的に展開する形態進化における3つの概念段階として表現されているが，それは3つの章の見出しから明らかである．第1章の「ファサードではなく，むしろ家」の段階は第1段階であり，ヴァーグナーやベルラーへ，メッセル，ライトなどに代表されるが，デザインにおける歴史的なファサードという概念が，機能的な必要性による平面計画の形成に譲歩する場合である．第2章の「家ではなくむしろ形作られた空間」の段階とは第2段階であり，家もしくはボックス自体がより厳密な「即物性(ザッハリヒカイト)」に譲歩する場合である．AEGにおけるベーレンスの仕事や，ヘンリー・フォードの思想がこの段階の先駆となったが，他にアメリカの穀物サイロやアンリ・ヴァン・ド・ヴェルド，エーリヒ・メンデルゾーンのデザインもその代表例である．第3章は「形作られた空間ではなくむしろデザインされた実在」であり，ベーネは「即物性(ザッハリヒカイト)」こそが（東の）構成主義的な要求と（西の）オランダ人建築家やドイツ人建築家の民族意識との溝を埋める最も高度な調停手段だと考えた．興味深いことにベーネにとっては，グロピウスとは対照的に，フーゴー・ヘーリンクやハンス・シャウロンの有機的な機能主義こそ，両民族がドイツにおいて融合された最もよい実例であった．さらに，ベーネによる図版の選択は，実に幅広い範囲に及んでいた．彼にとってのモダニズムとは包括的であり，未来の発展を許容する制限のないものであった．

グロピウスによる『国際建築』の序文は短いものだったが，彼が新しく，かつ決定的な機能主義の精神だと考えるものを，力強く表現したマニフェストであった．過去の感情的，美学的，装飾的なコンセプトに対して，社会や生活の全体性に基づいた新しい「普遍的な形式意志」が徐々に生じ始めているが，それは，建築においては「偽りや装飾を用いることなく，内なる法則に従って，我々を取り巻く建築をデザインすること，建築的なマッスの緊張感によって建築の意味と目的を機能的に表現すること，そして建築の絶対的な形態を覆うすべての無用なものを拒むこと」を求める深遠な心の変化であった[83]．さらに，この圧倒的な時代精神(ツァイトガイスト)は「我々の時代の統一された

---

[82] Ibid., p. 41.
[83] Walter Gropius, *Internationale Architektur*, ed. Hans M. Wingler (Mainz, Germany: Florian Kupferberg, 1981; originally published in 1925), pp. 7-8 参照．原文は以下のとおり．—— "Ein neuer Wille wird spürbar, die Bauten unserer Umwelt aus innerem Gesetz zu gestalten ohne Lügen und Verspieltheiten ihren Sinn und Zweck aus ihnen selbst heraus durch die Spannung ihrer Baumassen zueinander funktionell zu verdeutlichen und alles Entbehrliche abzustossen, das ihre absolute Gestalt verschleiert."

世界観を受け入れるものであり,精神的な価値観を個々の制約から解放し,客観的正当性にまで高めたいという願望を前提とするもの」であった[84].明らかに建築家たちも人々も,この新しい国際的なムーブメントの邪魔をすることはできない.このムーブメントの登場は運命づけられたものだったのである.それゆえ,ペーター・ベーレンスの初期の決定論はこのモダン・ムーブメントのイデオロギーの前提として掲げられたのだった.

　同書における図版の選定は,ベーネのものより限定的である.この新しい国際建築の系譜は,ベーレンスとライトと(そして最も重要なのは)戦前のグロピウスの工房(マイヤーはこの記述には含まれない)から始められた.グロピウスは,しばしば描かれる建築家像とは遠くかけ離れた人物であり,それゆえ,我々はグロピウスを,この不屈の世界精神に最も心を奪われた建築家だと考えるべきであろう.その一方で,同書にはロシアやフランス,チェコスロヴァキア,オランダ,そしてドイツの作品も解説付きで掲載されている.また高層建築の計画には特別な関心が払われており,マンハッタン南部の航空写真で締め括られている.全体的に見て,この時代精神(ツァイトガイスト)が上塗りされた考え方の中に,ヨーロッパ・モダニズムという歴史神話の最初の創造を見出すことができる.この変容によって,シュペングラーは否定されたのである.

—— 5 ——
ル・コルビュジエとギーディオン

　シャルル゠エドゥアール・ジャンヌレは,スイスのラ・ショー゠ド゠フォンの自宅で,第1次世界大戦の成り行きを見守っていた[85].彼は1911年にドイツを出発し,行きはバルカン半島,帰りはイタリアを経由し,トルコとギリシアを巡る「東方への旅」に出た.そしてスイスに帰国して間もなく,彼は芸術学校で装飾とインテリアを教え始めた.戦前,彼は2件の住宅を手がけたが,1件目のジャンヌレ゠ペレ邸(1912)は,彼の両親のためにラ・ショー゠ド゠フォンの険しい丘の中腹に建てられ

---

[84] Ibid., p. 7. 原文は以下のとおり. —— "Im Gegenteil, der Wille zur Entwicklung eines einheitlichen Weltbildes, der unsere Zeit kennzeichnet, setzt die Sechnsucht voraus, die geistigen Werte aus ihrer individuellen Beschränkung zu befreien und sie zu objektiver Geltung emporzuheben."

[85] 初期のル・コルビュジエに関しては,H. Allen Brooks, *Le Corbusier's Formative Years: Charles-Edouard Jeanneret at La Chaux-de-Fonds* (Chicago: University of Chicago Press, 1996) 参照.彼の仕事の完全な記録である *The Le Corbusier Archive*, 32 vols (New York: Garland, 1982-4) 参照.

たものである．ジャンヌレは，ベーレンスのスタイルを彷彿とさせる，ほぼ左右対称な新古典主義的な解法を用いた．若き建築家はあまりに情熱的であったために冷静さを失い，その規模と費用は彼の両親の資産を大きく上回ってしまった．それゆえ，両親が損失を補うためにこの家を売ることを余儀なくされたことにより，彼らは一生分の蓄えを使い果たしてしまった．2件目の設計となるファーヴル=ジャコ邸（1912-3）は，幸運なことに，裕福な施主の自邸であり，色のついた柱と窓間壁を組み合わせた地中海式の古典主義は，いくらかドイツの影響から離脱したように見える．戦前における3件目の仕事（いわゆる庭園都市（1914））は，曲がりくねった道が特徴的な，住宅地の計画であった．その住宅地の全体的な特徴は，彼が1914年の6月に訪れたハレラウの田園都市を思わせるものであった．このように，ジャンヌレは住宅建築家として成長しつつあったが，そこに戦争が勃発したのである．

　この戦争は事実上，ジャンヌレから建築の仕事を奪ってしまった．彼は1914年5月，ひとつには政治的な理由により（社会主義者との対立），またひとつには教育理念上の理由により，学校の理事と諍いを起こし，教職を失った．そして彼は6月にケルンで開かれた工作連盟（ヴェルクブント）の大会を訪ね，12月にはジュネーヴ近郊でローヌ川に架けるコンクリートの橋の設計競技に参加した．このアーチ橋の設計が，ジャンヌレの幼馴染みのエンジニアで，当時パリで働いていたマックス・デュ・ボアとの交友関係を再び取り戻したという点において重要である．ジャンヌレにとって，それは完全に一方的な交友関係であった．なぜなら，彼は数学や構造工学の訓練を全く受けていない建築家だったからである．彼は継続的にデュ・ボアの恩恵を享受し，無報酬で構造のアドバイスを受け，非常に詳細なところまで設計に関わらせた．1915年頃，彼は「ドミノ」という住宅システムに取り組み始めるが，それはおそらく彼の業績の中で最も誤解され，過剰に評価されている仕事であろう．

　その意図は，大量生産住宅のためにコンクリートのスラブと柱によるシステムをデザインすることにあった[86]．スラブの端部より少し内側に入り込んだ柱によってスラブを支えるという発想自体は全く新しいものではなかったが，ジャンヌレが固執し自らに課した制限によって，単純な問題に対して極めて複雑な解決策を与えるものとなっていた．すなわちこの計画は，剪断力の伝達を促すために慣例となっている柱の膨らみや，柱の上部を外側へ傾けることをしない四角い柱で，（両面とも平坦な）フラット・スラブを支えようとするものである．そればかりか，仮設の木枠を用いず，な

---

[86] ドミノ・システムに関しては，Eleanor Gregh, "The Dom-ino Idea," *Oppositions*, winter-spring 1979, pp. 61-87 参照．

おかつあまり技術のない労働者でも現場で施工できるようにすることを意図したものであった．これらの基準を考慮すると，この解決策——おそらくデュ・ボアや，他のエンジニアが多くの時間を費やしたものと考えられるが，特許はジャンヌレ個人の名前で申請されている——は，あまりに単純すぎるといえるだろう．これは，まず仮の梁となるI型鋼のフランジ部分に中空タイルを並べ，さらにそのタイル周りにコンクリートを充填したもので，さらに補強用の横木から構成されていた．コンクリートを充填するために，このI型鋼は仮梁となる別のI型鋼の上に載せられており，こちらのI型鋼は柱の上に載っていた．それは全くもって経済的な解決策ではなかったし，技術のない労働者によって建設できるわけもなく，また未硬化状態の打設されたばかりの柱によって支えられるはずもなかった．さらに，このフラット・スラブは配線やダクトのための空洞を許容できず，一旦打設してしまうと，パイプや煙突，通気のためにはドリルで穴をあけるしかない．このシステムを提示するために，ジャンヌレが描いた住宅のスケッチが利益を上げることはほとんどなかった．それは最も原始的な種類の，最低限の住宅であり，このシステムがジャンヌレを初めとして他の誰にも採用されることがなかったという事実は，少しも驚くべきことではなかった．

　ジャンヌレが戦時中に手がけた——他の建築家の原案による映画館スカラ座の計画を除く——唯一の作品は，コンクリートに対する興味の高まりを示すものであった．シュウォブ邸（1916-18）はコンクリート造として設計されたが，チューリッヒの会社によって伝統的な根太と床板のシステムを用いて建設された．この住宅の左右対称なデザイン——何もないまっさらな広告板のような北側のファサードと，両端の軒蛇腹に見られるぎこちない　細　部——は，ジャンヌレが最初に幾何学的なプロポーションのシステムを採用した事例として，広く分析されてきた．一方でこの計画は，大幅に予算をオーバーしたことで有名であり，最終的には裁判沙汰となったものである．ジャンヌレは，設計者への報酬を払わなかったことを理由にラファエル・シュウォブを訴えた．そしてシュウォブは，建築家が当初 115,000 フランの予算であったところを 300,000 フランにも膨らませ，設計監理が不十分であった（不正があった）として反訴を起こした．これらの訴訟は 1918 年に起きたが，それはちょうど映画館スカラ座（1916）での漏水をめぐる技術的問題に起因するまた別の込み入った一連の裁判に，ジャンヌレが巻き込まれた時期でもあった．この時彼は少なくとも，他の建築家の仕事を内密に引き継ぎ，デザインを剽窃したことに関しては，訴えられずに済んだ．それでもやはり，彼の故郷での生活は，不幸のうちに幕を閉じた．

　1917 年 1 月，ジャンヌレは過去の経験を振り払うべく，パリへと拠点を移した．彼は 30 歳になろうとしており，10 年近い実務経験を積んでいた．よくいっても，彼

は平凡な建築家であり，彼独自のスタイルを少しも確立できていなかった．当時のフランスは，未だ戦争の渦中にあった．実際，3月には長期間にわたるドイツによるパリへの砲撃が開始されたが，ジャンヌレはほとんど意に介さなかった．意気揚々と大都市へとやってきたジャンヌレに対して，デュ・ボアは親切にもオフィスや秘書を準備し，さらに建築材料を生産する工場の監督という仕事までも用意した．それから5年間，給水塔とノルマンディーの住宅団地のために提案したダブル・ハウスを除いては，ジャンヌレは実作を手がけていない．しかしながら，彼はその間の仕事によって建築材料の問題点と向き合い，さらに読書を通じてすっかりテイラー主義に心酔していたが，それは彼にとって，建築に関するあらゆる物事を捉える際のイデオロギー的な信念となった[87]．彼は，フランスが芸術と建築においてドイツより優れていることを賞賛することによって，戦時中のフランスのナショナリズムに便乗した，本のように長い手稿「フランスかドイツか」（"France ou Allemagne"）を執筆した．さらに，彼の絵画に対する興味も深まった．この興味は，ペレがジャンヌレに，その後親友となるアメデ・オザンファン（Amédée Ozenfant, 1886-1966）を紹介した1917年から翌年の冬にかけて，急速に発展した．

　エンジニアのデュ・ボアがジャンヌレを田舎暮らしから救い出したとするならば，ジャンヌレに芸術家になる術を教えたのはオザンファンであった．オザンファンはジャンヌレをパリの芸術家サークルに紹介したが，最も重要なことは，完全に建築へと翻案することが可能な，一連の「建築術的な(アーキテクトニック)」原理——今から半世紀以上前にアルフレッド・H・バーが使った用語を用いた——を彼に提供したことである[88]．さらに1920年，オザンファンはジャンヌレが別の人格として活動していくために，「ル・コルビュジエ」という新しい名前を考え出す手助けをした[89]．

　オザンファンのピュリスム運動は1915年に開始され，それとともに，彼は「レラン」（L'Elan）という雑誌を出版したが，それは彼がキュビストであった時代に生み出されたものであり，ピカソやマティス，アポリネールに関する記事が特徴的であった．同誌における最初のピュリスムに対する言及は，1916年の冬に「キュビスムに関する覚書」（"Notes sur le cubisme"）というタイトルのもとで登場した．この覚書において，オザンファンはキュビスムを「ピュリスム運動」と見做しつつも，そのモチーフがあまりにも繰り返されすぎること，そして四次元の観点が過度に重視されて

---

[87] Mary McLeod, "'Architecture or Revolution': Taylorism, Technocracy, and Social Change", *Art Journal*, Summer 1983, pp. 132-47 参照．
[88] Alfred H. Barr, Jr., *Cubism and Abstract Art* (Cambridge: Belknap Press, 1986), p. 164.
[89] この名前は，彼の母方の家系であったLecorbesierに由来している．綴りを変えることを提案したのは，オザンファンであった．

いることによって，困難な状況に陥っていると指摘した[90]。ジャンヌレは1917年初頭にオザンファンと出会ったが，それはまさに彼が壮大なマニフェストを綿密に思案している時期であった。2人の友情は瞬く間に強固なものとなり，ジャンヌレは自身のイーゼルをオザンファンのスタジオへと運び，そこで日々油絵の理論と実践を教わった。1917年の秋，2人は年末に予定された最初のピュリスム絵画の展覧会のために，協働して「キュビスムの後に」(*Après le cubism*)というマニフェストを執筆した。その思想的な意図は，ピュリスムはオーダー，明快さ，論理，そして近代の技術社会を満足させる共通の基礎を必要とする点において，「前衛主義(アヴァンギャルド)」よりも理想的かつ保守的であるということであった。一方でこの仕事は，進化のための予行演習でもあった。なぜなら，1920年に2人は詩人ポール・デルメと協働して，ル・コルビュジエが飛躍するきっかけとなった雑誌『エスプリー・ヌーヴォー』(*L'Esprit Nouveau*)を創刊したのである[91]。

ピュリスムの原理は，ル・コルビュジエが理論を発展させる上で重要な役割を果たした。ピュリスムはしばしば，フランス芸術界において特に流行った「静粛命令(ラベル・ア・ロルドゥル)」(rappel à l'ordre)という，より大きな運動の一部であると理解される。ピュリスムがキュビスム運動から派生したとするならば，それと同時に，ピュリスムはキュビスムの個人主義や断片的なイメージに対する批判でもあった。ピュリスムはより知的な本質である「塑造的な形態」を重視していたが，それはすなわち，「芸術作品は数学的法則を知覚させるべきものであり，この数学的法則を生み出す方法は普遍的な方法から見出されるべきである」ということである[92]。それゆえピュリスムは，輪郭線の正確さ，線の簡潔さ，立体的な表現，平面の重なりにおける平坦さ，物体と輪郭の全体的な順序，およびデカルト主義の合理論を強調した。その色彩は寒色の灰色や茶色，より暗い色調の赤と緑を用いる傾向があり，その点においてピュリスムは，デ・ステイルや構造主義とは一線を画していた。何より，ピュリスムにおいて量感を表現する題材は「オブジェ＝ティプ」(objets -types)――ボトルや眼鏡，パイプ，ギター――であり，それらは，機能性から形作られると同時に文化的な意味を併せ持つ，典型的な形態であった。オザンファンとジャンヌレは，ダーウィンの「自然淘汰」と同じように物体が「機械淘汰」されるとし，経済過程や人間の尺度，数学的な調和によって，機能的な物体が純粋化されてゆく世界について語った[93]。さらに，これらの

---

[90] "Notes on Cubism," *Art in Theory 1900-1990*, pp. 223-5.
[91] 全28巻の *L'Esprit Nouveau* はもともと1920〜5年に出版されたが，後に再版されている（New York: Da Capo Press, 1968-9）。
[92] Amédée Ozenfant and Charles Édouard Jeanneret, "Purism," *L'Esprit Nouveau*, no. 4, 1920 (Harrison and Wood, *Art in Theory 1900-1990*, p. 238 より引用).

形態がキャンヴァスに描かれる際は，左右非対称な構成となるように"基準線"（トラセ・レギュラトゥール）とともに注意深く配置されると同時に，慎重に順序づけられていた．塑造的な形態や単純なヴォリューム，滑らかな表面，平らな平面，規則的な幾何学を強調するといった点は，そのまま建築へと翻訳することができた．

　雑誌『エスプリ・ヌーヴォー』は，近代性に捧げられた文化的存在として広く認識された．創刊号の最初の記事には，「新しい精神がある．それは，明瞭な思想によって導き出された，構築の精神であり，統合の精神である」と謳われていた．それゆえに，この雑誌は「生きた美学に，真の意味で捧げられた」ものなのである[94]．デルメは，当初は同誌を美学雑誌だと考えていたが，彼は3つの記事を書いた後に（ダダイストへの偏向ゆえに）追放され，その後，副題はオザンファンとジャンヌレによって「現代的活動に関する図版付き国際雑誌」（"Revue internationale illustrée de l'activité contemporaine"）へと変更された（図79）．ここで，あらゆる美術と文学に加え，純粋科学や応用科学，実験美学，工業美学，都市生活，政治学，演劇，展覧会，スポーツなどもその範疇に含まれることとなった．その名前は，明らかにアポリネールのある講義から着想を得ていたが，オザンファンとジャンヌレにとっては，知的エリート層によって運営される工業的な未来と素晴らしい新世界に対する強い決意を表していた．6年間で全28巻が発刊された──その成功の一因は，ジャンヌレが実業家や製造業者に巧みに売り込んだためである[95]．同誌では，ヴィクトル・バシュやアドルフ・ロース（彼のエッセイ「装飾と犯罪」），フィリッポ・トンマーゾ・マリネッティ，テオ・ファン・ドゥースブルフといった人々の注目すべき論説が掲載された．

　『エスプリ・ヌーヴォー』は，ル・コルビュジエが一連の記事（ル・コルビュジエ＝ソーニエというペンネームでオザンファンとともに著した）を発表した公開討論の場であり，彼は後にその記事を4つの書籍に再編集したが，その1冊目が『建築へ』（*Vers une architecture*, 1923）であった[96]．これは間違いなく20世紀で最も有名な建築のマニフェストだが，ル・コルビュジエの知的発展における過去と未来の傾向

---

[93] Ibid., p. 239.
[94] "L'Esprit Nouveau," *L'Esprit Nouveau: Revue international d'esthétique*, no. 1 の序章と献呈の辞．
[95] Stanislaus von Moos, "Standard and Elite: Le Corbusier, die Industrie und der Esprit nouveau" 参照．*Die nützliche Künste: Gestaltende Technik und bildende Kunst seit der Industriellen Revolution*, ed. Tilmann Buddensieg and Henning Rogge (Berlin: Quadriga, 1981), pp. 306-23 所収．また，Beatriz Colomina, *Privacy and Publicity: Modern Architecture an Mass Media* (Canmbridge: M.I.T. Press, 1996), pp. 141-99 も参照のこと．〔松畑強訳『マスメディアとしての近代建築：アドルフ・ロースとル・コルビュジエ』鹿島出版会，1996年〕．
[96] Le Corbusier-Saugnier, *Ver une architecture* (Paris: Éditions G. Crés et Cie, 1923).〔樋口清訳『建築へ』中央公論美術出版，2003年〕．

が奇妙に組み合わさっていた。そしてま
た、読みやすくもあり、近代的なイメー
ジと伝統的なイメージとが並置された点
において注目すべきものでもあった。

　同書の内容に対する最も早い分析のひ
とつは、イギリスの歴史家レイナー・バ
ンハムによって書かれたが、彼はル・コ
ルビュジエの並置を「アカデミック」と
「メカニスティック」という2つのカテ
ゴリーに単純化して捉えた[97]。前者に分
類されるものとして、バンハムは「建築
家への3つの覚え書(立体、面、プラ
ン)」の章と「基準線(トラセ・レギュラトゥール)」の章を挙
げたが、この2つの章はともにル・コル
ビュジエのピュリストの美学から導かれ
たものであり、建築とは「光の下に集め
られた立体の塊を、匠みで正確かつ壮麗
に演出すること」であるとする彼の定義

79 『エスプリ・ヌーヴォー』第4号
(*L'Esprit nouveau*, Paris, 1920) の表紙.

から展開していた[98]。北米の穀物用エレベーターやペレとガルニエの作品はこうした
概念を示すために言及され、その一方でプロポーションの規制の理論的根拠は、ロー
マの柱頭やヴェルサイユのプチ・トリアノンといった古典的な作品によって示され
た。歴史の正当化は、「建築」の章の中の小節においても基礎となっており、ミケラ
ンジェロが「1000年にひとりの天才」と讃えられ、パルテノンの塑造的な形態に敬
意が表せられた[99]。パルテノンのイメージは、ル・コルビュジエの根底にある美学を
伝える上で、特に効果的である。例えば、メトープのクローズアップ写真には、簡潔
に「簡素な輪郭線。ドリス式の道徳性」とキャプションが付けられているが、ドリス
式の柱頭の断面も、同じような感情を喚起する。「ごくわずかなものが影響する。エ

---

[97] Reyner Banham, *Theory and Design in the First Machine Age* (New York: Praeger, 1978), pp. 220-46.
〔石原達二、増成隆士訳『第一機械時代の理論とデザイン』鹿島出版会、1976年〕.

[98] Le Corbusier, *Towards a New Architecture*, trans. Frederik Etchells (Londan: The Architectural Press, 1927), p. 31. この英訳本の題名に"New"を加えたことに関して、しばしば不適切だと指摘されている。近年、新たな英訳本 Le Corbusier, *Toward an Architecture*, trans. John Goodman (Los Angels: Getty Research Institute, 2007) が出版された.

[99] Le Corbusier, *Towards a New Architecture*, p. 156.

キヌスのカーブは，巨大な砲弾のカーブと同じくらい合理的である．この環状平縁(アニュレット)は地面から 50 フィートの高さにあるが，それはコリント式の柱頭におけるアカンサスの籠よりも多くのことを物語る．ドリス式の心理状態と，コリント式のそれとは，全く別物である．道徳的な違いによって，両者のあいだに大きな隔たりが生じているのだ」[100].

『建築へ』における 2 つの「メカニスティック」な章は，ひとつの「アカデミック」な章を挟み込んでおり，ル・コルビュジエの理論におけるもうひとつの決定的な局面に焦点をあてている．彼の機械への愛である．建築のメタファーとして機械を捉える発想は，繰り返し考察されてきたものであった．というのも，それは 30 年以上にわたってドイツの理論の特徴だったからだ．それにもかかわらず，ル・コルビュジエは産業モデルを熱烈に支持し，工業技術を信仰した点において，1921 年から翌年にかけてのヨーロッパでは（構成主義からも離れた）無類の存在であった．さらに，「アメリカニズム」と特にテイラーの理論が，彼の信念の根底に横たわっていた．その信念は，サン=シモンにまで遡るテクノクラートの実証哲学というフランスの伝統によっても支えられていた[101]．良きにつけ悪しきにつけ，ル・コルビュジエは，建築家とは建築的すなわち社会的に世界を変える役割を担った造形作家(フォーム・メイカー)である，と捉えた最初の人物のひとりであった．シュペングラーの悲観論とは正反対のこの公式化もまた，この絶望的な数年のうちにしか思い描くことができなかったものだった．

この主張の主題は，その前の「工学技師の美学と建築」という章ですでに表明されている．ル・コルビュジエにとって，社会に広がりつつある危機とは，精神の危機であり，より厳密にいえば，建築が不確かで，偽りであるという危機であった．

> 宗教の教えを実践しながら，それを信じていない人は，不幸な人である．彼は不憫だ．我々は，住むに値しない家に住んでいるために不憫である．なぜなら，そうした家は健康を害し，「モラル」を低下させるからだ．我々が家に閉じ籠もるようになってきたのは運命である．何もせずにじっとしていると，家は我々を肺病のように蝕んでゆく．じきにあまりに多くの療養所が必要になるだろう．我々は不憫だ．我々は家にうんざりし，そこから抜け出し，レストランやナイトクラブに入り浸る．あるいは哀れな動物のように，家の中で陰気にひっそりと寄り集

---

[100] Ibid., p. 198, 203.
[101] この点は，McLeod, "'Architecture or Revolution'" にて指摘されている．マクラウドは，「量産住宅」（Mass Production Houses）におけるテイラー主義への言及が 1927 年に出版された英訳本では削除されていることも指摘している．

まる．我々は士気阻喪しつつある[102]．

この建築の欺瞞に立ち向かうのは，工学技師の道徳的な誠実さである．工学技師は「仕事において健康的で，逞しく，活発で有用であり，バランスがよく，楽しそうだ」が，それとは対照的に，「建築家らは幻滅しており，無為で，高慢で，不機嫌だ」[103]．これは昔からよくいわれてきたことではあるが，最初に掲げられた遠洋定期船の図版（カバーに掲載された図版でもある）によって，議論がそれ以前とは根本的に異なっていることも理解できる．例えば，ムテジウスは，即物性（ザッハリヒカイト）という言葉の厳密な解釈を避けるためだけに船のメタファーを用いたが，それはつまり，その概念に対する過度に機械論的な解釈に対抗するためであった．ル・コルビュジエの場合は，倫理的な必要性から，機械のメタファーを採用した．「エンプレス・オブ・フランス号」という定期船のデッキのキャプションには，「純粋で品がよく，簡単明瞭で，健康的な建築．これと対照的なものは，絨毯，クッション，天蓋，壁紙，彫刻のほどこされた金色の家具，ぼやけた芸術品気取りの色だ．我らが西洋のバザールのもの悲しさ」と書かれている[104]．このショッキングな結論は，極めて論理的かつ自明のものである．すなわち「住宅は住むための機械である」[105]．

目をひきつける飛行機と自動車のイメージは，同書の革新的な特徴を明らかにしている．ル・コルビュジエはおそらく，宣伝業者や広告業者が交渉の手段としてイメージの価値を見出したのと同じように，イメージのもつ力を理解した最初の建築家であろう．彼は，建築のマニフェストというものを，理性的で知的な主張というより，むしろ建築家をひきつけるように特別にデザインされた視覚的なカタログとして捉えた最初の建築家のひとりだろう．数年後，ジークフリート・ギーディオンは1928年に著したル・コルビュジエを美化した伝記において，自身の書籍は，時間に追われてイメージやキャプションだけを眺めたいという「忙しい読者」に向けて書かれたものだと表現した．彼は，その手法をル・コルビュジエから学んだのである[106]．

さらに『建築へ』は，ある意味で論争的であった．この本の核心は「量産住宅」と「建築か革命か」という最後の2章であり，まさに1920年代に彼が精力を注ぎ込んだ

---

[102] Le Corbusier, *Towards a New Architecture*, p. 14.
[103] Ibid.
[104] Ibid., p. 100.
[105] Ibid., p. 95.
[106] この点は，特にColomina, *Privacy and Publicity*, (Vambridge, Mass.: MIT Press, 1994)の「広告」の章で指摘されている．ギーディオンの「序文」に関しては，*Building in France, Building in Iron, Building in Ferro-Concrete*, trans. J. Duncan Berry (Santa Monica, Calif: Getty Publications Program, 1995), p. 83 参照．

住宅を取り扱っている。さまざまな居住区の提案をしていることから明らかなように、1917年にパリへと移り住んで以来、住宅は彼の一番の関心事であった。例えば、サン・ニコラ・ダリエルモン（1917）では、テッセノウの作品と類似した煉瓦造と木の化粧梁が特徴的な労働者住宅（1ユニットだけ建設された）を提案した。トロワの住宅（1919）での解法は、トニー・ガルニエの提案を踏襲したものであった。この傾向は、サロン・ドートンヌで発表するために彼が1922年に考案した「現代都市」をもって終わりを告げた[107]。テイラー主義と運動の効率性が、この300万人のための理想都市を貫くテーマであり、都市の中心部は車道の2軸によって分断され、最上階が飛行場となり、7層にもわたってさまざまな交通手段を備えている。交通網の中心は、十字形平面をもつ24棟の60階建ての摩天楼に囲まれ、それらは商業と行政機能を果たすように計画された。その外周は、行政官や科学者、知識人、芸術家といった「上流社会人」のための中層住宅である。労働者はその外側の境界部に追いやられ、さらにその外側には工業地帯が広がる。

「量産住宅」においてル・コルビュジエは、民間企業のベンチャー事業のような、営利目的で建設される都市を提案した。ここでいうベンチャーとは「建築家と美学者の提携、住宅に対する普遍的な愛」である[108]。こうした洞察力に優れた専門家の連携を、ル・コルビュジエは1920年代前半に繰り返し唱えた。シトロアン・ハウス（1920-3）は自動車製造業者のアンドレ・シトロエンに、パリのヴォワザン計画（1925）はガブリエル・ヴォワザンにちなんで名づけられた。彼の主張によると、社会的な態度と社会的な期待は変化したため、政治家や大企業家は用心した方がよい。選択肢はシンプルに「建築か革命か」である[109]。

ル・コルビュジエは『建築へ』の最終章を1923年に執筆したが、それはまさにパリのオザンファンのスタジオとヴォークレッソンの小さい別荘というフランスにおける2つの作品が完成した時期であった。彼は5年間、建築の実作品を生み出すことなしに根気強く働いてきたが、ここに至って遂にフランスでもドイツのように経済状況が好転し始めていた。1923年から1927年までのあいだに、彼は彗星のごとく現れ、ヨーロッパの主導的な建築家のひとりとなった。オザンファンのスタジオにおけるミニマリズムは、船の階段と工業サッシの四角いフレームとともに、新しい方向性を示している（図80）。外装は、フランク・ロイド・ライトが後に「厚紙」建築と揶揄し

---

[107] Stanislaus von Moos, *Le Corbusier: Elements of a Synthesis* (Cambridge: M.I.T. Press, 1988), pp. 187-238 と Robert Fishman, *Urban Utopias in the Twentieth Century* (Cambridge: M.I.T. Press, 1982) 参照。

[108] Le Corbusier, *Towards a New Architecture*, p. 264.

[109] Ibid., p. 265.

たもの，つまり，刳形やコーニス，土台，立体的な素材感のあるものを一切取り除いた簡潔な面へと近づきつつあった．細部(ディテーリング)はほとんど姿を消し，機械のような抽象概念へと至る道のりがほぼ完了したのである．

同じく 1923 年，ル・コルビュジエは美術品収集家の友人ラウール・ラ・ロッシュからオートゥイユの住宅設計を依頼され，この作品では水平連続窓と室内空間の複雑性とが洗練の域に高められた．この大きな住宅が完成する前に，彼はボルドー近郊のペサックの集合住宅計画と，1925 年の万博パヴィリオンであるエスプリ・ヌーヴォー館の設計に着手したが，この2つの仕事は彼の職歴において重要なステップとなった．集合住宅計画は，砂糖製造業者のアンリ・フリュジェスによる大胆な試みであったが，もともとは 135 ユニットの低所得者用集合住宅であった．デザインは 5 m モデュールで標準化され，壁は断熱性の軽量コンクリートブ

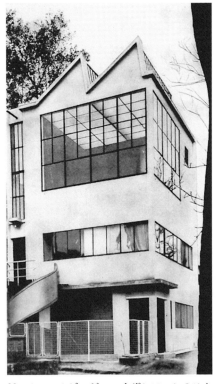

80 ル・コルビュジエ，オザンファンのスタジオ（パリ，1920-3）．ヴァルター・グロピウス『国際建築』(*Internationale Architektur*, Berlin, 1925) より．

ロックを用い，コンクリート梁は現場で施工されたが，なかでも興味深い新しい試みは，インガソール・ランド社のセメント・ガンの使用であった．建設技術の低さは，水色，明るい緑，赤茶色というピュリスムの色彩を用いて，いくらかごまかされた．6つのビルディング・タイプにおける形態の抽象化は，おそらく 1926 年当時では一般に受け入れがたいものだったに違いない．それというのも，これらの住宅は3年間住み手がいなかったからだ．一連の財政的，法律的，条例的および行政的な問題により，この計画は実現したもののうまく機能せず，建物は荒廃していったが，こうした状況は 1929 年に最終的にこの町に水道が引かれるまで続いた．

1925 年の現代産業装飾芸術国際博覧会のパヴィリオンであるエスプリ・ヌーヴォー館は，1922 年に提示された「イムーブル・ヴィラ」を現実化させた2階建てのユ

ニットであった．それは高層ビルに取り付けるためのユニットであり，2階建ての住居部分と2層分のテラスから構成された．各ユニットは最小限のキッチンを備えていたが，男女の管理人たちによって運営されるデイケアやホール，クラブ室といった中央システムのサービスも受けることができた．ここに示されたモデルと，後に共産主義者が提示したモデルとの類似は，表面的なものにすぎない．ル・コルビュジエはプロレタリアートのためではなく，「美学者」のために計画したのである．

　1924年から翌年にかけて，ル・コルビュジエは『エスプリ・ヌーヴォー』の記事をもとに，さらに3冊の書籍を出版した．オザンファンはほぼすべての文章において協力していたにもかかわらず，ル・コルビュジエがオザンファンとの連名を許したのは『現代絵画』（*Le Peinture moderne*）のみであった[110]．3冊のうち，『ユルバニスム』（*Urbanisme*）は最も大部のものであり，1920年代中頃におけるル・コルビュジエの思想がよく要約されている[111]．この本は，大気汚染やスラム，過密，結核などの流行病といったパリの都市問題を扱っている．また，歴史上の数多くの都市計画を例に用いて，規則と幾何学の利点を説き，曲がりくねった「ロバの道」（Le chemin des Ânes）より，まっすぐな「人間の道」（Le chemin des Hommes）が優れていると論じた．そしてオットー・ヴァーグナーを彷彿とさせる調子で，現代都市の本質とは時間と交通であり，特に飛行機や電車，自動車によって可能となる移動速度であると主張する．さらに，散歩を求める人々が導かれる巨大な都市公園のモデルとして，再び「300万人の現代都市」が提示される．「300万人の現代都市」は1925年のパリの万国博覧会で展示されたが，彼の計画が出版物として最初に世に示されたのは，現代都市の法則をパリ右岸に適用させた「ヴォワザン計画」であった．同計画において，彼は（破廉恥にも）シテ島北側とモンマルトルの南側の既存の都市構造を事実上すべて撤去することを求め，いくつかのモニュメントを残した．

　『今日の装飾芸術』（*L'art decoratif d'aujourd'hui*）もレイアウトが類似しており，論争的な調子で書かれている．また同書には，書類整理用のキャビネット（特に優れた「典型的な家具」）から（彼自身が愛用していた）麦わら帽子やパイプ，さらにはエルメス製バッグの商品ラインや戦艦ドレッドノートの大砲といった，数多くの魅力的なイメージが掲載されている．その上，以下のような謎めいた表現がある．

---

[110] 1923年に *Vers une architecture* の初版本が発行された際，著者は連名で Le Corbusier-Saugnier とされていたが，第2版以降，ル・コルビュジエは Saugnier（オザンファンのペンネーム）の名を削除した．

[111] 同書は，1929年に *The City of To-morrow and Its Planning*（reprint, Cambride: M.I.T. Press, 1971）として英訳されている．〔樋口清訳『ユルバニスム』鹿島出版会，1967年〕．

偉大なる芸術は,質素な手段で生かされる.
煌びやかなものは沈んでいく.
「調和」の時代がやってきた.
建築の精神が現れる.
何が起こったのか？ 機械時代が訪れたのだ[112].

ル・コルビュジエは先駆者としてロースを引用しているが,この本の主要なテーマは装飾の終焉である.彼の言葉（1925年の万国博覧会の正式名称への批判）を借りるなら,「現代の装飾芸術は,装飾されない」のだ[113].

1926年からル・コルビュジエは,エルネスト・メルシエ率いる「フランス復興」（Redressement Français）という政治運動へと積極的に参加するようになった.それは,テクノクラートによる第3共和政下経済の急進的な見直しをうながすものであり,フォードとテイラーの思想系統に属していた[114].このあからさまなサン=シモン主義運動は数多くの労働者組合を吸収し,独自のプロパガンダ雑誌を発行した.ル・コルビュジエは都市研究委員会に参加し,1928年に2つの記事を執筆した.ひとつ目の記事ではヴォワザン計画で示した原則の実践を提案し,2つ目の記事ではペサックの集合住宅とシュトゥットガルトの新しい住宅博覧会に対して人々の興味を向けさせた.1928年の国民連合の政治的勝利により,いくつかの住宅法令が立案されることとなったが,1929年に経済恐慌が起こり,即座に実現される見込みはなくなった.そして多くのヨーロッパの人々にとって,経済恐慌は「アメリカニズム」の魅力をも失わせたのだった.

しかしながら,ル・コルビュジエは自身の文化的視野を広げていった.1929年,彼は初めてラテン・アメリカを訪れ,アルゼンチンとブラジルで一連の講義を行った.翌1930年,彼はそれらの講義の内容を収録した『プレシジョン』（*Précisions sur un état present de l'architecture et de l'urbanisme*）を出版した[115].ここでの講義は自由な発想に満ちており,活気にあふれ,周到であり,海や山,川などの地形に畏

---

[112] Le Corbusier, *The Decorative Art of Today*, trans. James Dunnet (London: Architectural Press, 1987), p. 129.〔前川國男訳『今日の装飾芸術』鹿島出版会,1966年〕.

[113] Ibid., xxiii.

[114] Mary McLeod, "Urbanism and Utopia: Le Corbusier from Regional Syndicalism to Vichy" (Ph. D. diss. Princeton University, 1985) と Idem, "'Architecture or Revolution'" pp. 141-3 参照.

[115] Le Corbusier, *Précisions sur un état present de l'architecture et de l'urbanisme* (Paris: Les Éditions G. Crès, 1930)〔井田安弘,芝優子共訳『プレシジョン:新世界を拓く建築と都市計画』,鹿島出版会,1984年〕.英訳が *Precisions on the Present State of Architecture and City Planning*, trans. Edith Schreiber Aujame (Cambridge: M.I.T. Press, 1991) として出版されている.

敬の念を表明したものであった．この旅は，ヴォワザン計画における厳密な直線性や丘陵地帯への不適応といった，彼の初期の都市計画におけるデカルト的な絶対的規則を再考させる契機となったという点において，重要であった．例えば，パリに提案されたグリッドとタワーは，モンテヴィデオにおいては，丘の高台を超えて延びる車道と，その下に広がる「シースクレイパー」の提案に取って代わられた．彼はサンパウロにおいても，丘の中腹に45kmにわたって架け渡された直行する高架道路と，その下のオフィスを提案した．ル・コルビュジエは1936年に再び南アメリカを訪れたが，これらの旅が契機となり，彼はこの地で多大な影響力をもつこととなった．

　ル・コルビュジエは1928年から1930年にかけて，モスクワ再建計画に助言を与えるという公的な任務も兼ねて，モスクワにも3回訪れた．ここで彼は再び，旧市街に水平面を想定し，タワー群をデカルト座標状に並べたものを提案したが，今回はビジネスもしくは行政施設をダイアグラムの上部に，その下には座標系の中でコンパクトにまとめられた文化施設と住宅地域を配置した[116]．彼の初期の計画にみられた，エリート階級の居住施設群は，ここでは単一の「階級のない」居住地域に取って代わられる．それは，幹線道路に沿って曲がりくねる1戸あたり150平方フィートの住宅ユニットである．この場合もやはり，どのような大きさの都市に対しても拡張，圧縮が可能な普遍的な解が意図されていたが，それは一方で，人間生活のあらゆる側面を国家が統制する急進的で極端な解決策を彼が意図していたということでもある．この計画がフランク・ロイド・ライトの「ブロードエーカー・シティー」と同年に発表されたという事実は，世界恐慌によって共通のユートピア思想が育まれたことを示している．

　1920年代後半，ル・コルビュジエは有名な住宅を設計した．1926年には，彼は「新建築の5原則」（Les 5 points d'une architecture nouvelle）を発表し，彼の建築の特徴であるピロティー（柱），自由な平面，自由な立面，水平連続窓，屋上庭園を提唱した[117]．最も重要なのはスタイン＝ド・モンジー邸（Vancresson, 1926）であった．ガブリエル＝ド・モンジーは，アメリカ人のサラ・スタインとミッシェル・スタインとともに，その共同所有者であった．この仕事は，自由な平面と船舶のモチーフ，背面のテラス，そして建設に関する品質の規準を採用したという点において，突破口となった作品だといえる．ル・コルビュジエ自身はこの住宅にとても満足してい

---

[116] モスクワ計画は後に *La Ville Radieuse*（Boulogne: Editions de l'architecture d'Aujourd'hui, 1935）にて議論されている．英訳本として，*The Radiant City*（London: Faber & Faber, 1957）がある．
[117] 「新建築の5原則」が最初に発表されたのは，Alfred Roth, *Zwei Wohnhäuser von Le Corbusier und Pierre Jeanneret*（Stuttgart, 1927: reprint. 1977）においてである．

たため，ピエール・シュナルと組んでこの住宅に関する映画を制作した．その映画ではもちろん彼が主演であった．この映画において，彼は始終煙草をくわえながら，自動車でこの住宅に乗りつけ，家の中を抜けて屋上庭園へと向かう[118]．この映画には，彼が1928年に手がけたサヴォワ邸の場面もあった．「ピロティー」は十分にその役割を果たし，階段とスロープと組み合わされる．もちろんそのミニマリスト的かつピュリスト的な言語を用いたという点においても，この建築は傑作である．

一方でル・コルビュジエは，大きなプロジェクトにおいてはそれほど成功を収めなかった．1928年，彼はモスクワの消費者協同組合（セントロソユース）の設計競技に勝利したが，それは1936年に竣工し，モスクワに建設された最後の「近代」建築となった．二重ガラスのファサードに暖気と寒気を通すという彼の計画はついに実現されなかったが，この建物の外観は実に近代的であった．内部には，動線として一連のスロープが採用された．1931年の秋に彼が参加したソヴィエト・パレスの設計競技もまた，ロシアが敷地であった．ル・コルビュジエと彼の従兄弟ピエール・ジャンヌレは，参加を呼びかけられた9つの海外事務所に含まれていた．すっかり自己宣伝に熟達した彼が，審査員に感銘を与えるべくモスクワに映画のフィルムを送ったにもかかわらず，放物線アーチに吊られたコンクリートシェルのメイン議場を配する精巧なデザインは落選した．

しかしながら，彼の最も有名な設計競技案は，国際連合の前身である国際連盟本部ビルであった．このジュネーヴに建てられる建築のコンペティションは1926年の夏に発表され，367人が参加した．ル・コルビュジエはパリ事務所の所員を大幅に増やし，湖に沿った事務局とその背後にある左右非対称なオフィス群が特徴的な案の作成に多大な労力を費やした．審査会での激論の末，彼の案は9案の中の1等案のひとつに選出されたが，この経緯はかえって論争を巻き起こす結果となり，ヨーロッパの報道記者を喜ばせた．結局，政治家に好まれる「伝統的な」計画が勝利を収めたが，ル・コルビュジエは世界の著名人（ヘンリー・フォードやジェームズ・ジョイスなど）に書面を送り，国際連盟を訴えることを忘れなかった．

コンペティションの不当な処理を巡る国際論争によってル・コルビュジエが得たものは，この名誉ある仕事を逃したことによる損失の10倍の価値はあった．さらに彼は，自身の著書のうち最良のものであり，かつ最も哲学的な著作である『住宅と宮殿』（*Une maison - Un Palais*）を1928年12月に出版する機会を得た[119]．同書の後半

---

[118] Colomina, *Privacy and Publicity*, pp. 289-91.
[119] Le Corbusier, *Une-maison-un palais*: "A la recherché d'une unite architecturale" (Paris: Les Éditions G. Crès, 1928).〔井田安弘訳『住宅と宮殿』鹿島出版会，1979年〕．

部分は，彼の国際連盟本部ビル案を包括的に説明し，正当化する内容であり，設計競技における数々の興味深い回想も含んでいた．「アカデミーの声」という自己憐憫じみた章には古典的な解決，公的書簡，審査員の議事録が含まれており，「草葉の陰からの声」と題する章には，ロンドレやヴィオレ・ル・デュクの言説が引用されている．本書の前半部分は，人間の生活や住居，進化の意味，そして近代精神の本質に関する直感的だが的確な解釈である．この記述は，シュトゥットガルトの住宅博覧会における2つの建物とスタイン=ド・モンジー邸の数多くのイメージを用いて，適切に締め括られている．奇妙なことに，同書はル・コルビュジエの著作のうち英語に翻訳されなかった数少ないものであるが，彼が議論の名手であることを明らかにしている．これを機に，彼はヨーロッパにおけるモダン・ムーブメントの最も有能な伝道者となった．

そしてル・コルビュジエは実際に，建築界に君臨することになる．それは，この新しい運動の若く活動的な観察者ジークフリート・ギーディオン（Sigfried Giedion, 1888-1968）によってもたらされた[120]．このプラハ生まれのスイス人は，最初ウィーンで工学を学んだが，1915年からチューリッヒとミュンヘンの大学に通い，ハインリヒ・ヴェルフリンのもとで美術史の博士号を取得した．しかしながら，彼は教職よりも文学界に興味をひかれるようになり，1923年にバウハウスの展覧会のレビューを執筆するためにヴァイマルを訪れた．ここで彼はグロピウスと出会い，即座にその運動の熱狂的支持者へと転向したが，依然として劇作家の仕事を探していた．1925年の秋，ギーディオンはモホリ=ナジのアドバイスを受けてル・コルビュジエに手紙を書き，パリへ訪問した際に面会してくれるよう頼んだ[121]．彼はモダニズム運動に関するいくつかの小論を熟考している最中であり，フランスの状況を調査したかったのだ．この面会は若い批評家に深い感銘を与えたに違いない，というのも，彼の関心は今やル・コルビュジエへと向けられ，最終的に彼はドイツの発展には注視せず，研究テーマをフランス建築へと変えた．1928年，彼はモダニズム全体の理論的な地盤を探求した最初の書籍のひとつである『フランスの建築：鉄，鉄筋コンクリート』（*Bauen in Frankreich, Bauen in Eisen, Bauen in Eisenbeton*）を出版した[122]．

同書は，そのすべてにおいてル・コルビュジエからの強い影響がうかがえる．最初

---

[120] ギーディオンの生涯とその作品に関しては，Sokratis Georgiadis, *Sigfried Giedion: An Intellectual Biography* (Edinburgh: Edinburgh University Press, 1994) 参照．
[121] Colomina, *Privacy and Publicity*, p. 199.
[122] 同書はもともと Leipzig: Klinkhardt & Biermann より出版された．英訳は *Building in France, Building in Iron, Building in Ferro-Concrete*, trans. J. Duncan Berry (Santa Monica, Calif.: Getty Publications Program, 1995).

のレイアウト原稿を見ると，ギーディオンの思考において，視覚に訴えるメッセージが不可欠であったことがわかる．彼は白紙にイメージを貼り付け，キャプションを付けて強調した．本文が入る箇所には単に「文章」とだけ記されたラベルが貼られており，明らかにイメージがより重要なものとして扱われていた．これらの原稿はモホリ＝ナジへと渡され，彼がタイポグラフィとレイアウトに手を加え，表紙をデザインした．最も小さい活字は脚註へと追いやられ，本文そのものは文字の間隔を十分にとり，大文字を用い，イタリック体とすることによって強調された．また，矢印は読者のための目印として用いられた．本書の内容はこのように階層的であり，力強いイメージの背後にある文章を読み進めるかどうかは，読者の意欲にかかっていた．さらにその語り口は，先人たちの「言葉」やキーワードの繰り返しを用いるといった手法においても，明らかにル・コルビュジエの影響を受けていた．

また同書は，過去について思いを巡らせるのではなく「複雑に絡み合った膨大な過去の中から，未来への出発点となるであろう要素を抽出する」という，この歴史家にとっての新たな目標を認識することによって始まる[123]．つまり過去は，現在に包含されるべき発展の道筋を定義するという点においてのみ重要なのである．そして現在起こっていることは，現代の（ヘーゲル的）時代精神(ツァイトガイスト)という個人を超えた力によって再び駆り立てられているのだとして，以下のように述べている．

> 我々は，分割不能な生活プロセスに追い込まれている．我々はますます，生活とは流動的だが分割できない「全体」だと見做すようになった．個々の領域の境界は曖昧である．どこまでが科学でどこからが芸術なのか，応用技術とは何か，純粋知に属するものとは何か．領域は重なり合うことで，互いに浸透し，発達を促す．芸術と科学の概念的な境界が引かれた今日を生きる我々にとって，これらの疑問はほとんど興味をひかない．我々はこれらの領域を，階層的にではなく，強い衝動が等しく発散されたものとして評価する．生活の全体像を理解し，いかなる境界も認めないことは，今日最重要な関心事である[124]．

ギーディオンはこの威勢のよい前置きとともに，現在へと至る系譜の論考を始めるが，実際にはサン＝シモン主義の「産業」思想と，鉄の主題へと立ち返っている．時代精神(ツァイトガイスト)がエコール・デ・ボザールの講堂から離れ，代わってエコール・ポリテクニ

---

[123] Ibid., p. 85.
[124] Ibid., p. 87.

Chapter 11　ヨーロッパにおけるモダニズム 1917-1933

ークの構造研究所へと移行する道を選んだように思われる1830年頃，生きた芸術としての建築は姿を消した．アンリ・ラブルーストは19世紀最後の重要な建築家であり，彼の知的な継承者たちは，博覧会のホールや市場，駅舎，百貨店を建設したエンジニアであった．断固たる精神が初めて最大限の力を発揮したのは，1889年のパリ万国博覧会におけるエッフェル塔と機械館の建設である．これに関しては，エッフェル塔とマルセイユの運搬橋（フェルディナン＝ジョゼフ・アルノンダン設計）の厳選された部分をギーディオンが自ら撮影した鮮明な写真を用いて説明されている．これらの部分イメージは，支持材による対角線の網状構造を強調するために，どれも上方や下方から撮られている．

　ル・コルビュジエは，第2章の鉄筋コンクリートに関する短い節において言及される．この節が他と比べて簡潔であるとすれば，それは歴史的に継承されてきたものが少ないためである．記述はペレに始まり，ガルニエに触れ，最後は偉大なるこの「建設者」（ギーディオンによれば建築家は存在しなくなってしまったため）で締め括られる．ギーディオンによるペサックの集合住宅の写真は歴史的に重要なものである．そして同書は国際連盟のコンペティションに関する彼自身の解釈で結んだ．本書が出版された当時は，依然としてこの設計競技の結果を巡る論争が繰り広げられていたが，ギーディオンは状況を正確に判断している．脚註に目を向けようとする余裕のある読者のために，彼はサマリテーヌ百貨店を設計した80歳の建築家フランツ・ジュルダンの「これはドレフュス事件の再来だ」という言葉を引用している[125]．こうしてル・コルビュジエは，犠牲的苦難と輝かしい絶頂の双方を経験した最初のモダン・ムーブメントの建築家となったのだった．

——6——
初期モダン・ムーブメントの広がり

　ヨーロッパのモダン・ムーブメントを説明する際，これまでは3人ないし4人程度の第一人者の業績に話を絞ることが習わしとなっていた．ところが最近では，このムーブメントはムーブメントというよりも，むしろ実践に根ざすところが大きかったと

---

[125] Ibid., p.189 n. 96. ドレフュス事件とは，1890年代にユダヤ人大尉であったアルフレド・ドレフュスがスパイとして無実の罪を着せられたため，国際的に非難された事件である．

みられるようになってきている．実際にこのムーブメントがもっていた多様な傾向には，かつて考えられていたような均質性はあまり見出せないのである．また，その中には見過ごされていたり忘れられていたりするものもいくつかある．その好例が1920年代のフランスの状況である．ル・コルビュジエはこの国での唯一のモダニズム信奉者ではなく，このムーブメントで最も成功した建築家というわけでもなかった．ル・コルビュジエのよき師であり友人であったペレ（当時彼は古典主義者的傾向をもっていた）は20年代を通じて極めて活動的であり続けていた．ル・コルビュジエの同世代，アンリ・ソヴァージュ（Henri Sauvage, 1873-1932）もそうである．彼は1912年にパリ初のテラス付きアパートメントビルであるラ・メゾン・ア・グラダン（段状住宅）を建てた．また彼は1922年，それを凌ぐ鉄筋コンクリート造のテラス付き大型アパートメントビルをアミロー通りに設計した．

　また，1920年代にパリで最も有名な近代建築家といえばロベール・マレ＝ステヴァンス（Robert Mallet-Stevens, 1886-1945）だった．ル・コルビュジエと同様に彼はウィーン分離派(ゼツェッション)やキュビスム，オランダ人の実践に影響を受けた人物であった．また，彼はデザイナーとして才能に恵まれていた上に前衛派(アヴァンギャルド)とも多くのつながりがあり，1923年にはマルセル・レルビエの映画《人でなしの女》（L'Inhumaine）のための近代的(モダン)なセットをデザインしている．同年に彼はまた，リヴィエラにノアイユ子爵のためのキュビスト風ヴィラを設計したが，これを凌駕するポール・ポワレのためのモダニスト風ヴィラ（半分だけ建って完成しなかった）がそのすぐ後に続く．そして1927年に，現在のマレ＝ステヴァンス通りにある，精巧なディテールを有した近代的なアパートメントの設計に関与した．ギーディオンはその1年後に早くもこのアパートメントを「旧来の虚飾の残滓」[126]であると非難している．すなわち，当時建築は下層階級の人々との関連をもとに評価されていたために，マレ＝ステヴァンスのモダニストとしてのヴォキャブラリー―――マレ＝ステヴァンス流「奢侈(リッチ)」様式―――は拒絶されていたのである．しかし，彼が1913年のサロン・ドートンヌのためにデザインした2つの室も，彼が都市に設計した建物を収録した作品集『現代都市』（Un cité modern, 1918）も，ル・コルビュジエの成長のための重要な刺激剤となった[127]．

---

[126] Ibid., p. 190. ギーディオンはこの数行後，「贅沢にするつもりで際限ない支出を想定して構想された建物は今日，もはや建築史において全く重要ではなくなった」と，暗にストックレー邸のことを指しながらさらに過激な主張を展開している．

[127] ジャンヌレはこのサロン・ドートンヌの部屋のスケッチのためにノートの6ページを費やした．この部屋の意義については Brooks, Le Corbusier's Formative Years, pp. 351-2 参照．また，Une cite modeme: Desseins de Rob Mallet-Stevens, Architecte（Paris: Mille-Fewlle, 1922）も参照のこと．これについては Modem City: Designs by Rob Mallet-Stevens, Architect（London: Benn Brothers, 1922）として英訳版が出版されている．ジャンヌレのデザイン・ポートフォリオには，「ヴァーグナー派」

ル・コルビュジエの建築もまた，急進的な共産主義者のアンドレ・リュルサ（André Lurçat, 1894-1970）によって強い非難を受けている．リュルサはまた，ル・コルビュジエによる実業家へのアピールにもたびたび拒絶反応を示している[128]．リュルサ設計による兄ジャンのためのスタジオ住宅（1924-5）やシテ・スーラの8戸のグループ住宅（1924-5）はル・コルビュジエの初期のヴィラよりもディテールの精度が高く，初めはこちらの方がよく知られていたのだった．ギーディオンはリュルサのこうした作品の中に「若干の厳格さや冷たさ」を見て取ったが，1929年のヘンリー＝ラッセル・ヒッチコックはリュルサをル・コルビュジエよりも優れた建築家であると見做している[129]．ヒッチコックは，シテ・スーラの積み木のような住宅群はル・コルビュジエの作品より「明らかに先進的」であり，リュルサがヴェルサイユに設計した2軒のヴィラ（1925-6）には「ル・コルビュジエの軽やかで奇想天外なヴィジョン」とは対照的な「堅実な現実性やもっともらしさ」が表現されているため，リュルサは住宅設計で「紛うことなき優位」[130]を勝ち得た人物である，と指摘する．ヒッチコックはまた，ル・コルビュジエの「メシアニズム」と「ドグマティズム」を糾弾する一方で，リュルサが「若い建築家たちに直接与えているまことに健全な影響」[131]を喜んで受け入れた．ところがリュルサは1934年にソヴィエト連邦に移り，そのままスターリンの新古典主義に転向することとなる．リュルサは結局その後フランスに戻ることとなるが，その後書かれた彼の唯一の理論書では思いがけず，ガデの古典主義の伝統が蒸し返されている[132]．

　アイリーン・グレイ（Eileen Gray, 1879-1976）[133] もまた，ル・コルビュジエの影に霞んだ建築家のひとりである．アイルランド生まれのグレイはもともとロンドンのスレイド美術学校で訓練を受けた人物であるが，1900年を少しすぎた頃にフランスに移り住み，その後のほとんどをこの国で生きた．グレイの芸術家としての経歴の始まりは装飾芸術家であり，その頃の彼女は漆器，間仕切り，家具，カーペットといったものを創作していた．しかし1920年代初頭までには，自らの主眼をインテリアデ

とウィーン分離派（ゼツェッション）の影響が明瞭に表れている．
[128] Manfredo Tafuri and Francesco Dal Co, *Modern Architecture* (New York: Abrams, 1979), p. 174.
[129] Giedion, *Building in France*, p. 197.
[130] Henry-Russell Hitchcock, Jr., *Modern Architecture: Romanticism and Reintegration* (New York: Hacker Art Books, 1970), pp. 171-2.
[131] Ibid., p. 173.
[132] André Lurçat, *Formes, Composition et lois d'Harmonie. Elements d'une science de l'esthetique architecturale*, 5 vols. (Paris, 1953-7).
[133] グレイの生涯と作品については Peter Adam, *Eileen Gray, Architect/Designer: A Biography* (New York: Abrams, 2000) および Caroline Constant, *Eileen Gray* (London: Phaidon, 2000) 参照．

ザインへ，建築へと移していっていた．それから1926年に地中海沿岸に自身と友人のための1軒の住宅（E-1027として知られる）の設計を始めたが，この住宅にはル・コルビュジエの「5原則」が驚くべき手法で実現されていた．なお，その後この住宅は2つの事件で有名になった．ひとつはル・コルビュジエが（休暇滞在中に）頼まれもしないのに壁画を残してこの住宅の壁を荒らしたこと，そしてもうひとつは，後に彼がこの住宅の下の海で溺死したことである．

　隣国のベルギーはヴィクトル・ブルジョワ（Victor Bourgeois, 1897-1962）の母国である．ガルニエから多大な影響を受けた計画である，ベルシャン＝レ＝ブリュッセルのラ・シテ・モデルヌ（近代都市）のための300戸の住居ユニット（1922-5）によってヨーロッパの表舞台に躍り出た彼は，（ルネ・マグリットとフェルナン・レジェの友人として）さまざまな前衛サークルを渡り歩きながら，社会問題にも積極的に取り組み，1927年にはヴァイセンホフ展に参加し，そしてその直後には近代建築国際会議（CIAM：Congrès Internationaux d'Architecture Moderne）の創設メンバーとなっている．

　1920年代におけるイタリアのモダニズムは政治に影響を受けていた．イタリアは第1次世界大戦では戦勝国となったが，この戦争によって60万人が戦死し，さらに25万人が負傷するという，非常に大きな痛手を負っていた．政治的に見ると大戦の終結前の次点でイタリアはすでに崩壊を始めていたが，戦後のインフレによってこの事態はさらに絶望的なものとなった．1920年には政治的混乱やストライキ，武装コミュニストの暴動や最初の「紅衛兵(レッド・ガード)」たちが組織した革命裁判所や，さまざまな国粋主義派閥からの激しい抵抗に悩まされていた．しかし1922年10月，イタリアのファシスト党統領であったベニート・ムッソリーニがローマに進軍し，自ら王となることを宣言したクーデターで騒ぎは収まった．ムッソリーニによるこの権力簒奪は当初大いに支持を得た．第1次ムッソリーニ内閣は主要政党の党員らにより構成されており，1924年の選挙では，政治腐敗の根絶および経済安定にかけていたファシスト党初期の努力の成果が証明されるかたちとなった．

　先の大戦によってイタリア国内の未来派はすでに消滅していた．20年代前半の建築ムーブメントで最も重要なのは「1900年代派(ノヴェチェント)」である．このムーブメントはその基礎にフランスの「静粛命令(ラペル・ア・ロルドゥル)」ムーブメントと関わり合いをもったもので，1900年代派(ノヴェチェント)とこのムーブメントとの違いとは，芸術上の典拠がカルロ・カッラやカルロ・デ・キリコの「形而上学派」であることだけだった．この1900年代派(ノヴェチェント)ムーブメントはアヴァンギャルド的題材に秩序，バランス，明暗法(キアロスクーロ)，有彩色といったものへの新古典主義的な関心を化合させたものであった[134]．こうした原理は特にジョバン

ニ・ムチオ（Giovanni Muzio, b. 1893）の作品から建築に導入される．建築分野ではそれらは表層の装飾的処理として解釈されたが，新古典主義的ヴォキャブラリーのリズムや単純化された外形を模しているため，こうした原理は還元され，抽象化されることとなった[135]．ムチオが設計したディアーノ・マリーナの博覧会場（1921）は見るからにパラーディアン風で遠近図法的な特徴を有した建物であるが，大いに物議を醸したミラノのカ・ブルッタ（1920-2）はエディクラの奇妙な用法や，トラバーチンの第1層およびスタッコで暗色と明色に塗り分けた第2層，第3層からなる層構成のために，倒壊寸前のように見える．しかしこれとは逆に，ミラノのテニスクラブ（1922-3）は古典モチーフを楽しげに使っていたり，シンメトリーで湾曲したベイウインドウが突出していたりするところなど，「ポストモダン」と見紛うばかりである．ジオ・ポンティはエミリオ・ランチアと協働でミラノのヴィア・ランダッキオによりバロック的な住宅を建てた（1924-6）後，カサ・ボルレッティ（ミラノ，1927-8）を設計し大好評を博した．この両作はどちらもその頂上にはエレガントなオベリスクを戴いた，ディテールが際立つ建物である．なお1928年，ポンティは新創刊の雑誌『ドムス』（*Domus*）の編集者となり，同誌は1900年代派（ノヴェチェント）の主要機関紙となった．

しかし，1900年代派（ノヴェチェント）の抽象化された新古典主義は（当時なお勢力を誇っていたアカデミックな古典主義とは対照的に），この頃までにはイタリア合理主義のムーブメントによる異議申し立てに直面していた．このムーブメントの成立は1926年のことで[136]，ジュゼッペ・テラーニ（Giuseppe Terragni, 1904-43）率いるミラノのグルッポ7（セッテ）がその推進力となっていた．グルッポ7（セッテ）が4つからなるマニフェストの最初のものを公表したのは1926年12月のことだったが[137]，ここで語られる彼らの「論理と合理性の厳守」の概念は，グロピウスやル・コルビュジエを，伝統を評価するラテン的観念を介して受容したものであった[138]．ここには，労働者住宅や都市開発にまつわる北ヨーロッパ的な社会主義言語とともに，キャンチレヴァーのバルコニー，コーナーウインドウ，構造の表現，機械的建築，厳密な機能表現といった造形モチーフも歴然と存在していた．しかしまた，この場合の「合理主義」（ラツィオナリスモ）（これは「即物的」（ザッハリヒカイト）の

---

[134] Carlo Carra, "Our Antiquity," Harrison and Wood, *Art in Ttheory 1900-1990*, pp. 229-34 にこの原理の要約が掲載されている．
[135] 1900年代派（ノヴェチェント）運動については Richard A. Etlin, *Modernism in Italian Architecture, 1890-1940* (Cambridge: M. I. T. Press, 1991), pp. 165-95 を参照．
[136] Ibid., pp. 225-597.
[137] 全4編からなるマニフェストの掲載は1926年12月，1927年2月，1927年3月，1927年5月（*La Rassegna Italiana*）．*Oppositions*, no. 6 (1976), pp. 86-102 にアイリーン・R・シャピロによる英訳がある．
[138] Etlin, *Modernism in Italian Architecture*, p. 236 より引用．

イタリア語訳であると思われる）には，いずれもファシスト（求心）体制の文脈に含まれる，地中海文化尊重の気風や，エリートの介入を志向するル・コルビュジエ的衝動も含まれていた[139]．そしてその後，アダルベルト・リベラ（Adalberto Libera, 1903-63）やグルッポ7（セッテ）の尽力により，1928年には第1回合理主義建築展覧会の開催に合わせて，ローマに「イタリア合理主義建築運動」（MIAR）が設立され，このムーブメントはさらに広まった．なお，初期の合理主義建築の実例としては，『カーザベッラ』（*Casabella*）の編集者としてエドアルド・ペルシコ（Edoardo Persico, 1900-36）と合流したジュゼッペ・パガーノ（Giuseppe Pagano, 1896-1945）が，1928年のトリノ博覧会のために設計した作品が挙げられるが，この新たなムーブメントのアイコンとしてよりよく知られているのはテラーニのノヴォコムーン・アパートメント（1927-9，図81）である[140]．コンクリート構造，円形と直角の隅部，パイプレールのついたキャンチレヴァーのバルコニー，帯状に連なる窓をもつこの建物は，明るい色調のベージュ，オレンジ，灰緑，青で美しく着飾った近代主義の傑作である．

しかし，北イタリアのテラーニの取り組みには間もなく競争相手が現れた．それは，折しもムッソリーニがローマを世界の首都にしようと画策していた時期のことである．1930年代の郵便局にはいくつかモダニズム作品として注目すべきものがあるが，その中でも特筆されるのが，マリオ・リドルフィ（Mario Ridolfi, b. 1904）がピアッツァ・ボローニャに設計した郵便局（1933）と，リベラがカルティエーレ・アヴェンティーノに設計した郵便局である．なかでもリベラは並外れた才能に恵まれた人物であり，他にもトレントの小学校（1931-3）やシカゴ万国博覧会のイタリア館（1933），オスティア・リドのアパートメント群（1933）を設計している．

イタリア・モダニズムを扱った初期の著作は，互いにそのアプローチが異なっており興味深い．マルチェッロ・ピアチェンティーニによる『今日の建築』（*Architettura d'oggi*, 1930）はヨーロッパおよびアメリカのトレンドを広く紹介した概説書であるが，ここで支持されたのはペーター・ベーレンスやミース・ファン・デル・ローエ，ヨーゼフ・ホフマン，ドミニクス・ベームといった建築家の，古典の影響が強い作品であった[141]．イタリア建築に関しても，ピアチェンティーニが最も重視したのは地

---

[139] Ibid., p. 237. エトリンはアニョルドメニコ・ピカを引き合いに出しながら，合理主義とドイツの即物性（ザッハリヒカイト）との関係に言及している．

[140] 本作およびテラーニの他の作品については Thomas L. Schumacher, *Surface and Symbol: Giuseppe Terragni and the Architecture of Italian Rationalism* (New York: Princeton Architectural Press, 1991) 参照．

[141] Marcello Piacentini, *Architettura d'oggi* (Rome: Paolo Cremonese, 1930).

81 ジュゼッペ・テラーニ, ノヴォコムン・アパートメント (コモ, 1927-9). 著者撮影.

方的性格や古典からの伝統といったイタリア的な文化環境(アンビエンス)である. しかしこれとは逆に, アルベルト・サルトリス (Alberto Sartoris, b. 1901) の『機能建築の諸要素』(*Gli elementi dell'architettura funzionale*, 1932) はいかにも扇動的な, ル・コルビュジエの影響の証のような書物であり, 同書の初版に序を執筆したのも実際にル・コルビュジエであった[142]. なおル・コルビュジエはサルトリスがタイトルを「合理的(ラショナル)」から「機能的(ファンクショナル)」に変更したのにも一役買ったようである. これにより同書は funzionale の語を初めて用いた書籍となったわけであるが, サルトリスはまた, 建築と絵画, 彫刻との関係を重視した最初期のモダン・ムーブメント史家のひとりでもあった.

政治的支配者が社会主義者でもマルクス主義者でもなくファシストであった, というところが他のヨーロッパの国々とイタリアの相違点であることはもちろんだが, このため, イタリアの合理主義建築家はそのほぼ全員がある時期にファシストを支持していた[143]. テラーニは1928年にファシスト党に入党しており, 1930年にはコモに党の地方支部も建てている. 1931年にローマで行われた第2回 MIAR 展でムッソリーニに対し, 合理主義を国家様式として認めるよう働きかけるマニフェストを公表した合理主義運動勢であったが, それと同時に彼らはまた, 合理主義建築は「男性性, 迫

---

[142] Alberto Sartoris, *Gli elementi dell'architettura funzionale* (Milan: Ulrico Hoepli, 1941; originally published in 1932).

[143] 特に Diane Yvonne Ghirardo の小論 "Italian Architects and Fascist Politics: An Evaluation of the Rationalist's Role in Regime Bwlrung," *Journal of the Society of Architectural Historians* 39 (May 1980): pp. 109-27 を参照のこと.

力，革命に対する誇りといった性格に相応しく」[144]なければならないものである，とも主張している．ドイツやソヴィエト連邦の独裁政治とは違い，ムッソリーニと彼の配下の文化委員は，合理主義を受け入れることこそしなかったものの，モダニズムを拒絶することもなかった．すなわち，人民政府と近代建築運動両者の目的には符合するところがあったのである．かくして彼らは1920年代初頭から1930年初頭にかけて相互に支え合うこととなったわけだが，それから1936年にムッソリーニが「第3のローマ」を宣言し，アドルフ・ヒトラーと政治同盟を結ぶと，この提携関係の雲行きは怪しくなる．

スペインの状況は2，3の点ではイタリアと全く同じだったが，この国の場合は政治的に見てさらに不安定だった．第1次世界大戦では中立を貫いたが，経済的・政治的混乱を避けることはできなかった．1923年のドン・ミゲル・プリモ・デ・リベラによる右派クーデターの後，20年代を通して独裁政治が続くこととなったスペインは，1930年代に共和制に移行してからも，不安定な社会情勢や激しい党派分裂，地域間の対立に悩まされていた．こうしたことが引き金となり政治体制が目まぐるしく変転し，それが遂にはフランシスコ・フランコ将軍の反乱さらにはスペイン内戦(1936-9)へとつながることとなるのである．スペインが古典と決別し始めるのは，1927年にマドリッドに『アルキテクトゥーラ』(*Arquitectura*)誌が創刊されてからのことである．スペインで最初の重要な近代建築家として，バルセロナで建築を学んだ後にル・コルビュジエのパリ事務所で働いたホセ・ルイ・セルト（José Luis Sert, b. 1902）が挙げられる．1930年にスペインに戻ったセルトはそこからGATCPACを組織し，カタロニアの新建築を急速に推進させる．セルトはまたガロバルト邸(1932)やカーサ・ブロック（1932-6，ともにバルセロナ）を初めとする印象的な近代建築をいくつか実現している．初期の彼のスタイルは完全にル・コルビュジエに負うものだが，これと同じことはもうひとりの著名なスペイン人建築家，J・マヌエル・アイスプルア（José Manuel Aizpurúa, 1904-36）のその後にもあてはまることである．

スイスで成立したモダン・ムーブメントも多少趣を異にしていた．この国はすでにカール・モーザー（Karl Moser, 1860-1936）という初期の「近代(モダン)の」巨匠を擁していた．20世紀初頭における彼の経歴はヴァーグナーやベルラーへに似ていた．なぜなら，モーザーもまた古典と決別した人物であり，スイス連邦工科大学（ETH）の教

---

[144] *Manifesto per l'architettura razionale*, 30 March 1831. Ghirardo, "Italian Architects and Fascist Politics," p. 126 より引用．

Chapter 11　ヨーロッパにおけるモダニズム 1917-1933　　587

師として尊敬を集めた人物であったのである．スイスにはまた，20世紀前半のロベール・マイヤール（Robert Maillart, 1872-1940）の仕事に代表される，進取的なエンジニアリングの伝統があった．彼が初めて（柱と一体化した）フラット・コンクリートスラブの実験をしたのは1900年代のことであるが，その後1920年代末から30年代にかけて，彼は大胆な構想による（ギーディオンの『空間，時間，建築』の中で偶像視された）橋梁の傑作を設計する．コンクリートは土着の材料として，早い段階からこの国の住宅の伝統にも組み込まれていた．建築家で歴史家のペーター・マイヤーは『現代のスイス住宅』（*Moderne schweizer Wohnhäuser*, 1928）で，当時の実作や設計案を多数挙げているが，ここにはハンス・ホフマン，マックス・エルンスト・ハフェリ，パウル・アルタリア＆ハンス・シュミット，ルドルフ・シュタイガー＝クラウフォルト，ルドルフ・プライスヴァークなどの作品が掲げられていた[145]．

　ギーディオンのフランスを題材にした著作が出版されたのは1928年で，その翌年の1929年には『自由なすまい』（*Befreites Wohnen*）が発表される．これは小編であったが，近代理論への貢献という点では重要な著作である（図82）．ここでギーディオンは住まいの問題を主題とし，住宅のもつ「永遠の価値」からの解放，すなわち法外な家賃，厚い壁，モニュメントとしての住宅，維持費で居住者を奴隷化する住宅，主婦の時間とエネルギーを吸い上げる住宅からの解放を訴えた[146]．ここでギーディオンが永遠の価値からの解放を訴えるために引用しているのは，ひと世代にはひとつの新しい住宅が必要である，工業生産技術の活用により家賃は下がる，というサンテリアの言説である．また，非耐力壁構法により厚い壁はなくなる．「今の我々に必要なのは，我々の身体感覚に合った構造をもつ住宅だ．我々の身体感覚はスポーツや体操，およびそれに対応する軽やかで，気どらず，しなやかな生活様式によって解放されたのだ」[147]．そして陽のあたる屋外のオープンテラスに座る，モダンで進歩的なカップルが表紙を飾った．掲載された86の図版のうち，その多くはル・コルビュジエの作品であるが，その他にも同書には驚くべき図版が多数認められる．そこにはアルタリア＆シュミット，マルト・スタム，マルセル・ブロイヤー，ベイフト＆ダイカー，またロサンゼルスからリチャード・J・ノイトラの作品も含まれており，当時の国際的な近代建築の最新情報が概観できるようになっている．さらに同書はモロッコのヴァナキュラー住居の空撮や半ズボン姿の女性テニスプレイヤー，チューリッヒの

---

[145] Peter Meyer, *Moderne schweizer Wohnhäuser* (Zurich: Verlag Dr. H. Girsberger & Cie, 1928).
[146] Sigfried Giedion, *Befreites Wohnen* (Zurich: Orell Füssli Verlag, 1929), p. 5.
[147] Ibid., p. 7. 原文は以下のとおり．"Wir brauchen heute ein Haus, das sich in seiner ganzen Struktur im Gleichklang mit einem durch Sport, Gymnastik, sinngemasse Lebensweise befreiten Korpergefühl befindet: Ieicht, lichtduchlassend, beweglich."

公園で日光浴をする人々などの印象的な写真で締め括られる.すなわちギーディオンはカリフォルニアのリチャード・ノイトラと同じく,近代建築をファッションとしてではなく,包括的なライフ・スタイルとして売り出していたのである.なお1928年以降のギーディオンは書記長としてチューリッヒの自邸(ドルデルタール)でCIAMを運営していた.

ギーディオンはル・コルビュジエのフランス・モダニズムにスイスを紹介したが,デ・ステイルと構成主義派のモダニズムはまた別の,より攻撃的な論調をとった.彼らのメディアはハンス・シュミット(Hans Schmidt, 1893-1972)とオランダ人のマルト・スタム(Mart Stam, 1899-1986)を編集長に擁し,1924

82 ジークフリート・ギーディオン『自由なすまい』(*Befreites Wohnen*, Zurich, 1929)の表紙.

年チューリッヒに創刊された『ABC:建設への貢献』(*ABC: Beiträge zum Bauen*)誌であった[148].シュミットがスタムに出会ったのは,スタムがベルリンに移りエル・リシツキーとの知己を得る以前,1920年代にロッテルダムで仕事をしていた頃のことであった.仕事のなかったスタムは結局1923年にスイスに移りモーザー&アルノルド・イッテン兄弟の事務所に入所することとなるが,スタムはここでシュミットと協働して新たな試みを画策し,結核療養のため1924年初めにティツィーノ州に移り住んでいたリシツキーに参加を呼びかける.しかしこの時,ロシア人でマルクス主義者のリシツキーはスイスの革命の可能性に強い疑念を抱いていた.アウトに宛てた書簡の中でリシツキーは,スイスのことを「中央ヨーロッパの中で最も保守的な国のひ

---

[148] この雑誌はラース・ミュラー出版(Lars Müller Publishers)によって美しい復刻版が刊行されている(バーデン,1993年).またここには数点の優れた批評記事も掲載されており,同誌の来歴や知的文脈が論じられている.スターンについてはWerner Oechslin, ed., *Mart Stam: Eine Reise in de Schweiz 1923-1925* (Zurich: GTA Verlag, 1991) 参照.シュミットについてはHans Schmidt, "The Swiss Modern Movement," *Architectural Association Quarterly* 4 (April-June 1972): pp. 33-41 参照.

とつ」[149]であると語っている.

しかし,『ABC』は厳格な機能主義を掲げた構成主義的理念を中核に打ち出し,1924年から28年のあいだに全10号を発行した.スタムは創刊号にまず「共同設計」と題する記事を寄稿しており,国立高等美術工芸工房(ヴフテマス)の学生作品が図版として掲載される号も多かった.同誌では,論争の主眼は,理想とされた現代の建設方式,あるいは「機械の独裁」といったことに置かれた.また,スタムの完成度の極めて高いプロジェクト(特にジュネーヴ=コルナヴァン駅)や,ミース・ファン・デル・ローエ,ハンス・ヴェットヴァー(Hans Wettwer, 1894-1952)のプロジェクトの数々はこの雑誌が初出となった.なお,1926年には当時頭角を現したスイスのモダニスト,ハンネス・マイヤー(Hannes Meyer, 1889-1954)が編集したものも発行されており重要である[150].

もともと古典主義者であったマイヤーは,1924年に建築家としての転機を迎える.それからデ・ステイルの原理とヴィクトル・ブルジョワの作品に通じるようになるとマルクス主義に転向し,1926年にはヴェットヴァーと組み,バーゼルの聖ペテロ女学校(ペーターシューレ)を設計する.このプロジェクトでは,スチール製ケーブルで大きく張り出したキャンチレヴァー・テラスが特筆に値する.そして翌年,マイヤーとヴェットヴァーは国際連盟のコンペティションで3等入賞し,多くの建築家がこの時のデザインをル・コルビュジエのプロジェクトよりも優れていると評した.こうして突然評判を得たために,マイヤーは(グロピウスの申し出により)1927年にデッサウ・バウハウスに新設された建築学科の学科長として招かれることとなる.そしてグロピウスが退官した数ヶ月後の1928年2月に,この招聘が重要な意味をもつこととなる.すなわち,実現作がほとんどないマイヤーがこの時,この世界一有名なデザイン学校の校長となってしまったのである.

しかし,彼のこの着任は不首尾に終わり,グロピウスもマイヤーの推挙をたちまち悔やむこととなった[151].事実,マイヤーの置かれた状況は当初から困難なものだった.ムッヘ,ブロイヤー,モホリ=ナジといったバウハウスの鍵を握っていた教職員たちは,1928年にグロピウスを残しすでにバウハウスを去っており,新任校長のマイヤーは着任後,すぐに反美学的・機能主義者的な論争を仕掛けてクレーやカンディ

---

[149] 1924年9月8日アウト宛リシツキー書簡.*ABC: Beiträge zum Rauen 1924-1928*(reprint, Baden: Verlage Lars Muller, 1993)所収,Claude Lichtenstein, "ABC and Switzerland: Industrialism as a Social and Aesthetic Utopia", p. 17 より引用.
[150] Second series, no. 2, 1926.
[151] Dearstyne, Inside the Bauhaus, pp. 208-9 に引用されたトーマス・マルドナド(Tomás Maldonado)宛グロピウス書簡(Dearstyne, Inside the Bauhaus, pp. 208-9)参照.

ンスキーを排斥し始めた．マイヤーによるこうした発言の数々は，新創刊の雑誌『バウハウス』（bauhaus）に収められた「建設」と題する小論を発端とする．この中でマイヤーは，建築の全プロセスは「機能のダイヤグラムと経済計画」に還元され得ること，また，それゆえ建築は「純粋に建設」であり，本質的に「非芸術的」なのだと主張した[152]．なお，ここでのマイヤーは同校が再び左派機関化することも容認したが，この点は必然的に，当時ドイツ国内で勢力を増してきていた国家社会主義党派からの激しい反発を受けることとなった．同校の内外における騒乱の広まりにより，デッサウ市長は1930年にこのスイス人校長を解雇したが，この決定を不服としたマイヤーは抵抗に及んだ．マイヤーの言動はしばしば矛盾しており，マルクス主義者というレッテルを貼られていることに対して，彼は新聞への公開書簡で猛烈に抗議しているものの，一方で同年末に「軍団」(ブリゲード)（卒業生7人により構成される「レッド・バウハウス団」）を率いて「プロレタリア芸術の発展途上にある」[153] ロシアに渡った．

　オーストリアでは戦争があり，フランツ・ヨーゼフの死からハプスブルク帝国は崩壊に至ったが，それでも1918年まで存命であったオットー・ヴァーグナーの遺産が拭い去られることはほとんどなかった．国家解体からチェコスロヴァキア，ポーランド，ユーゴスラヴィアといった国々が生まれ，オーストリア自身はゆるやかに連携した政治組織からなる共和国的な国家となった．1919年の選挙では，ウィーンおよび国内の工業地域は社会民主党と，農業地域はキリスト教社会主義党と連携することで，オーストリアにこの両党の連立政権が誕生することとなった．そして翌年にキリスト教社会主義党が議会を掌握すると，事実上，ひとつの国の中に「社会主義ウィーン」という半自治国が併存するという状態になった．これを左派の正統マルクス主義と右派のその他の党のあいだの「第3の道」と見做す者もいたが，彼らが「革命の」大志を抱いていたことは明らかだった．住宅供給が戦後の最も逼迫した問題となっていたウィーンでは，政治的措置として徴税と家賃統制によって土地・不動産を収容する方策が採られた．土地を奪われた地主たちはこれに激怒したが，これによって市が財源を賄う多くの住宅供給プロジェクトが実現することとなった．

　この社会主義的都市計画の実験結果については，さまざまな解釈がなされている[154]．住宅供給問題に対するひとつの解決策を提案したのは，1921年から1924年に

---

[152] Hannes Meyer, "building," *bauhaus* 2, no. 4 (1928). Wingler, *The Bauhaus*, pp. 153-4 より引用．

[153] Ibid., p. 165. "My Expulsion from the Bauhaus: An Open Letter to Lord Mayor Hesse of Dessau," originally published in *Das Tagebuch* (Berlin), 16 August 1930. Christian Borngdiber, "Foreign Architects in the USSR: Bruno Taut and the Brigades of Ernst May, Hannes Meyer, Hans Schmidt," *Architectural Association Quarterly* 11, no. 1 (1979): p. 52 より引用．

[154] 特に Eve Blau, *The Architecture of Red Vienna 1919-1934* (Cambridge: M. I. T. Press, 1999) を参照

かけて市の住宅局のチーフアーキテクトの地位にあったアドルフ・ロースである。彼は食糧難解消のために，菜園のついた低密度単世帯の「住宅団地(ジードルンク)」というコンセプトに賛意を示していた。ロースは公的な立場で低層住宅団地のプロトタイプを4つ設計したが，その中で最も重要だったのは「単壁住宅」("Haus mit einer Mauer")システムを採用したアム・ホイベルクのものだった。このシステムでは基礎は側面の2枚の壁の下にしか打たず，前面・背面の壁はユニット両端に架かる木材の梁から吊る，という方式がとられた。

しかし1923年には，土地集約的な菜園団地というコンセプトは支持を失っており，市が認可を出したのは，ミニマルで労働集約的なアパートメントおよびさまざまな共同施設（クリーニング店，幼稚園，診療所，図書館，映画館）で大きな団地ブロックを形成する「中庭型集合住宅(ホーフ)」だった。なお，こうした「労働者のための」複合施設の中で最も大々的に喧伝されたのは，カール・エーン設計のカール・マルクス・ホーフだった。この団地はいくつかの都市ブロック（全幅1km超）にまたがる1,400ユニットによって構成される。四方を囲まれた長い中庭，写実的な彫刻モチーフ，赤い色相，モニュメンタルな中央広場を目立たせる旗ざおの列と相俟って，この「赤い要塞」は多くの者にウィーン自身の急進政治の体現であると映った。政局が悪化した1934年にここが現実に戦場となったことも驚くにはあたらない。

なお，このカール・マルクス・ホーフよりさらに大規模なものに，およそ1,600ユニットからなるザントライテン・ジードルンク（1924-8）がある。これはヴァーグナーの弟子のエミール・ホッペおよびオットー・シェーンタール，その他の2つの事務所により，この時期に全64,000ユニットが建設されている。ロースの単世帯の「ホーフ」——オットー・ハーズ・ホーフ（1924）——は恐らくロースの作品中最も見劣りする建物であり，同時代の若手建築家で同じく低層のジードルンクを数多く手がけたヨーゼフ・フランク（Josef Frank, 1885-1967）を失望させた。住宅供給運動に貢献した建築家としては，他にヨーゼフ・ホフマン，マルガレーテ・リホツキー，ペーター・ベーレンスがおり，ベーレンスの場合は1921年にヴァーグナーのかつての地位を継いでいる。

チーフアーキテクトの地位を1924年に退いた後，ロースはパリへと赴くとトリスタン・ツァラの前衛派(アヴァンギャルド)サークルに加わり，1927年までこの都市に滞在した。この

されたい。また，Helmut Gruber, *Red Vienna: Experiment in Working-Class Culture, 1919-1934* (New York: Oxford University Press, 1983); Manfred Tafuri, "'Das Rote Wien,' Politica e forma della residenza nella Vienna socialista 1919-1933," *Vienna Rossa* (Milan, 1980); Peter Haiko and Mara Reissberger, "Die Wohnhausbauten der Gemeinde Wien, 1919-1934.," *Archithese*, no. 12 (1974.): pp. 49-55 も参考になる。

時期のロースの文筆は少なくさほど重要でもない。20年代のロースの代表作であるモラー邸（ウィーン，1928）とミュラー邸（プラハ，1930）はともに，彼の創作力と建築への興味が衰え始める，キャリア最晩年の作である。オーストリアのモダニストには他に，アトリエをインスブルックに構えていたロイス・ヴェルツェンバッヒャー（Lois Welzenbacher, 1889-1955）がいる[155]。これまで過小評価されてきた彼であったが，その設計による鉄筋コンクリートの優れた建物群を見ると，インスブルックのゼーバー・タワーホテル（1930-1）で頂点を迎える彼のスタイルが，1920年代から成熟を始めていたことがわかる。ゆるやかなカーブや（パイプレールの付いた）キャンチレヴァーのバルコニーなど，ヴェルツェンバッヒャーのスタイルは，ほぼ同時期に建てられたアルヴァ・アールトによるパイミオのサナトリウムの影響がうかがえる。

かつてのハプスブルク帝国が崩壊したことで，新興の独立国では建築に関するさまざまな発展があった。ヴァーグナーの弟子の著名建築家であるスロベニア人ヨージェ・プレチニク（Jože Plečnik, 1872-1957）は，1921年にプラハから出身地のルブリャーナへと移ったが，彼はかつてのプラハ城やプラハの聖心教会堂（1928-31）の仕事のように，ここでも保険ビルディング（1928-30）などで，古典にインスピレーションを受けた神秘主義的兆候の強いモダニズムを追い求め続けた[156]。

ハンガリーでは1919年に共産主義政府が短命のまま崩壊し，これによりヴァーグナーの伝統と深い関わりがあり，1912年にはムテジウス側に立って工作連盟（ヴェルクブント）の討論にも加わったモダニスト，ヨージェフ・ヴァーゴー（József Vágó, b. 1877）が政治亡命に追いやられた[157]。1920年代中葉までにはモダニスト的伝統はファルカス・モルナー（Farkas Molnár, 1897-1945）やヨージェフ・フィッシェル（József Fischer, 1901-95）らのデザインによって刷新されていた。モルナーはヴァイマルのバウハウスで訓練を受けグロピウスの事務所で働いたこともある人物であるが，むしろファン・ドゥースブルフの諸理論から遙かに強い影響を受けており，カラフルな6×6（6m四方）の家を初めとする最初期の設計は構成主義風であったりデ・ステイル風であったりするが，その後結局ル・コルビュジエの影響に取って代わることとなる。またル・コルビュジエはフィッシェルの設計言語にも影響を与えている。

---

[155] August Sarnitz, *Lois Welzenbacher: Architekt 1889-1945*（Vienna: Residenz Verlag, 1989）参照。
[156] プレチニクについては François Burkhardt, Claude Eveno, and Boris Podrecca eds., *Jože Plečnik, Architect: 1872-1957*, trans. Carol Yolk, (Cambridge: M. I. T. Press, 1989); Damjan Prelovšek, *Jože Plečnik 1872-1957: Architectura Perennis*, trans. Patricia Crampton and Eileen Martin (New Haven: Yale University Press, 1997); Peter Krečič, *Plečnik: The Complete Works*（New York: Whitney Library of Design, 1993）参照。
[157] Ákos Moravánszky, *Competing Visions: Aesthetic Invention and Social Imagination in Central European Architecture, 1867-1918* (Cambridge: M. I. T. Press, 1998), pp. 377-8.

他にハンガリー出身者としては画家のラースロー・モホリ゠ナジ（László Moholy-Nagy, 1895-1946）がいる[158]．1919年にベルリンに移り「要素主義者芸術」に引き寄せられた彼は，1921年の『デ・ステイル』（*De Stijl*）誌内で（ラウル・ハウスマン，ハンス・アルプ，イヴァン・プニと共同執筆），この芸術を「純粋で，有用性や美しさから解放されたもの，誰の内からも生じうる要素的なもの」[159]であると定義した．またベルリンにおいて，モホリ゠ナジとファン・ドゥースブルフはリシツキーの交友関係とも協力している．事実，モホリ゠ナジが1923年にグロピウスに雇われたのも，構成主義者としての評判のためだった．かくしてイッテンの後任として選ばれた彼は，それから5年間にわたってバウハウスの主力芸術家であり続けた．1920年代の彼の最重要著作といえば，彼の難解な講義の原理をグラフィックで提示した『材料から建築へ』（*Von Material zu Architektur*）である[160]．同書の第4章は「空間（建築）」と題されており，ここで彼は「建築の本質は空間問題への精通にある」と宣言したが，この言明はモホリ゠ナジで2人目（最初はルドルフ・シンドラーによる）であった[161]．そうして彼は，飛行機との関連性（上空からの眺め）を引き合いに出しつつ，以下の文言で締め括る．

> 単一の構造だけでは課題は終わらない．全方向の空間創造，連続体としての空間創造がその次の段階にくる．境界は流動的になり，空間は流れているものとして，無数の関係の連続として着想される[162]．

これは無論，ギーディオンの『空間，時間，建築』（*Space, Time and Architecture*, 1941）の主要テーマのひとつとなったものである．

モダン・ムーブメントは北ヨーロッパの国々にも急速に浸透していった．デ・ステ

---

[158] モホリ゠ナジについてはSibyl Moholy-Nagy, *Moholy-Nagy: Experiment in Totality* (Cambridge: M. I. T. Press, 1969); Krisztina Passuth, *Moholy-Nagy* (London: Thames & Hudson, 1985); Margolin, *The Struggle for Utopia*; Joseph Harris Caton, "The Utopian Vision of Moholy-Nagy" (Ph. D. diss., Princeton University, 1980) 参照．

[159] Raoul Haussmann, Hans Arp, Iwan Puni, and Moholy-Nagy, "Aufruf zu Elementaren Kunst," De Stijl 4, no. 10 (1921): 156. Margolin, *The Struggle for Utopia*, p. 53 より引用．

[160] László Moholy-Nagy, *Von Material zu Architektur* (Munich: Albert Langen, 1929) reissued by Florian Kuperberg in the New Bauhausbucher series in 1968 revised English translation, *The New Vision* (New York: Warren & Putnam, 1930). 〔宮島久雄訳『材料から建築へ』バウハウス叢書，中央公論美術出版，1992年〕．

[161] László Moholy-Nagy, The New Vision and Abstract of an Artist (New York: Wittenborn, 1946), p. 60. 〔大森忠行訳『ザ・ニュー・ヴィジョン』ダヴィッド社，1967年〕．

[162] Ibid., p. 63.

イルのメンバーたちと接触のあったポーランド人建築家のシモン・セルクス (Szymon Syrkus, 1893-1964) は、ポーランド国内でこの新スタイルを実践した最初期の人物のひとりとなり、20年代末には妻のヘレナと協働で代表作をひとつ残している。あるいは、チェコスロヴァキアもモダニズムの受容国だった。かつてハプスブルク帝国の一部として鉱脈の豊かだったこの新興国は、戦後たちまち工業の中心地として繁栄した。プラハは地理的にドレスデン、ベルリンに近く、これがゲルマン文化形成の軸となった。さらにボヘミア人、モラヴィア人、スロヴァキア人は知性を重んじる長い伝統をもち、芸術に秀でていた。チェコ・モダニズム初期の重要人物には、1890年代にヴァーグナーのもとで学んだヤン・コテラ (Jan Kotěra, 1871-1923) がいる[163]。フランク・ロイド・ライトの作品に感銘を受けた彼は、1906年にはすでに新たな建築空間概念に到達していた。プラハはパヴェル・ヤナーク (Pavel Janák, 1882-1956)、ヨゼフ・ゴチャール (Josef Gočár, 1880-1945)、ヴラスティスラフ・ホフマン (Vlastislav Hofman, 1884-1964) を初めとするいわゆるチェコ・キュビストの拠点であった。この短命でかつ極めて複雑なムーブメントの中では、バロックの形式的な側面とフランス・キュビスムの影響、および「感情移入理論」[164]の知覚心理学とが結び合わさっていた。チェコ・キュビスムとはすなわち、形式上の洗練とヨーロッパにおける独自性の双方を兼ね備えた実験だった。

　1920年代に構成主義の影響がもたらされたことにより、チェコスロヴァキアでは、建築を取り巻く状況はこの時期活況を呈することとなった。道を拓いたのは再編成後の『Stavba』や『Disk』『Pásmo』『ReD』『MSA』といった、新精神を奉じたアヴァンギャルド誌の氾濫だった。そして、それらのほぼすべてが、詩人であり、芸術史家であり、過激派グループ「蕗／9つの力」(Devětsil) のスポークスマンでもあったカレル・タイゲ (Karel Teige, 1900-51)[165]の創刊によるものか、知的主柱を担ったものだった。彼の経歴は、1922年に出会ったル・コルビュジエに強い感銘を受け、『エスプリ・ヌーヴォー』(L'Esprit Nouveau) 誌の記事のいくつかを復刊したことに

---

[163] Vladimir Slapeta, ed., *Jan Kotera 1871-1923: The Founder of Modem Czech Architecture* (Prague: Kant, 2001) 参照。

[164] Rostislav Švácha, *The Architecture of New Prague, 1895-1945*, trans. Alexandra Büchler (Cambridge: M. I. T. Press, 1995); Akos Moravánszky, *Competing Visions*; Alexander von Vegesack, ed., *Czech Cubism: Architecture, Furniture, and Decorative Arts, 1910-1925* (New York: Princeton Architectural Press, 1992) および Eve Blau and Nancy Troy, eds., *Architecture and Cubism* (Montreal: Canadian Centre for Architecture, 1997) 所収、Irena Zantovska Murray, "The Burden of Cubism: The French Imprint on Czech Architecture, 1910-1914", pp. 41-57 参照。

[165] 特に Eric Dluhosch and Rostislav Svacha, eds., *Karel Teige: L'Enfant Terrible of the Czech Modernist Avant-Garde* (Cambridge: M. I. T. Press, 1999) を参照のこと。

始まる.タイゲはまた,ベーネ,ファン・ドゥースブルフ,アウト,スタム,ハンネス・マイヤー,さらにはギーディオンとの関係を築きあげた人物でもあった.理論的観点ではスタムやマイヤーに近かったが,論争分野における彼のチェコスロヴァキアでの役割は,ギーディオンがスイスで果たしたものと同じだった.かくして,彼がヨーロッパの展開を広く知らしめたことによって,チェコスロヴァキアの新建築は1925年以降急速に地歩を固めることとなり,オルドジヒ・ティル (Oldřich Tyl, 1883-1939),ヤロミール・クレイツァール (Jaromír Krejcar, 1895-1959),ボフスラヴ・フックス (Bohuslav Fuchs, 1895-1972),ヤソスラフ・フラゲール (Jasoslav Frager, 1898-1967),エヴジェン・リンハルト (Evžen Linhart, 1898-1949),ヨゼフ・ハンレク (Josef Hanlek, 1899-1961),カレル・ホンジークなどを初めとする,若く才能のある数多のデザイナーたちの作品が知られる手助けにもなった.この活動のクライマックスは1928年のブルノでの現代文化世界博覧会の開催およびチェコ工作連盟住宅団地「新住宅ノヴィー・ドゥーム」の建設であった.後者は前年に竣工したシュトゥットガルトのヴァイセンホーフ・セツルメントの単なる焼き直し(特にル・コルビュジエのスタイルの安易な模倣)であったが,前者の方はフックスの並々ならぬ才能(彼は1920年代に活躍したヨーロッパの建築家で最も過小評価されているひとりである[166])を世界に披露するのに一役買った展覧会であった.

タイゲが自らのアイディアを最も包括的に語ったのは,『チェコスロヴァキアの近代建築』(1930) においてであった.この著作は大部分が1927年から28年にかけて書かれたものである.同書において彼は,1920年代を構成主義の10年であると理解しているが,ここでの彼は構成主義を広義に捉え,ソヴィエト連邦の成立,オランダの実践および(モラヴィア人)ロースとル・コルビュジエの作品群がその起源であるとした.モダニズムとはタイゲにとって,社会主義のムーブメントを核としたものであった.「新建築は新たな社会基盤に立ってまた新たに始まらなければならない.それは自由な形態や主観的な構成をでっち上げるだけの問題ではなく,また流行の問題でもない.直角,反装飾,陸屋根などは皆魅力的で望ましく,あって当然とまでいえる特性である.しかしこれらだけでは十分ではない.決着をみるような発明でもない」[167].タイゲの定義する構成主義は「芸術家や建築家の『イズム』ではなく,万人の創造性のためのガイドラインであり,全分野にまたがる作業の方法論であり,機能

---

[166] ヘンリー=ラッセル・ヒッチコックもこれと同じ見解をとった.Hitchcock, *Modern Architecture*, p. 198 参照.

[167] Karel Teige, *Modern Architecture in Czechoslovakia and Other Writings*, introduction by Jean-Louis Cohen, translation by Irene Zantovska Murray and David Britt (Los Angeles: Getty Publications Program, 2000), p. 291.

主義者の，弁証法の，唯物主義者の，──すなわち社会主義者的──思考のための手段である」[168]．そして，新建築は反形式主義的，反美学的，反資本主義的でなければならず，「最大限の機能性」[169] を表現するものでなければならない．現代の建築家の課題は「改善ではなく，刷新である．革命である」．ここでいわれる革命とは，すなわち，階級闘争とマルクス主義的世界観を前提とした革命のことである[170]．

　なお，タイゲのこうした感情は筆を進めるごとに明らかに高まってきており，あとがきで彼はロースの章を設けたことを読者に詫びている．ロースは当時もはや，彼にとって政治的に評価に値しない人物になっていたようだった．また，社会主義の「器具（インストゥルメント）」よりもむしろ「モニュメント」を作りたい，という政治的に時代遅れの欲を抱いたル・コルビュジエを非難した1年前の出来事はさらに有名である[171]．この時タイゲが定めた批判の的はル・コルビュジエの「ムンダネウム」プロジェクトだった．これは国際連盟に近接して建設されることが想定された世界博物館のプロポーザルであったが，ル・コルビュジエはタイゲの批判を深刻に捉え，その4年後，彼にとっては稀なことであるが，この作品を擁護する旨の文書を公表している[172]．なおこの論争は，1930年までのモダン・ムーブメント内部にすでに顕在化していた，明らかな分裂を浮き彫りにするものでもある．初期のモダニズム史家すべての中でも，タイゲは自身の政治的主張を最も譲らなかった人物だった．しかし，その彼が長らく待ち望んでいた共産主義革命の到来が，他の大勢の人々と同様，自身の生命を脅かすこととなった．社会主義革命は，1948年に彼の母国を席巻した．彼はこの時批判の標的とされ，仕事もないまま1951年に没することとなる．

　1918年に誕生した国としては，スウェーデンとロシアにほぼ6世紀にわたって支配された後に独立を認められたフィンランドがあった．ラーシュ・ソンクやエリエル・サーリネン，アルマス・リンドグレンが促進した世紀末の国家的（ナショナル）ロマン主義（ロマンティック）ムーブメントは，1923年にサーリネンがアメリカに移民していたにもかかわらず，1920年に入ってもなお，ドイツをルーツとする新古典主義ムーブメントや，20年代中頃に顕在化したバウハウスの影響とともに受け継がれていた．1920年代のフィンランドで最も重要なモダニストといえば，エリク・ブリッグマン（Erik Bryggman,

---

[168] Ibid.
[169] Ibid., p. 292.
[170] Ibid., pp. 297-8.
[171] George Baird, "Karel Teige's 'Mundaneum,' 1929, and Le Corbusier's 'In Defense of Architecture,' 1933" および，併せて *Oppositions*, no. 4, (1974): pp. 79-108 所収の左記の2記事の英訳も参照されたい．
[172] Ibid., p. 80.

1891-1955) とアルヴァ・アールト (Alvar Aalto, 1898-1974) の2人である[173]. ブリッグマンは1927年の複数のコンペティションのためのデザインで自身の過去の新古典主義的傾斜を断ち切り, フィンランドで初めてモダニストのヴォキャブラリーを実験した人物となった. そしてこれらのデザインが年下のアールトに影響を与える. アールトは1924年時点からすでに妻のアイノ・マルシオとともに実務を開始しており, 最初のユヴェスキュラの事務所では1924年から25年にかけて新古典主義的な労働者クラブを設計していた. しかし, それから1927年に南西部農業協同組合のコンペティションに勝った後, 彼らはトゥルクに移る. この建物には彼らが新たにモダニズムに関心を抱いたことが反映されているが, それからこの変容はサノマト新聞社ビル (トゥルク, 1928-30) や, 傑作として知られるパイミオの結核サナトリウム (1928-33) で完成を迎える. なおパイミオのサナトリウムにはヒルフェルスムへの旅行が影響している. この地で彼らは竣工したばかりのヨハネス・ダイカー設計のサナトリウムを見ていたのである. また, 彼らの初期の成功例で欠かせないものとして, 1928年にコンペティションに勝ったヴィープリ図書館 (1933-6) が挙げられる.

　1920年代初頭のスウェーデン建築で抜きんでていたのはエリック・グンナール・アスプルンド (Erik Gunnar Asplund, 1885-1940)[174] の数々の取り組みであった. 1916年に始まる「森の墓地」の設計の初期案では, 古典的要素とヴァナキュラーの要素が兼ね備えられていた. ルドゥー風のストックホルム公立図書館 (1920-8) では, その抒情的幾何学や内部の精巧なディテール処理によって, 彼はスウェーデンで最も有名な建築家になった. 彼がその後1930年頃にインターナショナル・モダニズムへと転向したことは有名だが, これによって彼はその名声をより確固なものにする. しかし, その土台はすでにスヴェン・マルケリウス (Sven Markelius, 1889-1972) および当時建築専門誌『建築家』(*Byggmästaren*) の編集者であったウーノ・オレン (Uno Åhrén, 1897-1977)[175] が準備していたものだった. アスプルンド

---

[173] Riita Nikula, ed., *Erik Bryggman 1891-1955* (Helsinki: Museum of Finnish Architecture, 1988) 参照. アールトには多数の研究があるが, ここでは David Paul Pierson, *Alvar Aalto and the International Style* (New York: Whitney Library of Design, 1978); Malcolm Quantrill, *Alvar Aalto: A Critical Study* (New York: New Amsterdam, 1983); Peter Reed, ed., *Alvar Aalto: Between Humanism and Materialism* (New York: Museum of Modern Art, 1998); Winfried Nerdinger, ed., *Alvar Aalto: Toward a Human Modernism* (Munich: Prestel, 1999); Goran Schildt's (threevolumes biography of Aalto, Rizzoli, 1984-94) を挙げておく.

[174] アスプルンドについては Eric De Mare, *Gunnar Asplund: A Great Modernist* (London: Art & Technics, 1955) および Stuart Wrede, *The Architecture of Erik Gunnar Asplund* (Cambridge: M. I. T. Press, 1980) 参照.

[175] マルケリウスとオレンの作品と思想については Eva Rudberg, *Sven Markelius: Architect* (Stockholm: Arkitektur Forlag, 1989); idem, *Uno Ahren: En Foregangsman inom 1900-talets Architektur och*

の転向を刺激したのは1930年のストックホルム・デザイン工芸博覧会である．この博覧会では，アスプルンドは企画立案を監督しただけでなく，パヴィリオン兼レストランを設計している．そして全体がほぼすべてスチール桁，ガラス，ケーブルのみで建てられたこの建物は，大いに好評を博すこととなった．オレンはグンナール・スンドバーリと協働でこの博覧会の住宅セクションを監督したが，このセクションもまた，同時期のシュトゥットガルトのイベントがインスピレーション源となっていた．

　この博覧会の成功によって，アスプルンド，オレン，マルケリウス，ヴォルテル・ガーヘン，グレゴール・ポールソン，エスキル・スンダールらは1931年に社会主義マニフェストである『アクセプテラ』(*acceptera*「受け入れよ」の意) を出版する運びとなった．このマニフェストは各地における近代的発展を概観する一方で，フォード主義受容と工業化を働きかけ，社会全体の責任において大がかりな住宅供給の推進を説いた[176]．この2年後の出版になるアルネ・セレンセンの『機能主義と社会』(*Funktionalisme og samfund*) の中でもこれと全く同じ忠告がなされており，同書にも『アクセプテラ』と同じ図版が多数使われている[177]．またこの『機能主義と社会』の中では，住宅供給やタウンプランニングに対する社会主義的かつ平等主義的な解としてのインターナショナル・モダニズムがより強く前面に押し出されている．それは彼にとって，スウェーデンがスカンジナビアの福祉国家という戦後のイデオロギー的な基礎を築く一助となるものなのであった．

　1920年代デンマークの代表的建築家といえば，マーティン・ニューロプの弟子のカイ・フィスカー (Kay Fisker, 1893-1965) である．フィスカーは煉瓦と木材の構造でピュリストの幾何学的なスタイルを実践した人物であり，また1919年から27年にかけて国際的な展開を観察していた『アルキテクテン』(*Architekten*) 誌の編集者でもあった[178]．またフィスカーの弟子のアルネ・ヤコブセン (Arne Jacobsen, 1902-71) がこの新しい造形を習得した最初のデンマーク人となった．彼はこの新造形を用いた印象的な円形のデザインで「未来の家」のコンペティションに勝利し (フレミング・ラッセンとの協働)，これは1929年のコペンハーゲン博覧会で展示されているが[179]，およそ同時期に彼は，変形キューブとして構成された，ルーフテラス付

Samhällsplanering (Stockholm: Byggforskningsradet, 1981) 参照．
[176] Erik Gunnar Asplund et al., *acceptera* (Stockholm: Bokforlagsaktiebolaget Tiden, 1931).
[177] Arne Sørensen, *Funktionalisme og samfund* (Copenhagen: Forlaget Fremad, 1933).
[178] Tobias Faber, ed., *Kay Fisker* (Copenhagen: Arkitektens Forlag, 1995); Hans Erling Langkilde, *Arkitekten Kay Fisker* (Copenhagen: Arkitektens Forlag, 1960) 参照．また，*Archithese* のカイ・フィスカー特集号 (vol. 15, 1985年7-8月) も参照のこと．
[179] Carsten Thau and Kjeld Vindum, *Arne Jacobsen* (Copenhagen: Arkitektens Forlag, 2001) 参照．

きの自邸も完成させている.

　当時, 中央ヨーロッパと北ヨーロッパの小国の建築家の多くは, 理念上・建築設計上の規範としてドイツに目を向けていたが, それはドイツが1922年から28年にかけて新建築の培養にいまだ最も多様なアプローチを見せていたためであった. たしかにグロピウス独裁下のバウハウスはこの時期, (海外から) 最も注目された機関のひとつであったのかもしれないが, ドイツ国内の状況を鑑みると, バウハウスを重視するのは安易である. 例えば1926年初頭のドイツの建築を取り巻く状況を見ると, 当時最も活動的だったエーリヒ・メンデルゾーン (Erich Mendelsohn, 1887-1953) とエルンスト・マイ (Ernst May, 1886-1970) の建築家2人はデッサウ・サークルから遠く距離を置いていたのである.

　メンデルゾーンは最も思索的とまではいわずとも, ドイツ国内で最も才能に恵まれた建築家であったことはほぼ間違いなかった[180]. ミュンヘン工科大学を1914年に卒業した彼は, 在学中にはテオドア・フィッシャーのもとで訓練を受け, また青騎士グループにも芸術家として接触していた. 戦中には東部前線に従軍し, 有名なスケッチ群を作成し, これは後の1919年にパウル・カッシーラーのベルリン・ギャラリーで初披露される. そして彼の初めて実現した建物がアインシュタイン塔 (1918-22) であった. メンデルゾーンはこれをコンクリートで作ることを考えていたが, 結局煉瓦造スタッコ仕上げで建設される. なお, この建物および以前のスケッチから, 彼は一般的に表現主義の人物であると考えられている. しかし彼と表現主義者はある重要な2点において異なっていた. 第1に, メンデルゾーンはモダニズムと科学技術を奉じた人物で, 実際に彼の興味は完全にモダニズムに奪われていた. 第2に, 多くの表現主義者がユートピア的かつ非現実的な構想を思案していた一方で, メンデルゾーンは実際に建設し, かつ建設のための優れた方法を学んだ人物だった. ルッケンヴァルデの帽子工場 (1921-3) は巧みな線と, 骨格を思わせるコンクリート構造を有した機能主義的設計の傑作である. またモッセハウス出版社屋のリノベーションと増築 (ベルリン, 1922-3) における角地の改変には, 都市の角地に対する並々ならぬ先見の明が光っている. なお彼は有名な商業ビルも数多く設計しており, 1925年末にはショッケン百貨店の設計依頼も勝ち取っていた. これらの作品やハンス・シャロウン (Hans Scharoun, 1893-1972), フーゴー・ヘーリンク (Hugo Häring, 1882-1953), ハ

---

[180] メンデルゾーンの生涯と作品については Arnold Whittick, *Eric Mendelsohn* (New York: F. W. Dodge Corporation, 1940); Kathleen James, *Erich Mendelsohn and the Architecture of German Modernism* (New York: Cambridge University Press, 1997); Regina Stephan, *Erich Mendelsohn: Architect, 1887-1953* (New York: Monacelli Press, 1999) 参照.

ンス・ルックハルト (Hans Luckhardt, 1890-1954), ヴァシリー・ルックハルトの類似の作品は革新的な設計として 1920 年代当時の誌上を席巻していたが, その後はほとんど関心をもたれなくなった.

メンデルゾーンは理論分野においても重要な人物であった. 彼が 1920 年代で最も多く旅行をしたドイツ人建築家であることは確かである. 1921 年と 1923 年にはオランダを訪れ, 当地ではアムステルダム派のみでなく, ロッテルダムのアウトとも親密な関係を築いている. なおアムステルダムで行われたある講義には, 当時の彼の見解が暗示されている. この時, メンデルゾーンは若い建築家たちに「君たちの血液のダイナミクスをもって, その (大地の) 機能を造形するのだ」, すなわち, 明晰かつ大胆で空間的な建設をもって「大地の機能を活力に満ちた超越的次元へと引き上げるのだ」, とけしかけている[181]. 1923 年のメンデルゾーンはパレスチナも訪れており, この翌年には長期のアメリカ旅行を決行した. このアメリカ旅行のクライマックスはタリアセン巡礼であり, メンデルゾーンのこの試みはのちに『アメリカ:ある建築家の挿絵本』(*Amerika: Bilderbuch eines Architekten*, 1926) という本に結実することとなった.

1925 年から 26 年にかけて, メンデルゾーンは当地に工場の設計を依頼された縁で三度ソヴィエト連邦を旅行しているが, 彼にとってこの旅は, ヨーロッパが当時直面していた「アメリカか/ソヴィエトか」のジレンマを明るみにするものとなった. その結果として出版されたのが『ロシア=ヨーロッパ=アメリカ:建築の断面』(*Russland-Europe-America: Ein architektonischer Querschnitt*, 1929) だった. 同書はわずかにキャプションの入った比較図版を中心に構成されたものだが, 反面, メンデルゾーンによる当時の状況に対する評価は知的かつ高度に批判的なものとなっている. 彼はロシアとアメリカというテーマを「そのあいだに挟まれた」ヨーロッパのジレンマであると解釈する. 彼の見るアメリカとは, 「ただ野蛮で搾取的で機械に強い国であるだけでなく, 知的な深みをもち始めた国」[182] であった. すなわち無限の富と工業における洞察の深さをもちながら, さらにロマンチックに文化への憧れをもっているのが彼の考えるアメリカなのである. ただし, アメリカにはさまざまな高層ビルが建つ反面, 「彼らはまだそれらを表現するための豪胆な着想・精神を認識できていない」[183]. ロシアは逆に, アジアおよびオリエント世界とも深いつながりがあり, そ

---

[181] *Erich Mendelsohn: Complete Works of the Architect*, trans. Antje Frisch (1930; reprint, New York: Princeton Architectural Press, 1992) 所収, Erich Mendelsohn, "The International Consensus on the New Architectural Concept, or Dynamics and Function" (1923), p. 34.
[182] Erich Mendelsohn, *Russland-Europa-Amerika: Ein architektonischer Querschnitt* (1929; reprint, Basel: Birkhauser Verlag, 1989) の序文.

こには神秘的で幻想的な文化がある．そしてこの文化は「新秩序の始まりに身をなげうつ」実験場となっている[184]．ただし，科学技術上の後進性や貧困，あるいは救済手段として工業を重んじ過ぎている点などを鑑みると，ロシアが成功したかどうかは未だ疑問である．しかし彼は続けて，ニコライ・ラドフスキーによる科学工場を「未来建築のシンボル」であると評し，チャールズ・クラウダーによるピッツバーグの摩天楼を「（アメリカの）深みに対する，霊的な平静に対する憧れ」[185]であると評した．また，同時に彼はあるシュプレマティスムの彫刻を「知性の遊戯，キュビスト的玩具，色彩のゲーム」に分類し，一方でイワン・レオニドフによるモスクワ映画館のデザインを「現実の　建　設（コンストラクション）ではなく，構　成（コンストラクト）されたグラフィック」[186]としての魅力しかないと低く評価した．

終章でヨーロッパに話が及ぶとき，ここでのメンデルゾーンの分析はよりいっそう興味深いものとなる．それまでの論証の主題は科学技術や政治でとり得る２つの選択肢間に考えられ得る調停方法であったが，彼によれば，ヨーロッパではその道が塞がれてしまっているという．それは一方で「ヨーロッパの精神的張力が過度に緩み，気候が極めて穏やかで，ヨーロッパ統一の実現は遙か先のことである」ためであり，また一方では，ヨーロッパの人々には合理性を好む性向や巧みな理論を振りかざす傾向があるためであった[187]．この冷笑の的のひとりはル・コルビュジエである．例えばメンデルゾーンはアメリカの味気ないスチールの接合部の広告を評する際，このような発言で話を締め括っている．「このスチールの接合部が『根本的に新しい美学に関する５つの基礎要点』のどれかを含んでいるかどうかなど誰も騒がない」[188]．また，この数ページ後に彼は，アウト設計のフーク・ファン・ホラントの住宅（「ここでのコスト算定は感受性とも科学技術的外観とも一体となっている」）と，それよりも背の高いル・コルビュジエのヴァイセンホーフのための住宅計画を並べている[189]．メンデルゾーンによれば，ル・コルビュジエの設計を見ると，そのコストは「使用可能な生活領域との相当な隔たりを」見せ，片や「家　事（マネージメント）は４階分に拡大する」[190]．このため彼は，この設計をアウトのものに比べて全く成功していないと評した．この辛辣な批評は，この有名なアイコンが「合理的な」基礎をもっているかどうかを疑問視

---

[183] Ibid., p. 160.
[184] Ibid., preface.
[185] Ibid., pp. 120, 122.
[186] Ibid., pp. 138, 140.
[187] Ibid., p. 170.
[188] Ibid., p. 182.
[189] Ibid., p. 188.
[190] Ibid., p. 186.

するばかりでなく，メンデルゾーンが見抜いた，ル・コルビュジエの美学の基礎にある形式主義を浮き彫りにもした．つまるところこれは，後のインターナショナル・スタイルの耽美主義に対する早咲きの宣戦布告なのである．

　不幸なことに，ユダヤ人のメンデルゾーンは戦争のためにヨーロッパからの撤退を余儀なくされた．彼の個人的な実務は大恐慌のため1931年より破綻し始めた．ドイツ国内でユダヤ人差別が公認される以前から，彼はすでに亡命の道を選んでいた．かくして1933年5月に一時オランダを経由した後，イギリス，そしてパレスチナへと移った彼は最終的には1941年にアメリカに渡った．

　メンデルゾーンはすでに地歩を固めつつあったモダニズムを批判したが，その他にこのメンデルゾーンの批判に匹敵するものに，エルンスト・マイ[191]による理論化があった．第1次世界大戦後のドイツの住宅供給問題に関わりをもった人物の中で，彼は最も活発な建築家だった．マイもまたフィッシャーの弟子であったが，彼はまたレイモンド・アンウィンのガーデン・シティの理念に感化された人物でもあり，ロンドンの大学で研究に従事する一方，アンウィンのもとで働いてもいた．それから1918年にマイはブレスラウ内のシュレジエン建築部の技術監督として初めての職位を得ており，1920年代初頭には複数世帯用の集合住宅を建てていた．なお，この集合住宅は伝統的な建設材料および形式が用いられ，ヘレラウの戦後の計画の影響がみられた．しかしその後2，3年で彼のアイディアは進化し，色彩やプレファブリケーションの方法や高速組み立て法，さらにはコンクリート・パネルや陸屋根などを実験している．また，彼が（マルガレーテ・シュッテ＝リホツキーと協働で）規格化キッチンと規格化浴室の設計を始めたのはブレスラウでのことだった[192]．規格化を用いるというアイディアで重要な規範となったのは，『住宅工学の原理』（メアリー・パティソン著，*Principles of Domestic Engineering*, 1915）および『住宅工学』（クリスティ

---

[191] マイについては D. W. Dreysse, *May-Siedlungen: Architekturfohrer der acht Siedlungen des neuen Frankfurt 1926-1930* (Frankfurt: Fricke, 1987) および，特に Nicholas Bullock, "Housing in Frankfurt 1925-1931 and the New Wohnkultur," *Architectural Review* 163 (June 1978): pp. 335-42 を参照されたい．また，Robert I. Rotberg and Theodore K. Raab, eds., *Art and History: Images and their Meaning* (Cambridge: Cambridge University Press, 1988) 所収，Barbara Miller Lane, "Architects in Power: Politics and Ideology in the Work of Ernst May and Albert Speer", pp. 283-310 も参考になる．

[192] シュレジエン時代のマイについては Susan R. Henderson, "Ernst May and the Campaign to Resettle the Countryside: Rural Housing in Silesia, 1919-1925", *Journal of the Society of Architectural Historians* 61 (June 2002): pp. 188-211 参照．シュッテ＝リホツキーについては Debra Coleman, ed., *Architecture and Feminism* (New York: Princeton Architectural Press, 1996) 所収，Susan R. Henderson, "A Revolution in the Woman's Sphere: Grett Lihotsky and the Frankfurt Kitchen", pp. 221-48 参照．

ン・フレデリック著,*Household Enginering*,1919,ドイツ語訳の出版は 1920 年)という,住宅設計分野におけるテイラー主義の唱道者が著したこの 2 つの著作であった[193].

続いてマイはそれまでの着想を洗練させ,ガーデン・シティを自身で修正させるまでに至った.そしてフランクフルトの都市計画主任となった 1925 年に,ブレスラウ郊外に規格化された低コストの公営住宅団地群の設計・建設を始めた.この団地のためにマルガレーテ・リホツキーが設計した「フランクフルト・キッチン」には,作りつけのアイロン台や収納といった造作によって,最少スペースで最大効率をもたらすための工夫が施されていた.しかしマイはこの効率というコンセプトを家全体にまで敷衍し,手頃な住宅ユニットを最短時間で最大数建設することを目標に,まずドア,窓,家具,固定ライト,機械設備といった構成要素を規格化し,続いて建設プロセスの効率化も図った.これらのプロジェクトの構法上の特徴として最も革新的だったのは,クレーンで所定の場所に降ろす方式をとったプレキャストコンクリート壁システムである(このシステムが最初に使われたのは 1926 年のプラウンハイム・ジードルンゲンだった).なお,こうした実験の数々はマイが 1926 年に始めた『新フランクフルト』(*Das Neue Frankfurt*)誌の中で喧伝された.ところがこれらの取り組みは 20 年代末の経済の悪化のために頓挫することとなる.1930 年 10 月にマイは 16 人のドイツ人建築家からなるマイヤーのものとは別の「軍団」をソヴィエト連邦に引き連れ,スターリンの第 1 次 5 ヶ年計画のサポート役として働いた[194].この企ての失敗の後,1934 年にドイツへの帰還を図ったが,再入国を拒否された彼はその後の 11 年間をケニア,ウガンダ,南アフリカで過ごした.

住宅供給に関するマイの取り組みは,ドイツ国内では決して彼独自のものではなかった.低コスト住宅というマイのアイディアはグロピウス,ブルーノ・タウト,マルティン・ヴァーグナーらによる注目を浴びたが,当時彼らは同様のアプローチを考えていたのである.グロピウスが——それまでに抱いていた興味の次に——大量生産住宅を初めて実験したのは 1926 年,デッサウ郊外のテルテン村近くでのことだった.

---

[193] Mary Pattison, *Principles of Domestic Engineering; or The What, Why and How of a Home; An Attempt to Evolve a Solution of the Domestic "Labor and Capital" Problem - to Standardize and Professionalize Housework - to Re-organize the Home upon "Scientific Management" Principles - and to Point Out the Importance of the Public and Personal Element therein, as well as the Practical* (New York: Trow Press, 1915). Christine Frederick, *Household Engineering: Scientific Management in the House* (Chicago: American School of Home Economics, 1919). ドイツにおけるフレデリックの影響については Mary Nolan, *Visions of Modernity: American Business and the Modernization of Germany* (New York: Oxford University Press, 1994) 参照.

[194] Borngraber, "Foreign Architects in the USSR", pp. 50–62.

ここでグロピウスはテイラーに強い信頼を寄せるようになり，複数の作業者と1機のクレーンを組み立てラインにまとめ，軽量コンクリートブロックの上にコンクリート床と屋根スラブの乗るユニットを31個建設した[195]．各作業者がいかに効率を最大に高めるかという問題を解明するために，その建設プロセスは入念に分析されたが，グロピウスによるこの最初の設計には遺漏も多かった．ユニットは極めて小さく，屋外トイレがひとつあるだけで浴室も付いておらず（浴槽はキッチンに据えられた），居住者はこの屋外トイレで裏庭の肥料をつくり出すことが想定されていた．また，構造分析も粗末であったために前面の壁には無数の裂け目ができてしまった．次の段階ではこうした問題のいくつかを正したグロピウスであったが，しかし彼のプロとしての評判を落とすこととなった．1928年にバウハウスの独裁者の地位から退き，実務により多くの時間を割くようになると，同年初めてアメリカを旅行し，ライト，ルドルフ・シンドラー，リチャード・ノイトラ，テイラー協会，デトロイト周辺の自動車工場などを訪れている．

　ともにベルリンで精力的に活動していたマルティン・ヴァーグナー（Martin Wagner, 1885-1957）とブルーノ・タウトの2人は，1927年に有名なブリッツの馬蹄形団地の設計で協働している[196]．共産主義者であり，ベルリンのサークル「環デア・リング」（Der Ring）のオーガナイザーであったヴァーグナーは，20年代前半にはテイラーの原理に基づいた低コスト住宅への出資のため，ギルドや協同組合の組織に心血を注いでいた．そして，この時に得た専門知識を買われ，1926年にベルリンの開発計画局長に任命され，この部局の中でタウトと近しい協働関係を築くこととなる．1921年から24年にかけてマグデブルク市の建築家として働いていたタウトは，出身地ベルリンに戻るに際してもまだ自らの主要な関心を住宅に注ぎ続けており，『新しいすまい：デザイナーとしての女性』（Die neue Wohnung: Die Frau als Schöpferin）を書いている[197]．タウトはここで，アメリカのクリスティン・フレデリックの作品を引きながら，埃の溜まるオブジェをなくせ，面倒な家事から主婦を開放せよ，と呼びかけ

---

[195] トルテンでの建設の詳細については Nerdinger, *Walter Gropius*, pp. 18-20, 82-6 参照．

[196] タウトの作品については Winfried Nerdinger, *Bruno Taut, 1880-1938: Architekt zwischen Tradition und Avantgarde* (Stuttgart: Deutsche Verlags-Anstalt, 2001); Olaf Gisbertz, *Bruno Taut and Johannes Goderitz in Magdeburg: Architektur und Statebau in Weimarer Republik* (Berlin: Mann, 2000), Bettina Zoller-Stock, *Bruno Taut: Die Innenraumentwürfe des Berliner Architekten* (Stuttgart: Deutsche Verlags-Anstalt, 1993), Kurt Junghanns, *Bruno Taut, 1880-1938* (Berlin: Elefanten Press, 1983) 参照．マルティン・ヴァーグナーについては展覧会カタログ *Martin Wagner, 1885-1957: Wolmungsbau und Weltstadtplanung: Die Rationalisierung des Glücks* (Berlin: Akademie der Künste, 1985) 参照．

[197] Bruno Taut, Die neue Wohnung: Die Frau als Schöpferin (Leipzig: Klinkhardt & Biermann, 1924).

た．また彼は，テイラーの工場研究を連想させる，家の理想のレイアウトも提案している．そこから数年間のタウトは，ブリッツの巨大計画ではヴァーグナーと協働しつつ，ベルリン=ツェーレンドルフではフーゴー・ヘーリンクとオットー・ザルビスベルクと協働して，建築家として最善の仕事をした．これらの複合施設は，1920 年代にドイツに建てられた公営住宅の中では圧倒的に質の高いものであったが，それらはまた，効率的な建設構法をとった点でも注目すべきものだった．なお，ヴァーグナーはそれらの成果物を 1929 年に自身とアドルフ・ベーネの共同編集で創刊した『新ベルリン』（*Das neue Berlin*）誌に発表している[198]．

7
ヴァイセンホーフと CIAM

　ドイツに新しくできた住宅セツルメントとして最も有名なのはヴァイセンホーフ・ジードルンク実験住宅群である．ドイツ・モダニズムの精製プロセスは，1927 年にシュトゥットガルトの丘の中腹で行われたこの住宅展をもって始まる．かくして，互いに競合するデザインアプローチはフィルターを通して濾過され，自らモダニストをもって任じる少数の建築家の独善的な取り組みから，新たな 純 正（ピュリファイド）モダニズムが生じることとなるのである．そしてこのシュトゥットガルト展はさらに，当時徐々にスポットライトを浴び始めていたもうひとりのドイツ人建築家，ルートヴィヒ・ミース・ファン・デル・ローエ（Ludwig Mies van der Rohe, 1886-1969）[199] が名をなす前兆でもあった．

　第 1 次世界大戦前のミースは，ベーレンスの事務所ではドラフトマンとして，またベルリン郊外ではシンケル風のヴィラをいくつか設計し建築家として活動していた．戦争末期にはブルガリアに従軍したが，戦闘は経験せずに 1919 年にベルリンに帰還した．しかし知識人としての，また芸術家としての彼は岐路に立たされていた．彼は一方では 1920 年代初頭にリヒター，リシツキー，ファン・ドゥースブルフらのアヴ

---

[198] Reprinted by Julius Poesener as *Das neue Berlin: Grossstadtprobleme* (Basel: Birkhauser, 1988).
[199] フィリップ・C・ジョンソンによる展覧会カタログ *Mies van der Rohe*（New York: Museum of Modern Art, 1947）を嚆矢としてミースを扱った文献は膨大な数にのぼるが，ここではそのすべては掲載しない．Franz Schulze, *Mies van der Rohe: A Critical Biography*（Chicago: University of Chicago Press, 1985）（『評伝ミース・ファン・デル・ローエ』）および Neumeyer, *The Artless Word* の 2 つの研究論文で本文内容は多少補完される．

ァンギャルド・サークルと『G』誌に引き入れられていた（なぜミースがこのグループおよび雑誌に参加したかについてはまだ十分な説明は現れていない）が，当時まだシュペングラーの哲学に大いに魅力を感じていたミースがこのサークルに参加したのは，特定の芸術上の教義あるいはイデオロギーに傾倒していたためというよりは，ダダイストのリヒターとの友情関係が大きかったためであるとみられる．ミースはさらに，アヴァンギャルド・サークルで精力的に活動しながら，当時女優のエミーリア・ウンダと結婚したばかりのフーゴー・ヘーリンクと 1921 年から事務所を共有していた．『G』誌（サブタイトルは「初等デザインのための素材」：*Material für elementale Gestaltung*）創刊のアイディアはファン・ドゥースブルフが 1920 年にベルリンを訪れた際に提案したもので，タイトル案（"Gestaltung" の略の "G"）はリシツキーによるものである．1923 年 7 月発行の創刊号はリヒター，リシツキー，ヴェルナー・グラーフによって編集された．グラーフはもとバウハウスの生徒であったが，彼はグロピウスよりもファン・ドゥースブルフを選んだのである．リヒターとミースは第 2 号および 3 号（1923 年末および 1924 年初頭の発行）の編集に携わっているが，当時この雑誌自体がベルリンにあるミースの事務所で作られていた．ミースはまた，少なくとも 1 号分の発行に対し資金援助をしたともいわれている[200]．

そして，ミースが初期の設計である 1923 年の「コンクリートのオフィス・ビルディング」と「コンクリート住宅」を公表したのがこの雑誌だった．この 2 作は摩天楼計画 2 つの後に続くものであり，この摩天楼の文脈で評価すべきものである．最初の摩天楼計画（フリードリヒ・シュトラーセのガラスタワー）が作成されたのは 1921 年末のことで，地元のビジネス団体が主催したコンペティション用にデザインされたものである．このコンペティションはアメリカのモデルに従ってダウンタウンのビジネスを活性化させようという非公式の試み程度の，戦後経済の実相を考慮に入れていないものであった．ミースのスケッチ（145 の応募案のひとつ）はこのコンペティションの要綱に沿っておらず，構造の問題の他，応募案のガラス壁のサイズで生じる熱現象や寒冷現象のことも全く考えられていなかった．この次の曲線により構成されたタワー（1922）の初出はタウトの『曙光』（*Frühlicht*）誌であったが，この案も先のものに劣らず非現実的なものであった．ここでの「有機的な」境界線はこの時期ミースがヘーリンクと事務所をシェアしていたからこそ出てきた案であるように思われる[201]．ミースのコンクリートのオフィス・ビルディングは，スイス人のロベール・

---

[200] Schulze, *Mies van der Rohe*, p. 196.
[201] シュルツもこの関係を指摘している（ibid., pp. 101-3）．

マイヤールが戦前に完成させたキャンチレヴァー・スラブの実践であった．あるいは，同時代のアルトゥーア・コルン（ハイファのビジネス街，1923）やフーゴー・ヘーリンク（リオデジャネイロのクラブのモダンバージョン，1922-3）らのコンクリート造の計画案を見てしまうと，ミースのコンクリートの田園住宅は独自性もなければ，特に感動的でもないように思われる．ミースに「アヴァンギャルド」の影響の兆しが表れるのは，1924年の煉瓦の田園住宅や，ここに見られるデ・ステイル的平面からのことである．

ミースの作品とヘーリンクの作品の対照についていくらかの説明をしておこう[202]．パウル・ヴァロットとフリッツ・シューマッハーの弟子であったヘーリンクが，妻の女優としてのキャリアを向上させるべくベルリンに移ったのは1921年のことであるが，この時の彼は相当の資産家だった．彼が設計依頼を受けたリューベック北部の複合農業施設，グート・ガルカウ（1922-6）からは，彼の実務における「有機的な」アプローチが見て取れる．彼はここで曲線的な形態や表現豊かな素材を用いただけではなく，農業経営の科学的・機能的マネージメントにも大きな関心を払っている．彼の着想がはっきりと理論のかたちをとったのは，「造形への道」（"Wege zur Form"）と題する1925年の小論でのことである．ここでヘーリンクは，現代社会は機能より形態が重視される過去の「幾何学的」建築文化ではなく，自然と人間の需要により順応した，新しい設計姿勢を望んでいることを説明した．

> 我々はことの中核を探し出し，それが自らの造形(フォルム)の展開に任せなければならない．こうした事物に外から造形を与えたり決めたり，恣意的な規則を強いたり，頭ごなしに何かを押しつけたりするのは誤りであり，事物に史的示威運動を掲げさせるのも誤りである．同様に，それを個人的な思いつきの矛先とするのも同程度の誤りである．事物を幾何学的・結晶体的な基礎図形に還元するのも同様に誤りである．というのも，これによって事物は再び我々の支配下に置かれてしまうからである（ル・コルビュジエのように）[203]．

---

[202] ヘーリンクの来歴については *Hugo Häring: Schriften, Entwürfe, Bauten*, ed. Heinrich Lauterbach and Jürgen Joedicke (Stuttgart: Karl Kramer Verlag, 1965) および Peter Blundell Jones, *Hugo Häring: The Organic versus the Geometric* (Stuttgart: Edition Axel Menges, 1999) を参照．

[203] *Hugo Häring: Schriften, Entwürfe, Bauten* 所収，Hugo Häring, "Wege zur form", p. 14.
原文は以下のとおり．"Wir wollen die dinge aufsuchen und sic ihre eigene gestalt entfalten lassen. Es widerspricht uns, ihnen eine form zu geben, sie von aussen her zu bestimmen, irgendwelche abgeleiteten gesetzhaftigkeiten auf sie zu übertragen, ihnen gewalt anzutun. Wir handelten falsch, als wir sie zum schauplatz historischer demonstrationen machten, wir handelten aber ebenslo falsch, als wir sie zum gegenstand unserer individuellen launen machten. Un gleicherwiese falsh handeln

ヘーリンクが追及したのは客観的・合理的な機能主義ではなく，表現的な機能主義だった．グロピウスがバウハウス展にヘーリンクの作品の出品を認めず大いに非難されたのは 1923 年のことだが，グロピウスをこの決定へと導いたのはヘーリンクのこうした有機的な観点のためだった．ミース宛ての書簡の中でグロピウス自身が説明しているとおり，グロピウスはこの展覧会で「構造法が決定因をなす立体的(キュービック=ダイナミック)で力強い作品」[204] のみに焦点をあてたかったのである．後の 20 年代末に顕在化することとなるドイツ・モダニズムの内部分裂は，グロピウスによるこの決定が起源であると見ることができる．

　ミースに話を戻すと，この時期の彼の簡潔で機知に富んだ発言からは，彼の展開の方向性が理解しにくい．『G』誌に発表されたミースの２つのマニフェスト（グロピウスがヘーリンクを博覧会メンバーから外す決定をしたことへの応答）の主要テーマは美学上の「造形主義(フォルマリズム)」に対する批判，すなわち造形(フォルム)を「初等デザイン」と対立するものと考えることに対する糾弾だった[205]．しかしこの立場をとると結局，ミースの「アヴァンギャルド」的な作品すべてに明白な彼自身の造形志向は棚上げになる．当時ミースは他によく「建設芸術とは空間的に感知されたその時代の意志である」というテーマを扱ったが，これはファン・ドゥースブルフはもちろん，リーグルとシュペングラーにも同程度負うところがある[206]．また，しばしば引用される 1924 年の小論におけるミースの発言（「人間は後ろを見ながらでは前に進めない．過去を生きる人間は時代の意志の媒介者にはなれない」）は，この小論の発表の数ヶ月後に完成した，ヴァージニアに建つジョージアン様式の邸宅かと見紛うようなモスラー邸（1924-6）のためのデザインとは全く矛盾している[207]．基本的には古典的建築家で，時にアヴァンギャルド主義者であった 1925 年以前のミースは，明らかに進むべき道を模索している途中だったのである．

　同じ時期のミースにはさらに，組織化や自身の売り込みに重点的に取り組んでいたという別の重要な一面があった．ミースが一方で，アヴァンギャルドとの結びつきを自身が正統な芸術家として認められるための一手段として見做していたとすれば，この取り組みは彼の猛烈な野心の証左である．こうした点で，ミースが

---

wir, wenn wir die dinge auf geometrische oder kristallische grund: figuren zuriickfiihren, weil wir ihnen damit wiederum gewalt antun (corbusier)."（名詞先頭の小文字はヘーリンクによる）．

[204] Jones, *Hugo Haring*, p. 38 より引用．

[205] "Office Building", *G*, no. 1 (July 1923): p. 3 および "Building," *G*, no. 2 (September 1923): p. 1. Neumeyer, *The Artless Word*, pp. 241-2 より引用．

[206] "Office Building," p. 3; "Building Art and the Will of the Epoch!" *Der Querschnitt* 4, no. 1 (1924.): p. 31. Neumeyer, *The Artless Word*, pp. 241, 245 より引用．

[207] "Building Art and the Will of the Epoch!" p. 31. Neumeyer, *The Artless Word*, p. 245 より引用．

「11月グループ(ノヴェンバー・グルッペ)」への参加を1919年ではなく，このグループが1922年に政治的立場を超越して芸術労働者評議会（Arbeitsrat für Kunst）と合併するまで待ったことは興味深い．ミースは1923年から25年にかけてこのグループの建築指導者としていくつかの展覧会の企画立案を統括した一方で，1923年のバウハウス展，1923年のパリ博覧会，それから再びベルリン，イエナ，ゲーラ，マンハイム，デュッセルドルフ，ヴィースバーデン，ポーランド，イタリア，ロシアなどで，数少ない「幻視的(ヴィジョナリー)」ドローイングを精力的に発表していった[208]．

1923年の夏にミースはドイツ建築家連盟（Bund Deutscher Architekten, BDA）に入会し，間もなく地区監督となった．しかし彼はその役職にもかかわらず，翌年の4月にはヘーリンクと組んでBDA内部に「進む道の如何にかかわらず芸術家として創造的なすべての建築家に自由を」[209]求めた，「環(デア・リング)」（Der Ring）と呼ばれる反逆者グループを組織する．環(デア・リング)は当初，ヘーリンク（幹事），ペルツィヒ，ベーレンス，メンデルゾーン，ヒルベルザイマー，ブルーノ・タウト，マックス・タウト，オットー・バルトニン，グロピウスらベルリンの建築家を主体とした別のグループ（マルティン・ヴァーグナーをベルリンの都市計画の役職に就けさせる旨の陳情を通したグループ）であった．なお1923年初頭頃のミースは「新露同胞協会」（Gesellschaft der Freunde des neuen Russland）にも加入している．しかし，これはミースがこの団体に政治的に共感していたからではなく，ドイツ共産党の最高幹部で当時ミースの有力なクライアントであったエドゥアルド・フックスにおもねったものであった[210]．ミースには誰もが欲しがるようなヴィラの設計依頼は訪れなかったが，1926年にはフックスから依頼を受け，カール・リープクネヒトとローザ・ルクセンブルクの記念碑を設計したが，ステンレススチール製で，星とハンマーと鎌の紋章で飾られたこの記念碑は大いに議論を呼んだ．この依頼が意外なように思えるとすれば，それはこの時点までミースが自身の政治への関心を全く明らかにしていないためである．後には喜んで国家社会主義者のご機嫌を取ったミースであったが，この頃の彼は政治的にもまた揺れ動いた時期にあったのだろうと推測せざるをえない．1924年の春，ミースはそれまでずっと敬遠していたドイツ工作連盟(ヴェルクブント)に加入する．この決断は，彼のキャリアの中でも極めて重要なものだった．なぜなら，この連盟は彼の支持母体となり，彼のヴァイセンホーフ展への参画を後押ししたからである．

1920年代の展覧会全体から見ても，ヴァイセンホーフ展はドイツ国内で最も意義

---

[208] Schulze, *Mies van der Rohe*, p. 118.
[209] "Mies Papers," Library of Congress. Pommer and Otto, *Weissenhof 1927*, p. 14 より引用．
[210] Schulze, *Mies van der Rohe*, pp. 124-6.

深いものであった[211]．その企画は 1925 年初頭，工作連盟(ヴェルクブント)のヴュッテンブルク支部長のグスタフ・ストッツに端を発する．この 1 年前，彼はシュトゥットガルトで「無装飾の形態」("Die Form ohne Ornament") と題する企画展を開催しているが，今度は新建築をテーマに遥かに大規模なイベントを提案したのである．監督候補としては 11 月グループ(ノヴェンバー・グルッペ)の展覧会の経験が買われてミースの名前が挙がってもよかったが，工作連盟(ヴェルクブント)内部での討議の末，1925 年 6 月にミースにはストッツから，このイベントの建築部門の管理が委嘱された．この住宅展覧会というアイディアの実現のためには相当な額の基金を募らなければならず，さらには工作連盟(ヴェルクブント)ヴュッテンブルク支部と市の職員の承諾を得る必要もあった．これが困難を伴い，結局交渉がまとまるまでに 1 年以上を要することとなった．また企画の真意に関して主催者側に語弊を招く発言も多かった．市議会が遂にこのイベントのための資金提供を認めた 1926 年 7 月——この時点で開催は翌年に迫っていた——の認識では，このイベントは団地型の宅地開発になる予定で，ヴュッテンブルクの建築家も参画するはずだった．しかし，彼らがいずれストッツ，ミース，ヘーリンク（彼はミースとともに主催者として参加していた）から知らされることとなるその内容は，この時の認識とはかなり異なっていた．

　このプロジェクトに関しては規模を巡る論争が沸き起こっているが，それ以上に問題とされたのが参加建築家の選定である．まず，ミースが市に敷地計画の第 1 次案を提出したのは 1925 年 10 月のことだが，その後まもなくプロジェクトの規模は相当に縮小されることとなる．しかし，小規模の単世帯住宅でこの丘の中腹に住民を住まわせるという計画のもと，低コストのモデル住居の建設を望んだ市当局であったが，彼らは規格化（経済的）構法の実現に資するために，複数世帯ユニットの可能性にも着目していた．なお，ミースはより大きな，すなわちより贅沢なユニットの建築を建てる側に立ったが，低コスト構想の実証のためにいくつかの実演モデルを建てるという提案には反対しなかった．

　建築家の選定にはミース，ヘーリンク，ストッツがヴュッテンブルクを巻き込んで複雑なプロセスをたどることとなったが，ここにはミースの真意がよりよく表れている．1925 年 9 月に提出された最初のストッツのリストには 25 人の名前が挙げられており，シュトゥットガルト出身の人物が 5 人，またドイツ国外の建築家もアウト，ル・コルビュジエ，ファン・ドゥースブルフ，スタム，ヨーゼフ・フランク，ロースの 6 人が含まれていた．しかしミースはロースおよびシュトゥットガルトの建築家パ

---

[211] この展覧会については Pommer and Otto, *Weissenhof 1927* 中において包括的かつ慧眼な解説がなされている．

ウル・ボナッツを入れることに反対し，新しくリストに入ったヴァン・ド・ヴェルドにも反対した．こうして話し合いは進められ，最終リストが出されたのはその後ようやく 11 月になってからのことだった．基準を満たしていると認められたドイツ人建築家はミース，シュネック，グロピウス，ヒルベルザイマー，ブルーノ＆マックス・タウト兄弟，ペルツィヒ，デッカー，シャロウン，ベーレンス，アドルフ・ラディングであった．ここでシュトゥットガルト代表はシュネックとデッカーの2人だけになった．都市計画を本業とするヒルベルザイマーが選定されたのは，ミースとの親交のためであるとみて間違いない．ペルツィヒ，シャロウン，ブルーノ・タウト，ベーレンスはテッセノウとメンデルゾーンが招待を断った後からリストに挙がった人物であった．当時メンデルゾーンはミースが 環(デア・リング) のリーダーであることに反対しており，当時ヨーロッパの建築家たちに知れわたっていたこの内紛のため，リストにはヘーリンクの名前が挙がることとなった．しかしヘーリンクとミースはデザイン統御の問題を巡って衝突しており，その後ミースは最後の段階になって彼をさりげなくリストから外している．なお，ドイツ人建築家の不参加者で注目すべきはマイである．公営住宅団地の設計者として最も経験があり知名度もあったマイであるが，彼の名はどのリストにも挙げられていない．

外国人建築家として最終リストに挙がったのはル・コルビュジエ，アウト，フランク，スタム，ヴィクトル・ブルジョワであった．ロースの名前はリストに現れては消えの繰り返しであったが，結局フランクがオーストリア人としてただひとりの参加となった．ミースが個人的に嫌っていたハンネス・マイヤーの名前は見あたらず，チェコスロヴァキアからの参加もない．ル・コルビュジエには（街に面した）最も目立つ敷地と群を抜いて大きい予算が与えられた．これはル・コルビュジエとミースの個人的な交流の始まりであったが，これはグロピウスへの対抗心という意味合いも一部はあったはずである．なお，ミースは自身のために最大のプロジェクトである，敷地の最上部に位置する3階建てアパートメントの設計を押さえていた．そしてグロピウスは，ル・コルビュジエの高い建物に隠れがちな小さい2ユニット（ひとつはプレファブモデル）の設計にまで格下げされることとなった．

設計の観点からは，ヴァイセンホーフ展は巷間伝えられるような成功裏に終わったものでは決してなかった．認可プロセスの遅れと幾人かの建築家の作業の遅れによって，開会は当初計画されていた 1927 年 7 月 17 日から 1 週間延期され，また 8 月末になっても完成しないユニットも多くあった．粗悪な建て方で， 細部(ディテーリング) は稚拙であり，コスト超過も常態化していた．構成からも美的観点からも，互いを引き立たせる建物はなかった．さらに内装仕上げがなされていないものも多々あった．総体で見れば，

インスピレーションのみで表現する者がいる一方で（シャロウン），想像力をほとんどあるいは全く駆使しない者もおり（ブルーノ＆マックス・タウト兄弟，グロピウス，ヒルベルザイマー，ブルジョワ），ここでの作品群は16人の建築家の統一性が欠如したものとなった．ミースのプロジェクトで最も評価できる点は，これが彼がスチールフレーム構造を用いた最初の試みということだが，ただしこの構造はデザインには現れていない．

このように建築では失敗したものの，この展覧会は新ムーブメントの仕掛け役として重要な成功を果たしていた．事実，知名度の問題は彼らがこの展覧会にあたって最も重視したことのひとつだった．ミースは早い段階でヴェルナー・グラーフを起用し『建設とすまい』（*Bau und Wohnung*）と『室内』（*Innenräume*）の公式出版物2点を準備させ，彼を60の通信社およびヨーロッパ大陸，南北アメリカの特派員40人（リヒャルト・ポマーとクリスティアン・オットーの報告による）を巻き込んだ入念に練り上げられたキャンペーンの陣頭に立たせている[212]．これほどまでにマスコミ報道に力を注いだ展覧会は未だかつてなかった．実質上，ヴァイセンホフ展はこの展覧会が定義するモダニズムを明確な「モダン・ムーブメント」に変えたのである．その一例として，ミース・ファン・デル・ローエはその後古典的なヴィラの設計には二度と戻らない．ミースがその後に受けた3つの設計依頼は贅沢なヘルマン・ランゲ邸（クレフェルド，1927-8）や，バルセロナ・パヴィリオン（1928-9），トゥーゲントハット邸（1928-30）であった．

このようなモダニズム観に新たな名称をつけようとした出版物が氾濫したことも，この展覧会の評価を示している．この動きの嚆矢となったのはヴァルター・クルト・ベーレントの『新建築様式の勝利』（*Der Sieg des neuen Baustils*）とルートヴィヒ・ヒルベルザイマーの『国際新建築』（*Internationale neue Baukunst*）であった．ヴァイセンホフ展の開会を念頭に出版されたこの両著作は，より大きなプロパガンダ・キャンペーンの一部をなした．建築学博士号取得者のベーレント（Walter Curt Behrendt, 1884-1945）は1920年代，特に1925年に工作連盟(ヴェルクブント)の雑誌『フォルム』（*Die Form*）の編集長の座を引き継いだ後，自身の立場を目まぐるしく変化させている．彼の『新建設様式の勝利』の表紙はヴァイセンホフの写真であり（図83），その冒頭は引用から始まる．ここで起こっている「全面的な変革という壮大なドラマ」は「我々の時代の造形の誕生のときである」[213]．この変革には，「我々の時代の新た

---

[212] Ibid., pp. 132-8.
[213] Walter Curt Behrendt, *The Victory of the New Building Style* (Los Angeles: Getty Publications Program, 2000), p. 89.

な現実」（道具，機械，建設方式，建設材料，精神の変化）を受け入れることや，それらを「デザインを通じて創造的に」習得することが含まれる．そして，そこから帰結する様式——機能性，エンジニアリング，色彩，光，空間の利用を特徴とする様式——を，ベーレントは「技術的様式」[214]と呼んだ．

　ヒルベルザイマーの『国際新建築』はシュトゥットガルトの出版社ユリウス・ホフマン社から発行された大衆向けの建築書シリーズの第１巻であったが，同書の冒頭に掲載された図版もヴァイセンホーフであった[215]．原理の要約で１ページが割かれた以外は図解で構成されたこの本は，ドイツのほか，アメリカ，オランダ，イタリア，ロシア，スイス，フランスのプロジェクトの図版も掲載されており，明らかにこの新ムーブメントの国際的な性格を強調する構成となっていた．「建築家の創造的な意志」のみが上位に置かれるとされたここでの原理では，審美的な要素ではなく，むしろ機能的な特性（材料，構法）や全要素のバランスに力点が置かれていた．「これは多くの人が思うような造形の一時的な流行の問題ではなく，建築にまつわる新しい感性の初等表現なのである」[216]．また同じく 1927 年，ヒルベルザイマーは『大都市建築』（*Grossstadtarchitektur*）も出版している．同書は部分的にはル・コルビュジエの都市理論に応じるかたちで企画された著作であり[217]，ル・コルビュジエの都市拡張理論にみられる水平性にも，アメリカの垂直都市のカオス的様相にも異を唱えながら，ヒルベルザイマーは厳格に均一な方式に則った垂直的都市開発を提唱する．しかしそこで結果として提示されたのは，創造性に欠け，全く非現実的な小区画集団の未来都市のヴィジョンであった．ここでは，ほぼ間断なく続いていく建物群の下部の５階分はオフィスと店舗に充てられ，いっそう細くなったその上部の 15 階分の直線ブロックは居住者のための住宅とされる．また，ドローイング中で暗く描かれた顔のない人物たちは，歩行者用の傾斜路を通って徒歩で階下のオフィスに通勤する．なお，同書の出版に続いて彼はユリウス・フィッシャーと共著で『造形主体としてのコンクリート』（*Beton als Gestalter*）を執筆したが，これはリチャード・シンドラーの作品にヨ

---

[214] Ibid., pp. 107, 110-14, 142.
[215] Ludwig Hilberseimer, ed., *Internationale neue Baukunst* (Stuttgart: Julius Hoffmann, 1927). ヒルベルザイマーについては Richard Pommer, David Spaeth, and Kevin Harrington, *In the Shadow of Mies: Ludwig Hilberseimer, Architect, Educator, and Urban Planner* (Chicago: Art Institute of Chicago, 1988); K. Michael Hays, *Modernism and the Posthumanist Subject: The Architecture of Hannes Meyer and Ludwig Hilberseimer*（Cambridge: M. I. T. Press, 1992）参照．
[216] Ibid., p. 5.
[217] Ludwig Hilberseimer, *Grossstadtarchitektur* (Stuttgart: Julius Hoffmann, 1927; reprint, 1978). ヒルベルザイマーの都市計画思想については Richard Pommer, "More a Necropolis Than a Metropolis: Ludwig Hilberseimer's Highrise City and Modern City Planning," in Pommer, Spaeth, and Harrington, *In the Shadow of Mies*, pp. 16-53 参照．

ーロッパで初めて注目した書籍として特筆される[218].

1927年に出版された書籍としては,他にグスタフ・プラッツの『最新時代の建築芸術』(Die Baukunst der neuesten Zeit) がある.同書はこのムーブメントの機能的計画性や社会的意義を称えた,広い知識的土台のある歴史概説書であった[219].プラッツはまず,このモダン・ムーブメントの起源をジョゼフ・パクストンおよびロンドン万博にまで遡り,途中ヴァーグナー,ベルラーヘ,ルイス・サリヴァン他の業績を強調しながら,さらにハインリヒ・テッセノウ,テオドア・フィッシャー,パウル・ボナッツ,ルートヴィヒ・ホフマンといった建築家の寄与にも言及した.ここでプラッツはテクトニックやダイナミクス,リズム,プロポーション,経済性,表層効果,色彩,装飾の観点から新建築を分析しようと試みている.

83 ヴァルター・クルト・ベーレント『新建築様式の勝利』(Der Sieg des neuen Baustils, Stuttgart, 1927) の表紙に採用されたヴァイセンホーフ住宅展の図版.

1928年から30年にかけては,ヘンリー=ラッセル・ヒッチコックの『近代建築』(Modern Architecture) やヴァルター・ミュラー=ヴルクコフの『現代ドイツ建築』(Deutsche Baukunst der Gegenwart) の改訂版,アルトゥーア・コルンの『建物の中のガラス,日用品としてのガラス』(Glas im Bau und als Gebrauchsgegenstand),ブルーノ・タウトの『近代建築』(Modern Architecture, 英語およびドイツ語で出版)を嚆矢として,新建築をさまざまな側面から捉えた編年史が,まさに洪水のように世に出た[220].タイゲのチェコスロヴァキア建築の書籍が刊行されたのは1930年のこと

---

[218] Julius Vischer and Ludwig Hilberseimer, *Beton als Gestalter* (Stuttgart: Julius Hoffmann, 1928).
[219] Gustav Platz, *Die Baukunst der neuesten Zeit* (Berlin: lm Propylii. en-Verlag, 1927).
[220] Henry-Russell Hitchcock, *Modern Architecture* (London: Payson & Clarke, 1929; reprint, New York: Hacker Art Books, 1970); Walter Miiller-Wulckow, *Deutsche Baukunst der Gegenwart* (Leipzig: Langewiesche Verlag, 1929); Arthur Korn, *Glas im Bau und als Gebrauchsgegenstand* (Berlin: Ernst

であるが,同年にはまたウィーンのヨーゼフ・ガントナー編集による『世界の新建築』(*Neues Bauen in der Welt*) も出版されている.これは3部からなり,ロジェ・ジャンズブルジェの『フランス』,リチャード・ノイトラの『アメリカ』,エル・リシツキーの『ロシア』で構成された[221].

ミュラー=ヴルクコフの著作は,まだドイツの古い筆記体を採用しているようなものであったが,メンデルゾーン,マイ,グロピウスらの作品とボナッツ,リヒャルト・デッカー,パウル・ミーベスといった伝統的思考のデザイナーの作品との関連づけは興味深い.あるいは,現代のガラス利用を扱ったコルンの著作は,冒頭でミース,グロピウスを礼賛しながらも,1920年代におけるガラス利用法に関するビジュアル事典として極めて有益である.マルクス主義者であったコルンはその後1930年代にドイツを離れソヴィエト連邦に赴くこととなるが,現地で建築家として名をなすことに失敗した後,1937年にイギリスで没した.

また,おそらくタウトも1932年に一時期ソ連への移住を夢見たものと思われる.タウトの『近代建築』(1929) は,同書がもつ奇妙な性格のみに限っても,この時期の一連の著作の中で最も興味深いものである.イギリス滞在中のタウトは具体的にイギリスの読者に向けて,近代建築の国際的な歴史をヨーロッパの発展に関する説得力のある視覚的な編年史にまとめたのだった.ここではイギリスとアメリカ(タウトがアメリカに関してもっていた情報は極端に少なかった)をタウト自らの社会主義的思考に統合することが問題となったが,それが特に切実な問題となったのはイギリスについて述べた終章においてである.ここでタウトは,強い反米感情をもった読者に対する見下しの態度をほぼ直截に露わにしてしまっている.

なお,近代の実作を扱ったこれらの歴史研究は,このモダン・ムーブメントを後に実質的に掌握することとなる実務家たちから批判されている.1926年にはミースの工作連盟(ヴェルクブント)からヘーリンクが除名されているが,これはその翌年の夏の展覧会以前から会期中にわたって繰り広げられた議論の序曲でしかなかった.1927年6月,ミースはギーディオンに対し,このムーブメントは,選ばれし仲間たちによって推進される記事の出版や展覧会によって「極秘に統制されなければいけない」のだと初めてほのめかしている[222].当時すべての重要人物に会っていたギーディオンは,ミースのこ

Pollak, 1929; reprint, Kraus, 1981); Bruno Taut, *Modern Architecture* (London: The Studio Limited, 1929).

[221] Roger Ginsburger, *Frankreich: Die Entwicklung der neuen Ideen nach Konstruktion und Form* (Vienna: Anton Schroll, 1930); Richard Neutra, *Amerika: Die Stilbildung des neuen Bauens in den Vereinigten Staaten* (Vienna: Anton Schroll, 1930); El Lissitzky, *Russland: Architektur for eine Weltrevolution* (Vienna: Anton Schroll, 1930).

の言葉を戦闘準備命令と理解していたとみられ，7月末にはアウトに対し，「建築の七燈(セブン・ランプス・オブ・アーキテクチャー)」の1燈としてメンバーへの加入を認められたことを記した手紙を書き送っている．またここでギーディオンは，そのランプのうちの1燈はもはや灯ってはいない（ヘーリンクあるいはメンデルゾーンであると思われる）とも記している[223]．また同年，ギーディオンはアウトに宛てた後の書簡で，その7燈はミース，グロピウス，アウト，スタム，ル・コルビュジエ，シュミットそしてオランダ人のコーネリス・ファン・エーステレン（Cornelis van Eesteren, 1887-1988）であると語った．このうちエーステレンは都市計画への興味を買われてメンバー加入を認められた人物であった．このグループはその後10月にシュトゥットガルトで会合を開き，雑誌での協働を検討した．ギーディオンはアウトに対し，オランダの『i10』誌を彼らの傘下に置くことを要請したが，アウトも発行元も結局この提案を断った．

この協働の計画は実らなかったようだが，1928年初頭の数ヶ月のうちで，近代建築国際会議（CIAM：Congrès Internationeaux d'Architecture Moderne）[224]が創設され，ここで再検討された．第1回討論の開催地はまたもヴァイセンホーフであった．ここでギーディオンは同組織の設立に関与したが，当時の彼は国際連盟のコンペティションの評決を覆すためにル・コルビュジエとともに大がかりな活動を行っていた時期でもあり，フランスを扱った本の最後の仕上げの段階でもあった．スイス工作連盟の幹事フリードリヒ・グブラーとの会話の中で，モダニズムの喧伝のために一致団結することを提案していたスイス人のエレーヌ・ド・マンドローが，スイスのラ・サラにある自らの城を会合場所として申し出ていた．グブラーはシュトゥットガルト滞在中にグロピウスに，パリではル・コルビュジエにこの話をもちかけた．ル・コルビュジエはドイツ人やドイツ系スイス人の建築家が組織を牛耳ってしまうことに難色を示し，初めは躊躇していたが，第1回会合の実施プログラムを自身で作成することが認められ，これを受け入れた．こうして1928年の6月末に，10人ほどからなる建築家および役人（招待参加のみ）がラ・サラに集められ，この新組織の下地作りをした．ここでの参加者はほとんどがフランス人，スイス人，ドイツ人であった．

ギーディオンによれば，この時の会議の目的は2つであり，この時代における建築の綱領を策定することと，その綱領の推進のためのメディアを作ることだった[225]．

---

[222] 1927年11月17日付アウト宛ギーディオン書簡中に言及される．Pommer and Otto, *Weissenhof 1927*, p. 273 n. 1 所収．

[223] 1927年7月30日付アウト宛ギーディオン書簡．Pommer and Otto, *Weissenhof 1927*, pp. 272-3 n. 1 所収．

[224] このムーブメントについての必読の歴史書として Eric Mumford, *The CIAM Discourse on Urbanism, 1928-1960* (Cambridge: M. I. T. Press, 2000) が挙げられる．

Chapter 11　ヨーロッパにおけるモダニズム 1917-1933

ル・コルビュジエは実施プログラムとして現代の科学技術，規格化，一般の経済システム，都市生活，の4部構成を提案していた．カール・モーザーが名誉会長に選出され，ギーディオンはCIAM幹事に就任した．グロピウスとミースはこの第1回会合には参加していない．先導したのはル・コルビュジエ，マイ，スタム，シュミット，マイヤー，リュルサであったようである[226]．ル・コルビュジエを例外として，彼らは皆，後に自国を離れソヴィエト連邦に向かった共産主義者であった．また彼らのほとんどは都市デザインに最優先の関心をもっていた．

　いわゆる「ラ・サラ宣言」の原案はこの会議の討論をもとに作成されたものであり，会議に参加した建築家たちの目標を広く述べただけのものとなっている．「彼らはこの現代世界で自らに突きつけられた諸問題(エレメンツ)を調和に導き，社会的および社会学的秩序を有し，人々の役に立つことのみを考える本来のプログラムに建築を引き戻そうという意図のもと一同に会した」[227]．社会学的秩序の実現のためには「土地の分譲，売却，投機といった経済活動は，保有不動産の再編を行う経済活動によって取って代わられなければならない」．実質上，これは土地の私有の廃絶のための請願書であった[228]．ここでは具体的な設計戦略は提案されず，新たな工業世界が現実となっていることや，この新しい状況に建築を順応させる必要があるといったことなどが始終強調された．

　1929年10月にフランクフルトで開かれたCIAM第2回大会ではマイが司会を務め，住宅供給の問題のみに焦点があてられた．後に大きな議論を巻き起こした「最低生活条件(エクシステンツミニムム)」スタンダード（許容最小限の住宅床面積）はここで生まれた[229]．CIAM発足以来，初めて計画的に行われたこの会議（この時不吉なことにニューヨーク株式市場が暴落した）には18ヶ国から130人の建築家およびゲストが集い，マイが手がけた市役所作品を議論し，現地を訪れ，検証した．なお，議事を統制していたのはまだ，急進派の面々だった．ル・コルビュジエは南米の旅に出ていたために欠席となったが，グロピウスは「最小限住宅の社会学的基礎」[230]と題する講義（ギーディオンによる朗読）で論争の火種を作り，この会議で重要な役割を果たした．フラン

---

[225] Giedion to Cornelis van Eesteren, 10 July 1928. Mumford, *The CIAM Discourse on Urbanism*, p. 10 所収.
[226] Ibid., p. 19.
[227] *The Athens Charter*, trans. Anthony Eardley (New York: Grossman Publishers, 1973), p. 6 より引用．〔吉阪隆正訳『アテネ憲章』SD選書，鹿島出版会，1976年〕．
[228] Ibid., pp. 7-8.
[229] CIAM, *Die Wohnung für das Existenzminimum* (Frankfurt: Englert & Schlosser, 1930).
[230] Walter Gropius, "Sociological Premises for the Minimum Dwelling of Urban Industrial Population," *Scope of Total Architecture* (New York: Collier Books, 1974.), pp. 91-102 所収.

ツ・ミュラー＝リヤーの社会学研究に倣い，グロピウスは人間の進化を親族・部族法，家族法，個人法，そして未来のコミューン法時代という4つの文化段階に分けた．（（先祖代々の）個別住宅と手を結んだ）第3段階は啓蒙運動と表裏一体のものであり，女性解放とともに終わりを迎えている．さらに彼は統計値を持ち出し，① 工業化率と出生率，② 離婚率と私生児出生率，③ 被雇用女性数と独立世帯数がそれぞれ反比例の関係にあることを示した．グロピウスはこの事実をもとに，コミューン社会を目指し，最小限住宅，すなわち最大限の光，陽光，換気性能をもった狭小都市アパートメントという解決策を目指すのだった．グロピウスはこのロジックを辿っていった末に，建物（陰ができないよう並行配置で建物同士には間隔がとられる）が高くなればなるほど，より少ない土地により多くのユニットを収納することができるということを図で示そうとした．そしてここが重要なのだが，「個人の解放，および若者の家族からの早期の独立をうながす巨大アパートメントビルは，現代の工業労働者の社会学的要求をより十分なかたちで満たしている」としめくくったのである[231]．ここでグロピウスがモデルとして想定していたのは，コンペティションで勝利したばかりのベルリン＝スパンダウ＝ハーゼルホルスト団地（1928-9）計画の自身の案であった．このコンペティションで彼は12階建ての高層アパートメントも提案していたが，審査員はこれを受け入れず，2階建ておよび5階建てユニット案を推挙していた．

　住宅供給問題に対するグロピウスのアプローチは，マイの最小限住宅に反映されたものとは異なっていた．すなわち，マイ案にはプライベートガーデンを初めとするアメニティや，隣接する緑地スペースとの直接的関係があった．それまでわずかずつではあったが長きにわたって生じ続けた亀裂は，もはや決定的なものとなった．一方でCIAM会議の公式発行物からグロピウスの高層建築を支持する言及すべてを巧みに削除したマイであったが，その一方で，この高層と低層の対立の問題はさらに別なかたちで解決されようとしていた[232]．

　1930年11月にブリュッセルで開かれたCIAM第3回大会は，この論争の再燃の場となるはずだった．しかしさまざまな軍団（ブリゲード）が自発的にソヴィエト連邦に渡ったために，マイほか数名の強硬派はCIAMへの参加がかなわなくなった．彼らの出立によって，今回の権限はル・コルビュジエと，彼の忠実な副官ギーディオン，そしてグロピウスの許へと戻ってきた．またこの陣営はファン・エーステレンが新会長に選出されたことによってさらなる力を得ることとなる．この大会の基調と議題を決めたの

---

[231] Ibid., p. 100.
[232] Mumford, *The CIAM Discourse on Urbanism*, p. 39 を参照．

は，高層建築を焦点とした「輝く都市」(Ville Radieuse)のプレゼンテーションボード16枚を掲げたル・コルビュジエであり，グロピウスは彼の強力な味方として「低層か，中層か，高層か?」と題する論文を発表した．グロピウスはここでも（ロサンゼルスの通勤労働者の研究から）統計値を持ち出し，高層建設の優位性を説いた[233]．ここで彼は，マルティン・ヴァーグナーへの和解のしるしとして，最小限住宅が一戸建住宅や大家族には応用できないことを認めつつも，「うまくまとめられた現代的な高層のアパートメント群は，必要悪と見做されるべきものではない．それらは生物学的動機のある住居類型であり，正真正銘この時代の副産物なのだ」[234] と論じている．この視座を支持したのはオーストリアからの亡命者で，今回ロサンゼルスから参加し，アメリカの高層ビルは富豪たちをターゲットにしていると指摘したリチャード・ノイトラであった．

そして，第2次世界大戦前では最後となった第4回CIAM大会は，1933年夏，政治・経済情勢の悪化の只中で開催された．CIAMのル・コルビュジエによる「機能的な都市」への支持を明文化したのがこの大会だった．この大会はもともと1932年にモスクワで開かれる予定であったが，ソヴィエト当局はこの大会とモダン・ムーブメント全般に複雑な感情を抱いていた．ドイツの情勢もまた急速に変化していた．3月にはヒトラーが権力の座に就き，ベルリン・バウハウスの建築学科棟は4月に閉鎖された．左翼派が政府の仕事を失うことを恐れ初めていたため，CIAM事務局はクルーズ船を借り，建築家たちをマルセイユからアテネへ移送した．ここには100人の代表者が集まり，33の都市を分析し，アテネ憲章を起草し，その一部始終をモホリ＝ナジがフィルムに収めた．なお，今回はグロピウス，ミース，マルセル・ブロイヤーという最も著名なドイツ勢3人が自国の情勢悪化のため出席できず，初めからル・コルビュジエが指揮した．

アテネ憲章（1943年になってようやく公刊された）の核心は，居住，娯楽，労働，交通の4つの機能上のカテゴリーのもとに整理された95の建議である[235]．この憲章は人間社会全体を作り直すという不遜な意図をもっていたという点だけを考えても，モダン・ムーブメントを記録した資料として極めて優れたもののひとつである．しかもこれは1920年代，30年代のル・コルビュジエの都市観が明文化されたものでもあ

---

[233] グロピウスによる原題は "Flach-, Mittel- oder Hochbau?". Scope of Total Architecture 所収の "Houses, Walk-ups, or High-rise Apartment Blocks?" (103-15ページ) に他記事の部分英訳と併せた英訳がある．
[234] Ibid., p. 109.
[235] Le Corbusier, La Charte d'Athens (Paris: Plon, 1943); translated by Anthony Eardley as The Athens Charter (see note 227).

るが，それは，このアテネ憲章を記したのが，1940年代初頭に休眠状態にあったCIAMを代表した，このフランス人建築家自身であったことを考えれば，別段驚くべきことではない．居住，娯楽，労働，交通という機能上のカテゴリーはコンセプト上のカテゴリーとしてはあまり扱われてはおらず，むしろ都市における実際の物理的区域の基礎として扱われている．住宅供給に関するさまざまな建議も，スラムの根絶，居住エリアと交通エリア・労働エリアを物理的に分離させ緑地エリアと一体化させる，といったことを標榜したものである．ル・コルビュジエのガーデン・シティの理想が嫌ったのは郊外であった．アメリカを例に挙げると，この国の郊外は「アメリカ最大の悪のひとつである」[236]．そしてル・コルビュジエはこれに対抗し，「高い建物を互いに十分に距離をとって建てれば，草木に覆われた広いエリアを作ることができる」[237]．こうした緑地エリアを余暇のアクティビティの場所にすべきであり，労働エリアと交通幹線は厳しく分離させることを指摘するのだった．

　ル・コルビュジエのマニフェストにはむろん法律問題，土地利用問題，経済問題に関する遺漏は多いが，概要を記した建議はこうした問題もカバーしていた．例えば，「集団の利益は個人の利益に優先される」という最後の建議には土地の私有の廃絶が必要である[238]．関係政府の「権威(オーソリティ)」が公的開発のためにどのように土地を差し押さえればよいのかも，1940年代のル・コルビュジエの著作からも理解できる．またアテネ憲章で興味深いのは，この憲章が建築家に与えた権力である．この憲章の中では，そうして差し押さえられた土地は建築家に委任されることとなっていた．CIAMでは「建築は都市の福利と美に責任をもつ．都市の創生・改善を引き受けるのは建築である．互いに異なる要素を選択，配分し，適切な関係をもたせ，調和的で恒久的な作品の一部となるのも建築である．建築はすべての鍵である」[239]という理念を柱としていた．そして人間の思考にこうした地殻変動(テクトニック・シフト)を起こさせることを使命と考えている点において，アテネ憲章の内容がル・コルビュジエの自己イメージと完全に一致していることは容易にわかる．しかしさらに指摘すべきは，1933年当時にはすでに，政治的大変動によって間もなくあらゆる方向へ散逸することとなるヨーロッパのモダン・ムーブメントが，一個人のイデオロギー上の使命にまで縮小していたということである．ひとり立ち続けていたのは預言者ル・コルビュジエだけであった．

---

[236] The Athens Charter, Proposition 20, p. 60.
[237] Ibid., Proposition 29 (French Proposition 28-9), p. 65.
[238] Ibid., Proposition 95, p. 105.
[239] Ibid., Proposition 92, p. 104.

Chapter 12

アメリカにおけるモダニズム
1917-1934

> 我々は，文明を示す新たな建築の姿を眺めているのだ．
> ―ヒュー・フェリス（1922）―

1
アメリカン・スカイスクレイパー

　1920年代にヨーロッパで出版された建築雑誌において，最も多く掲載された2つのアメリカの風景イメージ――穀物サイロと摩天楼――のうち，よりヨーロッパの読者の興味をひいたのは後者であった．たとえヨーロッパの建物に関する法規と都市ゾーニング法が本国における摩天楼の建設を許さないものであったとしても，それは自動車や遠洋定期船よりも，飛行機や工場の組立ラインよりも，アメリカにおける近代性の典型的な隠喩としての役割を果たした．それは産業的に優れた能力，技術的革新と先進的組立法，そして新しく，より活力に満ち，より繁栄した世界の象徴であった．また一方で，ゴシック調のデザインが1922年のシカゴ・トリビューン設計競技において勝利した後は，それはアメリカ建築における混乱と文化的後進性のしるしというようにヨーロッパ人に見做されることもあった．

　この見方はヨーロッパ人に限ったものではなく，アメリカにおける実践は同時期の国内からの批判にもさらされていた．ヘンリー=ラッセル・ヒッチコックは著書『近代建築』（*Modern Architecture*, 1929）の中で，摩天楼をアメリカのみがもつ使命であり，また最大の建築的失敗であると見做した．「それゆえに摩天楼は，工学的技術を基礎として用い，またそこから直接建築の形を創造することのできる，新たな一流アメリカ人開拓者を待ちわびている」[1]．ヒッチコックはフランク・ロイド・ライトの派手なドローイングに，1920年代のアール・デコのデザインに，ヒュー・フェリスの幻視的探求に失望していた．彼はただリチャード・ノイトラだけが――その仮想的な摩天楼デザインのラッシュ・シティ・リフォームド（1927）において――解決に近い場所にいると信じていた[2]．ヨーロッパ贔屓のヒッチコックは，ニューヨーク市のゾーニング条例によって課された段差のある形状を好まなかったし，1929年当時建設中であったウィリアム・ヴァン・アレンによるクライスラー・ビルディングの高くそびえる扇形はいっそう好きになれなかった．

　ヒッチコックの摩天楼に対する歴史観は，1950年代から1960年代にかけて標準的なものとなった．しかし，その歴史観は前提において欠陥を有するものだった．その

---

[1] Henry-Russell Hitchcock, Jr., *Modern Architecture: Romanticism and Reintegration* (New York: Hacker Art Books, 1970; originally published in 1929), p. 201.
[2] Ibid., p. 204.

ひとつは摩天楼に対して，すべてが重層的な直線群で構成されるような形式が唯一の解決策であると推定していたことであり，もうひとつにはル・コルビュジエ，グロピウス，そしてミース・ファン・デル・ローエらの紙面上のデザインの優位を推定していたこと，そして建築家ではなく歴史家であるがゆえに技術上，建設上の複雑さを低く見積っていたことである．アメリカの建築家たちが取り組んでいた実際上の諸事項や，実のところは巧妙に解決された諸問題に気づかなかった．彼の摩天楼に対する見方は全く紙面上でしか通用しないものだった．

　1860年代のニューヨーク，そして1880年代のシカゴにおける摩天楼の始まりは詳細に記録されており，20年間にわたって発展した商業用高層建造物の一貫性ある類型——オフィスを備え，通常は2つか3つの玄関口に限られたU字型またはL字型平面の建物——が存在するために，大抵の場合はシカゴの方が重視されている[3]．商業用地の必要性，投機的な地価基準，条例や建築規制の変更，そして新たな税法——1871年のシカゴ大火がその創造に必要な市場の力を発動させた．電気式乗用エレベーター，耐火加工技術，配管・暖房・照明・換気技術の進歩，そして電話は必要な技術的革新の一部だった．シカゴのローム質の土壌に対してはフーチングの解析における理論的アプローチが要求され，これらはレデリック・バウマン，ダンクマール・アドラーといった主にアメリカ中西部へ移住したドイツ人エンジニアたちによって実行された[4]．材料面での本質的な革新は，大スパンの金属骨組を可能にするベッセマー鋼の導入であり，それは1880年代半ばのことだった．回転ドア（1888年に発明された）のような一見重要でないようなものさえも，ある高さ以上の建造物においては決定的な技術上の革新だった．商業用建造物の全体の形状は，賃貸可能な床面積，材料費と人件費，そして工期にほぼ完全な形で影響された．建築批評家モンゴメリー・スカイラーが1895年にシカゴの建築について記したように，建築家に必要な「基礎的な調整能力」は管理者のそれであった[5]．

---

[3] Carl Condit, *The Chicago School of Architecture: A History of Commercial and Public Buildings in the Chicago Area 1875-1925* (Chicago: University of Chicago Press, 1964) はこの時代を対象とした見事な研究である．

[4] 最も重要な研究，*The Art of Preparing Foundations for all Kinds of Buildings, with particular Illustration of the "Method of isolated Piers" as Followed in Chicago* (Chicago: Wing, 1892; originally published in 1873) はフレデリック・バウマンによるものである．アドラーが興した構造面での革新，特にオーディトリアム・ビルディングに関するものについては，Louis H. Sullivan, "Development and Construction" (1916), *Louis Sullivan: The Public Papers*, ed. Robert Twombly (Chicago: University of Chicago Press, 1988), pp. 211-22 を参照．

[5] Montgomery Schuyler, "The Economics of Steel Frame Construction," *A Critique of the Works of Adler and Sullivan* (1895), (Lewis Mumford, ed., *Roots of Contemporary American Architecture* (New York: Dover, 1972; originally published in 1952), p. 236. から引用).

鉄骨造の進化における困難は，風荷重に関する構造的要因だった．1880年代の鉄骨造の発展——バーナム＆ルートによるモントーク・ビルディング（1881-82）からウィリアム・ル・バロン・ジェニーによるホーム・インシュアランス・ビルディング（1884-85），ホラバード＆ローシュによるマーケット・ビルディング（1893-95）に至るまで——においては，主たる構造的な問題点は横方向の風力だった．骨組みがまさしく「枠」そのものに近づくほど，外壁は非耐力壁に近づくために軽量になり，建物は風の影響を受けやすくなる．モントーク・ビルディングでは，外装に耐力壁が採用され，鉄骨はその内側に収められた．2つの街路に面したホーム・インシュアランス・ビルディングにおいては，鉄柱は通りに面する外壁にまで動かされ（そしてコンクリートと煉瓦に包み込まれ）たが，背面と北側の壁は安定性の理由から耐力壁とされた．L字型平面のタコマ・ビルディングにおいては，街路に面したファサードは大幅に軽量化され，被覆材とガラスを施されて吊り下げられたが，両側面の壁と2つの内壁は依然として耐力壁であった．ホラバード＆ローシュの2作目であるマーケット・ビルディングにおいてのみ，U字型の平面によりさらなる安定性が与えられることによって，耐力壁が取り払われ真の鉄骨造が達成されたのである[6]．

　これらの構造的，技術的判断はもちろん，1890年代にますます表面化した美学への関心を排除するものではなかった．H・H・リチャードソンの影響を強く受けたジョン・ウェルボーン・ルート（John Wellborn Root, 1850-1891）は，シカゴのルーカリー・ビルディング（1885-88）に見られるように，しばしば入念な態度でロマネスクの建築言語を高層建造物の設計に用いた[7]．また同じくシカゴのモナドノック・ビルディング（1888-92）においては，ルートは建物を巨大な直方体へと造形し，初期段階ではエジプト風の装飾を有していたビルから，上下の広がりをもつ部分と側面を連続的に取り巻くベイ・ウィンドウのうねりを例外として，あらゆる装飾や変調を取り去った．モナドノック・ビルディングは外壁によって荷重を支える建物のうちの最後のひとつであり，その中で最大限である16階建てという高さを達成している．

　ルイス・サリヴァンは，セントルイスのウェインライト・ビルディング（1890-91）とバッファローのギャランティ・ビルディング（1893-96）の設計によって，初期の

---

[6] タコマ・ビルディングとマーケット・ビルディングの構造については，Robert Bruegmann, *The Architects and the City: Holabird & Roche of Chicago, 1880-1918* (Chicago: University of Chicago Press, 1997), pp. 83-6, 124 を参照．

[7] ルートの生涯と業績については，Donald Hoffmann, *The Architecture of John Wellborn Root* (Chicago: University of Chicago Press, 1973) を参照．建築を対象としたルートによる著作に関しては *The Meanings of Architecture: Buildings and Writings by John Wellborn Root*, ed. Donald Hoffmann（New York: Horizon Press, 1967）を参照．

摩天楼におけるコンセプトの問題の「解決」に成功した．9階建てのウェインライト・ビルディングにおいて，サリヴァンは3つの部分——2階分の高さをもつ商業用の基部，オフィスとして使用されまた構造上の控え壁を有する中間階，そして設備機器類を収める屋階——からなる区分法を考案する．そして，より高層で，より生き生きとしたギャランティ・ビルディングは19世紀アメリカ建築の傑作のひとつである．このビルの完成にあたって執筆されたエッセイ「芸術的に考慮された高層ビル」("The Tall Office Building Artistically Considered")の中にサリヴァンの意図が集約されている．「形態は常に機能に従う」という彼の常套句は，さまざまな部分的要素の形態的取り扱いを合理的に説明する．最も重要な部分は以下の記述である．「不特定多数のオフィス階が段々に積層し，ある層は別の層と同様であり，あるオフィス——蜂の巣の中のひと部屋によく似て，ただ仕切られた小部屋以上の何ものでもないようなオフィス——は他のすべてのオフィスとまるで同じである」[8]．高層建造物における最上位の美学的特徴とは本質的に「高く」，身震いするくらいに感動的で，そして表現豊かなことであり，「それは高く，隅から隅まで高くなければならない．高いことに備わる強さと力がそれに内包されていなくてはならない．高揚に備わる栄光と誇りがそれに内包されていなくてはならない．それはあらゆる部分が誇り高く上昇するものであり，純然たる歓喜の中に立ち上がる頭の上からつま先までひとつの乱れもない個である——それは最も大胆で，最も不吉で，最も近づきがたい条件から生じる，新しく，思いもよらぬ，雄弁な結論である」[9]．

批評家モンゴメリー・スカイラーはサリヴァンの功績を称賛した．「焼成粘土の覆いを通じて，その金属構造をこれほどまでに感じられるような鉄骨造の建造物を私は他に知らない」[10]．1918年，クロード・ブラグドンはサリヴァンのビルを満足のいく評価には値しないとはいえ画期をなすものと見做した．等間隔かつ同じ大きさで並んだ実利的な窓の行列において，民主主義がついにその法則を見出したとブラグドンは感じており，それらが「人目につかない勤勉な生活の平等と単調さ」を示唆する一方で，心打たれるほど垂直な柱が彼らの「希望と大志のために立ち上がり，全体を覆う控えめで繊細な装飾は彼らの夢の手触りのようである．こうして建築は創意について力強く言及することが可能になる．なぜならその創造者は民主主義の詩人であり預言者であるからだ」[11]．ここには，当時のヨーロッパではほとんど聞くことのできな

---

[8] Louis Sullivan, "The Tall Office Building Artistically Considered," *Louis Sullivan: The Public Papers*, p. 105.
[9] Ibid., p. 108.
[10] Claude Bragdon, *Architecture and Democracy* (New York: Knopf, 1918), p. 17 から引用．
[11] Ibid., pp. 18-19.

ったアメリカ独特の建築観が描かれている．

　シカゴにおいて成功を収めたのはサリヴァンだけではなかった．1895 年，フランク・ロイド・ライトはラクスファー・プリズム・カンパニーのための格子縞模様のガラスをもつ 10 層の摩天楼計画の概要を書き上げ，その数年後にはバッファローにラーキン・ビルディング（1902-06）を完成させた．その他，チャールズ・B・アトウッドのリライアンス・ビルディング（1894），ホラバード＆ローシュのウィリアムス・ビルディング（1897-98）とリパブリック・ビルディング（1902-04）がおおよそ同時代のシカゴに建てられた特徴的な高層建造物である．

　20 世紀への変わり目におけるニューヨーク市の状況は，シカゴとは大分異なっていた．第 1 に，マンハッタンは地表から数フィート下に岩盤をもつ島であり，この岩盤のおかげで構造上の問題の多くが解消された．第 2 に，アメリカ北東部はその美的価値に関して，未だにヨーロッパに追随する傾向にあった．この地域出身の建築家の多くがパリのエコール・デ・ボザールで教育を受けただけでなく，北東部の主要な建築学校はその教育方針においてほぼ完全にボザールを模していた．これらの理由に加えて，長期かつ大規模な資産の集中もあり，ニューヨークの建築を取り巻く風潮はかなり保守的なものだった．一部の批評家が言及したように，海外から獲得された伝統的様式が，ヨーロッパや北アメリカの他の地域よりも長く廃れずに残っていたのである．

　これらの要因の結果，摩天楼はシカゴよりも早くからニューヨークで発展していたにもかかわらず，後者の都市においては第 1 次世界大戦を通じて歴史主義的な外観に包まれたままだった[12]．エレベーターが初めてその姿を現したのはイクイタブル・ライフ・アシュアランス・ビルディング（1868-70）においてであったが，それはマンサード屋根の下に押し込められていた．リチャード・モリス・ハントによるトリビューン・ビルディング（1873-75）もマンサード屋根を見せつけるだけでなく，260 フィートの高度まで立ち上るフィレンツェ風の塔屋を備えており，それはシカゴがその 10 年後に到達する高さだった．トリニティ・チャーチの尖塔を最初に飛び越したビ

---

[12] ニューヨークにおける高層建造物の勃興は，長年にわたって歴史研究の主題とされてきた．そのうち最も傑出したものいくつかとして，以下を挙げる．Col. William A. Starrett, *Skyscrapers and the Men Who Build Them* (New York: Scribner's, 1928); Ada Louise Huxtable, *The Tall Building Artistically Reconsidered: The Search for a Skyscraper Style* (New York: Knopf, 1982); Thomas A. P. van Leeuwen, *The Skyward Trend in Thought: The Metaphysics of the American Skyscraper* (Cambridge: M. I. T. Press, 1986); Carol Willis, *Form Follows Finance: Skyscrapers and Skylines in New York and Chicago* (New York: Princeton Architectural Press, 1995); and Sarah Bradford Landau and Carl Condit, *Rise of the New York Skyscraper 1865-1913* (New Haven: Yale University Press, 1966).

ルはジョージ・B・ポストの設計によるピュリッツァー・ビルディング（1889-90）であり，その309フィートの高さはシカゴのどの建造物をも遥かに上回っていた．19世紀の終わり頃に広く称賛を受けた際立った建造物のひとつに，ギャランティ・ビルディングとほぼ同時期に建てられたブルース・プライスによるアメリカン・シュラティ・ビルディング（1894-96）がある．ビルは20階建てだが，中層階を構成する地味で素朴な付柱の頂は，見事な彫像とイタリアのロッジアのモチーフで覆われていた．たとえこのビルが，機能性における確実さという点に関してサリヴァン設計の建造物に及ばないとしても，それが生気と活力を欠いているということは決してない．それは1890年代の楽観的傾向を代弁しているのである．

　第1次世界大戦直前，ニューヨークにおける摩天楼の建設規模は大きな飛躍を遂げたが，その歴史主義的傾向は保たれたままだった．歴史主義的傾向という点において注目に値したのはダニエル・バーナムによるフラット・アイアン・ビルディング（1903）とサイラス・L・W・エイドリッツによるタイムズ・タワー（1904）である．しかし，これらはすぐ後に建てられたアーネスト・フラッグによる600フィート，47階建てのシンガー・ロフト・ビルディング（1906-8）に比べれば小さなものだった．ここでは細い塔屋がフランス風のマンサード屋根の建物から立ち上がっており，工場生産のガラスで構成される塔壁面中央の縦帯は，石造の繰形と煉瓦で構成された隅柱で枠取られ，隅柱にはぽつ窓が並んでいた．塔はその頂部で少し膨らみ，マンサード屋根に覆われ，さらにその上部にはマウソレウム風の採光飾りが載せられた．ところがこの伝統主義的な成果はキャス・ギルバートによるゴシック風のウールワース・タワー（1911-13）——エッフェル塔をしのぐ792フィートの高さをもつ当時世界で最も高い建造物——によってすぐに追い越されることになる．事実，この〈商業の大聖堂〉は14,000人の労働者，3,000台近くの電話機，そして世界最速のエレベーターを収容しており，同時代の著述家たちはこのビルの成功を褒め称えた．

　これらすべては第1次世界大戦と，続く「狂騒の20年代」の10年間に変わる運命にあった．アメリカ合衆国はこの戦争から抜け出し，西側諸国において最も裕福かつ強力な国家となっていく．これに続くのは禁酒法，もぐり酒場，婦人参政権，性的規範の変動，大量移民，富の一極集中，F・スコット・フィッツジェラルドとシンクレア・ルイス，ジョージ・ガーシュウィン，ラジオ，そしてテレビまで登場する時代だった．いうまでもなく，1920年代はアメリカ史上最大の経済恐慌とともに終わりを迎える．

　摩天楼に関していえば，重要な出来事は1916年のニューヨーク市におけるゾーニング法改正だった[13]．この法改正は，アーネスト・グラハムが1915年に完成させた

セットバックなしの 32 階建て，100 万平方フィート以上の床面積を擁し，2 つのブロックからなるエクイタブル・ビルディングへの対抗措置として成されたものでもある．法案は都市区画と建築可能範囲（ゾーニング・エンヴェロープ）を規定するものであった．建造物は規定された高さまでは垂直に立ち上がることができるが，それ以上は街路の中心から引かれた直線によって定められる角度に従って後退しなくてはならない．そしてこの法案は高さに制限を課すものではないものの，塔の最上部は敷地の 25％以上を占めることはできないよう規制していた．

　大戦と戦後の景気後退もあり，法案に対する建築的解釈が得られるまでには数年を要した．1920 年の『アーキテクチュラル・レコード』（*Architectural Record*）誌に掲載された論評で，ジョン・テイラー・ボイド Jr. は法案を，かつての都市的混沌を克服するための手段と見做している．彼はまた法案を，劇的に都市の性質を変化させるような都市計画のための道具としても捉えていた．「つまり，この新しい都市概念を古いそれと比較することができるかもしれない．古い概念は，街路と区画からなるシステムが，細胞状に構成される粘菌のようなものとして都市を描いている一方で，ゾーニングにより創造される新たな理想的概念は，互いに関連した部分や単位から構成され，都市街区の形状をなす機構として都市を描いている」[14]．その他さまざまな法案の解釈が続くが，その多くが新たなアメリカの様式(スタイル)が法案によって出現するという可能性をとりわけ強調している[15]．1921 年，高層建造物設計の問題に取り組んでいたアーヴィング・K・ポンドは強制的な「セットバックと削られた隅角部」を，感情に直接訴えかけるための手段と見做した．つまり，水平方向と垂直方向の諸要素が「それぞれ独自に感情に呼びかけ，かつ互いを抑制しながら構成されるのである」[16]．同じ年に建築家バートラム・グロスヴナー・グッドヒュー（Bertram Grosvenor Goodhue, 1869-1924）はマジソン・スクエア・ガーデンの隣に建つ 1,000 フィート，80 階建ての基部に巨大な聖堂を擁するカンヴァケーション・ビルディングを提案した．グッドヒューと図案家ヒュー・フェリスはそのタワー案のために何枚ものスケッ

---

[13] この法に込められた深い意義については，Carol Willis, "Zoning and Zeitgeist: The Skyscraper City in the1920s," *Journal of the Society of Architectural Historians* 40 (March 1986) pp. 47-59 を参照．

[14] John Taylor Boyd, Jr. "The New York Zoning Resolution and Its Influence upon Design," *Architectural Record* 48, no. 3 (September 1920): p. 193.

[15] 新ゾーニング法がもたらす影響について早い段階において言及した記述としては，Harvey Wiley Corbett, "High Buildings on Narrow Steets," *American Architect*, no. 119 (1921): pp. 603-8, 617-19, and C. Matlock Price, "The Trend in Architectural Thought in America," *Century Magazine*, no. 102 (1921).

[16] Irving K. Pond, "Zoning and the Architecture of High Buildings," *Architectural Forum* 35 (October 1921): p. 133.

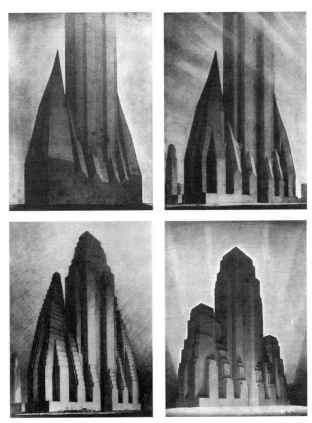

84 ヒュー・フェリス,ニューヨーク市の新ゾーニング条例を描いた4枚のスケッチ (*The Metropolis of Tomorrow*, New York, 1929 より).

チを用意したが,そのスケッチの先細りながら後退する形状は,(より大規模であることを除いて) 当時建設が緒についたばかりのグッドヒューによるネブラスカ州議事堂の輪郭を反映したものであった[17].

　新法案と,その法案が摩天楼デザインに与えた影響における重要な進展は,ヒュー・フェリス (Hugh Ferriss, 1889-1962) による4枚のスケッチがもたらした結果として1922年に現れた (図84)[18]. その当時,フェリスはすでに輝かしい図案家として

---

[17] このドローイングのうちのひとつは,フェリスの著書 The Metropolis of Tomorrow (New York: Ives Washburn, 1929), p. 41, 191 に掲載され,フェリス自身による説明が加えられている.
[18] フェリス,そして彼のスケッチの重要性については,キャロル・ウィリス (Carol Willis) によるフ

よく知られていた．建築家として教育を受けたフェリスは，1913年にセントルイスからニューヨークへと移るが，1915年には主にチャコールとカーボンを用いて仕事をするプロのレンダラーとして独立し，業務を開始した．その極めて独特な明暗技法は「幻視的」な思考に適していたが，彼の建築的創造におけるその並外れた独創性はその時点では予期されていなかった．1922年の初頭に，フェリスはハーヴェイ・ワイリー・コルベットとの協働を始めたが，コルベットはキャス・ギルバートの弟分で，（フランク・ヘルムルとの共作で）ブッシュ・ターミナル（ニューヨーク，1916-17）を設計して大きな称賛を受けた建築家である．デザインの提案者であるコルベットが新法案を図解し，フェリスがそれをスケッチへと変えた．スケッチはまず初めに1922年2月のニューヨーク建築リーグ（the Architectural League of New York）の展示会と『ニューヨーク・タイムズ・マガジン』（NewYork Times Magazine）に登場した．それは，シカゴ・トリビューンのコンペが告示される直前のことであった[19]．4枚のドローイングのうち，初めの2枚はライオネル・ファイニンガーの版画に見られるような斜線で描かれており，街路の中央から引かれた線により，地上に光が届くためのヴォリュームへと削られた法定上のセットバックを表現している．中央の量塊は，高さは無制限であるものの，敷地面積に対してはその25%のみを占めるタワーである．続くドローイングでは，主要な3つの量塊がジッグラトの形状を示し始め，そのセットバックした建造物の量塊は4枚目のドローイングにおいて最終的な形状を獲得する．

　これらのスケッチにおいて重要なことは2つある．ひとつ目は，非常に説得力のある立体的で調和のとれた全体が摩天楼の全く新たな理想像を提示していること，2つ目は，これらの構成がデザイン戦略に関して示唆に富む手法でゾーニング・エンヴェロープの本質から掘り出されていることである．ドローイングを描いたフェリス自身，法案が暗示するデザインを理解していた．「建築家は装飾家であることをやめ，彫刻家となるだろう」[20]．そして彼はまた——同じ章の冒頭の引用部において——このような観点の変化がアメリカ文明の新たな建築の可能性を導くと述べている[21]．

　フェリスはその後数年にわたり，アイディアを洗練させた一連の未来的ドローイン

　　ェリスを描写した記述，Carol Willis, "Drawing towards Metropolis," in Ferriss, *Metropolis of Tomorrow*, pp. 148-84 を参照．
[19] これらのスケッチは1922年3月19日の『ニューヨーク・タイムズ・マガジン』誌面に掲載された．シカゴ・トリビューンの設計競技は6月に告示された．
[20] Hugh Ferriss, "The New Architecture," *New York Times Magazine*, 19 March 1922, 8. Willis, "Drawing towards Metropolis," p. 155 から引用．
[21] Willis, "Drawing towards Metropolis," p. 158 から引用．

グを生み出した。1923年，フェリスはコルベットが率いる計画委員会のもとで，マンハッタンの商業中心地区の2階の高さにペデストリアンデッキを提案した[22]。1924年には建築家レイモンド・フッドと仕事を開始し，未来的提案を行うようになる。その1つが「針状都市」であり，1,000フィートもの高さの細長いタワーがゆったりと配置され，それらのタワー同士が流れるような高速道路で結ばれたものだった[23]。続く2年間にわたって，フェリスはこのアイディアを，広大な環境の中の高さ1,500フィートのガラスタワー群からなる，点状の光で満ち溢れ上空を飛行機が飛び交う，透明感のある都市へと発展させる[24]。1925年に描かれた他のレンダリングにおいては，フェリスとフッドは居住可能な

85 フランク・ロイド・ライト，ナショナル・ライフ・インシュアランス・カンパニーのためのデザイン，シカゴ，1924．フランク・ロイド・ライト財団．

吊り橋を提案する。鉄塔部はオフィス用のタワーとなり，ケーブルによる両側面の二重構造は懸垂曲線と道路のあいだに吊り下げられたオフィス兼住居棟へと変換されている[25]。

　この期間，高層建造物の取り扱いに関して同程度に独創性に満ちていた建築家は，フェリスらの他にはフランク・ロイド・ライトただひとりであった。シカゴのナショナル・ライフ・インシュアランス・カンパニーのための驚くべき計画（1923-24）——デザインと技術的な洗練の度合いにおいて同時代のいかなる建造物よりもはるかに進んでいた——は，それぞれの床が内部の柱状構造物からキャンチレヴァー状に支えられ，交差する4つの塔状部分が平行に並び，背骨のような構成をつく

---

[22] Ibid., p. 160.
[23] Ibid., p. 162. Orrick Johns, "Architects Dream of a Pinnacle City," *New York Times Magazine*, 28 December 1924 にて初出．
[24] Ferriss, *Metropolis of Tomorrow*, p. 87, 101 を参照．
[25] Ibid., p. 71.

Chapter 12　アメリカにおけるモダニズム 1917-1934　　633

る独創的な構造システムとして着想された（図85）．この「銅で束ねられた玉虫色に変化する乳白色のガラス」の組み立て式摩天楼は，一連の「吊り下げ式の，規格化された銅板スクリーン」で覆われており，そこに単層もしくは複層のガラスパネルが挿入された[26]．内壁も同様に，最大限のフレキシビリティを有するように，プレハブの壁とドアのシステムとして設計され，また撤去したり再配置したりすることが容易になるように暖房，配管，電気系統の配線が組み立て式の主管の中に入れられた．ライトはここで東京の帝国ホテルにおける構造論理を用いており，建造物はそのシステムによって現存するいかなる同規模の摩天楼よりも1/3軽く，そして3倍強くなると主張した．「私は，以下の事実に主要な価値があると考える．つまりこの計画の全体像は，このような建造物のすべてを悩ませている〈建築の〉問題を，建設現場から合理的に取り除くものである．建築の〈外部〉または内部を構成するすべての要素は完全に工場生産——現場では組み立てられるだけ——なのである」[27]．ライトのこのデザインは，依頼者アルバート・マセイ・ジョンソンのための，実現を想定した仕事であり，彼は実業家であるばかりか「狂信的で神秘的，無慈悲な守銭奴であり人間主義者（ヒューマニスト）」[28]だった．もしこの並外れたデザインが実現していれば，その後のアメリカの高層建造物が辿った道は根本的に異なっていただろう．

　これほど強烈な実験精神に溢れていた1920年代前半の中で，幾分評判の悪い1922年のシカゴ・トリビューン・タワー・コンペは，かつて信じられていたほどには，アメリカの実践にとって重要ではなかったと見做されるべきである．このイベントは特にヨーロッパにおいて，選考委員にほとんど建築家が入っていなかったという点で，頻繁に報道され注目を集めた．さらに，2等を与えられたエリエル・サーリネンのデザインに優る1等を，議論の末にジョン・ミード・ハウエルとレイモンド・フッドの計画案に与えるという決定は，国内外で激論を巻き起こした．

　この設計競技はシカゴ・トリビューン——「世界最大の新聞社」——とその系列の出版帝国の2名の社主，ロバート・マコーミックとジョゼフ・パターソンの計画によるものであった[29]．1922年6月9日，この2人は「世界で最も美しく，最も際立ったオフィスビル」となる予定の新社屋のための国際的な建築設計競技を発表した．設計

---

[26] Frank Lloyd Wright, "In the Cause of Architecture VIII: Sheet Metal and a Modern Instance," *The Architectural Record*, October 1928. (*Frank Lloyd Wright: Collected Writings, 1894-1930*, ed. Bruce Brooks Pfeiffer (New York: Rizzoli, 1992), 308. にて再録).

[27] Ibid., p. 309.

[28] *An Autobiography: Frank Lloyd Wright* (New York: Horizon Press, 1977; originally published in 1932), p. 279.

[29] この設計競技の沿革については，Katherine Solomonson, *The Chicago Tribune Tower Competition* (New York: Cambridge University Press, 2001) を参照.

競技は誰でも参加できるものであったが，アメリカ国内の事務所10社が特別に参加を要請され，それぞれが努力への報酬として2,000ドルを受け取ることになっていた．1等の受賞者には50,000ドルが約束され，2等と3等の受賞者はそれぞれ20,000ドルと10,000ドルを受け取ることになっていた．一連の行程は8月初頭までには用意が整えられており，アメリカ国内の参加者は出品案を11月初めまでに提出しなければならず，また国外から郵便で提出される案には30日分の猶予が与えられていた．最終的には263組の建築家が案を提出したが，（グロピウスとマイヤーらの案を含む）海外からの74案は到着が遅すぎたために選考対象に入ることができなかった．審査委員会の顔ぶれが，社主らの思惑とこの設計競技の本質のすべてを物語っている．委員会は5名のメンバーで構成されており，そのうち4名がシカゴ・トリビューン社の役員，1名が建築家――アメリカ建築家協会イリノイ支部長アルフレッド・グレンジャー――だった．したがって根本的には，メンバー4人がほとんど，もしくは全く建築に携わった経験をもたない専門外の審査委員会だったのである．そして，招待された事務所の多くが新聞社主との業務上または社交上のつながりをもっていたため，賞を与えられた3案のうち2案が参加を要請された事務所からの選出であったという事実は全く予測しうるものであった[30]．

この設計競技とその重要性はいくつかの面において誤解されてきた．ひとつには，20世紀の歴史家たちが支持した案の多くが，技術的に不可能とはいわないまでも非現実的なものであったということだ．1941年，ジークフリート・ギーディオンはヴァルター・グロピウスとアドルフ・マイヤーの案がハウエルズ＆フッドの1等案よりも優れていると主張したが，ギーディオンがその建造物の優れた「建築術的表現」[31]（アーキテクトニック）として意味したものを正確に理解するのは困難である（図86）．その突き出した剥き出しのバルコニーは〈風の街〉の厳しい冬にとって全く不適切であり，少なくとも近くの湖から絶え間なく吹き付ける突風を考えると，バルコニーの細いパイプの手すりは，どう見てもそのビルの使用者に安心感を与えるものではなかった．加えて，1922年当時のガラス窓とマリオンの技術はまだ未熟で，床から天井までの高さをもつ「シカゴ・スタイル」窓の案は風荷重に耐えることはできなかっただろう．ギーディオン

---

[30] 第3位にはホラバード＆ローシュの案が選ばれた．
[31] Sigfried Giedion, *Space, Time and Architecture: The Growth of a New Tradition* (Cambridge: Harvard University Press, 1949; originally published in 1941), p. 327. また同著者の *Walter Gropius: Work and Teamwork* (London: The Architectural Press, 1954), p. 68 を参照．グロピウスの計画は，「実行に移されることとなったゴシック・タワーよりもシカゴ派の精神により近い」ものである，というのがギーディオンの主張だった．〔ジークフリート・ギーディオン『新版　空間・時間・建築』太田實訳，丸善，2009年〕．

86　ヴァルター・グロピウス＆アドルフ・マイヤー，シカゴ・トリビューン・タワー設計競技への提出案，1922 (Walter Gropius, *Internationale Architektur*, Munich, 1925 より).

　に称賛された他の計画案，例えばブルーノ・タウトとマックス・タウトの案などは，構造的にも美学的にも単純すぎるものであった．

　しかしながら，いくつかの計画案は摩天楼とその技術体系についての真の理解を示していた．ライトの高層建造物についての着想に強く影響を受けたオランダのベイフトとダイカーの作品は，下部にある2つの水平構造体に支持され，機械設備を収納する隅部のピアを備えた極めて合理的なタワーを提示している（図87）．ハンス・ルックハルトとヴァシリー・ルックハルトの計画案は，中央に位置する最も高い層が薄い層で挟まれた独創的なものであり，両組の案はともに実現可能かつ極めて精密なものであった．アメリカ人によるデザインのうちおそらく最良のものは，かつてライトのもとで見習いをしていたウォルター・バーレイ・グリフィン（Walter Burley Griffin, 1876-1937）のものである．グリフィンは，彼が新首都の設計を行っていたオーストラリアから応募案を提出した[32]．それは，同時代のゾーニング法に基づいて描かれたフェリスのドローイングの意図に極めて類似するセットバックした建造物であるが，その垂直方向の表現においてより緻密で，かつ優美ですらりとしたものであった．

　この設計競技について誤解されているもうひとつの側面は，コンペティションをとりまく論争が摩天楼のデザインに与えた刺激に関わるものである．1923 年，サリヴァンは『アーキテクチュラル・レコード』内の記事によって論戦を煽った．その記事において彼は，ハウエルズ＆フッドの当選した計画案を「死にゆくアイディアから発

---

[32] グリフィンと彼の配偶者マリオン・マホニーの経歴については，Anne Watson, ed., *"Beyond Architecture": Marion Mahony and Walter Burley Griffin, America, Australia, India* (Sidney: Powerhouse Publishing, 1998) を参照．

せられた」ものであり，サーリネンこそが「アメリカ人建築家が誰ひとり示すことのできていない，必要な思考の深さと，達成すべき目的に対する確固たる意思において」摩天楼にまつわる複雑な問題を把握していると述べた[33]. しかしそのような見方はレイモンド・フッドの経歴を公正に扱うものでは決してなかったし，サーリネンの評価に関しては曲解すらしている．

第1にこのフィンランド人建築家のデザインは，幾分抽象的な仕方によってではあるが，ゴシック建築の形状から着想を得ている．デザインの主要なモチーフはフェリスの習作に類似する全体的にセットバックした構成にあり，サーリネンはこの図案家が出版した労作を意識していた可能性がある．このデザインのひとつの特徴は，建造物の至る所に見られる造形的な彫刻の多用である．サリヴァンはこの装飾を容認し得ると感じていたが，ヨーロッパにおけるサーリネンの同業者たちの多くは猛烈に反対した．いずれにせよ，この設計競技におけるサーリネンの相対的な成功は彼をアメリカ中西部へと移住させることになる．そこでサ

87 ベルナルト・ベイフト＆ヨハネス・ダイカー，シカゴ・トリビューン・タワー設計競技への提出案，1922 (Walter Gropius, *Internationale Architektur*, Munich, 1925 より).

ーリネンはミシガン大学の教職を得ることとなり，そして翌年にはデトロイト近傍にあるクランブルック・アカデミーとの付き合いが始まった．このアカデミーは後にアメリカのモダニズムにおける活発な中心地となる．

　レイモンド・フッド (Raymond Hood, 1881-1934) の場合も，サーリネンの場合と

---

[33] Louis Sullivan, "The Chicago Tribune Competition," *The Architectural Record*, no. 153 (February 1923): pp. 151-7. *Louis Sullivan: The Public Papers*, pp. 228-9 にて再録．

よく似ていた．設計競技会への参加を要請された 10 の事務所のうちのひとつであったジョン・ミード・ハウエルズ（John Mead Howells, 1868-1959）は，グランド・セントラル・ステーションでフッドと接触し，2 人はこのプロジェクトにおいて協働することを決意したという[34]．フッドはハウエルズと同様にエコール・デ・ボザール出身であったが，彼のニューヨーク事務所は成功を収めておらず，1922 年の時点では仕事がなかった．彼はゴシック建築によるデザインを自身で用意したが，それはおそらくキャス・ギルバートが大成功を収めたウールワース・ビルディングの影響を受けたものと思われる．しかし興味深い点は，フッドが高層建造物のデザイン手法をすぐに大幅に改めたことである．この変化はニューヨークのアメリカン・ラディエイター・ビルディング（1924）に最初に反映される．ここにおいてフッドはフェリスの習作へと立ち戻り，上方に向かって減衰するタワーの上部には装飾を載せている．さらに，ニューヨーク・デイリー・ニュース・ビルディング（1928-30）や 20 世紀において最も洗練されたオフィスビル群のひとつであるロックフェラー・センター内の RCA ビルディング（1929-33）のデザインに見ることができるように，フッドはセットバック・スタイルの名手となったのである．彼の最後の傑作はマグロウヒル・ビルディング（1929-31）であり，これはヒッチコックとジョンソンのキュレーションによる 1932 年の展覧会に選ばれた数少ないアメリカ人による作品のひとつである[35]．

1925 年頃には，もうひとつの要素がセットバック・スタイルへと次第に組み込まれ始めていた——アール・デコの装飾的形態である．その最初の輝かしい開花の様子は，エリー・ジャック・カーン（Ely Jacques Kahn, 1884-1972）によるパーク・アヴェニュー 2 番地の集合住宅コンプレックス（1924-27）において見ることができる[36]．エコール・デ・ボザールで教育を受けたカーンのスタイルは，間違いなく 1925 年のパリ万国博覧会への訪問の影響を受けていた．しかしアール・デコの意図はより広がりのあるものであり，セットバック・スタイルによる新しい三次元形状に，この時代の精力的な歩調と調和した独創的かつダイナミックな（そしてモダンな）活気を取り入れる試みとして解釈され得る．ルイス・マンフォードはカーンによるアール・デコの用い方を，新たな機能的形態を芸術的印象で染め上げるために必要不可欠な「もう

---

[34] フッドについては，Walter H. Kilham, *Raymond Hood, Architect: Form through Function in the American Skyscraper* (New York: Architectural Book Publishing Co., 1973), Arthur Tappan North, *Raymond M. Hood* (New York: McGraw-Hill, 1931) を参照．

[35] Henry-Russell Hitchcock and Philip Johnson, *The International Style* (New York: W. W. Norton, 1966; originally published in 1932), pp. 156-7 を参照．

[36] カーンの初期作品については，彼についてのモノグラフ *Ely Jacques Kahn* (New York: McGraw, 1931) を参照．

一手」と見做した．そして彼はカーンによるパーク・アヴェニューの集合住宅を「高層建築における我々が得た近年のすべての成果の中で，最も大胆で最も明快な記録」[37]であると考えた．対照的にヒッチコックは「もう一手」を加えようとする探求に猛烈に反対し，「装飾の付加によって過去の様式を模倣する者たちの多くと比べても，全般的にあまり優れない」[38]ような建築家たちとカーンをひとまとめに分類した．

　アール・デコのもうひとつの源泉は，新たに生じた非ギリシア・ローマ的な考古学的対象への関心であった．カーンはペルシャとオリエントにおける考古学的対象の魅惑の源を突き詰め，フェリスは1923年から34年にかけてコルベットと協働し，ソロモン王宮と要塞の大規模な復元を行った[39]．フェリスは当時流行していたバビロンに関する幻想物語にも大いに興味をそそられており，1929年に出版された書籍において，現代のデザインに適用するための準備として空中庭園やアッシリアのジッグラトのイメージを描き込んでいる[40]．ほかにもセットバック・スタイルとマヤの階段ピラミッドとの類似に注目していた人物がいた．ライトは十代後半の頃，ロサンゼルスにおいて先コロンブス期アメリカのモチーフに好奇心を掻き立てられていた．ロサンゼルスのシアーズ・ローベック・ストア（1926）はマヤ風装飾を有しており，ティモシー・L・プリューガーによる作品として有名なサンフランシスコのサッター・ストリートのオフィス・ビルディング（1929-30）もまた同様である．1925年，ニューヨークで働いていたイギリス人建築家アルフレッド・C・ボッサムはティカルのピラミッドを「アメリカの摩天楼の原型」であると見做し，オフィス・ビルディングにおけるその形状の相応しさを主張した[41]．そのような思考の結実のひとつが1929年出版のフランシスコ・ムジカによる名著『摩天楼の歴史』（*The History of the Skyscraper*）である．かつてメキシコ大学で教職に就いていたチリ人建築家ムジカは，ル・バロン・ジェニーによるホーム・インシュアランス・ビルディング以来の摩天楼の発展史に精通しており，ティカル，パパントラ，チチェン・イツァのマヤ・ピラミッドの考古学的復元から，部分的にこれらの段状ピラミッドの形状に由来する「ネオ・アメリカ」建築の「新機軸」へと主題を変化させた[42]．ムジカが提示する豊富な視覚資料を

---

[37] Lewis Mumford, "American Architecture To-day: I. The Search for 'Something More,'" *Architecture* (1928). Lewis Mumford, *Architecture as a Home for Man: Essays for Architectural Record*, ed. Jeanne M. Davern (New York: Architectural Record Books, 1975), p. 15 にて再録．
[38] Hitchcock, *Modern Architecture*, p. 103.
[39] Willis, "Drawing towards Metropolis," pp. 160-2 を参照．
[40] Ferriss, *Metropolis of Tomorrow*, p. 97, 99.
[41] John Burchard and Albert Bush-Brown, *The Architecture of America: A Social and Cultural History* (Boston: Little, Brown, 1961), p. 351 から引用．
[42] Francisco Mujica, *The History of the Skyscraper* (Paris: Archaeology and Architecture Press, 1929;

用いた物語の締め括りは，彼独自の，しかし全体の論理においてはフェリスとフッドのそれに類似した先コロンブス期の装飾で飾り付けられた 68 階建ての摩天楼のデザインであった．

フェリスによる『明日のメトロポリス』（*Metropolis of Tomorrow*, 1929）は同年に登場した．この荘厳な作品は彼の幻視的な着想を要約したものである．この未来のメトロポリスには半マイルごとに幅 200 フィートの大通りが流れ込んでおり，また商業，芸術，科学それぞれに向けられた区域と緑地をもつ．建造物は大通りをまたぐほどの巨大な塊から自然の環境に建つ孤立した塔までさまざまである．これは神智学的，擬似神秘主義的未来像ではあったが，その当時の現実に確固とした基礎をもっていた．

ウィリアム・ヴァン・アレン（William van Alen, 1883-1946）の設計によるクライスラー・ビルディング（1928-30）はそのような幻視の現代的達成であり，かつ 1920 年代後半における諸傾向の総合であった．この 1,046 フィートのタワーは企業の本社ではなく，才能あふれる自動車技術者であり企業家であるウォルター・P・クライスラーの個人的構想によるものであった[43]．ヴァン・アレンは，彼の偉業に相応しい歴史的評価をほとんど受けていない．彼は例に漏れずエコール・デ・ボザールの卒業生であったが，1920 年代のニューヨークで流行りの店のファサード，レストラン，広告用展示のデザイナーとして名声を確立した．クライスラー・ビルディングの計画は，偶然の出来事から始まった．ヴァン・アレンが別の依頼者のために同じ敷地に建てる高層建造物を計画していた際に，この計画への経済的援助が打ち切られたため，クライスラーがこれを引き取ったのだ．彼は世界一高いビルを手に入れることに執着した．そして彼の野望は歴史的なものとなる．建設工事開始後，他のビル――H・クレイグ・セヴェランスの設計によるバンク・オブ・ザ・マンハッタン・カンパニー――が数フィート分高くなることが発表されると，クライスラーはヴァン・アレンにより高い新たな頂部を密かに設計させた．称賛を受けた扇状に広がるアーチ型の装飾は自動車デザインの金属的光沢から着想を得たものであり，また技術者による錆や劣化に対する冶金学的耐性についての入念な試験を経て，クライスラーがドイツのクルップ社で製造していた特殊なニッケルクロム鋼（ニロスタ鋼）で形作られたものであった．しかしそれは数ある工学的偉業のひとつでしかなく，その中には扇状ドーム内部からの針状の尖塔の立ち上げ，鼓膜を害する振動なしに毎分 1,500 フィートを超

---

reprint, New York: Da Capo Press, 1977).

[43] クライスラーの来歴やこの建造物の沿革を要約した記述に関しては，Vincent Curcio, *Chrysler: The Life and Times of an Automotive Genius* (Oxford: Oxford University Press, 2000) を参照．

える速さで進むエレベーターの設計，そして（当時非常にまれなことであった）重大事故や死亡者なしの建設工事が含まれていた．

　クライスラー・ビルディングは，アメリカ建築のアイコンという役割を超えた特別待遇を受けている．この芸術的，技術的驚異は1932年のヒッチコックとジョンソンの展覧会には含まれなかったのだ．──レイモンド・フッドの作品に加え，フィラデルフィアにあるジョージ・ハウとウィリアム・レスケーズ設計のPSFSオフィス・タワー（1931-32）は展示されたにもかかわらず．しかし，クライスラー・ビルディングは1920年代の終幕までのアメリカ建築が熱望することのできた多くの勇敢な野心，芸術的不敵さ，そして──近隣にあるロックフェラー・センターのような──技術的な蛮勇や目が眩むほどの高さの象徴となったのである．それはこの種の建築の最後のモニュメントでもあった．なぜなら，1929年10月29日にアメリカ株式市場が空騒ぎの絶頂において崩壊したからである．1928年の時点で，全米の建築事務所の利益は総額で35億ドルに達していたが，1932年には5億ドルまで減少することとなり，同期間には国内の建築事務所のうち半数近くが倒産することになった．アメリカ史における大いなる繁栄と楽観の10年間は，陰鬱とした時代に早々に道を譲ったのである．

──2──
ライト：失われた時代

　1920年代のあいだ，フランク・ロイド・ライトが実務を続けることができなかったことは，アメリカ建築にとってもうひとつの不幸な出来事だった．優秀な若手建築家たちの一部は，タリアセンにあるこの中西部人のスタジオへ未だにひきつけられており，彼の並外れた才能と建築的想像力は依然として上り調子にあった．1914年に起こった火災と大量殺人事件という悲劇の後，ライトはウィスコンシンの自邸を再建する．その3年後，彼は東京に建設する新たなホテルの最終設計案を用意し，1919年の夏に現場監督のため東京へと移るが，その後の4年間の大部分はこの仕事に従事することになった．1923年，左右対称のボザール風平面に基づいた帝国ホテルは，竣工直後に発生した都市の大半を破壊し10万人以上の死者を出した大地震の被害を免れたことで国際的な名声を得る．ライトは，外壁から独立した床スラブの一端が，中央通路に沿って配置された内部の2つの支柱にキャンチレヴァー状に支えられ，か

つその他端は薄いコンクリートのピンや柱に載るという構造システムを綿密に設計していた．その原理とは，彼が自伝に記すところによれば，ウェイターの指の上でその中心を支えられたトレイであった[44]．

もうひとつの主要な業績が，ハリウッドのオリーブ・ヒル地区におけるホリーホック・ハウス（1918-20）の設計である[45]．アライン・バーンズドールは石油を遺産相続した裕福な人物であり，1914年以前にもシカゴにおいてライトと対面していたが，その後映画産業が興ったばかりのロサンゼルスに移り住んでいた．この計画は，演劇と映画のための劇場，レストラン，芸術家のための住居，店舗からなる文化センターの設立をねらったものだった．建てられたのは中心部の邸宅と少数の離れのみであったが，前者はライトの成長における決定的な一歩を象徴している．陽光の降り注ぐ穏やかな南西部の気候と，スペイン宣教時代の遺産が残るこの街で，ライトは建築的霊感を求めて先コロンブス期のアメリカ，主としてマヤ文明に目を向けた．その結果は，部分的な経年加工を施された日干し煉瓦を基準寸法とする量塊（実際はタイルと漆喰なのだが）を非具象的な形態に彫塑し，「黄金色に灼けた」丘と晴れやかな気候に調和させる，という地域性の抽出だった．神話的思考を高度かつ隠喩的に用いたこの建築は，予想されたとおりに同時代の批評家たちからは全く理解されなかった．1929年，ヨーロッパ的な嗜好のヒッチコックは「そのデザインの怪物的なまでの重々しさ」と「型取りしたというよりむしろ削り出したことを示唆するような，前代未聞の不適切な装飾」を痛烈に非難し，そして「大半のネオ・スパニッシュの建築家による作品」以下の満足しか見出さなかった[46]．

1923年から25年にかけて，ライトはロサンゼルスに4軒の住宅を建てた．ロサンゼルスは彼が日本から帰国した後に事務所を移転した都市である．「近代産業，そしてアメリカの時代的要請という観点において，カリフォルニア生活のまさしく本物の表現」[47]として，新しい建設システム「テキスタイル・ブロック」によって住宅のすべてが建設された．1辺4インチのコンクリート・ブロックは，現場において16平方インチの鋳型で装飾されたもので，空気層を挟み込むように内部の壁と外部の壁の両方に用いられる．垂直方向の接合材が16インチおきに基礎(フーチング)の中心に設置され，エッジに丸い切り込みを施されたコンクリート・ブロックがそれらのあいだに差し込ま

---

[44] *An Autobiography; Frank Lloyd Wright*, p. 239.
[45] この住宅デザインに込められた複雑な象徴性に関する解釈に関しては，Neil Levine, *The Architecture of Frank Lloyd Wright* (Princeton: Princeton University Press, 1996), pp. 124-47 を参照．
[46] Hitchcock, *Modern Architecture*, p. 116.
[47] *An Autobiography; Frank Lloyd Wright*, p. 265.

れた.細い継ぎ目は漆喰で埋められ,また水平方向の接合材が各列の上部と壁膜をつなぎ,そこも同様に漆喰で充填された.ライトはこの創案にふれて自身を「織工」とよび,そしてゼンパー主義的な「被覆」は説明しがたい概念ではあるが,間違いないものであると言及している[48].アリス・ミラードのためのパサデナ・ハウス,通称「ラ・ミニアチュラ」はこれらの高度な触知的創造物の第1作目であり,燦めく陽光を吸収し,(開口部においては)拡散させることが意図されていた.1923年初頭に計画されたこの小さな傑作は,草木の生い茂る道路脇の谷地に位置したため,入口は2階レベルになっている.この家はルーフ・テラスと屋上庭園までも備えていた——ル・コルビュジエが「5原則」のひとつとしてそれを実現させる3年前のことである.

しかしながら1923年,ドヘニー・ランチ・プロジェクトとして知られるビバリー・ヒルズの投機的事業の失敗に巻き込まれた結果,ライトの運命は一時的な低調に落ち込む.この計画は,急峻な峡谷の斜面に25軒のテキスタイル・ブロック住宅の建設が要求されたもので,テラス,空中にせり出した庭園,自然の滝が特徴的だった.先コロンブス期の影響が再度ライトの着想の中心となり,またここにおいて初めて対角線状(または菱形状)の平面計画が試みられた.

直面していた困難に輪をかけたのが,重要だが実現しなかった2つの計画,レイク・タホの保養地と「高利貸し」アルバート・ジョンソンのためのデス・バレーの平屋群である.1924年,仕事のないライトはロサンゼルスを放棄し,彼自身の法的および経済的な不偶について考えを巡らせるために砂漠へ移り住んだ.実際に彼は耐え難いほどの境遇に置かれており,またそれは奇妙な点で,数年前のフィレンツェでのママー・ボースウィック(チェイニー)とのエピソードにも関係していた.スウェーデンの女性解放運動家であり社会主義者のエレン・ケイの弟子だったボースウィックは,フィレンツェにおいて,いくつかのケイの著作の翻訳を始めていた.それはライトが出版費用を負担してまで援助していた計画だった[49].ケイは結婚,育児,教育に

---

[48] 1887年に初めてシカゴを訪れて以来,シンドラーやノイトラ,長年にわたりエンジニアとして活躍したパウル・ミュラー(Paul Mueller)などのドイツ語圏の所員たちとの付き合いを通じて,ライトはゼンパーの概念を学んでいたのかもしれない.ゼンパーや「被覆」概念については,Kenneth Frampton, "Frank Lloyd Wright and the Text-Tile Tectonic," *Studies in Tectonic Culture: The Poetics of Construction in Nineteenth and Twentieth Century Architecture* (Cambridge: M. I. T. Press, 1995), pp. 93-120 を参照.〔ケネス・フランプトン,松畑強,山本想太郎訳『テクトニック・カルチャー——19-20世紀建築構法の詩学』TOTO出版,2002年〕.

[49] Alice T. Friedman, "Frank Lloyd Wright and Feminism: Mamah Borthwick's Letters to Ellen Key," *Journal of the Society of Architectural Historians* 61 (June 2002): 140-51 を参照.ケイについては,Barbara Miller Lane, National Romanticism and Modern Architecture in Germany and the Scandinavian Countries (New York: Cambridge University Press, 2000), pp. 122-26 を参照.

関する数々の改革を提唱し，またときに彼女の考えは，法的婚姻や離婚法を非難する「フリー・ラヴ」の哲学へと純化する．これらの信条の，少なくとも根本的な部分にライトは賛同しており，かくして彼の初めの妻が離婚を拒否した結果，ライトは不義の罪を犯しながらもボースウィックとともに暮らすことを選んだ．ボースウィックが殺害された 1914 年以降も，ライトはこれらの理想に忠実であり続け，その数ヶ月後，モード・ミリアム・ノエルと恋愛関係になる．幾年にもわたり紆余曲折を経たこのつながりは不安定なものであった．それにもかかわらず，ついに 1922 年にライトの妻が離婚に同意した後の翌年 11 月に，彼は情緒不安定なノエルと結婚する．その数ヶ月後，精神状態が絶えず悪化し続けていたノエルが映画女優としての成功を追い求め，ロサンゼルスで生活するためにライトのもとを去ったことで，ライトは自身の判断が誤りだったことに気づいた．その後，オルギヴァンナ・ラズヴィッチ・ヒンゼンベルクと出会ったライトは，1924 年末，ノエルに対して離婚訴訟を起こした．ライトの新たな恋人の存在に気づいたノエルは，最も過激な方法で復讐することを決意する．（今度は誤配線による）火災が再度タリアセンの大半を焼きつくした数ヶ月後の 1925 年夏，この訴訟問題は周知の事実となった．ライトはタリアセンの再建のために多額の負債を抱えた上に，ノエルが起こした一連の法的措置に直面する．それらの中には 10 万ドルとタリアセンの所有権の要求，不貞行為の罪の告発（このためライトはミネアポリスの監獄で 2 晩を明かした），そして彼のプライバシーや名誉に対するさまざまな激しい攻撃が含まれていた．ライト，そしてロシアで教育を受けたモンテネグロ人であるオルギヴァンナは潜伏生活を余儀なくされ，その後まもなく銀行がタリアセンへの抵当権を行使したために事態はさらに悪化するが，この資産は友好的な弁護士法人によって 1927 年の終わりに取り戻された．こうして離婚は同年に認められたが，それは破産してゴシップ誌につきまとわれたことにより，自身の社会的名声が地に落ちた後のことであった．ノエルはその後すぐに狂気の淵に沈み，死亡した．

1924 年から 27 年のあいだ，ライトは建築家としての実務を事実上行っていなかった．そして 20 年代の残りの期間は多くの事業計画に恵まれたが，苦悩からの解放には程遠かった．1928 年，ライトはアリゾナの砂漠内の居住地域に住んでおり，アレクサンダー・ジョン・チャンドラー博士が出資する 110 室を擁するホテル，セント・マルコス・イン・ザ・デザートのデザインを準備していた[50]．麓の土地に 1 本の道路が通るだ

---

[50] この計画については，*The Architecture of Frank Lloyd Wright*, pp. 191-215 のレヴィーンの分析を参照．

けの山の斜面に築かれたこのホテルは,これまたテキスタイル・ブロック構法による威厳のある構造物であり,自然への敬意と,30度と60度の斜めの平面構成による砂漠の象徴性(シンボリズム)を実現していた.しかしながら,世界大恐慌によりチャンドラーからの計画への資金提供が断たれ,事業の挫折によって(すでに設計開発に対して19,000ドルを支出していた)ライトには報酬が支払われなかった一方でさらなる負債が重なった.この期間におけるその他の主な実現されなかったプロジェクト──集合住宅のための摩天楼であるセント・マークス・イン・ザ・バワリー・タワー(1928-30)の設計──は,シカゴにおけるライトの初期の計画の輝かしいアイディアのひとつである.ライトは高さのある居住空間を生み出すために2層単位のユニットを30度ずつ回転させており,床はやはり中央の壁柱でキャンチレヴァー状に支えられ,彼のみが喚起しうる三次元形態がもつ独特の外観と気配を創り出している.またライトは再度,彼が考案した銅板システムの採用を提案しており,ここにおいてはガラスの使用が拡大されている.

　設計業務の停滞はライトを──1927年から1932年にかけて──著述活動へと導いた.1926年,雑誌『アーキテクチュラル・レコード』の編集者M・A・ミケルセンはこの建築家の状況に同情的であり,かつ彼への財政的支援を望んでおり,ライトに話をもちかけた.1927年当初,ライトはこの雑誌のために5本の記事の執筆を依頼されたが,これらの記事の成功により,翌年にはさらに9本の記事を「建築の理想のために」("In the Cause of Archtiecutre")というタイトルで書き上げた[51].第1のエッセイ群では,主題──機械,鉄,製造,想像力,そして未来社会──が導入的に展開され,全体として建築家としてのライトの関心の対象が述べられる.2つ目のエッセイ群においては,主に石,コンクリート,シートメタル,テラコッタの詩的な性質が壮大な調子で述べられた.

　1923年9月,ライトはル・コルビュジエの著書『建築へ』の書評を発表し,そしてこれによって,その後数年間にわたりエッセイや講演において展開することになる論争を始める.その始まりはライトが直前に記していた未発表の記事であり,そこではヘンリー=ラッセル・ヒッチコックの近刊書『近代建築』が標的にされた.より見識のある「ニュー・パイオニア」に対立するものとしての「新伝統主義者」,というヒッチコックによるライトの描写に対して彼は腹を立てており,またヒッチコックのヨーロッパ贔屓の気取った態度に対しては憤慨さえしていた.「アメリカ大陸が見出した,これらフランスの建築がもつ新規性の魅力は,我々の田舎くさい『歴史家』た

---

[51] これらの記事は1927年5月から1928年12月にかけて掲載されたものであり,*Frank Lloyd Wright: Collected Writings*, vol. 1, 1894-1930, pp. 225-316 にまとめられている.

ちに影響を及ぼした……それらは彼らにとって〈常に未知のもの（Tourjours L'étranger）〉なのだ！」[52]．ル・コルビュジエの著書への批評——ライトはこの批評の中で，ル・コルビュジエのスタイルを「彼の〈目新しい〉キャンチレヴァーのポーチの先端にある，ガス管のような手すりと同じくらい殺風景」であると表現している——においてライトは，建築が単に「表面と量塊」から成るという考え方に対して，3つ目の次元である奥行きを無視しているとして攻撃している[53]．

　この主張はライトにとって重要な論点となり，そしてライトに対する初期の批評と，彼の困惑の種であったニューヨーク近代美術館でヒッチコックとフィリップ・ジョンソンが組織した「インターナショナル・スタイル」展とが結びつくにつれ，その後数年にわたって攻撃は激しさを増した．1929年の『アーキテクチュラル・レコード』に掲載された力作において，ライトは自身の「有機的」概念——素材の重量感，触感的な装飾，奥行き——を擁護し，ガス管のような手すり，薄いスラブ，剥き出しの鉄骨といったヨーロッパのモダニストにみられる特徴に対抗した．「厚紙のように折り曲げられ，折り畳まれ，糊付けされた人工的な薄い壁は，率直にいって，〈機械（マシーン）〉ではなく，〈機械装置（マシーナリ）〉に捧げられているにすぎない！　そしてそれゆえに生きていないのである」[54]．さらに，ヨーロッパ人は自然との調和の感覚に欠けており，彼らの「殺風景な箱は，太陽の光を受け取ってくれる木々や岩や花々を拒否することで，目に照りつける」[55]と述べた．

　1930年に書かれた未発表のエッセイにおいて，ライトは「パリから時折やって来て，ヴァッサー・カレッジの若い女性たちに，いかに建築を考えるべきかを教えている」ヒッチコックへと再び照準を戻し，「なぜ人は高慢な態度を取り，また行き当たりばったりに得た知識についてばかり書くのかを問うことは無益なことである」[56]と皮肉っぽく述べている．ヨーロッパの若い同業者たちと比べて，ライトの時代は過ぎ去ったというヒッチコックの発言に対し，ライトはもっともな情熱をもって次のように厳しく非難している．「まさに今この場で，ヘンリーへ告ぐ．私は未だかつて存在したことのない最高の建築家となるだけでなく，今後も存在することはないであろう

---

[52] Wright, "In the Cause of Architecture: Purely Personal," *Frank Lloyd Wright: Collected Writings*, vol. 1, 1894-1930. p. 256.

[53] Wright, "Towards a New Architecture," World Unity (September 1928). *Frank Lloyd Wright: Collected Writings*, vol. 1, 1894-1930, pp. 317-18 にて再録．

[54] Wright, "Surface and Mass - Again!" *Architectural Record* (July 1929). *Frank Lloyd Wright: Collected Writings*, vol. 1, 1894-1930, p. 327 にて再録．

[55] Ibid.

[56] Wright, "Poor Little American Architecture," *Frank Lloyd Wright: Collected Writings*, vol. 2, 1931-1932, ed. Bruce Brooks Pfeiffer (New York: Rizzoli, 1992), p. 16.

最高の建築家になるつもりであり,幸先のよいスタートをきっているということを」[57]. このような激しい感情は1930年の春にプリンストン大学で行われたオットー・ハーマン・カーン・レクチャーにおける講演——建築に対するライトの信念の見事な全体的要約——では,わずかに和らげられて表明された.「厚紙の家」と題した講義では,ル・コルビュジエとその信奉者に向けた以前の批評を以下のように繰り返している.

> 蒸気船や航空機や機関車に似た建物を造ろうとする子供じみた試みにおいて,厚紙が糊付けされて箱状の形態となる.この機械時代の性質と能力という新たな感覚の手段として,この家は,機械装置(マシーナリ)を模倣するわけではないとしても張り合おうとして裸になり,自らの品位を落としている.しかし現状では,「近代主義者的(モダニスティック)」運動が生み出した厚紙の家の多くには,それを成り立たせている機械という概念や,機械的作用を設計者たちが習得しているという証拠を見ることはほとんどない.彼らの設計過程には全体を統御する体系的方法が全く見あたらず,彼らは不当にもフランス絵画を祖先にもつと主張している美学,新たなうわべだけの「表面と量塊」の美学から稚拙な影響を受けた人々である.そして家それ自体は,いかなる意味においても根本的建築原理の新たな作用などではないのである[58].

困難な歳月におけるライトの,その他の偉大な著作活動として,自身の私的見解や哲学的思考の極度に華美な告白の書である『ライト自伝』(*Autobiography*)が挙げられる[59]. ライトは1926年にこの著作の執筆を開始し,苦難と裁判の渦中にあったその後の3年間で大半を書き上げた.執筆は1932年に終わり,その頃彼は65歳になっていた.当然のことだが,傍観者たちにはライトの栄光の陽は沈んだように見えただろう.この後30年間にわたる実践の継続といくつかの傑作がその先に待っているとは,誰にも,この建築家本人にさえも,想像することはできなかった.

---

[57] Ibid., p. 17.
[58] このカーン・レクチャーにおける講演は,プリンストン大学によって『近代建築』(*Modern Architecture*)という題のもと1931年に出版された.そして *Frank Lloyd Wright: Collected Writings*, vol. 2, 1931-1932, p. 58に再録されている.
[59] *An Autobiography. Frank Lloyd Wright.* 1977年に改訂版は1932年に出版されたオリジナル版とは異なっている.

3
シンドラーとノイトラ

　1920年代のさまざまな困難にもかかわらず，タリアセンや各地にあるライトのスタジオにはなお数多くの若手建築家がヨーロッパから引き寄せられていた．その中で最も重要な人物がオーストリア人のルドルフ・M・シンドラー（Rudolph M. Schindler, 1887-1953）とリチャード・ノイトラ（Richard Neutra, 1892-1970）であり，その他の国外から渡って来た弟子たちとは異なり，彼らはアメリカに留まり続けて輝かしい経歴を築いた．そしてこの2人をライトの弟子と呼ぶのは全く正確ではないだろう．なぜなら彼らはすでに，建築に対する非常に成熟した考え方をもっていたからである．両者とライトとの関係においては，ライトはデザイン面での指導者としての役割よりも精神的指導者としての役割を果たした．

　ノイトラより5歳年長のシンドラーは，1920年代の革新者たちのうちで最も過小評価されているひとりである[60]．工学教育を受けた後の1910年にウィーン美術アカデミーに入学したシンドラーは，1912年に退職したヴァーグナーの最後の教え子のひとりだった．彼はまた同時にアドルフ・ロースがアカデミックな教育に挑戦して催した非公式の連続講義「建築学校」にも参加していた．1913年に書かれた短い手書きのマニフェストには，すでにシンドラーの独自性が見て取れる．マニフェストは空間，建設，記念碑性，居住の4つの主題に分かれており，シンドラーはまず近代建築にとって「かけがえのない概念は，空間とその組織化」[61]であると論じる．そして芸術形態は建設から立ち上がらなければならないというヴァーグナーの主張に対抗し，「建設を象徴するものを創造する，あるいは建設に対して芸術的表現形式を与えようとする，住宅芸術家の企ては役目を終えた」[62]と述べる．そしてその代わりにただ

---

[60] シンドラーが成し遂げた業績については，Ester McCoy, *Five California Architects*（Los Angels: Hennessey & Ingalls, 1987）を参照．また，Lionel March and Judith Sheine, eds., *R. M. Schindler: Composition and Construction*（London: Academy Editions, 1993）にも優れた論考が数本ある．ドイツ語で書かれたシンドラーの専門書に関しては，August Sarnitz, *R. M. Schindler: Architekt 1883-1957*（Vienna: Akademie der bildenden Künste, 1986）を参照．また，*Schindler*（New York: Viking Press, 1971）を含む，David Gebhardによるシンドラーを対象とした多くの著作も参照．

[61] Rudolph M. Schindler, "Modern Architecture: A Program" (1913). March and Sheine, *R. M. Schindler*, p. 10.

[62] Ibid., p. 11.

88 ルドルフ・M・シンドラー,ヴァケーション・ハウス,ニューポートビーチ,カリフォルニア,1922-6(*Architectural Record*, vol.66, September, 1929 より).

「キャンチレヴァーの自由性,スパンの開放性,空間を形作る大きな間仕切り壁の表面」[63]が重要であるとし,最後に住宅が「快適」で「居心地のよい」場であるべきとするロースの主張に対抗し,これらの語の意味は変化したと論じる.「住宅の快適さはもはやその形態の発展に宿るのではなく,光,空気,気温のある範囲内での調節可能性によるのである」[64].この時期,シンドラーはヴァスムート・ポートフォリオを通じてライトの作品の存在を知る.アメリカで仕事に就くことへのシンドラーの興味はこの書物によって燃え上がった.

ウィーン美術アカデミーを1913年に卒業したシンドラーはその直後,シカゴでの製図工の職を募集する新聞の求人広告に応募した.これに1年先立って彼はノイトラと友人関係を築いており,ノイトラは自身の卒業後にシンドラーと合流することを計画していた.しかし計画は戦争のために頓挫し,またシンドラーは3年間の労働契約が終了した後もアメリカ合衆国に留まることを決意する.彼を取り巻く状況はアメリカがオーストリアに対して参戦したことでよりいっそう複雑さを増し,1918年,国外追放を恐れたシンドラーはライトに自身の採用を訴え出た.ライトはタリアセンのスタジオに無給で彼を受け入れ,シンドラーはその後の3年間でライトの信頼を勝ち

---

[63] Ibid.
[64] Ibid., p. 12.

取り，ついに給料を与えられることになった．とりわけ，シンドラーはライトのロサンゼルス事務所の運営に携わり，ライトが日本で働いている間にバーンズドール邸建設の監督を務めた．

1921年，シンドラーはロサンゼルスに自身の事務所を開設するという大胆な行動に出る．ウエスト・ハリウッドの郊外，アーヴィング・ギルによるドッジ邸（1916）の間近に建つ二世帯住宅兼スタジオが最初の計画であり，シンドラーとクライド・チェイスが家族のために設計し，施工を行ったものである．直前に訪れていたヨセミテ国立公園のキャンプサイトを手本にして設計を行うことで，シンドラーは3つの"L"が中心を軸にして回転し，個人用のパティオや庭を囲い込むという異例の平面を考案した．この風車状のオープン・プランは全く独自のものであったが，それだけがこの家の際だった特徴ではない．それぞれの翼部の片面を成す耐力壁は，テーパーのつけられた4フィートの打ち放しコンクリートパネルを湾曲するように配置したもので，耐力壁の反対側には軽いセコイア材の木枠に嵌め込まれたガラス壁が配置され，プライベートな中庭に開いている．シンドラーを魅了した組積術(メイソンリー)と結構術(テクトニクス)というゼンパー的主題によるこの対比の効果は，初期作品のいくつかで見られるものであり，それが構造要素のむき出しの簡素さとともに，まるで日本建築といってもよい魅力をこの独特の住宅に添えている．

1920年代半ば，シンドラーは2つの住宅を建てた．それらはインターナショナル・スタイル運動の画期をなしたものであるにもかかわらず，当時は事実上注目されぬままに見過ごされた．ニューポート・ビーチにあるロヴェル・ヴァケーション・ハウス（1922-26）は，複数の開放的な自立フレームで構成されるガラスとコンクリートの構造物であり，段上に重なる階により生じた相互貫入する空間，階段，そして外部バルコニーがフレームの上に載る（図88）．シンドラーのデザインと比較されるであろうル・コルビュジエによる住宅構想の洗練に先行すること数年，最初のスケッチは1922年に描かれた．しかしながら，シンドラーはサンタ・カタリナ島のウォルフ・ハウス（1928-29）においてこの成果のさらに上をいく．港を見下ろす急な坂にある幅の狭い敷地に，斜面を彫り込む代わりに地中に多くの杭を打ち込むことで，キャンチレヴァー構造のキャノピーが付いた3段に並ぶテラスを風景の中に浮かび上がらせたのである．その造形的，技術的な粋において，それはシンドラーの絶大な才能を明らかにしている．惜しむらくは，ボヘミアン的傾向のあるシンドラーが，その設計活動を商売として成り立たせようとすることが，どうしてもできなかったということである．

その後の彼の著作にはいくらか興味深いものがある．ニューポート・ビーチ・ハウ

スの依頼主であるフィリップ・ロヴェル医師は「自然のままの」健康治療や運動，マッサージ，ハイドロセラピー，裸での日光浴，性的行動の自由，そして菜食主義の提唱で知られた内科医である．シンドラーはこうした治療方針に共鳴し，そしてロヴェルの勧めによって，健康的な住宅にとって必要な建築的条件——換気，配管，暖房，調光，家具，運動スペース，そして風景〈ランドスケープ〉——に関する多数の記事を1926年の『ロサンゼルス・タイムズ』(*Los Angels Times*)紙に発表した[65]．「空間建築」("Space Architecture", 1934)と題されたエッセイにおいては，シンドラーはライト(2人の友情は終わっていた)とル・コルビュジエの双方に照準を合わせて言及している．前者は空間の展開という観点において思考した初めての建築家として秀でているが，近作においては「彫刻的造形を通じて建物を織り上げることで地域的特性を与える」[66]際に「彫刻的」になりすぎることによって方向性を見失っているとする．これは「彫刻的造形と対比させて極度に型にはまったやり方」[67]で戯れている未来派やキュビストのうちにも見ることのできる過誤である．一方，機械の理想を執拗に繰り返し造形の理念を否定するインターナショナル・スタイルの「機能主義者」たちもいるが，彼らの創作物は機械に劣るものになる．ル・コルビュジエの住宅は，シンドラーにとっては，目的をかなえるだけの「粗雑な〈装置〉である．そのような機械をリビングルームに持ち込む人は，家の中で牛や豚を飼う農夫と同レベルの未発達な段階にある．機械で製造された単なる装置は，生活の枠組みには決してなりえない」[68]．そうではなく，現代建築は「人間的な表現手段をもたらす新しい媒体」である「空間形態〈スペース・フォーム〉」[69]を扱わなくてはならない．

　1920年代の終わりまでにシンドラーは，南カリフォルニアにおける最大のライバル建築家であり，遅れてアメリカ合衆国に渡った友人のリチャード・ノイトラと出会うことになる[70]．ウィーン工科大学卒業の前に大戦が起こり，バルカン戦線に送り込まれたノイトラはその直後にマラリアと結核により倒れた．1918年に建築学の学位

---

[65] これらの記事は，1926年3月14日，4月4日，4月11日，4月18日，5月2日のロサンゼルス・タイムズ日曜版の紙面に掲載された．Sarnitzによるドイツ語訳が *R. M. Schindler*, pp. 146-50にある．

[66] Rudolph M. Schindler, "Space Architecture," in March and Sheine, *R. M. Schindler*, 55. (このエッセイは，*Dune Forum* [Oceans, California], February 1934, pp. 44-6で最初に発表された)．

[67] Ibid.

[68] Ibid.

[69] Ibid., p. 56.

[70] 最新のノイトラの伝記は，Thomas S. Hines, *Richard Neutra and the Search for Modern Architecture: A Biography and History* (New York: Oxford University Press, 1982)．また，Ester McCoy, Richard Neutra (New York: Braziller, 1960) と Willy Boesiger, ed., *Richard Neutra: Buildings and Projects* (New York: Praeger, 1951-1966) も参照．

を取得するものの依然として病の後遺症に苦しんでいたノイトラは，1919 年，療養のためにスイスへ移住し，そこで短期間カール・モーザーに師事する．当時オーストリアとアメリカの間では和平協定が未だ締結されておらず，ノイトラの渡米の望みはかなわなかったため，彼は代わりにベルリンへと移り，そこでついにエーリヒ・メンデルゾーンのもとで働くことになる．ノイトラはすぐにこの事務所の主任となり，メンデルゾーンとともに働いた 2 年間に多くの設計業務をこなした．1923 年の夏の終わり，2 国間の和平協定が結ばれると 2 人は円満に別れ，結婚直後のノイトラはようやくビザを取得し，10 月にニューヨークへと渡った．

仕事のない状態でニューヨークに降り立ったノイトラには，2 つの目標があった．少し経験を積んだ後にライトの事務所に勤めることと，最終的にカリフォルニアにいるシンドラーと協働することである．1924 年の初めにシカゴへ向かったノイトラはハルハウスに移り住み，ホラバード＆ローシュの事務所で働いた．ライトはまだ西部におり，ノイトラは苦労してサリヴァンを探し出してその知己を得るが，出会いから数週間のうちにサリヴァンはこの世を去った．ノイトラがライトと初めて顔を合わせるのはサリヴァンの葬儀の時で，結果的にタリアセンへの誘いを受けることになる．ライトは進行中の仕事がほとんどなかったもののノイトラを少額の給料で雇い入れ，ノイトラはナショナル・ライフ・インシュアランス・カンパニーのプロジェクトに貢献することができたのだった．当時ライトの私生活は崩壊しており，1925 年 1 月，ノイトラと妻はロサンゼルスへ向けて出発する．この時ノイトラ夫妻はシンドラーの家に移り，以前チェイス夫妻が住んでいたこの家の半分をついに自宅としたのだった．

ノイトラは目的の地に到達したものの，蓄えもなく建築家として独立してもいなかった．ノイトラとシンドラーとの再会は友情のこもったものであるとともに，適度な距離を置いたものでもあった．彼らは互いに尊重し合ってはいたが，全く異なる性格だった．シンドラーは社交的であり，皮肉屋であり，小さな住宅の仕事で満足を得ていたのに対し，ノイトラは真面目であり，楽観主義者であり，野心家であった．2 人はアーキテクチュラル・グループ・フォー・インダストリー・アンド・コマース（AGIC）として知られるチームで協働するがほとんど成功は得られず，ロサンゼルスに移り住んでから数年のあいだ，ノイトラは生活のために別の事務所で仕事を得ているような状態だった．それにもかかわらず，彼は自身のキャリアの道筋を根本的に変えることになる 3 つのプロジェクトに取り組むのである．ひとつは「ラッシュ・シティ・リフォームド」として知られる幻視的都市計画であり，それはスピード，交通，大量輸送といった要素を一体化した摩天楼群からなる未来的都市デザインであっ

た．2つ目は数年にわたって取り組み続けた後 1927 年に完成した，『いかにアメリカは建設されたか？』(*Wie baut Amerika?*) と題された著作であり[71]，アメリカにおける都市問題と工学的成果に関する分析的研究とその改善，革新に向けての計画案からなる書物であった．そして 3 つ目の計画は国際連盟の設計競技のための大胆にキャンチレヴァーを用いた設計案であり，シンドラーとの協働で用意されたものである．最終審査には進めなかったものの，多くのヨーロッパの建築家たちがこのコンペに提出された中でも素晴らしい計画のひとつと見做し，ヨーロッパ中で広く公開された．こうして 1927 年の終わりには，ノイトラはアメリカで活動するモダニストのうちで最も知られたひとりとして脚光を浴びるようになっていた——この時点ではただひとつの建物も建てていなかったにもかかわらず．

　ノイトラのプロとしての名声を確立させることになる契約がこの年に結ばれ，実作の欠如という難点は短期間のうちに解消された——ロヴェル・ヘルス・ハウス (1927-29) である．シンドラーがニューポート・ビーチのロヴェル・ヴァケーション・ハウスを完成させたばかりであったが，依然として健康的な生活スタイルを提唱していたこの内科医は，ハリウッドの丘に建つ巨大な邸宅の設計をノイトラに依頼した．シンドラーが大きな邸宅を手がけた経験がないことと，一方でシンドラーのロヴェル夫人との不義がノイトラへの依頼の原因となった可能性もある[72]．ともかく，ノイトラは不安を覚えながらも依頼を受諾し（このことがシンドラーとの友情関係を決裂させることになる），その後 2 年間，この計画に持てる気力のすべてをつぎ込んだ．渓谷の両斜面にコンクリートの基礎が刻み込まれ，その上に大きな鋼鉄の骨組みを建設した．そして窓枠を備えたコンクリートパネルと鋼鉄製のパネルが取り付けられ，バルコニーが屋根から吊るされ，温泉設備が建物内とあり余る土地に丁寧に設置された．これは 1929 年に竣工した時点で，疑いなく世界で最も技術的に進んだ住宅であった．

　1930 年，日本と中国への訪問を皮切りにノイトラは世界を周る旅を始める．夏にヨーロッパに到着すると，各地で講演し，ブリュッセルで開かれた CIAM 会議に参加するなど，ヨーロッパのモダニストたちとの関係を再構築した．またミースの招きでバウハウスのデザイン・スタジオにも 1 ヶ月間参加し，ノイトラはヨーロッパに留まるかどうか真剣に悩んだが，彼がユダヤ人の血をひくという明確な理由から，アメリカに戻るという彼の決断は賢明なものであったといえよう．帰路の途中でニューヨ

---

[71] Richard Neutra, *Wie Bau Amerika?* (Stuttgart: Julius Hoffmann, 1927).
[72] Hines, *Richard Neutra*, p. 76.

ークへの滞在を引き伸ばしているあいだ，彼は自身の作品を売り込むとともに，特にルイス・マンフォード，バックミンスター・フラー，ヘンリー＝ラッセル・ヒッチコック，フィリップ・ジョンソンらとの関係を築いた．彼らの多くが1930年代にノイトラを援助することになる．ここにアメリカにおけるモダニストたちの注目すべき連携が形成されつつあった．

——4——
マンフォードとフラー

　近代建築理論にとってノイトラがもつ重要性は後世になってから判明することになるが，1930年までにルイス・マンフォード（Lewis Mumford, 1895-1990）とリチャード・バックミンスター・フラー（Richard Buckminster Fuller, 1895-1983）はアメリカのモダニズムの発展に重要な貢献を果たしていた．事実，20世紀の長い期間を通じて，彼らの着想は建築思想に影響を与え続けることになる．深い射程をもつ彼らの関心の広さは，1920年代アメリカという活気を除いてはほとんど評価されてこなかった時代に，実は知的思潮があったことを証明するものである．

　20世紀アメリカにおいて最も重要な批評家であるマンフォードは，いくらかの回り道を経た後に建築へ関心を寄せるようになった[73]．彼はニューヨーク，クイーンズ地区のフラッシングに生まれ，マンハッタンのアッパー・ウエストサイドで育ち，そして1912年にニューヨーク・シティカレッジの夜間授業で学び始める．軽度の結核のため，第1次世界大戦の大半の期間を兵役に就くことのなかったマンフォードは（1918年に海軍の通信兵になった），この間，主に独学で幅広い人文学と自然科学の知識を得た．終生学位を取ることはなく，活動の初期まではアカデミズムから距離を置き続けたが，事実，そのような「独立」は1920年代当時のアメリカ知識人のあいだでは名誉の証であった[74]．大学は学習を抑圧し，知的成長を妨げているという点で

---

[73] マンフォードの生涯と思想については，以下を参照．
Donald L. Miller, *Lewis Mumford: A Life* (New York: Weidenfeld & Nicolson, 1989); Thomas P. Huges and Agatha C. Huges, eds., *Lewis Mumford: Public Intellectual* (New York: Oxford University Press, 1990); Robert Wojtowicz, *Lewis Mumford and American Modernism: Eutopian Theories for Architecture and Urban Planning* (New York: Cambridge University Press, 1996); and Lewis Mumford, *Sketches from Life: The Autobiography of Lewis Mumford: the Early Years* (New York: Dial Press, 1982).

[74] Steven Biel, *Independent Intellectuals in the United States, 1919-1945* (New York: New York

その使命の遂行に失敗しており,ひとつには知識の専門分化と現実的な問題からの教育の乖離によって,もうひとつには許容できるイデオロギーの幅を狭め続け,批判的な議論や真剣な会話を避けることによって生じている,というのが彼らの観点であった. それは進歩主義や唯物論と争って 1920 年代に活躍した文化批評家,女性解放運動家,社会運動家たちの世代——ケネス・バーク,マルコム・カウリー,ヴァン・ウィック・ブルックス,マーガレット・ナウンバーグ,ウォルドー・フランク,エドマンド・ウィルソン,マーガレット・サンガー,そしてウォルター・リップマンらを含む世代であった.

彼らの批評精神を駆り立てたのはアメリカの知的風土に関連する潮流であり,その中にはウィリアム・ジェームズによる実用主義(プラグマティズム)(理論と実践の必然的な互恵関係),ジョン・デューイの道具主義(インストルメンタリズム)(理論と行動の統合),ソースティン・ヴェブレンの経済批評,女性解放運動(フェミニスト)(女性参政権の拡張が意図されたアメリカ合衆国憲法修正第 19 条は 1920 年に批准された),そしてジェーン・アダムズの地域社会行動主義(コミュニティアクティヴィズム)などがあった. 例えば 1918 年,ヴェブレンは『アメリカの高等教育』(*The Higher Learning in America*)を出版し,大学制度の官僚主義や教授陣の研究や学生教育にみられる象徴的な虚勢に対する批判を展開した. ヴェブレンに先んずること数年,デューイは『民主主義と教育』(*Democracy and Education*, 1916)において,歴史研究が現在への理解を深めるという伝統的な論を擁護したが,デューイの歴史観は一般的なものではなかった.

> 人間の命運を前へと推し進めてきた偉大な英雄たちとは,政治家たちでも,将官たちでも,外交官たちでもない. それは経験をより深く理解し,制御することができるような道具性を人類の手にもたらす科学的な発見や発明をなした人物たちであり,またその意味が万人に理解可能であるような視覚的,造形的,あるいは文字言語を以て人類の苦闘,勝利,敗北を讃えた芸術家たちや詩人たちなのである[75].

マンフォードの初期の成長にいっそう影響を及ぼしたのがスコットランド人の生物学者であり社会学者のパトリック・ゲデス(Patrick Geddes, 1854-1932),そして田園都市論を提唱した理論家,エベネザー・ハワードであった. これまで見てきたよう

University Press, 1992) を参照.

[75] John Dewey, *Democracy and Education: An Introduction to the Philosophy of Education* (New York: The Free Press, 1966), p. 216.

に，後者は地域的計画やその計画されたコミュニティにおける郊外生活と都市生活の結びつきを重要視した．そしてオーギュスト・コントとハーバート・スペンサーの熱心な信奉者であるゲデスは，社会を環境の変化に従った漸進的な発展や進化の渦中にある生態学的な組織体であると見做し，それゆえに研究や人間による管理が可能な対象であると考えた．

マンフォードの処女作，『ユートピアの系譜』（*The Story of Utopias*, 1922）はゲデスの影響のもとに執筆された．この研究書の前半部はプラトンに始まりウィリアム・モリスやH・G・ウェルズに至るまでのユートピア思想の精神史であり，これを背景としてマンフォードは「エウトピア」もしくは「よき場所」という概念を発展させる．この概念には，過去になされたユートピアの理想化に対する批判のみならず，国民国家，巨大都市，「プロレタリアの神話」といった観念に対する批判も含まれていた．マンフォードは，社会的価値の広範な変革に適うだけでなく，「都市計画家が用いるような計画，見取り図，そして詳細な予測」を伴う，地域的スケールで産出され実践される戦略の結果として彼独自の「エウトピア」を描いた[76]．その際，マンフォードは読者の関心をジェームズ・バッキンガムやエベネザー・ハワードの著作へと向けさせるが，この種の地域的戦略は後の彼の都市理論における拠り所となる．

マンフォードは続いて『スティックス・アンド・ストーンズ：アメリカ建築とアメリカ文明の研究』（*Sticks and Stones: A Study of American Architecture and Civilization*, 1924）を出版した．彼はアメリカ建築に関する研究と時折の執筆を1920年代の初めから続けており，この書物はこの主題についての成熟した思考を表現するものではないが，それでもやはりアメリカにおける建築思想の画期をなすものであった．そしてそれは初のアメリカ建築史であるのみならず，アメリカ建築をとりわけ（ヨーロッパではなく）アメリカ文化という文脈において議論したものである．

マンフォードが述べているように，この著書の執筆は2つの既刊書に促されたものだった．そのひとつがヴァン・ウィック・ブルックスにより1918年に執筆されて好評を博したエッセイ「役にたつ過去の創出に向けて」（"On Creating an Usable Past"）[77] である．マンフォードは1920年にブルックスとともに『フリーマン』（*Freeman*）という雑誌にフリーランスの批評家として参加しており，その頃ブルックスはマンフォードの社会学的な物事の見方に対して批判的であった．ブルックスは

---

[76] Lewis Mumford, *The Story of Utopias* (New York: Boni & Liveright, 1922), p. 303.
[77] Van Wyck Brooks, "On Creating a Usable Past," *Dial*, 11 April 1918, pp. 337-41. Robert Wojtowiczの著作はブルックスの重要性を指摘した点で特に有益である（*Lewis Mumford and American Modernism*, p. 54 を参照）．

このエッセイにおいて，誠実な批評を展開する作家たちを蘇らせ，その作例を用いてアメリカ思想の新たな伝統を打ち立てることにより，大学制度における不毛な搾取からアメリカ史を救出することを提唱した．1920年代の多くの文芸批評家それぞれにとって，それは事実上のマニフェストであった──そしてラルフ・ワルド・エマーソン，ヘンリー・デイヴィッド・ソロー，ウォルト・ホイットマン，ハーマン・メルヴィル，そしてマーク・トウェインといった著述家たちは，この文芸の再評価を通して新たな生命を与えられたのである[78]．過去は「発見される」というより「創られる」ものだというブルックスの主張が，過去と現在を結ぶ仲介行為の芸術的側面を強調している．

　マンフォードの書物に影響を及ぼした2つ目の研究がクロード・ブラグドンによる『建築と民主主義』（*Architecture and Democracy*, 1918）であり，その一部は『アーキテクチュラル・レコード』誌にも掲載された．1880年代の終わりから建築家としての経歴を，そして世紀の変わり目の頃に執筆活動を開始したブラグドンはサリヴァンの熱心な擁護者であり，彼はサリヴァンを「民主主義の預言者」と呼んだ．ブラグドンの関心の射程には神智学が含まれており，1923年には建築家としての活動から身を引き著名な俳優であるウォルター・ハンプデンのための舞台装置デザイナーとなる．アメリカの建築家は民主主義の原理と一致するようなアメリカ独自の建築を未だに創り出していない，というのが『民主主義と建築』──この題名もサリヴァンに由来するものであった──の中心となる主題であり，また建築はその生成過程において2つの系列，「秩序的(アレンジド)」なものと「有機的(オーガニック)」なものとに分けられる．秩序的(アレンジド)建築──ボザールやその他の折衷主義的伝統の遺物──は机上論にすぎず，取り澄ましており，自意識過剰で，「かろうじて何とかもちこたえている自尊心と知識と技能と自信の産物である．それは『自然にある造物主の作品よりも2倍の価値がある妙技をご覧にいれましょう』とでもいっているかのようである」[79]．対照的に，有機的(オーガニック)建築は控えめであり，独創性にあふれ，「創造的でありかつ想像力に富んでいる．また，それはより高次元であるという意味において非ユークリッド的である──つまり有機的(オーガニック)建築は，精神の安らぎの場所であるような領域や方向の拡張を提唱するものであり，頭脳を駆使して初めて理解できるような感覚領域においてはその限りではないのである」[80]．

---

[78] マンフォードの *A Golden Day: A Study in American Experience and Culture*（1926）と *Herman Melville*（1929）も，この文学の再評価を生み出す一助となった．

[79] Bragdon, *Architecture and Democracy*, p. 52.

[80] Ibid., pp. 52-5.

ブラグドンがマンフォードに対して強調したのは，創造性と伝統——「役に立つ過去」——に基づいたアメリカ独自の建築が建てられることの必要性であった．このような伝統は『スティックス・アンド・ストーンズ』において，「その本質的要素が共同体による土地の共有と共同体そのものの協同的所有，運営であるような」ニューイングランドのピューリタン的伝統，つまり農村における「世俗性の極致」へと変換された[81]．マンフォードにとってこの「田園都市は，その言葉がもつあらゆる意味において」，他のすべてのアメリカ建築がその水準まで発展し得なかった試金石となったのであり，それらのアメリカ建築とは「ルネサンスの遺産」，（ジェファーソンに代表される）「古典神話」，「開拓者たちの離散(ディアスポラ)」，（リチャードソンが強調した）ロマンティシズム，そして最後にボザール系の「帝国主義的ファサード」であった．また，都市美運動の「紙面の上だけの軸線大通り」に向けられたマンフォードの嫌悪は「秩序的」建築に対するブラグドンの侮蔑に同調したものであり，もはや（自己矛盾的であるとしても）都市の形態に関する偏愛的趣味判断として深く染み付いていた．それはオスマンの造ったパリの描く都市像が「より深くより純粋な美，いうなればオックスフォードやチッピング・カムデンのハイ・ストリート，そして他のヨーロッパの都市が19世紀以前にその本質において達成していた美」[82]を見落としているために生じたものであり，基本的には，マンフォードの都市と建築に対する見方は，中世，あるいは少なくとも産業時代以前に重きを置くものだった．同様に重要なことは，この時点において，彼はまだサリヴァンやライトの作品をあまり知らなかったということである．それゆえに，この書物はアメリカ北東部の比較的小さな世界に留まったままである．

　このような観点のために，「機械の時代」において，マンフォードは両義的な価値観へと歩みを進める．彼は1920年代初頭のニューヨークにおける建築を論じ，これに対して愛憎入り交じる感情を抱いているものの，それは憎の念にかなり偏ったものである．もし（ブルックリン橋の建設によって）「技術者が優位を取り戻しているならば」，それは人間的な条件，むしろ人間による制御を犠牲にした結果なのであり，このことが機械による大量生産，短時間で入れ替わり続ける商品，無秩序に建ち上がる建造物，写真でしか全体像を把握できないほど高層のビル，そして都市部のスプロールを誘発する自動車の普及などを招いたのである[83]．マンフォードは目の前で展開

---

[81] Lewis Mumford, *Sticks and Stones: A Study of American Architecture and Civilization* (New York: Boni & Liveright, 1924; New York: Dover, 1955), pp. 9-10.
[82] Ibid., p. 60.
[83] Ibid., p. 72.

している現実を受け入れることを拒否した。しかし、「我々の社会が田園都市へと至る地域計画めいたものに着手する準備が整った頃には、アメリカ建築の未来について語ることは空虚な熱情となっているだろう。少数の成功者を喜ばせるために保護され、あるいは商業広告のための空中看板として使われながらも、建築はなお創造的達成の最大の機会を待ち続けているだろう」という漠然とした概説によって現実に対抗する以外には、彼に手だてはなかった[84]。

こうして都市計画は彼の活動における主要な焦点となった。1923年の春、アメリカ地域計画協会（RPAA：Regional Planning Association of America）設立に向け、マンフォードは彼に賛同する多数の建築家、都市計画家、専門家たちとニュージャージー州はマウント・オリーブにあるハドソン・ギルド・ファームに集まった。建築家クラレンス・スタイン（Clarence S. Stein, 1883-1975）が会長に任命される一方、マンフォードは幹事兼広報委員長に就任する。また、他のメンバーにはスタインの協働者ヘンリー・ライト（Henry Wright, 1878-1936）、環境保護論者ベントン・マッケイ（Benton MacKaye, 1879-1975）、そして編集者チャールズ・ハリス・ウィテカー（Charles Harris Whitaker, 1872-1938）がいた。協会の目的は二面性をもっており、それは地域計画だけでなく、レッチワースやウェルウィンにおける方法に倣い、ニューヨークのような大都市の人口を田園都市地域へ分散することの唱道であった。

この方針のために、RPAAは地域計画協会（RPA：Regional Plan Association）と競合した。RPAはラッセル・セージ・ファウンデーションによって設立され、ニューヨークとその周辺を対象とした地域計画の立案を公式に担当する機関であった。競合する両組織のあいだにはイデオロギー上の大きな違いが確かに存在したが、ときとして「退行的」なRPAかスタインとマンフォードの「進歩的」活動か、と評されたように、両者のあいだで交わされた議論はほとんど論争と呼べるほどにはならなかった[85]。広く知られる人物としてトマス・アダムスやヒュー・フェリスを擁するRPAの建築家と計画家たちは、集中化、民間企業、摩天楼に関するゾーニングなどの都市の現実を受け入れ、都市周辺の振興、郊外の計画、合理的な交通網による都市の改良を模索した。これとは対照的にRPAAは、基盤となる経済的、政治的現実に逆行して、都市から地方への「第四の移民」を強行的に訴えたが、その目的を達成するために必要な経済的、政治的な枠組みを欠いていた。こうして、RPAAは暴走する投機

---

[84] Ibid., p. 111.
[85] RPAAとRPA間の論争の詳細については、John L. Thomas, "Lewis Mumford, Benton MacKaye, and the Regional Vision," Huges and Huges, *Lewis Mumford*, pp. 66-99を参照。またRobert Wojtowicz, *Lewis Mumford and American Modernism*, pp. 113-60も参照のこと。

的発展（このすぐ後には大恐慌が待ち構えていた）に対抗する道徳的良心として行動しえたにもかかわらず，その哲学的な背景を，政治・経済から，彼らの救いとなるかに思われた商業と都市文化とに向けるようになるのである．

　RPAA はその理想主義において非難されうる一方で，実践的な面においては成功を収めた．1924 年，開発計画への投資を目的として，RPAA は都市住宅供給会社（the City Housing Corporation）を設立した．その最初の投資先はロングアイランドの住宅地サニーサイド・ガーデンズであり，スタインとヘンリー・ライトによって設計されたそれは，連棟住宅や集合住宅が共同緑地の周りに集められたものだった．1927 年，ニュージャージーで 2 平方マイルの土地を購入した会社は，田園住宅地ラドバーンの建設を開始，この住宅地は共有緑地を背後にもつ住宅と歩行者用の小路が自動車の往来から分離されるという計画に従ったものであった[86]．この計画も成功を収め，この小さな計画都市はその後の数十年間にわたって郊外開発の手本となった．ヨーロッパにおける住宅計画とは対照的に，これらは建築的特色を欠いた典型的な郊外住宅の集まりであったが，そのデザインはアメリカ人の集合心理に宿る郊外生活への積年の欲望を反映したものだったのである．

　サニーサイド・ガーデンズとラドバーンはいずれも，同時代のヨーロッパにおける計画都市に関する知識がほとんどない状態で建設されたものだった．しかしながらマンフォードは，その後すぐにヨーロッパで並行して行われていた取り組みに目を向けることになった．1924 年にアメリカ周遊中のエーリヒ・メンデルゾーンと，1925 年には RPAA の主催する国際都市計画会議への出席のためニューヨークを訪れていたエルンスト・マイとヴァルター・クルト・ベーレントらと会合したマンフォードは，マイによるフランクフルトの計画を自身の田園都市観念が明示されたものと考えたが，より重要なのはマンフォードとベーレントとの関係であった[87]．ベーレントはドイツ工作連盟（ヴェルクブント）の機関誌『フォルム』（*Die Form*）の編集の責任者であるが，マンフォードをイデオロギー上の同調者でありかつアメリカにおけるドイツ工作連盟（ヴェルクブント）の影響を広げる手助けができる者と見做した．当時ベーレントはドイツにおいてアメリカの摩天楼に対抗する運動に着手しており，マンフォードはアメリカの建築家に欠けている社会的関与をベーレントの活動に見出した．その後まもなく，マンフォードは『フォルム』のために，摩天楼とアメリカ建築界全般に見られる潮流を批判する 2 つの記事

---

[86] Daniel Schaffer, *Garden Cities for American: The Radburn Experience* (Philadelphia: Temple University Press, 1982) を参照．
[87] M. David Samson による素晴らしい論文，"Unser Newyorker Mitarbeiter: Lewis Mumford, Walter Curt Behrendt, and the Modern Movement," *Journal of the Society of Architectural Historians* 55 (June 1996): pp. 126-39 を参照．

を執筆し[88]，またベーレントは『スティックス・アンド・ストーンズ』のドイツ語訳が進捗するように取り計らった[89]．

　1927年の初め，マンフォードは特にサリヴァンとライトの作品を観るためにシカゴへと旅立った．ヨーロッパ人がこの2人に払う敬意，そしてモダニズムをある程度共通するイデオロギー上の基礎をもつ国際的な運動と見て取ったマンフォードにとって，いまや2人の実践は重要な意味をもつようになっていた．しかしながらマンフォードは，少なくともある程度，アメリカにおける建築行為をベーレントがもっていたヨーロッパ的観点からも眺めるようになっており，2つの文化の違いについて熟考し始めた彼の中では矛盾と混乱が生じていた．

　1928年の重要な論文「〈もう一手〉を求めて」("The Search for 'Something More'")において，マンフォードは以前よりもやや批判色を弱めて摩天楼という主題へと回帰した．マンフォードは，グロピウスの「極端な観点」と（いかなる装飾も許容しない）ル・コルビュジエの「厳格な論理」を否定的に取り上げ，それらをアメリカにおける2つの建造物，つまりラルフ・ウォーカー設計のバークレー・ヴィシー・ビルディングとエリー・ジャック・カーン設計のパーク・アヴェニュー2番地の建物における適切な取り組みと対比させる[90]．カーンの装飾感覚はまさにマンフォードが探し求めていた「もう一手」であった．「暖かみのある剥き出しの煉瓦で構成された基部から始まり，黄金色のテラコッタから成る上部へ向けて，パーク・アヴェニュー・ビルディングは建ち上がる．赤，緑，そして鮮やかな空色がそこかしこを彩っており，そのパターンは抽象的である．そして，照明設備のような細部に至るまでのすべての部分が，みな同様に厳密で，速度を感じるような，完璧な仕上げを誇っている」[91]．この「構造」と「感覚」の総合を発見したマンフォードは，それがヨーロッパ合理主義者たちに提示されるものの代替物を与えてくれると信じていた．

> 　私にはこの建造物がヨーロッパの人々に向けた解答であるように思える．つまり，総合の望みを諦め，有機的感覚を退けて近代的形態の厳格さや堅苦しさに喜びを求めようとするヨーロッパ人や，同じく総合の望みを諦め，古くさい考古学

---

[88] L. Mumford, "Die Form in der amerikanische Zivilisation," *Die Form* I (November 1925); idem, "Amerikanische Baukunst," Die Form I (February 1925).

[89] *Sticks and Stones* のドイツ語訳— *Vom Blockhaus zum Wolkenkratzer*（丸太小屋から高層建造物まで）—は1926年に出版された．

[90] Mumford, "American Architecture To-day: I. The Search for 'Something More'". *Lewis Mumford: Architecture as a Home for Man*, p. 13 に再録．

[91] Ibid., p. 15.

や，ごてごてした手工芸品や，無関係に噴出する近代的な装飾のように，ピントはずれの感性重視の態度を許してきたヨーロッパ人に向けた解答であるように思えるのだ[92]．

　国内の建築に関しては，「その感覚において極めて地域的な」ライトの諸作品もまた，正しい総合を与えてくれる．なぜなら，「それらは〈住まい(ホーム)〉なのであり，単なる機械時代の抽象的表現ではないからである」[93]．

　もうひとつの重要な論文「大量生産と現代住宅」("Mass-Production and the Modern House", 1930) においても，マンフォードは同様の懸念を述べる——しかし今回は，自動車産業における生産技術を下敷きとして生み出された大量生産方式による住宅供給についての懸念である[94]．プレハブ軽量構造の衛生面，構法面，そして快適な住み心地における便益を認めながらも，彼はこの方式の実行可能性について懐疑的である．なぜなら，ひとつには住宅コストの大半が土地費用と道路や水道などの社会基盤設備にかかる費用に由来するゆえに，削減可能な費用が極小となるからであり，もうひとつには，すぐに旧式化することが計算済みであることと，工程がますます安価になることにより，生産サイクルの急激な切り替えを促してしまうためである．要するに，大量生産方式による住宅供給は自動車のように自由市場経済の要請に跪く奴隷になってしまうだろう，と述べているのだ．

　マンフォードの初のヨーロッパ旅行，そして「インターナショナル・スタイル」展への参加の間際に出版された『褐色の30年』(*The Brown Decades: A Study of the Arts in America, 1865-1895*, 1931) は，彼の建築観の発展段階をよく示しているものであり，また建築だけでなく文学，絵画，工学技術を対象とした文化研究の書でもある．この題名は文字どおりのもの（例えば褐色砂岩）であり，同時に比喩的なものでもある．つまり，1865年から1895年における古典的な（白い）アメリカ文化発展史の別の側面を描いたものであることを示すものなのだ．最も長い章である「現代建築へ向けて」("Toward Modern Architecture") では，リチャードソン，ルート，サリヴァン，そしてライトらの建築が論じられるが，この章は「役にたつ過去」を体系化する試みであるように思われる．

　実際マンフォードは，自身にとって標準となるアメリカ近代史解釈へ到達し，そし

---

[92] Ibid., pp. 15-16.
[93] Lewis Mumford, "American Architecture To-day: II. Domestic Architecture," *Architecture* (1928). Mumford, *Architecture as a Home for Man*, p. 21 に再録．
[94] Lewis Mumford, "Mass-Production and the Modern House," *The Architectural Record* (1930). Mumford, *Architecture as a Home for Man*, pp. 46-61 に再録．

てより深められた知識を踏まえて以前の見方を改めたのである．ほぼ単独で「新たな建築の幕を開けた」リチャードソンは，ハーヴァード大学のオースティン・ホールでデザインした窓によって「機能主義建築にとっての水準」を打ち立てていた[95]．そして，ジョン・ルートはシカゴのモナドノック・ビルディングのデザインにおいて「ついにオフィスビルの覆いを剥ぎ取り，蒸気船のように飾り気のない建築作品を創り出した」[96]．またサリヴァンは高層建造物にまつわる問題を解決したが，マンフォードはサリヴァンの華美にすぎる装飾に受け入れがたいものを感じる．彼の建築は「個性」と「人格」の表れであることが意図されているが，建築は「社会に関わる芸術なのであり……共同体の人々の達成によって成功したり失敗したりするものなのである」[97]．ついにこの書籍において，ライトの建築はマンフォードから正統な評価を得ることになるが，興味深いことに，それはライトの初期作品のみに対する評価だった．マンフォードはセント・マークス・イン・ザ・バワリーのデザインの存在に気づいてはいたが，ライトの着想における技術的，概念的進化を見抜く感覚に欠けていたのである[98]．アーヴィング・ギルとバーナード・メイベックに関するいくつかのコメントをもって，この章は締め括られる．しかし，マンフォードはこれらの建築家の作品を写真で目にしただけであった．こうしてマンフォードは1920年代におけるヨーロッパの優位を認めてしまったように思われる．ライトの初期作品と1920年代後半のアメリカ建築とのつながりはついに見出されず，また暗示されることすらもなかった．

　この失敗の原因の一端は，当時のマンフォードの曖昧さにあったはずである．例えば，大量生産方式による住宅供給の実現可能性に対してマンフォードが1930年に表明した疑義は，部分的にはバックミンスター・フラーによるダイマクシオン・ハウスへの応答であったし，マンフォードの初期ヨーロッパ・モデルを複雑にさせたアメリカ国内における一要因も，このダイマクシオン・ハウスであった．当時のフラーは建築の未来に関するその「構造主義的」考察において間違いなく世界で最も先進的な思想家であり，1920年代後半から1930年代初めにかけてはニューヨークのグリニッチ・ヴィレッジで，かつてマンフォードを魅了したボヘミアンのように自由な生活を送っていた．しかし，彼ら2人の人柄は全く異なるものだった．フラーは入植者の子孫としてマサチューセッツ州に生まれた．その家系には超越主義者マーガレット・フ

---

[95] Lewis Mumford, *The Brown Decades: A Study of the Arts in America 1865-1895* (New York: Harcourt, Brace, 1931), p. 114, 121.
[96] Ibid., p. 137.
[97] Ibid., p. 155.
[98] Ibid., p. 168.

ラーがおり，彼女はエマーソンの友人で，超越主義をテーマとした雑誌『ダイアル』(*The Dial*) の編集者でもあった．ハーヴァード大学から二度の追放を受けたフラーは，第1次大戦のあいだ海軍に務め，技師として成長し，その後1920年代にロングアイランドに居を定めた．1920年代半ば，フラーは，圧縮された繊維素材からなる軽量ブロックを用いた構造システムの開発に協力し，それは住宅供給に用いられるはずであった．しかし，このシステムの開発を受けて興した会社は，他のいくつかのフラーが起業した会社とともに倒産してしまう．1927年，シカゴで再び事業に失敗したフラーは，実業界から身を引いて人生を研究開発に捧げることを決意する——これは大胆かつ果断な一歩であった[99]．

フラーがダイマクシオン・ハウスの開発に乗り出したのはこのときであり，その出発点は1928年におけるプレハブ部材から構成される「ライトフル・ハウス」の発明だった．これらの構造体は，中央の柱から（円形もしくは四角形の）リングが吊られ，それらが各フロアを支えるものとして考案された．一般の住宅建築にかかる単位体積あたりの費用が，摩天楼におけるそれの3倍であることを指摘し，技術者としての効率意識からフラーは次のように論じた．

> 我々の建物から封建時代のような衰退状態の最後の痕跡が消え失せたとき，我々の建築表現は新たな芸術的時代に到達するのだ．圧縮力の集中する場である支柱とケーソン．我々は重力に反して建ち上がり，ケーソンを発ち，圧縮力と引張力の織りなす作用で宇宙に向かって垂直に伸びる支柱を伝って登っていく．支柱を登りきった我々が線材を伝って降り始めると，そこではもはや圧縮力は消えており，引張力を通じて下方へと導かれる．そして建物外側を構成する部材は上部から吊り下げられている．これら全体の力の流れは，まるで柔軟性と光と色に満ちた巨大な噴水のようだ[100]．

フラーがまだシカゴに住んでいた1928年の4月から5月にかけて，彼は住宅のスケッチを数枚描いており，それは4D（4次元）ハウスのデザインへと進化した．そのドローイングのうち1枚目は四角形の平面に基づいた立方体状の家である．フラーはすでに，キャンチレヴァー状に支えられた多数の階層を備えた中央部の構造コア，

---

[99] フラーとその思想に捧げられた数多くの研究の中で，近年出版された2つのものが最適な手引きとなるだろう．*Your Private Sky: R. Buckminster Fuller: Art Design Science*, ed. Joachim Krausse and Claude Lichtenstein (Zurich: Lars Müller Publishers, 1999); *Your Private Sky: R. Buckminster Fuller: Discourse*, ed. Claude Lichtenstein and Joachim Krausse (Zurich: Lars Müller, 2001).

[100] R. Buckminster Fuller, "Lightful Houses," *Your Private Sky: R. Buckminster Fuller: Discourse*, p. 70.

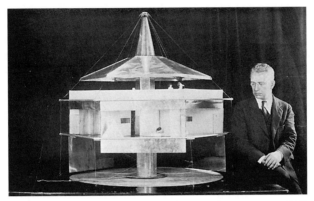

89 バックミンスター・フラー，ダイマクシオン・ハウス，1928 (*Shelter*, January 1932 より).

という観点から考察しており，壁や床が上部のトラスから吊り下げられている点を除けば，ライトによる摩天楼のデザインと大きく違ってはいなかった．この時フラーはル・コルビュジエの影響を受けたフランス人建築家ポール・ネルソンと協働しており，ネルソンはフランスで催される住宅コンペに 4D デザインを出品するため，1928年の春にアメリカを離れた．フラーはアメリカ建築家協会へ 4D ハウスの特許を申請したものの，その年の 5 月にセントルイスで集まった委員たちは「我々アメリカ建築家協会は，全く同じものを大量生産するようなすべての住宅デザインに反対である」という理由によってこれを却下した[101]．

1928 年の終わり頃には，フラーの計画はダイマクシオン・ハウスへと発展を遂げており，それは機械工学，科学，構造工学において経験を積んできた彼の経歴の長所を存分に生かしたものだった（図 89）．1929 年にフラーが説明したように，この計画の平面は六角形を単位としていた．すべての電気供給設備，給気設備，排水処理システムを収めた中央部の針状支柱は「ジュラルミン製で，圧縮によって膨らんでおり，そしてピアノ線材とともに三角形を構成している――戦艦のマストや飛行船の係留塔のように」．この支柱と線材の成す三角形状の構成によって，床荷重のすべての吊り下げが可能となるのである[102]．外壁は「カゼインなどの素材から作られた透明，半透明，または不透明な層のうちいずれか 2 つで構成され，そのあいだには真空層を設

---

[101] Lloyd Steven Sieden, *Buckminster Fuller's Universe* (Cambridge, Mass.: Perseus, 2000), p. 138 より引用．

[102] R. Buckminster Fuller, "The Dymaxion House," Architecture (June 1929). *Your Private Sky: R. Buckminster Fuller: Art Design Science*, p. 135 に再録．

けることによって理想的な防音，断熱機能が提供される」[103]．なおリンタンパク質であるカゼインは牛乳から得られる天然個体である．そして調理，排水，収納といったすべての生活設備と機能設備はあらかじめ製造された組み込み式のユニットであり，生活用水は雨水から採取するか，もしくは井戸から汲み上げ，またそれらの再利用も行われる．強制換気に関しても同様に再利用がなされる．照明用光源からの光は天井のグリッドを通して拡散される．フラーは風力やソーラー・パネルから電力を得る構想までも練っていた．この住居の模型はひとつのユニットのみを示しているが，このコンセプトは高層の構造物にも完璧に適用できるものであり，見積られた費用は1929年当時における住宅の平均価格より3,000ドルから5,000ドル少なかった．フラーはル・コルビュジエの「住むための機械」という比喩を真剣に受け止め，ヨーロッパとアメリカのどちらにおいても類似したものが存在しない原型を創り出したのである[104]．

　1929年の大半を発明の売り込みに費やしたフラーが初めてダイマクシオン・ハウスを展示したのは，シカゴのマーシャル・フィールド百貨店においてであった．そして6月には『アーキテクチャー』(*Architecture*)誌上に自身の着想を発表し，7月にはニューヨーク建築リーグの年次会で講演を行った．フラーはそこでハーヴェイ・W・コルベットに紹介された後，とりわけレイモンド・フッド，ラルフ・ウォーカーから質問を受けた[105]．またシカゴの出版社チャールズ・スクリブナーがニューヨークにおける講演に基づいた内容の書籍出版を申し出たが，この計画は株式市場の崩壊で破綻してしまった．1929年の秋にはニューヨークへ戻っていたフラーはグリニッチ・ヴィレッジでの暮らしを開始しており，そこで建築家，舞台美術家のフレデリック・キースラー（キースラーは1926年にウィーンから移住してきていた），デンマークから移住した建築家クヌート・ロンベルグ・ホルム，彫刻家イサム・ノグチ，舞踏家マーサ・グレアムらを含む芸術家サークルを組織した．

　1932年，フラーは残りの資産を売却し，その資金により，フィラデルフィアの建築家ジョージ・ハウによって一部の資金提供が行われていた『T-スクエア』(*T-Square*)誌を買収した．この雑誌はフラーによって誌名を『シェルター』(*Shelter*)

---

[103] Ibid.
[104] フラーはル・コルビュジエの『建築へ』を1927年もしくは1928年に読んでいた．自身の妹へ宛てた1928年の手紙の中で，「直観的探求と論理的思考から帰結する私の言い回しとほぼ全く同じ簡潔な言葉遣いによる表現」が「忽然とし」，「ル・コルビュジエという人物の存在に気づいてさえいなかった」と述べている．*Your Private Sky: R. Buckminster Fuller: Discourse*, p. 80 に掲載されているこの手紙を参照．
[105] "Dymaxion House, Meeting Architectural League, New York, Tuesday, July 9, 1929," *Your Private Sky: R. Buckminster Fuller: Discourse*, pp. 84-103 を参照．

へと変え，わずか5号の発行を通じてアメリカで出版された知的雑誌のうちで最も魅力的なもののひとつとなった．フラーは「ユニヴァーサル・アーキテクチャー」欄に定期的に寄稿し，また他の寄稿者にはキースラー，ノイトラ，ロンベルグ・ホルム，そしてフランク・ロイド・ライトらがいた．ゲスト編集者のジョージ・ハウ，ヘンリー＝ラッセル・ヒッチコック，アルフレッド・バー，フィリップ・ジョンソンらによって企画された第1号の誌面は，主に開催されたばかりの「インターナショナル・スタイル」展に割かれていた．これらの記事は次々と「表現派（スタイリスト）」陣営と構造研究会（SSA：the Structural Study Association）の代表者であるフラーによって率いられた「構造派（ストラクチュラリスト）」とのあいだで交わされる議論の着火剤となった．「構造派」は表現的あるいは美的側面からモダニズムを要約することのすべてを明白に否定し，とりわけフラーにとっては，建築とはより広い生態学的世界の中のほんの一部でしかなかった[106]．

製品化の申し出を受けていたダイマクシオン・ハウス計画であるが，その可能性のすべては大恐慌によって無に帰した．しかし，フラーは諦めなかった．1933年の初め，彼はすでにダイマクシオン・カーの試作機の製作に取り組んでいた．先端工学の分野において，フラーは途方もなく輝かしい成果を再び達成することになる．

——5——
「インターナショナル・スタイル」展

アメリカの建築における重要な一幕として，1932年に開館したニューヨーク近代美術館（MoMA）で開催された「近代建築：国際展覧会」展が位置づけられることは間違いない．この展覧会ではカタログとともに『インターナショナル・スタイル：1922年以降の建築』（*The International Style: Architecture since 1922*）という書籍が出版された．この著作はアメリカにおける建築の実践に多大なる影響を及ぼした[107]．

---

[106] この論争の詳細については，*Your Private Sky: R. Buckminster Fuller: Art Design Science*, p. 158. と Ulrich Conrads, ed., "R. Buckminster Fuller: Universal Architecture" (1932), *Programs and Manifestoes on Twentieth-Century Architecture* (Cambridhe: M. I. T. Press, 1970), pp. 128-36 を参照.

[107] Alfred H. Barr, Henry-Russell Hitchcock, and Philip Johnson, *Modern Architecture: International Exhibition* (10 February-23 March 1932) (New York: Museum of Modern Art, 1932); Henry-Russell Hitchcock and Philip Johnson, *The International Style: Architecture since 1922* (New York: W. W. Norton, 1932; citations from 2nd ed., 1966).〔武澤秀一訳『インターナショナル・スタイル』鹿島出版会，1978年〕．その歴史に関しては Terence Riley, *The International Style: Exhibition 15 and the*

この展覧会についてどのような見解があったとしても，20世紀におけるアメリカでの実践という点で，これまであまり認知されていなかった人々を世に知らしめたという功績は認められなければならない．この展覧会は，新たに設立されたこの美術館の初代館長であったアルフレッド・バーJr.の着想で開催された[108]．そしてこの催しは，当時まだ20代であった2人の若い歴史家が企画を担当している．ヘンリー＝ラッセル・ヒッチコック（Henry-Russel Hitchcock, 1903-1987）とフィリップ・ジョンソン（Philip Johnson, 1906-2005）であり，彼らは共同でカタログと書籍の編集を行った[109]．

　この3人はそれぞれ異なる手腕でこの展覧会を支えた．ジョンソンは裕福な家庭に生まれハーヴァード大学で教育を受けたが，幼年期は身体が丈夫ではなく苦労した．1920年代にはヨーロッパへ旅立ち，1929年の春にウェルズリー・カレッジの若い教授であったバーに出会っている．バーはヨーロッパの近代美術の熱狂的な支持者であり，一方まだハーヴァードを卒業前であったジョンソンは，近代美術および建築について何も知らなかった．彼らが親交を深めた1ヶ月後に，バーは新しく設立された美術館の館長に任命された．人生の目標を懸命に探していたジョンソンもまた，この新たな施設の一員になることを決めている．それゆえ1929年の夏にジョンソンは建築を新たに学ぶためにヨーロッパ旅行へ出発し，オランダのアウトの作品やシュトゥットガルトで展示された建物群，デッサウのバウハウスを調査した．1929年から30年にかけての冬にハーヴァード大学での学業を終えたジョンソンは，ニューヨークを訪れていたヒッチコックと出会っている．バーとヒッチコックはその数年前のハーヴァード時代からの友人であり，バー，ジョンソン，ヒッチコックによる同盟はすでに結ばれつつあった．

　バーは近代建築についてかなり偏った視点をもっていたが（彼は1927年にバウハウスと国立高等美術工芸工房(ヴフテマス)を訪れていた），この3人の中で先導役となったのはヒッチコックだった．彼は1924年にハーヴァードを卒業し，ボザールで学び建築家になることを志すものの，1925年には美術の修士号を取得するためハーヴァードへ戻ることを決めている．そして1927年に修了しすぐにシュトゥットガルトの展覧会を

Museum of Modern Art（New York: Rizzoli, 1992）を参照．

[108] Riley, The International Style, p. 19, pp. 91-3 を参照．バーに関しては Sybil Gordon Kantor, Alfred H. Barr, Jr., and the intellectual origins of the Museum of Modern Art, (Cambridge: M.I.T. Press, 2002) を参照．

[109] フィリップ・ジョンソンに関しては，彼による Wittings (New York: Oxford University Press, 1979); Hilary Lewis and John O'Connor, eds., Philip Johnson: The Architect in His Own Words（New York: Rizzoli, 1994）と Franz Schulze, Philip Johnson: Life and Work（New York: Knopf, 1994）を参照．

訪れ，そこでル・コルビュジエに関心を抱く．そしてヴァッサー・カレッジで教鞭を執った後に，1929 年にウェズリアン大学に移る．著書『近代建築』（*Modern Architecture*）を執筆する以前に，ヒッチコックは 1927 年から 29 年にかけてリンカーン・カーンスタインが編集したハーヴァードの雑誌『ハウンド・アンド・ホーン』（*The Hound & Horn*）のためにいくつかのエッセイを書いている．ヒッチコックの処女作「建築の衰退」（"The Decline of Architecture"）は若者特有の気取った筆致で，内容的にはどこか物足りない．もし辛抱強い読者がフランス流の高慢な筆勢と，シュペングラーやヘンリー・アダムスへの参照に耐えうるのであれば，読者はヒッチコックが「現代建築に関するシュルレアリストの理論」と呼ぶ，同書の重要な部分にたどり着くだろう．それは「技術的に完璧なものに対して意図的に美を付加しようとするすべての試みは，ロウ氏の豪華映画館(ムービー・パレス)の人造大理石や，マニングス博士の大都市のようなアメリカン・ビューティーの首都と同様の，悪趣味な『粉飾』である」という主張だった[110]．言い換えれば，今日の建築は衰退の一途にあり，発展のためには技術こそがすべてなのだ，ということをここで言及しているのである．

　自尊心にあふれる学生だったヒッチコックは，自身が手がけた記事をニューヨークのマンフォードへ送ると，この批評家は丁重な賛意を表し，こうして 2 人の関係は生まれた．彼らが交流を深める中で，マンフォードはヒッチコックにヨーロッパの現代建築に関する調査を勧め，ヒッチコックも，文学的な主題から建築の主題へと戻ろうとしていたマンフォードを擁護した[111]．ヒッチコックはここでヨーロッパ建築への関心をさらに深めた．1928 年の『ハウンド・アンド・ホーン』誌のためのエッセイで，ヒッチコックはノイトラとウィリアム・レスケーズの作品，1923 年のル・コルビュジエの著作，そして「インターナショナル・スタイル」の出現について言及している[112]．ヒッチコックは翌年末に「the」という定冠詞をこの用語に与えたが，ヒッチコックとジョンソンによる 1932 年の著作において，初めてこの用語を大文字で表記したのは，他でもないバーであった[113]．

　1929 年のヒッチコックの著作『近代建築：ロマン主義と再統一』（*Modern Architecture: Romanticism and Reintegration*）は先のエッセイよりも洗練され，野

---

[110] Henry-Russell Hitchcock, "The Decline of Architecture," *The Hound and Horn* 1, (September 1927): p. 31.
[111] 彼らの関係については，Wotjowicz, *Lewis Mumford and American Modernism*, pp. 57-9 を参照．
[112] Henry-Russell Hitchcock, "Four Harvard Architects," *The Hound and Horn* 2, (September 1928): pp. 41-7.
[113] Hitchcock, *Modern Architecture*, p. 162. および Hitchcock and Johnson, *The International Style*, p. 11 を参照．

心的な努力が窺える．この著作は部分的には素晴らしい内容であったが，歴史研究としては大きな欠点をもつものでもあった．ヒッチコックは広範囲にわたる旅を通じて，当時の新しいヨーロッパ建築の動向，特にアウト，グロピウス，ル・コルビュジエの作品をじっくりと咀嚼していた．一方，アメリカにおける現代的な実践についての彼の知識は十分なものとはいえず，アメリカ北東部の動向だけに限定されている．しかしながらここでの彼のテーマは非常に明快である．すなわち，現在のフランスやオランダ，ドイツの建築の動向は新たな様式の創造の過程ともいえるものであり，他のすべての国，とりわけアメリカの建築に関しては，この時代の傍流に追いやられている，というものであった．

この著作における歴史の整理はとりわけ興味深いものである[114]．ヒッチコックはまず近代建築を19世紀の歴史から連続するものとした上で，広義には（初期ルネサンスから続く）ゴシック以後のすべての建築に含まれるものと定義し，中でも1750年から1920年代後半に焦点をあてている．近代という期間は（バロックやネオ・ゴシック，新古典主義といったような）「様式(スタイル)」というよりも「段階(フェーズ)」というニュアンスで扱われている．また1750年から1929年のあいだには，注目に値する2つの段階(フェーズ)が確認できる．それはロマンティシズムと「新たな伝統(ニュー・トラディション)」なるものである．前者は1750年を起点として1875年頃を終点としている．ここではスフロ，ラトローブ，ペルシエとフォンテーヌ，イトルフ，ラブルースト，ソーン（ヒッチコックが歴史上で賛美する建築家），ピュージン，シンケル，ガルニエの作品が取り上げられている．このようにロマンティシズムの時代にいくつかの注目すべき成功例を見つつも，それ（特に1850年以降）は「あまり幸福ではない」時代であった[115]．同じことは「新たな伝統(ニュー・トラディション)」にもいえ，H・H・リチャードソンの作品は両者の過渡期に位置づけられる．G・G・スコットから教訓を得たリチャードソンの決定的な変化は，「様式の折衷主義」から「趣味の折衷主義」への置換である[116]．新しい伝統(ニュー・トラディション)の建築家には一般的に，古きよき時代の職人の手仕事と工学に執着する姿勢が垣間見え，彼らは装飾的なモチーフを抽象化していった人物たちであると見做された．ヨーロッパのベルラーヘやベーレンス，ペレらはみなこのグループに分類され，アメリカのリチャードソンやルート，サリヴァン，ライトもまた同様であった．すでに見てきたとおりライトは，ヒッチコックが彼をこの分類に入れたこと，そしてシカゴ時代以降のほぼすべて

---

[114] Panayotis Tournikiotis, *The Historiography of Modern Architecture* (Cambridge: M.I.T. Press, 1999), pp. 113-37 を参照．
[115] Hitchcock, *Modern Architecture*, p. 50.
[116] Ibid., p. 115.

の仕事がこの著作で無視されたことに激怒した．ヒッチコックはそれ以前に，ライトの経歴に関する短いモノグラフを執筆していたにもかかわらず，この著作ではライトの作品を明らかに軽んじて扱った[117]．例えばヒッチコックはミッドウェイ・ガーデンズを「きまぐれで装飾的」と記し，帝国ホテルの「乏しい技術による異国風の装飾」を「まるで効果的でない」としている[118]．バーンズドール邸は「わずかに成功した建物のうちのひとつ」とし，ミラード邸は「調和を欠く彼の性向の中ではうまくまとまっている」成功例と評価している[119]．

　同書の最終部は「新たな開拓者(ニュー・パイオニアーズ)」のために紙幅が割かれている．そこでは近代という枠組みのすべてを継ぐ新たな時代の画期として，「新しい様式(ニュー・スタイル)」がひとまとまりで定義される．それは新たなる時代を示すためのものであり，脱折衷主義的な建物としてフランスやオランダ，ドイツにしか未だ現れていないものだからこそ，新たな様式として扱われるのである．この様式は1914年の工作連盟(ヴェルクブント)の展覧会の3つの建築物，すなわちヴァン・ド・ヴェルドの劇場，タウトのガラスのパヴィリオン，グロピウスの工場によって暗に示されていたが，正式には1925年の博覧会のためのル・コルビュジエによるパビリオンに始まったとしている．ル・コルビュジエはリュルサやアウト，リートフェルト，ベイフト＆ダウカー，ブリンクマン＆ファン・デル・フルーフト，グロピウス，マイ，ミースらの貢献と並びすでに評価されており，派生する反響は各地でみられるものとなっていた．だがアメリカでは，この様式は未だ「未来のためだけ(オンリー・トゥ・ザ・フューチャー)」に存在していた．なぜなら「その重要性は未だ国内外でほとんど理解されていない」からである[120]．こうした文化の後進性についてヒッチコックは，アカデミックな皮肉をこめて母国を見下し，「アメリカが新しい伝統(ニュー・トラディション)という動向すら受容するのが遅れていることを考えれば，それほど驚くべきことでもない」と述べている[121]．

　アメリカの建築家を啓発することこそがヒッチコックによるこの著作の主たる目的であり，それは新しい様式(ニュー・スタイル)という主張を彼らに知らしめるための説教じみたものでもあった．だがそれでも，ここでの彼の提案には幾分の曖昧さも存在した．新しい様式(ニュー・スタイル)を原理とすることは新たな建設方法や素材，内部空間の扱い方，（すでにディテールとなった）装飾の排除といったものに由来するのであるが，彼にとって重要なのは，ルーフ・テラスやキャンチレヴァー，非対称形，間仕切り壁，隅窓と水平窓といった

---

[117] 1928年にヒッチコックはパリで出版された *Cahiers d'Art* にライトのモノグラフを執筆した．
[118] Hitchcock, *Modern Architecture*, p. 115.
[119] Ibid., pp. 115-16.
[120] Ibid., p. 199.
[121] Ibid.

Chapter 12　アメリカにおけるモダニズム 1917-1934

いくつかの意匠的な決まりごとを，単純な根拠とすることにあったようだ．おそらくヒッチコックは新しい様式(ニュー・スタイル)を純粋に視覚的な存在として認識しており，こうした原理に準じようとする彼の視点は，展覧会をめぐる状況下で執筆した著作を通じてより鮮明になったという方が正確であろう．いずれにせよ『近代建築』は彼の視座を広く知らしめ，その新しい様式(スタイル)に権威を与えることに成功した．その形態主義に偏った論理がたとえ薄弱なものだったとしても，それは未だ十分に評価されたとはいいがたいこの時期の重要な文献なのである．

　出版に先立ちヒッチコックはマンフォードに同書の草稿の確認を依頼したが，マンフォードはここでのライトへの低評価と，「新しい伝統(ニュー・トラディション)」と「新たな開拓者(ニュー・パイオニアーズ)」を分類する箇所に異議を唱えた[122]．だが実は，ヒッチコックの研究に対してマンフォードの意に沿わない箇所は他にもいくつか存在していた．そもそもマンフォードは地域主義者(リージョナリスト)であり，ヒッチコックが喧伝していた新しいインターナショナル・スタイルのデザインの含意は到底受け入れがたいものがあった．またマンフォードはル・コルビュジエの作品やその機械のアナロジーにも，あまり関心をもっていなかった[123]．そして，すでに見てきたとおり，マンフォードは1928年のエッセイ「〈もう一手〉を求めて」で，もしそれがデザインにとって「有機的(オーガニック)」であるならば，装飾にもまだ可能性があると考えていた．この最終部でマンフォードは建築の社会性を強調しているが，それはヒッチコックの研究に完全に欠けている点でもあった．それゆえヒッチコックが辿ろうとしていた歴史の道筋に対して，マンフォードは落胆したに違いない．

　一方で予想どおり，バーはヒッチコックの著作に対して好評価を与えている．ヒッチコックは「この分野で現在活躍する最先端の歴史家」の地位を与えるべき人物であり，彼の仕事はアメリカにおけるこれまでの近代建築に関する著作と好対照を成すものである，とバーは見做した．彼にとってこれまでの書籍は「アメリカの建築家や建築学校と同じように偏狭で，旧態依然として，自己満足的で，反動的なもの」であった[124]．バーはしかしながら，はっきりと断定しない結章や「けちけちした」図版の使用，そして「ドイツ語から影響を受けた雄文的な表現と，英語では"-ism"とすべきところを"-isme"とし，また"neo-"とすべきところを"néo-"としたフランスかぶれの綴り」にみられる見栄っ張りな文体については，ヒッチコックを非難してい

---

[122] Wotjowicz, *Lewis Mumford and American Modernism*, p. 58.
[123] マンフォードによる1932年の初めてのヨーロッパ旅行に合わせて，ジョンソンはマンフォードにル・コルビュジエやグロピウス，ブロイヤー，ミース，アウトらの住所を教えたが，マンフォードは彼らとは連絡を取らなかった．Wotjowicz, *Lewis Mumford and American Modernism*, pp. 95-96 を参照．
[124] Alfred H. Barr, Jr., "Modern Architecture," *The Hound and Horn* 3, (April – June 1930), p. 431.

る[125].

　この著作が出版された頃，ヒッチコックに出会ったジョンソンは同じくその内容に感銘を受け，その次の夏に2人は連れ立ってヨーロッパを旅行している．まさにこの旅行の際――1930年6月のことであるが，建築に関する著書を彼自身も執筆しようと考えていたジョンソンは，ヒッチコックに『近代建築』の概説を出版すべく協働することをもちかけた[126]．道中でジョンソンはル・コルビュジエやアウトに会ったのだが（その際にジョンソンは北カリフォルニア，パインハーストの彼の母の家の設計をアウトに依頼した），何よりもこの旅のハイライトは，ベルリンでミースと出会ったことである．ジョンソンは二度，トゥーゲントハット邸を見にブルノへ行き（そのうちの1回はミースとともに），その後に彼はニューヨークのアパートメントの改装をミースに依頼している．その夏の終わりから初秋にかけて，バーとヒッチコック，ジョンソンは展覧会に合わせて書籍を出版することを決定する．ジョンソンが理事会に提出したこの展覧会の最初の案は，3つのセクションに分かれていた[127]．ひとつ目のセクションが最も重要であり，「世界で最も優れた9人の建築家」としてフッドやライト，ノーマン・ベル・ゲデス，ハウ&レスケーズ，ボウマン兄弟，ミース，グロピウス，ル・コルビュジエ，アウトらの作品が取り上げられた．2つ目のセクションは高層ビルの技術，製造業と住宅供給(ハウジング)に焦点をあてている．3つ目のセクションは国際学生設計競技案で構成されていた．この展覧会の教訓的な理論的根拠として，アメリカ建築についての知識が全く乏しかったジョンソンが，次のように主張している．「アメリカの建築は，矛盾だらけで知性を欠いた建物の中で自身を見出そうとしている．首尾一貫した合理的な建物を紹介することが，激しく求められている．この展覧会が現在の建築思潮に与える位置づけと方向づけは，計り知れないほど重要である」[128]．

　続く年は展覧会の準備にあてられ，そのためにヒッチコックとジョンソンはヨーロッパでのさらなる調査を要した．展覧会を用意する上で変更もあった．ベル・ゲデスはノイトラに置き換えられた．ゲデスは工業デザインとその製品の計画にかなりの労力を費やしていたからである．2つ目のセクションは住宅供給(ハウジング)のみに絞られ，3つ目のセクションは学生設計競技ではなく，若干控えめに新しい様式(ニュー・スタイル)を紹介する概括的な調査内容の展示とした．この展覧会の主たるセクションにおける最大の障害となった

---

[125] Ibid., pp. 434-5.
[126] Riley, *The International Style: Exhibition*, p. 12. 1930年6月18日のことであると推測される．
[127] Ibid.,Appendix 1, "Preliminary Proposal for an Architecture Exhibition at the Museum of Modern Art," pp. 213-14.
[128] Ibid.

のはライトであり，彼は数回にわたり作品の出展のとりやめを言明した．彼はヒッチコックの著作に憤激しており，ジョンソンを軽蔑してもいた．ライトはジョンソンを——極めて的確な表現であるが——単なる建築愛好家と見做していた．まさにそのとおりで，ジョンソンにはまだまだ学ぶべきことが多くあった．しばしば語られることだが，この展覧会の出展者について議論されていた段階で，ジョンソンはライトの作品をすでに歴史的に過去のものとして退けている[129]．ライトもまた，ル・コルビュジエやグロピウスの作品を軽蔑しており，彼らとともに展示されることを望んでいなかった．また「まるでハサミで厚紙から切り出されたように」見える建築様式にその地位を奪われ，ライトによるモダニズムの理想像が損なわれることを，彼自身が望んでいなかったことは間違いない[130]．さらにライトはレスケーズとノイトラという，ヨーロッパ生まれの2人の建築家がアメリカ人のセクションに展示されたことにも異議を唱えている．実際に彼は手紙で「折衷的な〈流行りもの〉で，生活様式の模倣にすぎない」と皮肉っぽく述べている[131]．こうした状況の中でライトの作品が撤去されなかったのは，雑誌『シェルター』(Shelter) に，ライトの「君がために歌わん」("Of Thee I Sing") という記事を掲載することを，この号の臨時編集長だったジョンソンが同意したからであったと見ることもできる．このエッセイは，「近代建築の本来の姿である生き生きとした有機体から皮や角を剥ぎ取ろうと」脅迫する，ヨーロッパに端を発し反個人主義的で共産主義的でシュペングラー的な「軽蔑すべき精神（ガイスト・デル・クラインリヒカイト）」を手厳しく糾弾するものであった．ライトは逆説的にこのように締めくくる．「開拓者（パイオニア）としての我々の日々は未だ終わらない」[132]．

その他に，まさに開催の前日，マンフォードが窮地を救う出来事があった．ライトが再び作品の撤去を宣言したのである．するとマンフォードはライトに電報を打った．「あってはならないことです．辞退は考え直して下さい．美術館の代理としてではなく，私個人として，あなた自身の立ち位置とその影響力に関心をもっています．考え直して下さい．私たちはあなたが必要であり，あなたなしで展覧会は成立しません」[133]．興味深いことに，マンフォードもこの展覧会に対してライトが抱いた軽蔑に共感しており，彼自身もしぶしぶ参加を認めたに過ぎなかった．1931年初頭にキ

---

[129] これについてはいくつかの出典が存在する．Levine, *The Architecture of Frank Lloyd Wright*, pp. 217, 466-7 n.1 を参照．

[130] Wright, *Frank Lloyd Wright: Collected Writings, 1930-1932*, p. 51.

[131] Wotjowicz, *Lewis Mumford and American Modernism*, p. 93 からの引用．

[132] Wright, "Of Thee I Sing" Shelter, April 1932; *Frank Lloyd Wright: Collected Writings*, ed. Bruce Brooks Pfeiffer 3, 1931-1939 (New York: Rixxoli, 1993), pp. 113-15 からの引用．

[133] Wotjowicz, *Lewis Mumford and American Modernism*, p. 93 からの引用．

ャサリン・バウアーに宛てた手紙で，マンフォードはジョンソンが建築をあまりにも理解していないことを嘆き，「この展覧会が MoMA における典型となってしまうことを恐れている．それは全くもってよくないことだ．実に野蛮なことだ」と書いている[134]．

「近代建築：国際展覧会」展は 1932 年 2 月 10 日から始まり，3 月 23 日まで開催された．これと同じタイトルのカタログが，ヒッチコックとジョンソンの今や有名となった著作と並んで出版されている．展覧会はル・コルビュジエ，ミース，アウト，そしてライトによる 4 人の作品で締めくくられている．ここで模型はとても重要な役割を果たした．ライトはデンバーのメサに建つ住宅案 (1932)，ル・コルビュジエはサヴォワ邸 (1929-30)，アウトはパインハーストの住宅，そしてミースはブルノのトゥーゲントハット邸をそれぞれ出品している．グロピウスは彼らの前室に追いやられてしまったが，デッサウのバウハウス校舎 (1925-26) の模型を展示した．続いて現れるのはシカゴのボウマン兄弟によるエバンストンのルックス・アパートメント (1931) の模型であり，レイモンド・フッドによる田園に建つ塔状アパートメント計画案 (1932)，ハウ&レスケーズによるクリスティ・フォーサイス集合住宅の 2 つの計画，リチャード・ノイトラによる円型校舎，オットー・ヘスラーによるカッセルのローテンベルク住宅団地などの模型が出展された．またベルギーやオーストリア，スイス，スペイン，スウェーデン，フィンランド，イギリス，イタリア，日本，チェコスロバキア，そしてソヴィエト連邦の建築家による作品の写真も併せて展示されている．

展覧会のカタログと，ヒッチコックとジョンソンによる著作は類似しているものの，いくつかの差異が存在する．ミースによるチェコスロヴァキアのブルノのトゥーゲントハット邸の図版（図 90）を表紙に掲載したこのカタログは実に印象的なものであり，バーによる序文とジョンソンによる「歴史的な覚書」，ジョンソンとヒッチコックによる「近代建築の拡大」，そしてマンフォードによる「住宅供給(ハウジング)」から構成されている．バーの序文は世間一般のアメリカ人建築家たちを扇動的な鋭い言葉で糾弾している．この中で彼は「過去 40 年あるいは過去 1 世紀にわたる混乱が，まもなく終わりに近づいているという主張」として，この展覧会を位置づけている[135]．彼は（大文字を用いた）新たな「インターナショナル・スタイル」を，近代的な素材，近代的な構造，近代的な生活の要求に合わせた平面計画から生み出された原理に基づ

---

[134] Ibid., p. 92.
[135] Alfred H. Barr による序文．*Modern Architecture: International Exhibition* (New York: Museum of Modern Art, 1932), p. 13.

90 展覧会カタログ『近代建築：国際展覧会』(*Modern Architecture: International Exhibition*, Museum of Modern Art, 1932) の表紙に掲載された写真．許諾により転載．

く造形と見做した．また彼はライトとフッドの作品を加えたことに対して弁明している（ライトはインターナショナル・スタイルの「源泉」ではあったがパイオニアではないとされた）．バーにとっての新たな運動は，グロピウスやル・コルビュジエ，アウト，ミース・ファン・デル・ローエによって定義されるものだったのである．そこにアメリカ人はいなかった．

「歴史的な覚書」の中でジョンソンは，（小文字を用いた）「インターナショナル・スタイル」の起点をオランダの新造形主義やドイツの表現主義に置いたものの，1922年以降の動向を指す言葉として，もう少し選択的かつ限定的に扱った．ジョンソンにとって，ル・コルビュジエの『建築へ』こそ新たな様式の始まりを告げるものであった．ヒッチコックとジョンソンによる「近代建築の拡大」では，ドイツの建築家たちとル・コルビュジエを新様式の先駆者と見做す同様の趣旨をなぞり，「何が本当の近代建築かを理解していない」としてアール・デコの影響下にあるアメリカの設計者たちの仕事を厳しく批判した[136]．

「住宅供給（ハウジング）」と題されたマンフォードによるエッセイには，教育や余暇のすごし方（例えばレコードやラジオを聴いたり，テレビを見たり，庭仕事をすること）と同等に，衛生や健康，身体的な適応性に準じた「生態学的な施設」として，住宅を新たに定義づけようとする並々ならぬ努力が垣間見える．マンフォードは溢れんばかりの光と風，キッチンと浴室，そしてあらゆる通過交通を遮断する街路の必要性について力説している．彼はまた，開放的な平面計画，大規模な生産工程，大量生産，効率のよ

---

[136] Alfred H. Barr, "The Extent of Modern Architecture," *Modern Architecture: International Exhibition*, p. 22.

いデザイン,収益の抑制,低い借入金,政府の補助金あるいは公的な住宅補助も要求していた.オットー・ヘスラーによるカッセル郊外のローテンベルクの住棟群(1930)の模型,それは幾重にも連なるバラックのような住棟であり,多くのアメリカの観衆にとって理解しがたいものであったようだが,マンフォードにとってそれは,ヨーロッパが提示する――スタインやライト,アウト,エルンスト・マイによる展示されたプロジェクトのような――住宅供給(ハウジング)の理想像を示すものでもあったのだ.

しかしながらこのカタログの歴史上のインパクト以上に重要なのは,実際にはそれよりも先に用意されたはずの著作『インターナショナル・スタイル』(The International Style)であろう.同書は10の短い章で構成されており,そのうちの初めの7章は残りの章よりも一段上位のものとなっている.例えば最初の章のタイトルは「様式の観念」("The Idea of style")として,新たな様式を生み出そうとした19世紀の建築家の実践を失敗と見做しつつも,最終的には「あるひとつの新たなる様式が存在することになった」と高らかに宣言している[137].新たな様式とは近代的で国際的(インターナショナル)なものであり,わずかな開拓者(パイオニアーズ)によってつくられたものであるのだ.それは「マスよりもヴォリュームとしての建築」であり,軸線による対称性よりも規則性によるものであり,装飾の不在によって特徴づけられるものであった[138].

第2章は「歴史」と題され,筆者たちはライトの問題,つまり彼らの著作において顕著に表れるライトの排除について述べている.「まるで非ユークリッド幾何学を発明した数学者のように,特定の様式に束縛されることを拒絶しつつ無限の可能性をもつ様式の幻想を,彼はつくり出した.ライトの永遠なる若き精神は,19世紀の「様式」という概念に対する反発と同じ勢いでもって,新しい様式に対しても反発したのである」とジョンソンとヒッチコックは非難する[139].ヨーロッパの仲間たちとできる限り歩調を合わせようとしたことによって,自身の道を進んでいたライトは新様式の開拓者(パイオニア)としての地位から排除されなければならなかった.ライトに代わる新たな運動の先駆者(リーダー)はグロピウス,アウト,ル・コルビュジエの3人であり,すぐ後にミースもこの地位に加わった.だが間もなくグロピウスの作品は著者たちからの支持を失った.なぜなら彼の作品は今なお,「伝統的な建築の概念」を有しているが,それゆえに追従すべき純粋なモデルではないと見做されたのである[140].アウトはデザイナーとしての足跡を残し,未だ強く支持されていたが,彼は全盛期をすぎるだろうと推定

---

[137] Hitchcock and Johnson, *The International Style: Architecture*, p. 19.
[138] Ibid., p. 20.
[139] Ibid., p. 27.
[140] Ibid., p. 29.

された.(ヒッチコックが最も好んだ建築家であった)ル・コルビュジエは,オザンファンのスタジオのデザインを通じて新たな様式を「結晶化」し,「ドラマのように仕立て上げた」.また(ジョンソンが最も好んだ建築家であった)ミースは彼が1920年代初頭に描いた摩天楼のスケッチを通じて「事実,彼はグロピウスより,いや他の誰よりもはるかに優れた技術的な革新を成し遂げた」とされた[141].章末部分のこうした断言は,全くもって不合理で,ここにもヒッチコックとジョンソンによる建築における技術的なものへの関心の欠如が表れている.

　前半の他の章の中でも「機能主義」と題された章は非常に重要である.ここでは新しい様式には建築における機能性や社会(政治)との関係よりもむしろ「美学的な問題(エレメンツ)」こそ最も重要である,というヒッチコックとジョンソンによる信条が力強く集約されているからである.ここで著者たちは,意匠上の選択は「技術や経済によってすべて決定される」ものと推定したジークフリート・ギーディオンやハンネス・マイヤーによる機能主義に追随している[142].著者たちの立場は,深い信念に基づくものではなく,言葉遣いの問題であると主張されているのだが,それは2つの要因に基づいている.ひとつ目はヨーロッパのモダニズムから政治色を取り除き,機能主義とは社会主義者によってもたらされた概念であるという断定的な評価を剥ぎ取ることである.そして彼らのこの試みが意識的なものなのか無意識的なものなのかが,もうひとつの論点である.しかし著者たちによるこうした政治色の除去は,建築における技術的,社会的,計画的(プログラマティック)な側面を狭めてしまうことになる.2人の著者は,バーの方法と同様に,美術や絵画を評価するような視点で建築を扱っている.こうした見方において建物は写真の中で捉えられ分析されることで,二次元の表象(イメージ)として扱われることになる[143].

　それゆえ,新しい様式に関する続く章「第1原理:ヴォリュームとしての建築」は,空間ではなくヴォリュームの境界を形成する「平坦な表面(プレーン・サーフェイス)」に焦点をあてる[144].ここでの第1原理とは面の単純化を指し,単純な形態や陸屋根,連続面,(影を消すために)窓面を外壁面に合わせることなどの特徴をもつ.第5章では「表面の材料」として,木や煉瓦,石といった自然素材に囲まれる環境で,ガラスや被膜材,集積タイルといった質感のない素材に活躍の場を与え,いかにこうした原理を展開させるかが述べられている.第2原理である「規則性」もこうした側面を強調するが,

---

[141] Ibid., p. 33.
[142] Ibid., p. 36.
[143] ヒッチコックはもちろん,彼の後の著作 *Painting toward Architecture* (New York: Duell, Sloan & Pearce, 1948) でも,こうした特徴を明らかに示している.
[144] Hitchcock and Johnson, *The International Style: Architecture*, p. 41.

第3原理である「付加された装飾の忌避」については他の美学的な基準が設けられ，ここで建築家たちには装飾を放棄しディテールを重視することが要求されている．独立して扱われる彫刻やレタリング，色彩については許されるものの，このルールは常に抑制を強いるものとなる．他にもいくつかのルールが提示されているが，それらは明らかに著者らによるヨーロッパの建築物に関する研究から導き出されたものである．ここで結果としてもたらされたものは，ある批評家と歴史家による，建築家の領分への度を超えた侵入であったといえよう．

　最後の3つの章は一般的な問題として，再びアメリカの現状を非難する調子が強くなる．「建築と建物」の章では，先導するヨーロッパの建築家の能力についてふれるのではなく，技術上の革新を美学上の革新とつなぐために機能主義の問題に立ち返っている．アメリカの建築家たちはヨーロッパの建築家のレベルに達していないばかりでなく，それゆえ彼らは「たとえインターナショナル・スタイルの先鞭者たちがもたらそうとした美学的な教義を心から受け入れることができないとしても，彼らから学ばなければならないことがまだまだたくさんある」[145]のである．アメリカの建築家たちが芸術面において劣るというこうした指摘は，特に最終章「ジードルンク」で扱われる．そこでは，ヨーロッパの人々は常に「よい建物という，ニュートラルな美学的レベル」に達していることを要求する，とされる[146]．「未来の労働する英雄のために建設する」機能主義者と，郷愁から家という「概念」に固執する感傷的なアメリカ人とは，建築を巡る現状においてかくも距離がある[147]．こうした考え方こそヒッチコックとジョンソンが信ずるものということになるのだが，植木鉢や「風変わりな形の換気装置に合わせて配置される」窓，「室内で衣類を乾かすという特別な方法に適した部屋」，「いかなる強盗も登れない」2階に設置された堅牢なつくりのシャッターといった特徴が，彼らの根拠となっている[148]．ヒッチコックとジョンソンは，アメリカにおける住宅供給(ハウジング)のモデルとして，ヨーロッパのジードルンクが優位にあることを強調することで，貧しい価値観にとらわれたアメリカの施主たちに対峙する建築家たちの社会工学的な実践を，恩着せがましく後押ししている．

　限定的で地域的な(マイナー ローカル)機能と，基本的で一般性的な(メジャー ジェネラル)機能をいかに区別するかということは，建築家の権限に委ねられている．社会学的に意義のある建物を扱う際，建

---

[145] Ibid., p. 81.
[146] Ibid., p. 91.
[147] Ibid., p. 93.
[148] Ibid.

築家は特殊なものを犠牲にして普遍的なものを強調すべきであることは確かである．建築家は，経済的な理由あるいは一般的な建築の様式的な理由から，それが地方の気候条件にしっかりと根ざしたものでない場合には，地方的な伝統がもつ特殊性を無視することすらあるかもしれない．彼の目的は理想的な水準に近づくことなのである．だが住宅とは機能性が重視されるあまり，不満をもって住まわれるようなものとなってもいけない[149]．

こうした不遜な態度はもちろん，若気の至りのせいだと弁護されるかもしれない．だが，この異常ともいうべき全体的な攻撃の調子(トーン)は，アメリカの文化的後進性を想起させるものであり，19世紀前半にはいっそう明白だったものである．すなわちリチャードソンやサリヴァン，そしてライトらの伝統そのものでもあった[150]．こうした文化的後進性と同義の状況は，1930年代初頭の多くのアメリカの大学，いわゆる象牙の塔にも見られるものである．そこでは未だにボザール的な性質に染まった，建築に関する観念的な教育(トレーニング)が行われていた．ここで興味深いことは，近代美術館（MoMA）は芸術的な洗練という教育的な使命だけではなく，徹底的な社会変化の要求，つまり生活習慣の根本的な改革を求めるために設立されたということである．ヨーロッパでは同様の組織への要望は常に中心的に調整され，そこに控え目な目標が設定された．ニューヨークではしかしながら，この組織の使命は美学であり，しかもそれは部分的なものでしかなかった建築という「アート」は今や，1年に一度の展覧会に合わせて美術館のミュージアムショップで販売される，海外から輸入される洒落た日用品（スタイル）となった．この指摘によって，1932年のこの展覧会の教育上の価値と，それがアメリカの建築にもたらした豊饒な議論を否定するつもりはない．しかしながらこれは，アメリカの実践にとってだけでなく，国際的な実践にとっても相当高くつくこととなった．この展覧会によって，かつては専門家の領分にあったものに対して，ある文化組織が影響力を示すようになったのである．かつてないほどの寄付金を所有しメディアによる支配を増幅させるこうした施設によって，それは20世紀の後半に繰り返されることになる暗示となっていった．だが世界恐慌と第2次世界大戦による建設活動の世界的な中断は，避けがたく迫るこうした文化のありようを数十年間，留めるものともなったのである．

---

[149] Ibid., pp. 93-94.
[150] リチャードソンからMoMAの1932年の展覧会に至るアメリカ建築に関する優れた考察が，Deborah Frances Pokinski, *The Development of the American Modern Style*（Ann Arbor, Mich.: UMI Research Press, 1984）で示されている．

Chapter 13

恐慌，戦争，その後
1934-1958

> この本全体は，二重人格者，二重人格文化が迎えた悲劇的結末を
> 示すという，ひとつの着想の周りで展開するものです．
> あなたがそこに気付かないのが，
> 私には本当に不思議でならない．
> ― ジークフリート・ギーディオン，編集者宛書簡（1941）―

1
ドイツ，イタリアの全体主義

　脆弱なヨーロッパ政治の崩壊は，1929年から33年にかけての世界大恐慌が招いたものではなかったが，この恐慌によってそれに拍車がかかったことは確かだった．こうした激しい経済下降には，無数の要因が複雑に絡み合っていた．1924年から1929年にかけて，アメリカとヨーロッパはともに急激な経済発展を遂げており，当時巷は金融投機に沸き立っていた．しかしドイツでは，1924年に始まるドーズプランによってアメリカ資本が投入されたことにより，人為的な好景気（1926年までにはドイツは再び工業生産分野でイギリスを追い抜くこととなる）だけでなく，国庫依存の状況が生まれた．加えて，そこには戦争賠償金の問題があった．当時ドイツにはそれを返済する能力などなく，その後も結局不履行に終わった．そして，1929年10月のアメリカ株式市場の暴落がデフレ時代の始まりの合図だった．ここからの工業生産の劇的な落ち込みによって，消費財価格および賃金は下落，失業者数は急増，1931年にはドイツ系銀行2社が倒産し，世界の預金・貨幣システムは混乱に陥った．共産主義者と社会主義者はこの衰退状況を自由放任の資本主義に原因があるとした．一方，資本家と金融業者はこの問題を政治家が支持した保守的な金融・財政政策が元凶と見做し，貿易にかかる人為障害や不均衡，金本位制が時代遅れであること，国際的な通貨調整の欠如などを次々と指摘していった．経済理論は当時まだ明らかに揺籃時代にあった．

　しかし，こうした困難の裏にはさらに，第1次世界大戦以後，未だ解決をみていなかった政治における過激思想の問題があった．パウル・フォン・ヒンデンブルク陸軍元帥が大統領に専任された1925年のヴァイマル共和政は，理屈の上では真の民主主義のように見えたかもしれない．ところがその民主主義は，右派・左派によって絶えず蝕まれていた．共産主義者は当時なお，1919年の時点でこれから間違いなく起こると思われた自発革命に望みをかけており，一方で右派の国粋主義者も，ドイツ軍の戦地での敗北やそれに続いて受けた国の屈辱に，なお憤りを感じていた．こうしたところにフランスの対外政策が介入し，ドイツ国内の政治分裂を悪化させる．賠償金の支払いの遅れを口実に，フランス軍は1922年から23年にかけてルール地方を侵攻・占拠し，鉱物資源の豊富な当地およびラインラントの支配権を要求したが，この行動は国粋主義者の怒りを煽っただけだった．そして国内で大規模なストライキに直面し

たフランス軍は部分撤退する．その後，1925年のロカルノ協定でフランス・ドイツ間国境が保証され，また，ドイツの国際連盟参加が認められたことで，状況はいくらか改善された．さらに1929年にはヤング案によって新たな賠償支払い計画が設定された．だが，この当時問題となっていたのはむしろ経済崩壊の進行だった．

　1930年3月，深刻な失業問題を抱えながら，絶大な権力が与えられることとなったハインリヒ・ブリューニング新首相の登板とともに，ヴァイマル共和国は事実上決定的な転機を迎える．当時国家社会主義党には18%，共産党には13%の票しか集まっていなかったが，この数字は続く経済状況の悪化に伴って変化し，国家社会主義党は遂に社会民主党を抑えて国内の最大政党にまで成長した．その後幾度かの重大局面を経た後，1932年5月にはブリューニングが退陣しヒンデンブルクは大統領に再選したものの，彼の内閣で首相を務めた2人はともに成果を上げることなく同じ末路を辿った．一方では社会不安と社会的暴力はその度を増していき，その対応にあたる上での争点は結局，軍事政権と国家社会主義党政権の二者択一にまで行きついた．そこで，遂にヒンデンブルクが首相の座をオーストリア人の元ドイツ軍伍長，アドルフ・ヒトラーに申し入れたのは1933年1月のことだった．ここでヒトラーは断固とした態度をとる．2月27日，彼は国会議事堂に火を放ち，その罪を共産党員に転嫁し，この時の断罪によって共産党員は議会から駆逐され，3月の選挙での国家社会主義党は44%の票を獲得するというかつてない支持を得ることとなった．また，この国会議事堂火災は3月23日の授権法の正当化にも用いられ，この法で国会の権力が奪われたことで，首相にはほぼ独裁者のような権力が与えられることになった．するとヒトラーは4月1日にドイツ国内のすべてのユダヤ人店舗の排斥運動を告知し，その1週間後，政府は官公庁からの全ユダヤ人の解雇を始めた．4月26日にはゲシュタポを組織し，6月14日には国家社会主義党のみをドイツ国内の唯一の合法的政党と認める旨の声明を発表した．ヒンデンブルクの死もあり，翌年の夏までには彼の「総統_{フューラー}」としての権力は絶大なものとなっていた．

　ヒトラーが政権の座に就いたのは，ドイツが政治的・経済的難局にあった時期だった．そこで彼は，失業問題に終止符を打つ，失われた国家の威信を取り戻す，という2つの公約を掲げ，ドイツ国民も多数がこれを支持した．ヒトラーはこの第1の問題を（アウトバーン建設およびフォルクスワーゲン設立を含む）大規模な公共事業計画の実施および，巨大な警察部隊の組織によって解決したが，とりわけ重要なのは急速なドイツ再軍備の実行である．そして，ドイツの誇りを回復するという問題は，ヒトラー自身の期待をも上回るほどの成果を上げた．1936年にラインラントの係争地帯を再占領したドイツは，1938年にはオーストリア全土およびチェコスロヴァキアの

ほぼ全土を併合，1939年にはポーランドを侵略し（これによりフランス，イギリスとの戦争が突如引き起こされた），1940年にはデンマーク，ノルウェー，ベルギー，オランダ，フランスに攻撃を仕掛けた．またドイツは1941年にロシアへの侵攻を開始し，これも当初は成功を収めた．当時の西欧をこうした独裁政治から救ったのは，ウィンストン・チャーチル政権下のイギリス国民の英雄気質や，アメリカの軍事介入，そしてヒトラーの増長する権力欲だった．

ドイツおよびその占領国内部でのヒトラーは，人種差別による大量虐殺という消えぬ遺恨を残した．ここでのヒトラーもまた，恐ろしく手際がよかった．まずユダヤ人をほとんどすべての職から排除し，さらにはアーリア人の店に入ることさえできなくした後，1935年9月に一連の「市民」法を押し通し，ユダヤ人から選挙・被選挙権および「ドイツ人」との性交渉をもつ権利を剥脱した．1937年にはユダヤ人所有の不動産の計画的接収が始まり，翌年にはシナゴーグの破壊とユダヤ人の強制収容所への強制移送が続いた．1941年のいわゆる「最終的解決(ファイナル・ソリューション)」計画により，絶滅収容所が設立され600万人のユダヤ人がここで非業の死を遂げた．犠牲者の大半はポーランド人（330万人．ポーランド国籍のユダヤ人の90％）かウクライナ人（150万人）だった．しかし，ナチスの人種政策の標的となったのはユダヤ人だけではなく，1,500万人もの民間人が殺されたと推定されており，他にも何十万人もの人々が投獄あるいは強制不妊手術を余儀なくされた．

近代史上，人道に対する罪でヒトラーを上回ったのはヨシフ・スターリンのみだった．1928年までにはすでにソ連国内の絶対的権力を握っていたスターリンだったが，1930年初頭に第1次5カ年計画——数多くのドイツ人共産主義者やドイツ人建築家をこの国に引き寄せた計画——が農業の強制集産化を定めたために，当時，反対する地主や自営農家（クラーク）と政府とのあいだには諍いが起こっていた．この時期に死刑に処されるか餓死を余儀なくされた男性・女性小作農および児童は500万から1,500万程度とも推定されており，1936年から39年にかけて政敵を排除するために行われたいわゆる「大粛清(グレート・テラー)」では，さらに120万人の命が奪われ，1938年末までに800万人の政治犯が巨大な強制労働収容所（グラグ）送りにされている[1]．ヒトラーの独裁政治はオープンなものであり，戦争の開始までは西欧諸国の多くがそれを目にすることができた．しかし，一方でスターリンの忌まわしき狂気は秘密裏に行われていたものであり，のちに隠蔽されることともなったその全貌は未だ算定の途上にあ

---

[1] スターリン政権下の労働収容所における謀殺，飢餓，労働による死者の推定値はデータによってかなりの開きがある．近著では，Robert Conquest, *The Great Terror: A Reassessment* (New York: Oxford University Press, 1990) が1930年代スターリン時代の被害者数を史学的に算定している．

る.

　こうした事件の数々が建築実務に凄まじい衝撃を与えたことはいうまでもない．大恐慌によって1930年代初頭の建設活動は著しく減少し，戦争（あるいは戦争準備）によって建築実務は30年代末までには実質的に終わりを迎えた．また，続く1940年代の第2次世界大戦時には，ヨーロッパの多くの都市，特にドイツの諸都市が破壊を被った．以後の西欧全土の復興は困難で遅々としたものであり，ほとんどの地域の回復は1950年代半ばか1950年代の終わりを待たなければならならなかった．そして，鉄のカーテンや投獄の脅威によって西欧との交流がすべて断たれていた東欧共産主義圏においては，復興の歩みはさらに遅いものだった．

　建築をめぐる1930年代ナチス政権下のドイツの状況は複雑なものであり，ナチス「公認」様式の問題よりはるかに広かった[2]．例えば，ドイツにおけるモダニズム敗北の大きなシンボルといえば，ミースによる1933年のバウハウスの閉校である．しかし，ここでの争点は時折描かれるような単純なものではない．バウハウスの終焉には，個人的な政治的反目もまた少なからぬ役割を担っていたのである．1920年代，30年代のドイツ人建築家はその大多数が州のお抱えであり，政府与党のおかげで役職に就いていた．そして1920年代のドイツのほとんどの州政府は社会民主党すなわち社会主義者だったために，フランクフルトのマイ（1925）やベルリンのマルティン・ヴァークナー（1926）のように，重要な役職に就けるのも左派派閥に属する建築家に限られていた．しかし逆に，国家社会主義党が1930年にチューリンゲンで連立与党を組織した際，党は突然，モダニストのオットー・バルトニンの後任に国粋主義者パウル・シュルツェ＝ナウムブルク（Paul Schultze-Naumburg, 1869-1949）を登用した．かくして多くの場合，当時の建築家の存亡は自らの政治的忠誠心に左右されたのである．なお，そうした政治思想はしばしば養成課程の初期に形成されたものであり，例えばヒトラーお気に入りの建築家だったアルベルト・シュペーア（Albert Speer, 1905-81）も，自身が1920年代末にベルリン工科高等学校（Technische Hochschule）で学んでいた頃，ハンス・ペルツィヒのスタジオには共産党学生が参加し，ハインリヒ・テッセノウの周りには国家社会主義党学生が集まっていた，と語っている．ちなみにこの2人の教師は特別政治的というわけではなかった[3]．

---

[2] Barbara Miller Lane, *Architecture and Politics in Germany 1918-1945* (Cambridge: Harvard University Press, 1968) はこの時期のドイツ建築を扱った古典である．Anna Teut, *Architektur im Dritten Reich* (Frankfurt, 1967) も参照のこと．

[3] Albert Speer, *Inside the Third Reich: Memoirs of Albert Speer,* trans. Richard Winston and Clara Winston (New York: Macmillan, 1970), pp. 16-17.〔品田豊治訳『第三帝国の神殿にて〈上〉〈下〉』中央公論新社，2001年〕．

さらにいえば、モダニズムは当時、単一のイデオロギーを奉じるムーブメントなどでは決してなかった。例えばペルツィヒもテッセノウも、彼らはともにその世代を代表するモダニストだった。しかしペルツィヒの作品は表現主義と見做されていたし、テッセノウの作品もしばしば古典的であるとされた。この点をさらに鮮明に浮かび上がらせるのが、1927年のシュトゥットガルトで開催された工作連盟(ヴェルクブント)の展示会におけるパウル・ボナッツ（Paul Bonatz, 1877-1956）とパウル・シュミットヘンナー（Paul Schmitthenner, 1884-1972）の排除を巡って勃発した論争である。特に、ボナッツのモダニストとしての実績は輝かしいものだった。テオドア・フィッシャーの事務所で働き彼のもとで助手も務めたボナッツは、フィッシャーの建築スタイルにも追随できた人物であり、また、フィッシャーがミュンヘンに職位を得て1908年にシュトゥットガルトを離れた際、シュトゥットガルトでその後任となったのも彼である。あるいは、ボナッツの初期の2作――テュービンゲン大学図書館（1909-12）とシュトゥットガルト鉄道駅（1913-28）――は、ドイツで最も初期の近代建築物として当時広く賞賛を受けていたものである。しかし、終戦直後には社会民主党員だったボナッツは、以降は自身の政治的立場を変える。一方、シュトゥットガルトの教授たちの中でボナッツより年下だったシュミットヘンナーは、カールスルーエに学び、第1次世界大戦中は住宅省の建築家だった人物である。その立場から彼は有名な田園都市「ジートルンク」（ガルテンシュタット・シュターケン）を設計したが、これはリヒャルト・リーマーシュミットのヘレラウ計画に大いに影響を受けている。シュミットヘンナーが住宅専門家としてシュトゥットガルトに教職を得たのは1918年のことであるが、当時の彼はまた、祖国文化保護同盟（Bund für Heimatschutz）とドイツ工作連盟(ヴェルクブント)でも精力的に活動していた。このように、ボナッツとシュミットヘンナーは当時著名な地方建築家であり、当初シュトゥットガルト展を取りまとめていたのもドイツ工作連盟(ヴェルクブント)のヴュルテンベルク支部であったため、この展覧会自体が市役所からの援助を受けていた。そこから何らかの配慮がなされたことも考えると、件の工作連盟(ヴェルクブント)展のイベントには彼らが参加するのが道理であるはずだった。しかしすでに見たとおり、このイベントのための建築家選定は主として、工作連盟(ヴェルクブント)ベルリン支部の、というより、実質上ミース・ファン・デル・ローエの支配下にあった。かくして、シュミットヘンナーの名は結果的に一度も参加建築家候補リストに挙がらず、ボナッツの名は1925年9月にミースに提出された第1次案に挙がりつつも消された[4]。その後、ヴュ

---

[4] 特に Richard Pommer and Christian F. Otto, *Weissenhof 1927 and the Modern Movement in Architecture* (Chicago: University of Chicago Press, 1991), p. 46 を参照のこと。

ルテンベルク支部は1926年春に再度ボナッツの名前を挙げたがミースは承諾を渋った．そして，その1ヶ月後に遂にミースが態度を軟化させたときにはすでに遅く，その直前，ボナッツとシュミットヘンナーはミースの統一性を欠いた全体計画や，地域主義的な建築家の締め出しに対する非難文を公にしてしまっていた．工作連盟ヴュルテンベルク支部の役員だったシュミットヘンナーは当時，自身が所属する支部はベルリン支部に騙され工作連盟内での支配力を失い，極小派閥にまでなり果ててしまった，と不平を漏らしている[5]．結局この展覧会はベルリン支部の"環"の大勝利，つまり，シュトゥットガルトに参加したドイツ人建築家は，「そのほとんどが活動の本拠をベルリンにもつか，ベルリン生まれか，ベルリンに出向していた人物だった」[6]のであり，今からほぼ半世紀前にレイナー・バンハムが気づいたことは事実だったのである．

こうして地方が辛酸を嘗める結果に終わったことで，ドイツ国内のモダンムーブメントはさらなる断裂を引き起こすこととなった．すなわち，すでにハンネス・マイヤーによる政治がらみの機能主義と，ミースを初めとする建築家たちが実践した美学的造形主義のあいだに明らかだった分裂の他にも，亀裂が生じたのである．当時，一部の建築家はドイツ建築を「進化」陣営と「革命」陣営に分かれているものと見做していた[7]．シュトゥットガルト展に対する直接の反応としては，「環」に対抗する「塊」が組織されているが，これはもともと，ボナッツ，シュミットヘンナー，シュルツェ＝ナウムブルクとゲルマン・ベステルマイヤーをリーダーとする8人のグループだった[8]．彼らの1928年の指針は，国民の望みと自然景観の特色の双方を斟酌しながら，「受け継がれてきた伝統やこれまですでに達成されたこと」を蔑ろにすることなく，「新しい素材や造形の意味や可能性すべて」に厳しい注意を払うことによって「我々の時代の建設課題に対する独自の表現」を模索せよ，と呼びかける穏健なものだった[9]．要するに，彼らは1890年代にリヒャルト・シュトライター，フリッツ・シューマッハー，アルフレート・リヒトヴァルク，フリードリヒ・ナウマンらが表明した写実主義ムーブメントおよび即物主義ムーブメントの論理の続きを展開したのである．

---

[5] Ibid., p. 51.
[6] Reyner Banham, *Theory and Design in the First Machine Age* (New York: Praeger, 1967), p. 275. 〔石原達二／増成隆士訳『第一機械時代の理論とデザイン』鹿島出版会，1976年〕．
[7] Pommer and Otto, *Weissenhof 1927*, p. 143.
[8] Ibid., 164-5. Lane, *Architects and Politics in Germany*, p. 140 も参照のこと．
[9] このマニフェストは Teut., *Architektur im Dritten Reich*, p. 29 に転載されている．*Baukunst*, 4 May 1928, p. 128 初出．

しかしこの時期にこの場所でこの指針が現れたことで，当時の建築を巡る状況はさらに複雑になった．すなわち，この時をもって，モダンムーブメントの左右分裂とでも呼べる現象——地域造形支持者と構造造形支持者の分裂——に対し，狂信的とさえいえる，完全に政治的な反モダニズムの反応が加わり始めたのである．この反応の一翼を担った人物たちについてはこれまで，「ファシスト」建築とされる建築を見分ける作業に没頭してきた多くの歴史家が関心を寄せていた．しかし，様式と政治をそのように同一視しては，長らく指摘されてきたようなナチ党とナチス建築のあいだの矛盾は説明できない．この問題に加えて，1920年代における地域志向の穏健派の多くが1930年以後の政治・経済状況の悪化に伴い転向していった事実もある．

この転向の好例が，その時期は若干早かったが，シュルツェ＝ナウムブルクである．第2次世界大戦前の彼は第1に住宅建築家であり，独自の抽象ビーダーマイヤー様式，すなわち，平滑な表層や，テッセノウ，パウル・ミーベス，ベーレンス，さらにはミースにも似た抽象化された新古典的造形を得意とする「進歩的」建築家であると見做されていた．『家庭でできる芸術保護』(*Häusliche Kunstpflege*, 1900) を初めとするシュルツェ＝ナウムブルクによる初期の著作は住宅改良運動に影響を受け，ヒルトやドーム，グルリット，リヒトヴァークの議論を展開させたものだった[10]．ところが第1次世界大戦後，彼の伝統に根ざした造形は次第にモダンムーブメント左派からの批判を受けるようになり，そこから彼のキャリアは下降し始める．彼の『建設のいろは』(*ABC des Bauens*, 1926) は，技術入門書の体裁をとりながらも，近代建築家たちの技能のなさや，建設業界の技術に対する無知——換言すれば彼らの粗雑なつくり方——を手厳しく非難したものだったが[11]，ここでの彼にいささかの恨みつらみがあったのも理解できる．なお，ここで彼が特に反対したのはドイツの気候と風習にそぐわない陸屋根だった．ところが1928年，『芸術と人種』(*Kunst und Rasse*) と題する論争書で，近代建築の展開と巷間いわれる文化・人種の堕落を結びつけようとしたことから，彼の批判はいっそうの悪意を帯びるようになるのである[12]．ただし，その過激論者としてのスタンスから，当時シュルツェ＝ナウムブルクが世に認められることはほとんどなく，彼の見解自体も実際には国家社会主義党のものとは一致しなかった．この出版から数年後，建築に詳しく，またシュルツ＝ナウムブルクと人種観を全く同じくしていたヒトラーも，「これでは大きく作りすぎた田舎町の市場だ」[13] と怒

---

[10] Paul Schullze-Naumburg, *Häusliche Kunstpflege*, 4th ed. (Leipzig: Eugen Diederichs, 1902).
[11] Paul Schultze-Naumburg, *ABC des Bauens* (Stuttgart., 1926).
[12] Paul Schultze-Naumburg, *Kunst und Rasse* (Munich, 1928).
[13] Speer, *Inside the Third Reich*, p. 76.

り，彼の党大会広場1等案を廃棄している．別の穏健派地域主義者フリッツ・シューマッハーの場合も，ボナッツとベステルマイヤーを敬愛し塊(デア・ブロック)に入ったものの，シュルツェ＝ナウムブルクの「狂信的」な扇動による悪影響（シューマッハーの言説によると）を理由に1933年にグループを脱退している[14]．

1920年代末から1930年代初頭にかけて，こうした過激思想を表明するメディアは他にもあった．例えば，もともと建築家としての訓練を積んだアルフレート・ローゼンベルクが1923年に編集者となった，国家社会主義党の機関紙『民族的観察者(フェルキッシャー・ベオバハター)』(*Völkischer Beobachter*)である．もっとも，同紙が芸術分野に大きな関心を寄せるようになるのは1928年からのことであり，それまで称賛していたグロピウス，マルティン・ヴァーグナー，エルンスト・マイらの社会派モダニズムへの評価を逆転させるのも1930年頃である[15]．しかしこの転向によって，同紙の近代建築批判はリヒャルト・ヴァルター・ダレ（当時幾度となく繰り返された「血と土」というフレーズの出所）の人種的・反都市的理論と手を組み極端な行動に走ることになる．1929年に設立され，ローゼンベルクとシュルツェ＝ナウムブルクをリーダーとする建築部を有していた「ドイツ文化闘争同盟」(Kampfbund für deutsche Kultur)もこの点では声高だったが，この組織もその後，ナチスが政権を握った直後から隅に追いやられ始める．それはヒトラーの建築への関心と大いに関係のあるものだった．

ヒトラーは1889年，オーストリアとドイツ国境の小さく貧しい町に生まれた．1907年までに，彼は美術アカデミーで美術を学ぶ夢を抱いてウィーンへと進路を定める．しかし，関心を建築に移した後も，建築学校への入学を拒否され，彼は失意と恥辱を嘗めた．ここでもし彼が入学できていたら，20世紀の歴史は無論全く変わっていただろう．ともあれ，そこから彼は再出願も事務所勤めも拒絶し，建築の基礎と建築史の独学にすべての時間を注いだ．一時は浮浪者にまで落ちぶれたことすらあった．彼がついに仕事を得たのは戦争（兵役）だったが，1924年から25年に獄中で作成した建築スケッチには，彼の鉛筆画の能力がうかがい知れる．かくして，1933年に政治権力を握ってからも彼の本当の関心は建築のみにあり続けており，建築への情熱のために幾度も眠れぬ長い夜を過ごしている．ヒトラーの近しい友人となった建築家アルベルト・シュペーアは，ヒトラーの嗜好は「自分が若かりし頃の，1880年から1910年までの世界で止まっている．彼には芸術的嗜好だけでなく，政治観念やイデオロギーにもその世界の痕跡がみられる」[16]と語っている．彼はゼンパーやガルニ

---

[14] Pommer and Otto, *Weissenhof 1927*, p. 278 n. 51.
[15] Lane, *Architecture and Politics in Germany*, p. 152.
[16] Speer, *Inside the Third Reich*, p. 50.

エの劇場設計や,世紀初めの即物的(ザッハリヒ)な趨勢の数々を奉じていたのである.そして,彼の権力掌握に対し最初で,かつ最も重要な影響を与えたのは,ウェストファリアの建築家,パウル・ルートヴィヒ・トロースト (Paul Ludwig Troost, 1878-1934) というよき助言者との出会いであり,その後ヒトラーは彼と定期的に会い,満ち足りた時間を過ごすようになる.なお,このトローストはベーレンスやテッセノウのスタイルをとったが,彼の設計で1933年に起工したミュンヘンの「ドイツ芸術の家」は,質素で飾り気のない新古典的な様式として,ポール・クレのボザール的古典主義とあまり大差ない(しかしそれほど洗練されてもいない)ものだった.なお,建築を芸術中最も重要なものだと見做し,国家レベルの建築に最も欠かせないのは英雄的記念碑性(ヒロイック・モニュメンタリティ)であると考えていたヒトラーだったが,彼は他の領域ではむしろ実用的かつ機能的な設計を好んだ.事実,彼は建築を語る際にしばしば「実質性(ザッハリヒカイト)」の語を用いており[17],政府が建てる工場は近代的(モダン)でなければならず,田園のユースホステルは田舎風やアルプス式(ラスティック)でなければならず,家屋も同様に勾配屋根のヴァナキュラーなものでなければならないとした.このように,1930年代のナチス建築の実践には,それを司る単一の建築イデオロギーや様式観などは存在しなかった.30年代後半にヒトラーのベルリン改造計画から出現したシュペーアの新古典主義にせよ,これはヒトラーが古典主義様式一辺倒だったことの反映であるというよりも,むしろ彼の権力欲と国家シンボル趣味の反映なのである[18].

　モダニズムと国家社会主義党の政策とのあいだには,他にも奇妙な関係があった.例えば,モダニズムには当時,公的にも門戸が開かれていた.なぜなら,1933年に文化省を作ったヒトラーが,(以前から文化省設立を訴えていた)ローゼンベルクを故意に無視し,ヨーゼフ・ゲッベルスをそのトップの座に就けたからである.ゲッベルスとは,当時閣僚の中で博士号を取得していた唯一の人物であり,また,ローゼンベルクの長年の敵対者でもあった人物である.ゲッベルスはその初期の演説で実際にさまざまな点からモダニズムを支持しており,彼自身もドイツ表現主義の熱心なファンだった.また,文化省の芸術局に表現主義画家のハンス・ヴァイデマンを任命したことにも,ローゼンベルクが支持した政策への彼の抵抗が示されている.しかしゲッベルスには,(シュペーアによると)ヒトラーのご機嫌とりばかりで政敵に正面から向かい合わないという欠点があった[19].初めのうちこそ政府内部に冴えない地位しか

---

[17] N. H. Baynes, ed., *The Speeches of Adolf Hitler*, 2 vols. (London, 1942) にはヒトラーの建築に関する多くの言及が掲載されている.
[18] シュペーアはその後トローストについても同じことを述べている. Speer, *Inside The Third Reich*, p. 50 参照.
[19] Ibid., p. 32. ゲッベルス大臣は,家にあったエミール・ノルデとエベルハルト・ハンフシュテンゲル

与えられなかったローゼンベルクだったが，それでも『民族的観察者(フェルキッシャー・ベオバハター)』紙と闘争同盟を操っていたのは彼であり，彼はこうした媒体を通じて，(1935年まで) ゲッベルスの文化観に反発していたのである[20]．

事実，ローゼンベルクは近代建築家たちの多くを公務や役員職から追放している．『民族的観察者(フェルキッシャー・ベオバハター)』紙は早くも1931年夏，ナチ党が政権を握ると直ちに環(デア・リング)建築家の左翼的政治活動を「清算」することを誓約している．そしてこの種の脅迫は，1933年の政治的な緊張ムードの中での主流となる．かくして，さまざまな立場のユダヤ人芸術家およびユダヤ人建築家はすべて非難を受けることとなり，エーリヒ・メンデルゾーンはユダヤ人亡命の第一波に乗って国を去った．当時反モダニズムの活力となっていたのは，イデオロギーや政治のみでなく，宗教でもあった．1933年末，ハンス・シャロウンとアドルフ・ラディングはブレスラウ美術アカデミーの設計スタジオを追われた．また同年，闘争同盟が声高に異を唱えたことを受け，ハンス・ペルツィヒもベルリンで新しく就いた地位を辞することを余儀なくされている．加えて，当時新任のプロイセン内務大臣だったヘルマン・ゲーリングも，マルティン・ヴァーグナーとヴァルター・クルト・ベーレントをプロイセンの建設行政から退かせている．

グロピウスやミースの例もこれと大差なかった．ナチ党内部の多くの者にとって，当時グロピウスの名はすでにバウハウスの左翼政治と同義のものとなっており，所属政党も知れわたっていたために，建設の落ち度が叩かれやすい境遇にあった．ただし，個人営業の建築家であるグロピウスは，こうした攻撃を少ないダメージで耐えることができた．ところが，1934年までは引き続きプロジェクトの依頼が舞い込んでいた彼の事務所にも，何よりも不景気の煽りを受け，不意に仕事が来なくなった．この時期のグロピウスはいくつかのコンペティション——1931年のソビエト宮殿，1933年のベルリン帝国銀行など——に参加している．これらは結局不首尾に終わっているが，このときに作成したコンペ案はデザイナーとしてのグロピウスの最高作といえるものである．当時彼はまた，役人や組織の責任者らに書状を送り，モダニズムの立場から精力的な働きかけを行っている[21]．ところが，1934年前半まではこの大義に資していたグロピウスも，10月に仕事がなくなると，ドイツを離れイギリスに発つことを余儀なくされた．彼の意向ではもともと，2, 3年のあいだイギリスに留

の水彩画2点をヒトラーが嫌ったために，それらをすぐに片付けさせた．それを見たシュペーアはあきれたという．

[20] *Volkischer Beobachter*, "Eine Abrechnung mit dem System May, Gropius, Taut und Konsorten!" 12-13 July 1931. Lane, *Architecture and Politics in Germany*, p. 165 より引用．

[21] Lane, *Architecture and Politics in Germany*, p. 181.

まり，経済が回復した頃にドイツに戻る予定だった．

　ミースはこれよりもかなり長くドイツに留まり，心ならずも本国を離れたかたちとなった．バウハウスとのつながりも，彼に打撃を与えることはなかった．1930 年の夏のある日，ベルリンのミース事務所に突如グロピウスが現れ，デッサウ・バウハウスの新たな校長の就任を依頼してきた．それはマイヤーが解雇された直後のことである．彼の解雇を受け，この時バウハウス内では，マイヤー派が彼の戦闘的共産主義観に則り，突如として武力行使を開始したのである．グロピウスは，ミースであればこの状況を収拾できるだろうと信じた．ミースはこの難題を引き受け，まず，冬学期の初めに学生デモと馬鹿げた要求に対処し，警察を介入させ 1 ヶ月間の閉校措置をとった．そこで，ミースの最初の課題は，バウハウスから政治色を取り除くこと，および再びそのエネルギーを芸術と建築に集中させることだった．しかし 10 年前のヴァイマル同様，地域社会がすでに被っていた損害は大きかった．ミースには初めから勝算がなかったのである．そして 2 年後の 1932 年 8 月 22 日，デッサウ市議会は市長の願いを抑えてバウハウスの閉校を可決する．ところがその数ヶ月後，これを受けたミースがベルリン郊外のシュテグリッツに 1 棟の空き倉庫を借り，10 月にはほぼもとの教授と生徒のまま，ここで再び学校を開いた．だがこのベルリン・バウハウスには再び政治が持ち込まれ始める．なぜなら当時，生徒全体の中で共産党員とほぼ同数の国家社会党員が占めていたのである．かくして再び政治衝突は常態化した．このような背景から 1933 年 4 月 11 日の朝，ミースが学校に到着すると，研究室はゲシュタポの捜査の最中だった[22]．

　当時は政府内に大きな混乱が起こっていた時期でもあった．政権掌握直後のナチスにはまだ建築に関する公式政策がなく，文化省も存在せず，ヒトラーも権力固めに専念していた．先のゲシュタポの捜査に関しても，実はバウハウスを破壊する目的のものではなく，資金着服の疑いで拘留中のデッサウ市長ヘッセの取り調べの一部だったのである．加えて，当時はすでに共産党が非合法化されていた時期であり，ゲシュタポがバウハウス内の共産党員の生徒に関心をもっていたことも間違いない．ともあれ，学校を救うために戦い，ヘッセの一件では共犯の疑いをかけられると，その後の数ヶ月はミースにとっては過酷な日々となった．さらに彼は当時，帝国銀行のコンペティション（ドイツ国内で久しぶりの，政府主催による大規模設計競技）に取り組んでいた．その証拠に，ミースのシンメトリー案は 6 月初頭に発表された 6 人からなる

---

[22] Elaine S. Hochman, *Architects of Fortune: Mies van der Rohe and the Third Reich* (New York: Fromm International Publishing, 1990) は，この重要な時期のミースを扱った個別研究である．

入選案の中に入っている[23]．そしてある日の夜遅く，危険な手段であったが，ミースはアルフレート・ローゼンベルクを校長室に招いた．捜査の件を知らなかったローゼンベルクだったが，ともかく，ここで学校および学校の政治方針に関して会話をしたことが重要だった．この堅苦しい会話の中でミースは，学校の政治方針に関し，それは自分が改善済みであると語った．この会話が実際に事態の改善へと働き，ゲシュタポは7月にバウハウスの再開校を認めたのである．しかし，そのためにはワシリー・カンディンスキーとルートヴィヒ・ヒルベルザイマーの解雇が条件とされており，ここに至ってミースは教授陣と一丸となり，学校を永久に閉鎖する決心をした．つまり，バウハウスが閉校になったのは教授陣の決断であり，政府の決断ではなかったのである．

　ミースはある意味では，新政府とのもめごとに勝ったのだといってよい．そしてここからの5年間，彼は新政府との和睦に取り組み続けることとなる．バウハウスでの在職歴があったことや，リープクネヒト＝ルクセンブルク記念碑をデザインした経歴があったことで，信用が損なわれはしたものの，その一方で，それまでの彼には，環(デア・リング)のメンバーだったこと以外には，明らかな政治性はなかった．また彼は，ナチス政府の一部からはかなり尊敬されていた人物でもあった．たしかにヒトラー自身は記念碑性に欠けていること，平凡なオフィスビル然とした外観であることなどを理由に，帝国銀行のコンペティションの入選案すべてを却下しているが[24]，1933年にゲッベルスが文化大臣に任命されたことで，当時，モダニストたちにもいくらかの希望が見出せるようにはなっていた．翌年の1934年にはミースも政府主催の2つのコンペティションに招待されているが，そのひとつが1935年のブリュッセル万博のドイツ・パヴィリオンのコンペティションだった．また同年の1934年，ミースはベルリンのドイツ労働者展のために鉱業の展示ディスプレイを設計した．かくしてヘッセの事案から公に解放された1935年，ミースのキャリアは再開するかに見えた．しかし当時のドイツには，イデオロギー上の理由ではなく，そのミニマリスト的スタイルのために，ミースを支持するものはいなかった．また，1935年のウルリッヒ・ランゲ邸（陸屋根をもつ）の設計も，その土地の建築規制委員会の認可を得るために大変な

---

[23] Philip C. Johnson, *Mies van der Rohe*（New York: Museum of Modern Art, 1947）〔澤村明／EAT 訳『ミース再考 その今日的意義』鹿島出版会，2006年〕には，この設計ほか1930年代のミースの設計の優れた図版が掲載されている．
[24] ホッホマンはこれを1974年のシュペーアからの聞き取りから書き留めている．Hochman, *Architects of Fortune*, p. 201 参照．当時，シュペーアは相当な権力を揮っていた．ボナッツ，ベステルマイヤー，ペーター・ベーレンスへの依頼を取りつけたのも彼であり，また彼は，シュペーアの元の師であったテッセノウ擁護のためにも貢献していた．

困難を伴っている．ランゲは結局，街路から見えないように建物を隠さなければならないという規定を受け，建設を諦めた．

　1935 年 12 月，ミースはカリフォルニアのミルズ大学から夏季講座の依頼を受けたが，この時点での彼はドイツを離れることに興味がなかった．しかし 1936 年 3 月，シカゴのアーマー工科大学から教授職への関心を探る書簡が届くと，ここでミースは，リリー・ライヒからの強い勧めを受け，初めて母国を離れることを真剣に考え始める．また，彼は同年 6 月に MoMA 館長のアルフレッド・E・バーの訪問を受けている．この時バーは，新館の設計をミースに頼むかもしれないことと，ハーヴァード大学がミースを大学院デザインスクールの学部長にすることを前向きに検討していることを伝えた．ミースには，シカゴ行きよりもむしろ，この 2 つの可能性の方に食指が動いた．そして競争相手のグロピウスに勝つことを確信した彼は，アーマー工科大学との交渉を打ち切る．ところがこの 2 つの可能性はどちらも実現しなかった．ハーヴァードでの役職は結局はグロピウスのものとなった．同時期のミースにはベルリン改造計画の依頼を勝ち取る可能性もあった（最終的にはシュペーアが選ばれた）ようだが，これを立証する史料は見つかっていない．なお，ハーヴァードの件について無念の報告を受けたその頃，ミースは 1937 年 3 月にベルリンで開催予定のテキスタイル展覧会の仕事をしていた．だがヘルマン・ゲーリングの個人的介入があったために，オープンの数週間前になってミースは建築家としての参加を断念せざるを得なくなった．形勢はまたも変わっていたのである．

　こうした経緯から，ミースは不本意ながらもドイツを離れることを決心した．仕事の有無は念頭になかった．そして 1937 年 7 月，ミースは兄のパスポートでオランダのアーヘンから国境を歩いて越え，数日後にパリでアルフレッド・バーに会い，ワイオミングで建築の設計依頼を得る手助けをしてもらった．それからドイツに戻り出国のための公的文書を入手したミースは 8 月 20 日にニューヨークに到着し，12 月にはアーマー工科大学との交渉をまとめると，シカゴに移動した．ドイツを離れた時点でのミースは実現作が比較的少ない建築家であり，規模やスケールの大きなものはまだ手がけたことがなかった．

　ヨーロッパのもう一方のファシスト国家であるイタリアの建築も，様式に関する国家の方針が全くなかったという 1 点においては，少なくともドイツの場合と似たような状況にあった．実は，イタリアにおけるアプローチの多様さはドイツに勝っていたのである．たしかに，1930 年初頭にイタリア合理主義者たちがムッソリーニ政権に強力に働きかけたことは事実である．あるいは，イタリアでは主たるモダニストの建築家（特にジュゼッペ・パガーノとジュゼッペ・テラーニ）のほぼすべてが 30 年代

を通じてファシズムを支持し続けており，建築家同士の政治分裂もまた存在しなかった．ところが，ヒトラーとムッソリーニ（反ユダヤ主義，戦争）の政治協定の底意が世間に伝わり始めるようになる頃から，この状況は変わってくる．

イタリアのモダニズムは，政治以外の点でもヨーロッパの他のさまざまなモダニズムとは異なっていた．1932年にヒッチコックとジョンソンが熱烈に奉じた「インターナショナル」という言葉自体，イタリア・ファシズムのある重要な一面と決定的な齟齬をきたしていた．すなわち，イタリア・ファシズムは国粋主義だった．あるいは，イタリア文化が遠くローマ帝国にまで遡る歴史的なルーツと一体性をもっている点を称揚していた．このため，当時のイタリア合理主義者たちは文化的価値観や国家願望に対して敏感でなければならなかった．その結果，彼らはモニュメンタルな表現と密接な関係をもちながら，土地の素材や建設方法，さらには南方の気候を心から理解することとなったのである．かくして大袈裟と紙一重にもなり得た記念碑性（モニュメンタリティ）が幅を利かせてゆき，ついには30年代末の合理主義者の設計は，地域主義的な考え方がより強い建築家の設計とも実質上見分けがつかなくなり，後者の古典的なモチーフもすでに（モダニズムの影響を受けて）ますます抽象化され始めていた．

1930年代のイタリアでは建設活動のペースも比較的速く，当時ヨーロッパでは最も盛んであったようである．これはムッソリーニがさまざまな建設運動を始めたことも一因だった．ムッソリーニは建築には詳しくなかったが，それでも建築表現がこのファシスト国家に対してもつ重要性は認識していたのである．また，裕福なヴェネツィア婦人で，芸術的素養をもち，近代的な発展にも共感を示していた，愛人のマルゲリータ・サルファッティに彼が刺激を受けたという事情もあった．ムッソリーニはとりわけ自身の新しい帝国政府の中心であるローマに執心しており，ここを世界の中心に変えようと決めていた．マルチェッロ・ピアチェンティーニ作成によるローマ改造の最初のマスタープラン（1931）は古代都市核を中心に据えた計画であり，また，ピアッツァ・ヴェネツィアのヴィットリオ・エマニュエーレ2世記念碑の両側から2本の大通りを通すことが提案されている．その1本は南に折れてオスティアに向かうものであり，もう1本のヴィア・デリンペロ大通りはフォルム群とコロセウムのそばを通るものだった．そしてこのヴィア・デリンペロ大通りは建設された直後に革命博物館（リットリオ宮）の建設予定地となり，この建物のデザインを巡る大規模設計競技も開かれた（1934-37）．しかし，建設予定地がローマ時代の歴史建造物やコロセウムに隣接していたことから，このコンペティションはかなりの議論・論戦を引き起こした．なお，テラーニを含む合理主義者グループはここで，張り出した基壇をもち，宙に浮いたように見える，コロセウムと同規模の斑岩曲面壁案を提案した．また，数人

の建築家と BBPR が組んだ案では，博物館はル・コルビュジエ風デザインの長い水平スラブにまで還元されている．

　ここでの問題は無論，古典的なモニュメンタリティと雄大さに，いかに近代的な表現を与えるかという点だった．しかしこの問題は当時，ピアチェンティーニが改造マスタープランや新ローマ大学（1932-35）の設計において，すでに解析を試みていたものだったのである．ただし，ピアチェンティーニは捉えどころのない建築家である．そのイデオロギーはひと括りにできず，論争での彼は対極同士の中道を探った．有名建築家の息子として生まれ，第1次世界大戦前に頭角を現した彼は，1920年代，30年代には，近代的発展に対する鋭い評論を多数世に問うている．しかしその際，彼は新古典主義やアカデミックな折衷主義に反対しながらも，抽象化はすべきではない，（ガラスのような）素材は温暖なローマの気候に合わない，という2つの理由で，モダニズムにもまた異を唱えている．後期の彼のスタイルの鍵を握るのは1930年頃にブレシアに建てた郵便局のデザインである．この郵便局は高さのある矩形断面の柱（2色の石材が水平に積まれ，帯状の模様を作り出す）に支えられたポーティコをもちながら，抽象的な立方体となる．また彼は，ローマ大学のプロジェクトでは，円柱やアーチを使わずに，なおかつ統一感のある半古典的な複合施設の設計を目論んでいる．そして，ピアチェンティーニや他の建築家たちがそれぞれ完成させた建物群は，中央フォーラム，正方形断面の柱，同じトラバーチンを用いた壁体によってまとめられた[25]．

　ピアチェンティーニはファシスト政府のために多くの仕事をしたが，その中で最大のものは，1937年に発議され1942年の完成を予定していたローマ世界博覧会（EUR：Esposizione Universale di Roma）の複合施設（建設されたが戦争のために開会しなかった）の総合マネジメントである．この複合施設にはさまざまな古典的なプロポーションの建物が設計されたが，なかでもその主役は，立方体に近いプロポーションに対しアーチが層状に穿たれた，イタリア文明館（エルネスト・ラ・パドゥラ，ジョバンニ・ゲリーニ，マリオ・ロマーノ設計，1938-39）だった．

　しかし，ピアチェンティーニの古典的で節度のあるモダニズムも，1930年代に互いに競合していたさまざまなアプローチの一角でしかない．ジョバンニ・ムチオやジオ・ポンティの1900年代派(ノヴェチェント)スタイルも，当時はまだ明らかに残っていた．なかでもジオ・ポンティは，ミラノのモンテカティーニ社屋（1939）のデザインでさらにモダ

---

[25] Richard A. Etlin, *Modernism in Italian Architecture, 1890-1940*（Cambridge: M.I.T. Press, 1991）は同時期のイタリア建築の最良の概説書となっている．

ニズムに近づいている．合理主義者も，30年代とそれ以降にかけて極めて活動的だった．BBPR（ジャン・ルイージ・バンフィ，ロドヴィコ・ベルジョジョソ，エンリコ・ペレスティ，エルネスト・ロジェルス）といった事務所や，パガーノ，エドアルド・ペルシコ，アダルベルト・リベラ，イグナチオ・ガルデッラといった建築家も，洗練されたラテン的感性のモダニズムの実践を続けていた．「白い」モダニズムと決別した日光治療院（BBPR設計，レニャーノ，1938）には「地霊」(ゲニウス・ロクス)に対する第2次世界大戦後の関心がすでに前兆として表れており，色とりどりの煉瓦製格子が用いられた結核治療院（イグナチオ・ガルデッラ設計，アレッサンドリア，1934-38）にはその傾向がさらに強い．これらは30年代の高度に洗練されたヨーロッパ・デザインの代表例である．

　しかし，1930年代で最も重要なイタリアの近代建築家といえば間違いなくテラーニである．彼はまた，当時の合理主義者の中でもファシスト政治を最も強く支持した人物でもあった[26]．ノヴォコムーン・アパートメント（1927-29）はイタリア初の紛れもない近代建築であるが，カーザ・デル・ファッショ（1932-36，コモのファシスト地域司令部）も，イタリアで初めての近代建築の傑作として広く認められている（図91）．ところが，この評価を肯定的に捉えるための根拠にはまだ議論の余地がある．まず，このカーザ・デル・ファッショにおけるテラーニの基本コンセプトは，（ムッソリーニのスピーチによると）「指導者も特別出口や秘密出口があるとは思わないような」「誰もが覗き込めるガラスの家」だった．これが市役所であれば何ら気にかけることもなかったかもしれないが，世界を戦争に陥れる責任を担った政党の地方司令部のコンセプトとしてはいかがなものだろうか[27]．また，テラーニはこのカーザ・デル・ファッショを「象徴的性質をもつ建造物を全く参照しない」[28]で設計する意志を表明している．しかし，ムッソリーニを描いた壁画，政府高官や兵士の巨大な写真，秩序・権威・正義の原則を政治的メッセージとして表現した一枚岩の彫刻などの内装と相俟って，この建物は実質上，明らかに象徴的なものとなっていた[29]．また

---

[26] 英語では，Thomas L. Schumacher, *Surface and Symbol: Giuseppe Terragni and the Architecture of Italian Rationalism* (New York: Princeton Architectural Press, 1991) がテラーニの作品の基本文献である．イタリア合理主義者とファシズムとの関係については Diane Yvonne Ghirardo, "Italian Architects and Fascist Politics: An Evaluation of the Rationalist's Role in Regime Building," *Journal of the Society of Architectural Historians* 39 (May 1980): pp. 109-27 参照．

[27] Giuseppe Terragni, "The Construction of the Casa del Fascio in Como," trans. Debra Dolinski, in Schumacher, *Surface andSymbol,* pp. 143, 147.

[28] Ibid., p. 142.

[29] Manfredo Tafuri, "Giuseppe Terragni: Subject and 'Mask,'" *Oppositions,* Winter 1977, 11; Peter Eisenman, "Dall'Ogetto alia Relazionalita," *Casabella,* 344 (January 1970): pp. 38-41 参照．

91　ジュゼッペ・テラーニ，カーザ・デル・ファッショ（コモ，1932-6）．著者撮影．

　外部においてもテラーニは，マルチェッロ・ニッツォーリと協働しながら，空白の壁の大きな全面をムッソリーニ統帥の巨大な肖像画で覆うことまで計画していたのである[30]．ただし，こうした装具を取り去った現在のこの建物の高い質には議論の余地がない．着想・構造は明快であり，光の遊戯に溢れ，ファサード四面の扱いも極めて適切であり，美しい素材を使った細部も高度に洗練されている．

　1930年代のテラーニは他にもいくつかの建物を手がけているが，こうしたプロジェクトの中でも彼にとって特に重要だったのがダンテウム（1938）である．この詩人ダンテのための美術館は民間企業の企画だったが，1938年，ムッソリーニはこれをヴィア・デリンペロ大通りのマクセンティウスのバシリカ遺構の向かいに建てることを個人的に認める[31]．そしてテラーニは，抽象的な空間コンセプト（地獄，煉獄，天国と昇っていく階段）と，3つの永遠の休息の場の物質的解釈をシークエンスに織り交ぜて設計を完成させた．この美術館のプロポーション操作と数秘術に基づいた数値の扱いは，象徴性の極めて高いものだった．来場者は，100本の大理石柱が林立する最下層の森の暗がりを抜けると，空に抜けるフレームを支える33本のガラス柱が立ち並ぶ天国空間に出る．

　この作品は歴史的な解釈により，力強く，形而上学的であると広く支持された．たしかに，テラーニの能力や非凡な才能は疑うべくもない．しかし見逃してはならない

---

[30] Diane Ghirardo, "Politics of a Masterpiece: The *Vicenda* of the Far;ade Decoration for the Casa del Fascio, Como," *Art Bulletin* 62（1980）参照．
[31] ダンテウムの来歴と解釈については Thomas L. Schumacher, *The Danteum*（New York: Princeton Architectural Press, 1990）参照．

事実もある．つまり，彼がこうした寓意を発想したのは，政治状況が悪化の一途を辿った時期のことだったのである．ダンテウムのパトロンだったリノ・ヴァルダメリがテラーニとピエトロ・リンゲリに設計立案を依頼したのは1938年の10月であるが，これはヒトラーのイタリア訪問のほんの数ヶ月後のことであり，また，ファシスト政府が悪名高い「人種科学主義者のマニフェスト」（イタリア国内のユダヤ人に対する計画的迫害を明言した）を公表する数週間前である[32]．暗黒時代が訪れ始めており，合理主義建築家の中にも，その後に行われる同業者の粛清に喜んで加わる者がいた[33]．そして報道による痛烈な攻撃は残酷な事態にまで発展していく．ジュゼッペ・パガーノ，ジャン・ルイージ・バンフィ，ラファエロ・ジョッリらは皆，この体制に抵抗した結果，ドイツの強制収容所で命を落とした．エルネスト・ロジェルスは1943年に逮捕されたが，運よくスイスに逃れることができた[34]．テラーニ自身の死はロシアの戦線から帰還した後の1943年のことだったが，これは精神崩壊によるものとされている[35]．かくて，1930年代末から1940年代のイタリア・モダニズムに対する史的扱いには，長らく政治問題と悪意がつきまとっていたのである．

2
その他のヨーロッパにおける第1次世界大戦後の理論

　1930年代の10年間，その他のヨーロッパ諸国には建築活動はほとんどなかったが，理論分野における展開はあった．1929年から33年はフィンランドが不況に見舞われていた時期だったが，このとき，アールト夫妻はオットー・コルホーネン社と協働で曲げ合板椅子の開発・製造を始めていた．批評家モートン・シャンドの求めに応じてこの椅子がロンドンで展示されたのは1933年のことで，その後彼らはアルテック・ワークショップを創設（Artek, 1936），高品質なスカンジナビア・デザイン家具の主流を生み出していく．

---

[32] ダンテウムを巡る手紙のやりとりについてはSchumacher, *The Danteum*, pp. 153-60 参照．反ユダヤ法についてはEtlin, *Modernism in Italian Architecture*, pp. 568-97 参照．
[33] Etlin, *Modernism in Italian Architecture*, 580-2. テラーニもサルトリスも，合理主義者パガーノ（「パガーノ＝ポガチュニヒ」姓）の迫害に関与している．
[34] この時期のさまざまな事件に対するロジェルスの反応については，Richard S. Bullene, "Architetto-Cittadino Ernesto Nathan Rogers" (Ph.D. diss., University of Pennsylvania, 1994) 参照．
[35] Etlin, *Modernism in Italian Architecture*, p. 378.

この時期のアールトには建築設計の依頼はわずかしかなかったものの，パリ万国博覧会（1937）およびニューヨーク万国博覧会（1939）のパヴィリオン，ムンキニエミの自邸（1936），ヴィラ・マイレア（1938-39）の設計はこの時期のものである．その中でも，形式張らない複雑な平面計画と温もりのある 細 部（ここではほとんどが木製）をもつヴィラ・マイレアは，私的かつ快適というひとつのスタイルを定位した作品として特筆される．それは，当時すでに大陸で一般的となっていたものとは，全く別のものだった．

　1937 年，カリフォルニアの建築家ウィリアム・ワースターがヘルシンキでアールト夫妻と出会う．そしてその結果，この2人のフィンランド人建築家は1938年10月に初めてアメリカを訪れ，アルヴァ・アールトはニューヨーク市およびクランブルック・アカデミーで講義をすることとなった．またその後，1939 年の二度目のアメリカ訪問では，夫妻は5ヶ月にわたりこの国を旅し，サンフランシスコでは彼らのデザインによる家具と布地を展示した．なお，この翌年のアルヴァ・アールトにはMITの1学期分の講義の予定が入っていたが，政治状況の悪化のため，彼は学期が終わる前にフィンランドに戻っている．

　1930 年代には，モダニズムはイギリスでも目立った存在になっていた．なお，当時のイギリス国内におけるモダニズムへの関心には，1933 年以後イギリスに移住したドイツ国籍のユダヤ人美術史家・建築家たちの動向が一部関係していた．ヴォルフガング・ヘルマン（Wolfgang Herrmann, 1899-1995），ルドルフ・ウィットカウアー（Rudolf Wittkower, 1901-71），ニコラウス・ペヴスナー（Nikolaus Pevsner, 1902-83）らは，この時の最初の移民グループである．また，ときを同じくして，コートゥールド芸術研究所の設立（1932）と，故アビ・ヴァールブルク（Aby Warburg, 1866-1929）の6万冊の蔵書を有する芸術図書館がハンブルクから移入されるという，彼らの移住と少なからぬ関係をもった出来事があった．かくしてこの2つの機関がロンドン大学に吸収されると，当時まで芸術史の伝統を失っていたイギリスが芸術研究の中心地のひとつとして頭角を現すこととなる．

　ペヴスナーの名著『モダン・ムーブメントのパイオニア：ウィリアム・モリスからヴァルター・グロピウスまで』（*Pioneers of the Modern Movement: From William Morris to Walter Gropius*, 1936）は出版後直ちにイギリスに影響を及ぼした[36]．しか

---

[36] Nikolaus Pevsner, *Pioneers of the Modern Movement: From William Morris to Walter Gropius* (London: Faber & Faber, 1936). 版多数．1949 年から *Pioneers of Modern Design* と改題．同書の歴史解題については David Watkin, *Morality and Architecture* (Chicago: University of Chicago Press, 1984), pp. 71-111 および Panayotis Tournikiotis, *The Historiography of Modern Architecture* (Cambridge: M.I.T. Press, 1999), pp. 21-9 参照．〔白石博三訳『モダン・デザインの展開 モリスから

し，この書物に語られる系譜はおよそ特異ともいうべきものだった．モリス，グロピウス，という2人の名を冠したこの書名が示すものは，同書の出発点と停止点である．すなわちペヴスナーは，グロピウスおよびドイツ・モダニズムの勝利，という現象の源流に，ウィリアム・モリスとアーツ・アンド・クラフツ運動，アール・ヌーヴォー，19世紀エンジニア，という3つを見たのである．ところが奇妙なことに，ここにはドイツ理論やその伝統から生まれたドイツの実作紹介がなく，論はさらにモリスやイギリス的伝統を過度に強調する方向へと進む．イギリスでこの新ムーブメントがさらに人気を博すこととなったのは，この語り口のなせるわざだった．ここでは，新様式の初出はファグス靴工場とドイツ工作連盟展モデル工場であるというペヴスナーの論に従い，新様式の原則に掲げられたのも，ガラス，工業用サッシュ，スチール，陸屋根，単純な面，完全な無装飾など工場美学の原則だった．ペヴスナーによれば，こうした原理から特別な心理影響が生じる．「過去の偉人の熱を帯びた率直な感性は，おそらくすでに過去のものとなった．我々のこの世紀の代表者たる芸術家は冷たくなければならない．彼らは鉄やガラスのように冷たい世紀を象徴する存在なのだ．この世紀のもつ精度には，過去のいかなる時代にも勝って，自己表現をする余地は少ない」[37]．そして彼によれば，「一過性の流行」ではない「真の様式」として，「全体主義性」を欠かせぬ識別標識にもつのがこの新様式の特徴だった[38]．また，さらに彼はこのように結論づける．「グロピウスの建築の中で讃えられているのは，我々が生き，働いているこの世界の，我々が支配したいと願うこの世界の，科学と科学技術の世界，速度と危険の世界，辛い苦悩に苛まれた，身の安全が保障されていないこの世界の，創造エネルギーなのだ」[39]．モダニズムがこれほどまでに不吉な含みをもって激賞されたことは，未だかつてなかった．

そして，工業デザインをテーマにした次著『イギリス工業美術研究』（*An Enquiry into Industrial Art in England*, 1937）でのペヴスナーは，この新しい「時代精神」とイギリスとの相似点をさらに定言的に主張する[40]．ここで研究対象とされた製品はみな印象的なものだが，全体的な口調はヘンリー・コールとリチャード・レッドグレイヴがほぼ1世紀前に行った痛烈な批判を思い起こさせる．ここでの彼らとペヴスナーの違いとは，直接ふれられているわけではないが，ペヴスナーが念頭に置き正面きって扱っているのが，バウハウスという最近のモデルである，ということだけだっ

グロピウスまで』みすず書房，1957年：榎本弘之訳『モラリティと建築』鹿島出版会，1981年］．
[37] Pevsner, *Pioneers of The Modem Movement*, pp. 205-6.
[38] Ibid., p. 206.
[39] Ibid., p. 207.
[40] Nikolaus Pevsner, *An Enquiry into Industrial Art in England* (New York: Macmillan, 1937).

た.

　ドイツ人建築家で最初に渡英したのはエーリヒ・メンデルゾーンだった．しかし，1933年の夏にイギリスに到着し，その後6年間そこに留まったが，その後彼は，生涯のほとんどをパレスチナで実務に携わっている．イギリスでの彼はロシア人セルジュ・チャマイエフ（Serge Chermayeff, 1900-96）とパートナーシップを組み，1934年初頭には講堂，レストラン，ガラス窓の螺旋階段，シーサイドテラスをもつ近代的複合施設でベクスヒルのデラワー・パヴィリオンのコンペティションに勝っている．このチャマイエフは第1次世界大戦中にロンドンに学び，ロシア革命後に亡命者となった人物である．かくして，1920年代を通じフェビアン協会社会主義者サークルで精力的に活動しながらインテリア・デザイナーとして働いていたチャマイエフだったが，その後建築に興味を広げた彼は，1930年代半ばには人気デザイナーとなる．彼はメンデルゾーンとの協働の他，BBCスタジオの内装デザイン（1932，レイモンド・マグラス，ウェルズ・コーツと協働）やベントレー・ウッドの自邸（サセックス，1938）も手がけたが，その2年後に破産宣告を受けると，イギリスを発ちアメリカへと渡った．

　ジャック・プリチャードによるロンドン移住の勧めを聞き入れ，グロピウスが当地に着いたのは1934年のことだった．そしてこの年，彼は別のモダニズム支持者であるマクスウェル・フライ（Maxwell Fry, 1899-1987）とチームを組む（なお，この時のそれは非公式的なものだったが，後にグロピウスは彼と公式に協働することとなる）．フライはリヴァプール大学で建築を学び，1920年後半にロンドンで慣例的な実務経験を積んだ人物だったが，その10年後にはモダニズムの実験作としてサンハウス（ハムステッド，1935）やミラモンテ邸（サリー，1937）を初めとする重要作をいくつか建てている．また，彼とグロピウスとの共同事業で最も重要なのはインピントン・ビレッジ・カレッジ（ケンブリッジシャー，1936）だった．この親しみやすく，明るい平屋建ての中等学校では，講堂をアクセントに，敷地全体に広がった配置計画がなされている．

　マルセル・ブロイヤー（Marcel Breuer, 1902-81）は1935年にイギリスに移り，やがてイギリス初期のさらにもうひとりのモダニズム実践家，フランシス・ヨーク（Francis Yorke, 1906-62）と組むようになる．ヨークは鉄筋コンクリートのスペシャリストであり，CIAMのイギリス部門である「近代建築研究グループ」（MARS: Modern Architectural Research Group）の創設メンバーのひとりだった．また，モダニスト的関心を抱いた亡命者には，他に1931年に移住したグルジア人，バーソルド・リュベトキン（Berthold Romanovich Lubetkin, 1901-90）もいる．リュベトキ

ンもまた鉄筋コンクリートの経験を積んだ人物であり，後の MARS の創設にも寄与することとなる．彼は若手の建築家を率いて職業建築家グループ・テクトン (TECTON) を組織し，ハイポイント・アパートメントハウス (1933-35) やロンドン動物園のペンギンプール (1934) を初めとする，印象的な作品をいくつか建てている．

　しかし当時，イギリスの建築シーンはすでに始動していた．その中で亡命者の存在を過度に重視するのは安易である．チャマイエフやフライやヨークにしろ，彼らは皆，才能あるデザイナーとして協働を始める前から，独自のモダンスタイルの開発を終えていたのである．また，イギリスの主要建築誌『アーキテクチュラル・レヴュー』(*Architectural Review*) 誌の1930年代前半当時の誌面を埋め尽くしていたのも，レイモンド・マグラス，ウェルズ・コーツ，ジャック・プリチャード，R・D・ラッセル，マリアン・ペプラー，スチュワート・L・トムソン，コネル＆ワード，ジョージ・チェックリー，コーリン・ルーカス，ゴドフリー・サミュエル，オリヴァー・ヒルといった，熟練のモダンデザイナーたちの作品だった．P・モートン・シャンドやジョン・グローグ，J・M・リチャーズといった定期寄稿者もまた，当時の最新の動向を歴史文脈で語ったり新造形を擁護したりと，極めて精力的に活動していた．チャマイエフを徹底的に擁護したシャンドは，1934年から35年にかけて同誌に「ヒューマンドラマのシナリオ」("Scenario for a Human Drama") と題する7部構成の非常に印象的な連載で大陸モダニズムの発生と進化を概括している[41]．ヨークは1934年に『モダンハウス』(*The Modern House*) を出版しているが，ここでイギリスの近代建築の事例に割かれたのは14ページに留まった．ところが，続く1936年の『アーキテクチュラル・レヴュー』内記事では最近の展開の編年史におよそ同ページを割きながら，それまでの弁解がましい口調は鳴りを潜めた[42]．なお，同号（コンクリート利用特集号）の付録にはイギリスの鉄筋コンクリート住宅が11軒も掲載されているが，第1次世界大戦後の鉄筋コンクリートに対する強い興味を喚起した．すなわち1930年代後半には，「近代(モダン)」建築は大陸よりむしろイギリスで実践されていたというのが事実である．

　そして最後に，イギリス国内のモダニズムへの関心として挙げられるのが，J・M・リチャーズの『近代建築』(*Modern Architecture*, 1940) の公刊である．リチャ

---

[41] シャンドの「ヒューマンドラマのシナリオ」は1934年7月から1935年3月まで『アーキテクチュラル・レヴュー』で7回にわたり連載された．
[42] Francis R. S. Yorke, "The Modern English House," *Architectural Review* 80 (December 1936): pp. 237-42.

ーズは同書内において，専門家ではない人々に向け，この新種の建築の根底にある近代的機械や新素材，新構法を論じた．彼の歴史研究はトマス・テルフォード，ウィリアム・モリス，チャールズ・F・A・ヴォイジーの考察から大陸での新様式の発現へと及んだ．同書には1930年代以後のイギリスの作品ももれなく取り上げられていたが，その出版は運悪くロンドンが爆撃にさらされた時期のことになる．もはや，戦争がすべての関心事になっていた[43]．

1930年代のフランスの建設活動はイギリスには及ぶべくもなかった．その原因の一部は，当時フランス経済が崩壊の危機に直面していたことにあった．1930年時点でのル・コルビュジエはセントロソユース・ビルディング（モスクワ，1928-35）やスイス・パヴィリオン（パリ，1930-32），救世軍難民院（パリ，1929-33）といった一連の大プロジェクトを抱えていたが，1933年までに彼は実質上仕事のない状況に陥り，その後12年にわたり好転することはなかった．かくして絵を描くことが彼の感情のはけ口のひとつとなる．しかし一方では，労働組合主義者(サンディカリスト)運動（改心したテイラー主義者やテクノクラートたちによる，大規模都市計画を通じた資本主義システムの建設的な見直しを主張した，準独裁・反議会的グループ）への参加を続けていた[44]．こうして，この時期のル・コルビュジエは著述や編集，会合への参加に打ち込み，また多数の記事を執筆し，都市改造と農地改革を提案した．そして，彼のこの関心を建築として表現したのが，10万人を収容し，一方の長手に演壇が配された，巨大な楕円形のスタジアムである「共同体の祝祭事のためのナショナルセンター」（1935）である．どうやら，ニュルンベルクの精神が伝染し始めてしまったようである．

ル・コルビュジエが抱いた労働組合主義者(サンディカリスト)的都市観は，1935年出版の『輝く都市』（*La Ville Radieuse*）の中にまとめられている[45]．この「輝く都市」のコンセプトには，1920年代に発表された「現代都市」はもとより，モスクワでの仕事も利用されていた（図92）．事実，彼は1930年の三度目のロシア訪問の際に「緑化都市」コン

---

[43] J. M. Richards, *An Introduction to Modern Architecture* (Harmondsworth, England: Penguin, 1940).
[44] Mary McLeod, "Urbanism and Utopia: Le Corbusier from Regional Syndicalism to Vichy" (Ph.D. diss., Princeton University, 1985) はこの時期のル・コルビュジエを最も包括的に扱っている．また，*The Open Hand: Essays on Le Corbusier*, ed. Russell Walden (Cambridge: M.I.T. Press, 1977) 所収，Robert Fishman, "From the Radiant City to Vichy: Le Corbusier's Plans and Politics, 1928-1942" も参照のこと．
[45] Le Corbusier, *La Ville Radieuse: Elements d'une doctrine d'urbanisme pour l'equipement de la civilization machiniste* (Boulogne: Editions de ('Architecture d'Aujourd'hui, 1935); translated by Pamela Knight, Eleanor Levieux, and Derek Coltmanas *The Radiant City: Elements of a Doctrine of Urbanism to Be Used as the Basis of Our Machine-Age Civilization* (London: Faber & Faber, 1967). 〔坂倉準三訳『輝く都市』鹿島出版会，1968年〕．

92 ル・コルビュジエ,「輝く都市」の模型 (1936).『アーキテクチュラル・レヴュー』80 巻 (Architectural Review, October, 1936) より.

ペティション (1 等はニコライ・ラドフスキー) へのコメントを求められ, 6 月にモスクワのための都市モデル代替案のドローイング 21 枚を含む, 59 ページの「モスクワへの返信」("Reply to Moscow") でこの依頼に応えている. 当時, 多くのソ連の都市計画家は従来型の資本主義都市に対して脱中心化を支持しており, モスクワ市外に位置することが予定されたこの労働者のための保養地も, この時流に追従したものだった. しかし,「モスクワへの返信」でのル・コルビュジエはこうした脱中心化という解決策を認めず, 緑地帯で囲まれた高密度のビジネス, 行政, 居住の各エリアが背骨となる車道に直角に走る案を支持している. ここでも彼はモスクワの大半を破壊しピロティ上に都市を建てる提案をしており, この新しい, 階級のない社会では, 生活空間は個人に配分されることになっていた. ル・コルビュジエはこのモスクワ計画を 1930 年の CIAM 大会用に一般的な言葉を用いて描き直しており,『輝く都市』ではブエノスアイレス, サンパウロ, アントワープ, アルジェリア, ジュネーヴほかの都市に対する思索でこのコンセプトを膨らませている. 彼はまた, 健康, 太陽光, 太陽方位, エコロジー, 平穏など, 人間の生物学的・肉体的福利全般に対する関心も示し, さらに農業共同体・共同組合のための理想郷計画を理論化するための試みとして,「輝く農園」や「輝く村」の計画案も立てている.

1931 年から 1942 年にかけて制作されたアルジェのための 6 つのプロポーザル

Chapter 13 恐慌, 戦争, その後 1934-1958   705

(「オビュ計画」)も,この時期のル・コルビュジエの仕事の一部である.中でも有名なのは,海岸線の曲線に合わせて曲がりくねった高架橋(下部が住宅となる)に沿った有機的造形の住宅ブロックが,金融地区に直線的に建ち並ぶタワーと結びつけられた案であるが,このプロジェクトにもやはり,仕事のない状況から生じた個人的な妄想が見て取れた.ル・コルビュジエは,1938年に地域計画委員会(Comité de Plan Régional)の委員の役職をもらった以外,この非公式の取り組みに無報酬で携わっていた.また,このアルジェ計画はスケールが大きすぎ,提案するたびにその規模は縮小し,結局この計画は実現しなかった.

1930年代のル・コルビュジエのもうひとつの海外への冒険――1935年のアメリカ旅行――は,『伽藍が白かったとき』(*Quand les Cathédrales étaient Blanches*, 1937年)にまとめられた[46].ゴッサム(ニューヨーク)の摩天楼は「小さすぎる」,すなわちデカルト的摩天楼構想の合理性に「調和していない」と,「1920年代末の多くのヨーロッパの書籍で述べられたニューヨークへの愛憎」そのままに指摘したル・コルビュジエの記事は,『ニューヨーク・タイムズ・マガジン』(*New York Times Magazine*)誌にスキャンダラスなトップ記事を提供した[47].この旅のあいだ,郊外,交通渋滞,そしてアメリカ女性はたびたび彼を悩ませ,欲求不満にさせ,同時に彼をひきつけた.この旅で目にしたとされる女性に,彼は狼狽する.彼女はまるで,独立心のある「アマゾン族」だった[48].この書籍はヨーロッパの文化的優越性を誇るこれまでと同様の語り口であっただけでなく,彼がアメリカ的生活の現実と動向を全く理解できていないことの証左でもあった.そしてその後も,ル・コルビュジエとアメリカは――文化観でも,性格的にも,タイミングでも――噛み合わないままだった.

——— 3 ———
アメリカの実務,学問改革 1934-1941

1930年代の大恐慌は,北米においてはただ建設活動の減速を引き起こしただけではなかった.すなわち,この大恐慌が民間企業と政府の関係に警鐘を鳴らしたこと

---

[46] Le Corbusier, *Quand les Cathedrales etaient Blanches* (Paris: Pion, 1937); translated by Francis E. Hyslop, Jr., as *When the Cathedrals Were White* (New York: McGraw-Hill, 1947).〔生田勉/樋口清訳『伽藍が白かったとき』岩波書店,2007年〕.
[47] Le Corbusier, *When the Cathedrals Were White*, pp. 114, 52.
[48] Ibid., p. 213.

で，実質上，社会対話や政治対話に新たな切り口が開かれたのである．ハーバート・フーヴァー政権が最初に抱かせた期待の中にも，こうした変化の多くは予感されていた．地質学者であり，エンジニアでもあったフーヴァーは，第1次世界大戦以前には国際的な鉱山経営事業で名をなし，戦時中にはヨーロッパへの食糧支援の調整役として再び有名になった．そして，ハーディング政権，クーリッジ政権 (1921-28) で商務長官を務めた彼は，生産分野の規格統一や計画経済の擁護において，効率（テイラー主義化）に対する持ち前のエンジニアのセンスを活かす．ところが，1928年の大統領選挙で圧倒的勝利を収めたフーヴァーには，初め，その後の景気下落の基礎となるデフレの深刻さを把握することができなかった．1930年には共和党が下院で議席を失ったため，議会の後ろ盾を失い，デフレを覆すのに必要な経済対策を実行することができなかった．経済に関していえば，大恐慌で最悪の年は1932年だった．この年，1,200万人から1,500万人ほどの労働者が失業し，これによりフーヴァーは大統領の座を追われ，次期大統領にはフランクリン・デラノ・ルーズヴェルトが選ばれた．

ルーズヴェルトによる実質上6年から7年に及ぶニューディール政策の実施期間中，米国政府は国家経済政策の起草にかかりきりになった．この時議会の支援により，ルーズヴェルトは就任後の100日で大幅な金融および農業改革，民間植林治水隊 (CCC：Civilian Conservation Corps) の設立，金本位制の取り下げ，テネシー渓谷開発公社 (Tennessee Valley Authority) の設立，住宅所有者資金貸付法 (Home Owner's Loan Act) の可決，全国復興庁 (NRA：National Recovery Administration) の創設，同庁内への雇用対策局 (WPA：Works Projects Administration) および再定住対策局 (Resettlement Administration) 新設等のさまざまな住宅供給プロジェクトに資金提供を行わせるなど，速やかな政策を実行した．こうした対策には合憲審査を通らなかったり役に立たなかったりしたものもあったが，その後1935年から38年にかけてルーズヴェルトはさらに第2次ニューディール政策を実施し，これは特に1935年の社会保障法の可決へとつながっている．なお，これらの政策では大恐慌を完全に終わらせることこそできなかった（それには第2次世界大戦を待たなければならない）ものの，金融，農業，法人企業，労働，公共福祉等の領域への連邦の権限は強化された．ここに，新たな社会意識の到来が告げられることとなった．

建築は当時，明らかにこの経済状況の悪化に大きな影響を受けていた．建設活動は1933年までに実質上の行き詰まりをみせており，仕事のない建築家が大多数だった．若きルイス・I・カーン (Louis I. Kahn, 1901-74) はその代表例である．1924年にペンシルヴァニア大学を卒業したが，彼の大学時代の師だったポール・フィリップ・ク

レ (Paul Philippe Cret, 1876-1945) は 1903 年にフランスより渡米し，ボザール仕込みの建築家，古典主義者として輝かしいキャリアを築いていた．卒業後のカーンは 1926 年のフィラデルフィア 150 周年展のための設計案をまとめ，ヨーロッパを訪ねた後にクレの事務所に戻る．しかし，それから 1932 年に一時解雇となると，他の仕事のない 30 人の建築家とともにフィラデルフィア建築研究会（Architectural Research Group in Philadelphia）の設立に携わった．このグループは住宅供給問題，スラムクリアランス，都市計画，新構法の利用を研究した．1933 年から 35 年にかけての彼はフィラデルフィア都市計画審議会（WPA から資金援助を受けていた）の住宅班班長を務めた．30 年代末頃も同様に，フィラデルフィア住宅局および合衆国住宅局のために顧問建築家として働いた．1930 年代の彼には実現作が 2 つあるが，そのひとつにアルフレッド・カストナーとの共同設計になる，ニュージャージー州ハイツタウンのスラムクリアランスプロジェクトがあった．このように，この時期の彼はフェデラルファンドの支援を受けながら，低所得者向け住宅と都市計画を中心に活動していたが，これは彼の友人であり後のパートナーでもあるオスカー・ストノロフ（Oscar Stonorov, 1905-70）も同様であった．

　クラレンス・スタインとルイス・マンフォードによる米国地域計画協会（RPAA：Regional Planning Asociation of America）もニューディール政策と一部同じ目的をもったものだったが，当時，公営機関と民営機関の連携は必ずしも順調に進んでいたわけではなかった．RPAA は連邦に対し，それまで長年にわたって住宅供給に対する連邦の役割を強化するように働きかけていたが，RPAA の開発部門だった都市住宅営団（City Housing Corporation）が破産した 1934 年に，それは喫緊のものとなる．そこで多くの RPAA のメンバーは国家政策への干渉に乗り出す．例えばこの時期マンフォードは，政府高官に対する陳情キャンペーンを指揮している．彼からすれば，当局の都市計画は臆病に過ぎたのである[49]．また当時，ベントン・マッケイはテネシー渓谷開発公社に助言をしており，フレデリック・エッカーマン，クラレンス・スタイン，ヘンリー・ライトらは公共工事局（Public Works Administration）に雇われ，キャサリン・バウアーは連邦住宅局（Federal Housing Authority）の相談役となっている．この点での RPAA の最初の業績は，レクスフォード・タグウェルを長とする再定住対策局が，1930 年代半ばにグリーンベルトに 3 つの町を建設するように働きかけ，それが実現したことだった．この時，スタイン，バウアー，ライトら

---

[49] Robert Wojtowicz, *Lewis Mumford and American Modernism: Eutopian Theories for Architecture and Urban Planning* (New York: Cambridge University Press, 1996), pp. 131-3 参照．

は，ワシントンとボルチモアの中間に位置する郊外，グリーンベルト（メリーランド，1935-37）に助言をしている．同様の町はオハイオ州とウィスコンシン州にも建設された（他に22の計画があった）が，1936年に憲法問題が持ち上がると連邦議会はこの政策を中止する．さらに，実現した町自体も成功とはいえなかった．これらは分散型の庭園式郊外地として構想されたものだったが，そこには職業基盤が考えられておらず，結局都市に通勤者する人々のためのベッドタウンとなり果て，基本的に郊外のスプロール化を促すものとなった．

　RPAAのメンバーはまた，単世帯住宅建設抑制の取り組みにも失敗している．単世帯住宅はすでに，当時のアメリカの生活に深く根をおろしていたのである．しかし1933年，ヘンリー・ライトは統計分析に基づき，単世帯住宅は「これから衰退し続ける運命にあるものだ」[50]と予言している．また，1935年の意欲作『リハウジング・アーバンアメリカ』(*Rehousing Urban America*) での彼は（図93），植民村落とその庶民階級を援用しながら，複数世帯住宅につきものの「反米」感情に真正面から取り組もうとした．「共同体で土地を所有しその周りに村をまとめること，合理的なオープンスペースをとること，各住戸が見え守られること，人間的文化環境(アメニティ)をしかるべく考慮した整然とした整理計画を行うこと」[51]．ところが，ここで彼が模倣を意図して提唱するモデルは，自身の1932年から33年にかけての旅をもとにした，フランクフルトやベルリンに建つ新しい公営住宅団地だった．

　アメリカの人々にヨーロッパのモデルを提案したのはスタインだけではなかった．評論家キャサリン・バウアー（Catherine Bauer, 1905-64）もまた，同じ問題に対し

REHOUSING URBAN AMERICA

BY
HENRY WRIGHT

NEW YORK: MORNINGSIDE HEIGHTS
COLUMBIA UNIVERSITY PRESS
1935

93　ヘンリー・ライト『リハウジング・アーバンアメリカ』(*Rehousing Urban America*, New York, 1935) の表紙．

---

[50] Henry Wright, "The Sad Story of American Housing," *Architecture* 67 (March 1933). Lewis Mumford, ed., *Roots of Contemporary American Architecture* (New York: Dover, 1972; originally published in 1952), p. 335 に再掲．

[51] Henry Wright, *Rehousing Urban America* (New York: Columbia University Press, 1935), p. 33.

てはっきりとした自説をもって現れた人物である。自身の1930年のヨーロッパ旅行をまとめた『モダン・ハウジング』(Modern Housing, 1934) は恐慌が収束した時期に書かれた、RPAAの見解を示した書籍である。その冒頭では、工業時代における「黒人住民の密集」「不経済な拡張」「ヴィクトリア朝的な思考と情勢」[52] といった19世紀の失敗が手早く歴史にまとめられる。バウアーの見解では、ウィリアム・コベット、ロバート・オーウェン、カール・マルクス、フリードリヒ・エンゲルス、ジョン・ラスキン、ウィリアム・モリス、フェビアン協会の会員たち、エベネザー・ハワード、パトリック・ゲデス、そして19世紀社会主義の「偉大な思想」によってさまざまな改革は唱えられているが[53]、決定的な変化を起こしたのは1920年代の努力や同時期の社会民主的政策である。それは全面的な成功を収めたわけではなかったが、未来の発展への道を指し示したのである。しかし、バウアーが唱える住宅供給の「実行のための最低条件」を満たしたものは、アメリカ国内にはどこにもない。そこで彼女が言及するのは、オランダ、ドイツ、オーストリアであり、またソ連だった。ソ連で仕事をしたことのある「アメリカ人建築家」を引用しながら、彼女は語る。「概して、建築で実験ができる余裕が最もあるのはロシアだ」[54]。

　もしバウアーがこの時期のロシアの恐ろしい実情を直接知っていたならば、そのようなことは絶対にいわなかったはずである。しかし彼女は、「改革」よりもむしろ「新政体」を主張するという、現実的かつ画期的な論陣を張っている[55]。すなわち、自身の理想は「現行の〈階級―資産―利潤〉的経済システム」の枠内では実現不可能だということを、彼女は率直に認めているのである。そこで彼女は、① 投機市場を終わらせること、② 地方自治体による土地の買い上げと没収、③ 政府諸部門による建設助成[56] の実行を力説した。また彼女によれば、単世帯住宅問題はひとつの議論で決着するという。「余分な外壁に、家の影になりいつも使い道がないままの余分な土地に、死んだ窓（他人の部屋の中を直接見られる窓）に、管路や街路の敷石の余分な1フィート分に、家の中の余分な熱に、なぜ金を払わなければならないのだ」[57]。あるいは、ヨーロッパ・モデルに対する信仰も、また劣らずに熱烈なものだった。1930年のヨーロッパ旅行に際して、彼女はヴァイセンホフについてマンフォードにこのように報告している。「確かにファン・デル・ローエの屋根は冬に雨漏りします。確

---

[52] Catherine Bauer, *Modern Housing* (Boston: Houghton Mifflin, 1934).
[53] Ibid., p. 92.
[54] Ibid., p. 223.
[55] Ibid., pp. 141-9.
[56] Ibid., p. 158.
[57] Ibid., pp. 188-9.

かにル・コルビュジエの地階に最上階から靴を落としたら皿は割れます．ですが私はそれを罵ることはしません．靴を落とす人などいないでしょうし，こうしたすばらしい家に気持ちよく住むことができないとすれば，その人は自省すべきです」[58]．

この 1930 年代には，マンフォードも『技術と文明』（*Technics and Civilization*, 1934）と『都市の文化』（*The Culture of Cities*, 1938）の中で同じ問題について饒舌に語っている．まず，20 世紀の名著の 1 冊であり，機械時代に対する批判書としてひときわ光彩を放つ前者『技術と文明』には，マンフォードの急進的な理想主義の極致が表現されている．ここでの彼は自らをイデオロギー的には「コミューン主義者」であると位置づけているが，この言明の元には「実用共産主義(ベーシック・コミュニズム)」という概念があった[59]．この「実用共産主義(ベーシック・コミュニズム)」とは，彼によれば，食糧，住まい，医療といった基本的なサービスを惜しみなく分配するポスト・マルクス主義計画経済のことを指し，理論においてはテイラー主義を取り入れ，実践においては反消費型であり，かつエドワード・ベレミーによるそれまでのユートピア的計画とも似ていない，有機的かつ地方分権的な社会のことだった．そして，こうした資本主義との決別は可能である，というのが彼の論旨である．なぜなら彼の見方によれば，西欧文化は初期科学技術時代（1000-1750）という黄金期を経て，古(エオ)科学技術時代（1750-1900）という暗黒期も克服し，少なくとも機械化のプロセスは確実に進化する，新(ネオ)科学技術時代に突入しているからである．よって彼は，電灯，ガスエンジン，飛行機，アルミニウムなどの新しい金属の利点を理解する価値観を有していたのだった．これに対してマンフォードは語る．こうした未来が訪れるためには，地域，産業，農業，地方自治体などのすべての力学的均衡でもある，社会の力学的均衡が保たれていなければならない．すなわち，自らが理想とする社会に対して整然さ，正確さ，事前計画，非瑕疵性，客観性，簡素さ，有機的統一，秩序を求めたマンフォードだったが，彼はまた，中世主義への愛着も捨ててはいなかったのである．例えば彼は，ナールデンという，地理的に堀で囲まれたオランダの村の航空写真に対し，次のような解説を添えている．「この町ははっきりとした図(パターン)をもっており，地(カントリー)とくっきりとした対照をなしている．この点で，これは後発の都市開発のいずれの類型にも遥かに勝っている．特に，よだれを垂らしたように無定形に広がっていく古科学技術時代の土地投機とは比べるべくもない」[60]．

---

[58] 1930 年 7 月 29 日マンフォード宛バウアー書簡．Wojtowicz, *Lewis Mumford and American Modernism*, p. 88 より引用．

[59] Lewis Mumford, *Technics and Civilization* (New York: Harcourt, Brace, 1934), pp. 400-6. 同書の来歴および全体コンセプトについては *Lewis Mumford: Public Intellectual,* ed. Thomas P. Huges and Agatha C. Huges (New York: Oxford University Press, 1990), pp. 43-65 所収，Rosiland Williams, "Lewis Mumford as Historian of Technology in *Technics and Civilization*" 参照．

そしてマンフォードは，コミューン主義者的価値が地方で優勢となれば，それが自由主義，商業主義，環境破壊，人口増加，戦争，デフレといったさまざまな攻撃に対する防御策となる，と締め括った．

一方，『都市の文化』も同じく壮大な野心作だった．ここで彼は，歴史的な都市を編年史としてまとめながら，現代都市生活の社会分裂に起因する，「文明的な取り組みにみられる完全な過失と敗北」の記録化を試みた．なお，ここでの彼の嘆きは，恐慌による貧困よりも，悲劇的な戦争への恐怖から生まれたものだった．

> ファシストが立ち上げた死の国家宗教を受け入れてはならない．それは彼らの国の柱である，奴隷根性と残忍性に似合いの冠だ．我々は生の宗教を立ち上げなければならない．農夫や職人たちの知っている，行動の中にある生．芸術家たちの知っている，表現の中にある生．恋人たちが感じ，父と母が実践している生．修道院の中で瞑想をしている人々，研究室の中で実験をしている人々，工場や官庁の中で理性的に計画を立てている人々など，こうした善良な人々に知れ渡った生．我々はそうした生の宗教を立ち上げなければならない[61]．

彼はこうして別の可能性を思い描いてはいたが，同書の奥底では悲観的であった．「地獄概略」（"A Brief Outline of Hell"）と題する1節では，彼の時代の都市文化から次のような不穏な光景を描いている．

> サイレンが鳴る．学童，工員，主婦，会社員一同はガスマスクを装着する．頭上を飛び去る飛行機が一面に防御煙幕を張る．地下室が開き，そこへ非難する人々．即席のシェルターには，襲撃を受けた人々や傷を負った人々を支援・救助するための赤十字ステーションが設置されている．地下のヴォールトには銀行の金貨や有価証券を受け取るための大きな割れ目がある．マスクを被り耐火服に身を包んだ男たちが投下された焼夷弾を集めている．やがて高射砲がパラパラと音をたて始める．恐怖に吐き気を催す．毒が毛穴を伝って這い進む．訓練でも実戦でも，この襲撃は同じ心理効果を生じさせる．明らかに現代都市生活には，再び壊滅的な恐怖が植えつけられてしまったのだ[62]．

---

[60] Mumford, *Technics and Civilization*, opposite p. 146. マンフォードによる図版選定については Stanislaus von Moos, "The Visualized Machine Age, Or: Mumford and the European AvantGarde," (Huges and Huges, *Lewis Mumford*, pp. 181-232 所収) 参照．

[61] Lewis Mumford, *The Culture of Cities* (New York: Harcourt, Brace, 1938), p. 11.

[62] Ibid., p. 275.

しかし同書はむしろ，地域主義，ユートピア的理想主義，衛星田園都市，環境保全など，彼の過去 15 年の都市観の整然とした摘要であるとみることができる．またとりわけ，ここには秩序感覚を有した都市計画に対する彼の都市観が整理されていた．ここで好ましいモデルとされたのもやはり完全にヨーロッパのものであり，あるいはその論も，例えばソヴィエト宮殿の新古典的デザインを「摩天楼を自慢するというアメリカ人ビジネスマンのような失敗」[63]になぞらえるなど，アメリカ的なものすべてを蔑視するインテリ的な傾向に陥ることもしばしばだった．あるいは，スターリン政権下の現代ロシア住宅について「広々とし，緑に覆われ，落ち着いた」作例[64]を挙げたマンフォードを表す言葉は，おそらく「世間知らず」でしかない．また長年の主張どおり，ここでもマンフォードは共同体の核を形成すべきは教会よりもむしろ学校であると主張した[65]．マンフォードの論には政治・社会工学がまさに欠かせなかった[66]．

　また，フランク・ロイド・ライトのブロードエーカーシティにみられる分散型のコンセプトも，地域秩序の樹立に向けたマンフォードの探究と全く関係がないわけではない．なお，その提案が始まったのは 1930 年代初頭であり，ここで用いられた要素が最初に概説されたのはライトの著書『消える都市』(*The Disappearing City*, 1932) 内でのことだったが，1930 年プリンストン講義の最後でもアンチアーバニズムの姿勢はすでに彼の口から力説されている．この最終講義の冒頭で，彼はこのように問うた．「都市とは果たして，人間の群本能に対する必然的勝利であるのか，したがってそれは，人類の幼年期以来の残存物として，人間性の成長とともに不要となるような，一時的な必要性によるものにすぎないのではないのか？」[67] そしてこの問いに対し，今日の都市は死に瀕しており，電気，自動車，電話，飛行機によって促される過密に窒息しかけている状態だ，というのがこのときのライトの答えだった．彼にとっ

---

[63] Ibid., p. 357.
[64] Ibid., p. 372.
[65] Ibid., pp. 471-9.
[66] ブロードエーカーシティについてはいくつかの優れた入門書が入手可能である．Anthony Alofsin, "Broadacre City: The Reception of a Modernist Vision, 1932-1988," *Center: A Journal for Architecture in America* 5 (1989), pp. 8-40; George R. Collins, "Broadacre City: Wright's Utopia Reconsidered," in *Four Great Makers of Modern Architecture* (New York: Columbia University Press, 1961); John Sergeant's chapter on Boardacre City in *Frank Lloyd Wright'sUsonian Houses* (New York: Whitney Library of Design, 1976); Lionel March, "An Architect in Search of Democracy: Broadacre City," in *Writings on Wright: Selected Comment on Frank Lloyd Wright*, ed. H. Allen Brooks (Cambridge: M. l.l: Press, 1981) を参照のこと．
[67] *Frank Lloyd Wright: Collected Writings, 1930-1932*, ed. Bruce Brooks Pfeiffer (New York: Rizzoli, 1992), p. 69.

て，投機目的の賃貸空間を擁する摩天楼は，この脅威を象徴する最新のシンボルである．しかし奇妙なのは，その摩天楼の発生を促した科学技術の進歩が同時に，都市人口の超過密状態——衆愚政治——を地方に分散させる張本人であるという事実である．小さな工業，小さな農業，小さな専門職，小さな学校，小さな商業，小さな政府とは，小規模分散型を唱えたライトの哲学によるものである．テレビの登場によって映画館やコンサートホールに行く必要はなくなった．自動車は個人を解放し，人々の自由を潜在的に向上させた．こうして彼もしくは彼女は，かつての都市の過密や，それと関係した苦しみから解放された．

『消える都市』でのライトは，ジェファーソン，エマーソン，ホイットマン，ソローなどの反都市精神を援用しながら，その上にさらに根本的な提案を覆い被せた．ブロードエーカーシティの背後には，各家族には少なくとも（初歩的な農業を営みつつ，太陽，光，空気，プライバシーのとれる）1エーカーの土地と，自動車1台の所有が保証されていなければならないという思想があった．「軽く頑丈な家と仕事場が建つ．自然の大地から，日の光の中へ．工場労働者は，将来工場となる場所から徒歩圏，または自動車で少し行ったところにある，エーカー住宅のユニットに住む．その工場は美しく，煙も騒音もない」[68]．そしてこのとき，住宅はスチールとガラスで構成され，風景と融合し，市場から10マイル圏内に位置するものとされた．田園公園には花綵で飾られたバルコニーの付いた高層建築が独立してそびえる．貨幣は「ソーシャル・クレジット」システムに取って代わり，財産の不在所有や発明品と公共必需品の私有は廃絶される．このコンセプトが建築的な構想で表現されたのが，有名な1935年モデル（4平方マイル部分．ロックフェラーセンターで初めて公表された）だった．この小さな単世帯住宅（図94）を低密度で拡散させるための鍵となったのは，自動車や，高速鉄道システムを搭載した郡間幹線高速道路だった．また，地域的にはガソリンスタンドがコミュニティセンターおよび諸々のサービスの配給地点の役割を果たし，学校，工場，レクリエーション施設は郡規模で整備されることとなった．

なお，さらに興味深いのは，ライトが自らの社会思想の多くを援用した知の典拠である[69]．これまでしばしば指摘されてきたように，そこにはジェファーソン的な土地所有倫理や，エマーソンの超越論の系統，ラスキンの共同体主義，ベラミーとH・G・ウェルズのユートピア主義，エベネザー・ハワードの分散化倫理，あるいは，ウ

---

[68] Frank Lloyd Wright, *The Disappearing City* (New York: William Farquhar Payson, 1932); reprinted in *Frank Lloyd Wright: Collected Writings,* ed. Bruce Brooks Pfeiffer, vol. 3, 1931-1939 (New York: Rizzoli, 1993), p. 92.
[69] 特に March, "An Architect in Search of Democracy: Broadacre City" 参照．

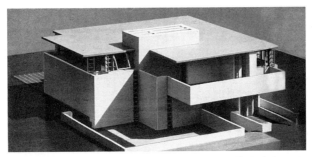

94　フランク・ロイド・ライト，カー・ハウスの模型（ブロード
エーカー・シティ展，1935 年）．『アーキテクチュラル・レコ
ード』（*Architectural Record*, 1935）より．

ィスコンシン州で知事も上院議員も務めたラフォレット一族の「進歩的」ポピュリズ
ム――「ウィスコンシン・アイディア」――が存在した．なお，恐慌時代の理論には
他にもさまざまな理論家が影響を与えているが，そのうちの幾人かはマンフォードも
考慮した人物だった．例えば，ソースティン・ヴェブレンによる『技術者と価格体
制』(*Engineers and the Price System*, 1921) は，最低収入保証や社会の共同サービス
の自動化技術を採用した，1930 年代初頭の「テクノクラシー」ムーブメントの嚆矢
となっている．また，『ソーシャル・クレジット』(*Social Credit*, 1921) 中で述べら
れたC・H・ダグラスの反独占思想も同じ論調をとった．

　しかし，ライトのブロードエーカーシティ構想にとってはおそらく，アメリカ人社
会理論家ヘンリー・ジョージと，シルヴィオ・ゲゼルの経済に関する議論の方が重要
である．当時古典となっていたジョージの『進歩と貧困』(*Progress and Poverty*,
1879) は，カリフォルニア滞在時に書かれた．彼の命題は以下のようなものである．
すなわち，科学技術と工業化は自らの「富の生産能力を並外れて増加」させた未来の
ある分野であるが，労働者階級の大部分が未だもって食卓に食べ物を並べるために苦
労している現状を鑑みるに，そうした恩恵によっては「彼らの苦しみや不安」はまだ
和らげられていない[70]．そこでジョージは，ハーバート・スペンサーや，「あらゆる
富は土地に適した労働の産物である」という見解に依拠しながら，この状況に対する
「治療法」を提案した．この「治療法」とはすなわち土地を共有財産化することだっ

---

[70] Henry George, *Progress and Poverty: An Inquiry into the Cause of Industrial Depressions and of Increase of Want with Increase of Wealth ... The Remedy* (New York: Robert Schalkenbach Foundation, 1956; originally published in 1879), pp. 3, 6.〔山嵜義三郎訳『進歩と貧困』日本経済評論社，1991 年〕．

Chapter 13　恐慌，戦争，その後 1934-1958

たが，ただし，彼の提案するその達成法は，購入によるものでも没収によるものでもなかった．彼の主張によればむしろ，課税対象を生産サイクルから地価にシフトさせ，国を事実上の地主にするのである．19世紀末当時，ジョージの理論は圧倒的に支持されていたが，タマニー派閥の汚職（不正選挙工作）のために，ニューヨーク市の市長選では二度も僅差で敗北している．

同様に，ドイツ人経済学者のゲゼルは『自然な経済秩序』（英語版は1929年，ドイツ語原書の出版は1916年）の中で利己主義に立脚した反マルクス主義的社会主義——「自由を真に愛する者すべての理想」——を提唱した．自然な経済秩序とは，「人間に生来備わった技能と人間とが対等に張り合う」秩序であり，「その結果として適任者に指導者の地位が与えられる秩序であり，個人が自己本位の衝動に従い，経済学とは相容れない良心の咎め——経済活動以外ではまれに従うこともある良心——に惑わされることなく，自身の目的にまっすぐ突き進む秩序である」[71]．またゲゼルの理論によれば，土地を（補償金のみで）国有化し，自由貿易を義務づけ，貨幣価値を計画的に下げ，徐々に貨幣制度を撤廃する経済政策を行うことで，個人のあいだで競合する利権同士も互いに高まり合うとされた．

ライトは自身の論がジョージとゲゼルに負っていることを認めており，彼らの著作を「英語で書かれた最もよい資料である」と書き留めている．「彼らの著作に書いてあることは，万能策よりもむしろ〈原理〉である．もっとも，両著作が〈土地〉と〈金銭〉を扱う単純さは，利権の手品師や経済の専門家には無邪気に映ることだろうが」[72]．

1935年以後のライトにとって，ブロードエーカーシティは実質的にひとつの強迫観念となった．その証拠に，彼は展覧会，講演，公刊記事等で，この案の採用を幾度となく働きかけている．またマンフォードも，ここでライトが単世帯住宅を用いたことこそ認めなかったものの，当初はこの土壌回帰的で分散的なコンセプトを称賛している[73]．ライトは書簡で，いつもどおり遠慮なくマンフォードの批評に応えた．「ブ

---

[71] Silvio Gesell, *The Natural Economic Order: A plan to secure an uninterrupted exchange of The products of labor, free from bureaucratic interference, usury and exploitation,* trans. Philip Pye (San Antonio: Free Economy Publishing, 1929), pp. 13-14.〔相田愼一訳『自由地と自由貨幣による自然的経済秩序』ぱる出版，2007年〕．

[72] *An Autobiography: Frank Floyd Wright* (New York: Horizon Press, 1977), p. 602.〔樋口清訳『フランク・ロイド・ライト自伝〈上：ある芸術の形成〉〈下：ある芸術の展開〉』中央公論美術出版，2000年〕．

[73] Lewis Mumford, The Skyline, *The New Yorker*, 27 April 1935, pp. 63-5. なお，マンフォードは1962年，『アーキテクチュラル・レコード』掲載の「反都市としてのメガロポリス」（"Megalopolis as Anti-City"）と題する記事中で，それまでのブロードエーカーシティ賛美を撤回している．同記事中でマンフォードは，「熱狂的な高速道路建設，膨張する自動車生産が引き起こした，この国の今

ロードエーカーの最小限住宅と最大限空間よりもドイツの安アパートとスラム解決策の方を選ぶとは,一体どういう了見か.ブロードエーカーなら600ドルでプライバシーでも光でも空気でも住むところでも何もかも揃うのだから,両者は全く比較にならないではないか」[74].

しかし,キャサリン・バウアーが『ザ・ネイション』(*The Nation*)誌に寄稿した批評はさらに敬意を欠いていた.この構想を非現実的であり,夢想的で,政治的に無知で,社会的に不適切なものと非難したバウアーだったが,ここで彼女が特に嫌悪したのが「ガレージに車を置き,見晴らすものすべての王となる」[75]人物の個人主義だった.そこでマンフォード同様,彼女も「ドイツ人たちがこれまで展開させてきた」解法を持ち出してライトに対抗した.彼女によれば,こうした解決策において住宅は「計画され設備も整った共同体単位のものである.それは庭をもち,一般人が支払える額で賃貸され,泳ぐのに適した場所や,ガソリンスタンドから永久に守られた,森や山から20分もかからない場所にある」[76].また『パルチザン・レヴュー』(*Partisan Review*)誌上のマイヤー・シャピロは,封建主義的であり階級闘争や財産関係に無関心だとして,ライトのコンセプトに激しい非難の言葉を浴びせた[77].一方,マルクス主義の『新大衆』(*New Masses*)誌は,この案のもつ反資本主義的な諸前提を称えながらも,彼の「青くさい理想主義」[78]を糾弾している.なお,この記事の発表後しばらくして,ライトも『新大衆』誌に寄稿し,自身の計画は反資本主義者的であると認めつつ,同時に彼は,この構想は反共産主義者的かつ反社会主義者的なものだとも語っている[79].この個人主義者による反復句にはいみじくも,彼自身の信条が要約されている.すなわち彼も,以前のサリヴァンと同じように,個人の田園的「共通感覚(コモンセンス)」に主権があると信じていたのである.

そして,このブロードエーカーのコンセプトから生まれたのが,ライトにとっての

の郊外外(サブ・サバーバン)の悲惨な状況は,彼の同胞が30年かけて作った」ライトのヴィジョンなのだ,と嘆いている. Lewis Mumford, *Architecture as a Home for Man: Essays for Architectural Record*, ed. Jeanne M. Davern (New York: Architectural Record Books, 1975), p. 122 参照.

[74] 1937年4月27日マンフォード宛ライト書簡. Wojtowicz, *Lewis Mumford and American Modernism*, p. 135 より引用.

[75] Catherine Bauer, "When Is a House Not a House?" *The Nation*, 26 January 1933, p. 99.

[76] Ibid., p. 100.

[77] Meyer Shapiro, "Architect's Utopia," *Partisan Review* 4 (March 1938): pp. 42-7.

[78] Stephan Alexander, "Frank Lloyd Wright's Utopia," *New Masses*, 18 June 1935, p. 28; Alfonsin, "Broadacre City," p. 25 より引用.

[79] Frank Lloyd Wright, "Freedom Based on Form," *New Masses*, 23 July 1935, pp. 23-4; Alfonsin, "Broadacre City," p. 25 より引用. Frank Lloyd Wright, with Baker Brownell, *Architecture and Modern Life* (New York: Harper & Bros., 1937)も参照のこと.

低コスト単世帯住宅に対する解答である「ユーソニアン」住宅である。この「手頃な
コストの住宅」の詳細が初めて語られたのは、ハワード・マイヤーズ編集による
1938年の『アーキテクチュアル・フォーラム』(*Architectural Forum*) のライト復活
特別号であり、この時はジェイコブズ邸（マディソン）の画像が用いられた[80]。この
ジェイコブズ邸は当時、建設にあたり不必要な材料をすべて除外し、製作所を適切に
利用しながら暖房、照明、衛生設備を単純化することで、5,500ドル（設計料450ド
ル含む）で仕上げられている。ライトはここで陸屋根を採用し、ガレージはカーポー
トに、また、基礎は最小限に抑え、床スラブ内には輻射暖房を組み込み、インテリア
装飾、ビルトイン照明、塗装（ステインで代替）、プラスター、横樋縦樋などはすべ
て取り払い、平面は2×4フィートのグリッド上に柔軟にレイアウトし、構法は二重
目打板とした。また、ここではキッチンに機能的な計画がなされ、ダイニングルーム
はなく、ガラス張りの壁はプライベートガーデンやテラスに面し、別の箇所では採光
のためにクリアストーリーが付いている。20世紀に名を馳せた建築家の中で、中産
階級住宅問題にこれほどまでのエネルギーを費した者はおそらくいなかった。

　ライトのキャリアを特集したこの『アーキテクチュアル・フォーラム』特別号では
また、ベア・ランの「落水荘」やラシーンのジョンソン・ワックス社屋といった当時
の最新のプロジェクトも特集されていた。以降、1938年のライトはスコッツデール
近郊にタリアセン・ウエストを建設し、1943年にはニューヨークのグッゲンハイム
美術館を設計（建設は1957-64年）している。彼の創造の星がこれほど輝いたことは
かつてなかったことだが、この時期においてもまだ、ライトにとって第1のテーマは
ブロードエーカーシティのままだった。1943年には、ライトは「政府がフランク・
ロイド・ライトに現在ブロードエーカーシティとして知られる真の資本主義社会の礎
としての民主政体のかたちの追求の持続を認める」[81] ことを請う旨の請願書を起草し、
ジョン・デューイ、アルバート・アインシュタイン、バックミンスター・フラー、ノ
ーマン・ベル・ゲデス、ヴァルター・グロピウス、ヘンリー＝ラッセル・ヒッチコッ
ク、アルバート・カーン、ジョージア・オキーフ、エーロ・サーリネン、ミース・フ
ァン・デル・ローエ、ソーントン・ワイルダーら多数の知識人・芸術家の署名を得て
いる。個人主義・利己主義の喧伝家だったアイン・ランドも1943年の小説『水源』
(*Fountainhead*) でライトを国家の象徴として美化しており、ここからも当時の彼が

---

[80] Frank Lloyd Wright, "Jacobs House," *Architectural Forum* 68 (January 1938): pp. 78-83; reprinted in *Frank Lloyd Wright, Collected Writings, 1931-1939*, pp. 284-90. Sergeant の古典的研究. *Frank Lloyd Wright's Usonian Houses* も参照.

[81] Appendix F, "Broadacre City Petition, 1943," Sergeant, *Frank Lloyd Wright's Usonian Houses*, p. 201 を参照.

広い支持を得ていたことがわかる．

ところがその一方，この時期のライトは，アメリカの学界という象牙の塔の中ではあまり関心をもたれていなかった．1930年代，40年代には，アメリカの建築界全体を大規模改革が席巻し，かつての装飾的なボザール式教育はモダンデザイン指向の訓練へと大きく変わった．しかし，この時期に顕在化していたイデオロギー分裂——ライトの「有機的」地域主義とヨーロッパ式モダニズム（特に当時大西洋岸では後者に人気があった）——は実は以前から存在していたもので，その分裂の根はマサチューセッツ工科大学（MIT）とイリノイ大学アーバナ・シャンペーン校という，アメリカ最初の建築学校の設立にまで遡るものだった[82]．

MITの教程は1868年の秋，ロバート・ウェアのもと，4人の生徒で始められたものであるが，その内容が明確化したのは，1872年にフランスの建築家ウジェーヌ・ルタンが訪れ，ボザール式の教育プログラムを始めてからのことである．シラキュース大学（1873），コロンビア大学（1881），ペンシルヴァニア大学（1874）など，北東部の他の私立学校の多くが全面的にボザール式教育を実践するようになるのは，ようやく19世紀末になってからことだったが，ボザール建築家協会（Society of Beaux-Arts Architects）や米国芸術院（American Academy）といった団体が組織され，ボザール・モデルのみに則った建築教育教程が標準に定められると，一転して，彼らは勢いづく[83]．そして1912年に建築大学連合（Association of Collegiate Schools of Architecture）が設立されると，ボザール嗜好はさらなる市民権を得るようになる．大学連合が行った最初の調査のひとつ（1915年実施）では，改訂カリキュラムの中で設計にボザール教育を取り入れていないのは20校のうち5校のみだった[84]．

イリノイ大学アーバナ・シャンペーン校の建築学科はその5校のうちのひとつだったが，その評判の高いカリキュラムは確立されてから長年経過しており，1915年には世界最大の建築学科であることを盛んに自称していた[85]．この学科は1873年にネ

---

[82] Arthur Clason Weatherhead, "The History of Collegiate Education in Architecture in the United States" (Ph.D. diss., Columbia University, 1941) 参照.
[83] Ibid., p. 150.
[84] Gwendolyn Wright, "History for Architects," in *The History of History in American Schools of Architecture, 1865-1975*, ed. Gwendolyn Wright and Janet Parks (New York: The Temple Hoyne Buell Center for the Study of American Architecture, 1990), p. 23 参照.
[85] *The History of History in American Schools of Architecture* 所収，Anthony Alofsin, "Tempering the Ecole: Nathan Ricker at the University of Illinois, Langford Warren at Harvard, and Their Followers," p. 76 参照．また，Roula Geraniotis, "The University of Illinois and German Architectural Education," *Journal of Architectural Education*, no. 38 (Summer 1984): pp. 15-21 および Wayne Michael Charney and John W. Stamper, "Nathan Clifford Ricker and the Beginning of Architectural Education in Illinois," *Illinois Historical Journal*, no. 79 (winter 1979): pp. 257-66 も参照

イサン・クリフォード・リッカー（Nathan Clifford Ricker, 1843-1924）が設立したものだが，これは彼が自身の卒業のために計画した教程だった．その後視野を広げるためヨーロッパを旅したリッカーは，ドイツの技術重視のカリキュラム，特にベルリンのバウアカデミーに最も感銘を受けている．かくしてリッカーは，その後数十年にわたり建設技術と建設材料の基礎を徹底的に教え込む教程を実施したが，ここでは歴史と理論の教育も十分に行われており，彼は講義のために19世紀後半の主要テキストのほぼすべてを翻訳している．そしてこの教程は建設・実務志向の，より地域主義的な展望を有したものであり，ボザール式の構成や装飾ヴォキャブラリーは露骨に避けられていた．

　ボザール・モデルを拒絶した学校は他にもまだいくつかある．そのひとつであるハーバート・ラングフォード・ワレン（Harbart Langford Warren, 1857-1917）が1895年に創設したハーヴァード大学の大学院課程も，もともとドイツに偏った建設に焦点をあてたものだった[86]．一方，1914年にオレゴン大学にエリス・F・ローレンス（Ellis Fuller Lawrence, 1879-1946）が創設した建築系芸術学科（School of Architecture and the Allied Arts）も，当初はボザールの路線に沿って組織されたものだったが，この教程は1919年の認証評価取得後，もはや学界の関心は「建築実務一般で起こるような実践的問題にほとんど取って代わられている」[87]ことを理由に中止され，こうしてオレゴン大学の学科教程は敷地条件の読み解きや，さまざまな芸術の横断的学習により重きを置くこととなる．1920年代には他にクヌート・レーンベルク＝ホルムがミシガン大学にデ・ステイルのスタジオを設置していたものの，イェール大学を除いて，当時オレゴン大学ほどの芸術志向を有した学校はなかった[88]．

　しかし，世界恐慌はすべてを速やかに変化させた．特に，教育者たちはこのとき，フランス由来のアカデミックなデザイナー訓練が，もはや時代遅れになったことを悟った．デザイナーは必然的に，大規模集合住宅や政府資金による地方計画などのことを考えなければならなくなっていたのである．こうして，1930年代初頭から半ばにかけてのアメリカの建築学科では，ほぼ全校でカリキュラム改正が行われることとなる．なお，当時は専門誌もこうしたカリキュラム改正の編年史を載せている[89]．例え

のこと．
[86] Alfonsin, "Tempering the Ecole," pp. 77-82 参照．
[87] Ellis F. Lawrence, "Experiment in Architectural Education," *The Spectator*, 10 April 1920, p. 3; *Harmony in Diversity: The Architecture and Teadling of Ellis F. Lawrence*, ed. Michael Shellenbarger (Eugene, Ore.: Museum of Art and the Historical Preservation Program, 1989) 所収，Michael Shellenbarger, "Ellis F. Lawrence (1879-1946): A Brief Biography," p. 17 より引用．
[88] Wright, "History for Architects," p. 26 参照．
[89] 雑誌記事には，Joseph Hudnut, "The Education of the Architect," *Architectural Record* 69 (May

ば，1936年の『アーキテクチュラル・レコード』誌に掲載された報告では，シンシナティ大学やMIT，ミシガン大学，クランブルック美術アカデミーのカリキュラム改正に言及しながら，「ここ5年ですべての学校がカリキュラム変更を行った．指導方法や取り組む問題の性質を全く変えた学校もある」[90]と記している．なお，これより早い時期に改正を行った学校もあった．シンシナティ大学を例にすると，同校が4週間の実地と座学の教育循環を採り入れたのは1920年代のことであり，コーネル大学がボザール教程を中止したのも1929年のことである[91]．南カリフォルニア大学は模型制作を優先しドローイングに重きを置かなくなり，実際的な問題解決や想像力の発達を重視するようになった[92]．またカンザス大学の場合，抽象的三次元模型と透視図の制作から始め，現実的問題への取り組みに進む教育が1932年に始まる[93]．

1930年代中葉，まずコロンビア大学で，そして数年後にハーヴァード大学でジョゼフ・ハドナット（Joseph Hudnut, 1884-1968）が実施した改革の数々は，少なくとも北東部では最も注目されたもので，このうちハーヴァード大学の改革は1937年のヴァルター・グロピウスの着任によって頂点を迎えることとなった[94]．当時アメリカの高等教育機関・学校は，業績とともに周囲の事情によって権威を確立させてきた，ひと握りの人々によって掌握されることも多かったが，ハドナットとグロピウスのこの結びつき――および，後のこの2人の公の反目――も，その経緯について多くを語ってくれる．またこの結びつきからは，ヨーロッパに対する保守的な文化依存が1930年代当時，少なくとも大西洋岸においては，まだ全く弱まっていなかったことがわかる．

ミシガンの裕福な銀行家の家に生まれたハドナットは，ハーヴァード大学に進んだ

1931): p. 413; C. Matlack Price, "The Challenge to Architectural Education," *Architecture,* December 1934, p. 311; "Columbia Changes her Methods," *Architectural Forum,* February 1935, p 166 ff.; "Education of the Architect," *Architectural Record,* September 1936, R. L. Duffus, "The Architect in a Modern World," *Ardlitectural Record,* September 1936, pp. 181-92; Everett Victor Meeks, "Foreign Influences on Architectural Education in American," *The Octagon,* July 1937, pp. 36-42. Arthur Clausen Weatherhead, *The History of Collegiate Education in Architecture in the United States* (New York, 1942) も参照のこと．

[90] "Education of the Architect," *Architecural Record,* September 1936, p. 201 などがある．
[91] Weatherhead, *The History of Collegiate Education in Architecture in the United States,* p. 195.
[92] Ibid., p. 196.
[93] Ibid.
[94] ハドナットの思想とグロピウスの選任については Jill Pearlman, "Joseph Hudnut's Other Modernism at the 'Harvard Bauhaus,'" *Journal of the Society of Architectural Historians* 56 (December 1997): pp. 452-77 および，idem, "Joseph Hudnut and the Education of the Modern Architect" (Ph.D. diss., University of Chicago, 1993) を参照．また，Winfried Nerdinger, "From Bauhaus to Harvard: Walter Gropius and the Use of History," *The History of History in American Schools of Architecture,* pp. 89-98 も参照のこと．

後ミシガン大学の建築プログラムに入学した．その後アラバマで実務を行いながら教鞭を執り，1916 年にコロンビア大学の修士号を取得する．そしてニューヨーク市に小さな事務所を開いた彼は，ジョージアン・コロニアル様式と呼ばれる，古典主義を主とした折衷的な実務設計に携わった．デザイナーとしては目立たない当時の彼だったが，コロンビア大学のかつての師である歴史家のフリスケ・キンブルの推薦を受け，1923 年にはヴァージニア大学の建築プログラムの主任となる．その 3 年後，歴史学教授としてコロンビア大学に戻った彼は，実務を退き，ボザール建築家協会の創設者のひとりであるウィリアム・ボーリング学部長の庇護下で奉職するようになる．1934 年にはボーリングが職を辞すると，彼の後任となったハドナットは，他学の先例に則りボザール式教程を廃止した．

　ハドナットがモダニズム式に教育方針を転換したのは，1930 年頃のことであるのは間違いがないものの，彼がどの程度深くモダニズムを理解していたのかはさほど明らかではない．歴史家のジル・パールマンによれば，社会と関わりをもつ教育，というデューイの理念がハドナットの思想に影響を与えたとされており，ハドナットが後にドイツ人都市計画家のヴェルナー・ヘーゲマンと一時協働関係にあったのも，こうした影響によるものだとしている[95]．「建築家教育」("The Education of an Architect") と題する 1931 年の記事でのハドナットの見解は極めて不明瞭である．「ヴィニョーラのまやかし」を軽視し「学生たちが現在その渦中にある経済動向や知的動向」を重視していたが，ここでの彼は教育に関する具体的な助言はほとんど行っていない[96]．なお同記事中，彼は短い追記の中で奇妙な論法で「機能主義」(ファンクショナリズム)の教義を嘲っているが，これは 1932 年にヒッチコックとジョンソンが仕掛けた論争の焼き直しであり，ここには彼が当時すでにこのハーヴァードの同窓生と近しかったことが示唆される[97]．コロンビア大学の学部長就任からほどなくして，ハドナットはスウェーデン人モダニストのヤン・ルーテンベリを設計スタジオに迎え，一方でイギリスのグロピウスとオランダのアウトへの働きかけを考えた[98]．またハドナットは当時ヘンリー・ライトとヘーゲマンを都市計画スタジオの教師に雇っているが，ここには彼が RPAA および RPAA のヨーロッパへの働きかけを受容したことが表れている．

　ハドナットがヨーロッパ理論をどの程度理解していたかはともかく，彼は自らの改

---

[95] Pearlman, "Joseph Hudnut and the Education of the Modern Architect," pp. 85-103.
[96] Hudnut, "The Education of an Architect," p. 412.
[97] ハドナットが MoMA の建築委員会の委員となったのは 1935 年からのことであるが，パールマンが指摘しているとおり，彼がヒッチコックのサークルと近しくなったのは遅くとも 1933 年のことである．
[98] Pearlman, "Joseph Hudnut and the Education of the Modern Architect," pp. 129-31.

革を世に知らしめることのできた人物であり,その取り組みにより彼の名は間もなくハーヴァード大学学長のジェームズ・B・コナントの耳に入るようになった。1930年代中葉,このコナント学長もまた大学のカリキュラムに変化を望んでおり,そのためハドナットは1935年の春に学部長としてハーヴァード大学に雇われることとなった.ここでのハドナットの最初の任務は,建築学科と景観設計学科と都市計画学科とを学部のデザイン学科としてひとつに統合することだった.そこで彼は,同年夏に着任した後,図書館での歴史書の閲覧を禁止し(彼自身が歴史家だったにもかかわらず),ロビンソンホールのアトリウムから石膏像を撤去し,この建物の内装を白塗りに改装するなどの象徴的な行動に打って出た[99]。かくしてハーヴァードへのモダニズム到来は一夜にしてなされ,1936年にはボザール教授のジャン=ジャック・アフナーも折よく退職したため,新学科の出だしは首尾よく運ぶこととなった.なお,ハドナットが自らの後任を選ぶにあたって個人的に話し合ったのは(建築の知識がほとんどない)コナントとアルフレッド・E・バーのみであり,この新しい大学院教程の滑りだしはこのようにイデオロギーが一枚噛んだものだった.

　ここでハドナットが建築学科長として念頭に置いていたのはアウト,ミース・ファン・デル・ローエ,グロピウスのヨーロッパ人3人だけという,ハドナットとMoMAとのつながりが強く表れたものだった.この選任は直ちに自然解決に向かった.1936年の春にヨーロッパを旅行したバーが初めてこの3人に接触し,ハドナットはその2ヶ月後に彼の後を追ったものの,(ハドナットが当初推挙していた)アウトはその地位には関心がないことが判明した.そこでハドナットは次にミースを選んだが,この建築家は(特にグロピウスと並行して候補に挙がっていたことに対して)自制心が乏しく,ほどなく候補から外れる[100]。こうしてハドナットには,彼らと対照的にその職に就くことに意欲的だったグロピウスのみが残った.ハドナットは実質上,1932年のMoMAの展覧会に選出されたドイツ人のモダニストたちをそのままハーヴァード用に買い受けようとしたのだった.そして1937年4月以降,アメリカにおけるドイツ・モダニズムの象徴はグロピウスとなった.

　それは効果的な宣伝活動——国内の競合相手と争うことより,ハーヴァードの全国的名声を高めることを目論んだもの——を必要とした,一種の賭けでもあった.そこでハドナットは,さまざまな学術誌に記事を投稿し,グロピウスの新刊のために序を執筆し,1938年のMoMAのバウハウス展の指揮を手助けするなどしてこの課題に取

---

[99] Pearlman, "Joseph Hudnut's Other Modernism at the 'Harvard Bauhaus,'" pp. 459-60.
[100] ミースは当時,候補者として考えられているのは自分ひとりであると断言していた.Hockman, *Architects of Fortune and the Third Reich,* pp. 271-5 参照.

り組んだ[101].

そこでグロピウスも,『新建築とバウハウス』(*The New Architecture and the Bauhaus*, 1937)を英語で執筆しこれに応じる. この, ヨーロッパ・モダニズムに対する自身の貢献を語った臆面もない歴史書は, もともとイギリス人読者に向けた自己紹介のために書かれたものだったが, 結局ロンドンのファーバー・アンド・ファーバーとニューヨーク近代美術館からの共同出版となった. その序において, ハドナットは「建築教育の新しいシステムを開発」したバウハウスを称賛(彼はどうやら, バウハウスが1927年まで建築教程をもたなかった事実を見過ごしていたようだった)したばかりでなく, ヨーロッパではすでに「完全に所与のものとなった」諸原理が, アメリカの土壌に「新しい表現」を見出すための「来るべきルネサンス」であると, 同校における徒弟ワークショップシステムを引き合いに出して語っている[102]. 一方, グロピウスは以前と同様に規格化や合理化といったテーマを繰り返し述べた後, 最後に, バウハウスの主目標は「何らかの〈様式〉, システム, ドグマ, 公式, あるいは流行を広めることではなく, デザインを活性化させるような影響を与えることのみ」[103]であると熱く締め括った. そして彼はここでも語る. 「〈バウハウス様式〉という概念自体が, ともすれば怠慢の自白や, 停滞そのもの, 無気力を誘う惰性そのものになりかねない. しかし私がそれを創造したのは, 戦うためだったのである」[104].

1938年のMoMA展にあたって, ヘルベルト・バイヤー, ヴァルター・グロピウス, イーゼ・グロピウスが編集し, アレクサンダー・ドーナーによるバウハウス略史を収録した, 1冊の書籍が刊行された[105]. この書籍は, 当時大きな話題となっていたバウハウスを, 写真と情報を交えながら紹介する目的のものであり, 網羅的といえる内容になっていた. しかし, ここで描かれるバウハウスの物語は, 1928年のグロピウスの出国の年で終わっており, バウハウスの歴史にとってのグロピウスの重要性を強調するものとなっていた. この巧妙に仕組まれた宣伝攻勢は——少なくともハーヴァード大学のイメージを高める手助けとなった点では——大成功を収めた. 1938年

---

[101] Joseph Hudnut, "Architecture Discovers the Present," *The American Scholar* 1 (1938): pp. 106-14; idem, "Architecture in a Mechanized World," *The Octagon*, August 1938; idem, "Architecture Discovers the Present," *The American Scholar* 7 (winter 1939); idem, "Architecture and the Modern Mind," *Magazine of Art* 33 (May 1940); idem, "Education and Architecture," *ArchitecturalRecord*, October 1942, pp. 36-8.

[102] Joseph Hudnut, preface to Walter Gropius, *The New Architecture and the Bauhaus*, trans. P. Morton Shand (New York: Museum of Modern Art, 1936), pp. 7-10.

[103] Ibid., p. 62.

[104] Ibid.

[105] Herbert Bayer, Walter Gropius, and Ise Gropius, eds., *Bauhaus 1919-1928* (New York: Museum of Modern Art, 1938; reprint, for the Museum of Modern Art by Arno Press, 1972).

から39年の学年度の「学長報告」でのコナントは，グロピウスが到着した直後の，教程上重要な変化はまだ何も起こっていない時点だったにもかかわらず，ハーヴァードはもはや「近代建築にかけては北米大陸，ひいてはおそらく世界中でも有数の学校」[106]になっている，とまで豪語することができた．

　とはいえグロピウスも，1937年秋にはマルセル・ブロイヤーをイギリスから呼び寄せ，翌年には当時トルコで仕事をしていた元ベルリン都市計画責任者のマルティン・ヴァーグナーを雇うなどしてドイツ・バウハウスの再構成を模索しながら，ハーヴァード内に早速自らの存在感を見せつけている．また1939年，グロピウスは初めてカリキュラムを変え，必修の歴史講座の数を3つからひとつに減らしている．なお1937年には，画家ヨーゼフ・アルバースをハーヴァードの建築学科に招き，バウハウス式デザイン予備講座をもたせようとする試みを始めたものの，これは彼にとって最大の難事となった．結局ハドナットとグロピウスはこれを機に仲違いすることとなったが，興味深いのは，理論ではグロピウスに適わないハドナットが，この一件については彼に断固反対したことである．たしかにハドナットは，MoMAが作り出したヨーロッパ・モダニズムのイメージを安易に受容していた．だが彼は，朧げながらに，建築教育とは大きな社会文脈に貢献する私的かつ自由な「表現」である，と考えていたのである．例えば1938年のある記事での彼は，「ヒューマンな空間」「ヒューマンな価値観」「コミュニティ」という3つの概念を用いてこの「表現」の開拓を語っている[107]．また，それからおよそ14年後の講義では，ラスキンを匂わせながら，近代建築を「進歩(プログレス)」「自然(ネイチャー)」「民主主義(デモクラシー)」の3つの「燈(ランプ)」に還元している[108]．ところが，近代建築は自分の世代のドイツ人による創造物である，と語ったグロピウスの言葉の方が直截かつ万能だった．そして，この増長した学科長のグロピウスによる教育上の取り組みに対する妨害が，ハドナットの悪感情を生む．かくして，アルバースの雇用に対するハドナットの抵抗は，1950年まで続いていた．しかしこの年，グロピウスが政治的にハドナットを差し置いて，自身の大学院予算を投入して試験的な講座を開講する．ハドナットが再び権限を行使しこの講座を取り消したのはその2年後のことであるが，この時グロピウスが辞職したのは周知の事実である．

　とはいえ，1940年代に学科を牛耳るようになっていったのはグロピウスの方であり，アメリカの建築教育に足跡を残すこととなるのもグロピウスの大学院教程だっ

---

[106] James B. Conant, "President's Report," *Official Register of Harvard University, 1938-1939*. Pearlman, "Joseph Budnut's Other Modernism at the 'Harvard Bauhaus,'" p. 459 より引用．
[107] Joseph Hudnut, "Architecture in a Mechanized World," *The Octagon* 10 (August 1938): p. 6.
[108] Joseph Hudnut, *The Three Lamps of Modem Architecture* (Ann Arbor: University of Michigan Press, 1952).

た．この足跡の正否には多くの議論があるが，ともかくグロピウスは他にも強い影響力をもった人物だった．その一例が，1938年から39年の学年度に彼がジークフリート・ギーディオンのために確保した，チャールズ・エリオット・ノートン・プロフェッサーシップの地位である．当時比較的安全なスイスで生活しながらも，アメリカに一時拠点をもつことをむしろ望んでいたギーディオンは，かくして，こうした正式な大学の講義を利用しながら，20世紀で最も重要な建築学書のひとつ，『空間，時間，建築：新しい伝統の発達』(Space, Time and Architecture: The Growth of a New Tradition, 1941) を執筆することとなる．そしてこの書籍がその後の数十年にわたる建築思想を方向づけることとなったのである[109]．

　この古典的著作は時に，心を揺さぶる心理的小説のような性質を帯びる．それまでのギーディオンの著作，『フランスの建築，鉄の建築，鉄筋コンクリートの建築』(Bauen in Frankreich, Bauen in Eisen, Bauen in Eisenbeton, 1929) なども，単に英語に翻訳されただけで本文の一部に組み込まれているが，この『空間，時間，建築』は，より大きな歴史的枠組みが加えられた著作であるという点で，全く異なるレベルのものだった．同書の冒頭は，著者の方法論の説明と，彼の講義に出席した学生を悩ませたのと同じ「形而上学的な雰囲気」をもって始まる[110]．ギーディオンはここで自らを「ハインリヒ・ヴェルフリンの弟子」であると高言し，これをもって彼は，かの偉大なる「時代精神(ツァイトガイスト)」を語る．時代精神によって，各時代の思想が方向づけられるとともに，「理想の歴史家」（すなわち公平無私な年代記編者）という概念は虚構となったのである（歴史家は偏見をもち積極的な活動主体であることを余儀なくされた存在となった）[111]．そしてギーディオンにとっては，万物は変化と普遍性と宿命の大きな連続体の内で流転する．また，本文全体を通じ，19世紀初頭から1930年頃まで西洋思想に影響を与えてきた，「思考と感性」の分離というテーマが常に繰り返される．彼によれば，科学が芸術より優位に立った時点から始まったこの分離は，「二重人格的」西洋精神へと帰結し，20世紀に起こった（未だ完全には想像できていない）さまざまな大変動の中，少なくとも暗黙のうちに終局を迎えたとされる．建築理論には今や，裏口からフロイトが忍びこんでいた．

---

[109] この著作はまた，建築史分野で最も分析の対象とされてきたもののひとつである．同書の前提については Sokratis Georgiadis, *Sigfried Giedion: An Intellectual Biography*, trans. Colin Hall (Edinburgh: Edinburgh University Press, 1994), pp. 97-151 参照．

[110] 書評 H. Seymour Howard, Jr., "*Space, Time and Architecture* by Sigfried Giedion," *TASK*, no. 2 (1941): p. 37 参照．

[111] Sigfried Giedion, *Space, Time and Architecture: The Growth of a New Tradition* (Cambridge: Harvard University Press, 1941), pp. 2-3, 6.

ギーディオンの切迫した歴史記述は，この暗澹たるコンテクストの中で展開していく．物語の始まりは，ルネサンスおよび，アルベルティ，ブルネレスキといった画家・建築家の新しい空間概念だった．そしてこれがピカソやタトリンの作品と並べられ，ボッロミーニの目をひく空間造形で締め括られると，次にフランス庭園とイタリア庭園が手短かに考察され，話は産業革命に移る．ギーディオンによれば，「科学と芸術が分岐した．考える方法と感じる方法にあったつながりはここで断たれた」[112]のがこの時代だった．ギーディオンはここで，この分離が顕在化したのが19世紀に起こった折衷主義嫌悪の流れである，と語ったが，ここで，その主張はいささか矛盾したものとなる．彼は書き留めている．「我々の文化が凶暴な力によって破壊される——あるいはそれに脅かされ続ける——のだとしたら，19世紀は人間を，材料を，人間の思考を誤用した，最も卑劣な時代のひとつであると見做されなければならなくなるだろう」[113]．その一方で，もし我々がその世紀の科学技術の可能性を正しい感性で活かすことができるならば，「その世紀が作り出した疾患や，そこからさらに生まれた害悪は存在するにせよ，19世紀という時代はなおも英雄的な局面に向かって突き進んでいくのである」[114]．しかしともかく，人間の発展段階は「折衷主義嫌悪のくすぶりが突如ヨーロッパに顕在化した」[115]1890年頃に終わりを迎える．ギーディオンが「建築における道徳性(モラリティ)の要求」と呼ぶ次の発展段階に火を点けたのは，ヘンドリック・ベルラーヘ，アンリ・ヴァン・ド・ヴェルド，ヴィクトル・オルタ，オットー・ヴァーグナー，オーギュスト・ペレ，トニー・ガルニエ，フランク・ロイド・ライトたちだった．これだけの興奮をもって建築史が書かれたことは，あったとしても稀なことだった．ピュージンならこのように讃えたであろう——この時，建築設計には究極の道徳的使命が与えられたのである．

　「アメリカの展開」は明らかにアメリカの読者のために書かれたもので，美辞麗句で緊張をほぐすための章だった．ここでのギーディオンの主たる関心は金槌，錠前，バルーンフレーム構法，無装飾の煉瓦表層といった作者不詳の技術革新だったが，彼はこれらすべてを，アメリカの原動力の「時代精神(ツァイトガイスト)」，すなわち「建築家なしの建築」の表現と見た．なぜなら，アメリカ精神とは「匿名の精神(エートス)」からも読み解くことができるからである．なおこの節はシカゴ派からサリヴァンの（機能主義と装飾処理の）「二重人格」を経てライトで閉じる．ギーディオンはジョンソン・ワックス・ビルデ

---

[112] Ibid., p. 116.
[113] Ibid., p. 98.
[114] Ibid.
[115] Ibid., p. 226.

ィングの図版を数点掲載しているが，これらはほとんど後から付け加えられたものだった．彼の分析によれば，ライトは「犠牲の世代」の一翼を担う人物であり，この世代の歴史的重要性はすべて，ライトが20世紀に入った直後にヨーロッパの巨匠に与えた影響に由来しているとされた．そしてこのことのために，ライトの歴史的任務は1909年で終わりを迎えたとされた．

　そして今，ギーディオンは彼にとって最も重要な1節である「芸術，建築，建設における〈時空〉」("Space-Time in Art, Architecture, and Construction") において，新時代および新時代の概念革新を意気揚々と劇的に語り起こしていく．ここでの彼によれば，芸術と科学のヘーゲル的なまばゆい綜合(ジンテーゼ)は，芸術家が「芸術言語に〈時空〉という新しい要素を導入し，視覚像の拡大を図った」ときに達成されるものだった．「これまでにも，思考方式・感性方式の双方に，おのおの同時に同じ問題が生じることがあり得た．それは，共通の文化が存在することの目安のひとつである」[116]．かくて，アインシュタインの物理学とヘルマン・ミンコフスキーの数学（ルネサンスの始まりに匹敵する広がりと歴史的重要性をもつとされる．科学においてはアリストテレスとピタゴラス学派に匹敵する）は，人間の新たな発展段階である〈時空〉段階にある．ピカソのキュビスム，ウンベルト・ボッキオーニの未来主義，マレーヴィチの構成主義，テオ・ファン・ドゥースブルフの新造形主義に収斂するのだった[117]．

　1925年から30年にかけて，この新たな英雄的段階における建築の2人の巨人——グロピウスとル・コルビュジエ——は，世界の舞台に踊り出た．ここでギーディオンは，バウハウス設立とバウハウスによる「芸術と工業，芸術と日常を結合させる」ための取り組みを，エコール・ポリテクニークの創設になぞらえた[118]．またここでは，グロピウス設計のバウハウス・デッサウ校舎とピカソの〈アルルの女〉(*L'Arlésienne*) との比較が記憶に残る．これがその後長らく建築理論を悩ませることとなる，透明性(トランスパレンシー)の比較である．「この場合，これは建物の内部と外部の同時表現である．隅を見えなくすることで，広い透明の面には面同士の空中関係の表現や，現代絵画に現れる一種の〈オーバーラッピング〉の表現が可能になるのである」[119]．また，グロピウスへのハーヴァード招聘の借りを完全に返すかたちでギーディオンは，この篤いドイツ騎士団的魂をもった人物に匹敵する者はこの地上にはほとんどいないと述べている．「グロピウスが持ち合わせている想像力は，鋭敏なものではなく，他の多

---

[116] Ibid., p. 364.
[117] Georgiadis, *Sigfried Giedion*, pp. 118-29 では，この着想やこの着想に対する反応が詳細に議論されている．
[118] Giedion, *Space, Time and Architecture*, p. 397.
[119] Ibid., p. 403, illus. 230.

くのドイツ人芸術家同様，むしろ強く確かなものである．そして，実に寡黙に仕事に対峙する中で，彼は新たな衝撃的結論に至る．アルブレヒト・デューラーが描くずっしりとした人物像にはヴェネツィア派の優美さが欠けているが，デューラーの着想はとりもなおさず内在の深みなのだ，と」[120]．なお，同書において，ル・コルビュジエ以外の他の建築家の存在は霞んでいる．メンデルゾーンに紙幅が割かれることはなく，ミースもほとんど現れない．また，ライトの大地に縛られた建築は「地面に定着した動物がもつ触手のようだ」とされた．なるほど，ここから「なぜライトが自身の登場の後にヨーロッパで行われたことに対して，いささか嫌悪感を抱いているかも説明できるだろう」[121]．

　しかし，ギーディオンのこの歴史的クーデターが十分な反響を得るにはまだ数年がかかった．『空間，時間，建築』の最初の書評はあるハーヴァード大学の学生によるものだったが，ここではギーディオンの「わかりにくいイメージ」や「現実の物質世界に対する理解や受容」の欠如が非難の的となっている[122]．しかし，建築学教程の中で建築史が完全に廃止されていた当時にあって，〈時空〉建築家が知っておくべき歴史を1冊の通史にまとめたのがギーディオンだったのである．その語り口は圧倒的かつ劇的なものであり，当時の建築学科の学生は皆，そうした重要な時代に生まれた我が身の幸運を否が応にも感じることとなった．なぜなら〈時空〉建築という発想は，500年に一度にしか起こり得ないほど巨大な目的論的広がりを有する飛躍的概念なのだから！

── 4 ──
アメリカの 1940，50 年代

　第2次世界大戦は20世紀半ばの数十年を打ち砕いた．ヨーロッパでの戦争はルーズヴェルトの死に伴うハリー・トルーマンの大統領就任の1ヶ月後，1945年のベルリン陥落で幕を閉じることとなったが，イギリス，アメリカ，ソ連の連合はその後長くは続かなかった．政治的な「勢力圏」の問題はチャーチル，スターリン，ルーズヴェルトがクリミアのヤルタで三度目の会談を開いた1945年2月にすでに解決していた．

---

[120] Ibid., p. 406.
[121] Ibid., p. 402.
[122] Howard, "*Space, Time and Architecture* by Sigfried Giedion," pp. 37-38.

このとき，領土の譲歩と満州支配を交換条件に，スターリンが対日戦参戦に同意したのだ．ドイツ人，ロシア人の双方からたびたび恐るべき虐殺行為・残虐行為の被害を被ったポーランドも，非公式的にソ連の支配下に置かれることとなった．また，ドイツの東半分，オーストリア，ハンガリー，チェコスロヴァキア，ブルガリア，ルーマニアへの暫定政府の樹立と自由選挙の実行も誓ったスターリンだったが，その後の彼は逆にオーストリア以外に共産主義傀儡政権を打ち立て，この新帝国を守る悲情な取り組みとして「鉄のカーテン」を築いた．かくして激戦の終結を待たずに冷戦が始まることとなり，その後世界は数十年にわたってヤルタの亡霊にとりつかれることとなった．1948年6月のスターリンによる西ベルリン封鎖の試みに対抗して，西側諸国による必需品の大規模空輸が行われ，翌年4月にはNATOが結成された．その5ヶ月後にソ連が最初の核実験を行い，冷戦は突如として人類の生死を左右する問題となった．

いくつかの未解決の「紛争地域」の存在もこの戦争の遺産の一部だった．中央ヨーロッパおよび東ヨーロッパから，当時何千人ものユダヤ人がパレスチナに移住してきた．ここは1919年までイギリスの委任統治領だったが，イギリスがパレスチナの委任統治の終了を望む旨の声明を発表する．すると，国際連合は1949年にイスラエルの建国を決議し，そしてこの国は悲観的な軍事予測や隣国アラブ人民の敵対行為にも屈せずに生き残ることとなる．一方，その頃世界の反対側ではワシントンとモスクワが北緯38度線で朝鮮半島を二分した．1950年6月に北朝鮮の独裁者金日成がロシア軍の援助を受け38度線を越えると中国もこれに加わり，3年にわたる戦争，大量殺戮，および緊張を孕んだ休戦状態へと行き着いた．北朝鮮の同盟国のひとつであった中国では，1949年に毛沢東の共産党支配によって内戦が終結しているが，ここでも何百万もの人々が命を落とした．仏領インドシナでは，1954年にディエンビエンフーでフランスが惨敗を喫したのを機に，ジュネーヴでさらに協議が開かれ国は2つに分かれることとなり，北ベトナムはホー・チ・ミンによる共産主義政府の，南ベトナムはゴ・ディン・ジエムによる資本主義政府の支配下に置かれた．しかし，この解決が後に悲劇を生む．

アメリカの戦後は強い不安と慎重な楽観の時期だった．ヤルタでの失態と冷戦における孤立は，マッカーシズム（1950-53）の増長や，1952年にトルーマンが自党の推薦を得られなかったことにも一役買った．ドワイト・D・アイゼンハワー大統領の8年間は，それまでの不況と戦争の20年間に対する代償ともいえる穏やかな繁栄の期間であり，限定的に世界と関与した期間だった．1952年の最初の水爆実験は，ともすれば50年代で最も注目を浴びるイベントとなり得たはずだった．しかし同年，こ

れより早く，ハンガリーの数学者ジョン・フォン・ノイマンがプリンストン大学のコンピュータに新しい論理回路を組み込み，こちらの方が遥かに重要な事件となった．また，1956年9月にアメリカは最初のジュピターC型ロケットの打ち上げに成功しているが，ソ連は翌年の春に初の大陸間弾道ミサイル（ICBM）の発射，その後人工衛星スプートニクの打上げ成功でこれに応じている．このICBMとスプートニクの開発がアメリカの自信の高まりに水を差したかもしれない．しかしアメリカという国の1950年代は，当時ヨーロッパやアメリカの学界で大流行していた「実存的」恐怖に苛まれることはなかった．アメリカの1950年代は，静かな楽観主義と経済成長の10年だった．州間高速道路システムの，マリリン・モンローの，ブラウン対教育委員会裁判に対する最高裁判所の判決の，エルヴィス・プレスリーの，冷凍庫の，フィデル・カストロの，テールフィン付き自動車の時代だった．マクドナルド兄弟が実質的に最初のファーストフード・レストランを開いたのも，すでに1948年のことである．

あるいは，レヴィットタウンで起こった現象も，当時アメリカ全土に楽観主義が横行していたことの証左のひとつである[123]．都市計画家と建築家の話はさておき，ここで語るべきはウィリアム・レヴィットである．彼は（フレデリック・テイラーとヘンリー・フォードの志を継ぎ），1946年，単世帯住宅を平均的な家族，特に戦争から戻った退役軍人家庭が買える価格にするため，住宅建設に効率的で経済的なシステのアイディアを提案している．かくして，この夢はたちまちにしてアメリカ文化と同義のものとなり，当時，戦争に疲れた遅咲きの世帯形成世代はこの夢を胸に平和な希望と憧れを抱いて実現していった．当時の社会学者や都市計画家たちは，きれいな空気，緑の草木，裏庭のブランコ，モダンなキッチンといったもののよさを理解しかねていたものの，こうしたアイテムは簡単に阻むことのできない人間本能の一部であり一片を表すものだったのである．当時レヴィットは単独で1万7,000戸の住宅を建設し，同業者もこの世代のブルーカラー，ホワイトカラー双方の需用に積極的に応えていった．GI教育支援債のように——郊外の多くの欠陥をものともせず——これほど広範にわたってアメリカ国内の生活水準を引き上げたものは当時他になかった．

この当時，アメリカの建築理論は学ばれることも理解されることも少なかった．そしてこの時代は，さしたる改革もなく，建築が真剣に議論されることもほとんどなかった時代であると見做されることも多い．しかし，当時の史料が語る歴史はこのよう

---

[123] レヴィットタウンの来歴および同時代の反応についてはHerbert J. Cans, *The Levittowners: Ways of Life and Politics in a New Suburban Community*（New York: Columbia University Press, 1982）参照．

な見方とは随分と異なる．建築実務に関係する戦後の批判論文は，数の上でもその洗練の上でも，戦前に出てきたものと比べてそれらを遙かに上回るのである．当初ヨーロッパ理論として始まったものの多くはこの時，アメリカ国内の議論による吸収・変容をとげ，また，ヨーロッパの建築家や思想家がこの国に大量に移民してきた事実によって，確かに前進をみたのである．

しかし，先に述べた最後の現象が一連の誤解を生んだ．たしかに，当時ハーヴァード大学にグロピウス，シカゴにミースがいた事実はアメリカの展開に直接の影響を与えている．しかしこうした中心地の中にもやはり，従来の観点に抵抗し，それらを作り変えた，さまざまな媒介勢力が存在していたのである．すなわち，社会上，技術上，政治上の異なるコンテクストの内に置かれる中，今度はヨーロッパ思想がそれらの影響を被ることとなったのである．

あるいは，モダニズムに対する解釈にこの時期さまざまな地方差が存在していたということも，ほとんど見過ごされている．しかしこれは，北東部の文化的優位が失われていった当時を鑑みるとき，決して無視できない現象である．近代建築を記録に留めたアメリカ最初期の著作のひとつ——ジェームズ・フォード，キャサリン・モロー・フォード共著による『アメリカの近代住宅』（*The Modern House in America*, 1940）——は作品を州ごとに分類したが，これも秩序だてのためではなく，地方ごとのモダニズムの解釈がさまざまだったためによる[124]．キャサリン・モロー・フォードはこの出版の1年後に「モダンとは地域的なものである」（"Modern Is Regional"）と題する続編記事の中でこの点を明らかにしており，地方様式をニューイングランド，ペンシルヴァニア，フロリダ，五大湖周辺地域，アリゾナ，北西部，カリフォルニアに分類している[125]．彼女によれば，例えばペンシルヴァニア・モダニズムには納屋の存在や豊富な石材が，北西部モダニズムには森林地の存在が，カリフォルニア・モダニズムにはこの州の「地勢や気候の驚くべき多様性」が影響を与えている，とされる[126]．ちなみに，当時グロピウスとギーディオンの目が光っていたマサチューセッツ州リンカーンで書かれたものだったにもかかわらず，同書内で最も近代的な住宅があるとされたのはカリフォルニアだった．

地域主義がこうして広く認知されていく中で，いわゆる「インターナショナル・スタイル」の重要性には疑念が投げかけられる．ニューヨーク展や，そのイメージ戦略

---

[124] James Ford and Katherine Morrow Ford, *The Modern House in America* (New York: Architectural Book Publishing Co., 1940).
[125] Katherine Morrow Ford, "Modern Is Regional," *House and Garden*, March 1941, pp. 35-7.
[126] Ibid., p. 79.

の影響は実際細々と永らえていたものの，主に効果を及ぼしたのはごく限られた領域の範囲内だった．すなわち，ハーヴァード―MoMAのイデオロギー軸は，当時アメリカの実務領域で競合していたいくつかの勢力のひとつとして「モダニティ」という新概念の洗練に一役買いはしたものの，より大きなプロセスに対する影響力は全くもなかったのである．愛国主義者にせよそうでないにせよ，このイデオロギー軸から逸脱することも，時折いわれるような「後退」では決してなかった．1940年代末のアメリカには，恐慌や戦争から新たな労働観・住宅観が生まれ，はっきりしたアメリカ的文化観というものが生まれていた．しかしその像は複雑なものであり，アメリカでキャリアを再スタートさせた幾人かのヨーロッパの建築家は，当初こうした変化を理解・認識できなかった．しかし彼らはまた，直ちにそれらに順応しなければならなくなる．

こうした消化・順応のプロセスは，ニューイングランドのグロピウスのキャリアにもみられた[127]．ハーヴァード大学に着任して間もなくの彼は，最初マルセル・ブロイヤーと組んで（1941年まで）比較的控えめに実務を開始した．アメリカ時代のグロピウスの初期作に，ウォールデン湖のほど近くに位置するリンカーンの自邸（マサチューセッツ）がある．これは白塗りのアメリカスギを下見板に張り，ところどころテラスが刳り抜かれた，木質構造・長方形平面の角柱状住宅だった．ここではスクリーンの役割を果たすダイニングポーチが庭に向かって張り出していたが，竣工の数年後，ギーディオンはこの住宅の「大きなフロントポーチ」を「インターナショナル・スタイル」の単調性と対極にある，「新地域主義」(ニューリージョナリズム)最初の作例であると見做している[128]．ここでのギーディオンにはいささか誇張がみられるが，グロピウスもギーディオンも，ともかくニューイングランドの気候と植生がヨーロッパのそれと極めて異なっている事実には気づいていたのである．

1940年代，グロピウスはプレハブ住宅市場に事業参画していたが，これもまた，彼の学習の度合を示している．グロピウスとブロイヤーの仲は1941年に決裂し，後者は結局ハーヴァードを去り個人の実務に没頭するようになるが，そこでグロピウスは次に，かつてテッセノウとペルツィヒの弟子だったユダヤ人亡命者，コンラッド・ワックスマン（Conrad Wachsmann, 1901-80）と組む．かつてワックスマンがフランスの収容所で辛い年月を送っていたとき，協力して彼を助けたのがグロピウスとアル

---

[127] この時期については特に Sigfried Giedion, *Walter Gropius: Work and Teamwork* (New York: Reinhold, 1954) および Reginald R. Isaacs, *Walter Gropius: An Illustrated Biography of the Creator of the Bauhaus* (Boston: Bulfinch Press, 1991) 参照．

[128] Giedion, *Walter Gropius*, p. 71. ギーディオンは「新地域主義」(New Regionalism) についての記事も書いている．*Architectural Record* 115 (January 1954): pp. 132-7.

バート・アインシュタインだった[129]．そしてワックスマンも，1926年にドイツのある製造会社の建物を設計したことを初めとして，グロピウス同様，長年プレハブ住宅に興味を抱いていた人物だった．なお，ワックスマンは1929年，ポツダムにアインシュタインの自宅を設計する際本人と会っているが，この時の設計にもこの会社のパッケージ化された部品が用いられていた．一方，工業生産住宅へのグロピウスの興味はさらに1910年に遡る．1920年代末にテルテン＝デッサウに設計した有名なプロジェクトの他，1930年のグロピウスはあるドイツの会社に「銅の住宅」というアイディアも提案していた．

　この事業の出だしは幸先のよいものだった．グロピウスは主にまとめ役として貢献し，ワックスマンは自身がフランスで設計した木質パネルシステムについて，パネルの各辺にビルトインされたY字のプレート付き接続フックを改良し，モジュールも40インチに合わせた．2人が「パッケージ住宅」と命名し，このシステムの特許を取得した1942年当時とは，プレハブ住宅がアメリカの戦争遂行努力の中核に位置していた時期であり，また，プレハブ住宅に対する国家予算の引き上げもすでに行われていた．これを好機と捉え，ワックスマンも資金を確保し，生産を見越してジェネラル・パネル・コーポレーションを設立した．しかし，この事業が始動することはなかった．彼らは戦争という機会を逃してしまったのである（競合する会社はこの機会を逃さなかった）．その後彼らは，戦後の国内住宅市場の需要を見越して1944年に改良版を作成し，企業からの厚い支援も得られたため，カリフォルニアに新しい工場も建設したが，ここでも生産に踏み切られることはなかった．この失敗の要因には，当時ワックスマンの興味が広がり続けていたことや，会社の体制も考えられるが，「家」そのものではなく部品の一式であったために，連邦住宅局の認可が下りず，不動産金融も利用できなかったということも一因だった．ギーディオンは彼らの企業の倒産の理由を「住宅購買層の今の心構え」に負わせたが，それはビジネス界・住宅界の仕組みや現実に疎いといわざるをえない[130]．当時，この類のモデュール化プレハブ木造システムが成功しないはずはなかった．（道路，公共施設および物理的コミュニティ自体を供給することを目論んだ）レヴィットの早期着工住宅建設も，確かに大きな成功を生み，多くの模倣を生み出したのである．

　ただし，当時のグロピウスにも友人や支持者は大勢いた．1940年代の彼はすでにアメリカ国籍を取得しており，議会証言も行い，かつ，あらゆるレベルで都市計画の

---

[129] ワックスマンおよび彼とグロピウスの交流については Gilbert Herbert, *Dream of the Factory-made House: Walter Gropius and Konrad Wachsmann*（Cambridge, M.I.T. Press, 1985）参照．

[130] Giedion, *Walter Gropius*, p. 76.

立案に大きな発言権をもち，いくつかの会社の顧問になっていた．ルーシャス・クレイ大将とともにあたったドイツ復興計画もその一環である．グロピウスのアメリカでの最初の著作『コミュニティの再建』(*Rebuilding Our Communities*, 1945) は，シカゴでの講義を元にした，彼の住宅供給や都市計画構想の要約となっている．ここで彼は，政府主導の都市計画は計画性がなくばらばらだったり，そもそも存在しなかったりすること，都市部の人口密度が高すぎること，都市部の荒廃地域をどうするかといった，自らが考える住宅問題の中核を力強く語り，マーケティング，資金調達，課税方式，および建設技術の改革を訴え，パッケージ住宅や「家事を支援する」設備，住宅内に「趣味(ホビー)」部屋をもつことなどの自案の正当性を主張した．また，大きなスケールでは，農場関連の職を提供できる地方のコミュニティに貧困層を移住させること，都市を低密度でシステマティックに再建し，公園や，コミュニティセンターによる都市核を充実させること，といった提案を行っている．なお，ここでグロピウスは健康面での利点を強調することで自案を正当化し，2人のイギリス人生物学者の著作を引用しながら，より広い社会の健康，すなわち「社会の土壌」の耕作こそが人間個人の健康の鍵であり，その耕作はコミュニティセンターの介入により達成することができる，と語っている．すなわち，水泳施設や体育施設，カフェテリア，託児所，遊び場が設けられた，こうした新しい地域センターの創設こそが，彼の思い描いた民主社会復興の要なのだった[131]．

1952年，グロピウスは『科学時代の建築とデザイン』(*Arhitecture and Design in the Age of Science*) および，より広く知られた『総合建築論』(*Scope of Total Architecture*) を出版する．9ページの小冊子である『科学時代の建築とデザイン』は，自らのチームワーク論の簡潔な要約である．彼は語る．「ギャラップ世論調査的メンタリティ」と「機械論的な発想」を有した現代社会では，芸術より科学が優位を占め，創造性のある「探究(サーチ)」より「調査(リ・サーチ)」が優先されてしまっている．だが，このバランスと調和を崩した状態は，科学者，エンジニア，市場アナリスト，セールスマンの傍にある工業プロセスに建築家とデザイナーを引き戻すことで回復される．「建築家は気難しく，そのターゲットは裕福なクライアントであり，彼のお付きの管財人として行動するものだ，という古い考え方は，昨今の建築家にはあまりあてはまらない．自身が明日の製造プロセス自体に欠かせない人物とならない限り，建築家の影響力は弱まっていくだろう」[132]．

---

[131] Walter Gropius, *Rebuilding Our Communities* (Chicago: Paul Theobald, 1945), pp. 49-53.
[132] Walter Gropius, *Architecture and Design in the Age of Science* (New York: Spiral Press, 1952).

『総合建築論』はそのほとんどが以前に発表されたエッセイや論文の選集だったが，ここに収録された最近の記事も，チームワークや大規模都市開発，コミュニティ全体における建設の必要性，建築教育といった聞き覚えのあるテーマを扱っており，「建築家教育の青写真」（"Blueprint of an Architect's Education"）内で展開された建築教育論において，グロピウスは設計に含まれる社会的・心理的要素の存在を強調している．そうした要素の中でも，彼が特に重視したのが「創造力（クリエイティビティ）」だった．それはここでの彼にとって，「建築家になる見込みのある生徒を観察から発見，発明へと導き，そして最終的にはこの現代の潮流を直観的に構想できるようにさせる」[133]課程なのである．グロピウスの理性的で「情熱を欠いた」設計アプローチはたびたび非難されており，それを彼がハーヴァードの建築教育に残した遺産であると見る向きもあるが，彼のこの発言は，こうした非難に対する再答弁ともなり得るものだろう[134]．

　この見解が正当なものであるか否かはともかく，グロピウスが20世紀半ばのアメリカ建築界に大きな影響を及ぼしたことには疑いがない．ジョン・ハークネスからの共同事務所設立（TAC：The Architects Collaborative）の提案にグロピウスが好意を示していたのは1945年のことだが，それから数年しないうちに，この事務所は建築・都市計画におけるチーム設計という概念の典型例となっている[135]．この事務所の初期事業の中でも，ハーヴァード大学学士センター（Harvard University Graduate Center, 1948-49）は傑出している．

　そして次に，グロピウス在任期にハーヴァードに通った卒業生たちの遺産がある．1940年代にはエドワード・L・バーンズ，ジョン・ヨハンセン，フィリップ・ジョンソン，I・M・ペイ，ヘンリー・N・コブ，ポール・ルドルフ，ビクター・ランディがいる．ジョンソンが建築学教程に入ったのは1940年のことだが，それ以前の数年間は実に暗澹たるものだった．（1934年を端緒とする）この時期，ジョンソンはMoMAの役職を辞すると，アドルフ・ヒトラーの政治を奉じるようになる．このナチズムへの転向の後，1930年代半ばにはそれが高じてアメリカ人ポピュリスト（ヒューイ・ロングとチャールズ・エドワード・カフリン牧師）に心酔するようになり，一時は国家社会主義党を規範とした政党を立ち上げようとしたこともあった．30年

---

[133] Walter Gropius, *Scope of Total Architecture* (New York: Harper & Bros., 1955), p. 57.
[134] ハーヴァードでのグロピウスの設計方法論については Klaus Herdeg, *The Decorated Diagram: Harvard Architecture and the Failure of the Bauhaus Legacy* (Cambridge: M.I.T Press, 1983), pp. 12-13 参照．
[135] *The Walter Gropius Archive: An illustrated Catalogue of Drawings, Prints, and Photographs in the Walter Gropius Archive at the Rusch-Reisinger Museum, Harvard University,* ed. John C. Harkness (New York: Garland Publications, 1991) 4巻参照．

代末には再びドイツ主義へと立ち返り，ヒトラーとその政治の擁護者となった[136]．例えば，1939 年にドイツの宣伝省から招かれたジョンソンは，機甲部隊に続いて（愛車のリンカーン・ゼファーで）ポーランドに入っている．第 2 次世界大戦中にこうした活動が露見すると，彼は政治活動の報いを受けることとなり，ハーヴァードに通っていた時期には治安妨害で告発されそうになったという．その後 1943 年から 44 年にかけて兵卒として従軍した後，1945 年にニューヨーク市に戻ったジョンソンはランディス・ゴアズと共同で事務所を開く[137]．一方で，バーは個人的な問題，経営上の不備，学術的業績の不足などが重なり，1943 年に MoMA 館長を解任されていたが，美術館はすぐさまジョンソンを再びメンバーに迎え入れる．そして館内の図書館に辛うじてオフィスをもっていた前館長のバーも，その後間もなくその権力と影響力を取り戻すこととなる．ジョンソンの初めての見せ場は 1947 年のミース・ファン・デル・ローエ作品展だった．ミースは当時，ジョンソンの実務やアイディアに多大な影響を与えていた[138]．

ジョンソンは MoMA やロックフェラー家と築いた人脈から，フィリップ・グッドウィンとエドワード・デュレル・ストーンが設計したばかりの美術館に別館（1949-50）を設計する依頼を受けた．しかし，彼が建築家として名声を高めたのは「グラスハウス」（ニューカナーン，1948-49）である[139]．ジョンソンはいささか饒舌気味に，1950 年に『アーキテクチュラル・レヴュー』に寄せた記事の中で，このグラスハウスの知的源泉をミースとファンズワース邸，ルドゥー，シンケル，ル・コルビュジエ，ファン・ドゥースブルフ，マレーヴィチ，アクロポリスなどに辿っている．また，「かつて一度見た，基礎と煉瓦煙突しか残っていない木造村落の焼け跡」にまでこの自作のルーツを辿るあたりはいささか超現実的である[140]．ただし，この焼け跡のイメージ（ポーランドで得たのだろうか？）は間違いなく個人的な思い入れの強いものであり（ひとつの解釈では政治上の贖罪行為とも見て取れる），この住宅の建築史上の重要性を誇張するのは安易というほかない[141]．ジョンソンの建築家と

---

[136] 特に Franz Schulze, *Philip Johnson: Life and Work* (New York: Knopf, 1994), pp. 135-46 を参照のこと．
[137] この時期の MoMA でバーの詳細については Sybil Gordon Kantor, *Alfred H. Barr, Jr. and the Intellectual Origins of the Museum of Modern Art* (Cambridge: M.I.T. Press, 2002), pp. 354-65 参照．
[138] ジョンソンの重要著作である *Mies van der Rohe*（New York: Museum of Modern Art, 1947）はこの展覧会に合わせて出版された．
[139] David Whitney and Jeffrey Kipnis, eds., *Philip Johnson: The Glass House*（New York: Pantheon Books, 1993）参照．
[140] Ibid., 14. *Architectural Review*, vol. 108, September 1950 初出．
[141] この贖罪行為については *Philip Johnson Writings*（Oxford: Oxford University Press, 1979）のピーター・アイゼンマンによる序を参照のこと．Whitney and Kipnis, *Philip Johnson: The Glass House*,

しての初期の実務のほとんどは，折衷的で流行に左右されやすく，方向性に欠けていた．

1950年代初頭のニューヨークの建築実務をよりよく代表しているのは，スキッドモア・オーウィングズ・アンド・メリル（SOM）の事務所でゴードン・バンシャフト（Gordon Bunshaft, 1909-90）が手がけた作品群である．1930年代にMITで訓練を受けたバンシャフトは，ヨーロッパ周遊の後の1937年にスキッドモアとメリルの事務所に雇われ，ここでニューヨーク担当の設計者になった[142]．ニューヨーク万博ベネズエラ館（1939）やホステス・ハウス（五大湖海軍訓練センター，イリノイ，1942）といった彼の初期のプロジェクトには，この創設間もない事務所のモダニティへの傾倒が表れている．長期にわたり軍務に就いた後，バンシャフト1949年に事務所（現在のスキッドモア・オーウィングス・アンド・メリル）の7人のパートナーのひとりに指名される．彼らはほとんどのプロジェクトを設計から施工まで共同で行い，一貫して質の高いものを作り続けた．パークアベニューに面して建つ，バンシャフト最初の傑作であるリーバ・ハウス（1949-52）は，その全体コンセプトと細部（ディテーリング）の素晴らしさのために，国際連合ビル（1947-50）などの近隣の名だたる建物を背景としながら引き立っている．開放的なオフィスの入る，ガラス張りの厚板状ボリュームは，3階にルーフテラスを形成する水平ボックスの上に，まるで宙に浮いているかのようである．緑色ガラスのスキン，ステンレス・スチールの柱，アルミニウムの方立ての組み合わせは，1950年代には美の見本として大いに模倣された．

ニューヨーク，ニューイングランドの他にも，建築思想の中心として活況を呈した地域は国中さまざまに存在した．デトロイトを例にとれば，1950年代初頭，この地域にはクランブルック美術アカデミーや，エリエル・サーリネンと息子エーロ・サーリネン（Eero Saarinen, 1910-61）が遺した豊かな建築的伝統といった特色が現れ始めている．デトロイト郊外のブルームフィールド・ヒルズに構えるこの学校と上級ワークショップの複合キャンパスの設計が始まったのは，1924年にエリエルがジョージ・ブート出版から依頼を受けたときだった[143]．19世紀末にアーツ・アンド・クラフツ運動に精力的に関わっていたブートが，その財産を小学校や男女のための高等教育施設，美術アカデミー，科学研究所，クランブルック美術館およびクランブルック図書館よりなる複合キャンパスに注ぎ込む決断をしたのは1920年代半ばのことだっ

---

pp. 77-9も参照されたい．
[142] バンシャフトについてはCarol Herselle Krinsky, *Gordon Bunshaft of Skidmore, Owings & Merrill* (New York: Architectural History Foundation, 1988) 参照．
[143] クランブルック・アカデミーの来歴についてはRobert Judson Clark et al., *Design in America: The Cranbrook Vision 1925-1950* (New York: Abrams, 1984) 参照．

た．このとき，構想の中核とされたのはアカデミーである．ブートはここを，ローマのアメリカ・アカデミーのような，一流アーティストを招いた一大センターにしたいと考えたのである．かくして，この計画は比較的早く具体化することとなり，1932年にはマスタースタジオ兼住居4棟（建築教育，絵画教育，彫刻教育，デザイン教育用）が完成する．そして，この年にこのアカデミーの校長となったのがエリエルだった．ただし，恐慌の煽りを受け，教程の完成と施行は1930年末を待たなければならなかった．この時期この学校に招かれた建築家とデザイナーには，主な人物として，エドマンド・N・ベーコン，フローレンス・シュスト・ノール，ベンジャミン・ボールドウィン，チャールズ・イームズ，ハリー・ウェーゼ，ラルフ・ラプソン，デイヴィッド・ラネルズがいた．なお，エーロ・サーリネンが建築学教程を受けもったのは1939年から1941年にかけてのことだった．

　年を経るごとに工業生産を志向し，アーツ・アンド・クラフツ的伝統から離れていったのは，エリエルの哲学についても同じだった[144]．彼の思考が都市問題に傾倒していった事実は，1940年代に最初に書かれた2冊の著作にも見て取ることができる．まず，『都市：その成長と衰微と未来』（*The City: Its Growth, Its Decay, Its Future*, 1943）である．この書籍の中には，当時アメリカの諸都市に明らかだった都市計画上の問題が明快に議論されている．ここでのサーリネンのアプローチは，彼によると「有機的秩序」の達成を都市計画理念に掲げ，その達成のために「有機的脱中心化」を提案するという，どことなくジッテを思わせるものだった[145]．この「有機的脱中心化」とは，都市の中の悪化地域，夾雑地域，荒廃地域を「外科的」に切除し，そこに住んでいた人々をいくつかの区域に分散し，疾患地域のリハビリテーションと分散させられた人々の雇用を同時に可能にする，というものだった．ただし，これほどのプロジェクトは半世紀かそれ以上をかけなければできない．そこでサーリネンは，分散させられた住民には，中心部から離れた自治体所有の土地を与えなければならない，と述べている．また，再生した中心エリアでは，ガソリンスタンドや，看板・広告板などの過剰な宣伝物は禁止され，輸送手段はヨーロッパを範にとり合理化される．ここで彼が推奨したモデルのひとつはヘルシンキだった．

　『かたちの探究：芸術への基礎的アプローチ』（*SEARCH FOR FORM: A Fundamental Approach to Art*）のサーリネンは，先と同じ「有機的秩序」の概念を芸術に持ち込んでいる．ここでの彼にとっての芸術は，造形的表現力，造形の相関関

---

[144] *Design in America* 所収，Robert Judson Clark, "Cranbrook and the Search for Twentieth-Century Form," p. 30 のコメント参照．
[145] Eliel Saarinen, *The City: Its Growth, Its Decay, Its Future* (New York: Reinhold, 1943), pp. 22-3.

係として立ち現れる．すなわち同書は，従来の規則が記された教科書ではなく，善意（グッドウィル），調和（アコード），真実性（トゥルース），誠実性（シンセリティ），創造に対するバイタリティ，魂の若さといった概念を論じた哲学書なのである．サーリネンによれば，芸術教育とはシステムの中に閉じ込められうるものではなく，善き個人，善き人間関係，善き社会秩序の副産物程度のものでしかない，とされる．建築は部屋（「文明化した人間の生活に最も不可欠な造形問題」）をもって始まる．そしてその部屋の霊的な力は，プロポーションや色彩にも現れれば，その部屋の調度の最も小さなディテールにも現れる[146]．また，これと対極的なレベルでは，建築は建物同士の有機的な配置や，都市というさらに高度な生命体にまで広がっている．サーリネンにとっての芸術とは，徹頭徹尾，礼儀，礼節，親切といった人間の行為のことを指した．

息子エーロの作品を特徴づけたのは，伝統を重んじながらかつ進歩的な，彼のそれまでの経歴だった[147]．まずパリのグランド・ショミエールで彫刻を学んだエーロは，アメリカに帰国すると，5年の教程を3年で終わらせ，1934年にイェール大学の学位を取得した．その後ヨーロッパを2年間周遊し，フィンランドで実務の経験などもしながら，1936年夏にブルームフィールド・ヒルズに戻ると，教壇に立ちながら父のもとで働くようになる．イームズ，ラプソン，ウェーゼらと実りある協働関係にあったのはこの時期のことだった．また，父とのパートナーシップの中で受けた設計依頼は次第に重要なものとなっていった．彼が参画した数々の設計の中には，当時影響力をもった小学校や，スミソニアン美術館（ワシントンD.C. 1939-41，実現せず）のコンペティション1等案も含まれる．しかしこの段階は第2次世界大戦の勃発とともに終わりを迎えることとなり，戦時中はワシントンD.C.の戦略諜報局（OSS：Offece of Strategic Service）に勤務した．

終戦を迎えると，サーリネンの名声は急速に高まることとなった．1948年にカテナリーアーチと公園の案でセントルイス河岸地域再設計コンペティションに勝利した彼は，同年，ジェネラル・モーターズ技術センター（1945-55）の再設計に取り掛かり，これが後に彼の並々ならぬ才能を示す結果となった（図95）．デトロイト郊外のウォーレンに位置するこの320エーカーのデザイン・研究キャンパスには完成当初，噴水，ステンレス・スチールの貯水塔，カルダーがデザインした泉やアントワーヌ・ペヴスナーの彫刻を擁する22エーカーのプールの周りに7つの複合ビル（ドームの

---

[146] Eliel Saarinen, *SEARCH FOR FORM: The Fundamental Approach to Art* (New York: Reinhold, 1948); reprint edition, *The Search for Form in Art and Architecture* (New York: Dover, 1985), p. 127.

[147] エーロ・サーリネンの生涯と作品については Allan Temko, *Eero Saarinen* (New York: Braziller, 1962) および *Eero Saarinen on His Work: A Selection of Buildings Dating from 1947 to 1964 with Statements by the Architect*, ed. Aline B. Saarinen (New Haven:Yale University Press, 1962) 参照．

95　エリエル・サーリネン＋エーロ・サーリネン，ダイナモメーター棟（ジェネラル・モーターズ技術センター，ミシガン州ウォーレン，1945-55）．『アーキテクチュラル・フォーラム』95巻（*Architectural Forum*, November, 1951）より．

ホールと中心のレストラン含む）が配置されていた．イリノイ工科大学（IIT）キャンパスとの類似からこの作品はよくミース風であるといわれるが，よく見ると当初の印象ほどミース由来の要素は多くないことがわかる．また，サーリネン本人が自らの工業的インスピレーションの源泉としたのは，アルバート・カーンによる工場だった．平面計画，構成，全体効果の点において，実際ここでの設計はIITのキャンパスに遥かに勝っているが，何よりの長所（これは一部にはジェネラル・モーターズの資金力に起因する）はその精緻な細部（ディテーリング）であり，この設計が20世紀最高の知的水準と完璧さを湛えた建築創造物たらしめているのは，まさにこの細部（ディテーリング）の賜物だった．5つの研究部門の端壁は青，赤，黄，橙，濃橙，灰，黒色の色鮮やかな化粧煉瓦で作られており，隙間を塞ぐガラス類の無色・中間色の固体にはネオプレン・ガスケットや磁器パネルといった新技術がいち早く用いられている．また，内部のフレキシブルな発光天井パネルには機械設備が集約されており，彫塑的な内部造作は1943年から関わり始めたノル・インターナショナルとのコラボレーションで実現した，彼のデザインによる完全オリジナルである．そして彼は，この依頼に引き続き，MITホール・礼拝堂（1950-55），TWAターミナル（1956-62），ダレス国際空港（1958-62）といった有名な作品を手がける．彼の建築観は「大地の上の人間の生を保護し，高め，自分の生活は気高いものであるという信念に応える」[148]という理想の中にあるものだっ

---

[148] *Eero Saarinen on His Work*, p. 5.

た.ミシガンとコネチカットにあった彼の事務所もまた,グンナール・バーカーツ,ジョン・ディンケルー,ケヴィン・ローチ,シーザー・ペリ,ロバート・ヴェンチューリといった非凡なデザイナーを数多く輩出している.

中西部でクランブルック派に張り合っていた都市はシカゴであるが,ここの評価の大部分はミース・ファン・デル・ローエの作品に集中する[149].このドイツ人亡命者が当地に辿り着いたのは1938年のことで,そこから彼はアーマー工科大学の建築学教程の主任を務めることとなる.そしてこの翌年,彼は最初の設計依頼を受ける.それがこの,後にイリノイ工科大学(IIT: Illinois Institute of Technology)と名を変えることとなる学校のキャンパス計画だった.敷地は都市再建のために開拓された,シカゴの南に位置する110エーカーの土地だった.ミースはいくつかの予備設計(ルートヴィヒ・ヒルベルザイマーとの協働)を作成した後,敷地に24フィート間隔のグリッドを想定し,そこにジグザグに19棟の長方形建物を配置した.最も早く完成した金属研究棟(1941-43)は工場美学に依って立つものであり,彼の構法的言語(テクトニック)の特徴をなすI形断面梁とH形断面柱の性能試験場ともなっていた(図96).かつて,ミースのアプローチを「ボリュームとしての建物」からの接合点が常に分節化される「フレーム+膜界面のテクトニクス」への変遷であると述べたのはケネス・フランプトンだった[150]が,当時こうしたアプローチが建築家に訴えかけたものは甚大だった.陳腐な圧延造形にも創造力に富んだ組み立て手法があり,独自の構法的言語(テクトニック)を語ることができるのだということを,それは示してみせたのである.

そしてこれ以降,ミースはファンズワース邸(1945-51),レイクショアドライブに面した2棟のアパートメントビル(シカゴ,1949-51),シーグラム・ビルディング(ニューヨーク,1954-58)などでこの細部(ディテーリング)を洗練させていった.レイクショアドライブ・アパートメント2棟の例ではほぼ連続した被膜(スキン)の上にI形鋼が飛び出して取り付けられ,マリオンを強化し影の線を作るという二重の効果がもたらされており,彼が1947年に探究していたとされる,念願の「建築の不在」[151]がほぼ達成された.また同時に,ゼンパー流の「4要素」を有するファンズワース邸には,デザインに重い制約のかけられた,純美学的な建築理解を見出すことができる[152].コンセプト上

---

[149] Phyllis Lambert, ed., *Mies in America* (Montreal: Canadian Centre for Architecture, 2001) シカゴ時代のミースを扱った必読書であり,重要な論考も収録されている.伝記的題材については Franz Schulze, *Mies van der Rohe: A Critical Biography* (Chicago: University of Chicago Press, 1985).〔澤村明訳『評伝ミース・ファン・デル・ローエ』鹿島出版会,2006年〕も参照のこと.

[150] Kenneth Frampton, *Studies in Tectonic Culture: The Poetics of Construction in Nineteenth and Twentieth Century Architecture* (Cambridge: M.I.T. Press, 1995), pp. 189-95.〔松畑強/山本想太郎訳『テクトニック・カルチャー 19-20世紀建築の構法の詩学』TOTO出版,2002年〕.

[151] Philip C. Johnson, *Mies van der Rohe* (New York: Museum of Modern Art, 1947), p. 140.

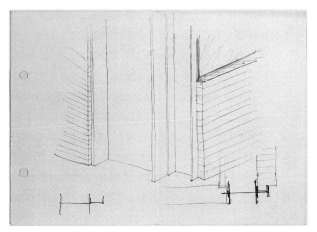

96 ミース・ファン・デル・ローエ,IIT 鉱物・金属研究棟(シカゴ,1941).隅部の仮スケッチ.カナダ建築資料センター(モントリオール)所蔵.

の純理性を求めたこの探究において,ミースはこの住宅に空調ダクトや網戸をつけることすら許さず,この田舎の静養所は夏にも冬にも全く住めるものではなくなった.すなわち,厳格な論理的一貫性はクライアント兼利用者の居心地のよさを犠牲に得られたものだったのである.そして彼女はついに訴訟を起こす.ところが当時,批評家の大半はこの試みに寛容な判断を下している.例えば『アーキテクチュラル・フォーラム』編集者のドイツおよびイギリス系アメリカ人のピーター・ブレイクは,このファンズワース邸を「ある建築理念を明瞭かつ若干抽象化しながら表現した,皮 と 骨(スキン・アンド・ボーンズ)建築の究極であり,『レス・イズ・モア』の至高,客観性と普遍性の極めつけである」[153] として称えている.当時ミースのアプローチに反論した批評家は少数だったが,マンフォードはそのひとりである.1943 年にマンフォードは,この建築家の作品は「不毛の造形志向(フォーマリズム)を湛えた氷の女王の宮殿」[154] への転落である,と評している.

---

[152] ファンズワース邸については Franz Schulze, *The Farnsworth House*(Plano, Ill.: Lohan Associates, 1997)および WernerBlaser, *Mies van der Rohe, Farnsworth House: Weekend House/ Wochenendhaus*(Zurich: Birkhiiuser, 1999)参照.
[153] Peter Blake, *The Master Builders*(New York: Knopf, 1960), p. 234.
[154] Lewis Mumford, "The Life, the Teaching and the Architecture of Matthew Norwicki," *Architectural Record* 116 (September 1954): 128-35. Lewis Mumford, *Architecture as a Home for Man: Essays for Architectural Record*, ed. Jeanne M. Davern (New York: Architectural Record Books, 1975), p. 87 より引用.

しかしマンフォードといえども，1950年代アメリカ建築の白眉であるシーグラム・ビルディングへの賛辞は惜しまなかった[155]．このプロジェクトはジョセフ・E・シーグラム・アンド・サンズの本社新築計画が進行していた中，1954年にサミュエル・ブロンフマンの娘であるフィリス・ランベールがパリから意義を唱え，父親が再検討したことに始まる．そこからランベールは建築家を徹底的に探し始め，（ロンドンにいた）ニコラウス・ペヴスナー，ピーター・ブレイク，ルイス・マンフォードから助言を受け，マルセル・ブロイヤー，ヴァルター・グロピウス，ルイス・カーン，ジョージ・ハウ，ジョン・ヨハンセン，ミノル・ヤマサキ，エーロ・サーリネンといった建築家たちから直接話を聞いたのだった．そして10月にミースとフィリップ・ジョンソンに共同設計を依頼し，ランベールは設計主任としてプロセスを監視する役を担った[156]．当時68歳のミースはニューヨークへ移り，全身全霊で設計作業に専念し，ジョンソンもレストラン，照明，グラフィックの設計やパブリックスペースの細部(ディテーリング)で計画に貢献する．かくして，その成果物は誰もが認める傑作となった．

バウハウス系列の亡命者でシカゴに重要な足跡を残したのは当時，ミースだけではなかった．芸術・工業協会（Association of Arts and Industry）の招待に応じてラースロー・モホリ＝ナジが――オランダ，イギリス経由で――この街に到着したのは1937年のことである．このときモホリ＝ナジは，グロピウスの推薦により，ニュー・バウハウス（アメリカン・スクール・オブ・デザイン）開校のために雇われたのである[157]．しかし当初，この事業は極めて難航した．1939年には「スクール・オブ・デザイン」として再構築されることとなったこの教程が，カレッジとして認可され活況を呈し始めるのはさらに1944年（この時学校はインスティテュート・オブ・デザインと名前を変えていた）を待たなければならない．なお，ここでの教育の土台のひとつには，バウハウス時代に出版した『材料から建築へ』（*Von Material zu Architektur*, 1929．1930年に *The New Vision* として英訳）の中でモホリ＝ナジが教

---

[155] シーグラムビルディングについては Phyllis Lambert, "The Seagram Building, New York (1954-1958)," Lambert, *Mies in America*, pp. 391-406; Franz Schulze, ed., *The Mies van Rohe Archive: Convention Hall, Seagram Building* (New York: Garland Publications, 1993); Erza Stoller, *The Seagram Building* (New York: Princeton Architectural Press, 1999) を参照．マンフォードは「スカイライン」中 "The Lesson of the Master" でこのビルを称えた．*The New Yorker*, 13 September 1958, pp. 126-9 所収．

[156] この建築家選定プロセスについては Phyllis Bronfman Lambert, "How a Building Gets Built," *Vassar Alumnae Magazine*, February 1959, pp. 13-19 参照．本文に書かれた他の詳細はフィリス・ランベールからの聞き取りにより得られたものである．ここに感謝申し上げる．

[157] シカゴでの試みの詳細については Sibyl Moholy-Nagy, *Experiment in Totality* (Cambridge: M.I.T. Press, 1969; originally published in 1950) 参照．また，Hans M. Wingler, *Bauhaus: Weimar, Dessau, Berlin, Chicago* (Cambridge: M.I.T. Press, 1978) も参照のこと．

えたデザイン基礎講座があった．モホリ＝ナジはこの機関の主要目的を以下のように定めている[158]．

　学生の生物学的能力と，現代の状況とのあいだに適正なリズムを作り出すこと．古典的な 職 人（クラフツマン）や芸術家（アーティスト）や工 匠（アーチザン）を再現して彼を工業時代に合わせようとするのは，もはや目標とはならない．科学技術はもはや，新陳代謝のように我々の生命の一部となり果てている．よって課題は，現代の人間を「統 合 者（インテグレーター）」，すなわち，機械文明によって歪められた人間の需要を再評価できる新しい「設計者（デザイナー）」に教育することなのである[159]．

　モホリ＝ナジの基礎講座では，機械，材料，輪郭，表層のワークショップや，実物写生，写真撮影，グループ詩作などを利用した空間・運動スタディが行われ，心理学，哲学，社会学，数学，物理学にも触れられた．
　この機関の設立後の初めの10年で例外的だったのは，教授陣にもあてはまる．当時その多くは少額あるいは無償で働いており，創設メンバーのひとりである言語学者のチャールズ・モリスは，その後建築理論に大きな影響を与えることとなる意味論の展開の途上にあった．なお，別の創設メンバーであるハンガリー人芸術家のジョージ・ケペッシュ（Georgy Kepes, 1906-2001）が著した今や古典となっている『視覚言語』（*Language of Vision*, 1944．序はジークフリート・ギーディオン，S・I・ハヤサカによる）は，モホリ＝ナジの芸術実験に対し，ギーディオンと同等の大きな影響を与えていた．同書の中でケペッシュは，「現代の時空的事象の視覚表現」を利用することや，そうした事象を「現代の 力 学 的 図 像（ダイナミック・イコノグラフィ）」にまとめることの必要性を語っている[160]．MITに移る前の1937年から1943年にかけて，ケペッシュはこの機関でドローイング・色彩の講義と光のワークショップを担当した．
　この機関の初代建築学科長はジョージ・フレッド・ケック（George Fred Keck, 1895-1980）だった[161]．ウィスコンシンに生まれ，10代後半にイリノイ大学シャンペ

---

[158] Laszlo Moholy-Nagy, *The New Vision: Fundamentals of Design, Painting, Sculpture, Architecture* (New York: W. W. Norton, 1938), 〔大森忠行訳『ザ ニュー ヴィジョン ある芸術家の要約』ダヴィッド社，1967年〕．
[159] Laszlo Moholy-Nagy, *Vision in Motion* (Chicago: Paul Theobald, 1956; originally published in 1947), p. 64.
[160] Gyorgy Kepes, *Language of Vision* (New York: Dover, 1995; originally published in 1944.), p. 14.
[161] Robert Piper Boyce, "George Fred Keck, 1895-1980: Midwest Architect" (Ph.D. diss., University of Wisconsin, 1986); Robert Boyce, *Keck & Keck*（New York: Princeton Architectural Press, 1993) 参照．

ーン校の教程を終えた彼は，1926年にシカゴで事務所を開く．その設計はミララーゴ・ボールルーム・アンド・ショップス（クック郡，1929）を皮切りに，数年のうちにヨーロッパ・モダニズムの正道に依拠したものへと変わり始めたが，1933年と1934年にルラン・アトウッドと協働で「進歩の世紀」展のために設計した2軒の家はさらに人目をひくものだった．その最初のものが総ガラス張りの「明日の住宅」だったが，ここには中心に位置するサービスコアや，軽量の鉄骨フレーム，地上階に設置されたオーナーの飛行機用のガレージなどに，フラーのオクタゴンハウスとダイマクシオンハウスの影響が強く表れている[162]．翌年の「クリスタルハウス」の総ガラス張りの構造もまた特筆すべきものである．これは軽量鉄骨のトラス格子で外側から支えられるものだった．

　1942年の秋，ケックの後を継いだのはラルフ・ラプソン（Ralph Rapson, 1914-2008）だった[163]．優れた才能を有したラプソンは，ミシガン大学を卒業した後，1938年にクランブルックの特別研究員になる．この年ハリー・ウィーゼやチャールズ・イームズ，ベンジャミン・ボールドウィン，デイヴィッド・ラネルズに合流した彼は，ここでエーロ・サーリネンとの親密な関係を築いており，協働でいくつかの国家的コンペティションに応募し勝利を収めている．実現作は1939年に遡るが，この時の作品は完全にモダンの特質を有したものだった．それから1942年にシカゴに移ったラプソンはロバート・ブルース・ターゲと協働関係を結び，インスティテュート・オブ・デザインの建築学カリキュラムの監督にもあたったが，彼もまたMITから教授として招かれることとなり，その任を辞した．

　モホリ＝ナジが1946年に白血病で世を去り，1950年にはイリノイ工科大学に吸収されたものの，この機関はそれでもなお活気溢れる場所であり続けた．初期の同校は実質上予算を立てずに運営されていたが，それでも著名な客員講師や客員批評家を定期的に招いていた．1940年代の教授陣の中には他に，ワックスマンや，短期間ではあったがバックミンスター・フラーがいた．フラーは1930年代初頭のダイマクシオンカーの研究後，プレハブのダイマクシオンバスルーム（1936）や英国戦争救援機構（British War Relief Organisation）のための亜鉛メッキ鋼製緊急シェルター（1940），アルミ製プレハブのウィチタハウス（1944-46），ダイマクシオンマップ（より精確な地球情報を得るための戦争遂行努力の一環）といった発明へと関心を移して

---

[162] *House of Tomorrow: America's First Glass House* (Chicago: R. Graham, 1933)（パンフレット）参照．

[163] Jane King Hession, Rip Rapson, and Bruce N. Wright, *Ralph Rapson: Sixty Years of Modern Design* (Afton, Minn.: Afton Historical Society Press, 1999) 参照．

いった．彼の理論——これは今なおあまり理解されていない——もまた，すでに1938年，『月に至る9つの鎖：思考の冒険物語』(*Nine Chains to the Moon: An Adventure Story of Thought*) の中で公表されていた．しかし，1946年のフラー研究財団（フォレストヒルズ，ニューヨーク）の創設から彼の関心は幾何学に戻り，ジオデジック構造の最初の案を開発する（1947年頃）[164]．彼の研究のほとんどはノースカロライナのブラックマウンテンカレッジ（ヨーゼフ・アルバースの移住先）で行われたものだったが，1948年に「ペンタヘキサドロン」版のドームを考案し建設したのはインスティテュート・オブ・デザインでのことだった．

ワックスマンがインスティテュート・オブ・デザインを訪れた1949年，彼とグロピウスおよびジェネラル・パネル・コーポレーションとの関係はまだ続いていた．建設先端研究所 (Department of Advanced Building Research) が創設され，また，アメリカ空軍のための航空機格納庫の設計依頼を受けたことによって，ワックスマンには，1944年以降関心を深めていた，大スパン構造システムやスペースフレームの研究が継続できるようになった．そしてその後，これらのシステムによって，建築学研究にはまたひとつの広大なフィールドが開かれることになる[165]．

この時期インスティテュート・オブ・デザインに関係した著名な教員には，さらに，1946年にモホリ＝ナジから校長の座を引き継いだセルジュ・チャマイエフがいた[166]．彼は1940年にイギリスから渡米した後，カリフォルニアでいくつかの建築関係の仕事をしていたが，戦争のため，オレゴン大学ではピエトロ・ビエッスキからの，バークレーではウィリアム・ワースターからの大きな助力を受けながらも，教員職には就けずにいたものの，1941年末にはブルックリン・カレッジの芸術学部の学部長の地位を得ることとなった．彼はまた，グロピウスが仲立ちとなってインスティテュート・オブ・デザインの校長となる以前，1943年と1944年にはMoMAとも幾度か接触していた．インスティテュート・オブ・デザインを1951年に去る以前の彼は，カリキュラム改正を行い，「環境設計」を掲げて建築を教えた．

1940年代にはまた，アメリカ西部にも設計・理論の中心地として広く知られるようになった地方があった．カリフォルニア——ここはヨーロッパと物理的に離れていたため，東海岸よりもヨーロッパの展開に惑わされることが少なかった——は，アジ

---

[164] この発明の詳細については Joachim Krausse and Claude Lichtenstein, eds., *Your Private Sky: R. Buckminster Fuller: Art, Design, Science* (Zurich: Lars Muller, 1999), pp. 276-349 参照．〔『ユア・プライベート・スカイ』神奈川県立近代美術館，2001年〕．
[165] Konrad Wachsmann, *The Turning Point in Building* (New York: Reinhold, 1961) 参照．
[166] チャマイエフについては Alan Powers, *Serge Chennayeff: Designer, Architect, Teacher* (London: RIBA Publications, 2001) 参照．

アやヨーロッパの影響が，現地のヴァナキュラーな伝統と融合して高度な文化交流が起こった特異な土地である．隣りのアリゾナでは当時ライトが（1年の一時期を）仮住まいして過ごしており，オレゴンも北西部の地方モダニズムのための基礎を据える途上だった．

　南カリフォルニア建築の要は間違いなくリチャード・ノイトラとルドルフ・シンドラーの作品群だった．ノイトラは当時すでに支配的地位に昇りつめていた人物だった[167]．彼は1930年代，40年代にスタインバーグ邸（ノースリッジ，1935），ルウィン邸（サンタモニカ，1938），カウフマン邸（パームスプリングス，1946），トレメイン邸（モンテシト，1948）といった有名な豪邸を設計していた一方，社会問題や技術革新にも精力的に取り組んでいた．1932年の自邸（彼はこれを「VDL研究住宅」と呼んだ）の設計を初めとして，彼はよくローコスト，ハイテック，プレハブを試行している．「総金属」のビアード邸（アルタデナ，1934）は，輻射暖房や空気循環で「自己冷却」するプレハブの通気壁モデュールを導入しながら，その総コストは5,000ドルだった．また，そこからほど近くのリヒター邸（パサデナ，1936．リヒタースケールを考案した地震学者のための住宅）は耐震を意図して設計されながら，総額は4,300ドルである．あるいは同年，彼はロサンゼルスでの廉価住宅供給をテーマにした展覧会用に「合板製モデルハウス」も作っている．さらに，1930年代の彼は「珪藻ハウス」（建設用パネルに珪藻類と貝殻の骨材を用いた），「スティールクラフトハウス」および，『ベターホームズ・アンド・ガーデンズ』（*Better Homes and Gardens*）誌や『レディーズ・ホーム・ジャーナル』（*Ladies' Home Journal*）誌のためのローコスト住宅も設計している．そして彼は移住者住宅も手がけていた．1940年代初頭のアヴィオン・ヴィレッジ（グランドプレイリー，テキサス）計画ではデイヴィッド・ウィリアムズ，ロスコー・ドウィットと協働しており，3人の建築家の設計によるこの低所得層コミュニティには1時間で組み立てられるプレハブ・ユニットが導入された．

　カリフォルニアに戻ったノイトラは，ハシエンダ・ヴィレッジ（プエブロ・デル・リオ）や造船所労働者用の住宅供給プロジェクトであるチャンネルハイツ（サンペドロ）など，1940年代初頭にいくつかの戦時コミュニティを設計している．戦時中の彼は数多くの大きな共同事業に参画したが，その中のひとつは当時のプエルトリコ総督レクスフォード・タグウェルと公共事業デザイン委員会（Committee on Design of

---

[167] ノイトラの生涯とカリフォルニアの作品については Thomas S. Hines, *Richard Neutra and the Search for Modern Architecture: A Biography and History* (New York: Oxford University Press, 1982) 参照．

Public Works) との関係から生まれたもので，ここでノイトラは，プエルトリコの熱帯気候を考慮に入れながら数百もの野外学校，診療所や，5つの病院を設計している．そしてこれらは南アメリカの講演旅行後に書かれた『温暖気候地域の社会問題建築』(*The Architecture of Social Concern in Regions of Mild Climate*, 1948) に収録された[168]．

ノイトラもまた設計の心理学や生理学に深い関心を寄せており，1940年代には『デザインで生き抜く』(*Survival through Design*) を書いている．これは現行デザインの「病理」のみ，すなわち，視覚や環境を汚し，感覚に大きな負荷をかけ，人間心理をほとんど考慮しないデザインが健康に及ぼす悪影響のみを，徹底的に診察する内容となっており，彼は人間の脳について行われた最新の実験結果をさまざまに援用しながら，色，照明，空間，音，触覚知覚に対する神経反応の幅広さに取り組んでいる．ここでの彼の主張は単純なものである．「そのデザインを是とするかどうかは，商業的問題ではなく，心理学的問題とならなければならない．デザイン評価の指針に相応しいのは，人間の器官が消化するのに適しているかどうかである．なぜなら，個人，コミュニティあるいは人種自体の生存のための手助けとなるのは，こうした適性だからだ」[169]．実際のところ，ノイトラのこの書籍は 1960 年代における人類学・心理学の流行の先駆けだったのである．

シンドラーは年月を重ねるにつれ徐々にノイトラやアメリカ機能主義，インターナショナル・スタイルなどとは疎遠になっていったが，その後も 1953 年に生涯を閉じるまで，ロサンゼルスで創意に溢れたオリジナリティの高い実務を続けた．彼はノイトラのような自己宣伝には一度も成功しておらず，そのため作品も少ない．ところが，1940 年代末までにはノイトラもシンドラーも，活気に溢れ，概して若々しくなっていた当時のロサンゼルスの建築シーンでは端役にすぎなくなっていた．

一方，ロサンゼルスで当時若く才能ある建築家といえば，間違いなく中西部人のチャールズ・イームズ（Charles Eames, 1907-78）だった[170]．イームズが実務に移った

---

[168] Richard Neutra, *The Architecture of Social Concern in Regions of Mild Climate* (São Paulo: Gerth Todtmann, 194.8). この書籍はポルトガル語と英語で出版されている．

[169] Richard Neutra, *Survival through Design* (London: Oxford University Press, 1954), p. 91. また，*Anxious Modernistns: Experimentation in Postwar Architectural Culture*, ed. Sarah Williams Goldhage and Reejean Legault (Montreal: Canadian Centre for Architecture, 2000) 所収, Sandy Isenstadt, "Richard Neutra and the Psychology of Architectural Consumption," pp. 97-117 も参照のこと．

[170] イームズの生涯と建築作品については John Neuhart, Marilyn Neuhart, and Ray Eames, *Eames Design: The Work of the Office of Charles and Ray Eames* (New York: Abrams, 1969); Ralph Caplan, John Neuhart, and Marilyn Neuhart, *Corrections: The Work of Charles and Ray Eames* (Los Angeles: Los Angeles Art Center, 1976); Donald Albecht, ed., *The Work of Charles and Ray Eames: A Legacy*

のは，ワシントン大学セントルイス校の卒業から数年後の大恐慌が始まった頃のことだった．彼は公共事業促進局（WPA）の仕事もしていた．そして自身が設計した教会がエリエル・サーリネンの目に留まると，1938年にクランブルックの特別研究員として招かれる．この翌年，彼は中学校のデザインの講師となり，ラプソンと同じく息子のエーロとの協働を開始した．さらにこの2人は近代美術館開催の「家庭造作の有機的デザイン」コンペティション（1940-41）に参加し，椅子，収納，ソファ，テーブルのラインナップで2つの1等を勝ち取った．ここでの成形合板椅子は特に，彼らの各々が1950年代に家具デザインで成功する基礎となった．

イームズは1941年，アーティストのレイ・カイザーと結婚した直後にロサンゼルスへと移る．そして2人は当地ですぐさまジョン・エンテンザ（John Entenza, 1905-1984）とともにひとつのサークルを作っているが，これが実質上クランブルックとロサンゼルスのモダニストをつなぐ架け橋となった．エンテンザは当時高い評価を受けていた『カリフォルニア・アーツ・アンド・アーキテクチャー』（*California Arts and Arcitecture*）誌を1939年にジェレ・ジョンソンから買い取り，対象とする地域を広げるひとつの試みとして，タイトルから冒頭の「カリフォルニア」を取り除いた．かくして同誌は音楽，文学，映画，アート，そして何より建築を網羅する幅広い美術雑誌となった．同誌はまた，ノイトラ，ラファエル・ソリアーノ，ウィリアム・ワースター，ピエトロ・ベルスキなどの作品の批評を定期的に掲載していた．戦争が熾烈を極めた1943年，エンテンザとチャールズ・イームズは「戦後の暮らしのためのデザイン」コンペティションを企画し，戦時中のプレハブや工業大量生産への関心の広がりに同調した[171]．

そしてあの有名な「ケーススタディ・プログラム」が持ち上がってきたのも，この関心の中からだった[172]．その目的は1945年1月にエンテンザが明言している．これはもともと，『アーツ・アンド・アーキテクチャー』誌がクライアントとなって建築家を選定し，彼らに最新の工業を応用した手頃かつ革新的な設計を依頼し，完成したものを売却前に教育用に公開する，という企画だった．すなわち，『アーツ・アンド・アーキテクチャー』誌としては，「ただ内覧に供するだけでなく，良質な住宅を

---

of Invention (New York: Abrams, 1997); Pat Kirkham, *Charles and Ray Eames: Designers of the Twentieth Century* (Cambridge: M.I.T. Press, 1998) 参照．

[171] コンペティションの結果発表は1943年8月号．エーロ・サーリネンとオリバー・ルンドキストが1等を獲得し，次点はI・M・ペイとE・H・ドゥハルトの合作であった．

[172] Ester McCoy, *Case Study Houses 1945-1962* (Santa Monica, Calif.: Hennessey & Ingalls, 1977; originally published in 1962 under the title *Modern California Houses*) および Ester McCoy, ed., *Blueprints for Modern Living: History and Legacy of the Case Study Houses* (Los Angeles: Museum of Contemporary Art, 1990) 参照．

作るという共通の目標をもっている良質な建築家やメーカーが進めている住宅供給の創造的な思考に，何らかの方向性を与える一助になればよい」[173]と願っていたのである．最初に依頼を受けたのはJ・R・デイヴィッドソン，サムナー・スポールディング，リチャード・ノイトラ，エーロ・サーリネン，ウィリアム・ウィルソン・ワースター，チャールズ・イームズ，ラルフ・ラプソンだった．

　この企画の規模は急速に膨らんでいき，その後数年のあいだに34のプロジェクト案の中から23案が実現することとなったが，その中でも最も世に知られることとなったのはチャールズ・イームズとエーロ・サーリネンの共同設計によるハウス＃8と＃9だった．ハウス＃9を建設しそこに住んだのはエンテンザその人であり，パシフィックパリセーズの渓谷から数ヤードの位置に建てられたハウス＃8はチャールズ，レイのイームズ夫妻の住宅となった（図97）．原案では，これは丘に直角に配された「橋状」住宅だったが（1934年のミースのスケッチに基づくもの），イームズは建設前にこれを稜線と平行になるように回転させている[174]．住宅兼スタジオとなったこのハウス＃8は軽量鉄骨フレームと露出した根太，工業生産のサッシュ（フレームは1日半で組み立てられた），備え付け家具と回り階段を除くすべての部材は工業生産の市販品だった．この建物の成功によって建築家としてのイームズの輝かしいキャリアは決定づけられたようなものだった．ところがイームズはそれから何年もしないうちに建築から遠ざかり，ハーマンミラーのための家具デザインに重点的に取り組むようになる．

　このケーススタディ・プログラムが国内だけでなく国際的に注目を浴びたことで，当時名が知られるようになっていたあるカリフォルニア・モダニストのグループに光があてられることとなった．グレゴリー・アイン（Gregory Ain, 1908-88），ラファエル・ソリアーノ（Raphael Soriano, 1907-88），ハーウェル・ハミルトン・ハリス（Harwell Hamilton Harris, 1903-90）などの幾人かは1930年代にノイトラの事務所での勤務を経験していた．1924年にギリシアからカリフォルニアに移住してきたソリアーノは長年にわたりノイトラに最も近いスタイルをとり続けたが，1950年までには住宅設計に鉄材を使うことへの関心を深めている．1940年，先のジェームズ・フォードとキャサリン・モロー・フォードの共著で取り上げられたアインは，1930年代初頭にノイトラとともに過ごしながらも，1935年に袂を分かち，自身で実務を始めた．戦後の彼はいくつかの住宅プロジェクトでランドスケープ・アーキテクトのガ

---

[173] "Announcement: The Case Study House Program," *Arts and Architecture,* January 1945, p. 39.
[174] 特に James Steele, *Eames House: Charles and Ray Eames* (London: Phaidon, 1994) 参照．

97 チャールズ・イームズ+エーロ・サーリネン，ケーススタディ・ハウス # 8. 『美術と建築』(Arts and Architecture, December, 1945) より．

レット・エクボと協働し，その後もローコスト住宅への興味を追求し続けた．

　1928 年からノイトラと仕事上の関係をもつようになったハリスは，先に挙げた 3 人の中でも後年は最も独自の活動を続けた人物であり，1940 年代までにはすでにアメリカ屈指の建築家としての地位を確立していた[175]．彼とノイトラとのつながりはノイトラのキングスロード事務所時代やロヴェル邸の設計にまで遡り，そもそもハリスが建築家として世に出た（彼は彫刻家になるべく教育を受けていた）のはロヴェル邸が最初のことだった．その後ノイトラのもとを去って間もなくの 1933 年頃，カリフォルニアでライトの作品を学び興味を育んだ彼は，すぐにライト，日本建築（ライトの他にかつて影響を受けていた），シンドラー（ハリスはノイトラよりシンドラーの作品を好んだ），ドイツ・モダニズムの流れを汲んだ，数々の住宅設計の佳作を世に送り出すこととなる．この時期の彼の作品で最も称賛を浴びたのはウェストン・ヘイバンズ邸（バークレー，1940-41）である．このアメリカ杉の住宅は，切り立った崖の天辺から湾が見晴らせる張り出したバルコニーの付いた傑作だった．1930 年代，ハリスはモダン住宅建築家として，アメリカ国内で唯一無比の存在であった．

　戦争の勃発とともに，ハリスとその妻ジェーン・マレー・バングスはニューヨーク

---

[175] ハリスの作品と影響については Lisa Germany, *Harwell Hamilton Harris* (Berkeley: University of California Press, 2000) 参照．

に移り長期滞在した（1941-44）が，この経験が後のハリスの理論の発展に重要な結果をもたらすこととなる．すなわち，彼が東海岸と西海岸とで近代建築観が全く異なることに気づいたのが，ここニューヨークだったのである．しかし，その一方でハリスは，ギーディオン，セルト，グロピウス，ブロイヤーなど，数々のヨーロッパからの亡命者と定期的に接触するようになる．彼らは皆ハリスの尊敬する人物だったが，妻の歴史や文学に対する興味から，彼は同時に，MoMAのヨーロッパ志向にも学界の一過性のバウハウス熱にも反対する勢力が巻き起こした，当時過熱していた論争に接することとなる．

　1940年代初頭に不遜なイギリス系アメリカ人作家，T・H・ロブスジョン＝ギビングスが仕かけた活発な論争もその一例である．ニューヨークを拠点とするインテリアデザイナーであり，建築への関心ももっていた彼を，『ニューヨーク・サン』（New York Sun）はかつて「現代の最も文学に通じたデザイナー」[176]であると評した．その最初の著作『グッバイ，ミスター・チッペンデール』（Good-Bye, Mr. Chippendale, 1944）では，洒落た模倣品を作るのがグランド・ラピッズの家具メーカーであり，家の中を「ヨーロッパの掃き溜め」にしたいという悪趣味な欲を抱くのが，（「『金ピカ時代（ギルデッドエイジ）』が大量に生み出した」）パームビーチの大富豪である，と彼らを揶揄し[177]，『ハウス・ビューティフル』誌に掲載された論説では，ヨーロッパ文化という「神話」を崇めるのは止めるべきで，自国の芸術的・建築的遺産をきちんと理解すべきである，とアメリカ人を煽りたて議論を呼んだ[178]．これは建築でいえば，ライトとサリヴァンのクリエイティブな精神がまだ継承されている，カリフォルニアやテキサスや中西部に最近建てられた住宅に目を向けなければならない，ということだった．

　風刺的な書『モナリザのヒゲ』（Mona Lisa's Mustache, 1947）では，その批評はさらに鋭いものへと変わっていく．「現在私たちがモダンアートと呼ぶ芸術は，実際は原始的で古代魔術で用いられていたさまざまな流儀のリヴァイヴァルなのである」[179]という前提を述べるロブスジョン＝ギビングスの語り口は，攻撃的ながらも学問的な調子をとる．もっとも，この命題はさほど突飛なものではない．近代のルノワール，モネ，ドガ，セザンヌ，ピサロの作品は芸術として称賛する一方で，20世紀芸術が

---

[176] *Mona Lisa's Mustache: A Dissection of Modem Art* (1947) 裏表紙より引用．
[177] T. H. Robsjohn-Gibbings, *GoodBye, Mr. Chippendale* (New York: Knopf, 1944), pp. 40, 81.
[178] T. H. Robsjohn-Gibbings, "Postwar DREAM WORLD or ... REALITY?" *House Beautiful*, August 1944, pp. 48-50, 88-9.
[179] T. H. Robsjohn-Gibbings, *Mona Lisa's Mustache: A Dissection of Modern Art* (New York: Knopf, 1947), p. 6.

ラファエル前派の宗教的な要求や，ポール・ゴーギャンの神秘的（＝反西洋的）原始主義や，アポリネールの反ブルジョア的神秘主義や，フィリッポ・トマーゾ・マリネッティの政治的演出手腕に導かれた方向に進んでいることには大いに批判的なのが彼の立場だった。結局彼の指摘は単に，最近の芸術家（ゴーギャンの場合は自称「天才」）は芝居がかった仕草やインスピレーションや秘教や政治活動や，散漫な著述やその他の非芸術的なものやらを芸術製作と混同してしまっているが，芸術の余剰があふれ出るこの現象と，20 世紀の軍事的大惨事のあいだには懸念すべき一致がみられるということだった。ここで目下の彼の敵役はバウハウスであり，サルバドール・ダリであり，また，外国からの「エロティック」なものや「シック」なものが季節ごとに展示されるニューヨーク近代美術館だった。

1949 年代の論争でロブスジョン=ギビングス側に立った人物に，『ハウス・ビューティフル』編集者のエリザベス・ゴードンがいた。彼女は 40 年代をまたぎ 50 年代に至るまで，ライトを初めとするアメリカ人建築家の「個人主義」と，趣向に関する権威を自ら任じながらヨーロッパ最新の流行に恍惚となっている人々を滑稽に対比した。『ハウス・ビューティフル』1953 年 4 月号でのゴードンは，多くのインターナショナル・スタイルの設計が抱える「住めない，丸裸で何もない，収納も空間も足りず結局ものが足りない」状態や，「詐欺，過剰宣伝のいんちき，美的趣味だけでなく生活様式全体をも押しつけようとする自称エリートどものいじめ戦略」に反発した[180]。また，同じ『ハウス・ビューティフル』の次の号では，編集長のジョゼフ・バリーが「アメリカ，よいモダンハウスと悪いモダンハウスとの間の戦況報告」（"Report on the American Battle between Good and Bad Modern Houses"）を執筆し，エディス・ファンズワースが完成したばかりのガラスの自邸を巡ってミース・ファン・デル・ローエと交わした論争を公にしている。「狭い原っぱに金魚鉢よろしく浮かぶその邸宅．いや，鉄の台に載る水槽か」。バリーはそれを，とりわけ「我々が反対する悪い近代建築の好例」であると見做した[181]。

そしてゴードンはこの 4 月号をニューヨークの主要な建築誌すべてに送りつける。「人は頭にきたら爆発までそうもたないものさ」——という，明らかに嘲笑的な反応もあった[182]。一方，『プログレッシヴ・アーキテクチャー』（*Progressive Architecture*）誌の編集者トマス・H・クレイグトンからは，公開書簡で公平さを求

---

[180] Elizabeth Gordon, "The Threat to the Next America," *House Beautiful*, April 1953, pp. 126-7.
[181] Joseph Barry, "Report on the American Battle between Good and Bad Modern Houses," *House Beautiful*, May 1953, p. 173.
[182] H・クレイグトンの公開書簡より引用。*Progressive Architecture*, May 1953, p. 234.

められている．ここでクレイグトンは，「あなたのいうことには反論しなければならないものも多々ありますが」，としながら，ゴードンの怒りは「狂信的な愛国主義者や扇動屋」へのアピールであるとし，また，快適さや美に関する彼女の「個人的な定義」に異論を唱えている[183]．彼はしかし，その後もゴードンが攻撃した問題の中核——当時流行の黒幕として機能していたニューヨークのメディアによる「インターナショナル・スタイル」の無批判な受容——については論じていない．ゴードンの議論は「良識の美」や気候，風景，材料，ライフスタイルの微妙な地域差に依って立つものだった[184]．バリーが誌面を通じて長年にわたって伝えてきた『ハウス・ビューティフル』的モダン住宅のイメージは，かつてのフォード夫妻の著作の重要な同時代版として，再びウィスコンシン，アリゾナ，カリフォルニア，オレゴン，オクラホマ，テキサス，ルイジアナ，フロリダといった州のあいだに横たわる地域差を称えたのだった[185]．

しかし実は，この数年前の1947年，この論争には前哨戦があった．それは，ルイス・マンフォードが『ニューヨーカー』に寄稿した，「スカイライン」（"Sky Line"）と題する「湾岸地域様式（ベイリージョン・スタイル）」論でのことだった．ここでのマンフォードの議論の争点は2つである．まず，「時代遅れの古きニューヨークを打ちのめすかもしれない」「新しい風」が，デザインの重点を，過去の機械美学から「生活（リビング）」それ自体にシフトさせたということである．それは，「先人たちが当時君臨していたエコール・デ・ボザールを模倣したのと同じく，今度はル・コルビュジエとミース・ファン・デル・ローエを模倣しているアカデミックなアメリカ人モダニストたち」にとって，厳しい向かい風となるだろう[186]．そしてもうひとつは，ジョン・ガレン・ハワードやバーナード・メイベック，ウィリアム・ワースターらが新たに始めた「土着的で人間味のあるモダニズム」が，「太平洋岸の地勢，気候，生活様式に応じた，自由でありながら出しゃばらない表現」をもって，アメリカに別の選択肢を示したのだということである[187]．アメリカのモダニズムはついに，「モダン」という思春期から「ドン・キホーテ的な無垢」を捨て始めた．マンフォードの考えによれば，そのことをはっきりと示しているのがこの「湾岸地域（ベイリージョン）」様式だったのである．

このコラムが騒動の火種となり，「時代遅れの古きニューヨーク」では，MoMAが

---

[183] Ibid.
[184] この「良識の美」は Joseph Barry, *The House Beautiful Treasury of Contemporary American Homes* (New York: Hawthorn Books, 1958) に彼女が寄せた序のタイトルである．
[185] Ibid.
[186] Lewis Mumford, Sky Line, "Status Quo," *The New Yorker,* 11 October 1947, pp. 108-9.
[187] Ibid., p. 110.

翌年この問題をテーマにシンポジウムを行っている.「近代建築に何が起こっているか」[188]を問題に据えたこのイベントには,グロピウス,ブロイヤー,チャマイエフ,エドガー・カウフマン Jr.,マシュー・ノヴィッキ,エーロ・サーリネン,ヴィンセント・スカリーといった大勢の著名人が招かれ,バー,ヒッチコック,ジョンソンらもマンフォードの中傷に対し,会場でインターナショナル・スタイルの擁護にあたった.一方,演壇に立ったイギリス人のゲーハード・カルマンは「新経験主義」(湾岸地域様式のイデオロギー陣営に対するバーの呼び方)の立場で論を展開し,そして最後にマンフォードがスピーチをすると,質疑応答では活発な議論が交わされることとなった[189].

しかし結局,このシンポジウムで解決した問題は何もなかった.インターナショナル・スタイルは「ラリー・コラム(鋼管コンクリート)とフラットルーフとガラスウォールをもつキュビスト風の白スタッコの箱の設計を建築家に強いるような,厳しい拘束衣のたぐいではない」として,このスタイルを最も強く弁護したのはバーだった.彼はまた,いささかの皮肉を込めて「形式ばらない迎合型の木造住宅建築」を「インターナショナル・コテージスタイル」と呼び,その上これを「新快適主義の一種」(ノイエゲミュートリヒカイト)になぞらえている[190].グロピウスは 1920 年代モダニズムに対する自身の誇大観念を力説した.カルマンは,イギリスの新経験主義の動向は「〈心理学の求め〉に応じて我々の建築語彙を豊かにしている」としてこれを擁護した[191].そしてマンフォードは,湾岸地域様式は(ベイリージョン・スタイル)「世界中にあってしかるべき健全な状態」であると考えていた.「私にとって,それは国際志向(インターナショナリズム)のひとつの実例です.郷土偏愛(ローカリズム)や努力の欠如を示すものではないのです」[192].

このイベントは北東部では少なくとも反響があった.その開催直後,「ポストモダン住宅」("Post-Modern House", 1949)と題する小論で論争に加わってきたのはジョゼフ・ハドナットである[193].ここで彼は,グロピウスらによる組み立てラインを利用した工場生産の住宅を激しく非難し,感情的性質と科学技術はいっそうバランスをとって融合させなければならないと主張した.

しかし,この論争における最も重要な成果は,それがハリスに与えた影響である.

---

[188] "What Is Happening to Modern Architecture?" *Museum of Modern Art Bulletin* 15 (Spring 1948).
[189] Ibid., p. 6.
[190] Ibid., p. 8.
[191] Ibid., pp. 16-17.
[192] Ibid., p. 18.
[193] *Roots of Contemporary American Architecture*, ed. Lewis Mumford (New York: Dover, 1972) 所収,Joseph Hudnut, "The Post-Modern House," pp. 306-15. この論の初出はハドナットの *Architecture and the Spirit of Man* (Cambridge, Harvard University Press, 1949), pp. 108-19.

当時，ロブスジョン＝ギビングスとゴードンのサークルとハリスとの関係は，ハリスがカリフォルニアに戻った後も密接に続いていた．そして1940年代末，ハリスとバングスはバーナード・メイベック，グリーン＆グリーン，ウィリス・ポーク，マイロン・ハント，アーヴィング・ギルらが作ったカリフォルニア建築の伝統を再検証し始める．そしてハリスは，これを発端として1950年代初頭に「制約的地域主義」に対抗する「開放的地域主義」の概念を提唱した．各地域の建築家がその地域の感化力に対してクリエイティブな応答をしつつ，広域の建築思想から地道に学んだものに対して批判的な応答をする，というのがこの「開放的地域主義」だった[194]．

地域はさまざまな思想を生み，さまざまな思想を受容する．しかし，このどちらにも想像力と知性が必要とされる．20年代，30年代のカリフォルニアでは，ヨーロッパの近代思想と，まだ発展途上の地域主義とが出会った．他方，ニューイングランドでヨーロッパ・モダニズムが出会ったのは，硬直し，制約として働いていた地域主義だった．ここで地域主義は，初め抵抗していたものの，やがてヨーロッパ・モダニズムに屈し，ニューイングランドはヨーロッパ・モダニズム全体を受容した．それは，ニューイングランドの地域主義それ自体が，すでに制約の寄せ集めにすぎないものとなっていたからである[195]．

制約的地域主義は過去に留まり，革新を妨げる．一方，開放的地域主義とは考え抜かれた「地域表現として，**その時代に出現した思考に特に調和するものの**ことである．我々は，**他のどこにもまだ現れていない表現**に対してのみ，〈地域的である〉と称する．開放的地域主義はその地域の英知として，より周辺事情に通じていなければならず，より自由でなければならない．開放的地域主義の長所とは，**その地域の外の世界に対する意義**を有している点である」[196]．

かくして，ゴードン，マンフォード，ハリスはインターナショナル・モダニズム（少なくともMoMAが認めたもの）の急所をともに攻撃していたが，すでに勢力のあった地域的ムーブメントをさらに可視化させたのも彼らだった．北カリフォルニア

---

[194] ジャーマニーは *Harwell Hamilton Harris,* pp. 100-5, 152-4において彼らの接触点を見事に引き出している．
[195] ハーウェル・ハミルトン・ハリス "Regionalism and Nationalism". 北西部地方評議会（Northwest Regional Council）と米国建築家協会（American Institute of Architects）の共同声明（ユージーン，オレゴン，1954）．ノースカロライナ州立大学ラリー校建築学部の学生出版 *Harwell Hamilton Harris: A Collection of His Writings and Buildings,* vol. 14, no. 5 (1965): p. 28 より引用．
[196] Ibid., p. 27.

を例にとれば，そこにはウィリアム・ウィルソン・ワースター（William Wilson Wurster, 1895-1972）やジョゼフ・エシェリック（Joseph Esherick, 1914-1998）の作品があった．ワースターは1910年代にカリフォルニア大学バークレー校で建築を学び，1920年代末に極めて洗練された現代的な感覚を進化させた人物である[197]．カリフォルニア産の木材であろうが，コルゲート鋼であろうが，特大コンクリートブロックであろうが，彼は常に実直かつシンプルで純粋な表現を貫いた．また彼は，1940年にキャサリン・バウアーと結婚し，1944年から1950年にかけてMITの学部長も務めている．MITでは，旧知のアールトとの親交も再開することができた．そして1945年，テオドール・ベルナルディおよびドン・エモンズとパートナーシップを結んだところから，彼の設計キャリアの第2段階が始まる．ここでの彼の作品には，洗練された気品が見て取れる．さらに1950年にカリフォルニアに戻りバークレー校の建築学部長の地位を引き継いだ彼は，1959年には新設の環境デザイン大学（College of Environmental Design）の初代学長となった．

ジョゼフ・エシェリックもまた，戦後西海岸に赴いた建築家のひとりだった．フィラデルフィア生まれのエシェリックは1930年代にペンシルヴァニア大学に学び，カーンやハウのサークルにも近しかった．その後，西海岸に移ってからの彼はベイエリアで住宅設計を主とした実務にあたったが，彼が作り出したデザインは変則的で，「美学」に対する関心に欠けていた．彼は，数理モデルやコンピュータシステムを設計に応用することをいち早く提唱し，設計業務に社会的，心理的，経済的，政治的側面を盛り込むことを説き，反形式主義（アンチフォルマリスト）の立場をとるなど，実務に対するアプローチに執着した建築家だった．エシェリックにとって，自身のアプローチの中核に位置したのはカーン的な意味での「フォーム」（「それは何であり，何をするか」）だったのである[198]．

1940年代当時に地方の中心地として新たに頭角を現していた州である，さらに北部のオレゴンでは，イタリア系アメリカ人建築家のピエトロ・ベルスキ（Pietro Belluschi, 1899-1994）の作品があった[199]．彼の初の渡米は1923年のことだった．彼の設計になるストール邸（ポートランド，1937-38）は，ジェームズ・フォードとキ

---

[197] ワースターについてはMarc Treib, ed., *An Everyday Modernism: The Houses of William Wurster* (San Francisco: San Francisco Museum of Modern Art, 1995) およびR. Thomas Hille, *Inside the Large Small House: The Residential Design Legacy of William W. Wurster* (New York: Princeton Architectural Press, 1994) 参照．

[198] "Joseph Esherick: Theory and Practice," *Western Architect and Engineer*, no. 222 (December 1961): pp. 20-37 参照．

[199] ベルスキのキャリアと作品についてはMeredith L. Clausen, *Pietro Belluschi: Modern American Architect* (Cambridge: M.I.T. Press, 1994) 参照．

ャサリン・モロー・フォードが発展途上の北西部地域様式を示すものとして1940年に引き合いに出したものである．また，佳作であるエクイタブル貯蓄貸付組合ビルディング（ポートランド，1943-48）は，ニューヨークの国際連合ビルにもリーバ・ハウスにも先んじた，アメリカ初のシーリング式ガラスタワービル（アルミニウムと緑色ガラスを用いた）だった．しかし，1951年にワースターの後を継ぎMITの学部長になるまでは，彼の作品は西部以外ではほとんど知られていなかった．

1940年代，50年代では，フロリダとテキサスも建築において重要な州である．エリザベス・ゴードンは南フロリダの熱帯に生い茂る植生や，住宅の壁をすべて庭や水辺に開け放つアイディアの発展性にとりわけ感銘を受けており，誌面にも幾度かアルフレッド・ブラウニング・パーカーの作品を載せている．1950年代には，モリス・ラピドゥス（Morris Lapidus, 1902-2001）の多彩な創作を通じて，マイアミの特色もまた生み出され始めた[200]．1920年代末にコロンビア大学から建築学学位を授与されていたラピドゥスだったが，ニューヨーク市内の店舗デザインで成功を収める．そして長らくこの職を続けたのち，1950年代初頭のフォンテーヌブロー・ホテル（マイアミビーチ，1952-54）の設計から徐々に建築に戻るようになる．ちなみに，アメリカーナ・ホテル（バルハーバー，フロリダ，1955）には言い伝えがある．ニコラウス・ペヴスナー卿とバジル・スペンス卿が（米国建築家協会総会で）熱帯的な賑やかなデザインに立腹してこの建物を酷評していたところ，その場に偶然ラピドゥスが居合わせこれを耳にしてしまったというものである[201]．ラピドゥスは当時の時代文脈では評価されるのが難しい建築家である．弧を描く造形といい，けばけばしい色の使い方（南部の日差しの中ではこれはさほど派手に見えるわけでもない）といい，遠近法効果の巧みさといい，彼の作品は1950年代のインターナショナル・モダニズムよりもむしろポストモダンの感性に遥かに近かった．しかし一方で彼は，時代のもっていた娯楽欲も非常にうまく捉えていた．自伝につけられた『喜びの建築』（*An Architecture of Joy*, 1979）というタイトルは，そうした彼に相応しいものといえるだろう[202]．

テキサスにも強い地域的伝統があった．1920年代，30年代には東部のアールデコの流行に追従していたが，30年代末と40年代にはカール・カムラス（ヒューストン），デイヴィッド・R・ウィリアムズ，ハワード・R・マイヤー，ルーサー・サドラ

---

[200] ラピドゥスについてはMartina Duttmann and Friederike Schneider, eds., *Morris Lapidus: Architect of the American Dream* (Basel: Birkhiiuser, 1992) 参照．

[201] John W. Cook and Heinrich Klotz, *Conversations with Architects* (New York: Praeger, 1973) 所収，"Morris Lapidus, Alan Lapidus", p. 154 に詳細がある．

[202] Morris Lapidus, *An Architecture of Joy* (Miami: E. A. Seemann, 1979).

一，ウォルター・C・シャープ（いずれもダラス），チェスター・ナーゲル（オースティン）らの作品に示される，多様な近代建築の伝統が見出せる[203]．ロバート・H・H・ハグマンが有名なパセオ・デル・リオ運河の実務を始めたのが1930年代である．

また，ハーウェル・ハミルトン・ハリスが説得に応じ，カリフォルニアを離れテキサス大学オースティン校の建築教程を受け持つことになったのは1951年のことであり，幸運も後押しして彼が招いた教授の顔ぶれが，後に「テキサス・レンジャーズ」として知られ始めるようになるのである[204]．そして，自らと同じタイミングで雇われたスイス人のベルンハルト・フースリ（Bernhard Hoesli, 1923-84）に対し，ハリスは1953年に設計カリキュラムの改革を任せる．1950年代の新しい教授陣として名を連ねたのは，コーリン・ロウ（Colin Rowe, 1920-1999），ジョン・ヘイダック，ロバート・スラツキー（Robert Slutzky, 1929-2005），リー・ヒルシュ，ジョン・ショウ，リー・ホジェン，ワーナー・セリグマンらだった．彼らは一丸となってスタジオを再編成し，東部の学科の機能主義・社会志向から距離を置いた教程に改め，視覚意匠を重視する造形志向(フォーマリズム)のものへと近づけ，モダニズムの起源を見直す．このカリキュラム変更は期待された効果を十分に上げることとなったが，それはまず，この教授たちの熱意によるものだった．フースリを例にすると，ル・コルビュジエのもとで働き，フェルナン・レジェのスタジオで絵画を学んだ彼は，後にチューリッヒ工科大学においてヨーロッパ随一の設計教育者となる．リヴァプール大学でジェームズ・スターリングのクラスメイトだったロウもまた，当時ロンドン大学ウォーバーグ研究所のルドルフ・ウィットカウアーのもとで教育を終えたところだった．ヘイダックは後に「ニューヨーク・ファイブ」の一員となる人物であり，画家スラツキーはイェール大学のヨーゼフ・アルバースのもとで学んだゲシュタルト心理学の専門家だった．ロウとスラツキーの共同執筆になる「透明性」("Transparency")は後の1960年代半ばのアメリカ理論に劇的な影響を与えることとなるものだが，これが書かれたのは1955年から56年にかけてのことだった．

ノースカロライナ州立大学ローリー校の革新的大学教程もまた，1950年代に成功を収めたもののひとつである．このカリキュラム改正の背後には，当初学部長のヘンリー・カンフェフナーの力が働いていたが，その主導権は間もなくポーランド人建築家のマシュー・ノヴィッキ（Matthew Nowicki, 1910-50）に奪われる．しかし，まさ

---

[203] 第2次世界大戦前のテキサス建築については Jay C. Henry, *Architecture in Texas 1895-1945* (Austin: University of Texas, 1993) 参照．
[204] Alexander Caragonne, *The Texas Rangers: Notes from an Architectural Underground* (Cambridge: M.I.T. Press, 1995) 参照．

にアメリカの建築シーンでの発言力が大いに高まりつつあった頃に、ノヴィッキは悲劇的な死を遂げるのである[205]。もともと、彼はワルシャワ工科大学を 1936 年に卒業し、ナチスの侵略前のわずかな期間に当地で成功を収めていた人物だった。しかし 1939 年 9 月、陸軍予備役の中尉としてワルシャワ郊外で高射砲兵隊とともに訓練を行っていると、ドイツ軍の爆撃機数百機——フィリップ・ジョンソンの熱狂をかきたてたのと同じ爆撃機——が頭上を飛び交い、戦争の開始を告げる[206]。その後ポーランドの地下組織に入ったノヴィッキは、非常に危険な日々を生き延びた後、1945 年にはその見返りとしてワルシャワの主任都市計画家の地位を与えられている。しかし、国連計画委員会の使節として 1947 年にアメリカを訪れていた際に、ポーランドでは共産主義政党が政府を掌握したため、彼は亡命を余儀なくされた。

　ノヴィッキがノースカロライナ州立大学で提案したカリキュラムは、他のさまざまな教程と重要な 1 点が異なっていた。ノヴィッキのカリキュラムは建築・都市計画・ランドスケープデザインの総合に力点を置くことに加え、デザイン、構造、ドローイングを中核に据えたものだったが、それだけではなく、このカリキュラムには 4 つ目のカテゴリーとして「人文・歴史」が加わっていた。このカテゴリーに属する 5 つの講座(「人間行動と都市社会学」と「設計哲学」が最も盛況だった)には、1950 年代にはほぼ消滅していた、建築史入門の集中講義があった[207]。

　この教程における人文学的傾向が強かった理由は、1949 年および死後の 1951 年に公開されたノヴィッキの 2 つの記事で説明される。ひとつ目の記事がノヴィッキも出席した直前の MoMA シンポジウムに影響を受けて書かれたことはほぼ間違いないが、ここで彼は、ヒッチコックとジョンソンが提唱したインターナショナル・スタイルの造形志向(フォーマリズム)は一時的な流行に過ぎず、かつ規制が厳しすぎ、人間と「空間との心理的関係」[208]にあまり注意を払っていないことを穏やかに批判している。また、「近代建築の起源と動向」("Origins and Trends in Modern Architecture")と題されたもうひとつの小論では、インターナショナル・スタイルに対するさらに長い批判を企て

---

[205] ノヴィッキの生涯と作品についての最もよい研究は、"The Life, the Teaching and the Architecture of Matthew Nowicki" と題し 1954 年『アーキテクチュラル・レコード』の 6 月から 9 月の 4 回にわたり掲載された、ルイス・マンフォードの記事である。これは Mumford, *Architecture as a Home for Man*, 67-101 にも再掲されている。また、Bruce Shafer, "The Writings and Sketches of Matthew Nowicki," *Design* 19, no. 2, pp. 27-30 も参照のこと。

[206] Schulze, *Philip Johnson*, pp. 137-9 参照。

[207] *Architecture as a Home for Man* 所収、Mumford, "The Life, the Teaching and the Architecture of Matthew Nowicki," p. 78.

[208] Matthew Nowicki, "Composition in Modern Architecture," *The Magazine of Art*, March 1949, pp. 108-111. 再掲された Mumford, *Roots of Contemporary American Architecture*, 408 より引用。

ている．ここでの彼の認識によると，このインターナショナル・スタイルは「形態が機能ではなく形態に従う」「様式(スタイル)」として受容され一般に認知されている，という[209]．そして彼は，インターナショナル・スタイルのもつ，形態の理想化・非物質化の傾向を批判し，その「機能上の厳密さ」についても，それによって建築は最終的に機械意匠の「機能装飾」[210]にまで還元されてしまう，と論じた．一方，このアプローチに対抗して彼が提唱したのは，「身体機能よりもむしろ人間の心理作用を優先する」，「柔軟な」機能主義だった[211]．機能上の厳密さは機能装飾に行きついてしまうが，——ここで彼は19世紀以来の構造力学の発展の話に戻る——人間性を重視した柔軟な機能主義は「構造装飾」を称え，「生命の緊急事態にはいかに些細なことでも」注意を振り向ける，と語った[212]．

　ノヴィッキがローリーに実現させたノースカロライナ州博覧会のための二重放物線・引張り構造のアリーナ（ウィリアム・ヘンリー・ディートリック設計）には彼の人間本位の構造志向(ストラクチュアリスト)的な面が表れているが，この建物に彼の構造への執着を見て取るのは誤解である．1950年の彼は他にも大きな建築プロジェクトとして，インドのパンジャーブ州の新州都チャンディーガルの計画・設計にあたっている（アメリカのマイヤー＆ホイットルセー社代表として）が，ここでの彼はむしろデザイナーとして精力を注いでいる．

　なお，ノヴィッキを擁護したのは第1にマンフォードであり，ここにひとつの興味深い関係が形成される．1950年代のマンフォードは，それまでのインターナショナル・スタイルに同意しない立場を引き続き表明していた．そこで，かつてワースターに対して行ったように，現代の状況に対する自身の人道主義的・地域主義的批評を進化させる手段として，今度はノヴィッキを利用するようになったのである．1951年のコロンビア大学の講義でマンフォードが唱道したモダニズムは，他とは若干異なった雰囲気をもっている．これは『芸術と技術』（*Art and Techniques*, 1952）として出版されているが，その中の「象徴と機能」（"Symbol and Function"）と題する講義でのマンフォードは，ノヴィッキのモダニズム批判をそのまま援用し，モダニズムが表現を自ら貧弱にさせていったことや，「生物学的な必要や社会貢献や個人の価値観」

---

[209] Matthew Norwicki, "Origins and Trends in Modern Architecture," *The Magazine of Art*, November 1951, pp. 273-9. これは "Function and Form" のタイトルで Mumford, *Roots of Contemporary American Architecture* に再掲された．Joan Ockman, ed., *Architecture Culture 1943-1968* (New York: Rizzoli, 1993), p. 150 より引用．
[210] Ibid., pp. 152-4.
[211] Ibid., p. 154.
[212] Ibid., p. 156.

を無視したことを批判している[213]．あるいは，「ここまでのところ，建築の実践分野から，歴史的なあるいは原始的な象徴主義の方法をほぼすべて排除することに成功」[214]したアドルフ・ロースやグロピウスを非難している点は，ポストモダン批評を予感させる．マンフォードはまた，ここでもライトの有機体の隠喩をその対抗手段として称えているが，今回の場合はむしろノヴィッキの哲学からの影響が大きかった．マンフォードの見解によれば，「有機的なものと機械的なもの，地域的なものと普遍的なもの，抽象・理性的なものと個人的なものとを，より十全なかたちで和解させられる」[215]のがノヴィッキだったのである．

『大地から』（*From the Ground Up*, 1956）も，1950年代のマンフォードの著作である．これは1949年から55年にかけて『ニューヨーカー』誌で連載したコラム，「スカイライン」をまとめたものであるが，ここには，自由主義の信念に立った彼の見解がいっそう確立していることが見て取れる．まず，収録された数編の記事の中で，マンフォードは当時公園局長と都市建設局（Office of City Construction）の責任者を務め権勢を誇った，ロバート・モーゼスに異議を唱えている．ここでマンフォードはモーゼスの都市再開発政策，特にスタイヴェサント・タウン再開発計画に反対し，これを「救いようのない悪夢」であり，さらには「警察国家の建築である．ここで具現化された諸々の悪しき統制の数々は国家統制の最悪のかたちである」と述べた[216]．また，別の一連の記事の中では，マンフォードは国際連合本部ビル（ニューヨーク，1947-50）のデザインを批判し，敷地の狭さや象徴的なヒエラルキーの欠如，非機能性など，あらゆる面でこのデザインを酷評した．まず彼は，スラブ状の事務局棟が，物理的に総会棟と会議棟の上部にあることに異議を唱える．また，この建物がニューヨーク初のガラスカーテンウォールの高層ビルとして「セロファン状に」ラッピングされていることについては，このビルが東西軸をとった（これは実際にいくつかの物理的な問題を引き起こしている）点を非難している．「やはり，どうやらデザイン・コンサルタント委員会はル・コルビュジエに洗脳させられていたようである．ル・コルビュジエとは，摩天楼はモダンアートの象徴である，という考え方に長らく洗脳させられてきた人物である．だが実は，摩天楼もル・コルビュジエも時代遅れなのである」[217]．

---

[213] Lewis Mumford, *Art and Technics* (New York: Columbia University Press, 1952), pp. 114-15.〔生田勉／山下泉訳『現代文明を考える 芸術と技術』講談社，1997年〕．
[214] Ibid., p. 121.
[215] Ibid., pp. 133-4.
[216] Lewis Mumford, *From the Ground Up: Observations on Contemporary Architecture, Housing, Highway Building, and Civic Design* (New York: Harcourt Brace Jovanovich, 1956), p. 109.

しかしこの当時には，マンフォードの都市計画観に対しても批判的な検証がなされつつあった．新たな郊外開発ブームが起こったことによって，従来型の都市計画モデルが直面することのなかったさまざまな問題が起こっていた．アメリカの都市計画に対して，ヨーロッパの都市を手本とすることの適合性を再評価していた人物のひとりに，ヴィクター・グルーエン（Victor Gruen, 1903-80）がいた．彼はオーストリア人だったが，ナチスに併合された1938年に母国を逃れた．1920年代にウィーン美術アカデミーのペーター・ベーレンスのもとで学んだ彼は，1940年代末にロサンゼルスに移った．ここで都市・郊外計画に特化したヴィクター・グルーエン・アソシエイツを設立し，郊外のスプロール化や小規模ショッピングモールの「驚異的長距離」現象の解決策として，都市・郊外領域の境界にショッピングとオフィスの中心街（結晶点）を作る計画を提案した．そして，この大胆なショッピングモールのアイディアを1954年に初めて受け入れたのがデトロイトのJ・L・ハドソンであり，ノースランドセンターでついに実現することとなった．ここでは，アーケードで接続された途切れない店舗の列が，庭園とハドソン百貨店のまわりに集約された．しかしこの2年後，ミネソタのミネアポリス郊外のサウスデールに初の閉鎖型ショッピングモールを設計する際，グルーエンはコンセプトに修正を加え，複層の屋内空間や，彫刻，泉，庭，および交響曲コンサート会場や子供の遊び場などの文化アメニティを備えた，祝祭やカフェのような雰囲気を創造することを目標とした．彼は文筆の中でも，歩行者のために安全で活気があり美しい場所を提供し，公衆一般のために社会的，文化的，都市的，娯楽的アクティビティが生まれる場所を創出したい，という望みを常に強調していた[218]．

フォートワース再開発計画（テキサス，1956）では，敷地周辺にひと連なりの多層式駐車場を作ることで自動車によるアクセスを制限し，かつ4分かそれ以内の歩行時間で都市中心域に辿り着けるようにした上で，繁華街をすべて造園された歩行者区域に変える，という提案をしている[219]．この時彼は，細かいところに細心の注意を払えば，歩行者街路にはギャラリー，彫刻，泉，庭園などを有する，多彩で活気に溢れた情景が生まれるだろうと語った．

---

[217] Ibid., pp. 37, 43.
[218] グルーエンは建築系雑誌にさまざまな記事を寄稿しているが，その他，ラリー・スミスとの共著である *Shopping Towns USA*（New York: Reinhold, 1960）や，自著 *The Heart of Our Cities*（New York: Simon & Schuster, 1964），*Centers for the Urban Environment: Survival of the Cities*（New York: Van Nostrand Reinhold, 1973）にも彼の思想が提示されている．
[219] この計画の詳細については "Transformation of Typical Downtown (Ft. Worth)," *Architectural Forum* 104 (May 1956): pp. 146-55 参照．

一方，1949年にフィラデルフィア都市計画委員会の代表となったエドマンド・N・ベーコン（Edmund Norwood Bacon, 1910-2005）は，都心や歴史的建造物に息を吹き込むことに関心を向けた．そして彼は，いくつかの公園や新たな住宅プロジェクト，ショッピング街を，主要輸送機関を境界に立ち退かせて統合させることを模索した．

　しかし，1950年代にフィラデルフィアを傑出した地方都市にしたのは，ルイス・カーンだった[220]．恐慌のあいだの苦労の後，1940年代初頭に彼は，最初はジョージ・ハウ（George Howe, 1886-1955），次はオスカー・ストノロフとパートナーシップを組んでいる．ハウはそれ以前にウィリアム・レスケーズと組んでPSFSビルを設計しており，1950年にはイェール大学の建築学科長を引き継いでいた[221]．ストノロフもまた複雑な経歴をもつ建築家だった．ドイツに生まれた彼は，アメリカに渡る以前，パリで彫刻家としての訓練を受け，チューリッヒでカール・モーザーのもとに学び，1925年から28年にかけてはアンドレ・リュルサのもとで働いていた．カーンとストノロフは1940年代初頭に2冊の都市計画パンフレット（リヴィラ銅・真鍮会社が後援した）で協働しており，フィラデルフィア都市計画委員会や住宅局でも顧問として仕事をしていた．第1のパンフレット「都市計画があなたの責任である理由」（"Why City Planning Is Your Responsibility", 1942）はすべての都市居住者に向けたガイドブックとして，道路を閉鎖したり，老朽化した建物を使用禁止にしたりするなどといった都市計画手段による，近隣区域の整理・更生が語られた[222]．また，第2のパンフレット「あなたと近隣」（"You and Your Neighborhood", 1944）も，安全な街路，地元小学校，公共公園や遊び場，保育園および福祉センターなどの設置を呼びかける，効果的なコミュニティ変革のための入門書だった[223]．ケネス・デイ，ルイス・マクアリスター，アン・ティンらとの協働で行われたミル・クリーク住宅開発の設計は1946年に始まったものであるが，第1段階が着工したのは1952年のことになる．

---

[220] カーンの設計と思想については Romaldo Ciurgola and Mehta Jaimini, *Louis I. Kahn* (Boulder, Colo.: Westview Press, 1975); *Louis I. Kahn: Complete Works, 1935-1974*, ed. Heinz Ronner, Sharad Jhaveri, Alessandro Vasella (Boulder, Colo.: Westview Press, 1977); Vincent Scully Jr., *Louis I. Kahn* (New York: George Braziller, 1962) 参照．

[221] ハウについては Helen Howe West, *George Howe, Architect, 1886- 1955: Recollections of My Beloved Father* (Philadelphia: W. Nunn, 1973) および Robert A. M. Stern, *George Howe: Toward a Modern Architecture* (New Haven: Yale University Press, 1975) 参照．

[222] Oscar Stonorov and Louis I. Kahn, *Why City Planning Is Your Responsibility* (New York: Hevere Copper & Brass, 1942) 参照．

[223] Oscar Stonorov and Louis I. Kahn, *You and Your Neighborhood: A Primer for Neighborhood Planning* (New York: Hevere Copper & Brass, 1944) 参照．

1945年からカーンはイェール大学の客員評論家となり，ここから北東部の建築家たちとの接触をもつようになった．1940年代末の彼には住宅設計依頼はわずかだったが，ヴィンセント・スカリーも指摘したように，ここでは実際にマルセル・ブロイヤーの影響がみられた．しかし，彼の進化とともに，この段階は1950年のローマ・アメリカン・アカデミーの住宅で終わりを迎え，カーンはその後新たに，ギリシア・ローマ時代およびそれ以前の過去へと関心を向ける．1944年の記事の「モニュメンタリティ」("Monumentality") は，後の彼の関心にもいくつか触れている．これはホセ・ルイ・セルト，フェルナン・レジェ，ジークフリート・ギーディオンらによる1943年のマニフェスト「モニュメンタリティの9要点」("Nine Points on Monumentality") に対する返答記事だった[224]．この元となった記事はモニュメンタリティという概念を擁護し，それと近代建築との親和性を語ったものだが，カーンは彼らの視点を大方支持しながらも，建築のモニュメンタリティの基礎に置くべきなのは，古いイメージのモニュメンタリティに対するノスタルジックな追求ではなく，むしろ「構造的完成度を求める努力」である，と強調した[225]．彼はここで構造に力点を置いているが，これはその後インターナショナル・モダニズム的な空間の抽象化や機能への拘泥から離れ，建築の絶対的・内在的秩序の探究に向かうようになった，1950年代のカーンの作品の特質となるものである．

　構造的思考は，バックミンスター・フラーの影響を受けて四面体のスペースフレームを主要造形要素とした，イェール大学アートギャラリー（1951-53）の中核となったものであり，1950年代半ばの三角形の「シティタワー」案におけるアン・ティン（Anne Tyng, 1920-2011）とのコラボレーションの要でもあった．そしてまさにこうした時期の締めくくりとして，1955年にイェール大学の『パースペクタ』(*Perspecta*) 誌に，かの有名な「オーダーとかたち」("Order and Form") 賛歌が発表された．以下はその冒頭と結語である．

オーダーとは
デザインとは，順を追った造形行為のこと
かたちは構築の手順の中から浮かび上がる〔中略〕

オーダーは実体のないもの

---

[224] Jose Luis Sert, Fernand Leger, and Sigfried Giedion, "Nine Points on Monumentality" (Ockman, *Architecture Culture 1943-1968*, 29-30 所収) 参照．
[225] Ockman, *Architecture Culture 1943-1968* 所収，Louis Kahn, "Monumentality," p. 48 参照．

それは限りなく高くなっていく，
創造の意識レベルのことである
オーダーが高くなればなるほど，デザインの多様性は増す

オーダーは統合を支える

その空間は何になりたいのか．すると，建築家の頭の中に，未だ見たことのないものが浮かぶ
彼はオーダーから創造力と自己批判能力とを得て，この見たことのないものにかたちを与える
美が展開する[226]

　1955年は一般に，進化を続けるカーンの設計哲学にとって極めて重要な年であると見做されている．なぜならこの年以降，カーンはこの「オーダー」を，場所を示すトポスの概念を通じて表現するようになるからである．実質的にこれは，モダニストによる非ヒエラルキー的な漠然とした空間概念に対する拒絶だった．オーダー化された場所の形成――これはまた，空間計画において室を明確に定義することに再び優位を認めるということでもあった――が初めて見て取れるのは，1954年のアドラー邸でのことであり，トレントン・バスハウス（1955-6）で最終的に結実する．ここでは，天蓋が付けられていないというまさにそのことによって，中心の中庭にさえ部屋のような存在感が与えられている．このコンセプトは彼がリチャーズ医療センター（フィラデルフィア，1957-61）（図98）を設計していた時にもまだ進化を続けていた．この作品とソーク生物学研究所（ラ・ホーヤ，1959-65）のあいだのコンセプト上の飛躍は，より自由な「オーダー」や古典的モニュメンタリティ概念への回帰によるものである．なお，フィラデルフィアのカーンの事務所は，この頃までに世界中の建築学生が立ち寄る場所となっていた．いわゆるフィラデルフィア派（スクール）が誕生していたのである．

---

[226] Louis Kahn, "Order and Form," *Perspecta 3* (1955), p. 57.

98 ルイス・I・カーン，リチャーズ医療センター（フィラデルフィア，1957-61）．著者撮影．

——5——
中南米・アジア・欧州における戦後モダニズム

　1950年代において，ミースとカーンを北の夜空を照らす星々とするならば，南の夜空に輝いたのはル・コルビュジエであった．彼の建築家としての道のりは，始まりからして平坦なものではなかったが，30年代にさらに険しいものとなり，1940年のドイツによるフランスの占領によって奈落の底へ突き落とされた．ル・コルビュジエは初めヴェズレーへと逃れ，続いてピレネー山脈の麓に位置するオゾンの村へと避難した．その地から彼は，多くの労働組合主義者(サンディカリスト)たちと同様に[227]，ペタン元帥率いるヴィシー政権で職を得ようと試みた．何度か拒絶された後に，1941年1月にようやく彼は同政権の計画委員会に名を連ねることができた．そこで解雇されるまでの18ヶ月の期間，彼は再び都市計画のプロポーザル作成に取り組んだ．1941年から45年のあいだに少なくとも7つの論考を公にしており，それらの大半は，すでに初期の提案で示されていたものを，戦時下の特殊な状況に翻案したものであった．例えば『四つの交通路(サンディカリスト)』[228]において，彼の初期労働組合主義者的な地域計画を，高速道路・鉄

---

[227] 当時については，特に Robert Fishman, "Le Corbusier's Plans and Politics, 1928-1942", Walden, *The Open Hand*, pp. 244-283 を参照．

[228] Le Corbusier, *Sur les 4 Routes* (Paris: Gallimard, 1941); translated by Dorothy Todd as *The Four Routes* (London: Dennis Dobson, 1947). 〔井田安弘訳『四つの交通路』鹿島出版会，1978年〕．

道・水路・空路のテーマにアレンジし直している。高速道路の章では，パリとフランス全土に及ぶ一連の交通動脈を提案し，輝く都市が輝く農園と農村とに結びつけられる未来を描いている。また，『パリの運命』(Destin de Paris, 1941)[229]と題された小冊子では，ヴィシー政権下での住宅供給プログラムを素描しており，そこでは輝く都市の理論を戦時下の状況から正当化しようと試みている。輝く都市においては，火災，爆撃，毒ガス攻撃などの散発的な軍事行動から受ける被害は少なく，戦争から距離を置こうとする人々には好都合であると彼は考えた。

このパンフレットに引き続き，『人間の家』(La Maison des hommes, 1942)[230]，『アテネ憲章』(La Charte d'Athènes, 1943)[231]を発表する。この2つの書は彼がヴィシー政権に加わって間もない頃に着手されたものである。前者はフランソワ・ド＝ピエールフウとの共著によるもので，建設産業への着手の呼びかけとして，あるいはヴィシー政権の独裁を支持することへの釈明のようにも読める。ここで2人の著者は，最高監視官（Ordonnateur）とマスタービルダー（Maître d'oeuvre）という全国の建築家組合をつくる構想を描いている。とりわけ最高監視官は戦後の復興計画において独裁者のように権力を行使することになっていた。ル・コルビュジエの「輝く都市」のイラストとそれへの注釈とが，本文の隙間を埋めている。『アテネ憲章』は1932年のCIAMで，住宅供給問題に関して作成された国際協働の成果をヴィシー政府に伝えることを意図したものであり，ル・コルビュジエはこの『憲章』をあたかもCIAMの公的文書のように表現している。

戦時中のル・コルビュジエのもうひとつの重要な著作は『三つの人間機構』(Les trois établissements humains, 1945)[232]であり，「建築革新のための建設者組合」(ASCORAL：Assemblée de Constructeurs pour une Rénovation Architecturale)の成果をまとめたものである。ASCORALは1942年にル・コルビュジエが組織した若い建築家たちからなるグループで，11の部局と22の小委員会に分かれ，フランスの戦後復興研究に多角的に取り組んでいた。都市問題はその研究の中心課題となっていたが，他にも建築モデュール，衛生問題，農業改革，工場建築も同様に扱われていた。「グリーン・ファクトリー」の構想は，1939年のル・コルビュジエのスケッチに

---

[229] Le Corbusier, *Destin de Paris* (Paris: Fernand Sorlot, 1941).
[230] François de Pierrefeu and Le Corbusier, *La Maison des hommes* (Paris: Plon, 1942); translated by Clive Entwistle and Gordon Holt as *The Home of Man* (London: Architectural Press, 1948). 〔西澤信彌訳『人間の家』鹿島出版会，1977年〕。
[231] Le Corbusier, *La Charte d'Athènes* (Paris: Plon, 1943); translated by Anthony Eardley as *The Athens Charter* (New York: Grossman Publishers, 1973). 〔吉阪隆正訳『アテネ憲章』鹿島出版会，1976年〕。
[232] Le Corbusier, *Le trois établissements humains* (Paris: Denoel, 1945). 〔山口知之訳『三つの人間機構』鹿島出版会，1978年〕。

みられるものを再利用したものであるが，ASCORAL によって線状の産業都市モデルに翻案されている．ここでは個々の工業施設群は主要幹線道路に沿ってのびる緑地の中に配列される．彼の都市，農業，工業にわたる3つの「輝く」スキームは，少なくとも理論的にはここに完成された．結局のところ，米英の連合軍によるフランス解放によって，彼の15年にわたるドン・キホーテのような空想的な知的作業は終わりを告げた．

　1944 年，旧友のラウル・ドートリが新政府において復興および都市計画省の大臣となり，彼を通してル・コルビュジエはラ・ロッシェル＝パリスとサン・ディエの都市再建計画，またマルセイユのユニテ・ダビタシオン（1945-52）のプロジェクトを委任される．前者の2つの都市計画は途中で頓挫するが，後者は1,800人が居住するマスプロダクト，ローコスト住宅供給のプロトタイプの構想としてまとまる．周知のとおり，ユニテのデザインには1920 年代からの複数のアイディアが統合されている．それは，地面から持ち上げられた住居，2層分のリビングと建物の反対側の2層レベルに拡張された寝室，3層ごとに現れる廊下，中層階に配されるホテルや商店，屋上庭園とレクリエーション施設などにみられる．仕上げは「ベトン・ブリュ」すなわちコンクリートの粗い仕上げであり，ル・コルビュジエの新しい動向である技術的な方向性からの離反が見て取れる．彼は戦後の近代建築においてますます原始的で彫刻的な表現へ接近してゆく．このマルセイユの建物は，地中海からの太陽を浴び背景の山々と視覚的に対峙する．しかしながら，表面仕上げの粗さや頻繁にメンテナンスを必要とすることなどから，その後の他のユニテと比べ成功したとはいいがたい．それはおそらく，ローコスト住宅供給プロジェクトとして一度も機能しなかったことからも説明され得るだろう．

　1940 年代からのル・コルビュジエのプロジェクトで他に大規模なものといえば，国連本部ビル（1947-53）が挙げられるが，これも成功とはほど遠いものであった．当初のアイディアは，アメリカ国内のどこかに広大な「世界の首都」をつくり出すことであり，多種多様の会議場や庁舎，図書館，美術館，住宅，商業施設からなるものであった．1946 年にル・コルビュジエはフランス政府から国際委員のひとりとして指名を受け，プロジェクトの適切な敷地選び，2，5，10，20，40 平方マイルからなる都市計画の立案を行っている[233]．敷地候補はニューヨーク州ウェストチェスター郡とコネティカット州フェアフィールド郡に絞られつつあったが，1946 年の暮れに

---

[233] *Report of the Headquarters Commission to the Second Part of the First Session of the General Assembly of the United Nations* (Lake Success, N.Y.: United Nations, October, 1946) を参照．

ジョン・D・ロックフェラー Jr. が介入し，イーストリバー沿いの一区画が提供されることとなる．都市建設案は，結果として 2,3 棟のビルからなる複合施設案に道を譲り，ル・コルビュジエはその敷地を一瞥した後，手際よく一晩で事務局タワー，会議センター，議会ホールからなる計画案のスケッチを仕上げる．このスケッチは後にひとつの計画モデル（プロジェクト 23A）に翻案され，実施案の下敷きとなった．

このプロジェクトは広く失敗作として認識されており，それはル・コルビュジエがデザインの主導権を一度も握ることがなかったからとされる[234]．主導権を代わりに握っていたのはアメリカ人のウォレス・K・ハリソンとマックス・エイブラモヴィッツであり，彼らが 10 人の専門家チームから助言を得るという進め方となっていた．この専門家チームの中にル・コルビュジエ，オスカー・ニーマイヤー，スヴェン・マルケリウスらがいた．最終デザイン案の諸問題は，しかしながら，決定権の委任の仕方というよりは，実際にはより深いところに根ざしていた．事務局タワーに関しては，ル・コルビュジエの強い働きかけによって，ブリーズ・ソレイユと通気する二重ガラスのカーテンウォール（1929 年のセントロソユース計画で初めて提案されたもの）が採用された．ところがこれらのアイディアは，技術的に実りの少ない解決であった．まず第 1 に，それは建物の不適切な東西配置のためであり，さらにマンフォードが正しく指摘しているように，より深刻なのは全体計画のコンセプトの弱さであった．最も重要な議会ホールは，事務局のタワーに対して効果的な対照をなすことに失敗している．

続く 1950 年代は，それにもかかわらず，ル・コルビュジエの長い経歴の中で最も多産な 10 年であることは間違いない．この時期の彼の最高の建築作品の 2 つ，ロンシャンのノートルダム・デュ・オー（1950-55）とエヴー＝シュル＝ラルブレルのラ・トゥーレットにあるサント＝マリー修道院（1953-59）がフランスで建てられた．これらフランス国内の仕事の合間にインドのチャンディーガルとアーメダバードのプロジェクトを手がけている．50 年代の彼の取り組みを総括すると，彼の設計アプローチの転向を読み取ることができる．これはすでに 1940 年代の彼の絵画と彫刻作品の中に兆していたものであり，そこにはピュリスト的あるいは機械時代の語彙を離れ，より有機的な主題と原初的な色彩への愛着が表れていた[235]．この変化は部分的ではあるが，戦時における象徴主義への興味からも導かれたものである．1947 年以

---

[234] これは 1950 年代と 60 年代の支配的な見方であった．例えば，Peter Blake, *The master Builders: Le Corbusier, Mies van der Rohe, Frank Lloyd Wright* (New York: Knopf, 1960), pp. 126-132 を参照．

[235] ル・コルビュジエにとって絵画が重要であったことについては，次を参照．Stanislaus von Moos, "Le Corbusier as Painter", *Oppositions*, nos.19-20 (Winter-Spring 1980). また *Le Corbusier: Elements of Synthesis* (Cambridge: M.I.T. Press, 1982), pp. 281-291 参考となる．

後，象徴主義は「ル・コルビュジエの建築を支配する包括的なシステム」[236]となり，錬金術的な暗示に満ちたものとなった．ロンシャンやラ・トゥーレットは，精神的かつ象徴的なものによって満たされることで，建築のもつ常識的な領域を超越した存在となっている．これらは彫塑的，造形的な創造行為であり，原型的な形態と秘儀的な意味の原初的な位相への執着によってなされている．ジェームズ・スターリングは1955年の非常に好意的な批評において，「ヨーロッパ最高の建築家」によるこの教会堂建築を「合理主義の危機」と見做した[237]．ル・コルビュジエの秘儀的なものへの指向，すなわち近代世界からの撤退は，チャンディーガルの計画に帰結する．建築家ル・コルビュジエは，この地において，原始の象徴（太陽，月，雲，光）を鋳型として都市のモニュメントをつくり出し，ジャワハルラール・ネルーに対して，自身の個人的な哲学言語，すなわちモデュール，調和的螺旋，太陽の周回運動，夏至と冬至，とりわけ「開かれた手」のシンボルといったサインを散りばめることを説得する[238]．仮に1950年代のル・コルビュジエの建築が，彼の絵画と彫刻に対する興味から直接的に導かれたものとするならば，この絵画や彫刻に関する興味を建築に従属するものと見做すことはできないだろう．むしろ逆にル・コルビュジエという人物は第1に画家兼彫刻家であり，たまたま彼の才能を建築設計において発揮したといえるのかもしれない．少なくとも1950年代～1960年代において彼が第1級の芸術家と見做されたことは，彼の彩色と触覚的な感覚に多くを負っている．

　しかしながら，彼の合理主義精神は完全に消え去ったわけではなかった．彼の戦後間もない頃の最大の関心は数学とモデュールの開発にあった．1946年には『建築と数学的精神』（*L'Architecture et l'esprit mathématique*）という論考を著す．そしてその4年後『モデュロール』（*Le Modulor*）を発表し，黄金比に基づいた建築の尺度の普遍的なシステムを提案する[239]．これは，ヴィシー政権下で，戦災復興の規格作りを推進した建設規格化協会（Association française pour une Normalisation Bâtiment）

---

[236] Richard A. Moore, "Alchemical and Mythical Themes in the Poem of the Right Angle, 1947-1965", *Oppositions*, nos. 19-20 (Winter-Spring 1980) pp. 111-139.

[237] James Stering, "Ronchamp, Le Corbusier's Chapel and the Crisis of Rationalism", *Architectural Review* 119 (January 1955): pp. 155-161. スターリングはロンシャンを，民衆建築を再生させた近代のマニエリスムの形態と見做している．デザインの宗教的な側面については John Winter, "Le Corbusier and the Theological Program". in Walden, *The Open Hand*, pp. 286-321 を参照．

[238] この彫刻については，M.P.M. Sekler, "Le Corbusier, Ruskin, the Tree and The Open Hand", and Stanislaus von Moos, "The Politics of the Open Hand", both in Walden, *The Open Hand*, pp. 42-95, 412-457 を参照．

[239] Le Corbusier, *Le Modulor: Essai sur une mesure harmonique à l'échelle humaine applicable universellement à la méchanique* (Boulogne-sur-Seine: Editions de l'Architecture d'Aujourd'hui, 1950); *The Modular*, trans. Peter de Francia and Anna Bostock (London: Faber & Faber, 1954).

の試みの中で進められたものであった．ル・コルビュジエはメートルシステムから単純に割り出されるモデュールを拒み，人体の尺度に親和する比例体系をつくり出そうと試みた．彼が参考としたのは，エリザ・メイヤールとマティラ・ギカによる2つの数学書であり，また ASCORAL の援助も得ている．その過程でル・コルビュジエは，2つのフィボナッチ数列——人間の平均身長 183cm（6'-0"）と天井高 226cm（7'-5"）に基づいている[240]——に辿りついた．たとえ宇宙との結合という壮大な根拠を受け入れないにせよ，その結果はかなりの時間を経た今なお興味深いものである．

　決して無視することができないのは，1940 年代から 50 年代にかけて建築の世界に広がったル・コルビュジエの名声と影響力である．それはアメリカ合衆国を除いて世界中のどこでも見出せる．とりわけ南アメリカに与えた影響は極めて大きいものであり，これは彼の 1929 年のアルゼンチン，ウルグアイ，ブラジルへの訪問と 1936 年のブラジル再訪問に多くを負っている[241]．

　ブラジルでは，ロシアに生まれイタリアで建築教育を受けたグレゴリ・ワルシャヴシック（Gregori Warschavchik, 1896-1975）がモダニズムの礎を築いた．彼は 1923 年にブラジルに移住する．サン・パウロのもうひとりのモダニストはリーノ・レーヴィ（Rino Levi, 1901-1956）であり，1920 年代に彼は同じくイタリアで建築を学んだ．レーヴィの活動は 1940 年代に国際的な名声を得る[242]．だがこの国の建築の将来を決定づけたのは，やはり 1936 年のル・コルビュジエによるリオ・デ・ジャネイロ滞在であった．この滞在の目的は，ルシオ・コスタ（Lúcio Costa, b. 1902）に率いられた建築家チームが取り組んでいた教育厚生省の新庁舎の設計に，助言を与えることであった．コスタはフランス生まれだが，ブラジルで建築教育を受けた．彼は 1930 年に国立芸術学校の教育をボザール流のものからヨーロッパ・モダニズム流へ改革し，これが先述のワルシャヴシックを同校にひきつけたのであった．コスタはすぐに芸術学校から職を解かれることとなるが，教育厚生省の新庁舎のデザインはまさにル・コルビュジエ・スタイルである．その1号棟はピロティ，ブリーズ・ソレイユ，屋上庭

---

[240] Elisa Maillard, *Du nombre d'Or* (Paris, 1943); Matila Ghyka, *Esthétique des proportions dans la nature et dans les arts* (Paris, 1927); idem, *Le Nombre d'Or (Paris, 1931)* を参照．彼のプロジェクトとに関する詳細については次を参照．Tim Benton, "The Sacred and the Search for Myths", in *Le Corbusier: Architect of the Century* (London: Arts Council of Great Britain, 1987), p. 241.

[241] ブラジルのモダニズムについては，Henrique Mindlin, *Modern Architecture in Brazil* (New York: Reinhold, 1956) を参照．Henry Russell Hitchcock, *Latin American Architecture since 1945* (New York: Museum of Modern Art, 1955); Francisco Bullrich, New Directions in Latin American Architecture (New York: Braziller, 1969) を参照のこと．

[242] ギーディオンの 1951 年における国際的なモダニズムに関する調査である Giedion, *A Decade of New Architecture* を参照．レーヴィによる3つの建物が引用されている．

園、コンクリートのフレーム構造、ガラスパネルといったアイディアが用いられている。この建築家チームの他のメンバーには、ホルヘ・モレイラ (Jorge Moreira, b. 1904)、アフォンソ・エドゥアルド・レイディ (Affonso Eduardo Reidy, 1909-64)、オスカー・ニーマイヤー (Oscar Niemeyer, b. 1907) がいた。彼らはそれぞれ際立った経歴をみせた。モレイラとレイディはル・コルビュジエのスタイルを堅守する一方で、ニーマイヤーはパンプーリャ郊外のベロ・オリゾンテにおいて彫塑的なデザインの連作を残し、名声を得る[243]。彼はコスタと並ぶブラジルの著名な建築家となった。ニーマイヤーの名声は、しかしながら、1955年にチーフ・アーキテクトとして参加した新首都ブラジリアの計画において確立されたものである。ブラジリアの都市計画はコスタが行ったもので、ル・コルビュジエの都市計画理論とチャンディーガルに多くを負っているといえるだろう。それに対し、ニーマイヤーのデザインはル・コルビュジエの彫塑的な形態とミースの厳格さを融合したものといえる。

南アメリカにおいて、ル・コルビュジエの影響が極めて大きい国のもうひとつはアルゼンチンであり、アントニオ・ボネット (Antonio Bonet, b. 1913)、ホルヘ・フェラーリ・アルドイ (Jorge Ferrari Hardoy, 1914-76)、フアン・クルチャンらの建築家がいた。アルドイとクルチャンは後にパートナーシップを組むが、彼らは1930年代後半にパリのル・コルビュジエの事務所で働き、ル・コルビュジエ・スタイルを引き継いだ。スペイン生まれのボネットはホセ・ルイ・セルトとル・コルビュジエのもとで働いた経験をもち、1939年にアルゼンチンでAUSTRALという建築家グループを組織した。同年には代表作となるブエノス・アイレス学生会館を完成させる。しかしボネットはある時期よりモダニズム・スタイルからリージョナル・スタイルに転向し、アルゼンチンと後に帰国したスペインの両国で作品を残している。

チリの主導的なモダニストのひとりにエミリオ・ドゥアルト (Emilio Duhart, b. 1917) がいる。彼はル・コルビュジエの事務所で1年間すごすが、1940年代にハーヴァード大学のグロピウスのもとで学位を得る。ウルグアイの建築家フリオ・ヴィラマホ (Julio Vilamajó, 1894-1948) はより独自の立場で地域的なモダンスタイルの作品を残している。代表作はモンテヴィデオに建つ国立大学の工学部棟 (1935-38) であり、また彼の作風をより顕著に示すものにミナス近郊のヴィジャ・セラーナの住宅・宿舎群 (1943-7) がある。

ヴェネズエラのカルロス・ラウル・ヴィラヌエヴァ (Carlos Raúl Villanueva,

---

[243] Stamo Papdaki, *The Work of Oscar Niemeyer* (New York: Reinhold, 1950); idem, *Oscar Niemeyer: Works in Progress* (New York: Reinhold, 1956); Rupert Spade, *Oscar Niemeyer* (New York: Simon & Schuster, 1969) を参照

1900-75)の仕事には，いくらかル・コルビュジエの影響が見て取れるが，高度に洗練された地域的モダニズムの作品でよく知られている[244]。彼はヴェネズエラの外交官の息子としてロンドンに生まれ，フランスで教育を受けた。1930年代からの建築設計において，彫塑的な表現の中に極めて近代的な要素が認められる。とりわけ，1944年から始まったカラカスのヴェネズエラ中央大学の中心ビルは，その代表例であろう。

ル・コルビュジエ的モチーフから比較的距離を保ったのは，メキシコにおける色彩豊かな建築作品群である[245]。この国におけるモダン・ムーブメントの始まりとして，一般的にホセ・ヴィジャグラン・ガルシア（José Villagran Garcia, b. 1901）が挙げられる。それは彼が行った1923年のメキシコ国立大学における建築教育の改革や，あるいは1925年のポプトラ衛生研究所の近代的デザインなどの先駆的な仕事によるものである。ガルシアの後継者は，彼の最初の生徒であるフアン・オゴルマン（Juan O'Gorman, b. 1905）であり，彼は1930年代から，ガラスの大開口部や金属パイプの使用といった，ル・コルビュジエ的なモダニズムを展開する。1940年代の中断を経て，50年代にオゴルマンは活動を再開し，コロンブス以前のモチーフを用いた，モザイク壁画で知られる地域的な作品を生み出す。メキシコシティの大学都市に建つ国立図書館（1952-53）における，息をのむような多色彩(ポリクロミー)は彼の構想によるものである。近代的な形式と壁画的表現を取り入れた建築家としてもうひとりマリオ・パニ（Mario Pani, b. 1911）の名を挙げることができるだろう。国立教員学校の設計（1945-47）において，彼はメキシコの最も著名な画家であるホセ・クレメンテ・オロスコ（José Clemento Orozco, 1883-1949）と協働した。同時代のメキシコ建築には，多色彩(ポリクロミー)のみならず，マックス・チェット（Max Cetto, 1903-80）の土着的な造形，あるいはフェリックス・キャンデラ（Félix Candela, b. 1910）の優れた構造デザインといった豊かな成果が生み出された。

そうした1950年代のメキシコ建築の中でも際だっているのが，ルイス・バラガン（Luis Baragán, 1901-87）の内省的な一連の作品である[246]。彼はエンジニアの教育を受けた後，若き日に頻繁に欧州を旅した。1930年代にはル・コルビュジエの影響が顕著に現れている。しかし後に彼はこのスタイルを捨て去る。フェルディナン・バッ

---

[244] Sibyl Moholy-Nagy, *Carlos Raul Villanueva* (London: Alec Tiranti, 1964) を参照。

[245] Max L. Cetto, *Modern Architecture in Mexico*, trans. D.Q. Stephenson (New York: Praeger, 1961), Olive Bamford Smith, *Builders in the Sun: Five Mexican Architects* (New York: Architectural Book Publishing Co., 1967) を参照。

[246] Emilio Ambasz, *The Architecture of Luis Barragán* (New York: Museum of Modern Art, 1976) を参照。

クのフランス景観論の影響やアルハンブラ宮殿の視覚的経験，そしてメキシコの農園住宅(ランチョ)や中庭にみられる建築的伝統への関心の高まりといったことが，彼を別の方向へ導くこととなる．彼の仕事においては，少なくとも伝統的な意味での理論はほとんど欠如している．バラガンの建築世界は，直観と感覚的な思考によってのみ理解可能な，強烈な色彩と穏やかな情緒にあふれている．エル・ペドレガルの仕事（1945-50）では，865エーカーの溶岩性砂漠を楽園的な住宅群に一変させた．そこでは家屋の存在は消え，ただ噴水と開かれた中庭があるのみであり，それらは抽象的ながら自然な壁面によって区画される．これらの壁は平穏な黙想を表す建築的な隠喩である．空，大地，水，人間の限界といった事柄が本源的なかたちで交錯しているのである．

ル・コルビュジエの日本への影響は，南米と並んで多大なものであった．その影響は前川國男（1905-1986），坂倉準三（1904-68）の2人の才能ある建築学生によってもたらされた．彼らはそれぞれ1928年から30年，1931年から36年の期間にパリの事務所で働いた．

日本は，しかしながら，すでに西洋の建築的遺産を持ち合わせていた[247]．ドイツの建築家たちは世紀の変わり目には活動していたし，またチェコ系アメリカ人の建築家アントニン・レーモンド（Antonin Raymond, 1888-1976）が，ライトの帝国ホテルのプロジェクトとともに1919年に来日していた．彼は1920年代に自身の事務所を開設し，1923年には世界で最初期の「キュビスト」的な鉄筋コンクリート住宅を設計している[248]．このモダニズム運動は，西洋に学んだ日本人建築家たちによって補完されていく．石本喜久治，山脇巌，山口文象，蔵田周忠たちにはバウハウスですごした時期がある．当時若手だった山田守は同郷の前川とともに，1929年にフランクフルトで行われた第2回CIAM会議に参加している．山田の設計による東京中央電信局は，1932年のインターナショナル・スタイル展における日本からの唯一の出展作品であった．結果として1930年代の初め頃までには，西洋の流行の最先端と旧来の様式建築の方法のあいだをつなぐ建築事務所がいくつも存在していた．

戦争によってもたらされた荒廃は大規模な復興事業を必要とし，また同時に徹底的な文化の変革をも要求した．坂倉と前川は指導的な役割を担い，またレーモンドはアメリカから日本に戻る．この3人に，間もなく4人目の建築家として，後に世界的名声を得ることとなる丹下健三（b.1913）が加わった．彼は前川の愛弟子であった[249]．

---

[247] 日本における近代建築についてはDavid B. Stewart, *The Making of a Modern Japanese Architecture: 1868 to the Present* (Tokyo: Kodansha International, 1987) を参照．
[248] Antonin Raymond, *An Autobiography* (Rutland, Vt.: Tuttle, 1970).

彼ら4人の仕事の違いは，2つの文化を融合させる困難を反映したものであり，実際のところそれらの調停は全く実現しなかったといえるだろう．レーモンドのリーダーズ・ダイジェストビル（1950-52）はピロティ形式のものであるが，ミース的な特徴を示しつつも，軽やかで木造風のスケールとプロポーションは日本的である．坂倉の鎌倉の神奈川県立近代美術館（1951）はル・コルビュジエの影響がみられ，また前川の晴海団地高層アパート（1957-58）はマルセイユのユニテに多くを負っている．丹下の作品のみがル・コルビュジエ・スタイルから徐々に離れてゆく．彼の最初の大きな仕事はコンペティションに勝利した広島平和記念資料館（1949-55）であり，ル・コルビュジエ的な重々しい支柱やブリーズ・ソレイユの使用がみられた．しかし1950年代に彼の仕事は進化していく．例えば香川県庁舎（1955-58）では，日本の伝統的な木造技術からコンクリート造への翻案がみられる．これは明らかにル・コルビュジエを基調としたユニークなアジア的モダニズムといえるだろう．だが一方で，重厚な倉敷市庁舎（1958-60）や戸塚カントリークラブハウス（1960-61）には，ロンシャンの影響が未だ読み取れる．1960年代になってようやく，日本の建築家はル・コルビュジエの鋳型から抜け出すことができた．

　エジプトの建築家で都市計画家のハッサン・ファトヒー（Hassan Fathy, 1899-1989）は，日本の例とは対照的に，西洋の建築的形態や方法を意識的に拒否した．失敗に終わったルクソール近郊のニュー・グルナの農村計画（1945-48）に始まり，ミト＝エル＝ナサラのプロジェクト（1954）など，ファトヒーは継続的に貧しい人々のためにエジプト的な建築をつくり続ける．それらは土着の文化による地域主義によるものであり，前産業時代の素材や建設技術から率直に引き出されたものであった．

　戦後のヨーロッパにおける理論と実践は，国によってかなりの差がある．スペインは，1930年代から始まる内戦，フランコ政権の文化政策，貧困や他国に比べて未発達の技術といった要因から特別な状況にあった[250]．1950年代初頭のスペインの建築は，1930年代には実質的に禁じられていた国際的なモダニズムの再生と，ヴァナキュラーな建築の伝統の推進のあいだの興味深い弁証法によって特徴づけられていた．優位だったのは後者のようであり，建築家ホセ・ルイス・フェルナンデス・アモは

---

[249] 丹下の作品については *Kenzo Tange, 1946-1969*, ed. Udo Kultermann (New York: Prager, 1970), Robin Boyd, *Kenzo Tange* (New York: Braziller, 1962) を参照．前川の作品については Jonathan Reynolds, *Kunio Maekawa and the Emergence of Japanese Modernist Architecture* (Berkeley: University of California Press, 2001) を参照．

[250] スペインについては Gabriel Ruiz Cabero, *The Modern in Spain: Architecture after 1948* (Cambridge: M.I.T. Press, 2001) を参照．

1950年代にいくつかの村の再建計画に関わり，特にカセレスのヴェガヴィアナ計画（1954-58）において，地域の素材を詩的に用いて設計を行った．アレハンドロ・デ・ラ・ソータ（1913-）の仕事はむしろ個人主義的であり，またシュールレアリスムの影響が浸透しているが，それにもかかわらず根源的には伝統に基づいている．セヴィーリャ県エスクィヴェル村のデザイン（1948-55）においては，アンダルシアの鉄格子細工とタイルという伝統的モチーフが，彼独特のユーモアを交えて用いられている．

モダニズムと伝統の対話は，1950年代を牽引した2人のスペイン建築家の中にも同様に見出される．ジョセップ・マリア・ソストレス（Josep Maria Sostres, b. 1915）とホセ・アントニオ・コデルチ（José Antonio Coderch, 1913-84）はカタロニアの建築家で，1952年にグルーポ・エッレを設立する．このグループはスペインの建築家たちを再び団結させる目的があった．ソストレスはそれ以前にガウディ友の会（Amigos de Gaudí）を設立しており，理論家，教師，建築家を兼ねた人物であった．初期の代表作はシトゲスのアウグスティ邸（1955-58）である．コデルチはおそらく，カタロニア建築を同時代的な意味でよりよく理解しており，カルデス・デストラチのカサ・ウガルデ（1951-52）に始まり，極めて魅力的なバルセロナのカサ・デ・ラ・マリーナ（1951-54）といった作品を残した．

土着の伝統についての同様のアイディアは，1950年代のイタリアにもみられる．イタリアはイギリスと並んで，ヨーロッパの理論形成における主導的な役割を担っていた．イタリア理論の急浮上は，常に強気の姿勢を示したブルーノ・ゼーヴィ（Bruno Zevi, b. 1918）の影響がとりわけ大きい[251]．ローマに生まれ1936年に建築を学び始めたゼーヴィは，在学中より反ファシズムの動機から活動的な人物となる．彼の反ファシズムとユダヤ人の血統はイタリアでの生活を困難なものとし，1939年の出国後，ロンドンのAAスクール，アメリカのハーヴァード大学で勉学を続け1941年に学位を得た．ゼーヴィは1943年にロンドンに戻り，連合国側に立って戦争に関与した．V2ロケットが降り注ぐ真夜中に最初の著作である『有機的建築へ』（Verso un'architettura organica, 1945）は執筆された（図99）[252]．同年彼は有機的建築協会

---

[251] ゼーヴィと彼の考えについては次を参照のこと．Andrea Oppenheimer Dean, *Bruno Zevi on Modern Architecture* (New York: Rizzoli, 1983). 歴史家としてのゼーヴィについては次を参照．Panayotis Tournikiotis, *The Historiography of Modern Architecture* (Cambridge: M.I.T. Press, 1999), pp. 51-83.

[252] Bruno Zevi, *Verso un'architettura organica: Saggio sullo sviluppo del pensiero architettonico negli ultimi cinquant'anni* (Torino: Einaudi, 1945); translated as *Towards an Organic Architecture* (London: Faber & Faber, 1950).

(APAO：associazione per l'architettura organica) を設立し，また建築雑誌『メトロン』(*Metron*) を発行して社会貢献に努めた．

『有機的建築へ』は若い歴史家による多岐にわたる研究書であり，部分的にはギーディオンの『空間，時間，建築』における合理主義論に対する反論として著されたものである．そしてまた，1920年代のヨーロッパ合理主義の限界を鋭く，しかし巧妙に批評した言説でもある．本書の鍵となるいくつかの章では，1930年代のモダン・ムーブメントの失速について論じており，その理由としてゼーヴィは以下の3つを指摘する．①人々は「合理的＝功利的」の論争に辟易しており，同時にそれらは建築の最大限の表現可能性を制限してしまっている．

99　ブルーノ・ゼーヴィ『有機的建築へ』(Verso un' architettura organica, Turin, 1945) の表紙．

② ル・コルビュジエの合理的言語と詩的感受性による創造的魔術のあいだには，論理的には整合性がない．③ 機能主義と合理主義の理論はそれ自身，没個性的であり，抽象的で，なおかつその適用において過度に権威主義的である[253]．ゼーヴィにとって1930年代末から40年代における近代建築は，スカンジナビアと合衆国でのみ生き延びていた．それらの国々の建築家は，今日「理論と実践の両面において先んじているのである」[254]．その理由は彼らが合理主義の限界，あるいは前世代の建築家が用いる決まり文句から自由であり，「有機的」な建築を実践しているからである．「建築は，部屋，住宅，都市の空間配置が，人間の物質的，心理的，精神的な幸福のために計画されたときに，初めて有機的となるのである．有機的なものとは，それゆえ図像的なイデアではなく社会的なイデアに基づくのであり，我々は，建築が人文主義的である以前に人間的であるものを目指したときにのみ有機的と呼び得る」[255]．

アールトはスカンジナビアにおいてその道を追求していた人物であり，彼の有機的

---

[253] Zevi, *Towards an Organic Architecture*, pp. 47-48.
[254] Ibid., p. 139.
[255] Ibid., p. 76.

なアプローチの一例として、人間に相応しい形態の合板家具がある。これは初期合理主義者たちのスチールとクロム合金の工業美学と対照をなすものであった。ゼーヴィにとって「有機的(オルガニコ)」という語彙は、人々に物質的かつ心理的なくつろぎを与えるものを指すと同時に、高みにある民主主義的な理想をも意味した。ライトはこうした方向の合衆国にににおける典型であった。ギーディオンによれば、ライトはヨーロッパにおける運動の先駆けとなったにすぎないのだが、ゼーヴィはこのアメリカの建築家についての記述をヨーロッパの建築家の後に置き、現代との関連性を強調している。ゼーヴィはまた、ヨーロッパの歴史家の中では、アメリカ国内に活動の中心地が複数存在することを認識していた唯一の人物であった。事実、彼は東海岸に比べて西海岸が優位であると述べている。なぜなら前者は文化的にヨーロッパの影響に縛られていたからである。このようにして、グレゴリー・アイン、ラファエル・ソリアーノ、ハーウェル・ハミルトン・ハリス、ウィリアム・ワースターらの仕事はゼーヴィの歴史記述に現れ、それはエリック・グンナール・アスプルンド、スヴェン・マルケリウスも同様であった。

続く幾年かのあいだに、ゼーヴィは有機的建築のアイディアを空間の概念とともに定義するに至り、次の著作『建築の見方』(*Sapere vedere l'architettura*, 1948) においてこのテーマを追求する[256]。同書は一見すると、ゼーヴィは参照していないものの、半世紀前のシュマルゾーの議論の繰り返しと思えるかもしれない。ゼーヴィはまさしく次のように述べている。「建築の歴史は、第1に空間認識の歴史である」[257]。しかしながら、次の点においてその枠組みは拡大されている。彼は建築における「方法の明瞭性」と「文化的規範」を確立させようと意図する中で、彫刻や絵画における前衛派のマニフェストや議論を、建築を空間としてのみ評価するという単一の基準に置き換えている[258]。ギリシアからバロックを経て現代に至るまでの空間概念を検証することで、いま一度、彼は建築の歴史的発展を考察する。その結果、近代の空間概念を次の2つに還元する。① 機能主義者たちによる、合理的解釈に基づいた自由で開放的な平面計画(規則的で包括的な幾何学を含んでいる)。② ライトによる有機的な空間概念。ゼーヴィはここに至り、ライトの空間の複雑性を彼の有機的概念を正当化するものとして用いることとなる。

---

[256] Bruno Zevi, *Sapere vedere l'architettura: Saggio sull'interpretazione spaziale dell'architettura* (Torino: Einaudi, 1948); translated by Milton Gendel as *Architecture as Space: How to Look at Architecture* (New York: Horizon Press, 1957).〔栗田勇『空間としての建築』鹿島出版会、1977年〕.
[257] Zevi, *Architecture as Space*, p. 32.
[258] Ibid., p. 17, 21.

ライトにとって，オープンプランは，限定された建築ヴォリュームの枠内において進められる弁証法ではなく，中心となる核から始まり，ヴォイドをあらゆる方向に投影することで獲得される，空間的言語によって表現された最終成果物なのである．結果として生じてくる空間の効果は，ある豪胆さと豊かさを秘めており，それは機能主義者たちが夢にも思わないものである．またその装飾要素に対する執着には，しばしば疑問を禁じ得ない趣味性は別として，初期ヨーロッパ合理主義の，むき出しの，自らをもち打つような厳格さから，自由になりたいという渇望が示されているのである[259]．

ゼーヴィによるライトの評価は，豊かな空間ヴォリュームにのみ基づいているのではない．ライトの空間に対するアプローチは，利用者の使い勝手と心理を考慮している点において，伝統的なヒューマニズムの意味でより良心的なのである．この点について，ゼーヴィの近代建築についての批評は，予期せざるかたちで複数の異なる局面をもっていた．彼は，統合性，対称性，調和と対比，といった絵画の領域における諸概念を用いて，建築空間を形態的に評価する．ところが，それは今日の建築には二義的にのみ適応可能であり，限界もある．彼が評価の中で考慮するのは建築空間の含意，特にその社会的含意であり，その評価を査定することは極めて重要な意味をもつのである．しかし心理学的解釈の名のもとに，彼は「感情移入」理論に基づいた身体の問題に焦点をあてるようになり，この点にこそ彼の理論の独創性がある．フィードラー，ヴェルフリン，ジェフリー・スコットを引用しながら，ゼーヴィは次のように論じる．我々が空間を知覚するその時，「我々の心は，空間への親近感とともに〈共鳴〉するのである．なぜなら，空間は身体と精神の双方にさまざまな反応を喚起するのであるから」．それゆえ，「建築は，構造的なかたちを通して感情の状態を伝達することができるのであり，我々の感情を人間的で豊かなものとすることができるのである」[260]．このような空間体験の現象領域において，ゼーヴィの有機的というコンセプトの要点が存在しているのであり，そのコンセプトは――同時代の批評家が考えたような――ライト的なかたち(フォーム)へと立ち返ることを意図したものではなかった．それは，近代建築に自然素材や機能の複合性を取り戻すことを可能にするような，反合理主義的な考え方なのである．事実，同書に掲載されたライト作品の図版は，「落水荘」「ジョンソン・ワックス社屋」といった極めて触覚的な作品であった．

---

[259] Ibid., p. 144.
[260] Ibid., p. 188.

Chapter 13　恐慌，戦争，その後　1934-1958

ゼーヴィはさらに，空間の発展という観点からの歴史記述の試みを，次の著作『近代建築の歴史』(*Storia dell'architettura moderna*, 1950) において洗練させる[261]．彼は当時すでにヴェネツィア建築大学で建築史講座の職を得ており，また，母国の戦後復興において活発な活動を行った都市計画学会（Istituto Nazionale di Urbanistica）の設立に関わった．しかし 50 年代の初期のイタリアの理論は，対立し合う考え方とさまざまな影響力によって分裂していた．ゼーヴィと対立したのは美術史家のジュリオ・カルロ・アルガンであり，彼は『グロピウスとバウハウス』(*Walter Gropius e la Bauhaus*, 1951) を著し，20 年代のアヴァンギャルドを重大な意義をもつ社会的・政治的な力として解釈した[262]．アルガンは，一方では，デッサウのバウハウスにみられる美の観点の欠如した技術合理主義の追求を，近代世界に適用されたコンラート・フィードラーの視覚理論の論理的な発展形と見做す．ところが他方では，建築とその設計者はその根源においてイデオロギー的なのであり，建築とはいわばそれ自身の矛盾を通じて行使される民主的な力の弁証法的な表現なのであると述べている．アルガンのマルクス主義的視点において，──それは 60 年代末に世界を席巻したものだが──建築が政治的であることは全くもって正しく，かつ重要なことであった．

　これら 2 つの視点と対立するのが，新たに見出された地域主義あるいは伝統的表現を評価する立場だった．これはスカンジナビアやアメリカでの地域的な運動を，ゼーヴィが評価したことにより強化されたものである．多くの才能ある建築家が，地域的伝統の中で手仕事が担う側面に注目した．その中には，カルロ・スカルパ，ルドヴィコ・クアローニ，マリオ・リドルフィ，マリオ・フィオレンティーノ，イグナツィオ・ガルデッラ，フランコ・アルビーニ，ヴィットリオ・グレゴッティ，ジョルジョ・ライネリ，ジョヴァンニ・ミケルッチらがいた．リドルフィのチェリニョーラにおける集合住宅計画 (1950-51) は，後にネオ・レアリズモ的と評されたもので，リドルフィは，コンクリート・フレームの中にシンプルなコンクリート・ブロックと装飾的な鉄細工を挿入することで，地域的な精神を喚起することを意図したのであった．また，物議をかもしたローマ・エチオピア大通りにおける集合住宅の設計では，開口部にマジョリカタイルと装飾要素を付加し，祝祭の時期に窓から華やかな織物を窓から吊るすイタリアの伝統を暗示させた．ミケルッチは，戦前のフィレンツェ鉄道駅のデザインで知られるが，ピストイアの市場 (1950) とコッリーナの教会 (1954)

---

[261] Bruno Zevi, *Storia dell'architettura moderna* (Torino: Einaudi, 1950). 同書は英語に翻訳されていないが，主要な議論は次の文献に再現されている．Bruno Zevi, *The Modern Language of Architecture*, trans. Ronald Strom and William A. Packer (Seattle: University of Washington Press, 1978).

[262] Giulio Carlo Argan, *Walter Gropius e la Bauhaus* (Torino: Einaudi, 1951).

においてトスカーナの伝統建築へ関心を示した．このような伝統的な語彙への追想と近代的手法の結合は，ガルデッラとアルビーニの仕事においても基調をなすものである．代表作として，それぞれヴェネツィアのザッテレの集合住宅（1954-58），ジェノヴァのサン・ロレンツォ宝物館の改修（1952-56）がある．

このようにして，エルネスト・ナターン・ロジェルスが『カーザベッラ』（*Casabella*）の編集を引き受け，それまでの「建設」（*Construzioni*）に代わって「連続性」（*Continuità*）をその雑誌タイトルに付け加えた1953年の12月までには，真剣な討論が繰り広げられる舞台が用意されていた．戦前のジュゼッペ・パガーノとエドアルド・ペルシコの精神を引き合いに出しながら，ロジェルスは彼の最初の論説の中で，連続性とは「歴史に対する認識，連綿と続く伝統への認識」であり，「過去から現在に及ぶすべての形式主義(フォーマリズム)に対する創造精神の永遠の闘争」であると記した[263]．「連続性(コンティヌイタ)」が指し示すものは，「ごく最近のアカデミズムで流行している，世界主義的(コスモポリタン)であるという麻薬」でも「煽動的な土着主義(フォークロリズム)」でもなく，むしろ道徳的な美学である．「質の問題ばかりが取り沙汰される世界で量の問題を試し，同時に，質の問題が量の問題へと徐々に変わっていくように励むこと．芸術と工芸を本来の統合へ，すなわち〈テクネー〉へと，再び導くために」[264]．数年後，彼は伝統と連続性の問題についてより明晰な言葉で語っている．「重大な問題は，次のごとくである．ある者は，防腐処理が施された自然とモニュメントによって，国土をミュージアム化しようとする過ちを犯しており，一方その他の者はその真逆の誤謬――つまり，すべてをきれいさっぱり更地にしてしまうという，目の前にある複雑な現実に対する過度な単純化――に陥っているのであり，その両者をいかにして調停しうるかという問題なのである」[265]．50年代の半ばにおいて，イタリアの理論が独自の道を歩んでいることは明白であった．それはやがて他国から注目されることとなる．

同時期のスイスでは，理論の展開はその大部分をギーディオンの貢献に負っていた．彼は戦後まもなくCIAMの再建を目指し，初期の成功に導かれた堅実な路線において執筆活動を続けた．1948年，彼はアメリカで執筆した『機械が指揮をとる』（*Mechanization takes Command*）を発表する．これは，農作業器具，イェール社の錠前，キッチン用品といった「ごく普通のもの」の現象と，それらが「我々の生活，態度，本能に対して与える避けがたい影響」について考察することで，自身の仕事が扱う範囲を広げようとしたものであった[266]．それは楽観的な内容ではなく，匿名の

---

[263] Enresto Nathan Rogers, "Continuità", *Casabella-Continuità*, no. 199 (December 1953): p. 2 を参照．
[264] Ibid.
[265] Ernest Rogers, "Tradition and Modern Design", *Zodiac* 1 (1957): p. 272.

「時代精神^{ツァイトガイスト}」によってさまざまな出来事がもたらされるということを想定するものであった．そして建築にはほとんど触れないものの，「失われてしまった内的なリアリティと外的なリアリティの平衡」を取り戻すために，「個と集団のあいだの新たな調和」を見出し，「個々の人の中の精神的な領域同士の」仲立ちをするというような，彼の初期の分析に典型的な，心理学的に捻じ曲げられた方向性がみられる[267]．このような「神経活動の平衡」を取り戻すことは，ギーディオンにとって，人類が長期の趨勢の中で生き延びるための唯一の希望なのであった[268]．

　ギーディオンは50年代に別の重要な3冊の書籍を執筆している．『新建築の10年』（*A Decade of New Architecture*, 1951）は，英仏2言語で書かれており，過去の10年間における国際的な建築事情を検証している[269]．そこでは，初めて南米の建築も視野に入れられ，それゆえ当然ながら近代運動の国際化が肯定されている．3年後，『ヴァルター・グロピウスの作品とチームワーク』（*Walter Gropius: Work and Teamwork*）を著し，近しい友人による偉人伝というべきものを書き上げた[270]．同書はグロピウスの偉業を誇張したものに違いないが，それでもこの建築家のアイディアを稀少な写真で示した最も優れた研究書ということができる．最後に『建築：あなたとわたし』（*Architecture: You and Me*, 1958）が書かれており，これは1936年から56年のあいだに書きためられた価値ある論文集となっている[271]．1954年に書かれた彼の「新地域主義」（"New Regionalism"）は古典的な論文であるが，彼がマンフォードやゼーヴィからの批判を受けて，その見解を修整したことを物語るものである．もはや「様式」や「国際様式」という視点では不十分となったと彼は論じる．なぜならこのような概念は形式主義を助長し，地域の気候的・文化的要件を置き去りにしてしまう可能性をもっているからである．さらに付け加えると，非西洋文明に対する敬意が増していることが，『空間，時間，建築』の日本語訳に見出されており，また，ノイトラ，ニーマイヤー，セルトによるモダニズムの広がりは，彼によれば，地域性を考慮するという新たな傾向を示すものである．ギーディオンは予期せぬかたちで論を締めくくる．彼は，フランク・ロイド・ライトによる非直交座標系，すなわち円形の

---

[266] Sigfried Giedion, *Mechanization Takes Command: A Contribution to Anonymous History* (New York: W.W.Norton, 1969; originally published in 1948), p. 4.
[267] Ibid., pp. 720-721.
[268] Ibid., p. 722.
[269] Sigfried Giedion, *A Decade of New Architecture* (Zurich: Editions Girsberger, 1951).
[270] Sigfried Giedion, *Walter Gropius: Work and Teamwork* (London: Architectural Press, 1954).
[271] Sigfried Giedion, *Architecture: You and Me: The Diary of a Development* (Cambridge: Harvard University Press, 1958). 同書はその内容において次の書と同じである．Giedion, *Architektur und Gemeinschaft: Tagbuch einer Entwicklung* (Hamburg, 1956).

住宅の問題を取り上げ，それらを古代クレタ島の楕円形住居と比較したのだ．ギーディオンはその原理において，フラーのマストハウスのような機械化された円形住宅については，都市デザインの観点から否定的であったが，「直角の専制主義」の破綻として，あるいは「内部空間のより大きなフレキシビリティの探求」という点からその魅力にひきつけられていたようである．ただしそれは，「遊牧民の生活から定住する農耕民の生活」への変化を可能とした時代の人間精神の探求という人類学的な関心からであった[272]．彼は，「我々が今日必要とするものは，想像力において他にない」と結ぶ[273]．

ギーディオンの変化する展望は，初期のエッセイ「空間の想像力」("Spatial Imagination")に対して，（1956年に）彼が追記したいくつかの記述からも読み取ることができる．彼は，サーリネンのクレスゲ・オーディトリアム，ヨーン・ウッツォンのシドニー・オペラハウスといった近年の建築から啓示を受け，シェル・ヴォールトの登場を近代建築を解放する歴史的事件として捉えた．とりわけ彼はウッツォンの作品における，「風をはらみ期待とともに大きくふくらんだ帆がつくり出す情景」を賛美する．「それらの帆は，そこで起こるであろう出来事に対する心構えを促すものであり，人々を日常生活から切り離すものである．その風のひと吹きで平凡なステージタワーならば倒壊してしまうだろう」[274]．ギーディオンの初期のテクノクラート的な合理主義が，もはや和らいでしまったことは明白である．それは，より彫塑的でなおかつ明らかにバロック的な建築概念によって，和らげられたのである．彼の哲学的な探求は，3巻からなる『永遠の現在』（*The Eternal Present*, 1957-64）にまとめられ，内省的で心理学的な象徴の問題に焦点があてられた[275]．

ドイツは戦争によって破壊しつくされ，また戦前の著名な建築家の大半は世界中に離散してしまっていた．戦後の数年の間は，理論研究の中心というかつての威光はもはや薄れていた．ウルムにバウハウスを再建するという計画は，そうした状況を打開しようとするひとつの試みであった．それはウルム造形大学（HfG：Hochschule für Gestaltung）として実現し，建築に関する教育とインダストリアルデザインと視覚コミュニケーションの実習を合わせたカリキュラムを特徴としていた[276]．初代校長は

---

[272] Ibid., pp. 150-151.
[273] Ibid., p. 151.
[274] Ibid., p. 193.
[275] Sigfried Giedion, *The Eternal Present: A Contribution on Constancy and Change*, 2 vols. (New York: Bollingen Foundation, 1962-64), idem, *The Eternal Present: The Beginnings of Architecture* (New York: Bollingen Foundation, 1964).〔江上波夫，木村重信訳『永遠の現在：美術の起源』東京大学出版会，1968年〕．
[276] Herbert Lindiger, ed., *Ulm Design: The Morality of Objects*, Hochschule für Gestaltung, Ulm

かつてのバウハウスの学生であったマックス・ビル（Max Bill, b. 1908）が務めた．彼は飾り気のない，工場のような校舎を，ウルムの都市近郊の山麓に設計した（1950-55）．このことは，グロピウスさえをも再びドイツに引き戻すこととなり，彼の講義が加わり正式に開校することになったのである．HfG はしかしながら，新校舎が建設される直前においてもなお，政治的・制度的に混乱したままであった．スイス人のビルは好戦的で無能な校長であることが明らかとなり，彼が唱える高尚なバウハウスの理念である「生活を芸術作品へ変える」というスローガンは，50 年代の半ばにおいては，もはや多くの者にとって時代錯誤なものに聞こえたようだ[277]．1957年に彼は辞職を余儀なくされ，学部の統合を経た後に最終的にアルゼンチン人建築家のトマス・マルドナードが校長に就任する．かつてハンネス・マイヤーが校長の頃のようなバウハウスのプログラムは，やがて「科学的操作主義」や科学デザインといった技術合理主義の形式を強調するカリキュラムに置き換えられていった．それと並行して，学校が政治化していったことで，学校の存続を支援する政治的な力に対する軽蔑や離反感情といったものが露見する．1968 年の争乱の中でやむを得ず行われた妥協は，学生のストライキを招き，彼らは最終的に学校が制度上抹消されたことを知ったのである．

これらのことは決して，HfG の理論的な重要性を貶めるものではない．特に 1950年末から 60 年代初期において，HfG はさまざまなアイディアと議論が飛び交う知的センターとして機能した．ここにはマックス・ベンゼ，コンラット・ワックスマン，バックミンスター・フラー，コンラート・ローレンツ，チャールズ＆レイ・イームズ，ジョゼフ・リクワート，クリスチャン・ノルベルグ＝シュルツらが集結した．マルドナードは記号論に関する講義を行い，後の 1960 年代に反響を及ぼすこととなる[278]．HfG の知的遺産は大いなるものであった．

この時期のヨーロッパで実践的な領域で最も優れた成果を残したのは，他ならぬスカンジナビアであった．北欧における理論は，戦後の歳月の中でわずかながら異なる展開を示していた．ここではデザインに対してより自由で形式張らない考え方が優勢であり，人がくつろぐための些細な要素である自然素材の利用，環境との統合，土地の伝統との調和といったことが考慮に入れられた．J・M・リチャーズは，1947 年に『アーキテクチュラル・レヴュー』誌の記事で「新経験主義」とそれらを命名す

1953-1968, trans. David Britt (Cambridge: M.I.T. Press, 1991). Kenneth Frampton, "Apropos Ulm: Curriculum and Critical Theory", *Oppositions* 3, May 1974, pp. 17-36 を参照．

[277] この学校の政治的な苦悶については René Spitz, *hfg ulm: The View Behind the Foreground: The Political History of the Ulm School of Design 1953-1968* (Stuttgart: Axel Menges, 2002) が参考になる．

[278] この講義について注意をうながしてくれたルイス・マーティンに謝意を表す．

る[279]．リチャーズはその記事の冒頭の写真において，この新様式の象徴として衝撃的な写真を採用する．そこでは芝生が植えられた裏庭の池のほとりに，体力と健康の象徴としての，すらりとした金髪の女性が，裸体のまま佇んで家屋の方向を見つめている．その家屋は北米の大農園の住宅様式と似通っていた（図100）．スヴェン・マルケリウスの設計による，この仰々しくない低層の住宅は，見事な白樺の林の中に建てられていた．リチャーズは「この最近の様式は，（機能主義の）理

100　スヴェン・マルケリウス，住宅（シェヴィンゲ，スウェーデン）．『アーキテクチュラル・レヴュー』(*Architectural Review*, June, 1947) より．

論を，美学的にも技術的にも人間に相応しいものとする」営為であると解説する．多くの機能主義者たちは，「現代建築を打ち立てるためにあのような困難な戦いを強いられてきたのであるが，その中で堅守されてきた客観性の原理が，彼の仲間によって穏やかに，かつ巧みに放棄されているのではないかと戸惑うであろう」[280]．そして，もし仮にこのような傾向が，世紀の初めの数年間に隆盛したナショナル・ロマンティシズムの運動の理論的な延長であるにせよ，同誌においてアメリカ西部の農園住宅が頻繁に取り上げられたことから見て取れるように，ヨーロッパにおけるアメリカの存在感と影響力は明白なものとなりつつあった[281]．1948年の『アーキテクチュラル・レヴュー』誌の記事において，リチャーズはカリフォルニアの「湾岸地域（ベイリージョン）」様式を取り上げ，経験的地域主義のマニフェストとして捉える．もっとも，彼は2年後には「地域的有機性（リージョナル・オーガニック）」と「経験的有機性（エンピリカル・オーガニック）」を区別する必要性を感じることになる[282]．こ

---

[279] J. M. Richards, "The New Empiricism: Sweden's Latest Style", *Architectural Review* 101 (June 1947), pp. 199-204.
[280] Ibid., p. 199.
[281] 『アーキテクチュラル・レヴュー』誌の編集者たちは，アメリカ西部の住宅に大変興味をもっていた．1946年の12月号では，カリフォルニアの3つの住宅（ディンウィディ＆ヒル，ノイトラ，ハリス）とコペンハーゲンの3つの住宅を併置している．

の2つの呼び名は，ゼーヴィの影響からイギリス理論が登場し，それがさらにロジェルスに取り上げられるという一連の流れを踏襲したものといえるだろう．

スカンジナビアの戦前世代のモダニストたち，スヴェン・マルケリウス，スヴェン・バックストロム（Sven Backström, 1903-92），スティーン・アイラー・ラスムッセン，カイ・フィスカー，アルネ・ヤコブセン，エリク・ブリッグマン，アルヴァ・アールトらは，戦時中に余儀なくされた活動の停滞を巧みに利用し，金属やその他の材料の不足から，1930年代の合理主義と自国の伝統を再評価する機会を得たのであった．1943年にスヴェン・バックストロムは『アーキテクチュラル・レヴュー』誌において，関連する諸問題を洞察力に富む語り口で論じる[283]．1930年のストックホルム万博のアスプルンドのパヴィリオンにおいて，スカンジナビアに機能主義が到来した．しかし，モダンデザインの建物が増大するにつれて，機能主義の欠点が次第に明らかとなっていく．「例えば大きな窓は，熱伝導の効果が大きすぎるため，熱気や冷気を調整することは困難となる．また美的価値を欠いていること，さらには人間にとって重要な居心地のよさに対する配慮を欠いていること，こうしたことに彼らは気づいたのであった．これらは，我々の建築や居住の伝統が築き上げてきたものではなかっただろうか」[284]．結果として，彼らの世代の建築家たちは，人間主義に関心を寄せつつモダニズムを再考し始めたのであった．

そして，人間というものは高度に複雑な現象であり，画期的な新しい公式によって理解できたり満足してしまうような存在ではないということが露見した．このような考え方は，部分的には1930年代のあまりに図式的な建築に対する反作用として育ってきたものである．今日我々は，捉えどころのないあらゆる心理学的な要因に注意を払うべき段階に到達したのである．人とその習性，反応，欲求は，これまで以上に関心を集めている．もしこれらを理解しようと努めるのであれば，そして建物をそれらに適合させようと思うのであれば，それは真に役立つことである．さらに我々は活き活きとしたやり方で建物を美しく豊かにしたいという願望をもっている．その時それは喜びの源となり得るに違いない[285]．

---

[282] "Bay Region Commercial" in Architectural Design, September 1948, pp. 111-116, "Bay Region Domestic" in *Architectural Design*, October 1948, pp. 164-170 を参照のこと．リチャーズは「地域的有機性」にライトのタリアセン・ウエスト，「西部アメリカの湾岸地域様式」（ベイリージョン・スタイル），マルセル・ブロイヤーのニューイングランド様式，デンマークや英国の作品を含めていた．一方「経験的有機性」には，スウェーデンの作品，アールトのMIT学生寮を置いた．"The Next Step?", Architectural Review 107 (March 1950): pp. 175-176 を参照．

[283] Sven Backström, "A Swede Looks at Sweden", *Architectural Review* 94 (September 1943): p. 80.

[284] Ibid.

同様の問題は，スカンジナビアにおける実践的な建設活動の場においても起こっていた．1937年にアルヴァ・アールトは，マイレア邸の設計において，合理主義の様式から離反する兆しを見せていた．厚板材，土地の石，タイルといった素材を用い，敷地の自然環境の中に建物が繊細に配置される．大戦の影響はフィンランドにおいてとりわけ過酷であり，彼の設計活動は中断を余儀なくされた．セイナッツァロのヴィレッジセンターの設計競技（彼の2番目の妻エリッサ・マキニエミがこれを手伝った）で勝利（1949-52）するが，ここでアールトはこの方向性を推し進めたため，設計案は疑いようのない傑作となった．1950年代の彼の仕事は多少変化するが，ヴォクセンニスカの教会（1956-59）では同様の傾向を自由に展開している[286]．最後に挙げた例は，タンペレにレイマ・ピエティラとライリ・パアテライネンが設計したカレヴァ教会（1959-66）の精神と通じるものがあり，同様に北欧的なルーツをもっている．

　1950年代のスカンジナビアの新しい衛星都市計画は，部分的にはマンフォード理論の影響を受けており，なかでもヘルシンキの田園郊外のタピオラ（1951年に建設が開始された）は，最も成功し，魅力的なものとなった．白樺と松の森という理想的な自然条件の中に立地し，形式張らない自由なレイアウトが施されている．また，ストックホルムの都市計画局は，マルケリウスの指揮下にあった1944年から54年の期間，ストックホルム近郊にいくつものニュータウンを建設している．その中で最もよく知られているのが，バックストロムとライフ・ライニウスによってデザインされたヴェーリングビー（1952-56）である．若干紋切り型ではあるが，都市の中心部が歩行者専用地区となり，地下通路によってライフラインが整備され，その中心を住宅と緑が取り囲んでいる．

　デンマークの建築家もまた，戦後の歳月の中で，住宅供給に焦点をあてていたといえるだろう．例外はヨーン・ウッツォン（Jørn Utzon, b. 1918）である．彼は，1957年のシドニー・オペラハウスの設計競技を勝ち取った[287]．ウッツォンが修養した期間は，この10年間における地域的連続性とスカンジナビア・モダニズムの国際性の息吹の双方を例証するものである．1930年代末にカイ・フィスカーとスティーン・

---

[285] Ibid.
[286] Malcolm Quantril, *Alvar Aalto: A Critical Study* (New York: New Amsterdam, 1983), Asko Salokorpi, *Modern Architecture in Finland* (London, Weidenfield & Nicholson 1970) を参照．
[287] ウッツォンの理論についての進展については Kenneth Frampton "Jørn Utzon: Transcultural Form and the Tectonic Metaphor", *Studies in Tectonic Culture: The Poetics of Construction in Nineteenth and Twentieth Century Architecture* (Cambridge: M.I.T. Press, 1995), pp. 247-334 を参照．〔松畑強，山本想太郎訳『テクトニック・カルチャー』TOTO出版，2002年〕．

アイラー・ラスムッセンが指導する王立芸術アカデミーで，彼は建築を学び始めた．その後，アスプルンドとアールトの事務所で働き，1948 年にモロッコへ旅した後，翌年からアメリカに渡るとタリアセンのライトの事務所で時をすごす．ウッツォンの個人的スタイルは，一方では有機物，すなわち生物の形態がもつ原理から引き出されたもののように見える．それは，ダーシー・トムソンの有名な著作『成長と形態』（*On Growth and Form*）や，アメリカ滞在期の見聞からの影響であろう．だが，他方では，彼は土着的な材料や建物の伝統，さらには非西洋世界の形態への関心と，有機的な形態の感覚を結合させることを試みているのである．

ラスムッセンのアイディアは『建築の経験』（*Experiencing Architecture*, 1959）によく示されている．これは，新経験主義の美学的基礎に関する入門書となり得るものである．また，ラスムッセンは同書の中で建築を，視覚，聴覚，触覚によって知覚される物体的なものであると同時に，人々の形態や空間の感覚を通して把握され，光，色，テクスチャー，リズム，物質の効果といったものによって強調され得る心理学的な芸術と理解している[288]．彼の初期の著作である『まちと建物』（*Town and Buildings*, 1951）はスカンジナビアの都市計画理論の目標を示した入門書であり，非グリッド式のレイアウト，自然への敬意，土地の伝統や場所に根ざすということ，ハウジングにおける近隣組織の問題について論じられている[289]．この時代における北欧は，福祉国家政策と小規模で均質な人口分布に特徴づけられており，ここに示された目標は十分に想定可能であり，また当時においては到達可能ですらあったのである．

1950 年代を通じてイタリアとスカンジナビアの両国が建築の実作において卓越していたとするならば，イギリスは建築理論が活発に議論された国であった．興味深いのは，北方のスカンジナビアの新経験主義と，フランスに依存した守旧的な芸術論を戦わせることで，イギリスの言説は有益な議論を導き出した．そこには同時にパラーディオに対する新しい関心や，アメリカのポップ・カルチャー，イギリスのピクチャレスクの伝統といったものが現れた．

戦後の建設活動が高いレベルにあったのは，ロンドンが爆撃されて被害にあったためで，戦災復興の需要とそれを実施する官僚機構が生み出されたからであった．1942 年から 43 年にかけて，マクスウェル・フライとバーソルド・リュベトキンをリーダーとする職能集団 MARS と王立アカデミーは，それぞれ別々にロンドン再建計画を

---

[288] Steen Eiler Rasmussen, *Experiencing Architecture* (Cambridge: M.I.T. Press, 1959).
[289] Steen Eiler Rasmussen, *Towns and Buildings* (Liverpool: University Press of Liverpool, 1951).

提案する.しかし,ロンドンの市議会が1944年に採用した革新的な計画案は,レスリー・パトリック・アバークロンビーとジョン・ヘンリー・フォアショウによって準備されたものだった.この計画は,ハワードの遺産を引き継ぎ,都市中央部の人口を減らし,現存する郊外を囲むように緑地帯を配置し,その外側に8つの衛星都市をリング状に計画するというものだった.労働党政権による社会主義政策,ロンドン州議会 (LCC) の復活,また1946年のニュータウン法によって,厳しい住宅供給の問題に対処する法的な仕組みも整えられた.続く10年にロンドンでは新たに10のニュータウンの建設が開始されていた[290].左翼政治と,LCC で働く多くの若い建築家たちは「モダニスト」の勝利を確信したが,実際のところ,その勝利の代償は小さくはなかった.

これらニュータウンの計画案については次章で詳しく述べるが,そこで用いられた建築語彙は本章と大いに関係がある.MARS は CIAM のイギリスでの窓口として設立されたことからわかるとおり,そのメンバーの多くはル・コルビュジエの計画・建設モデルに好意的であり,彼らは LCC の住宅供給プロジェクトに参加した.その中には新たにル・コルビュジエ派となったジョン・キリック,アラン・コフーン,ウィリアム・ハウエル,コリン・セント・ジョン・ウィルソン,ピーター・カーターがいた.彼らはすべて AA スクールの卒業生であった[291].

コーリン・ロウが著したル・コルビュジエに関するエッセイも,このフランス人建築家の人気に貢献するものであった.1947年にロウはウォーバーグ研究所でルドルフ・ウィットカウアー指導のもと博士課程の学生であった.ロウはこの年「理想的ヴィラの数学」を発表する.同書は,パラーディオのヴィラ・マルコンテンタとル・コルビュジエのヴィラ・スタイン=ド・モンジー(ヴィラ・ガルシュ)が,数学的・比例的に類似性のあることを述べた論考である[292].これは「ル・コルビュジエ様式」なるものが,時間を超越したものであるということを強調するものであった.3年後ロウは『アーキテクチュラル・レヴュー』誌により挑発的なエッセイ「マニエリスムと近代建築」を投稿する.これは初期のモダニストの「反転した空間の効果」が,1520年から1600年のマニエリストの時代と並列の関係にあることを論じている[293].

---

[290] 特に Lionel Esher, *A Broken Wave: The Rebuilding of England 1940-1980* (London: Allen Lane, 1981) を参照.

[291] LCC の政策とル・コルビュジエへの賞賛に関しては,Reyner Banham, *The New Brutalism: Ethic or Aethetic?* (London: Architectural Press, 1966), pp. 11-16 を参照.

[292] Colin Rowe, "The Mathematics of the Ideal Villa: Palladio and Le Corbusier Compared," *Architectural Review* 101 (1947) pp. 101-104.〔伊東豊雄,松永安光訳『マニエリスムと近代建築:コーリン・ロウ建築論選集』彰国社,1981年〕.

[293] Colin Rowe, "Mannerism and Modern Architecture," *Architectural Review* 107 (1950), pp. 289-299.

サン・ピエトロの後陣とパリの救世軍ビルの比較においては，ル・コルビュジエを現代のブラマンテとして祭り上げる効果があった．ルドルフ・ウィットカウアーの比例に関する著作『ヒューマニズム時代の建築原理』(Architectural Principle in the Age of Humanism, 1949) の出版，さらにはル・コルビュジエの『モデュロール』の出版がほぼ同時期であり，これらがロウの主張を補完するのに役立った[294]．

　ル・コルビュジエを偶像化しようとするこの流れは，スカンジナビアと新ピクチャレスク運動の熱狂の双方からもたらされた新経験主義と衝突することとなった[295]．興味深いことに，これらの新しい動向を導いたのは2人の歴史家，J・M・リチャーズとニコラウス・ペヴスナーであった．2人は『アーキテクチュラル・レヴュー』誌の編集者であり，モダニズムに対するゆるぎない態度を有していた．ペヴスナーはセミナーでの研究を『近代運動の先駆者たち』(Pioneers of Modern Movement, 1936) として出版する．彼はイギリスのアーツ・アンド・クラフツ運動の文脈からモダニズムの歴史を語り直した．一方リチャーズは，1940年に『近代建築序説』(An Introduction to Modern Architecture) を著し，集団主義的（ソヴィエト・スタイルの）無名性というギーディオン的な時代精神（ツァイトガイスト）の理論を強調するという，ペヴスナーに類似した議論を展開した[296]．しかしリチャーズには，新興の社会主義ユートピアのすべてが正しいわけではないかもしれないという懐疑もあった．1940年，彼はジェームズ・マッケディというペンネームで『アーキテクチュラル・レヴュー』に奇妙な「批評」を投稿する．彼は近代運動の普遍的な造形は，市井の人々になぜこれほど不評なのかと疑問を投げかけたのである[297]．1942年にはジョン・サマーソンとの共著で『イギリスの爆撃された建物』(The Bombed Buildings of Britain) が出版される．これはイギリスの歴史的遺産を解説したものであった．1947年にブリッジウォーターで開かれたCIAM会議においてリチャーズは講演を行い，さらに「モダン・アートに対する人々の感覚的な反応」に関するアンケートを用意した[298]．同年，彼は

---

[294] Rudolf Wittokower, *Architectural Principles in the Age of Humanism* (London: Warburg Institute, 1949; reprint, Academy Editions 1973).

[295] Eric Mumford, *The CIAM Discourse on Urbanism, 1928-1960* (Cambridge: M.I.T Press, 2000), pp. 163-168, Kenneth Frampton, *Modern Architecture: A Critical History* (New York: Oxford University Press, 1980), pp. 262-268, Banham, *The New Brutalism*, pp. 12-13.

[296] これら2つの著作の分析については David Watkin, *Morality and Architecture* (Chicago: University of Chicago Press, 1984), pp. 51-53, pp. 80-97 を参照．ペヴスナーの書籍のタイトルが *Pioneers of Modern Design* に変更されたのは1949年である．

[297] James Macquedy (J. M. Richards), "Criticism" (*Architectural Review* 87 (1940), pp. 183-184. に所収).

[298] 「建築表現」と題されたレクチャーは，"Architectural Expression," *Architects' Journal*, 25 (September 1947), pp. 277-281 として公刊されている．Sigfried Giedion, *A Decade of New Architecture*, pp. 30-34.

『大地の城』を出版する．これはカイロ，エルサレム，アレッポ，ロードス，アイン・ザハルタにおいて執筆されたもので，その中でヴィクトリア時代の郊外生活やイギリスのブルジョワ生活の美徳が賞賛される[299]．バンハムは同書に対して次のような有名な批評を行った．「本書は，近代建築が象徴してきたすべてのものに対する，全くの裏切りの書であると若い建築家たちには見做されるだろう．さらにひどい裏切り行為は，多くの学生を建築芸術に導いた『近代建築序説』を著した張本人によって本書が著されたということである」[300]．こうして，完全に立場を変えたリチャーズは，1947年にスウェーデンの新経験主義についての執筆を行った．この地域的モダンスタイルの実例は，彼自身の大衆迎合的な関心事と調和するものだったのである．イギリスの復興事業は，次の2つの派閥によって推進された．一方は合理的主義を提唱し，ル・コルビュジエ的なスタイルを支持する（コンクリートとガラスの）モダン・デザイン派であり，もう一方は煉瓦や木材といったローテク材料を用い，土地の伝統との共感の意識を維持しようとするスウェーデン的戦略を好む一派であった．後者は同時代的には，幾分軽蔑的な意味合いを込めて「庶民のディテール」と呼ばれたものである[301]．

　この議論に対する第3の局面は，ペヴスナーのいくつかの論考によって切り拓かれた．それらは後に要約されて，1955年の連続講義としてラジオ放送され，『イギリス美術のイギリス性』（*The Englishness of English Art*）というタイトルで出版されることとなった．そこではローハンプトン・エステイトやハーロウなどのニュータウンが好意的に取り上げられ，そこにイギリスのピクチャレスク理論の名残である形式張らないプランニングが指摘された．そして「もしイギリスの計画家たちが直線的な軸線や人工的でシンメトリーを重視した権威主義的なファサードを捨て去り，機能的かつイギリス的にデザインすれば，彼らは成功するだろう」と断言している[302]．

　この議論の背景にあるのは，長年にわたり左翼的近代理論に取り憑かれていたという深刻な問題である．ソヴィエト共産主義におけるレーニン＝トロツキー派がエリート支配に賛同し，真のプロレタリアートによる政治参加を否定したように，モダニストたちは大体において，大衆の趣味に呼応することよりもむしろアヴァンギャルドな形態を押し付けることを常に主張してきた．ホセ・オルテガ・イ・ガゼットは，1930年の『大衆の反逆』（*The Revolt of the Masses*）において同様の見解を繰り返してい

---

[299] J. M. Richards, *The Castles on the Ground* (London: Architectural Press, 1947).
[300] Banham, *The New Brutalism*, p. 13.
[301] Ibid., p. 11.
[302] Nikolaus Pevsner, *The Englishness of English Art* (Hammondsworth, England: Penguin, 1964), p. 188.

る．彼は「大衆の人（マス・マン）」ではなく，「文化人」たるエリートが政治的システムの中で役割を果たし，さまざまな表現形式を賢明にコントロールすべきであると論じた[303]．しばしば引用されるクレメント・グリーンバーグの 1939 年のエッセイ「アヴァンギャルドとキッチュ」（"Avant-Garde and Ktsch"）も同様な立場によるもので，大衆主義あるいは資本主義社会がもたらす不可避のキッチュに対して，極めて単純にマルクス主義的アヴァンギャルドが最後の防波堤となると見做していた[304]．以上のように，1950 年代初めのイギリスの社会主義者たちが抱いた問いは次のようなものであった．CIAM やそのイギリスにおける窓口である MARS といったエリート機関が，時として大衆に不人気ではあるが，近代的造形によってデザイン・プロセスを管理すべきか，それとも政治的アヴァンギャルドと大衆的キッチュ（スカンジナビア的解決策）のあいだの中道的な道を探すべきか，ということである．論理的に導かれる第 3 の解答，すなわち人々が望むものを余すことなく的確に与えるという，大衆主義的アイディアは，当然考えようもなかった．

イギリスでは問題の解決には至らなかったが，ここまで見てきたように議論の拠り所が変わったことからもわかるように，少なくとも事の重大さについては理解されたといえる．間もなく議論の第 4 の局面が切り拓かれた．それは「ニュー・ブルータリズム」といういささか見当はずれの旗印のもとに帰結する．この言葉は「新経験主義」というレッテルに対する応答として，1950 年には早くも登場していたようである[305]．このムーブメントの草分けとしては，アリソン（Alison Smithson, 1928-93）とピーター・スミッソン（Peter Smithson, 1923-2003）による論争の種となった作品や，現代芸術研究所（ICA）とゆるやかに連携した集団のインディペンデント・グループ（IG）の仕事などがある[306]．

スミッソン夫妻はダラム大学ならびに王立アカデミー建築学校に在籍した後に結婚し，ミース風デザインのハンスタントン中等近代学校（1949-54）をノーフォークに設計した 1 年後，1950 年にパートナーシップを組んだ．1952 年に彼らは先述の IG の結成を支援する．IG は芸術家や知識人たちによる非公式グループで，ロンドンの

---

[303] José Ortega y Gasset, *The Revolt of the Masses* (New York: W.W.Norton, 1930).
[304] Clement Greenberg, "Avant-Garde and Kitsch" を参照．*Art and Culture: Critical Essays* (Boston: Beacon Press, 1961), pp. 3-21 に所収．
[305] Banham, *The New Brutalism*, p. 10 を参照．
[306] スミッソン夫妻の本格的な伝記は未だにない．John Maule McKean, "The Smithsons: A Profile," *Building Design*, no. 345 (1977): pp. 22-24 を参照のこと．IG と IGA に関しては，Nigel Whiteley, *Reyner Banham: Historian of the Immediate Future* (Cambridge: M.I.T Press, 2002), pp. 83-139 参照．また Anne Massey, *The Independent Group: Modernism and Mass Culture in Britain, 1945-1959* (Manchester: Manchester University Press, 1995) も参照のこと．

アートシーンの現状に反旗を翻した．スミッソン夫妻に加えて，初期のメンバーには歴史家のレイナー・バンハム（Reyner Banham, 1922-88）や彫刻家のエドゥアルド・パオロッチ，ローレンス・アロウェイ，リチャード・ハミルトン，さらには写真家のナイジェル・ヘンダーソンがいた．ICA で 1953 年に開催された展示会は「芸術と生活の並行」と題され，グループのイデオロギーが 169 枚の非芸術のイメージ――機械，考古学的あるいは生物学的な産物，プリミティブな芸術や建築――によって表現された．このリアリスト的な主題は，同年エクス＝アン＝プロヴァンスで開催されたCIAM 会議においてスミッソン夫妻が報告した「都市の再確認」のグリッドの基本アイディアとなった[307]．ヘンダーソンのリアリスト的でブルータルな都市生活の写真に加えて，夫妻は 1952 年のゴールディング・レーンの住宅供給プログラムの計画を提示し，階層的に地区そして都市へと発展していく，居住用の「空中道路」によってつなげられたアーバン・タワー群の計画を提案した．夫妻はル・コルビュジエによる，成長や外部への接続を許容しない孤立した住宅ブロックの提案に異を唱えたのである．

　ニュー・ブルータリズムという非主流派の潮流は，1950 年代のいくつかの異なる局面の中で展開していった．1956 年のある展示会において，スミッソン夫妻は実寸で「未来の住宅」のモックアップを行った．これは滑らかな曲面が用いられ，子宮のような空間が表現されたものであった．また同年の ICA の展示会「これが明日だ」では，リチャード・ハミルトンによって「現代の家庭をこれほど違ったものに，また魅力的にしているものは一体何だ？」という，後に有名となるポスターとコラージュが発表された．そこには 1950 年代のテレビのあるリビングルーム，クジャクのようなポーズをとるアメリカ人ボディビルダー，裸でソファに座った豊かな胸の女性，コーヒーテーブルに置かれた缶詰のハムといったものが描かれていた．一部では，ポップ・アートの始まりと見做されているものである．パオロッチ，ヘンダーソン，スミッソン夫妻らは再びチームを組み，ベスナル・グリーンのヘンダーソンの裏庭で「パティオとパヴィリオン」と題して，錆びた車輪，岩，小道具といったジャンク品の寄せ集めで納屋のようなものも作成している[308]．

　必然的に，このムーブメントには名称が必要となった．すでに 1953 年にスミッソン夫妻は，彼らのアンビルト作品「ロンドン，ソーホーの家」（インテリアに仕上げ

---

[307] Whiteley, *Reyner Banham*, pp. 85-86．また Mumford, *The CIAM Discourse on Urbanism*, pp. 232-236 を参照．CIAM で発表されたものは，*Urban Structuring: Studies of Alison and Peter Smithson*（London: Studio Vista, 1967）に所収．
[308] Whiteley, *Reyner Banham*, pp. 115-117 を参照．

がされていなかった）の解説の中で，ひとつの名前を提供している．「実際のところ，これがもし実現していれば，最初の「ニュー・ブルータリズム」の具現化となっていたであろう」[309]．4年後，『アーキテクチュアル・デザイン』誌によって招集された匿名委員への返答の中で，夫妻はブルータリズムを次のように解説する——ブルータリズムとは，大量生産の社会を直視し，現在進行しているみなぎる力と混沌の中から，荒々しい詩学を引き出す試みである[310]．スカンジナビアの清潔なイメージや「イギリスの祭事に登場するロマンティックなお菓子やその末裔」はブルータリズムの美学によって手荒く拒絶されたのである[311]．

　歴史家のバンハムはこの頃キャリアの初期段階にあり，ブルータリズムの普及に対して献身的であった．1955年，表舞台に立とうとしていた戦後の若い世代の建築家たちと強く共鳴しながら，彼はそれを遂行した．バンハムはブルータリズムを，イギリス共産主義者たちによる「ウィリアム・モリスのリヴァイヴァル」に対する，またウィットカウアーの書籍によって流行した新古典主義に対する怒りを込めた応答として捉えたのである．彼の定義によれば，それは美術の世界におけるジャン・デュビュッフェ，ジャクソン・ポロック，アルベルト・ブッリらの作品に，また建築の世界ではル・コルビュジエのユニテやロンシャンのコンクリート「打ち放し仕上げ」（ベトン・ブリュ），ならびにカーンによるイェール大学アートギャラリーの力強いコンクリート構造の中に見出し得るものであった．ブルータリズムは美学的ではなく倫理的な原理に変換され，これらの建築作品はすべて次の条項——①記憶に残るイメージの強さ，②構造の明示性，③素材そのものがもつ価値の表現——を満たすとされた[312]．ル・コルビュジエのジャウル邸（パリ，1951-55）はその先駆的な作品とされ，その粗い仕上げは，新しいイギリスのブルータリズムのインスピレーションの源泉となった．ロンドンのハム・コモンのザ・フラッツ（1955-58）はその一例であり，設計した建築家のひとりであるジェームズ・スターリング（James Sterling, 1926-92）は，建設途中のル・コルビュジエの建築を調査し，「貧相」（プア）な煉瓦仕上げは非難すべきものではなく，この建築家の新しい方向性にとって許容可能ばかりか，むしろそれを直接的に指し示すものであると考えた[313]．ブルータリズムはもはや国際的な現象となっていたのである．

---

[309] Alison Smithson and Peter Smithson, "The House in Soho, London," *Architectural Review* 118 (December 1955): p. 361.

[310] Alison Smithson and Peter Smithson, "Thoughts in Progress: The New Brutalism," *Architectural Design* (April 1957), p. 113.

[311] Ibid., p. 111 委員のコメント．

[312] Reyner Banham, "The New Brutalism," *Architectural Review* 118 (December 1955): p. 361.

[313] James Sterling, "Garches to Jaoul: Le Corbusier as Domestic Architect in 1927 and 1953," *Architectural Review* 118 (September 1955): pp. 225-228.

バンハムはブルータリズムを定義することに成功して間もなく，このムーブメントが向かうべき新しい方向性を発見する．1950年代の半ば，ニコラウス・ペヴスナーのもとで学位論文を準備していたバンハムは，アメリカのポップ・カルチャー，さらにはアメリカの自動車にみられるクロムめっきの美学——これらはイギリスの知識人たちにとっては堕落した文化の代表例と見做されていたものだが——に魅了されていた[314]．このバンハムの新たな関心は，後に我々が確認することとなるが，1950年代当時のイギリス建築が置かれた状況に対し，とりわけ深刻な脅威を与えるものであった．なぜならば，それはデザインのコントロールが一体いかなる社会的諸力に基づくものなのか，という問いを提起したからである．ハイ・アート（建築家たち）なのか，それともポップ・カルチャーなのか．近代の建築家たちは当然ながら常に前者を主張してきたのだが，ここに来て突如として不安の感覚に揺り動かされたのであった．そしてバンハムは1960年代，彼特有の型破りな方法ではあるが，伝統的なハイ・モダニズムの最も優れた（そしておそらく最後の）擁護者のひとりであり続ける．しかし，すでに破壊の魔人(ジニー)は，1957年頃のどこかの時点で魔法のランプの外に飛び出してしまっていた．いっそう根本的な破綻がすぐそこまで迫っていた．

---

[314] Louis Martin, "The Search for a Theory in Architecture: Anglo-American Debates, 1957-1976" (Ph. D. diss., Princeton University, 2002), pp. 414. また，Whiteley, *Reyner Banham*, pp. 90-122, Banham, "Machine Aethetic," *Architectural Review* 117 (April 1955): pp. 225-228 を参照のこと．

Chapter 14

モダニズムへの挑戦状
ヨーロッパ
1959-1967

> ひとつだけ確かなことがある．もしも社会全体が，人々とのつながりを結ぶことに失敗したならば――なんという逆説であろうか――人々は地球上のあちこちに霧散して，どこにも故郷と呼べるものをもてなくなってしまうだろう．なぜなら今日つくられているのは，全く似通った数え切れないほどの偽物の場所という性質を帯びたものだからである．
> ――アルド・ファン・アイク――

1
CIAM とチーム X

　1930年代と40年代の間，CIAMはル・コルビュジエとギーディオンが掌握していたといってよいだろう．第4回CIAMは，1933年S・S・パトリスII号の船上で開かれ，その成果は10年後にル・コルビュジエによって『アテネ憲章』として出版される．この憲章はCIAMの目的とプランニング・ポリシーに関する決定的な声明となり，その細部において「輝く都市」の提案と同義であった．1930年代半ばのドイツ・モダニズムの頓挫という状況下にあって，ル・コルビュジエの存在感はいっそう強力なものであった．第5回CIAMは1937年パリで開かれ，同年開催されたパリ万博でル・コルビュジエは，「新しい時代」(Le Temps Nouveaux) 館をCIAMのプロパガンダとして展示した．スペインのホセ・ルイ・セルト，オランダのコーネリス・ファン・エーステレンは当時この組織に加わっていたが，1940年代のドイツ軍によるヨーロッパの制圧によって，建築家たちは再び世界中に四散してしまった．

　この状況下でCIAMにとって唯一の拠り所となったのは，1933年にMARS（近代建築研究グループ）が設立されたイギリスであった．1930年代中頃に，グロピウスやブロイヤーら多くのドイツ人建築家はイギリスへと脱出した．1938年のMARSのメンバーには，セルジュ・チャマイエフやラースロー・モホリ＝ナジがおり，彼らは「新建築」と題した展覧会を開く．これはニューヨークでのMoMAの展覧会と同じ役割をイギリスにおいて果たした．それにもかかわらず，大戦がイギリスを巻き込むと，多くの亡命建築家はアメリカ合衆国に移住することとなる．アメリカの問題はもちろん，この時点までCIAMとほとんど関わりをもたなかったということであった．

　1930年代以来のアメリカ人のCIAMメンバーは，リチャード・ノイトラとクヌート・レーンベルク＝ホルムであったが，彼らはともにヨーロッパ系であった．彼らは互いに離れた地域で活動しており，CIAMの主な活動舞台であるヨーロッパからも隔てられていた．そのため1939年にギーディオンが初めてアメリカを訪れた際の任務は，ニューヨーク憲章なるものを定めることであった．彼は5月にニューヨークでシンポジウムを開き，ジョージ・ハウ，ジョージ・ケック，オスカー・ストノロフらの関心を集めることになる．ここで非公式ながら北アメリカ東部の憲章も準備された．ギーディオンによってこれらグループがCIAMへ公式に統合された時点では，ハウやストノロフらはCIAMから距離を置いていた．アメリカの都市とヨーロッパ

の都市の文化的差異は極めて大きく，また北米大陸をひとつのアメリカ憲章にまとめるという提案は非現実的であった．こうした状況下ではあったが，1942年のセルトによる『我々の都市は生き延びられるか？』（*Can Our Cities Survive?*）は新たにアメリカの読者に向けて著されたものであった．だがそこにはアメリカの実例はほんのわずかしか見られない．同書は1933年と37年のCIAM会議の議論と解決の要点を抽出しようと試みたものであったが，序文の執筆を依頼されたマンフォードにとって，そのモデル的提案は理解しがたいものであった．都市の分析が居住，余暇活動，交通，労働という機能的カテゴリーに還元されてしまうのは，彼にとって明らかに不可解であった．そこには都市生活のもつ政治，教育，文化の側面が考慮に入れられるべきであった[1]．結果的にジョゼフ・ハドナットが序文を書くこととなり，ギーディオンのアメリカ版CIAM設立の試みは失敗に終わった．

このような経緯から，第2次世界大戦後にCIAMが公式に活動を再開するにあたっては，イギリスが活動の中心となった．そして戦後初の会議はMARSが主催し1947年9月ブリッジウォーターで開かれる．戦時下の中断により報告すべき研究はなく，いくつかの一般的なテーマが議題とされた．グロピウスは建築教育について話し，ギーディオンは記念碑性の問題に立ち返り，建築家，画家，彫刻家の協力関係について論述した．J・M・リチャーズは近代建築を一般の人々がどのように受け入れているかを語り，ル・コルビュジエは戦時下でのASCORALの活動の周知を図り，その活動をこれから取り組むべき活動の雛形とすることを提案した．セルトが議長として選出されたことによって，CIAMにおけるル・コルビュジエの権威はより確実なものとなった．副議長にはル・コルビュジエ，グロピウス，そしてポーランド人のヘレナ・シルクスが名を連ねた．改訂されたCIAM公式の目標は次のとおりであった．

　　人間の感情と物質的な必要性を満足させる物理的環境を創造すること．さらにはその環境によって，人間の精神的成長を刺激すること．
　　この良質な環境を実現するために，我々は理想的社会の追求，科学的な計画，利用可能な建設技術の最大限の使用を組み合わせる義務がある．それゆえに，我々は建築の美学的言語を拡大し豊かなものにしなければならない．その建築言語と

---

[1] マンフォードの手紙 Eric Mumford, *The CIAM Discourse on Urbanism, 1928-1960* (Cambridge: M.I.T. Press, 2000), pp. 133-134を参照．José Luis Sert, *Can Our Cities Survive? An ABC of Urban Problems. Their Analyses, Their Solutions, Based on the Proposals Formulated by C.I.A.M* (Cambridge: Harvard University Press, 1942; reprint, Kraus, 1979) も参照のこと．

は，人々の感情的な欲求が環境デザインとして表現され得るための，現代的な手段を与えるものである．これらの努力を通じて，個人として，またコミュニティとしての人々の生活が，より均衡のとれたものとなることを我々は信ずる[2]．

だが，この新たに強調された「精神的成長」と美学の実現のために，機能主義的な4つの計画カテゴリーが本質的に変更されることはなかった．つまり「余暇活動」が「心と体の修養」に置き換えられただけだったのである[3]．全体的な印象として，この集会は楽観主義に終止していたといえよう．若いオランダの建築家アルド・ファン・アイク（Aldo van Eyck, 1918-99）は次のような見解を表明する．デカルト的な普遍性を共有していた段階は終わり，今後は各自のイマジネーションこそ重要であり，CIAM がここでなすべきは，「まずこの新しい認識の肯定である」[4]．

第7回（1949年にイタリアのベルガモで開催）と第8回（1951年にイギリスのホッデスドンで開催）CIAM 会議においては，以上のような楽観主義は弱まり始める．ベルガモ会議は ASCORAL が部分的に準備したものだが，うまく組織されず，また出席者も少なかった．ル・コルビュジエは「アテネ憲章の適用」という部会で座長を務め，ここで彼は新しい「居住の憲章」へ拡張することを目論んでいた．この提案はその後の会議において継続的に議論されるが，決して進展することはなかった．ギーディオンは再び美学の問題を取り上げるものの，ポーランド人建築家のヘレナ・シルクスから猛反論を受ける結果となる．彼女によれば，西側諸国は形態至上主義（フォルマリズム）に陥っており，一方，東側諸国では人々は有意義な発展段階にあるため，ピカソの作品は何の意味もなさず，また禁止されてさえいるという[5]．アメリカ唯一の代表であった MoMA のジェームズ・ジョンソン・スウィーニーは，奇妙なことに，トルーマン大統領の洗練された芸術観を揶揄することに時間を費やした[6]．ギーディオンはのちに「建築家と政治：東西論争」（"Architects and Politics: An East-West Discussion"）と題して，これらの議論に対して自身の見解を明らかにしている．

第7回 CIAM 会議がもたらした最も興味深い成果は，ブルーノ・ゼーヴィによる

---

[2] Sigfried Giedion, "Post-War Activity of CIAM" in *A Decade of New Architecture* (Zurich: Editions Girsberger, 1951), p. 17.
[3] Ibid., p. 25.
[4] Ibid., p. 37.
[5] Sigfried Giedion, "Architects and Politics: An East-West Discussion," in *Architecture You and Me: The Diary of a Development* (Cambridge: Harvard University Press, 1958), p. 87.
[6] Ibid., p. 88.

批評活動であった．彼は，自身が創刊した『メトロン』（Metron）誌上でCIAMの弱点を攻撃した．それによれば，ル・コルビュジエ，グロピウス，ギーディオンといった年老いた合理主義者たちが会議を専横し，その他の近代的な視点がそれによって排除されているのであった．

> 彼ら以外の近代建築の流れはもはや合理主義的(ラショナリスティック)ではなく，有機的(オーガニック)，あるいは人間的な建築と呼ばれている．それらは時には新経験主義とも呼ばれる．これらの建築運動はCIAMの中で適切な代表者がおらず，10年前に形成された合理主義の建築家たちによってCIAMから遠ざけられている．近代運動を現実に推し進めている若い世代，またライト派の建築家たちは，多かれ少なかれCIAMから除外されているのである．なぜだろうか？[7]

ここで，ゼーヴィは実質的にはギーディオン批判を開始し，『空間，時間，建築』の歴史記述としての欠点を指摘する．同書は初期モダニズムにおいて，主要な建築家であったメンデルゾーンらを排除しており，またポスト合理主義ならびに戦後の建築運動に関する認識に誤りがあるとされた．彼によると，CIAMはその古風な考え方から，次の2つの不本意な結果を招かざるを得なかった．第1に，困難で危険に満ちた道の途上にある新経験主義を，もはやコントロールすることができなかったこと，第2に，過去の克服という象牙の塔に引きこもり，建築の現代的な問題から自らを遠ざけていることである[8]．彼の結論にはもうひとつの問題の指摘があったといえよう．すなわちCIAMはすでに2つの世代に分かれてしまっていたのである．

1951年にホッデスドンで開かれたCIAMの第8回会議では，「都市の中心」をテーマとし，都市の公共空間が議論された．ここでもアメリカ人の参加は限定的で，MoMAの代表としてフィリップ・ジョンソンが参加した．日本からは坂倉準三，前川國男，丹下健三が参加したが，期待された南米建築家の参加は，高額な旅費のために実現しなかった．ここでも，ル・コルビュジエ，セルト，オランダ人建築家，MARSグループが主導権を握った．彼らはCIAMモデルを復興計画に適用することに，その時点までは成功していた．多くのプロジェクトが紹介され，些末な事柄に関する議論に多くの時間を費やしたが，本質的な議論はほとんどなされなかった．

1953年にエクス＝アン＝プロヴァンスで開かれた第9回CIAM会議では状況が変

---

[7] Bruno Zevi, "A Message to the International Congress of Modern Architecture," Andrea Oppenheimer Dean, *Bruno Zevi on Modern Architecture* (New York: Rizzoli, 1983), p. 127.
[8] Ibid., p. 132

わった．この会議はCIAMにとって終わりの始まりとなった．さまざまな要因が相まってその大前提に対する異議申し立てがなされた．グロピウスは70代となりハーヴァード大学を退官し，セルトが後任にあたった．ギーディオンとル・コルビュジエは60代半ばであったが，未だに活動的であった．彼らはその多忙さゆえに，若い世代に主導権の一部を委任する願望を表明する．会議自体は25周年を祝うものであったが，その美学や都市計画の原理に対して不平がささやかれていた．それはゼーヴィに始まり，やがて他方面にも波及した．またMARSグループ内にはイデオロギーに関して対立が生じ，スカンジナビアのモデルに共感を示した者は，ル・コルビュジエのブロック・タイプの集合住宅を支持する若者たちから遠ざけられた．

表面的には第9回CIAMは成功しているように見える．31ヶ国から500人ものメンバーが出席し，「人間の居住」を中心テーマに据え，6つの部会が開かれた．そこでは都市計画，視覚芸術，建築教育，建設技術，法律策定，社会的プログラムについて議論された．型破りであったのは，会議の締め括りにフランス代表の提案によって，マルセイユのユニテの屋上庭園にストリップ・ダンサーが勢揃いしたのだ．ヨーロッパのル・コルビュジエ支持者たちにとって，ル・コルビュジエという星がこれほどきらびやかに輝いたことはこの機会を除いて未だかつてなかった．だが同時に，そこには明らかに不和の兆候が見られた．

不満を示したのはカサブランカの建築家組織ATBAT-Afriqueのメンバーたちであった．ミシェル・エコシャール，ウラディミール・ボディアンスキー，ジョルジュ・キャンディリス，シャドラーク・ウッズらは，モロッコの不法占拠者の居住地のための（この地方のカスバの伝統に基づいた）革新的な計画案を示した．そこでは家族生活の中心としての，積層された中庭デザインが強調されていた[9]．またピエール=アンドレ・エメリに率いられたグループは，アルジェリアの不法占拠地区の分析を提示した．さらに，スミッソン夫妻はウィリアム・ハウエルとジリアン・ハウエル夫妻，ジョン・ヴォウルカーとともに「都市アイデンティティの再構築」の枠組みを示した．そこでは建築に関する内容はわずかであり，家―道―地区―都市からなる「人間的な社会組織のヒエラルキー」が提案された．これはアテネ憲章で合意された，居住，余暇活動，交通，労働からなる機能主義的都市のヒエラルキーを代替するものであった[10]．

---

[9] Monique Eleb, "An Alternative to Functionalist Universalism: Écochard, Candilis, and ATBAT-Afrique," *Anxious Modernisms: Experimentation in Postwar Architectural Culture*, ed. Sarah Williams Goldhage and Réejean Legault (Montréal: Canadian Centre for Architecture, 2000), pp. 55-73.

[10] マンフォードによる序文が付された次の文献を参照．*The CIAM Discourse on Urbanism*, pp.

スミッソン夫妻は「社会的プログラム」の部会にも参加する．そこではエメリとキャンディリスが座長を務め，非工業社会における住宅供給の必要性が議論されていた．オランダのヤコブ・バケマを中心とした「都市計画」の部会でも類似した問題が議論され，都市の社会的，政治的，経済的，地理的な次元に話題が及んだ．非西洋文化への人類学的な関心の高まりは，初期の CIAM では想定していなかったものであり，ささやかでありながら力強く，ル・コルビュジエのユニテによる普遍的な解決や，アテネ憲章における機能主義に異論を差しはさむものであった．エクス＝アン＝プロヴァンスで開催された CIAM の閉会に際して，もうひとつの象徴的なエピソードがある．会議の最終日には，グロピウスによる共同作業，大量生産，規格化に関する記念講演が行われたが，ファン・アイクは中庭の壁にワインボトルを叩きつけて賞賛の拍手を遮ったといわれている．それは，「愛すべき親切な工場生産と花形(プリマドンナ)を否定する未来の共同作業が生み出すデザインのごった煮」を嘲笑する応答だった[11]．もはや世代間の亀裂は修復不能であった．

　CIAM 会議に続く反乱は，イギリスとオランダから始まった．1953 年の暮れ，スミッソン夫妻，ハウエル夫妻，ヴォウルカーはロンドンに集まり，CIAM が現実から離反した官僚的機構になり下がってしまったことについて議論した．オランダではその数週間後，バケマ，ファン・アイク，マルト・スタムを中心としたグループが同様の議論を行う．こうした議論の結果，1954 年 1 月の末にオランダで開かれた会議において，通称「ドーン・マニフェスト（Doorn Manifesto）」が作成された．この会議にはギーディオン，セルト，ファン・エーステレンらとともに，若手ではバケマ，ファン・アイク，H・P・ダニエル・ファン・ギンケル，ハンス・ホーフェンス＝グレーヴ，スミッソン夫妻，ヴォウルカーがいた．この声明は批判者たちの草稿をもとに作られたもので，パトリック・ゲデスの「谷(ヴァレー)」のダイアグラムに依拠したものだった．そこでは都市が谷底に位置し，両側の丘には低い方から順に町，村，戸建て住居が層をなして並んでいた．彼ら批判者たちによれば，機能的に分化された都市モデルは「人間的な社会組織(ヒューマン・アソシエーションズ)」を考慮しておらず，都市コミュニティを「異なる階層からなる複合物」として捉える視点を欠いていると指摘される[12]．もし仮に新たな「居住の

234-235.
[11] Francis Strauven, *Aldo van Eyck: The Shape of Relativity* (Amsterdam: Architectura & Natura, 1998), p. 256.
[12] Jacob Bekema et al., "Doorn Manifesto-CIAM Meeting 29-30-31 January 1954, Doorn," *Architecture Culture 1943-1968*, ed. Joan Ockman (New York: Rizzoli, 1993), p. 183 を参照．オリジナルの版と原稿は次の公刊物に収録されている．Alison Smithson ed., *The Emergence of Team 10 out of C.I.A.M.* (London: Architectural Association, 1982), pp. 17-34.

憲章」というものを CIAM が発展させることができるのであれば，彼らは「人間的な社会組織」という原理を第一義としなければならず，4 つの日常的な機能を社会組織のサブ・カテゴリーとして位置づける必要があった．CIAM の解体の可能性がその会議では議論されたが，マニフェストにはそのことは盛り込まれなかった．この時点での目標はアテネ憲章に代わる新たなモデルを CIAM に承認させることだったのである．

このマニフェストはまずまずの成功をおさめる．6 月にパリで行われた CIAM の委員会は，もともと 1955 年にアルジェで開かれる予定であった次の CIAM 会議に関するものであり，第 10 回 CIAM のための作業部会がここで組織される．この部会はバケマ，ピーター・スミッソン，キャンディリス，ロルフ・グトマンにより構成されていたが，後のチーム X のメンバーとなる，ウッズ，アリソン・スミッソン，ウィリアム・ハウエル，ヴォウルカー，ファン・アイクが加わることで大きくなっていった．この作業部会の役割は，この新しい「居住の憲章」を作成することではなかったが，次の CIAM 会議で憲章の草稿を作成するための声明文や決議文が準備された．続く 1954 年 9 月にパリで行われた別の会議において，この作業部会のメンバーはル・コルビュジエとギーディオンに面会し，居住に関する憲章の作成に取り組む．彼らの報告書は，しかしながら，ル・コルビュジエやギーディオンにはよく理解されなかったようである．この 2 人にとってそれはあまりに曖昧なものであった．メンバーはさらに，CIAM が効果的に機能するためには組織が大きくなりすぎていることを議論し，大胆に規模を縮小することが必要であるとの認識に至っていた．結局のところ，この委員会はそれほど多くの結論を引き出すことはできず，さらにはアルジェリアの独立戦争の勃発によりアルジェでの開催は取り止めとなった．

1956 年 8 月，第 10 回 CIAM はクロアチアのドブロヴニクで公式に開かれるが，準備段階でほとんど何も決まっておらず，また実際にほとんど何も決定されなかった．招かれたメンバーは 250 名で 15 ヶ国から集まったにすぎず，さらにはチーム X のメンバーと年老いたメンバーの対立は決定的であった．また，チーム X の内部にもオランダ派とイギリス派の小さな対立が存在した．さらにこの会議にはグロピウスとル・コルビュジエのどちらも参加しなかった．ル・コルビュジエはセルトに手紙を託し，セルトの朗読を通して，若い世代にバトンを渡すこと，また「第 2 の CIAM」が末永く続くことへの願いを表明した[13]．多くの論文や視覚的なプレゼンテーションが提出されたが，新しい憲章は生み出されず，閉会においてセルトは，CIAM の実

---

[13] Mumford, *The CIAM Discourse on Urbanism*, p. 248.

行委員会を解散すること，ならびに各国のグループそれぞれの独自の活動を許可する旨を公表する．さらには議会は投票によって，セルトと彼がグロピウスから引き継いだハーヴァード大学に新しい居住憲章の作成を委任することが議決された．それはセルトやギーディオンからすれば降伏に近い異例の決定であった．

翌年は組織の命運と改革に関していくつもの戦略会議が開かれ，規模の縮小について議論された．CIAM においては非公式の組織であったチーム X はもはや本会とは決別し，独自の路線で出発することとなる．イギリスの建築家たちは特に，CIAM の庇護の下で活動を続けていくことに反対した．チーム X の設立メンバーはバケマ，ファン・アイク，スミッソン夫妻，ハウエル夫妻，キャンディリス，ウッズ，ヴォウルカー，ファン・ギンケル，ホーフェンス＝グレーヴ，グトマンであった．

1959 年 9 月，ベルギーのオッテルローで「CIAM：社会的・視覚的関係性の研究グループ」と題された CIAM 最後の会議が開かれた．この会議の正式名称は「CIAM'59」であり，それまでの CIAM をただ継続したものではないことが示されていた[14]．慎重に選ばれた 43 人の参加者たち——その中には 94 歳のアンリ・ヴァン・ド・ヴェルドもいた——は 8 日間の日程でクレラー＝ミュラー美術館の討論に参加した．この会議はいくつかの特筆すべき講義や最終日に行われた活発な議論などで有名である．ルイス・カーンは初めての CIAM 参加であったが，記憶に残る発言をした．彼はリチャーズ医療研究所をマニフェストとして自身の建築哲学を語った．ここでの彼の言葉は，自身の設計のアイディアを最もよく要約したもののひとつである[15]．ファン・アイクは「建築は基本的な価値を和解させるのだろうか？」と題した哲学的なレクチャーを行った．そこでは「人間の本性にある始原的な原理の再発見は我々をどこに導くのだろうか？」，また「技術それ自身に愛着を示すのを止め，進歩の後につまずいてしまうことを避けるにはどうすればよいのだろうか？」といった問いが発せられた[16]．

これらのレクチャーで示された礼儀作法は，デザインのプレゼンテーションにおいては決して守られなかった．ワシントン D.C. の建築家ウェンデル・H・ロヴェットは，チーム X のメンバーによって手荒い歓迎を受ける．口火を切ったのはアリソン・スミッソンで，彼女はロヴェットのプレゼンテーションを検閲し，「典型的なアメリカ住宅であり，それも新しさがみじんもない」といって退けた[17]．ジャンカル

---

[14] この会議の詳細については Oscan Newman, ed., *CIAM '59 in Otterlo* (Stuttgart: Karl Krämer Verlag, 1961) を参照．

[15] Louis Kahn, "Talk at the Conclusion of the Otterlo Conference," in Newman, *CIAM '59 in Otterlo*, pp. 205-216.

[16] Newman, *CIAM '59 in Otterlo*, pp. 26-27.

ロ・デ・カルロの煉瓦とコンクリートによる集合住宅の提案も——それは，南イタリアの町マテーラにおけるプロジェクトで破風と瓦葺の屋根を特徴としていた——同じく批判にさらされる運命にあった．彼は自身のプロジェクトを次のように擁護した．そこでは「柔軟で調整可能なプランが要求され，またそれは抽象的，観念的な法則から導かれるのではなく，地域ごとに異なる歴史的事実の詳細な知識から出発するべきである」[18]．要するに彼は歴史的な伝統を考慮した近代主義を述べていたのである．しかしキャンディリスはデ・カルロの提案を厳格すぎるとして批判し，アンドレ・ヴォジャンスキは「ユークリッド幾何学そのものであり，すべての要素が固定され同質のものとなっている」[19]と手厳しい非難を行った．同様に論争好きのピーター・スミッソンは，ブロック型の形態を「過去の社会的内容を再度押しつけているようである」として「まさに共産主義の世界で起こっていることに極めて近い」と述べる[20]．打ちのめされたロヴェットだけが，デ・カルロの援護に回った．彼によると，チームXのメンバーは「世界の問題に共通の解決を与えようとしており」，また「あらゆることに順応する完璧な建築」に固執しているのであった[21]．

　スミッソンの攻撃的な態度はエルネスト・ロジェルスに対して再び現れる．ロジェルスはBBPRのプロジェクトとして，完成したばかりのミラノのトーレ・ヴェラスカについてのプレゼンテーションを行った．スミッソンはそのデザインにおける歴史様式の参照のみならず，その「無責任さ」[22]を指摘せずにはいられなかった．この摩天楼は現在でもミラノの空の一角を占めており，住居フロアである上層階が，狭まったオフィス階の上部に突出しており，それらが対角線上のコンクリートブレースによって支えられている．ロジェルスはこの会議の他にあらゆる場面で，このデザインをヴィオレ＝ル＝デュクやペレの構造的探求の延長線上に位置づけられるものであるとの主張を繰り返した．またそれは，ミラノ大聖堂における構造表現に対する応答であり，それゆえ歴史的な文脈，すなわちミラノという街の「雰囲気(アトモスフィア)」への応答に他ならないのであった[23]．上部がせり出した塔の形態は，ある者にはフィレンツェやシエナの中世の塔を思い起こさせるものであるようだが，ロジェルスによるとこれは歴史

---

[17] Ibid., pp. 48-53.
[18] Ibid., p. 86. デ・カルロのレクチャーは「現代建築の状況」（"Talk on the Situation of Contemporary Architecture"）と題されていた．
[19] Ibid., p. 90.
[20] Ibid., p. 91.
[21] Ibid., p. 90.
[22] Ibid., p. 95.
[23] これらの点についての議論は次を参照．Richard S. Bullene, "Architetto-Cittadio Ernesto Nathan Rogers" (Ph.D. diss., University of Pennsylvania, 1994), pp. 49-52.

的な考慮から生まれたものではなく，むしろ周囲を取り囲まれた都市空間の中での論理的解決なのであり，地上レベルにおいて空気と光の要請を満たすものであった．しかし彼はデザインにおける歴史の果たす役割を否定したわけではなかった．彼はスピーチの締め括りに次のように述べている．「近代建築の父たちの態度は反(アンチ)歴史主義であった．しかしこの態度は大きな革命のさなかで生まれたものであり，歴史に対する新しい関わり方を探る上で必要とされていたにすぎない．いまやそのような必要性は存在しないのである」[24]．

スミッソンは中世的な塔の形態を「あからさますぎる」，そして「それは先行する彫塑的なヴォキャブラリーの強調から生み出されており，さらにいえばそれは決して道徳的ではなく非道徳的ですらある」と批判した[25]．ヤコブ・バケマによれば，このプロジェクトは街路での生活に貢献することに失敗しており，また同様に歴史との関連づけにおいても誤りを犯しているという．バケマは「形態というものはそこでの生活を結びつけられるべきものであるが，この建物からはわれわれの時代との連結が見出せない．あなたは同時代の生活を妨げている」と述べた[26]．

ロジェルスとスミッソンの不和は，丹下健三のプレゼンテーションにおいても明確になる．ロジェルスは丹下の作品から自説を正当化する根拠を読み取り，丹下の建築はモダニズムを「日本の言語に翻訳したもの」であるとして支持する[27]．丹下は，しかしながら，ロジェルスが地域的な特徴を装飾目的で使用していると理解していることに対して，スピーチの締め括りにそれを否定した．スミッソンはよりいっそう直截的な批判をロジェルスに浴びせる．「私はいつもロジェルスがいうことには常に警戒している．彼の声明には，それぞれの独自の歴史をアプリオリに再評価することへの言い訳めいたものを感じるのだ．私はこれは間違っているだけでなく，非常に危険ですらあると考えている」[28]．

オッテルローの会議において，セルト，ギーディオンらのメンバーは，今後CIAMの名称を使わないことを決定した．その1年後，セルト，グロピウス，ル・コルビュジエの署名付きの公式書簡が公表され，「CIAMメンバーの中の少数派」——おそらくチームXのことであろう——によってCIAMの理想や意義が徐々に蝕まれてきたということをほのめかした[29]．

---

[24] Newman, *CIAM '59 in Otterlo*, p. 93.
[25] Ibid., p. 96.
[26] Ibid., p. 97.
[27] Ibid., p. 182.
[28] Ibid.
[29] Mumford, *The CIAM Discourse on Urbanism*, pp. 264-265.

その書簡は，CIAMが20世紀の建築と都市計画の理論にもたらした貢献についても指摘していた．これらのうちのいくらかは疑いなく偉大なものであっただろう．しかし，それ以外のものはおそらく評価が分かれるだろう．CIAMでは，多くの発言，報告，議論がなされてきたが，結局のところその協議事項に関しての決定権は，ごく少数の限られたメンバーに握られていたのである．彼らは都市デザインにおける問題へ注意を喚起したことは疑いなく，また実際に都市デザインという分野を打ち立てたわけだが，彼らがいささか一方的で，しばしば誤った都市ヴィジョンを促したことも事実であろう．2つのよく知られたCIAM型の都市計画であるチャンディーガルとブラジリアは，その概念的な枠組みの厳しすぎる制限という点で典型的なものである．

　チャンディーガルは，1947年にイギリスから独立したインドの初代大統領ジャワハルラール・ネルーによってつくられた新都市である．パンジャブ州の（州都ラホールを含む）西側の領土がパキスタンに割譲されたために，インド側に新たな州都をつくる必要が生じ，そのために計画されたのがチャンディーガルであった[30]．1949年にアメリカ人計画家のアルバート・メイヤーが第1次計画案の立案のために招聘され，メイヤーはマシュー・ノヴィツキを設計チームのリーダーに雇った．しかしこのメイヤー案はすでにCIAMの影響によるものであった．行政府の位置が中心に据えられ，ビジネスセンターは機能的に近隣住区から分離された．そして，動脈となる自動車道路がそれらを結ぶ計画となっていた．街路がゆるやかな曲線を描いている点のみジッテの影響が見られる．ノヴィツキは1950年の春に敷地を訪れ，初期案のスケッチを描くが，帰国の際に飛行機の墜落事故のため逝去してしまう．そのためインドの行政官は，メイヤーのプランを下敷きにプロジェクトを進めることができる別の建築家を探す必要があった．マクスウェル・フライとジェーン・ドリューが候補に挙がったものの，彼らはすべての時間をそのプロジェクトに費やすことは難しかった．そこで彼らはインドの行政官に，ル・コルビュジエに接触することを提案する．ル・コルビュジエはこれに対して，従兄弟のピエール・ジャンヌレを加えることを要求した．フライが後に語ったことによれば，フライ，ドリューと2人のフランス人は1950年の暮れにチャンディーガルの村に到着した．ル・コルビュジエはメイヤーの到着を待たずに，4日間で全く新しい計画案を書き上げてしまう．メイヤーが到着したとき，彼は「得体の知れない存在というよりは，まるで決然とした予言者のよう」[31]であった．

---

[30] チャンディーガルについての最も優れた研究としては Norma Evenson, *Chandigarh* (Berkeley: University of California Press, 1966) がある．また Russell Walden, ed., *The Open Hand: Essays on Le Corbusier* (Cambridge: M.I.T. Press, 1977) も参照のこと．

ル・コルビュジエとジャンヌレ，そして2人のイギリス人建築家はもはや完全にデザインをコントロールしていた．初期案に見られた要素は残されていたが，道路は直線になり，また中央には巨大な道路が割り当てられていた．建築物は互いにかなりの距離を置いて建てられ，都市空間や太陽光を遮るための樹木についてはほとんど考慮されておらず，歩道はバスや大型バイクのための道路とされた．すべてはCIAMの都市計画モデルを強調することに注力され，インドの文化，生活様式，気候についてはほとんど気遣われていない．結論として，この計画はグリッド上の高層ビルを欠いた輝く都市のヴァリエーションであった．チャンディーガルは建築の教科書では無批判に紹介されがちだが，それはあくまで数少ない巨大モニュメントとして言及しているに過ぎない．

1950年代のCIAMタイプの都市のもうひとつの例は熱帯に位置するブラジリアであり，これも決して成功例とはいえないものである[32]．広大な面積をもつブラジルのより中央に新しい首都を築くことを目的とし，コンペティションの後の1957年から1960年の間に急速に主要部分が建設された．都市計画はルシオ・コスタ，主任建築家としてオスカー・ニーマイヤーが携わる．彼らは30年代の教育文化省庁舎のプロジェクトに始まるル・コルビュジエとの長い交流があった．ここでもプランにはCIAMの要求する機能の分離が見て取れる．都市の物理的な中心は，2つの大規模な交通軸の交差点となり，3つの異なるレベルの交通のインターチェンジに取り囲まれた広大で無意味な荒れ地となってしまっている．象徴的な官庁街はそのインターチェンジから西に2kmも離れており，徒歩ではアクセス不可能である．商業地区は南北の軸に沿って配置され，またそれらは住宅地区からは機能的に分離されている．集合住宅群は想像力を欠いた低層棟と高層棟が入りまじったものである．街路は死んでいる．また，ル・コルビュジエ・スタイルの集合住宅はほとんどの労働者には手の届かない高級物件となり，それを取り囲む緑地帯は貧者と富者を分離する象徴的な絶縁体となっている．貧しい人々は郊外の不法占拠地帯に追いやられてしまった．

チームXがCIAMに代わって提案していたモデルは実質的にはCIAMのそれと大差がなかった．『チームX手引書』（*Team 10 Primer,* 1962）の中で，スミッソン夫妻はこのグループの結成理由について「モダン・ムーブメントに全面的に依拠するかたちで成立している現在の建築的思考プロセスについて，その不十分さを相互に理解し合うこと」と述べている[33]．しかし，この不十分さについては一般的な表現に留ま

---

[31] Maxwell Fry, "Le Corbusier at Chandigarh," Walden, *The Open Hand,* p. 356.
[32] これらの都市に関する欠点を指摘した古典的研究としてはJames Holston, *The Modernist City: An Anthropological Critique of Brasília* (Chicago: University of Chicago Press, 1989) を参照．

っており，その本質については誰も説明できていなかった．続く50年代における一連のスミッソン夫妻の「ユートピア的」プロジェクト，すなわち1952年のゴールデン・レーン集合住宅計画に始まり，その論理的な延長として53年のシェフィールド大学の提案，さらに57年の「クラスター・シティ」のアイディアに至る作品群は，アイデンティティ，認知可能性(コンプリヘンシビリティ)，濃度，構造，パターン，成長，モビリティといった概念に基づくものであった．結局のところ，彼らの提案における視覚的なイメージは，慣れ親しんだル・コルビュジエ・スタイルのブロック形態であり，歩行用の街路が空中に浮かんでいることだけが新しい点であった．これらの街路は「居住の問題についてのエコロジカルなアプローチ」を主張するためのものであった[34]．E・ハワードの田園都市——すなわち大地やランドスケープに向かう美学——は未だに忌避すべきものであった．

しかし，チームXに関わった他のメンバーは，確かに何らかの進歩を示していた．ジャンカルロ・デ・カルロは，イタリアからの参加者の中で最も才能があり，思慮深い建築家であった．彼の南イタリアにおける住宅プログラムは，すでに見たように，オッテルローの会議でスミッソン夫妻によって，地域文化へ配慮した表現が批判の的とされた．それはイタリアで広く展開した地域主義の流れに位置づけられるものであった．デ・カルロはウルビーノの大学と学生寮の計画（1962-65）や，ウルビーノのマスタープラン（1966）において，地域文化へ敬意を表している[35]．前者の場合，巨大な住居ブロックは細かい小さなセルに分解され，美しい丘の傾斜に沿って丁寧に配置されている．ここにはライトの住宅からの影響さえも読み取れるだろう．また後者においては，歴史的中心街区には最大限の敬意が払われ，保護されている．

オランダのバケマとファン・アイクは土地の人類学と都市環境についての関心を共有していた．ロッテルダムの建築家で都市計画家であったバケマ（Jacob Bakema, 1914-81）は，J・H・ファン・デン・ブロークとパートナーシップを組み，戦後のオランダにおける最も活動的な建築家であった．ロッテルダムは1940年のドイツ軍の爆撃により破壊され，ファン・デン・ブロークとバケマによるリニバーン地区の計画（1948-53）は新しい都心を創出するものとなった．マンフォードはバケマの功績に対

---

[33] "The Aim of Team 10," in *Team 10 Primer*, ed. Alison Smithson (Cambridge: M.I.T. Press, 1968; originally published in 1962), p. 3.

[34] Alison Smithson and Peter Smithson, in Smithson, *Team 10 Primer*, p. 86. オリジナル版は"CIAM 10 Projects. Team 10," in *Architectural Design*, September 1955 を参照．

[35] Giancarlo De Carlo, *Urbino: The History of a City and Plans for Its Development* (Cambridge: M.I.T. Press, 1970; originally published in 1966) を参照．Lambreto Rossi, *Giancarlo De Carlo: Architettura* (Milan: Arnoldo Mondadori Editore, 1988) も参照のこと．

して深い関心をもっていた．1947 年からバケマは CIAM に参加しており，ロッテルダムなどの都市プロジェクトを公表してきた．彼が CIAM の都市に関する前提に不満を抱いていたことは，それらの計画から明らかである．社会主義運動に加わっていたが，同時に個人の自由と芸術的な統合を目指すパルティザンの精神も併せもっていた．またヨハン・ホイジンガの『ホモ・ルーデンス』(*Homo Ludens*, 1938) に強く魅了されており，人間にとっての遊びの重要性に確信をもっていた[36]．ギーディオンとの決裂は 1957 年に訪れ，のちにスミッソン夫妻とパートナーシップを結ぶことになるが，やがては自らの新しい道を歩むためにそれも中断されることとなる．

そしてもう一方のファン・アイクという謎めいた人物は，チーム X のメンバーではただひとり，建築的思考を新しい領域へとシフトさせた人物である[37]．彼は CIAM メンバーとの関わりが長く，1938 年から 42 年の間，チューリッヒ工科大学（ETH）に通っていた頃，ギーディオンの妻カローラ・ギーディオン＝ヴェルカーと知り合い，彼女を通じてチューリッヒの前衛派(アヴァンギャルド)サークルに紹介される．この戦時中のつながりが彼の芸術家としての前途に深い影響を与えた．彼は戦後アムステルダム公共事業局で働く．彼の人類学への傾倒は，妻のハニー・フォン・ローイェンを伴って旅したアフリカの大地によって強められたものである．最初の旅では 1951 年から 52 年にかけて，サハラ砂漠の奥地とアルジェリア南部の山岳地帯を訪れ，二度目の旅は 1959 年に行われたが，さらに南のマリ，ティンブクトゥを訪れた．彼はそこで，当時ほとんど知られていなかったドゴン族の文化に触れる．ドゴン族はニジェール川の流域圏に広がるステップ地帯に暮らし，村落や家屋は彼らの宇宙観を反映した複雑で彫塑的な形態を示す．さらにまた，普遍的で変わることのない人間の思考の型を強調するクロード・レヴィ＝ストロースの構造主義を参考にしながら，1950 年代のファン・アイクはこれらのそれぞれ全く異なる影響を繊細に組み合わせ，幾何学に基づいたデザインで 60 以上にのぼる子供の遊び場を設計した．中でも代表作といえるのが，1955 年から 60 年につくられたアムステルダム孤児院である．この見事な設計は 125 人の子供の住居というプログラムに対して，慎重な全体構成と開放的な空間配置，そしてそれを極めて幾何学的な方法で実現している点が特徴的である．個々の教室，遊び場，生活空間は，フィジー諸島のカーヴァと呼ばれるボウル形状からインスピレーションを得てつくられた浅いドームの空間によって隔てられ，それぞれが自律的に存

---

[36] Cornelis Wagenaar, "Jaap Bekema and the Flight for Freedom," in Goldhage and Legault, *Anxious Modernisms*, pp. 261-277.
[37] ファン・アイクの伝記と仕事については Strauven, *Aldo van Eyck* を参照．遊び場のデザインに関しては Liane Lefaivre and Alexander Tzonis, *Aldo van Eyck: Humanist Rebel* (Rotterdam: 101 Publishers, 1999) を参照．

在している．ここには彼の建築思想，すなわち，小さなスケール単位への着目，また「空間(スペース)」と「時間(タイム)」という過度に抽象的な概念に代わって，「場所(プレイス)」と「機会(オケイジョン)」へ依拠することなどが表明されている．ファン・アイクの意図は心の治癒であったことは次の言葉からわかるだろう．「子供たちにこれまで起きてきたことは，彼らにさまざまな面で歪みを生じさせているのであり，子供たちをその歪みから解放してあげる必要があるのだ」[38]．

　ファン・アイクの詩的な著作活動は，1959年から63年の期間にオランダの『フォーラム』(Forum)誌上で展開された．そこには暗示に満ちた独特の表現で彼の考えが示されている．彼が初めて発言した1947年にブリッジウォーターで開かれたCIAMにおいても，合理主義的で機械論的な思考への非難を包み隠さず表明している．彼は次のように語る．「我々が実際に触れることができる機能とは——これは「機能主義」という言葉が指し示すものであるのだが——それらが人間の環境をより的確にその本源的な要求を調整するという次元にのみ関連をもつのである」[39]．ファン・アイクは徹底的に「合理主義」という言葉を拒絶し，本源的な人間の要求とは全く心理的で感情的なものであるとの理解に及んだ．彼は理論と実践を通して，人間の本源的で普遍的な衝動について語ることを止めなかった．その衝動とは，すなわち，一個人が自身の独自性，アイデンティティー，世界の中で存在することについての認識を獲得したいという願望なのであった．

　1965年から2年間，ファン・アイクによる小さな仮設の彫刻パヴィリオンがアーネムにつくられた．このパヴィリオンはむき出しのコンクリート・ブロックによる壁で構成されており，彼の概念である「迷宮的な明解性(ラビリンシアン・クラリティ)」の視覚的なメタファーとして読み解けるものである．そこでは絶対的な明解さを伴って矩形や円形が定義されており，また平行線の秩序には例外的な要素が挿し込まれ，休息と瞑想のための空間として立ち現れている．彼はこの設計の数年前に次のように述べている．「空間と時間は開かれているべきであり，またそれは入り込むために内部化されている必要がある．内部化とは，つまりその空間が意味するところへ人々を導き入れることができるということである」[40]．彼のこの見通しによると，合理主義，近代主義，機能主義による教義が建築を失敗へ導くこととなる．なぜならそれらは観念的な抽象であって，日常の体験には基づいていないからである．ファン・アイクの建築観はその発想の根源において現象学的であり，例えばスミッソン夫妻の組織体論の明解さとは全く異なる．

---

[38] Newman, *CIAM '59 in Otterlo*, p. 30 より引用．
[39] Giedion, "Post-War Activity of CIAMM," p. 37 より引用．
[40] Smithson, *Team 10 Primer*, p. 41 より引用．

彼の内的地平と人間の深層意識へ向けられたバシュラール的な視点は，興味深いことに，1950年代末から60年代のギーディオンの民族学的な関心と共通するところがある．それはある種の知的源泉への回帰であったのだろう[41]．また同時に，人間的な体験という視点に立った上で，建築のもつ意味を救い出し，豊かにしようとする彼の試みは，技術官僚的なモダニズムの主流における形式的な建築語彙とは鋭く対立するものであった．彼はル・コルビュジエに対して個人的な親近感を抱いていたのかもしれない．しかし，彼の立脚点は，モダニズムの教義を再検証しようとした数少ない建築家のひとりルイス・カーンに近かった．チームXは，ファン・アイクが追求していたものとは無関係だったのかもしれない．

——2——
モダン・ムーブメントからのイタリアの「退却」

　CIAMの崩壊とチームXの台頭は，1950年代後半に高まりつつあった，統一的なモダニズムに対する不満の表れのひとつにすぎなかった．エルネスト・ナターン・ロジェルスの指揮のもと，『カーザベッラ・コンティニュイタ』（Casabella-Continuità）は1950年代半ばまでには大陸における最も重要な理論雑誌となり，真剣な議論のもうひとつの場を提供していた．『カーザベッラ・コンティニュイタ』は，ル・コルビュジエやミース・ファン・デル・ローエ，フランク・ロイド・ライトといった主要な建築家の仕事と同時に，イタリアの建築家の，とりわけ若手建築家の近年の仕事も幅広く取り扱う雑誌であった．この雑誌の巻末部分においては，世界の他の主要雑誌が何を取り上げているかが概観され，一覧となっていた．もうひとつの特徴は巻頭記事であり，それはしばしば理論的な事項に関わるものであった．例えば1955年のある号において美術史家ジュリオ・カルロ・アルガンは，ロジェルスがル・コルビュジエのロンシャン教会堂を賛美して取り上げたことを丁重にたしなめる記事を書いた[42]．ロジェルスはその直後に応答したが，次号においてデ・カルロが巻頭記事で再びロジェルスに異を唱え，そのような大局的には重要でない作品に対するロジ

---

[41] 特に次のギーディオンの3部作 Giedion, *The Eternal Present, consisting of The Beginnings of Art* (1962)，あるいは次．*Architecture and the Phenomena of Transition* (1971) を参照のこと．3部作のうち始めの2つは1957年 A. W. Mellon における美術に関するレクチャーに基づいている．

[42] *Casabella-Continuità*, no. 209 (1956), pp. 11-2.

ェルスの関心が「より自由で教義に捉われない建築の発展を妨げている」[43]と主張した。ル・コルビュジエは重要な巨匠である、としてアルガンは次のように続けている、「しかしながら我々は道の分岐点に至っている」、そして最終的にル・コルビュジエは、我々がガウディを見るのと同じように目に映るようになるだろう、つまり、「高貴で詩的な中身を豊かにもってはいるが、しかし我々の目下の関心の外側にあり、別世界のものに見えるほどに我々の問題から遠く離れた作品の偉大なる創造者として」[44]目に映るようになるだろう、ということである。同じ号において、この雑誌の編集委員であったヴィットリオ・グレゴッティはマリオ・リドルフィの近年の仕事を賛美したが、それは「自発的なイタリアの伝統に内在する再発見の経験に基づいている」[45]という点においてであった。

　グレゴッティのコメントは、もちろん「連続性(コンティニュイタ)」というテーマやイタリアの伝統に対する敬意に関係しており、これらはロジェルスがこの雑誌に持ち込んだものであった。1955年のある号においてロジェルスは次のように記している、「すでにある〈近代様式〉という考え方で建設することを主張するのは、過去の様式が禁じたことの遵守を押しつけることと同程度にばかげたことである」[46]。ロジェルスのモダニズム観はつまり、環境的・文化的・歴史的な文脈を考慮し、これらのうちに建物を位置づけるべきというものであり、すなわち建物は歴史意識に照らして修正できるのであり、その意味で同じ歴史的発展の一部として見做され得るものであった。ロジェルスの言葉を借りれば、「近代的であるということはもっぱら、現代史を歴史全体の秩序の内側で感じることであり、自身の行為の責任を、利己的なマニフェストの障壁に囲まれた内側からではなく、自らの寄与を通じて普遍的な関係性の組織的な連携を同時代にも存続させる可能性を高め、豊かなものにするような共同作業として見做すということである」[47]。この声明の裏側にあるのは、近代運動の「最初の巨匠たち」が技術を表現上のシンボルそれ自体として乱用し、デザインにおける文脈的な効力を排除するに至ったことに対する非難である。彼の見方によれば、「近代」様式という先入観による抽象化が過度に強調された結果として、停滞した形式主義が生じたのである。

---

[43] *Casabella-Continuità*, no. 210 (1956): 3. English translation on page vi.
[44] Ibid.
[45] Ibid., p. 22. Translation by *Casabella*, vii.
[46] Ernseto Narthan Rogers, "Preexisting Conditions and Issues of Contemporary Building Practice," *Casabella-Continuità*, no. 204 (February-March 1955): p. 3. 引用はOckman, *Architecture Culture 1943-1968*, p. 201 の Julia Banfi の翻訳より。
[47] Ibid., p. 203.

1957年，以上の論争がこの雑誌のある号において山場を迎えた．ロジェルスは「連続性か，あるいは危機か？」("Continuità o crisi?") と題した記事から始めており，この記事は伝統に配慮するという彼の初期の議論を要約したものであるが，歴史主義の陥穽に陥っているわけではない[48]．またアルド・ロッシが当時のアール・ヌーヴォー研究について書いているのはいっそう興味深い．この号ではマリオ・リドルフィの2つの集合住宅が取り上げられており，これにはエチオピア通りに建つ集合住宅が含まれているが，この集合住宅はその歴史主義的な引喩とコンクリート構造への職人技の統合という点が論じられている．最も興味深いのは，トリノの若手建築家ロベルト・ガベッティ (Roberto Gabetti, b. 1925) とアイマロ・イゾラ (Aimaro d'Isola, b. 1928) によって設計された建物——ボッテガ・デラスモ——である（図101）．オフィス，店舗，住宅をひとつの建物へとまとめつつ，表現に富んだ豊かな細部をもつこの作品は，煉瓦と錬鉄を用いることで，イタリアでは「リベルティ」期として知られた時代である20世紀初頭のベルラーヘとペレを参照している．

　この号がすぐさま議論を呼ぶことはほとんどなかったが，翌年には別の若手建築家パオロ・ポルトゲージが「ネオ・レアリズモからネオ・リベルティへ」("Dal Neorealismo al Neoliberty") と題した関連する記事を発表しており，これは戦後からのイタリア建築の主要な潮流を批評的に概観するものであった[49]．彼の論点は，イタリアの戦後の発展において2つの異なる動きが存在しているというものであった——一方はネオ・レアリズモ（この語を彼はヴィットリオ・デ・シーカが監督した映画のスタイルから借用している）の動きであり，これは戦争による住宅不足に由来し，とりわけリドルフィのエチオピア通りの集合住宅にみられる大衆的なモチーフに代表されるものであった．もう一方の動き，すなわち，いわゆるネオ・リベルティの動きにおいて，イタリアの建築家たちは1950年代半ばに，イタリア・モダニズムの最初の時期，すなわち，アール・ヌーヴォーと1920年代後半の合理主義のあいだの時期を探求し始め，とりわけモダニズム的な語彙を改良して，イタリア・モダニズムをイタリアの歴史的伝統の内部に再度位置づけようとした．地域的な表現や素材の豊かさがこの動きの望ましい特質であったのだが，ネオ・リベルティのスタイルはしばしば恣意的かつ慣習的なピクチャレスクに陥ることもあった．

　一方でロジェルスの方は，CIAMが指示するモダニズムのヴィジョンへ意識的に挑んでおり，彼の視点への応答がなされるであろうことは当然予測できることであっ

---

[48] *Casabella-Continuità*, no. 215, (April-May, 1957), pp. 1-2.
[49] Paolo Portoghesi, "Dal Neorealismo al Neoliberty," *Comunità*, no. 65 (December): 69-79.

た——ただしそれは，オッテルロー会議の直前の1959年の春に寄せられた例外的応答ではない．その応答は，CIAMあるいはチームXのメンバー（彼らはオッテルロー会議においてそろってロジェルスと対立することになる）から発せられたものではなく，ロンドンの雑誌『アーキテクチュラル・レヴュー』の批評家を務めていた英国の歴史家レイナー・バンハムから発せられたものであった．「ネオ・リベルティ：近代建築からのイタリアの退却」("Neoliberty: The Italian Retreat from Modern Architecture") という尊大なタイトルを掲げられたその記事は，ロジェルスが進めようとしていた改革の核心を攻撃するものであった．

　それは決して，気まぐれな攻撃ではなかった．1950年代初頭からバンハムは芸術史の博士課程をニコラウス・ペヴスナーのもとで修めており，彼の論文はイタリア未来派を中心に扱うものであった．こうした事情から，彼はイタリアを定期的に訪れており，1950年代にわたって当時のイタリアの活動に関するいくつかの批評を——ほとんどが否定的に——書いていたのである．1952年のルイージ・ヴァグネッティによる，レグホーンに建つパラッツォ・グランデについての批評においてバンハムは，「近代運動の内部における新しい折衷主義」が生じているのではないかという不安と懸念を表明しているが，それは，この建物の「石材外装の15世紀風でマニエリスム的な取り扱い」，切妻のゴシック的なリズム，平面計画の対称性やその向かいに位置する大聖堂との関係の対称性からであった[50]．ルイージ・モレッティのカーザ・デル・ジラソーレ——ローマにあるアパートメント・ハウスで，後にロバート・ヴェンチューリのマニエリスム的な批評において，大きく取り上げられることになる——についての1953年の批評においてバンハムは，その「装飾の誇示，仰々しい豪華さ」（イタリアの日差しによるもの），「過去のバロックの広場との緊密な関係」に対して嫌悪と愛好の双方を示している[51]．

　しかしながら，彼の1959年の記事は，ミラノやトリノの建築家たちによる近年の「不可解な転向」の検証という点で明らかに好戦的なものであった．バンハムが取りかかったのは，20世紀前半のイタリアの理論の文脈の内部でのネオ・リベルティの傾向を検証することであったが，このイタリアの理論は彼の目にはすでに疑わしく映っていた．なぜならイタリアの理論は，第1に1930年代に比較的遅れて展開したからであり（未来派の突き動かしにもかかわらず），第2にファシズムとの一筋縄ではいかない関係をもっていたからである．同時に，バンハムにとって奇妙であったの

---

[50] Reyner Banham, "Italian Eclectic," *Architectural Review* 112 (October 1952): pp. 213-17.
[51] Reyner Banham, "Casa del Girasole," *Architectural Review* 113 (February 1953): pp. 73-7.

は，イタリアの理論において，イタリア未来派ほどの重要性をもってはいなかったリベルティ期が，歴史的な再評価を与えられていたということであった．彼の見解では，未来派が20世紀前半のほぼ唯一のイデオロギーであり，工業と技術の機械美学を完全にまとうものであった．20世紀の折り返し地点における中産階級の状況を簡潔に述べたアルド・ロッシの記事を引用しつつ，バンハムが論じているのは，インスピレーションのために産業化以前の過去の時代へと戻ることは決してできないということである．なぜなら，1909年の段階ですでにマリネッティが「彼の熱狂的な自動車偏重とともに」悟っていたように，「アール・ヌー

101 ロベルト・ガベッティ＆アイマロ・イゾラ，ボッテガ・デラスモ，トリノ，1953-6 ("Bottega d'Erasmo", *Casabella Continuità* no. 215. April-May 1957)

ヴォーは，決して後戻りすることのできないような文化的な革命によって死滅した」からであった．この革命とはすなわち，「電気調理器具，電気掃除機，電話，蓄音機，そのほか住まいの中にすでに押し寄せつつある，優雅な生活のためのあらゆる機械式器具とともに始まり，家庭内の生活の特性と家庭内の建築の意味を永久的に変質させた家庭内の革命」である[52]．加えて1909年以降のモダニズムとモダニズム以前の過去の時代とのあいだの，橋渡しできないこの隔たりをさらに決定づけているのが，未来派のマニフェスト，ヨーロッパにおけるライトの発見，アドルフ・ロース，工作連盟（ヴェルクブント），キュビスムである——これらはすべて，美的観点における根本的な変化を生じさせたものであった．バンハムは次のような見事な表現の非難で締め括っている．

　このような古い衣装を再び身にまとうことを望むということは，ラスキンを説明

---

[52] Reyner Banham, "Neoliberty: The Italian Retreat from Modern Architecture," *Architecutural Review* 125 (April 1959): p. 235.

したマリネッティの言葉を借りれば，次のような人間になるということである．すなわち，肉体的には十分に成熟しているにもかかわらず，ベッドの中で眠りについて，老いた看護婦に世話してもらうことを望み，少年時代の無頓着さを取り戻そうとするような人間である．ミラノやトリノの純朴な地域性の尺度に従ったとしても，ネオ・リベルティは子供じみた退行である[53]．

ロジェルスがバンハムに反論を行ったのは，6月に発表した「建築の進化：冷蔵庫管理人への応答」においてであった．『アーキテクチュラル・レヴュー』から漂ってくる魚の缶詰のような匂い（すなわち，クイーン・アンズ・ゲートにある『アーキテクチュラル・レヴュー』誌のオフィスの地下のパブの匂い）をプルースト的なイメージで描写した後，ロジェルスはバンハムの「表層的で軽率な」見解と「多くの基本的な事柄についての硬直した無理解」を非難して，自らを擁護する中で次のように主張している．

> 近代運動は我々にとって死せるものではない．我々の近代性は，巨匠たちの伝統を（もちろんライトの伝統も同様に）実際に継続することによって生き続ける．しかしながら数多くの表現の美に対する（よって資料的な価値に対するものではない）我々の現在の感性は，これまでのところ満足できるほどには正しく理解されていないが，間違いなく我々の誇れるものである．したがって我々の誇れるものとは，多くの争いの中で見過ごされてきた数々の価値に対して歴史的な枠組みと今日的な意味を与えてきたということである[54]．

当初から強調していた歴史的連続性について繰り返しつつ，ロジェルスが同意するのは，リドルフィ，ガルデラ，ミケルッツィ，アルビーニその他の作品の力強さは，「彼らが近代運動を『連続的な革命』として，すなわち，変化しつつある生活の内容に即すという原則の連続的な発展として理解しているということ」[55]である．要するに，バンハムが産業化以前の世界と産業化した世界のあいだに見ている深淵は，ロジェルスにとっては存在しないのである．対してバンハム——この「許しと断罪を与える者」——にとっては，「発展の抽象的な流れに従った形態決定」[56]が，歴史という概

---

[53] Ibid.
[54] Ernseto Nathan Rogers, "The Evolution of Architecture: Reply to the Caretaker of Frigidaires," *Casabella-Continuità*, no. 228 (June 1959): 2. English translation page v.
[55] Ibid., p. 4; *Casabella*, vi.
[56] Ibid., p. 3; *Casabella*, v.

念に取って代わっているように思われる．

　事態はここで収束したわけではなく，ロジェルス同様，彼のトーレ・ベラスカのデザインが，バンハムの親友——スミッソン夫妻——からオッテルローにおいて再び批判された．ロジェルスは『カーザベッラ・コンティニュイタ』の10月号において，「美術館」としての都市というメタファーを用いて，自身のミラノの建物をもう一度擁護した．この美術館としての都市とはすなわち，マルコ・フラスカーリの言葉を借りれば，「批判的なイメージを結合・生成するための」[57]表現豊かな歴史的遺物の集積所である．同じ号において，湾岸地域(ベイリージョン)スタイルに関するジョン・ウッドブリッジの記事が，この議論の別の示唆的な観点を提供している[58]．『アーキテクチュラル・レヴュー』は同じく8月／9月号で未来派のマニフェストの翻訳を掲載し，12月／1月号で補足記事を発表することで応答した[59]．しかしこの論争は自然に消滅することとなった．CIAMに区切りをつけた世代間の亀裂はついに文化的な分裂へと広がっていったのである．バンハムは一方の道をたどり，イタリアは全く別の道を辿っていた．これら2つの文化のあいだの亀裂は，続く10年も存続することになる．

——— 3 ———
バンハム，アーキグラム，メタボリズム，その他のユートピアニズム

　バンハムの言説は，正統派の厳格なモダニストの見地から，異端の主張を押しつぶす試みであったと再三解釈されてきた．しかし，実際のところ彼の立場はより複雑なものであった[60]．彼は博士論文のための研究のかたわらで，インディペンデント・グ

---

[57] Erneseto Rogers, "Tre problemi di ambientamento: La Torre Velasca a Milano, Un edificio per uffici e apparamenti a Torino, Casa Lurani a Milano," *Casabella-Continuità*, no. 232 (October 1959): pp. 4-24 を参照．Marco Frascari, "Tolerance or Play: Conventional Criticism or Critical Conventionalism in Light of the Italian Retreat from the Modern Movement," *Midgard: Journal of Architectural Theory and Criticism* 1, no. 1 (1987): p. 9 も参照のこと．

[58] John Woodbridge, "Il 'Bay Region Style': La tradizione architettonica della Baia di San Francisco," *Casabella-Continuità*, no. 232 (October 1959): pp. 39-43.

[59] See "Futurist Manifesto, with an Introduction of Reyner Banham," *Architectural Review* 126, #751 (August-September 1959): pp. 77-80; "Neo Liberty: The Debate," *Architectural Review* 126, #754 (December 1959): pp. 341-4; "Clarification from Milan," *Architectural Review* 126, #755 (January 1960): pp. 1-2.

[60] バンハムの理論的展開に関しては次を参照せよ．Nigel Whiteley, *Reyner Banham: Historian of the Immediate Future* (Cambridge: M.I.T. Press, 2002)．また次のバンハムを扱った章も参考となる．Louis Martin, "The Search for a Theory in Architecture: Anglo-American Debates, 1957-1976" (Ph.

ループ (IG) においても非常に活動的であった．ニュー・ブルータリズムの定義において スミッソン夫妻の作品を紹介したことからわかるように，バンハムはスミッソン夫妻と知り合いであり，また他の IG のメンバー，リチャード・ハミルトン，ローレンス・アロウェイ，ジョン・マックヘイルらとの交流は彼独自の理論の発達を促した．彼らはアメリカのポップ・カルチャー，ジャズ，広告，ハリウッド映画，SF，デトロイトの自動車産業，そしてバックミンスター・フラーの理念に熱狂的な関心を抱いていた．これらはまさに「ビートニク (ビート・ジェネレーション)」によるカウンター・カルチャーの革命運動の始まりであり，1960 年代の中頃には世界的な現象として現れる．バンハムはその時までに，彼自身の歴史観に到達することとなる．

バンハムによる斬新な視点を明らかにした著作『第一機械時代の理論とデザイン』[61] は今や古典となっているが，これはペヴスナーのもとで研究にあたった自身の学位論文に基づいた序章から始まり，1950 年代後半に現れる「第 2 機械時代」に言及する終章で閉じられている．歴史的な内容は第 1 機械時代のものである．この研究は，いささか不明瞭ながら，序章においてジュリアン・ガデとオーギュスト・ショワジーを扱い，フランスのアカデミーにおける理論と近代運動の論理的展開のつながりについて論を立てている．続いてベルラーヘ，ライト，未来主義，キュビスムが，1920 年代の表現主義と合理主義へ与えた貢献について述べる．この歴史記述はその優れた点とともに，注目すべき弱点を有している．それは，彼が完全にドイツ理論について無知であったこと (これは彼がガデとショワジーの影響力を過大評価することに帰結している)，さらに当時としてはやむを得ないことであるが，ソヴィエトの理論についての知識が限定的であったことである．一方その論の優れている点は，彼のいくつかの鋭い観察に加えて，未来主義とラースロー・モホリ＝ナジへの視点である．同書の主題は，運動（モーション）と無秩序（ディスオーダー）を強調する未来主義者のみが，機械がもつ根本的な意味と，それによってもたらされる旧来の美学との不調和を理解し得たということであった．合理主義者のグロピウスやル・コルビュジエは，機械に対して言葉の上では関心を払っているが，バンハムによると，彼らは過去のアカデミックな美学の正式な指標に基づいて，その理論を構成したにすぎない．真の視覚的な発明——バックミンスター・フラーのダイマクシオン・ハウスのような——は完全に工学技術の産物であり，それゆえ保守的な美学からの要請に一切応えようとしていない．そのため 30 年代以降の建築家たちは，近代建築を単に建設材料と建設技術の産物として解釈した

D. diss., Princeton University, 2002), pp. 93-133.
[61] Reyner Banham, *Theory and Design in the First Machine Age* (London: The Architectural Press, 1960). 引用は第 2 版 (New York: Praeger, 1967) より．

のであり，第1機械時代の本質的な形成要因を見落としているのである．それは，自動車のような技術品によって，それまでの居住生活の習慣や態度について，根底を揺さぶるような大きな変革が訪れた時代なのであった．

この一連の論述から，バンハムは序章と終章における第2機械時代についての言及に至る．彼はこの第2機械時代がすでに形成されつつあると認識していた．仮に第1機械時代の生産物が電気と内燃機関に結びつけられており，家庭内への応用が限定的であったとするならば，それらはあくまで資本家のエリートや権力の象徴としての装置であったと見做せるだろう．しかし，大きく事態は変わった．電気カミソリ，バリカン，ヘアドライヤー，ラジオ，電話，テープレコーダー，ハイファイ装置，ミキサー，研磨機，自動調理器，洗濯機，冷蔵庫，掃除機，これらは現代の住居にごく当たり前に存在するものとなったのである．そして今日では「たったひとりの主婦だけで，今世紀の初めに工場労働者がひとりあたりに使用した馬力以上のエネルギーを使用しているのである」[62]．さらに，「高度に発達した大量生産の手段は，電気器具や化学合成の製品を世に送り出した．極めつけはテレヴィジョンであり，マス＝コミュニケーションを担う第2機械時代の象徴的存在となっている」[63]．理論の骨格は第1機械時代から引き継がれたものだが，それは「あたかもギリシアの都市国家のごとく，経済的に，社会的に，そして技術的に終わりを迎えている」[64]．第2機械時代の理論はまだ登場していなかった．

バンハムは，終章においてこの問題に立ち戻る．彼によれば「機能主義」のアイディアは，それに先行する「合理主義」と同様に限界を迎えていた．その限界はフラーによる根本的に異なるアプローチが明らかにしたものだった．バンハムは1955年にフラーがジョン・マックヘイルに宛てた手紙から非常に長い引用を行っている．ここでフラーは，インターナショナル・モダニズムの概念上の限界について意見を述べている．

　　……バウハウスとインターナショナル・スタイルは，あくまで標準的な配管設備を用いており，思い切った試みといい得るのは，バルブ・ハンドルや栓の表面，タイルの色・サイズ・張り方の修正の説得を製造業者にしたことぐらいであった．世界的な組織となったバウハウスは，配管を調べるためであっても，壁の表面より内側へ関心をもつことは決してなかった．……彼らは決して衛生設備の包

---

[62] Ibid., p. 10.
[63] Ibid.
[64] Ibid., p. 12.

括的な問題に踏み込むことはなかったのである．簡潔にいうならば，彼らは最終製品(エンド・プロダクト)の表面的な微調整について意見を加えたにすぎない．最終製品(エンド・プロダクト)とは，本来ならば，技術が立ち遅れた世界において補助的に機能するものである[65]．

さらにバンハムは次のことを指摘する．ル・コルビュジエが自身の設計で各室にキッチン，ランドリー，音楽室といったラベル付けをするのに対し，フラーはダイマクシオン・ハウスにおいて，暖房，光，洗濯，調理，換気のすべてを機能的な中央コアに集中させることで，時代遅れな室のラベル付け，言い換えれば堅苦しい空間の分類から自由になっている．このようにして，1920年代の合理主義の試みは，(50年代のイタリア建築家の試みと同様に)完全な失敗に陥っている．なぜならば建築形態の着想において，象徴的な(そして建築的な)心理作用から形態を選び出しているからである．第2機械時代の要請するものは，よりいっそう革新的な建築の概念化であり，少なくとも伝統的な意味における建築に対して，それ自身を再び定義し直すことが必要なのである．彼はこの章を次のように締め括っている．

これまで我々が建築(アーキテクチャー)として理解していたものと，近年ようやく理解されるようになっている科学技術(テクノロジー)というものは，両立し得ない異なる規律(ディシプリン)なのかもしれない．科学技術とともに走り続けようと試みる建築家は，彼が今や競争の只中にあることを知っている．遅れをとらないように，ときには未来派を見習って，背負いこんだ文化的なお荷物を——彼が世間に建築家として認識されているその職業的装いでさえ——まるごと捨て去ることも必要となろう．仮にそうでない道を選択するのならば，彼は気づくであろう．科学技術の世界は，彼を置き去りにしたまま先へ進んでいってしまったのだと[66]．

これは，1960年代の初期においてバンハムが批評活動を全力で進める中での，中心的な問題意識であった．バンハムは『アーキテクチュラル・レヴュー』誌において編集幹部補佐に昇進し，そのすぐ後の1960年春に，5つの記事からなる連載を開始する．そのうちのひとつは「万能人(ユニヴァーサル・マン)」としての建築家に関するシンポジウムでの報告を扱ったものであった[67]．また，3人の専門家を交え，兵器システムのデザイ

---

[65] Ibid., p. 326. Nigel Whiteley はこの手紙の出所と時期を指摘している (*Reyner Banham*, pp. 155-156.)．また，この手紙は James Meller, ed., *The Buckminster Fuller Reader* (London: Pelican, 1972), pp. 44-68 として公刊されている．

[66] Ibid., pp. 329-330.

[67] Reyner Banham, "1960: The Future of Universal Man," *Architectural Review* 127 (April 1960): pp.

ン・プロセスならびに人間諸科学（ゲシュタルト心理学，人類学，社会学）が，建築デザインにもたらす影響について討論したものもある[68]．だが最も重要なものは，バンハム自身による記事で，それは伝統と技術双方について書かれた2つの記述から成っていた．伝統に関する記述では，彼はネオ・リベルティ様式に対する反論に立ち戻り，新経験主義，地域主義，新古典主義とひとまとめにして，これらを大衆趣味への迎合であるとした．それはすなわち「建物を平均的な市民が理解できないものとしてしまうこと」を避けたいという願望なのである[69]．他方，技術に関する記述では，今後科学技術が建築に悪影響を及ぼす懸念を示している．それは，消耗性，計画的な陳腐化，非直線的なプレファブリケーションといった問題であり，また「次のようなことがいつでも起こり得る．すなわち，それまで建築家の保護領域であったところへ，突如として組織化されず，調整もできない専門家集団が押し寄せ，適切な手順を無視して，建築ではない建築を作り出してしまうかもしれないのである．それらは知性に欠け，人間活動にふさわしい環境をつくり出すという任務を無視するものとなる可能性がある」[70]．

1961年2月に英国建築家協会（RIBA）で行われた著名な講義において，バンハムは再び，人間科学を建築デザインに取り込む必要性に触れた．彼によれば，デザインの傾向は「建築理論の空白を埋めるための，利用しやすい強烈な影響」——すなわちル・コルビュジエ，デトロイト・スタイル，SFなど——に流されており，「英国および世界の建築家たちは人間科学の知的冒険に加わって建築を変えていくか，あるいは空想的な跳躍に失敗し，再び内にこもることになるだろう」[71]．

翌年の1962年，『アーキテクチュラル・レヴュー』誌の6つの連続記事で，バンハムは現代建築を「裁判」にかける．ここにはバンハムの方向性にある変化が認められる．カーンは「食品貯蔵室のサービス動線の美学」を実践していたが，リチャーズ医学研究所における奉仕される空間（サーヴド・スペース）と奉仕する空間（サーヴァント・スペース）というコンセプトは，技術的にはル・コルビュジエが30年も前にスイス学生会館で実現したことからほとんど進歩していないという厳しい評価が与えられた[72]．ミースは，バンハムにとっては当時すでに流行遅れとなりつつあったのだが，再評価されてしかるべきであった．なぜなら彼

253-260.
[68] Reyner Banham, "1960: The Science Slide," *Architectural Review* 127 (March 1960): pp. 183-190.
[69] Reyner Banham, "1960: Stocktaking," *Architectural Review* 127 (February 1960): p. 96.
[70] Ibid., p. 100.
[71] Reyner Banham, "The History of the Immediate Future," *RIBA Journal*, May 1961, 255, p. 27.
[72] Reyner Banham, "On Trial: 2. Louis Kahn: The Buttery-Hatch Aethetic", *Architecture Review* 131 (March 1962): pp. 203-6. この6つの記事については Whiteley, *Reyner Banham*, pp. 151-171 も参照.

は「技術の職人（クラフツマン）」であり，建築家の責任は細部（ディテーリング）にまで及ぶことを理解していたからである．そしてまた彼は「何が可能かという観点から建築をつくり出す方法」を知っており，それは「チャールズ・イームズ邸のような一度限りのものではないし，ブルース・ガフの陸軍払い下げ品の建築のようなショック療法的なものでもなく，熟慮の末の建築なのである」[73]．英国のCLASPとジャン・プルーヴェの「薄く，曲げられたディテール」という2つのプレファブリケーション・システムについては，バンハムの評価は曖昧なものである．バンハムの新しい方向性を端的に示しているのが，5番目の記事「性能建設業（スペック・ビルダー）：ポップ・アーキテクチャーを目指して」である．これはポップ・アーキテクチャーの現象を，1939年のニューヨークの万国博覧会におけるアルバート・カーンによるフォード社パヴィリオンまで遡って考察するものであった．バンハムは，技術を「道徳的，社会的，政治的に中立的なもの」とした上で，フラーの宇宙時代やハイテクといったイメージではなく，大衆の気まぐれな趣味に意図的に迎合する性能建設業（スペック・ビルダー）の側から論じる．マディソン・アヴェニュー協会に見られるように，「パッケージや商品としての建築」なのであった[74]．このような見解は，吊り天井が「建築技術において最も洗練された要素のひとつである」と見做す人々にとってはごく当たり前のことである，と彼はその導入部で述べている[75]．また同時に，およそ消費主義を嬉々として取り入れるようなバンハムの態度は，商品生産を後期資本主義が止むを得ずもたらした軽蔑すべきものと見做していた，意識の高い当時の知識人の道徳観からは新鮮なものとして目に映ったであろう．

　1965年までにバンハムの関心は「刺激としての科学（サイエンス・フォー・キックス）」から「ポップ」へと完全に移り，研究対象もアメリカ合衆国に向かう．彼はもはや建築という概念さえも必要としないサイケデリックへの熱狂へと前進する．彼の古典となったエッセイ「住居（ホーム）は家屋（ハウス）ではない」("A Home is not a House")では，新たな主題を盛り込むだけでは飽き足らず，建物の設計において機械システムが果たす拡大した役割について建築家に認識を改めるように迫る．「もしもあなたの家が，パイプ，ガス管，ダクト，ワイヤー，照明，給水管，配水管，オーブン，シンク，ゴミの排出溝，オーディオ機器，アンテナ，電線管，冷蔵庫，暖房といった，さまざまなものの寄せ集めから構成されているのならば，またもしもあなたの家が多くの設備をもっていて，その設備が家屋（ハウス）から何の手助けも必要としない自立するハードウェアであるならば，本当に家屋（ハウス）という

---

[73] Reyner Banham, "On Trial: 6. Mies van der Rohe", *Architecture Review* 132 (August 1962): p. 128.

[74] Reyner Banham, "On Trial: 5. The Spec Builders: Towards a Pop Architecture", *Architecture Review* 132 (July 1962): pp. 43-44.

[75] Reyner Banham, "On Trial: 1. The Situation: What Architecture of Technology", *Architecture Review* 131 (January 1962): p. 98.

ものが必要なのだろうか？」[76] その内容はむしろ原始時代に関するものであった．バンハムによれば，時の始まりから人間の居住には2つのタイプが存在した．まず第1に，岩や木の下に隠れ，やがてそれが永続的な住居へと変形されたものであり，第2に，焚火の周りに開放的に暮らし，自由に移住することが可能であったものである．仮に前者がかつての建築に定義されるものであるなら，後者は——フラードームとガスや電気の供給を備えたモバイル・ホームのパッケージが概念的に結びつけられたものであるが——これこそが好ましい未来の住居のモデルとなることは明らかであった．現代の「反—住宅（アン・ハウス）」の例はフィリップ・ジョンソンのグラスハウスであり，それは「ルドゥー，マレーヴィチ，パラーディオ，その他出版物から得られる博識」を忘却の彼方に追いやっており，囲いとしての壁を取り除き，その姿は暖炉とともにある温められた煉瓦のスラブに還元されている[77]．屋根はバンハムにとって邪魔ものであり，彼はそれを取り除き，ガラスの壁はポリエチレンのエア・バブルに置き換えられた．それは，「入念に揃えられた標準居住（スタンダード・オブ・リビング）のパッケージであり，接地面から暖かい空気を吐き出し（キャンプファイアのように接地面から冷たい空気を吸い込むことはない），柔らかい光が発せられ，ディオンヌ・ワーウィックの心温まる歌を流すステレオ，肉焼き器（ロティサリー）の赤外線の赤い光の中では熟成したタンパク質の塊が回転し，製氷機が咳払いのように氷をカウンターの上に並んだグラスの中に直接落としていく——これは雑誌『プレイボーイ』がペントハウスに与えることのできなかった何らかの影響を，森の中の空き地や川岸の岩に対して及ぼすものである」[78]．この「電気器具の楽園への入植セット」（ライトのブロードエーカー・シティ風）は，「ホヴァークラフトあるいは家庭用掃除機のように」空気のクッションに乗って他所へ移動することすら可能かもしれない[79]．

仮に読者がバンハムが何を描写しているのかよくわからなかったとしても，同書に掲載されたアーティストのフランソワ・ダルグレによるアートワークが雄弁に物語ることだろう．機械設備を運搬する未来派的なGTO大陸横断自動車が描かれ，また丘の上にぷかりと浮かぶ環境的泡状体（エンヴァイロメンタル・バブル）の内部には，裸のバンハムとダルグレの写真が繰り返しコピーされてコラージュされている．彼らはオールマイティ・エンターテインメント・センターを囲んで座り，この汚れのない子宮のような世界では（「匂い，

---

[76] Reyner Banham, "A Home Is Not a House," *Art in America*, April 1965, p. 70; reprinted in Charles Jencks and George Baird, eds., *Meaning in Architecture* (New York: Braziller, 1969), pp. 109-118. Ockman, *Architecture Culture 1943-1968*, pp. 370-378.

[77] Ibid., p. 79.

[78] Ibid., p. 75.

[79] Ibid., pp. 75, 78.

煙，吸い殻，ゴミ」は存在せず）すべてはセックス，ドラッグ，ロックンロールのバイブレーションに還元される．この非建築的な「からくり(ギズモ)」の放つ魅力は，これに続くもうひとつの重要なエッセイで探求され，『制御された環境としての建築』（The Architecture of the Well-Tempered Environment, 1969）で頂点に達する．これはラスヴェガスのフレモント・ストリートとアメリカ原子力委員会の空気圧劇場(ニューマチック・シアター)を視覚的に並置したことでよく知られている[80]．

　1960年代初期のバンハムの思想上の変化は，この時代の知的動揺と同一線上の出来事であった．それは部分的には戦後の経済復興，生活水準の上昇の影響であり，さらには急激に増加したベビー・ブーム世代の若者が，ついに高等教育の場に流れ込んできた影響をも反映している．彼らは，大戦の困難な状況を体験せずに育った世代で，浮わついていて，ときに衝動的で，また社会の劇的な変化の可能性について楽天的であった．一方，不安定な社会情勢やキューバのミサイル危機といった事件が強調したように，科学技術が過酷な結果をもたらす可能性があるという点を認識せざるを得ない世代でもあった．

　この年代のイギリスにおいて同じく有名なのがアーキグラムの仕事である．アーキグラムはハムステッドに結集した若い建築家のグループで，フラーの近未来理論，バンハムの技術賛美，当時の文化における享楽主義，これらから等しく影響を受けている．このグループを構成していたのは，ピーター・クック，ウォーレン・チョーク，デニス・クロンプトン，デイヴィッド・グリーン，ロン・ヘロン，マイケル・ウェブであった．『アーキグラム』（Archigram）創刊号は，1961年に出版され，次のような緊迫したメッセージが発信されていた．「新しい世代の建築は，「近代」の指針を拒絶しているように見えるかもしれないが，実はそれを維持している，そのような形態と空間から立ち上がってくるに違いない．我々は，劣化したバウハウスのイメージ——機能主義に対する侮蔑に他ならない——を乗り越える道を選択したのである」[81]．仮にそのようなミッションがその始まりにおいて，「宇宙飛行士のヘルメット」や「空間転移技術」といったものの詩学に言及していたとしても，少なくとも建築的な形態としての装いを備えていたことは確かである．マイケル・ウェブは1959年から62年の「シン・センター」と題した学位請求プロジェクトにおいて，ボーリ

---

[80] Reyner banham, "The Great Gizmo," *Industrial Design*, no. 12, September 1965: pp. 48-59; reprinted in *A Critic Writes: Essays by Reyner Banham*, ed. Mary Banham et al., Berkeley: University of California Press, 1996), pp. 109-118. を参照．また，Reyner Banham, *The Architecture of the Well-Tempered Environment*, London: Architectural Press, 1969, も参照のこと．〔堀江悟郎訳『環境としての建築：建築デザインと環境技術』鹿島出版会，1981年〕．
[81] Peter Cook, *Archigram* (London: Studio Vista, 1972), p. 8.

ング場，映画館，劇場，ダンスホール，カフェ・バー，パブをコンセプチュアルな「ドライブイン・ガレリア」の傘下に包摂するデパートメント・ストアの提案を行った[82]．1963年の『アーキグラム』第3号においては，先述のバウハウス型モダニズムに対する反発は影を潜め，宇宙時代における人間の居住の可能性についての，より根源的な考察へと関心が移ってゆく．消耗性という観念に基づいたロン・ヘロンとウォーレン・チョークの「リヴィング・シティ」のプロジェクトに始まり，1964年の『アーキグラム』第5号に収録されたピーター・クックの「プラグ・イン・シティ」のイメージがそれに続いた．これはダクト，パイプ，スペース・フレームによって構成された三次元のインフラストラクチャーに「ソフトウェア」としての住居カプセルが挿入されるという，ユートピア的なヴィジョンであり，病的なプロポーションに収斂していく．そしてロン・ヘロンの「ウォーキング・シティ」(1964) は，差し迫った核兵器による大量殺戮の脅威を裏側から見つめ直すプロジェクトであり，脚のついた都市ポッドが数少ない幸運な人々を乗せ，廃墟となったニューヨーク・シティをさまよい歩く様子が描かれた．また，バンハムの親しい友人であったセドリック・プライスの「ファン・パレス」は，その意図においてこれらと無関係でなかった．このプロジェクトは1961年に実現したもので，ロンドンの東に「娯楽研究所」として計画された．その三次元のシステムは，スペース・フレーム，スロープ，動く壁・天井・床，空気のカーテンなどから成り立ち，音楽，ダンス，演劇，造形，映画，そして科学技術と新しいポップ・カルチャーの動向といった，あらゆる余暇活動を可能とするものとされた．

　アーキグラムに数年ほど先行してスペース・フレームの提案を行ったのが1923年生まれのヨナ・フリードマンである．彼はハンガリーに生まれ，イスラエルで建築家・技術者教育を受け，1957年にパリへ移住した．フリードマンは，1956年に開催されたCIAMの議論には批判的であり，可動建築研究グループ (GEAM：Groupe d'Etudes d'Architecture Mobile) の創設者となる．彼以外にはポール・メイモン，フライ・オットー，エックハルト・シュルツ＝フィーリッツらが参加した．1957年の暮れ，フリードマンはすでに『可動建築』(*L'Architecture Mobile*, 1959) の最初の草稿を書き上げており，そこには，続く数十年のあいだ照準を合わせ次第に考察を進めていくアイディアの輪郭線が描かれていた．彼が「可動建築」について語るとき，それはバンハム的な自動車によって移動するハイテク装備群のシステムを意味するのではなかった．むしろ，「社会において生活を決定づける諸概念は絶えず変化し続けて

---

[82] Ibid., p. 12.

いる」という事実に彼は言及しているのである．世界は余暇活動に向かって傾いており，伝統的な建築の永続性にもはや満足できずにいるのである[83]．フリードマンは，1,000個の新都市による地球規模のシステムを提案しており，その各都市ではそれぞれ300万人の人口をもつ．これらの都市の特徴は，機械的かつ構造的な支えによって完全に空中に持ち上げられていることであり，巨大で多層的なスペース・フレームによる形態をとる．そこでは住人たちが軽量な「居住細胞」をどこでも好きな場所に設置できる自由が与えられていた．

　フリードマンには知的賛同者がいた．1958年にオーストリアのアーティスト，フンデルトヴァッサーは「カビ宣言」を提唱し，アパートの住人が部屋から窓の外へ出て，「住人の長いブラシが届く限りにおいて，何でも好き勝手にピンク色に塗る」ことを許可したのである．それは，「ミース・ファン・デル・ローエ，ノイトラ，バウハウス，グロピウス，ジョンソン，ル・コルビュジエといった建築家たちの建物がもはや時代遅れであり，何よりも倫理的に耐えられない」ことの表明に他ならなかった[84]．同じ年，ダダイズムの影響を受けたグループ，「アンテルナシオナル・シチュアシオニスト」が結成された．同グループはオランダの画家のコンスタント（ヴィクトル・E・ニューエンハイス）とフランスの批評家のギュイ・ドゥボーの両名によるものだが，彼らはホイジンガの著作を通して「遊びの天才」として名乗りを上げたのであった．当時の紋切り型の言葉遣いや，時代遅れの資本主義のイデオロギーに対抗して，未来的な住居の要請，交通，余暇活動あるいは社会的・心理的・芸術的な生活の必要性のすべてを結びつけて解決することを目論んでいた[85]．コンスタントは，1940年代末から50年代はじめにわたってアルド・ファン・アイクと交友があり，それゆえこのグループの思想はチームXへも影響を与えた[86]．1960年，彼は自らの「ニュー・バビロン」というヴィジョンを追求するため，シチュアシオニストのグル

---

[83] Yona Friedman, *L'Architecture mobile: Vers une cité conçue par ses habitants* (Paris: Casterman, 1970; published privately in 1959). 引用はOckman, *Architecture Culture 1943-1968*, p. 274より．またYona Friedman, "The Ten Principles of Space Town Planning" (1962), "GEAM: Programme for a Mobile Architecture," *Programs and Manifestoes on Twentieth-Century Architecture*, ed. Ulrich Conrads (Cambridge: M.I.T. Press, 1984), pp. 183-184, 167-168 も参照のこと．

[84] Hundertwasser, "Mould Manifesto against Rationalism in Architecture" (1958), Conrads, *Programs and Manifestoes*, pp. 157-160.

[85] Constant/Debord, "Situationist Definitions", "Situationists: International Manifesto," Conrads, *Programs and Manifestoes*, pp. 161-162, 172-174 を参照．

[86] Jean-Louis Violeau, "A Critique of Architecture: The Bitter Victory of the Situationist International," in Goldhage and Legault, *Anxious Modernisms*, pp. 239-259. コンスタントの考えは，ファン・アイクとバケマが編集者として参加して以後のオランダの建築雑誌 *Forum* にも掲載されている．特に *Forum*, no. 6 (1959) を参照．

ープを離脱する．これは本質的にはフリードマンの提案をモデルとしており，空中に持ち上げられた都市の構想であった[87]．

同じく未来主義的な考え方にひきつけられたのが日本のメタボリストたちであった[88]．若さに満ちた彼らの連帯は西洋のものとは異なっており，戦争による物質的かつ心理的な飢餓によって引き出されたものであった．ある歴史家はこの文化に対する期待の意識を「生き残ったものの多幸感(ユーフォリア)」として論じている[89]．このグループは「来るべき我々の世界に対する未来デザイン」を提唱する建築家たちからなり，その名の由来は，それ自身が生命体としての営みである人間社会を，「原子から大星雲に至る宇宙の生成発展する一過程と考えており，特に新陳代謝(メタボリズム)という生物学上の用語を用いるのは，デザインや技術を，人間の生命力の外延と考えるからに他ならない」からである[90]．メタボリストの活動は菊竹清訓の２つのプロジェクトによって開始された．彼は1958年，東京に自邸である「スカイハウス」を建設し，続く数年は「海上都市」計画に取り組んだ．住居ユニットをプラグ・インする円形のタワー（高さ300mで5,000人居住できる）が並び立ち，海に浮かんだ円形のプラットホームの上には重工業の産業施設が計画されている．このプロジェクトの計画図面は1959年のオッテルローの会議において丹下健三によって展示された．

丹下はこのグループのメンバーではなく，その師としてグループを後押しした．彼は，ル・コルビュジエ的な建築造形を卒業し，都市問題に大きな関心を寄せていた．そのきっかけのひとつが1959年MITに客員教授として招待されたことであり，ここで5年生の学生に対して，ボストン港に2万5,000人の住居コミュニティを計画する課題を与えている．彼自身は1960年に東京湾を舞台として，より野心的なプロポーザルを提出する．これは人口1,000万人の都市であり，そのコンセプトとスケールにおいて空想的というより他はない．東京の歴史的な都市の核を拡張するものではなく，複数の階層からなる交通網と東京湾を横切る新たな都市軸を提案している．その軸線の両側には3つのレベルの高速道路が走り，2つの幹線道路の間にビジネスセンターを集中させている．これら幹線道路から支線となる交通道路が湾上に伸び，その

---

[87] Constant, "New Babylon," in Conrads, *Programs and Manifestoes*, pp. 177-178 を参照．また idem, "The Great Game to Come," Ockman, *Architecture Culture 1943-1968*, pp. 314-416 も参照のこと．作品集 *New Babylon* は複数の版がある．

[88] 日本のメタボリズムに関しては，以下を参照．川添登編『METABOLISM/1960—都市への提案』美術出版社，1960年．Kisho Noriaki Kurokawa, *Metabolism in Architecture* (Boulder, Colo.: Westview Press, 1977).

[89] Cherie Wendelken, "Putting Metabolism Back in Place: The Making of a Radically Decontextualized Architecture in Japan," Goldhage and Legault, *Anxious Modernisms*, p. 292.

[90] 『METABOLISM/1960』序文より引用．

道路に直交しながら，いくつもの巨大な団地が用意されている．丹下はこの提案において，都市の構造と交通システムをひとつに統合し，「現代文明社会の，その開かれた組織，その流動活動に対応する都市の空間体系の探求」[91]を試みている．

　丹下のこの提案に関する討論の場となったのが，1960年の世界デザイン会議である．この年の5月，東京において5日間にわたる会議が行われた．数名のチームXのメンバー，ルイス・カーン，ミノル・ヤマサキ，ポール・ルドルフ，ラファエル・ソリアーノらのアメリカ人の建築家が参加した．また，この会議は彼らのマニフェスト『METABOLISM/1960―都市への提案』を公刊する機会ともなり，菊竹や黒川紀章（b. 1923），大高正人（b. 1923），槇文彦（b. 1928）の提案が紹介された．磯崎新（b. 1931）も後にこのグループに合流する．彼らの提案は，新世代の才能ある日本人建築家による，選り抜かれた最上のものであった．黒川と磯崎は丹下の事務所で働き，大高は前川國男の事務所で働いた．槇はクランブルック・アカデミーとハーヴァード大学で教育を受け，その後セントルイスのワシントン大学で教えた．黒川は，1961年に『ヘリックス構造』のアイディアを提案する．これはDNAの染色体構造に基づいたものであり，らせん構造が三次元のクラスターシステムのスペース・フレームをなすものとして着想されている[92]．槇と大高は，「過去数千年，我々が建築に持ち込んだ一連の，それ自身で完結した単一の構造体というイメージ」に対する根源的なアンチテーゼとして，「グループ・フォーム（群造形）」というアイディアを導き出した[93]．

　このような日本における，未来主義的で伝統主義に反するさまざまなアイディアのほとばしりは，1960年代にいくつもの優れた空想上のデザインを導いた．磯崎による『空中都市』(1961-62)では，住宅ユニットがサービスを担うシリンダー状の支柱の間に線状に吊り下げられている．その後次々に実現したいくつかの建物は，これらのイメージの影響を受けているといえるだろう．丹下は，1964年のオリンピックのための屋内競技場，静岡新聞・静岡放送東京支社（1966-67）においてテンシル構造を用いた．また黒川はレゴブロックに似た小田急イン乙女のレストラン（1968）や，彼の建築で最も有名な中銀カプセルタワー（1972）を設計している．メタボリズムから着想された作品のショーケースとなったのが，1970年の大阪万博であった．しかしこのときメタボリズムの起草者たちは，すでに各々の道を歩み始めていた．

---

[91] Kenzo Tange, "A Plan for Tokyo, 1960: Toward a Structural Reorganization," Ockman, *Architecture Culture 1943-1968*, p. 330.〔丹下健三「東京計画1960―その構造改革の提案」新建築36巻，新建築社，1961年3月，pp.79-120〕．

[92] Kurokawa, *Metabolism in Architecture*, p. 56.

[93] 槇文彦，大高正人「群造形へ」（川添『METABOLISM/1960』p.59）

メタボリズムは別として，1960年代のユートピア的思考は概して大きな遺産を残さなかったといえる．しかし反体制的なこれらのヴィジョンの下層において，エンジニアたちによる地道な理論構築が存在した．彼らは確かな知的財産を後世に残したのである．ワックスマンは1960年代までに活動の場を国際的なものに拡げ，ドイツ，カリフォルニア，日本において教育に携わっていた．また構造デザイナーのフライ・オットー（b.1925）は，初期はエーロ・サーリネンやノヴィツキの構造研究に取り組み，テンシル構造の研究領野を開拓した．ジェネラリストであったフラーは，科学分野のみならず一般大衆のレベルにおいても認知され，カルト的な崇拝の対象となっていた．彼は，1960年代においてテンセグリティ構造の発明によってその輝かしいキャリアを締め括った．1967年のモントリオール万博でジオデシック・ドームを建設し，68年にはニューヨークをひとつのドームで覆う提案を行った．テクノロジーが世界の諸問題を解決し得るという信念は，広く一般的な社会通念となっており，当時達成された偉業によって部分的ではあるが支持されてもいた．将来性のあるDNAコードの発見，月面への着陸，達成できないことなど何ひとつないかのように思われた．

4
現象学，構造主義，記号論

　建築理論はここまで見てきたように，常により大きな知的文脈の中で役割を果たしてきたのであり，しばしば他の学問分野の知識を限定的に利用してきた．このようなことは1950年代や1960年代にもあてはまるが，この時期は，デザインに対してより厳密な基礎や批評力を獲得させるために，さまざまな試みがなされた時期であった．生理学や心理学，社会学といったいくつかの学問が，人間の環境への理解や行動にしばしば直接的に適用できるような，有用な探求の機会を容易に与えてくれた．しかし同時に他のより抽象的な学科も，建築の思考に対して衝撃を与えるような批判的なシステムを提供したのである．現象学，構造主義，そして記号論の3つがそのような学問であった．これらの学問は各々が知覚の問題や形態・意味のダイナミクスを扱っており，モダニズムの機能主義的な前提のいくつかに関して問題提起を行った．

　おそらく現象学が建築の議論へ道を開いた最初のものである．現象学は哲学的思考の一学派であり，その考え方が最初に定式化されたのは，ドイツの数学者・哲学者の

エドムント・フッサールによる『論理学研究』(1900-1)と『イデーン：純粋現象学と現象学的哲学のための諸構想』(1913)においてであった[94]．簡潔に定式化するならば，現象学とは，人間意識についての——すなわち，世界の中の我々の日常経験において物事が自らを「現象」として示す際の，そのさまざまな示し方についての探求である．現象学は主に経験や論理学に関する英国実証主義の伝統に対置されていたが，同時に，19世紀にとりわけ概念的な抽象化を通じて人間のありようを論じていた形而上学を拒絶したという点で，それ以前の大陸系理論の思考とも訣別するものであった．フッサールのモットー——事象そのものへ——が要求していたのは，現象あるいは本質の領域へ立ち戻ることである．「志向性」という現象学の基礎概念に従えば，我々と世界の心理的な関係は常に何か「についての意識」であり，具体的な人・対象やそれに関する思考へと向かう意識である．しかしながら哲学的な目的のために，現象学は「還元」を，すなわち，これらの現象を括弧に入れることを前提とするのであり，この「還元」のプロセスによって世界の現実に関する信念や判断が中断され，あらゆる素朴な先見や想定を取り除かれた現象が検討されるようになるのである．

したがって現象学は，主観（〜についての私の意識）と世界の客観（現象）との関係を経験や判断の複雑なプロセスとして記述する試みと定義することができるだろう．現象学は，我々の意識の「地平」を，すなわち，我々が実際に我々の生を生きる際の心的プロセスを，明らかにしたり説明したりすることを試みる．内的地平とは，我々が世界の物事に直面したり知覚したりする際に伴う経験・記憶・欲求・関心である．外的地平はさらに大きな文脈であり，その内部で物事は現れ，その意味を獲得したり変容させたりする．現象学の究極的な目標は，人間のありようについて，より適切で現象学的な理解に到達することである．現象学は人間の存在のための何らかのモデルや規範を作り上げるものではなく，むしろ現象学自身が人間の経験の「生活世界」に具体的に関わるものである．

現象学的な思考が第2次世界大戦後の数年をかけて台頭してきたのは，実存主義の哲学的な潮流を通じてであったが，この実存主義とは，一般的に存在論的な事柄や戦争に由来する人間疎外というテーマを扱うものであった．しかしながら1950年代に2人の人物が現象学に対して，建築的な含意を伴う大きな特色を与えた．それはモーリス・メルロ＝ポンティ（Maurice Merleau-Ponty, 1908-61）とマルティン・ハイデ

---

[94] Edmund Husserl, *Logical Investigations*, 2 vols., trans. J. N. Findlay (London: Routledge & Kegan Paul, 1976); idem, *Ideas: General Introduction to Pure Phenomenology*, trans. W. R. Boyce Gibson (New York: Collier Books, 1962).

ガー（Martin Heidegger, 1889-1976）であった．

メルロ＝ポンティの『知覚の現象学』（1945）は，思考に先立つ知覚的・空間的・時間的な日常経験世界を強調した点で，記念碑的な著作となっている．その中心的なテーマは，身体が空間の三次元的空白の内部に任意に位置づけられるような中立的・抽象的な存在ではないということである．身体はむしろ現在のうちに住み込んでいる曖昧な「運動感覚」の知覚領野であり，身体を通じて我々は空間関係や時間関係──秩序的な空間関係とは無縁の領域──を生み出すのであり，このようにして身体は我々の世界における我々の生きられる存在を規定している[95]．私の身体が，内部（私自身）と外部（世界）を決定する．そして身体が，前にあるものと後ろにあるものを決定する．身体が方向を定めて動くことができるということによって，どのようにして私が，例えば私が部屋を移動するときに生じるような，ある種の感覚を経験するのかが決まるのである．さらにこの経験領野で知覚される複雑で多様なものは，異なった年齢・文化・素養・経験をもつ人々のあいだでも異なるものとなり，そのためこれらの関係の質的な側面が強調される．したがって「空間の解釈」といったような概して抽象的な段階は，メルロ＝ポンティの観点からすれば，ほとんど意味をなさない．そのような段階はあまりにも一般的であり，それは，具体的な経験あるいは経験群を厳密かつ現象学的に考察した後になって初めて理解できるのである．

メルロ＝ポンティの知覚の現象学（あるいは身体の現象学）は，マックス・ヴェルトハイマー（Max Wertheimer, 1880-1943）やヴォルフガング・ケーラー（Wolfgang Köhler, 1897-1967）によって提唱されるようなゲシュタルト心理学理論からは区別されるべきである．ゲシュタルト心理学は科学的であることを目指すものであり，諸部分から構成されるような構造（ゲシュタルト）あるいは視覚野全体という観点から知覚データを分析する．例えばゲシュタルト心理学は，照明や遠近感，音響といった要素によって効果づけられた部屋の空間を，どのようにして人が知覚するかということについての実験を行うだろう．しかしながらゲシュタルト心理学と現象学の線引きは，『芸術と視覚的知覚：創造的な目の心理学』（1954）によって始まるルドルフ・アーンハイム（Rudolf Arnheim, b. 1904）の仕事においては曖昧なものとなっている．芸術作品や建築に関わる視覚的な総合に対する彼の関心はしばしば明らかに現象学的な気質を帯びており，彼の著作は建築学生たちに広く読まれていた．

現象学はまた，ハイデガーの後期の叙述を通しても建築分野に普及した．このドイ

---

[95] Maurice Merleau-Ponty, *Phenomenology of Perception*, trans. Colin Smith (London: Routledge & Kegan Paul, 1962), p. 98.

ツ人哲学者は博士号を 1913 年に取得し,その 3 年後にフライブルク大学で教師としてのキャリアを開始したが,その年はフッサールがフライブルク大学の教員として着任した年であった.ハイデガーはそれ以降の時期,フッサールと近い関係の中で仕事をしており,この期間に彼はその最もよく知られた研究書『存在と時間』を著し,1927 年に公刊したのである[96].ハイデガーは,その動機やとりわけアプローチという点では現象学的であったが,この著作においてはいくつかの側面でフッサールの方法とは距離を置いていた.こうした側面の主要な点は,ハイデガーの解釈学的な方向性や「存在」という存在論的なものへの関心であった.しかしながらハイデガーの分析は,その学者としての素養に関する限り,形式上は古典的なものにほかならず,彼が目的としていたのは「現存在」(Dasein)(文字どおりにはいえば,「そこに在ること」)──すなわち,気分と状況の世界へ「被投された」人間存在であり,常に自分自身を未来へと企投しつつ多数の日常的な事柄を経験するものについての現象学的な記述であった.解釈学とはもともと聖書の読解・解釈に用いられ,後に法や歴史に適用されるようになったものであるが,以上のようにハイデガーがこの解釈学という分析上の道具を存在論に持ち込んだのは,日常生活において現存在が行っている解釈的理解を探求するという目的のためであった.

　1930 年代,ハイデガーは彼の着眼点を存在から芸術や技術などへと移すようになり,彼の 1951 年の講義「建てる,住まう,考える」は,建築的な思考に対して強い衝撃を与えることとなった[97].この論考は,「建てる」という語から解釈学的あるいは語源学的に推論されることを考察したものである.建てることに関する古英語や高地ドイツ語の単語 buan は,住まうこと,ひとつの場所に滞在することを意味しており,これは「私は…である／私は存在する」(ich bin)というドイツ語に関係している.建てること,居住すること,存在することはこのように互いに連関した言語概念である.同様に空間というドイツ語 Raum (英語の room に関係している) は,もともと抽象物である「空間」(space)(これはラテン語から派生した語である)とは同義ではなく,むしろ生活や住まいのための森の中の開けた場所を意味していた.これらが強調しているのは,「属すること」あるいは世界の中で自らの場所を作ることの,したがって「親密(アット・ホーム)に」なることの具体的な諸連関である.我々の世界を建てることによって,同時に我々は我々のアイデンティティーをも構築するのである.建築

---

[96] Martin Heidegger, *Being and time*, trans. John Macquarrie and Edward Robinson (New York: Harper & Row, 1962), 98.
[97] Martin Heidegger, "Building, Dwelling, Thinking," in *Poetry, Language, Thought*, trans. Albert Hofstadter (New York: Harper Colophon Books, 1975), pp. 143-162.

は，この議論が示唆するように，有用性・効率性・経済性・機能性といった抽象的な合理的原理に合うように客観化されることのできるようなものではない．建築はそれよりも世界を構築して我々の生に意味を与えるということに関係している．

現象学が我々の日常生活における意味を解明した一方で，構造主義という言語学上の運動はさらに一般的で普遍的な観点から意味というものを考察した．構造主義の基本的なモデルを提供していたのは言語学者フェルディナン・ド・ソシュール (Ferdinand de Saussure, 1857-1913) であり，彼の死後に公刊された『一般言語学講義』(1916) は言語学にとっての「学問的」パラダイムとなったが，それは第1に「ラング」の不変的で自己充足的な法則を，「パロール」の個別的で偶然的な要素から区別することによってであり，第2に言語を独自の内部法則（統語論）や作用をもった，慣習的な記号や意味に関する完結した体系としてより一般的な手法で考察することによってであった[98]．人類学者クロード・レヴィ＝ストロース (Claude Lévi-Strouss, b. 1908) は1950年代に『親族の基本構造』(1949)，『悲しき熱帯』(1955)，『構造人類学』(1958) といった研究を通じて，構造主義の理論によりなじみやすい一般的な解釈を与えた人物である．さまざまな民族社会の神話を解析する際に，最新の言語学モデルと彼自身の人類学の研究に依拠しながらレヴィ＝ストロースが主張するに至ったのは，普遍的かつ無意識的な精神構造が存在していて，人間の思考の内部で働いたりそれを導いたりしており，またこの構造は理性的な知性から原始的な物語に至るまであらゆるコミュニケーションのレベルにおいて示されているということであった[99]．

構造主義が，少なくとも一般的な考え方として，建築理論に直接的に転用されたのは，1950年代のチームXの一部のメンバーの仕事や，また日本やオランダの建築家たちの学派の試みによってであった．例えば丹下健三は構造主義の考え方を，1960年の東京湾計画の概念的なモデルとして引き合いに出した．直線的な図式において彼が提案したのは，その周囲に日常行為の「短いライフ・サイクル」が配列されるような「巨大スケール構造物」として，主要な輸送ラインを建設するということであった．「我々が直面している重要な課題とは，これら2つの極のあいだの有機的な結合を創造するという課題であり，それらを結合することによって，我々の都市に新しい精神的な秩序が創造されるのである」[100]．丹下はこの時期，メタボリストたちと近い

---

[98] Ferdinand de Saussure, *Course in General Linguistics*, trans. Wade Baskin (New York: McGraw-Hill, 1966).

[99] レヴィ＝ストロースの著作はほぼすべて，英語に翻訳されている．彼の生涯とその理論については次を参照．Edmund Leach, *Claude Lévi-Strauss* (Chicago: University of Chicago Press, 1989), and Octavio Paz, *Claude Lévi-Strauss: An Introduction* (New York: Dell, 1970).

位置で仕事をしており，構造主義の論理を「耽美主義」の代替物と見做していた．重要な論文「機能，構造，象徴」(1966) において彼は，「構造化（ストラクチャリング）」を機能主義あるいは機能的デザインに十分に取って代わるものとして，すなわち，サイバネティクスや情報理論の洞察・モデルに準拠することになる思考法として称賛している．他方で彼は次のように主張している．「今日のアーバン・デザインの基本的なテーマは，空間の組織化をコミュニケーションのネットワークとして，そして成長と変化を伴った生きた身体として考えることである」[101]．

構造主義という語が広く用いられるようになったのは，1960年代以降のオランダの理論において，とりわけアルド・ファン・アイクやヘルマン・ヘルツベルハー (Herman Hertzberger, b. 1923) の人類学的関心やデザイン感覚との関係においてであった．アルニュルフ・リュッヒンガーは，『建築や都市デザインにおける構造主義』(1981) において，その研究全体を構造主義にあてており，構造主義をCIAMの機能主義的な思考に取って代わる（オッテルローで生まれた）動きと見做していた．彼は建築における構造主義を次のように定義している．すなわち，「諸関係の完結した集合であり，そこではそれぞれの要素は変化するが，それらの要素は全体に依存しつつ，その意味を保持し続ける．全体は要素との関係から独立している」[102]．構造主義によるさまざまなデザイン戦略は，個別的な建物のスケールと都市のスケールの双方において，リズムとサブリズムを生み出すような，数値的な試みを含んでいた．例えば，同じ意匠を繰り返すこと，成長・一貫性・変化を認めること，そして最も重要なものとしては，建物のヴォリュームを大きな空間秩序の中のより小さな，そしてより理解しやすいユニットへ分節化することである．ファン・アイクのアムステルダムの孤児院 (1957-60)——大と小，内部と外部，統一性と多様性といったデザイン上の二重性をもつ——は，一般的にドイツ構造主義運動の範型と見做されている．構造主義建築のその他の初期の事例としては，ファン・デン・ブロークとバケマによる「成長する住居」(1962)，ヨープ・ファン・スティッシュとピエト・ブロムによる「子供の村」のためのコンペティション・プロジェクト (1970-2)，ヘルツベルハーのセントラル・ベヒーア保険会社アペルドールン支部 (1967-2) がある．国際的には，ルイ

---

[100] Kenzo Tange, "A plan For Tokyo, 1960: Toward a Structural Reorganization," in *Kenzo Tange 1936-1969: Architecture and Urban Design*, ed. Udo Kultermann (Zurich: Verlag für Architektur Artemis, 1970), p. 130.
[101] Ibid., p. 241.
[102] Arnulf Lüchinger, *Structualism in Architecture and Urabn Planning* (Stuttgart: Karl Krämer, 1981), 16 を参照．また Wim J. van Heuvel, *Structuralism in Duch Architecture* (Rotterdam: Uitgeverij 010 Publishers, 1992) も参照のこと．

ス・カーンのキンベル美術館（1967-2），モシェ・サフディのハビタ'67 が，形態を細胞のように扱っていることからしばしば構造主義の特徴として取り上げられる．

　構造主義と関連し，その基礎を言語学理論にもつものとして，記号論あるいは記号学という領域があり，1960年代初頭までには建築的思考に決定的な衝撃を与え始めることになった[103]．記号論が関わるのは，「記号」として見做すことのできるあらゆるものであり，この記号とは，定着した慣習に基づいて，他の何かを「代理しているもの」として見做すことのできるあらゆるものである．言語理論において記号論は，語や命題の意味や構文を分析するための分析的あるいは中立的な道具として捉えられていた．しかし建物を意味の多様な担い手（暗に示される構造上の機能から明白な象徴的連想まで）と見做すならば，記号論が建築理論へ適用されることは容易に理解できる．記号論のためのさまざまなモデルが考案されたが，実際のところそれらのモデルは2つの路線に分けられる．ド・ソシュールの言語理論に現れている構造主義的な二重性――シニフィエ／シニフィアン，書き言葉／話し言葉，共時的なもの／通時的なもの――が，記号学的な思考のひとつの路線を規定しているが，この路線を最初に取りまとめたのがロラン・バルトの『記号学の要素』（*Éléments de sémiologie*, 1964）である．2つ目の路線はアメリカ人のチャールズ・サンダース・パースと彼の後継者であるチャールズ・W・モリスの仕事から生まれたものであり，モリスの『記号理論の基礎』（*Foundations of the Theory of Signs*）は1938年に発表されたものである．その当時，モリスはシカゴのデザイン学校で教鞭を執っていた[104]．

　モリスのモデルが重視されるべきなのは，建築家によってより幅広く受容されたからである．モリスのモデルはまず記号論の3つの分野を区別する，すなわち，語用論，構文論，意味論である．最初の語用論は記号を読み取る解釈者に対する記号の関係に関わるものであり，語用論が一般的に取り扱うのは記号の意味に寄与するような心理学的あるいは社会学的なパラメーターである．構文論が取り扱うのは記号同士の形式的な関係であり，意味には関わらない．すなわち，構文論は記号の使用に関する構文上のあるいは文法上の規則を考察する．意味論は，建築に広く適用されてきたものであり，記号とその記号があてられる対象との関係に関わるものであり，建築的な

---

[103] 記号論についての優れた概説としては次を参照のこと．George Baird, "Semiotics and Architecture," *Encyclopedia of Aesthetics*, ed. Michael Kelly (New York: Oxford University Press, 1998), 1:pp. 271-5.

[104] モリスの長大な論文は *International Encyclopedia of Unified Science*, vol. 1, no. 2 (Chicago: University of Chicago Press, 1938) として出版された．また *The Collected Papers of Charles Sanders Pierce*, 8 vols., ed. C. Hartshorne and P. Weiss (Cambridge: Harvard University Press, 1974) も参照のこと．

意味においては，意味論は特定の形態あるいはモチーフの意味に関わる．意味論の分野の内部ではさらに別の三重の区別が存在し，記号はインデックス，アイコン，シンボルに分類される．インデックスはその対象との物理的な連関を有するような記号であり，雪の上の足跡や一方通行の道を示す矢印はどちらもインデックスである．アイコンは，その対象に類似しているような記号であり，商品のかたちをした売店といったものがあてはまる．シンボルは，その厳密な意味において，その対象との恣意的あるいは慣習的な関係をもつような記号である．ドリス式柱を男神に捧げる寺院に対して用いる古典ギリシア的な用法（ドリス式は後に銀行の建物に用いられた）は，強烈なシンボルのひとつの事例であり，実際，建築はさまざまなレベルでシンボルとして働き得るのである．

1950年代後半に建築理論に現れた「意味」の強調は多くの点で，機能への関心の偏重によって生じたデザインの枯渇と見做されるものに応答していた．チャールズ・モリスが1937年から1945年にかけてシカゴ・デザイン学校で教えていた記号論についての講義は，記号論をより概念的に厳密な，あるいは「科学的な」知識に基づいたデザインを教えるための，そして芸術家と科学者の視点を仲介するための道具として扱っていた[105]．記号論は，教育に応用されたという点において，モホリ＝ナジやケペッシュの双方によるゲシュタルト心理学の応用に無関係なわけではなかった．

記号論の教育上の有用性ゆえに，疑いなくトマス・マルドナードは1950年代後半のウルム造形大学（HfG）のカリキュラムに記号論を組み込んだのであろう．マルドナードは記号論を主題とした講義を行っただけではなく，1959年と1962年に発表した2つの論文において自らの考えを発表した[106]．記号論をカリキュラムに導入した理由を説明するために彼は次のように述べている，すなわち，「〈意味〉は，テレコミュニケーションの専門家や情報理論家によって括弧に入れられることで，その最も捉えがたい含意に至るまで研究されなければならない要素となる．この意味論的・語用論的な関心事に関わっているのは，言語学者，心理学者，社会心理学者，社会学者である．そしてまた，もちろん近代記号学の代表者たちも然りである」[107]．

マルドナードによる記号論の強調に大きな影響を受けたのがクリスチャン・ノルベルグ＝シュルツ（Christian Norberg-Schulz, 1926-2000）であり，彼の著書『建築に

---

[105] Martin, "The Search for a Theory in Architecture: Anglo-American Debates, 1957-1976," pp. 399-408 を参照．また HfG での記号論についてのその後のマルタンの議論も参照のこと．

[106] Thomas Maldonado, "Communications and Semiotics," *Ulm 5* (July 1959): pp. 69-78; idem, "Notes on Communication," *Uppercase 5* (1962):pp. 5-10. これはマルドナードの講義とその結果に関する5つの記事のうちのひとつである．

[107] Maldonado, "Notes on Communication," p. 5.

おける意図』(*Intentions in Architecture*)は1963年に出版された．ノルベルグ＝シュルツは，ギーディオンのもと，チューリッヒ工科大学，ハーヴァード大学，イリノイ工科大学において研究を行っていたが，同時に1950年代にはCIAMの活動にも参加していた．しかしながら『建築における意図』は，「満足のいく建築理論」[108] のための基礎を準備しようとするその試みにおいてより折衷的あるいは普遍的なものとなっている．記号論に加えて彼が依拠しているのは，ゲシュタルト心理学，ジャン・ピアジェによる教育理論，コミュニケーション・モデル，そして構造主義であり，これらは，建築的経験の全体性を規定するために引用されている．しかしこの著作の広がりや抽象化の度合いは同時に欠点でもある．ここでは記号論は，単にノルベルグ＝シュルツの「構造分析」を構成するビルディング・タスク，形態（要素，関係，形態的構造），構造技術と並ぶ4つの象限のひとつにすぎなかった．さらにいえば，彼はいまだ記号論を解釈において有用な批評の道具として認識してはおらず，むしろ記号論をデザインのための方法論，あるいは建築教育のための概念的な媒体として見做していた[109]．実際，ノルベルグ＝シュルツはすぐにこの限界に気づいたのだが，それは数年のあいだに彼が自身の理論を基本原理にするという分析的な「意図」から転じて，より厳格な現象学的アプローチへと向かっていたからであり，このアプローチはより直接的に，場所や意味についてのハイデガー的な概念に依拠するものであった[110]．

『建築における意図』は，多くの人々が過度に抽象的な機能主義によって理解していた建築を豊かなものにするという，同時代的な関心を考慮して検討されるべきである．1957年から1958年にかけてウルムを訪れたもうひとりの人物であるジョゼフ・リクワート（Joseph Rykwert, b. 1926）は，1960年に大きな影響力をもった論文「意味と建物」("Meaning and Building")において，このテーマを最初に切り開いた[111]．このポーランド人は戦時中のロンドンで建築に関する研究に着手したが，彼が最初にひきつけられたのはギーディオンとウィットカウアーの思想であった．リクワートは1950年代の多くをイタリアですごし，そこで盛んに行われていた議論に加わっていた[112]．1960年までには，リクワートは『ドムス』や『ゾディアック』といった雑誌

---

[108] Christian Norberg-Schulz, *Intentions in Architecture* (Cambridge: M. I. T. Press, 1965; originally published in 1963), p. 7.

[109] マンフレッド・タフーリもまたノルベルグ＝シュルツを，その分析が非歴史的な基準に基づいているとして非難している．次を参照のこと．Manfredo Tafuri, *Theories and History of Architecture*, trans. by Giorgio Verrecchia (New York; Harper & Row, 1917), p. 172.

[110] この論点に関して軸となる著作はシュルツの次のものである．*Existence, Space and Architecture* (New York: Praeger, 1971).

[111] Joseph Rykwert, "Meaning and Building," *Zodiac* 6 (1960): pp. 193-6; reprinted in Joseph Rykwert, *The Necessity of Artifice* (Londen: Academy Editions, 1982), pp. 9-16.

で執筆を行いながら，自らの批評を別の方向に向けるようになり，合理主義の建築を攻撃していた．彼によれば，もし「新しい地域主義」が，ソヴィエトの「社会的リアリズム」——これは経済領域における正反対の目標を訴えていた——にすぎないのだとすれば，まさに今こそ建築家が「彼らの仕事の感情的な面での力を認識する」ときであった．「この認識が依拠しているのは，内容についての，すなわち，まさに建築において支持される内容についての方法論的な探求である」[113]．例えばリクワートが指摘したのは次のようなことである，すなわち，住宅は機能的な要求を満たす道具以上のものであり，むしろ「人間が住宅に求めているのは，彼が何らかの意味で宇宙の中心にいるという確信である．すなわち住宅とは，人間とその外部にある困惑させたり脅かしたりするような世界全体とのあいだを媒介するものなのである．あるいは，ある限定された場所において，世界は彼のものであり，彼のシェルターであり，彼の城であると感じられるような場所なのである」[114]．それゆえに，イギリスの住宅に見られる城郭風胸壁やアメリカの郊外住宅の牧場風モチーフは，重要な心理学的あるいは感情的な基礎を有している．彼は次のように結論づけている．「環境についての記号論的な研究を通じて，我々の建物の中に新たな論述の方法を見出すことができるだろう．このような方法によってのみ，もう一度一般市民の心をつかむことができるのだ」[115]．

　記号論的研究はイタリアにおいてもまた普及した．記号論に関する重要な論文のひとつがセルジオ・ベッティーニの「記号論的批評：ヨーロッパ建築の歴史的連続性」(1958)であるが，この論文で著者がエルンスト・カッシーラーやエルヴィン・パノフスキー，ド・ソシュールの研究を引用して主張しているのは，非表象的な価値をもった近代芸術作品でさえ，読み取り可能な言語構造をもっているということである[116]．ベッティーニは同時に，建築の内容を「記号」という観点から論じた最初の理論家のひとりであった．1960年代半ばには，いっそう視野の広い研究が多く見られる．例えば，ジョヴァンニーニ・クラウス・ケーニッヒの「建築言語の分析」(1964)，レナート・デ・フスコの「マス・メディアとしての建築：建築記号学について」(1967)，マリア・ルイーザ・スカルヴィーニの「建築空間における象徴と意義」

---

[112] 1952年のバンハムの2つの論文への応答として，Michael BurtonとJoseph Rykwertの "Italian Eclecticism," Architectural Review, 113(February 1953), p. 193がある．
[113] Rykwert, "Meaning and Building," p. 193.
[114] Ibid., p. 195.
[115] Ibid., p. 196.
[116] Sergio Bettini, "Semantic Criticism; and the Historical Continuity of European Architecture," *Zodiac* 2 (1958): pp. 191-203 (English version).

(1968)，ウンベルト・エーコの「不在の構造：記号論的探求への序論」（1968）などである[117]．この最後の著作の数章は，1973 年に「機能と記号：建築の記号論」というタイトルで英語版が出版された[118]．エーコは建築を，諸コード——技術的コード，構文論的コード，意味論的コード——の複雑な体系における操作と見做しており，他方でこの体系は，外部のあるいは人類学的なコードのより大きなマトリックスの中においてのみ展開する．したがって物事の意味は決して永続的に固定されることはできず，実際に建築家は，使用者が彼の創造物を最終的にどのように解釈するかということについて，ほとんど全くコントロールできないのである．

　記号論への関心は，1960 年代半ばのイギリスで急速に広まった．これを部分的に促進したのは，イタリア人やリクワート（彼はユニバーシティ・カレッジで教えていた），ノルベルグ＝シュルツ（彼は 1966 年にケンブリッジ大学で教えていた）の活動を通じてであり，またレヴィ＝ストロースの構造主義，カッシーラーの受容，エルンスト・ゴンブリッチの著述を通じてであった．記号論の強固な支持者としては，1960 年代半ばにロンドンで博士号を取得したカナダ人のジョージ・ベアード（George Baird, b. 1939）がいた．彼がこのトピックの口火を切ったのは，1966 年に『アレナ』（Arena）に投稿された記事「リージェント・パークにおけるパラドックス：解釈の問題」においてであったが，この記事は解釈の課程において活発なものとなる知覚の本性を強調するものだった[119]．続いて彼は，アメリカ人のチャールズ・ジェンクス（Charles Jenks, b. 1939）と，『アーキテクチュラル・アソシエーション（AA）ジャーナル』の「建築における意味」と題された特集号で共同作業を行った．ノリス・K・スミス，アラン・コフーン（彼の重要な論文は，類型学，言語学，構造主義的な思考を組み合わせるものであった），リクワート，ルイージ・モレッティ，ジョージ・ベアードが論文を寄稿したが，それらの論文は「そのように我々の意識に関わっているこの意味の構造は，高度に分節化されており，理性的な議論や分析を許容するものである」[120]というベアードの基本思想に基づいていた．この号は，ジェンクス

---

[117] Giovanni Klaus Koenig, *Analisi del linguaggio architettonico* (Florence: Liberia editrice Fiorentina, 1964); Renato De Fusco, *Architettura come mass medium: Note per una semiologia architettonica* (Bari: Dedalo, 1967); Maria Luisa Scalvini, "Simbolo e significato nello spazio architettonico," *Casabella*, no. 328 (1968): pp. 42-7; Umberto Eco, *La Struttura assente: Introduzione alla ricerca semiologica* (Milan: Bompiani, 1968).

[118] First published in *VIA I: The Journal of the Graduate School of Fine Arts, University of Pennsylvania*, 1973; reprinted in Geoffrey Broadbent, Richard Bunt, and Charles Jenks, eds., *Signs, Symbols, and Architecture* (Chichester, England: Wiley, 1980).

[119] George Baird, "Paradox in Regents Park: A Question of Interpretation," *Arena: Architectural Association Journal* 81 (April 1966): pp. 272-6.

[120] "Meaning in Architecture" (special issue), *Architectural Association Journal* 83 (June 1967): p. 7 を参

とベアーズの著作『建築における意味』（*Meaning in Architecture*, 1969）の核となる論文を載せており，この著作はそれにノルベルグ＝シュルツ，ジェフリー・ブロードベント，レイナー・バンハム，ケネス・フランプトン，マーティン・ポーリー，アルド・ファン・アイク，フランソワーズ・ショエ，ネイサン・シルヴァー，ギロ・ドルフレスによる寄稿論文を加えたものであった[121]．この著作の基本的な方向性こそ，エーコの仕事とともに，1970年代初頭の記号論的な活動の開花のための基礎を提供したものである．

——— 5 ———
ウンガース，スターリング，スカルパ，ロッシ

　オッテルローでのCIAM解散やロジェルスとイギリス人批評家たちとの論争は，1960年代のヨーロッパ理論に強い影響を与えたが，理論的な面に関して比較的穏やかに始まったこの10年は1968年の政治的・社会的な激動の中で幕を閉じることとなる．1965年のル・コルビュジエの死も当初の静けさを破ることはなかったが，ヨーロッパは建築的思考をこれほどまでに強固に形成したこの賞賛すべき巨匠を失ったのである．大陸においては，1970年代初頭に新しい方向性を確立しようとする建築家の多くが——リカルド・ボフィル（Ricardo Bofill, b. 1939），ラファエル・モネオ，マリオ・ボッタ（Mario Botta, b. 1943），ハンス・ホライン（Hans Hollein, b. 1934），クリスチャン・ド・ポルツァンパルクなど——まだ大学に在籍していたり，あるいは実務を開始したばかりであった．フランスにおいては，有名な建設家（コンストラクター）であったジャン・プルーヴェ（Jean Prouvé, 1901-84）は建築家とエンジニアの双方の仕事に忙殺されていた．ドイツでは，ゴットフリート・ベーム（Gottfried Böhm, b. 1920）やカールヨゼフ・シャットナー（Karljosef Schattner, b. 1924）といった建築家が，伝統への関心あるいは中世の職人技への回帰を通じて，洗練されたポストモダン・バロックの可能性を密かに追求していた[122]．

　1960年代初頭のドイツに響いていた不協和音のひとつは，オズヴァルト・マティ

照．
[121] Charles Jencks and George Baird, eds., *Meaning in Architecture* (New York: Braziller, 1969).
[122] ベームとシャットナーの仕事については，近年の展覧会カタログ *New German Architecture: A Reflexive Modernism*, ed. Ullrich Schwarz (Ostfildern-Ruit, Germany: Hatje Gantz Verlag, 2002) を参照．

ス・ウンガース（Oswald Mathias Ungers, b. 1926）に見て取れる[123]。彼はカイザーゼッシュ生まれで、第2次世界大戦の終結近くになって徴兵され、捕虜として終戦を迎えた。彼は1950年カールスルーエ工科大学で建築学を修了し、戦争で荒廃したケルンの地に小さな事務所を構えた。彼はその後10年のあいだCIAM会議に参加して最終的にはチームXの建築家たちに接近したが、シンケルを賞賛していたため、ロジェルスがピーター・スミッソンと論争を繰り広げた際にはロジェルスの側についた。彼の自邸（1959）は、煉瓦造りの立方体の形態にキャンチレヴァーのコンクリートのフレームワークという抽象的な構成をとっており、後にバンハムによって煉瓦ブルータリズムの「大胆な実例〈ハード・ケース〉」のひとつとして取り上げられたが、その一方でこの作品は、エーリヒ・メンデルゾーンやフーゴー・ヘーリンクの作品に対する学識や言及という点で際立っている[124]。翌年ウンガースは、ラインハルト・ギーゼルマンと共同で、短いマニフェスト「新しい建築に向かって」を発表した。このマニフェストは特別に深みのあるものでもなく彼の後の方向性を示唆するものでもないが、少なくともそれが公にしたのは、当時の「科学技術的・機能的な方法」や「物質主義的な社会秩序」に対する彼の異議申し立てであり、これらは彼によれば、慣習による画一性や単調さにつながるものである[125]。

　ウンガースの見解は、彼がベルリン工科大学で教鞭を執り始めた1963年頃から変化し始めた。指導者としての彼のキャリアは、実務をほぼ中断しながら13年間にも及んだが（彼は同時にコーネル大学とハーヴァード大学でも教えていた）、このことによって彼は展開しつつあった合理主義的な思考に集中することができ、形態学〈モルフォロジー〉、変形〈トランスフォーメーション〉、組み立て〈アッサンブラージュ〉、断片化〈フラグメンテーション〉といった後の彼の概念を引き出すことができた。この時期に実現しなかったいくつかのプロジェクトには、ケルンのグリーン・ベルト南部の再開発計画（1962）やオランダ・エンスヘーデのトゥウェンテ工科大学学生寮（1964）、古典様式風の在バチカン市国ドイツ大使館（1965）、ベルリンのプロイセン文化遺産博物館（1965）などがあるが、これらはその類型学的・空間的な複雑さ、幾何学の強弱、原初形態への依拠といった点で、彼の初期の作品とは驚くほど異なっている。これらすべてのデザインは、機能主義の特徴である空間的な同一性からの極めて意識的な脱却を意味しており、広がりつつあったヨーロッパ合理主義的運動

---

[123] ウンガースの仕事については O. M. Ungers, Architektur, 1951-1991 (Stuttgart: Deutsche Verlags-Anstalt, 1991), and Martin Kieren, *Oswald Mathias Ungers* (Zurich: Artemis, 1994) を参照。

[124] Reyner Banham, *The New Brutalism: Ethic or Aesthetic* (London: Architectural Press, 1966), pp. 125-6.

[125] Reinhard Gieselmann and Oswald Mathias Ungers, "Towards a New Architecture" (1960), in Conrads, *Programs and Manifestoes*, p. 165.

の流れの中心に位置するものであるものの，政治的な含意はない．1968年コーネル大学に着任するとともに，彼はコンテクスチュアリズムというテーマを，彼がすでに高度に概念化していたデザインの方法論へ組み入れたのである．

　方法論的な考察はまた，ベルンハルト・フースリの教育においても重要な役割を果たしていたのだが，彼がテキサス大学からスイスへと戻ってきたのは1950年代後半のことであった．フースリはヴェルナー・エーブリとパートナーシップを組んでいたが，より重要なのは，1959年にフースリがチューリッヒ工科大学（ETH）の教授に就任し，初年度のデザイン・コースを担当したということであり，このコースは彼のテキサスでの経験に基づくものであった．数十年のあいだ，実際に彼は高度に方法論的なプロセスを考案していたが，このプロセスはデザインをビルディング・タイプの形成としてではなく，特殊な空間的操作と概念的操作が交互に伴いつつ徐々に複雑化する一連の規則的な作業過程として強調された[126]．フースリはスイスにおける建築教育に革命を起こし，「ETHスタイル」として広く知らしめた．

　イギリスにおける状況は——バンハムとアーキグラムはさておき——この時期，確かにより断片化したものであった．論争は非常に高い水準においてさまざまな建築雑誌の紙面上で巻き起こっていたが，このような思考の洗練化は実践においてそれほど明らかなものではなかった．それは再び，変化の時期だったのである．ノーマン・フォスター，ウェンディー・チーズマン，リチャード・ロジャース，スー・ブラムウェルは，ロンドンにおいて「チーム4」を結成した．スミッソン夫妻は，バンハムの論争と同じく，初期において明らかにこの組織に強い影響を与えたが，その他にも，フォスターやロジャースがイェール大学（2人はここで出会ったのである）において行った研究や，サーリネンとスキッドモア・オーウィングス・アンド・メリル（SOM，彼らの事務所でロジャースは働いていた）による仕事，そしてバックミンスター・フラー（フォスターは彼のもとで働いていた）の思考からの影響もみられる．スウィンドンにあるリライアンス・コントロール工場は1967年に組織が解散する前の彼らの有名な協働作品のひとつであるが，この作品はSOMの影響を示しており，また明らかに大陸の情勢からは距離を置いている．後続する2つの組織——フォスター・アソシエイツとピアノ＆ロジャース——は，1970年代にその名声を徐々に広めていく．

　この時期のもうひとりの際立ったイギリスの建築家に，ジェームズ・スターリング（James Stirling, 1926-1992）がいる．彼はブルータリズムの系譜に連なっており，ミ

---

[126] Jürg Jansen et al., *Teaching Architecture: Bernhard Hoesli at the Department of Architecture at the ETH Zurich* (Zurich: Institut für Geschichte und THeorie der Architektur, 1989) を参照．

ドルセックス州ハム・コモンの集合住宅（1955-1958，ジェームズ・ゴーワンとの共同設計）は，ル・コルビュジエからモチーフを借用するという彼の初期の傾向（崇拝にも似た）が反映されている．1957 年の批評論文「近代建築における地域主義」においてスターリングは，「新しい伝統主義」についてのある種の相反する態度を吐露している．この「新しい伝統主義」を，一方で彼はヴォイジーやマッキントッシュの仕事を再評価する機会として見ているが，他方では新しい世界や「技術を創案し，近代的な姿勢の適切な表現を発展させる」というこの世界のしきたりに対峙するものと見做している[127]．しかしながら 1960 年代初頭に至る頃には，彼の相反的な態度はすっかりインターナショナリズムや機械美学への傾倒――明らかにバンハムとスターリングの友人関係によって強められたもの――に道を譲っていた．

この間にはレスター大学工学部棟（1959-1963）を手がけており，これはその新品同様の建設状態がバンハムによって「すばらしい発明」であり「この作品がさらにすばらしいのは，虚飾や芸術品を用いずに構造と動線を熟考したことから生み出されているからである」と歓迎された――それはある程度，自然なディテール，輝き，水圧の音の問題のためでもあった（図 102）[128]．スターリングは 1963 年から独立して実務を行うようになり，ケンブリッジ大学歴史学部（1964-1968）やオックスフォード大学クイーンズ・キャンパスのフローリー学生寮（1966-1971）で徐々にガラスを用いるようになったが，これら 2 つの作品の共通の問題は建設・機械・照明・結露に関するものであった．ハスルミアにあるオリヴェッティ・トレーニングセンター（1969-1972）からようやく，スターリングは巨大ガラスのファサードから離れ始めた．部分的にはレオン・クリエや後にはハンス・ホラインとの親交がきっかけとなって，スターリングのデザイン・アプローチは 1970 年初頭に再度変化した――これはこの時期の過渡期的な性格を強調するものである．

バンハムやノルベルグ＝シュルツの著作に加えて，1960 年代のイギリス理論に影響を与えた書物のひとつは，ピーター・コリンズ（Peter Collins, 1920-1981）が 1965 年に発表した『近代建築の変化する理念 1750-1950』（*The Changing Ideals of Modern Architecture 1750-1950*）である[129]．彼は戦前と戦後にリーズ芸術大学で建

---

[127] James Sterling, "Regionalism and Modern Architecture," *Architects' Year Book* 7(1957)（Ockman, *Architecture Culture 1943-1968*, p. 248 より引用）．
[128] Reyner Banham, "The Style for the Job," *New Statesman*, 14 February 1964, p. 261（Mary Banham et al., *A Critic Writes*, p. 97 より引用）．
[129] Peter Collins, *Changing Ideals in Modern Architecture 1750-1950* (London: Faber & Faber, 1965)．ピーター・コリンズの思想については Panayotis Tournikiotis, *The Historiography of Modern Architecture* (Cambridge: M.I.T.Press, 199), pp. 168-91 を参照．

102　ジェームズ・スターリング，レスター大学工学部棟，1959-63（*The Architecural Review*, vol. 35, April 1964）

築を学んだ後，スイスやフランス（オーギュスト・ペレのもとでル・アーヴル再建に関わる）で働き，1956年にモントリオールに移ってマギル大学で教鞭を執った．彼の最初の著作である『コンクリート：新しい建築のヴィジョン』（*Concrete, the Vision of a New Architecture*, 1959）は，この素材についての歴史研究であり，ペレのもとでそれを実践したものである．『近代建築の変化する理想』はそれよりも幅広く——その多くはR・G・コリンウッドの『歴史の観念』（*The Ideas of History*, 1946）の精神を受け継いでいるのだが——近代建築の知性の展開についての研究として見做されている．19世紀ではなく啓蒙主義とともに始められていることからわかるように，この著作はその構造とイデオロギーの点で，ペヴスナーやギーディオンによる初期の系譜的な探求についての批判となっている．この著作は特筆すべき研究成果であり，前半の章は新古典主義やピクチャレスク理論のほか，18世紀や19世紀のさまざまなリヴァイヴァルに充てられている．さらに際立って独創的なのは，19世紀の折衷主義に対してコリンズが共感を寄せた論述であり，彼はこの折衷主義を——ドニ・ディドロ，ヴィクトル・クーザン，トマス・ホープの精神で——次のように定義している．すなわち，それは「選りすぐりの見識からなる思考の」博識かつ「複合的なシステムであり，それゆえに新しい歴史意識から不可避的に生まれ出たもの」であるという[130]．折衷主義とは，その真の意味において，観念主義者による様式の再利用からも，あらゆるすべての影響同士が混ざり合うことを許すような優柔不断な「中立主義」からも区別されるべきものである．コリンズの指摘によれば，19世紀半ばのヨーロッパにおいて，折衷主義は建築史における最も洗練された議論のひとつを生じさせた——そしてここにおいてこそ，モダ

---

[130] Collins, *Changing Ideals*, p. 118.

ニズムの諸概念が成立したのである．

　コリンズが同時代の建築を理解する際の鍵となる概念となっているのが「合理主義」の概念であり，彼はこの概念を，建築の近代科学や近代産業との調停としてこの語を説明したセザール・ダリの定義にまで遡る[131]．ダリの考えによれば，いったんこの融合が達成されたならば，建築は合理主義の段階を超えて，「感情」とのさらなる調停を求めることになるのであり，すなわち，自身を芸術的に評価することになる．合理主義的な再調停の第1の段階は，コリンズの議論によれば，ペレの仕事において世紀の転換期あたりで達成されたのだが，ここでまた，この議論は予期せぬ転回を見せる．近代「様式」の「真正な古典主義」は1930年代と1940年代にヨーロッパや北アメリカを横断して達成されたのだが，すべてがうまくいったわけではなかった．建築は，彫刻や絵画と同盟を結ぶかたちで自らを芸術として見做すに至ったのだが，その際に建築は 構 築 芸 術（コンストラクショナル・アート）としてのその合理主義的な基礎をそぎ落としてしまったのである．実際コリンズは，ル・コルビュジエのような個人主義的な「形態を与える者」や形態の彫刻的操作という彼らの建築概念には反対している．コリンズの主張に従えば，ル・コルビュジエにとっての絵画とは，リヴァイヴァリズムのあらゆる痕跡を拒絶する手段にすぎないが，絵画や彫刻の教えを建築に適用するという試みは，「建築的創造の助けではなく妨げ以上のものとなっていることを証明するものであろう」[132]．それに対してコリンズが要請するのは折衷主義の思慮深い形態であり，その際彼はペレやBBPRのトーレ・ヴェラスカといった事例を引用する．そして彼は次のように結論づける，すなわち，建築家はもう一度（「すべてに共通する」という意味で）「凡庸」である権利を手にしているのであり，それゆえに建物を都市のランドスケープと調和させることができるのである．建築家は再び，歴史的なモチーフを提示する自由を有しているのであり，「ただしそれは，彼らが様式的統一性という現代の原理に背かないという条件においてであり」，この原理はすなわち，プログラムの達成と「採用された構造的手段の誠実な表現」[133] である．コリンズがとりわけ価値を置くのは，「人間的な人間の環境」である．すなわち，彼は一貫して，ブルータリストの美学とバンハムの技術論的な幸福感（ユーフォリア）の双方を拒絶するのである．

　イタリアもまた1960年代，理論と実践において活発であり続けていた．その議論——この10年の最後に再び近代理論の核心を批判することになる議論——は，部分的にオッテルロー会議や「イタリアの退却」の成果であり，部分的には建築理論が

---

[131] Ibid., pp. 198-9.
[132] Ibid., p. 284.
[133] Ibid., p. 298.

徐々に政治化したことの結果であった．この非常に強い政治色が，危機を越えて理論をうまく推し進めることになるのであるが，やはりこの政治色は幾人かの例外的なデザイナーたちによって後押しされたものであった．

イタリアにおける建築理論の活力は，競い合うさまざまな潮流が存在したことと実験的試みへの寛容の結果でもある．1950年代を牽引した建築家——BBPR，アルビーニ，ガルデッラ，リドルフィ，ミケルッチ，ガベッティ，イゾラ，ジャンカルロ・デ・カルロ——の多くは活動を続けており，それぞれの文脈での関心をさまざまに追及しながら1960年代に突入していた．デ・カルロはおそらくこのグループで最も有能な建築家として台頭し，一方でロジェルスは1965年に解雇されるまで『カーザベッラ・コンティニュイタ』の編集長を続けていた．ロジェルスは彼の初期のテーマを「現実のユートピア」という名のもとで推し進め続けていたが，ここで彼が意図していたのは，イタリア文化独自の情勢に基づく創造と，より良い社会を作ろうとする追求とを調停することであった[134]．

1950年代の後半にはカルロ・スカルパ（Carlo Scarpa, 1906-78）というまばゆい星が現れたが，彼の芸術的なルーツは1920年代後期の合理的建築（MIAR）のイタリア運動に先立つものであり，この運動にも浸透していったものであった[135]．彼が頭角を現したのが晩年であったことは，ルイス・カーンと同様に，真に偉大な建築家を生み出すのには，長い成熟と忍耐（生き残り）の時間を要することを裏づけている．1920年代後半の彼はヴェネツィアで個人向けの仕事に携わっており，その後，ムラーノのヴェニーニ・ガラス工場と協働するようになったが，この協働が彼の職人技を軌道に乗せることとなった．彼は展示空間の設計を専門に行うことで，戦争の期間を平穏に過ごした．しかしいかなるプロジェクトも，1950年代後半に著名なプロジェクトを次々に成功させた彼の躍進を説明してはくれない．これらのプロジェクトとしては，ポッサーニョ石膏像陳列館（1955-1957），ヴェローナのオリヴェッティ・ショールーム（1956-1973），そしてとりわけクエリーニ・スタンパリア財団（1961-1963）がある．

もちろんスカルパはよくカーンと結びつけられるのだが，それは彼らがほぼ同時期

---

[134] Ernesto Rogers, "Utopia della realtà," *Casabella-Continuità*, no. 259 (January 1962): p. 1.
[135] スカルパについての最も重要な研究には次のようなものがある．Francesco Dal Co and Giuseppe Mazzariol. eds., *Carlo Scarpa: The Complete Works* (New York: Rizzoli, 1985); Nicolas Olsberg et al., *Carlo Scarpa Architect: Intervening with History* (Montréal: Canadian Centre for Architecture, 1999); Marco Frascari, *The Body and Architecture in the Drawings of Calro Scarpa* (Cambridge: Harvard University Press, 1987); and Maria Antonietta Crippa, *Carlo Scarpa: Theory, Design, Projects* (Cambridge: M.I.T.Press, 1986).

に近代機能主義やその根底にある機械美学を拒絶したからである．スカルパの設計アプローチは，もっぱら製図机の上で無数のドローイングを描きながら行われる，独自の形態の忍耐強い探求を含んでいる．結果としてスカルパの作品は，平凡な記述説明や理論的なラベル付けを拒むものとなる．たいていの場合，彼の作品の奥底に到達する通路は，それらの作品の感受性豊かな物質性（色，不透明さ〔オペークネス〕，テクスチャー）や，理想とされる非合理性，そして細部の極端なまでの職人技のうちにある．これは同時にヴェネツィアの歴史的な環境の中に根づいていて，ナレーションやアニメーションの役割を果たす非常に特殊な質に満ちており，これらの質はよそ者から尊敬されながらもしかしよそ者に対しては口を閉ざすような質となっている．彼の形態が他所では再現することができないとすれば，彼が記すとおり，これらの形態が示しているのは，「近代の建築には，絶えず存在してきた建築的価値の知識が不可欠であるということ」[136] でもある．一言でいえば，建築的価値とは装飾的〔オーナメンタル〕なものであるが，しかしながらフランチェスコ・ダル・コが記したように，それはギリシア語のコスモス kosmos の意味においてであり，この語は「秩序〔オーダー〕」と「装飾〔オーナメント〕」という二重の意味を有することから，装飾とは本質的には飾りの秩序立て〔デコラティヴ・オーダリング〕あるいは形態への配慮であるということを含意している[137]．その詩的かつ神話的な関心によりスカルパの秩序は，同時に不快や不安といったある種の偶然的な質を，すなわち，精神的な倦怠感をまとってもいるが，これらはこの時代の特長に由来するものであるように思われる．建築の分野において彼が長きにわたって埋もれた存在であったことは驚くことではない．彼の複雑〔ビザンチン〕な才能は，それほどまでに独特なものだったのである．

　同様に強固な歴史的伝統のうちに根づいていたのがパオロ・ポルトゲージ（Paolo Portoghesi, b. 1931）の建築や著作であり，彼は当初から建築家・批評家・歴史家としての仕事を同時に行っていた[138]．彼の初期の歴史研究のうち2つはグアリーノ・グアリーニとフランチェスコ・ボッロミーニを取り上げたものであり[139]，このバロック的な精神と空間感覚からこそ，彼や構造エンジニアとして教育を受けたヴィット

---

[136] Calro Scarpa, "Address Delivered for the Inauguration of the Academic Year 1964-1965 at the IUAV in Venice," in Dal Co and Mazzariol, *Carlo Scarpa*, p. 282.

[137] Francesco Dal Co, "The Architecture of Calro Scarpa," Dal Co and Mazzariol, *Carlo Scarpa*, p. 56.

[138] ポルトゲージについてのモノグラフとしては次の2つのものがある．Giovanna Massobrio, Maria Ercadi, and Stefania Tuzi, *Paolo Portoghesi: Architetto* (Milan: Skira, 2001); Mario Pisani, *Paolo Portoghesi: Opere e progetti* (Milan: Electa, 1992). 彼の初期の仕事への短いが有用な序論は，次の英語／ドイツ語の展覧会カタログである．François Burckhardt, *Paolo Portoghesi, Vittorio Gigliotti, Architecture 1960-1969* (Hamburg: Hochschule für bildende Künste, n.d.).

[139] Paolo Portoghesi, *Guarino Guarini 1624-1683* (Milan: Electa, 1956), and idem, *Borromini nella cultura europea* (Rome: Laterza, 1964).

リオ・ジリオッティは，ローマのバルディ邸（1959-1962）の開放的形態とフレア状のファサードを案出したのである．一方，トゥファの石で作られたこの住居は，当時の反機能主義的な傾向を典型的に示し，地元石材と職人的な建築技術を用いている．この 10 年の後期の作品の特徴は，幾何学な場を用いつつ，乱雑な「力」の中心点を重ね合わせることによってこの場をダイナミックなものにしている点にある．スカンドリーリアのアンドレイス邸（1965-1967）は，重ね合わされた 5 つの円形格子の上に計画されていたが，色彩豊かなタイルが張られたローマのパパニーチェ邸（1966-1970）の場合もまた，場の論理がその変調的な天井に三次元的に反映されている．この全く独特な方法論的デザイン・アプローチは，アヴェッツァーノの図書・文化センター（1968-1983）やサレルノの聖家族教会堂（1969-1974）において早くも頂点に達している．

ヴィットリオ・グレゴッティ（Vittorio Gregotti, b. 1927）の仕事も同じように独特な側面をもっている．彼は 1950 年代後半，ロジェルスのもとで『カーザベッラ・コンティニュイタ』のチーフ・エディターを務めており，リドルフィや他の作品についての彼の記事は，ネオ・リベルティの議論に一役買うものであった．しかしながら 1960 年頃よりグレゴッティの見解は変化し始め，この 10 年の期間をかけて彼は，現象学や構造主義，さらには地域計画といったより幅広い問題に対して関心を向けていった．彼の有名な著作『建築のテリトリオ』（Il territorio dell'architettura, 1966）は複数の論文を取りまとめたものであるが，これらの論文は，進歩，歴史，類型学，そして――彼の後期の関心にとって最も重要な――考古学的な構造，あるいは環境的文化としての地域ランドスケープの読解をテーマとしていた[140]．

もし 1960 年代初頭のイタリアのうちに見出すべき主流があるとすれば，それはアカデミックな領域における合理的なモダニズムの諸原理の再主張によって定義されるだろう．レオナルド・ベネヴォロ（Leonardo Benevolo, b. 1923）による『近代建築の歴史』（Storia dell'architettura moderna, 1960）は，歴史的な近代運動の現代における連続性や統一性を再主張するという意図を明言しているが，このような意図はもちろん，近代建築の根底にある原理やモデルの正当性を前提とするものであった[141]．モダニズムについてベネヴォロの見解はその核心においては，社会の客観的な要請に応答する実践についての合理的かつ社会的な見解である．この実践は，その不可欠な節度において，芸術と技術という両極の間のバランスをとらなければならないもので

---

[140] Vittorio Gregotti, Il territorio dell'architettura (Milan: Feltrinelli, 1987; originally published in 1966).
[141] Leonardo Benevolo, History of Modern Architecture, trans. H. J. Landry, 2. vols. (Cambridge: M.I.T. Press, 1971).

ある．都市計画というさらに大きなテーマに関してベネヴォロは，1957年に建築・都市計画協会（SAU）というより大きな社会問題への注意を促そうとする計画家の集まりに参加している．1959年にはブルーノ・ゼーヴィがベネヴォロに対抗して国立建築研究所（INARCH）を設立したが，これは建築家，技術者，実業家の集まりであり，工作連盟(ヴェルクブント)の精神を訴え，国家政策の決定にも関与するものであった．ヴェネツィア建築大学において，ゼーヴィは権威ある建築史研究所を創設したが，これは数年後にイタリアの理論に対して重要な中心地として台頭してくることになる．

都市計画は1960年代を通じてイタリアの理論の主要な焦点となっており，それはジュゼッペ・サモナ（Giuseppe Samonà, 1898-1983）やカルロ・アイモニーノ（Carlo Aymonino, b. 1926）の活動に見て取ることができる．サモナは1920年代に実務を始めたが，また同時代の情勢に対する鋭い批評家であり，多少なりとも名の知れた中世の歴史家でもあり，1945年から1974年にかけてヴェネツィア建築大学で教鞭をとるようになってからは，この大学をイタリアの一流学校のひとつに変えた．彼の著作『ヨーロッパ諸国における都市計画と都市の未来』（*L'urbanistica e l'avenire della città negli stati europei*, 1959）は，地域的脱中心化の提唱者から大都市を擁護するものであり，また数世紀をかけて拡張してきた構造的な特徴から都市を見るものであった[142]．それゆえにこの著作は，1960年代に出版されることになる都市構造についての多様な研究の基礎を準備したのである．

アイモニーノは，1950年代のネオ・レアリズモ運動に同調しており，1960年代半ばには『都市のテリトリオ』（*La città territorio*, 1964），『建物類型学(ティポロジア・エディリツィア)の概念の形成』（*La formazione del concetto di tipologia edilizia*, 1965），『近代都市の起源と展開』（*Origine e sviluppo della città moderna*, 1965）を含む一連の著作を出版した．サモナと同じように，彼もマルクス主義の立場をとっており，強固な幾何学要素の使用を好んでいた．建物類型学(ティポロジア・エディリツィア)に対する彼の関心は，1963年の講義の中で最初に提示されたものであるが，これは形態学的な関心に由来するものであり，後にイタリア合理主義運動と歩調を合わせることになった．1960年代の彼の主要なプロジェクトとしては，ミラノの郊外にあるモンテ・アミアータの集合住宅（1967-73）があるが，これはアルド・ロッシも協働で参加していた．

サモナやアイモニーノのイデオロギー上の交友関係は，マンフレッド・タフーリ（Manfredo Tafuri, 1935-1994）やアルド・ロッシ（Aldo Rossi, 1931-1997）の活動と共鳴していた．タフーリにとって，この時期は多様な知性の成熟期として規定される

---

[142] Giuseppe Samonà, *L'urbanistica e l'avvenire della città negli stati europei* (Bari: Laterza, 1959).

ものであった．彼は 1960 年にローマ大学を修了後，1961 年から 1966 年にかけてサウル・グレコ，アラルベルト・リベルナ，ルドヴィコ・クアローニのもとについて建築設計の助教授を務めた．タフーリは一度も実施活動に向かうことはなかった．その代わりに，ルネサンス，ボッロミーニ，ウィリアム・モリス，都市計画，同時代の活動を含むさまざまな主題に取り組んだのである．彼が最初に発表した著述は，ローマのヴィア・ナツィオナーレについてのもので，クアローニの編集によって 1961 年に出版されたローマについての大部の著作に収められた論文のひとつであった[143]．初期の著作には，彼の師であるクアローニについての長大なモノグラフ（1964），日本における近代建築についての小規模な研究（1964），マニエリスムについての著作（1966）などがある[144]．タフーリのいっそう幅広い知的関心は，当時の混乱しつつあった世相においても，相変わらず展開し続けていた．彼の興味はエルネスト・ロジェルス，ジュリオ・カルロ・アルガン，アルベルト・アゾール・ローザ，テオドール・アドルノ，ジョルジ・ルカーチ，ヴァルター・ベンヤミン，カール・マンハイム，記号論，心理学，映画にまで広がっていった．彼の思考は，ヴェネツィアでの教授職と批評的著作の第 1 作目となる『建築の理論と歴史』（*Theorie e storia dell'architettura*, 1968）に結実することになるが，これについては後で検討する．

　同時期にロッシはその批評家としての立場を展開しつつあったが，それは部分的にはミラノ工科大学におけるロジェルスとサモナの教えのもとにおいてであり，後にはガルデッラとクアローニの教えにも依拠していた[145]．彼は 1955 年，ロジェルスの助手として『カーザベッラ』に投稿し始め（この時はまだミラノ工科大学の学生であった），ネオ・リベルティの議論における第一線に躍り出ることとなった．1961 年，彼はフランチェスコ・テントーリとともにこの雑誌の編集委員となり，イギリスのニュータウン，ローマ，ミラノ，ヴェネツィア，ガーデン・シティ，ウィーン，ベルリンに関する記事を執筆した．彼の理論的な見解は，教鞭を執るようになった 1963 年頃より成熟し始める．建築設計活動は，この時点においては批評活動の評価に遅れをとっていた．1960 年代前半の 2 つの建築プロジェクトに，ロンチのヴィラ（1960，L・フェッラーリとの共作）とセグラーテの市庁舎広場・記念噴水（1965）がある．前者

---

[143] Manfredo Tafuri, "La prima strada di Roma moderna: Via Nazionale," in *Roma: Città e piani* (Turin: Urbanistica, 1960).

[144] Manfredo Tafuri, *Ludovico Quaroni e lo sviluppo dell'architettura moderna in Italia* (Milan: Edizioni di Comunità, 1964); idem, *L'architettura moderna in Giappone* (Rocca San Caciamo: Cappelli, 1964); *L'architettura del Manierismo nel Cinquecento europea* (1966).

[145] 初期のロッシの伝記的資料はいまだ存在しない．彼の建築作品の英語での説明については Peter Arnell and Ted Bickford, eds., *Aldo Rossi: Buidings and Projects* (New York: Rizzoli, 1985) を参照のこと．

の（剽窃すれすれの）ロース風スタイルとラウムプランが重要であるのは，この作品が1960年代に現れた「近代」リヴァイヴァルの端緒を表しているという1点においてである．後者の作品においては，彼自身が1963年の書簡で説明しているように，ロッシは「わずかなオブジェクトしかない厳格な世界」——近代建築の「受け売りの」力を排除する世界——に到達したのであり，この「世界」は彼の後期のスタイルの特徴となる[146]．

1966年，ロッシは彼の都市理論を『都市の建築』（*L'architettura della città*）において発表した[147]．この書物はしばしば，機能主義的思考との対立という点でロバート・ヴェンチューリの『建築の多様性と対立性』（*Complexity and Contradiction in Architecture*, 1966）と比較されるが，両者の著作の意図や方法論は全く異なったものである．ロッシの著作は，その都市的観点においてイタリア的なものの典型であるが，その立場においてはより現象学的であり，しかしながら同時にフェルディナン・ド・ソシュールの言語学やクロード・レヴィ＝ストロースの構造主義の影響も受けている．彼が主として依拠していたのはヨーロッパの（とりわけフランスの）地理学者による研究であるが，ただしここにはひとつの例外が存在する．すなわち，ケヴィン・リンチの『都市のイメージ』（*The Image of the City*, 1960）への言及である[148]．彼の研究の核心にあったのは，「素朴機能主義の批判」であり，ここで彼が批判しているのは，建築形態がある種の機能に適合することによって決定・形成されるべきであるという見方である．素朴機能主義はモダニズムを誤った方向へ導いただけでなく，「それが後進的であるのは，我々がその真なる法則に従って形態を研究したり建築の世界を知ったりすることを妨げるからである」[149]．形態はむしろ，形態自身の歴史や都市の類型学から生じるべきなのである．

ロッシの研究の核となる考え方は「都市的事象（*fatto urbano*）」という概念にあり，この概念が含意しているのは，ピーター・アイゼンマンの記すところに従えば，「単に都市の中の物理的な事物だけでなく，また都市の歴史，地理，構造，都市の生全体といったあらゆるものである」[150]．手引きとなる事例は，パドヴァの中心部にあ

---

[146] この書簡はフランチェスコ・テントーリ宛のものであり，次の中で発表されている．"D'où venons-nous? Qui sommes-nous? Où allons-nous?" in *Aspetti dell-arte contemporanea*, exhibition catalogue, L'Aquila, 28 July to 6 October 1963 (Rome: Edizioni dell'Ateneo, 1963), pp. 264-5.
[147] Aldo Rossi, *The Architecture of the City*, trans. Diane Ghirardo and Joan Ockman (Cambridge: M.I.T. Press, 1984).
[148] ロッシが興味をもっていたのは，方向性に対するリンチの強調であり，また同時に住宅地域に対する彼のコメントであった．次を参照せよ．Rossi, *The Architecture of the City*, pp. 34, 69, 101, 112.
[149] Ibid., p. 46.
[150] Ibid., p. 22 (editor's note).

るバシリカ状の構造体であるパラッツォ・デッラ・ラジョーネであるが，これは数世紀の間にさまざまな機能を果たしており，いまだもって生き生きとした都市の中心かつ焦点として作用している．彼の見方によれば，都市とは，そのモニュメント，街路，地理学的特長によって幅広く規定される空間的構造であり，また，集団的な歴史意識を保有する何かであり，この集団的な意識は常に活動しており，その住人を通じて展開するが，しかし同時に長期的あるいは永続的で超越的な時間を有するものでもある．このようなわけで都市を都市類型学のプロセスを通じて調査する可能性がロッシにとっては重要なものとなるのであり，彼はアントワーヌ・クリゾストーム・カトルメール・ド・カンシーに遡りつつ，「類型」の概念を用いるのである[151]．この概念は非常に曖昧で，建物と都市構造を分類するための手段として提示されている．そしてこの概念は複製されるべき何か（モデル）ではなく，むしろモデルに対して規則の役割を果たすような根本的な考え方である．

対照的にロッシは，「場所」という概念（「ある特定の敷地とその敷地に建つ建物との関係」）を「コンテクスト」[152]というあまり具体的でない考え方から区別している．彼にとってこの区別は，設計に関する重要な意味をもっている．「全く驚くべきことではないが，コンテクストというこの概念を主張したり支持したりしているのは，古代のファサードを保存したり，これらのファサードをそのシルエットや色彩などがそのままになるように再建することによって，歴史的な都市を保存することを主張する人々である．しかしながらこれが実現されたとき，我々はそこに何を見出すであろうか？　空虚で，しばしば不快な感情を抱く舞台セットのような景観である」[153]．このような主張をする際に彼が念頭においていたのはフランクフルトの都市の姿であったが，この言説が意味するものは，形態をプラトン的に勝手に使用することによって意図的にひとつの場面を作ることを自らの仕事としていた者に対する問題提起とも見做され得るだろう．

ロッシの（包摂された）政治的信念からすれば，『都市の建築』は，形態をモニュメンタル性に還元したり，その現象学的な本質において悠久の建築，太古の建築を探求したりする点からして，明らかに保守的なものである．彼の理念的なモニュメントはその反機能主義的なレトリックの中で厳格かつ静的なものであるが，しかし同時に彼が提示する事例——ニームとアルルの円形劇場など——は数世紀をかけて獲得され

---

[151] Ibid., p. 40. ロッシが引用しているのは，『建築歴史辞典』（1832）で与えられているカトルメール・ド・カンシーの定義である．
[152] Ibid., p. 103.
[153] Ibid., p. 123.

た異質な意味の重ね合わせを豊かに有している．これらの事例は実際には，暗黙の史実の中の純粋な建築を定義づけるものではないのだ．

　ロッシが哲学的な解釈を探求していた際に彼とともに仕事をしていたのが，親友のジョルジョ・グラッシ（Giorgio Grassi, b. 1935）であり，彼の著作『建築の論理的構成』（*La construzione logica della architettura*）は1967年に出版された[154]．グラッシは1960年にミラノで学業を終えた後，『カーザベッラ・コンティニュイタ』の編集アシスタントとして働き，同時にロッシのもとで助手として教鞭を執っていた．グラッシの著作は新しい合理主義的建築の可能性を公言した最初のものであるが，それが歴史的に重要であったのは，設計に容易に取り込めるように建築的要素（壁，ドア，窓，円柱，屋根，平面）の類型学を提示していたからであった——この類型学は部分的にはドイツ人のアレクサンダー・クラインの類型学的な仕事を引き継いだものである[155]．まさにロッシの古典化された近代リヴァイヴァルがすでにロースを賞賛していたように，グラッシはミースやグロピウス，テッセノウ，アウト，ルートヴィヒ・ヒルベルザイマーの住宅図式にひかれていた．グラッシにとっては，マルクス主義という基礎が，美学的，非表現的，抽象的な形態の使用を暗示するものであった．1966年のモンツァ・サン・ロッコのためのグラッシとロッシのコンペティションのための共同プロジェクトは，当時の彼らの理論的な同調を完全に示している．ウィーンにあるカール・マルクス・ホーフのような見劣りのするモデルに依拠するこのプロジェクトが計画していたのは，閉ざされた中庭を囲む2層と4層の住宅の仮想状の碁盤であり，控えめに見ても音響上問題のあるものであった．

　建築作品を脇におけば，ロッシとグラッシは1960年代後半，建築理論のための全く新しい道筋を切り拓き，1973年の第15回ミラノ・トリエンナーレにおいてこの理論が新たな「合理的建築」と公的に命名されると，ヨーロッパにおいて幅広く普及するものとなる．この展覧会のカタログでロッシは，アドルフ・ベーネの定式に立ち返っている．すなわち，設計において各機能を「一意的かつ瞬間的な」ものにしようとする「機能主義者」と，「建築の持続的な質を一考する」[156]ような「合理主義者」との区別であり，建築とは，「さまざまな要求をもつ多くの世代の人々に受け継がれるものであるから，柔軟性は不可欠なものなのである」．同じカタログにおいて，マッ

---

[154] Giorgio Grassi, *La construzione logica della architettura* (Padua: Marsilio, 1967).
[155] Alexander Klein, *Das Einfamilienhaus, Südtyp: Studien und Entwürfe mit grundsätzlichen Betrachtungen* (Stuttgart: J. Hoffmann, 1934).
[156] Aldo Rossi, introduction to *Architettura Razionale* (Milan: Franco Angeli, 1977; originally published in 1973), p. 24; the passage in English is cited from Adolf Behne, *The Modern Functional Building*, trans. Michael Robinson (Los Angeles: Getty Publications Program, 1996), pp. 137-8.

シモ・スコラーリは，この新たな「全体的な建築再建」に対するパラメーターをさらに設定しているが，このような再建の発端を彼は1967年から68年のミラノの建築学科にまで遡って見出している．この再建を政治的急進主義者の試みや職業体制から切り離しつつ——このような職業体制は「文化の商品化」を示しており，「この体制はその目的を伝統的なブルジョア社会内部の個人利益という領域のうちに打ち立てている」——スコラーリはいささか驚くべきことに合理的建築を，「政治，社会，技術に従属したり監督されたりすることなく建築を自由にさせる」[157]ことを望む無言の願望として特徴づける．トリエンナーレから数ヶ月後に発表され広く読まれた批評の中で，懐疑的なジョゼフ・リクワートは，「新合理主義者」のリヴァイヴァルを非難したが，それは合理主義者の公然とした偏向性やイデオロギー的な矛盾のためだけでなく，質の悪い建築が多く展示されたためであった．「ということで，建築が生き生きとしたものであり続けることができるのは，建築が寡黙である限りにおいてであろう．寡黙でかつ美しければなおよいだろうが，しかしやはり寡黙さなのだ」[158]．

---

[157] Massimo Scolari, "Avanguardiae nuova architettura," *Architettura Razionale*, pp. 168-70; cited from Massimo Scolari, "The New Architecture and the Avant-Garde," trans. Stephen Sartarelli, *Architecture Theory since 1968*, ed. K. Michael Hays (Cambridge: M.I.T. Press, 2002), pp. 135-6.
[158] Joseph Rykwart, "15a Triennale," *Domus*, no. 530 (January 1974): p. 4.

Chapter 15

モダニズムへの挑戦状
アメリカ

> 正統的な近代建築の清教徒的な道徳言辞は
> もはや建築家を脅かすことはできない.
> ―― ロバート・ヴェンチューリ（1966）――

1
マンフォード，ジェイコブス，アメリカ諸都市の失敗

　都市が社会的・現実的に衰退した反面，郊外が繁栄していた1950年代，60年代のアメリカ．この話題を取り上げた書籍はこれまでに多数存在する．そして，人種差別，戦争，貧困，ドラッグ，失業問題など，1960年代末に頻発した都市問題にはさまざまな原因が考えられてきた．しかし，ここで連邦政府の財政公約自体を非難することは難しい．例えば，連邦住宅局（FHA: Federal Housing Administration, 1936），合衆国住宅局（United States Housing Authority, 1937），連邦住宅抵当公庫（Federal National Mortgage Association, 1938）といったニューディール政策の施策の数々は第2次世界大戦を生き延びただけでなく，トルーマン政権，アイゼンハワー政権下では，主要な住宅政策や再建措置にまで進出している．また，戦後立法の基礎となった1949年制定の住宅法では，「アメリカのすべての家庭にきちんとした住まいと生活に適した環境」を与えることが約束され，都市再開発局（Urban Redevelopment Agency）も設立された．そして（土地収用に関して憲法に匹敵する権限をもった）この都市再開発局によって，スラムの公用収用，購入，クリアランスのためのフェデラルファンドも認可された．また，1954年にはアイゼンハワーがさらに総合的な住宅法を成立させている．この法はFHA抵当保険などの連邦政策の敷衍であり，これによって都市再建の概念は本格的な都市再開発へと移された．さらに，1957年の州間高速道路法（Interstate Highway Act）によってアメリカには新しい高速道路システムが生まれ，このシステムはすぐさま各都市に広がっていった．そしてケネディ政権，ジョンソン政権下には，住宅法（Housing Act, 1961），地域再建法（Area Redevelopment Act, 1961），都市大量輸送法（Urban Mass Transportation Act, 1964），モデル都市計画（Model Cities Program, 1966），住宅・都市開発法（Housing and Urban Development Act, 1968）などの法律とともに，連邦プログラムはさらなる展開をみせた．ジョンソンが1964年春に発表した「貧困との戦い」計画は彼の「偉大な社会」の指針の眼目であり，そこには市民権法（Civil Rights Act, 1965），経済機会均等法（Economic Opportunity Act, 1964），選挙権法（Voting Rights Act, 1965），高等教育法（Higher Education Act, 1965），教育機会均等法（Educational Opportunity Act, 1968），児童健康増進保護法（Child Health Improvement and Protection Act, 1968），低所得者医療費補助法（Medicaid Act, 1968）の制定も盛り込

まれていた．1965年には住宅都市開発省（HUD: Department of Housing and Urban Development）の傘下に住宅供給，再開発計画のさまざまな部門が集められた．当時は都市計画，都市理論，都市に対する出費の絶頂期であることが繰り返し報告されている．1966年の連邦議会に先立って，都市部の貧困は10年以内に根絶されるだろうとの予測を発表したのはサージェント・シュライヴァーだった[1]．

しかし明らかに状況は悪化していた．ダウンタウン地域にはいくつかの成功例——ギラルデッリスクエア（サンフランシスコ），ニコレットモール（ミネアポリス），ガヴァメントセンター（ボストン），ゴールデントライアングル（ピッツバーグ）が有名である——があったものの，当時の都市再開の多くは失敗に終わった．都市の老朽化した区域の建物はブルドーザーで破壊され，高層・低層の建物への計画的な建て替えが行われ，その結果プルーイット・アイゴー団地（セントルイス）やコロンバス住宅群（ニューアーク），ヴァンダイク高層住宅群，バルク高層住宅群（ともにニューヨーク），ローゼン住宅群（フィラデルフィア）といった人々から嫌悪された事例が生まれたのは，すでに1960年代以前のことである．建築的・社会的治癒の不備は，問題自体の深刻さを遥かに超えていた．

アメリカ社会の構造変化の中では，無論，他の事情も住宅供給分野の施策の成功を妨げる要因となっていた．終戦から年月が経過し，連邦政府の政策に根本的な変化が起こっている．戦前の住宅法の多くは財政の中立を保つ（あるいは中立に近い）ものであり，とりわけ貧困労働者層を救済するためのものだった．そして1950年代初頭の政府補助住宅でも，居住希望者はふるいにかけられ，家賃は運営費を賄うために十分な金額とされ，社会的なマナーや清潔度合には基準が設けられ，これに従わない居住者は立ち退かせる権限があった．しかしそれから10年も経った頃の連邦プログラムでは，こうした社会的制限事項も緩和され，居住者に求められる生活水準や社会的態度も相当に緩和されることとなった．事実，1960年代の貧困労働者層の人々は，政府補助住宅の居住者からはしばしば除外されていた．ここで優遇されたのは，生活保護を受けている無職の人々，すなわち教育を受けていないために，身を立てる現実的な可能性をもたない人々だったのである[2]．実際のところ，よりよい住みが必要であった当時の貧困者の多くは，こうした新しいプロジェクトの恩恵に浴することを拒んだ．つまり，そこに住むということは当時は社会的な屈辱だったのである．

---

[1] Sargent Shriver. *Urban Society*, 9th ed. (Guildford: McGraw-Hill, 1999) 所収，Steven Hayward, "Broken Cities: Liberalism's Urban Legacy" p. 117 より引用．
[2] Martin Mayer, *The Builders: Houses, People, Neighborhoods, Governments, Money* (New York: W. W. Norton, 1978), pp. 188-90 参照．

都市の人口動態そのものも，こうした政策と切っても切れない関係にあった．すなわち，黒人の貧困層の都市への流入や白人労働者の郊外への移住は，1920年代以後の風潮としてこれまでにも存在していたが，1950年代，そこに極めて重大な変化が起こったのである．このとき，貧困層（特に南部の疲弊した地方出身の貧困層）が，より大きな都市にひかれ，大挙して押し寄せた．これは連邦プログラムが彼らの援助を約束していたことが一因となっていたが，その一方で労働者やその雇用主は郊外への移住傾向を強めていった（すなわち彼らは，都市への人口流入に付随する，犯罪，薬物乱用，不動産価格の下落，スラム化の進行といった問題から逃避しようとしたのである）．かくして大都市は一夜にして教育も受けておらず職もない人々の天国となり，同時に，社会問題の悪化に取り組むために必要な税収基盤も失ったのだった．

　都市再開発の初期にはまた，公的住宅供給に必要な建築の性質が包括的に議論されることもなかった．この原因としては，当時のアメリカ人がCIAMや彼らの都市議論に無関心だったことも挙げられるだろう．しかし，1960年以前に真剣な議論がなされなかったことは，学界において著しかった．すなわち，「輝く都市」のような高層建築による解決策を初めとするヨーロッパのパラダイムは当時，アメリカの文化・経済状況に照らした議論をほとんどあるいは全く経ずに軽率に受容されていたのである．例えばグロピウスがハーヴァード大学で導入したドイツ式の都市論の講義（コミュニティセンターの必要性の主張）はその好例だが，これは決して，当時の「近代化された（モダナイズ）」アメリカの建築学科内で最も悲しむべき取り組みではない．当時のアメリカでは，基本的な事実や方案を知らないということが往々にしてあったのである．例えば，米国建築家協会のために作成された1965年の総合研究において，コンスタンチン・ドクシアディスやチャールズ・エイブラムス，バックミンスター・フラーらの互いに極めて異なっていた都市計画のアプローチを，「マッケイ，ル・コルビュジエといった地域主義者の系列に分類されうる」思考としてひとくくりにしていた．そればかりか，この研究はさまざまな都市計画をほぼ網羅的に紹介しておきながら，それら都市計画とアメリカ諸都市との社会学的関連性のことを全く考慮していなかった[3]．

　建築の専門家による批評がこうして著しく孤立していたことを考えれば，1950年代，60年代の政策や都市計画決定の大部分が都市計画家や建築家ではなく，政治家や政治基盤のあった官僚によって行われたことも不思議ではない．そうした当時の影の実力者の中でも有名な人物に，長らくニューヨーク市の公園局長を務め，都市建設

---

[3] Paul D. Spreiregen, *Urban Design: The Architecture of Towns and Cities* (New York: McGraw-Hill, 1965), p. 17 参照．

局 (Office of City Construction) の責任者でもあったロバート・モーゼスがいる．なお，彼は緑豊かな敷地に建つル・コルビュジエの高層都市計画案に傾倒していた人物でもあった[4]．モーゼスは 1924 年より権力の座に居座り続けながら，高速道路，橋梁，ビーチ，公園の建設を通じて，第 2 次世界大戦の頃までにはすでに，ニューヨーク大都市圏の物理特性をおおよそ把握していた．1945 年から 1958 年にかけて 1,000 を超える公営住宅建設計画の責任者となったが，これらは総計で 50 万人以上，すなわち大抵のアメリカの都市の人口を超える居住者を見込んだものだった．モーゼスが統括したこうした巨大事業には，スタイヴェサント・タウン，ピータークーパー・ヴィレッジ，ブロンクス・コープシティなどがあった．

また，後年は，少なくとも論争の仕掛け役として秀でた人物だった．そして，モーゼスの在任後期に彼の宿敵とされたのがルイス・マンフォードである．マンフォードとモーゼスの確執の始まりは 1940 年代末，スタイヴェサント・タウン計画反対論に遡る．この時マンフォードは，高密度であることや，社会的アメニティの不足，デカルト的高層タワービルの存在からこの計画を批難した[5]．また，1950 年代半ばには，ニューヨーク市内および周辺に高速道路の新設を推進するモーゼス局長に異議を唱える．さらにマンフォードは 1950 年代末にも，フィフス・アベニューをワシントンスクエア・パークのふもとまで延ばし，整備予定の新道と接続する，というモーゼスの計画を批判している[6]．マンフォードは一度も運転したことがなかった（実はモーゼスも同様だった）が，それにもかかわらず彼にとって自動車は諸悪の根源だった．

1950 年代末にマンフォードが寄せた都市問題への関心は，『歴史の中の都市』(*The City in History*, 1961) 執筆への決意に極まる．これはいくつかの点において『都市の文化』(*The Culture of Cities*, 1938) の増補改訂版ともなっている書物だが，マンフォードの著作でも最も長く広く支持されたもののひとつであり，現在でもなおこの分野における彼の最高の業績であると広く見做されている．また，同書でさらに興味深いのは，ここで彼が準考古学的な手法によって人間の文化レベルの観点を都市経営（これは無論，当時のマンフォードの批評の核心である）の観点と結びつけよう

---

[4] モーゼスのキャリアについては Robert A. Caro, *The Power Broker: Robert Moses and the Fall of New York* (New York: Knopf, 1971) 参照．

[5] マンフォードによるスタイヴェサント・タウン批評には，"From Utopia Parkway Turn East" (1919), "Fresh Meadows, Fresh Plans" (1919), "Prefabricated Blight" (1948) がある．それぞれ *From the Ground Up: Observations on Contemporary Architecture, Housing, Highway Building, and Civic Design* (New York: Harcourt Brace Jovanovich, 1956), pp. 3-10, 11-19, 108-14 所収．

[6] 彼の高速道路観については『ニューヨーカー』連載の「スカイライン」中，1955 年 3 月から 6 月にかけて掲載された "The Roaring Traffic's Boom" の 4 記事を参照．*From the Ground Up*, pp. 199-213 所収．

としている点である．旧石器・新石器文化の隆盛，メソポタミア，エジプト，ミノス，ギリシア，ローマにおける「ポリス」の発生，中世（中世は都市の成立という点において最高の状態にある），ルネサンス，19世紀（この時代の石炭の町(コーク・タウン)は最低の状態にとどまっている），と編年的に話を進めた後，彼の論は，20世紀というそれらに勝るとも劣らぬ問題を孕んだ時代に至る．マンフォードによれば，20世紀の特徴をなすのは都市のスプロール現象であり，（反都市(アンチ・シティ)としての）郊外であり，自動車交通であり，さらなる害悪であった．彼の見方によれば郊外の主たる弱点は，社会的な孤立だった．

> 50年前の町の主婦は，肉屋とも，食料雑貨屋とも，牛乳屋とも，他のいろいろな御用聞きたちとも，個人的な知り合いだった．彼女は日々のおしゃべりの中で，自分の話と接点をもつ彼らの昔話や身の上話を聞いていた．しかし現在の彼女たちは週に一度きり人間味のないスーパーマーケットに出かけるだけで，ご近所さんと出くわすのも偶然に他ならない．裕福であれば電気機器や電子機器に囲まれ，肉体をもち血のかよった話し相手はいらなくなる．彼女の本当の話し相手は，友達は，助言者は，恋人は，彼女の空疎な生を埋めるものは，テレビ画面の映像か，さらに身体性を欠くラジオの音声になった．彼女にはそれらに返事をすることはできるだろうが，自分の話を聞いてもらうことはできない．これは結局そういうものであり，一方通行のシステムなのだ．そしてものの広がる範囲が大きくなるほど，遠隔の供給中心地および遠隔制御への依存度は高まるのである[7]．

そしてマンフォードは，現代都市では無秩序が常態化しているが，その特効薬が都市計画なのだと，自身の過去の見解を再び繰り返すのだった．しかし彼によれば，人口爆発や，主権のありかを象徴するシンボリックな都市表現や，それ自身の「巨大志向」(ジャイガンティズム)や，生態環境の支配を模索する横柄な人間中心主義に端を発する科学技術といったさまざまな要因が，こうしたまともな反応を妨げている．ただし，ここでマンフォードはこのプロセスを覆すための具体的な計画を立案することはなく，より根本的な心構えの変化を漠然と求めるだけだった．マンフォードからすれば，「このように心構えを変える中で，これまで長らく無視され抑制されてきた，自主活動や共

---

[7] Lewis Mumford, *The City in History: Its Origins, Its Transformations, and Its Prospects* (New York: Harcourt, Brace & World, 1961), p. 512.

生関係のすべてを包括する宇宙や生態系のプロセスに新鮮な気持ちで身を捧げることでしか，意味のある改善はもたらせない」[8]のである．なお，同時期の他の小論中では，マンフォードは，ハワードの田園都市や，ラドバーン，レイモンド・アンウィンのハムステッド・ガーデンズ，すなわち3万人から30万人程度の規模に限った「都市＋郊外」単位に回帰している．彼の都市計画観の根本は結局，35年のあいだ変わらなかったのである．

しかし，このような考えでは，1960年代初頭に急速に悪化したアメリカの都市を改善することなどほとんどできなかった．かくして，当時真剣な議論が生まれ始めたのは，まさに危機が顕在化した時点に至ってのこととなった．ここで特筆すべきは，その出発点がマンフォードの著作ではなく，ジェイン・ジェイコブス（Jane Jacobs, 1916-2006）の『アメリカ大都市の死と生』（*The Death and Life of Great American Cities*, 1961）だったということである．ジェイコブスはマンフォード同様に正規の建築教育や都市計画教育を受けていない人物ではあったが，それでも彼女のこの著者は，この論争で飛び交っていたさまざまな言語を整理する役割を果たすこととなる[9]．

ジェイコブスの冷笑の的となったのは，彼女が「麗しい輝く田園都市」ムーブメントと呼ぶ20世紀都市計画理念，すなわち，ル・コルビュジエ発案のタワービルや，（自動車への軽蔑とともに）ハワード発案の分散的田園都市や，（大抵「その場に似つかわしくないみすぼらしい刺青屋や古着屋」[10]が集まってくる）ダニエル・バーナム発案のモニュメンタルな都市核などのイメージをベースとした，現行モデルの浅薄な知恵だった．さらにいえば，都市住宅の玄関口で近隣住民とソーダを飲むという行為は，同じソーダを公民館の何でもない芝生の上や他のありふれた場所で飲む行為とは，社会的行為として大きな違いがあるということである．ここが彼女の批判的洞察の核だった．このように，彼女が主として関心を寄せたのは，建築家が通例そこだけに焦点をあててきた都市建築ではなく，むしろ，成功裡に（地域社会に自然発生的な価値基準が生まれ，犯罪の起こらない）都市街路や都市近隣域を生み出す，社会構造の方でこそあった．ジェイコブスは，20世紀の住宅供給計画や再建計画のほとんど

---

[8] Ibid., p. 575.
[9] 特に，『アーキテクチュラル・レコード』に1962年から63年にかけ5回にわたり掲載された"The Future of the City"を参照．Lewis Mumford, *Architecture as a Home for Man: Essays for Architectural Record*, ed. Jeanne M. Davern (New York: Architectural Record Hooks, 1975), pp. 107-41 所収．
[10] Jane Jacobs, *The Death and Life of Great American Cities* (New York: Random House, 1961), p. 25〔山形浩生訳『アメリカ大都市の死と生』鹿島出版会，2010年〕．

が，都市や，都市に必須の社会構造を破壊に導いたと考えていた．そして彼女は，田園都市の狂信者たち（マンフォードであると読める）が反都市や悲観論の立場から分散化を求めている状況がこの破壊の核心であると考え，彼らの考えの背後にある基本命題に照準をあてた．

　ものの旧来の秩序を強め物語として成立させるために，「分散化論者（デセントリスト）」たちは古き悪しき都市のことを繰り返し強調した．彼らには大都市の成功に対する好奇心はなかった．彼らは失敗にばかり興味をもった．すべては失敗だった．マンフォードの『都市の文化』のごとき書物の大部分は，執拗かつ偏見に満ちた害悪のリストとして書かれた．大都市は「メガロポリス」であり，「ティラノポリス」であり，「ネクロポリス」であり，奇形であり，圧政であり，生き地獄であった．彼らは言わなければ気が済まない．ニューヨークのミッドタウンは「混沌の凝固物」である（マンフォード）．都市の姿かたちは「滅茶苦茶な偶然事であり，……でたらめの総和であり，自己中心的で浅はかな幾多の人間の気まぐれが互いに反目しあったもの」でしかない（スタイン）．都市の中心は遂に「騒音，埃，乞食，みやげものや甲高い声の宣伝競争」になってしまった（バウアー）．これだけろくでもないものを理解しようとして何の意味があるのかと[11]．

　そこでジェイコブスは，ボストンのノースエンド（都市計画家はこれをスラムと見做した）などの活気に満ちた都市区域に注目し，都市を機能させるための社会的要因の分析を用いて反証にあたった．そして彼女の論の2本柱——活発な歩道の活用（プライバシーを保ちつつ，あらゆる階層の社会的接点を育む）と多様な用途への対応——は，① 居住機能と小さな商業機能（マンフォードの語った，主婦がもはや話しかけることのなくなった肉屋）を混合させること，② 歩行者のために街区ブロックを短くすること（多様な経路や接点が生まれる），③ さまざまな建築年数の建物の融合（視覚的な多様性と地域ぐるみの保守につながる），④ 人口を集中させること（近代都市計画家には全く受け入れられない提案だが）によって到達され得る，とされた．ジェイコブスの議論では，よりよい近隣関係は，建築家や都市計画家による提案，少なくとも彼らの従来の方式によっては生まれ得ないものだった．あるいは，よりよい近隣関係というものは，ブルドーザーや大規模な「都市再開発」事業によって定められ得るものでもない．そしてジェイコブスは，再開発にかかる費用は，古い建

---

[11] Ibid., pp. 20–21.

造物を保守し美化するための地域ローンとして賄うのが最善策であるとした．

そして従来の都市計画「神話」は，その他にも多くがジェイコブスに精査された．例えば，自動車は都市の生命に害をもたらす，というマンフォードの信念にも，彼女は部分的に異議を唱えている．さらに興味深いのは，近隣公園の多くは都市計画家が予想したようなアメニティになっていないという指摘である．ここで彼女は，近隣公園は何らかのかたちで健康的な「都市の肺」となっているという発想に対し，単純な科学的事実から反証している．すなわち，子供が街の歩道で遊ぶのを母親がやめさせ，決まった遊び場という「避難所」に連れていくのは女家長制的であり，社交術を学ぶ機会を促すどころではなく，むしろ阻害してしまう，と論じたのである．「男女双方からなる日常世界で遊び育つ機会（現代生活ではこれは特権になり果せてしまった）をもつことは可能である．それは，活気と多様性に満ちた街路で遊んでいる子供にとっては普通のことなのだ」[12]．言い換えれば，誰からも監督されていないゲームをして「遊び回る／時間をつぶす_{フ ー ル ・ ア ラ ウ ン ド}」ことと，管理された遊び場で行われる「誰もが知っているゲーム」に参加させられることとは，社会的には別の意味をもつのである．彼女の議論によれば，子供たちは前者の方が好きだが，結局都市計画家や都市評論家はコントロールの欠如とカオスを最も恐れる．しかし彼女の主張では，そのカオスこそが都市的体験を特徴づけ，都市の近隣関係を良好にするものなのである．

『ニューヨーカー』（*New Yorker*）紙に寄稿された「スカイライン」（"Sky Line"）と題する厳しい批判記事の中で，マンフォードは直ちにジェイコブスに応答した[13]．同記事中，都市再開発を解決策とした，高層化へのジェイコブスの糾弾には大いに賛意を示したマンフォードであったが，一方，「都市計画に望ましい前世紀の革新をすべて消し去」ろうとする彼女の姿勢には，彼は断固として反対した．特にここでは，約3万人を擁するハワードの地域モデル，すなわち，ジェイコブスが愛したグリニッジ・ヴィレッジのスケールが想定されていた[14]．そして，この区域の住み心地のよさを語り，ブルックリン，クイーンズ，ハーレムなどの類似した高密度地域の環境悪化の原因を指摘したところで，マンフォードは続ける．ジェイコブスは主に犯罪予防の観点から理想案を考えているが，最近の犯罪件数の増加はむしろ，「主要大都市の生活様式全体の病状——住民の異常繁殖，無目的な実利主義，過密，分別を欠いた無秩序といった，むしろ都市の活力の証拠だとして彼女が熱烈に支持している状況にこそ

---

[12] Ibid., p. 81.
[13] Lewis Mumford, "Mother Jacobs' Home Remedies," *The New Yorker*, 1 December 1962. *The Urban Prospect* (London: Seeker & Warburg, 1968), pp. 182-207 に "Home Remedies for Urban Cancer" として再録．
[14] Mumford, "Home Remedies for Urban Cancer," p. 188.

正比例して進行している——が悪化していることに起因したものである」[15]．そして彼はさらにこうも語った．「ジェイコブスの単純な公式からみるに，彼女は醜さ，むさくるしさ，乱雑さといったものは気にも留めていないのだ．かつて静かだった居住地域をつんざくトラックの轟音も，彼女は気にならないのだ．換気が悪く陽もあたらず，彼女が理想とする住宅密度に唯一合致する過密したスラムが発するいやなにおいも，彼女は不快ではないのだ」[16]．

　ここに至って，マンフォードによるジェイコブスの著作への批判は明らかに悲観的な論調に変わる．「軍事力，科学力，技術力，財政力，そしてそう，『地殻変動』力は今日では，多様性を消し去り，有機的成長，生態的相互関係，自律活動のありとあらゆるものを捨てることによって，至る所で，思うがまま，絶大な力を発揮している」[17]．そして彼は，都市問題は「都市計画によるわずかばかりのトリック」では解決され得るものではないとして論を結んだ．ここで彼は，さらに不穏な口ぶりでこうも語っていた．「この都市文明が漸進的な崩壊の途にあるとすれば，我々はゼロからまたそれを建て直さなければならない」[18]のだと．この論の5年後，リビコフ議会委員会（連邦政府の支出が議論された）でジェイコブスと対面したマンフォードは，現行の高層都市再開発を糾弾する点では以前と同じく彼女に賛同しながら，些細な計画決定と「レイプや強盗や非行や世にも恐ろしい暴力」をつなげて考えるジェイコブスの単純な論理展開を非難している．こうした都市の病状の原因は，彼によればより深くに根を張っているのである．「精神的ストレスや意味のない〈ハプニング〉を引き起こすだけの，復讐の殺人劇を夢想させるだけの機械中心生活は，都市計画で癒やせるものではない」[19]．

　1960年代初頭のこのマンフォードとジェイコブスの反目は，ある具体的な論争を引き起こすこととなった．それはじきに，建築家，都市計画家，生態学者，社会学者の組織が俎上に載せることとなり，アメリカ都市・連邦都市再開発計画一般の批判にまで発展することとなる．予想されたとおり，ここで建築家と都市計画家は都市の物理的要素の存在や都市環境の秩序化を強調した．景観設計家（ランドスケープ・アーキテクト）のローレンス・ハルプリン（Lawrence Halprin, 1916-2009）を例にとれば，彼が処女作の『都市』(Cities, 1963) 中で強調したのは都市の活力であるが，ここで彼は，花崗岩の敷石から車止めまで，すべてのもののデザインの可能性を視覚的に示すことでそれを行って

---

[15] Ibid., pp. 191.-5.
[16] Ibid., p. 197.
[17] Ibid., p. 206.
[18] Ibid., p. 207.
[19] Lewis Mumford, "A Brief History of tlrban Frustration," *The Urban Prospect*, p. 215.

103 ピーター・ブレイク『神様のがらくた置き場』(*God's Own Junkyard*, New York, 1964) に示される2枚の対照的な写真.

いる[20]. また，1950年まで『アーキテクチュラル・フォーラム』の編集者であり，都市の荒廃について定期的に批評文を寄せていたピーター・ブレイクは，1964年に有名な『神様のがらくた置き場』(*God's Own Junkyard*) を出版する（図103）. これは怒りを通り越した「憤怒」の中で書かれた著作であったが，自称ジェファーソン主義者のブレイクはここで，スカイスケープ，カースケープ，ロードスケープ，ランドスケープ，タウンスケープの無神経な破壊は（本書の副題が暴露しているとおり），際限ない商業主義と拝金主義に誘発された「アメリカのランドスケープに対する計画的荒廃」であると語った.

アメリカの都市について語りながら，彼は次のように記している.「我々は毎日，都市の中を歩いたりドライブしている. そこには職場があり，店があり，我々はそこ

---

[20] Lawrenee Halprin, *Cities* (Cambridge: M.I.T: Press, 1961; reprint, 1972).

Chapter 15　モダニズムへの挑戦状　アメリカ　　869

で生まれ，存在し，そしてそこで死ぬのだ．このような地獄のような荒廃の中で，人はどうやって育つことができるというのか？」[21]

都市の荒廃に対する別の解決策は，同年に出版されたヴィクター・グルーエンの著作『我々の都市の中心：都市の危機：診断と治療』（The Heart of Our Cities: The Urban Crisis: Diagnosis and Cure）で示された[22]．グルーエンはもちろん，ショッピングモールやオフィスモールというコンセプトによって，これまで都市の郊外化を促進してきた人物である．しかしここで彼は，都市のコンパクト化，活気に満ちた公共施設，小さい粒状のパターンなどに基づく解決策を提案した．彼はまた，同書内で（生物学にインスピレーションを受けた）細胞的都市計画も発案している．ここでは，中心部の周囲に配置された，車道でつながれながらも地理的特性によって他と分離した，高密度の核となる地域が分散して計画されることとなっていた．その最終的な形態は，ハワードの田園都市やスカンジナビアの新しい衛星都市と驚くほど似ていたが，彼自身がそれに気づいたのは後のことだった．

都市の物理特性に焦点をあてた理論家には他にケヴィン・リンチ（Kevin Lynch, 1918-1984）がいたが，彼の論は理論的側面と心理的側面がより強いものとなっていた．当初はシカゴでラルフ・ラプソンと部屋を共有してすごした後，1940年代半ばにケンブリッジに移りMITで学んだリンチは，その後，MITの都市・地域研究センター（これは同種の機関として初めてのものであった）で，遂にジョージ・ケペッシュに合流することとなった．初めての研究でリンチは，都市形態とその物理的パターン化の問題に焦点をあて，都市構造を分析しながら建物の類型や量，密度，肌理，求心性，空間配分をあぶり出している．そこから，「都市成長のパターン」（"The Pattern of Urban Growth", 1960）と題する論文で都市計画類型（街路のグリッドパターンから星雲状(ギャラクシー)レイアウトまで）というより広い問題を扱うようになると，相関マトリクス内部におけるコア同士の「多中心網」という概念を提唱している[23]．

しかし，後にロッシの都市理論の中で重要な役割を果たすこととなる初の著作の『都市のイメージ』（The Image of the City, 1960）では，これとは少し異なる方針をとり，文献の読み込みや都市住民へのインタビュー，アメリカ3都市（ボストン，ジャ

---

[21] Peter Blake, *God's Own Junkyard: The Planned Deterioration of America's Landscape* (New York: Holt, Rinehart & Winston, 1964), p. 33.

[22] Victor Gruen, *The Heart of Our Cities: The Urban Crisis: Diagnosis and Cure* (New York: Simon & Schuster, 1964).

[23] *Neighborhood, City, and Metropolis: An Integrated Reader in Urban Soeiology*, ed. Robert Gutman and David Popenoe (New York: Random House, 1970), pp. 856-71 所収，Kevin Lyneh, "The Pattern of the Metropolis". また，同書収録の Kevin Lynch and Lloyd Rodwin, "A Theory of Urban Form" (1958), pp. 756-76 も参照のこと．

ージー・シティ，ロサンゼルス）の現地調査を通じて，都市計画に対する「イメージのしやすさ_{イメージャビリティ}」という心理的概念，すなわち，「ある対象物に備わった，任意の観察者に高い可能性で存在する強いイメージを喚起させる特性」の重要性を提示した[24]．ここでの彼はさらに，この「イメージのしやすさ」を，「ただ見えるだけでなく，その対象物がはっきりと強く感覚に迫る，高度な意味」での「視認性_{レジビリティ}」や「可視性_{ビジビリティ}」になぞらえてもいる[25]．リンチは要するに，都市における住民の現象学的体験と都市計画における方向性の重要性に注目したのであり，住民同士が関係を築くには，都市というものの主要特性を概念的に理解しておくことが重要であるという点に着目したのである．そしてここでは，この環境イメージの構成要素は道_{パス}，縁_{エッジ}，地域_{ディストリクト}，結節点_{ノード}，目印_{ランドマーク}という5つの構造的・概念的特性の組み合わせによって表現された．都市は「場所がしっかり組み合わさったもの」であるべきで，「記憶痕跡の保管」を促すものでなければならないという主張を除き[26]，この研究は都市計画家に対して具体的な指針を示すことこそ少なかったものの，密度の問題に拘泥し，美学的問題には時おり触れるだけであった1950年代の研究からの新たな展開を象徴するものではあった．リンチは，住民が自尊心をもち，また自己認識を行うためには，その都市の道_{パス}，結節点_{ノード}，目印_{ランドマーク}をはっきり定義しておくことが欠かせないことを指摘した．したがって，建築家や都市計画家は，それらを撤去したり改めたり，そこに新しいものを付け加える際には，細心の注意を払わなければならない．

なお多くのリンチの研究は，1960年代に現れた「エコロジー」の視点による研究と共同歩調をとるものだった．もともとこのコンセプトはすでに，生物学と同様に1920年代に盛んに議論されていたものだったが，その後数十年の進化の末，環境の仕組み，地形の仕組み，社会現象の仕組みを包含する成熟した科学に姿を変えた．この分野は1960年代初頭，ジョージ・A・セオドーソンの『人類生態学研究』(*Studies in Human Ecology*, 1961) やレイチェル・カーソンの『沈黙の春』(*Silent Spring*, 1962)，レオナルド・J・ダールの『都市の現状：大都市の人と政策』(*The Urban Condition: People and Policy in the Metropolis*, 1963) といった書籍によって世に広まったものだった．カーソンの著作は後に環境ムーブメントとなるものがその争点を定めることに一役買い，ダールの著作は都市の地形，人種間の関係性，精神衛生の観点から「都市化現象の危機」を考察した[27]．

---

[24] Kevin Lynch, *The Image of the City* (Cambridge: M.l.T. Press, 1971; originally published in 1960), p. 9.
[25] Ibid., pp. 9-10.
[26] Ibid., p. 119.
[27] L. J. Duhl, ed., *The Urban Condition: People and Policy in the Metropolis* (New York: Basic Books, 1963).

また，ロジャー・バーカーの『環境心理学』(*Ecological Psychology*, 1968) とイアン・マクハーグの『デザイン・ウィズ・ネイチャー』(*Design with Nature*, 1969) はさまざまな問題の概観を示していた．ペンシルヴァニア大学の景観設計・地域計画学科（Department of Landscape Architecture and Regional Planning）の学科長となったマクハーグ（Ian L. McHarg, 1920-2001）が地域問題に関心を向けたのは，もともと関心をもっていた都市や健康問題を通じてのことだった[28]．

また1960年代初頭には，都市の物理的環境や都市のエコロジーに関する研究と並行して，ハーバート・J・ガンズやロバート・ガットマンのものを初めとする夥しい数の社会学研究が行われている．シカゴ大学で博士号を取得したガンズの場合，レヴィットタウンを扱った1950年代末の最初の著作も有名だが，代表的なものは1962年に出版された『都市の村人たち』（*Urban Villegers*）の方であろう[29]．同書では，ボストンのウエストエンドの窮状が描かれている．このイタリア系移民を大部分とするコミュニティは当時，豪勢な家を建てるため，「都市再開発」の名のもとに一掃されることになっていた[30]．この書籍は，近隣地域の構成や社会動学，世代間継続性に関するジェイコブスの見解の背景を知る上での優れた解説書であるが，同時にここでは，政策立案者がこうした点を理解していないことが強調されている．そして，1960年代半ばにラトガース大学の社会学教授となったガットマンは，プリンストン大学の建築学科と関わりをもつようになり，物理的環境と社会悪や行動パターンとの相関関係を事細かに講義した[31]．彼が建築家教育においてこのような役割を担うこととなった事実は，建築界内部でもこの時期に社会学の需要が飛躍的に高まっていたことの証左である．

1960年代に都市再開発計画や都市計画モデルに対する評論が盛んになったのは，社会学に対するこうした興味のひとつの副産物であった．しかし初期においては，慎重でいささか弱腰な批判がほとんどだった．当時ニューヨーク市民住宅都市計画協議会（Citizens' Housing and Planning Council）のコンサルタントであったエリザベス・ウッドを例にとれば，1961年に彼女は，建築の高層化の主たる問題は建築類型自体にあるのではなく，人々のコミュニケーションや社会的な問題の解決に取り組ま

---

[28] マクハーグは戦後にハーヴァード大学を卒業した後，重度の結核のため故郷スコットランドに戻っている．
[29] 『都市の村人たち』以前の仕事は *The Revittowners: Ways of Life and Politics in a New Suburban Community* (New York: Pantheon, 1967) として出版されている．
[30] Herbert J. Gans, *The Urban Villagers: Group and Class in the Life of Italian-Americans* (New York: The Free Press, 1962).
[31] このトピックに関しては，Robert Gutman, ed., *People and Buildings* (New York: Basie Books, 1972) に重要な論考が収録されている．

なかったことにあると論じた．そこで彼女は，建築を高層化するに際しては，散歩したり，洗車したり，雑談したり，レクリエーションをしたりといったことから，偶然の社会的接触が起こったりするさまざまな屋外アメニティが想定されなければならない，という態度をとった[32]．

　この協議会の事務局長であったロジャー・スターも，自著の『都市の選ぶ道：都市と都市評論家』(*Urban Choices: the City and its Critics*, 1967) でこれと少々似たような方針をとっている．ここでロジャーは，特にジェイコブスの安易な仮定に反対する立場で，都市問題とは本質的に構造的な問題であり，社会＝経済＝政治システムの変化に遡らなければならないと論じた．しかし彼は，高層化問題（あるいは，伝統的な街路とそこでの都市生活に戻って問題を改善すること）については楽観的で穏便な見解を示し続けた．「街路は死につつある．肉屋も，パン屋も，八百屋も，魚屋も，惣菜屋も，文具屋も，チェーン店やらスーパーマーケットやらディスカウントショップやらに融合させられてしまったのであり，それらの大型店のショーウィンドウはテレビやラジオのように機能している」[33]．

　しかしこうした気取った道徳も，すぐに現実に絡め取られることとなる．この当時，都市の惨劇や，経営不振の学校，消えゆく雇用基盤を貧しい人々に伝えていたのは間違いなくテレビだったが，とはいえ，アメリカ全土のゲットーで起こり始めていた危機は，ゲームセンターやテレビの普及とはほとんど関係のないものだった．政策レベルの差し迫った危機を最初に示唆したのは，マーティン・アンダーソンの賛否両論を呼んだ1964年の著作，『連邦のブルドーザー：都市再開発の批判分析 1949-62』(*Federal Bulldozer: A Critical Analysis of Urban Renewal 1949-62*)（図104）だった[34]．これはアンダーソンがまだMITの学生の頃に執筆されたもので，従来の都市再開発計画に対する糾弾の書であり，また，主として連邦政府関係機関から集められたデータをベースにした，計画中止を強く要求するものだった．ここでアンダーソンは，連邦や州の計画は，貧困者に住宅を供給するという最も基本的な役割を果たしていないことを指摘した．1950年代の都心を例にとると，この時期に取り壊された住宅は12万6千戸であるのに対し，建てられたのは2万8千戸である．さらに，こう

---

[32] Elizabeth Wood, *Housing Design: A Social Theory* (New York: Citizens' Housing and Planning Council, 1961).
[33] Roger Starr, *The Urban Choices: The City and Its Critics* (Baltimore: Penguin, 1969; originally published in 1967), p. 177.
[34] Martin Anderson, *The Federal Bulldozer: A Critical Analysis of Urban Renewal 1919-62* (Cambridge: M.I.T. Press, 1964). *Urban Renewal: The Record and the Controversy*, ed. James Q. Wilson (Cambridge: M.I.T. Press, 1966), pp. 491-508 収録の要約記事，"The Federal Bulldozer" も参照のこと．

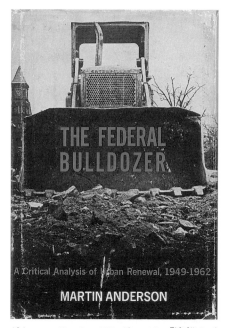

104　マーティン・アンダーソン『連邦のブルドーザー』(*The Federal Bulldozer*, Cambridge, Massachusetts, 1964) の表紙.

した新規プロジェクトの家賃は，大抵の場合建て替え前の不動産物件よりも遙かに高い．そして彼によれば，160万人を超える人々が都市再開発のターゲットとされるエリアに住んでいる中，問題は悪化の一途を辿っていた．すなわち，現行のプログラムが原因となってこうした大規模な立ち退き問題が生まれたのに加えて，都市再開発は別の根本的な目標の達成にも失敗したのである．まず，こうしたさまざまな計画によって，すでにビジネスは致命的な痛手を蒙った．事実，その場を立ち退かされたビジネスの40%はすぐに廃業に追い込まれ，新たに失業問題が深刻化することになった．第2に，当初は4倍増を見込んでいた税基盤を，むしろ全体的に減らす結果をもたらした．そこで彼は，こうした計画は民間企業戦略に道を譲るべきであり，研究の時期においてはこちらの方が住宅改良や都市再建に対し遙かに大きな成功を収めている，と結論づけた．

「偉大な社会」計画の前夜に刊行されたこのアンダーソンの著作は，行政担当者や進歩的な学者から酷評された．当時，国家住宅・再開発役員協会 (National Association of Housing and Redevelopment Officials) の次長であったロバート・P・グローバーグもさまざまな理由から同書を批判しているが，この時，特に槍玉に挙げられたのは，アンダーソンの統計分析と，その分析に「歴史的観点が考慮されておらず，スラムクリアランスや再開発に対する連邦政府の補助額が限られていることも考えられていない」[35]ことだった．実質上アンダーソンの著作の根幹には賛意を示していたハーバート・ガンズも，「超保守的経済学者であり，しばしば向こう見ずな発言をする論客」[36]としてのアンダーソンの統計を非難している．ガンズの主張では，都

---

[35] Wilson, *Urban Renewal*, pp. 509–531 所収, Hobert P. Groherg, "Urban Renewal Realistically Reappraised".
[36] *People and Plans: Essays on Urban Problems and* Solutions (New York: Basic Books, 1968) 所収,

市政策が失敗したのは，それが「スラム居住者に対し新しい住居を適切に与えるためではなく，都市を〈新しくする〉ためにスラムを廃絶する手法」として計画された点に理由があった[37]．また，この論争でもう一方の主役を演じたジェームズ・Q・ウィルソンは，従来の都市計画にさまざまな問題があることは認めながらも，そうした問題は例えば町内会を組織し政治的疎外状況を回避させることで解決できるものと認識していた[38]．

　長年都市計画省の長を務め，ニューヨーク住宅局の創設者のひとりでもあったチャールズ・エイブラムス（Charles Abrams, 1902-70）の都市再開発政策擁護論は，さらに興味深いものである[39]．アンダーソンに対する反論の中で，彼は連邦計画の廃止ではなく，むしろその大幅な拡充を提案したのである．連邦政府による都市空間局（URSA：Urban Space Agency）の創設について説いたエイブラムスが，ここでNASAと同様なものを思い描いていたことは明らかだった[40]．なお，スラム・クリアランスを連邦計画に任せすぎることや，その連邦計画の投機的動機，あるいは，潜在する社会悪の解決にこうした計画がほとんど重きを置いていないことには批判的なエイブラムスであったが，彼は同時に，こうした計画も，土地利用計画，都市美観問題，市民・文化の向上義務といったさまざまなことには尽力していると感じていた．また彼は，I・M・ペイやミース・ファン・デル・ローエ，ポール・ルドルフ，ウィリアム・W・ワースター，ミノル・ヤマサキといった著名建築家たちの参画や，進行中のモデル・プロジェクトの設計については高く評価している[41]．つまりエイブラムスにとっての計画の成否は，優れた設計を通じて美的感覚を満たしつつ社会問題を解決する，建築家たち力量にかかっていたのである．

　ところが，1960年代半ばまでにはこうした見解も疑わしいものになってきていた．この頃には，スラムを徹底的に撤去して無個性な高層ビルを建てるという発想はもはや悪夢でしかなく，深刻に考え直さなければならないという共通認識も形成されつつあった．住民参加型都市計画運動の発起人であるポール・ダヴィドフ（Paul

---

Herbert J. Gans, "The Failure of Urban Renewal", p.261.
[37] Ibid., pp. 265-6.
[38] Wilson, *Urban Renewal*, pp. 407-21 所収, James Q. Wilson, "Planning and Politics: Citizen Participation in Urban Renewal".
[39] エイブラムスについては A. Scott Henderson, *Housing and the Democratic Ideal: The Life and Thought of Charles Abrams*（New York: Columbia University Press, 2000）参照.
[40] Charles Abrams, *The City Is the Frontier*（New York: Harper & How, 1965）. は appears in Wilson, *Urban* Renewal, pp. 558-82 には同書中 "Some Blessings of Urban Renewal" 章の掲載がある. URSA については William R. Ewald Jr., ed., *Environment and Policy: The Next Fifty Years* (Bloomington: Indiana University Press, 1968), pp. 209-40 所収, "Housing in the Year 2000" 参照.
[41] Wilson, *Urban Renewal* 所収, Charles Abrams, "Some Blessings oftIrhan Renewal," p. 562.

Davidoff, 1930-84) も，この当時，ある見直しを迫っていた．彼の主張では，都市再開発計画はディベロッパーの懐を暖めることを主としたもので，彼らは貧困層を立ち退かせてフェデラルファンドを吸い上げていると指摘した．そして彼によれば，計画審議会自体がそれに賛同した市民ではなく，偏狭な政治的主張に支配されており，このため都市計画上の決定も本質的に歪んでいた．「都市計画の選択理論」("Choice Theory of Planning", 1962，トマス・ライナーとの共同執筆) から始まるダヴィドフの初期の論考は，連邦政府の補助金問題や，排他的ゾーニング計画，郊外住宅の入手問題に対する彼のさまざまな法的異議申し立てとともに，1960年代末の議論百出の政治的雰囲気を鮮明に浮かび上がらせる[42]．当時にはまた，ハーレムの再開発建築家委員会（Architects' Renewal Committee）やサンフランシスコの建築家・都市計画家地域再生協会（PARS：Planners and Architects for Neighborhood Regeneration）など，さまざまな建築グループが市民参加問題を扱った．しかしこれらは，わずかな成功を収めただけだった．

いずれにせよ現実は議論を上回った．1965年夏にワッツで暴動が起こると，それに続いて翌年には，オークランドからポンパノビーチ，果てはプロヴィデンスまで，70もの都市で人種間の暴力や大規模火災が起こった．1967年のアメリカでは都市部で暴動が起こり，ボストン，ニューアーク，デトロイトは破壊しつくされ，数十人という死者と数千人もの負傷者を出し，広い地域が焼き払われた．アメリカ史上最悪の年のひとつに数えられる1968年の暴力的な空気は，こうした混乱により引き起こされたものだった．総体としてのアメリカ精神の崩壊は，奴隷制と人種差別の消えぬ名残の賜物であり，それに伴うベトナム戦争の激化の賜物であり，自由経済の失敗の賜物であり，自由主義の伝統自体に根本的な欠陥があったのだとしても，それまでの20年で，都市再開発政策も，それらが建築分野にもたらした帰結も，そうした再開発計画の理論的土台も，目下の難題を解決するためには全く無力であることが証明されてしまっていたのである．ここで同時期に中心的な話題となったのは，さらに蔓延している社会問題を解決したり，緩和することが，そもそも建築家や都市計画家に実現可能なのか，という問題だった．換言すれば，社会を改善するというモダニズムの前提は，この時すでに疑問視されていたのである．

---

[42] Paul Davidoff, "A Choice Theory of Planning," *Journal of the American Institute of Planners* 28 (1962): pp. 103-15. idem, "Advocacy and Pluralism in Planning," *Journal of the American Institute of Planners* 31 (1965): pp. 331-7 および idem, "Democratic Planning," *Perspecta* II (1967): pp. 158-9 も参照のこと．後者については Joan Oekrnan, *Architecture Culture 1913-1968: A Documentary Anthology* (New York: Rizzoli, 1993), pp. 442-5 再掲．

2
パタン・ランゲージから易経まで

　この深刻さを増す問題に，建築という限られた分野が対応するために，建築学教程の中に環境デザインや社会学の教程が組み込まれるようになった．セルジュ・チャマイエフとクリストファー・アレグザンダーによる『コミュニティとプライバシー』(*Community and Privacy*, 1963)はこの種の著作として初期のものである[43]．すでに見たように，チャマイエフはシカゴのインスティテュート・オブ・デザインの校長を務めた後，ホセ・ルイ・セルトが最初に指名したひとりとして，1952年にハーヴァード大学に移った人物である．1950年代のチャマイエフの研究の主眼は利用者の使い方からみた住宅の社会学であったが，その後彼はこの研究を用いて「環境デザイン科学」を提唱し，その展開に着手している[44]．ここで前提とされたのは，解析的モデリングを利用しながら社会学のさまざまな研究を組み込むことで，建築設計の質が向上するという考え方だった．一方，『コミュニティとプライバシー』は，その一部は自然環境と都市の居住環境の悪化を郊外問題や自動車，精神的なストレスの増加に結びつけた環境論だったが，主眼とされたのは単世帯郊外住宅に代わる，グロピウスやヨーロッパの都市計画家の例に倣ったコミュニティ住宅の設計プロトタイプの開発である．なお，アレグザンダーが主に執筆した第2部では，住宅機能のゾーニングの際の変数がコンピュータによって分析され，主に騒音対策が争点となった．この研究の長所とすべきは，設計への機能主義者的あるいは合理主義者的アプローチが洗練されている点である．
　クリストファー・アレグザンダーは単なる協力者としてこのプロジェクトに関わったわけではない．オーストリアに生まれ，イギリスで育った理論家アレグザンダーは，1958年にハーヴァード大学に入学しチャマイエフのもとで博士研究を始める以前に，ケンブリッジ大学で数学，物理学，建築学を学んでいた．学位論文の完成は遅く1962年のことになるが，その書籍版である『形態の綜合に関する覚書』(*Notes on a Synthesis of Form*, 1964)の数学的根拠の数々は建築界を驚愕させ，建築造形への翻

---

[43] Serge Chermayeff and Christopher Alexander, *Community and Privacy: Toward a New Architecture of Humanism* (New York: Anchor, 1965; originally published in 1963).

[44] Richard Plunz, ed., *Design and the Public Good: Selected Writings 1930-1980 by Serge* Chermayeff (Cambridge: M.I.T. Press, 1982) 所収の論考およびスピーチ参照．引用部は Chermayeff and Alexander, *Community and Privacy*, p. 20 よりの抜粋．

訳可能性を有した解析的研究メソッドやコンピュータ演算の利用という，思いもかけなかった分野への扉を開いた．

　設計者への過剰な負担により，設計実務はより複雑化し，専門知識が細分化し，過度に緻密なものとなってしまった．アレグザンダーの著作の背景には，こうした前提があった．そこで彼は，形態（フォーム）を「力のダイアグラム」と定義したダーシー・トムソンの『成長と形態』(*On Growth and Form*) からひとつのアナロジーを持ち出し，よい設計とは具体的なコンテクストに対する形態の「ふさわしさ（フィットネス）」のことであると論じた．また，彼はこの「ふさわしさ」については「軋轢のない共存」の関係のことであると表現している[45]．理論としてのこの命題は，最も純理に近い機能主義だった．しかし，十分な数の「解釈ダイアグラム」を生産してから数学の集合論を用いて機能変数をコンピュータ上にマッピングする，という提案によって，このアレグザンダーのアプローチは唯一無二のものとなっている[46]．彼のアプローチでやはり新しかったのが，設計において心理学的変数や人類学的変数に重点を置いたことである．例えば，彼の学位論文には，参考文献として心理学書，問題解決書，人類学書が建築書の2倍も挙げられている[47]．彼はまた，補遺中でインディアンの村のデザイン要素にまで自らの厳密な数学理論を応用し，変数同士の関係を組織化した茎（ステム）あるいは樹（ツリー）のようなダイアグラムを案出している．

　アレグザンダーは1962年にロワイヨーモンで開かれたチームXの会合でこのツリー状のマッピングを発表し，その後各自のツリーのアナロジーの使用法を巡ってアルド・ファン・アイクと論争になった[48]．そこでアレグザンダーはその数年後，『アーキテクチュラル・フォーラム』に「都市はツリーではない」("A City Is Not a Tree") と題する記事を寄稿し，この議論に応じた．この記事は，彼のそれまでのモデルが進化したことを象徴するものだった．なぜなら彼はこのとき，ツリー・ダイアグラム（大枝，小枝，細枝，葉へと連続的に分離していく図）では現実の体験の特質である「オーバーラップや曖昧さや様相の多様性」が表現できないことを自覚していたから

---

[45] Christopher Alexander, *Notes on the Synthesis of Form* (Cambridge: Harvard University Press, 1964), pp. 18-19.
[46] Ibid., pp. 81.-91.
[47] Christopher Alexander, "The Synthesis of Form: Some Notes on a Theory" (Ph.D. diss., Harvard University, 1962). アレグザンダーは参考文献に建築関係書籍・記事を8つしか挙げていないが，「心理学および問題解決」の書籍・記事を10点，「数学およびシステム理論」の書籍を10点，「人類学」の書籍を7点挙げている．
[48] この長い論争の詳細については Francis Strauven, *Aldo van Eyck: The Shape of Reality* (Amsterdam: Architectura & Natura, 1998), pp. 397-402, 473 n. 663 参照．なお，アレグザンダーがこのプライベートな会合に招待された事実は，彼の博士論文がさまざまなサークルで読まれていたことを示すものである．

である[49]．実際の人間の体験とは，セミラチスのような，あるマトリクスの異なる枝同士が互いにつながったり交わったりすることができるものなのだ．そしてアレグザンダーの慧眼とは，大学キャンパスは，（ケンブリッジ大学のように）論理的に区別できる教育・居住・娯楽の各エリアに分かれた孤立した「キャンパス」として存在する必要などなく，一見しただけでは全体が把握できない町の中に各カレッジが分散して組み込まれ，（時に上階が学生の下宿になっている）周囲のコーヒーショップやパブや店舗とそれらとの区別がつかないような状況でも，キャンパスとして極めて適切に機能することがある，という見解を示した点である．「大学と都市が一緒に育った自然都市ケンブリッジでは，物理的構成単位はオーバーラップする．というのも，こうした構成単位は，互いにオーバーラップする都市体制と大学体制の物理的残留物だからである」[50]．また，同じ小論内でアレグザンダーは，新都市コロンビアも，グリーンベルトも，メリーランドも，1944年の大ロンドン計画も，チャンディーガルも，ブラジリアも，これらは皆，ツリーすなわち機能ダイアグラムに則ってレイアウトされたものであり，これらの都市の明らかな不自然さや失敗のもととなっていると指摘した．そして彼は，都市計画とは諸変数が極めて複雑に編み合わさったものであり，「さまざまな生き物から作られる構築物，素晴らしい絵画，美しい交響曲の数々から作られる構築物なのだ」として論を締め括った[51]．

　アレグザンダーが抱いた設計の方法論に対する関心は，1960年代に起こったある明瞭なムーブメントの代表例である．ただし，このムーブメントはアメリカでも勢いがあったが，それを凌いだと考えられるのがイギリスである．1970年，イギリス人建築家のJ・クリストファー・ジョーンズは，建築設計に応用可能な35の「ニュー・メソッド」をまとめており，そのほとんどは1960年代の考案になるものだった[52]．ここで提唱された手法の多くは工学の関連分野から生まれたものだったが，それ以外の「適応的建築のための協調戦略」（CASA：Collective Strategy for Adaptable Architecture）などの手法も，多くは特に建築への応用を考えて計画されたものである．ここでの彼の主張とは，設計解析に要する時間量を増やせば考慮すべき設計変数の数は増えるが，統合解に至るための時間は短縮するというものである．また，設計の方法論に関し，当時最も影響力が強かった建築理論家といえばジェフリー・ブロー

---

[49] Christopher Alexander, "A City Is not a Tree," *Architectural Forum* 122 (May 1965): p. 58. 第1部は『アーキテクチュラル・フォーラム』4月号掲載．
[50] Ibid., p. 59.
[51] Ibid.
[52] J. Christopher Jones, *Design Methods: Seeds of Human Futures* (London: Wiley, 1970). また，S. Gregory, ed., *The Design Method* (London: Butterworth, 1966) も参照のこと．

ドベントだった.彼は1965年にバーミンガムで開かれた設計方法論会議に基づき,ロンドン建築協会のために『建築設計方法論』(*Design Methods in Architecture*, 1969.コリン・ワードと共編)を編集している[53].当時,ブロードベントは記号論への関心を高めていた.このため彼はアレグザンダーの初期の論考に極めて批判的であり,同書内で提唱したのもノーム・チョムスキーの統語研究に範をとった「深層構造」の設計方法論だった[54].

そしてアレグザンダーもまた,自身のそれまでの研究には納得していなかった.1960年代後半,彼は自身のセミラチスモデルの議論を発展させながら,「ダイアグラム」の概念をさらに柔軟性のある「パタン」の概念へと置き換えたのである.この「パタン」の概念は,後年彼が定義するところによれば,「我々の周辺状況の中で幾度となく出現する問題,また次に,その問題に対する解決の核心を,同じ解決法を繰り返すことなく100万回でも使えるよう記述する」[55]ものだった.このアイディアの初出は『マルチサービスセンター生成のためのパタン・ランゲージ』(*A Pattern Language Which Generates Multi-Service Centers*, 1968)[56]である.人類学への長年の関心から考えられたここでの課題は,低所得層が住まう地区における多目的コミュニティセンター設計のための,社会学・心理学研究に依拠したパラメータ群を設定することだった.しかし,一方で確かな強度をもつこの種のアプローチには,おのずから限界もあった.すなわち,本書には敷地選定,センターのダイアグラム的挙動や,窓の位置や室の形状,受付係の椅子の高さといった多くの設計ディテールに対するパタンは掲載されているものの,一方で,パタン・ランゲージという概念自体が文化的に策定されるものであり,さまざまな思い込みに支配された(建築的)判断を免れ得ない,究極的にはパタン作成者の先入観が反映されるものだったのである.なお,人々が街路から外れて「立ち止まり,長居して建物のサービスに親しむようになる」ための建物のくぼみの提案には,当時よくみられた行動主義的アプローチの片鱗がうかがえるとともに,公共物の破壊に対する防御装置や,犯罪の多い地域で人々が危険を回

---

[53] Geoffrey Broadbent and Colin Ward, *Design Methods in Architecture*, Architecture Association Paper No. 4 (London: Lund Humphries, 1969).

[54] ブロードベントのアレグザンダーへの反感および,アレグザンダーによる応答の実態については Louis Martin, "The Search for a Theory in Architecture: Anglo-American Debates, 1957-1976" (Ph. D. diss., Princeton University, 2002), pp. 320-7 参照.

[55] Christopher Alexander, Sara Ishikawa, and Murray Silverstein, with Max Jaeobson, Ingrid Fiksdahi-King, and Shlomo Angel, *A Pattern Language: Towns, Buildings, Construction* (New York: Oxford University Press, 1977), p. x.

[56] Christopher Alexander, Sara Ishikawa, and Murray Silverstein, *A Pattern Language Which Generates Multi-Service Centers* (Berkeley: Center for Environmental Structure, 1968).

避できるような防犯装置の提案もみられた[57]．パタン・ランゲージを扱った以後の著作では，より一般的な人類学的解決策をもたらす道を模索した．しかしこの段階に至った彼は，もはや包括的設計方法論の可能性は諦めていた[58]．

アレグザンダーの望みは社会に焦点をあてることで建築設計の姿勢をより「科学的に」することだったが，1960年代，この考えは他のさまざまな分野で補完された．例えば1963年，ロンドンのAAスクールに提出された論文で，伝統（人間活動に必要な地盤）と伝統主義（「たんなる墓磨き」）の違いを引き合いに出しながら，「科学技術決定論」やバンハムのアンチ・リヴァイヴァリズムを声高に非難したのはスタンフォード・アンダーソンである[59]．また，ここで彼は，カール・ポパーの哲学的構成を援用しながら，「自分たちの推測（理論）に対して，能動的批判的態度，つまり議論を仕掛ける態度」をもち続けることがすなわち科学研究であり，こうした戦略は建築にも応用し得るとも論じている．「我々の現在の建築問題の枠内で問題と仮説を系統だて，そのときの最新の知識と方法で可能な限り，それらを徹底的に批判・検証することだ．それが未来の革新的な一歩になる」[60]．そしてアンダーソンの話題は，建築に特に応用性があるものとしながら，さらに社会学，心理学，生物学の各領域にまで及んだ．ここで彼は，周知の前提に対し絶えず秩序だった検証・増補が行われているという点で，建築における伝統（従来の形態による解決）も科学知識の全体と同じような役割を果たしていると考えた．

アンダーソンのこの論文は，他のいくつかの論文とともに1964年にクランブルック・アカデミーで開かれた教員セミナーで再び発表されている．このセミナーは歴史，理論，建築批評教育がテーマとされたもので，チャマイエフやシビル・モホリ＝ナジとともに，ブルーノ・ゼーヴィ，レイナー・バンハム，ピーター・コリンズといった外国人もゲストに招かれた．ここで発表された論文はそれぞれに異なる視座をもっていたが，ここで興味深いのは，誰もが建築理論や建築批評のために科学的基礎を重視した事実である．例えば，リチャード・ルウェリン＝デイヴィースの厳密な方法

---

[57] Ibid., p. 187.
[58] 特に Christopher Alexander, *The Timeless Way of Building* (New York: Oxford University Press, 1979); Alexander, Ishikawa, and Silverstein, *A Pattern Language;* and Christopher Alexander, Murray Silverstein, Shlomo Angel, Sara Ishikawa, Denny Abrams, *The Oregon Experiment* (NewYork: Oxford University Press, 1975) の3部作を参照のこと．
[59] Stanford Anderson, "Architecture and Tradition That Isn't 'Trad, Dad,'" *Architectural Association Journal* 80 (May 1965): pp. 325-30. 引用部は Marcus Whiffen, ed., *The History, Theory and Criticism of Architecture: Papers from the 1964 AIA-ACSA Teacher Seminar* (Cambridge: M.I.T. Press, 1965), p. 71 より抜粋．
[60] Ibid., p. 79.

論的アプローチに対するコメントでは，ヒューマニストのピーター・コリンズまでもが，理論とは「建造物の形態を，初期条件としての社会学的，技術的，経済的，美学的諸条件と関係づける法則」──代数関数と等しいもの──であると定義している[61].

1960年代のアメリカではさまざまな大学の社会学科で行動研究が始まっていたが，当時それらの多くは建築環境に焦点をあてたものだった．したがって，この見解もまた当然，当時の一連の行動研究に突き動かされたものだった．そして，このような社会学者の中でも，エドワード・T・ホールはおそらくその第一人者である．『沈黙のことば』（*The Silent Language*, 1959）で人間の行動の基礎にある無意識的文化様式（パタン）を概観し，文化の一時性，テリトリー性，サブリミナル・コミュニケーションといった問題を扱い，『かくれた次元』（*The Hidden Dimension*, 1966）の中でも視覚，聴覚，温度感覚，触覚の各パラメータを通じて建物の空間体験を分析しながら，やはりそうした体験のもとにある文化的基盤の存在を強調したのがホールだった．そして彼はまた，折に触れ建築論争にも関わっている．彼は，低所得者層のための高層住宅のスケールと挙動は，田舎から都会にやってきた大多数が無学の人々にとって異質のものである，という論拠に立ち，こうした建物には批判的だった（「見た目にはスラムほどの悲惨さはないが，クリアランスされた後に建てられたものの大半の住環境はスラムよりも劣る」）[62]．また，ボストンのウエストエンドの開発も，ホールの目からすれば失敗だった．「スラム・クリアランスも都市再開発も，労働者階級の地域というものが中産階級のそれとは全く違ったものなのだということを考えていない」[63]のである．一方，肯定的な見解として，彼はバートランド・ゴールドバーグのマリーナシティやクロエシール・スミスのワシントンD.C.の仕事を，都心部再活性化事業の重要な事例として評価している．

人間の空間性，縄張り意識に着目したホールの研究書は，厳密にいえば建築書ではない．しかし，当時無数にあったそうした書物の中でも，ホールのものが建築思想に与えたインパクトは大きかった．例えば，ロバート・アードリーの『アフリカ創世記』（*African Genesis*, 1961）や『縄張り本能』（*The Territorial Imperative*, 1966），トマス・クーンの『科学革命の構造』（*Structure of Scientific Revolutions*, 1962），アーヴィング・ゴッフマンの『パブリック・プレイスにおける人間行動』（*Behavior in*

---

[61] Whiffen, *The History, Theory and Criticism of Architecture* 所収，Peter Collins, "The Interrelated Holes of History, Theory, and Criticism in the Process of Architectural Design", pp. 3-4.

[62] Edward T. Hall, *The Hidden Dimension* (Garden City, N.J.: Doubleday, 1966), p. 159.

[63] Ibid., p. 160.

Public Places, 1963）、ロバート・ソマーの『人間の空間 デザインの行動的研究』（*Personal Space: The Behavioral Basis of Design*, 1969）なども彼の研究の影響を受けている。中でもソマーはカリフォルニア大学デイヴィス校の心理学者として建築を研究対象とした人物であり、後の『堅い空間：堅い建築を人間に適応させる方法』（*Tight Spaces: Hard Architecture and How to Humanize It*, 1974）にはその成果がよりよくまとめられている。ここで彼は、過去20年間にわたりフェデラルファンドを受けて作られた「堅い」空間——セントルイスのプルーイット・アイゴー団地などの再開発計画——に直接焦点をあてた[64]。

　社会問題や1960年代の「社会学」的空気から生まれた著作で影響力があったものとして、他にオスカー・ニューマンの『防衛能力のある空間：都市計画による防犯対策』（*Defensible Space: Crime Prevention through Urban Design*, 1972）があった。ニューマンはCIAMの1959年オッテルロー会議に参加し、CIAMの歴史をまとめた人物であるが、彼の「防衛能力のある空間」とは、同書中では「物理的あるいは象徴的な障壁、明確に定義された領域、監視機能の活用など、住民たちをコントロールするための環境をつくり出す、さまざまなメカニズムを言い換えた言葉」[65]、あるいは「犯罪者が潜伏して活動するのに好都合な、ある種の空間や空間配置」[66]として定義された。また、当時ニューヨーク大学の都市計画・住宅研究所所長だった彼はここで強硬な論を展開し、都市において「最も厄介な犯罪」を引き起こす高層の中廊下型アパートメントは、複数世帯住宅プロジェクトのすべてにおいて禁止しなければならないと語った[67]。しかし、CIAMの方針の不適切性も、彼らの建築研究や諸前提の不適切性も、少なくとも低所得層住宅に関していえば、それらはすでに、わずか10年のうちに露呈してしまっていたのである。

　こうした多くの社会学研究・行動研究に対し、1960年代中頃には人間の存在様態をより哲学的、政治的、カウンターカルチャー的な用語で扱った一般書も現れ始めたが、こうした書籍はそれらを影に追いやるのではなく、むしろ後押しした。そして、建築思想が社会の大変動によって激しく影響を受け始めたのも、これと関連した同時期の出来事である。ベトナム戦争と徴兵、公民権とブラックパワー、フェミニズムと新左翼、深刻な環境破壊と環境保護活動、若年世代の社会への幻滅や幻覚剤信奉な

---

[64] Robert Sommer, *Tight Spaces: Hard Architecture and How to Humanize It* (Englewood Cliffs, N.J.: Prentice-Hall, 1974).
[65] Osear Newman, *Defensible Space: Crime Prevention through Urban Design* (New York: Macmillan, 1972), p. 3.
[66] Ibid., p. 12.
[67] Ibid., p. 176.

ど，アメリカが当時直面していた問題は多面的だった．──もはや歴史的文化革命は本格化しており，避けることはできない．ストックリー・カーマイケルの『ブラックパワー』(*Black Power*, 1967)，ポール・エーリックの『人口爆弾』(*The Population Bomb*, 1968)，ティモシー・リアリーの「スイッチ，チャンネル，ドロップ・アウト」("Turn on, Tune in, Drop out") といった多岐にわたるイデオロギー上の信念も，この想念のもとにひとつに束ねられていた．また，エドモントン生まれの思想家マーシャル・マクルーハン (Marshall McLuhan, 1911-80) は，有名な『メディアはメッセージである』(*The Medium Is the Message*, 1967) において，この革命の真意は政治的な言語ではなく，電子時代の新しいメディアに備わった何ものかの内にあると見做した．

> 電子回路は「時間」「空間」が支配する体制を覆し，他人のあらゆる関心事を即座に，そしてひっきりなしに我々に浴びせかけてくる．電子回路は世界規模で会話を再構成した．電子回路のメッセージは，精神の，社会の，経済の，政治の偏狭さに終止符を打つ「全面改革」である．昔なじみの，都市による，州による，国による括りは，もはや機能しなくなった．「すべてのものには適した場所がある」という言葉ほど，この新技術の魂から隔たったものはない．君たちは二度と家に帰ることなどできないのだ[68]．

そしてマクルーハン──「エレクトロニクス時代の神託司祭(オラクル)」──は，ピエール・テイヤール・ド・シャルダンの電気と中枢神経系のアナロジーを喚起させ，ボブ・ディラン，ジョン・ケージ，ジェームズ・ジョイスから巧妙に言葉を引きながら，読者の若者たちに対して「大半が西洋社会によって築かれた我々の世界の基本原則はすでに崩壊した」[69]のだと説いた．

それは世界中の数百万という若者を虜にした魅力的な命題だった．改宗を望む者に求められるのは，(あらゆるかたちの) 現行体制を拒否せよ，快感欲(フィール・グッド)を抱け (これはシンプルかつ中毒性がある) ということだけだった．かくして当時，何万人もの学生が中退(ドロップ・アウト)し，建築家の中にも預言者が現れた．パオロ・ソレリ (Paolo Soleri, b. 1919) というカリスマがアメリカに辿り着いたのは1947年のことだった．彼はそれからライトのもとで修行を積み，1960年代中頃には世界中から数百人もの建築学

---

[68] Marshall McLuhan and Quentin Fiore, *The Medium Is the Message: An Inventory of Effects* (New York: Bantam, 1967), p. 16.
[69] Ibid., p. 146.

生を引き連れ，自らがアリゾナの砂漠に所有する敷地で新都市アーコサンティの建設に携わらせた．ソレリはテイヤール・ド・シャルダンの思想にも影響を受けており，自著『アーコロジー：イメージのなかの都市』（*Arcology: The City in the Image of Man*, 1969）の中でも，彼は物心両面における自然との共生を唱道する複雑な哲学を説いている．この時彼が思い描いていたのは，風景と調和した自己完結・自己均衡型の都市生態系だった[70]．

　ソレリのこうしたエコロジーへの目覚めや政治上の行動主義，救世主的な情熱の結合は，同じく，ユダヤ神秘主義，ゲシュタルト心理学，カール・ユング，東洋の宗教，ティモシー・リアリーが一貫して融合していた景観設計家(ランドスケープ・アーキテクト)ローレンス・ハルプリンの仕事にもみることができる．彼は1960年代で最も活動的な景観設計家のひとりであり，また，ラブジョイプラザ（ポートランド，1962），ギラデリスクエア（サンフランシスコ，1962），ニコレットモール（ミネアポリス，1966）といった広場の設計，シーランチの全体配置（メンドシノ郡，1962-69）などに示されるように，当時最も才能のある景観設計家でもあった．彼による「RSVPサイクル」（「リソース」「スコア」「ヴァリュエーション」「パフォーマンス」）の考案は，自身の（舞踏家である妻の影響による）設計プロセスで採用した進化原理や，1960年代後半にヘイト・アシュベリーで起こったさまざまな「ハプニング」への深い関わりが一役買っている．また，このサイクルは従来の（受け身の）都市計画に対抗するためのクリエイティブな戦略として考案されたものであったため，主な手法はコミュニティ参加や集団行動だった．ここで彼の提唱する「採点方式(スコアリング)」（RSVPの"S"）では，シドニー・オペラハウスから易経の六芒星まで，万物のクリエイティビティを評価する上での，偏った判断を排した非階層的診断システムが用いられる．自らの設計のための「スコアズ」（景観スタディ）こそ伝統的な景観設計とさほど違いはなかったものの（これはシーランチの仕事に最もよく表れている），彼の政治やエコロジーへの関与は画期的なものだった．当時，エネルギー問題や人口増加などを扱う多くの黙示録的「科学」研究，間近に迫った破滅を語るさまざまな予言などに煽られ，どことなく不安を感じていた若者たちであったが，この不安は彼の改革論にも明らかに見て取ることができる．家族・政治システムの崩壊，倫理観に対する疑問，経済が主導する戦争，大気，土壌，水質の汚染などを引き合いにしながら，ハルプリンは熱く語る．「いま我々は，社会の破局，精神の破局，個人の破局，国の破局，家族の破局，コミュニティの破局に直面している．しかし，問題点を指摘するだけでは不足である．コミュニ

---

[70] Paulo Soleri, *Arcology: The City in the Image of Man* (Cambridge: M.I.T. Press, 1969).

ティへとつながる自己利益の集合体を築くための，変革のためのクリエイティブな仕組みが必要なのだ．評価・採点が必要だ」[71]．もしLSDや易経の比喩が，この不安定な状況を改善するための武器になるのだとしたら，集団的精神衰弱に耐えてきたこの世代には願ったり叶ったりだったわけである．

――3――
ルイス・I・カーン

しかし，エリート建築家たちのあいだでは，この終末観はさほど表だってはいなかった．むしろ彼らはこの同時期，空前の成功を享受していたのである．これは例えば，戦時下にハーヴァード大学に学んだ建築家たち――エドワード・ララビー・バーンズ，ジョン・ジョハンセン，フィリップ・ジョンソン，ポール・ルドルフ，ウルリック・フランセン，I・M・ペイ――にあてはまる．彼らの多くは1940年代に社会意識の高い学生誌『タスク』（*TASK*）に関わっていた．彼らは皆，1960年代までには従来型の実務に腰を落ちつけて，絵葉書のような画像（イメージ）を定期的に雑誌に発表していた．

彼らの中で常に地味な立場であり続けたバーンズ（Edward Larrabee Barnes, 1915-2004）は禁欲的で一貫性のあるスタイルをとり，秀でた手腕を示しながらも，そこには複雑さや劇的な性質はほとんどみられなかった[72]．ただし，自身の特徴である勾配屋根を用いたヘイスタック・マウンテン工芸学校（ディアアイル，メイン州，1958-61）をはじめ，1960年代には教育施設の多くの傑作を設計している．しかしその一方で，アメリカ領事館（タブリッツ，イラン，1958-66），ニーマン・マーカス・ショッピングセンター（フォートワース，1963）など完全な駄作も多い．

フィリップ・ジョンソンはやはりフィリップ・ジョンソンのまま，歯に衣着せぬ発言をしつつも，かつての審美家は折衷主義に転向し，1959年のイェール大学の講義ではインターナショナル・スタイルとその美学的遺産に「飽きた」と語り[73]，一方では周りの知識人たちの扇動になぜか強い影響を受けながら，一転して伝統主義に逃避する道を選んだ（これはエドワード・デュレル・ストーンやミノル・ヤマサキと同じ

---

[71] Lawrence Halprin, *The RSVP Cycles: Creative Processes in the Human Environment* (New York: Braziller, 1969), p. 197.
[72] Edward Larrabee Barnes, *Edward Larrabee Barnes: Architect*（New York: Rizzoli, 1994）参照．
[73] *Writings* (New York: Oxford University Press, 1979), pp. 226-41 所収，Philip Johnson, "Whither Away - Non-Meisian Directions, 1959".

戦略である）．かくして，60年代当時の彼はエーモン・カーター西洋美術館（フォートワース，1962），アメリカ先住民族美術館（Museum for Pre-Columbian Art, ワシントンD.C., 1963），クライン科学センター（ニューヘヴン，1965），ニューヨーク州立劇場（ニューヨーク，1965）など，大理石でモニュメンタリティを表現する作品を数多く設計した[74]．

ジョンソンとはまた種類が違うものの，モニュメンタリティはウルリク・フランセン（Ulrich Franzen, 1921-2012）とジョン・ジョハンセン（John MacLane Johansen, 1916-2012）の作品にもみられる．当時，彼ら2人の建物には多くのデザイン賞が与えられていた．13階建のコーネル大学農学部棟（1968）にもみられるとおり，フランセンは1950年代のミース風の造形からカーン風スタイルに移行した[75]．また，フランセンのアレイ・シアター（ヒューストン，1965-68）とジョハンセンのママーズ・シアター（オクラホマシティ，1965-70）には，ともにアーキグラムからの少し遅れた影響が見て取れるが，悪びれずに造形にこだわったアレイ・シアターの方にはまだ統一性を保つよう努力がなされている．一方，ジョハンセンの劇場の方は徹底的に断片化されており，基本コンセプトはこちらの方が深い．ちなみに，彼はマクルーハンと会話し，フラーとピーター・クックを読むことで，これまでの新古典主義や「エスタブリッシュメント・モダン」を脱したという[76]．その恣意的な構成と農業機械美学的なデザインは一見してただの気まぐれにも見えるが，このママーズ・シアターも実はシャーシ（構造骨組），コンポーネント（ホール），サブコンポーネント（機械要素），ハーネス（機械，車，歩行者の経路）をもつ，電子回路の「技術美学」を踏まえて構成されている[77]．

広東出身のペイ（Ieoh Ming Pei, b.1917）はハーヴァード大学大学院デザイン学科に学び1946年に学位を取得したが，1948年に不動産ディベロッパーのウィリアム・ゼッケンドルフに引き抜かれ，1960年まで彼のために働いた[78]．彼の初期の実務にはグロピウスとブロイヤーという2人の師の影響が著しかったが，その後有能な人物を集めた事務所を構え，1960年代を「ペイの60年代」にした．彼が彫刻的構成と素材の洗練の能力を磨いたのは，最初の大きな依頼であるアメリカ大気研究センター

---

[74] *The Architecture of Philip Johnson,* foreword by Philip Johnson (Boston: Bulfinch Press, 2002) 参照．

[75] Peter Blake, *The Architecture of Ulrich Franzen* (Basel: Birkhauser, 1998)．

[76] John M. Johansen, *John M. Johansen: A Life in the Continuum of Modern Architecture*（Milan: L'Area Edizione, 1995）参照．

[77] John Johansen, "An Architecture for the Electronic Age," *The American Scholar,* no. 35 (1965), および "John Johansen," *By Their Own Design,* ed. Abby Suckle (New York: Whitney Library of Design, 1980), pp. 67-77．

[78] Carter Wiseman, *I. M. Pei: A Profile in American Architecture* (New York: Abrams, 1990) 参照．

(1961-67) においてである．ここで彼は，近場の採石場から得た砂でコンクリートに地塗りを施している．ここからペイには，JFK 図書館（ボストン，1964-79），ジョン・ハンコック・タワー（1966-76），国立美術館東館（1968-78）などの大きな依頼が長期にわたって舞い込む．

　1961 年のエーロ・サーリネンの没後に彼の事務所の仕事の質の高さを受け継いだのはグンナール・バーカーツ（Gunnar Birkerts, b. 1925），シーザー・ペリ（Caesar Pelli, b. 1926），ケヴィン・ローチ（Kevin Roche, b. 1922），ジョン・ディンケルー（John Dinkeloo, 1918-81）だった．第 1 級の造形家〔フォーマリスト〕であったバーカーツは，1968 年に完成させたミネアポリス連邦準備銀行のカテナリー曲線でおそらく最も有名だろう[79]．サーリネンの没後にディンケルーとチームを組んだアイルランド人のローチは，サーリネンの事務所に入所する 1950 年より以前にマクスウェル・フライとミース・ファン・デル・ローエの両人と接触している．自身は 1960 年代の経済・政治的混乱に大きな影響を受けたとも語ったが[80]，彼の事務所の建築作品からは 1960 年代の混合状況はほとんど見受けられない．なお，その仕事の傾向を 1969 年にロバート・A・M・スターンは「強くシンプルなイメージに対する情熱」[81] として熱烈に称えたが，この情熱はフォード財団ビル（ニューヨーク，1963-68）やコロンブス騎士会ビル（ニューヘヴン，1965-69）の意図的にオーバースケールな形態や，カレッジ生命コンプレックス（インディアナポリス，1967-71）の 3 本の反射ガラスのタワーにみられる，スケール感のない新古典主義的配置にもはっきりと示されている．

　1960 年代におそらく世界から最も注目されたアメリカ人建築家はポール・ルドルフ（Paul Rudolph, 1918-97）だが，彼は先述した戦時下のハーヴァード大学の卒業生の中で最も才能に恵まれていた[82]．ルドルフは経歴もまた彼らとは異なっていた．ケンタッキーに生まれ，メソジスト教会の牧師を父にもつ彼は，ハーヴァードの受講資格を得る 1941 年より前にアラバマ工科大学に入学しており，ハーヴァード入学後も，海軍に勤め学業を中断したため，卒業は 1947 年になってからである．そして，南部に戻るとフロリダのサラソタで実務を始める．初期の彼の建物のデザインは 1950 年代のモダニズムの亜流ではあったが，フロリダの気候と風景をよく理解していた．サ

---

[79] Gunnar Birkerts, *Buildings, Projects and Thoughts 1960-1985*（Ann Arbor: University of Michigan Press, 1985）参照．
[80] たとえば彼は，John W. Cook and Heinrich Klotz, *Conversations with Architects* (New York: Praeger, 1973), pp. 52-89 中のインタビューでもさまざまなコメントを残している．
[81] Robert A. M. Stern, *New Directions in American Architecture* (New York: Braziller, 1969).
[82] ポール・ルドルフについては Sibyl Moholy-Nagy, *The Architecture of Paul Rudolph*（London: Thames & Hudson, 1970）および Tony Monk, *The Art and Architecture of Paul Rudolph*（London: Wiley Academy, 1999）参照．

105　ポール・ルドルフ，ウォーカー・ゲストハウス（サニベル島，フロリダ，1957年）．『アーキテクチュラル・レコード』121巻（*Architectural Record*, February, 1957）より．

ニベル島のビーチ近くに建つウォーカー・ゲストハウス（1957）は，軽い骨組と開放的な平面計画の傑作である（図105）．建築に関する最初期の言及のひとつで，彼が1958年にイェール建築学校の学長に就任する直前に書かれた論考も，その題は「建築における地域主義」（"Regionalism in Architecture"）だった．この論考はインターナショナル・スタイルやミース流の客観的デザインに対する語気の鋭い異議申し立てでありながら，また，「これまでさまざまなムーブメントが享受しながら現代に欠けている，建築の豊かさの獲得を目指すひとつの道」[83]としての地域主義を求める嘆願書ともなっていた．ここで彼は，南部において設計という行為は何を意味するかを詳細に語り起こし，新しいものと古いものを束ねるために開拓されるべき南部の設計では，陽光，スケール，色彩，テクスチャーがたびたび問題にされると述べた．

ただし，イェール建築学校における彼のカリキュラムやその後の実務には，こうした力点は全く反映されていない．1958年の同窓会でのスピーチで「理論は再び行動に追いつかなければならない」と主張した点が特筆されるが，彼が1965年までイェールの学長職にあった頃の空気は——スターンが指摘するとおり——思想より個性を重んじ，自由行動・造形重視の，方向性のない基本的に折衷的なものだった[84]．なお，これと同じ時期，ルドルフの個人的なスタイルもヨーロッパのル・コルビュジエとニュー・ブルータリズムの影響を受け変化し始めた．学生から大変評判が悪かったイェール芸術・建築棟（1958-63）は極めて造形的（縞模様に仕上げたコンクリート打ち放し）であり，後に彼の建築へのアプローチを称するときに用いられる「ヒロイ

---

[83] Paul Rudolph, "Regionalism in Architecture," *Perspecta* 4, (1957): p. 13.
[84] Paul Rudolph, "Alumni Day Speech: Yale School of Architecture, February 1958," *Oppositions* 1. (October 1974): pp. 35-62 および Robert A. M. Stern, "Yale 1950-1965," ibid., pp. 141-3.

ックでオリジナル」[85]の称号にも相応しいものとなっている．1960年代後半のルドルフは膨大な数の作品を手がけたが，スタンフォード・ハーバー（ヴァージニア，1966），グラフィックアート・センター（ニューヨーク，1967），ロウアーマンハッタン高速道路計画（1967-72）などでは同時期のメガストラクチャー，メタボリズムの流れにも追従している．実現作はいずれも構成上の熟練を極めたものであり，あり余る才能を有していたこの時期のルドルフであったが，一方で他の多くの建築家と同様，そこには設計と世間一般の出来事とのあいだの食い違いも存在した．

1960年代のアメリカの設計実務において，強大な力を誇っていたものにルイス・カーンの作品があるのはもちろんである．彼が当時の社会情勢と距離を置くことができたのは，まるで啓示であったかのように思われる．彼が遂にその真価を認められたのは1950年代後半のリチャーズ医療研究センター（フィラデルフィア，1957-61）およびソーク生物学研究所（ラ・ホーヤ，1959-65）でのことである．そしてこのフィラデルフィアの研究所とラ・ホーヤの建物群の設計期間のあいだに，当時変容のさなかにあった彼の建築観を判断する上での正しい起点として，オッテルロー講演が位置づけられる．この講演は「感性とはなにか」の問いから始まるが，彼はこの問いに対し，思考や具現化は感性という設計以前の過程，すなわち建築家が「建物はどうなることを欲しているか」[86]という問題と初めて格闘する段階に生じるものであるとして，この三者を結びつけている．こうしたロマンチックな衝動は，1920年代ならば表現主義に括られ，合理主義に反対するものとされたはずだが，カーンにとって，感性は表現とはほとんど関係のないものだった．むしろ彼にとって感性とは，秩序という神秘的な感覚や，機能的な設計を考え始める以前のプラトン的な形式(フォーム)と理念(イデア)の探求と結びついたものなのである．カーン自身が指摘しているように，「この時代には，さまざまな新しい問題，これまで建築家が見過ごしてきた大問題が多々あります．なぜ見過ごしたか，それは彼らが外見の造形のことを考えているからです．彼らは，空間が本当になりたがっているものを具現化させる前に，本筋に関係ないことをあれこれと考えています」[87]．実際，カーンはCIAMについても，彼らは建築の問題をその本質ではなく，付随的な面から論じたという点を主に批判している．もし講堂が「楽器になることを欲しているのであれば」，その講堂の観念的（非物質的）な形式(フォーム)は調性や音色でしょう[88]．またこの講演は，ドアの意味を真直に語ったアルド・ファン・アイ

---

[85] Robert Venturi, Denise Scott Brown, and Steven Izenour, *Learning from Las Vegas* (Cambridge: M.I.T. Press, 1977; originally published in 1972), p. 93.

[86] *CIAM '59 in Otterlo*, ed. Oscan Newman (Stuttgart: Karl Kramer Verlag, 1961), pp. 205-6 所収, Louis Kahn, "Talk at the Conclusion of the Otterlo Congress".

[87] Ibid., p. 212

クへの謝意で終わるところも興味深い.「この感覚から建築のさまざまな側面を批評できたら素晴らしいことです」[89].

　ソーク研究所もまた,もうひとつの重要問題である歴史——というより,歴史という無時間的な抽象概念（形式(フォームズ)）の簒奪と改作——を俎上に載せている.太平洋岸のラ・ホーヤに位置するこの複合施設の設計において,カーンが受けた古典主義的訓練の成果が,余すことなく,驚異的なまでにあふれ出ている.この設計のテーマは,ルワンダにアメリカ領事館（ポルトガル領アンゴラ,1959-61）を設計している時に直面したグレアの問題から導き出された,と彼は語る.つまりカーンは,この土地の強烈な気候を考えたときに「建物の周囲に廃墟をめぐらせる」[90]アイディアを思いついたというのだが,かつてヴィンセント・スカリーが指摘したように,そのデザイン検討にはハドリアヌスのヴィラの（廃墟の）幾何学的配置やジョヴァンニ・バッティスタ・ピラネージによるカンプス・マルティウスのローマ建造物復元図も同様に深く関わっていたものとみられる.実際,ピラネージの復元図は,つなぎ合わされてフィラデルフィアのカーンのデスクの目の前の壁に掛かっていたのだ[91].かくして,ラ・ホーヤの会議場プロポーザルにみられる読書室や食堂で二重に包み込む古風な提案は,モダンムーブメントからの静かな分離を示すこととなった.マンフレッド・タフーリは後にこの分離を建築の歴史に対する紛れもない「罪の意識」であると見做しているが[92],他の批評家の言葉にはさらなる怒気が含まれていた.ロビン・ミドルトンは1967年,イギリスの『アーキテクチュアル・デザイン』誌に寄せて,過去の歴史主義建築を思い起こさせるカーン,ルドルフ,ジョンソンらの作品を「がれきで組み立てた」も同然の「創意に欠け,限られたものだけを多数適合させたもの」と評した.「きっと彼らにはもう,建築の闘争と向き合う覚悟などない.彼らはそれに関与することを拒絶したのだ」[93].

　1960年代にその後も続いた秩序と幾何学的明快さの探求は,キンベル美術館（フォートワース,1967-72）の構造デザインや,ブリンモア大学学生寮の45度に振られた3つの正方形の構成,フィリップ・エクセター・アカデミー図書館（1965-72,図

---

[88] Ibid., p. 206.
[89] Ibid., p. 214.
[90] カーンの事務所でのインタビュー（1961年2月）. *Louis I. Kahn: Writings, Lectures, Interviews,* ed. Alessandra Latour (New York: Rizzoli, 1991), p. 123 に再掲.
[91] Vincent Scully, Jr., *Louis I. Kahn: Makers of Contemporary Architecture* (New York: Braziller, 1962), p. 37.
[92] Manfredo Tafuri, *Theories and History of Architecture,* trans. Giorgio Verreechia (New York: Harper & Row, 1976), p. 55.
[93] Robin Middleton, "Disintegration," *Architectural Design* 37 (May 1967): p. 204.

106) など, 紆余曲折の連続だった. フィリップ・エクセター・アカデミー図書館では, 未来の廃墟たる真円と正方形がアトリウムの主要なモチーフとなり, グランドピアノがこのアトリウムの沈黙の音色となっている. 手すりで装飾されたこのスピリチュアルなアトリウムも, カーン愛用の分析テーマ——オーダー, フォーム, デザイン——で解釈しきれるものではない. それは彼の知的影響関係——エジプト学, 道教, ユング心理学, ユダヤ神秘主義, ゲーテ的世界観——を研究した学術調査にもいえる[94]. すなわち, 結局カーンの建築に内在する衝動は明らかに原始的なものである. 彼の建築は, 無意識的に現状に満足している我々に対し, 純粋幾何学, 禁欲的な物質性, 熱的対極性（温かい木と冷たいコンクリートの対比）, 触覚と聴覚の質, そして何より, カーンが常に宗教に近い言葉で語った光への拘泥を強く突きつける. 建築を魂の運動（エクササイズ）として見たいというカーンの欲望は, 哲学的志向でいえば究極的には超越論的なものであり, シャルトル大聖堂の細長い彫像を見て感じたラスキンの狂喜とまさに同等のものだったのである.

106 ルイス・I・カーン, フィリップ・エクセター・アカデミー図書館のアトリウム (1965-72). 著者撮影.

---

[94] David Brownlee and David De Long, *Louis Kahn: In the Realm of Architecture* (New York: Rizzoli, 1991); Romaldo Giurgola and Jaimini Mehta, *Louis I. Kahn* (Boulder, Colo.: Westview Press, 1975); August L. Komendant, *18 Years with Architect Louis I. Kahn* (Englewood, Colo.: Alvray, 1975); Alexandra Tyng, *Beginnings: Louis I. Kahn's Philosophy of Architecture* (New York: Wiley, 1981); John Lobell, *Between Silence and Light: Spirit in the Architecture of Louis I. Kahn* (Boston: Shambhala, 2000; originally published in 1979); Joseph A. Burton, "The Architectural Hieroglyphics of Louis I. Kahn: Architecture as *Logos*" (Ph.D. diss., University of Pennsylvania, 1983) などの著作では, カーンおよび彼の作品に対し, すぐれて知的な分析が行われている.

4
コーリン・ロウ，ピーター・アイゼンマンと CASE

　カーンによる神秘主義と実践における功利主義に対して，コーリン・ロウ（Colin Rowe, b. 1920）とピーター・アイゼンマン（Peter Eisenman, b. 1932）は理念や著作を通じて，1960年代の理論の展開における別の路線を示した．教員と大学院生の関係にあったこの2人は1960年にケンブリッジ大学で出会ったのだが，彼らの関心の源泉は1960年よりも早い時期から確認できる．

　すでに見てきたとおり，ロウは1950年代半ばのテキサス大学における「テキサス・レンジャーズ」の一員だった．彼はリヴァプール大学の建築学科の4年生であった1942年には兵役に就いている．パラシュート降下の際に負った傷によって建築家の道を断たれると，彼は1940年代後半に建築史へ関心を移し，ウォーバーグ研究所でルドルフ・ウィットカウアーに学んだ．1950年になるとイェール大学に移りヘンリー＝ラッセル・ヒッチコックのもとで学んでおり，ヒッチコックはロウに決定的な影響を与えた．カナダとアメリカ，メキシコへの旅行の後に彼はオースティンに留まり，イェールで客員評論家の職を得た後に，1958年にケンブリッジ大学で教鞭を執るためにイギリスへ戻っている．そして彼はコーネル大学で教授職を得る1963年までそこで教えていた．

　ロウの初期の理論は，ロバート・スラツキーとの共作による「透明性（トランスペアレンシー）」に関する2つの論文に集約される[95]．建築の透明性に関する概念は，ギーディオンの著作『空間・時間・建築』と，20世紀の建築と絵画がそのコンセプトにおいて平行線上にあると見做す1940年代のMoMAの試みにルーツがある．建築と絵画のつながりについては1932年の展覧会でも暗示されており，「キュビズムと抽象芸術」展（1936）でアルフレッド・バー Jr. らによって強化されたものである[96]．ギーディオンは『空

---

[95] Colin Rowe and Robert Slutzky, "Transparency: Literal and Phenomenal," *Perspecta* 8 (1963)；ベルンハルト・フースリによる注釈とワーナー・オースティンによる序論を含めて *Transparency* (Basel: Birkhauser, 1997) として再版されている．エッセイの2作目は *Perspecta* 13-14 (1971) で発表されており，オックマンの *Architecture Culture 1943-1968*, pp. 205-23 にも一部採録されている．ロウに関しては John Ockman, "Form without Utopia: Contextualizing Colin Rowe" (review essay), *Journal of the Society of Architectural Historians* 57 (December 1998): pp. 448-56 や *Architecture New York* 特別号 (nos. 7-8, 1994) でロウが引用されているものを参照．

[96] Alfred H. Barr, *Cubism and Abstract Art: Painting, Sculpture, Constructions, Photography, Architecture, Industrial Art, Theater, Films, Posters, Topography* (New York: Museum of Modern

間・時間・建築』においてこの主張を格言として受け入れており、例えば《アルルの女》(1911-12) とデッサウのバウハウスのガラスの隅角部のディテールの画像は、見開きページいっぱいで向かい合って配置されている。後者のキャプションでギーディオンは「飛行機が空中で静止する、あるいは現代絵画にあらわれる重ね合わせ(オーバーラッピング)のような効果」と言及している[97]。

絵画から建築への影響は、ヘンリー=ラッセル・ヒッチコックの著作『絵画から建築へ』(*Painting toward Architecture*, 1948) でも主題となっており、同書はミラー社の抽象絵画のコレクションを利用した MoMA の展覧会から生まれたものであった。ロウはもちろんこの本をよく知っていた。ヒッチコックは冒頭のエッセイでそれまでの MoMA の原理、すなわち 1920 年代の建築はキュビスムやピュリスム、ドイツの抽象美術、バウハウスでの仕事（初期のライトは日本美術に影響を受けていた）から形式的にも概念的にも分離することができない、という原理を列挙する。そして、もしこうした建築と絵画の「接点」が、彼の著作が示す時代においてそれほど明言されない、すなわち現代の絵画が「25 年前ほどには本質的な新しさを有さない」としても、「実寸の建築のスケールでは難しい造形的な実験の成果を建築家にもたらすことができる点において」絵画は重要であると論じられた[98]。

ロウとスラツキーは「透明性(トランスペアレンシー)」に関する最初の論文でこうした前提を受け入れる。彼らの出発点は、ギーディオンが行ったピカソとバウハウスの図版の並置であった。彼らのテーマはラースロー・モホリ=ナジやジョージ・ケペッシュの著作においても言及されており、特にケペッシュの定義に従って、（例えばセザンヌやブラック、ピカソ、ドローネー、グリスにみられるような）視覚的な「透明性」の定義を採用した。それは「異なる空間的な場を同時に認識」することであり、矛盾したあるいは多義的な状況へと視覚を導く[99]。さらに絵画との関連から、透明性は「実の透明性(リテラルな)」（「奥行きのある自然な空間に置かれた半透明の物体のあり方」）と「虚の透明性(フェノメナルな)」（「奥行きのない抽象的な空間に置かれた、正面が入れ替わることで相互関係を示すあり方」）へと分類され、2 人の著者は最終的に、虚の透明性の方に、より豊かな可能性を見出していた[100]。しかしここで彼らは、明らかにエディプス・コンプレックス

Art, 1938; reprint, 1986).
[97] Sigfried Giedion, Space, Time and Architecture: The Growth of a New Tradition (Cambridge: Harvard University Press, 1949), pp. 426-9〔太田實訳『空間 時間 建築』丸善、1969 年〕.
[98] Henry-Russell Hitchcock, *Painting toward Architecture:* (New York: Duell, Sloan & Pearce, 1948), pp. 46, 54.
[99] C. Rowe and Slutzsky, *Transparency*, p. 23.
[100] Ibid., p. 32.

を匂わせつつ，ギーディオンの例示に頼り始める．ギーディオンが布置した（グロピウスの設計による）バウハウス校舎の図版は虚の透明性を含んでおらず，透明なガラスが面的に使用されており，単純に実の透明性のみを示している．それゆえ並置されたピカソの絵画に見出される虚の透明性と比べると，それは劣った例となってしまうのである．

　ここでロウとスラツキーは建築における虚の透明性を例示するため，ル・コルビュジエが設計したガルシュのヴィラのファサードを俎上に載せる．これは1947年のロウの論文でもテーマとなったものだった．このファサードは水平で帯状に配された連続するガラス面をもつが，ここには虚の透明性を読み取ることはできない．ファサードにおける虚の透明性を読み解くための鍵は，屋上の2つの外壁に見出される．実際の壁は短く，地上からは切り離されており，同時にそれは平面を概念的に分節する（それは実際に柱列に沿って配されている）．ここでは上層階の平坦な壁が「並行して推移する幅の狭い空間」の前に浮遊しており，垂直面による空間の層が，テラスに施された溝や3階のバルコニー，突き出した階段状のテラス，屋上テラスの部材によって強められている．そしてそれらは同様にここでも階層化を生み出している[101]．端的にいえばガルシュのヴィラのファサードは，「そもそも三次元的な存在である建築において，それを必ずしも前提としない建築のありかたを成立」させており，仮想的な垂直面の表層的な連続を見せることで，その奥行きを層状化したものと見做すことができるのである[102]．

　これは建築の形態に関する「絵画的な」解釈と見做すことができ，このテーマは1956年に執筆された透明性に関する2つ目の論文でも繰り返される．ここでロウとスラツキーは，ル・コルビュジエの摩天楼やジャコモ・ダ・ヴィニョーラのヴィラ・ファルネーゼ，ミケランジェロによるフィレンツェのサン・ロレンツォの計画案における2次元的な虚の透明性を分析した[103]．この論文では「虚のアイデンティティ」と「二重の表象」というゲシュタルト心理学に関する議論が援用され，それゆえこうした理論上の仮説のための他の重要な根拠が明らかにされている．

　透明性に関するこの2つの論文は後年まで出版されることはなかったが，建築理論に関する3つの重要な事項を扱ったものだった．① 視覚的な形態の問題と厳密な関

---

[101] Ibid., pp. 37-8.
[102] Ibid., p. 38.
[103] この2つ目の論文は近年，コーリン・ロウの初版をもとに再版されている．As I Was Saying: Recollections and Miscellaneous Essays, ed. Alexander Caragonne (Cambridge: M.I.T.Press, 1996), pp. 73-106〔松永安光，大西伸一郎，漆原弘訳『コーリン・ロウは語る：回顧録と著作選』鹿島出版会，2001年〕．

係をもっていたばかりでなく，1950年代の機能主義者の興味の対象に対する批判でもあったこと．② 後にこのテーマを直接的に取り上げることになるロバート・ヴェンチューリと無関係ではない，形態に関する多様性(アンビギュイティ)の概念（ただしヴェンチューリの大衆迎合的な傾向とはかけ離れていた）．③ 眼前に迫っていた1960年代の深刻な社会問題とは距離を置く，純粋に形態的で知的なプロセス．本質的には，ロウとスラッキーは形態の自律性という概念を建築理論に投影したのであり，それはつまり，視覚法則という自身の聖域の内側で機能する美学的な形式主義であった．

ピーター・アイゼンマンがロウと交錯するのはまさにこの点についてであった．アイゼンマンは1950年代前半にコーネル大学の建築学科を卒業し，1959年にはコロンビア大学の大学院に入学した．翌年に彼はゴシック建築を学ぶためにケンブリッジ大学のフェローシップを獲得した．そこでレスリー・マーティンとロウに刺激を受け，理論へと関心を移している．その決意はさらに，ロウとアイゼンマンによる1961年と62年の夏のヨーロッパ旅行によって強化された．アイゼンマンによる未刊の博士論文「近代建築の形式的な基礎」("The Formal Basis of Modern Architecture")は1963年8月にトリニティ・カレッジで受理されている[104]．

この論文はクリストファー・アレグザンダーがまとめた『形の合成に関するノート』の10ヶ月後に発表されているが，両者の理論は類似している．アレグザンダーが社会的かつ機能的なパラメーターの合成，つまり擬似数学的な問題として建築の形態を見たのに対して，アイゼンマンは建築形態それ自体を概念的な問題と見做した．それは機能的，図像的，知覚（ゲシュタルト）的，形而上的，美学的な次元を取り去った，論理的な問題なのである．この論文の冒頭において言及されるとおり，彼が求めていたのは普遍的な形態の「言語」だった．彼によればそれは「形態を考察する上での検討事項は，様式にかかわらず，すべての建築の基礎をなすものである．そしてこうした検討事項は建築が置かれた状況の如何に関わらず，すべての建築の形態上の本質から導き出されるものである．建築における絶対的な基底となるここでの検討事項は，コミュニケーションの手段を提供するものである」[105]．そして彼はさらに，この「形態の秩序化」は「妥当かつ合理的なすべての建築の前提条件」であるとも語った[106]．しかし彼はこのように真に合理的な建築を追求する一方で，建築造形を表現

---

[104] アイゼンマンと彼の学位論文から派生する議論についてはマーティンによる "The Search for Theory of Architecture," pp. 517-38 を参照．この論文のコピーを提供してくれたルイス・マーティンに感謝する．

[105] Peter D. Eisenman, "The Formal Basis of Modern Architecture" (Ph.D. diss., Cambridge University, 1963), p. 5.

[106] Ibid., p. 37.

する「術語〈ターミノロジー〉」として「教師と生徒とのあいだ，建築家とクライアントとのあいだ，批評家と大衆とのあいだのコミュニケーションの土台として機能するような」ものを工夫することも望んでいる．彼はこの仮想モデルを「設計プロセスにおける建築形態の統合」として言及しているが[107]，純粋な形態の分析と設計方法論との境界を曖昧にするこのようなこの方法は，しかしながら危険もはらんでいた．

そして彼の理論の発展は，いっそう困難を伴うものになっていく．建築を「意図や機能，構造，そして技術といった，属性それ自体が与える形態」[108]と定義した上で，アイゼンマンは（プラトン的で普遍的，超越的な）一般的な形態〈ジェネリック・フォーム〉と，（建築物の）特定の形態〈スペシフィック・フォーム〉とを区別し，前者だけに注意を傾ける．知覚的，現象学的，美学的なものを彼はすでに除外しているため，アイゼンマンの形態分析を構成するのは一般的な形態〈ジェネリック・フォーム〉の属性である単純なヴォリュームと量塊〈マッス〉，表層，動き，といった要素でなくてはならない．それゆえ——ブルーノ・ゼーヴィが注目するような——「空間」のような建築的な概念は，ヴォリュームの範疇に組み込まれなければならないことになる．にもかかわらず，この理論の欠点は第4章で表面化する．ここで彼は抽象的な議論からル・コルビュジエ，フランク・ロイド・ライト，アルヴァ・アールト，そしてジュゼッペ・テラーニによる各々2作品，計8つの建築物の形態分析へと移る．そして彼の普遍的な「形態システム」とは，軸線や矢印で構成される複雑に連続したダイアグラム程度のものでしかないことが明らかになるのである．パリのスイス学生会館やバッファローのマーティン邸の平面の分析においても，スイス学生会館の台形状の共有エリアの分析からは何ひとつ結論を見出しておらず，マーティン邸のバランスを保ちつつ不連続な軸線からは，理解しがたい議論を提示するのみだった．それは学生やクライアントや一般大衆にはとうてい理解できない，あまりにも説明不足の分析的な言語で展開される．また，もしアイゼンマンの形態システムが，テラーニのカーサ・デル・ファッショのファサードにわずかでも適用できていたとしても，それはダイアグラムという場においてのみであり，彼はロウによる虚の透明性という面の概念を援用し，それを抽象的な線のドローイングへと還元しただけなのである．

最終章でアイゼンマンは，ここまでの議論をほとんどふまえずに，にもかかわらず後の展開が窺えるような一般的な議論で締め括った．「あらゆる秩序〈オーダー〉の明快さを覆い隠してしまうその性質，また全く計画されていないという印象をつくり出す」デザインにおける「有機性」の概念を参照することによって，「完全に合理的な秩序〈オーダー〉」と

---

[107] Ibid., p. 38.
[108] Ibid., p. 12.

「完全に秩序づけられた環境」に対する彼のこだわりが明らかになる[109]．彼の議論の主眼は（長らく途絶えていた）アルベルティやデュラン，ガデらの閉じた理論に対する批判であり，その代わりに合理性と論理性を中心に据えた開いた方法論を可能にする理論の記述を支持するものだった．なぜ，そしてどのようにしてアイゼンマンが提示するこうした理論が見出されるのか，ヒューマニストであり感情移入的(エンパセティック)理論家であるジェフリー・スコットの立場からは決して理解できなかったであろう．しかしながらアイゼンマンのここでの建築理論は，すべての社会的かつ記号学的な関心を一掃しようとする，自身の理論の展開の道筋を示してもいる．形態の自律性を唱えるロウの理念は，知的に純粋であろうとする態度を生み出したのだった．

アイゼンマンは1963年にアメリカに戻り，同年にプリンストン大学の教授となった．そこで彼はマイケル・グレイヴス（Michael Graves, b. 1934）と同僚になる．彼らはニュージャージー・コリドー・プロジェクトや，（プリンストン大学の学生たちとの）マンハッタン・ウォーターフロント・プロジェクトを含めたいくつかのプロジェクトで協働した．後者のアーバン・プロジェクトはコーネル大学やコロンビア大学，マサチューセッツ工科大学とともに，1967年初頭にMoMAで開催された展覧会で発表された[110]．アーサー・ドレクスラーが企画したこの展覧会は，当時問題とされた「都市再生」に正面から取り組んだものであった．この際にアイゼンマンは美術館(テニュア)との関係を強化している．彼は1966年にプリンストンから終身雇用を拒絶されたため，経済的な基盤を必要としていたのである．

アイゼンマンが深く関与した他のプロジェクトとして環境研究建築家会議（CASE：Conference of Architects for the Study of the Environment）の設立があり，これは1964年の春に彼とグレイヴス，エミリオ・アンバースによって組織された勉強会から始まっている．顧みるとその短い存続期間にもかかわらず，CASEは重要な組織であった．その理由のひとつとして，建築教育に影響力をもつアイヴィー・リーグから多くの若手が集まったことが挙げられる．アイゼンマンとグレイヴスはプリンストン大学を代表し，ヘンリー・ミロンとスタンフォード・アンダーソンはMIT，そしてコーリン・ロウはコーネル大学で職を得ていた．アイゼンマンの従兄弟であるリチャード・マイヤーはニューヨーク支部を管理した．ヴィンセント・スカリーとロバート・ヴェンチューリも最初の会議に出席したのだが，その終焉を迎える前に去っている．続く数年間には，ジャクリーン・ロバートソン，アンソニー・ヴィドラー，

---

[109] Ibid., p. 143.
[110] この展覧会は1967年1月24日から3月13日まで開催されている．Museum of Modern Art staff, *The New City: Architecture and Urban Renewal* (New York: Museum of Modern Art, 1967) を参照．

アンソニー・アードリー，ケネス・フランプトン，ロザリンド・クラウス，ジョン・ヘイダック，チャールズ・グワスミイ，アーサー・ドレクスラー，マリオ・ガンデルソナス，オスカー・ニューマンがCASEのイベントに参加している．

　CASEの思想は明確ではない．1968年のとある会議でマイヤーは『チームX入門(プリマー)』のコピーを持ち寄ることをメンバーに呼びかけており（彼はアテネ憲章を配布しようとしていた），そこには都市の問題に焦点を絞るチームXの貢献を見習いたいという意図が示されていた[111]．数週間後にマイヤーは，CASEの目的は「国土計画の政策に対する提案をまとめることである」と訴えており，それは政治的な決定のプロセスに影響を与えるための運動体として活動するためでもあった[112]．アンダーソンとヴィドラーによって編集されたCASEの機関紙の宣言文では，CASEは「選りすぐられた建築の理想のための批評の場」となり，「現在の人文学的，社会学的，心理学的，科学的な思考を，人類の世界的な状況に対する建築的な事柄として解釈しなおすこと」を目指すことが主張されている[113]．この草稿では当時の失望感を反映しつつ，人口増加と公害によって「現出する蛮行と絶望」「蔓延する暴力」「生活の質の低下」についても言及されている．編集会議で加筆された草稿において，アイゼンマンは「いまだに妥当性を有しているように思われる諸原則を明らかにすることによって，初期のモダン・ムーブメントの理論的基盤を再評価したい」と欲する文章を挿入している[114]．これもまた，彼の後の方向性を予知していた．

　1968年1月に，CASEはCASE／プリンストン＝ニューヨークと，CASE／ボストンという2つの地方部会に分裂する．アイゼンマンはこの時点で「不恰好で方向の定まらない」この「醜い子供」に不満を募らせていたものの，1970年代初頭の最後の会議まで参加している[115]．CASEに対するアイゼンマンの関心が薄らいだ理由を探るのは簡単である．アイゼンマンは，すでに数年前にアメリカの建築理論に重要な影響を与えることになる新たな構想に関心を移していた．それは，建築都市研究所（IAUS：Institute for Architecture and Urban Studies）であった．

---

[111] （2月5日の会議に関する）2月26日の手紙，CASEアーカイブズ，カナダ建築センター，folder B1-2.
[112] Ibid., folder B1-2, 1968年2月26日の手紙．
[113] Ibid.
[114] Ibid., folder B1-5, 編集委員による声明，1965年5月9日．
[115] Ibid., folder B1-2, トマス・ヴリーランドへの手紙，1968年1月9日．

5
建築の多様性と対立性

　1960年代後半のアメリカの建築理論の中心にあったのもまた，近代建築批判の広がりに多大な貢献をしたカーンから派生する2つの教義であった．チャールズ・ムーア（Charles Moore, 1925-93）とロバート・ヴェンチューリ（Robert Venturi, b. 1925）の論争を呼ぶ作品には一見，類似する刺激的な性質が表れており，既存の方法に問題提起を行うポップ・アートの主張を少なからず相補するものであるのだが，ムーアとヴェンチューリの見解は実際には全く異なっていた．彼らに共通するのは両者ともに，専門性を批判するための道具として，歴史を利用したことであった．

　中西部の出身であるムーアは，養子となったため住まいのあるカリフォルニアから離れることができなかった[116]．ミシガンのベントン・ハーバーで生まれた彼は1942年にミシガン大学の建築学科に入学し，その5年後に卒業した．彼はサンフランシスコに移り住みカリフォルニア・ドリームに身を投じ，当初はワースター，ベルナルディ＆エモンズ事務所での勤務を希望していたが，（断られた後に）結局はマリオ・コルベットの事務所へ，その後ジョゼフ・アレン・スターンの事務所におさまった．1945年は，マンフォードとMoMAが湾岸地域様式（ベイリージョン・スタイル）に関心をもった時期であり，ムーアの作品は多くの面でこの影響を受けている．だがその後ムーアは奨学金でヨーロッパに滞在し，ユタ大学で教え，兵役期間を経て1954年にはプリンストン大学で修士課程と博士課程に入学することを決めている．

　ムーアのプリンストンでの日々は，自身の成長においてかけがえのないものとなった．彼の論文「建築における水」（"Water in Architecture"）は歴史的とも理論的とも呼べる代物ではないが，当時の主たる関心を示している．彼はデザイン・スタジオで，エドワード・デュレル・ストーンやゴードン・バンシャフト，ポール・ルドルフ，ジークフリート・ギーディオンなど，（すでにその地位を確かなものとしていた）建築家や批評家と早くも対立している[117]．彼はここで多くの同僚と出会い友人とな

---

[116] ムーアの生涯や作品についての詳細は，Kevin P. Keim, *An Architectural Life: Memoirs of Charles W. Moore* (Boston: Bulfinch Press, 1996) や，Charles Moore, *You Have to Pay for the Public Life: Selected Essays of Charls W. Moore*, ed. Kevin P.Keim (Cambridge: M.I.T. Press, 2001); David Littlejohn, *Architect: The Life and Work of Charles W. Moore* (New York: Holt, Rinehart & Winston, 1984); Gerald Allen, Charles Moore (London: Granada, 1980); *Charls Moore: Buildings and Projects 1949-1986*, ed. Eugene J. Johnson (New York: Rizzoli, 1986) を参照.

るが，その中にはヴェンチューリやヒュー・ハーディ，ドンリン・リンドン，ウィリアム・ターンボールらがいた．イタリア人のエンリコ・ペレスティ（BBPR）の指導のもとで，彼は歴史的な文脈の評価と当時のイタリアでの議論をさらに展開させた．そして最も重要なことは，プリンストンでの最後の2年間で，通例ではルイス・カーンが受け持っていたスタジオを率いている．1959年にカリフォルニアへ戻り，ウィリアム・ウィルソン・ワースターが推進するバークレーの学部の運営に参加している．ムーアは――教授職を得て――1965年までそこに留まり，イェール大学美術・建築学科の学科長として採用された．この時すでに彼は，電子時代における最初の「スター」アーキテクトのひとりとして迎えられていた．

　ムーアは旅から得た経験と歴史に関する幅広い知識において，彼と同世代のアメリカの建築家と全く異なっている．しかしながら1960年代に彼が書いたさまざまな文章は幾分まわりくどく，そこにはまだ自身の哲学が明快には現れていない．1960年代半ばに『アーキテクチュラル・レコード』や『アーキテクチュラル・フォーラム』に寄稿したいくつかの批評は比較的筆致が穏やかなものの，「住宅のデザインにおける　区　別　ディスクリミネーション」という記事では「バブル・ダイアグラム」を利用し，そこで空間的／住宅的な前提を強く打ち出している[118]．他の記事では彼はジョゼフ・エシェリックによる第2の湾岸地域様式 ベイリージョン・スタイルに着目し，特にサンフランシスコの漁師波止場に隣接した缶詰工場を商業施設へと　用　途　変　更　トランスフォーメーションしたことを「建築の驚異」と賞賛している[119]．イェール大学の紀要『パースペクタ』のために書かれた，正式なタイトルを「ラムセスよ，コンセントに差し込み，点灯するかどうか確認せよ．なぜなら我々は使えないものを保存しようとはしないのだから」という文章で，ムーアは「　場　プレイス」の創造としての建築という，その後も繰り返すテーマをまとめあげている[120]．彼はマクルーハン的な手法を利用して，近代的な世界は場所性を喪失しており非階層的であるがゆえに，サンマルコ広場を模したかのような「　場　プレイス」はほとんど意味をなさない，と主張する．同様に，幾何学的なグリッドに執着したフランク・ロイド・ライトやミース・ファン・デル・ローエのような建築家によって促進された排他的な建築のありかたは拒絶されるべきものである，と述べた．「ロバート・ヴェンチューリの多

---

[117] Littlejohn, *Architect*, 122.
[118] Charles Moore, "Discrimination in Housing Design," in Charles Moore and Gerald Allen, *Dimensions: Space Shape, and Scale in Architecture* (New York: Architectural Record Books, 1976), 131-42.
[119] Charles Moore, "Two Buildings by Joseph Esherick: Dedicated to the Moving Inhabitant, Not the Maker of Form," in Moore and Allen, *Dimensions*, 71.
[120] この主題は（ドンリン・リンドン，パトリック・クイン，シム・ヴァンダーリンとの共著の）エッセイである "Toward Making Places," (published in *Landscape* Fall 1962, pp. 31-41; reprinted in Moore, *You Have to Pay for Public Life*, pp. 88-107) で初めて表明された．

様性に関する考察」や彼の「金めっき加工されたテレビ・アンテナ」の「ありふれたそっけなさ」には非排他性が見出せるが，興味深いことにこれはムーア自身が選択した非排他性とは異なるものでもある[121]．彼はサン・ルイス・オビスポ近くに設計した，まるで洞窟（グロット）のようなマドンナ・イン・ホテルの折衷的な心地よさを好んだ――むろん，これまた小さな洞窟のようなトイレの中の男性用小便器に仕掛けられた機械仕掛けの滝を動かすセンサーは，幾分不安を呼び起こすものではある．だがよく考えてみると「それは何もない代わりに，そこらじゅうにあらゆるものが用意されているということなのだということに気づけば，それは全く人を不安にさせるものではなく，むしろワクワクさせるものなのだ」ということがわかるだろう[122]．

ムーアの幾分堅実な仕事は，彼の『身体，記憶，建築』（*Body, Memory, and Architecture*, 1977, ケント・C・ブルーマーとの共著）に示されており，それはムーアとブルーマーがイェール大学で 1960 年代半ばに行った新入生のための課程がもととなっている[123]．この本は建築意匠（デザイン）に関する基本的なコンセプトをまとめた入門書であるが，内容はかなり充実しており，彼らはガストン・バシュラールやミルチャ・エリアーデ，エドワード・T・ホール，アドルフ・ヒルデブラント，ローレンス・ハルプリン，テオドア・リップス，ジェフリー・スコット，ケヴィン・リンチ，そしてゲシュタルト心理学者のマックス・ヴェルトハイマーなど，さまざまな出典を利用してこの本を記述している．本書においてもやはり印象的なのは，小道，場所性（バス　プレイス），都市的パターン（アーバン・パターン），方向性（オリエンテーション），関連しあう属性（アイデンティファイング・エレメンツ），そして愉快なほのめかし――例えばカリフォルニア大学サンタクルーズ校クリスギ・カレッジの擬記念碑的な洗濯室の入口――などの引用である．極めて簡潔にいえば，彼は人間（ヒューマン）とコミュニケーションの価値にあふれた建築を推し進めようとしたのである．

1960 年代の彼の作品はほとんどがリンドンやターンボール，リチャード・ウィテカーとの協働によるものだが，これらは国内外の建築のメインストリームに敬意を表しながら，当初の静かなる革命としての性格を鮮やかに示している．おそらくムーア自身による設計であるオリンダの単身者用住居（1960-2）は，大きな引き戸と内部に設けられた（ジョン・サマーソンの著作に由来する）2 つの小祠（エディキュラ）によって独創性を

---

[121] Charles Moore, "Plug It In, Rameses, and See If It Lights Up, Because We Aren't Going to Keep It Unress It Works" Perspecta 11 (1967): pp. 32-43; Moore, *You Have to Pay for the Public Life*, pp. 156-7 より引用．
[122] Charles Moore, "Inclusive and Exclusive," in Moore and Allen, *Dimensions*, p. 160.
[123] Kent C. Bloomer and Charles Moore, *Body, Memory, and Architecture* (New Haven: Yale University Press, 1977)〔石井和紘，玉井一匡訳『建築デザインの基本：人間のからだと建築』鹿島出版会，1980 年〕．

示している．その 小 祠 を覆う天 蓋 は，19世紀建築の再利用品である彩色を施され
　　　　　　エディキュラ　　　バルダキン
た柱頭をもつ4本のトスカナ式円柱で支えられているのだ．一方は生活空間を定義
　　　　　　　　　　　　　　　　　　　　　　　　　　　　　　　　　リビング・スペース
し，他方は儀礼化された埋込式浴槽を定義する．この空間にはブロイヤーの椅子に対
する共感はない．むしろここに置かれるべきはグランド・ピアノや18世紀的な
寝室用肘掛け椅子だからだ．換言すれば，ここでは近代的な作法よりも快適さが選択
ブドワール・アームチェア　　　　　　　　　　　　　　　　　　　　　クリシェ
されているのである．

　MLTW（ムーア，リンドン，ターンボール，ウィテカー）事務所は，1964年から
65年のシーランチ・コンドミニアムによって国内での名声を博することとなった．
北カリフォルニアの10マイルにもおよぶ海岸沿いの起伏ある土地（合計5,000エー
カー）が，ハルプリンの事務所が定めたパラメーターに従って環境に配慮しながら開
発された．ジョゼフ・エシェリックが第1期の住宅群を設計し，それに合わせて
MLTWはセコイア材の柱と梁で構成された（軒の出がない片流れ屋根で下見板張り
の）コンドミニアムを設計した．時宜にかないながら大がかりな宣伝も功を奏し，シ
ーランチ・コンドミニアムは1960年代における西海岸の 地 域 様 式 を瞬く間に確立
　　　　　　　　　　　　　　　　　　　　　　　　　　　リージョナル・スタイル
した．ここでもムーアは屋根ひとつごとに部屋ひとつを定義することを好み，その部
屋の内部もしくはその周囲を取り囲むように「内なる住宅」（すなわちロフト部分）
や鞍袋状の付加部分が設置された．

　クレスゲ・カレッジ（1965-74）とサンタバーバラ教職員クラブ（1966-8）という，
この事務所が同じく60年代に手がけた2つの作品は，ムーアのデザイナーとしての
長所と短所を際立たせている．同時に彼らはモダニズムと完全に決別することを宣言
していた——ハインリヒ・クローツの言葉を借りれば，「建築理論を道徳化する教義」
　　　　　　　　　　　　　　　　　　　　　　　　　　　　　モラライズ
を粉砕することである[124]．そして実は，それらはいずれも「シリアスな」建築のま
がいものになることを狙っていたといえる．クレスゲ・カレッジにおいては，カーン
の（層状の）二重壁は，過剰なまでに立派な見た目の「厚紙建築」に取り替えられ
た——当然その窓からは雨漏りや隙間風が予想され，管理のためには大がかりなメン
テナンスを必要とした．サンタバーバラ・ファカルティ・クラブでは，常識はずれな
ヘラジカの頭部，ネオン広告，悪趣味なシャンデリアが飾られ，ありふれたものを
記念碑化する試みだったように思われる．ムーアとターンボールは，ある伝記作家
モニュメンタライズ
が述べたとおり「学生を奮い立たせ，彼らの人生を変えようとしていた」わけである
が，同時に「このささいな操作が自滅的で空虚なものに陥りかねない」ことを認めて

---

[124] Heinrich Klotz, *The History of Postmodern Architecture*, trans. Radka Donnell (Cambridge: M.I.T. Press, 1988), p. 189.

いる[125]．ムーアがニューヘヴンのチャーチ・ストリートの低所得者向け住宅コンプレックス（1966-8）で使用した同様のまがいものの意匠は，この点を実証している．これらのいつわりの意匠はバラックのようなこのプロジェクトの質を高めることにはほとんど役立っておらず，むしろ都市再生における新たな災厄となっているのだ．

　この一連のプロジェクトは，ひとつの現象でもあった1960年代のしらけ世代(レイド・バック・チャイルド)としてのムーアが，制御不能な社会の中で革命的な力をもつ建築という見方を，彼自身が認めようとしていたか否かという問いを浮かび上がらせる．（ロバート・ヴェンチューリやロマルド・ジョゴラを差し置いて）ムーアは1965年にキングマン・ブルースターによってイェール大学建築学科の新たな学科長に任命されるが，いささか奇妙なことに，彼はバークレーにおいて終身雇用(テニュア)を拒否されたばかりだった．実はバークレーは「フリー・スピーチ」運動による暴動によって1964年に閉鎖されたのだが，その運動にムーアは少なくとも共感を抱いていたのである．イェールでは，ムーアは次第に支持を失っていったポール・ルドルフの後を引き継いだが，彼の予想通りのアンチ・エリート主義によって，「私よりもはるかに右よりの」1960年代後半の「甘やかされた上流階級的マルクス主義者のイェール大学生」たちに対する恩着せがましい態度において，彼もまた十分に独りよがりだった[126]．こうした彼の上品さにはほんのわずかな冷笑的態度(シニシズム)も含まれていなかったのだが，ブルースターや他のリベラルな体制側の人々を混乱させ不興を買った[127]．この騒動は1969年6月には頂点に達し，（想定されるべきだったが）その際に学生は美術・建築棟に放火した．この放火事件は，ムーアの非権威主義的な学校運営のスタイルや無気力な学生たちに対する彼の接し方が，自分自身にはね返ってきてしまったことを示唆している．

　ムーアによってほとんどのカリキュラムが変更された——東洋研究(イースタン・スタディーズ)の紹介や環境意識の植えつけ，製図や授業の課題の削減と実地見学の充実，そしてデザイン・スタジオの発足などである．しかしこれに関してもまた，さまざまな証言が存在する[128]．ある人々にとっては「わたしたちの文化的，政治的な風景の急激な変化」が徐々に達成されていたと見えたかもしれないが，他の人々にとっては，それは教育水準(アカデミック・スタンダード)を故意に低下させることであり，1970年代の多くの大学教育の衰退の

---

[125] Littlejohn, *Architect*, p. 229.
[126] Ibid., p. 152.
[127] Ibid. リトルジョンの記録によれば，ムーアはある時，反体制側の学生による宣言文や要求項目の中で，「キングマン・ブルースターは私がそれを書いたことを知っていて，それを不快に思っている」と記している．ムーアは彼の貢献を建築学科の教育課程を遵守したことにあると主張したが，実際のところ1960年代後半のカリキュラムは，ほぼ抹消されたに等しいものとなっていた．
[128] イヴ・ブラウ（キュレーター）による展覧会カタログ *Architecture or Revolution: Charles Moore and Yale in the Late 1960s* (New Haven: Yale University School of Architecture, 2001) を参照．

過程に映ったかもしれない[129]．ともあれムーアのイェール大学における終身雇用は，彼のキャリアに悪影響を及ぼしたというべきだろう．この建築家があふれる才能をもってニューヘヴンに赴いたことは否定できないものの，当地では，大学の雑務で時間とエネルギーを浪費したことはいうに及ばず，活動の力点が曖昧であったために，その才能を空費してしまったこともまた事実である．端的にいえばムーアは，彼の愛想のよさと熱意にもかかわらず，1960年代後半の失望感を反映する気ままで自由な雰囲気を体現した人物であったともいえるだろう．

ロバート・ヴェンチューリは，そのようなムーアとは異なる佇まいと知性を持ち合わせていた[130]．彼は1944年にプリンストン大学に入学し，3年間で学部の期間を終えている．1950年には「建築的構成の文脈」("Context in Architectural Composition")という早熟ともいえるテーマの論文を提出し，同大学の修士号を取得している（ルイス・カーンとジョージ・ハウが審査を行った）[131]．彼の初めての仕事はオスカー・ストノロフ，非常勤のルイス・カーン，エーロ・サーリネンとの協働であった．カーンの後押しでヴェンチューリは1954年にローマ賞を獲得し，イタリアでの2年間の研修の機会が与えられ，そこでマニエリスムとバロック時代への関心を深めている．フィラデルフィアのカーンの事務所へ戻った後には，ペンシルヴァニア大学でカーンのアシスタントとして教鞭を執った．1957年には当初は個人で，後にはマーサー・リッピンコットやポール・コープと協働して設計活動をしている．1960年にはウィリアム・H・ショートと，1964年にはジョン・ローチと協働している．

その多くはアンビルトだったヴェンチューリの初期のデザインは，好意的に見ると1950年代後半において独自の意味をもつものといえる．カーンはたしかにヴェンチューリのその後に強い影響を与えたのだが，より重要なのはヴェンチューリのマニエリスム的傾向がローマだけでなく，ウィルソン・エアの作品に言及するヴィンセン

---

[129] Ibid., ロバート・M・スターンとJ・M・ホピンによる序文より．

[130] ヴェンチューリと彼の妻であるデニス・スコット・ブラウンに関する重要な研究として，David B. Brownlee, David G. De Long, Kathryn B. Hiesinger, eds., *Out of the Ordinary: Robert Venturi, Denise Scott Brown and Associates* (Philadelphia: Philadelphia Museum of Art, 2001) や，Stanislaus von Moos, *Venturi, Rauch & Scott Brown: Buildings and Projects*, trans. David Antal (New York: Rizzoli, 1987), Christopher Mead, The architecture of Robert Venturi (Albuquerque: University of New Mexico Press, 1989) がある．

[131] このテーマはロバート・ヴェンチューリとデニス・スコット・ブラウンによる *Iconography and Electronics upon a Generic Architecture: A View from the Drafting Room* (Cambridge: M.I.T. Press, 1996) として出版されている．プリンストン時代のヴェンチューリの研究については，Deborah Fausch, "The Context of Meaning Is Everyday Life: Venturi and Scott Brown's Theories of Architecuture and Urbanism" (Ph.D. diss., Princeton University, 1999) を参照．

ト・スカリーの『シングル・スタイル』(*Shingle Style*, 1955) におけるアメリカ国内の系譜からも影響を受けているということである。ニュージャージーのビーチ・ハウスの設計案 (1959) やグランド・レストランの改修 (1961-62)，アンブラーのノース・ペン・ビジティング・ナース・アソシエイション (1961-63) などを通じて，ヴェンチューリは東海岸の建築家のひとりとしてその地位を示した。(ロマルド・ジョゴラは別としても) 彼はアメリカの文化的伝統に関心をもちつつ，併せて革新性も持ち合わせていた。

ヴェンチューリが『建築の多様性と対立性』(*Complexity and Contradiction of Architecture*, 1966) のアイディアを思いついたのは，刊行年よりも早い。物議をかもしたギルド・ハウスを設計した後の1962年に，ヴェンチューリはペンシルヴァニア大学でデニス・スコット・ブラウン (Denise Scott Brown, b. 1931) とともに，教鞭を執っていた建築理論に関する講義の内容を改訂するための奨学金をグラハム財団から受けた。草稿は1963年に提出されており，1964年には版権を取得している。この文章の一部 (約40ページ) は続く年にイェール大学の紀要『パースペクタ』(*Perspecta*) で，最終的に出版される書籍と同じタイトルで発表された (図107)[132]。その翌年に大幅な編集を加えた版が最終的にMoMAから出版される。ヴェンチューリはこの本をひとりで書き上げたが，彼は本書の執筆にあたってスコット・ブラウンやヴィンセント・スカリー，(イェールでヴェンチューリの生徒だった) ロバート・スターンの批評的な手助けがあったことを認めている。この本の源泉となった資料は他にもある。1960年代にペンシルヴァニア大学で教えていたアルド・ファン・アイクの概念的な二重性はこの本のあらゆる部分に現れており，ヘンリー・ミロンとオーギュスト・ヘックシャーの著作『公共の幸せ』(*The Public Happiness*, 1962) は近代的な生活におけるバロック的な複雑さについて扱っていた。他にもこの本に影響を与えたものとして，ゲシュタルト心理学やヨーゼフ・アルバース，ジョージ・ケペッシュ，T・S・エリオット，クリアンス・ブルックス，そしてウィリアム・エンプソンの『曖昧の7つの型』(*Seven Types of Ambiguity*, 1955) がある。またヴェンチューリは，建築物そのものではなく建築の周辺的な問題を扱う建築家たちを非難したジョン・サマーソンによる1941年のエッセイにも傾倒していた。同書もまた，バンハムによるテクノロジーがもたらす幸福感(ユーフォリア)や，アレグザンダーによるコンピューターの自動生成プログラムに対する反論の拠り所として読まれたに違いない[133]。

---

[132] Robert Venturi, "Complexity and Contradiction in Architecture: Selections from a Forthcoming Book," *Perspecta* 9/10 (1965): pp. 17-56. この号はロバート・スターンによる編集である。

[133] John Summerson, "The Mischievos Analogy," in *Heavenly Mansions and Other Essays on*

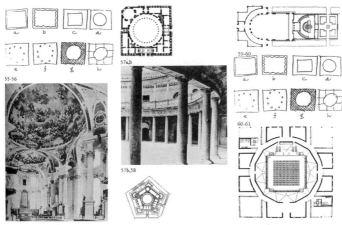

107 ロバート・ヴェンチューリ「建築の多様性と対立性」の図版より．『パースペクタ』(*Perspecta 9/10: The Yale Architectural Journal*, 1965) 所収．

したがってこの本のコンセプトは，1950年代や60年代初期に設定されたものであるといえよう．ヴェンチューリの修士論文はコンテクストの問題に焦点をあてており，1953年に初めて出版された彼の文章は，ミケランジェロがマニエリストの語彙を利用して改修した，ローマ時代の元老院たちの複合施設であるカンピドーリオに関する短い抜粋であった[134]．ミケランジェロによる修辞的な誇張は同書への影響を示す一例だが，この著作はニコラス・ホークスムア，ジョン・ソーン，フランク・ファーネス，エドウィン・ラッチェンス，ル・コルビュジエ，アルマンド・ブラジーニ（ヴェンチューリがローマで会ったネオバロックの建築家），アルヴァ・アールト（1965年にヴェンチューリはフィンランドの建築物を訪ねている），そしてルイス・カーンといった建築家の作品と共通する，バロック的な感覚をも含んでいる．ゆるぎない信念と途方もなく豊潤なアイディアを包含するこうした幅広い引用元から，ヴェ

Architecture (London: Cresset Press, 1949), pp. 195-218 を参照．
[134] Robert Venturi, "The Campidoglio: A Case Study," Architectural Review, vol. 113, 677 (May 1953): pp. 333-4; reprinted in *A View from the Campidoglio: Selected Essays 1953-1984* (New York: Harper & Row, 1984), pp. 12-13.

ンチューリは近代的な理論を更新する「穏やかな宣言(ジェントル・マニフェスト)」をつくり出した.

　この著作に続くテーマは驚くほど単純なものであった．すなわち「私は建築における多様性と対立性を好む」ということだ[135]．著者は以下の2点を支持する．ひとつは急速に変化する世界における「近代的な経験の豊かさと曖昧さ」を，もうひとつには単純さと機能性に依拠する正統的な近代建築の過度の強調はもはや歴史的な過程にあるということで，これらが「マニエリスムの時代と共通する態度」へと導いているのである[136]．それゆえ「より少ない(レ ス)ことはより多い(モ ア)ことである」というミースの格言は，「露骨な単純化は味気ない建築を意味する．より少ない(レ ス)ことは退屈な(ボ ア)ことなのだ」と逆転されるのである[137]．

　実際のところここまでは，ヴェンチューリは「控えめに」革命的であったといえよう．彼の研究は全8章，85ページにわたって展開され，ボフランを思い起こさせるような紋切り型の構成で展開された．そこでは多様性と対立性という属性を，建築理論と建築史で扱うほぼすべての時代の実例に反映させている．ここでは曖昧さに関するエンプソンの著作と時期が重なったことが決定的であった．例えばヴェンチューリの「両者共存(ボス・アンド)」は「一見結びつきのない2つの意味が同時に与えられていること」というエンプソンが分類した第3の型を想起させる．ヴェンチューリの「二重の機能をもつ要素」は「2つあるいはそれ以上の可能な意味がひとつの意味の中に完全に解消される」というエンプソンによる曖昧さの第2の型を呼び起こす．そしてヴェンチューリによる「並置された対立性」は，「完全な矛盾のつくり出す曖昧」というエンプソンの第7の型を思い起こさせる．最も興味深いのは結章の「複雑な全体を獲得する責務(ディフィカルト・ホール)」が，「複数個の代替可能な意味が結びついて，作者の中の複雑な精神状態を明らかにする」というエンプソンの第4の型と類似する点である[138]．建築に関する因習や形態を操作する約束事についてこれらの文学上の手引きを援用して，ヴェンチューリは形式主義者(フォーマリスト)の理論を解説したのだといえよう．

　しかしながら同書の半分をすぎたあたりで少しずつ，読者は分析の中で展開された副題の存在に気づかされることになる．この副題はまず，慣習的な要素が改変を受け，他の意味が付与されたときにもたらされる，ある種の多義性について議論する部分で現れた．彼にとって慣習化されたモチーフの転用は「修辞的な要素」を生み出

---

[135] Robert Venturi, *Complexity and Contradiction in Architecture* (New York: Museum of Modern Art, 1966), p. 22〔伊藤公文訳『建築の多様性と対立性』第2刷，鹿島出版会，1983年〕．
[136] Ibid., p. 22, 26.
[137] Ibid., p. 25.
[138] William Empson, *Seven Type of Ambiguity* (New York: New Directons, 1947), "Contents"〔岩崎宗治訳『曖昧の七つの型』岩波書店，2006年〕．

し，それは「意味の明快さを損なう」ものであるため，その曖昧なメッセージとともに「修辞を最小限にするという正統的な近代建築の儀礼に背く」ことでもあるのだ[139]．新たに生み出された慣習的な要素の例は「ミケランジェロの建築や，いわゆるポップ・アーキテクチャと呼ばれうるもの」に見出され[140]，それはルドゥーやポール・ルドルフ，ジョン・ヴァンブラのデザインにも共通するものとされる．1960年代初期にバンハムの著作において登場した「ポップ・アーキテクチャ」という称号は，「ポップ・アーキテクチャのための弁明」("A Justification for a Pop Architecture") という1965年の記事でヴェンチューリが議論していたものでもあった．ここで彼はポップ・アーキテクチャを「平凡なもの，あるいは建物の実際の要素でありながら使われなくなった平凡なものを包含するもの」として定義した[141]．

しかしながらヴェンチューリは『多様性と対立性』においてこのテーマを「ポップ・アート」の名のもとに尖鋭化させている．安っぽい要素(ホンキートンク・エレメント)の利用について議論する中で——建築はタバコの自動販売機よりも長生きすべきである——彼はこうした要素を使用する理由を次のように述べる．「建築の秩序の中に，それらの安っぽい要素(ホンキートンク・エレメント)が使われる正当な根拠は，それらがまさに存在しているという点である．それらは私たちのものなのだ．建築家はそれに不満を感じ，無視し，排除することもできるだろうが，それらが消え去ることはないだろう」[142]．ここは彼の議論がより挑発的になる部分でもある．建築家がこうした要素の受容の固辞に対して——この点は世代間の大きな違いをも規定するのだが——，彼らはもはや，技術が世俗的なものを一掃する未来派的な世界で生活しているかのように振る舞うことはできないと言明する．それゆえ1960年代半ばまでに初期のモダニズム，あるいはバンハムの楽観主義は，ヴェンチューリの視点では完全に過去のものとして扱われるようになった．なぜなら「少なくとも我々の社会においては，時間的，技能的，金銭的な投資を必要とする技術革新は，建築家の能力の範囲を超えてしまっている」からである[143]．他の驚くべき理論的根拠も数ページ後に示される．「最大の成果(ベスト・エフォート)，巨額の資産(ビッグ・マネー)，優美な技術(エレガント・テクノロジー)を追い求めようとする社会条件という新たな文脈(コンテクスト)の中で，意味ありげな古い紋切り型(クリシェ)——有効かつ陳腐なもの——を組み合わせる人としての自らの役割を受け入れた建築家は，この逆転してしまった価値観に対する真の懸念を，皮肉を込めて遠回しに表現することができるのである」[144]．彼が「逆転してしまった価値観」という言葉で意図してい

---

[139] Venturi, *Complexity and Contradiction*, p. 44.
[140] Ibid., pp. 44-5.
[141] Venturi, "A Justification for Pop Architecture," *Arts and Architecture*, Aplil 1965, p. 22.
[142] Venturi, *Complexity and Contradiction*, p. 48.
[143] Ibid., p. 49.

ることは，ポップ・アーキテクチャーに関する彼の初期の論文ではいっそう明快である．そこでは，彼はより率直に批判する．「連邦政府とそれを支持する巨大産業は，軍需産業に向けた高価なコンピューターを利用した調査を進めているが，それは生活の向上のためという方便を超えた安全保障とでもいうべきものだろう」[145]．『多様性と対立性』における彼の提案は端的にいえば，紋切り型(クリシェ)と安っぽい要素(ホンキートンク・エレメント)（ちなみにそれは，建築家が施主の資金を浪費するものである）を，政策に対する社会的な抗議として役立てることなのである．安っぽい要素(ホンキートンク・エレメント)を用いることは，（アイヴィー・リーグで特権的に学んだ）建築家が，彼らが生活する奇妙な社会を軽蔑することなく，それへの幻滅を見せつけることができる数少ない方法のひとつなのである．

　ヴェンチューリのアイディアが，デニス・スコット・ブラウンの発想と合致するのは，まさにこの問題においてである[146]．スコット・ブラウン（旧姓ラコフスキー）はザンビアで生まれ，ヨハネスブルグのウィットウォータースランド大学で建築を学んだ．1952年に彼女はAAスクールで学ぶためロンドンへ渡った．これはイギリスにおける社会保障制度やニュータウンが注目され，ミース・ファン・デル・ローエが賞賛され，そして何よりも重要なことに，スミッソンやICAが理論上の挑戦を始めた時期にあたる．1955年にデニスはロバート・スコット・ブラウンと結婚し，3年後に2人はともにカーンに学ぶためにペンシルヴァニア大学大学院に進学した．彼らは建築学科に提出するポートフォリオを準備する時間がなく，学部長のホームズ・パーキンスによって新たに設立された都市計画学科への入学を許可された．この学科はペンシルヴァニアの都市計画家であるエドマンド・ベーコンが主導しており，デイヴィッド・クレーン，ハーバート・ガンズ，ウィリアム・ホイートン，ポール・ダビドフら社会学的な傾向をもつ人々も在籍していた．デニス・スコット・ブラウンはこうした人々と共通の思想をもっており，イギリスからペンシルヴァニア大学の教育に社会主義リアリズムを持ち込むなど，活動家として尽力した[147]．1960年に講師になったとき（夫のロバートは1959年に自動車事故で非業の死を遂げている），ここでヴェンチューリに出会うこととなる．スコット・ブラウンとヴェンチューリは1962年と64年に建築理論の授業を共同で運営し，1965年にはベンジャミン・フランクリン・パ

---

[144] Ibid., p. 52.
[145] Venturi, "A Justification for Pop Architecture," p. 22.
[146] デニス・スコット・ブラウンについては，デイヴィット・B・ブラウニーの "Form and Content," in Brownlee, De Long, and Hiesinger, *Out of the Ordinary*, pp. 3-89 を参照．
[147] スコット・ブラウンは1960年代前半に Journal of the American Institute of Planners でいくつかの記事を執筆している．"Form, Design and the City" (November 1962), "Natal Plans" (May 1964), "The Meaningful City" (January 1965).

ークウェイのコンペティションでも協働した．同年のスコット・ブラウンによるエッセイ「意義深い都市」ではマス・コミュニケーションとポップ・カルチャーに関する彼女の関心が表明されている[148]．彼らはこの年にペンシルヴァニアを離れた．ヴェンチューリは原稿を仕上げるためローマのアメリカン・アカデミーに戻り，その後（ムーアの要請で）客員教授としてイェール大学に移っている．スコット・ブラウンは UCLA で教職を得る前に，（メルヴィン・ウェバーとともに都市論を授業で教えるため）バークレーで客員講師をしていた．

彼らがともに抱いていたポップ・カルチャーへの関心は『多様性と対立性』の最後のページで示される．ヴェンチューリは文学的，美学的な判断を超えて，ポピュリストとしての立場を全面的に打ち出し多様性を提唱している．ヴァージニア大学とメイン・ストリートとを比較したピーター・ブレイクの秩序(オーダー)への信奉は，ヴェンチューリが提示した有名な問題提起の引き立て役になってしまった——この比較が適切かどうかはさておき「メイン・ストリートだって，けっこういいんじゃないか？」[149]．ヴェンチューリはその理由を「一見したところは安っぽい要素(ホンキートンク・エレメント)の混沌とした積み重ねのように見えても，実はそれが魅力ある活気と効果をもたらしており」，建築家たちは今やポップ・アートを学び「純粋な秩序(オーダー)を求める堅苦しい夢」から目覚めるべきだ，と答えている[150]．こうして，彼は締め括る．「おそらく私たちは，たとえ粗野で見過ごされやすいものであろうとも，日常の景観の中から都市を構成する建築にとって有効で力強い，多様で矛盾し対立する秩序を引き出すことができるだろう」[151]．

ヴェンチューリの著書はニューヨーク近代美術館が出版し，アメリカでの建築の実践における里程標となったが，その斬新さが完全に理解されるには時間が必要であった．MoMA の建築・デザイン部長であるアーサー・ドレクスラーは同書の序文で「多くの人が確立された権威(エスタブリッシュメント)と考えていたもの」に対して挑む「瞠目に値する研究」と述べ，ヴィンセント・スカリーは「1923 年のル・コルビュジエ著『建築へ』以降，建築について書かれた著作のうちで最も重要な本」という有名な文句で知られる，憂鬱(メランコリック)ともいわれかねない推薦文を記している[152]．スカリーはヴェンチューリの思想を 人間的(ヒューマニスティック) であるとし，そこに 2 通りのルーツを見出す．ヴェンチューリは「プリンストン大学で美術史を学び，ローマのアメリカン・アカデミーの給費生となった

---

[148] Scott Brown, "The Meaningful City"; reprinted and expanded in *Connection* 4 (Spring 1967): pp. 6-7, 12-14, 26-7, 50-1.
[149] Venturi, *Complexity and Contradiction*, p. 102.
[150] Ibid., p. 102-3.
[151] Ibid., p. 103.
[152] Foreword to *Complexity and Contradiction*, p. 11.

ことでイタリアの伝統との接触をもったことがある」一方で,「彼がポップと称される画家たちと共通する思想を抱く数少ない建築家のひとりであり,彼はおそらくポップ・アートの形態の意味や有用性を感得しえた最初の建築家である」とスカリーは指摘している[153].

ヨーロッパの人々は同書を異なる観点で捉えていた.コーリン・ロウは『多様性と対立性』とレイナー・バンハムの『ニュー・ブルータリズム』(New Brutalism, 1966) に対する書評で,近代建築を社会変革の担い手と見做す元来の姿勢が垣間見える点で,この2冊に知的な類似性を見出している.「近代建築は今やあふれかえっている.しかし望まれたユートピアはまるで達成されていない.人類が救いの道へ向けて歩んでいるかどうかは明らかではなく,ゆえにそれに続くのは,しぼみきった楽観主義であった」[154].またアラン・コフーンはヴェンチューリの社会主義的な側面が窺えるこの本の「理論的な枠組みの欠落」と過去の恣意的な読解を快く思わず,「この点について,ある者はアメリカ特有の堕落した「アート」の世界に付随する試みであることに気づくだろう.ポップ・アートの類は,不確かな歴史を妥当なものとするための手続きを保証するために,もたらされたものであると見做すことができる」と述べている[155].マルクス主義者のマンフレッド・タフーリは,ヴェンチューリのポピュリスト的な傾向にどうにか耐えることができた.同書の「多くの鋭い視点」を認めつつも,彼は断固として主張する.「一方で,建築における多様性=両義性そのものの歴史的な整理が不十分であり,結果として検証のないまま,ごく一般的な意味での区分になっている.他方では,歴史的な資料が平板化され,分析と設計手法とが混同されているために,彼の研究の結論はその恣意的な図の選択を正当化するので精一杯である」[156].

しかしながらすべてのヨーロッパの人々が同書に感銘を受けていないわけではなかった.ジョゼフ・リクワートは1967年の夏の文章で,同書は少し「立派」すぎるかもしれないが,実は「嘲笑的で,愛らしく,むしろ本当は自虐的」であると記している.彼はヴェンチューリの「この本全体に通ずる屈託のない折衷主義とシステムの減退」については否定するものの,「私はヴェンチューリの味方である.機能主義者は

---

[153] Ibid., p. 14.
[154] Colin Rowe, "Waiting for Utopia," *New York Times*, 1967; reprinted in Rowe, *As I Was Saying*, 2: pp. 75-8
[155] Alan Colqhoun, "Robert Venturi," *Architectural Design* 37 (August 1967): p. 362.
[156] Manfred Tafuri, *Theories and History of Architecture*, trans. Giorgio Verrecchia (New York: Harper & Row, 1976), p. 213〔八束はじめ訳『建築のテオリア あるいは史的空間の回復』朝日出版社,1985年〕.

私たちを迷わせすぎている．建築物というのは多価の状態にある．私たちはヴォリュームと表層の多価性について議論するために，表の意味と裏の意味を学ぶべきなのだ」[157]．クリスチャン・ノルベルグ＝シュルツは数年前から『インテンションズ』(*Intentions*) で自身のモデルを示していたが，彼もまたヴェンチューリの著書とそこであふれる「さまざまな意味の階層」の探求を評価している．シュルツによればヴェンチューリの研究は「美術史的な形式主義の伝統の中で，さらに推進すべきもの」であった[158]．シュルツ自身も，サマーソンへ傾倒し自己批判を行いながら，建築の損失に対して「社会学，心理学，経済学，環境学，数学，コミュニケーション理論」に焦点を置く建築家たちを叱責していた．「彼だけは，建築そのものについて書く勇気をもった建築家である！」[159]．ヴェンチューリの著作が他の著作と全く異なっていたのは，こうした観点においてなのである．

---

[157] Joseph Rykwert, "Complexity and Contradicion in Architecture," *Domus*, no. 453 (August 1967).
[158] Christian Norberg-Schulz, "Less or More?" *Architectural Review* 143 (April 1968): p. 258.「彼の形式主義的な記述は主にヴェルフリンやフランクル，ブリックマン，ウィットカウワー，ゼーデルマイヤーといった美術史家による過去の指摘に基づいている」．
[159] Ibid., p. 257.

Chapter 16

エピローグ

> 私たちは今,時代錯誤(アナクロニズム)を,懐旧の情(ノスタルジア)を,
> そしておそらく,軽薄を目の当たりにしている.
> コーリン・ロウ (1968)

1
1968年

　従来の見方では，建築理論とは伝統の中から生まれ出たものであり，一般には革命(レボリューション)よりむしろ展開(エボリューション)でまわっているとされる．平穏な時代にはそれもおおよそ事実である．建築理論には，新しいものなど，あるとしてもごくわずかである．歴史的文脈が変化しているにもかかわらず，異なる世代の建築家同士で全く同じ問題と格闘していることもしばしばである．しかし理論もまた，知的，政治的，経済的出来事の数々によって目に見えるかたちでほぼ常に揺さぶりをかけられている．啓蒙主義運動を取り巻いた知的興奮も西洋史におけるそのような契機のひとつであった．第1次世界大戦は理論分野の画期となり，大恐慌は思想分野における新時代の先駆けであった．1968年もこうした契機のひとつであっただろう．

　1968年とは，何よりもまず政治変革と暴力の年であった[1]．ヨーロッパでは，チェコスロヴァキアは希望でこの年を迎え失望で1年を終えている．1月初頭，当時共産党の第一書記であったアントニーン・ノヴォトニーが，「人間の顔をした社会主義」を掲げるスロヴァキア出身のアレキサンデル・ドゥプチェク（Alexander Dubček, 1927-93）に職を引き継がせ，3月になるとノヴォトニー派も閣僚から退いたことがきっかけとなって，世界中が「プラハの春」を歓迎した．チェコスロヴァキア国内の検閲法は撤廃され，国民は街頭でこの新たな表現の自由に沸き立った．そしてその熱は隣国ポーランドにも伝播し，学生たちは街頭で共産主義統治者や検閲法に対抗した．

　しかし，ドゥプチェク自身の社会主義への傾倒やソヴィエトとの親交とは裏腹に，ソ連の指導者レオニード・ブレジネフはモスクワからこの推移を見守り，懸念を深めていった．そして8月，ブレジネフは50万人のワルシャワ条約機構軍を組織してチェコスロヴァキア国境を越え，プラハを占領．秘密警察も復活し，デモ参加者を一網打尽にした．これがブレジネフの答えだった．ドゥプチェクは鎖につながれたままモスクワに連行された．この時ソ連はチェコスロヴァキアに暫定政府を強いたが，国民はこれを断固として拒否した．これによりドゥプチェクは死を免れたが，激しい強要

---

[1] 1968年に関する記述は多数あるが，その中でもおそらく最もよいのは David Caute, *The Year of the Barricades: A Journey through 1968*（New York: Harper & Row, 1988）である．

の後，厳しい内容のモスクワ議定書へのサインを余儀なくされる．その後プラハに戻ったドゥプチェクは，テレビで国民に対して涙ながらに造反行動を断念することと，彼が以前に定めた法案を廃止したと発表した．そして翌年の春にグスターフ・フサークが彼の地位を奪い，「鉄のカーテン」は復活した．

　1968年の春と夏には，西欧の街頭もデモ参加者たちであふれ返っていた．しかしその理由は全く異なっていた．当時ドイツでは，ほとんどの大学でデモが起こっていた．こうしたデモを政治的に組織していたのはドイツ社会主義学生連盟（SDS：Sozialistischer Deutscher Studentenbund）であったが，このデモの要因としては，大学改革への要求や，LSDやハシシュといったドラッグが突如流行し始めたことなどが挙げられる．なおこのデモの数は，4月に学生活動家ルディ・ドゥチュケが銃撃を受けたことで急増し，デモ参加者たちは1919年に殺害されたスパルタクス団革命家，ローザ・ルクセンブルクとカール・リープクネヒトの写真をあしらったプラカードを掲げるようになった．しかし，ドイツの学生暴動の中心となったのがベルリン自由大学であったのは幾分皮肉であった．この大学が1948年に設立されたのは，ベルリン屈指の大学であるフンボルト大学が，ソ連の統制区域に建っていたためだったのである．

　1968年の春と夏には，イギリスでもまた活発な政治活動が行われていた．ここでの主要な争点は，当時批判が高まっていた新移民（人種）問題とベトナム戦争である．しかしフランスとイタリアの混乱は，これに比べて規模も激しさも遥かに勝っていた．いわゆるパリ5月革命が実際に始まったのは，ダニエル・コーン＝バンディが主導する学生たちがパリ大学ナンテールキャンパスの事務本館を占領した1968年3月のことである．そして大学は4月初旬に閉鎖され，イースター休暇明けに解除されたが，その後デモが再発したことによって5月2日に再び閉校となる．この二度目の閉校という措置によって暴徒は市街地になだれこみ，問題はさらに深刻化した．5月3日にソルボンヌ大学の中庭で数名の学生が逮捕されたことが彼らを刺激し，パリはその後5月いっぱい，大規模デモ，ゲリラ戦，ストライキや暴動に飲み込まれることとなる．カルチエ・ラタンにはバリケードが築かれ，ソルボンヌ大学とエコール・デ・ボザールも遂に占拠された．夜のニュース番組では多くの「知識人」シンパたちが取り上げられた．

　このフランスの激動には複雑な理由があった．5月革命の研究家アラン・トゥーレーヌは，これは人間や性に関わるテクノクラシー，コンシューマリズム，コマーシャリゼーションに対抗する新たな階級闘争の前触れであると語った[2]．またそこには，戦後世代の人々の増加や関心の変化に大学制度が適応できていないために変革が必要

だったという側面もあった．あるいは，反植民地主義・戦争不安を旗印に，マルクス＝レーニン主義者やトロツキー主義者，毛沢東主義，無政府主義者らによる，社会や政治の「制度(システム)」の転覆という意図もあった．

エコール・デ・ボザールを占拠した建築学科の学生たちも，関心の多くを共有していた．校舎占拠の翌日に発表された「5月15日提議」には，全入制や試験・競技設計の廃止といったさまざまな学校改革が要求として盛り込まれていたが，建て前として「労働者闘争」という抽象概念についてや「公営・民営ディベロッパーによる利益優先の建築生産の実情」との闘争についてもうたっていた[3]．

同時期のイタリアのデモ（1964年から定期的に行われていたデモの再現）も同様の規模のものであったが，政治色はよりあからさまだった．イタリアのデモもまた国内の経済状況の疲弊と旧態以前の学校制度が原因であった．当時，こうしたことが要因となって，建築学科を卒業後，職に就けた者は半分にも満たなかった．しかし，イタリアの場合に求められたのは，フランスよりも遙かに徹底的な教育改革だった．例えば当時，トリノ大学の「紅衛兵」の学生は教授選挙制や学生委員会による全試験の格付けを求めている[4]．なかでも混乱が長期化したのは，ローマ，フィレンツェ，ミラノ，ナポリ，ヴェネツィア，ピサ，トリノなど，主要都市の大学で，3月末には26の大学に及んだ．この年以降数年にわたるこの混乱は，常に労働者のストライキや革命行動へと結びついており，遂にはイタリアの政府機能が実質的に停止するまでに至った．そして当時チェコスロヴァキアで起こっていた事件とは対照的に，イタリアの知識人と学生はあらゆる問題の解決策として過激派マルクス主義を奉じるようになった．

建築理論分野での潮流が最も表れているのはマンフレッド・タフーリ（Manfredo Tafuri, 1935-94）の思想である．建築史研究所の教授に任命され，1968年春にヴェネツィアに赴いたタフーリであったが[5]，当時ヴェネツィアはすでに政治的・社会的混乱の渦中にあり，サン・マルコ広場をはじめ多くの地区では学生による占拠と警察

---

[2] Alain Touraine, *The May Movement: Revolt and Reform*, trans. Leonard F. X. Mayhew (New York: Random House, 1971).

[3] "Motion of May 15, Strike Committee, Ecole des Beaux-Arts," *Architecture Culture 1943-1968: A Documentary Anthology*, ed. Joan Ockman (New York: Rizzoli, 1993), p.457. また，Donald Drew Egbert, *The Beaux-Arts Tradition in French Architecture* (Princeton: Princeton University Press, 1980); Martin Pawley and Bernard Tschumi, "The Beaux-Arts since '68," *Architectural Design* 61 (September 1971) も参照されたい．

[4] Caute, *Year of the Barricades*, p. 76 参照．

[5] タフーリとその思想に関する最も優れた概説書として，*Casabella* の 619-620 記念合併号（1995年1-2月）が挙げられる．また，Jean-Louis Cohen, "La coupure entre architects et intellectuals, ou les enseignements de l'italophilie," *In Extenso* I (1984): pp. 182-223 も参照のこと．

との衝突が繰り返されていた．また，タフーリのヴェネツィア到着は1966年から67年にかけて執筆された彼の批判研究の最初の著作，『建築の理論と歴史』(*Theorie e storia dell'architettura*) の出版とも重なる．この革命に加わることを望んだタフーリは『コントロピアーノ』(*Contropiano*) 誌の編集者であるアルベルト・アゾール・ローザとマッシモ・カッチャーリに接触する[6]．『コントロピアーノ』誌は当時創刊され，1971年の廃刊まで「階級闘争と関係する問題の分析」および「大資本社会の理想と文化的上部構造の分析」に焦点をあてた先鋭的な雑誌だった[7]．同誌に初めて掲載されたタフーリの論文「建築イデオロギー批判のために」("Per una critica dell'ideologia architettonica") は1968年末の数ヶ月間で書かれたものであるが，ここには彼の思想がよく表れている[8]．加えて，建築史研究所でのタフーリはすぐさま先鋭的な歴史家や理論家で構成される組織を作り，これをマルクス主義的な分析を行う行動プログラムへと発展させた．この組織にはマリオ・マニエーリ・エリア，フランチェスコ・ダル・コ，ジョルジョ・チュッチ，マルコ・デ・ミルケリスらがいた．

1968年にヴェネツィアで起こった出来事は，1950年代から60年代初頭にかけての論争を背景に考えなければならない．戦中，イタリアのモダニズムはファシズムとの提携関係があった．このため，第2次世界大戦後のイタリア・モダニズムの展開にはいささかの後ろめたさを抱えていた．アメリカとスカンジナビアを手本とする「有機的(オーガニック)」モダニズムを支持したブルーノ・ゼーヴィ，社会運動に結び付いたモダニズムを唱道したレオナルド・ベネヴォロといった，終戦直後の代表的イタリア人史家はこの問題から逃避した．あるいは近代建築に歴史と記憶を吹き込もうとした1950年代末のエルネスト・ロジェルスも，モダニズムとより広いイタリアの歴史的コンテクストとを橋渡しすることを基本に，モダニズムから直近の忌しい過去を浄化しようとしたと考えることができる．しかし，1960年代末のタフーリはこうした試みや彼らの根本にある人道主義的(ヒューマニスト)な部分にも拒絶反応を示すようになる．極度の幻滅，偶像破壊，構造破壊，ニーチェ風ニヒリズムなど，さまざまに定義されてきた1968年頃のタフーリの史的アプローチだが，彼の分析は本質的には，常に厳密にマルクス主義的前提に立った，革命の実践(プラクシス)のために捧げられている．タフーリは1920年代，30

---

[6] Manfredo Tafuri, *Theories and History of Architecture*, trans. Giorgio Verrecchia (New York: Harper & Row, 1976).〔八束はじめ訳『建築のテオリア：あるいは史的空間の回復』朝日出版社，1985年〕．

[7] Alberto Asor Rosa, "Critique of Ideology and Historical Practice," *Casabella*, nos. 619-620 (January-February 1995).

[8] Manfredo Tafuri, "Per una critica dell'ideologia architettonica," *Contropiano*, no. 1 (January-April 1969); translated by Stephen Sartarelli as "Toward a Critique of Architectural Ideology," *Architecture Theory since 1968*, ed. K. Michael Hays (Cambridge: Cambridge University Press, 2000).

年代のヨーロッパのアヴァンギャルド——ダダ，シュルレアリスム，バウハウス，構成主義——に主要な史的関心を抱いていたが，それと同様に，彼のイデオロギーと批評の骨格となっていたのもゲオルク・ジンメル，マックス・ヴェーバー，カール・マンハイム，ジョルジ・ルカーチ，ヴァルター・ベンヤミンらの著作にみられる，その時代の左派的社会学の枠組みであった．しかし，こうした思想家たちの思想はテオドール・アドルノの否定弁証法やロラン・バルトの構造主義によって更新された．そして建物そのものは実質上視界から姿を消し，批評理論を自らの有効な尺度とするようになった．

『建築の理論と歴史』は決して完成度の高い著作ではなかったが，これが新しい道筋を浮かび上がらせたことは確かだった．同書は当時の歴史学と理論における「危機」を公然とテーマに掲げていたが，アプローチの仕方がそれまでの歴史書とは異なっていた．他の研究は通例そうしたジレンマを脱するための方向性を示そうとしたが，一方，タフーリはこの自著を「モダン・ムーブメントの基礎そのものを大胆かつ公平に調査研究すること，すなわちモダン・ムーブメントを思想や詩学，言語習慣の集大成のように語ることが今なお妥当であるかどうかを徹底的に検証した研究書」であると見做していた[9]．しかし，その議論は難解で「迷路のよう(ラビリンタイン)」である．そこには膨大な数の人名や参考文献が登場するが，ほとんど説明のないまま議論が進んでいく．論旨には一方でフーコー的な共謀の感覚が表れており，そのことによって，執拗な精神分析的効果に満ちた，幻想的で曖昧な概念的思索となっている[10]．他方，この批評理論には構造主義や記号論，類型学などが用いられており，さらに彼は，建築的思考のための「道具」として歴史が果たす役割はあやふやであるとまで明言している．タフーリにとって，歴史家の役割とはもはや，目下の〈デザイン〉消費をターゲットにして系図を描くだけのようなものではなかった．彼は当時，建築のメタ言語とイデオロギーの相互間に潜む暗号を解読しその表層の下に横たわる不安を暴露するという，より大きな悪意をもっていたのである．

---

[9] Tafuri, *Theories and History of Architecture*, p. 2.
[10] 以下の一文にはタフーリの史的態度が表れている．——「したがって，カーンにとってもまた，歴史とは操られる材料でしかないのだと言い得るだろう．カーンはすでになされた選択を正当化したり，あるいは，参照源を包み隠さずほのめかし，シンボルやしきたりを志向する価値観に意味論的な光明を投じたりするために歴史を用いる．しかし彼のこの価値観は同時に，隠しだてをしないことや，神話，シンボル，恒久的なしきたり等を受けつけない規範に背くことなく判読できることにも努めるのである．〔…〕カーン派の歴史主義からはヨーロッパの〈理性〉神話が思い起こされる．こう見たときそれは，これまで遊園地的非合理性とやましさを秘めたシニシズムのあいだでバランスのとれていたアメリカのプラグマティスト的伝統に対立した現象となる．」(*Theories and History of Architecture*, pp. 56-7).

同書は一貫性に欠けていたが，そのことにはあまり意味はない．というのも，タフーリの見方には1968年後半に重大な変化が起こっているからである．タフーリが立場を改めたことが初めて示されるのは，「建築イデオロギーの批評に向けて」の中である．ここでの議論は，カッチャーリのニヒリズムに強く依拠し，あからさまな政治色を帯びているが，ここでは，彼の悲観的な論調はさらにその度を増すこととなっている．そして共謀の雰囲気は未だ健在だった．例えば彼はこのように語っている．「大文字のアヴァンギャルドと知識人たちのアヴァンギャルドの双方にはある種の暗黙の了解が存在している．しかしそれはあくまで暗黙のものだった．そのため，そこに光をあてようとすると，みな口をそろえて憤然と抗議するのである」[11]．タフーリは，啓蒙主義運動以来の建築の展開をすべて，資本主義と足並みを揃えた，それゆえ解決しえぬ危機的状況に置かれたものであると見做していた．この時期においては，1830年代のロージエやピラネージのユートピア主義にしても，1920年代のユートピア主義にしても，和解や見せかけの救済に向けた精密な弁証法的プロセスを辿っていたのであり，K・マイケル・ヘイズが語ったように，「アヴァンギャルドのユートピアのヴィジョンが理想化された資本主義として認識される，すなわち資本主義の合理性が（建築「計画（プラン）」をイデオロギーとする）自律形態の合理性へと変貌を遂げたものと認識されるような一元的な展開」だったのである[12]．そしてタフーリによれば，「経済闘争や社会闘争の頻度は爆発的に増えたが，それらに参加」したり，資本主義の必然的な凋落に手を貸したりしたところで，建築からこのブルジョア汚染を取り除くことは不可能なのであった．

　　知識人抵抗勢力や階級問題・階級闘争側に行動主義――刺激，批判，闘争の諸戦略――への回帰が余儀なくされたのは，この状況のためである．都市計画法（イタリア同様アメリカもしかり）や建設業界の再編，都市再開発を巡る闘争が声高に行われたことで，計画（プランニング）を求める戦いが現実に階級闘争の契機にもなり得るのではないかという幻想を抱いた者も多かったのではないか[13]．

建築は誤ったイデオロギーをもったがために，ポスト資本主義世界に対し何らのヴィジョンも与えることができなくなってしまった．建築は必然的に死の始まりに頻し

---

[11] Tafuri "Toward a Critique of Architectural Ideology," p. 6. カッチャーリの思想については Massimo Cacciari, *Architecture and Nihilism: On the Philosophy of Modem Architecture*, trans. Stephen Sartarelli (New Haven: Yale University Press, 1993) を参照．
[12] Ibid., introductory remarks, p. 2.
[13] Ibid., p. 31.

てしまった．タフーリはこの問題を後に「プロジェクトとユートピア」（*Progetto e Utopia*, 1973）で要約している．「建築の内部にはもはや〈救済〉は見つからない．イメージの〈迷宮〉をせわしなく彷徨っても駄目だ．これらのイメージは万能すぎて却って何も喋ることができずにいる．しかし，幾何学の無愛想な沈黙に立てこもっても駄目だ．それは自分の完璧さに甘んじているだけである」[14]．

　タフーリの黙示録的なヴィジョンに対しては当然これまで，そのニヒリスティックな空理や精神分析をてらった語り口や，本質的な論理的限界に対する批判まで，さまざまなレベルで批評されてきた[15]．もちろん政治的な建築理論としてのタフーリのヴィジョンには，自らの政治的前提に則った変化はあった．しかし彼の批評は一方で，当時まで歴史家たちが抱いていた単純な信仰の多くを論破したのである．そこで槍玉に上げられたのは，従来の語り口で過去と未来を関連づけようとする魂胆だけではない．そこではまた，形態と意味の一対一の対応関係の不可能性——「脱構築（デコンストラクション）」が後に徹底的に検証する概念——にも焦点があてられていたのである．そして彼は，1968年の理論の「危機」を簡潔に捕捉し得てもいる．それはこれまでにない紛うことなき建築の危機であった．

　1968年にはアメリカでも同時に理論分野に激震が走った．しかし，その原因と感情の土台は全く異なっていた．当時アメリカ社会では，長年くすぶり続けていた数々の問題が瞬く間に顕在化した．そして，不評を買った戦争，人種差別の名残，あるいは社会的諸価値が自然と行き詰まりを見せたことなどによって，それらの問題はむしろ，他国以上に過酷な状況に追い込まれていた．またアメリカでは，自国の文化的な多様性や多くの知識人がプラグマティックな折衷主義を拠り所としていたことから，明らかに厳格な（マルクス主義のような）哲学体系は礼遇される傾向にあり，また，その文化・社会全般の凋落を個々に指摘したところで，大方は無視されていた．

　いずれにせよ，1960年代に不安の原因を作り出したのはイデオロギーよりもむしろ事件だった．1963年のジョン・F・ケネディ暗殺によって冷戦中の楽観的社会観に最初の亀裂が入ることとなり，それから1964年末にリンドン・B・ジョンソンが下した破滅的な決断によってベトナムでの紛争は戦争へと発展し，この亀裂をさらに大

---

[14] Manfredo Tafuri, *Progetto e Utopia* (Bari: Laterza, 1973); translated by Barbara Luigia La Penta as *Architecture and Utopia: Design and Capitalist Development* (Cambridge: M.I.T. Press, 1976), p. 181.
[15] *On the Methodology of Architectural History*, ed. Demetri Porphyrios, Architectural Design Profile (1981), pp. 82-95 所収の Tomas Llorens, "Manfredo Tafuri: Neo-Avant-Garde and History" は，タフーリのヴィジョンの論理的な問題を的確に批判している．タフーリの史学的方法論については Panayotis Tournikiotis, *The Historiography of Modem Architecture* (Cambridge: M.I.T. Press, 1999), pp. 193-219 を参照．

きくした．ジョンソンは何十万人もの兵士を戦地へと送り出すには留まらず，共産主義の北ベトナムに対し情け容赦ない無益な爆撃を行った．こうして北ベトナムのアメリカに対する敵愾心が定着する．また，アメリカ陸軍は召集範囲を大幅に拡大して徴兵することで兵士を補充したが，若者たちの社会的反発はこの徴兵そのものに集中し，戦死者の数が増えていくに従いこうした感情は高まり，1966 年から 67 年のあいだに平和行進と反戦デモの数は激増した．なかでも最も重要だったのは 1967 年 10 月にまさにペンタゴンに向かって行われた行進である．かくして 1968 年の大変動の舞台は整った．

　アメリカの社会不安を助長した別の要因である公民権運動は 1963 年初春，マーティン・ルーサー・キングのアラバマ（当地で彼はジョージ・ウォレス知事とブル・コナーの反対を受けていた）行進で始まり，1964 年に拠り所となる公民権法が成立すると，ミシシッピー州では有権者登録のためのサマー・プロジェクトが行われた．それから翌年にはセルマとワッツで暴動が起こり，1966 年にはアメリカ国内のいくつかの都市で暴動が起こったが，これらの事件はすべてが人種問題に助長されたものというわけではなかった．1960 年代中頃までには公民権運動は 2 派に分裂していた．キングは非暴力派の主導権を握り続けたが，その後キング側にも分離主義者や黒人国家主義者，自称マルクス主義者たちからなる過激派が現れ，暴力と暴動を公然と支持した．

　そしてこれらの事件と並行して，他にも新たな情勢が展開していった．1963 年にベティ・フリーダンの『女らしさの神話』（*The Feminine Mystique*）が出版され 1966 年に全米女性機構（NOW：National Organization for Woman）が設立されると，フェミニズムが社会運動として目に見えるかたちで活発化してくる．1966 年にはまたウィリアム・H・マスターズとヴァージニア・E・ジョンソンによる『人間の性反応』（*Human Sexual Response*）が出版され，産児制限（バース・コントロール）の主な補助手段としてピルの効果的使用を主張し，性（結婚・離婚）革命の先駆けとなった．1960 年代中頃にはヒッピーたちがサンフランシスコのヘイト・アシュベリー地区を目指し，グレイトフル・デッド，ジェファーソン・エアプレインの名や，ドラッグ・カルチャー（歌詞の中で人々に浸透した）がアメリカ国内ひいては世界中に急速に広まっていった．これらのカウンターカルチャーの領域に対して，その対極には新左翼や「民主主義社会を求める学生連合」（SDS：Students for a Democratic Society）等のグループによる過激な政争が位置するが，彼らは 1968 年頃にその影響力のピークを迎えることとなる．フィデル・カストロ，エルネスト・チェ・ゲバラ，ホー・チ・ミン，毛沢東，ヘルベルト・マルクーゼ，V・I・レーニン，カール・マルクスといった人々が，

ますます疎外されていたこの政治的カウンター・カルチャーにおける，イデオロギー上の聖人であった．こうした新左翼やその他の北米の過激派グループは，ヨーロッパの学生運動の多くと同様，アメリカ文化は拝金主義と消費者主義を思い，特別利益団体や企業や軍産複合体に踊らされていると考えていた．

　こうした互いに全く異なる諸勢力が顕在化したのが1968年のことであった．北朝鮮沖でアメリカ海軍の監視艇プエブロ号が拿捕されたというニュースで不吉な幕を開けたこの年，1月末にはテト攻勢が開始され，この時期推定6万人のベトコンが南ベトナムで蜂起し，ほぼすべての都市が攻撃され，サイゴンではアメリカ大使館も襲撃にあった．「ソンミ村虐殺事件」（ウィリアム・L・カリー中尉の率いる小隊が推定450から500人の村民を殺害した事件）が起こったのは同年3月のことであるが，その全容が明かされるにはそれからまだしばらく時間がかかった．それからアメリカ人死傷者の増大を契機としてユージーン・マッカーシーが反戦を掲げて立候補し，現職の民主党所属の大統領に直接挑戦状を叩きつける．彼はニューハンプシャー州とウィスコンシン州の予備選挙で力を見せつけ，かくしてジョンソン大統領は3月31日に2期目の大統領選不出馬を余儀なくされた．

　4月4日にマーティン・ルーサー・キングがメンフィスで暗殺されると，110の都市で暴動が起き，7万5,000人の州兵が動員されるに至り，合計39人の死者を出した．その一方で，ジョンソンへの挑戦状の一件でそれまでマッカーシーに従っていたロバート・ケネディが一転して大統領選に挑むこととなる．ロサンゼルスで暗殺される以前，6月初頭にはケネディは党の指名争いでリードを奪っていた．なお，過去3年の中でも，この年の夏には都市部には大きな騒動はなかった．しかしこの平穏はシカゴで民主党の全国党大会が開かれた8月に破られる．この時，政治代表者である彼らは現地で反戦活動家やブラックパワー運動の指導者，ヒッピー，新しく組織されたイッピー（Yippie：Youth International Party）たちから構成される用意周到な代表団と接触することとなる．イッピーたちはシカゴの上水道にLSDを混ぜて豚を大統領に推薦すると公約し，トム・ヘイデン，アビー・ホフマン，ノーマン・メイラー，アレン・ギンズバーグといった政治的左派を自任する多数の著名人もこのイベントに押し寄せ，メディアがそれに群がった．なおその後，結局マッカーシーをおさえて指名を得たのはヒューバート・ハンフリーであったが，これは同じ日の晩に起こった「警官暴動」の影に完全に隠れてしまった．この日，飛び交う怒りの声に圧倒された警官が，グラントパークとその界隈から立ち去ってしまったのである．その怒りはホワイトカラー育ちの抗議者に対するブルーカラーの人々による報復行動（ブルーカラー，ホワイトカラーという分類もまた，アメリカ社会内部の階層化を示すものであ

る)であった．そして11月，民主党候補者のハンフリーは共和党のリチャード・M・ニクソンに敗れることとなったが，このときのアメリカの政治，人種，経済，世代における断絶はあまりにも深く，和解のチャンスは完全に潰えた．1968年とは内戦の年であるといっても過言ではない．多くの抗議者が抱いていた体制への不信感はその後も全く弱まることなく，両陣営が被った痛手も完全に癒えることはなかった．

　また大学内でもこの混乱は明らかだった．ある報告によれば，1968年の最初の6ヶ月半には大学の100のキャンパスで総計221の大規模デモがあり，3万9,000人の学生と教員がこれに参加したとされる[16]．校舎は傷つきその外観は損なわれ，教室は占拠された上に破壊され，学長，学部長，教授たちは罵しられた．こうした混乱の中でも当時最も大きく報道されたのは，おそらくコロンビア大学の4月の暴動である．この時の請願書はSDS議長のマーク・ラッドから学長グレイソン・カークに宛てて，(リロイ・ジョーンズを引用した)公開書簡のかたちで提出された．「壁を向けクソ野郎，ピストル強盗だ」[17]．こうして「銃口を向けた」表向きの理由としては，新しい体育館の建設計画やコロンビア大学がかねてより連邦防衛分析研究所と連携していたことが挙げられるが，こうした理由はただの口実であるということはラッド自身が正直に認めている[18]．ラッドが語った座り込みデモの動機には，ベトナム問題や，徴兵規則が変わったこと，キングの死，キャンパス内でのマッカーシー支持などがあった．(キューバ革命の崇拝者であった)ラッドは，こうしたことによってアメリカの選挙システムに政治的な馴れ合いが戻ってくるのではないかと懸念したのである．しかし，いずれにせよ彼は単独では行動しなかった．4月23日，体育館の建設計画地を囲むフェンスを破壊した後，デモ隊を率いてハミルトンホールに押しかけ，当時のコロンビア・カレッジ学長代理であったヘンリー・コールマンを人質にとった．しかし夜も更けた頃にデモ隊の黒人活動家がSDSの白人学生にホールを出るよう求めたため，ラッドはグループを率いて法学部図書館に行き，学長室を占拠し破壊した．そして続いて合流した学生代表団が建築学科の入っていたエイヴリーホールを含むキャンパス内の他の建物を「解放」(占拠)した．カーク学長はすぐさま体育館の建設計画を保留にしたが，事態はすでに収拾がつかなくなっていた．名の知れた過激派も全国から駆けつけ，この抗議運動を支援すると宣言し，その後占拠が

---

[16] William Manchester, *The Glory and the Dream: A Narrative History of America 1932-1972* (Boston: Little, Brown, 1973), p. 1131.〔鈴木主税訳『栄光と夢：アメリカ現代史』草思社，2000年〕．
[17] Caute, *Year of the Barricades*, p. 166 より引用．
[18] Ibid., p. 172. コロンビア大学での衝突事件から少し後，ラッドはボストンのスピーチの中で，国防省とのつながりなど「コロンビア大学ではどうでもいいこと」であり，体育館問題は「たわごと」だと語っている．

終わったのは，怒ったカーク学長が警察に校舎を制圧し不法侵入者を逮捕するよう求めた4月30日のことであった．この時には無事に立ち去った学生も多かったが，その他の学生が入口にバリケードを築いて階段で抵抗したために乱闘となり，学生と外部シンパの700人以上が逮捕されることとなった．学校は武力衝突で荒廃したため残りの学期は閉校となり，キャンパスがようやく再開したのは同年の冬のことであった．

この1968年のアメリカ内乱がその後の建築理論に痕跡を残したのは，たとえそれが心理的側面のみであったにしても，やはり確かなことである．そしてその痕跡の強烈さは容易にうかがい知ることができる．この数年前にヴェンチューリやムーアがモダニズムから「大人しく(ジェントルに)」退却していったのも，当時の大変動に比べれば些細なことである．というのも，ヴェンチューリが唱道した「複雑性と多様性」は骨の髄までラスヴェガス・スタイルの「庶民派思想(ポピュリズム)」へと変質したが，この件に関してはデニス・スコット・ブラウンの方がヴェンチューリに先んじていたのである．そしてアメリカの理論においてすでに明らかだった（アメリカ的見解とヨーロッパの影響を受けた見解の）分裂がさらに目立ってくるのはここからなのだ．ヴェンチューリとスコット・ブラウンは2人が初めてラスヴェガスに旅行した1年後の1967年7月に，サンタモニカのスコット・ブラウンの自宅のポーチで結婚式を挙げた．またこれまでにも指摘されるとおり，西海岸での生活もスコット・ブラウンの知的成長を促した[19]．1965年，彼女はバークレーで社会学者メルヴィン・ウェバーとともに講義を受け持った．ウェバーの書いた「都市の場所と非場所的都市領域」("The Urban Place and the Nonplace Urban Realm")は，そこからすべての商業・文化活動が外側に向かって消えていく活発な中心拠点がある，という都市モデルに対抗して，それまでにない「コミュニケーションシステム」モデルを提唱し，当時の都市理論の基礎となっていたヨーロッパ的な社会学の前提に異議を唱えた．このモデル内では，電気その他の情報アクセスメディアの存在によって「場所」の重要性や人間が触れあう必要性が小さくなる．つまり，住民が「主にワシントン，ニューヨーク，香港あるいはローカルな居住領域だけとしか繋がっておらず，大都市領域にまったく関与しない」[20]ような，サンフランシスコの港湾地域などでは，近隣や郊外，都市，地方，国家といった場所に基づく概念は徐々に意味をなさなくなってくるというのである．これは，インターネットや携帯電話といったツールによってもたらされるコミュニケーション・アクセスや

---

[19] Deborah Fausch, "The Context of Meaning Is Everyday Life: Venturi and Scott Brown's Theories of Architecture and Urbanism" (Ph.D. diss., Princeton University, 1999), esp. pp. 138-78 参照．
[20] Melvin Webber, "The Urban Place and the Nonplace Urban Realm," *Explorations into Urban Structure*, ed. Melvin Webber et al. (Philadelphia: University of Pennsylvania Press, 1964), p. 140.

情報の出現に先立ち，それらを予見したモデルだった．

しかし，スコット・ブラウンがこの同じテーマへのアプローチはウェバーとは若干異なっていた．1965 年に『AIA ジャーナル』(*A. I. A. Journal*) 誌に掲載された小論の中では，彼女は「知覚と意味」「メッセージ」「運動と意味」「現代的イメージ」のカテゴリーを用いながら，「メッセージ・システム」としての都市を分析し，「メッセージ」は都市環境内においていかに与えられ知覚されるか，という問いを投げかけた．この問いに対しスコット・ブラウンは「紋章学」(文字サインおよびグラフィックサイン)，「観相学」(建物や空間の寸法，形)，「位置パターン」(建物や空間のパターン)，という 3 つの回答を与えているが，これらは彼女自身も語るとおり，かつて彼女を教えていたデイヴィッド・クレーンの「象徴としての都市」("The City Symbolic"，1960 年) 中の記述と同じものである．しかし重要なのは，こうした回答が，自動車の導入とともに出現した現代の非有核都市を分析するためのモデルとなっている点である[21]．あるいは，1967 年にヴェンチューリとともにイェール大学の共同設計スタジオに講師として招かれた際の出来事も，彼女の深慮のための重要な刺激となった．このスタジオでの課題はリサーチとフィールド調査が課された (逆に設計はほとんど行われなかった)．最初の特別スタジオではニューヨーク市の地下鉄のヘラルドスクエア駅の再設計が課題とされたが，1968 年秋の第 2 回の課題のタイトルは「ラスヴェガスから学ぶこと，デザインリサーチとしての形態分析」とされた．翌年の第 3 回スタジオではこれとは別のペンシルヴァニア大学の教員によるリサーチ (ハーバート・J・ガンズのレヴィットタウン研究) がもととなった．

1968 年のラスヴェガスでのスタジオにはもちろんネヴァダ州への調査旅行が含まれていた．そしてこのスタジオから，スコット・ブラウンとヴェンチューリが以前から予想していたとおりのことが明らかになった．後に『ラスヴェガスから学ぶこと』(*Learning from Las Vegas*) の第 1 部の基礎となった記事「A&P 駐車場の意義，あるいはラスヴェガスから学ぶこと」("A Significance for A&P Parking Lots or Learning from Las Vegas") が発表されたのは 1968 年 3 月の『アーキテクチュラル・フォーラム』(*Architectural Forum*) 誌上だった (図 108)．世界的な混乱のさなかに現れたこの論考は，突拍子もない方法で過去のすべてのモダニズムからの離反を公言した重要な論考である．この 2 人の著者は語る．「建築家には環境を客観的に見る癖がある．革命的でも，ユートピア的でも，純粋主義的でもない場合でも，正統な近代

---

[21] Denise Scott Brown, "Messages," *Connection* 4. (spring 1967): p. 14.; reprinted from the AIA Journal. クレーンの "The City Symbolic" の掲載は *Journal of the American Institute of Planners* 26 (November 1960): pp. 280–92.

建築とはとにかく進歩的で，既存の状態に満足しないものなのである．近代建築はこれまで全く寛大ではなかった．建築家はそこにあるものを高めることよりもむしろ，既存の環境を変えることを好んできた」[22]．そして2人は自分たちの新たな都市観を示すために，アメリカ人建築家が1940年代に発見したイタリアのゆったりとした広場(ピアッツァ)をこれに対比させた．「20年後の建築家たちはおそらく，広いオープンスペース，大きなスケール，ハイスピードに関して，我々が語ったのと同じような教訓を必要とすることになるだろう」[23]．こうして自動車がこの新しい「大スケール」を決定し，駐車場が大空間を規定し，紋章的なサインはこれから欠くことのできない伝達手段になり，「背後の建物はそれほど必要ではなくなる」[24]．ヴェンチューリとスコット・ブラウンにとってのラスヴェガスとは，オードリー・ヘップバーンが愛した泉の街ではなく，得体の知れない未来都市なのである．

『ラスヴェガスから学ぶこと』の第2部のテーマである「アヒルと装飾について」("On Ducks and Deoration")と題する短い記事も1968年に発表されたものである．ロースは装飾を「犯罪」と同一視したが，この見解はこの記事の中では10倍にも膨れあがっている．「いまの建築

108 ロバート・ヴェンチューリ+デニス・スコット・ブラウン「A&P駐車場の意義，あるいはラスヴェガスから学ぶこと」の図版より．『アーキテクチュラル・フォーラム』(*Architectural Forum*, March, 1968) 所収.

---

[22] Robert Venturi and Denise Scott Brown, "A Significance for A&P Parking Lots or Learning from Las Vegas," *Architectural Forum* 128 (March 1968): p. 37.
[23] Ibid., p. 40.
[24] Ibid., p. 39.

家の建物のほとんどはアヒルである，というのが我々のここでの主張である．ここでのアヒルとはすなわち，表現上の意図が経済性と利便性の限度を超えて全体を歪めてしまった建物のことだ」[25]．しかし装飾された小屋(デコレーテッド・シェッド)にすれば「従来通りの建物を従来通りに作るという職務も果たせ，シンボルとして求められる部分ももっと肩肘張らずに無頓着に作れる」[26]．ところがこの装飾された小屋(デコレーテッド・シェッド)には別の興味深い含意が潜んでいる．「建築が新たにシンボルや複合的なメディアを必要とするコミュニケーションに関心をもてば，前世紀の折衷様式やピクチャレスク様式の再評価やアメリカの商業建築――お望みなら〈ポップ〉建築と呼んでも構わない――の再検討にもつながり，最終的には装飾の問題に直面することになるはずだ」[27]．

　これは多くのヨーロッパ人が絶えて認めようとしなかった視点であった．ヴィンセント・スカリーの『アメリカ建築とアーバニズム』(American Architecture and Urbanism)やロバート・A・M・スターンの『アメリカ建築の新傾向』(New Directions in American Architecture)が同じような着想をほのめかした際，イギリスでは批判もあった．マーティン・ポーリーはスカリーの視点を「彼（スカリー）の著作中に列挙されたクリエイティブな作品を見誤った批評である」と評し，（若き）スターンはあとがきに，コロンビア大学やイェール大学の学生の不安，ヴェンチューリとスコット・ブラウンのラスヴェガス研究は未来の前兆であると書いたことによって物議を醸した．「この本に書かれていることすべてと同様，現実問題に対して不安を感じるこの姿勢は新傾向にも密接にかかわっている」[28]．しかしポーリーは，アメリカにおける「荒れ果てたキャンパス，乱闘騒ぎの街路，報いの裁き」に言及した後，ヴェンチューリがラスヴェガス・ストリップを取り上げたことの妥当性を批判し，「彼がアメリカにおける真のアヴァンギャルドの代表だというならば，革命に参加せず，ラスヴェガスのホテル，インペリアル・パレスに逃げ場を探している人間がこの誇らしい称号を担うという，史上初めての出来事になる」と結論づけた[29]．しかしこれに対するヴェンチューリとスコット・ブラウンの返答も痛烈なものだった．「ですが，私たちの感傷的で，不完全で，ご都合主義で，たかが知れた，場当たり的で，活動家的なアプローチの方が，あなたがた評論家が掲げる尊大で，権威主義的で，煽情

---

[25] Denise Scott Brown & Robert Venturi, "On Ducks and Decoration," *Architecture Canada* 45 (October 1968): p. 48.
[26] Ibid.
[27] Ibid.
[28] （第１引用）Martin Pawley, "Leading from the Rear," *AD*, January 1970, p. 46.（第２引用）Robert Stern, *New Directions in American Architecture* (London: Studio Vista, 1969), p. 116.〔鈴木一訳『アメリカ建築の新方向』SD選書，鹿島出版会，1976年〕.
[29] Pawley, "Leading from the Rear," p. 46.

的で，安直で，未熟で，人を見下し，終末論を振りかざし，ヒロイックで，ナンセンスで，だらしなく，悲惨なユートピア思想よりは，近い将来役に立つ（か，少なくとも害は少ない）と感じますが」[30].

そしてこの数ヶ月後に『カーザベッラ』誌にスコット・ブラウンの「ポップから学ぶこと」（"Learning from Pop"）が掲載された際には，ケネス・フランプトンの応答と著者による返答に加えて[31]，前回以上に怒りをあらわにした反応が寄せられた．この「ポップから学ぶこと」では，スコット・ブラウンはラスヴェガスに関するそれまでの議論をただ繰り返すのではなく，アメリカの都市再開発政策の失敗に対し，その失敗の大元は「〈合理主義者〉や後期近代建築のデカルト的形態規則」にあるという見解をスパイスとして加えた[32]．そして彼女はまた1960年代の未来派的なイギリスの理論家たちに照準を合わせ，「過去，ボザールで古代ローマの諸形式が問題とされ，初期近代運動でキュビスムと機械建築が問題とされ，チームXで内陸工業都市やドゴン族が問題とされたように，今の我々にはポップ・ランドスケープの諸形式が問題となっている．最新の潜水球，ロケット発射台，病院システム（そしてバンハムには失礼ながら，サンタモニカ埠頭〔バチスフェア〕もまた）などより，これは大いに我々に関係したものなのだ」と語った[33].

この数年前にイギリスからアメリカに赴いたフランプトンは，返答記事の中でスコット・ブラウンとヴェンチューリを揶揄した．その論はヴェスニン兄弟のプラウダ・ビルディング（1923）とラスヴェガス・ストリップの空撮を並べるところから始まる．フランプトンの議論の構成はよく練られたもので，まずは「キッチュ」をサブテーマにしたヘルマン・ブロッホーの一節を引用し，次に以下のように丁寧に本文を書き進めるのである．「デニス・スコット・ブラウンとロバート・ヴェンチューリの最近の書きものには，イギリス伝来のピクチャレスク様式がもつ折衷の能力が御しにくいところまで遺憾なく発揮されている」[34]．つまりここで彼は，この2人のデザイナーのポップアート論は，1940年代末から1950年代初頭のマディソン・アヴェニューの分析を初めとして，リチャード・ハミルトン，ケヴィン・リンチ，ハーバート・ガ

---

[30] ロバート・ヴェンチューリおよびデニス・スコット・ブラウン，"Leading from the Rear" への返答書簡（*AD*, July 1970, p. 370）.
[31] *Casabella*, nos. 359-360 (1971). この号は建築・都市学会企画の「人工物としての都市」（"The City as Artefact"）特集号であり，ピーター・アイゼンマン，ジョゼフ・リクワート，スタンフォード・アンダーソン，トム・シューマッハーほかの小論が掲載された．
[32] Denise Scott Brown, "Learning from Pop," *Casabella*, nos. 359-360 (1971): p. 15.
[33] Ibid., p. 17.
[34] Kenneth Frampton, "America 1960-1970: Notes on Urban Images and Theory," *Casabella*, nos. 359-360 (1971): p. 25.

ンズ，メルヴィン・ウェバーらの分析に影響を受けてイギリスに興ったピクチャレスク／ヒューマニスト／タウンスケープのムーブメントの現代版でしかないということを指摘しているのである．またそこには，ヴェンチューリとスコット・ブラウンの背教に対する道徳的非難のニュアンスも強かった．フランプトンによれば，一方で「西欧やアメリカの大学のデザイン偏重志向は大概，欧米の新資本主義をもとにした優秀な技能と成功に思考停止の状態」であるが，また一方で「社会や政治に批判的な教授達」は皆，「いわゆる消費の民主化や，私がかつてどこかでロサンゼルスの〈インスタント・ユートピア〉であると語った運命」にたぶらかされてしまったのである[35]．彼は続いて，「生活水準を車やテレビや飛行機だけで」決めるイデオロギー上の貧困を語ったマルクス主義者のヘルベルト・マルクーゼを引き合いに出した[36]．しかし1960年代初期のキャンディリスとウッズの構造主義的計画案を評価したことを除けば，フランプトンはCIAMの決定論を擁護する方向に走ったわけでもない．その代わりに，彼はむしろ脅迫的な問いで論を閉じる．「あるいは，ポップアートによる啓蒙などなかったとしても，キッチュそれ自体が，我々の都市社会が病弱な社会政治原理によって自滅的な最期に向かっていっていることの証左だということなのだろうか」[37]．

　フランプトンに対するスコット・ブラウンの返答にも，同じく理論における分裂が政治的次元で表れている．文化面に関する彼女の見解は痛烈である．「大多数の人々はレヴィット社が提供した郊外環境を気に入らないと思う．それについて確証はないが，彼らは建築家に代わる職種にすらなっていない．それにマディソン・アヴェニューの批評はすでに過去のもので，退屈である」[38]．そして政治的にはマルクーゼへの参照がスコット・ブラウンを刺激した．彼女はさらに強い調子でこう抗弁する．そのように「アメリカ社会全体を軽視するヨーロッパ主体の考え方はあまりに安易だし，何の役にも立たない」ばかりでなく，「実に陰険なことだ．なんだか虫が好かない．ヨーロッパ出身の建築学者は大概そうだと思うが，彼らは融資を受けながらアメリカの派手で豪華な大学の椅子に座っている．その融資で彼らは，パートタイムではなくフルタイムで自分のことができる．そして傲慢にも，当地で自分たちに融資をしてくれている資本家たちを机上の革命理論で批判するのだ」[39]．

　ともかく1971年時点でフランプトンはすでに敵味方を選んでいた．彼はマルクー

---

[35] Ibid., p. 33.
[36] Ibid., p. 36.
[37] Ibid.
[38] Denise Scott Brown, "Reply to Frampton," *Casabella*, nos. 359–360 (1971): p. 43.
[39] Ibid., pp. 44–5.

ぜではなく，ニューヨーク市の建築・都市学会（IAUS：Institute for Architecture and Urban Studies）のサークルの側についた．ここでもまた，ヨーロッパ理論は反撃の手を打っていた．

　この学会が設立されたのは1967年初頭のことであるが，歴史的に見ればCASEとも関わり合いをもっている．つまり，この組織の方向がはっきりしないことに業を煮やしたアイゼンマンが作ったのがIAUSだったのである．アイゼンマンは1966年のある時期に当時ニューヨーク近代美術館の建築・デザイン部門のディレクターをしていたアーサー・ドレクスラーに近づき，協会を立ち上げて将来的には都市問題の研究センターにしたいと提案した．ドレクスラーはこのアイディアを支持し，何人かの裕福な資金提供者も見つかった．そして1967年10月には，この新協会の理事が集まった初会合の席でアイゼンマンが委員長に，ドレクスラーが会長に選任される[40]．この理事会で特筆されるのは，当時までアイゼンマンと近しく仕事をしていたコーリン・ロウがいなかったことである．なお，この協会とニューヨーク近代美術館との財政的・イデオロギー的な結びつきが1932年を想起させるとしたら，それもそのはずである．MoMAはこの後再び，この新協会と近しく仕事をしながら，理論分野における立ち位置を定めていくこととなるのである．

　IAUSの目標は広範囲にわたっており，「都市環境の諸問題にアプローチするための新たな方法論および新たな解決策の提案・開発」を掲げながらも，「物理的設計と配置計画の教育・研究のための新しい方法論」を開発するための教育センターとしても目論まれたものだった[41]．またこれに加え，この学会は社会科学に依って立ち，「建築と配置計画にかかわる一連の理論を開発」し，「学生たちに新しい学習体験や作業体験を提供する」[42]ことも計画されている．このように，この学会は設計スタジオのように機能するものとされた．こうしたプロジェクト遂行のために街や州，連邦政府から資金を確保するのはアイゼンマンたちに任され，プロジェクトを指揮したりセミナーを開いたりする教授陣も揃えることとなっており，図書館の付設，展覧会の開催，雑誌の発行なども予定されていた．かくしてアイゼンマンは1968年にニューヨークとボルチモアのプロジェクトのために市と国から資金を調達し，自らの職務をまっとうした．なお創立時の教職員はアイゼンマン，ロウ，ドレクスラー，ロバート・ガットマンであり[43]，1968年にはガットマン，エミリオ・アンバース，ロバート・ス

---

[40] 以下に収蔵．CCA Archives, Montreal, Series A, file A-I.
[41] Ibid., "Policies and Procedures," 14 April 1969, PDE/A/4, I.
[42] Ibid.
[43] Ibid., "Faculty 1967-1968," PDE/A/4.

ラッキーらにグラハム財団特別奨学金が授与された（もともとカリフォルニアに住んでいたジョン・エンテンザは当時グラハム財団の理事でもあり IAUS の理事会メンバーでもあった）[44]．

学生の獲得も問題であった．大学の都市研究センターと提携し，先方の学生を大学の奨学金で一時的にニューヨーク市に招くというのがアイゼンマンの計画であった．初めて協力が実現したのはコーリン・ロウとアレキサンダー・キャラゴーンの率いるコーネル大学の都市計画グループとのことで，この2人は週に1回，授業のためにニューヨーク市を訪れていた．ノースイーストにテキサス・レンジャーズが復活したのは事実上 IAUS にスラッキー，ロウ，キャラゴーンが揃っていたためだったが，しかしこの連携はすぐに解消されることとなる．冬の IAUS で作業をしていた学生たちは 1968 年の時代空気と足並みを揃えながら，アイゼンマンや学会を非難し，プロジェクトのまとまりの悪さを責め立てた．ルイス・マーティンによると，アイゼンマンはこの反乱をロウによる権力奪取を目的としたものと解し，ドアの鍵を変えて学生とロウを締め出したとされる[45]．そして和解のための努力もむなしく，翌年の3月にロウとキャラゴーンは IAUS を脱退した．

ケネス・フランプトンとスタンフォード・アンダーソンが IAUS に参加した 1969 年から 1970 年にかけては，IAUS のイデオロギーも様変わりしようとしていた．1969 年の会合（参加者はアイゼンマン，フランプトン，アンダーソン，リクワート，マイケル・グレイヴス，リチャード・マイヤーほか）の録音テープからは，当時の IAUS（この時には CASE と区別がつかなくなっていた）はメンバー同士で建築作品を批評し合う会員制クラブのようなものでもあったことがわかる[46]．そして，こうした取り組みはまもなく――実践分野と理論分野の双方で――相互に関係の深い2つの企て，『ファイブ・アーキテクツ』（*Five Architects*, 1972）という書物と『オポジションズ』（*Opposition*, 1973）という雑誌で最高潮に達することとなる．

この2つの出版物は本書が定めた時代区分には入らないものの，これらはそれ以前の取り組みに直接由来するものなので考察の対象としたい．『ファイブ・アーキテクツ』は 1969 年 3 月にニューヨーク近代美術館で開かれた CASE 会合から生まれた書

---

[44] Ibid., 1968 年 11 月 4 日役員会議（Series A, file A-I）．
[45] Noted by Louis Martin, "The Search for a Theory in Architecture: Anglo-American Debates, 1957-1976" (Ph.D. diss., Princeton University, 2002), pp. 554-6.
[46] この2つの録音テープの筆記録が CCA コレクションの IAUS セントラルファイル（Lot 3086, folder Bl-4）に収容されている．マーティンは，これらのテープはアイゼンマンが『カードボード・アーキテクチャー』*Cardboard Architecture* のタイトルで出版を望んだために文字に起こされた，としている（p.557，注 45）．

籍であるが，これは本格的なル・コルビュジエ・リヴァイヴァルの発端として欠かすことができない．ここでの「5人の建築家」——アイゼンマン，グレイヴス，チャールズ・グワスミイ，ジョン・ヘイダック，リチャード・マイヤー——は当時駆け出しだった．同書に掲載された元テキサス・レンジャーズのメンバーのヘイダックの3つのプロジェクト（仮想プロジェクト2点，実現しないプロジェクト1点）はすべて1968年にクーパー・ユニオンで展示されていたものであった．また，1970年からロバート・シーゲルと協働していたグワスミイが発表したのは，ヒマラヤスギの羽目板張りの住居兼スタジオの自邸（ロングアイランド，1966）とブリッジハンプトン村に設計した類似の住宅2軒（1970）であった．グレイヴスはハンゼルマン邸（フォートウェイン，1967）とベナセラス邸増築（プリンストン，1969）を掲載した．1965年から順調に作品を発表してきたリチャード・マイヤーが掲載したのは，当時すでに有名だったスミス邸（コネチカット州ダリエン，1965）とサルツマン邸（イーストハンプトン，1967）だった．また，図録冒頭にはアイゼンマンの「ハウスⅠ」（プリンストン，1967）と「ハウスⅡ」（バーモント州ハードウィック，1969）が掲載された[47]．

　これらの設計のほとんど（アイゼンマンのもの以外）は明らかなル・コルビュジエ色を帯びているが，本文では建築家も批評家もこの点には意図的にあまり触れなかった．スミス邸のデザインに代表されるマイヤーの1960年代初頭の作風はマルセル・ブロイヤーやミースを思わせるが，このスミス邸にみられる「空間上層をなすリニア・システム」にはロウとスラツキーによるガルシュのスタイン邸の透明性の議論へのオマージュを微かに感じることもできる[48]．なお，広いガラス面やル・コルビュジエ的モチーフを機能よりもコンセプト重視で用いる彼のデザイン傾向は，少なくとも住宅設計においては，その後1970年代初頭に強まっていくこととなる．グレイヴスの作品を紹介したウィリアム・ラ・リシェはよくル・コルビュジエに言及したが，グレイヴスの設計をホアン・グリのキュビズムやデイヴィッド・ホックニーの絵画にみられる転置やミルチャ・エリアーデの表現価値とも比較している[49]．また，ケネス・フランプトンは「正面性vs回転」（"Frontality vs. Rotation"）と題する序論でこの5人の建築家の作品を形態の観点から分析している．彼もまたここで「ル・コルビュジエの構文の参照」について言及したが，一方では「彼らの空間操作はル・コルビュジエの作品とは似ても似つかない」としている[50]．なお，フランプトンはこの本の出版

---

[47] *Five Architects: Eisenman, Graves, Gwathmey, Hejduk, Meier* (no publication data, 1974?).
[48] Ibid., p. 111.
[49] Ibid., pp. 39-41, 55.
[50] Ibid., p. 12.

から数年後，この5人の作品にみられる「復興(リハビリテイテッド) ピュリスム」の存在を指摘しながら，再び彼らの「ル・コルビュジエ美学にみられる質素な享楽主義を受け入れる姿勢は当初から限られたものであり，ことによってはそのような姿勢はほとんどない．彼らはポスト・ル・コルビュジエ的な空間の創造に没頭していると目されているが，それは抽象度が高くかつ抒情的な造形システムを求めるこの世代共通の関心を評するのに都合がいいからそういわれているだけのことである」と語っている．この言及に欠点を見出すことは可能だが，ここでは差し控えたい．

ロウの序論は理論に関して20世紀で最も重要な発言のひとつである．ここにおいて彼は（政治的に）革命的なモダニズムが死んだことを宣言し，ただひとり根本的な問題を正面から直視したのである．それは5人の建築家たちへの賞賛を一切示さない不作法なものであった[51]．

> 私たちは今，正統な近代建築理論からすれば異端なものを目の当たりにしている．私たちは今，時代錯誤(アナクロニズム)を，懐旧の情(ノスタルジア)を，そしておそらく，浅薄を目の当たりにしている．たとえ1930年ごろの近代建築がそのようなものであったとしても，今日それではいけない．現在のリアルな政治問題とは，金持ちにケーキを支給することではなく，飢えた者にパンを支給することだ．だとすれば，本書に掲げられた建物は形態の上だけでなく，プログラムの上においても不適切である．これらの建物が革命を何ひとつ明確に提示していないことは明らかだ．これでは，こんなヨーロッパまがいの訝しい建物がアメリカの好みに合うのかと思われても仕方ない．それと同じく，これらはヨーロッパ，特にイギリスの見識に対し遅れをとっていることの痛ましい証左とも映ることだろう[52]．

ロウはその後も彼らの設計を正当化しない．彼はただ，難しい「選択肢」の中で，その出版を認めただけだったのである．あるいは，1974年にこの序論に追加された2つの文章の中で，さらに雄弁に自説を展開している．

> しかし，建築・社会に激しい浮き沈みや不意の盛衰が今にも起こるかもしれないということを，この本の著者たちが信じていないというのは大きく評価すべきかもしれない．彼らが自ら以て任じる役割とは，パラーディオに対しスカモッツィ

---

[51] Kenneth Frampton, introduction to *Richard Meier, Architect: Buildings and Projects 1966-1976* (New York: Oxford University Press, 1976), p. 8.
[52] *Five Architects*, p. 4.

が副次的にもっていた役割である．彼らは議論好きではあるが英雄的ではない．彼らはどうやらマルクーゼ主義者でも毛沢東主義者でもないらしい．卓越した社会学的・政治的信念が著しく欠けている彼らの目標は——心の底では——夢想家の皮を被った詩的感興の間投詞で，現状を和らげることなのである[53]．

『ファイブ・アーキテクツ』のアーサー・ドレクスラーの序にも，ロウと同じ感情がより簡潔に表れている．彼らの作品は「ただの建築であり，人類の救済でも大地への贖罪でもない」[54]．1920年代の正統なモダニストからすれば，無論この態度は全面降伏を意味していた．

ここで彼らの理論上の姿勢をひとつ取り上げるとすれば，インスピレーション源をテラーニに求めたアイゼンマンがそれに相応しい．アイゼンマンは1967年から「厚紙建築（カードボード・アーキテクチャー）」というアイディアを展開しているが，このアイディアの前提が初めて公にされたのは1970年から1971年にかけて『カーザベッラ』に寄稿された記事の中である[55]．最初の記事（ここでは彼のテラーニ論が繰り返し展開された）では，アイゼンマンはこのコモの建築家を，ル・コルビュジエの作品以上の「語義の領域から統語の領域へ，（技術的な意味でいう）構造の相互関係という伝統的概念から形態（フォーム）へ」の大きな転換を引き起こした人物であるとした[56]．そして第2の記事である「コンセプチュアル・アーキテクチャーに関する覚書：定義に向けて」（"Notes on Conceptual Architecture: Towards a Definition"）でのアイゼンマンは，この転換をノーム・チョムスキーの言語モデル——「知覚的あるいは表層の構造」（意味論）と「概念的あるいは深層の構造」（統語論）の区別——に寄せて考えた[57]．またアイゼンマンによれば，彼の「厚紙建築（カードボード・アーキテクチャ）」の背後には，建築から意味を完全にはぎとり表記法の閉鎖系と見做す，という着想がある．「厚紙は，基本的な整数関係の一連を生成し，それらを実際の建物に相応しい，具体的でより複雑な関係群に変換するために行った特定の経路を示すために用いられる．この意味で私は，柱，壁，梁が一連の厚みのない平面や鉛直のレイヤー群となって空間を定義する際の特定の布陣のことを〈厚紙〉と呼んでいるのである」[58]．アイゼンマンは形態の「仮想的・暗示的レイヤリ

---

[53] Ibid., p. 8.
[54] Ibid., p. 1.
[55] この概念とその起源については，マーティンが "The Search for a Theory in Architecture" の pp.552-68 および pp.589-98 で広範に議論している．
[56] Peter Eisenman, "From Object to Relationship: The Casa del Fascio by Terrgni," *Casabella* 344 (January 1970): p. 38.
[57] Peter Eisenman, "Notes on Conceptual Architecture: Towards a Definition," *Casabella*, nos. 359-360 (1971): p. 51.

ング」という意味で厚紙建築という言葉を用いたが、『ファイブ・アーキテクツ』にみられるように、ハウスⅠおよびⅡは平面と柱の形態を実際にレイヤリングして作ったような建物であり、ここではロウとスラツキーの透明性の概念が極端に解釈されている。

『オポジションズ：建築思想と建築批評』（*Oppositions: A Journal for Ideas and Criticism in Architecture*）も CASE/IAUS の活動の総決算である（図109）。この雑誌は2年の作業期間の後、アイゼンマン、フランプトン、マリオ・ガンデルソナスの編集のもと 1973年9月に創刊されたものであったが[59]、雑誌を発行するという案自体はすでに見たように、もともと 1965年の CASE のグループに端を発するものであった。ただし、実現されたものはこの時の計画とは随分と異なっている。編集者の言葉としては短く「批判的評価の繰り返し」の必要性のみが語られ、「建築理論の新しいモデルの考案に専心する」ことに目標が設定された[60]。創刊号にはこの3人の編集者による記事も掲載されたが、その中でも（未来の方向性を示す上で）最も重要だったのは「記号論と建築：イデオロギー消費か理論研究か」（"Semiotics and Architecture: Ideological Consumption or Theoretical Work"）と題された、ガンデルソナスとダイアナ・アグレストの共同執筆記事であった。また、この号にはロウが 1950年代半ばに書いたエッセイや、後に編集に参加することとなるアンソニー・ヴィドラーの記事も掲載されている。なお同誌は第3号からジュリア・ブルームフィールドが編集主幹となった。

『オポジションズ』誌初期には、寄稿者たち——ロウ、フランプトン、ヴィドラー、アグレスト、ガンデルソナス——の国外へのまなざしが特徴として顕著に表れていた。ここでの分析の多くはイデオロギー（政治）色が明確だったが、この傾向は 1970年代初頭に IAUS がタフーリやロッシと交友関係があったことによって強まったものである。ちなみに、この交友関係のために 1973年のミラノの「合理主義建築」展にニューヨーク・ファイブの作品が出品されるという、少々奇妙な出来事もあった。アイゼンマンは『オポジションズ』によってアメリカ国内の議論の質が高まればよいと考えていたのかもしれなかったが、あくまでヨーロッパに目を向けていた同誌は、単にアイヴィーリーグの建築学科の好みをなぞって外国の教授陣や知識人の流行を輸入するに留まった。ニューヨーク・ファイブの作品を除いて、テーマはあくまで

---

[58] *Five Architects*, p. 15 より引用。
[59] 同誌の歴史については Joan Ockman, "Resurrecting the Avant-Garde: The History and Program of Oppositions," *Architectureproduction*, ed. Beatriz Colomina (New York: Princeton Architectural Press, 1988), pp. 180-99 参照。
[60] Editorial statement, *Oppositions* I (September 1973).

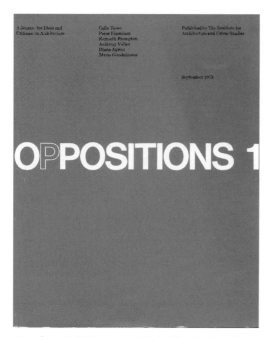

109 『オポジションズ』創刊号（*Oppositions, September, 1973*）の表紙.

もヨーロッパの理論やヨーロッパの建築家（特にル・コルビュジエとソヴィエト構成主義とイタリア合理主義）であった．ここにもまた，ニューヨーク近代美術館の 1932 年の取り組みと似通ったヨーロッパ偏愛が目立っている．異なっていたのは，1960 年代末までには建築はあらゆる面において国際的な分野になっていた，ということだけだった．ただし，同誌が歴史学・理論分野で多くの重要な貢献を果たしたことは確かだった．歴史，理論の紹介においては，同誌は常に高いレベルでその機能を果たしていた．

　1968 年に話を戻そう．当時 IAUS，ニューヨーク・ファイブの作品，ヴェンチューリとムーアの大衆主義，イタリア合理主義を結びつけたアイデアがひとつあったとすれば，それは「リヴァイヴァル」あるいは「捉えなおし」であった．すなわちそれは，1920 年代のアイコン的形態（フォーム）のリヴァイヴァルであり，バロック・マニエリスムや一般的なヴァナキュラー建築のリヴァイヴァルであり，理想化された，というよりロージエに触発された新古典主義のリヴァイヴァルである．しかし，これを非難するつもりは毛頭ない．リヴァイヴァルはこれまで常に近代の理論と実践に欠かせない要素だった．ペローのルーヴル宮の東面ファサードのデザインを例にとれば，この取り組みはイタリア・ルネサンスからのフランスの独立宣言であると同時に，疑似様式リヴァイヴァルの創始でもある．理論と実践はこのように，循環する性質をもっているのである．

　しかしリヴァイヴァルは岐路においても起こる．1968 年（とその前後数年）の現象がこれほど際立って回想されるのはこのためである．戦後鬱積していたエネルギーは，1950 年代から 60 年代初頭にかけて建築理論領域で徐々に炸裂し，相反する多数の（大胆な）イデオロギーや趨勢が現れていったが，1960 年代の半ばから終わりに

はこのエネルギーは目に見えて雲散霧消してしまった．選択肢は日を追うにつれ限られるようになり，真の意味での冷笑主義が始まった．この当時，建築のもつ社会的・文化的諸前提を抜本的に再評価せざるを得なくなったことの一因として，製図室の外でまさに進行中だった社会的・政治的混乱が重要であることは疑いない．一方で建築のアイディアやイデオロギーも徐々に枯渇していき，これまでのストックをたよりに展開していたのである．1968年とは何であったのか．この問いに答えるならば，この年はとりもなおさず感情を，精神を，知を，消耗した年であったということも十分できるだろう．この年を，近代理論の終わりの始まり，あるいは単に縮小の時代，批評分野における再評価の時代と見ることもできるだろう．しかしいずれにせよ，建築理論が常に変転することに間違いはなかった．新たな（あるいは古い）方向性を見出す必要があったのだ．

事項索引

A～Z

『AIA ジャーナル』　927
APAO（有機的建築協会）　778, 779
ASCORAL（建築革新のための建設者組合）　769, 770, 773, 801, 802
ATBAT-Afrique　804
AUSTRAL　774
BBPR　696, 697, 808
CASE（環境研究建築家会議）　898, 899, 932, 933, 937
CIAM（近代建築国際会議）　583, 589, 617-621, 653, 702, 705, 769, 776, 783, 791, 792, 794, 795, 800, 802-803, 805, 806, 809, 811, 813-815, 817, 821, 829, 838, 841, 844, 845, 862, 883, 890, 931
『Disk』　595
ETH　813
『G』　607, 609
GATCPAC　587
GEAM　829
『i10』　617
IAUS（建築都市研究所）　899, 932, 933, 937, 938
ICA（現代芸術研究所）　794, 795
IG（インディペンデント・グループ）　794, 822
INARCH（国立建築研究所）　853
LCC（ロンドン州議会）　791
MARS（近代建築研究グループ）　702, 703, 790, 791, 800, 801, 803, 804
MIAR（イタリア合理主義建築運動）　585, 586, 850
MIT（マサチューセッツ工科大学）　361, 418, 700, 719, 721, 738, 745, 746, 758, 759, 831, 870, 873, 898
『MSA』　595
OSA（近代建築家協会）　532
『Pasmo』　595
『ReD』　595
RIBA（王立英国建築家協会）　380, 825
RPAA（米国地域計画協会）　659, 708, 709, 722
SAU（建築・都市計画協会）　853
SDS（ドイツ社会主義学生連盟）　917, 925
『Stavba』　595
TAC　736
UCLA　911
UNOVIS（新芸術連合）　529
VOPRA（プロレタリア建築家全連邦協会）　535

あ 行

青騎士　600
アカデミア・オリンピカ　4
アカデミア・ディ・サン・ルカ　4, 39, 75
アカデミア・デル・ディゼーニョ　4
アカデミー・フランセーズ　4, 5, 20
『アーキテクチャー』　666
アーキテクチュラル・グループ・フォー・インダストリー・アンド・コマース（AGIC）　652
『アーキテクチュラル・デザイン』　796, 891
『アーキテクチュラル・フォーラム』　718, 869, 878, 901, 927
『アーキテクチュラル・レヴュー』　703, 737, 786-788, 791, 792, 825
『アーキテクチュラル・レコード』　630, 636, 645, 646, 657, 721, 901
新興建築家協会　531
『アーツ・アンド・アーキテクチャー』　750
アーツ・アンド・クラフツ展示会協会　380, 381
アテネ憲章　620
アート・ワーカーズ・ギルド　380, 384, 385
アーマー工科大学　694, 742
アムステルダム派　601
アメリカ建築家協会　635, 665
アメリカ美術アカデミー　343
アラバマ工科大学　888
穀物取引場（アール・オ・ブレ）　216, 310, 312, 315
『アルキテクテン』　599
アルテス・ムゼウム　216, 222
アルテック・ワークショップ　699
アントワープ・アカデミー　470
イェール大学　720, 740, 760, 766, 886, 889, 893, 901, 904-906, 911, 927, 929
イギリス王立アカデミー　137
イリノイ工科大学　742, 746
イリノイ州建築家協会　363
イリノイ大学アーバナ・シャンペーン校　719, 745
インスティテュート・オブ・デザイン（シカゴ）　744, 746, 747
『インターナショナル・ステュディオ』　413
インテンションズ　913
芸術文化協会（INKHUK）　530
『インランド・アーキテクト・ア

ンド・ニューズ・レコード』364
ヴァージニア大学　313, 722, 911
ヴァッサー・カレッジ　646, 669
ヴィクトリア・アンド・アルバート美術館　263
ウィットウォータースランド大学　910
ウィリアム・アンド・メアリー大学　309
ウィリアム・モリス協会　413
ウィーン工科大学　440, 651
ウィーン工房　476
ウィーン美術アカデミー　451, 475, 477, 648, 649, 764
ウェルズリー・カレッジ　668
ウォーバーグ研究所　760, 791
国立高等美術工芸工房（VKhUTMAS）　530, 532, 590, 668
ウルム造形大学（HfG）　785, 786
英国建築家協会　180, 253, 254
AAスクール　256, 778, 791, 881
エクレジオロジカル協会　251
『教会建築研究家』　250, 251
エコール・サントラル　283, 284
エコール・デ・ボザール　149, 153, 154, 160, 166, 172, 175, 178, 179, 198, 275, 282, 356, 361, 416, 494, 495, 532, 628, 638, 640, 719, 720, 723, 917, 918, 930
エコール・ポリテクニーク　149, 150, 178, 207, 227, 278, 728
『エスプリ・ヌーヴォー』　595
『園芸家』　349
エンデ&ベックマン事務所　503
王立絵画・彫刻アカデミー（フランス）　5, 39, 81

王立芸術アカデミー（デンマーク）　790
王立建築アカデミー（フランス）　5, 14, 24, 26, 50, 82, 86, 153
王立土木学校（フランス）　42
オックスフォード大学　183, 196
『オポジションズ：建築思想と建築批評』　933, 937
オレゴン大学　720, 747

か 行

ガウディ友の会　778
『カーザベッラ』　585, 783, 930
カッセル大学　241
『カリフォルニア・アーツ・アンド・アーキテクチャー』　750
カリフォルニア大学　883, 902
カリフォルニア大学バークレー校　416, 758, 904
カールスルーエのポリテクニーク　237
カンザス大学　721
『季刊 建築雑誌』　251
キュビスム　819
ギルド・オブ・セント・ジョージ　380
ギルド・オブ・ハンディクラフト　381
「近代建築：国際展覧会」展　667
『空間，時間，建築：新しい伝統の発達』　588, 594, 726, 729
『クラフツマン』　412, 417
グランド・ショミエール　740
クランブルック美術アカデミー　637, 700, 721, 738, 746, 750, 832, 881
クリスタル・パレス　259, 263, 270
グルッポ 7　584
グルーポ・エッレ　778
芸術アカデミー（フランス）　153, 166, 168, 169, 175, 176, 196
芸術協会（英国）　260

芸術産業組合（フランス）　404
芸術労働者評議会　610
ケルン大聖堂　226, 240
建設先端研究所　747
建築家・都市計画家地域再生協会（サンフランシスコ）　876
『建築講話』　278, 282, 335
『建築雑誌』　264
建築専門学校（フランス）　153
建築大学連合（アメリカ）　719
『建築大観』　238, 240, 246
『建築土木評論』　277
『建築の四要素』　293, 294
ケンブリッジ・キャムデン協会　194, 251
ケンブリッジ大学　183, 893, 896
ケンブリッジ大学ダウニング・カレッジ　180, 181
工業芸術・通商協会（ドイツ）　215, 221
公共工事局（アメリカ）　708
公共事業デザイン委員会（アメリカ）　748
工芸同盟（シカゴ）　413
『考古学年報』　274, 279
工作教育高等学校（アメリカ）　418
構造研究会（アメリカ）　667
『古代ギリシアの構築術』　245, 246, 436
国家住宅・再開発役員協会（アメリカ）　874
コートゥールド芸術研究所　700
コーネル大学　721, 893, 896, 898, 933
コレージュ・ド・フランス　5
コロンビア大学　423, 719, 721-722, 759, 762, 896, 898, 925, 929

さ 行

再開発建築家委員会（ハーレム）　876
再定住対策局（アメリカ）　708

『材料から建築へ』　594, 744
『ザ・タイムス』　259
『雑誌百科全書』　178
『ザ・ネイション』　717
産業応用美術中央組織（フランス）　404
産業向上協会（フランス）　404
ジェネラル・パネル・コーポレーション　734
シカゴ・アーツ・アンド・クラフツ協会　413
シカゴ建築スケッチクラブ　362
シカゴ大学　413, 872
シチュアシオニスト　830
『室内』　613
社会主義同盟　379
ジャコバン派　147
『ジャーナル・オブ・デザイン』　263, 266
『ジャーナル・オブ・デザイン・アンド・マニュファクチャーズ』　261
シュトゥットガルト工芸学校　442
『曙光』　607
シラキュース大学　719
シンシナティ大学　721
『新大衆』　717
スイス工作連盟　617
スイス連邦工科大学　587
「スカイライン」　755, 867
『ステュディオ』　413
西部建築家協会　362, 363
分離派（ゼツェッション）　474, 478, 467, 476-477, 479, 502, 504, 581
センチュリー・ギルド　380
セント・ジョンズ・カレッジ　196
『尖頭式あるいはキリスト教建築の真の原理』　240, 329, 330
『装飾芸術誌』　404, 405
装飾芸術中央組織（フランス）　404
装飾芸術博物館準備組織（フランス）　404

祖国文化保護同盟（ドイツ）　686
祖国防衛同盟（ドイツ）　463

た 行

『ダイアル』　664
ダルムシュタット芸術家コロニー　475, 509, 512
チェコ工作連盟　596
チーム X　806-807, 809, 811, 813, 815, 818, 830, 832, 837, 845, 878, 899, 930
チーム 4　846
塊（デア・ブロック）　687, 689
環（デア・リング）　605, 687, 693
ディジョン・アカデミー　35, 38
『T-スクエア』　666
ディレッタンティ協会　133, 180
蹠/9つの力（デヴィエトスィル）　595
テキサス大学オースティン校　760
テキサス・レンジャーズ　760, 933, 934
デ・ステイル　589, 593, 720
『デ・ステイル』　594
デュッセルドルフ工芸学校　513
デューラーブント　463
ドイツ工作連盟（ヴェルクブント）　463, 497, 498, 508-513, 517-519, 660, 686, 701, 819, 853
ドイツ建築家技師連盟　239
『ドイツ建築新聞』　458
ドイツ工芸協会　508
ドイツ工房　510
ドイツ文化闘争同盟　689
闘争同盟（ドイツ）　691
都市空間局（アメリカ）　875
都市計画学会（イタリア）　782
都市住宅営団（アメリカ）　708
『都市の文化』　711-712, 863
トラヤヌスの柱　289, 321
トリノ大学　918
ドレスデン工科学校　477

な 行

ナショナル・アカデミー・オブ・デザイン（アメリカ）　343
ニュー・バウハウス（アメリカン・スクール・オブ・デザイン）　744
『ニューヨーカー』　755, 763, 867
ニューヨーク絵画協会　343
ニューヨーク近代美術館（MoMA）　646, 667, 800, 802, 803
ニューヨーク建築リーグ　632, 666
『ニューヨーク・サン』　753
ニューヨーク・シティカレッジ　654
ニューヨーク市民住宅都市計画協議会　872
ニューヨーク装飾芸術協会　407
ニューヨーク大学　883
『ニューヨーク・タイムズ・マガジン』　632, 706
ニューヨークのトリニティ聖堂　320, 327, 328, 356
ニューヨーク・ファイブ　760, 937, 938
新傾向（ヌオーヴァ・テンデンツァ）　500
ネオ・リベルティ　817-818, 820, 852
ネオ・レアリズモ　817, 853
ノイエ・ヴァッヘ　212
11月グループ（ノヴェンバー・グルッペ）　609
『ノースアメリカン・レビュー』　330
ノースカロライナ州立大学　760, 761

は 行

ハイデルベルク大学　232
バウアカデミー　205, 207, 208, 215, 229, 239, 393, 720
ハーヴァード大学　309, 336, 411, 491, 664, 694, 720, 721, 723, 724, 729, 732, 736, 774,

事項索引　943

778, 804, 807, 832, 862, 886, 887, 888
『ハウス・ビューティフル』 413, 753-755
『バウハウス』 591
バウハウス 531, 590, 593, 594, 597, 600, 609, 610, 653, 668, 685, 691-693, 701, 723, 724, 728, 744, 776, 786, 823, 828, 830, 894, 920
『ハウンド・アンド・ホーン』 669
パエストゥム 318, 325
『パースペクタ』 766, 901
パルテノン 318, 322, 340
パン 463
『パン』 467, 504
パンテオン 202, 216, 310, 313
美術中央組織（フランス） 404
碑文・文芸研究所（フランス） 155
『ビルダー』 254, 256, 397
『ビルダーズ・アシスタント』 324
『ビルディング・ニュース』 383
『ファイブ・アーキテクツ』 933, 936
フィラデルフィア建築研究会 708
フィラデルフィア都市計画審議会 708
フェビアン協会 710
『民族の観察者』 689, 691
『フォーラム』 814
『フォルム』 613, 660
フランクリン協会 323
フランス・アカデミー（ローマ） 37, 39, 53, 59, 60, 69, 72, 153, 173, 175, 178
フランス記念物博物館 273
『フリーマン』 656
プリンストン大学 647, 731, 872, 898, 900, 905, 911
ブルックリン・カレッジ 747
ブレスラウ美術アカデミー 691

ブレラ・アカデミー 500
『プログレッシヴ・アーキテクチャー』 754
プロレタリア文化・教育団体 531
フンボルト大学 917
米国芸術院 719
米国建築家協会 333, 355
『ベターホームズ・アンド・ガーデンズ』 748
ベルリン工科高等学校 685
ベルリン工科大学 215
ベルリン自由大学 917
ベルリン大学 503
ベルリン・バウアカデミー 227, 242
ベルリン・バウハウス 620, 692
ベルリン美術アカデミー 205, 215
ペンシルヴァニア大学 719, 758, 872, 905, 910, 927
ペンシルヴァニア美術アカデミー 354
ボザール建築家協会 719, 722
ボーデン・ブロック 362

ま 行

『マガザン・ピトレスク』 276
マンチェスター王立協会芸術部門 189
マンチェスターの文芸クラブ 253
ミシガン大学 637, 720-722, 746, 900
南カリフォルニア大学 721
ミュンヘン・アカデミー 247
ミュンヘン工科大学 239, 459, 600
ミュンヘン大学 468
未来派 500, 502, 818, 819, 821
ミラノの美術アカデミー 532
ミラノのブレラ・アカデミー 498
ミルズ大学 694
民主主義社会を求める学生連合 923
メキシコ大学 639
メタボリスト 831, 837
『メトロン』 779
モリス・マーシャル・フォークナー商会 379

や 行

ユタ大学 900
ユニヴァーシティ・カレッジ・ロンドン 182, 254
ユニオン・カレッジ 317

ら 行

ライプツィヒ大学 434
ラッセル・セージ・ファウンデーション 659
ラトガース大学 872
リヴァプール大学 760, 893
リガ工芸学校 532
リフォーム・クラブ 253
リヨン・アカデミー 38
リヨン王立芸術協会 37
『ル・ジャポン・アルティスティク』 405
レーアンシュタルト 205
レ・ヴァン 470
レッド・バウハウス団 591
『レディース・ホーム・ジャーナル』 748
連邦住宅局 708
ロイヤル・アカデミー（英国） 136, 139, 182, 184, 188, 196, 256, 261, 317, 380
『ロシア』 534, 616
ロンドン建築協会 880
ロンドン古物協会 185
ロンドン大学 700
ロンドン・デザイン学校 260, 373

わ 行

ワシントン大学 418, 832
ワシントン大学セントルイス校 750
ワルシャワ工科大学 761

944　事項索引

人名索引

あ 行

アイアー，ウィルソン，Jr. 409
アイスプルア，J・マヌエル 587
アイゼンハワー，ドワイト・D 730,860
アイゼンマン，ピーター 855,893,896,897-899,932,933,936,937
アイテルベルガー，ルドルフ・フォン 390,392,393,424
アイドリッツ，レオポルド 331,335,366
アイモニーノ，カルロ 853
アイン，グレゴリー 751,780
アインシュタイン，アルバート 718,728,733
アウアー，ハンス 392,433,435,487
アヴェナリウス，フェルディナント 503
アウグストゥス 20
アウト 589,596,601,602,612,617,668,670,671,673,675-677,722,723,857
アーキグラム 828,846,887
アグレスト，ダイアナ 937
アシュビー，チャールズ・ロバート 381,412-414
アスプルンド，エリック・グンナール 598,780,788,790
アダム，ジェームズ 118,125
アダム，ロバート 70,72,80,118,124,127,140,180
アダム兄弟 118,125,127,137,141,202
アダムズ，ジェーン 413,655

アダムス，ジョン・クインシー 310,346
アダムス，トマス 659
アダムス，ヘンリー 411,669
アーチャー，トマス 102
アッティクス viii
アップジョン，リチャード 328,329-331,350
アディソン，ジョゼフ 109,115,121,140
アトウッド，チャールズ・B 628
アトウッド，ルラン 746
アドラー，ダンクマール 361,363,625
アードリー，アンソニー 899
アードリー，ロバート 882
アドルノ，テオドール x,854,920
アバークロンビー，レスリー・パトリック 791
アフナー，ジャン=ジャック 723
アポリネール 754
アモ，ホセ・ルイス・フェルナンデス 777
アリストテレス viii,2,143,366,728
アルガロッティ，フランチェスコ 74,201
アルガン，ジュリオ・カルロ 782,815,854
アルコット，ブロンソン 336
アルタリア，パウル 588
アールト，アルヴァ 593,598,700,758,779,788-790,897,907
アルドイ，ホルヘ・フェラーリ 774
アルドゥアン=マンサール，ジュール 22,28,46,81
アルドリッチ，ヘンリー 100
アルバース，ヨーゼフ 725,747,760,906
アルバート公 260,373
アルビーニ，フランコ 782,783,850
アルプ，ハンス 594
アルベルティ，レオン・バッティスタ viii,6,17,47,54,94,139,178,727,898
アレ，エティエンヌ=シュルピス 311
アレキサンダー大王 431
アレグザンダー，クリストファー 877-881,896,906
アレンス，ヨハン・アウグスト 204
アロウェイ，ローレンス 795,822
アンウィン，レイモンド 603,865
アンスリー，フランシス 180
アンダーソン，スタンフォード 881,898,933
アンダーソン，マーティン 873-875
アンドレ，ルイ=ジュール 356
アーンハイム，ルドルフ 835
アンバース，エミリオ 898,932
アンファンタン，プロスペール 276
イオファン，ボリス 535
イクティノス 163

石本喜久治　776
イーストレイク，チャールズ　407
磯崎新　832
イゾラ，アイマロ　817, 850
イッテン，ヨハネス　553, 594
イトルフ，ジャック・イニャス　166, 167, 174, 229, 254, 288, 289, 670
イフランド，アウグスト・ヴィルヘルム　211
イームズ，チャールズ　739, 740, 746, 749, 751
イームズ，チャールズ＆レイ　786
イメージ，セルウィン　380
ヴァイデマン，ハンス　690
ヴァインブレンナー，フリードリヒ　204, 224, 225, 230, 232, 234
ヴァーグナー，オットー　292, 422-424, 450-457, 459-462, 466, 467, 474, 476, 485-488, 499, 500, 504, 505, 516, 587, 591-593, 595, 615, 648, 727
ヴァーグナー，マルティン　604, 605, 610, 620, 685, 689, 691, 725
ヴァーグナー，リヒャルト　291, 302
ヴァグネッティ，ルイージ　818
ヴァーゲン，グスタフ・フリードリヒ　210
ヴァーゴー，ヨージェフ　593
ヴァザーリ，ジョルジョ　viii, 66
ヴァージ，ジュゼッペ　69
ヴァッケンローダー，ヴィルヘルム　200, 206
ヴァルダメリ，リノ　699
ヴァルヒャー，ヤーコプ　528

ヴァールブルク，アビ　700
ヴァーレンヨルド，エーリック　401
ヴァロット，パウル　608
ヴァン・アレン，ウィリアム　624, 640
ヴァン・ド・ヴェルド，アンリ　467, 469-473, 475, 479, 496, 504, 505, 509, 517-519, 612, 727, 807
ヴァンブラ，ジョン　98, 100, 102, 108, 110, 113, 132, 136, 140, 143, 253, 330, 909
ヴィエル，シャルル＝フランソワ　84, 85, 89
ヴィオレ＝ル＝デュク，ウジェーヌ・エマニュエル　177, 272-275, 277-281, 283-287, 335, 356, 471, 486, 506, 808
ヴィクトリア女王　373
ブルジョワ，ヴィクトル　583
ヴィーグマン，ルドルフ　237, 240, 241
ヴィーコ，ジャンバッティスタ　68, 71
ウィスラー，ジェームズ　384
ウィーゼ，ハリー　746
ウィッティントン，ジョージ　273
ウィットカウアー，ルドルフ　700, 760, 791, 792, 796, 841, 893
ヴィットリオ・エマニュエーレ2世　695
ヴィテ，ルドヴィク　273, 274, 277
ウィティントン，ジョージ・ダウニング　186
ウィテカー，チャールズ・ハリス　659
ウィテカー，リチャード　902
ヴィドラー，アンソニー　898, 937

ウィトルウィウス　viii, 2, 6, 10-13, 16, 17, 19, 21, 50, 55, 62, 68, 85, 92, 94, 96, 139, 150, 161, 219, 319
ヴィニョーラ　ix, 6, 47, 98, 315, 722, 895
ウイヨ，ジャン＝ニコラ　172, 173
ウィーラー，キャンディス　407
ウィラード，ソロモン　318
ヴィラヌエヴァ，カルロス・ラウル　774
ヴィラマホ，フリオ　774
ヴィラルパンダ，ファン・バティスタ　2
ウィリアムズ，デイヴィッド・R　748, 759
ウィリアム4世　189
ウィリス，ロバート　194
ウィール，ジョン　250
ウィルキンス，ウィリアム　162, 181, 192, 252, 253
ウィルソン，E・J　188, 191
ウィルソン，ウッドロウ　524
ウィルソン，エドマンド　655
ウィルソン，コリン・セント・ジョン　791
ウィルソン，ジェームズ・Q　875
ヴィルヘルム，カール　216, 224
ヴィルヘルム2世　522, 524
ヴィンケルマン，ヨハン・ヨアヒム　55, 63-68, 72, 118, 133, 158, 160, 161, 163, 164, 199, 200, 202, 203, 233, 340, 366
ウヴラール，ルネ　6, 84, 141
ウェア，アイザック　52, 104-106
ウェア，ウィリアム・ロバート　361, 719
ウェイトリー，トマス　128,

131
ウェインライト, ジョナサン 328
ヴェスニン兄弟　531, 532, 534, 535, 930
ウェーゼ, ハリー　739, 740
ヴェットヴァー, ハンス 590
ウェッブ, ジョン　100
ウェッブ, フィリップ　378, 382, 383, 392, 503
ウェッブ, ベンジャミン 194
ヴェーバー, マックス　920
ウェバー, メルヴィン　911, 926, 927, 931
ウェブ, マイケル　828
ヴェブレン, ソースティン 368, 655, 715
ウェルズ, H・G　656, 714
ヴェルツェンバッヒャー, ロイス　593
ヴェルトハイマー, マックス 835, 902
ヴェルネ, オラス　175, 176
ヴェルフリン, ハインリヒ 434, 438, 439, 445, 462, 468, 532, 726, 781
ヴェルンドルファー, フリッツ 476
ヴェンチューリ, ロバート 742, 818, 855, 896, 898, 900, 901, 904, 905, 906, 908, 910-912, 926-930, 938
ヴォイジー, チャールズ・F・A　385, 412, 413, 503, 704, 847
ヴォウルカー, ジョン　804-807
ウォーカー, ラルフ　661, 666
ヴォークス, カルヴァート 350, 352, 358, 425
ヴォジャンスキ, アンドレ 808
ウォットン, ヘンリー　94

ヴォードルメール, エミール 361
ヴォードワイエ, アントワーヌ＝ロラン＝トマ　153
ヴォードワイエ, レオン 173, 174, 176, 178, 276, 277
ウォートン, イーディス 410
ヴォーリンガー, ヴィルヘルム 533
ウォルター, トマス・U 325, 326, 330
ヴォルテール　3, 33, 34, 36, 41, 68, 199
ウォルフ, スコット　217
ヴォルフ, ヨハン・ハインリヒ 241
ウォルポール, ホレス　113, 114, 133, 135, 185, 188, 203
ウォレス, ジョージ　923
ウジェニー皇后　403
ウッズ, シャドラーク　804, 806, 807, 931
ウッツォン, ヨーン　785, 789, 790
ウッド, W・ハルシー　409
ウッド, エリザベス　872
ウッド, ロバート　56, 57, 60, 65, 113
ウッドブリッジ, ジョン 821
ウッドワード, カルヴィン・ミルトン　418
ウッドワード, ベンジャミン 270
ヴリアミー, ルイス　262
ウリヤーノフ, ウラジミール・イリイチ　523
ウンガース, オズヴァルト・マティアス　844, 845
ウンゲヴィッター, ゲオルク・ゴットロープ　391
ウンダ, エミーリア　607
ヴント, ヴィルヘルム　434, 436, 443
エア, ウィルソン　905

エアラッハ, フィッシャー・フォン　200
エイドリッツ, サイラス・L・W　629
エイブラムス, チャールズ 862, 875
エイブラモヴィッツ, マックス 771
エクボ, ガレット　751
エーコ, ウンベルト　843, 844
エコシャール, ミシェル 804
エーザー, アダム・フリードリヒ　199
エシェリック, ジョゼフ 758, 901, 903
エッカーマン, フレデリック 708
エックマン, オットー　467
エッフェル, ギュスターヴ 286
エデルマン, ジョン　361
エヌビック, フランソワ 495
エノー, ギヨーム　51
エプシュタイン, エルンスト 481
エーブリ, ヴェルナー　846
エーベルト, フリードリヒ 524
エマーソン, ウィリアム・R 409
エマーソン, ラルフ・ワルド 335-338, 340-342, 352, 353, 361, 365, 368, 369, 489, 492, 657, 714
MLTW　903
エメリ, ピエール＝アンドレ 804, 805
エモンズ, ドン　758
エリアーデ, ミルチャ　902, 934
エリオット, T・S　906
エーリック, ポール　884
エルヴェシウス　36

人名索引　947

エルギン伯　133
エルトマンスドルフ，フリードリヒ・ヴィルヘルム・フォン　202, 205
エルムス，ハーヴェイ・ロンズデール　184
エルラッハ，フィッシャー・フォン　56
エーン，カール　592
エンゲルス，フリードリヒ　379, 710
エンジェル，サミュエル　167, 288
エンデル，アウグスト　423, 467-469, 517
エンテンザ，ジョン　750, 751, 933
エンプソン，ウィリアム　906, 908
オーウェン，ロバート　169, 170, 710
大高正人　832
オキーフ，ジョージア　718
オゴルマン，フアン　775
オストハウス，カール　513, 517
オスマン，ジョルジュ＝ウジェーヌ　283, 419, 420, 421
オットー，クリスティアン　613
オットー，フライ　829, 833
オーティス，エリシャ・グレイヴス　334
オプノール，ジル＝マリー　29
オブリスト，ヘルマン　467, 468
オベール，ジャン　29
オリエ，シャルル・フランソワ　4
オールズ，ランソン・エリー　527
オールストン，ワシントン　339
オルタ，ヴィクトル　450, 499, 727

オルテガ・イ・ガゼット，ホセ　793
オルブリヒ，ヨーゼフ・マリア　452, 467, 474, 476, 482, 484, 499, 509
オルムステッド，フレデリック・ロー　352, 357, 358, 410, 411, 420, 425
オレン，ウーノ　598
オロズコ，ホセ・クレメンテ　775

か 行

カー，ジョナサン　383
カー，ロバート　255-257, 372
カイザー，レイ　750
カイパース，P・J・H　485
ガウ，フリードリヒ・クリスティアン　288
ガウディ，アントニ　450, 816
カウフマン，エドガー，Jr.　364, 756
カウリー，マルコム　655
カーク，グレイソン　925
ガーシュウィン，ジョージ　629
カステル，ロバート　103
カストナー，アルフレッド　708
カストロ，フィデル　731, 923
カーソン，レイチェル　871
カーター，ジョン　185
カーター，ピーター　791
カッシーラー，エルンスト　218, 842, 843
カッシーラー，パウル　600
カッチャーリ，マッシモ　919, 921
ガッツォーラ，フェリーチェ　54, 65
ガットマン，ロバート　872, 932
カップ，エルンスト　439

カッレラ，アクセリ・ガッレン　401
ガデ，ジュリアン　403, 494, 582, 822, 898
カノーヴァ，アントニオ　154
ガブリエル，アンジュ＝ジャック　40, 77
ガベッティ，ロベルト　817, 850
ガーベット，エドワード・レイシー　255-257, 270
ガーヘン，ヴォルテル　599
ガボ，ナウム　530
カーマイケル，ストックリー　884
カムラス，カール　759
カーライル，トマス　336, 413
カリー，ウィリアム・L　924
ガリレオ　283
ガルシア，ホセ・ヴィジャグラン　775
カルス，カール・グスタフ　217
カルステンス，アスムス・ヤーコプ　204, 209
カール大帝　226
ガルデッラ，イグナチオ　697, 782, 783, 850, 854
ガルニエ，シャルル　403
ガルニエ，トニー　494, 495, 670, 727
カルマン，カール　400
カルマン，ゲーハード　756
カッラ，カルロ　583
ガレ，エミール　404, 408
カーン，アルバート　528, 718, 741, 826
カーン，エリー・ジャック　661
カーン，ルイス・I　707, 708, 744, 758, 765-768, 796, 807, 815, 825, 832, 838, 850, 887, 890, 891, 900, 901, 903,

905,907,910
カーンスタイン，リンカーン　669
ガンズ，ハーバート・J　872,874,910,927,930
カンディンスキー，ワシリー　590,693
ガンデルソナス，マリオ　899,937
カント，イマヌエル　120,147,199,217,218,225,337,438,486
ガントナー，ヨーゼフ　616
カンフェフナー，ヘンリー　760
ガンブリル，チャールズ　356
キー，アクセル　400
キアットーネ，マリオ　501
ギカ，マティラ　773
菊竹清訓　831,832
キケロ　viii,219
キースラー，フレデリック　666
ギーゼルマン，ラインハルト　845
ギゾー，フランソワ　176,273
ギップス，ジェームズ　318,327
ギーディオン＝ヴェルカー，カローラ　813
ギーディオン，ジークフリート　429,432,581,588,589,594,596,616-619,635,678,726-728,732-734,745,753,766,779,780,783-785,792,800-807,809,813,815,841,848,893,894,900
キナード，ウィリアム　165,180
ギブズ，ジェームズ　102,114
ギベルティ，ロレンツォ　viii
キャラゴーン，アレキサンダー　933
キャレ，ジャック　4,55
キャンディリス，ジョルジュ　804-807,808,931
キャンデラ，フェリックス　775
キャンベル，コレン　101,102,311
キュヴィエ，ジョルジュ　280
キリック，ジョン　791
ギル，アーヴィング　416,417,650,663,757
ギルバート，キャス　629,632,638
ギルピン，ウィリアム　128-130
ギルブレス，フランク　527
ギルマン，アーサー・デラヴァン　330,348,349
キング，マーティン・ルーサー　923-925
ギンケル，ファン　807
ギンズバーグ，アレン　924
ギンズブルグ，モイセイ　532,533
キンブル，フリスケ　722
グアリーニ，グアリーノ　851
クアローニ，ルドヴィコ　782,854
クーグラー，フランツ　238,291,366,430
クーザン，ヴィクトル　848
クストゥー，ギヨーム　154
クック，クラレンス　407
クック，ピーター　828,829,887
グッドウィン，フィリップ　737
グッドウィン，フランシス　346
グッドヒュー，バートラム・グロスヴナー　630
グーテンゾーン，ヨハン　228
グーテンベルク　177
グトマン，ロルフ　806,807
クナップ，ヨハン・ミカエル　228
クノーベルスドルフ，ゲオルグ・ヴェンゼスラウス・フォン　201,202
クーパー，ジェームズ・フェニモア　322
グブラー，フリードリヒ　617
クライスラー，ウォルター・P　640
クライン，アレクサンダー　857
クラウス，カール　478
クラウス，ロザリンド　899
クラウダー，チャールズ　602
クラーク，ジョージ　100
蔵田周忠　776
グラッシ，ジョルジョ　857
グラッセ，ウジェーヌ　497
グラハム，アーネスト　629
グラハム，ジェームズ・ギレスピー　190,191
グラーフ，ヴェルナー　607,613
クラーヘ，ペーター・ヨーゼフ　204
クラパソン，アンドレ　38
グーリー，ジュール　289
グリ，ホアン　934
クリーヴランド，ヘンリー・ラッセル　328
クリエ，レオン　847
グリス　894
グリーノウ，ホレーシオ　335-342,353,366,397
グリフィン，ウォルター・バーレイ　636
グリム，フリドリッシュ・メルシオル　44,45,52
グリム兄弟　21
クリムト，グスタフ　456,474

人名索引　949

グリーン,チャールズ・サムナー　417
グリーン,デイヴィッド　828
グリーン,ヘンリー・メイザー　417
グリーン＆グリーン　417,418,757
グリーンバーグ,クレメント　794
グルーエン,ヴィクター　764
クルチャン,フアン　774
クルプザキウス,フリードリヒ・アウグスト　203,204
クールベ,ギュスターヴ　497
グルリット,コルネリウス　397,399,400,446,447,458,464,467,468
クレー,パウル　554,590
クレ,ポール・フィリップ　690,707
グレアム,マーサ　666
グレイ,アイリーン　582
クレイ,ルーシャス　735
グレイヴス,マイケル　898,933,934
クレイグトン,トマス・H　754
クレイツァール,ヤロミール　596
グレイトフル・デッド　923
クレイン,ウォルター　380,381,387,413,470,471
グレコ,サウル　854
グレゴッティ,ヴィットリオ　782,816,852
クレム,グスタフ　294
クレリッソー,シャルル＝ルイ　59,124,202
クレーン,デイヴィッド　910,927
グレンジャー,アルフレッド　635
クレンツェ,レオ・フォン　164,167,226,228-230,238,241,254,290
クロイツァー,ゲオルク・フリードリヒ　232
黒川紀章　832
グローグ,ジョン　703
クローツ,ハインリヒ　903
グローバーグ,ロバート・P　874
グロピウス,イーゼ　724
グロピウス,ヴァルター　509,513,517,518,584,590,593,594,600,604,609,610,612,616-619,625,635,661,670,671,674,676,677,689,691,692,694,701,702,718,721-725,728,732-734,736,744,747,753,756,786,800,801,803,805,806,809,822,830,857,862,877,887,895
グロピウス,ヴィルヘルム　210
クロプシュトック,フリードリヒ　147
クロポトキン,ピョートル　426
クロンプトン,デニス　828
グワスミイ,チャールズ　899,934
クーン,トマス　882
ケイ,エレン　643
ケイムズ卿　123,125,140
ケージ,ジョン　884
ゲゼリウス,ヘルマン　402
ゲゼル,シルヴィオ　715,716
ケック,ジョージ・フレッド　745,800
ゲッベルス,ヨーゼフ　690,693
ゲーテ,ヨハン・ヴォルフガング・フォン　52,185,199,200,204,207,211-213,291,340,892
ゲデス,ノーマン・ベル　718
ゲデス,パトリック　655,710,805
ケーニッヒ,ジョヴァンニーニ・クラウス　842
ゲネッリ,ハンス・クリスティアン　204,206
ケネディ,ジョン・F　860,922
ケネディ,ロバート　924
ケペッシュ,ジョージ　745,840,870,894,906
ゲラー,アドルフ　443-445,447,458,459,468
ケーラー,ヴォルフガング　835
ゲリーニ,ジョバンニ　696
ゲリフレイフ,ウラジミール　535
ケリュス伯　43,59,67,163,164
ゲーリング,ヘルマン　691,694
ゲルトナー,フリードリヒ・フォン　226,230,231,237,239,288,330,331
ケルナー,ステファン　218
ゲレス,ヨーゼフ　217,240
ケレンスキー,アレクサンドル　523
ゲンツ,ハインリヒ　204,206,216
ケント,ウィリアム　103,112-114,127,131,310
ゴアズ,ランディス　737
ゴーギャン,ポール　470,754
コシャン,ニコラ　39,59
コスタ,ルシオ　773,811
コタール,ピエール　8
ゴチャール,ヨゼフ　595
コーツ,ウェルズ　702,703
コッカレル,サミュエル・ペピス　182,314
コッカレル,チャールズ・ロバート　162-164,182,184,196,206,230,320,253

コックスヘッド, アーネスト　416
コッドマン, オグデン　410
コッドマン, ヘンリー　411
ゴフマン, アーヴィング　882
ゴッホ, フィンセント・ファン　470, 497
コッホ, ヨーゼフ・アントン　209
ゴテ, エミリアン＝マリ　42
ゴーティエ, テオフィル　356
コテラ, ヤン　595
コデルチ, ホセ・アントニオ　778
ゴドウィン, エドワード・ウィリアム　384
ゴドウィン, ジョージ　254
ゴドフロワ, マクシミリアン　317, 327
ゴードン, エリザベス　754, 757, 759
コナー, ブル　923
コナント, ジェームズ・B　723, 725
コネル＆ワード　703
コブ, ヘンリー・N　736
コープ, ポール　905
コブハム卿　127
コフーン, アラン　791, 843, 912
コベット, ウィリアム　710
コーモン, アルシス・ド　273
コリンウッド, R・G　848
コリンズ, ピーター　253, 847, 849, 881, 882
コール, トマス　343
コール, ヘンリー　195, 250, 259, 260, 263, 264, 271, 292, 295, 297, 372, 373, 378, 390, 404, 510, 701
ゴールドバーグ, バートランド　882
コルネリウス, ペーター・フォン　228, 231, 447
コルベット, ハーヴェイ・ワイリー　632, 633, 639, 666
コルベット, マリオ　900
コルベール, ジャン＝バティスト　3-10, 18, 21, 24
コールマン, サミュエル　407
コールマン, ヘンリー　925
コルン, アルトゥーア　608, 615, 616
ゴーワン, ジェームズ　847
コワントロー, フランソワ　495
ゴンクール, エドモン・ド　404
ゴンクール兄弟　404
ゴンス, ルイ　404
コンスタント（ヴィクトル・E・ニューエンハイス）　830
ゴンタルト, カール・フォン　202
コント, オーギュスト　171, 656
ゴンドワン, ジャック　77, 78, 80, 82, 137, 316
コーン＝バンディ, ダニエル　917
ゴンブリッチ, エルンスト　843

さ 行

ザイドル, フォン・ガブリエル　464
坂倉準三　776, 777, 803
サドラー, ルーサー　759
サフディ, モシェ　839
サマーソン, ジョン　792, 902, 906
サミュエル, ゴドフリー　703
サモナ, ジュゼッペ　853, 854
サリヴァン, ルイス・H　342, 359, 360-370, 410, 415, 450, 455, 489, 492, 615, 626, 628, 629, 636, 637, 652, 657, 658, 661, 662, 670, 680, 727, 753
サーリネン, エリエル　402, 597, 634, 738, 750
サーリネン, エーロ　718, 738, 740, 744, 751, 756, 888, 905
サルヴィン, アンソニー　382
サルトリス, アルベルト　586
ザルビスベルク, オットー　606
サルファッティ, マルゲリータ　695
サンガー, マーガレット　655
サン＝ゴダン, オーギュスト　408
サン＝シモン, クロード＝アンリ　170, 171, 174, 178, 179, 274, 276, 284, 290, 494, 533
ザンダース, テオドア　485
サンディーズ, フランシス　181
サンテリア, アントニオ　500, 501, 502, 588
サント＝ブーヴ　274
サンビー, トマス　140
ジェイ, ウィリアム　317
シェークスピア, ウィリアム　93, 302
ジェイコブス, ジェイン　865-867, 872, 873
ジェニー, ウィリアム・ル・バロン　361, 363, 626, 639
ジェファーソン・エアプレイン　923
ジェファーソン, トマス　95, 308, 309-317, 319, 321, 322, 353, 658, 714
ジェームズ, ウィリアム　368, 655

人名索引　951

ジェラード，アレクザンダー
　　121
シェリング，フリードリヒ
　　200, 217, 218, 233, 446
シェルドン，ジョージ・ウィリ
　　アム　409
シェルナー，アルベルト
　　437
ジェンクス，チャールズ
　　843
シェーンタール，オットー
　　592
シーゲル，ロバート　934
ジッテ，カミッロ　424, 497,
　　739, 810
シーデル，ガブリエル・フォン
　　396
シベリウス，ジャン　401
シモンズ，アーサー　386
シャットナー，カールヨゼフ
　　844
シャドウ，ヨハン・ゴットフリ
　　ート　204, 206, 205, 206
シャトーヌフ，アレクシス・ド
　　392
シャトーブリアン，フランソ
　　ワ＝ルネ　185, 273
シャープ，ウォルター・C
　　760
シャフツベリ伯　48, 100,
　　102, 104, 109, 140, 199, 319,
　　366
シャル，ミシェル＝アンジュ
　　70
シャルグラン，ジャン＝フラン
　　ソワ＝テレーズ　230, 310
シャルコー，ジャン＝マルタン
　　435
ジャルダン，ニコラ＝アンリ
　　53, 201
シャルトン，エドゥアール
　　276
シャルル10世　169
シャロウン，ハンス　600,
　　612, 691
ジャンズブルジェ，ロジェ
　　616
シャンド，P・モートン
　　699, 703
ジャンヌレ，ジャルル＝エドゥ
　　アール　496-498
ジャンヌレ，ピエール　810
ジャンバッティスタ・ティエポ
　　ロ　70
シャンフルーリ　285
シュヴルイユ，ミシェル
　　262, 375, 472
シューコ，ウラジミール
　　535
シュタイガー＝クラウフォル
　　ト，ルドルフ　588
シュタインバッハ，エルヴィ
　　ン・フォン　185, 200
シュタッケルベルク，オット
　　ー・マグヌス・フォン
　　162, 165, 167, 289
シュチャスニー，ロベルト
　　442, 445
ジュッソウ，ハインリヒ・クリ
　　ストフ　204
シュタッドラー，ユリウス
　　485
シュッテ＝リホツキー，マルガ
　　レーテ　603, 604
シュトゥーラー，フリードリ
　　ヒ・アウグスト　242
シュトゥンプ，カール　434
シュトライター，リヒャルト
　　459, 460-464, 467, 468,
　　503-505, 507, 687
シュナーゼ，カール　430
シュネック　612
シュペーア，アルベルト
　　685, 689, 694
シュペングラー，オズワルド
　　525, 526, 532, 607, 609, 669,
　　674
シューマッハー，フリッツ
　　464, 465, 467, 504, 509, 511,
　　608, 687, 689
シュマルゾー，アウグスト
　　434, 435, 462, 487, 515, 780
シュミット，カール　465,
　　509, 510, 512
シュミッツ，ハンス　588,
　　589, 617, 618
シュミットヘナー，パウル
　　686, 687
シュライヴァー，サージェント
　　861
シュルツェ＝ナウムブルク，パ
　　ウル　685, 687-689
シュルツ＝フィーリッツ，エッ
　　クハルト　829
シュレーゲル，アウグスト
　　200, 217, 218
シュレーゲル，フリードリヒ
　　200
シュレーダー，アレクサンデル
　　473
シュレンマー，オスカー
　　553, 558
シュワインファース，A・C
　　416
ショー，リチャード・ノーマン
　　382, 383, 503
ジョイス，ジェームズ　884
ショウ，ジョン　760
ショエ，フランソワーズ
　　844
ジョゴラ，ロマルド　904,
　　906
ジョージ，ヘンリー　715,
　　716
ジョッリ，ラファエロ　699
ショート，ウィリアム・H
　　905
ジョハンセン，ジョン　886,
　　887
ショーペンハウアー，アルトゥ
　　ル　220, 436, 438
ショワジー，オーギュスト
　　287, 822
ジョーンズ，イニゴ　93, 94,
　　98, 100, 102, 103, 105, 135,
　　253, 326, 330
ジョーンズ，オーウェン
　　261, 262, 373, 374, 376, 496

ジョーンズ，J・クリストファー　879
ジョーンズ，リロイ　925
ジョンソン，アルバート・マセイ　634,643
ジョンソン，ヴァージニア・E　923
ジョンソン，ジェレ　750
ジョンソン，フィリップ　638,654,667-669,673,675-677,679,695,722,736,737,744,756,761,803,827,830,886,891
ジョンソン，リンドン・B　860,922,924
シラー，フリードリヒ・フォン　199,200,212,340,366
ジリー，フリードリヒ　53,205,206,208,225,226
ジリー，ポメラニアン・ダヴィド　53,205,208,212,215,315
ジリオッティ，ヴィットリオ　851
シリマン，ベンジャミン　328
シルヴァー，ネイサン　844
シルクス，ヘレナ　801,802
シルバーマン，デボラ　405
シンケル，カール・フリードリヒ　208-213,215-220,222,224,227,229,234,237,242,245,247,254,289,291,342,429,450,459,606,670,737,845
シンドラー，リチャード　614,649-653,749,752
シンドラー，ルドルフ・M　594,605,648,748
ジンメル，ゲオルク　423,920
スウィツァー，スティーヴン　110
スウィーニー，ジェームズ・ジョンソン　802
スウェーデンボリ，エマニュエル　370
スカイラー，モンゴメリー　411,625,627
スカモッツィ，ヴィンツェンツォ　6,17,94,935
スカリー，ヴィンセント・J，Jr.　351,409,756,766,891,898,905,911,929
スカルヴィーニ，マリア・ルイーザ　842
スカルパ，カルロ　782,850
スカルファロット，ジョヴァンニ　67
スキッドモア・オーウィングス・アンド・メリル　738,846
スコット，M・H・ベイリー　385
スコット，ジェフリー　781,898,902
スコット，ジョージ・ギルバート　251,262,670
スコット・ブラウン，デニス　906,910,926-931
スコット・ブラウン，ロバート　910
スコラーリ，マッシモ　857
スター，エレン・ゲイツ　413
スター，ロジャー　873
スタイルズ，クラレンス　363
スタイン，クラレンス　659,708,866
スタージス，ジョン　356
スタム，マルト　588,589,596,611,612,617,618,805
スターリン，ヨシフ　529,535,582,604,684,713,729
スターリング，ジェームズ　760,772,796,846,847
スタルク，ヨハン・ハインリヒ　392
スターン，ジョゼフ・アレン　900
スターン，ロバート・A・M　888,889,929
スタンダール　274
スチュアート，ジェームズ　56-58,60,65,125,160,165,179,205,213,315,322,324,326,330
スティーア，フリードリヒ　241
スティーグリッツ，クリスティアン・ルートヴィヒ　160
スティックリー，グスタフ　412
ステューベン，ヨーゼフ　421
ステパーノワ，ワルワーラ　530
ストッツ，グスタフ　611
ストノロフ，オスカー　708,765,800,905
ストラック，ヨハン・ハインリヒ　242,243
ストリックランド，ウィリアム　321-323,325,339
ストリート，ジョージ・エドマンド　270,378,379,382
ストーン，エドワード・デュレル　737,886,900
スフロ，ジャック＝ジェルマン　37-44,50-54,59,62,76,78,82,87,140,152,174,177,202,204,229,272,275,310,670
スペンサー，ハーバート　656,715
スペンサー，ロバート　414
スペンス，バジル　759
スポッフォード，ハリエット・プレスコット　407
スポールディング，サムナー　751
スポン，ジャコブ　56
スマーク，ロバート　182,183,189,191,320
スミス，アダム　118,148
スミス，クロエシール　882
スミス，ノリス・K　843
スミッソン，アリソン　806,

人名索引　953

807
スミッソン, ピーター　794,
　806,808,845
スミッソン夫妻　804,805,
　807,811,813,814,821,822
スミートン, ジョン　314
スーラ, ジョルジュ　470
スラツキー, ロバート　760,
　893-895,932,934,937
スローン, サミュエル　351
スンダール, エスキル　599
スンドバーリ, グンナール
　599
ゼーヴィ, ブルーノ　779-
　782,784,788,802,804,853,
　881,897,919
セヴェランス, H・クレイグ
セオドーソン, ジョージ・A
　871
セザンヌ　497,753,894
ゼッケンドルフ, ウィリアム
　887
セディーユ, ポール　457
セディング, ジョン・D
　386
セリグマン, ワーナー　760
セルヴァティコ, ピエトロ
　498
セルヴァンドニ, ジョヴァンニ
　229
セルクス, シモン　595
セルツァー, アレクサンダー
　331
セルト, ホセ・ルイ　587,
　753,766,774,784,800,801,
　803,805,806,809,877
セルリオ　6,18
セレンセン, アルネ　599
ゼンパー, ゴットフリート
　288-294,296,297,299-304,
　361,363,364,373,390,392,
　398,416,430,431,433-436,
　439-441,445,454,456-459,
　461,466,467,477,483-488,
　506,516,643,650,742
ソヴァージュ, アンリ　581

ソクラテス　21,366
ソストレス, ジョセップ・マリア　778
ソマー, ロバート　883
ゾラー, アウグスト　243,
　330
ソリアーノ, ラファエル
　750,751,780,832
ゾルガー, ヴィルヘルム・フェルディナンド　209,217
ソレリ, パオロ　884
ソロー, ヘンリー・デイヴィッド　336,341,342,352,657,
　714
ソーン, アンデシュ　401
ソーン, ジョン　52 ,122,
　136-139,141-143,148,181,
　182,184,192,196,253,314,
　315,320,670,907
ソンク, ラーシュ　401,597
ソーントン, ウィリアム
　311,312,315,318
ゾンバルト, ヴェルナー
　509

た 行

ダイカー, ヨハネス　543,
　588,598,636
タイゲ, カレル　595-597,
　615
タイト, ウィリアム　184,
　196
大プリニウス　161
ダイムラー, ゴットリープ
　527
ダヴィッド, ジャック=ルイ
　153-155,274
ダヴィドフ, ポール　875,
　876
ダヴィレ, オーギュスタン=シャルル　18,32
ダーウィン, チャールズ
　293,368,439,454
タウト, ブルーノ　509,604,
　605,607,610,612,615,616,
　636

タウト, マックス　610,612,
　636
ダウニング, アンドリュー・ジャクソン　342,345-353,
　409,413
タウン, イシエル　320,343
タウンゼント, ヘンリー・J
　260,373
タグウェル, レクスフォード
　708,748
ダグラス, C・H　715
ターゲ, ブルース・ロバート
　746
タッカー, ジョージ　319,
　325
タトリン, ウラジミール
　530,531,727
ダドロン, アドルフ=ナポレオン　273,274,277
ダービー卿　260
ダビドフ, ポール　910
タフーリ, マンフレッド
　853,891,912,918,919,921,
　922,937
ダラウェイ, ジェームズ
　186
ダランベール, ジャン・ル・ロン　33,34,140
ダリ, サルバドール　754
ダリ, セザール　277,284,
　285,385,849
ダール, ヨハン・クリスチャン
　399
ダール, レオナルド・J　871
ダルグレ, フランソワ　827
ダル・コ, フランチェスコ
　x,851,919
ダルトン, リチャード　56
タルマン, ウィリアム　100
ダレ, リヒャルト・ヴァルター
　689
タレーラン, シャルル=モーリス・ド　154,155
ダロンコ, ライモンド　499
丹下健三　776,803,809,831,
　832,837

ダンス，ジョージ　52, 70, 137, 139
ダンテ　269, 698
ダンティ，ヴィンツェンツォ　viii
ターンボール，ウィリアム　901-903
チェイス，クライド　650
チェイニー，ママー（ボースウィック，ママー）　492, 494, 643
チェインバーズ，イーフレイム　33
チェインバーズ，ウィリアム　52, 70, 82, 106, 107, 116, 117, 122, 125, 137, 140, 203, 309, 315, 326
チェ・ゲバラ，エルネスト　923
チェックリー，ジョージ　703
チェット，マックス　775
チーズマン，ウェンディー　846
チャーチル，ウィンストン　684, 729
チャマイエフ，セルジュ　702, 703, 747, 756, 800, 877, 881
チャールモント卿　124
チャンドラー，アレクサンダー・ジョン　644
チュッチ，ジョルジョ　919
チョーク，ウォーレン　828, 829
チョムスキー，ノーム　880, 936
ツァラ，トリスタン　592
ツィンマーマン，ロベルト　436
ツヴィルナー，エルンスト　391
ツッキ，カルロ　67
デイ，ケネス　765
デイ，ルイス・F　380
デイヴィス，アレクサンダー・ジャクソン　320, 330, 342-350, 353, 357, 409
デイヴィッドソン，J・R　751
ディヴリ，ピエール・コンタン　42, 51, 62
ティエシン伯爵　201
ディオクレティアヌス帝　124
ディオゲネス　341
ディオドロス　55
ティーク，ヨハン・ルートヴィヒ　200, 206, 211, 291
ディケンズ，チャールズ　259, 373
ディートリック，ウィリアム・ヘンリー　762
ディドロ，ドニ　33-36, 48, 49, 62, 140, 848
ティファニー，ルイス・カムフォート　406-408, 416, 499
ティボー，ジャン＝トマ　149
テイラー，フレデリック・ウィンズロー　526-528, 531, 532, 604, 605, 731
ディラン，ボブ　884
ティル，オルドジヒ　596
ティールシュ，フリードリヒ・テオドール　289
ティン，アン　765
ディーン，トマス　270
ディンケルー，ジョン　742, 888
デカルト，ルネ　2, 21, 26, 34, 50, 706, 863, 930
デ・カルロ，ジャンカルロ　807, 812, 815, 850
デ・キリコ，カルロ　583
デゴデ，アントワーヌ　18
デ・シーカ，ヴィットリオ　817
デ・スラウ，デーヌ・ラウリッツ・ローリゼン　201
デッカー，リヒャルト　612, 616
テッセノウ，ハインリヒ　509, 511, 612, 615, 685, 686, 688, 733
デートリクソン，ロレンツ　400
デ・ヌフォルジュ，ジャン＝フランソワ　203
デ・バーゼル　485
デ・フスコ，レナート　842
テフト，トマス・アレクサンダー　331
デ・フロート，ヤン・ヘッセル　485
デ・ミルケリス，マルコ　919
デューイ，ジョン　368, 369, 655, 718
デュク，ルイ　173
デュシェーヌ，アンドレ　23
デュ・ソンムラール，アレクサンドル　390
デュ・バリー夫人　87
デュバン，フェリックス　173, 174, 274
デュビュッフェ，ジャン　796
デュフュルニ，レオン　153
デュボワ，ニコラス　101
デュモン，ガブリエル＝ピエール＝マルタン　39, 43, 53, 54
デューラー，アルブレヒト　94, 235, 394, 729
デュラン，アッシャー・B　343
デュラン，ジャン＝ニコラ＝ルイ　149-151, 219, 226, 227, 230, 290, 410, 898
デュ・リ，シモン・ルイ　203
デュ・リ，ポール　203
テュルゴ，アンヌ＝ロベール　33
テュルメル，ヨーゼフ　234
デ・ラ・ソータ，アレハンドロ　778

人名索引　955

テラーニ, ジュゼッペ　584,
　586, 694, 697-699, 897, 936
デルクルーズ, エティエンヌ・
　ジャン　274
テルフォード, トマス　216,
　704
テントーリ, フランチェスコ
　854
テンニース, フェルディナント
　423
テンプル, ウィリアム　115
ド・ヴァイイ, シャルル
　59, 70, 203
ドゥアルト, エミリオ　774
ドゥイット, ロスコー　748
トウェイン, マーク　657
ドゥチュケ, ルディ　917
ドゥプチェク, アレキサンデル
　916, 917
ドゥボー, ギュイ　830
トゥーレーヌ, アラン　917
ドガ, エドガー　753
ド・カンシー, アントワーヌ＝
　クリソストム・カトルメール
　41, 89, 149, 154-160, 163, 164,
　166, 167, 172-176, 178, 289,
　293, 313, 856
ドーキンズ, ジェームズ　56,
　60, 65, 113
ドクシアディス, コンスタンチ
　ン　862
ド・コット, ロベール　29
ド・コーモン, アルシス　194
ド・コルドモワ, ジャン＝ルイ
　26, 28, 38, 46, 47, 51, 275, 460
ド・コンディヤック, エチエン
　ヌ＝ボネ　33
ド・サン＝モー, ジャン＝ル
　イ・ヴィエル　84
ド・シャルダン, ピエール・テ
　イヤール　884, 885
ド・シャンブレ, ロラン・フレ
　アール　3, 7, 10, 17, 54, 96,
　104
ド・シュヌヴィエール, マル
　キ・フィリップ・　404

ド・ソシュール, フェルディナ
　ン　837, 839, 842, 855
ドッドウェル, エドワード
　162
ドートリ, ラウル　770
ドーナー, アレクサンダー
　724
ドナルドソン, トマス・レヴァ
　ートン　253, 254
ドナルドソン, ロバート
　344, 345, 347
ド＝ピエールフウ, フランソワ
　769
ド・フォレスト, ロックウッド
　407
ド・ブレビオン, マクシミリア
　ン　41
ド・フレマン, ミシェル
　25, 26
ド・ボド, アナトール　282,
　285
ド・ポルツァンパルク, クリス
　チャン　844
ド・マンドロー, エレーヌ
　617
ドーム, ロベルト　396, 397,
　399, 503, 505
トムソン, アレクサンダー
　184
トムソン, スチュワート・L
　703
トムソン, ダーシー　790,
　878
ド・メジエール, ニコラ・ル・
　カミュ　84, 128, 140
ド・モーガン, ウィリアム
　379
ド・モンフォーコン, ベルナー
　ル　56
ド・モンタランベール, コント
　273
ド・ラ・イール, フィリップ
　20
ド・ラ・ギュエピエール, フィ
　リップ　201
ド・ラニー, ブルジョワ

　285
ド・ラ・マルティニエール, ジ
　ェルマン・ピショ　78
ドラモンス, フェルディナン
　38
ドラン, フランソワ　23
トランブル, ジョン　343
トリッグス, オスカー・ロヴェ
　ル　413, 415
トリッシーノ, ジャンジョルジ
　ョ　4
ドリュー, ジェーン　810
トルヴァルセン, ベルテル
　167, 227, 336
ドルヴィル, ジャック＝フィリ
　ップ　55
ドルフレス, ギロ　844
トルーマン, ハリー　729,
　730, 802, 860
ドレクスラー, アーサー
　898, 899, 911, 932, 936
トレス, ジュゼッペ　500
ドレッサー, クリストファー
　376, 377
トロースト, パウル・ルートヴ
　ィヒ　690
トロツキー, レオン　523,
　529, 793
ドローネー, ロベール　894
ド・ロルム, フィリベール
　23, 24, 326
ドーン, ヴォルフ　511, 517
ドン・キホーテ　770

な 行

ナイト, ヘンリー・ガリー
　194
ナイト, リチャード・ペイン
　129, 131, 133-136, 140, 143,
　185
ナウマン, フリードリヒ
　465, 509, 511, 687
ナウンバーグ, マーガレット
　655
ナーゲル, チェスター　760
ナッシュ, ジョン　182, 188,

192, 320
ナトワール, シャルル　59
ナポレオン　146, 147, 153, 155, 169, 207, 208, 227
ナポレオン3世　278, 402, 334, 419, 420
ニクソン, リチャード・M　925
ニコライ2世　523
ニーチェ, フリードリヒ　303, 368, 476, 515, 919
ニッツォーリ, マルチェッロ　698
ニーマイヤー, オスカー　771, 774, 784, 811
ニュートン, アイザック　34
ニューマン, オスカー　883, 899
ニューロプ, マーティン　599
ニール, ジョン・メイソン　194
ニーロップ, マルティン　400
ネスフィールド, ウィリアム・エデン　383
ネルー, ジャワハルラール　772, 810
ネルソン, ポール　665
ノアイユ子爵　581
ノイトラ, リチャード・J　588, 605, 616, 620, 624, 648, 649, 651-653, 667, 669, 675, 748-751, 784, 800, 830
ノイマン, カール　459
ノイマン, ジョン・フォン　731
ノイマン, バルタザール　201
ノヴァーリス　200
ノヴィッキ, マシュー　756, 760, 762, 810
ノヴォトニー, アントニーン　916
ノエル, モード・ミリアム　644

ノグチ, イサム　666
ノットマン, ジョン　347
ノートン, チャールズ・エリオット　411, 726
ノール, フローレンス・シュスト　739
ノルベルグ＝シュルツ, クリスチャン　786, 840, 841, 843, 847, 913
ノルマン, シャルル＝ピエール＝ジョゼフ　230
ノワンテル侯爵　55

は 行

バー, アルフレッド・E　667, 668, 672, 675, 678, 694, 723, 737, 756, 893
パアテライネン, ライリ　789
バイイー, レオン　407
バイエルン王太子ルートヴィヒ　227
ハイデガー, マルティン　834-836, 841
バイフィールド, ジョージ　181
バイヤー, ヘルベルト　724
バイヤー, ヨーゼフ　440-442
ハウ, ジョージ　641, 666, 744, 758, 765, 800, 905
バウアー, キャサリン　674, 708-710, 717, 758, 866
バウアー, レオポルト　452
ハヴィランド, ジョン　321, 324
ハーヴェイ, フレデリック　137
ハウエル, ウィリアム　791, 804-807
ハウエル, ジリアン　804
ハウエルズ＆フッド　635, 636
ハウエルズ, ジョン・ミード　638
パウサニアス　131, 161, 163

ハウスマン, ラウル　594
バウマイスター, ラインハルト　421
バウマン, フレデリック　361, 363, 364, 625
パウル, ブルーノ　467, 509
パオロッチ, エドゥアルド　795
パーカー, アルフレッド・ブラウニング　759
パーカー, セオドア　336
パーカー, ロジャー　872
パーカー, ロバート　210
パーカーツ, グンナール　742, 888
パガーノ, ジュゼッペ　585, 694, 697, 699, 783
パーキンズ, ドワイト　414
パーキンス, ホームズ　910
バーク, エドマンド　107, 120, 122, 123, 131, 132, 134, 140, 146, 199, 319
バーク, ケネス　655
パクストン, ジョゼフ　260, 615
ハークネス, ジョン　736
ハグマン, ロバート・H・H　760
バケマ, ヤコブ　805-807, 809, 812, 838
バシュラール, ガストン　902
パース, チャールズ・サンダース　839
パスカル, ブレーズ　viii
ハーゼ, コンラート・ヴィルヘルム　391
バセヴィ, ジョージ　184
ハーゼナウアー, カール　475
バーソロミュー, アルフレッド　194, 257
ハーター兄弟　408
パターソン, ジョゼフ　634
バターフィールド, ウィリアム　270, 379

人名索引　957

バッキンガム,ジェームズ 656
バック,フェルディナン 775
バックストロム,スヴェン 788,789
パット,ピエール 42
ハーディ,ヒュー 901
パティソン,メアリー 603
バーデン,ジェーン 378
バトゥー,ジャン 273

ハドソン,オクタヴィアス 373
ハドソン,J・L 764
ハドナット,ジョゼフ 721,723,725,756,801
ハドフィールド,ジョージ 317
ハドリアヌス 316,891
バーナム,ダニエル 420,423,629,865
バーナム&ルート 626
パニ,マリオ 775
パニーニ,ジョヴァンニ・パオロ 60,69
パノフスキー,エルヴィン 842
ハーバート,J・R 260
ハフェリ,マックス・エルンスト 588
ハーフペニー,ウィリアム 116
パーマストン卿 262
ハミルトン,ガヴィン 57
ハミルトン,トマス 184
ハミルトン,リチャード 795,822,930
ハヤサカ,S・I 745
バラガン,ルイス 775,776
ハラーシュタイン,カール・ハラー・フォン 162,163,206
パラーディオ 4,6,18,47,77,87,93,94,99,102-106,108,114,119,125,135,141,143,203,227,310,791,827,935
バリー,ジョゼフ 191,193,754,755
バリー,チャールズ 189,253,330
パリス,アレクサンダー 318,328
ハリス,ウィリアム 167,288
ハリス,ハーウェル・ハミルトン 751,752,756,760,780
ハリソン,ウォレス・K 771
ハリソン,コンスタンス・ケーリー 407
バーリントン伯 102-104,110-113,115,140,201,310,330
バール,ヘルマン 474
バルタール,ヴィクトル 286
バルタール,ルイ・ピエール 153
バルトニン,オットー 610,685
バルトリーニ,ロレンツォ 336
バルトルディ,オーギュスト 356
バルト,ロラン 839,920
バルバロ,ダニエル viii
ハルプリン,ローレンス 868,885,902,903
パールマン,ジル 722
パレット,トマス 188
バロー,エミール 172
ハワード,エベネザー 425,495,655,710,714,791,812,865,867,870
ハワード,ジョン・ガレン 416,755
バーン,ウィリアム 382
バングス,ジェーン・マレー 752,757
パンクラーツィ,ジュゼッペ・マリア 55,65
パンコック,ベルンハルト 467
バンシャフト,ゴードン 738,900
バーン=ジョーンズ,エドワード 378,379
バーンズ,エドワード・ララビー 736,886
バーンズドール,アライン 642
パンスロン,ピエール 149
ハンセン,クリスティアン・フレデリック 204
ハント,マイロン 414,757
ハント,リチャード・モリス 333,335,353,356,383,628
バンハム,レイナー 502,687,793,795-797,818,820-827,829,844-847,849,881,906,909,912,930
バンフィ,ジャン・ルイージ 697,699
ハンプデン,ウォルター 657
ハンフリー,ヒューバート 924
ハンレク,ヨゼフ 596
ピアジェ,ジャン 841
ビアズリー,オーブリー 386
ピアーソン,ウィリアム・H 345
ピアチェンティーニ,マルチェッロ 585,695,696
ピアノ&ロジャース 846
ビエッスキ,ピエトロ 747
ピエティラ,レイマ 789
ピカソ 727,728,802,894
ピサロ,カミーユ 753
ピタゴラス 728
ヒツィヒ,フリードリヒ 392
ヒッチコック,ヘンリー=ラッセル 582,615,624,638,639,642,645,646,654,667-

673, 675-677, 679, 695, 718, 722, 756, 761, 893, 894
ピット, トマス　137
ヒトラー, アドルフ　587, 620, 683, 684, 688-690, 692, 693, 695, 736
ビドル, ニコラス　325
BBPR　849, 901
ピーボディ＆スターンズ　356
ヒューイット, ジョージ　354
ヒューウェル, ウィリアム　194
ピュージン, オーガスタス・ウェルビー・ノースモア　190, 191, 193-196, 188, 240, 250, 251, 255, 261, 329, 330, 373, 379, 382, 670, 727
ピュージン, オーガスタス・チャールズ　186, 188, 190
ヒュプシュ, ハインリヒ　232, 234-238, 240, 244, 459
ヒューム, デイヴィッド　93, 118-121, 124, 134, 199
ビューロー, コジマ・フォン　302
ピラネージ, ジョヴァンニ・バッティスタ　53, 60, 67, 69-76, 78, 79, 108, 124, 137, 140, 149, 154, 183, 202, 252, 891, 921
ヒル, オリヴァー　703
ビル, マックス　786
ピール, レンブラント　343
ヒルシュ, リー　760
ヒルシュフェルト, クリスティアン・カイ・ローレンツ　202, 203
ヒルデブラント, アドルフ　433, 902
ヒルデブラント, ヨハン・ルカズ・フォン　200
ヒルト, アロイス　200, 204, 206, 215, 219, 225, 234
ヒルト, ゲオルグ　395

ヒルベルザイマー, ルートヴィヒ　610, 612-614, 693, 742, 857
ビング, サミュエル（ジークフリート）　404, 408, 412, 470
ヒンゼンベルク, オルギヴァンナ・ラゾヴィッチ　644
ヒンデンブルク, パウル・フォン　682, 683
ファイニンガー, ライオネル　632
ファウンテン, アンドリュー　104
ファーガソン, ジェームズ　254, 255
ファトヒー, ハッサン　777
ファーネス, フランク　353, 355, 361, 907
ファビアーニ, マクス　452, 455
ファルケ, ヤーコプ・フォン　390, 393, 395
ファン・アイク, アルド　802, 805-807, 812, 814, 830, 838, 844, 878, 890, 906
ファン・エーステレン, コーネリス　617, 619, 800, 805
ファン・ギンケル, H・P・ダニエル　805
ファン・スティッシュ, ヨープ　838
ファン・デン・ブローク, J・H　812, 838
ファン・ドゥースブルフ, テオ　593, 594, 596, 606, 607, 609, 611, 728, 737
ファンズワース, エディス　754
フィオレンティーノ, マリオ　782
フィスカー, カイ　599, 788, 789
フィッシェル, ヨージェフ　593
フィッシャー, カール・フォン

230
フィッシャー, テオドア　464, 497, 509, 511, 512, 600, 603, 615, 686
フィッシャー, フリードリヒ　437
フィッシャー, ユリウス　614
フィッシャー, ヨハン・ミヒャエル・　201
フィッツジェラルド, F・スコット　629
フィードラー, コンラート　433, 458, 781, 782
フィヒテ, ヨハン・ゴットリープ　147, 217
フィリップ, ルイ　169
フィールド, ジョージ　375
フーヴァー, ハーバート　707
フェイディアス　163, 302
フェッラーリ, L　854
フェヒナー, グスタフ　436
フェリス, ヒュー　624, 630, 632, 633, 636, 639, 659
フェリビアン, アンドレ　24
フェリビアン, ジャン＝フランソワ　24
フェルステル, ハインリヒ・フォン　392, 440
フォアショウ, ジョン・ヘンリー　791
フォーク, フランシス　373
フォークナー, チャールズ　379
フォースター, クルト・W　210
フォスター, ノーマン　846
フォースター, ルートヴィヒ　238
フォード, キャサリン・モロー　732, 751
フォード, ジェームズ　732, 751
フォード, ヘンリー　527, 528, 731

人名索引　959

フォルトゥー, イポリート 276
フォンターナ, カルロ 102
フォンテーヌ, ピエール 227, 230, 254, 670
フォントネル, ベルナール・ル・ボヴィエ・ド 36
フーコー, ミシェル 920
フサーク, グスターフ 917
フースリ, ベルンハルト 760, 846
フックス, エドゥアルド 610
フックス, ボフスラフ 596
フッサール, エドムント 834, 836
プッサン, ニコラ 131, 135, 209
フッド, レイモンド 633, 637, 641, 666, 675
フットナー, ウィリアム 329
ブッリ, アルベルト 633, 796
ブニ, イヴァン 594
フラー, バックミンスター 654, 663-667, 718, 746, 766, 785, 786, 822, 823, 826, 828, 833, 846, 862, 887
フラー, マーガレット 336, 663
フライ, マクスウェル 702, 703, 790, 810, 888
ブライアント, ウィリアム・カレン 343
ブライアント, グリッドリー 333
プライス, ウヴェデール 129, 131-134, 140, 348
プライス, セドリック 829
プライス, ブルース 409, 414, 629
プライスヴァーク, ルドルフ 588
ブラウン, A・ページ 416
ブラウン, フォード・マドック

ス 379
ブラウン, ランスロット・"ケイパビリティ" 127-131
ブラグドン, クロード 627, 657, 658
フラゲール, ヤソスラフ 596
ブラジーニ, アルマンド 907
フラスカーリ, マルコ 821
ブラック, ジョルジュ 894
フラッグ, アーネスト 629
ブラッツ, グスタフ 615
ブラディ, ジョサイア 343
プラトン 4, 366, 656, 897
ブラマンテ 15, 28, 792
ブラムウェル, スー 846
フランク, ウォルドー 655
フランク, ヨーゼフ 592, 611, 612
フランクル, パウル 533
フランケ, クノ 491
フランコ, フランシスコ 587, 777
フランセン, ウルリック 886, 887
フランソワ2世 177
フランツ・ヨーゼフ1世 422
フランツ, レオポルド・フリードリヒ 202
ブラント, ウェア&ヴァン 356
ブラント, ヘンリー・ヴァン 335, 359, 411
フランプトン, ケネス 742, 844, 899, 930, 931, 933, 934, 937
フーリエ, シャルル 170, 277, 494
プリーストリー, ジョゼフ 355
ブリゾー, シャルル=エチエンヌ 47-49, 52
フリーダン, ベティ 923
プリチャード, ジャック

702, 703
ブリッグマン, エリク 597, 788
フリッチュ, K・E・O 458
フリッツクロフト, ヘンリー 113
ブリッドポート, ヒュー 324
フリードマン, ヨナ 829, 831
フリードリヒ, カスパー・ダヴィド 209
フリードリヒ・アウグスト2世 292
フリードリヒ・ヴィルヘルム2世 205
フリードリヒ5世 201
フリードリヒ・ヴィルヘルム3世 211
フリードリヒ・ヴィルヘルム4世 242, 292
フリードリヒ大王 198, 201-203
ブリトン, ジョン 186, 188, 327
プリニウス 139
フリーマン, コロネル 118
プリモ・デ・リベラ, ドン・ミゲル 587
ブリューガー, ティモシー・L 639
ブリューニング, ハインリヒ 683
ブリュール, グラーフ 211, 212
ブリンクマン, ユリウス 391
ブルーヴェ, ジャン 826, 844
ブルクハルト, ヤーコプ 430
ブルジョワ, ヴィクトル 590, 612
ブルズ, チャールズ 425
ブルース, トマス 162
ブルースター, キングマン

904
ブルックス, ヴァン・ウィック 655, 656
ブルックス, クリアンス 906
プルードン, ピエール=ジョゼフ 494
ブルーネル, マーク 216
ブルネレスキ 727
ブルフィンチ, チャールズ 308, 309, 318
ブルーマー, ケント・C 902
ブルームフィールド, ジュリア 937
ブルンシュリ, アルフレート・フリードリヒ 392
ブレ, エティエンヌ=ルイ 82, 84-87, 137, 149, 150, 178, 310
ブレイク, ピーター 743, 744, 869, 911
プレイフェア, ウィリアム 184
ブレイリー, E・W 188
フレジエ, アメデ・フランソワ 28, 38, 48, 49, 52
ブレジネフ, レオニード 916
プレスリー, エルヴィス 731
プレチニク, ヨージェ 593
プレッシュ, チャールズ 331
フレッチャー, アレクサンダー 100
プレティンガム, マシュー 57
フレデリック, クリスティン 603, 605
フレミング 124, 125
フロイト, ジークムント 435, 726
ブロイヤー, マルセル 588, 590, 620, 702, 725, 733, 744, 753, 756, 766, 800, 887, 903,

934
ブロッホ, ヘルマン 930
プロティノス 199
ブロードベント, ジェフリー 844, 879
ブロム, ピエト 838
ブロンデル, ジャック=フランソワ 32, 34, 37, 47, 49, 50-52, 54, 58, 59, 77, 82, 83, 85, 86, 107, 140, 141, 151, 203, 447
ブロンデル, フランソワ 5-7, 14-20
ブロントシュテッド, ピーター・オルーフ 162, 166, 167
ブロンニャール, アレクサンドル・テオドール 322
ブロンフマン, サミュエル 744
ブンゼン, クリスティアン・カール・ヨジアス 232
フンデルトヴァッサー 830
フンボルト, アレクサンダー・フォン 216
フンボルト, ヴィルヘルム・フォン 206
ベーア, ゲオルク 201
ベアード, ジョージ 843
ペイ, I・M 736, 875, 886, 887
ヘイズ, K・マイケル 921
ヘイダック, ジョン 760, 899, 934
ヘイデン, トム 924
ベイトマン, リチャード (ディッキー) 116
ベイフト, ベルナルド 588, 636
ペイル, マリ=ジョゼフ 70
ペヴスナー, アントワーヌ 740
ペヴスナー, ニコラウス 469, 700, 701, 744, 759, 792, 793, 797, 818, 822, 848
ヘーガー, フランツ 234

ヘーガー, フリッツ 465
ヘーゲマン, ヴェルナー 722
ヘーゲル, ゲオルク・ヴィルヘルム・フリードリヒ 147, 233, 236, 240, 244, 298, 340, 366, 436, 437, 442, 443, 446, 516, 518, 728
ベーコン, エドマンド・N 739, 765, 910
ベーコン, フランシス 34, 92, 93
ペシュケン, ゴルド 217
ベステルマイヤー, ゲルマン 687, 689
ヘスラー, オットー 675, 677
ヘックシャー, オーギュスト 906
ヘッセ方伯 203
ベッティーニ, セルジオ 842
ヘップバーン, オードリー 928
ペッペルマン, マテウス・ダニエル 201, 291
ベルスキ, ピエトロ 750
ベティヒャー, カール 242, 244, 245, 247, 257, 436, 444, 459
ベーネ, アドルフ 596, 606, 857
ベネヴォロ, レオナルド 852, 919
ベネソーン, ジェームズ 184
ベネット, エドワード・H 421
ベネフィアル, マルコ 57
ヘーネル, エルンスト 291
ペヒト, フリードリヒ 393, 457, 458, 467
ペプラー, マリアン 703
ベーム, ゴットフリート 844
ベーム, ドミニクス 585

人名索引 961

ベラミー, エドワード　426,
　714
ベランジェ, フランソワ・ジョ
　ゼフ　208, 317
ベリ, シーザー　742, 888
ペリクレス　164-166
ヘーリンク, フーゴー　600,
　606-612, 616, 845
ベルク, マックス　496
ベルシウス, ルートヴィヒ
　243, 392
ペルシエ, シャルル　227,
　230, 241, 254, 670
ペルシコ, エドアルド　585,
　697, 783
ベルジョジョソ, ロドヴィコ
　697
ベルスキ, ピエトロ　758
ヘルダー, ヨハン・ゴットフリ
　ート　199, 200
ヘルダーリン, フリードリヒ
　147
ヘルダーリン, ヨハン・クリス
　ティアン　200
ペルツィヒ, ハンス　465,
　509, 517, 610, 612, 685, 686,
　691, 733
ヘルツベルハー, ヘルマン
　838
ベルナルディ, テオドール
　758
ベルナルディ＆エモンズ
　900
ベルニーニ　8, 95, 102
ヘルバルト, ヨハン・フリード
　リヒ　436, 442
ヘルマン, ヴォルフガング
　700
ヘルムホルツ, ヘルマン
　436, 472
ヘルムル, フランク　632
ヘルモゲネース　12, 13, 15
ベルラーヘ, ヘンドリク・ペト
　ルス　401, 485-489, 587,
　615, 670, 727, 817, 822
ベルンハルト, カール　514

ペレ, オーギュスト　494-
　496, 581, 670, 727, 808, 817,
　848, 849
ペレ, ギュスターヴ　496
ペレスティ, エンリコ　697,
　901
ベレミー, エドワード　711
ベーレンス, ペーター　467,
　497, 499, 508, 509, 512-514,
　516-519, 533, 585, 592, 606,
　610, 612, 670, 688, 764
ベーレント, ヴァルター・クル
　ト　613, 660, 691
ペロー, クロード　ix, 8-10,
　12-23, 25, 26, 28, 37, 38, 42,
　46-49, 51, 62, 78, 81, 83, 84,
　86, 96, 98, 107, 140, 141, 275,
　326, 343, 447, 938
ペロー, シャルル　8, 20, 21
ペロネ, ジャン＝ロドルフ
　42, 207
ヘロン, ロン　828
ベンサム, ジェームズ　185
ベンサム, ジェレミー　169
ベンジャミン, アッシャー
　318-320
ベンゼ, マックス　786
ベンソン, ウィリアム　100
ベンソン, ウィリアム・A・S
　380
ヘンダーソン, ナイジェル
　795
ベンツ, カール　527
ペンブローク伯　104
ベンヤミン, ヴァルター
　x, 854, 920
ヘンリチ, カール　422
ホイザー, ゲオルク　439,
　458, 467
ホイジンガ, ヨハン　813,
　830
ホイットマン, ウォルト
　336, 356, 360, 362, 368, 415,
　477, 489, 657, 714
ボイト, カミッロ　498, 499
ボイド, ジョン・テイラー,

Jr.　630
ボイト, ペーター・クリスティ
　アン　208, 215, 216, 220,
　242
ホイートン, ウィリアム
　910
ホイヘンス, クリスティアーン
　9
ホイーラー, ジョージ　56
ボイントン, W・W　363
ボウマン兄弟　675
ホエートリー, トマス　203
ボガーダス, ジェームズ
　334
ポーク, ウィリス　416, 757
ホークスムア, ニコラス
　98-100, 102, 114, 188, 907
ポコック, リチャード　56
ホジェン, リー　760
ポスト, ジョージ・B　629
ホー・チ・ミン　730, 923
ボッキオーニ, ウンベルト
　728
ホックニー, デイヴィッド
　934
ボッサム, アルフレッド・C
　639
ポッター, ウィリアム・A・
　356
ボッタ, ポール・エミール
　293
ボッタ, マリオ　844
ボッチョーニ, ウンベルト
　500
ポップ, フランツ　293
ホッペ, エミール　592
ボッロミーニ, フランチェスコ
　66, 727, 851, 854
ボディアンスキー, ウラディミ
　ール　804
ボードレイ, ジョージ　379,
　381
ボードレール, シャルル
　423
ボドロ, マイケル　444
ボナッツ, パウル　509, 611,

615, 616, 686, 687, 689
ボナパルト, ジェローム 227
ボネット, アントニオ 774
ボノーミ, ジョゼフ 140
ポパー, カール 881
ホーバン, ジェームズ 311, 321
ポープ, アレキサンダー 110, 111, 310
ホープ, トマス 180, 252, 253, 255, 848
ボフィル, リカルド 844
ホーフェンス＝グレーヴ, ハンス 805, 807
ホプキンス, ジョン・ヘンリー 328
ホフマン, アビー 924
ホフマン, アルベルト 458, 467
ホフマン, ヴラスティスラフ 595
ホフマン, ハンス 588
ホフマン, ヨーゼフ 452, 467, 475-478, 482, 484, 499, 509, 585, 592
ホフマン, ルートヴィヒ 615
ボフラン, ジェルマン 51, 81-83, 908
ポマー, リヒャルト 613
ホライン, ハンス 844, 847
ホラティウス 61, 81, 139
ホラバード＆ローシュ 626, 628, 652
ホリー, ヘンリー・ハドソン 407
ポーリー, マーティン 844, 929
ボーリング, ウィリアム 722
ホール, エドワード・T 882, 902
ホルクハイマー, マックス x
ポールソン, グレゴール

599
ボールドウィン, ベンジャミン 739, 746
ポルトゲージ, パオロ 817, 851
ホルム, クヌート・ロンベルグ 666
ホルム, ハンス・ヨーン 400
ポロック, ジャクソン 796
ホワイト, スタンフォード 361, 408, 414
ボワスレー, ズルピーツ 194, 226, 391
ボワソン, アベル＝フランソワ 36, 39
ボワレ, ポール 581
ボワロー＝デブレオー, ニコラ 20, 21, 121
ホンジーク, カレル 596
ポンティ, ジオ 584, 696
ポンパドゥール夫人 34, 36, 51, 77
ポンド, アーヴィング・K 630

ま行

マイ, エルンスト 600, 604, 612, 616, 618, 619, 660, 671, 677, 685, 689
マイヤー, アドルフ 635
マイヤー, ハインリヒ 204
マイヤー, ハワード・R 759
マイヤー, ハンネス 590, 596, 604, 612, 618, 678, 687, 786
マイヤー, ペーター 588
マイヤー, リチャード 898, 933, 934
マイヤー＝グレーフェ, ユリウス 470, 471, 473, 504
マイヤーズ, ハワード 718
マイヤール, ロベール 588, 607
マイヨール, アリスティド

497
前川國男 776, 777, 803
マキニエミ, エリッサ 789
槇文彦 832
マクアリスター, ルイス 765
マクシミリアン2世バイエルン王太子 242, 247
マクドナルド兄弟 731
マクハーグ, イアン 872
マクマードゥ, アーサー 380, 384, 386
マグラス, レイモンド 702, 703
マグリット, ルネ 583
マクルーハン, マーシャル 884, 887, 901
マコーミック, ロバート 634
マーシャル, ロセッティ・P・P 379
マスターズ, ウィリアム・H 923
マッカーシー, ユージーン 924
マッキム, ジョージ 409, 420
マッキム・ミード・アンド・ホワイト 409
マッキントッシュ, チャールズ・レニー 386, 387, 499, 503, 847
マックヘイル, ジョン 822, 823
マッケイ, ベントン 659, 708, 862
マッケディ, ジェームズ 792
マッコム, ジョン 317
マッフェイ, マルケーゼ・フランチェスコ・シピオーネ 68
マティス, アンリ 497
マーティン, ルイス 933
マーティン, レスリー 896
マニエーリ, マリオ・エリア

919
マネ　497
マラー，ジャン＝ポール　155
マリー・アントワネット　403
マリエット，ピエール＝ジャン　67,72,73
マリニー候　40,59
マリネッティ，フィリッポ・トマーゾ　500,502,754,819,820
マルクス，カール　170,526,528,586,589,591,597,616,710,716,717,782,794,853,918,919,922,923,931
マルクーゼ，ヘルベルト　923,931,931,936
マルケリウス，スヴェン　598,771,780,787,788,789
マルシオ，アイノ　598
マルタン，ジャン　viii
マルティアリス　139
マルドナード，トマス　786,840
マレーヴィチ，カジミール　529,531,728,737,827
マレ＝ステヴァンス，ロベール　581
マロ，ジャン　8
マンサール，フランソワ　8,83,95
マンジャン，ジョゼフ＝フランソワ　317
マンハイム，カール　854,920
マンフォード，ルイス　354,638,654-663,669,672,674-676,708,710-713,716,717,743,744,755,756,762,764,771,784,801,812,863,865-867,900
ミケランジェロ　15,28,66,292,305,361,432,895,907,909
ミケルセン，M・A　645

ミケルッチ，ジョヴァンニ　782,850
ミース・ファン・デル・ローエ，ルートヴィヒ　513,585,590,606,607,609-613,616-618,620,625,653,671,673,675-677,685-688,691-694,718,723,732,737,741-744,754,755,768,774,794,815,825,830,857,875,887-889,901,908,910,934
ミドルトン，ロビン　891
ミーベス，パウル　512,616,688
ミュラー，カール・オトフリード　247
ミュラー，パウル　364
ミュラー＝ヴルコフ，ヴァルター　615,616
ミュラー＝リヤー，フランツ　618
ミラード，アリス　643
ミリツィア，フランチェスコ　140
ミルズ，ロバート　317,321
ミルナー，ジョン　185
ミルン，ロバート　55,70
ミロン，ヘンリー　898,906
ミンコフスキー，ヘルマン　728
ムーア，チャールズ　900,901,903,904,926,938
ムジカ，フランシスコ　639
ムチオ，ジョバンニ　583,696
ムッソリーニ，ベニート　583,585,586,695,697,698
ムッヘ，ゲオルク　553,558,590
ムテジウス，ヘルマン　383,389,465,488,503-508,510-512,517-519,593
ムンテ，イェールハルド　401
メイベック，バーナード　416,663,755,757

メイモン，ポール　829
メイヤー，アルバート　810
メイヤール，エリザ　773
メイラー，ノーマン　924
メッセル，アルフレート　463,513
メッソニエ，ジュール＝オレル　29
メッツガー，エドゥアルド　239,243,244
メラーニ，アルフレード　499,500
メーリニコフ，コンスタンチン　531
メリメ，プロスペール　273,404
メルヴィル，ハーマン　657
メルロ＝ポンティ，モーリス　834,835
メンデルゾーン，エーリヒ　600-602,610,612,616,617,652,660,691,702,729,803,845
メンモ，アンドレア　53,68,342
毛沢東　730,918,923,936
モーガン，ジュリア　416
モーザー，カール　587,618,652,765
モーザー，コロマン　476
モーゼス，ロバート　763,863
モーツァルト　211,302
モネ，クロード　753
モネオ，ラファエル　844
モホリ＝ナジ，シビル　881
モホリ＝ナジ，ラースロー　590,594,620,744,746,747,800,822,840,894
モラー，ゲオルク　194,226
モリス，ウィリアム　377,378,380,387,389,405,412-415,418,429,470,471,497,504,506,656,701,704,710,796,854
モリス，チャールズ・W

745, 839
モリス, ロジャー　104
モリス, ロバート　104, 105, 140, 309
モーリッツ, カール・フィリップ　204
モールス, サミュエル・B　343
モルナー, ファルカス　593
モレイラ, ホルヘ　774
モレッティ, ルイージ　818, 843
モレル＆セッドン　190
モロー＝デプルー, ピエール＝ルイ　58
モンテスキュー　34, 36, 61, 63, 68, 158
モンロー, ジェームズ　325
モンロー, マリリン　731

や 行

ヤコブセン, アルネ　599, 788
ヤナーク, パヴェル　595
山口文象　776
ヤマサキ, ミノル　744, 832, 875, 886
山田守　776
山脇巌　776
ユヴェ, マリー　274
ユゴー, ヴィクトル　176, 273, 274, 415
ユーソーフ, ハインリヒ・クリストフ　203
ユング, カール　885
ヨーク, フランシス　702, 703
ヨーゼフ, フランツ　591
ヨハンセン, ジョン　736, 744
ヨンソン, グラーフ・フォン・ダールバーグ・エリック　201

ら 行

ライエル, チャールズ　293

ライト, フランク・ロイド　176, 349, 364, 370, 414, 415, 417, 421, 450, 489-494, 496, 595, 605, 624, 628, 633, 634, 636, 639, 641-643, 645, 646, 648, 649, 651, 652, 658, 661-663, 665, 667, 670, 672, 674, 676, 677, 680, 713-719, 727-729, 748, 752-754, 776, 780, 781, 784, 803, 812, 815, 819, 822, 827, 894, 897, 901
ライト, ヘンリー　659, 708, 709, 722
ライナー, トマス　876
ライニウス, ライフ　789
ライネリ, ジョルジョ　782
ライヒェンシュペルガー, アウグスト　239, 300, 391
ライヒ, リリー　694
ライプニッツ, ゴットフリート　218
ラウヴェリクス, J・L・M　485, 513
ラウドン, ジョン・クラウディス　264, 346
ラウル＝ロシェット, デジレ　168
ラジウス, ゲオルク　485
ラシーヌ, ジャン　21
ラシュス, ジャン＝バティスト　274
ラーション, カール　401
ラスキン, ジョン　250, 256, 264-266, 268, 270-272, 279, 288, 296, 335, 336, 350, 374, 376, 378, 380, 382, 412-415, 471, 497, 710, 714, 725, 819, 892
ラスムッセン, スティーン・アイラー　788-790
ラッセル, R・D　703
ラッセン, フレミング　599
ラッチェンス, エドウィン　385, 907
ラッド, マーク　925
ラディング, アドルフ　612, 691
ラドフスキー, ニコライ　530, 602, 705
ラトローブ, ベンジャミン・ヘンリー　311-317, 319, 321, 322, 326, 327, 330, 342, 409, 670
ラネルズ, デイヴィッド　739, 746
ラ・パドゥラ, エルネスト　696
ラピドゥス, モリス　759
ラファイエット　154
ラ・ファージ, ジョン　357, 406, 408, 409
ラ・フォンテーヌ　21
ラプソン, ラルフ　739, 740, 746, 750, 751, 870
ラブルースト, アンリ　173-178, 277, 287, 342, 356, 670
ラーベ, マルティン・フリードリヒ　206
ラム, エマ　401
ラムゼイ, アラン　70, 118-120, 124
ラメ, ジョゼフ　317
ラ・リシェ, ウィリアム　934
ラングハンス, カール・ゴットハルト　205, 208, 211, 225
ラングベーン, ユリウス　503
ラングレー, バティ　111, 114, 188, 327
ランチア, エミリオ　584
ランディ, ビクター　736
ランド, アイン　718
ランファン, ピエール＝シャルル　311, 420
ランベール, フィリス　744
リアリー, ティモシー　884, 885
リーク, ウィリアム　162
リーグル, アロイス　516, 517, 609
リクワート, ジョゼフ　786,

841, 843, 858, 912, 933
リゴッティ, アンニバーレ 500
リシツキー, エル 529, 531, 534, 535, 589, 594, 606, 607, 616
リシュリュー 4
リーズ, ウィルヘルム・ヘンリー 253
リスト, フランツ 291
リーチェル, エルンスト 291
リチャーズ, J・M 703, 786, 787, 792, 793, 801
リチャードソン, ヘンリー・ホブソン 342, 355-358, 360-363, 383, 409, 451, 626, 662, 670, 680
リッカー, ネイサン・クリフォード 719
リックマン, トマス 186, 187, 192, 327
リッピンコット, マーサー 905
リップス, テオドア 459, 468, 902
リップマン, ウォルター 655
リートフェルト, ヘリット 671
リドルフィ, マリオ 585, 782, 816, 817, 850, 852
リーパ, マッテオ 116
リピウス, コンスタンティン 392
リヒター, ハンス 556, 606, 607
リヒトヴァルク, アルフレート 463, 464, 467, 503, 505, 512, 687
リープクネヒト, カール 524, 610, 693, 917
リプシウス, コンスタンティン 457, 467
リベラ, アダルベルト 585, 697

リベルナ, アラルベルト 854
リホツキー, マルガレーテ 592
リーマーシュミット, リヒャルト 467, 509, 511, 512, 686
リュッヒンガー, アルニュルフ 838
リュプケ, ヴィルヘルム 394
リュブリック＝ロベール, ヴィクトル＝マリー 361
リュベトキン, バーソルド 702, 790
リュルサ, アンドレ 582, 618, 671, 765
リンゲリ, ピエトロ 699
リンチ, ケヴィン 855, 870, 871, 902, 930
リンドグレン, アルマス 402, 597
リンドン, ドンリン 901, 902
リンハルト, エヴジェン 596
ルイ, ヴィクトル 70
ルイ11世 176
ルイ13世 8
ルイ14世 3, 5, 7, 8, 20, 32
ルイ15世 34, 40, 45, 50, 177
ルイ16世 146
ルイ18世 169
ルイス, ヘンリー・グレスウォルド 138
ルウェリン＝デイヴィース, リチャード 881
ル・ヴォー, フランソワ 8, 10
ル・ヴォー, ルイ 8-10, 95, 96, 207
ルカエ, リヒャルト 393, 431, 432
ルーカス, コーリン 703
ルカーチ, ジョルジ 854, 920
ルクス, ヨーゼフ・アウグスト

512
ルクセンブルク, ローザ 524, 610, 693, 917
ルクレール, アシル 274
ル・コルビュジエ 496, 772, 934, 936, 171, 339, 533, 535, 581, 582, 584, 586-590, 593, 595-597, 602, 608, 611, 612, 614, 617, 618, 620, 621, 625, 643, 645, 647, 650, 651, 661, 665, 666, 669-671, 673-677, 696, 704-706, 711, 728, 729, 737, 755, 760, 763, 768, 769, 771, 773-775, 777, 779, 791-793, 795, 796, 800-806, 809, 810, 812, 815, 822, 824, 825, 830, 831, 844, 847, 849, 862, 863, 865, 889, 895, 897, 907, 911, 938
ルジェ, ジャン＝ロラン 53, 70, 85, 86, 202
ルーズヴェルト, フランクリン・デラノ 707, 729
ルーズヴェルト, セオドア 406, 420
ルソー, ジャン＝ジャック 33, 34-36, 41, 43, 68, 140
ルソー, ピエール 310
ルタン, ウジェーヌ 361, 719
ルックハルト, ヴァシリー 601, 636
ルックハルト, ハンス 600, 636
ルッケージ, マッテオ 67
ルーテンベリ, ヤン 722
ルート, ジョン・ウェルボーン 363, 364, 410, 411, 626, 662, 670
ルドゥー, クロード＝ニコラ 77, 79, 80, 82, 85, 87-90, 137, 140, 148, 158, 203, 206, 207, 314, 598, 737, 827, 909
ルートヴィヒ, ヨーゼフ 452
ルートヴィヒ王太子 228-

230
ルートヴィヒ2世　302
ルドルフ，ポール　736, 832, 875, 886, 888, 889, 891, 900, 904, 909
ルノワール，アルベール　276, 277
ルノワール，アレクサンドル　273
ルノワール，ピエール＝オーギュスト　753
ル・バス，ジャック＝フィリップ　59
ルフュール，エクトル＝マルタン　333
ル・ブラン，シャルル　7, 9, 81
ルブラン，ナポレオン　332
ル・ブラン神父　39
ル・ブルトン，アンドレ・フランソワ　33
ル・プレ，フレデリック　494
ルメルシエ，ジャック　7
ルーモール，フリードリヒ・フォン　233
ルルー，ピエール　178, 276
ル・ロラン，ジャン＝ジョゼフ　59, 60, 70, 201
ル・ロワ，ジュリアン＝ダヴィッド　52, 56, 58-62, 65-67, 70-72, 78, 87, 108, 124, 149, 153, 155
ルンゲ，グスタフ　332
レイディ，アフォンソ・エドゥアルド　774
レイノー，ジャン　276
レイノー，レオンス　178, 276-279
レイヤード，ヘンリー　293
レヴィ＝ストロース，クロード　813, 837, 843
レヴィット，ウィリアム　731, 734
レーヴィ，リーノ　773
レヴィーン，ニール　175

レヴェット，ニコラス　56-58, 60, 65, 160, 165, 179, 213, 315, 322, 324, 330
レオナルド・ダ・ヴィンチ　viii, 123, 292
レオニ，ジャコモ　101, 102, 104
レオニドフ，イワン　602
レサビー，ウィリアム・リチャード　380, 383, 385-387, 503
レザーボロー，デイヴィッド　vii
レジェ，フェルナン　583, 760, 766
レスケーズ，ウィリアム　641, 669, 765
レスコー，ピエール　7
レッシング，ゴットフリート・エフライム　199
レッシング，ユリウス　390, 393, 466, 467
レッテンバッハー，ルドルフ　439
レッドグレイヴ，リチャード　260, 262, 372-374, 701
レーテンバッハー，ルドルフ　454
レーニン，V・I　523-526, 528, 529, 535, 793, 918, 923
レノルズ，ジョシュア　131, 132, 140, 256
レプトン，ハンフリー　129-131, 135, 346
レプラトニエ，シャルル　496, 498
レーモンド，アントニン　776, 777
レルビエ，マルセル　581
レン，クリストファー　93-98, 100, 102, 105, 188, 253, 326
レンウィック，ジェームズ　329-331, 329, 333
レンセリア，マリアナ・グリスウォルド・ヴァン　409
レーンベルク＝ホルム，クヌー

ト　720, 800
ローイェン，ハニー・フォン　813
ロイスダール，ヤーコプ・ファン　210
ロウ，コーリン　760, 791, 893-895, 897, 898, 912, 932-935, 937
ロヴェット，ウェンデル・H　807
ロヴェル，フィリップ　651
ローザ，アルベルト・アゾール　854, 919
ロージエ，マルク＝アントワーヌ　14, 33, 43-48, 50-53, 65-67, 69, 71, 74, 82, 83, 106, 140, 151, 204, 319, 921, 938
ロジェルス，エルネスト・ナターン　697, 783, 788, 808, 809, 815, 817, 820, 844, 850, 852, 854, 919
ロジャース，イザイア　318
ロジャース，リチャード　846
ロス，アドルフ　429, 477-484, 492, 502, 505, 592, 596, 611, 612, 648, 819, 857, 928
ロセッティ，ダンテ・ゲイブリエル　378
ローゼンタール，カール・アルベルト　239
ローゼンベルク，アルフレート　689-691, 693
ローチ，ケヴィン　742, 888
ローチ，ジョン　905
ロック，ジョン　33, 34, 48, 92, 120
ロックフェラー，ジョン・D, Jr.　771
ロッシ，アルド　817, 819, 853-857, 870, 937
ロッツェ，ヘルマン　392, 434, 436, 486
ローデ，クリスティアン・ベルンハルト　205
ロトチェンコ，アレクサンドル

人名索引　967

530, 531
ロードリ, カルロ　53, 67-69, 71, 201, 342
ロドリグ, オランド　171
ロドルフ=ブロヌ, ジャン　137
ロバートソン, ジャクリーン　898
ロビンソン, J・C　373
ロブスジョン=ギビングス, T・H　753, 757
ローブリング, ジョン・オーガスタス　334
ロベスピエール, マクシミリアン　146, 155
ロマッツォ, ジョヴァンニ　viii
ロマーノ, マリオ　696
ロラン, クロード　131, 135, 210
ローレンス, エリス・F

720
ローレンツ, コンラート　786
ロンギヌス　121
ロンドレ, ジャン=バティスト　151
ロンベルク, ヨハン・アンドレアス　238

わ 行

ワイアット, ジェームズ　180, 181, 185, 188, 317
ワイアット, マシュー・ディグビー　261, 262
ワイアット, ルイス　181
ワイトウィック, ジョージ　349
ワイルダー, ソーントン　718
ワイルド, オスカー　386
ワーウィック, ディオンヌ

827
ワシントン, ジョージ　311, 314
ワシントン, ブッカー・T　406
ワースター, ウィリアム・ウィルソン　700, 747, 750, 751, 755, 758, 759, 762, 780, 875, 900, 901
ワックスマン, コンラッド　733, 746, 747, 786, 833
ワード, コリン　880
ワトー, ジャン=アントワーヌ　131
ワトキン, デイヴィッド　136
ワーナム, ラルフ　374
ワルシャヴシック, グレゴリ　773
ワレン, ハーバート・ラングフォード　720

【監訳者】

加藤耕一（かとう・こういち）

1973年生まれ．東京大学大学院工学系研究科建築学専攻博士課程修了．現在，同大学院建築学専攻准教授．

【訳者】

伊良部頌（いらぶ・しょう）

1984年生まれ．東京大学大学院工学系研究科建築学専攻修士課程修了．現在，同博士課程に在籍．

担当：第4章，第12章1-4節

江本　弘（えもと・ひろし）

1984年生まれ．東京大学大学院工学系研究科建築学専攻修士課程修了．現在，同博士課程に在籍．一級建築士．

担当：第5章，第6章2節，第7章，第9章，第11章1-2節6-7節，第13章1-4節，第15章1-3節，第16章

髙取万里子（たかとり・まりこ）

1980年生まれ．東京理科大学理工学研究科建築学専攻博士課程修了．

担当：第6章1節3節，第10章1-4節7節

辻　泰岳（つじ・やすたか）

1982年生まれ．東京大学大学院工学系研究科建築学専攻博士課程修了．日本学術振興会特別研究員，コロンビア大学客員研究員等を経て，現在，日本女子大学助教．芝浦工業大学非常勤講師．

担当：第12章5節，第15章4-5節

東辻賢治郎（とうつじ・けんじろう）

1978年生まれ．東京大学大学院工学系研究科博士課程単位取得退学．同学術支援職員を経て独立．

担当：第1章，第2章，第3章1-3節，第10章5-6節

長谷川香（はせがわ・かおり）
1985年生まれ．東京大学大学院工学系研究科建築学専攻修了．文化庁国立近現代建築資料館研究補佐員を経て，現在，東京大学大学院工学系研究科建築学専攻博士過程に在籍．一級建築士．
担当：第8章1-2節，第11章3-5節

福村任生（ふくむら・みずき）
1985年生まれ．東京大学大学院工学系研究科建築学専攻修士課程修了．現在，同博士課程に在籍．
担当：第13章5節，第14章1節3節

松井健太（まつい・けんた）
1986年生まれ．東京大学大学院工学系研究科建築学専攻修士課程修了．現在，同博士課程に在籍．日本学術振興会特別研究員（DC）．
担当：第14章2節4-5節

安田結子（やすだ・ゆうこ）
東京大学大学院工学系研究科建築学専攻博士課程修了．同博士研究員を経て，現在，武蔵大学国際企画室長．
担当：第3章4-6節，第8章3-4節

近代建築理論全史 1673-1968

平成28年10月25日 発行

監訳者　加　藤　耕　一

発行者　池　田　和　博

発行所　丸善出版株式会社
〒101-0051 東京都千代田区神田神保町二丁目17番
編集：電話 (03) 3512-3264／FAX (03) 3512-3272
営業：電話 (03) 3512-3256／FAX (03) 3512-3270
http://pub.maruzen.co.jp/

Ⓒ Koichi Kato, 2016

組版印刷・藤原印刷株式会社／製本・株式会社 松岳社

ISBN 978-4-621-30078-7 C 3052　　　　Printed in Japan

本書の無断複写は著作権法上での例外を除き禁じられています。